沈陽年鑑

2019

中共沈阳市委党史研究室
（沈阳市人民政府地方志办公室） 编

沈阳出版发行集团
沈阳出版社

《沈阳年鉴》2019卷编辑人员

主　　审　李　强

主　　编　鲁　颖　袁国华　刘　瑛　魏冬梅

副 主 编　郑德庆　陈　伟

编　　辑　王　轶　俄文亮　李　琳　王利明

　　　　　　富丽鸿　周霁欣　孙　玥

图片编辑　王利明

沈阳市地图
内蒙古自治区
康平县
法库县
新民市
辽中区
沈北新区
于洪区
浑南区
苏家屯区
皇姑区
大东区
铁西区
和平区
沈河区
省政府
市政府
阜新市
锦州市
铁岭市
抚顺市
本溪市
辽阳市
鞍山市
盘锦市
科尔沁右翼后旗
彰武县
调兵山市
开原市
铁岭县
银州区
抚顺县
望花区
新抚区
东洲区
台安县
灯塔市
太子河区
白塔区
文圣区
宏伟区
辽阳县
立山区
铁西区
图例
省级行政中心
市级行政中心
区、县（市）级行政中心
乡、镇、街道办驻地
行政村（村改社区）
世界文化遗产
旅游景区
机场
省级界线
地市级界线
区县（市）级界线
铁路及车站
高速铁路及车站
高速公路及编号
城市快速路
国道及编号
省道
县道
城市街区路
河流、湖泊
比例尺 1:2 300 000
沈阳市勘察测绘研究院有限公司 编制

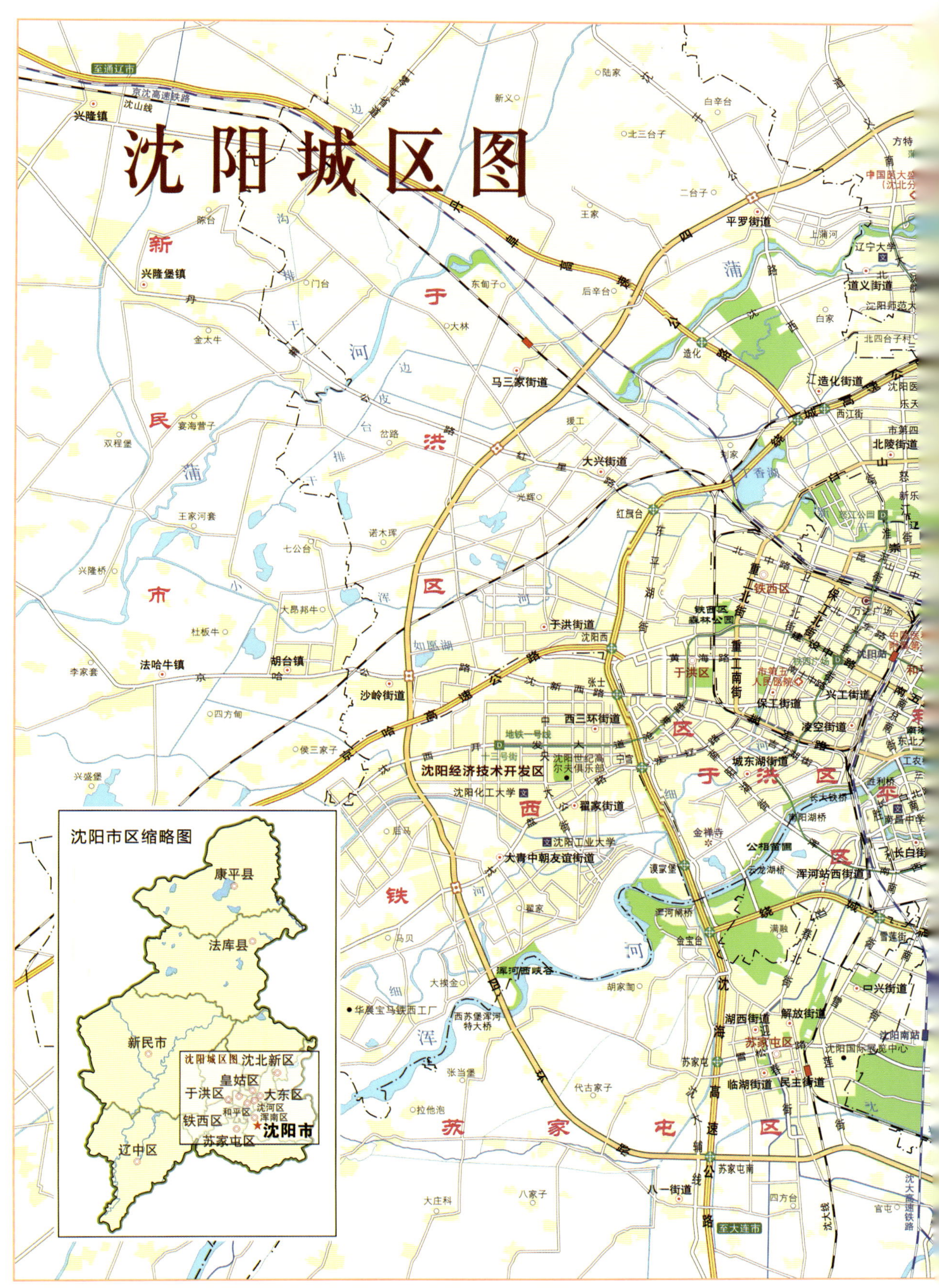
沈阳城区图
沈阳市区缩略图
康平县
法库县
新民市
辽中区
沈阳城区图
沈北新区
皇姑区
于洪区
大东区
沈河区
和平区
浑南区
铁西区
苏家屯区
沈阳市
至通辽市
京沈高速铁路
沈山线
兴隆镇
兴隆堡镇
法哈牛镇
胡台镇
沙岭街道
于洪街道
马三家街道
大兴街道
平罗街道
道义街道
造化街道
北陵街道
西三环街道
沈阳经济技术开发区
沈阳化工大学
翟家街道
沈阳工业大学
大青中朝友谊街道
城东湖街道
保工街道
兴工街道
凌空街道
浑河站西街道
湖西街道
解放街道
临湖街道
民主街道
苏家屯南
八一街道
至大连市
辽宁大学
沈阳师范大学
铁西区森林公园
沈阳西
沈阳站
沈阳南站
沈阳国际展览中心
华晨宝马铁西工厂
浑河西峡谷
西苏堡浑河特大桥
新民市
于洪区
铁西区
苏家屯区

沈北新区
大东区
皇姑区
沈河区
浑南区
抚顺市
至哈尔滨市
至梅河口市
至丹东市
望滨街道
棋盘山水库
棋盘山国际风景旅游区
树园宾馆
虎石台街道
辉山街道
沈北新区
南沟水库
朱尔屯水库
满堂街道
文官街道
沈阳职业技术学院
沈阳植物园
高坎街道
前进街道
东陵公园
清福陵
鸟岛公园
二台子街道
马官桥街道
东陵街道
沈阳农业大学
省沈抚新区管委会
李石街道
省政府
沈阳北站
新北站街道
沈阳故宫
长安街道
万莲街道
泉园街道
榆树屯街道
汪家街道
深井子街道
综合保税区出入境检验检疫局
沈阳建筑大学
沈阳理工大学
永胜街道
朝阳山风景区
营城子街道
浑南新城
桃仙街道
市政府
沈阳桃仙国际机场
李相街道
佟沟街道
王滨街道
古陨石科普基地
省特殊教育职业学院
柏叶基地
沈阳北方软件信息职业技术学院
市勘察测绘研究院有限公司沈北分公司
华晨宝马大东工厂
沈吉线
苏抚线
刘山水库
上寺水库
图例
省政府
市政府
区政府
镇、街道办事处
行政村（农村社区）
机关事业单位
学校
医院
商场、超市
宾馆、大厦
一般单位
世界遗产
旅游景点
机场
地级市界
县级界
地铁
沈阳南站 高速铁路及车站
沈阳站 铁路及车站
高速公路及立交桥
快速路及立交桥
主干路
次干路
比例尺 1:160 000
沈阳市勘察测绘研究院有限公司 编制
本图界线权威，因比例尺原因不做实地划界依据。

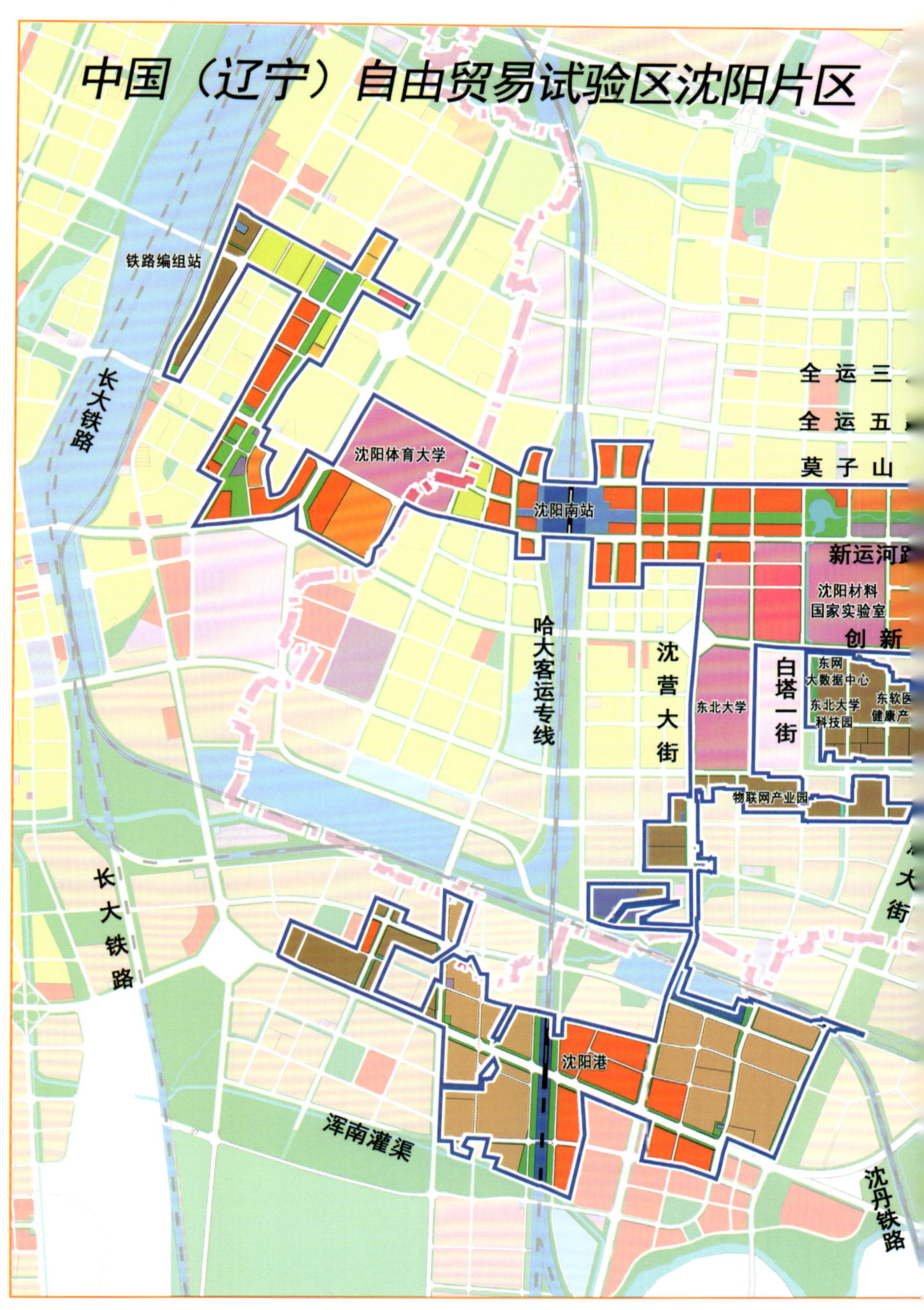
中国（辽宁）自由贸易试验区沈阳片区
铁路编组站
长大铁路
沈阳体育大学
沈阳南站
全运三
全运五
莫子山
新运河路
沈阳材料
国家实验室
创新
哈大客运专线
沈营大街
白塔一街
东北大学
东网
大数据中心
东北大学
科技园
东软医
健康产
物联网产业园
长大铁路
沈阳港
浑南灌渠
沈丹铁路

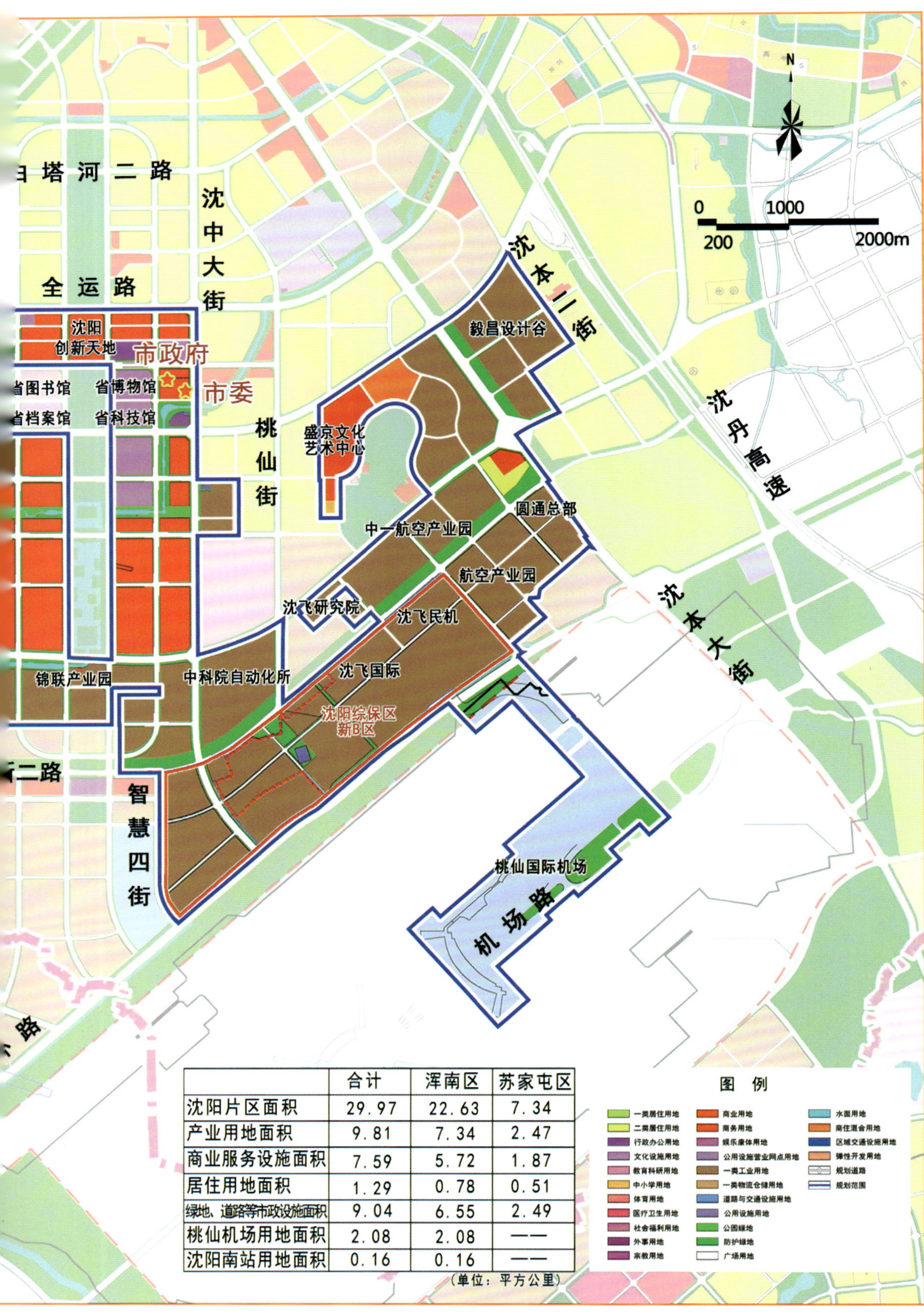

	合计	浑南区	苏家屯区
沈阳片区面积	29.97	22.63	7.34
产业用地面积	9.81	7.34	2.47
商业服务设施面积	7.59	5.72	1.87
居住用地面积	1.29	0.78	0.51
绿地、道路等市政设施面积	9.04	6.55	2.49
桃仙机场用地面积	2.08	2.08	——
沈阳南站用地面积	0.16	0.16	——

（单位：平方公里）

沈阳赛特奥莱中旅国际小镇（岳志强摄）

沈阳东湖荷花池
（张文魁摄）

K11
K11

众团体、法治、外事·侨务·港澳台事务、军事、经济管理、公共安全、农业、工业、建筑·房地产、商贸、中国（辽宁）自由贸易试验区沈阳片区、会展业·广告业、旅游业、金融业、交通·邮政、信息业、城乡建设、环境保护、开发区·功能区（园区）、非公有制经济、经济合作交流、教育、科学技术、文化、卫生健康、体育、社会保障、社会生活、人物、先进集体、区县（市）、街道（乡、镇）、社区（村）、企事业单位信息。每一栏目一般采取“栏目—分目—条目”三级结构层次；卷末有法规、附录、索引。

五、本卷年鉴以条目为主要信息载体和基本撰稿方式。除单一条目外，栏目、分目之首根据需要分设“综述”“概况”综合条目，反映各行业、各类事物的总体情况，记述基本固定的要素，以保持各年度间相关资料的延续性。个别条目会有重复，但记述角度并不相同。卷中栏目列320个分目、1193个条目（包括资料条目13条）。本卷年鉴收录统计表55张，有图片190幅。

六、本卷年鉴主要统计数据，以沈阳市统计局和国家统计局沈阳调查队公布的《2018年沈阳市国民经济和社会发展统计公报》为准。其余数据由各承编单位提供。

七、本卷年鉴常用词语以《现代汉语词典》为准，标点符号遵照《标点符号用法》（GB/T 15834—2011）；数字使用遵照《出版物上数字用法》（GB/T 15835—2011）；除涉农等内容保留“亩”的计量单位外，其他计量单位遵照《量和单位》（GB3100—3102—93）。

八、本卷年鉴的索引，主要采用主题分析索引法。索引使用方法详见索引说明。

九、本卷年鉴所载资料由全市各区县（市）、市直部委办局、社会团体、企事业单位、驻沈部队等180余个承编单位、400余名撰稿人提供。

编辑说明

一、2018年8月，按照沈阳市机构改革的要求，中共沈阳市委党史研究室、沈阳市人民政府地方志办公室、沈阳市统计局统计研究所合并为中共沈阳市委党史研究室（沈阳市人民政府地方志办公室）。顺应三个单位的融合变化，我们将原沈阳市人民政府地方志办公室编纂的《沈阳综合年鉴》更名为《沈阳年鉴》。原沈阳市统计局统计研究所编纂的《沈阳年鉴》停刊，不再出版。

《沈阳年鉴》2019卷是由中共沈阳市委党史研究室（沈阳市人民政府地方志办公室）主持编纂出版，系统记述沈阳自然、政治、经济、文化、社会的年度资料性文献，为沈阳市地方综合年鉴2012年创刊以来，连续出版的第8卷。

二、本卷年鉴以习近平新时代中国特色社会主义思想为指导，全面贯彻党的十九大精神，认真落实习近平总书记在深入推进东北振兴座谈会和在辽宁考察的重要讲话精神，客观记述沈阳市2018年政治经济文化社会生态等方面的大事、要事、新事，为海内外各界人士了解沈阳、研究沈阳提供全面翔实资料，为宣传沈阳、讲好沈阳故事、推动沈阳走向世界提供真实准确信息。

三、本卷年鉴记述时限为2018年1月1日至12月31日，为参照之需和记述之完整，一些条目内容或统计表中的数据亦反映2018年之前及2019年初的情况。

四、本卷年鉴卷首设特载、重点聚焦、党和国家领导人在沈活动、大事记、沈阳概貌；卷中以中文序号标示的栏目有40个：中国共产党沈阳市委员会、沈阳市人民代表大会、沈阳市人民政府、中国人民政治协商会议沈阳市委员会、中国共产党沈阳市纪律检查委员会沈阳市监察委员会、民主党派与工商联、群

沈阳新世界博览馆夜景（高好云摄）

■ 沈阳南市场八卦街（岳志强摄）

时政记录

■ 11月2日，中国共产党沈阳市第十三届委员会第八次全体会议召开（市委办公室供）

■ 1月22—25日，沈阳市第十六届人民代表大会第一次会议举行（市人大供）

■ 12月28日，沈阳市人民政府第二十届二次全体（扩大）会议举行（市政府办公室供）

■ 1月21—24日，中国人民政治协商会议沈阳市第十五届委员会第一次会议召开（市政协供）

5月31日，省委副书记、市委书记易炼红到沈阳儿童活动中心调研（市妇联供）

12月18日，省委常委、副省长、市委书记张雷到康平县调研，慰问贫困户老党员（市委办公室供）

■ 10月1日，市长姜有为到沈阳化工股份有限公司视察（沈化公司供）

■ 10月11日，宝马集团中国战略协议签字仪式举行（中德园供）

经济写真

■ 新民市新农村镇靠山屯寒富苹果（市农业农村局供）

■ 国家级标准化示范场——华美种鸡场（市农业农村局供）

■ 9月11日，AP1000屏蔽电机核主泵在沈鼓集团自行制造成功（沈鼓集团供）

■ 11月29日，世界最大尺寸的一次成型3D打印树脂桥梁由沈阳机床集团和上海建工机施集团合作完成（沈阳机床集团供）

■ 国内首台发送端±1100千伏高压直流换流变压器（市工信局供）

■ 华晨宝马第二百万辆下线庆典（市直机关工委供）

APEC技展会

6月27—29日，第十届APEC中小企业技术交流暨展览会在沈阳举行（张文魁摄）

■ 5月17—19日，第七届中国（沈阳）国际现代建筑产业博览会举行（市建设局供）

■ 9月1—5日，第十七届中国制博会举行
（市产业转型升级促进中心供）

■ 8月27日，京沈对口合作座谈会暨签约仪式举行　　　（市接待办供）

■ 京东亚洲一号沈阳二期项目　（浑南区供）

■ 9月2—16日，中兴大厦第29届服装节举行
（中兴大厦供）

■ 3月20日，中欧班列直达中德园启动仪式在华晨宝马铁西工厂举行　（中德园供）

AI产业·新松机器人

■ 2月25日，新松机器人炫舞平昌冬奥会“北京八分钟”（包括封面照片）

■ 手术辅助-7轴柔性机器人

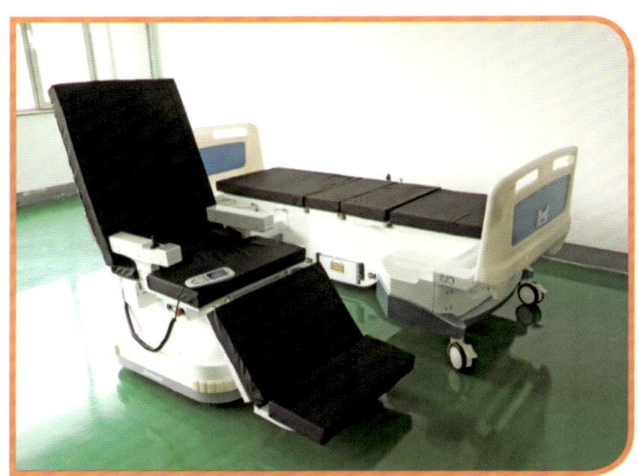

■ 床椅一体化产品

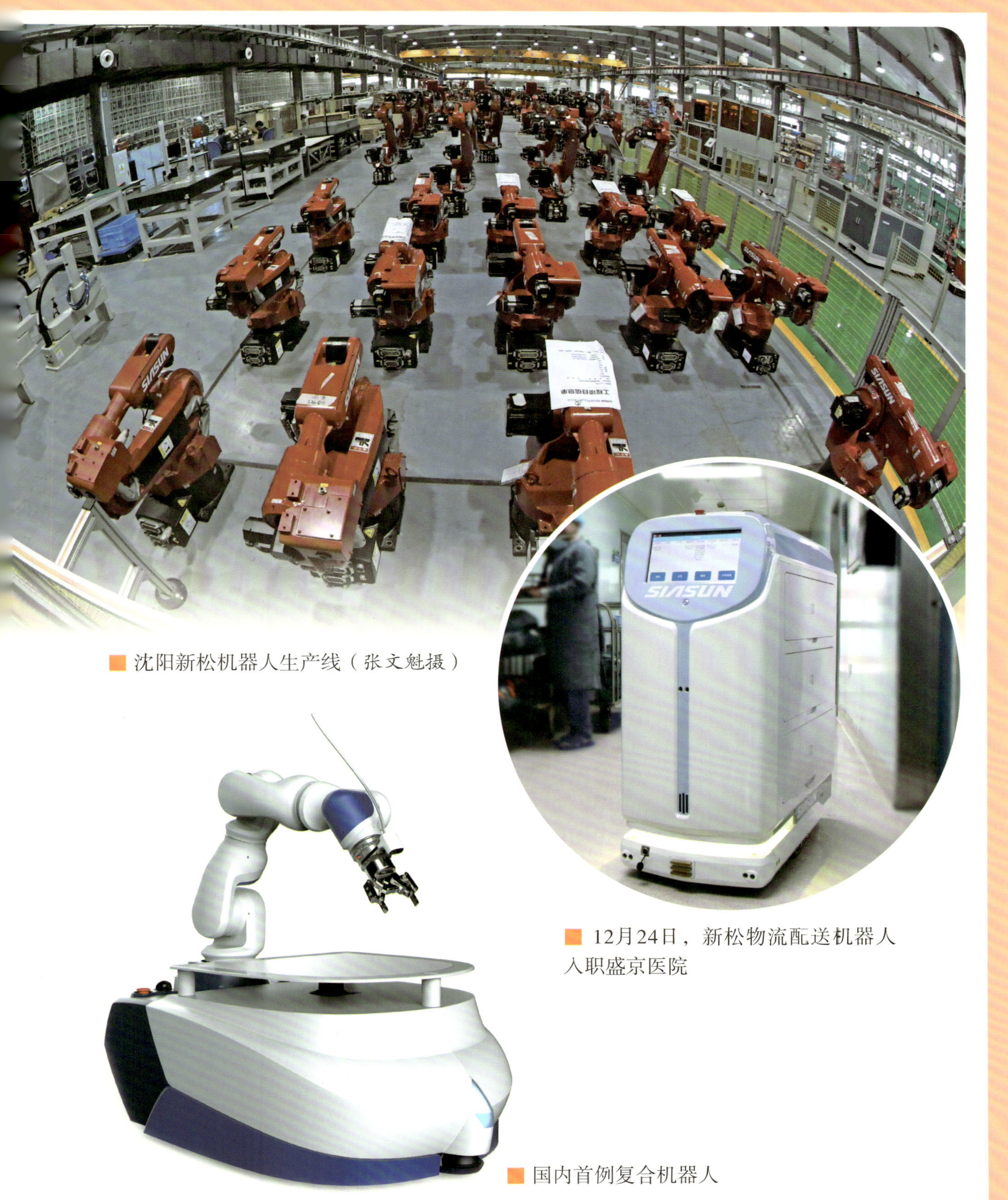

沈阳新松机器人生产线（张文魁摄）

12月24日，新松物流配送机器人入职盛京医院

国内首例复合机器人

文化映象

■3月，俄罗斯伊尔库茨克市第47学校学生代表团与沈阳外国语学校学生交流（市教育局供）

■6月28日，和平区沈水湾街道举办“新时代 新使命 新征程”纪念建党九十七周年“庆七一”大型文艺汇演（和平区供）

■ 9月15日，东北大学举办庆祝建校九十五周年主题音乐晚会（东北大学供）

■ 10月15日，沈阳市启动百万市民上冰雪暨冰雪进校园活动（市体育局供）

■ 10月24日，沈阳市老干部庆祝改革开放40周年文艺汇演举行（市委老干部局供）

■ 12月19日，辽宁大学学科建设工作会暨振兴奖表彰大会召开（辽宁大学供）

■ 12月22日，盛京满绣中国起源地文化产业示范基地揭牌仪式在沈阳创新天地启动（市委党研室供）

■ 玖伍大讲堂（沈阳出版发行集团供）

■ 全国首家生态主题书店

（沈阳出版发行集团供）

■ 市新华书店举办的“沈阳晚八点”文化活动

（沈阳出版发行集团供）

■ 东北大学轧制技术及连轧自动化国家重点实验室

（东北大学供）

社会剪影

■ 5月12日，沈阳市纪念国际护士节暨表彰会召开
（市卫健委供）

■ 9月9日，盛京银行2018沈阳国际马拉松鸣枪起跑
（盛京银行供）

■ 9月21日，人保财险沈阳市分公司护航沈阳第十八届农博会举行
（市人保财险公司供）

■ 沈阳市供销社举办贫困家庭妇女玉米叶手工编织技术培训
（市供销社供）

■ 10月17日，沈阳职业技能大赛中职组美发与形象设计赛项在沈阳市轻工艺术学校举行（市教育局供）

■ 10月17日，沈阳市中级人民法院打击拒不执行判决、裁定等犯罪行为新闻发布举行（市法院供）

■ 5月18—20日，“2018创变者”沈阳自贸区创业周末在东大优客工场举行（沈阳自贸区供）

■ 6月30日，“钻石之恋 爱在沈阳”——首届沈阳“钻石之恋”集体婚礼在盛京大剧院太阳广场举行（张文魁摄）

国家卫生城创建

创卫改造前后对比（市创卫办供）

■ 4月8日，沈阳地铁二号线北延线二期工程正式载客试运营（市地铁集团供）

■ 8月20日，东塔跨浑河桥通车（张文魁摄）

■ 9月28日，北京至沈阳高速铁路辽宁段钢轨全线铺通（范波摄）

■ 11月25日，沈阳北站南广场地下出租汽车站建成运行（市交通局供）

■ 东一环快速路建成（市建设局供）

■ 小北关街跨铁道桥（张文魁摄）

■ 沈阳地铁九号线曹仲车辆段
（市地铁集团供）

■ 建设中的大辛生活垃圾焚烧发电项目
（市政公用局供）

■ 沈阳南站（张文魁摄）

人物

2018年度感动沈阳人物（张文魁摄）

2018年最美沈阳人（张文魁摄）

■ 全国“最美家庭”刘抗美家庭（市妇联供）

■ 全国“最美家庭”洪家光家庭（市妇联供）

■ 全国“五好文明家庭”徐占海家庭（市妇联供）

■ 全国“五好文明家庭”金波家庭（市妇联供）

数读沈阳·2018

国土面积12860平方千米
年平均气温8.8℃
年降水量428.8毫米
年日照时数2402.8小时
空气质量优良天数285天
常住人口831.6万人
户籍人口746万人
人口自然增长率-0.61‰
地区生产总值6292.4亿元
第一产业增加值260.1亿元
第二产业增加值2376.6亿元
第三产业增加值3655.7亿元
一般公共预算收入720.6亿元
一般公共预算支出964.9亿元
社会消费品零售额 4051.2亿元
外贸进出口总额984.3亿元
新签利用外商资项目（合同）162个
实际利用外商直接投资额14.3亿美元
旅游总收入759亿元
接待国内外旅游者8257.5万人次
接待国内旅游者8175.6万人次
接待国际旅游者（入境）81.9万人次
城建投资额301.6亿元
万吨以上城市污水处理厂34座
房地产开发投资996.7亿元
农林牧渔业总产值525.9亿元
农作物播种面积67.8万公顷
粮食总产量369.1万吨
规模以上工业企业利税总额579.5亿元
建筑业增加值474.2亿元
货物运输总量23491.4万吨
其中，铁路451.4万吨
公路23034万吨
民用航空6万吨
邮电业务总量498亿元
银行机构及网点1300家
金融机构本外币存款余额17746.2亿元
金融机构贷款余额14912亿元
人均存款78000元
证券交易额26765.3亿元
保险机构及网点461家
保费收入328.5亿元
城市公交运营线路314条
城市公交运营线路长度5048.7千米
城市公交运营车辆5912台
公共交通客运总量11亿人次
地铁1、2号线运营里程及客运量740.5万列千米、31603万乘次
浑南有轨电车运营里程及客运量330.1万列千米、1391.3万人次出租汽车
出租汽车21534辆
卫生机构（不含村级卫生组织）2681个
各类卫生技术人员77951人
普惠性幼儿园990所
小学及在校生275所、39.3万人
普通中学及在校生299所、27.8万人
中专职业学校及在校生80所、7.9万人
技术学校及在校生13所、1.6万人
普通高等院校及在校生47所（含独立学院4所）、39.1万人
专利申请23826件
专利授权12582件
新增省级以上重点实验室等创新平台77个
城镇居民人均可支配收入44054元
农村居民人均可支配收入16530元
城镇非私营单位在岗职工平均工资
城镇非私营单位从业人员平均工资
城镇基本养老保险425.2万人
城乡居民社会养老保险116.1万人
城镇职工医疗保险337.1万人
城镇居民医疗保险200.3万人
新型农村合作医疗参合162.2万人
企业退休基本养老金2619元/人均每月
城镇新增就业11.87万人
新增大学生就业11万人
新认定高层次人才2880人
新引进外国高端人才221人
城镇登记失业人员9.65万人
城镇登记失业率3.11%
民营经济市场主体存量74.3万户

人，正地（厅）级待遇3人，副地（厅）级待遇438人，正县（处）级待遇1242人，副县（处）级待遇3262人，正副乡（科）级待遇615人，其他待遇1886人。按年龄结构分：80—89岁3243人；90岁以上4204人。平均年龄90.6岁。最小年龄82岁（铁西区柳英），最大年龄106岁（沈阳机床集团柳玉璞）。全市有离休干部党员5493人，党支部973个。全市组织老干部参观考察活动2542人次，参加形势报告3980人次，上门走访慰问9558人次，电话询访慰问7633人次，参加各种文体活动8062人次。全市关心下一代组织3150个。

【“改革开放40年那些事儿”系列主题宣传活动】 4月10日，市委老干部局下发通知，开展“足迹·40年巨变”“亲历·40年故事”“镜头·40年记忆”三项主题宣传活动。向全市征集关于老干部反映改革开放40年发展变化的线索、故事、经历、图片，征集报送省委局5条线索，69篇征文和23张图片，获全省优秀组织奖。

【老干部创客空间“金点子”评选】 4月10日，市委老干部局下发通知开展老干部创客空间“金点子”推荐活动。截至12月31日，活动征集到67条有价值的“金点子”，沈河区、沈北新区委老干部局等推荐的11条“金点子”获奖，6家单位获优秀组织奖。建立老干部“创客空间”、频出振兴发展“金点子”活动，被市直机关工委评为2018年度市直机关十大创新党建项目之一。

【学习党的十九大报告知识答题活动】 4月25日至6月10日，市委老干部局与晚晴报社联合开展离退休干部学习党的十九大报告知识答题活动。活动收到有效答题卡661份，有12个单位获组织奖，50位老干部获优秀个人奖。

【离退休干部“三城联创”志愿服务活动】 5月24日，启动全市离退休干部“三城联创”志愿服务工作，向全市离退休干部发出倡议：要发挥政治优势，当好“三城联创”宣传员；要发挥威望优势，当好“三城联创”倡导员；要发挥经验优势，当好“三城联创”监督员。截至6月30日，建立离退休干部“百千万”志愿者队伍，即100名“三城联创”宣传员；1000名“三城联创”监督员；1万名“三城联创”倡导员。

【全市离退休干部党支部书记培训班】 6月27—28日举行。各区县（市）直单位、中直驻沈单位100余名专（兼）职离退休干部党支部书记参加培训。其间，总结全市20个离退休干部党支部的工作经验，编印成册下发，陆续刊登在局网站和微信公众号上，加以宣传推广。

【局属事业单位改革完成】 8月17日，沈阳市老干部服务中心正式挂牌成立。新成立的市老干部服务中心，是由原沈阳市老干部活动中心、沈阳老年人大学、沈阳市老干部疗养院、沈阳市五里河干休所整合组建而成，为市委老干部局所属事业单位，将继续履行贯彻落实中央、省、市委和政府关于老干部服务的方针政策，为全市离退休干部开展党建培训、老年教育和文体活动提供服务的职责任务。

【精准化个性化服务】 协调市财政在国庆节前将109家单位572名离休干部的采暖费补贴全部发放到离休干部手中。组织全市30个单位268名离休干部分9批参加健康疗养。继续为年满90周岁576名符合条件离休干部发放彩电，此项特殊待遇工作坚持开展12年。分2批次走访特困离休干部45人，送去慰问金11.55万元。分3批次走访慰问易地安置和异地居住在全国8省22座城市36名离休干部，传递组织上的关心和问候。

【庆祝改革开放40周年系列活动】 10月22—23日，在沈阳美术馆举办“庆祝改革开放40周年”主题书画展，展出全市离退休

10月22—23日，在沈阳美术馆举办“庆祝改革开放40周年”主题书画展

（市委老干部局供）

干部书画作品177件，摄影作品34件。10月24日，举办沈阳市老干部庆祝改革开放40周年文艺汇演，近500名离退休干部以其特色鲜明的艺术形式，表演合唱、舞蹈、民乐合奏、笛子独奏、独唱等节目。（毕文杰）

党校教育

【概况】 2018年，市委党校以习近平新时代中国特色社会主义思想为指导，深入学习习近平总书记在辽宁考察时和在深入推进东北振兴座谈会上重要讲话精神，坚持党校姓党原则，突出主业主课，不断提高教学、科研和服务保障工作质量，圆满完成各项工作任务。

干部教育培训。把习近平新时代中国特色社会主义思想和党的十九大精神作为教育培训的主要内容和必修课，实现理论学习全覆盖，围绕全市中心工作设置教学专题，提高教育培训的精准化水平，举办各类培训班116期，培训学员19078人次。

科研和决策咨询。申报课题84项，立项70项，结项49项。1项课题获国家社会科学基金一般项目立项，3项课题获省哲学社会科学规划基金项目立项。发表咨政报告12篇，发表论文100篇，其中核心期刊论文14篇，公开出版著作4部，创办内参《咨政参考》。获奖成果58项，获全国地方党校第十二届优秀科研工作组织奖，2人获优秀科研管理工作者奖，3人获优秀科研成果三等奖，1人获省政府第六届哲学社会科学成果三等奖。

教学科研管理。制定《重大教学专题项目团队负责制实施办法》，成立9个项目团队。制定《教学外出学习培训的规定》《教师外出授课制度》，与教师签订严守讲台纪律承诺书，建立班主任“叫停机制”，严把教学政治关。举办全市党校系统科研培训研讨班，开展校级课题中期检查，在课题管理中实现全程监督、全程指导、全程服务。

师资和干部队伍建设。制定《中青年教师培养规划》《教学名师评选办法》，开展“年轻教师培养工程”。完成事业单位改革，编制“三定”方案，接收划转各类人员65名，选拔任用处级领导干部44名。

后勤服务。完成重大会议活动服务保障任务11次，完成主体班次及其他会议服务138次，保障16.5万余人次。完善硬件设施，改善校园环境，制定并启动智慧校园建设申报规划工作，完成校园文化建设一期工程。

对外交流借鉴。接待湖南省委党校、江苏省委党校、广州市委党校等13家党校来访。接待台湾中国文化大学参访团，为推动校际友好合作，促进文化交流常态化搭建桥梁。

【系列教学活动】 5月18日，为推动教学质量提升，加强师资人才队伍建设，举办以“信念、责任、学风——党校培训与新时代意识形态建设”为主题的学术沙龙，对新时代中国意识形态领域新情况、新问题进行深入分析，提出对策建议。11月30日，举办以“改革创新发展”为主题的“解放思想推动高质量发展大讨论”教学论坛，党校教师与学员就实施创新驱动战略、落实人才政策、总书记讲话对当地发展的启示等问题进行深入交流。12月28日，举办2018年教学大奖赛，为教师提供展示交流平台，对教师在教学中坚持问题导向，坚持理论联系实际，突出政治性和学术含量提出新要求。

【市人大代表履职培训班】 5月22—24日在市委党校举办。市人大常委会委员、市人大人事选举委员会主任委员负责人出席开班动员并讲话。培训班开设《“不忘初心，牢记使命”十九大报告精神解读》《“新时代、新思想、新举措”习近平新时代中国特色社会主义思想解读》《深入学习监督法，提高人大代表履职能力》《学习新宪法，贯彻人民代表大会制度》等课程，83名市人大代表参加培训。

【市委党校整合】 8月，按照沈阳市市直公益性事业单位优化整合方案要求，中共沈阳市委党校（沈阳行政学院、沈阳市社会主义学院）、中国共产主义青年团沈阳市团校、沈阳市直机关党校、沈阳市党员教育中心、中共沈阳市委讲师团、沈阳市互联网信息研究中心、《沈阳工作》编辑部、沈阳市人民政府公报编辑部、沈阳社会科学院、沈阳市民主党派统战团体机关会计核算中心10家事业单位整合组建中共沈阳市委党校（沈阳行政学院、沈阳市社会主义学院、中国共产主义青年团沈阳市团校）。

【全国人才新闻宣传培训班】 9月11—14日，经中组部人才局批准，由中国人才杂志社主办的2018年人才新闻宣传培训班在市委党校举办。全国各地人才工作有关负责人117人参加培训。市委党校完成服务保障任务，得到中组部人才局、市委组织部充分肯定。

【庆祝改革开放40周年理论研讨会】 11月28日，市委党校、市社科联共同举办全市党校系统、社科界学习贯彻习近平总书记在深入推进东北振兴座谈会和在辽宁考察重要讲话精神暨庆祝改革开放40周年理论研讨会。市委常委、宣传部部长冯守权出席会议并讲话。会议强调深入学习贯彻习近平总书记重要讲话精神对推动沈阳振兴发展的重大意义和深远影响，就开展好“解放思想推动高质量发展大讨论”进行动员和部署。相关单位负责人、市社科界专家学者代表、全市党校系统骨干教师260人参加会议。

11月28日，庆祝改革开放40周年理论研讨会在市委党校召开　　（市委党校供）

【区县（市）委党校解放思想推动高质量发展研讨会】 11月30日在法库县委党校召开。省委党校、市委党校负责人出席会议并分别讲话。全市各区县（市）委党校常务副校长就解放思想推动高质量发展情况、主要成果及经验进行交流。全市各区县（市）委党校常务副校长、副校长、党校教师60余人参加会议。

【习近平新时代中国特色社会主义思想学习贯彻】 2018年，市委党校坚持把深入学习习近平新时代中国特色社会主义思想和党的十九大精神作为重大政治任务，举办学习贯彻习近平新时代中国特色社会主义思想和党的十九大精神轮训班5期，培训市管干部913人。举办学习贯彻习近平总书记在辽宁考察时和在深入推进东北振兴座谈会上重要讲话精神专题研讨班3期，轮训市管干部1200人、处级干部3400人。选派优秀教师参加市委宣讲团，全面解读习近平新时代中国特色社会主义思想、党的十九大精神和沈阳实现全面振兴发展的目标任务、部署要求。

【多元培训】 2018年，市委党校在教育培训上丰富教学方式，开发自媒体微课堂，延伸教学领域；运用研讨式教学、案例式教学、体验式教学、情景教学等模式，将实训教学由桌面推演上升为现场模拟；将“行动式学习”引入所有班次，“行动式学习”经验被国家行政学院推广；把党性教育寓于教学活动之中，在轮训班开展重温入党誓词，向党旗宣誓活动；开设领导讲坛与专家视野，先后邀请知名专家学者120人次举办专题讲座，拓宽教师和学员视野，增强教育培训的针对性、实效性。

【教研咨一体化】 2018年，市委党校采取理论讲解、案例分析、实地考察和交流研讨“四位一体”的培训方式，精准对标先进地区开展异地教学，形成教研咨一体化的教学链条。结合教学专题开展调研，完成调研报告36篇，其中5篇刊登在市委“决策咨询”，4篇在全省公务员调研评比中获奖，形成的《城市治理现代化的探索与实践——共治共享幸福沈阳》由国家行政学院出版社正式出版。　　（徐舒）

保密事业

【概况】 2018年，全市各级保密组织和广大保密工作者全面贯彻党的十九大和十九届三中全会精神，以习近平总书记关于保密工作重要讲话精神为统领，开展基础能力建设，加强保密宣传教育，抓好专项检查。6月，剪辑制作《保密法规定的12种严重违规行为及案件通报》《河南间谍潜伏案》《警惕身边的泄密》《普通打工仔缘何成间谍窃密工具》《身边的保密防线》等保密教育警示片提供给各机关单位。协调市政府办公厅和管理办，在规划大厦利用电子显示屏，在环保大厦利用楼宇电视进行循环播放各类警示教育片，并坚持每月进行更新。组织向保密业务杂志推荐稿件，在《保密科学技术》杂

保密和机要密码基础知识培训（市保密局供）

志刊登保密论文《军工企业的保密文化建设》。有针对性地对市委办公厅、市政府办公厅等单位（地区）定密授权工作进行具体指导。强化中、高考等考试保密监督检查工作，指派专人参与值班工作，并在试卷运送、保管、入闱命题等环节中加强指导监督及保障工作，参加考试保障19次，出题入闱69天。

【保密基础知识培训班】 1月26日，市国家保密局和市委机要局联合举办业务基础知识培训班，各地区党委和政府、各单位密码工作分管领导、密码使用人员、保密办（局）负责人、保密干部274人参加培训。

【保密行政管理】 2018年，协助省保密局完成《辽宁省保密法实施办法》起草工作。针对机关单位废旧物统一回收的要求，起草《关于规范涉及国家秘密信息设备维护管理和定点维修工作的通知》，提前预防，堵住漏洞。梳理市国家保密局权责清单，明确涉密载体印刷复印资质审核转报、涉密信息系统投入使用前的保密审查等行政权力，推进保密行政管理工作规范化开展。选派一名骨干进驻市政府政务服务大厅，较好的完成综合窗口咨询服务。

【自查自评督查】 2018年，制发《关于组织开展2018年度机关、单位保密自查自评工作的通知》对全市各地区、单位的保密自查自评工作进行部署。开展电子政务网络保密管理专项检查、中央文件保密管理专项检查、试卷保密室检查、中考命题场所保密检查、国家秘密载体印制资质检查初审、定点维修单位检查审核、涉密网络管理专项检查等。

（市国家保密局）

市直机关党建

【概况】 2018年，市直机关工委坚持把党的政治建设摆在首位，深入贯彻习近平新时代中国特色社会主义思想、党的十九大精神和习近平在辽宁考察时和在深入推进东北振兴座谈会上重要讲话精神，认真落实市委十三届六次、七次、八次、九次全会精神和市委工作会议部署，严格市直机关组织生活制度，建立党内政治生活考核通报制度，全面落实意识形态工作责任制，构建“四位一体”宣传体系，推动党员干部增强“四个意识”，坚定“四个自信”，做到“两个维护”。坚持围绕中心、服务大局，以开展“机关党建质量提升年”活动为载体，推进“党建+四服务”工作，全面提升党建服务中心能力，举办2017年度市直机关党组织书记抓基层党建工作述职评议暨基层党组织建设现场交流大会，市直机关80%基层党支部达到标准化规范化标准，10个党支部获评省级党支部示范点。深入开展十大“工作创新”和“服务创优”党建项目评选活动，建成“市直机关红色讲堂”，开发“智慧党建”工作平台，完善机关党建考核方式，党建考核效率和质量实现双提升。持续正风肃纪，认真做好巡查整改后半篇文章，强化纪律教育，先后11次开展整治衙门作风等明察暗访活动，审理市直机关处级违纪党员案件38件，给予纪律处分38人。举办3期552人次参加的市直机关纪检干部、重点岗位处长和新任处长党风廉政教育培训班。加强“活力机关”建设，发挥统一战线凝聚职能，凝心聚力的成效更加显著。狠抓巡察整改，机关工委自身建设不断加强，深入开展“练内功、提素质、树形象、做表率”主题教育实践活动，以“严明党纪国法、强化正风肃纪”为主题开展廉政教育，进一步增强党员干部廉洁自律意识。加强党支部规范化建设，推动基层组织建设各项制度落实。推荐

和评选省五一劳动奖章4人、省五一工人先锋号单位1个，市五一劳动奖章23人、奖状1个、工人先锋号3人。救助市直机关患大病职工本人和职工直系亲属患大病人员各78人，发放慰问金共计26.95万元。走访慰问生活困难党员和老党员、老干部3700余人。开展3次“四服务”（服务企业、服务项目、服务基层、服务群众）及时奖励工作，评出机关“四服务”先进集体29个，先进个人17名，并给予及时奖励和通报表彰。

【开展“营商环境从我做起——不为不办找理由、只为办好想办法”活动】 1月19日，市直机关工委联合市营商办、市营商局，在沈阳市政务服务中心召开“营商环境从我做起——不为不办找理由、只为办好想办法”活动启动仪式暨工作部署会议。在全市推行机关干部挂牌上岗、信息公开和公开承诺服务，自觉践行“办事依法依规、办事不用求人、办事便捷高效”行为准则和服务承诺。

【处级领导干部学习贯彻习近平新时代中国特色社会主义思想和党的十九大精神集中轮训班】 3月19日至4月20日，市直机关工委在创新天地千人会议厅举办4期市直机关处级领导干部学习贯彻习近平新时代中国特色社会主义思想和党的十九大精神集中轮训班，深入学习贯彻习近平新时代中国特色社会主义思想和党的十九大精神，轮训市直机关处级领导干部3300余名。

【“不忘初心 牢记使命 弘扬五种精神”演讲比赛】 市直机关工委组织开展“不忘初心牢记使命弘扬五种精神”演讲比赛。4月12日，演讲比赛第一场预赛在沈阳市档案馆开赛，61个市直单位104名选手报名参赛。5月11日，演讲比赛决赛在市地税局举行，13名选手参加。市国税局李洋、齐敏慧获一等奖，市财政局赵琳林、市公安局张美茜和市民政局陈洁获二等奖，市妇联张晔、市地税局赵雪冬、市管理办吕丹青、市总工会王明华、市委办公厅康健、市环保局唐永群、市编办孙巍巍和市烟草局韩放获三等奖。

“营商环境从我做起——不为不办找理由、只为办好想办法”活动启动仪式
（市直机关工委供）

【“机关干部当先锋 打赢创城攻坚战”主题实践活动】 5月15日，市直机关工委向机关广大党员干部发出“机关当先锋 创城做贡献”倡议，利用“沈阳机关党建”微信平台和沈阳机关党建网，大篇幅进行宣传报道；组织130余名机关党务干部开展“看沈阳新貌 促‘三城联创’”活动，实地领略“沈阳智造”的创新能力和城市发展新貌；联合市创卫办、《沈阳晚报》开展全市机关“三城联创”百问百答微信答题活动，5000余名机关党员干部参与答题。

【“沈市机关先导讲坛”报告会】 5月22日，市直机关工委邀请中国人民大学学术委员会委员兼副秘书长、博士生导师、教授胡锦光围绕“新时代的宪法发展与依宪治国”作专题讲座，市委常委、政法委书记王健主持报告会并讲话。8月27日，邀请东北大学马克思主义学院院长、博士生导师、教授田鹏颖以“践行新时代辽宁精神 夯实‘伟大工程’政治根基”为主题作专题讲座。市直机关各单位理论中心组成员和理论骨干、部分区直机关党员干部参加报告会。（王广绪）

中省直企业党建

【概况】 2018年，中省直企业工委团结带领86家中省直单位，严格落实各级国有企业党建工作会议和市委十三届六次、七次、

八次、九次全会精神，以抓党建促发展为工作主线，在坚持全面从严治党、不断提高党建工作水平的同时，聚焦全市中心任务，弘扬践行“马上办、钉钉子”精神和大干实干的工作作风，完成各项工作任务。在提升基层党建工作水平上，落实基层党建工作责任制，开展基层党建述职评议考核工作；开展基层党组织换届专项督查指导，指导完成换届党组织22个，撤销党组织2个，转入党组织2个，转出党组织11个；注重从产业工人、高知识群体和非公有制经济组织中发展党员，共计1165名；推进党员电化教育工作，拍摄报送党员教育课件13部；落实党的组织生活制度，开展“三会一课”、发展党员和党费收缴使用管理等组织基础工作检查；强化领导班子和干部人才队伍建设，调整29个单位班子和55名领导干部，搭建沈阳市人才政策与央企对接平台，做好央企人才项目申报推荐工作；突出典型引领，表彰50名优秀共产党员、50名优秀党务工作者和110个先进基层党组织，1人获省优秀共产党员称号，2个党组织获先进基层党组织称号；抓实党支部规范化建设，年末达标党支部1229个，规范化党支部达标比例78.13%。在加大监督检查上，不定期听取党委和纪委落实主体责任和监督责任工作汇报，检查落实“两个责任”工作情况；开展对窗口单位的明察暗访；开展小金库、涉黑涉恶腐败及黑恶势力“保护伞”专项治理工作，深入监狱系统调研检查是否存在涉黑涉恶保护伞情况；全面排查2017年以后执纪审查案件，开展中央巡视组巡视反馈意见整改落实；召开全系统党员领导干部警示教育大会，组织收听廉政专题党课，观看警示教育专题片；加强纪律审查，严格落实纪律审查工作制度、规范工作流程，与企业上级集团纪委建立沟通协调机制，形成工作合力。在促进企业安全稳定和谐上，继续深入开展“聚力‘十三五’·强企促振兴”主题实践活动，引导党外知识分子围绕企业发展和沈阳振兴提出合理化建议3500余条，形成提案议案60项；指导601所建立党外知识分子联谊会；加强党外代表人士队伍建设，对系统60位党外代表人士进行登记备案；坚持以“书记抓信访”为统领，组织开展信访问题减存控增“融冰行动”三年攻坚，确认交办案件29件，化解息访9件，息访率达到31%，确保系统的稳定。

【习近平在辽宁考察时和在深入推进东北振兴座谈会上重要讲话精神贯彻落实】 2018年，全系统通过强化中心组学习、举办答题测试、党组织书记集中轮训等，学习宣传贯彻习近平在辽宁考察时和在深入推进东北振兴座谈会上重要讲话精神。举办中省直企业讲坛2场，联合主办“2018东北新闻发布厅经济讲堂”12期，参训人员2100余人次。切实履行意识形态工作主体责任和领导责任，健全组织机制，纳入党建工作年度综合考评体系。对各单位坚持正确舆论导向，做好舆情引导，对舆情收集等情况进行考核评价。组建由各单位先进人物、模范典型、身边好人组成的50余人的宣讲骨干队伍，深入企业开展理论宣讲和形势任务教育。编辑《沈阳中省直党建》杂志6期，在《沈阳日报》开辟“向高质量发展迈进 中省直企业在行动”系列报道专栏。编辑拍摄工委党建工作纪实宣传片，在沈阳电视台播出，获得广泛好评。

【“解放思想推动高质量发展大讨论”贯彻落实】 2018年，全系统积极开展“解放思想推动高质量发展大讨论”，激发干部职工干事创业积极性主动性创造性。推动基层创新党建活动载体，组织系统各级党组织开展“六好”党支部创建、支部主题党日、“共产党员工程”等活动，引导党员立足岗位，发挥先锋模范作用。搭建企业联盟合作平台，先后开展“产业联盟合作团队交流合作”“营商环境从我做起”“央企领导沈阳行”等活动，向企业上级行政主管部门宣传沈阳的营商环境政策，14家系统单位实现项目对接合作。参与三城联创、打造国际化营商环境等活动。组织企业开展全覆盖宣传，开展巡查调研指导，提高职工“三城联创”工作的知晓率、支持率和积极性，确保三城联创工作落实到位，不留死角。

【沈阳飞机工业（集团）有限公司党建】 2018年，公司结合纪念改革开放40周年等专题，组织党委理论学习中心组和直属党组织开展集中学习、自学研讨14次，编发《理论学习材料》14期。开辟《新观察新思考》《共话十九大》等专栏，通过报纸、广播、电视、新媒体发布稿件106篇。建立上市公司党组织，组建中航沈飞党委，调整、设置19个直属党组织。建立应用“三重一大”（重大决策事项，重要人事任免，重大项目安排，大额资金运作）信息系统，保障122项重点工作顺利完成。完成公司党委顺

利通过集团公司“星级党组织资格复审”。开展直属党组织书记抓基层党建工作述职评议，组织300余名党支部书记集中轮训。严抓正风肃纪，签订党风廉政建设“三书一表”（党风廉政建设责任书，岗位任职期间党风廉政建设责任书，领导干部廉洁自律承诺书，领导干部廉洁自律自查表），建立并实施与供应商签订廉洁协议书工作机制，开展岗位廉洁风险排查，推动“三重一大”决策自评估。建立巡察机构和巡察制度，完成对航空工业吉航的巡察。

【中国航发沈阳黎明航空发动机有限责任公司党建】 2018年，公司组织400名中层干部开展为期5天的学习党的十九大精神集中培训，对党建、强化“航空发动机和燃气轮机”专项推进等方面提出217条意见建议；以“发扬创新精神，推动航空发动机事业蓬勃发展”为主题，组织召开专题党课，200余名党员干部参加学习。组织实施党建“铸心”工作体系，实施子工程措施113项，党建工作体系化水平持续提升。推动党建与中心深度融合，聚焦重点任务，组建各级“铸心”新长征党员突击队389支，实现基层党组织和党员“两个全覆盖”。开展“质量放心党支部和质量放心党员”活动，密切跟进低层次质量问题专项整顿，协同解决任务推进中的质量问题。推进“讲清楚初心与使命，讲清楚机遇与挑战，讲清楚战略与文化”形势任务教育，显著增强广大党员干部的大局意识、责任意识。高标准开展内部巡察，建立巡察培训、巡察进驻等工作流程，制定200余项工作清单，形成70余条制度汇编、20余个规范文档模板。完成对7个基层党委（党总支）的常规巡察，并针对典型、共性问题进行专题研究，推动从制度层面进行整改。

【中国联合网络通信有限公司沈阳市分公司党建】 2018年，公司坚持党建发挥政治引领作用，推行支部建设清单式管理，实现党建制度化、规范化建设全覆盖无死角，推动“一岗双责”落到实处。坚持党建融入中心工作，立项“共产党员工程”23项、“共产党员先锋队”30项。坚持党建推动文化兴企和形象提升，推出“沈阳联通文化家园”微信公众号114期，成为独具特色的文化品牌。落实国家战略部署，加快5G网络建设步伐，向社会宣传联通“千兆光网”硬实力，发布全新的“10010”服务承诺，推进联通服务全面升级；公司完成主营业务收入40亿元，利润10亿元，推动改革稳步进行和企业高质量发展。

【华晨宝马汽车有限公司党建】 2018年，公司探索合资企业党建工作新模式，服务公司经营发展。开展开放式特色党建，鼓励基层党组织“走出去”，与相关业务伙伴结对共建，实现党建工作与业务工作同促进、共发展，推动公司与政府部门及上下游企业相互协作。党委围绕企业中心工作，带领党员践行公司“第一战略”及核心价值，积极奉献公司发展；号召党员树立服务华晨宝马，就是振兴东北的理念，使华晨宝马成为东北振兴的中坚力量。2018年公司实现工业总产值1448亿元，缴纳关税、国地税总计307亿元。

【中国移动通信集团辽宁有限公司沈阳分公司党建】 2018年，公司党委通过中心组学习、基层党组织书记轮训、三会一课、专题研讨、手机课堂、在线闯关答题等方式，深入学习领会习近平新时代中国特色社会主义思想和党的十大精神。以“两学一做”学习教育常态化制度化和“六好”党支部创建为抓手，全面提升党支部规范化建设水平。重点开展“共产党员工程”争创活动，发挥共产党员突击队在“春雷行动”“飓风行动”“校园迎新”“双百会战”等重要任务中的先锋模范作用。落实意识形态工作责任制，举办“敬业”主题道德讲堂、“践行‘干’字精神”主题活动，营造“担当·奋斗”企业文化氛围。参加沈阳市“三城联创”工作，组建志愿服务队，常态化开展学雷锋志愿服务活动，助力沈阳打造国际化营商环境。立足沈阳“四个中心”建设规划，全面落实“大连接”战略，不断培育信息消费新业态，让沈城人民在数字经济和信息社会发展中拥有更多获得感。

（彭 晶）

教科系统党建

【概况】 2018年，市教育局机关及直属单位党委切实履行从严治党主体责任，坚持围绕中心、服务大局，扎实做好各项党建工作，推动党风廉政建设向纵深发展，不断优化教育营商环境。完成18个党组织的换届工作。全面加强中小学党建工作，召开全市中小学党建工作推进会，进一步完善中小学校党建督导制度建设，促进中小学党建工作和业务工作深度融合。做好发展党员、

党内统计和党费收缴使用管理等日常工作，发展党员23人。落实党内关怀帮扶机制，春节、七一期间，走访慰问生活困难党员、老党员和老干部45人次。开展在职党员进社区、志愿服务、与社区结对子等活动，在“三城联创”中充分发挥党员先锋模范作用。提高工会服务水平，对25名生活困难和患大病职工实施救助，落实职工工会会员权益，累计发放帮扶资金4.3万元。开展职工之家、优秀工会工作者评比表彰活动，评选14名优秀工会干部和30名工会积极分子。深入开展“机关作风建设提升年”活动，落实“马上办、钉钉子”要求，教育引导全体干部职工依法依纪依规办事。净化干部队伍的“圈子文化”。1个党建项目被评选为2018年市直机关十大工作创新党建项目，2个单位党组织被评为市直机关工委先进党组织，2人被评为市直机关优秀党员、2人被评为市直机关优秀党务工作者，党组织战斗堡垒作用和党员先锋模范作用得到充分发挥。

落实组织生活制度。市教育局局党组成员严格落实双重组织生活制度，定期参加班子民主生活会和所在支部的组织生活会、“三会一课”、主题党日等活动，交流思想、总结经验教训，开展批评与自我批评。处级以上党员领导干部到基层党支部或所在党支部讲党课，组织党员按计划开展学习研读讨论等活动。

党支部标准化规范化建设。市教育局按照“六好党支部标准”，以建设“三型党支部”为目标，创建党员活动中心等党员活动阵地，开展标准化规范化党支部评估和检查。抓实党支部日常工作，做好党支部会议记录本等簿册管理，促党支部成为直接教育、管理、监督党员和组织、宣传、凝聚、服务群众的坚强堡垒。

（梅慧）

【《关于加强民办学校党的建设工作的具体实施意见（试行）》】 9月6日市委办公厅印发。《意见》分充分发挥民办学校党组织政治核心作用、健全管理体制和工作机制、推进党的组织和党的工作有效覆盖、深入推进党支部规范化建设、选好管好民办学校党组织书记、做好发展党员和党员教育管理工作、抓好思想政治教育和德育工作、加强对民办学校党建工作的领导8方面内容和明确职责作用、严格党的组织生活等27条具体意见。

（志闻）

二、沈阳市人民代表大会

综　述

2018年，在市委的正确领导下，市人大常委会以习近平新时代中国特色社会主义思想为指导，全面贯彻落实党的十九大精神、习近平总书记关于坚持和完善人民代表大会制度的重要思想以及在辽宁考察时和在深入推进东北振兴座谈会上的重要讲话精神，紧密围绕全市工作大局，认真履行宪法和法律赋予的各项职责，积极推进“两个机关”（成为全面担负起宪法法律赋予的各项职责的工作机关，成为同人民群众保持密切联系的代表机关）建设，主动站位“两个一线”（民主法治第一线、推进和保障振兴发展第一线），充分发挥代表主体作用，圆满完成各项任务。

不断提高立法质量。制定《沈阳市多规合一条例》《沈阳市城市机动车停车条例》；修改《沈阳市安全生产条例》《沈阳市物业管理条例》；《沈阳市居家养老服务条例》完成常委会一审；开展对《沈阳市湿地保护条例》等5件立法调研项目的调研论证工作。对57部地方性法规进行清理；完成五年立法规划编制，筛选33件事关振兴发展大局和民生改善的立法项目。对《中华人民共和国农产品质量安全法》等4部法律法规的贯彻实施情况开展法律监督。增强备案审查工作实效，对7件政府规章进行备案审查，切实维护法制统一。

实行正确、有效监督。先后多次组织对重大项目建设情况开展集中调研，听取审议市政府各项财政报告和产业结构调整转型升级、外经贸、发展壮大农村集体经济等专项工作报告，督促政府加快推进供给侧结构性改革，建设现代化经济体系。把营商环境建设作为2018年监督工作重点，组织开展“营商环境从我做起——人大代表在行动”等活动，全力推动沈阳营商环境建设。作出批准市政府债务限额议案和市本级预算调整的决议，有效防范和化解地方政府债务风险。审议通过市政府2017年度环境质量状况和环境保护目标完成情况报告。积极督办中央环保督察反馈意见整改落实，对5座污水处理厂及其配套管网工程建设进行跟踪问效。集中视察黑臭水体整治情况，督促全面完成饮用水源一级保护区42处环境风险隐患治理。此外，人大常委会深入贯彻以人民为中心的发展思想，积极回应百姓居家养老服务需求，回应解决“停车难”问题，回应教育、医疗、食品安全等热点问题，努力做到民有所呼我有

所应。

依法开展讨论决定重大事项和人事任免工作。落实民主法治领域改革部署，制定关于健全人大讨论决定重大事项制度、各级政府重大决策出台前向本级人大报告的实施方案，关于建立市政府向市人大常委会报告国有资产管理情况制度的意见，关于人大预算审查监督重点向支出预算和政策拓展的实施意见。全面落实市委人事安排意图，依法任免国家机关工作人员155人。

积极推进“代表机关”建设。实现建议督办全覆盖，797件代表建议全部办结，办理效率和质量持续提升。选取11件建议作为重点督办建议，由主任会议成员分工负责，建议办理成果均转化为政府决策措施、上升为制度性安排。积极探索行之有效的代表履职方式，代表闭会期间活动效果显著。做实“双联系”工作，制定常委会组成人员联系代表及群众工作意见，常委会组成人员同448名市代表、245名区县（市）代表及147名群众建立联系，市人大代表与2580名区县（市）代表和1560名群众建立联系，组建52个代表小组，开展活动130余次，形成各级代表联动履职的“立体化”格局。

加强人大常委会自身建设。坚持把政治建设摆在首位，着力强化履职能力建设，深入推进人大机关建设。严格执行中央和省委、市委加强作风建设的各项规定，制定完善20余项规章制度，形成加强机关建设的长效机制。认真落实人大机构改革部署要求，进一步优化职能，完善制度，畅通流程，为做好新时代人大工作提供有力组织保障。本届人大常委会组成人员50人。市人大常委会有主任1人，副主任5人，秘书长1人，委员43人。设办事机构和其他工作机构5个，专门委员会9个。

市人民代表大会及其常务委员会会议

【市第十六届人大第一次会议】 1月22—25日召开。会议听取和通过市政府工作报告；听取和通过市第十五届人民代表大会常务委员会工作报告；听取和通过市中级人民法院工作报告；听取和通过市人民检察院工作报告。表决通过关于沈阳市2017年国民经济和社会发展计划执行情况与2018年国民经济和社会发展计划的决议、关于沈阳市2017年预算执行情况和2018年预算的决议。表决通过市第十六届人民代表大会第一次会议选举和通过有关专门委员会组成人员人选办法。选举潘利国为沈阳市第十六届人民代表大会常务委员会主任，马占春、徐璐、邓福林、王健、安俊辉为市第十六届人民代表大会常务委员会副主任，孟昭贵为市第十六届人民代表大会常务委员会秘书长，于久元、马丽、王毅明、田志革、田桂娟、曲昭光、任桂芳、刘阁臣、刘野、衣甫、关凤艳、孙伟山、孙晓光、孙淑华、纪凯、杜波、李长斌、李丹、李军、李英民、李晔、吴智丰、初立华、张桂荣、陈玉海、范丽、范泉水、范景伟、郑继俊、郎文杰、赵恒志、赵旋、姜欣、姜萍、宫文义、袁立斌、袁昭、郭向文、黄颖、梁志新、梁洪杰、谭学科、戴纪锋为市第十六届人民代表大会常务委员会委员。选举姜有为为市政府市长，刘晓东、姜军、杨建军、于振明、阎秉哲、陈弘为市政府副市长。选举王冬石为市监察委员会主任。选举段文龙为市中级人民法院院长。选举赵东岩为市人民检察院检察长。表决通过沈阳市第十六届人民代表大会各专门委员会组成人员人选名单。

2018年市人大常委会会议

表3

会议名称	日 期	主要内容
市十五届人大常委会第46次会议	1.8	听取审议市人大常委员会代表资格审查委员会关于个别代表的代表资格的报告
市十五届人大常委会第47次会议	1.18	听取审议市人大常委会代表资格审查委员会关于个别代表的代表资格的报告

续表3

会议名称	日 期	主要内容
市十六届人大常委会第1次会议	1.26	进行人事任职事项
市十六届人大常委会第2次会议	2.27	审议市人大常委会2018年工作要点（草案）；审议《关于沈阳市市和区县（市）及乡（镇）人民代表大会换届选举工作情况的报告（书面）》；审议市第十六届人民代表大会常务委员会代表资格审查委员会主任委员、副主任委员、委员建议名单；人事任免事项
市十六届人大常委会第3次会议	4.27	审议《沈阳市多规合一管理条例（草案）》（二审）；听取审议市人大内司委关于市十六届人大一次会议主席团交付审议的《关于加快推进我市居家养老服务体系建设的议案》审议结果的报告；听取审议市人大环资委关于市十六届人大一次会议主席团交付审议的《关于综合施策，破解“停车难”问题的议案》审议结果的报告；听取审议市政府关于2017年度环境质量状况和环境保护目标完成情况的报告；听取审议市政府关于沈阳市非物质文化遗产保护与利用工作情况的报告；人事任职事项
市十六届人大常委会第4次会议	6.22	审议《沈阳市多规合一管理条例（草案）》（三审）；审议《沈阳市机动车停车管理条例（草案）》（一审）；审议《沈阳市安全生产条例（修订草案）》（一审）；听取审议市政府关于沈阳市2017年财政决算的报告，审查批准2017年市本级决算；听取审议市政府关于2017年度沈阳市本级预算执行和其他财政收支的审计工作报告；听取审议市政府关于沈阳市产业结构调整转型升级情况的报告；听取审议市政府关于全市外经贸工作情况的报告；听取审议市政府关于贯彻实施《辽宁省旅游条例》工作情况的报告；人事任免事项
市十六届人大常委会第5次会议	8.24	听取市政府关于全市经济社会发展情况的报告；审议《沈阳市机动车停车管理条例（草案）》（二审）；审议《沈阳市安全生产条例（修订草案）》（二审）；审议《沈阳市物业管理条例（修订草案）》（一审）；审议市政府关于今年以来国民经济和社会发展计划执行情况的报告（书面）；听取审议市政府关于2018年以来沈阳市预算执行情况的报告；听取审议市政府关于沈阳市深化农业供给侧结构性改革情况的报告；审议市政府《关于设立沈阳市全民健身国际徒步节的议案》；听取审议市政府、市法院关于市十六届人大一次会议以来代表建议、批评和意见办理情况的报告；审议市人大常务委员会关于接受于久元辞去沈阳市第十六届人民代表大会常务委员会委员职务请求的决定（草案）；人事任免事项
市十六届人大常委会第6次会议	10.25	审议《沈阳市物业管理条例（修订草案）》（二审）；审议《沈阳市居家养老服务条例（草案）》（一审）；听取审议市政府关于《沈阳市学前教育条例》贯彻实施情况的报告；听取审议市政府《关于加快推进我市居家养老服务体系建设的议案》办理情况的报告；听取审议市政府《关于综合施策，破解“停车难”问题的议案》办理情况的报告；听取审议市人大常委会执法检查组关于检查《中华人民共和国农产品质量安全法》实施情况的报告；人事免职事项
市十六届人大常委会第7次会议	12.7	审议《沈阳市机动车停车管理条例（草案）》（三审）；审议市人大常委会关于召开沈阳市第十六届人民代表大会第二次会议的决定（草案）；审议市人大常委会向市十六届人大二次会议所作的工作报告（草）；听取市监委关于正风肃纪监督工作情况的报告；听取审议市政府《关于2017年度沈阳市本级预算执行和其他财政收支的审计工作报告》提出问题整改情况的报告；审议市政府关于沈阳市国民经济和社会发展第十三个五年规划纲要实施中期评估报告；审议市政府关于2017年度沈阳市国有资产管理情况的综合报告（书面）；听取审议市政府关于2017年度沈阳市地方金融企业国有资产情况的专项报告；审议市政府关于提请审议批准2018年市政府债务限额和市本级预算调整方案的议案；听取审议市政府关于沈阳市法治政府建设情况的报告；听取审议市政府、市法院关于市十六届人大一次会议以来代表建议、批评和意见办理情况的报告；人事免职事项

续表3

会议名称	日 期	主要内容
市十六届人大常委会第8次会议	12.29	审议市第十六届人民代表大会第二次会议议程（草案）和日程（草案）；听取关于市第十六届人民代表大会第二次会议筹备工作情况的报告；审议市第十六届人民代表大会第二次会议主席团和秘书长、主席团常务主席、副秘书长及列席人员建议名单；听取审议沈阳市人民代表大会常务委员会代表资格审查委员会关于个别代表的代表资格的报告；补选辽宁省第十三届人民代表大会代表；人事任免事项

（市人大）

沈阳市第十六届人民代表大会第一次会议会场　（市人大供）

地方立法

（参见法治・人大立法）

依法监督

【概况】 2018年，市人大常委会坚持围绕中心、服务大局，把握高质量发展要求，创新监督方式，加大监督力度，实行正确监督、有效监督，推动落实全市重大决策部署。先后听取审议《关于今年以来我市国民经济和社会发展计划执行情况的报告》《关于沈阳市国民经济和社会发展第十三个五年规划纲要实施中期评估报告》等专项工作报告，对全市2019年国民经济和社会发展计划草案进行预审，督促政府以供给侧结构性改革为主线，加快建设现代化经济体系。对重大项目和科技创新情况开展专题调研，听取审议产业结构调整和转型升级情况的报告，围绕发展实体经济、加强科技创新体系建设、推进“三去一降一补”等方面提出意见建议。推进优化营商环境，对2017年省优化营商环境条例执法检查提出的问题进行跟踪问效。推动农业供给侧结构性改革和农村集体产权制度改革，促进提高农业综合效益和竞争力，发展壮大农村集体经济。助力旅游业发展，实地调研32个旅游景区和企业，推动加快旅游重点项目建设，全面提升旅游业整体发展水平。支持外经贸工作补短板、稳增长，就抓好招商引资、对外贸易等方面提出针对性意见。重视历史文化名城建设，集中视察36个非物质文化遗产项目，多措并举推动博物馆建设、濒危项目抢救性保护和非遗进校园等工作，推进非遗保护利用与传承发展。

【预算决算审查监督】 2018年，市人大常委会加强对重点领域、重点支出和转移支付的审查监督，针对部分预算资金沉淀低效、个别地区政府债务压力较大等问题，开展专题研究和深入调研，作出批准市政府债务限额和市本级预算调整方案的决议，促进有效防范和化解债务风险。全面推进预算联网监督和预算公开，完善查询、分析、预警功能，预算审查监督的时效性和精准度不断提高。强化对审计查出问题整改的监督，对审计工作报告指出的262个问题，整改到位的有254个，整改率达到97%。提前介入2019年财政预算编制，充分听取预算审查咨询专家委员会、各专门委员会、人大代表的意

见，重点加强对民生支出和重大项目的审查监督，使预算编制更加科学合理。

【环保监督】 2018年，市人大常委会牢固树立绿色发展理念，持续推动生态文明建设和环境保护工作。听取审议年度环境质量状况和环境保护目标完成情况报告，促进严格执行环境保护法律法规。督办中央环保督察反馈意见整改落实，对5座污水处理厂及其配套管网工程建设进行跟踪问效。集中视察黑臭水体整治情况，督促全面完成饮用水源一级保护区42处环境风险隐患治理。围绕垃圾焚烧发电、餐厨垃圾收运、建筑垃圾资源化、再生水利用和城市排水防涝等工作，组织调研视察，督促加快工作进度，全力解决突出环境问题。广泛开展环保世纪行在沈阳宣传活动，营造人人参与环境保护的舆论氛围。

【依法行政与公正司法监督】 2018年，市人大常委会综合运用执法检查、听取审议专项报告等方式，对《中华人民共和国农产品质量安全法》《宗教事务条例》《辽宁省旅游条例》《沈阳市学前教育条例》4部法律法规的贯彻实施情况开展法律监督，落实相关法律规定。听取审议法治政府建设情况的报告，促进政府依法规范行政权力运行，以法治思维和法治方式履行职责。贯彻《中华人民共和国监察法》，听取市监委正风肃纪监督工作的专项报告，支持监察机关依法行使监察权。推进法院执行信息化建设、检察院公益诉讼工作和公安派出所警务模式改革，强化对司法重点领域和执法关键环节的监督。推动扫黑除恶专项斗争，加强基层法治建设。增强备案审查工作实效，对7件政府规章进行备案审查，维护法治统一。

讨论决定重大事项

【概况】 2018年，市人大常委会落实民主法治领域改革部署，制定《关于健全人大讨论决定重大事项制度、各级政府重大决策出台前向本级人大报告的实施方案》《关于建立市政府向市人大常委会报告国有资产管理情况制度的意见》《关于人大预算审查监督重点向支出预算和政策拓展的实施意见》。首次听取审议国有资产管理情况的综合报告和金融企业国有资产情况的专项报告，国有资产监督进一步制度化、规范化。

【《关于2017年度环境质量状况和环境保护目标完成情况的报告》审议】 4月27日，市第十六届人大常委会第三次会议听取审议市政府《关于2017年度环境质量状况和环境保护目标完成情况的报告》。会议同意这个报告。常委会组成人员指出，全市生态环境保护形势依然严峻，污染治理还存在短板，水环境质量、农业面源污染等一些突出问题尚待有效解决，产业结构调整更需加快推进，环境质量状况与人民群众期待还有一定差距。常委会组成人员建议:全面深化改革，做好生态文明建设的基础性工作；抓好督查整改，建立严查严管的长效机制；坚决迎难而上，着力解决突出环境问题；加强舆论引导，营造全社会共建共管的良好氛围。

【《关于我市非物质文化遗产保护与利用工作情况的报告》审议】 4月27日，市第十六届人大常委会第三次会议听取审议市政府《关于我市非物质文化遗产保护与利用工作情况的报告》。会议同意这个报告。常委会组成人员指出，全市非遗普查工作成效显著，但还存在对非遗保护与利用工作重视不足，宣传不够，依法保护与利用的社会氛围不浓等问题。常委会组成人员建议：统一思想，提高认识，强化非遗保护与利用工作对全市经济社会发展的战略意义；整合资源，补齐短板，探索建立健全行之有效的非遗保护与利用的工作保障机制；多措并举，建章立制，全方位加强非遗保护与利用工作的体系建设；合理利用，创新发展，促进非遗保护与利用成为文化强市战略的新亮点。

【《关于我市产业结构调整转型升级情况的报告》审议】 6月21日，市第十六届人大常委会第四次会议听取审议市政府《关于我市产业结构调整转型升级情况的报告》。会议同意这个报告。常委会组成人员认为，产业发展中不平衡不充分的问题仍比较突出，传统产业转型升级不快，重大项目偏少，战略性新兴产业总体规模不大，科技成果转化率不高，营商环境仍需改善等问题，依然是制约沈阳振兴发展的短板和瓶颈。常委会组成人员建议：深化认识，形成推动产业结构调整转型升级的强大合力；坚持把实体经济作为产业结构调整转型升级的根基；加快培育新经济新动能，推动新旧动能转换；大力加强体系能力建设，增强科技创新能力；扎实推进“三去一降一补”，提高产业结构调整转型升

级质量。

【《关于全市外经贸工作情况的报告》审议】 6月21日，市第十六届人大常委会第四次会议听取审议市政府《关于全市外经贸工作情况的报告》。会议同意这个报告。常委会组成人员认为，全市外经贸工作面临许多新情况、新问题、新挑战，外向型经济和开放型经济发展仍不够充分，存在经济外向度不高，利用外资规模不大，招商引资力度不够等发展短板和不足，与沿海和南方发达地区及兄弟城市相比，差距在不断拉大。常委会组成人员建议：进一步增强做好外经贸工作的紧迫感和责任感；加大招商引资力度；全力抓好对外贸易；加快“走出去”步伐；持续优化营商环境。

【《关于我市深化农业供给侧结构性改革情况的报告》审议】 8月24日，市十六届人大常委会第五次会议听取审议市政府《关于我市深化农业供给侧结构性改革情况的报告》。会议同意这个报告。常委会组成人员建议：全面推进农业高质量发展，加快补齐农业现代化短板，准确把握农业发展新要求；加快推进产业转型升级，促进农村一二三产业深度融合，全力提升农业发展新水平；着力推进“菜篮子”工程建设，切实保障市民生活需要，深度研判农业发展新情况；扎实推进农业生产性服务业发展，积极扶持培育新型农业经营主体和服务主体，培育壮大农业发展新产业；积极推进农业绿色发展，全面提高农产品质量安全水平，顺应引领农业发展新变革；大力推进体制改革和机制创新，进一步加大农业支持保护力度，有效激发农业发展新活力。

【《关于设立沈阳市全民健身国际徒步节的议案》审议】 8月24日，市第十六届人大常委会第五次会议听取审议并通过市政府《关于设立沈阳市全民健身国际徒步节的议案》。会议决定：从2019年起，将每年六月第三周的星期六定为沈阳市全民健身国际徒步节。常委会组成人员认为，设立“沈阳市全民健身国际徒步节”，有利于激发市民健身热情，营造崇尚健康、全民健身的良好社会氛围；有利于引导市民养成科学健康、积极向上的生活方式，提升城市文明；有利于弘扬沈阳体育文化，建设体育强市，打造体育名城，推动全民健身与全面健康深度融合发展。

【《关于正风肃纪监督工作情况的报告》审议】 12月7日，市十六届人大常委会第七次会议听取审议市监委《关于正风肃纪监督工作情况的报告》。会议同意这个报告。常委会组成人员认为，市监察委员会组建以后首次向市人大常委会报告专项工作，是落实监察法的有关要求，主动接受人大监督的具体体现。常委会组成人员指出，市监察委员会要不断总结经验，深化实践探索，巩固和扩大工作成果。要健全监督体系，加强队伍建设，充分运用大数据监督平台，围绕全市中心工作和突出问题实施精准监督，推动监督工作不断向纵深开展，为沈阳振兴发展营造风清气正的环境。

【《关于我市法治政府建设情况的报告》审议】 12月7日，市十六届人大常委会第七次会议听取审议市政府《关于我市法治政府建设情况的报告》。会议同意这个报告。常委会组成人员建议：要以习近平新时代中国特色社会主义思想为指导，持续深入推进《法治政府建设实施纲要（2015—2020年）》的贯彻落实；要积极稳妥实施机构改革，全面推进体制机制创新；要加强法治环境建设，打造诚信政府；要满足人民日益增长的美好生活需要，不断提升依法治理社会能力；要加强法制宣传，进一步提高公职人员依法行政能力。

【《关于2017年度沈阳市国有资产管理情况的综合报告》《关于2017年度沈阳市地方金融企业国有资产情况的专项报告》审议】 12月7日，市十六届人大常委会第七次会议审议市政府关于2017年度沈阳市国有资产管理情况的综合报告（书面），听取审议市政府关于2017年度沈阳市地方金融企业国有资产情况的专项报告。会议同意这两个报告。常委会组成人员建议：要健全国有资产管理制度；建立国有资产监管平台；持续深化国有企业改革；努力做大国有金融资产；完善行政事业性国有资产管理体系；理顺自然资源资产管理体制。

人事任免

【概况】 2018年，市人大常委会坚持党管干部和人大依法任免相统一，不折不扣落实省、市委人事安排意图，周密组织人事任免提请事项，先后召开7次常委会会议，任免国家机关工作人员155人次，其中：市政府组成人员89名，监察委员会10名，审判人员26名，检察人员30名，保证地方国家机关正常运转和各项工作顺

利进行。

【人事选举工作规范化】 2018年，市人大常委会按照党的十九大关于健全人大组织制度和工作制度的要求，对人事选举工作的有关制度和程序包括认识选举委员会工作规则、常委会人事任免程序等进行梳理完善，使人事选举工作更加规范有序开展。根据《全国人大常务委员会关于实行宪法宣誓制度的决定》和《辽宁省国家工作人员宪法宣誓组织办法》，完善宪法宣誓制度，重新规范誓词和宣誓范围、程序，体现宪法宣誓工作权威性。联合市委党校等部门重新编撰市管任命人员和“两院”提请任命人员法律知识考试题库，并回应基层呼声，实现法律考试题库市、区人大共享。完成市十六届人大一次会议相关工作。主席团提名的沈阳市出席省十三届人大代表103人，市人大常委会主任1人、副主任5人、秘书长1人、委员43人，市政府市长1人、

2018年市人大常委会任免的“一府两院”正局级以上人员情况

表4

会议名称	日期	会议内容
市十六届人大常委会第1次会议	1.26	任命：孙建军为市监察委员会副主任；陈世海为市监察委员会副主任；韩春声为市监察委员会副主任；张中人为市监察委员会委员；孔宪才为市监察委员会委员；关卫民为市监察委员会委员；毕成伟为市监察委员会委员；赵久平为市监察委员会委员；方世义为市监察委员会委员；魏武宁为市监察委员会委员
市十六届人大常委会第2次会议	2.27	决定任命：吴文学为市政府副市长；王广生为市政府副市长；张永伟为市政府副市长；徐凤翔为市政府秘书长；邢鹏为市发展和改革委员会主任；田家为市经济和信息化委员会主任；闫凤霞为市教育局局长；赵日刚为市科学技术局局长；杨志宏为市民族事务委员会主任；杨建军为市公安局局长；刘祥为市民政局局长；董开德为市司法局局长；卢俊为市财政局局长；陶庆才为市人力资源和社会保障局局长；严文复为市规划和国土资源局局长；李纪宁为市环境保护局局长；吕凡为市城乡建设委员会主任；侯绍立为市城市建设管理局局长；孙明为市城市管理行政执法局局长；陈杰为市房产局局长；杨树为市交通局局长；朱文波为市农村经济委员会主任；陈双伟为市水利局局长；房东辉为市林业局局长；高航为市对外贸易经济合作局局长；杜春华为市文化广电新闻出版局局长；关蓉晖为市体育局局长；于龙为市旅游委员会主任；苏立明为市卫生和计划生育委员会主任；韩力为市审计局局长；方铁林为市工商行政管理局局长；张坚强为市质量技术监督局局长；曲向军为市食品药品监督管理局局长；冷雪峰为市统计局局长；么汝兴为市安全生产监督管理局局长；王晶莹为市政府外事办公室主任；王武范为市政府法制办公室主任；赵斌为市政府研究室主任；邹昊为市防空办公室主任 批准任命：徐适为和平区检察院检察长；黄伟为沈河区检察院检察长；颜国军为铁西区检察院检察长；孟秋野为皇姑区检察院检察长；李景会为大东区检察院检察长；吴波为浑南区检察院检察长；刘晓涛为于洪区检察院检察长；王军为沈北新区检察院检察长；朴明华为苏家屯区检察院检察长；彭松为辽中区检察院检察长；张遂志为新民市检察院检察长；赵晓峰为法库县检察院检察长；马骥为康平县检察院检察长 免去：陈林的市中级法院民事审判第六庭庭长、审判委员会委员、审判员职务；王英玉的市中级法院民事审判第四庭副庭长、审判员职务；卢政峰的市中级法院审判员职务；李炯华的沈阳经济技术开发区法院副院长、审判委员会委员、审判员职务；李景会的市检察院检察员职务；朴明华的市检察院检察委员会委员、检察员职务；彭松的市检察院检察委员会委员、检察员职务；马骥的市检察院检察员职务；李伟的市检察院检察员职务；顾言的市检察院检察员职务；廉红的市检察院检察员职务；孙军的沈阳经济技术开发区检察院副检察长、检察委员会委员、检察员职务；陈斌的城郊地区检察院检察员职务；朱国武的城郊地区检察院检察员职务。任命：何毅为沈阳经济技术开发区法院副院长、审判委员会委员、审判员；王松为市检察院检察委员会委员；林蜀东为市检察院检察委员会委员；王英珍为市检察院检察委员会委员
市十六届人大常委会第3次会议	4.27	任命：贾景为市检察院检察委员会委员；赵宏声为沈阳经济技术开发区检察院副检察长

续表4

会议名称	日期	会议内容
市十六届人大常委会第4次会议	6.22	决定任命：彭肇文为市政府副市长 免去：陈兴田的市中级法院执行一庭庭长职务；张立伟的市中级法院审判员职务；姚彤彤的市中级法院审判员职务；安亚霖的沈阳经济技术开发区法院审判员职务；付华的城郊地区检察院检察员职务 任命：于雪为市中级法院审判员；吕长辉为市中级法院审判员；刘雨婷为市中级法院审判员；刘继红为市中级法院审判员；齐连中为市中级法院审判员；杨帆为市中级法院审判员；宋永政为市中级法院审判员；宋喆为市中级法院审判员；范嘉才为市中级法院审判员；贾俊兴为市中级法院审判员；王坤义为沈阳经济技术开发区法院审判员；曲扉扉为沈阳市城郊地区检察院检察员
市十六届人大常委会第5次会议	8.24	决定免去：刘祥的市民政局局长职务 决定任命：于久元为市民政局局长 任命：贺新发为沈阳经济技术开发区法院审判监督庭庭长、审判员；赵国银为沈阳经济技术开发区法院执行二庭庭长、审判员；吴松为沈阳高新技术产业开发区法院审判委员会委员、审判员
市十六届人大常委会第6次会议	10.25	决定免去：张永伟的市政府副市长职务 免去：吴红专的市中级法院审判委员会委员、审判员职务；卢刚的市中级法院民事审判第六庭庭长、审判委员会委员职务；周海鹏的市中级法院审判员职务
市十六届人大常委会第7次会议	12.7	决定免去：吴文学的市政府副市长职务；陈弘的市政府副市长职务；徐凤翔的市政府秘书长职务；严文复的市规划和国土资源局局长职务；方铁林的市工商行政管理局局长职务；冷雪峰的市统计局局长职务
市十六届人大常委会第7次会议	12.7	决定任命：苗治民为市政府副市长；韩博为市工业和信息化局局长；杨志宏为市民族和宗教事务局局长；赵辉为市自然资源局局长；赵胜龄为市生态环境局局长；吕凡为市城乡建设局局长；杨树为市交通运输局局长；陈双伟为市水务局局长；朱文波为市农业农村局局长；张坚强为市商务局局长；杜春华为市文化旅游和广播电视局局长；苏立明为市卫生健康委员会主任；闫卫东为市退役军人事务局局长；王晓刚为市应急管理局局长；曲向军为市市场监督管理局局长；项洪峰为市金融发展局局长；闫占峰为市营商环境建设局局长；杨顺昌为市医疗保障局局长；马志军为市机关事务管理局局长；孙明为市城市管理综合行政执法局局长；侯绍立为市市政公用局局长；李莹为市大数据管理局局长 决定免去：田家的市经济和信息化委员会主任职务；杨志宏的市民族事务委员会主任职务；李纪宁的市环境保护局局长职务；吕凡的市城乡建设委员会主任职务；侯绍立的市城市建设管理局局长职务；孙明的市城市管理行政执法局局长职务；杨树的市交通局局长职务；朱文波的市农村经济委员会主任职务；陈双伟的市水利局局长职务；房东辉的市林业局局长职务；高航的市对外贸易经济合作局局长职务；杜春华的市文化广电新闻出版局局长职务；于龙的市旅游委员会主任职务；苏立明的市卫生和计划生育委员会主任职务；张坚强的市质量技术监督局局长职务；曲向军的市食品药品监督管理局局长职务；么汝兴的市安全生产监督局局长职务；王武范的市政府法制办公室主任职务

（市人大）

市长6人，市中级人民法院院长1人，市人民检察院检察长1人，市监察委员会主任1人，市人大各专门委员会组成人员87人，均满票或高票当选通过。

密切联系人大代表和人民群众

【概况】2018年，市人大常委会以建设同人民群众保持密切联系的“代表机关”为重点，探索行之有效的代表履职方式。闭会期间，先后组织开展“营商环境从我做起”“三城联创”两项“人大代表在行动”主题活动，全体代表提出建议意见4000余件，解决率97%。围绕全市重点工作和

人民群众普遍关心的问题，组织各代表团、代表小组和代表开展专题调研，形成专题调研报告23篇。首次利用“履职通”对代表履职情况进行考评和管理，安排70余名市人大代表向原单位进行当面述职。针对新一届人大代表履职需要，举办各类培训12期，参与培训学习的省、市人大代表705人次。搭建代表履职平台，安排150名代表参加全市重要会议和重大活动，推荐160名代表担任市监委、市法院的监督员，拓展代表履职尽责的渠道和载体。做实“双联系”（常委会组成人员联系人大代表、人大代表联系人民群众）工作，制定常委会组成人员联系代表及群众工作意见，常委会组成人员同448名市代表、245名区县（市）代表及147名群众建立联系，市人大代表与2580名区县（市）代表和1560名群众建立联系，组建52个代表小组，开展活动130余次。

【代表议案建议督办】 2018年，市人大常委会将第十六届人大一次会议确定的两项议案列为重点监督议题，取得阶段性成效。其中，居家养老服务体系建设议案的一些督办举措，得到全国人大的充分肯定。在建议督办上，实现建议督办全覆盖。扩大重点督办建议范围，对代表呼声较高的推动航空产业发展、创建盛京皇城5A级旅游景区、中心血站建设等11件建议，建议办理成果均转化为政府决策措施、上升为制度性安排。市政府、市法院、市检察院及有关方面对797件代表建议全部办结，办理效率和质量持续提升。

专项活动

【中央巡视反馈意见整改】 2月22日至5月21日，中央第六巡视组对辽宁省开展常规巡视，并对沈阳市有关情况进行专题了解。市人大常委会党组对巡视反馈意见的整改工作高度重视，整改落实取得阶段性成效。研究制定《市人大常委会关于中央第六巡视组反馈意见整改落实方案》《市人大常委会关于中央第六巡视组反馈意见整改落实任务分解和责任分工》，梳理涉及3大方面问题的11项整改内容，57条具体整改措施，整改任务落实率达到100%。同时，建立健全长效机制，制定完善党组会议议事规则、常委会会议请假规定、督查工作规则、宣传工作办法、机关考勤制度、机关党支部工作制度等20项规章制度，推动人大常委会机关党建和党风廉政建设全面提升。各专门委员会和工作机构分别完善相关工作职责和制度，形成一系列有效管用的规章制度及标准规范的工作流程，放大整改效应，巩固整改成果。

【“三城联创——人大代表在行动”活动】 2018年，市人大常委会围绕市委、市政府作出的重大战略部署——创建国家卫生城、国家健康城、国家食品安全示范城市（简称“三城联创”）活动，向全体市人大代表发出《“三城联创——人大代表在行动”活动倡议书》，号召代表不忘初心、依法履职，用实际行动做“三城联创”工作的宣传者、示范者、参与者和监督者。及时召开新闻发布会，倡议号召代表投身“三城联创”主战场，用实际行动做“三城联创”的宣传者、示范者、参与者和监督者。先后召开8次推进会、10次协调会，听取工作情况、传播活动经验、解决存在问题；工作中还建立日报告、周小结、半月推进等工作机制，协调指导督促各代表团和代表小组开展专项调研、视察等活动；在市人大代表“履职通”增设“监督快线”，让代表登上创城“直通车”，500余名代表通过“监督快线”将创城、营商环境建设等问题随时反映给相关部门，推进问题得到及时解决。市人大代表提出建议意见918件，有779件得到解决。同时，市区县乡人大代表通过“代表微信群”“代表直通车”、书面建议等形式，提出建议意见3000余件。全市各级人大代表参与活动面达90%以上。“代表在行动”活动打造沈阳市人大代表工作的新“品牌”，得到省、市人大常委会领导和市委、市政府以及社会各界的高度评价，《人民日报》《沈阳日报》、沈阳广播电视台等媒体进行长篇报道和连续报道。 （市人大）

三、沈阳市人民政府

综　述

2018年，沈阳地区生产总值6292.4亿元，增长5.4%；一般公共预算收入720.6亿元，增长10.0%；固定资产投资增长15.3%；社会消费品零售总额4051.2亿元，增长9.2%；城镇居民人均可支配收入44054元，增长6.5%；农村居民人均可支配收入16530元，增长6.9%；城镇登记失业率3.11%。

营商环境实现新改善。沈阳有8个案例入选中国营商环境优化最佳实践案例。强化问题整治，开展政务窗口服务质量差、乱检查乱收费乱罚款、垄断性行业服务、政府和企业失信、中介服务不规范、政策落实“最后一公里”六大专项整治，解决各类问题969个。38项“办事难”问题整治任务有效落实。深化放管服改革，开通商事主体综合服务平台，企业开办时间压缩到3.5个工作日；完善“多规合一”项目管理平台，运行综合便民服务平台，建设一体化在线政务服务平台，工程建设项目审批时限控制在85个工作日以内，75%的政务服务事项实现“网上办”。改善企业要素条件，落实税收新政减税42.7亿元，取消9项行政事业性收费，货运车辆“三检合一”(车辆综合性能检测、安全技术检验与环保定期检验)全面实施，应急转贷资金周转投放260亿元，新增贷款规模增长13.3%。

供给侧结构性改革取得新进展。加大项目建设力度，全国7个利用外资重大项目之一的华晨宝马新工厂开工奠基，43个投资50亿元以上项目落地开工。实施高端装备创新工程，32个04专项、8个02专项结题验收，高新技术产品产值占规模以上工业比重达到55.4%。机器人、航空、生物医药等新兴产业产值保持两位数增长，新能源汽车产量从2100辆提高到2.3万辆。军民融合产业产值超过700亿元。大力发展现代服务业，新增金融及金融服务机构36家；限额以上网上商品零售额增长34.4%；旅游总收入增长15.1%。会展交易额突破3000亿元。扎实推进乡村振兴，建设高标准农田20.9万亩（1.39万公顷）、设施农业1.3万亩（0.09万公顷），农村电商主体数量增长1.7倍，网上交易额增长1.2倍；建设美丽宜居示范村12个，建成“四好农村路”（建好、管好、护好、运营好）1400千米，县域经济呈现积极变化。

改革开放迈出新步伐。沈阳有12项成果入选全国创新改革试验百佳案例。深化国资国企改革，机床集团、东药集团、北方

重工集团等"一企一策"改革取得新成果，符合条件国有企业混改率提高到54.8%，"3+1+N"国资平台（3指沈阳金控、沈阳城投、沈阳产投3家国有资本投资运营公司；"1"指盛京资产管理公司；"N"指多个国有资本产业投资平台）有序运营，化解历史包袱进程加快。市级政府机构改革顺利完成，事业单位大幅精简整合。推进开发区管理体制改革，沈阳高新区在全国升级晋位。完善政府基金体系，实施多层次资本市场建设三年行动计划。推进县乡财政体制改革，乡镇全部恢复或设立国库。完成城区环卫扫保市场化改革。出台进一步促进民营经济发展若干意见，全面启动"万人进万企"主题活动。加快自贸区沈阳片区建设，集报集缴通关等26项举措全省推广，沈阳综保区桃仙园区通过国家验收。完善中德园"一个平台、五大体系"（一个平台指以"一站式企业服务中心"为载体的综合服务平台，五大体系包括"双元制"职业教育体系、知识产权保护体系、"工业互联网"服务体系、融资平台体系和技术服务体系），80个项目签约落地。复航沈阳—法兰克福航线，开通沈阳—洛杉矶航线。新批"一带一路"投资项目12个。世界冬季城市市长会议等重大活动在沈举办。218个京沈合作项目顺利实施。沈阳经济区一体化取得新发展。

创新发展增添新动力。提高创新能力，持续抓好"1123"工程(100项重大科技研发项目，100项重大科技成果转化项目，培育200户高新技术企业和300户科技小巨人企业)，承担国家重大科技项目911项，开发新产品、新工艺522项，全市高新技术企业1230户。推进创新平台建设，国家机器人创新中心揭牌成立，材料科学国家研究中心、新松机器人未来城开工奠基，中科院机器人与智能制造创新研究院投入使用。全市申请专利数量增长20%，专利授权增长32.3%。活跃创新创业，中国（沈阳）知识产权保护中心启动建设，制定59项人才政策实施细则，吸引高校毕业生约11万人，市级以上众创空间、孵化器、加速器124家，集聚双创人员12万余人。

城市品质实现新提升。三城联创取得突破，国家卫生城创建高分通过专家暗访和技术评估，国家食品安全示范城创建率先通过新国标省级验收。基础设施不断完善，地铁2号线北延线投入运营，9号线试运行；中央大街、东塔跨浑河桥、胜利大街阳光路立交桥等路桥工程竣工通车；大辛、西部、老虎冲垃圾焚烧发电项目同步建设，全市餐厨垃圾实现集中统一收运。城市运行短板加快补齐，统筹推进水电气热老旧管网改造，实施排水防涝工程，11项电力工程投入运行；新增停车泊位20万个。

三大攻坚战取得新成效。重大风险得到有效防控，超额完成年度政府性债务化解任务，稳妥处置重点企业债务风险、涉众型非法集资风险等重大风险。精准脱贫成果不断巩固，投入扶贫资金8.7亿元，巩固扶持已脱贫人口18176人；支持4400个建档立卡贫困户发展产业扶贫项目，将3496名贫困人口纳入低保。污染防治取得扎实成效，空气质量优良天数达到286天；全面推行五级河长制，建成区黑臭水体全部消除，祝家积存污泥加快处置，大辛、老虎冲积存渗沥液达标排放。

人民生活质量得到新提高。新增城镇就业11.9万人，增长22.6%。养老金按时足额发放。退役军人服务管理工作得到加强。新增租赁住房3.7万套，改造棚户区1.66万套、老旧小区151个、农村危房391户，解决2300户居民超期回迁和1.7万个家庭办证难问题。新增区域性居家养老服务中心12个。新建改造6.86万农村居民安全饮水设施。开展生活垃圾分类试点。新增公办幼儿园学位1200个，义务教育超大班额全部消除。基层医疗卫生机构实现医联体全覆盖。举办沈阳国际马拉松等大型赛事活动。沈阳通过全国文明城市测评复检。深入推进扫黑除恶专项斗争，开展信访矛盾减存控增攻坚行动，实施安全生产"三项行动"，进一步增强人民群众安全感。（路 坦）

重要政令政事

【《沈阳市人民政府办公厅关于规范政府性债务管理和禁止违法违规举债融资的通知》】 2月19日印发。《通知》明确严格依法规范政府举债担保行为、推进政府融资平台公司转型、规范政府与社会资本的合作行为、规范开展政府购买服务、建立举债责任追究机制5项内容。

【《沈阳市人民政府关于印发沈阳市鼓励扩大投资消费促进经济发展若干政策措施的通知》】 5月30日市政府印发。《通知》包括《沈阳市扩大有效投资促进经济高质量发展的若干政策措施》

《沈阳市鼓励和扩大消费拉动经济增长的若干政策措施》两个文件。其中《沈阳市扩大有效投资促进经济高质量发展的若干政策措施》提出落实负面清单管理制度下的准入方式、推动产业转型创新发展等17条措施。《沈阳市鼓励和扩大消费拉动经济增长的若干政策措施》提出鼓励支持商贸企业向外埠发展、支持引进大型零售企业等16条措施。

【《沈阳市开发区(园区)集群式项目“满园扩园”三年行动计划(2018—2020年)》】 5月31日市政府办公厅印发。《计划》分行动目标、主要任务、保障措施3方面内容。《计划》明确实现经济发展提质增速、推动集群式项目满园扩园、提升开发区集聚集约发展水平的行动目标。《计划》提出推动开发区体制机制创新、加强重大项目策划储备、加大招商引资力度、完善项目落地服务、加快盘活存量资源5方面13条措施。

【《沈阳市强化实施创新驱动发展战略进一步推进大众创业万众创新深入发展的政策措施》】 7月26日市政府印发。《措施》包括加快科技成果转移转化、拓展科技型企业融资渠道、推进知识产权运用和保护、强化人才激励机制、优化创新创业环境、推进沈大国家自主创新示范区建设6方面19条措施。

【《沈阳市加强和改善民生工作方案》】 9月30日市政府办公厅印发。《方案》分总体要求、主要任务、保障措施3方面内容。《方案》提出着力解决住房建设领域突出问题；持续提升教育质量；提高健康养老服务水平；推动文化体育事业优质发展；加强就业和社会保障；全力推进国家卫生城市、食品安全示范城市创建；打赢脱贫攻坚战；持续改善生态环境；推进基础设施建设9方面43条措施。

【《沈阳市促进民营经济发展若干政策措施》】 11月16日市政府印发。《措施》分支持民营企业做大做强、加强民营企业融资服务、支持民营企业创新发展、加强公共服务体系建设、鼓励民营企业开拓市场、加强人才队伍建设、优化民营企业发展环境7方面内容，包括推进企业参与国有企业改革34条措施。

【《沈阳市未来产业培育和发展规划(2018—2035年)》】 12月16日市政府印发。《规划》分总体要求、发展重点、重大工程、保障措施4方面内容。《规划》分别提出到2025年未来产业体系初步建立，到2030年未来产业体系基本建立，到2035年构建起较成熟的未来产业体系的发展目标。《规划》明确5项发展重点，即未来生产、未来交通、未来健康、未来信息技术、未来材料；明确6项重大工程，即创新能力提升工程、未来产业孵化工程、人才队伍建设工程、龙头企业引培工程、金融资本扶持工程、高水平国际合作工程。（志 闻）

【政策落实“最后一公里”专项整治行动】 2018年，按照全市统一部署，市政府办公厅组织开展全市优化营商环境政策落实“最后一公里”专项整治工作。整治组采取综合协调、市领导协调推进、深入调研、严格督办等形式，对市委市政府2014年以后制定的政策性文件进行筛选和分类汇总，形成9大类、439条《沈阳市惠企政策清单》，6月30日以市政府文件形式公开发布。同时，高度重视政策文件全生命周期管理工作，在进行充分调研论证的基础上，起草制定市政府重大政策性文件调研论证、发布解读、第三方评估和清理退出四项制度，以市政府办公厅文件正式下发，推动做好各项政策措施落实工作，打造良好营商环境，建设人民满意的服务型政府。（董昕谕）

重要会议

【市政府第二十届一次全体（扩大）会议】 7月20日召开。市长姜有为主持。会议总结上半年工作，部署下一步重点任务。会议要求各地区、各部门不断强化攻坚精神、改革精神、责任意识，大干实干，挂图作战，进一步抓好促进经济平稳健康发展、推动产业结构调整升级、深化重点领域和关键环节改革、推进创新驱动发展、提高对外开放水平、打造国际化营商环境、提升城市品质、防范化解重大风险、着力保障和改善民生等九项重点工作，确保完成全年各项目标任务。市委常委、副市长刘晓东通报上半年全市经济运行情况。

【市政府第二十届二次全体（扩大）会议】 12月28日召开。市长姜有为主持。会议讨论并原则通过《政府工作报告（讨论稿）》。会议要求各地区、各部门在新的一年突出抓好深化“放管服”改革、强力推动重大项目建设、大力发展民营经济、推动制造业高质量发展、深入实施乡村振兴战略、加快突破重点领域改革、扩大高水平对外开放、持续推动科技创新、持续提升城市

品质、注重保障改善民生十项重点工作。要全面加强政府自身建设，强化改革意识、开放意识、公仆意识，做到求实务实唯实，以新气象新担当新作为，加快推动沈阳全面振兴、全方位振兴。市委常委、副市长刘晓东作《关于〈政府工作报告（讨论稿）〉的说明》。

（孙云鹏）

2018年市政府常务会议

表5

序号	日期	主持人	会议名称	会议内容
1	1.18	姜有为	第十九届第61次常务会议	关于深化事业单位改革情况的汇报、关于《沈阳市烟花爆竹安全管理规定（修订草案）》的说明、关于《沈阳市推进县域经济发展全面建成小康社会三年行动计划（2018—2020年）（讨论稿）》和《沈阳市推进县域经济发展2018年工作安排（讨论稿）》起草情况的汇报、关于《沈阳市2018年供给侧结构性改革工作安排（讨论稿）》起草情况的汇报、关于《沈阳市提高县乡人民群众生活水平三年计划（2018—2020年）（讨论稿）》和《沈阳市提高县乡人民群众生活水平2018年工作安排（讨论稿）》起草情况的汇报、关于《沈阳市2018年推进国有企业改革发展工作方案（讨论稿）》起草情况的汇报、关于《沈阳市市属国有资本投资运营公司授权管理暂行办法（讨论稿）》《沈阳市市属国有企业董事会及董事考核评价办法（讨论稿）》起草情况的汇报
2	1.26	姜有为	第二十届第1次常务会议	关于市“两会”期间建议提案征集情况和今年办理工作安排的汇报、关于《中国（辽宁）自由贸易试验区沈阳片区“证照分离”改革试点工作方案（讨论稿）》起草情况的汇报、关于沈阳市2018年深化城市治理提升工作安排情况的汇报
3	2.2	姜有为	第二十届第2次常务会议	关于《沈阳市创建“中国制造2025”国家级示范区申报方案（讨论稿）》起草情况的汇报、关于《沈阳市“书记抓信访”推动信访矛盾减存控增“融冰行动”三年攻坚计划（讨论稿）》《2018年沈阳市化解信访事项“融冰行动”深化年工作方案（讨论稿）》起草情况的汇报、关于《沈阳市残疾预防行动计划（2018—2020年）（讨论稿）》起草情况的汇报、关于《环卫行业市场化改革的指导意见（讨论稿）》起草情况的汇报、关于《沈阳市地下综合管廊有偿使用收费办法（试行）（讨论稿）》和《沈阳市地下综合管廊有偿使用收费参考标准（讨论稿）》起草情况的汇报
4	2.9	姜有为	第二十届第3次常务会议	关于实施重点工作挂图作战的汇报、关于《沈阳市防范化解重大风险攻坚实施方案（2018—2020年）（讨论稿）》起草情况的汇报、关于《沈阳市精准脱贫攻坚实施方案（2018—2020年）（讨论稿）》起草情况的汇报、关于《沈阳市污染防治攻坚战工作方案（2018—2020年）（讨论稿）》起草情况的汇报、关于《沈阳市政府投资引导基金管理办法（讨论稿）》起草情况和有关工作的汇报
5	2.28	姜有为	第二十届第4次常务会议	关于政府系统正风肃纪监督工作进展情况及下步打算的汇报、关于《全国、全省统计工作会议精神及我市落实意见》的情况汇报、关于《沈阳市生态文明建设目标评价考核办法（讨论稿）》起草情况的汇报、《关于进一步激发社会领域投资活力的实施意见（讨论稿）》起草情况的汇报、《关于进一步深化文化市场综合执法改革的实施意见（讨论稿）》起草情况的汇报
6	3.21	姜有为	第二十届第5次常务会议	关于《沈阳市贯彻落实中央、省领导关于民生工程批示精神的实施意见（讨论稿）》起草情况的汇报、关于沈阳市贯彻落实《〈中共中央 国务院关于实施乡村振兴战略的意见〉的实施意见（讨论稿）》起草情况的汇报、关于沈阳市拟取消调整一批行政职权情况的汇报、《沈阳市关于贯彻落实〈领导干部自然资源资产离任审计规定（试行）〉的实施意见（讨论稿）》起草情况的汇报、关于《沈阳市被征收集体土地上房屋（附属物）申请强制执行若干规定（试行）（讨论稿）》起草的情况汇报
7	4.14	姜有为	第二十届第6次常务会议	关于《沈阳市落实2018年国务院<政府工作报告>相关任务分解方案（讨论稿）》和《沈阳市关于贯彻落实李克强总理在参加十三届全国人大一次会议辽宁代表团审议时重要讲话精神的任务分解方案（讨论稿）》起草情况的汇报、关于实施“重实干、强执行、抓落实”专项行动及市控重点工作挂图作战的汇报、《关于进一步改善投资环境 优化投资建设项目审批的实施办法（试行）（讨论稿）》起草情况的汇报、关于《沈阳市解决国企改革突出问题政策清单（第一批）（讨论稿）》起草情况的汇报、《关于进一步做好稳房价工作的通知（讨论稿）》起草情况的汇报、《关于明确环境保护税市与区分享体制的通知（讨论稿）》起草情况的汇报、关于威马智能网联新能源电动汽车产业园项目情况汇报

续表5

序号	日期	主持人	会议名称	会议内容
8	5.2	姜有为	第二十届第7次常务会议	关于《以全面开放引领全面振兴 推动形成沈阳全面开放新格局的实施意见（讨论稿）》起草情况的汇报、关于《深化旧住宅区综合管理的实施意见（讨论稿）》起草情况的汇报、关于2018年城建PPP项目安排情况的汇报、关于《沈阳市厂办大集体改革工作实施方案（讨论稿）》起草情况的汇报、关于《沈阳市河长制实施方案（讨论稿）》起草情况的汇报、关于《沈阳市建设东北亚国际化中心城市规划纲要（2018–2035年）（讨论稿）》起草情况的汇报、关于《沈阳市建设东北亚先进装备智能制造中心发展规划（讨论稿）》起草情况的汇报、关于《沈阳市建设东北亚高品质公共服务中心发展规划（讨论稿）》起草情况的汇报、关于《沈阳市建设东北亚科技创新中心发展规划（讨论稿）》起草情况的汇报、关于《沈阳市新一代人工智能发展规划（讨论稿）》起草情况的汇报
9	5.16	姜有为	第二十届第8次常务会议	关于《沈阳市扩大有效投资促进经济高质量发展的若干政策措施（讨论稿）》起草情况的汇报、关于《沈阳市鼓励和扩大消费拉动经济增长若干政策措施（讨论稿）》起草情况的汇报、关于《沈阳市鼓励扩大出口若干政策措施（讨论稿）》起草情况的汇报、关于《沈阳市推进县域经济发展若干政策措施（讨论稿）》起草情况的汇报、关于《沈阳市促进民营经济发展若干政策措施（讨论稿）》起草情况的汇报、关于《沈阳市加快推进军民融合产业发展的若干政策措施（讨论稿）》起草情况的汇报、关于《沈阳市创建"中国制造2025"国家级示范区2018年重点工作安排（讨论稿）》起草情况的汇报、关于《沈阳市国家大数据综合试验建设三年行动计划（2018–2020年）（讨论稿）》和《2018年沈阳市国家大数据综合试验区建设工作安排（讨论稿）》起草情况的汇报、关于《沈阳市人民政府关于废止<沈阳市政府债务管理办法>等部分政府规章的决定（草案）》的说明
10	5.29	姜有为	第二十届第9次常务会议	关于沈阳市经贸代表团出访德国和瑞典工作情况的汇报、关于沈阳市民族宗教工作情况的汇报、关于《沈阳市城市建设投资集团有限公司战略发展规划暨国有企业改革方案（讨论稿）》等3户国有企业综合改革方案起草情况的汇报、《关于做好沈阳市新建住宅小区电力公共配套设施建设管理的指导意见（讨论稿》）起草情况的汇报、关于《沈阳市建筑垃圾及散流体物料管理办法（讨论稿》）起草情况的汇报、《关于进一步加强高层建筑消防安全管理的意见（讨论稿）》起草情况的汇报、关于《沈阳市安全生产条例（修改）》的说明、关于《沈阳市机动车停车管理条例（草案）》的说明
11	6.19	姜有为	第二十届第10次常务会议	关于"一带五基地"建设、关于《沈阳市强化实施创新驱动发展战略进一步推进大众创业万众创新深入发展的政策措施（讨论稿）》起草情况的汇报、关于全国贯彻落实《地方党政领导干部安全生产责任制规定》电视电话会议精神和重大隐患整改情况的汇报、关于沈阳市2018年防汛抗旱工作及河长制落实情况的汇报、《沈阳市关于开展工程建设项目审批制度改革的试点工作方案（讨论稿）》起草情况的汇报、关于第二批、第三批《沈阳市解决国企改革突出问题政策清单（讨论稿）》起草情况的汇报、《关于进一步缩短企业开办时间实施方案（讨论稿）》起草情况的汇报
12	7.13	姜有为	第二十届第11次常务会议	关于"重实干、强执行、抓落实"专项行动、市政府工作报告及市控重点工作挂图作战推进情况的汇报、《关于加强大型活动组织保障工作的意见（讨论稿）》起草情况的汇报、关于《沈阳市城市供热规划（2017–2025年）（讨论稿）》起草情况的汇报、关于《沈阳市垃圾收集（压缩）站选址布局规划方案（讨论稿）》起草情况的汇报
13	7.27	姜有为	第二十届第12次常务会议	关于《沈阳市解决已售商品房不能办理产权证问题三年攻坚方案（2018–2020年）（讨论稿）》起草情况的汇报、关于《沈阳市湿地保护修复工作方案（讨论稿）》起草情况的汇报、关于《沈阳市物业管理条例（修订草案）》的说明、关于《沈阳市黑臭水体管理规定（草案）》的说明、关于《探索建立涉农资金统筹整合长效机制实施方案（讨论稿）》起草情况的汇报、关于《沈阳市支持航空货运发展若干政策（讨论稿）》起草情况的汇报

续表 5

序号	日 期	主持人	会议名称	会议内容
14	8.6	姜有为	第二十届第13次常务会议	传达省委十二届八次全会、省政府十三届二次全体（扩大）会议和全省县域经济工作推进会议精神，研究部署沈阳市贯彻落实工作、关于市政府系统中央第六巡视组巡视反馈意见整改落实情况的汇报、关于“重实干、强执行、抓落实”专项行动推进情况的汇报、关于中央环保督察整改工作情况的汇报、《关于进一步做好我市房地产市场调控工作的通知（讨论稿）》起草情况的汇报、关于《沈阳市军民融合2018“十个一”专项行动计划（讨论稿）》起草情况的汇报、关于《沈阳市黑臭水体治理办法（草案）》的说明、关于《沈阳市门前“三包”责任制管理办法（草案）》的说明
15	8.14	姜有为	第二十届第14次常务会议	关于市政府系统落实中央第六巡视组巡视反馈意见整改工作情况的汇报、关于《沈阳市水污染防治工作实施情况考核评估办法（2018—2020）（试行）（讨论稿）》起草情况的汇报、关于《沈阳市市级行政审批中介服务事项清单（讨论稿）》起草情况的汇报、关于省委常委会会议有关精神及沈阳市非洲猪瘟疫情处置情况的汇报、关于全省药品生产企业质量安全专项检查动员电视电话会议有关情况和沈阳市贯彻落实具体安排的汇报、关于《沈阳旅游集团有限公司综合改革方案（讨论稿）》等2户国有企业综合改革方案起草情况的汇报
16	8.14	姜有为	第二十届第15次常务会议暨国资国企改革领导小组会议	关于《沈阳市关于国有企业增量利润及扭亏减亏进行激励的实施意见（试行）（讨论稿）》起草情况的汇报、《关于加强和规范市属国有企业董事会建设的实施细则（试行）（讨论稿）》《沈阳市市属国有企业外部董事管理暂行办法（讨论稿）》起草情况以及拟面向全国公开遴选外部董事相关情况的汇报
17	8.22	姜有为	第二十届第16次常务会议	关于《加快推进国家循环经济示范城市建设工作方案（讨论稿）》起草情况的汇报、关于《加快推进“十三五”国家服务业综合改革试点工作方案（讨论稿）》起草情况的汇报、关于《加快推进沈阳国家通用航空产业综合示范区建设工作方案（讨论稿）》起草情况的汇报、《关于全面加强生态环境保护坚决打好污染防治攻坚战的实施意见（讨论稿）》起草情况的汇报、关于《沈阳市落实2018年全域土地例行督察整改意见实施方案（讨论稿）》起草情况的汇报
18	8.22	姜有为	第二十届第17次常务会议暨国资国企改革领导小组会议	《关于“以啃硬骨头精神”扎实推进国有企业改革发展实施方案（讨论稿）》以及推动国有企业全面扭亏为盈专项行动方案、全面深化混合所有制改革专项行动方案、扎实推进国有企业去杠杆、降低债务率专项行动方案起草情况的汇报
19	8.29	姜有为	第二十届第18次常务会议	关于《沈阳市进一步加强政务诚信建设工作的实施意见（讨论稿）》起草情况的汇报、关于《加快推进沈阳国家通用航空产业综合示范区建设工作方案（讨论稿）》起草情况的汇报、关于省沈抚新区托管街道有关情况的汇报、关于《加快推进沈阳市科技和金融结合试点工作方案（讨论稿）》起草情况的汇报、关于《优化沈阳国家级文化和科技融合示范基地工作方案（讨论稿）》起草情况的汇报、关于《加快推进新民市新型城镇化试点工作方案（讨论稿）》起草情况的汇报、关于《加快推进新民市农村产业融合发展试点工作方案（讨论稿）》起草情况的汇报、关于《沈阳市工程建设项目审批事项涉及的法律法规和规范性文件改革意见（讨论稿）》起草情况的汇报
20	8.29	姜有为	第二十届第19次常务会议暨国资国企改革领导小组会议	关于《沈阳市解决国企改革突出问题政策清单（讨论稿）》（第四批）起草情况的汇报

续表5

序号	日 期	主持人	会议名称	会议内容
21	9.4	姜有为	第二十届第20次常务会议	关于“重实干、强执行、抓落实”专项行动推进情况的汇报、关于《沈阳市贯彻落实〈地方党政领导干部安全生产责任制规定〉实施方案（讨论稿）》起草情况的汇报、关于《沈阳市加强和改善民生工作方案（讨论稿）》起草情况的汇报、《关于加强财政风险防控的意见（讨论稿）》起草情况的汇报、关于《沈阳市推进多层次资本市场三年行动计划（2018–2020）（讨论稿）》起草情况的汇报、关于扫黑除恶专项斗争工作情况的汇报
22	9.19	姜有为	第二十届第21次常务会议	传达省长唐一军在康平县、法库县调研时的讲话精神、关于《防范和惩治统计造假、弄虚作假督察工作规定》等3个统计法治工作文件学习贯彻落实情况的汇报、关于《加强和规范国家级试点示范工作的意见（讨论稿）》起草情况的汇报、关于《中国沈阳跨境电子商务综合试验区建设实施方案（讨论稿）》起草情况的汇报、关于《沈阳市居家养老服务体系建设实施方案（2018–2020年）（讨论稿）》起草情况的汇报、关于《沈阳市居家养老服务条例（草案）》的说明、关于华晨宝马新工厂项目有关情况的汇报
23	10.23	姜有为	第二十届第22次常务会议	关于“重实干、强执行、抓落实”专项行动、“挂图作战”任务推进情况的汇报、《关于我市法治政府建设情况的报告（讨论稿）》起草情况的汇报、《沈阳市推进政务服务“一网一门一次”改革及全市一体化在线政务服务平台建设实施方案（讨论稿）》起草情况的汇报、关于《沈阳市促进民营经济发展若干政策措施（讨论稿）》起草情况的汇报、《关于进一步加快“飞地经济”发展的实施意见（讨论稿）》起草情况的汇报、关于《沈阳市农村人居环境整治三年行动实施方案（2018–2020年）（讨论稿）》起草情况的汇报
24	11.15	姜有为	第二十届第23次常务会议	市委市政府关于中央环保督察“回头看”下沉督察汇报材料的说明、关于《沈阳市党政机关公务用车管理办法（讨论稿）》起草情况的汇报、关于《电动沈阳工作方案（讨论稿）》和《沈阳市加快新能源汽车推广 促进产业做大做强的实施意见（2018–2020）（讨论稿）》起草情况的汇报、关于《中国（辽宁）自由贸易试验区沈阳片区建设促进办法（草案）》的说明、关于《中国（辽宁）自由贸易试验区沈阳片区建设促进办法（草案）》的说明、关于沈阳市对央视曝光两家民营医院“骗保”问题专项工作情况的汇报
25	11.15	姜有为	第二十届第24次常务会议暨国资国企改革领导小组会议	关于《沈阳市加快推进全市国资国企重点领域和关键环节改革专项工作方案（讨论稿）》起草情况的汇报
26	12.4	姜有为	第二十届第25次常务会议	关于“重实干、强执行、抓落实”专项行动推进情况的汇报、关于《沈阳市未来产业培育和发展规划（讨论稿）》起草情况的汇报、关于沈阳市生态环保督察整改任务验收销号、督察反馈问题整改考核与奖惩、督察信访案件销号等3个《办法（试行）》（讨论稿）起草情况的汇报、关于《沈阳市加强校园及周边安全管理专项整治工作方案（讨论稿）》起草情况的汇报、关于改制转隶及当前消防工作情况汇报、关于贯彻落实习近平总书记对禁毒工作的重要批示和省委重要决策部署相关情况的汇报、关于沈阳市拟取消一批行政许可等事项有关情况的汇报、关于沈阳市宗教自查工作情况的汇报、关于《沈阳市运河风景区管理办法（修改草案）》的说明、关于国务院和住建部房地产调控长效机制一城一策部署会议情况及我市下步工作安排的汇报
27	12.21	姜有为	第二十届第26次常务会议	关于《政府工作报告（讨论稿）》起草情况的汇报；《关于沈阳市2018年国民经济和社会发展计划执行情况与2019年国民经济和社会发展计划草案的报告（讨论稿）》起草情况的汇报（书面）；关于《沈阳市2018年预算执行情况和2019年预算（草案）报告（讨论稿）》起草情况的汇报（书面）、关于《沈阳市2019年城建计划预安排方案（讨论稿）》起草情况的汇报、关于《沈阳市乡村振兴发展战略规划（2018—2022年）（讨论稿）》起草情况的汇报、《沈阳市关于促进民营经济发展的若干意见（讨论稿）》起草情况的汇报、《关于完善地方国有金融资本管理的实施意见（讨论稿）》起草情况的汇报、《沈阳市关于做好国家组织药品集中采购试点工作的实施方案（讨论稿）》起草情况的汇报、关于《沈阳市地下综合管廊管理办法（暂行）（草案）》的说明、关于2017年度市属国有企业负责人经营业绩考核及薪酬核定情况的汇报

（市政府办公室）

2018年市长办公会议情况（部分）

表6

日期	会议内容
1.4	市长姜有为召开沈阳市新一版城市总体规划编制试点工作调度会；听取沈阳市快速路项目PPP模式实施方案有关工作汇报
1.5	市长姜有为取沈阳市环卫市场化改革、危险废弃物处置工作汇报；听取沈阳市与北京市对口合作2018年工作计划汇报
1.6	市长姜有为听取沈阳市落实“三大攻坚战”（防范化解重大风险、精准脱贫、污染防治）实施方案起草情况汇报
1.8	市长姜有为听取沈阳市跨境电子商务综合试验区建设工作汇报；听取沈阳市恢复法兰克福航线和申请开通莫斯科、洛杉矶航线有关工作汇报
1.9	市长姜有为召开沈阳市省人大代表、政协委员对省《政府工作报告》征求意见座谈会；研究沈阳市厂办大集体改革、处置僵尸企业、“三供一业”分离移交、解决国企改革问题政策清单等工作；听取沈阳市创建国家食品安全示范城市有关工作汇报
1.10	市长姜有为召开驻沈部队全面停止有偿服务工作调度会；召开沈阳市创建国家食品安全示范城工作推进会
1.11	市长姜有为听取“中国制造2025”国家级示范区创建方案汇报；听取促进军民融合发展座谈会方案汇报
1.15	姜有为市长听取全市主要经济指标完成情况汇报；听取支持东软大健康产业项目情况汇报
1.19	市长姜有为听取沈阳市城市生活垃圾分类工作方案汇报；听取市政府投资基金工作汇报
1.19	市长姜有为听取沈阳市超标断面水质环保达标工作方案汇报；听取北方重工有关工作汇报
1.26	市长姜有为研究“中国制造2025”国家级示范区创建工作
1.29	市长姜有为研究沈阳市2018年老旧小区改造提质工作；研究沈阳市碳排放权交易市场建设工作
2.6	市长姜有为听取中德园有关工作汇报；听取沈阳市全面创新改革工作汇报；听取自贸区（沈阳片区）工作汇报；听取2018年沈阳市大型活动预安排汇报。
2.7	市长姜有为听取自主创新示范区创建工作汇报；听取第十届APEC技展会筹备工作汇报；听取静态停车管理工作汇报；听取沈阳市存量土地攻坚工作汇报
2.21	市长姜有为研究沈阳市新一版城市总体规划编制试点工作；听取东塔搬迁（城投PPP融资计划）工作汇报
2.21	市长姜有为听取沈阳市落实推进“四好农村路”建设工作汇报；听取沈飞机场搬迁有关工作汇报；听取2018年沈阳市招商引资工作汇报
2.27	市长姜有为召开市存量土地攻坚工作调度会
2.28	市长姜有为听取东北亚国际化中心城市、高品质公共服务中心规划和指标体系汇报；研究沈阳市新一版城市总体规划编制试点工作
3.23	市长姜有为研究沈阳市地铁第三轮建设规划报批有关工作；研究城市防水排涝设施建设有关工作
3.24	听取辽中区、新民市、法库县、康平县县域发展总体情况及优化乡镇财政体制工作进展情况汇报
4.2	市长姜有为听取沈阳市碳排放权交易市场建设工作汇报；听取东软国际医疗产业园有关工作（医疗人工智能研究院与大数据中心）汇报；听取《关于进一步深化行政审批制度改革的实施意见》相关工作汇报
4.10	市长姜有为研究自贸区（沈阳片区）有关工作

续表6

日 期	会议内容
4.21	市长姜有为研究组建沈阳经济区进出口股份公司有关工作；研究沈阳市园区机构改革有关工作
5.3	市长姜有为研究沈阳市压减企业开办和工程建设项目审批时间相关工作
5.4	市长姜有为研究环卫市场化改革有关工作；研究祝家污泥应急处置有关工作
5.14	市长姜有为研究事业单位改革工作；研究政府投资基金有关工作
5.17	市长姜有为召开部分事业单位改革座谈会；召开2018年第一次国资国企改革领导小组（扩大）会议
5.22	市长姜有为召开部分事业单位改革座谈会；研究事业单位改革有关工作
5.23	市长姜有为研究沈阳市土地收储资金、占补平衡、耕地保护、权证办理有关工作；研究沈阳市厂办大集体改革、三供一业、僵尸企业有关工作
5.24	市长姜有为研究沈阳市棚户区改造有关工作
5.25	市长姜有为研究沈阳市河流断面、黑臭水体、流域治理、水源地保护、抗洪防汛工作；研究事业单位改革有关工作
5.29	市长姜有为召开全市“重强抓”工作推进会；研究中德（沈阳）高端装备制造产业园有关工作
6.1	市长姜有为听取《工程建设项目审批制度改革实施方案》编制情况汇报；听取沈阳市资管新规（以及重点企业救援）有关情况汇报；听取事业单位改革工作情况汇报
6.8	市长姜有为听取国际软件园投资有关工作汇报
6.11	市长姜有为研究宝马项目有关问题；听取APEC技展会筹备情况汇报
6.15	市长姜有为听取《沈阳市打击非法出租客运经营行为专项整治工作方案》起草情况汇报；听取大辛餐厨垃圾处理项目PPP模式实施方案汇报；听取浑南区部分路段积水点整治工作情况汇报
6.29	市长姜有为研究辉山明渠污水处理厂出水达标有关工作
7.2	市长姜有为听取市公安局关于建设公共交通应急指挥中心的情况汇报
7.6	市长姜有为研究沈阳市超期回迁安置、房地产市场运行、《沈阳市解决已售商品房不能办理产权证问题三年攻坚方案》起草有关工作；研究沈阳市政府投资引导基金有关工作。
7.9	市长姜有为研究盛京银行涉及渤钢系等企业债务风险有关工作；研究沈阳市大数据产业发展工作；研究沈阳市旅游工作
7.13	市长姜有为听取沈阳市打击非法出租客运行为专项整治工作进展情况汇报
7.18	市长姜有为召开华晨宝马项目推进会
7.23	市长姜有为听取沈阳市政府债务和社保有关工作汇报；召开全市防汛工作视频会议
7.24	市长姜有为听取中央第六巡视组巡视反馈意见沈阳市整改落实有关工作汇报；听取沈阳市房地产市场调控有关工作汇报
7.25	市长姜有为召开沈阳市全面创新改革试验和自主创新示范区建设重点工作推进会

续表6

日 期	会议内容
7.29	市长姜有为听取推进乡镇设立国库有关工作汇报；听取事业单位改革有关工作汇报
8.1	市长姜有为听取发展县域经济、调整完善乡财县管体制情况汇报
8.3	市长姜有为研究沈北新区疫情处置有关工作
8.5	市长姜有为听取沈抚新区沈阳片区落实“五大发展战略”有关工作汇报
8.8	市长姜有为听取恒大童世界项目进展情况汇报；听取沈阳市亮化工作汇报
8.10	市长姜有为听取《“电动沈阳”工作方案》有关情况汇报；听取祝家污泥项目进展、污泥处置BOT项目污泥处理单价及还款单价有关情况汇报
8.13	市长姜有为研究全市污水处理厂运行有关工作；研究《沈阳市中心城区污水处理三年行动方案》项目资金安排有关工作
8.18	市长姜有为听取沈阳市跨境电子商务综合试验区有关工作；听取制博会筹备情况汇报
8.21	市长姜有为听取黑臭水体整治环保专项督查反馈情况及整改工作方案情况汇报；听取沈阳市全域土地例行督察反馈意见整改有关工作汇报；听取恒大童世界项目进展情况汇报
8.22	市长姜有为研究沈阳市开发区园区改革工作；听取沈飞民机项目进展情况汇报；听取沈阳市教育经费有关工作汇报
8.26	市长姜有为听取机床集团改革有关工作汇报；听取厂办大集体、三供一业有关工作汇报
8.26	市长姜有为召开华晨宝马项目调度会；听取市老干部活动中心“烂尾楼”相关情况汇报
9.4	市长姜有为听取机器人未来城项目有关工作汇报；听取2018年沈阳马拉松赛事筹备情况汇报；研究冬季城市发展有关事宜
9.10	市长姜有为听取沈阳市河流超标断面重点工作进展情况汇报
9.17	市长姜有为研究省重点输供水配套工程建设有关事宜；听取沈阳市水体达标工作任务清单、黑臭水体整治有关情况汇报
9.18	市长姜有为研究沈阳市机构改革有关事宜；研究沈阳市国有企业激励机制有关工作；研究北方重工集团改革有关工作；研究沈阳市扫黑除恶专项行动有关工作
9.22	市长姜有为听取沈阳市水体达标、黑臭水体治理有关情况汇报；召开华晨宝马项目调度会
10.8	市长姜有为研究停车难、居家养老等重点议案办理工作；研究苏宁文体科技小镇项目有关工作；研究水务集团与财政往来账款有关工作；研究沈阳市宗教有关工作
10.9	市长姜有为听取辽西北供水有关情况汇报；听取沈飞C系列新工厂项目进展情况汇报
10.13	市长姜有为听取沈阳市机构改革有关工作汇报；听取沈阳材料科学国家研究中心项目有关情况汇报；听取机器人未来城项目有关情况汇报
10.15	市长姜有为听取2018年市直公益性事业单位改革财政保障有关情况汇报；听取政府债务有关情况汇报
10.21	市长姜有为研究辽西北供水有关工作；召开锦州液压厂信访工作专题会议；研究非洲猪瘟防控工作。
10.28	市长姜有为听取中央环保督察反馈意见整改有关工作汇报；听取辽西北供水有关工作汇报；听取东软云医院有关情况汇报

续表6

日期	会议内容
10.30	市长姜有为召开锦州液压厂信访工作专题会议；听取华晨与雷诺合作项目有关情况汇报
11.7	市长姜有为听取云医院项目有关情况汇报；听取工程建设项目审批制度改革有关工作汇报
11.14	市长姜有为听取华晨雷诺项目进展情况汇报；听取斯特透平有关工作汇报
11.15	市长姜有为听取恒大在沈投资项目进展情况汇报；听取荣科科技股份公司有关工作汇报
11.19	市长姜有为听取国务院第五次大督查对辽宁省督查反馈意见整改工作汇报
11.20	市长姜有为研究沈阳市深化创建国家卫生城市技术评估工作汇报；听取沈阳市机构改革有关工作汇报
12.2	市长姜有为听取2019年城建计划有关工作汇报；研究中央环保督察整改上报方案
12.3	市长姜有为召开2019年《政府工作报告》征求意见座谈会（各地区）
12.6	市长姜有为召开沈阳市创建全国文明城市工作调度会；2019年《政府工作报告》征求意见座谈会（市直部门）
12.13	市长姜有为听取城市高质量发展有关工作汇报；研究沈阳市居家养老有关工作（含人大议案办理工作）；听取沈阳市跨境电商有关工作汇报；研究政府投资基金有关工作
12.17	市长姜有为听取辽西北供水有关工作汇报；听取民营经济支持政策有关汇报
12.19	市长姜有为政府工作报告征求意见座谈会（民主党派、工商联和无党派人士）
12.24	市长姜有为听取国有企业改革实行退休人员社会化管理服务整体移交情况的汇报；听取沈阳市科技创新、自主创新、企业创新、全创改有关工作汇报

（市政府办公室）

政务服务

【概况】 2018年，市政府办公厅认真学习贯彻习近平新时代中国特色社会主义思想和党的十九大精神，全面落实总书记在辽宁考察时和在深入推进东北振兴座谈会上重要讲话精神，围绕全市中心工作，以开展“协同创新年”活动为主线，以加强能力建设为保障，弘扬“严、细、实、快”工作作风，充分发挥参谋助手作用，各项工作取得新成效。

参谋辅政。不断提升文字综合水平，围绕市政府重点工作，深入

2018年市政府办公厅文电工作情况

表7

序号	类别	办理数量
1	收文办理	17298件
2	发文办理	545件
3	录入扫描文件	3万余件
4	整理归档文件	400余卷、5500余件移交现行文件中心121件
5	用印办理	1.6万件
6	机要传递	各级各类文件7.4万余件
7	办理和答复已申请公开政府信息	43件次
8	移交1991-2000年文书档案	1628卷
9	开展分行业、分地区、分专题公文处理培训	10次、150多人

（市政府办公室）

目　录

CONTENTS

沈阳概貌

Survey of Shenyang

一、中国共产党沈阳市委员会

1.Shenyang Committee of the CPC

二、沈阳市人民代表大会

2.Shenyang People's Congress

三、沈阳市人民政府

3.Shenyang Municipal Government

四、中国人民政治协商会议沈阳市委员会

4.Shengyang Committee of Peoples Political Conference

五、中国共产党沈阳市纪律检查委员会沈阳市监察委员会

5.Shenyang City Commission for Discipline Inspection of the Communist Party of China Shenyang Supervisory Committee

六、民主党派与工商联

6.Democratic Parties and the Federation of the Industry and Commerce

七、群众团体

7.Mass Organizations

八、法 治

8.Judicial

九、外事·侨务·港澳台事务

9.Foreign Affairs·Overseas Chinese Affairs·Hong Kong, Macao and Taiwan Affairs

十、军　事

10.Military

十一、经济管理

11.Economy Management

十二、公共安全

12.Public Security

十三、农 业

13.Agriculture

十四、工 业

14.Industry

十五、建筑·房地产

15.Construction·Real Estate

十六、商 贸

16.Commerce

十七、中国（辽宁）自由贸易试验区沈阳片区

17.Shenyang Section of China (Liaoning) Free Trade Pilot Area

十八、会展业·广告业

18.Convention and Exhibition Industry · Advertising

十九、旅游业

19.Tourism

二十、金融业

20.Financial Industry

二十一、交通·邮政

21.Traffic·Post Office

二十二、信息业

22.Information Industry

二十三、城乡建设

23.Urban and Rural Construction and Administration

二十四、环境保护

24.Environmental protection

二十五、开发区·功能区（园区）

25.Open Economic Zone · Function area (Park)

二十六、非公有制经济

26.Non-public Sectors of the Economy

二十七、经济合作交流

27.Economic Cooperation and Exchange

二十八、教　育

28.Education

二十九、科学技术

29.Science and Technology

三十、文 化

30.Culture

三十二、体　育

32.Sports

三十三、社会保障

33.Social Security

三十四、社会生活

34.Society and Life

三十五、人物

35.Character

三十六、先进集体

36.Advanced Collective

三十七、区县（市）

37.District and County(City)

三十八、街道（乡、镇）

38.Streets(Township、Town)

三十九、社区（村）

39.Community(Village)

四十、企事业单位信息

40.Enterpises and Institutions of Information

法 规

Laws and Regulations

附 录

Appendix

索 引

Index

特　载

国务院关于沈抚改革创新示范区建设方案的批复

国函〔2018〕116号

辽宁省人民政府、国家发展改革委：

你们关于沈抚改革创新示范区建设方案的请示收悉。现批复如下：

一、原则同意《沈抚改革创新示范区建设方案》（以下简称《方案》），请认真组织实施。

二、沈抚改革创新示范区建设要全面贯彻党的十九大和十九届二中、三中全会精神，以习近平新时代中国特色社会主义思想为指导，坚持稳中求进工作总基调，坚持新发展理念，按照高质量发展要求，坚持以供给侧结构性改革为主线，全面落实新一轮东北地区等老工业基地振兴战略，以改革创新为引领，着力推进体制机制改革，深入实施创新驱动发展战略，培育现代产业体系，推进绿色低碳发展，建设东北地区改革开放的先行区、优化投资营商环境的标杆区、创新驱动发展的引领区和辽宁振兴发展的新引擎。

三、辽宁省人民政府要加强对沈抚改革创新示范区建设的组织领导，抓紧完善工作机制，尽快制定配套措施，落实工作责任，确保《方案》确定的目标任务如期实现，形成对辽宁乃至东北地区强有力辐射带动作用。重要政策和重大建设项目要按规定程序报批。

四、国务院有关部门要按照职责分工，加强协调指导，在政策实施、资金安排、体制机制创新、重大项目建设等方面给予积极支持，帮助解决《方案》实施中遇到的问题和困难，为沈抚改革创新示范区建设创造良好的政策环境。

五、国家发展改革委要加强对沈抚改革创新示范区建设的指导，协调解决重点和难点问题。要强化对《方案》实施情况的跟踪分析，适时组织开展《方案》实施情况评估，重大问题及时向国务院报告。

国务院

2018年9月13日

国家发展改革委关于沈阳市城市轨道交通第三期建设规划（2019—2024年）的批复

发改基础〔2018〕1888号

辽宁省发展改革委：

你委《关于呈报沈阳市城市

轨道交通建设规划（2016—2022年）的请示》（辽发改交通〔2016〕1122号）、《关于报批调整沈阳市第三期城市轨道交通建设规划的请示》（辽发改交通〔2018〕848号）等文件收悉。经研究并商住房城乡建设部，现批复如下。

一、为适应沈阳市经济社会发展需要，支持重点区域、新区建设，促进区域交通一体化，提升综合交通枢纽接驳水平，发挥轨道交通网络效益，综合考虑城市开发进程、客流需求、财政承受能力等因素，原则同意沈阳市城市轨道交通第三期建设规划，建设1号线东延、2号线南延、3号线一期、6号线一期工程共4个项目，规划期为2019—2024年。

二、在规划实施过程中，要坚持经济、适用、安全的原则，统筹考虑沈阳市开发进程、建设条件及财力情况，量力而行、有序推进项目建设。

三、严格按照批准的建设规划审批（核准）项目，项目基本建设方案不得随意变更。审批（核准）前应委托有资质的第三方机构开展项目评估，建立公示和信息公开制度并做好社会稳定风险防范工作。项目批复文件抄送我委，并按要求及时报送项目建设进展等情况。按照国家相关法律法规和规章要求，规范招标投标行为。

四、切实防范地方政府债务风险。严格按规划批复要求落实地方财政出资，并分年度纳入地方财政预算支出计划，具备条件后方可启动项目建设。建立持续稳定的建设资金保障机制，项目筹资模式、资金来源不得随意调整，严禁以债务性资金代替财政资金，严格落实融资资金偿还来源，严禁通过融资平台公司或以PPP等名义违规变相举债。我委将会同有关方面对项目资金落实情况开展专项检查等。

五、做好与桃仙机场、沈阳火车站等重要交通枢纽的衔接，换乘设施力争一次建成，不能一次建设成的，应预留条件。重要的地铁换乘枢纽应尽可能实现不同线路间同台换乘，不能同台换乘的，通过建设或改造配套换乘设施实现便捷立体换乘。做好地铁车站周边的城市道路交通衔接，确保旅客安全、便捷出行。

六、切实保障城市轨道交通工程质量和运营安全。高标准做好城市轨道交通工程设计，强化工程质量和施工安全管理，不得随意压缩项目实施工期，严把材料质量关，加强项目建设的全过程管理和监督。高度重视城市轨道交通运营安全，在项目可行性研究和设计等前期工作中，充分考虑运营安全和服务需求，强化安全保障措施和安全人员、设施配置。在运营阶段，轨道交通运营企业要加强运营安全管理，建立健全相关制度，做好城市轨道交通人才队伍培养和储备。

七、请你委会同有关部门加强建设过程中监督检查，并依据相关规定做好项目后评价和竣工验收等有关工作，发现违规行为及时处置，遇有重大问题及时向我委报告。

附件：沈阳市城市轨道交通第三期建设规划（2019—2024年）

国家发展改革委
2018年12月21日

重点聚焦

沈阳市深化创建国家卫生城市综述

2018年，在市委、市政府的坚强领导和高效组织下，全市上下锁定创建国家卫生城市工作目标，秉持创卫为民、创卫惠民和创卫利民的工作理念，通过领导高位推动、全社会宣传发动、整改提升推动、工程项目拉动、执法管理触动、全民共建带动、考核问责促动，有效解决一大批积久、积难、积重的问题，先后顺利通过国家暗访和技术评估。

坚持高位推进，强化领导调度。实施创卫工作“党政同责”，作为“一把手工程”强力推进。成立高规格全市创卫工作领导小组，市委、市政府主要领导分任总指挥和组长；领导小组下设10个工作推进组，由分管副市长牵头，各负其责、分兵把口；各区县（市）均迅速建立相应组织架构，自上而下层层压实责任，以强有力的组织穿透形成完整的逻辑闭环、责任闭环、工作闭环。2次召开市委常委会会议专题研究全面深化创卫工作，7次召开市政府专题会议深入分析国家暗访暴露出的问题，部署落实整改提升措施。建立主要领导晨检夜查、行业领导全面排查、属地领导深入巡查工作制。市委、市政府主要领导实地调研20余次、现场办公30余次，及时研究解决工作中遇到的问题；市政府连续39周召开创卫工作调度会，滚动推进任务落地落实；多次召开全市性创卫拉练现场会，引导各方面比学赶超、争先创优；市委、市政府组建50多人的督查专班，通过驻区全覆盖督查，及时发现问题，抓好督促整改。市人大、市政协鼎力支持、主动参与，动员全市人大代表、政协委员建言献策、参与创卫，有力助推全市创卫工作的深入开展。

坚持问题导向，开展集中攻坚。瞄准突出问题、抓住关键环节，市创卫办每月制定印发月份工作要点，统筹推进全市阶段性目标任务。全市先后开展“规范三个秩序”（规范经营秩序，规范卫生秩序，规范交通秩序）、“强化五项整治”〔围绕背街小巷、城乡接合部（城中村）、农贸市场、老旧小区、“八小”行业等重点部位的脏乱差问题实行专项整治〕、“清洁沈阳”、“六个专项整治”〔抓好城乡接合部（城中村）综合整治，抓好市容环境整治，抓好生活垃圾收运管整治，抓好流动商贩整治，抓好建筑工地环境卫生整治，抓好废品回收站整治〕、“大巡查、大整改、大提升”和“干干净净迎国庆，规范有序贺中秋”

4月21日，全市组织开展清洁沈阳活动　（市创卫办供）

等系列活动。决战冲刺阶段，在全市实施“一线工作法”和“三即时”（即时发现问题、即时督办问题、即时整改问题）工作制，循序渐进、久久为功，有力促进问题的全面整改和对标达标。

坚持创卫为民，强化宣传动员。强化新闻宣传提升知晓率，在全市主流媒体开设创卫专题专栏，先后召开5场新闻发布会，发放《致沈阳全体市民的一封信》200余万封，刊发各类宣传报道6000余篇次。强化社会宣传提升支持率，开设创卫“每日动态微信公众号”，协调三大通信运营商发送创卫宣传公益短信；在媒体开设健康教育专栏，引导广大市民遵守社会公德、养成良好卫生习惯。强化社会发动提升参与率，深化创卫宣传“七进”（进企业、进机关、进校园、进社区、进农村、进工地、进家庭）活动，扎实开展群众性动员发动；组织召开全市第30个爱国卫生月活动千人启动仪式。积极协调中省直机关及驻沈单位和部队支持和参与创卫工作，形成全域动员、齐抓共管的良好氛围。

抓好“八条主线”，强化对标达标。紧紧围绕“清、拆、管、建、疏、查、打、宣”，多措并举、破解难题。清：以清理、清运、清扫、清洁为重点，突出卫生死角、积存垃圾，彻底解决影响城市卫生环境脏乱差问题。拆：以拆违控违为重点，加大对拆违工作的组织推进力度，拆出秩序，拆清环境。管：以加强城市精细化管理为重点，完善责任体系、制度体系、标准体系，实现执法工作全域覆盖、在线管理，彻底消除管理的盲区和死角。建：以补齐城市基础设施短板为重点，全面实施背街小巷、老旧小区、旱厕公厕改造升级、植绿补绿、黑臭水体整治、垃圾中转站等工程建设。疏：以疏解、引导、规范为重点，完善垃圾排放、流动商贩和早夜市管理。查：以加强专项执法、联合执法为重点，强力查处各类违法违规行为，进一步提升城市管理执法效能。打：以依法打击干扰正常市场秩序行为为重点，全力打击黑恶势力，持续保持高压态势。宣：以宣传、教育、动员、发动为重点，走进基层、走向群众、走入民心，营造全民支持参与创卫的浓厚氛围。

坚持建管结合，补齐城建短板。坚持以创促建、以建促管，围绕广大群众最关心的问题、最迫切的需要，确定11项工程建设类措施。针对群众所急所盼，实施101个农贸市场改造提升工程、120个老旧小区改造提质工程、916万平方米拆违工程；针对城市基础设施建设薄弱环节，实施293万平方米裸露地面覆盖工程、503条街路行道树木补植工程、12条黑臭水体综合整治工程、135座垃圾压缩站密闭改造工程、千余座旱厕拆除和172座公厕改造工程、560条背街小巷改造提升工程；针对城市服务功能短板，实施27.9万个停车泊位施划工程和3725件体育设施提升工程。各地区、各部门锁定城市管理的顽疾问题，实施重点问题攻坚，通过强化综合整治、开展联合执法等措施，强弱项、补短板，有力推动城市管理秩序的进一步规范和城市环境卫生面貌的进一步改善。

坚持考评督办，狠抓责任落实。建立暗访评估机制，聘请第三方机构连续43周对10个建成区进行暗访评估，并对评估结果实行周排名、月通报；邀请国家创卫专家及省专家对沈阳市9次进行模拟暗访和模拟技术评估，确保找准问题、精确整改、对标达标。建立问题督办机制，建立创

卫任务清单、问题清单和责任清单，市创卫办每日下达整改清单和督办清单，实行问题清单销号制和工作任务减量化管理，全年累计下达督办单1094批，整改问题点位5.7万多个。建立考评奖惩机制，将创卫工作纳入绩效考核重要内容，对各地区、各部门、各单位创卫工作完成情况实施月度综合考核，对综合排名后三位的地区分别罚款300万元、200万元和100万元。市纪委监委将创卫工作纳入2018年党风政风监督重点，对125名不作为、慢作为的干部进行问责处理。

坚持典型示范，提升工作标准。针对早夜市管理、农贸市场改造、拆违等重点任务，先后召开经验交流现场会；针对整体工作，先后在沈河区、铁西区、和平区召开现场调度会；针对网格化管理工作，组织在和平区和市食药监局分别召开网格化长效管理工作现场会，实现重点工作全市“一套模板”“一个标准”，带动全市创卫标准的整体提升。组建10个国家暗访标准巡讲组，以街道为单位对10个建成区逐一开展巡讲，实现从市创卫办到社区书记和卫生主任的“全覆盖”，累计培训3100余人。

坚持常态创卫，狠抓长效管理。建立网格化管理机制，坚持以城市管理精细化推动创卫工作常态化，按照两级体制（即市和区两级，指挥体制、监督体制、协调体制）、八定（定格、定人、定量、定责、定线、定时、定质、定论）原则、程序穿透、逻辑闭环、点面并行、关键突破、平台支撑、上下协同的八方面要求，依托“互联网+”数字化城管平台，全面推开网格化城市管理长效机制建设。全市建立单元网格5.1万余个，接入22个市级专业部门，初步建立起纵横兼顾的网格化管理体系，形成问题发现、立案、派遣、结案、监管的工作闭环，构建起“一张网、一张图、一平台”的科学化、精细化、智慧化城市管理新模式。建立“五长制”责任机制，针对环境卫生脏乱现象、市容秩序“顽疾”“门前三包”责任落实、绿化美化和市政设施管护等，实行河长制、路长制、楼长制、场长制、店长制“五长制”，打通责任落实的“最后一公里”。全市近5万名普通群众成为“五长”，主动劝导不文明现象、维护市容环境秩序，形成了问题发现、问题提报、部门认领、整改落实、督办考评、责任追究、问题销号的闭合链条。建立全社会动员机制，着眼激发群众自我管理、自我教育、自我服务，从完善社会志愿服务体系入手，引导和发动广大市民自觉支持、主动参与城市治理，共建共享创卫成果，组建由党员干部、企业职工、院校师生、社区居民等组成的百万志愿者队伍，每周六深入社区、企业、学校、公共场所开展志愿者服务日。建立“一街路一组织，一社区一队伍”的基层志愿服务工作模式，基本实现每条商业密集街路都有一个志愿服务组织，每个社区都有一支志愿者队伍，推动了城市管理基层化、群众化。

（市创卫办；有删改）

第十八届世界冬季城市市长会议

9月12—14日，由沈阳市政府和世界冬季城市市长会共同举办的第十八届世界冬季城市市长会议在沈阳市召开。会议交流交换关于城市管理、城市规划的先进理念和经验，密切与会城市间的交往，促成一批经贸合作项目，充分展现沈阳作为历史文化名城所焕发的蓬勃生机和现代化大都市大气大度包容开放的胸怀，讲述沈阳故事，传播沈阳声音，树立沈阳形象，扩大了沈阳影响。

充分体现国际化、专业化、高水平的特点，扩大沈阳国际影响力和美誉度。此次会议是沈阳市对外开放以来，也是历届世界冬季城市市长会出席国别最多、规模最大、层次最高的国际城市间交往活动。辽宁省省长唐一军、乌干达总统事务部部长埃斯特·姆巴约应邀出席。参会的副部级以上代表团7个，副市长以上代表团22个。有30个国家41个城市团组、52个商会团组莅沈参会。另外8个国内会员城市（包括沈阳）和4个特邀城市参加会议。参会代表团涵盖五大洲，包括5个首都城市、4个冬季奥运会举办城市、5个“一带一路”沿线城市，冬季城市占比82%。

会议发布《沈阳宣言》，传递沈阳声音，扩大了沈阳市国际影响。秉持开放、包容、合作、共赢的发展理念，倡导创新发展方式、挖掘增长动能，推动城市建设不断朝着更高品质、更有效率、更可持续的方向前进，倡议同舟共济的伙伴精神，得到与会各城市的积极响应和一致同意。市长姜有为代表沈阳市与30个国家48个城市的市长、副市长及市长代表共同签字，扩大了沈阳的国际知名度和影响力，向世界发

出了和谐、发展、合作、共赢的沈阳声音。

丰富多彩、内容和形式高度统一。会议围绕“冬季城市，让生活更美好”的主题，设置“冬季城市的精准规划、精致建设和精细管理”“冬季城市的新型智慧城市建设”“冬季城市的绿色发展”“共同缔造幸福美好的冬季城市”4个分议题，举办开幕式暨大会发言、工商界合作交流会暨项目发布和对接活动、世界冬季城市市长会专题会议、沈阳市欢迎宴会、“沈阳国际友好之夜——第三届外国人眼中的沈阳”主题晚会、专项考察等9项主体活动。市长姜有为在大会上作题为《奋力走出一条转型创新发展新路》的主旨演讲。15位国内外城市代表作精彩发言。

密切交流、务实合作，成果丰硕。沈阳市与加拿大温哥华市签署《经济合作战略伙伴关系谅解备忘录》，80多个商会和131家辽沈企业参加项目对接，中外商会企业洽谈项目达21个，涉及旅游、IT、环保等多个领域。沈阳市贸促会分别与美国新泽西州贸促会和俄罗斯国际合作促进中心达成友好合作协议；沈阳旅游集团与芬兰北部世界公司和北京华体联合国际体育顾问公司签署三方合作协议；与法国纪尧姆市达成环法自行车赛中国赛道项目合作意向，与澳大利亚维多利亚州达成冬季体育赛事及体育场馆建设项目合作意向。

别开生面、生动活泼、富有特色。精心策划“我爱沈阳”健步走活动，让外国友人更多地了解中华民族的传统文化，切身感受到大沈阳的日益变化的魅力和沈阳人追求健康幸福美好生活的精神面貌。“我爱沈阳”健步走活动在奥林匹克公园举行，22个国家180名会议代表，身着统一的文化衫走上滨水慢道，用健步走活动诠释对美好生活的热爱和追求。嘉宾们一边领略“一河两岸”的美丽风光，一边欣赏精彩的水陆健身运动展演。热爱健身的沈阳市民表演了太极拳、空竹、毽球等运动项目。水上的赛艇、摩托艇、皮划艇、水上空中飞人等展演更让代表们目不暇接，代表们对沈阳全民健身的普及程度和发展水平给予高度评价，对沈阳在城市建设方面的巨大变化赞不绝口。

高起点策划“沈阳国际友好之夜”活动，与“第三届外国人眼中的沈阳主题晚会”完美对接。在沈外国留学生、外资企业代表、外国驻沈商会代表、外国专家共同观看晚会，国外代表们真正感受到外国人在沈阳轻松惬意的生活状态，让他们充分了解沈阳是一座现代的城市，是一座开放的城市，是一座宜居的城市。来宾们在现场难掩激动心情，纷纷表示，沈阳人的热情、沈阳的发展变化，沈阳深厚的文化底蕴，让他们深深地爱上了这座可爱的城市。

全面展示沈阳接待能力和办会水平。在9项主体活动外，另外安排子活动13项。安排省、市领导活动75项（次），其中：省长唐一军2项、市长姜有为14项、市人大主任潘利国1项、市政协主席韩东太1项、常务副市长刘晓东11项、组织部长刘桂香4项、宣传部长冯守权4项、统战部长王镇1项、副市长姜军11项、市人大副主任安俊辉2项、副市长阎秉哲7项、副市长王广生1项、副市长彭肇文2项、市政协副主席于龙2项、市政府副秘书长刘阳春14项活动。迎送参会嘉宾往返110个班（次）、20个车（次）。各有关部门强抓各项筹备工作落实，各项活动衔接顺畅，繁中有序，取得良好效果。（李丹）

第十届APEC中小企业技术交流暨展览会

6月27—29日，由工信部和辽宁省政府主办，中国中小企业发展促进中心、中国中小企业国际合作协会、辽宁省工业和信息化委、沈阳市政府承办的第十届APEC中小企业技展会在沈阳国际展览中心举办。

展会得到各级领导的高度重视。工信部领导对沈阳的筹备工作十分关心、关注，多次听取筹备情况的汇报。省委、省政府明确表态支持沈阳承办好本届技展会，并把筹备好技展会有关内容列入省政府常务会议议题。市委、市政府主要领导明确要求，要举全市之力办出一届高水准、国际化、影响深远、精彩纷呈的国际盛会，并把筹备召开好技展会列入市委常委会议、市政府常务会议议题和市政府工作报告内容，出台《关于沈阳市第十届APEC中小企业技术交流暨展览会总体方案实施方案》《第十届APEC中小企业技术交流暨展览会参展参会奖励优惠措施》。

技展会活动内容丰富。包括领导会见、欢迎晚宴、开幕式、主论坛、分论坛及配套活动、展览展示、对接洽谈和参观考察等。总展览面积5.2万平方米，观展4.55万人，其中参展商4800

人、贵宾176人、特邀企业和嘉宾4570人、通过网络和微信注册专业观众6005人。市工信局被第十届APEC中小企业技术交流暨展览会组委会授予最佳组织奖和工信部授予突出贡献奖。

参与程度创历届新高。境外20个APEC成员体全部参展参会，参展企业238户，展位386个；非成员体有16个“一带一路”国家及地区参展参会，参展企业40户，展位123个。这36个国家和地区，遍布5大洲。其中，亚洲参展企业183户，欧洲参展企业51户，美洲参展企业20户，大洋洲参展企业19户，非洲参展企业5户。

国内外的高度关注和参与。展会参会领导和嘉宾层级较高。工信部副部长王江平，中国中小企业国际合作协会会长郑斯林、国家贸促会副会长卢鹏起等5位副部级以上领导出席；韩国中小企业部副部长崔寿圭、缅甸商务部副部长吴昂土，阿塞拜疆卡拉达赫行政区政府区长苏莱·曼米卡伊洛夫等6位境外副部级以上嘉宾和APEC成员体驻华公使、驻沈阳领使出席。特别是省委、省政府的主要领导，市委、市人大、市政府的主要领导出席，开创技展会先例。

签约合作取得重大成果。技展会期间签约项目161个，签约额 221.88亿元。其中，沈阳各区县（市）签约项目70个，签约额167亿元，亿元项目29个，10亿元以上项目6个；全国各省、自治区、直辖市签约项目91个，签约额53.88亿元。

展览展示面积、参展企业、展位数创历届之最。展览展示总面积5.2万平方米，参展企业1649户，1999个展位，均创历届之最。其中：境外参展企业278户，509个展位；全国31个省、自治区和直辖市参展企业966户，885个展位；5个计划单列市（深圳、青岛、厦门、宁波、大连）参展企业109户，136个展位；沈阳各区县（市）参展企业288户，460个展位。参展参会企业世界500强23户，独角兽9 户，“专精特新”产品（技术）241个。

展会主体内容受到广泛好评。技展会期间，举办开幕式、主论坛、9个分论坛、15场配套活动、35户企业参加路演；4000多人参加各论坛及配套活动，110户企业达成合作意向。开幕式隆重热烈、主论坛成为活动焦点、分论坛及配套活动内容精彩、15场配套活动形式多样、深受欢迎。

宣传报道工作成效显著。邀请《人民日报》、中央电视台、《辽宁日报》《香港商报》、香港大公文汇传媒集团、联合通讯等68家新闻媒体，221名记者报名参会，超过历届。累计推出近50个专版，刊发稿件近千篇，开设网站专题11个，直播报道观看人数近170余万人次，新媒体报道推送量300余万次，阅读量130余万次。韩国最大的传媒机构《中央日报》，阿塞拜疆国家电视台、通讯社以及缅甸等国的各大网站进行全面报道和高度评价。

接待保障热情周到。本届技展会接待境内外领导、嘉宾和参展企业3756人，全市41个市直部门和市经信委47位处长参与接待，先后为各参展参会人员提供服务车辆1400余台次，提供志愿者服务1500余人次，所有的代表团都通过微信、电话等方式向组委会表示感谢。

安全保卫工作全面到位。技展会期间累计出动警力300人次，专业安保人员700人次，消防车15台次；出动救护车组7个，医护人员21人；提供食品安全监厨人员50人；派驻无线电监测车2台，工作人员7人；出动执法人数120人次，执法车辆40余车次；派驻信访人员50人次，以及提供天气预报及后勤保障等服务。

（市工信局）

沈阳市开展正风肃纪监督工作的典型调查

2017年8月开始，沈阳市创新监督体制，整合监督资源，完善监督体系，提高监督效能，用正风肃纪监督守护群众利益、保护干部安全，为优化政治生态、改善营商环境、推动振兴发展提供有力保障。

主要做法

强化顶层设计，创新监督体制。从体制机制创新入手，构建“党委主导、书记主责、纪委监督、部门协同”的纪律建设工作格局。强化组织领导，市委、市政府主要负责人带头履行第一责任，听取正风肃纪监督工作情况汇报，主持研究推动正风肃纪监督的具体内容和措施。市人大、市政协主要负责人履行监督责任，深入基层开展专题调研并视察指导正风肃纪监督工作。各区县（市）和市直部门相关负责人履行主体责任，贯彻落实“三专两兼”（“三专”即为乡镇街道配备1名专职纪委监委书记、1名专职纪委监委副书记、1名专职纪检监察委员，“两兼”即为乡镇街道配备2名兼职纪检监察干部）要求，将正风肃纪监督工作

压紧、做实。扛起监督责任，市纪委监委主要负责人深入街道、社区和乡村进行专题调研，主动听民意、察实情。市、区两级成立以纪委监委主要负责人为组长，市、区直部门主要负责人为成员的正风肃纪监督工作领导小组，加强工作统筹指导。市纪委监委专门成立正风肃纪监督室，各区县（市）也选调精兵强将组建正风肃纪监督室，构建起“1＋13”的工作格局，专门负责日常组织、协调、推动工作，其中“1”即市纪委监委正风肃纪监督室，“13”即13个区县（市）正风肃纪监督室。充实监督力量，针对基层纪检监察力量薄弱、乡镇纪检监察存在空白的问题，在市直部门和各区县（市）直部门及乡镇（街道）、市属企业设立401个正风肃纪监督组，加强上级纪委监委领导、强化自上而下监督。在不增加编制的前提下，按照“三专两兼”的标准，为全市204个乡镇、街道配备纪检监察干部，专职纪检监察干部由过去的176名增加到612名，兼职干部408名，全部配备到位上岗履职。夯实群众基础，在全市2530个村（社区）选聘作风正派、群众公认、德高望重的正风肃纪监督员4068名，在市属企业选聘正风肃纪监督员211名，在事业单位选聘正风肃纪监督员762名，在党代表、人大代表、政协委员等“两代表一委员”中选聘正风肃纪监督员300名，在重大项目选聘正风肃纪监督员328名，实行动态管理。

完善工作机制，积极稳妥推进。选取市农经委、市民政局和沈北新区、康平县作为首批试点单位和地区。市纪委监委主要负责人约谈四家试点单位和地区一把手，要求主要负责人统一思想认识，亲自挂帅出征；市纪委监委相关负责人主持召开试点单位和地区纪委监委主要负责人、纪检监察组组长座谈会，部署试点工作，提出相关要求。通过试点积累可复制、可推广的经验，为正风肃纪监督在全市推开提供借鉴。针对问题多发的重点领域（例如，城区的重点项目建设、公共服务等领域资金项目；郊区的上级奖补资金、扶持资金、征地补偿资金；郊县的农业基础设施建设资金、精准扶贫资金、惠农补贴资金；市直部门的补贴类、工程采购类、工作经费类资金；市属企业的大额资金运作决策、规章制度执行；违反财经纪律和隐形“四风”），开展监督指导、分类实施，增强监督的针对性和实效性。在认真总结试点单位经验的基础上，率先在13个区县（市）及2530个基层群众性自治组织推开，并在6个月内，依次在市直97个单位，690个事业单位，15个市属国有企业全部推开，实现对国家监察法规定的六类监察对象正风肃纪监督全覆盖。为避免出现“上面九级风浪，下面纹丝不动”现象，市纪委监委采取一区县（市）一动员、一综合派驻单位一动员、一企业一动员的方式，先后召开52次动员部署会议，均由各单位党委（党组）主要负责人作动员部署。

坚持问题导向，破解监督难题。抓住民生、扶贫领域存在的吃拿卡要、盘剥克扣、优亲厚友、挪用贪占等群众深恶痛绝的突出问题，深挖细查，用小切口解决群众关心的大利益。截至2018年6月末，全市清退骗取低保、五保补贴家庭3208户，主动退出2018户，新增享受低保、五保补贴家庭1546户；取消或停发耕地地力保护补贴4790户，收缴违规发放的耕地地力保护补贴657万元。在对非物业扫保问题进行专项检查时，发现招聘保洁员优亲厚友、他人替扫等问题325个，截至2018年6月末，全市清退25人，立案7件，给予党纪政务处分7人。政府投入的项目、资金、物资后续监管问题，始终是政府管理的难点。将梳理统计出的2016年以后中央和省、市投资项目3048个（涉及资金799亿元），全部以网上公示和纸质文件形式向社会公开。督导各区、县（市）和相关部门检查项目385个（涉及资金187亿元）。针对农村集体土地管理存在的实际耕地面积大于土地台账面积的情况，充分发挥正风肃纪监督员的监督作用，通过全程参与实测监督，全市农村土地面积由原承包合同体现的820.43万亩，扩大到1057.01万亩，助推政府土地确权工作的顺利开展。市中级人民法院在驻市法院纪检监察组的组织协调下，对2016—2017年新收案件的执行案款进行全面梳理，协调推动13亿余元执行案款有效执行，其中96.6%发放到申请执行人手中。对自查自纠和专项检查发现的带有普遍性、系统性，特别是屡禁不绝的问题，专门制订工作方案，集中开展专项治理。利用3个月时间，在全市开展公车私用、私车公养问题专项治理。截至2018年6月末，清理公务加油卡21061张，主动退款10642人，退缴违纪款4610万元。集中力量开展全市范围内的“小金库”问题专项治理以及重大工程项目、

招投标、资金监管和公有住房专项治理。

广泛宣传发动，整合社会资源。发挥人大和政协监督的力量，将人大依法监督和政协民主监督与正风肃纪监督紧密结合起来，聘请百名代表和百名委员担任正风肃纪监督员。市纪委监委班子成员分组包片，通过座谈会等形式，与代表、委员面对面直接联系，紧紧围绕市委、市政府中心工作，沟通社会各界，了解社情民意，收集意见建议，对行使公权力的部门、单位和人员进行全方位监督。发挥舆论监督的力量，在《沈阳日报》开辟专栏，及时报道正风肃纪监督工作成果和经验做法，抓住正反两方面典型，大力宣传正风肃纪监督工作。在沈阳广播电视台新闻频道开设《正风肃纪监督进行时》栏目，每周定期播发，挖掘鲜活事例，反映基层情况，用媒体的聚光灯照亮被监督的每个角落。《人民日报》、新华社沈阳分社等先后对沈阳市正风肃纪监督工作开展集中采访，相关报道在中央媒体刊发，提高正风肃纪监督的社会影响力。发挥大数据监督的力量，建设正风肃纪监督大数据平台，将涉及群众的政府投入资金、项目全部向社会公开，推进问题线索分办、交办、督办、反馈、处置的智能化、网络化和信息化，努力实现精准发现问题和实施精准监督的目标，真正让党和政府的每一个项目、每一笔资金、每一项权力、每一个决策都在阳光下运行。截至2018年6月末，问题线索报送和政府投入资金项目公示平台完成测试运行，平台数据库纳入资金总量1079亿元。

抓好建章立制，强化刚性约束。加强制度化保证，制定或修订正风肃纪监督相关制度311项。其中，围绕健全机构，制定《正风肃纪监督工作领导机构设置方案》《关于成立正风肃纪监督组的实施方案》《关于选聘正风肃纪监督员的指导意见》；围绕规范管理，制定了《正风肃纪监督工作资料归档明细》《正风肃纪监督专项检查基本方法》《正风肃纪监督组线索处置流程》《正风肃纪监督员工作流程》等；围绕源头治理，制定《关于加强项目资金监督管理的意见》《关于民政专项资金监督管理办法》《城乡医疗救助资金管理使用办法》等25个文件。加强标准化建设，市纪委监委明确正风肃纪监督工作软硬件建设要求和标准。在软件建设上，提出建立档案、统一标准、公开公示、动态管理、加强考核“五项要求”；在硬件建设上，提出建立标准谈话室、资料档案室、信访接待室、多功能室、公开公示栏“五建标准”，并组织力量进行严格检查、严格验收。截至2018年6月末，市本级下拨专项资金1339万元，各区县（市）也都加大财力投入，全力保障正风肃纪监督办公用房、谈话室改造及正风肃纪监督员工作补贴等日常工作需要。加强规范化运行，建立入户走访机制，制发《惠民政策指南》《惠民资金受益人名册》，作为正风肃纪监督员核对工作、发现线索的重要依据；向群众发放联系卡，公布监督举报电话和举报箱，保证群众监督举报渠道畅通无阻。建立考评机制，将全市各区县（市）纪委监委、派驻纪检监察组、纪工委、市属国有企业纪委监委及其正风肃纪监督组全部纳入考评范围，实行目标管理、量化考核。各区县（市）也同步开展考评工作。建立公开机制，将涉及民生的政府投入资金、项目利用互联网、公示栏等平台全部向社会公开；群众可以通过各乡镇、街道的平台终端，实时查询各种补贴补助类项目分拨、发放情况，并加强对各类公开公示信息的督促检查，发现有意删减、遗漏、拖延或者更改公示信息的问题，严肃处理。

取得的成效

解决一批群众身边腐败大问题。截至2018年6月末，发现问题34333个，整改30840个。其中，涉及低保、五保补贴优亲厚友、虚报冒领等问题5504个；耕地地力保护补贴造价骗补等问题9463个；退耕还林补贴挪用侵占等问题1366个；恶意拖欠、侵占农村集体经济组织“三资”问题779个；造假、骗取、冒领设施农业建设项目及少数民族发展扶持资金等问题3027个；公车私用、私车公养、加油不规范等问题10642个；各项补贴资金挪用侵占等问题433个；工程项目及专项工作经费资金挤占挪用等问题998个；供暖不达标、停车场乱收费、自来水停供等民生诉求问题2121个。

发挥科学监督体系、灵活监督方式的发现问题大作用。截至2018年6月末，发现的34333个问题中，监督组发现12453个、监督员发现1509个、自查自纠发现18423个、上级交办194个、信访举报1754个。遍布城乡各地的5669名正风肃纪监督员，打通正风肃纪监督的最后“一公里”。截至2018年6月末，正风肃纪监督员走访居民54.3万户，占全市居

民总数的19.9%。

形成保护干部安全、推动振兴发展的反腐败斗争大震慑。截至2018年6月末，发现涉嫌违纪问题线索2578件，立案1006件，给予党纪政务处分1059人，移送司法机关20人，挽回经济损失16484.34万元。有10813人主动说明情况和问题，上缴现金4881.23万元。各级纪检监察机关坚持惩前毖后、治病救人，注重把握政策，做到宽严相济。

促进转变政府职能、优化政务服务的政府治理能力大提升。开展正风肃纪监督以来，向各级政府部门转办、交办、督办问题30840件，要求件件有着落、件件有回声，把压力传导到政府系统的各个环节。各级政府紧盯涉及百姓的政府投资项目，做到谁审批谁监督、谁拨付谁监督，监督随着项目走、随着资金走、随着物资走、随着决策走。有效杜绝权力寻租、吃拿卡要问题，加快审批速度、促进了项目落地，实现“办事依法依规、办事不用求人、办事便捷高效”，有效改善沈阳市的营商环境。

推动“事事马上办、人人钉钉子”的干部作风大转变。将正风肃纪监督与落实党和政府决策部署同步谋划、同步部署、同步推进，切实强化“马上办”和“钉钉子”精神，防治不作为、鞭策慢作为、惩治乱作为，推动干部作风转变。离矛盾远、离困难远、离群众远、离企业远的“四远”问题得到化解，“不为不办找理由，只为办好想办法”成为广大干部的座右铭和行动准则，保证党的惠民政策真正惠及千家万户，社会风气更加积极、健康、向上。（刘峻池；有删改）

沈阳在副省级城市中率先完成市区机构改革

2018年，市委、市政府高度重视机构改革工作，组织专门力量深入相关部门调查研究，准确掌握各部门“三定”规定、历史沿革和存在问题。先后组织召开12次市委深化机构改革工作领导小组会议、2次文件起草组会议，多次召开市长办公会议以及改革推进小组会议，反复研究机构改革方案。同时，组织召开建口部门和区县（市）主要领导改革座谈会，听取有关意见建议，并围绕解决营商、城建、城管、水务等体制机制问题，深入开展专题调研。市机构改革方案经反复研讨、多次论证，先后修改30余稿形成，得到中央编办和省认可。方案上报后，立即着手各项实施准备工作。强化分工协作，组织协调市委办公室、市委组织部、市政府办公室等7个部门加快拟定工作运行、干部消化安排、人事档案、事业单位隶属关系划转等10个配套文件；组织协调机关事务管理局等职能部门提前做好机构牌匾刻制、办公用房分配等工作，切实把机构改革各项任务落实落细落稳。及早动手准备，按照编随事走、人随编走和减多补少、减弱补强、减上补下的原则，精心研究部门职责、编制、职数及人员划转方案，提前拟定政府38个部门的“三定”规定。12月27日，改革方案获批后，立即召开全市动员大会，成立8个机构改革专项协调小组，集中利用3天时间，快速推进改革实施。2019年1月1日起均以新的机构名称对外开展工作。坚持全市统筹，积极跟进各区县（市）机构改革工作，组织召开区县（市）机构改革部署会议，及时传达最新改革精神，下发改革相关材料及模板，并围绕时间节点安排、改革原则确立、方案制定标准、配套政策出台等重点任务和关键环节，进行深入解读，提出明确要求，做到统一标准、统一政策，上下贯通，执行有力。截至2019年1月31日，沈阳市在全国副省级城市中率先完成市区机构改革任务。

优化职能配置。在理顺部门职责上，通过改革有效解决职责分散交叉，推诿扯皮等问题。在实现行政职能回归上，将市本级18家事业单位承担由法律法规授权的行政职能181项，15个市直部门自行委托事业单位承担的行政职能42项，全部纳入行政主管部门行使。同时，明确相应的内设处室，确保回归的行政职能有承接、不落地。在做到重要职能有处管、有人抓上，科学制定38个政府部门的“三定”规定，明确将相关部门安全生产监管、生态环境监管、加强党的建设、加强人才工作等职责落实到具体处室，明确责任。

规范内设机构。新“三定”整合归并职责交叉分散、相近或相似的内设机构，压缩办公室、人事、财务、离退休干部等非业务处室的比重，向专业处室倾斜，并重新规范处室名称。同时，将编制细化到处室，少于4名行政编制的处室一律整合。内设机构在数量上、名称上基本与省直对口部门相对应，上下工作衔接更加顺畅。

体现地方特色。为统筹文化

事业、文化产业发展和旅游资源开发，充分发挥广播电视媒体作为党的喉舌作用，组建市文化旅游和广播电视局。为促进沈阳金融发展，加强金融监管，组建市金融发展局，加挂市地方金融监督管理局牌子。为统筹加强营商环境建设工作，完善营商环境体制机制，提升行政审批效能，将市营商环境建设监督局更名为市营商环境建设局，加挂市行政审批局牌子，并将市营商办的职责划入。为推动智慧城市公共信息平台和应用体系建设，加快推进信息资源共享与更新，组建市大数据管理局。

实现持续精简。此次“三定”严格执行《辽宁省机构和编制管理条例》具体要求。在部门领导职数核定上，坚持立足市直部门实际；在内设机构领导职数核定上，坚持只减不增；在内设机构设置上，坚持以精简促融合。收回空编131名，精简内设处室53个，正处级领导职数49名。

（市委编办）

“解放思想推动高质量发展大讨论”综述

2018年，沈阳市委认真贯彻落实省委开展“解放思想推动高质量发展大讨论”各项安排部署，力求把大讨论活动的过程，变成解放思想的过程、发现问题的过程、确立信心的过程、改革创新的过程，取得了初步成效。

抓好顶层设计，统筹推进。全市成立“解放思想推动高质量发展大讨论”领导小组。制发《关于在全市开展“解放思想推动高质量发展大讨论”的实施意见》《全市解放思想推动高质量发展大讨论调研工作方案》《中共沈阳市委办公厅关于认真学习贯彻习近平总书记在庆祝改革开放40周年大会上重要讲话精神促进“解放思想推动高质量发展大讨论”深入开展的通知》。组织市委理论学习中心组进行3次专题学习，市委宣传部会同市委督查室组成工作组深入各区县（市）和市直有关单位督导检查跟踪问效，确保大讨论工作落到实处。

坚持上下联动，同频共振。各级领导干部带头查找差距，带头整改提高。紧紧围绕《关于在全市开展“解放思想推动高质量发展大讨论”的实施意见》提出“七个为什么”和直戳沈阳顽症沉疴的“30个问题”，深入查摆问题，推动成果转化。积极组织各区县（市）党委，各开发区党工委，市委各部委，市直各党委（党组），各人民团体党组开展大讨论调研工作，提交高质量调研报告300余篇。

加大宣传力度，营造氛围。截至2018年末，《沈阳日报》、沈阳广播电视台等媒体开辟专版专栏63个，报道近600余篇次，新媒体点击量突破200万，人民网、中新网等各大网站转发相关信息900余条；其中，《沈阳日报》在头版推出区县（市）领导系列访谈报道，沈阳广播电视台新闻综合频道推出系列报道《他山之石》，对外地城市在解放思想推动发展方面的优秀做法和先进思路进行介绍，为全市解放思想开展讨论提供借鉴。全市开展各类宣讲2800余场次，受众5万余人次。以LED屏幕、出租车电子屏、路旗等为主要载体，全覆盖无死角进行社会公益宣传，为大讨论不断向纵深推进营造浓厚社会氛围。

聚焦对标发展，争先进位。在开展解放思想大讨论中，坚持对标先进地区发展理念，在工作实践上对标找差，形成“对标高位补足短板”的共识。各地区、各部门、各单位坚持三个同步，即坚持做到与交流研讨、与调查研究、与建言献策同步，进一步推动解放思想大讨论的成效最终实实在在地落到解决深层次的实际问题上来。其中，仅面向驻沈高校、科研院所、各类智库、社会各界献良策活动，就征集解放思想推动沈阳高质量发展措施建议100余条。

（市委宣传部）

沈城荣耀

6月29日至7月2日，由工信部、北京市政府共同主办的第二十二届中国国际软件博览会在北京展览馆举行。围绕沈阳医保创新管理模式主题，由市人社局会同东软集团制作的《超级医保——赋能医保基金管理与医疗保障服务》，在参赛的91个案例作品中以最高分获本届博览会全国十佳“优秀案例奖”，成为本届获奖案例中唯一一个政府类项目。“超级医保”是沈阳智慧医保的升级版，在智慧医保的基础上增加一些新功能，它集医保公共业务经办、医疗、购药等多项功能于一体，面向沈阳市医保参保人员提供定点医院信息查询、定点医院预约挂号、医保业务信息查询等服务。

2018年，沈阳市继续推进建成区黑臭水体长效管理工作，

通过立法保障、严格落实“河长制”、实施排水口管理、建立垃圾收转体系、引入第三方机构、开展联合执法等一系列管理措施，进一步巩固治理成果。6月20—25日、10月22—26日，生态环境部、住建部联合对沈阳市建成区黑臭水体治理工作开展专项督查和巡查。10月24日，沈阳市通过财政部、生态环境部、住建部的竞争性评审，获全国黑臭水体治理示范城市，并获中央财政3年6亿元定额补助支持。

12月17—19日，中国服装定制全产业链（国际）峰会在沈阳召开。其间，中国服装协会授予沈河区“中国服装定制产业基地”称号。这是国内首家“服装定制全产业链”服务平台。基地依托沈河区嘉宁大厦，为国内外服装定制领域（包括服装定制面辅料、原创设计、柔性化生产、品牌营销、配套技术、设备等）和相关服务机构提供形象展示推广、商贸对接、资源链接等服务平台。

2018年，沈阳经济技术开发区在商务部开展的国家外贸转型升级基地评审中被评为国家级外贸转型升级基地。沈阳经济技术开发区始建于1988年，1993年进入国家级开发区行列（国批面积10平方千米），2002年与铁西区合署办公，2007年与原细河经济区合并，面积扩大至448平方千米，现设立中德高端装备制造产业园、中法生态城、先进装备制造产业园、化工医药产业园、现代建筑产业园、西部新城、商住服务聚集区7个功能区，主要发展高端装备制造、汽车及零部件、医药化工、现代建筑和生产性服务业等五大产业。

2019年1月12日，第五届中国（国际）起源地文化论坛在北京人民大会堂宾馆举行。沈阳的中国旗袍文化、盛京满绣文化、纸上刀绘文化三大项目，正式被授予“2018年度中国起源地文化项目”。中国旗袍文化、盛京满绣文化、纸上刀绘文化、早立子民俗文化、天人合一艺术理论与作品文化5个项目成为中国起源地文化项目。专家组在评审意见书中指出，“中国旗袍文化、盛京满绣文化、纸上刀绘文化等项目，从文化传承、文化创新、文化自信的角度出发，全面分析了其文化的历史起源、创作背景、文化价值等基本内容，结构可靠，具有系统性和科学性”。

2019年1月18日，在中国软件行业协会举办的2019年中国软件产业年会上，沈阳国际软件园获“2018年中国最具活力软件园”称号。沈阳国际软件园位于浑南区核心区，是东北乃至全国以工业软件为特色的软件产业集群密集园区。沈阳国际软件园从2009年开工建设以后，投入使用产业办公楼宇面积近80万平方米，入驻企业员工3万余人。截至2018年末，园区入驻企业1080户，其中，世界500强企业43户，中国软件百强企业22户，上市公司及子公司86家。园区现有企业中，沈阳本土创业型企业占比70%左右，知名企业的分支机构占比30%左右。同时，园区还拥有近30家全国细分市场领军企业。

2019年1月20日，由《中国教育报》、中国教育新闻网主办，北京铜牛集团有限公司协办的第五届全国教育改革创新典型案例推选颁奖暨创新成果展示活动在北京举行。沈阳市《全纳全额创新实施弹性离校》案例，2018年申报参加第五届全国教育改革创新典型案例推选颁奖暨创新成果展示活动，获第五届全国教育改革创新特别奖，并在全国推广。“弹性离校”将全市普通中小学校全部纳入，市级财政全额买单，学生自愿、免费参加，教师不讲新课、辅导答疑，学校提供教室、场馆及活动课程。沈阳市从2017年9月18日起全面实行弹性离校制度。凡有课后服务需求的中小学生，由学生家长自愿提出申请参加。

（刘振新 王大鹏 志闻）

党和国家领导人在沈活动

【习近平在沈主持召开深入推进东北振兴座谈会】 9月25—28日，中共中央总书记、国家主席、中央军委主席习近平在东北三省考察。28日下午，习近平在沈阳主持召开深入推进东北振兴座谈会。听取大家发言后，习近平发表重要讲话。他强调，东北地区是中国重要的工业和农业基地，维护国家国防安全、粮食安全、生态安全、能源安全、产业安全的战略地位十分重要，关乎国家发展大局。新时代东北振兴，是全面振兴、全方位振兴，要从统筹推进“五位一体”总体布局、协调推进“四个全面”战略布局的角度去把握，瞄准方向、保持定力、扬长避短、发挥优势，一以贯之、久久为功，撸起袖子加油干，重塑环境、重振雄风，形成对国家重大战略的坚强支撑。习近平就深入推进东北振兴提出6个方面的要求：以优化营商环境为基础，全面深化改革；以培育壮大新动能为重点，激发创新驱动内生动力；科学统筹精准施策，构建协调发展新格局；更好支持生态建设和粮食生产，巩固提升绿色发展优势；深度融入共建“一带一路”，建设开放合作高地；更加关注补齐民生领域短板，让人民群众共享东北振兴成果。习近平强调，坚持和加强党的全面领导是东北振兴的坚强保证。要加强东北地区党的政治建设，全面净化党内政治生态，营造风清气正、昂扬向上的社会氛围。要加快建设一支高素质干部队伍，提高领导能力专业化水平。领导干部要带头转变作风、真抓实干，出真招、办实事、求实效，防止和克服形式主义、官僚主义。政治生态同自然生态一样，污染容易，治理不易。要坚持无禁区、全覆盖、零容忍，坚决查处各类腐败案件，始终保持党同人民的血肉联系。

【韩正出席深入推进东北振兴座谈会】 9月28日，中共中央政治局常委、国务院副总理韩正出席深入推进东北振兴座谈会。韩正表示，要深入学习领会习近平总书记关于东北振兴的重要思想，从国家发展大局的高度深刻认识东北振兴的重大意义。要把深化改革作为首要任务，切实解决思想观念问题，加快完善体制机制，优化营商环境。要把增强创新能力作为根本途径，加快结构调整和新动能培育，发展壮大实体经济。要把开发开放作为重要抓手，打造中国向北开放的重要窗口和东北亚地区合作的中心枢纽。要把保障和改善民生作为出发点和落脚点，坚决打好脱贫攻坚战，解决好社保、就业等重点民生问题。

【孙春兰在沈调研】 10月25—27日，中共中央政治局委员、国

务院副总理孙春兰在辽宁调研时强调，要深入学习贯彻习近平总书记在全国教育大会和深入推进东北振兴座谈会上的重要讲话精神，提升教育服务经济社会发展能力，以教育现代化夯实东北振兴发展的根基。在辽宁大学、东北大学、中国医科大学的重点实验室和研发机构，孙春兰详细了解科研成果应用情况。她指出，推进装备制造业优化升级，需要关键核心技术的支撑。高校要依托优势领域和领军人才，在部分“卡脖子”问题上集中攻关，突破一批关键技术和核心装备，用智能技术改造提升传统产业。要抓住新一轮科技革命和产业变革机遇，围绕智能制造、新材料、新能源、新一代信息技术等，主动加强与企业、科研院所的协同创新，以高质量的成果助力新兴产业的发展壮大。在沈阳市装备制造工程学校，孙春兰着重了解技术技能人才培养的情况。她强调，东北振兴离不开高水平人才的支撑。要加强交叉、前沿学科设置，加快推动课程、教法、师资、实践等改革，提升学生的创新精神和实践能力。要鼓励各类企业举办高质量职业教育，扩大应用型、复合型、技能型人才培养规模，造就一支“大国工匠”队伍。要对接现代服务业发展需求，加强订单式、有计划职业培训，培养更多的体育、旅游、医疗、养老等方面专业人才。在辽宁期间，孙春兰在沈阳主持召开座谈会，专题研究教育服务东北振兴工作。（志 闻）

【郭声琨在沈调研】 7月21—22日，中共中央政治局委员、中央政法委书记郭声琨在辽宁调研。在沈阳市中级人民法院、太原街派出所和丹东边检站，郭声琨深入了解司法体制改革、便民利民服务等情况。在太原街派出所和五里河街道综治中心，郭声琨考察扫黑除恶、网格化服务管理、矛盾纠纷调处等工作。他强调，辽宁是中央第一轮扫黑除恶专项斗争督导10个省市之一，要以开展督导为契机，不断把专项斗争引向深入，有黑扫黑、无黑除恶、无恶治乱，集中整治突出治安问题，增强人民群众安全感。要善于把党的群众工作优势转化为政法工作优势，坚持党建引领，发挥群众主体作用，紧紧依靠群众提升基层社会治理水平。要关心基层政法综治工作者，切实帮助他们解决实际困难，让他们安心工作，更好的服务群众。郭声琨到中国刑警学院，详细了解学院建设和新兴学科发展情况；在沈阳市中级人民法院，听取运用信息化手段提高执行效率情况介绍。他指出，现代科技发展为政法工作腾飞插上翅膀。要加快推进现代科技手段与政法工作深度融合，不断提高政法工作智能化、现代化水平。

【张春贤率全国人大执法组在沈执法检查】 7月3—4日，以全国人大常委会副委员长张春贤为组长的全国人大常委会执法检查组到沈，就沈阳市贯彻实施农产品质量安全法情况进行执法检查。在沈期间，执法检查组一行考察农产品质量安全综合监管信息化服务平台，听取沈阳市关于贯彻执行《农产品质量安全法》的情况汇报，还实地考察辽中区养前果蔬专业合作社和丰辉农资经销有限公司，重点检查沈阳市农产品质量安全标准体系建设情况、农产品产地管理情况、农产品生产过程管理和追溯制度建设情况、农产品质量安全管理制度建立情况、农产品质量安全监督检查制度执行情况，以及当前在推进农产品质量安全工作和《农产品质量安全法》实施过程中存在的主要问题，并听取各相关方面关于进一步加强农产品质量安全工作和完善农产品质量安全法律制度的意见和建议。

【艾力更·依明巴海在沈调研】 6月13日，全国人大常委会副委员长艾力更·依明巴海率调研组到沈，就推动城乡义务教育一体化发展情况进行专题调研，重点了解沈阳市义务教育经费保障、学校建设和布局调整以及教师队伍建设和控辍保学等情况。当天，调研组到辽中区六间房九年一贯制学校进行实地调研。调研组一行走进校园，与教职员工攀谈，了解乡村教师待遇保障等情况。调研组一行，与正在上课的学生们交流，询问他们在校学习生活情况，勉励他们从小好好学习本领，长大成为祖国栋梁。

【张庆黎在沈调研】 5月21日，全国政协副主席、党组副书记张庆黎率全国政协调研组到沈对政协系统党的建设工作情况进行调研并召开座谈会。上午，全国政协调研组到皇姑区政协，实地考察党群活动中心，观看党建专题片并召开座谈会。下午，全国政协调研组召开座谈会，听取省政协党组、沈阳市政协党组、省政协机关党组等党组织党的建设工作情况汇报，了解党建工作现状、经验、特点特色、存在问题及意见建议。张庆黎对辽宁省、沈阳市政协系统党的建设工作给予充分肯定。

【陈晓光在沈调研】 5月24—25日，全国政协副主席陈晓光率队到沈就督办弘扬劳模精神和工匠精神重点提案进行调研。在沈期间，调研组先后到沈阳职业技术学院、沈阳机床集团进行调研，并与企业负责人、学校师生代表等进行座谈；25日晚上，全国政协提案委员会召开座谈会，听取辽宁省政府、省政协和沈阳市政府、市政协关于提高提案工作整体质量工作的汇报，征求对修订提案工作条例的意见建议。

【周强在沈阳调研】 7月12日，最高人民法院院长周强深入沈阳市中级人民法院、和平区人民法院、浑南区人民法院桃仙法庭调研指导工作，并在沈阳市中级人民法院召开座谈会。周强在座谈会上听取相关工作情况汇报后强调，要切实加强理论武装，始终坚持以习近平新时代中国特色社会主义思想武装头脑、指导实践、推动工作。要牢固树立“四个意识”，坚定“四个自信”，坚决维护习近平总书记党中央的核心、全党的核心地位，坚决维护以习近平同志为核心的党中央权威和集中统一领导，坚定不移走中国特色社会主义法治道路。周强要求，要加强审判执行中心工作，充分发挥司法职能作用，为振兴发展提供有力司法服务和保障。要贯彻新发展理念，加强产权保护，为高质量发展营造良好法治环境。要坚持问题导向，深入分析“基本解决执行难”存在的问题、面临的困难，分类施策、精准攻坚。要紧紧依靠党委领导、人大监督、政府支持、政协监督、政法委协调，进一步提高查控能力，扩大惩戒覆盖面，啃下骨头案，坚定不移实现“基本解决执行难”目标。要深入开展扫黑除恶专项斗争，维护社会和谐稳定，不断提高人民群众的获得感、幸福感、安全感。要深化司法体制改革，加强信息化建设，促进审判体系和审判能力现代化。要一刻不放松地抓好队伍建设，把政治建设摆在首位，强化教育培训，狠抓纪律作风，努力建设一支政治过硬、本领高强的人民法院队伍，确保公正廉洁司法。 （志闻）

大事记

1月

2日　沈阳市“引老乡回家乡、引校友回沈阳、引战友回驻地”暨“三引三回”招商政策系列宣讲活动第三站在湖北武汉启动。

同日　由中科院沈阳自动化所自主研发的一台“海翼”水下滑翔机完成国家海洋局第三研究所组织的全球变化与海洋气象相互作用专项印度洋冬季航次的观测任务。这是中国水下滑翔机首次在印度洋应用。

3日　沈阳经济区书记市长联席会议在沈阳召开。会前，沈阳市政府与鞍山市政府、抚顺市政府、本溪市政府、辽阳市政府共同签署沈阳经济区一体化发展共同行动计划和框架协议。

4日　沈阳市“引老乡回家乡、引校友回沈阳、引战友回驻地”（武汉站）新闻发布会举行。

6日　“匀出行——华晨中华V3共享汽车交车仪式”在华晨汽车举行。华晨中华联合匀出行公司、沈阳同德汽车公司为沈阳共享汽车项目提供100台华晨中华V3。

8日　中共中央、国务院在北京举行国家科学技术奖励大会。沈阳市有9项科技成果获国家科学技术奖。在获奖项目中，沈阳市牵头完成4项，参与完成5项。

同日　《沈阳日报》报道：2017年，农业部认定122个县（市、区）为全国第二批率先基本实现主要农作物生产全程机械化示范县，沈阳市沈北新区、苏家屯区、新民市、法库县上榜。

10日　省政府召开新闻发布会：从2018年1月1日起，沈阳市、大连市航空口岸外国人144小时过境免签政策正式实施，即可以连续停留6天。

同日　沈阳市打造国际化营商环境第五次新闻发布会发布：2017年，沈阳打造国际化营商环境重点任务基本完成，5大专项整治行动累计解决问题2675个，企业跨区迁移常态化运行，各地区累计偿还欠款32.92亿元，15项重点任务及65个重点问题取得明显成效。全市出台营商举措2140条，形成3批可复制、可推广举措71条。

同日　以“满韵清风精彩盛京”为主题的2018中国沈阳国际冰雪节在棋盘山冰雪大世界开幕，关东影视城冰雕展园和盛京坛城文化主题冰雕展园两大冰雪雕旅游项目同期开展。

11日　位于沈阳法库通用航空产业基地内的辽宁联航神燕飞机制造有限公司的泰克南P2006T飞机通过中国民用航空总局的型号适航审查，获颁生产许可证，

开始批量生产。该机型是四座位、双引擎飞机。

12日 “中国战机第一股”——“中航沈飞”在上海证券交易所顺利上市，中航沈飞正式登陆A股市场。

同日 沈阳德国健康中心在中德（沈阳）高端装备制造产业园正式开诊。

17日 沈阳市首批“盛京大工匠”颁奖典礼在辽宁大剧院举行。市政府授予方文墨等25人“盛京大工匠”称号，授予杨建华等5人荣誉“盛京大工匠”称号，授予孙飞等60人金牌工匠称号，授予刘凤博等184人优秀工匠称号。

18日 沈阳市“引老乡回家乡、引校友回沈阳、引战友回驻地”（上海站）新闻发布会举行。

19日 “营商环境从我做起——不为不办找理由、只为办好想办法”活动启动仪式在市政务服务中心举行。300余名沈阳公职人员代表全市公职人员发出倡议，并作出为民办事、服务企业的“八办”公开承诺。活动分为发起、践行和深化三个阶段，将从1月19日起，持续全年。

21—24日 政协沈阳市第十五届委员会第一次会议在辽宁人民会堂举行。委员们审议政协沈阳市第十四届委员会常务委员会工作报告、提案工作情况的报告；协商讨论市政府工作报告和其他报告、市法院和市检察院工作报告。韩东太当选为政协沈阳市第十五届委员会主席，张景辉、韩晓言、赵世宏、金志生、肖枫、于龙当选为副主席，姜军当选为秘书长，于喆光等85人当选为常务委员会委员。

22—25日 沈阳市第十六届人民代表大会第一次会议在辽宁人民会堂召开。大会表决通过关于《沈阳市人民政府工作报告》的决议、关于沈阳市2017年国民经济和社会发展计划执行情况与2018年国民经济和社会发展计划的决议、关于沈阳市2017年预算执行情况和2018年预算的决议、关于《沈阳市第十五届人民代表大会常务委员会工作报告》的决议、关于《沈阳市中级人民法院工作报告》的决议、关于《沈阳市人民检察院工作报告》的决议。潘利国当选为沈阳市第十六届人民代表大会常务委员会主任，马占春、徐璐、邓福林、王健、安俊辉当选为副主任，孟昭贵当选为秘书长；姜有为当选为沈阳市人民政府市长，刘晓东、姜军、杨建军、于振明、阎秉哲、陈弘当选为副市长；王冬石当选为沈阳市监察委员会主任；段文龙当选为沈阳市中级人民法院院长，赵东岩当选为沈阳市人民检察院检察长。

26日 沈阳市监察委员会组建挂牌。

30日 沈阳市“三引三回”系列活动深圳站启动。

同日 全新BMW5系插电式混合动力车在华晨宝马大东新工厂下线，第200万辆“沈阳制造”宝马汽车诞生。

31日 “好人之城——2017年度感动沈阳人物颁奖典礼”在沈阳盛京大剧院举行。“7·14”抗击大暴雨爱心群体等10个集体和个人获评2017年度十大感动沈阳人物。

同日 市委各部委、市直各单位、工青妇等人民团体领导信息和单位信息在“沈阳网”(http://www.syd.com.cn)正式公开发布。

2月

5日 沈阳市召开精神文明建设工作表彰暨深化创建国家卫生城市国家健康城市国家食品安全示范城市动员部署会议。

6日 沈阳《地铁第一时间》报结合“三引三回”活动，联动全国地铁报联盟的11家成员单位——广州《羊城地铁报》、重庆《都市热报》、杭州《城报》等12个全国一二线大城市的12家地铁报，在报纸重要版面及官方微信重要位置，同期推出沈阳市“三引三回”行动介绍，向全国人民发出一封来自沈阳的家书兼“寻人启事”。

7日 《沈阳日报》报道：和平区文化馆获全国“双服务”（服务农民、服务基层）文化建设先进集体称号。

8日 《沈阳日报》报道：经市政府批准，“2017沈阳最美乡村”名单确定。沈北新区兴隆台街道兴隆台村、浑南区马三家街道边台村等10个村入选。

11日 中国共产党沈阳市第十三届纪律检查委员会第三次全体会议召开。

12日 “引战友回驻地”座谈会暨集中签约和项目洽谈活动在沈阳宾馆举行。北京、深圳、武汉等全国各地的300名军转企业家参加。活动现场有62个投资项目对接洽谈，其中产业项目61个，人才和研发团队项目1个，总投资额100余亿元。

13日 辽沈老乡回沈投资洽谈会暨项目签约仪式举行，170名老乡回到沈阳，签下23个投资项

目，总投资额255.9亿元。

16日　2018年平昌冬奥会自由式滑雪女子空中技巧决赛，沈阳体育学院选手张鑫为中国代表团夺得一枚银牌。

18日　2018年平昌冬奥会自由式滑雪男子空中技巧决赛，沈阳体育学院选手贾宗洋获银牌。

23日　康平县脱贫攻坚总结表彰大会召开。康平县在全省率先完成贫困县退出摘帽任务。

24日　市政府与京东集团、北京联东投资集团签署战略合作框架协议，沈阳市将与两户企业在物流配送服务、产业园区建设等17个方面开展合作。

同日　由法库县委、县政府和阿联酋浙江侨团联合会共同主办，辽宁法库经济开发区管委会承办的“世界温商看法库，法库陶瓷销世界”主题招商推介会在浙江省温州市举行，温州籍海内外客商200余人参加推介会，有6个大项目现场签约。

26日　市长姜有为到沈阳新松机器人自动化股份有限公司调研，向参加平昌冬奥会“北京8分钟”表演的沈阳新松移动机器人科技团队颁发“市长特别奖”奖章和证书。

28日　沈阳公布2017年度纳税百强企业名单。华晨宝马汽车有限公司以150.3亿元纳税额再次领跑百强榜，上汽通用（沈阳）北盛汽车有限公司以45.5亿元紧随其后，盛京银行股份有限公司以28.7亿元位列第三。全市纳税百强企业实现税收485.8亿元，比上年增加20亿元

同日　沈阳市地下综合管廊（南运河段）工程首条盾构区间青年公园至万柳塘公园南线管廊盾构区间比原计划提前一个月实现洞通，长度2253.837米。

3月

1日　沈阳市启动统一集中收运餐厨垃圾工作，首批收运对象为全市各级政府机关、事业单位以及大型企业、商家等餐厨垃圾产生单位。

2日　市政府发布通告，全面整治行政区域内各类违法建筑。

3日　沈阳市举行第7届“我的家在东北”国际艺术节特殊贡献奖颁奖典礼，向评选出的美术、艺术、音乐和建筑设计4个领域的14位获奖者颁发特殊贡献奖。

同日　辽宁法库经济开发区的沈阳浩松陶瓷有限公司与梵雅诺国际贸易有限公司签订1500万美元的瓷砖采购协议，首批30个货柜的产品将发往美国，进入美国建材连锁超市。

13日　《沈阳日报》报道：全省第一批20个特色乡镇名单公布，沈阳新民市兴隆堡康养休旅小镇、法库县大孤家子特色白酒小镇荣登榜单。

14日　作为唯一一名拿到平昌冬残奥会女子高山滑雪参赛资格的中国运动员，沈阳选手刘思彤在2018冬残奥会的大回转项目中获第九名。

20日　林特韩国医药产业园项目正式落户新民市经济开发区。该项目投资额5亿元，主要建设化学原料合成、中药提取、化学药剂、生物制剂、化妆品和保健品等。

同日　中欧班列直达中德园启动仪式在华晨宝马铁西工厂举行，宣布中欧班列直通中德园。

21日　东北首家党建书店——玖伍党建书店正式运营。

23日　中德（沈阳）高端装备制造产业园管委会与德国思爱普公司共建全球供应链协同基地项目正式签约。

同日　为期三天的2018沈阳国际广告节在新世界博览馆开幕。

25日　全市选派干部到乡镇和村工作动员会议召开。

26日　辽宁自贸区沈阳片区管委会发布消息：沈阳市出台“证照分离”改革试点工作方案，开展“证照分离”改革。

27日　“世界白鹤日”，以“辽风润福地 千年白鹤楼”为主题的第十届沈阳法库国际白鹤节在白鹤楼景区启幕。

28日　省委常委、市委书记易炼红做客“新华访谈”栏目，接受新华网专访。

同日　《中共沈阳市委关于追授王岩同志“沈阳市优秀共产党员”称号 并开展向王岩同志学习活动的决定》发布。王岩生前系沈阳日报编委兼时事评论部主任，2018年3月3日凌晨，因突发心梗不幸逝世。

同日　“沈阳—法兰克福”国际直达航线正式复航。

29日　第五批共20位在韩中国人民志愿军烈士遗骸在沈阳抗美援朝烈士陵园安葬。

30日　国家发改委连发七个文件，推动东北三省和四市与东部沿海发达省市对口合作，为振兴东北出台可操作性强的“政策包”。其中包括《北京市与沈阳市对口合作实施方案》。

4月

2日　辽宁省首张环保税税票在沈阳市和平区地税局开出，沈阳市环保税首个征期平稳落

地。当天，全市申报环保税纳税人183户，申报税款463万元。

5日　在非洲岛国科摩罗首都莫罗尼，中国沈阳国际经济技术合作有限公司代表团与科摩罗财政部签约科摩罗国立中心医院项目，总承包金额5500万欧元，折合人民币约4.3亿元。

8日　沈阳地铁二号线北延线新四站辽宁大学站、人杰湖公园站、蒲河路站、蒲田路站正式开通。沈阳地铁二号线车站总数从22站增加到26站。

9日　市长姜有为就媒体报道保安徒手接坠楼老人事迹专门批示。根据《沈阳市市长奖奖励办法》有关规定，授予白立金和苏明强市长奖。4月11日下午，受市长姜有为委派，市政府党组成员、市政府秘书长徐凤翔向华润橡树湾小区保安白立金、苏明强颁发市长奖。

13日　市科技局向首批11家沈阳市技术转移示范机构（东北大学、沈阳工业大学、沈阳化工大学、沈阳工程学院、中国科学院沈阳分院、中国科学院沈阳计算技术研究所有限公司、中国科学院沈阳生态研究所、沈阳环境科学研究院、沈阳透平机械股份有限公司、三一重型装备有限公司、沈阳市对外科技交流中心）授牌。获认定的市级技术转移示范机构将一次性获30万元经费奖励。

16日　沈阳市“三引三回”系列活动成都站活动正式启动。

17日　沈阳市对外发布《关于促进沈阳市房地产市场平稳健康发展的通知》，对沈河区、和平区、浑南区（三环内）3个区实行限购政策。

20日　中欧班列（沈阳东—沃尔西诺）成功开行，中国铁路沈阳局集团公司中欧班列累计开行数量达到1000列。

22日　辽宁男篮在沈阳主场获CBA联赛总冠军。

24日　北京市与沈阳市对口合作工作座谈会在北京召开。

25日　沈阳市科技局和北京市科委共同举办京沈科技合作对接活动。有6个项目签约，4个项目揭牌。

26日　由中国机械工业联合会、中国通用机械工业协会组织召开的国产首台套10万立方米等级空分装置用空气压缩机组（简称“10万空分”）产品鉴定会在北京举行。11名国内外流体机械、汽轮机等专业知名专家对沈阳鼓风机集团公司和杭州汽轮机等单位联合研制的产品—“10万空分”进行鉴定。鉴定结论是：机组填补国内空白，打破国外技术垄断，机组整体性能达到国际先进水平，部分性能指标达到国际领先水平。

28日　沈阳市召开五一劳动奖状、奖章和工人先锋号表彰大会。24个先进单位、300名先进个人分获沈阳五一劳动奖状、奖章，50个先进集体获“沈阳工人先锋号”称号。

5月

3日　国务院办公厅印发《国务院办公厅关于对2017年落实有关重大政策措施真抓实干成效明显地方予以督查激励的通报》，对取得明显成效的25个省（区、市）、82个市（地、州、盟）等予以督查激励，对被表扬者采取24项奖励支持。沈阳与石家庄、杭州等市一起，因“大力培育发展战略性新兴产业、推动特色优势产业转型升级成效明显”，获得国务院表扬，并享受“2018年在促进战略性新兴产业发展重大政策先行先试、重大产业布局和重大项目落地上予以倾斜，在创新创业、‘互联网+’试点示范、发展数字经济等相关工作中予以优先支持”的国家政策。

4日　中国人保财险沈阳自贸区中心支公司在中国（辽宁）自由贸易试验区沈阳片区揭牌并投入运营，这是入驻辽宁自贸区沈阳片区的首家保险公司，沈阳片区建设的金融板块覆盖金融业所有业态。

7日　皇姑区大院大所开放合作信息发布会暨军民融合合作体系签约仪式在中国装备制造工业设计中心举行。在确保国家保密安全的前提下，沈飞技术中心、电磁环境效应实验室等42个实验机构对外开放。

同日　沈阳市首个社区小额案件巡回审判点——沈北新区人民法院小额案件审判点正式落户道义街道人杰水岸社区，并举办揭牌仪式。

8日　市政府办公厅公布《关于提升旧住宅区综合管理水平的实施意见》，通过创新方式，解决旧住宅区管理决策难、维修难、服务差、收费低等突出问题，打破旧住宅区改造后“一年新、二年旧、三年破”的现状。

10日　《沈阳日报》报道：东北制药集团股份有限公司在资本市场定向增发股票工作取得成功。本次定向增发股票9493万股，融资总额8.5亿元。

6—13日　市长姜有为率沈阳市经贸代表团赴德国、瑞典进行友好访问和经贸洽谈。代表团洽谈推进高端装备制造、汽车及零

部件、产城融合、旅游体育等20个项目，促成5个项目签约。代表团和瑞典韦斯特罗斯市建立友好合作城市关系。

14日　全国妇联在北京举行2018年全国“最美家庭”揭晓会。沈阳洪家光家庭、刘抗美家庭获2018年全国“最美家庭”称号。金波家庭、徐占海家庭获全国“五好文明家庭”称号。

15日　《沈阳日报》报道：沈阳机床股份有限公司收到中国证监会定向增发核准批复，此次增发将募集资金26.9亿元，用于发展智能机床产业升级项目、营销网络升级项目和技术创新平台项目等。

26日　第四届“浑河之夏”文化艺术季在沈水湾公园云飏阁开幕。

27日　第二届沈阳创意设计周在东北大学汉卿会堂开幕。

28日　华晨宝马沈阳动力电池中心二期项目奠基开工，项目计划总投资6.7亿元，生产全新第五代的BMW动力电池，将用于宝马集团BMW主品牌的首款纯电动车型——全新BMW iX3概念车的量产车型。

同日　全国首家雷锋创业基地在沈阳市辽宁经贸大厦挂牌成立。

6月

1日　全国首家“金融双创示范基地”启动。由建行沈阳东陵支行与沈阳·中国智谷双创街联合推出。

3日　东北首家国际米兰青训学院——沈阳国米青训学院在和平区成立。

4日　辽宁省科技厅、中科院沈阳分院、沈阳市科技局与浑南区政府共同建设的，集研发、中试、生产、投资、孵化、服务等于一体的中科院沈阳国家技术转移中心成果转化基地落户浑南。

5月29日至6月7日　市人大常委会主任潘利国率沈阳市代表团出访埃及、希腊、以色列，深入推进沈阳与三国的友好交流与经贸合作。

8日　由沈阳化工大学牵头组建的国内第一个高分子产业高端制造研究院在沈阳化工大学举行成立仪式。

同日　沈阳市首家国家级标准化代谢性疾病管理中心落户沈阳市第四人民医院。

10日　全市创城工作现场调度会在大东区召开。

11日　第五届国际多功能材料与结构大会在沈阳化工大学召开，15个国家的300余名材料科学与工程领域的院士、专家、学者及企业代表参加大会。

12日　沈阳市“三引三回”（厦门站）新闻发布会举行。截至5月底，沈阳“三引三回”签约落地项目总投资1190亿元。

同日　市政府网站发布《沈阳市鼓励和扩大消费拉动经济增长的若干政策措施》，支持引进大型零售企业和餐饮企业，给予资金奖励。

13日　全国人大常委会副委员长艾力更·依明巴海率调研组到沈，就推动城乡义务教育一体化发展情况进行专题调研。调研组到辽中区六间房九年一贯制学校实地调研。

同日　沈阳市委、市政府门户网站党务公开频道（http://dwgk.shenyang.gov.cn/）正式上线。

14日　沈阳市“引老乡回家乡，引校友回沈阳，引战友回驻地”（南京站）新闻发布会举行。

18日　由中共沈阳市委宣传部、海外媒体交流联谊会主办，沈阳市人民政府新闻办公室、沈阳市互联网信息办公室、凤凰网辽宁、沈阳凤之凰传媒有限公司承办的“沈阳全力打造东北亚四个中心”——2018中国沈阳全球发布仪式在沈阳万达文华酒店举行。

同日　沈阳与巴西第二大城市——里约热内卢市举行两市建立友好城市关系意向书交换仪式。

20日　亚太材料科学院年会暨第十五届沈阳科学学术年会开幕式在沈阳举行，会议为期三天。学术年会系列活动邀请到100余位院士。

21日　第十六届全国大学生机器人大赛在山东邹城闭幕，东北大学ACTION代表队获冠军。

21—22日　市十六届人大常委会举行第四次会议。会议表决通过，决定任命彭肇文为沈阳市人民政府副市长。

20—25日　市委副书记、市长姜有为率沈阳市党政代表团赴西藏自治区那曲市安多县，看望慰问沈阳市第八批援藏干部和人才，推进对口援助和帮扶工作。沈阳市与安多县签署对口帮扶合作框架协议。

27日　经国务院批准，由工信部和辽宁省政府主办，中国中小企业发展促进中心、中国中小企业国际合作协会、辽宁省工信委和沈阳市民政府共同承办的第十届APEC中小企业技术交流暨展览会在沈阳开幕。

同日　东北首创的和平区政务服务24小时自助办理厅正式启

用并对外开放，实现政务服务24小时不打烊。

29日　中共沈阳市委召开十三届七次全体会议，会议表决通过《中共沈阳市委 沈阳市人民政府关于推动高质量发展的意见》《沈阳市建设东北亚国际化中心城市规划（2018—2030年）》《沈阳市建设东北亚科技创新中心规划（2018—2030年）》《沈阳市建设东北亚先进装备智能制造中心规划（2018—2030年）》《沈阳市建设东北亚高品质公共服务中心规划（2018—2030年）》等。

7月

1日　经过近3个月的改造，砂阳市场、西通市场、三百利虹桥市场、西窑市场等沈阳10个建成区的11家农贸市场开业。

3日　《沈阳晚报》报道：沈阳市对外发布《沈阳市进一步缩短企业开办时间实施方案》，精准对标世界银行营商环境报告的企业开办各级指标，将办理新办企业登记时间压缩至2天以内。

5日　市委、市政府召开全市事业单位改革实施动员大会。

同日　新组建的国家税务总局沈阳市税务局在沈阳市沈河区惠工街126号举行挂牌成立仪式。原辽宁省沈阳市国家税务局、沈阳市地方税务局正式合并。

7日　在“2018法库陶瓷产业发展高峰论坛”上，有4个项目与辽宁法库经济开发区签约，总投资68.5亿元。

12日　最高人民法院院长周强深入沈阳市中级人民法院、和平区人民法院、浑南区人民法院桃仙法庭调研指导工作，并在沈阳市中级人民法院召开座谈会。

同日　沈阳东一环快速路工程重要施工节点的沈海立交桥南引道拆除重建工程启动。新建161米长的高架桥与原有沈海立交相连接，将原有双向6车道扩建为10车道。

15日　省委副书记、市委书记易炼红会见中国国民党前主席连战一行。

20日　7家市属医疗机构与北京市对口单位进行签约。沈阳对口医院将与这7家医院在科研、技术、人才、管理、服务等方面开展深入合作。

同日　沈阳市各县区级税务新机构正式挂牌成立，各县区级原国税局、地税局及其所属税务分局（税务所）正式合并成为新的税务机构。

21—22日　中共中央政治局委员、中央政法委书记郭声琨在辽宁调研。在沈阳市，考察市中级人民法院、太原街派出所、五里河街道综治中心和中国刑警学院。

27日　市政府第二十届第12次常务会议审议通过《沈阳市解决已售商品住房不能办理产权证问题三年攻坚方案（2018—2020年）》《沈阳市湿地保护修复工作方案》《沈阳市物业管理条例（修订草案）》《探索建立涉农资金统筹整合长效机制的实施方案（讨论稿）》《沈阳市支持航空货运发展的若干政策》。

29日　“全国高校三好街校友之家”成立。包括清华大学、北京大学、中国人民大学等知名高校及辽宁省实验中学、东北育才学校等全国50余所知名学府校友会，共计200多名优秀校友到会。东北启迪基础教育研究中心作为全国高校三好街校友之家成立的第一个实体产业基地于当日揭牌。

31日　《沈阳日报》报道：沈医二院获评首批国家级胸痛中心，标志着沈医二院在急性胸痛患者的救治能方面力达到国内先进水平。

8月

1日　皇姑区对外发布16条产业创新发展政策，被称作“皇姑十六条”。皇姑区设立5000万元专项资金保障政策兑现，并设立上限500万元的“书记、区长奖”，对皇姑经济、社会发展做出杰出贡献者给予奖励。首张380万元奖励支票现场兑现。

2日　新华网报道：辽宁省委副书记、沈阳市委书记易炼红调任江西省委副书记。

同日　沈阳当天气温达到38.4℃，创历史最高纪录。

3日　辽宁省畜牧兽医局发布消息：8月2日17时，经中国动物卫生与流行病学中心诊断，辽宁省沈阳市沈北新区沈北街道（新城子）五五社区发生疑似非洲猪瘟疫情，并于8月3日11时确诊。疫情发生后，农业农村部，辽宁省委、省政府立即启动重大动物（Ⅱ级）疫情响应，迅速组成专家组赶赴疫区指导工作，沈阳市、沈北新区严格按照《非洲猪瘟疫情应急预案》要求，对疫点、疫区存栏生猪进行扑杀、消毒和无害化处理，对受威胁区生猪进行全面采样监测，并开展流行病学调查。截至8月3日15时，疫点内913头生猪全部扑杀和无害化处理。

9日　沈阳市与巴基斯坦卡

拉奇市建立友好合作城市关系。市长姜有为和卡拉奇市市长瓦萨姆·阿赫塔尔·汗分别在意向书上签字。

15日　沈阳市、抚顺市、沈抚新区委托管理暨融合联动发展框架协议签约仪式在辽宁人民会堂举行。

16日　《沈阳日报》报道：8月13日起，沈阳市重要技术创新研发与科技成果转化中心、沈阳市产业转型升级促进中心、沈阳市现代农业研发服务中心等48家新组建的事业单位陆续开始挂牌，8月20日前新组建事业单位将全部挂牌实现运行。

17日　由市旅游协会主办，沈阳中展国际会展文化文化有限公司承办的“2018中国（沈阳）旅游产业博览会暨沈阳旅游装备制造业产品交易会”在沈阳国际展览中心举办。

同日　2018中国（沈阳）国际体育产业博览会在沈阳国际展览中心开幕。

19日　《沈阳日报》报道：中国钢铁工业协会、中国金属学会冶金科学技术奖奖励委员会对85个项目授予2018年冶金科学技术奖。东北大学4项成果获一等奖、2项成果获三等奖。

18—20日　第七届法库国际飞行大会暨无人系统嘉年华在沈阳法库通用航空产业基地财湖机场召开。

20日　东塔跨浑河桥通车。工程位于长青桥上游3千米，王家湾桥下游2千米。全长1460米，桥梁全宽43米，机动车双向8车道。

同日　《沈阳市强化实施创新驱动发展战略进一步推进大众创业万众创新深入发展的政策措施实施细则》发布，共19条。

同日　电商平台“真淘淘”在沈阳上线运行。该平台在自贸区内建立一个5000平方米左右的物流仓储中心，整合优质进口货源及跨境物流资源，打造一体化跨境供应链自营体系。

23日　《沈阳日报》报道：十三届市委第二轮巡察反馈情况公布：对市委政法委等17个单位党组织开展常规巡察发现坚持和加强党的全面领导、落实新时代党的建设总要求、全面从严治党和正风肃纪监督等方面问题1261个。

24日　沈阳市决定从2019年起，将每年6月第三周的星期六，定为沈阳市全民健身国际徒步节。

28日　辽宁省第十三届运动会闭幕式在盘锦市红海滩体育中心红伞体育馆举行。沈阳体育代表团获青少年组比赛成绩奖金牌、奖牌、团体总分第一名。

28—29日　2018年中国技能大赛——第六届全国职工职业技能大赛盛京杯焊工决赛在沈阳举行。

29日　2018中国民营企业500强峰会在沈阳举办，主题是“提振发展信心 实现高质量发展”。

30日　市政府发布《沈阳市老年教育三年行动计划（2018—2020年）》。

31日　2018第三届中国沈阳国际机器人大会启幕。法国、英国、日本、美国等近20个国家和地区的机器人领域顶尖专家和知名企业代表300余人参加大会。

9月

1日　第十七届中国国际装备制造业博览会在沈阳国际会展中心开幕。本届制博会历时5天，展览总面积11万平方米，设置7个展馆和1个室外展场。海内外参展企业915户，展位数量4112个。

3日　《沈阳日报》报道：中国医科大学附属第一医院妇科主任张颐团队完成机器人单孔腹腔镜下卵巢肿瘤核除术，为东北三省首次应用达芬奇机器人单孔腹腔镜技术开展的妇科手术。

4日　市政府发布《沈阳市加快推进“十三五”国家服务业综合改革试点工作方案》，推动三好街、西塔、北市等特色商业街向高端服务转型升级。

同日　全球最大的汽车内饰制造商之一——安通林集团在中德园举行新工厂投产仪式。新工厂厂房面积1.25万平方米，每天有约4000件汽车顶棚供应给华晨宝马。

9日　盛京银行2018沈阳国际马拉松赛正式开跑。全国各地以及肯尼亚、埃塞俄比亚、摩洛哥等17个国家和地区的2万名选手参加比赛。

10日　沈阳市人民政府与国家开发银行在沈阳签署《共同推进沈阳新一轮振兴发展开发性金融区域合作协议》。

11日　沈阳市与国际友好城市建立与深化合作签字仪式举行，沈阳市与乌干达金贾市结为友好城市、与摩洛哥拉巴特市建立友好合作城市关系、与友城韩国大田广域市签署强化友城交流合作协议。沈阳市与15个国家和地区的20个城市结为友好城市。

同日　受市长姜有为委派，市人社局负责人到于洪区南阳湖街道恒大社区，为两救落水男孩的64岁市民谷振平颁发市长奖奖章和证书并宣读奖励决定。

12日　第十八届世界冬季城市市长会议在沈阳举行。30个国家的41个城市团组、51个商会团组参加。市长姜有为在大会上作题为《奋力走出一条转型创新发展新路》的主旨演讲。会议通过世界冬季城市市长会议《沈阳宣言》。

同日　工信部研究院赛迪顾问在北京发布《2018年中国百强区发展白皮书》及2018年中国百强区榜单。沈阳3个城区入围百强榜，沈河区列68位，铁西区列82位，和平区列100位。

13日　由共青团中央、人力资源和社会保障部共同主办的2018年第十四届“振兴杯”全国青年职业技能大赛决赛在沈阳闭幕。沈阳选手孙文浩、马小光、孙思宇、耿伟华分获焊工、汽车装调工、钳工3个竞赛项目的第一名。

同日　民政部在北京举办第十届“中华慈善奖”表彰大会，沈阳市教育基金会“多元帮困·优尔助学”项目获“中华慈善奖”慈善项目，沈阳何氏眼科医院院长博士何伟获“中华慈善奖”慈善楷模。

17日　2018新材料国际发展高层论坛在沈阳举行。30余位两院院士及近千名中外学者开展交流研讨

19日　受市长姜有为委托，市人社局负责人为“飞车”救人的151路公交车驾驶员卢宏伟颁发市长奖奖章和证书。

20日　由市政府主办，市民族事务委员会、市体育局、皇姑区政府承办的沈阳市第八届少数民族传统体育运动会开幕。

21—24日　第十八届沈阳国际农业博览会在沈阳国际展览中心举行。4天接待32.5万人次，签约21.6亿元。

26日　在辽宁—北京招商引资推介会和沈阳（北京）重点招商项目座谈会暨签约仪式上，沈阳市一天签约13个项目，协议投资额493.62亿元。

同日　为期三天的“2018年第五届国际基因组科学与应用大会”在沈阳市和平区开幕。

同日　《沈阳晚报》报道：沈阳2017年度市长质量奖揭晓，沈阳四户企业获奖：沈阳东软医疗系统有限公司、辽宁禾丰牧业股份有限公司、沈阳海为电力设备有限公司和沈阳远大铝业工程有限公司。

25—28日　中共中央总书记、国家主席、中央军委主席习近平在东北三省考察。28日下午，习近平在沈阳主持召开深入推进东北振兴座谈会并发表重要讲话。

30日　沈阳最长跨河桥，同时是第18座跨浑河桥梁——中央大街跨浑河桥竣工通车。中央大街跨河桥工程路线全长2450米，其中主桥长1710米、北引道长295米、南引道长445米，为机动车双向6车道，设计时速60千米/小时。

10月

1日　“智能警察”——沈阳公安警务服务AI智能机器人亮相浑南区公安政务服务大厅和浑南区五三街道奉天九里社区警务室，为办事群众提供智能服务。

4日　由沈阳水务集团承建的沈阳市东部污水处理厂（一期）工程正式开工建设，项目总投资1.6亿元。

4—5日　市长姜有为率相关地区和部门负责人，赴沈阳东部污水处理厂、盛京220千伏输变电站、老虎冲垃圾焚烧发电、祝家污泥处置等13个建设现场，实地督导中央环保督察反馈问题整改和城建重点项目建设等工作。

5—6日　2018中国沈阳·中外留学生艺术节活动举行。中国人民大学、中央民族学院等10所大学的80余名留学生，参观沈阳故宫、郎朗钢琴广场，欣赏沿路浑河两岸风光，品尝沈阳地方特色美食，参与特色非遗制作体验、爱心公益义卖等活动。

9日　2018年辽宁·沈阳大众创业万众创新活动周在沈阳浑南·中国智谷双创街启动。

同日　市政府新闻发布会发布：沈阳市2018年列入国家棚户区改造任务16348套。截至9月30日，全市各地区均按时完成全年棚改任务，开工16612套，开工率101.61%，提前完成国家、省棚改任务。

11日　华晨宝马铁西新厂开工仪式在沈阳举行。

同日　华晨宝马15周年新闻发布会召开。宝马集团和华晨集团联合宣布，双方将华晨宝马的合资协议延长至2040年，进一步深化双方的成功合作。同时，对华晨宝马的投资将增加30亿欧元，用于未来沈阳生产基地的改扩建项目。

12日　在沈阳举办的京沈资本对接及产业合作发展论坛上，“京沈双创产业联盟”正式成立，“京沈双创产业加速器”启动运行。“加速器”首批选定北京32家孵化器和众创空间与沈阳企业进行项目对接。

15日　《沈阳日报》报道：辽宁省科技厅组织专家对沈阳市

辽中区卡力玛院士工作站暨水稻实验站种植的500亩新品种“北粳1501”“北粳3号”稻田进行实地机械收割测产，去杂去水后分别测得亩产775.56千克和710.8千克。

19日　由沈阳航空航天大学辽宁通用航空研究院研制的锐翔增程型电动飞机（RX1E-A）获由中国民用航空局颁发的型号合格证。

同日　张爱民投资的众盟禽业百万蛋鸡养殖产业项目在新民市公主屯镇何家屯村落成。张爱民是公主屯在外乡贤，在沈阳市的“三引三回”行动中，他投资1亿元建设众盟禽业百万蛋鸡养殖产业项目。

同日　沈阳市发改委发布《关于理顺居民天然气销售价格及建立价格联动机制听证会第3号公告》，公布居民生活用气和供暖用气由现行2.95元/立方米，调整为3.16元/立方米。

20日　总投资70亿元的中科北方SC35高性能碳纤维产业化示范项目在沈阳化工医药产业园奠基。

24日　由中科院、辽宁省、沈阳市共建的中国科学院机器人与智能制造创新研究院在沈阳揭牌。当天，中国机器人之父——蒋新松院士塑像揭幕仪式举行。

同日　全国工商联在北京举行发布会，发布由中央统战部、全国工商联共同推荐宣传的“改革开放40年百名杰出民营企业家”名单。东软集团董事长兼CEO刘积仁入选百人名单。

26日　由辽宁省商务厅与各市人民政府共同举办的2018辽宁国际投资贸易暨特色产品采购洽谈会在辽宁工业展览馆开幕。本届特采会展览面积2万平方米，设立国际标准展位700个，500多户国内外企业参展。

同日　第二批“辽宁老字号”授牌仪式在辽宁工业展览馆举行，42户企业获第二批“辽宁老字号”称号。其中沈阳企业10户：沈阳重工食品有限公司、沈阳亨得利钟表眼镜有限责任公司、辽宁康福食品有限公司、老友谊冷面店、沈阳老北味酒业有限公司、沈阳大龙酒业有限公司、沈阳黄金家族酒业酿造有限公司、沈阳克拉古斯食品有限公司、沈阳乐善中医疑难病门诊部、法库县桃山老窖酒厂。

25—27日　中共中央政治局委员、国务院副总理孙春兰在辽宁调研。孙春兰在沈阳调研辽宁大学、东北大学、中国医科大学的重点实验室和研发机构以及沈阳市装备制造工程学校。

29日　《沈阳日报》报道：由中国科学院沈阳自动化研究所主持，联合中科院海洋所等单位自主研制的“海星6000”有缆遥控水下机器人26日完成首次科考应用任务。

30日　沈阳材料科学国家研究中心揭牌暨开工仪式在浑南区举行。

同日　中国科学院大学机器人与智能制造学院揭牌暨开工仪式在浑南区举行。

11月

2日　沈阳市召开纪念沈阳解放70周年座谈会。

同日　《沈阳日报》报道：2018年度中国政府“友谊奖”颁奖仪式日前在北京人民大会堂举行。由沈阳市推荐的德国籍专家、沈阳机床（集团）有限责任公司董事长特别顾问博士葛兴福获此殊荣。

3日　《沈阳日报》报道：东北大学两支团队在第十五届国际遗传工程机器设计竞赛中分获金奖和银奖。

4日　市政府与苏宁控股集团签署《沈阳市人民政府与苏宁控股集团建设苏宁国际文创智慧产业小镇项目合作协议》。

5日　沈阳盍碧玺曼詹外籍人员子女学校及欧洲国际部开校。学校直接对接德国教育体系。这所学校位于中德（沈阳）高端装备制造产业园核心区，是东北第一家拥有外籍人员子女教育执照的国际学校。

7日　中央广播电视总台大型公益活动《2018寻找最美孝心少年颁奖典礼》在北京举行，法库周雨杉等10位孝心少年获“最美孝心少年”称号。

12日　省委副书记、省长唐一军到沈阳市，督导中央生态环境保护督察“回头看”整改任务推进落实情况。

同日　《沈阳晚报》报道：日前，沈阳宝能环球金融中心T2塔楼核心筒顺利封顶，其主体结构高308米，超过辽宁广播电视塔，成为沈阳新地标。

14日　央视《焦点访谈》栏目曝光沈阳市于洪区济华医院、沈阳友好肾病中医院内外勾结、骗取医保费用的问题。省委、省政府，市委、市政府对此高度重视。沈阳市组成市政府调查组，对两家医院骗取医保行为、监管部门履职情况等进行深入调查。20日，市政府召开新闻发布会公布“沈阳于洪济华医院、沈阳友好肾病中医院涉嫌骗取医保基金”案件调查进展情况，37名涉

案人被刑拘。

15日　市政协纪念改革开放40周年书画摄影展在中国工业博物馆开幕。

19日　市政府新闻办举行“三引三回”阶段性工作成果新闻发布会发布：“截至目前，沈阳市高层次人才3786人，引进博士445名，较2017年同期增长11%。2018年‘项目+人才’资助经费将超过1亿元。长期在沈阳市工作的外籍人才3758人，海外研发团队318家，分别较往年增长12.4%和6%，沈阳市外籍人才存量居全国15个副省级城市的第六位。”在推进“三引三回”活动中，沈阳市各地区及市相关部门先后储备507个洽谈项目，总投资2444亿元，储备老乡、战友、校友人才3700余人。

21日　沈阳市创建国家卫生城市技术评估汇报会召开。

23日　中共沈阳市委召开十三届九次全体会议，市委常委会主持会议。会议审议通过《沈阳市机构改革方案》《中共沈阳市第十三届委员会第九次全体会议决议》。

同日　辽宁省食品安全示范城市创建工作现场推进会召开，沈阳在全国率先通过国家食品安全示范城市省级评价验收。

26日　《人民日报》刊登中央庆祝改革开放40周年表彰工作领导小组办公室《关于改革开放杰出贡献拟表彰对象的公示》。全国100人，沈阳飞机工业(集团)有限公司原董事长、总经理、党委副书记罗阳入榜。

29日　沈阳市召开领导干部大会，宣布中央关于沈阳市委主要领导调整的决定。中央批准：张雷任沈阳市委书记。省委决定：张雷任沈阳市委委员、常委。

12月

5—6日　以海关总署自贸司副司长李志辉为组长的国家联合验收组，对沈阳综合保税区调规（一期）开展正式验收，并于6日中午宣布，沈阳综合保税区调规（一期）验收合格。这标志着沈阳综合保税区调规（一期）进入封关运行的新阶段。

9日　市长姜有为到朝阳市喀左县考察，学习借鉴当地发展“飞地经济”的经验和做法，并主持召开沈阳市推进“飞地经济”工作现场会。

同日　沈阳市“引老乡回家乡、引校友回沈阳、引战友回驻地”（简称“三引三回”）活动走进第十二站古都西安。

11日　省委常委、副省长、市委书记张雷带头参加“万人进万企”主题活动，联系对接铁西区民营企业沈阳三生制药有限公司实地了解情况、解决问题；之后到铁西区中德高端装备园、宝马铁西工厂调研对外开放工作。

同日　以市委常委，市人大常委会、市政协主要领导带头联系企业为标志，沈阳市“万人进万企”主题活动全面展开。

11—12日　市政协组织省市政协委员，由市政协主席韩东太等带队，分四组对沈阳经济社会发展情况进行全面视察。

15日　“筑梦路上·砥砺前行——辽宁改革开放40周年成就展”开幕式在省档案馆举行。

16日　住房和城乡建设部在沈阳举办工程建设项目审批制度改革工作培训班，沈阳所取得的改革经验得到推广。

17日　沈阳—洛杉矶首航启动仪式在桃仙国际机场举行。沈阳至美国洛杉矶首条直飞航线，是东北首条赴洛杉矶的直达定期航线。

19日　市政协举行庆祝改革开放40周年座谈会暨《见证——沈阳政协委员与改革开放40年》新书首发式。

21日　市委召开理论学习中心组暨解放思想推动高质量发展大讨论会议，提出进一步解放思想、深化改革开放、推动高质量发展的对策措施。

22日　盛京满绣中国起源地文化产业示范基地揭牌仪式——暨盛京满绣旗袍文旅小镇之《T台红楼梦》选秀启动仪式在沈阳浑南区创新天地启动。

25日　《沈阳日报》报道：沈阳市新增6家国家级星创天地：于洪区弘侨星创天地、康平县丰康星创天地、辽中区将爱反哺星创天地、浑南区士兰星创天地、沈北新区稻梦空间星创天地、法库县英棘康旦创天地。

28日　全市机构改革动员大会召开。

同日　沈阳市消防救援支队成立。沈阳2000余名消防官兵由公安消防现役部队转隶到国家消防救援队伍。

同日　当代中国与世界论坛在沈阳举办。

30日　市科学技术局、市应急管理局、市退役军人事务局、市生态环境局、市市场监督管理局等机构正式挂牌成立，沈阳市直新组建或重新组建部门全部完成挂牌，人员转隶全部完成，实现集中办公，可以正常开展工作。这标志着沈阳市级机构改革全部顺利完成。

沈阳概貌

沈阳是辽宁省省会及沈阳经济区核心城市，中国东北地区的政治、经济、文化、商贸中心，全国15个副省级城市之一，中国先进装备制造业基地和国家历史文化名城。

地　域

沈阳市位于中国东北地区的南部、辽宁省中部。在北纬41度11分51秒至43度2分13秒、东经122度25分9秒至123度48分24秒之间。东西宽115千米，南北长205千米。全市土地面积1.286万平方千米。东临抚顺市，南与本溪市和辽阳市相连，西与鞍山市的台安、锦州市的黑山、阜新市的彰武县接壤，北与内蒙古自治区科左后旗及铁岭市的昌图县、开原市和铁岭县相邻。沈阳市大地构造位置，大部分位于中朝准地台的北部边缘，只有开原—赤峰断裂以北即法库北部及康平属吉林准褶皱带。沈阳地区以平原为主，地势平坦，平均海拔50米左右，山地丘陵集中在东北、东南部，属辽东丘陵的延伸部分。西部是辽河、浑河冲积平原，地势由东向西缓缓倾斜。全市海拔最高点为447.2米，位于法库县庙台山；海拔最低点为5.3米，位于辽中区于家房镇。

建置沿革

沈阳农业大学后山旧石器时代遗址的考古发掘和科学研究证实，11万年前，沈阳地区就有人类活动。7200年前，沈阳的先民们创造出新乐文化。战国时期，燕国名将秦开在此屯兵戍边，设有辽东郡。秦及汉初，沈阳属辽东郡。西汉设候城县，为中部都尉治，汉武帝时属玄菟郡。魏景初二年（238年），候城县废，其地仍属玄菟郡。公元4世纪初至唐初，一度为高句丽族割据统治。唐贞观十九年（645年）设盖州，其后属安东都护府管辖地。唐后至明以前，为诸个少数民族政权统治。五代至北宋时期为辽地。辽神册六年（921年），设沈州并建城，后为金统治地，金末沈州城毁于兵火。元中统三年（1262年）重设沈州，元贞二年（1296年），改沈州为沈阳路，重筑土城，这是历史上第一次以“沈阳”为地名的称谓。明洪武十九年（1386年）设立沈阳中卫（又称“沈阳卫”）、左卫和右卫，沈阳中卫一直保留到明末。沈阳中卫辖抚顺、蒲河两个千户所。

后金天命十年（1625年），从辽阳迁都沈阳。天聪八年（1634年），皇太极改沈阳为“谋克敦”，汉文写作“天眷

盛京”（简称“盛京”）。天聪十年（1636年）皇太极改国号为清。清顺治元年（1644年）迁都顺天府（今北京）后，以盛京为陪都，并设“昂邦章京”即“盛京将军”，统辖驻军，坐镇地方。顺治十四年（1657年），于盛京置奉天府，管理地方事务。清初奉天府辖承德、盖平、开原、铁岭四县，辽阳州和锦州府及所属州县。光绪三十三年（1907年），改盛京将军为东三省总督；改盛京为奉天，建奉天省，省治奉天府。光绪年间，奉天府所辖增至5府（锦州府、昌图府、新民府、海龙府、洮南府）、4厅、6州、26县。从康熙三年（1664年）设附郭承德县始，清代在现沈阳地区先后设治有康平县、兴仁县、新民厅（府）、法库厅、辽中县。光绪三十四年（1908年）移兴仁县治于抚顺，改为抚顺县。宣统三年（1911年）废承德县，并入奉天府。1913年，民国政府废府改县，奉天府改为沈阳县；新民府、法库厅改为新民县和法库县。1923年沈阳建市，成立奉天市政公所，奉天市与沈阳县同属奉天省管辖。1929年，改奉天省为辽宁省，奉天市改称沈阳市，归辽宁省管辖。

1931年九一八事变后，沈阳沦为日本殖民地。辽宁省改为奉天省，沈阳市改称奉天市，保留县制，市县均隶属于奉天省。1944年，将沈阳县划归奉天市管辖，一年后又归省辖。日伪统治时期的奉天市辖区先后划分为11个区和17个区。

1945年8月，抗日战争胜利，奉天省改称辽宁省，奉天市恢复沈阳市名称。10月，沈阳市临时人民政府成立。11月底应苏军要求撤出市区，国民政府随即接收市政。市区先后重新划为11个区、17个区和22个区。1946年3月，沈阳市和沈阳、新民、辽中、法库4县均属辽宁省管辖。8月，沈阳市由省辖改为国民党政府行政院直辖。

1948年11月，沈阳解放，沈阳特别市政府成立，隶属东北行政委员会。将市内实际划定的22个区合并为8个区，沈阳县归沈阳市辖。1949年5月，沈阳特别市政府改为沈阳市人民政府，隶属东北人民政府领导。1953年3月，沈阳市改为中央直辖市，1954年8月，改为辽宁省辖市。1956年，沈阳市辖北市、沈河、北关、大东、南市、和平、铁西、皇姑、苏家屯区和沈阳县。同年11月，沈阳县划归辽阳专区管辖。1959年，撤销北市、南市、北关3个区的建制，设立新城子区；增辖铁岭、法库、康平、开原、昌图、西丰、沈阳（当年底撤销划入沈阳邻近区）、辽中、新民、台安10县。1964年3月，增设2个郊区（1986年，郊区按市区管理）；所辖县划归沈阳专区。1969年末和1970年初，辽宁省辖的辽中县和新民县分别划归沈阳市。1984年，国务院批准沈阳市为计划单列市，享受省级的经济管理权限。1993年1月，铁岭市管辖的康平县、法库县划归沈阳市。同年7月，撤销新民县，设立新民市（县级）。1994年，经中共中央、国务院同意沈阳市成为副省级省辖市。2006年10月8日，经民政部批准，新城子区更名为沈北新区。2014年6月17日，经民政部批准，东陵区更名为浑南区。2016年1月7日，经国务院同意，撤销辽中县，设立辽中区。截至2018年末，沈阳市所辖13个县级政区，即和平、沈河、大东、皇姑、铁西、苏家屯、浑南、沈北、于洪、辽中10个市辖区，新民1个县级市，康平、法库2个县；下设214个乡级政区，即145个街道办事处、53个镇、16个乡。 （志文）

自然资源

【国土资源】 全市下辖10区2县1市，总面积1.286万平方千米。其中，和平、沈河、大东、皇姑、铁西、苏家屯、浑南、沈北、于洪9个行政区为城市规划区，总面积3471平方千米。规划中心城区总面积1353平方千米，2018年末建成区规模560平方千米。

【矿产资源】 2018年，全市发现各类可供开发利用的矿产24种，矿点以上产地56处。探明储量并列入辽宁省矿产储量表中的矿产10种（不含石油、天然气、矿泉水）。开发利用的矿产有19种，占已发现可供开发利用矿产种类的79%。其中以石油、天然气、煤炭的开发规模较大。陶瓷主要原料陶瓷土、硅灰石、珍珠岩、膨润土、二长花岗岩（代替长石）等配套齐全，特色明显，且资源储量丰富，为发展法库建陶工业提供得天独厚的资源条件。现有矿山企业59户。全市矿产资源进一步整合集中，企业数量大幅减少，资源保护和开发利用进一步优化。 （市自然资源局）

【水资源】 2018年，全市平均降水量折合水量57.21亿立方米，与多年平均降水量相比减少25.7%，与上一年降水量相比增

加4.4%，属于枯水年。全市地表水资源量5.48亿立方米，折合径流深42.6毫米，与多年平均量相比减少50.0%。全市地下水资源量12.58亿立方米，与多年平均地下水资源量相比减少44.2%，与上一年地下水资源量相比减少8.9%。全市水资源总量13.20亿立方米，与多年平均水资源总量相比减少44.0%，与上一年水资源总量相比减少8.7%。中型水库蓄水总量6月末蓄水总量1.12亿立方米，12月末蓄水总量0.94亿立方米。沈阳市地下水平均水位与上年同期相比，枯水期、丰水期普遍呈下降趋势。全市地下水漏斗分布面积与上年同期相比呈扩大趋势，枯水期增加3.9平方千米，丰水期增加2.6平方千米。全市供水总量27.28亿立方米，比上年减少1.10亿立方米。全市用水总量27.28亿立方米，比上年减少1.10亿立方米。全市耗水总量17.81亿立方米，综合耗水率65.3%。

（市水务局）

【动植物资源】 沈阳境内森林、草原、农田、沙丘、河流、湖泊地理景观多样，野生动物、植物资源丰富。全市现有两栖类8种，隶属于2目6科；爬行类11种，隶属于3目4科；哺乳类31种，隶属于5目12科；鸟类290余种，隶属于17目57科，国家重点保护野生鸟类40种，隶属于6目10科，其中国家一级重点保护鸟类5种，包括东方白鹳、丹顶鹤、白鹤、白头鹤和大鸨，国家二级保护鸟类35种。全市鸟类种数约为辽宁省鸟类种数的69%，鸟类种数占野生动物种数的85.3%；林业昆虫13目191个科，1139种。

全市森林面积14.7万公顷，森林资源分为人工林和天然林，其中人工林约12.52万公顷，以杨树为主，主要分布在西部；天然林约1.21万公顷，以天然次生林为主，植被类型主要有落叶阔叶林、针叶林、针阔混交林、灌木，刺榆、山里红灌丛，耙柳和蒙古柳灌木丛、紫穗槐灌丛。沈阳植物区系属长白植物区系与华北植物区系过渡地带，兼有蒙古植物区系，现有木本植物61科140个属637种，低等植物151种，隶属于8个门，草本植物88科872种，植物区系有23个地理成分类型。（市自然资源局）

气候与环境

【气候】 2018年，沈阳气候特点为气温偏高、降水偏少、日照时数偏少。气象灾害发生较少。全市平均气温8.8℃，较历年平均偏高0.6℃。冬季（2017年12月至2018年2月）平均气温-10.0℃，比历年同期低1.2℃；春季（3—5月）10.8℃，比历年同期高1.3℃；夏季（6—8月）24.8℃，

2018年沈阳市主要气象资料表

表1

月份	平均气温（℃）	降水量（毫米）	有效降水日数（天）	日照时数（小时）
1	-12.5	5.0	6	186.0
2	-8.9	9.4	2	203.0
3	2.0	19.7	8	216.6
4	11.9	22.7	8	212.4
5	18.6	48.1	8	239.8
6	23.1	81.0	11	242.5
7	26.7	60.2	8	205.3
8	24.5	139.0	9	187.9
9	17.1	40.7	7	214.2
10	9.3	34.0	4	233.5
11	1.3	7.5	6	182.9
12	-8.1	15.3	5	186.9

比历年同期高1.5℃；秋季（9—11月）9.2℃，比历年同期偏高0.2℃。作物生长季（4—9月）平均气温20. 3℃，较历年同期偏高1.2℃。各地日最高气温≥30℃的日数平均为44天，比历年平均多14天。日极端最高气温38.8℃，8月2日出现在苏家屯区，达到1951年以后历史最高值。全市平均降水量428.8毫米，比历年平均少196.3毫米。冬季（2017年12月至2018年2月）降水量12.3毫米，比历年同期少4.3毫米；春季（3—5月）降水量82.2毫米，比历年同期少15.7毫米；夏季（6—8月）降水量218.2毫米，较历年同期少183.8毫米；秋季（9—11月）降水量106.7毫米，比历年同期少1.9毫米。作物生长季（4—9月）全市平均总降水量346.1毫米，比历年同期少197.7毫米。总日照时数2402.8小时，较历年平均少136.1小时。冬季（2017年12月至2018年2月）日照时数527.1小时，比历年同期少18.8小时；春季（3—5月）日照时数653.5小时，比历年同期少60.5小时；夏季（6—8月）日照时数593.7，比历年同期少63.6小时；秋季（9—11月）日照时数619.2小时，比历年同期少2.6小时。作物生长季（4—9月）日照时数合计1244.1小时，比历年同期少127.5小时。6月27日辽中区，6月19日康平县、法库县部分乡镇出现短时冰雹灾害，导致部分农作物不同程度受灾。7月16日至8月11日，康平县、法库县、新民市出现持续高温闷热天气，出现不同程度阶段性旱情。9月12日，法库县出现强对流天气，以雷暴大风、冰雹和短时强降水为主。短时强降水导致个别乡镇便道被冲毁，房屋进水，墙体倒塌，粮食作物受淹；冰雹持续时间约20分钟，白菜、辣椒受灾较重；日极大风速16.2米/秒（7级），部分乡镇遭受风灾。

（市气象局）

【环境】 2018年，全市环境质量总体稳定。全市城市环境空气质量优、良天数285天，比上年增加29天，占全年总天数的78.1%。环境空气中可吸入颗粒物、细颗粒物、二氧化硫、二氧化氮、一氧化碳、臭氧浓度均同比下降。辽河干流沈阳段水质符合地表水环境质量四类标准；浑河干流沈阳段水质劣于地表水环境质量五类标准；北沙河水质劣于地表水环境质量五类标准；卧龙湖水质劣于地表水环境质量五类标准。城市集中式生活饮用水水源地水质达标率98.1%。全市集中式生活饮用水水源地水质达标率98.1%。其中，地表水水源水质达标率98.0%，超标项目为总磷；地下水水源水质达标率98.4%，超标项目为锰。城市区域声环境质量昼间总体水平较高，夜间一般水平。道路交通噪声昼间强度二级、夜间强度五级。功能区声环境点次达标率78.6%。城市区域声环境昼间声源，以生活噪声为主要噪声源的网格数占76.7%；以交通噪声为主要噪声源的网格占12.9%；以工业噪声为主要噪声源的网格占7.9%；以施工为主要噪声源的网格数占2.5%。（市生态环境局）

人口与民族

【人口】 2018年末，全市常住人口831.6万人，比上年末增长0.3%。户籍人口746万人，增长1.2%。其中，市区人口601.4万人，县（市）人口144.6万人；男性人口367.4万人，女性人口378.6万人。人口出生率8.00‰，比上年降低0.79个千分点，出生人口性别比105.7；人口死亡率8.61‰，降低2.7个千分点。人口自然增长率－0.61‰，提高1.92个千分点。

【民族】 2010年第六次全国人口普查，沈阳有52个少数民族。即蒙古族、回族、藏族、维吾尔族、苗族、彝族、壮族、布依族、朝鲜族、满族、侗族、瑶族、白族、土家族、哈尼族、哈萨克族、傣族、黎族、傈僳族、佤族、畲族、高山族、拉祜族、水族、东乡族、纳西族、景颇族、柯尔克孜族、土族、达斡尔族、仫佬族、羌族、布朗族、撒拉族、毛南族、仡佬族、锡伯族、普米族、塔吉克族、怒族、俄罗斯族、鄂温克族、保安族、裕固族、京族、塔塔尔族、独龙族、鄂伦春族、赫哲族、门巴族、珞巴族、基诺族。全市少数民族人口76.579万人，占全市总人口的9.45%。其中满族43.0565万人，占全市少数民族总数的56.22%；蒙古族10.8413万人，占14.16%；朝鲜族9.2114万人，占12.03%；回族7.1403万人，占9.32%；锡伯族5.5759万人，占7.28%；其他47个少数民族0.7536万人，占少数民族总数的0.98%。

（志闻）

经济社会发展

2018年，全市地区生产总值6292.4亿元，比上年增长5.4%，其中，第一、二、三产业增加值

分别增长3.2%、5.7%和5.4%，三次产业比重为4.1：37.8：58.1；规模以上工业增加值增长7.6%；固定资产投资增长15.3%；社会消费品零售总额4051.2亿元，增长9.2%；进出口总额984.3亿元，增长13.5%；实际利用外商直接投资14.3亿美元，增长41.3%；一般公共预算收入720.6亿元，增长10.0%；城镇居民人均可支配收入44054元，增长6.5%；农村居民人均可支配收入16530元，增长6.9%；城镇登记失业率3.11%。总体看，全市经济运行呈现稳中向好、质量提升、效益改善、动力增强的发展态势，转型创新深入推进，改革开放力度加大，发展环境持续优化，人民生活水平不断提高，高质量发展取得积极进展。

发展速度继续加快。地区生产总值实现6个季度持续增长，增速比上年提高1.9个百分点，其中，第二、三产业增加值增速分别提高3.4个和1.1个百分点。规模以上工业增加值连续14个月增长，增速比上年提高4.8个百分点。固定资产投资增速连续10个月保持在15%以上，比上年提高24.3个百分点。社会消费品零售总额增速连续3个季度保持在9%以上，比上年提高9.1个百分点。进出口总额增速连续9个月保持在15%以上，比上年提高3个百分点。实际利用外商直接投资增速连续10个月保持在25%以上，比上年提高17.2个百分点。

发展质量稳步提升。战略性新兴产业增加值增长12%，高于规模以上工业增加值4.4个百分点；高技术制造业增加值增长14.3%，高于规模以上工业增加值6.7个百分点；高新技术产品产值占规模以上工业总产值55.6%，比上年提高1.5个百分点。万元地区生产总值能耗下降3.6%，低于省控制目标0.4个百分点。

发展效益不断提高。一般公共预算收入增长10.0%，比上年提高4.3个百分点；税收收入占一般公共预算收入比重80.2%，主体税种占税收收入比重68.6%，居全省各市前列。规模以上工业企业利润总额增长3.0%，其中，小微型企业利润总额增长5.2%。城镇、农村居民人均可支配收入增速分别高于经济增长1.1个和1.5个百分点。

发展动力持续增强。新增高新技术企业383户，总数1230户。技术合同成交额252亿元，增长15.9%，本地转化占比达到28%。有效发明专利拥有量1.5万件，增长12.3%。新登记市场主体17.3万户，实有市场主体78万户。实现“个转企”2114户、“小升规”116户。新增千人计划人才9人、万人计划人才20人、长江学者4人。新认定高层次人才2880人，新引进外国高端人才221人。吸收高校毕业生10.6万人。

发展环境进一步优化。工程建设项目总体审批效率提升50%以上。企业开办时间从10个工作日缩减至3.5个工作日。落实税收新政减税42.7亿元。完成560条背街小巷综合整治、151个老旧小区综合改造等工程。完成棚户区改造16612套、农村危房改造391户。空气质量优良天数285天，比上年增加29天。

发展成果更多获得共享。民生支出776.4亿元，增长7.8%，占一般公共预算支出的80.5%。投入扶贫资金8.7亿元，巩固扶持18176名建档立卡贫困人口稳定脱贫。城镇新增就业11.9万人，扶持创业带头人3483人，带动就业2.1万人。企业退休人员养老金人均上涨5.3%，实现“十四连涨”。城乡居民低保标准分别提高3.15%和5.88%，连续7年提高。新型农村合作医疗、城镇居民基本医疗保险政府补助标准由450元提高到490元。（市发改委）

体制改革

“放管服”改革持续深化。企业开办时间压缩至3.5天，工程建设项目总体审批时限控制在40个工作日以内，企业获电力总时长由原来平均109.19天缩短至80.66天，用水审批业务由原来63个工作日缩减至23个工作日，燃气受理总时限比以往缩短15个工作日以上。全市新增加508项“最多跑一次”事项，增幅19.2%，出入境、身份证等业务实现24小时自助服务。开展政务窗口服务质量差等6大专项整治，解决各类问题118批次969个，发布惠企政策清单432项，推出领办代办等一系列举措。全市3335家公益性事业单位优化整合为265家，336家经营性事业单位全部转企改制。建立健全开发区规划体系和绩效考核体系，推行“管委会+平台公司”运营模式，沈阳高新区在全国排名由43位上升到39位，沈阳经济开发区由49位上升到21位，辉山经济开发区由164位上升到134位。

国企国资改革步伐加快。机床集团入选国务院国企改革“双百行动”，东药集团引入民营资本大股东，北方重工集团进入司法重整程序，沈鼓集团等企业改

革取得新成果。混合所有制改革提速推进，混改率从上年的23%提高到54.8%。“3+1+N”国资平台有序运营，国有资本流动性逐步增强，工商、金融、文化等各领域国有资产实现集中统一监管。139个中央和省直企业“三供一业”项目全部分离移交，245户“僵尸企业”处置提前完成，427户厂办大集体改革启动实施。

民营经济健康发展。制定进一步促进民营经济发展若干意见，全面启动“万人进万企”主题活动。落实税收新政减税42.7亿元，取消9项行政事业性收费，推行工伤保险浮动费率政策。一般工商业电价以及供水、燃气配套费下调10%以上，货运车辆“三检合一”全面实施。应急转贷资金周转投放260亿元，新增债券融资85亿元，新增贷款规模增长13.3%。实现“个转企”2114户、“小升规”116户，禾丰牧业再度入选中国民营企业500强，新增292户成长性中小企业在辽股交挂牌。

科技体制改革深入实施。新承担国家和省级科技项目911项，解决关键共性技术769项，研发新产品、新工艺522项，获国家科技奖励9项。全市科技型中小企业1431户，高新技术企业1230户，涌现出8户“瞪羚”企业和1户“独角兽”企业。国家机器人创新中心揭牌成立，材料科学国家研究中心开工奠基，中国科学院大学机器人学院、中国科技大学材料学院、国家眼基因库加快建设，中科院机器人与智能制造创新研究院投入使用，全市新型研发机构达到8家，国际合作研发机构达到58家。实行市长与大学校长、科研院所长联席会议制度，组建沈阳科技创新大联盟，产业创新联盟达到50家。全市技术合同成交额增长15.9%，本地转化占比提高到28%，高新技术产品产值占规模以上工业比重达到55.4%。全市申请专利数量增长20%、专利授权增长32.3%。

财税金融体制改革力度加大。县乡财政体制改革全面推开，对乡镇实行财政收入增量返还政策。出台《创新产品政府首购订购实施暂行办法》，对暂不具有市场竞争力但具有市场潜力的产品，通过政府采购方式由采购人首先采购。全市18个办税服务厅全部实现共建办税服务厅或共驻政务服务中心。在符合条件的企业开展应收账款质押融资试点，中行为沈阳八院办理11笔业务，总金额1.7亿元。政府资金加快基金化运作，18个PPP合作项目落地实施。

农业农村改革稳步推进。扎实推进农业供给侧结构性改革，保障农产品安全供给，调减玉米种植面积16万亩（1.07万公顷），建设高标准农田20.9万亩（1.39万公顷）、设施农业1.3万亩（0.09万公顷），农业综合机械化率达到85%。大力推行“公司+基地+农户”模式，农村承包地确权颁证达到60%，新增土地流转12万亩（0.8万公顷），发展农民合作社507个、家庭农场46家，沈北、浑南成立全省首批农村集体股份合作社。国有农场的办社会职能分离工作全部完成。

开放型经济不断拓展。自贸区沈阳片区加快制度创新，集报集缴通关等26项举措全省推广，国际贸易“单一窗口”覆盖率超过80%。京沈对口合作促进政策互动、资源共享、市场开放，中关村领创空间（沈阳）创新服务中心、沈阳·中国智谷双创街投入运营。中德园做实“管委会+平台公司”的建设管理模式，中德开完成高层社会化招聘，完成76亿元的PPP项目招标，推进中德科技大厦等项目建设；中德发与三生制药等15个项目签约，成立2个融资租赁公司，组建2支基金，最大限度发挥市场化作用。

（王子键）

生态建设

2018年，市生态环境局加强自然保护区监管，组织开展“绿盾2018”专项行动。会同市林业局、市规土局三部门联合印发《关于开展‘绿盾2018”自然保护区监督检查专项行动的通知》，组织开展“绿盾2017”专项行动发现问题整改情况进行回头看、排查整改2017年下半年以后自然保护区内新增和扩大的开发建设等活动、指导监督各地区推进问题整改工作、加强对自然保护区生态环境问题整改工作的监督考核等工作。在“绿盾2018”专项行动中对卧龙湖、滑石台两个省级自然保护区开展重点排查，在自然保护内未发现新增采矿（石）、采砂、工矿企业和保护区核心区缓冲区内旅游开发、水电开发等对生态环境影响较大的活动。指导监督自然保护区发现问题的整改销号。在“绿盾2018”专项行动中将市级自然保护区纳入专项行动的检查范围，全面清查自然保护区内的建设项目情况（包括中央环保督查案件），协调和监督自然保护区主管部门和地方政府制定整改方

案，落实整改措施。为进一步落实整改和销号工作，会同林业局共同印发《关于加快推进自然保护区内违法违规问题整改工作的通知》，切实做好违法违规问题的整改。全市自然保护区存在违法违规问题45个，全部开展整改，销号11个。

划定并严守生态保护红线。完善生态保护红线划定方案。为落实中央相关文件精神，按照省环保厅要求进一步完善沈阳市生态保护红线划定方案。对涉及自然保护区、风景名胜区、森林公园、湿地公园等各类保护地的红线区进行进一步梳理，严格按照生态保护红线划定指南要求做到应划尽划。沈阳市生态保护红线划定方案经市政府审定后报送至省生态保护红线工作领导小组办公室，通过省直部门和专家的审核。

实施生态红线监管建设项目。建设生态保护红线监管平台。完成项目的招标工作，编制完成生态保护红线监管建设项目的实施方案，通过专家论证。与环保部卫星环境应用中心签订生态环境遥感监测与应用合作协议。制作项目鱼骨图，实施挂图作战，倒排工期，明确时间、明确任务。组织实施2018年度无人机航拍工作等年度建设内容。强化生态保护红线监管工作。严格按照要求管理生态保护红线，制定生态保护红线巡查记录表，组织各相关区县开展半年一次的生态保护红线巡查工作，对发现违法违规问题依法进行查处。严格生态保护红线准入。制定生态保护红线环境准入清单。生态保护红线全部纳入全市“多规合一”管理平台进行统一管理。

（范士纯）

精神文明建设

2018年，持续推进全国文明城市创建工作常态化、长效化，进一步加强未成年人思想道德建设、提高志愿者服务工作水平。

大力弘扬和践行社会主义核心价值观。强化教育引导，开展全市公民道德礼仪宣讲活动，组织百名专家教师成立宣讲团，深入社区、村镇、企业、学校等地，开展千场公民道德礼仪宣讲活动，巩固文明城市成果；强化制度保障，形成《沈阳市文明行为促进条例》（草案），倡导文明新风，持续推进文明立法工作；强化实践养成，从3月至6月持续开展“学习雷锋·三城联创·擦亮沈阳”“幸福沈阳·助力春运”“邻里守望”等主题活动，累计100万人次参与沈阳志愿服务。截至年末，沈阳实名注册志愿者969624人、市级注册志愿服务总队10个、区级志愿服务组织27个、在市级、区、县、市、街道、社区备案志愿服务机构1817个。

深入实施公民道德建设工程。深化道德模范学习宣传，举办2017年度感动沈阳颁奖典礼，开展“我推荐、我评议身边好人”暨道德模范评选活动；加强未成年人思想道德建设，在全市中小学普遍开展“三城联创”知识普及教育、板报创作评选、家庭一封信等丰富多样的实践活动，培养未成年人爱学习、爱劳动、爱祖国高尚情操；广泛开展中华传统文化教育，利用春节、清明、端午、中秋等重要传统节日，宣传普及传统节日习俗，阐释节日文化内涵，增强市民对中华优秀传统文化的认知认同。

持续深化群众性精神文明创建活动。深化文明城市创建，开展3次城市文明指数测评工作，召开全市精神文明建设工作表彰会议，下发《关于建立沈阳市全国文明城市建设常态化长效化工作机制的意见》，巩固文明城市创建成果；深化文明单位创建，开展沈阳市窗口行业优质文明诚信服务竞赛活动，评选出65个优质文明诚信服务窗口，100名优质文明诚信服务之星，提升窗口行业服务人员职业道德水平和文明素质；深化文明家庭创建，开展“弘扬家教家风 树立家国情怀”主题实践活动，营造崇德向善的社会氛围。

开展弘扬时代新风行动。推进文明旅游行动，在春节等旅游高峰期，组织市属新闻媒体进行正面评论引导和反面曝光提示，营造良好的文明旅游氛围；推进文明交通行动，与沈阳广播电台98.6交通广播联合开展文明交通系列活动，制定《沈阳市道路交通综合整治宣传方案》《沈阳市道路交通综合整治方案（2018—2020）》，提升市民文明交通意识；推进网上精神文明建设，开展“我们的节日”等网络文明传播活动，“沈阳文明网”微博推送信息，“文明沈阳”微信公众平台推送、发表文章，弘扬网络正能量。

（市委宣传部）

一、中国共产党沈阳市委员会

综　述

2018年，在中央及省委、省政府正确领导下，市委团结带领全市广大党员干部群众，坚持以习近平新时代中国特色社会主义思想为指导，认真学习贯彻党的十九大和十九届二中、三中全会精神，坚持稳中求进工作总基调，以供给侧结构性改革为主线，按照高质量发展要求，全面落实新发展理念和“四个着力”“三个推进”，贯彻实施“五大区域发展战略”和“一带五基地”建设部署，深入推进三大攻坚战，狠抓全面从严治党，推动沈阳振兴取得新进展。

深入学习贯彻习近平总书记在辽宁考察时和在深入推进东北振兴座谈会上重要讲话精神，推动思想大解放、任务更聚焦、工作再抓实。坚持把学习贯彻习近平总书记在辽宁考察时和在深入推进东北振兴座谈会上重要讲话精神作为首要政治任务和头等大事来抓，制定出台抓好贯彻落实的一系列文件，深入开展“解放思想推动高质量发展大讨论”，组织召开全市领导干部大会、理论学习中心组专题学习、领导干部专题研讨班，分层次召开工作务虚会，引导各级干部围绕补齐“四个短板”、做好“六项重点工作”，查找差距、更新观念、理清思路，全市上下思进求变、干事创业的氛围更加浓厚。

全力推进改革开放创新，高质量发展动力持续增强。营商环境进一步优化，深化放管服改革，深入开展“万人进万企”主题活动，沈阳市位居全国营商环境试评价城市第一集团。国资国企改革步伐加快，率先形成经营性国有资产集中统一全覆盖监管体系，国有资本投资运营体系初步建立，重点国企“一企一策”改革不断深化，“三供一业”分离移交和“僵尸企业”处置提前完成。重点改革任务扎实推进，市直党政机构改革全面完成，事业单位精简比例达到92.8%，国家全面创新改革试验区和综保区桃仙园区顺利通过评估验收，自贸区“单一窗口”覆盖率超过80%。开放水平不断提升，新批“一带一路”投资项目12个，国家跨境电商综合试验区启动建设，自贸区、中德园等重大开放平台功能逐步完善，“沈阳港”加快建设，实施沈阳经济区共同行动计划，推进京沈对口合作产业项目达到218个。创新能力不断增强，以国家自主创新示范区建设为引领，推动国家重大创新平台加速在沈布局，设立科技创新基金，组建沈阳科技创新大联盟，以引老乡回家乡、引校友回

沈阳、引战友回驻地为主要内容的“三引三回”活动储备人才3700人。

大力培育新的经济增长点，发展质量与效益进一步提升。坚决贯彻习近平新时代中国特色社会主义经济思想，落实中央关于“稳就业、稳外贸、稳投资、稳金融、稳外资、稳预期”的“六稳”要求，定期分析研判经济形势。加大重大项目建设力度，实行领导包保、现场办公和项目管家制度，建立重大项目现场指挥部，华晨宝马新工厂奠基，华晨雷诺、米其林2.5工厂、一汽普雷特等重大项目集中开工，全市亿元以上项目达1074个，完成投资1510.3亿元。加快产业转型升级，高端装备占比达23.1%，机器人、航空、医药、新一代信息技术等新兴产业产值大幅增长，金融、物流、会展等现代服务业加速发展，都市型现代农业形态初步显现，军民融合相关工作计划深入推进。大力实施乡村振兴战略，完成410万亩农业生产核心区建设，积极发展“飞地经济”。

千方百计增进民生福祉，振兴成果更多更公平惠及人民群众。深入实施以城市治理改造为主要内容的“治改提创”工程，中央环保督察交办问题有效整改，卫生城市创建通过国家技术评估，食品安全示范城市创建通过省级验收。城市轨道交通、跨浑河桥、快速路等立体化交通网络加快建设，城乡接合部、背街小巷、老旧小区等环境得到改善，城市网格化管理水平进一步提升。就业形势总体平稳，脱贫攻坚成果持续巩固，教育、医疗、文化、体育等社会事业全面发展。“厕所革命”深入开展，“大棚房”整治效果显著，“四好农村路”建成1400千米，村容村貌明显改观。扫黑除恶专项斗争取得阶段性成果，信访矛盾减存控增成效明显，社会大局安全稳定。

全面从严管党治党，推动政治生态更加风清气正。坚持旗帜鲜明讲政治，强化“四个意识”，坚定“四个自信”，坚决做到“两个维护”，专题研究部署中央巡视反馈整改，深入开展政治性警示教育，坚决肃清薄熙来、王珉等人恶劣影响。严格落实意识形态工作责任制，持续加强理论武装，规范党内政治生活，扎实推进“两学一做”学习教育常态化制度化。深入实施“红色堡垒工程”，选派1416名优秀干部到基层一线工作，基层党建工作质量不断提升。树立正确用人导向，开展优秀干部专题调研考核，建立健全干部资源库，创新绩效考核制度体系，激励干部担当作为、干事创业。统一战线不断巩固壮大，民族宗教工作创新推进。加强党风廉政建设，深化纪检监察体制改革，完成十三届市委三轮巡察，探索建立正风肃纪大数据监督平台，精准运用监督执纪“四种形态”，深挖隐形变异“四风”，严肃查处一批违纪违法案件，党风廉政建设和反腐败斗争不断深入。

（白钺文）

重要会议

【2017年度各区县（市）委书记和市直党（工）委书记抓基层党建工作述职评议会议】 1月9日召开。省委常委、市委书记易炼红主持会议并讲话，他强调要深入贯彻落实党的十九大精神，按照“三个一以贯之”要求，切实将抓基层党建作为长远之计和固本之举，进一步用加强基层党建的实际成效强队伍、兴事业、促振兴。市委副书记、市长姜有为出席会议。各区县（市）委书记和市直机关工委、市委中省直企业工委、市委教科工委等市直党（工）委书记，围绕抓基层党建工作的主要做法、存在的主要问题、下一步工作思路进行述职。易炼红认真听取汇报，逐一进行点评，对进一步加强和改进工作提出明确要求。

【沈阳市精神文明建设表彰暨深化创建国家卫生城市誓师大会】 2月5日在沈阳创新天地召开。省委常委、市委书记易炼红出席会议并讲话。他强调，全市上下要以成功连冠全国文明城市为继续前行的起点、再攀高峰的动力，坚决打好打赢“三城联创”攻坚战，为沈阳在新一轮振兴发展中一展雄风、大展雄风、尽展雄风提供有力支撑。市长姜有为作部署，市人大常委会主任潘利国出席会议，市政协主席韩东太主持会议，市领导冯守权宣读表彰决定。

【沈阳市城市品质提升工作部署会议】 3月1日在沈阳创新天地召开。省委常委、市委书记易炼红出席会议并讲话，他强调，要奋力拼搏、大干实干，推动城市品质持续提升，努力打造“功能完善、品质一流、大气磅礴、形神兼备”的大沈阳，全面展示国际化现代化大都市的新面貌、新形象、新风采。市长姜有为作工作部署，市领导于振明主持会议。

【全市领导干部警示教育大会】 3月23日在盛京文化艺术中心召

开。集体观看警示教育片《沉重的忏悔——十八大以来沈阳市部分领导干部违纪案件警示录》后，省委常委、市委书记易炼红讲话。他强调要深入贯彻落实习近平新时代中国特色社会主义思想和党的十九大、全国两会精神，充分发挥“关键少数”的示范引领作用，始终保持“赶考”精神、“奋斗”姿态，团结带领广大干部群众一往无前、攻坚克难，在全市上下凝聚起实现“五高”要求、建设“四个中心”的磅礴力量，团结一心打造更加良好的政治生态，万众一心推动沈阳实现振兴发展的新跨越、新突破。市委副书记、市长姜有为主持会议。市政协主席韩东太出席会议。

【全市选派干部到乡镇和村工作动员会议】 3月25日在沈阳创新天地召开。省委常委、市委书记易炼红出席会议并讲话，他强调，要以坚定的信心、扎实的举措、过硬的作风做好选派干部工作，为沈阳实施乡村振兴战略、全面建成小康社会提供有力保证。市委副书记、市长姜有为主持会议。

【全市对外开放工作会议】 5月30日召开。省委副书记、市委书记易炼红，市长姜有为出席会议并讲话。市领导吴文学主持会议。易炼红指出，要深入学习贯彻习近平总书记关于对外开放重要思想，进一步增强责任感和紧迫感，不断开创沈阳市对外开放工作新局面。姜有为在回顾总结沈阳市对外开放工作后，对做好下一步工作进行部署。

【中共沈阳市委十三届七次全体会议】 6月29日在沈阳创新天地召开。市委常委会主持会议，省委副书记、市委书记易炼红代表市委常委会作工作报告。会议高举习近平新时代中国特色社会主义思想伟大旗帜，深入学习贯彻党的十九大和十九届二中、三中全会精神，牢牢把握高质量发展这个根本要求，全面落实新发展理念和“四个着力”“三个推进”，贯彻实施省委、省政府“五大区域发展战略”和“一带五基地”建设工作部署，进一步明确新时代推动沈阳新一轮振兴发展大思路，总结上半年工作，部署下半年任务，动员全市广大党员、干部和群众，大干实干、奋力赶超，推动沈阳在东北老工业基地新一轮振兴发展中走在前列、再展雄风。会议表决通过《中共沈阳市委 沈阳市人民政府关于推动高质量发展的意见》《沈阳市建设东北亚国际化中心城市规划（2018—2030年）》《沈阳市建设东北亚科技创新中心规划（2018—2030年）》《沈阳市建设东北亚先进装备智能制造中心规划（2018—2030年）》《沈阳市建设东北亚高品质公共服务中心规划（2018—2030年）》《中国共产党沈阳市第十三届委员会第七次全体会议决议》《中共沈阳市第十三届委员会第七次全体会议关于停止执行石光辉等八名同志市第十三次党代会代表职务的决定》《中共沈阳市第十三届委员会第七次全体会议关于接受许光明同志辞去市第十三次党代会代表职务的决定》《中共沈阳市第十三届委员会第七次全体会议关于免去李宣彤、张明、周维远同志市委委员职务的决定》《中共沈阳市第十三届委员会第七次全体会议关于递补邹昊、张坚强同志为市委委员的决定》。

【全市事业单位改革实施动员大会】 7月5日在沈阳创新天地召开。会议深入学习贯彻习近平总书记关于深化党和国家机构改革的重要思想和党的十九届三中全会精神，全面落实党中央决策部署和省委工作要求，动员全市上下打好打赢事业单位改革攻坚战，为沈阳在东北老工业基地新一轮振兴发展中再展雄风注入新动力。省委副书记、市委书记易炼红出席会议并讲话，市长姜有为主持会议，市人大常委会主任潘利国出席会议。市领导刘晓东就市直事业单位改革方案作说明，市领导刘桂香宣布新组建事业单位筹备组和经营性事业单位转企接收组情况。

【全市深化创建国家卫生城市动员会议】 7月23日在沈阳创新天地召开。会议总结工作进展情况，深入分析当前形势，全面部署下步任务。省委副书记、市委书记易炼红出席会议并讲话，他强调，全市上下要持续发力、一鼓作气、提档加速，坚决打赢创卫攻坚战。市长姜有为主持会议，市人大常委会主任潘利国、市政协主席韩东太出席会议。市领导姜军做工作部署。会上，大东区委、市执法局、于洪区造化街道党工委主要负责人作表态发言。

【全市生态环境保护大会】 8月28日召开。会议深入学习贯彻习近平生态文明思想，认真贯彻落实全国生态环境保护大会、全省生态环境保护电视电话会议精神，就全面加强生态环境保护、坚决打好污染防治攻坚战作出安排部署。市委副书记、市长姜有为出席会议并讲话。市委常委、常务副市长刘晓东主持会议。副

市长于振明做工作部署，市环保局、市发改委、铁西区、新民市负责人作表态发言。

【**全市意识形态工作会议**】 9月11日召开。会议深入学习习近平总书记在全国宣传思想工作会议上的重要讲话，认真贯彻全国宣传思想工作会议和全省意识形态工作会议精神，全面落实中央意识形态工作责任制专项巡视检查反馈意见要求，就当前和今后一个时期全市意识形态工作作出具体安排部署。市委副书记、市长、市委意识形态工作领导小组组长姜有为出席会议并讲话。市委常委、宣传部部长、市委意识形态工作领导小组副组长冯守权主持会议并作传达和通报。沈河区委、市委统战部、市委政法委、市委教科工委有关负责人发言。

【**全市领导干部会议**】 9月30日召开。会议传达学习习近平总书记在深入推进东北振兴座谈会上的重要讲话精神和全省领导干部会议精神，研究部署沈阳市贯彻落实工作。市委副书记、市长姜有为主持会议并讲话。

【**中共沈阳市委十三届八次全体会议**】 11月2日召开。市委常委会主持会议。会议深入学习贯彻习近平总书记在深入推进东北振兴座谈会和在辽宁考察重要讲话精神，审议通过《沈阳市关于深入贯彻落实习近平总书记在深入推进东北振兴座谈会和在辽宁考察重要讲话精神以新气象新担当新作为推动新时代沈阳全面振兴全方位振兴的意见》，讨论8个相关配套文件，审议通过《中共沈阳市第十三届委员会第八次全体会议决议》。市委副书记、市长姜有为就《意见》向全会作说明并讲话。

【**沈阳市领导干部大会**】 11月29日在沈阳宾馆召开。会议宣布中央关于沈阳市委主要领导调整的决定：张雷同志任沈阳市委书记。省委书记、省人大常委会主任陈求发出席会议并讲话。省委常委、组织部部长陆治原宣读中央及省委的决定。省委常委、市委书记张雷讲话，市委副书记、市长姜有为主持会议。

【**沈阳市机构改革动员大会**】 12月28日召开。会议深入学习贯彻习近平总书记关于深化党和国家机构改革的重要指示精神，全面落实《沈阳市机构改革方案》，动员各个方面提高认识、明确任务、落实责任，确保高标准、高质量、高效率完成全市机构改革任务。省委常委、副省长、市委书记张雷出席会议并讲话，市委副书记、市长姜有为主持会议并作工作部署，市人大常委会主任潘利国、市政协主席韩东太出席会议。 （市委办　志闻）

2018年中共沈阳市委常委会会议（部分）

表2

会次	日期	会议议题
市委十三届常委会第62次会议	1.4	传达学习中央农村工作会议精神，研究沈阳市贯彻落实意见；传达学习省委十二届六次全会暨省委经济工作会议精神，研究沈阳市贯彻落实意见
市委十三届常委会第66次会议	1.16	传达学习贯彻十九届中央纪委二次全会精神；传达学习贯彻全国宣传部长会议精神
市委十三届常委会第69次会议	2.2	传达学习贯彻中共中央十九届二中全会精神；传达学习贯彻省“两会”精神；传达贯彻中央政法工作会议和全国扫黑除恶专项斗争电视电话会议精神
市委十三届常委会第72次会议	2.9	传达省纪委十二届三次全会精神，研究沈阳市贯彻落实意见；听取关于编制《沈阳市人大常委会2018年立法计划》和《沈阳市第十六届人大常委会立法规划》情况的汇报；听取《政协沈阳市委员会2018年度协商计划（草）》情况的汇报；听取中央、省委巡视组对沈阳市巡视反馈意见整改落实情况和迎接巡视工作情况的汇报；听取《关于贯彻 < 中国共产党党务公开条例（试行）> 的实施细则》起草情况的汇报
市委十三届常委会第73次会议	2.23	传达习近平总书记关于巡视工作的重要讲话精神
市委十三届常委会第74次（扩大）会议	3.2	传达党的十九届三中全会公报

续表2

会次	日期	会议议题
市委十三届常委会扩大会议	3.21	传达习近平在人大闭幕会上的重要讲话及参加各代表团审议时的重要讲话精神、李克强在十三届全国人大一次会议上所作的政府工作报告精神和参加辽宁代表团讨论时的讲话精神；传达十三届全国人大一次会议精神；传达全国政协十三届一次会议精神
市委十三届常委会第75次会议	3.21	审议《沈阳市生态文明建设目标评价考核办法（讨论稿）》；听取关于全市选派干部到乡镇和村工作有关情况的汇报
市委十三届常委会第76次会议	3.23	传达学习习近平在打好精准脱贫攻坚战座谈会上的重要讲话精神，研究沈阳市贯彻落实意见
市委十三届常委会第77次会议	4.2	传达学习省委十二届七次全会精神，研究沈阳市贯彻落实意见；审议沈阳市贯彻落实全省对外开放工作电视电话会议精神的意见；审议沈阳市开展“办事难”问题专项整治工作方案；审议沈阳市开展“特权车”问题专项整治工作方案
市委十三届常委会扩大会议	4.16	听取全市第一季度经济运行情况和下一步重点工作
市委十三届常委会第79次会议	5.3	传达学习陈求发到沈阳市调研深化机构改革工作时的讲话精神，研究沈阳市贯彻落实意见；听取关于中央环境保护督察整改工作进展情况的汇报；听取中央关于禁毒工作的重要决策部署精神和全市禁毒工作情况汇报，研究部署沈阳市贯彻落实意见，审议《沈阳市创建全国禁毒示范城市实施方案（送审稿）》《沈阳市禁毒工作责任制（修订稿）》；审议《中共沈阳市委关于深入贯彻落实〈中共中央关于加强党内法规制度建设的意见〉的通知》
市委十三届常委会第82次会议	5.21	审议《中共沈阳市委 沈阳市人民政府关于进一步改进工作作风的若干规定（试行）》；传达学习全省基层党建工作重点任务推进会议精神，研究沈阳市贯彻落实意见
市委十三届常委会第91次会议	6.22	传达学习习近平对打赢脱贫攻坚战三年行动作出的重要批示，研究沈阳市贯彻落实意见；听取关于全国贯彻落实《地方党政领导干部安全生产责任制规定》电视电话会议精神和重大隐患整改情况的汇报；听取关于沈阳市2018年防汛抗旱工作及河长制落实情况的汇报
市委十三届常委会第93次会议	7.4	传达学习中央外事工作会议精神和省委常委会第92次会议相关精神，研究沈阳市贯彻落实意见
市委十三届常委会第95次会议	7.4	听取关于“一带五基地”建设有关情况的汇报：《沈阳市“一带五基地”建设框架实施方案（讨论稿）》的起草情况、《沈阳市建设具有国际竞争力先进装备制造业基地 重大技术装备战略基地实施方案（讨论稿）》的起草情况、《沈阳市建设国家新型原材料基地实施方案（讨论稿）》的起草情况、《沈阳市建设国家重要技术创新与研发基地实施方案（讨论稿）》的起草情况、《关于沈阳市现代农业生产基地建设实施方案（讨论稿）》的起草情况；听取全市扫黑除恶专项斗争工作进展情况的汇报
市委十三届常委会第98次会议	7.17	听取市人大常委会、市政府、市政协、市法院、市检察院党组2018年上半年工作汇报和履行全面从严治党主体责任情况汇报；听取2018年全市上半年经济运行情况和下半年重点工作汇报
市委十三届常委会第100次会议	7.27	听取关于中央第六巡视组巡视反馈意见整改落实工作进展情况的汇报；审议中央第六巡视组巡视反馈意见专项整改落实方案
市委十三届常委会第101次会议	8.3	传达省委十二届八次全会精神，研究部署沈阳市贯彻落实工作；传达全省县域经济工作推进会议精神，研究部署沈阳市贯彻落实工作；听取关于中央第六巡视组巡视反馈意见整改落实工作进展情况的汇报；审议《中共沈阳市委关于中央第六巡视组对辽宁省委巡视工作专项检查反馈意见整改落实方案》；审议中央第六巡视组巡视反馈意见专项整改落实方案
市委十三届常委会第104次会议	8.7	审议《沈阳市关于辽宁省政治生态情况专题报告成果运用实施方案（讨论稿）》；审议《沈阳市关于消除薄熙来、王珉恶劣影响专项整治方案（讨论稿）》
市委十三届常委会第105次会议	8.15	传达全国政协系统党的建设工作座谈会议精神；审议《中共沈阳市委关于中央第六巡视组对辽宁省委落实意识形态工作责任制情况反馈意见整改落实方案》

续表2

会次	日期	会议议题
市委十三届常委会第107次会议	8.15	审议《中共沈阳市委关于履行全面从严治党主体责任的实施细则（试行）（讨论稿）》《沈阳市履行全面从严治党主体责任检查考核办法（试行）（讨论稿）》《中共沈阳市委领导班子及班子成员履行全面从严治党主体责任清单（讨论稿）》
市委十三届常委会第111次会议	8.25	传达学习全国和全省组织工作会议精神，研究部署沈阳市贯彻落实工作
市委十三届常委会第114次会议	9.6	传达学习省长唐一军在沈阳市法库县、康平县调研视察时的讲话精神，研究部署沈阳市贯彻落实工作；传达学习全国宣传思想工作会议和全省意识形态工作会议精神，研究部署沈阳市贯彻落实工作；传达学习2018年上半年全省扶贫开发工作总结会议暨省脱贫攻坚领导小组第六次全体会议精神，研究部署沈阳市贯彻落实工作
市委十三届常委会第115次会议	9.16	专题学习习近平总书记关于扫黑除恶专项斗争的重要批示精神及中央和省委有关要求，研究部署沈阳市贯彻落实工作；传达学习省委十二届九次全会精神，研究部署沈阳市贯彻落实工作
市委十三届常委会第120次会议	10.18	传达学习全省宣传思想工作会议精神，研究沈阳市贯彻落实工作；传达全国人大常委会“深入学习贯彻习近平总书记关于坚持和完善人民代表大会制度的重要思想交流会”会议精神
市委十三届常委会第121次会议	10.26	听取全市第三季度经济运行情况汇报，研究部署下一步工作；传达学习全国扫黑除恶专项斗争推进会和全省扫黑除恶专项斗争工作领导小组调度会议精神，研究沈阳市推进扫黑除恶专项斗争重点任务
市委十三届常委会第122次会议	10.30	传达学习省委十二届十次全会精神，研究部署沈阳市贯彻落实工作
市委十三届常委会第123次会议	11.7	研究部署沈阳市贯彻落实陈求发来沈调研时的讲话精神有关工作
市委十三届常委会第126次会议	11.16	听取关于沈阳市对央视曝光两家民营医院“骗保”问题专项工作情况的汇报；传达《中共中央办公厅关于陕西省委西安市委在秦岭北麓西安境内违建别墅问题上严重违反政治纪律以及开展违建别墅专项整治情况的通报》；传达学习习近平在民营企业座谈会上的重要讲话精神，研究部署沈阳市贯彻落实工作
市委十三届常委会第129次会议	12.1	学习贯彻陈求发在沈阳市领导干部大会上的讲话精神；听取关于近期沈阳市迎接全国文明城市测评复检工作的汇报
市委十三届常委会第132次会议	12.19	学习《中国共产党支部工作条例（试行）》；传达学习习近平在同中华全国总工会新一届领导班子成员集体谈话时的重要讲话精神和中国工会十七大精神，听取市总工会党组2018年工作情况和2019年工作安排的汇报；传达学习习近平在同全国妇联新一届领导班子成员集体谈话时的重要讲话精神和中国妇女十二大精神，听取市妇联党组2018年工作情况和2019年工作安排的汇报；审议《中共沈阳市委关于2018年下半年意识形态工作有关情况的报告》
市委十三届常委会第133次会议	12.25	传达学习中央经济工作会议和省委常委会（扩大）会议精神，研究部署沈阳市贯彻落实工作；听取《关于市十六届人大二次会议筹备工作及常委会工作报告起草情况的汇报》；听取《关于市政协十五届二次会议筹备工作及常委会工作报告起草情况的汇报》
市委十三届常委会第136次会议	12.29	学习贯彻省委经济工作会议精神，研究部署沈阳市相关工作

（市委办）

党务服务

【概况】2018年，市委办公室以习近平新时代中国特色社会主义思想为指导，深入贯彻党的十九大精神，以“辅政能力提升年”为主线，参谋辅政、统筹协调、督促检查和综合保障作用得到有效发挥，“三服务”（服务领导、服务机关、服务基层）工作实现高质量发展。在政治能力加强上，强化理论武装，推进“两学一做”学习教育常态化制度化，教育和引导全体干部职工深入学习习近平新时代中国特色社会主义思想和党的十九大精神，认真学习贯彻习近平总书记在辽宁考察时和在深入推进东北振兴座谈会上重要讲话精神，组织开展“解放思想推动高质量发展大讨论”，做到真学真信真用。严格落实意识形态工作责任制，坚持定期听取意识形态工作汇报，通报意识形态工作有关情况，研究解决存在的问题。抓好网络意识形态工作，守住守好网络意识形态阵地。严守政治纪律和政治规矩，严格落实中央八项规定精神及其实施细则，大力整治“四风”，在领导调研、新闻报道、会议活动安排等方面严格把关，不越红线。在以文辅政上，做优文稿服务，围绕推动习近平新时代中国特色社会主义思想和党的十九大精神在沈阳落地生根，研究落实推动高质量发展的具体举措和实践路径，辅助市委确定新时代推动沈阳新一轮振兴发展的“一二三四五”大思路。围绕贯彻习近平总书记在深入推进东北振兴座谈会上和在辽宁考察时重要讲话精神，辅助市委出台“1+8”系列文件，明确推动沈阳全面振兴、全方位振兴的目标任务和实践路径。加强新闻宣传，在标题提炼、内容设计、场景铺垫、言论揣摩上严格把关，不断增强新闻引导力和影响力。坚持主动服务、创新服务，组织撰写《不负春光抓项目》等10余篇《沈阳日报》《同声传译》栏目稿件，得到市委领导的充分认可。在决策落实与督促检查上，抓好批示查办，实行领导批示周报告、月汇总制度，定期跟踪、建立台账、销号管理，确保市委领导决策部署高效落实。抓准专项督查，围绕重点工作开展督查，对各方面工作成效进行排名通报，向市委提出问责建议，推动整改落实工作取得实效，推动会议精神落实落地。在实现日常运转高效率上，文件制发严密高效，特别是围绕深入落实习近平总书记在深入推进东北振兴座谈会上和在辽宁考察时重要讲话精神及省委系列文件精神，优质高效地核改制发“1+8”系列文件，确保中央及省、市委政令畅通。会议服务妥善周密，科学合理安排政务活动，严格会议标准，深化会议服务保障，实现会议活动安排和服务保障工作细致到位。信息报送及时准确，拓宽信息渠道，巩固总汇地位。信息工作在全省党委系统考核中名列前茅，在中央市委办系统全国重点城市考核中处于先进行列。（市委办）

全面深化改革

【概况】2018年，市委改革办全面履行统筹协调服务职能，推动各项改革任务落地落细落实。全年工作要点部署的67项改革任务和204项改革举措基本完成，各方面出台制度性改革成果127项，主动谋划制定创新性改革举措20余项。提高政治站位，始终坚持第一时间组织传达学习习近平总书记在中央全面深化改革委员会会议上的重要讲话精神，从总书记在辽宁考察时和在深入推进东北振兴座谈会上重要讲话中找出路、找方法、找动力，制定出台“1+8”系列文件，深入开展“解放思想推动高质量发展大讨论”，认真抓好中央巡视反馈意见整改落实。强化组织领导，及时调整领导小组人员组成，召开8次领导小组会议，审议改革文件和方案50余项，研究制定全面深化改革三年行动计划和2018年改革工作安排，筛选19项重大改革任务，明确相关市领导挂帅负责，形成任务清单和责任清单。狠抓重点试点，统筹推进党政群、事业单位、开发区（园区）、清理规范社会组织和中介服务等各领域机构改革，持续深化放管服和“最多跑一次”改革，全面启动“万人进万企”主题活动，推动科技创新等重大改革取得实质性进展，坚持试点先行，形成一批可复制可推广的创新经验，为全省乃至全国改革提供典型示范。加强督察问效，科学设置考核指标，将全面深化改革纳入绩效考核管理体系，加强信息化管理水平，完成全市全面深化改革动态管理平台建设，开展改革专项督察，及时掌握进展成效，推动解决困难问题。加大宣传力度，在改革内参、中国改革网等全国性媒体，宣传沈阳市改革工作取得的丰硕成果，围绕

庆祝改革开放40周年，举办大型书画作品展、开展“将改革进行到底”百姓宣讲等系列活动。

【经济体制改革】 2018年，在供给侧结构性改革深入推进上，着力破除无效供给，多渠道增加租赁住房有效供应，加快制造业转型升级，大力发展现代服务业，深化军民融合发展，落实减税降费政策，全力推进项目建设，推动开发区项目“满园扩园”。在营商环境不断优化上，深化放管服改革，启动“一网一门一次”改革，70%审批事项实现“网上办”，推进“多规合一”改革，“一张蓝图”城市规划区实现308个图层上线运行。在民营经济健康发展上，加大民营企业扶持力度，全面启动“万人进万企”主题活动，完善公平公正市场环境，破解企业融资难融资贵问题。在国企国资改革步伐加快上，加强国有企业党的建设，“一企一策”推进重点国企改革，“3+1+N”（“3”即组建沈阳金控、沈阳城投、沈阳产投3家国有资本投资运营公司；“1”即组建盛京资产管理公司；“N”即建立多个国有资本产业投资平台）国资平台基本形成，加强国资监管，妥善解决历史遗留问题。在机构改革有序推进上，市级党政机构改革全面完成，事业单位大幅精简整合，推进开发区（园区）改革，清理规范中介机构和社会组织。在科技体制改革深入实施，全力推进国家全面创新改革试验区建设，国家授权先行先试27项创新改革任务顺利完成，以国家自主创新示范区为载体，技术创新能力不断增强，获批国家知识产权示范城市。在农村改革加快推进上，农业供给侧结构性改革和农村集体产权制度改革扎实开展，乡村治理不断加强，脱贫成果持续巩固。在财税金融和投融资体制改革大力实施上，制定优化县乡财政管理体制的意见，国家优化金融生态改革试验扎实推进，出台深化投融资体制改革实施方案，18个PPP合作项目落地实施。在开放型经济不断拓展上，主动参与“一带一路”建设，加强开放平台建设，推进开放通道建设，持续深化区域经济合作，推进沈阳经济区建设。

【民主政治领域改革】2018年，全市完善人大工作制度，建立完善在立法领域引入第三方评估机制。强化政协履职能力建设，制定委员管理考核办法，政协智库建设加快推进。全方位健全政府接受人大、政协监督工作机制，进一步完善依法决策机制，创新建议提案办理方式。巩固和发展爱国统一战线，完善联谊交友制度，开展协商活动，建立长期沟通机制。持续深化群团改革，工青妇基层组织协同创新发展，构建“聚力建家”“青蓝工程”“助老服务”等12个为民服务综合平台。

【文化体制和社会事业改革】2018年，全市深化文化体制改革，落实意识形态工作责任制，文化产业增速接近20%，文化市场主体数量增加50%以上。深化教育综合改革，建立普惠性幼儿园办园成本分担机制，小学生德育培养工作有序开展，产教融合及校企合作不断深化，组织23所高校整建制加入“一带一路”高校联盟。深化医药卫生体制改革，公立医院综合改革持续深化，“1+X”特色医联体建设深入推进，创新形成984医养结合沈阳样本。体育综合改革深入推进，沈阳国际马拉松等大型赛事成功举办。

【社会体制改革】 2018年，全市创新社会治理体制，“三调联动”矛盾纠纷多元化解工作格局初步形成，80%的综治中心达到“国标”建设标准。深化司法体制改革，司法责任制改革全面落实，刑事诉讼制度改革持续深化。加快法治沈阳建设，法治城市、法治区县（市）、民主法治示范村（社区）试点建设成效明显。健全就业创业和社会保障体制机制，全面放开大专院校毕业生、留学归国人员等落户限制，成立中国沈阳医养结合联盟，职工、居民基本医疗保险跨省异地就医直接结算双向开通。

【生态文明体制改革】 2018年，全市不断完善主体功能区配套政策，制定出台生态保护红线划定方案，编制城市环境总体规划，国土空间开发保护和管控制度改革成效明显。深化确权登记和用途管制改革，自然资源资产产权及生态补偿制度改革深入推进。深化资源保护及环境监管制度改革，编制土壤污染治理与修复规划。解决突出环境问题，中央环保督察问题整改全面落实，建成区黑臭水体治理成果持续巩固，“煤改电”“煤改气”加快实施，抗霾攻坚全力推进，大气优良天数同比增加30天，细颗粒物、可吸入颗粒物下降幅度创国家新标准实施以后最好水平。

【党建制度改革】2018年，全市健全党的组织制度，研究制定党组织履行全面从严治党主体责任“1+2”制度文件，推动全面从严治党向纵深发展。完善干部人事制度，制定干部选育管用系列

制度文件，完善绩考组织体系和制度体系。强化基层党组织制度建设，实施“红色堡垒工程”，制定实施一批涉及城市基层、农村、国企等各领域的制度性文件。健全人才发展体制机制，坚持党管人才原则，全力打造创新创业人才高地，组织制定出台“人才新政”59个配套细则和“人才新政新9条”。

【纪律检查体制改革】 2018年，健全完善巡察工作制度，建立“1对N”谈话回访模式、“3+1”对接移交模式和“五位一体”协同参与模式。持续深化正风肃纪监督，正风肃纪大数据监控平台上线运行，管用高效的全覆盖监督体系加快构建，相关经验做法在全省推广。推进监察体制改革，监委组建挂牌完成，机构、人员、职能全面融合，实现党内监督和国家监察全覆盖。健全完善派驻机构领导体制和工作机制，派驻监督作用有效发挥。依纪依规依法开展审查调查，精准运用监督执纪“四种形态”，群众身边的腐败和作风问题得到有效整治。

【国家级重大改革试点】 2018年，推进国家全面创新改革试验区建设，国家授权先行先试27项创新改革任务、要求复制推广的首批13条创新改革任务全面完成，形成并上报国家24项创新改革经验。推进国家自主创新示范区建设，中德轻量化工程技术中心等24个高端创新平台和科技服务机构成功引进，中科先进技术研究院等10个新型研发机构集聚发展；机器人未来城等重点主题产业园区加快建设，园区呈现专业化、集群化、规模化和特色化发展。推进自贸区沈阳片区建设，综保区桃仙园区通过国家验收；在全省最早启动“证照分离”改革，出台“证照分离”改革告知承诺办法；国际贸易“单一窗口”沈阳自贸专区集成出口退税、事中事后监管、出入境人员“单一窗口”等综合服务平台，覆盖率超过80%，集报集缴通关等26项举措在全省推广。推进中德（沈阳）高端装备产业园建设，做实“管委会+平台公司”运行模式，中德开置业服务有限公司完成高层社会化招聘和PPP项目招标76亿元，中德科技大厦、标准厂房等项目建设稳步推进；中德（沈阳）国际产业投资发展集团有限公司发成立2个融资租赁公司，组建2支基金，市场化作用得到最大限度发挥；建立德国海德堡、瑞典韦斯特罗斯、深圳离岸创新中心，园区对外影响力持续提升。 （刘峻池）

组　织

【概况】 2018年，全市组织部门坚持以习近平新时代中国特色社会主义思想和党的十九大精神为指导，围绕振兴发展大局，统筹推进“两学一做”学习教育常态化制度化，认真做好市县乡人大、政府和市县政协换届工作，创新改革人才发展体制机制，为推动沈阳振兴发展提供坚强组织保证。召开沈阳市庆祝中国共产党成立97周年暨“两优一先”表彰大会，授予70名共产党员、50名党务工作者、120个党组织“两优一先”称号。严格落实全面从严治党主体责任，制定出台全市党组织履行全面从严治党主体责任“1+2”制度文件（“1”即《中共沈阳市委关于全面履行从严治党主体责任的实施细则（试行）》，“2”即《沈阳市履行全面从严治党主体责任检查考核办法（试行）》《中共沈阳市委领导班子及班子成员履行全面从严治党主体责任清单》两个配套文件），为全市党组织抓好管党治党责任提供具体可操作的制度保障。完成市本级人大、政府、政协领导班子换届选举工作。全市应换届基层党组织均完成换届工作。开展乡镇公益性事业单位工作人员充实乡镇机关公务员队伍的考录工作，涉及5个区县（市），182名工作人员。完成区县（市）党政正职和法检“两长”调整为省委管理的相关工作。召开第三届创新型领军人才和第七届优秀专家表彰大会，对128名创新型领军人才和优秀专家进行表彰。出台《沈阳市建设创新创业人才高地的若干政策措施》的补充意见，督促协调相关职能部门按责任分工做好“人才新政”落实工作。截至年末，全市党员总数574876名。其中，预备党员6937名；女党员198166名；35岁及以下党员93702名；大专及以上学历党员332607名；少数民族党员44573名；1949年9月前入党党员1733名。全市公有制单位在岗职工党员179866名；非公企业在岗职工党员28169名；社会组织在岗职工党员3189名；农牧渔民党员76426名；学生党员1141名；离退休党员213079名；其他人员73006名。城市街道党员294134名；城市社区（居委会）党员234020名；乡镇社区（居委会）党员3205名；乡（镇）、建制村党员89309名。全市有基层党组织27092个。其中，党委1786个，总支部1073个，支部24233

个。城市街道：党委834个，总支部271个，支部9932个。乡镇：党委105个，总支部113个，支部1638个。国有经济控制企业：党委301个，总支部201个，支部3097个。集体经济控制企业：党委25个，总支部37个，支部560个。非公有经济控制企业：党委126个，总支部107个，支部5163个。事业单位：党委205个，总支部201个，支部3686个。机关：党委261个，总支部202个，支部4547个。其他：党委858个，总支部317个，支部6407个。

（市委组织部）

【《关于在推进事业单位类改革中加强基层党建工作的实施意见》】 1月17日市委组织部印发。《意见》分准确把握事业单位党建工作的总体要求；着力增强事业单位基层党组织的创造力、凝聚力和战斗力；深入实施党支部规范化建设“红色堡垒工程”；不断优化事业单位党员干部队伍；加强事业单位基层党建工作的重要举措5方面19条内容。

（志 闻）

【沈阳市高层次人才服务窗口揭牌】 3月1日，市委组织部、市人力资源和社会保障局等单位联合举行“沈阳市高层次人才服务窗口”揭牌仪式，市委常委、常务副市长刘晓东，市委常委、组织部部长刘桂香出席仪式并揭牌。高层次人才服务窗口为高层次人才提供政策咨询、项目申报、融资对接、业务办理等个性化服务。（市委组织部）

【《沈阳市加强党的基层组织建设三年工作计划（2018—2020年）》】 4月8日市委办公厅印发。《计划》分总体要求、重点任务、组织实施三部分内容。《计划》提出扎实推进“两学一做”学习教育常态化制度化、扎实推进农村基层党建工作、扎实推进国有企业基层党建工作、扎实推进机关干基层党建工作、扎实推进高等学校基层党建工作等13项重点任务。（志 闻）

【全市首次人才工作述职会】 4月，全市召开全市首次人才工作专项述职会议。省委副书记、市委书记、市人才工作领导小组组长易炼红出席会议并讲话。13个区县（市）和市人社局、市科技局、市科协主要负责人先后述职发言，市人才工作领导小组其他成员单位作书面述职。

【党支部标准化规范化建设】 2018年，组织全市各级党组织和广大党员认真学习贯彻《中国共产党支部工作条例（试行）》，深入实施“红色堡垒工程”，在农村、社区、机关、国企、事业单位、非公有制经济组织、社会组织7个领域分别制定党支部规范化建设标准，从党支部的组织设置、基本任务、工作机制、组织生活和党支部委员会建设等方面，明确党支部规范化建设标准，建立一套可执行、可操作、可评价的指标体系，让党支部建有标尺、抓有方向。截至年末，按照省考指标，全市完成70%的党支部标准化规范化建设。

【专业化能力培训】 2018年，市委组织部依托北大、复旦、上海交大、中国矿业大学等著名高校和其他专业培训机构，组织市统计局、市法院、市国资委等，围绕“提升统计系统干部综合能力”“法院高级人才培养”“国有企业管理能力”等开展专业化能力培训班20期，培训干部近1000人次。

【对口合作培训】 2018年，深化京沈对口合作培训，开展定向干部交流“插班”培训，完成“服务业扩大开放”“金融风险防控”“法治政府建设”等8个班次的插班培训，培训局处级以上领导干部37人。同时，继续深化与延安等地的干部培训对口合作，组织优秀中青年干部培训班、地铁集团、公共集团等赴延安干部培训学院开展“不忘初心 牢记使命”培训班3期，培训干部100余人。

【“名家讲堂”培训】 2018年，市委组织部将“名家讲堂”系列讲座的主题定为“提升能力 引领振兴”，先后组织开展培训14场次，培训干部近万人次。特别是浙江省工业和信息化研究院院长教授兰建平的专题讲座引起省委组织部的关注，选派300名省直部门县处级以上干部到沈参训。为推动乡村振兴战略实施，“名家讲堂”首次探索送课下基层，采取送课上门、订单式授课、互动式教学的形式，邀请浙江大学旅游系副教授、旅游研究所副所长周永广赴辽中、新民、康平、法库分别以《乡村旅游与美丽乡村建设》《全域旅游背景下的区域旅游规划与资源开发》为题作巡回报告3场，受到基层干部的广泛好评，得到市委主要领导的批示肯定。

【领导联系服务专家】 2018年，市委、市人大、市政府、市政协32位领导班子成员联系服务39位专家。各区县（市）党委、人大、政府、政协班子成员以及市直党政单位领导班子成员每人至少联系服务1名“盛京人才”高层次专家。市委、市人大、市政府、市政协领导班子成员开展面对面联系服务专家活动35人次，

全市领导干部通过面对面交谈、电话微信网络互动交流等方式开展联系服务专家工作1600余人次，采纳专家意见350余个。深入高校、科研院所和企事业单位实地调研、座谈，协调解决问题300余个。（市委组织部）

宣　传

【概况】 2018年，全市持续推进习近平新时代中国特色社会主义思想和党的十九大精神的学习宣传，贯彻落实《中国共产党党委（党组）理论学习中心组学习规则》，采取开展交流研讨、读书会、报告会等方式，认真组织开展习近平总书记在中央政治局集体学习时的重要讲话精神、党的十九大精神和《习近平治国理政》第二卷等专题学习。各级党委（党组）理论中心组开展学习120余次，引导党员干部自觉用党的创新理论武装头脑、指导实践、推动工作。在主题宣传上，开展改革开放40周年和沈阳解放70周年庆祝活动，开展以“爱沈阳、爱家乡、与新时代同行”“将改革开放进行到底”为主题的摄影、书画、诗歌、宣讲等多种形式的纪念活动2434场，受众14万余人，协调全市各地区各部门设计开展200余项子活动，充分展示沈阳解放70年来，特别是改革开放40年来各行各业取得的巨大成就和翻天覆地的变化。在文化事业和文艺创业繁荣发展上，树立以人民为中心的创作导向，推出一批文艺精品力作。推进莫子山雕塑公园项目、沈阳北大营抗战遗址纪念馆项目等十大重点文化设施建设项目；相继举办第四届“浑河之夏”文化艺术季、首届沈阳国际小提琴艺术节等文艺精品活动；组织创排舞剧《白鹤之恋》，创作美术长卷《浑河春色》等本地题材重点作品。

【“沈阳全力打造东北亚四个中心”—2018中国沈阳全球发布和城市采风活动】 6月18—21日举行。世界5大洲26个国家和地区52家媒体的近60位记者，深入体验沈阳历史文化的魅力和振兴发展的活力，海外媒体发布原创报道200余篇（条），转发链接报道800余篇（条），多角度全方位宣传展示沈阳的现代化、国际化大都市形象。

【当代中国与世界论坛——2018国际舆论中的中国】 12月28—29日在沈阳举办。由中国外文局当代中国与世界研究院主办，市委宣传部、市政府新闻办承办。全国近160位专家学者和实际工作者从理论与实践层面，围绕当前国际涉华舆论新形势、新变化、新趋势，以及新媒体发展对舆论影响的特点和应用前景开展研讨，推进国际舆情研究方法和理论创新、提出舆论应对政策建议。

（市委宣传部）

统　战

【概况】 2018年，市委统战部以习近平新时代中国特色社会主义思想为指导，全面贯彻落实习总书记在辽宁考察时和在深入推进东北振兴座谈会上重要讲话精神，围绕沈阳全面振兴、全方位振兴凝心聚力，推动统战各领域工作不断取得新成效。在加强思想政治引领上，坚持把深入学习贯彻习近平新时代中国特色社会主义思想和党的十九大精神作为首要政治任务，举办统战成员、统战系统干部参加的教育培训活动90余期，参训人员1.1万余人次，全市广大统战成员共同思想政治基础进一步巩固。在发挥统战优势服务振兴发展上，深入开展“三引三回”活动，支持促成民革市委举办民革全国企业家助推沈阳发展大会、致公党市委推进免费建设“公安便民警亭”、工商联会员企业1662酒文化商业街等一批重点项目；全市统战系统开展科技咨询、扶贫帮困、助学助教、送医义诊等活动1053次，捐款捐物折合人民币691万元，引进项目资金近百亿元。在支持民主党派履职提升多党合作效能上，协助市委制定《年度政党协商计划》，组织7次政党协商活动，创造性地组织各民主党派、无党派人士围绕全市6个营商环境建设主要整治方向开展民主监督；各民主党派市委、无党派人士提出提案议案921件，并提出合理化意见建议5392条，农工党市委、致公党市委通过“直通车”报送建议分别得到市委、市政府主要领导批示采纳。在维护宗教领域和谐稳定上，召开全市宗教界代表人士迎新春座谈会，进一步推进宗教界学习贯彻党的十九大精神深入开展；与市社会主义学院联合举办全市宗教界代表人士培训班和全市民族宗教干部培训班，对全市乡镇（街道）的206名统战委员和宗教工作任务较重村（社区）的585名宗教工作联络员进行集中培训；组织全市宗教界学习党的十九大精神暨《宗教事务条例》网上答题活动。在推动构建“亲”“清”新型政商关系上，深入学习贯彻习

近平总书记在民营企业家座谈会上的重要讲话精神，坚定民营企业发展信心，协调促进非公有制经济健康发展和非公有制经济人士健康成长；组织开展“缅怀革命先烈，坚定理想信念”“三堂课”“新生代企业家到农村去”等理想信念教育活动，中央统战部网站进行推广；深入实施“百企帮百村，同走致富路”扶贫行动，组织118户企业对接102个贫困村，创新开展“两节两进”慰问行动，实地走访慰问困难群众2641户，发放慰问品和慰问金102万元。在推动党外知识分子和新的社会阶层人士统战工作深入开展上，加强党外知识分子联谊会组织建设，在各区县（市）和驻沈本科院校范围内实现全覆盖。党外知识分子联谊会工作经验做法作为先进典型在中央统战部召开的推进会上进行经验推广；成立沈阳市新的社会阶层联谊会，创新实行社会化、网络化、多元化的管理模式和运行机制。促进沈阳对外交流交往与合作。开展“世界沈阳人”主题活动，接待香港新界社团联会参观交流团，支持市台联举办台湾青年创新创业沈阳行、台湾少数民族中小学校长参访交流活动，推动市侨联赴俄罗斯、塔吉克斯坦等地开展宣传文化周，市工商联赴美国、俄罗斯、捷克等国进行交流洽谈，扩大沈阳在海外的影响力；在全市范围内组织开展港澳台侨和留学人员“看沈阳 爱沈阳 做贡献”主题活动，提振他们参与振兴发展的决心和信心。在扎实开展意识形态工作上，研究制发统战领域意识形态工作要点和方案，加强意识形态工作的做法在全市意识形态工作会议上做经验交流。统战宣传工作创新发展，《沈阳统一战线》全新改版，沈阳同舟网全面升级，沈阳统战微信公众号正式运行。沈阳统战、沈阳欧美同学会、沈阳新联会、沈阳知联会等微信公众号，发布各类信息270余条，点击次数达到3万余人次。（王飞）

【组织开展纪念中共中央发布“五一口号”70周年系列活动】 4月26日，沈阳市纪念中共中央发布“五一口号”70周年座谈会召开，各民主党派市委领导班子成员、无党派人士代表、市委统战部领导班子参加。同日，市委常委、统战部部长王镇和各民主党派市委主委、无党派人士代表在《沈阳日报》发表署名纪念文章。4月27日，“不忘合作初心继续携手前进”专题报告会召开，中央社会主义学院统战理论教研部副主任孙信作《中国政党制度探索与研究》专题报告，全市统战成员和统战干部近千人参加。“五一”前夕，全市统战系统采取电视专访、文艺汇演、知识竞赛、书画展、主题展、摄影展、征文、演讲、培训等形式开展纪念活动。（张永良）

【新的社会阶层人士联谊会成立】 9月12日，沈阳市召开新的社会阶层人士联谊会成立大会暨第一届会员代表大会，参会代表306人。会议通过市新联会章程（审议稿）、选举办法等，选举出市新联会第一届领导班子成员9人、理事82人、监事15人 、常务理事18人，选举刘奇为会长。沈阳市新的社会阶层人士联谊会是由民营企业和外商投资企业管理技术人员、中介组织和社会组织从业人员、自由职业人员、新媒体从业人员组成的，具有统战性、民间性、专业性的社会团体。（赵廷志）

【统战体制机制创新发展】 2018年，充分发挥市委统战工作领导小组作用和统战部牵头协调职能，推进统战工作领导体制和工作机制创新。强化市宗教工作领导小组，成立沈阳市党外知识分子、新的社会阶层人士统战工作两个专项领导小组，健全和完善宗教工作、党外知识分子、新的社会阶层人士统战工作联席会议制度并发挥作用。制订《沈阳市港澳台海外统战工作协调联动机制方案》，明确市港澳台海外统战工作领导小组组织架构，完善工作机制，明确重点任务。加强基层统战工作力量配备，健全三级工作网络，在全市214个乡镇、街道全部配备专兼职统战委员，在2442个村、社区配备兼职统战工作者，实行实名制管理，集中进行培训，提升做好统战工作的能力和水平，确保中央、省委和市委关于统一战线决策部署的贯彻落实。（王飞）

【组织实施“奉献一片爱心、助力寒门学子”三年行动】 2018年，牵头组织市民主党派、统战团体和区县（市）委统战部、工商联、光彩会及所属统战成员，对康平县2016、2017级154名大学生及其贫困家庭开展为期三年的学业资助、产业扶助、就业帮助式精准帮扶，以大统战思维创新推动精准脱贫。签署帮扶协议154份，实地走访、发放助学资金46万元，研究确定辣椒种植、编织品回收等产业帮扶意向项目，1505名统战成员参与到活动。暑期举办沈阳统一战线指导康平大学生就业与创业活动，组织50名大学生实地参观沈阳1905文化创意产业园、沈阳国际软件园和沈

阳浑南区规划展示馆，召开分享创业体会和就业政策辅导座谈会，3名优秀民营企业家介绍创业成长经历和创业心得，市就业和人才服务局负责人解读相关创业、就业政策。（史彦斌）

政　法

【概况】 2018年，全市政法系统深入学习贯彻习近平新时代中国特色社会主义思想和党的十九大精神，认真落实中央、省委、市委要求部署，严密防范暴力恐怖、政治安全、金融安全、网络安全、公共安全“五大风险”，扎实推进平安建设、法治建设、社会治理建设、队伍建设“四项建设”，忠诚履行维护国家政治安全、确保社会大局稳定、促进社会公平正义、保障人民安居乐业“四大使命”，为沈阳高质量发展、新时代振兴营造良好环境、提供法治保障。在维护国家政治安全上，完成N18216警卫安保工作；出色完成全国“两会”、中央巡视组在辽巡视、“3·12”等重大安保工作，妥善处置“6·12”、中普等群体性聚集事件；主动截获境外邪教组织和敌对势力破坏中央领导人出访活动信息并成功挫败其企图。开展扫黑除恶专项斗争，打掉涉黑性质犯罪组织数个，涉恶势力犯罪集团数十个、涉恶犯罪团伙近百个，工作成果得到中央扫黑除恶第三督导组的充分肯定。在反邪教工作上，深入开展“2018雷霆霹雳行动”，侦破“法轮功”等邪教案件百余起。社会治安防控体系建设取得新进展，20破获刑事案件提升4.3%；新发命案100%告破；侦破经济案件数百起，挽回经济损失10亿多元。交通、火灾事故“件、死、伤、损”四项指标均实现大幅下降。“书记抓信访”责任制全面落实，省交办沈阳市6000余件信访存量，化解3000余件，化解率63%。开展“净网2018”专项行动，稳妥处置兴隆、辉山、猪瘟疫情、长白岛变电站等群访引起网络舆情事件。推广树立一批执法为民先进典型，全市有15家政法单位、18名个人获国家级表彰，62家单位和185名个人获省级表彰。

【营商法治环境优化】 2018年，市委政法委以“营商法治环境建设提质增效年活动”为载体，深化监管体系、共治体系、保障体系“三大体系”建设，组织部署“万人进万企”主题活动，推动政法机关“开门纳谏”，对接企业数百个，收集并解决、交办各类问题百余件，提升司法服务质量。市法院设立“僵尸企业”处置“绿色通道”，集中审结涉企案件数千件；稳妥推进“辉山乳业”“北方重工”等重大破产重整案件审理工作，受理破产清算案件百余件，审结近百件，分别上升365.4%和208.3%。市检察院构建营商环境建设“1+3”（1：依法服务保障优化营商环境；3：“规范司法行为、优化营商环境”、“忠诚、干净、担当”和矛盾纠纷排查化解专项活动）新格局，制定保障企业家健康成长机制；依法打击破坏金融管理秩序类和金融诈骗类犯罪，批准逮捕百余人，上升65.4%。市公安局制定百余项“最多跑一次”公共服务事项清单，实现数十项审批事项“一证办理”，百余项审批项目达到全国最短时限；组织开展“万名民警联万企”活动，对数千余户民营企业进行走访，累计征求意见建议143个，解决139个，得到企业的充分认可。市司法局出台《打造最优发展环境30条新措施》等9个制度性文件；组建500人律师服务团队，为民营企业提供法律咨询服务200余次，全面提升服务效能。市国家安全局牵头组织国家安全教育活动，在5省20地举办“维护国家安全、建设强大国防”专题教育展览，在省内外、军内外引起较好反响。市信访局打造网上信访受理平台，网上投诉受理率、办结率、群众满意率分别达到99.9%、76.5%和99.7%。

【司法体制改革试点】 2018年，推进四项司法体制改革试点工作。法院系统落实院庭长办案制度化、常态化；深化分（分流有序）调（调解有方）裁（裁断有速）改革，构建层次分明、定位明确的多元化纠纷解决体系。深化刑事诉讼制度改革，各基层法院适用认罪认罚从宽制度审理案件占全部刑事案件的44%。推动受立案、刑事案件“两统一”工作机制贯彻落实，网上执法办案系统基本形成，执法全流程记录机制初步落实。律师制度改革和公共法律服务实体平台建设进展顺利，1277个公共法律服务中心（站、室）进入实战化运行阶段。推进涉法涉诉信访工作改革，中央巡视组交办的近千件涉法涉诉信访事项全部化解。

【社会治理能力建设】 2018年，全市四级综治平台体系初步建成，大东区、沈北新区、康平县发挥首创精神，综治中心建设走在全市前列。“雪亮工程”建

设整合视频监控探头60万个，技术上达到全国一流水平。新民市“雪亮工程”建设成效在全市领先。扎实开展平安企业、平安医院、平安校园等系列平安创建活动，于洪区、苏家屯区、法库县“三二一”（三支队伍：综合管理、治安联防、矛盾调解；二室：综治工作站、社区警务室；一系统：治安防控系统）平安社区（村）建设开展得有声有色，全市有62.6%的社区和54.9%的村达到“八无”（无治安案件，无自然灾害，无群体性事件，无邪教活动，无传销活动，无制假、贩假活动，无黑旅店、黑窝点，无黄、赌、毒等丑恶现象）社区（村）标准。开展矛盾纠纷排查化解专项行动，和平区图们社区矛盾纠纷排查化解特色做法和沈河区构建“社会心理服务”体系经验在全省作经验介绍。辽中区开展矛盾纠纷排查化解专项行动做法得到省委领导的高度肯定。皇姑区指导24中学召开现场观摩会，总结推广心理健康教育试点经验。市平安志愿者协会正式挂牌运行，群防群治、共建共享体系不断创新完善。（市委政法委）

政策研究

【概况】 2018年，市委政研室聚焦振兴大局、服务中心工作，积极应对以文辅政工作新形势新任务，努力创造新业绩新亮点，圆满完成各项工作任务。在筹备市委全会方面，深入学习贯彻习近平新时代中国特色社会主义思想和党的十九大精神，特别是习近平在辽宁考察时和在深入推进东北振兴座谈会上重要讲话精神，主动思考、周密安排，既形成全会报告、领导讲话、决议、社论、通稿等一批高质量文稿，又把握住制订工作方案、组织部门调研、校对印刷文稿等关键环节，协调各方把事想好、办好，确保市委十三届七次、八次、九次全会成功召开。在起草重要文稿方面，优质高效地完成市委主要领导在全市农村工作会议、精神文明建设工作表彰会议、领导干部警示教育大会等各类重要会议上的讲话、发言、汇报，以及在《求是》《人民论坛》上的署名文章等文稿百余篇，高质量起草《中共沈阳市委 沈阳市人民政府关于推动高质量发展的意见》《中共沈阳市委关于深入贯彻落实习近平总书记在深入推进东北振兴座谈会上和在辽宁考察时重要讲话精神以新气象新担当新作为推动新时代沈阳全面振兴全方位振兴的意见》《沈阳市关于以优化营商环境为基础全面深化改革的实施意见》等文件，文稿的贡献度和满意度同步提升。在调查研究方面，着眼夯实“谋事之基”，围绕领导关注、社会关心、群众关切的重点难点问题，开展一系列更具针对性、实效性的调查研究，其中关于皇城文商旅核心功能区、开发区（园区）建设、拆违控违工作、农业品牌建设、乡财县管财政体制改革、房屋预售资金监管、开展正风肃纪监督等方面的调研报告得到领导的肯定性批示，牵头承担《关于东北老工业基地振兴发展的调查与思考——以沈阳为例》《关于加快建设东北亚国际化中心城市的对策研究》等事关全局与长远的重大课题研究，组织完成全市重点课题调研26个，进一步巩固提升全市调研工作“龙头”地位，调研成果的转化率和影响力实现新突破。在决策咨询方面，进一步探索决策咨询工作新模式，围绕中心工作确定决策咨询课题，编发《决策咨询》30期，5篇得到市领导批示，4篇被省委办公厅采纳并上报中央办公厅，咨政建言更有精准度和“含金量”。

【开展“能力提升年”活动】 为更好地发挥参谋助手作用，不断增强辅助决策效能，市委政研室将2018年确定为“能力提升年”，重点围绕提升政治把握、文字综合、调查研究、资政建言、精细管理、整体作战六方面能力，推动全室上下以更高站位、更高标准提供辅政精品，全面提升服务市委决策、服务振兴大局、服务中心工作的能力水平。

【举办“政研大讲堂”系列讲座】 2018年，市委政研室坚持主要领导带头，引领全室干部充分交流学习成果、展示政研风采，举办“政研大讲堂”系列讲座8期，推动政研干部大学习、大思考、大讨论，形成人人爱思考、事事重钻研的良好氛围。

（白钺文）

机构编制

【概况】 2018年，市委编办深入学习贯彻习近平新时代中国特色社会主义思想和习近平总书记在辽宁考察时和在深入推进东北振兴座谈会上重要讲话精神，树牢“四个意识”，坚定“四个自信”，做到“两个维护”。深入推进党政群机构改革、事业单位改革、“放管服”改革和开发区体制调整等各项改革工作，取得

积极成效。推动全市机构改革，进一步完善党的全面领导制度，优化机构设置和职能配置，增强党的领导力和政府执行力，机构职能分工更为合理、责任更为明确、运转更为协调。深化事业单位改革，全面优化职能配置，大力整合机构设置，精简压缩编制规模。完善开发区管理体制，有效促进开发区改革创新发展。深入推进“放管服”改革，取消调整53项行政职权，将市直部门2369项行政职权在市政府门户网站上全部公布，实时接受社会监督；动态调整权责清单，开展“证照分离”改革试点工作。聚焦从严从实标准，不断提高政治站位和政治定力，持续强化思想理论武装，有效落实从严治党责任，抓常抓细意识形态工作，全面加强思想、组织、作风、制度和纪律建设，全面提升自身队伍建设水平。

【3335家公益性事业单位优化整合】 2018年，按照“政事分开、事企分开、管办分离”原则，全面优化职能配置，整合机构设置，精简压缩编制规模，将全市3335家公益性事业单位优化整合为265家，其中市直548家公益性事业单位优化整合为48家，精简比例92.37%，各区县（市）2787家公益性事业单位优化整合为217家，精简比例92.3%；全市336家经营性事业单位完成转企并全部完成工商注册，其中市直81家纳入10个市级企业集团，区县（市）255家通过直接转企、组建企业公司（集团）等方式完成转企改制。同时，结合党政机构改革，将市本级事业单位承担的223项行政职能全部收回行政机关。中央编办副主任赴沈阳调研座谈时，对事业单位改革经验做法和成效给予充分肯定。做好事业单位改革配套服务保障工作，采取网上审批和一次告知模式，高效完成涉改事业单位的设立、变更和注销登记工作。办理事业单位设立登记37家、变更登记580次、注销登记579家，年报公示668家。

【开发区管理体制理顺】 2018年，按照“取向市场化、管理扁平化、功能主业化、考核精准化”要求，联合市委组织部印发《关于沈阳市开发区（园区）建设问题专项整治工作的意见》，撤销全市开发区管委会下设的14个园区管委会，实行扁平化管理。同时，对各开发区重新进行“三定”，强化经济发展职能，剥离社会管理职能，并明确开发区管委会机构规格，统一规范领导职数。收回局级领导职数19名，处级领导职数163名，理顺开发区管理体制机制。

【机构编制管理】 2018年，在严明机构编制纪律上，按照《中共中央关于严明纪律切实保障机构改革顺利进行的通知》要求，冻结机构编制核验，保障机构改革顺利推进。在完成领导职数巡视整改任务上，集中利用10天时间全面完成巡视整改任务。在用好用活机构编制资源上，依据《沈阳市事业单位“周转编制”管理暂行办法》，实行事业编制动态管理，优先保证重点领域，重点保障政策要求的用编需求。为全面深化国家监察体制改革，保障监委全面履行职责，在全市事业编制总量内调剂解决383名全额拨款事业编制成立沈阳市留置看护中心；为推进沈阳市高层次人才引进工作，在空余编制中调剂使用近300名编制配合“招才引智”系列活动；为做好入伍大学生士兵退役安置工作，在空余编制中调剂解决183名编制，提升服务保障能力。（市委编办）

信　访

【概况】 2018年，全市信访工作贯彻落实党的十九大精神和习近平总书记关于加强和改进人民信访工作的重要思想，组织开展“书记抓信访”推动信访矛盾减存控增“三年攻坚”和各项信访工作任务，有效维护群众合法权益，确保沈阳社会大局和谐稳定。全市信访总体形势持续向好，呈现“四个下降”的良好态势，即进京正常访下降51.59%，进京非访下降77.5%，到省访下降14.1%，来市访下降44.8%。“书记抓信访”减存控增成效显著，省交办沈阳市6375件信访存量，化解3904件。市政府用市级信访专项资金4073万元，化解疑难复杂问题104件，涉及信访人员712人。“共性问题”化解得到积极推进，在涉军共性问题上，化解10个方面问题。在城乡建设共性问题上，市房产局推动解决出售商品房不能办理产权证问题43358户，解决国有土地房屋征收问题安置超期回迁居民2331户。完成中央交办、督办的重点信访任务，将中央第六巡视组移交的群众来信1614件中的涉法涉诉类105件，及时转市委政法委协调办理，行政诉求类1509件，由市信访局协调办理并100%办结。沈阳市成功化解中央信访督察组督办的锦州液压件总厂信访事项，4名重点信访人全部息访

并形成结案报告，彻底解决这一长达10余年的历史遗留问题。同时，市信访局组织推动，确保国家信访局交办重点领域、重点群体、重点问题、重点人员“四大攻坚战”案件116件全部办结，化解109件，化解率94%；交办进京访重点人员信访事项22件100%化解。中央第六巡视组在辽宁巡视期间，省接待分流中心登记来访群众32299案次34605人次，涉及沈阳市15098案次、16146人次；中央扫黑除恶专项斗争督导组在辽督导期间，省举报接待分流中心接待来访举报人员11618案次、17543人次，涉及沈阳市5171案次、8416人次；中央生态环保督查回头看期间，省分流登记3301件次4133人次，涉及沈阳1269件次1564人次，实现现场无滞留、无滋事、无聚集、无媒体负面炒作目标。

【信访三项工作制度改革】 2018年，在打造“阳光信访”上，全市受理信访网上信访8450件，按期办结6465件，网上投诉及时受理率、按期办结率、群众满意评价率分别达到99.9%、76.5%和99.7%，网上信访占比达到57.6%。在打造“责任信访”上，市委、市政府建立以书记为组长的“书记抓信访”市领导小组领导体系和信访联席会议领导体系。制发《沈阳市信访工作联席会议工作规则》，进一步完善市和区县（市）两级信访工作联席会议工作机制。在打造“法治信访”上，全市贯彻落实中央和省《关于进一步加强信访法治化建设的实施意见》，制定《沈阳市依法分类处理信访诉求工作实施办法》，推动实现市直33个部门、13个区县（市）列出依法分类处理信访诉求职责清单。市信访局组织21个部门联合接访，专门设立公安、法院、纪委、律师、心理咨询师窗口，依法分类处理信访问题25691件次（个体访24759件次，集体访932件次）。

【信访源头预防预警】 2018年，以“社会稳定风险评估攻坚年”为载体，全面推进风险评估工作扩面提质增效。对全市311个民生项目和重大决策进行社会稳定风险评估。重点对厂办大集体改革、沈阳市城镇人口密集区危险化学品生产企业搬迁改革、沈白客专建设项目、沈阳市涉环保项目“邻避”问题等进行风险评估，经过评估的项目没有引发大规模集体上访问题。同时，强化信息预警，积极构建市、区县（市）、街道（乡镇）、社区（村）四级信访排查预警防控体系。进一步健全完善矛盾纠纷多元化解机制，在全市街道、社区和行政村组建11966名信访调解员队伍，把各类矛盾解决在基层、化解在上访之前。（杜景辉）

老干部工作

【概况】 2018年，全市各级老干部工作部门和广大老干部工作者，围绕中心，服务大局，坚持以习近平新时代中国特色社会主义思想和党的十九大、十九届二中、三中全会精神为指导，贯彻落实全国、全省老干部局长会议精神，认真学习贯彻习近平在辽宁考察时和在深入推进东北振兴座谈会上重要讲话精神，全面强化离退休干部政治、思想和党组织“三项建设”，坚持精准服务工作理念，不断巩固和完善离休费保障、医疗费保障和财政支持保障“三项机制”，持续抓好离休干部住房补贴、看病医疗和阵地建设，扎实稳步推进机构改革，持续深入开展为党和人民事业增添正能量活动，全市老干部工作保持积极健康、持续向上的良好发展态势。组织开展“不忘初心、牢记使命”主题教育，深入推进“两学一做”学习教育常态化制度化，引导广大离退休老干部牢固树立“四个意识”，坚决做到“两个维护”。通过创客空间、微信公众号和微信群等信息化网络平台手段为老干部开展学习教育、丰富文化生活、参加组织活动等提供便利。开展“我看沈阳改革开放新成就”调研，引导老干部忆往昔、说发展、谈变化，讲好中国故事、辽宁故事和沈阳故事。离休干部医疗保健工作更加规范化、精细化、人性化，市属离休干部医疗实现“一卡通”，离休干部可不受定点医院的限制，不用缴费，即时结账。坚持对易地安置和异地长期居住离休干部进行走访慰问，传递党组织的关怀。走访慰问易地安置和异地居住在全国8省22座城市的36名离休干部，送上慰问金额10.8万元，走访特困离休干部45人，送去慰问金11.55万元。向年满90周岁576名符合条件离休干部赠送彩电。截至年末，全市有离休干部7447人。市属离休干部去世291人，死亡率3.9%。按参加革命时期分：红军时期参加革命1人；抗日战争时期参加革命418人；解放战争时期参加革命7028人。按行政隶属关系分：行政机关1424人；事业单位2002人；企业单位4021人。按享受待遇分：正省级单项待遇1

开展调查研究，充分发挥参谋助手作用，围绕经济运行、创新改革、“重强抓”专项行动、“办事难”专项整治等重点工作，高质量撰写各类文稿1300余篇、300余万字。加强调查研究，围绕市领导关注的环保督察、创城工作等重点任务和群众关心的民生问题，安排市领导视察调研活动438次。做好重要政务新闻工作，推进政府系统重点宣传活动，加强舆情监控。发放重要政务采访通知315件/次，审核新闻稿140余篇，编制《新闻摘要》127期、《舆情摘要》27期。

公文审核。强化审核把关，制定下发严格落实公文处理相关制度要求的通知，重点加强对文件内容、政策措施等依法合规的审查，注重对内容摘要和拟办意见的深研细谋。累计办理公文589件，办结574件，办结率97.5%；办理市长批示件9351件，办结9201件，办结率98.4%；制发市政府及办公厅各类文件284件、审核用印7300余件。严格落实整治“文山”，研究制定精简文件提高行政效能的措施清单，出台进一步精简文件会议提高行政效能的实施意见，对“两办”联合发文进行严格控制、对市政府发文层级和发文范围进行严格控制、对文件篇幅进行严格控制。从发文篇幅上看，90%左右的文件控制在6000字以内，比上年同期提高20个百分点。

会议活动保障。严格做好市政府会议活动的审核把关，从严落实中央八项规定精神，对以市政府名义召开的全市性会议和拟请市领导出席的系统会议，严格执行年度工作计划，按规定程序审核报批；对未列入计划的，坚决不以市政府名义召开。以市政府名义召开的会议4次，较上年（9次）减少55.6%。累计协调安排各类会议606次，市领导视察调研活动1200次，政务活动411次，公务接待127次。

（市政府办公室）

【建议提案办理1179件】 2018年，市政府系统各承办单位将建议提案办理工作作为尊重代表委员主体地位、支持代表委员履职的重要体现，作为凝聚社会共识、助推沈阳全面振兴发展的重要途径，不断推动办理工作提质增效。市政府系统承办1179件市建议提案全部办复，实现了见面率、办复率、应满意率3个100%。（边兆宇）

【市政府门户网站改版】 2018年，按照市委、市政府主要领导要求，在原有沈阳政府门户网站基础上增项扩容，联合建设网站，网站于6月13日上线。改版后的网站由中共沈阳市委、沈阳市人民政府主办，中共沈阳市委办公室、沈阳市人民政府办公室承办。网站名称变更为“沈阳市委市政府门户网站”。市委市政府门户网站发布信息1.55条，其中党务公开信息发布1303条，转载中央政府网信息1943条，转载省政府门户网站信息521条，法规公文类信息157条，组织市直部门开展政策解读33次，向省政府门户网站上报各类信息890条。为进一步加强全市政府网站内容建设，巩固普查成果，确保全市政府网站长期合格达标，市政府办公室开展12次政府网站抽查工作，并将结果通过门户网站向社会公开。沈阳政务微信发布信息818条，微博发布信息995条。政务短信发布15期，累计发送至3000多万联通手机用户。（南景月）

【沈阳政务信息工作位列全省第一】 2018年，市政府办公厅以全市经济社会发展、重大决策执行落实、社会热点难点问题为重点，组织信息报送，及时为市政府领导科学决策提供有参考价值的政务信息。编发《要情快报》361期，《沈阳政讯》50期，上报省政府信息1400余条，获省领导批示5条，经省政府上报国务院办公厅信息100条，被采用20条；沈阳市政务信息工作在全省排名

市政府门户网站工作现场（市政府办公室供）

第一。其中，沈阳市承办的中美贸易战对辽宁进出口企业影响、辽宁省非洲猪瘟疫情防控、中小微企业融资难等专项调研情况，被国家、省相继采用，为领导科学决策提供准确的信息参考。同时，政务信息报送工作首次纳入全市绩效考核范围。（李 新）

【国家卫生城市创建联合督查】 市委督查室、市政府督查室联合相关地区和部门，7月5日组建市委、市政府创卫工作联合督查组，对10个建成区创卫工作开展驻区督查。组长由市政府副秘书长、市政府办公厅主任担任，副组长由市委督查室主任、市政府督查室督查专员担任，下设11个督查小组。联合督查组针对市领导重点关注点位、11项关键性指标等内容开展督查，排查主次干道983条，背街小巷2902条，老旧小区2381个，城中村及城乡接合部195个，铁路沿线48条，发现问题点位9660个，形成督查信息简报89期、9万余字，推动全市创卫工作的顺利开展。

【中央环保督察反馈意见整改工作专项督查】 9月下旬至11月上旬，市政府督查室会同市环境局等相关部门组成13个督查督办组，赴全市13个区县（市）开展中央环保督察反馈意见整改驻区督查督办工作。督查督办组将中央环保督察反馈意见整改工作细化为24大项任务、3009个督查检查点位，依据整改任务性质、时限要求、难易程度等因素，形成督查工作推进计划表，有序推动组织实施。其间，“1590件群众信访案件”“363台已注销燃煤锅炉继续使用”“200处畜禽养殖污染”“5座污水处理厂晒太阳”等问题得到有效解决，推动促进全市中央环保督察反馈意见整改工作高质量完成。（李重刚）

营商环境

【概况】 2018年，全市深化“放管服”改革，全面推行“互联网+政务服务”平台化工作机制，营商环境建设水平持续提升。国务院将沈阳市纳入首批试评价城市范围；在中国社科院首届2018中国营商环境评估活动中，沈阳市排第7名，居东北地区首位，获营商环境创新奖。12月3日，在粤港澳大湾区研究院《2018中国城市营商环境评价报告》中，沈阳市排名上升1个位次，列第25名。沈阳市入选全国十大年度优秀改革案例，8个事例入选“中国营商环境优化最佳实践案例”，社会公众对沈阳市营商环境的满意度90%以上。优化营商环境专项整治行动。开展专项整治118批次，发现问题1031个，解决问题969个，解决率94%。在政务窗口服务质量专项整治中，印发《沈阳市开展政务窗口服务专项整治工作方案》，着力解决排队等待时间过长、窗口人员服务态度差、便民服务设施少等10个方面问题。在乱收费乱罚款乱检查专项整治中，公布2018年市本级15项行政事业性收费和6项政府性基金目录清单，搭建“双随机、一公开”（随机抽取检查对象，随机选派执法检查人员，抽查情况及查处结果及时向社会公开）综合执法平台，执法检查频次下降73%，行政处罚数量持续降低，涉企处罚复核率达到100%。在垄断性服务行业专项整治方面，降低一般工商业及其他用电客户电费2.3亿元；供水工程设计费、监理费下降10%；企业获电力总时长由109.19天缩短为80.66天；企业用水审批时限由63个工作日缩减至23个；企业用气审批时限缩减15个工作日以上。在政府和企业失信专项整治方面，偿还政府各类欠款；解决招商政策承诺不兑现问题；会同法院排查并解决政府失信案件。在中介机构服务专项整治方面，公布市级行政审批中介服务事项清单。启动“红中介”“灰中介”整治，建立中介服务机构名录库，实行动态管理。在政策落实“最后一公里”专项整治方面，对2014年以后市委、市政府印发的千余个政策文件进行分类梳理，编制公示9大类、432项《惠企政策清单》，增加政策透明度，简化操作规程。

工程建设项目审批制度改革。5月，沈阳市被列为全国工程建设项目审批制度改革试点。市政府印发《沈阳市开展工程建设项目审批制度改革试点工作方案》，建立一整套适应北方地域特点的工程建设项目审批协调、管理、运行、监督体系。对工程建设项目审批全过程（包括从立项到竣工验收和市政公共设施接入服务）统筹整合。将工程建设项目审批划分为立项用地规划许可、工程建设许可、施工许可、竣工验收四个阶段。按照投资方式、类别、土地供给方式、规模大小，将工程建设项目全类型划分为政府投资房屋建筑类、社会投资一般经营类等10类流程，分别形成流程图，总体审批时限控制在85个工作日以内。强化重点环节管控，实施规划设计方案联合审定、施工图联合审查、多测合一和联合验收。实行承诺制审

批，在建设工程规划许可和施工许可阶段开展承诺制审批，推动工程建设项目尽早开工建设。创新服务模式。依托联合审批平台，在市、区两级政务服务中心设置建设项目综合受理窗口。

“互联网+政务服务”平台化建设。搭建商事主体综合服务平台，平台2月在市级政务服务中心上线运行，8月在全市各区县政务服务中心正式运行。归集70余万户商事主体800余万条信息，梳理12类行业、59种经营范围、146项行业许可的业务关系，形成“开医院”“开饭店”“开药房”等102个“一件事”办理流程，为企业提供“一证零表”申报服务。搭建综合便民服务平台，平台12月20日上线试运行。平台以应用汇聚、能力支撑、店铺管理、用户评价为特征，以手机APP形式为群众提供便民服务互联网统一入口，接入身份证进度查询、医保参保缴费、公积金还款方式变更、煤水电气缴费等48项应用。

“办事难”问题专项整治。按照《沈阳市开展“办事难”问题专项整治工作方案》，着力解决企业和群众办事难问题。完善大厅服务功能。市、区两级政务服务中心实现审批职能集中、审批事项集中、审批人员集中，做到事项进驻到位、窗口授权到位、业务办理到位；开设自助办理、代办服务、银行缴费、信息查询、邮政快递等功能区域，设置排队叫号、业务导引、查询申报等自助设施，满足企业群众“一站式”办事需求。公开办事信息，编制《政务服务事项索引化办事指南》和《群众办事通》，公开办事流程。降低办事成本。市、区政务服务中心提供免费复印、打印服务，电子照片取消收费；内部停车场全部对外开放，1小时内免费；其他事项收费标准不高于市场价。推行延时错时和代办服务，在市、区政务服务中心设立全程代办窗口，开辟绿色通道，安排领办专员，集中会审、资料共享、同步审批；全面推行延时错时服务，双休日期间按平时2/3落实值班窗口，实现为民服务全天候、无空隙。

亲清新型政商关系构建。开设《营商观察》《助力营商》《聚焦营商》专栏，开通“沈阳营商”微信公众号，开设“营商新政讲堂”，创建《沈阳营商》报，设立全媒体工作室，全方位宣传营商政策信息。利用公交车、出租车和主要街路LED屏幕集中宣传《辽宁省优化营商环境条例》。组织市区两级有关部门开展第十二届“企业服务日”活动，帮助企业解决实际问题，聘请108名营商环境特约监督员，对全市营商环境开展监督检查。

【沈阳市打造国际化营商环境入选全国十大年度优秀改革案例】 1月13日，中国改革（2017）年会暨深改五周年高层研讨会在北京召开。沈阳市打造国际化营商环境成功入选全国十大年度优秀改革案例，这是东北地区唯一入选的改革案例，也是沈阳市改革案例首次入选。该项案例征集活动从2017年6月启动以后，全国有22个省（市、自治区）推荐或自荐126个案例，沈阳市成功入选。

【《沈阳市进一步优化投资建设项目审批实施办法（试行）》】 4月23日市政府印发。5月1日，正式实施。内容40条，要求通过减少审批环节、简化审批流程、优化审批服务等方式，加快沈阳市项目审批手续办理进程。

【国家营商环境试评价】 4月30日，开展国家营商环境试评价工作。对照世行标准找差距，制订《关于沈阳市开展营商环境试评价的工作方案》，组织市发改委、市经信委、市教育局等27个部门对应一级23项指标开展具体评价工作，通过试评价沈阳市取得较好成绩，并作为先进典型在国家总结会上进行发言。

【《沈阳市进一步缩短企业开办时间实施方案》】 6月23日市政府办公厅印发。《方案》将企业开办必备流程环节精简至3个，即工商登记、刻制公章、申领发票。其中，工商登记事项办理不超过2天、刻制印章不超过1天、申领发票不超过1天。将企业开办时间压缩至4天以内，低于国务院确定的8.5天。并将全面推行商事登记制度改革，实现“一件事最多跑一次”。通过商事主体综合服务平台，实行“证照联办，数据共享”，解决企业办理证照“部门多次跑、资料重复交、办理时间长”问题。

【《沈阳市政务服务窗口工作纪律监督管理办法（试行）》】 8月13日市政务办印发。《办法》首次从制度层面上对全市各级政务服务中心内行使政务服务职能的所有对外窗口的工作纪律予以规范，着重明确窗口工作纪律的责任主体和问责机制，切实解决政务窗口工作人员服务行为不规范、服务标准不统一等问题。

【《推进政务服务“一网、一门、一次”改革及全市一体化在线政务服务平台建设实施方案》】 11月10日沈阳市政府印发。《方案》提出以网站、微信、手机APP、自助终端等为媒

介对外提供服务，在市、区县（市）两级政务服务中心和分中心设立24小时自助办理区。通过自助办理终端为企业和群众提供7×24小时的无差别政务服务，推进政务服务“移动办、掌上办、指尖办、终端办、随时办”。

【《沈阳市多规合一条例》施行】 12月1日正式施行。该条例是继厦门后，第一部由非特区城市制定的多规合一地方性法规，填补沈阳规划管理的法治空白。从制度上、法律上破解多规合一改革中带有根本性、全局性、长期性的问题和障碍，为全市持续开展多规合一改革提供法律遵循，真正实现“一张蓝图”干到底。

【营商管理机构改革】 12月29日，根据《沈阳市机构改革方案》，沈阳市营商环境建设监督局（市政务服务管理办公室）更名为沈阳市营商环境建设局。作为市政府工作部门，加挂市行政审批局牌子。沈阳市营商环境建设局为副厅级，内设机构10个处室，有机关行政编制57名，设局长1名、副局长3名。主要职能有：组织起草相关地方性法规和市政府规章草案，组织贯彻落实《辽宁省优化营商环境条例》《沈阳市优化营商环境办法》；拟订全市营商环境建设工作规划和年度计划等。 （刘斯文）

政务公开

【概况】 2018年，通过全市各政府网站、市图书馆、市档案馆、传统媒体和新媒体等载体，主动公开政府信息数17.04万条。在沈阳市政府网站设立了《政务公开重点工作》专栏，集中公开财政预决算、重大建设项目批准和实施领域、公共资源配置领域、社会公益事业建设领域等重点领域方面信息。按照国办及省政务公开办的相关要求，组织制定了《沈阳市公共资源配置领域政府信息主动公开目录清单》《沈阳市社会公益事业领域政府信息主动公开目录清单》《沈阳市重大建设项目批准和实施领域政府信息主动公开目录清单》等文件。采用信件、传真、网络等方式受理政府信息公开申请1346件，申请公开的信息主要集中在工程竣工验收备案、施工许可证发放、房屋征收、医疗、政府机构职能等方面，均予以明确答复。在沈阳电视台新闻频道设立《沈阳新政》《政策说明书》两档节目，与《沈阳日报》深度合作，开办《民生连线》政务公开专栏，准确解读相关政策，有效回应社会关切。组织召开新闻发布会116场，涵盖“重大活动、营商环境、人才新政、民生工程”等重要内容，形成以新闻吹风、例行发布、应急发布、系列发布为主体，多形式、相互支撑的新闻发布体系。

【第十二届政务公开宣传周】 5月15—20日，开展以“解决群众、企业办事难，打造最优营商环境”为主题的沈阳市第十二届“5·15政务公开日”宣传周系列活动。市长姜有为在《沈阳日报》发表《深入推进政务公开，打造最优营商环境》的署名文章。主会场设在沈河区北通天街广场。活动采取媒体宣传与现场活动相结合，主会场与分会场及各部门联动的模式展开，主要围绕人民群众普遍关注的入学、社会保障、环境保护、扶贫脱贫、医疗保健、食品安全等热点问题，开展政策解读。

【政务公开基层试点】 2018年，全市为把政务公开“三进”活动（进企业、进农村、进社区）做实做细，确立法库县依牛堡子镇祝家堡村和浑南区满堂街道英达社区为政务公开基层试点单位，用专项经费购置LED显示屏，把宣传政府惠民政策与为企业、群众生产生活服务相结合，把时事要闻、为民办事程序和生产流通信息告知百姓，用广告播出的收益帮助贫困户，并且使“三进活动”与招商引资相结合，使政策宣讲常态化，探索政务公开工作的新路径。 （史伟力）

政务研究

【概况】 综合文稿质量不断提高。聚焦提升文字综合水平，完成2019年《政府工作报告》起草任务。起草市政府主要领导在全市经济工作会议、市政府第二十届一次全体（扩大）会议、农村工作会议、对外开放工作会议、市政协常委专题协商会议、存量土地攻坚现场会议、开发区（园区）机构改革座谈会议上的讲话以及向省政府、市委常委会、市人大常委会汇报工作和向市政协通报工作等综合材料80余篇。

调查研究报告成果丰硕。围绕服务市政府重大决策，报送《市长专阅》24期，其中《关于加快推进水下机器人产业化的调研报告》《关于我市设施农业发展情况的调研报告》等调研报告获市政府主要领导充分肯定。更新完善《沈阳市情调研报告汇

编》，梳理形成《沈阳市情基本数据汇编》。瞄准政府关注、群众关心的热点难点问题开展调研，推出《关于加强我市背街小巷环境综合整治的调研报告》《关于我市促进老年群体消费的研究报告》《关于加快推进我市清洁取暖的调研报告》《关于加强我市背街小巷环境综合整治的调研报告》《关于加快推进我市医疗卫生与养老服务深度融合的调研报告》等一批调研成果。

信息服务决策作用持续增强。围绕助推全市营商环境改善工作，报送《青岛出台多项举措激活民间有效投资》《天津出台八项规定为企业家营造创业发展良好环境》等决策参考。围绕改善民生，聚焦事关群众利益的热点难点问题，报送《南京加强和改进学校安全工作保障学生健康成长》《温州电梯安全条例五大亮点引关注》等信息，其中《黑龙江推行公厕联盟模式推进厕所革命》等决策参考信息被市政府领导批转有关部门参考使用。围绕促进产业转型升级，收集提报《上海出台专项政策聚焦发力人工智能产业》《南京积极推进“智能制造”名城建设》等人工智能、大数据及高新技术产业发展方面信息。

智库咨政建言作用充分发挥。围绕沈阳转型创新发展，创新工作机制，挖掘各种资源，聘请专家35名，专家结构得到进一步优化。完成《关于依托中心城市建设引领实现东北振兴发展的对策建议》等智库专报18期，整理发布国研网调研信息128篇。搭建专家交流平台、智库资政建言平台，召开“2018年度智库咨询研究课题启动推进会”，协调10余家单位、协助智库课题组开展调研考察、座谈等活动，为全市经济社会发展提供智力支持。

（胡瑞平）

【关于加快建设东北亚先进装备智能制造中心的对策研究的调研报告】 7月完成。市政府研究室牵头，市发改委、经信委、科技局、统计局等部门参与成立专项课题组，深入企业开展调研智能制造，了解沈阳市智能制造发展现状及存在的问题。赴上海、宁波、成都、广州等地进行考察，学习先进地区发展智能制造的经验做法，形成调研报告。报告在充分总结沈阳市智能制造发展优势、存在问题的基础上，借鉴先进地区发展经验，提出加快建设东北亚先进装备智能制造中心的有关建议。

【关于加快推进水下机器人产业化的调研报告】 9月完成。为推进机器人特别是水下机器人产业发展，市政府研究室在会同市经信委到中科院沈阳自动化研究所进行专题调研的基础上，又与市经信委、沈自所组成联合调研组，赴上海、天津和北京等城市进行考察学习，形成调研报告。报告分析当前发展水下机器人产业化的内外部环境，提出推进水下机器人产业的巨大潜力和具体的思路举措。

【关于我市设施农业发展情况的调研报告】 9月完成。市政府研究室调查掌握沈阳市设施农业发展的基本情况，分析设施农业发展存在的主要问题，形成调研报告。报告对沈阳市设施农业的发展提出对策建议，对沈阳市设施农业发展提供有价值的参考。

（路坦）

人力资源管理

【概况】 2018年，全市突出人才吸引、培养、留住和使用等环节，打响“沈阳品牌”，人口吸引力指数为全国平均值的1.725倍，人才供需竞争指数为53.5，入选全国最受招聘者欢迎十大城市。

人才政策体系完善。制发28项新的人才实施细则，实现63项人才政策措施全覆盖。出台《沈阳市建设创新创业人才高地的若干措施的补充意见》，提出9项创新举措；印发《沈阳市制造业人才发展三年滚动工作计划（2018—2020年）》，助推制造业创新发展。

人才政策深入落实。新增专业技术人才36946人，引进高层次人才709人；开展7个批次、认定2880人为沈阳市高层次人才，为其中269人发放税收补贴1756.77万元；261人次入住“盛京人才驿站”，遴选28个高层次人才团队，给予创新创业资助4100万元；对30名中青年科技英才和4家培养人才成效显著单位分别奖励5260万元和400万元。

招才引智力度加大。开展“沈阳招才引智系列活动”，组织185家驻沈重点企事业单位“走进江苏、走进高校”系列人才招聘会，引进各类人才6253人，其中博士367人、硕士2852人、本科3034人。组织“院士沈阳行”、重点高校博士“沈阳行”和“百家名企进高校”等系列活动；“引战友回驻地”活动签约落地26个项目、总投资78亿元；开展引进国外技术、管理人才项目，引进各类外国人才1044人，其中

外国高端人才221人。

职业能力建设加强。组织企业和培训机构开展劳动预备制培训、企业新型学徒制培训、技能提升培训、技师和高级技师培训。参加第45届世界技能大赛全国选拔赛，4名选手入选国家集训队；完成“振兴杯”全国青年职业技能大赛组织工作，沈阳选手包揽全部3项冠军；参加第十四届中华技能大奖和全国技术能手评选，2人获“中华技能大奖”、3人获“全国技术能手”称号，3人获“第四届辽宁省功勋技能人才”，拨付奖励资金345万元。

公务员管理全面加强。完成“乡镇公益性事业单位工作人员考试录用为乡镇机关公务员”的考务工作；开展政府系统干部“混基层经历”问题专项整治行动；对425名在创建“食品安全城”“国家卫生城”工作中做出突出贡献的人员进行奖励。轮训处级领导干部3385人，组织近100名市直党政机关处长赴北京、厦门开展对口培训，举办“打造国际化营商环境”及“实施‘五高’措施、建设‘四个中心’”专题培训班。

事业单位管理日趋规范。完成市城建局20家事业单位划转至市城市综合执法局、4个区属房产局整建制划转至市不动产登记中心的工作；印发《市直公益性事业单位优化整合人员转隶及人员管理意见》和《市直经营性事业单位转企人员安置意见》，对涉改单位进行政策宣讲。

职称制度改革扎实推进。推进职称自主评审，在市属高校、科研院所等单位自主开展高、中、初级职称评审；鼓励大型企业组建相应系列（专业）中级职称评委会，负责本单位中初级职称的评审工作。沈阳机床集团、东软集团等9家单位自主开展相应职称评审工作，有5491人通过高中级职称评审。

军转安置工作有效落实。完成1633名军转干部安置工作，举办自主择业军转干部培训20余场，提升自主择业干部创业就业能力。全面加强企业军转干部维稳解困工作，制发6个政策性文件、接待上访人员1500人次。

（何灵）

【卢柯获美工程院外籍院士称号】 2月7日（当地时间），美国工程院网站发布新一轮增选院士名单。沈阳材料科学国家研究中心主任卢柯当选美国工程院外籍院士，以表彰他在纳米孪晶材料以及纳米结构材料领域作出的杰出贡献。这也是他继2004年当选第三世界科学院院士，2005年当选德国国家科学院院士之后，又一次获国外院士称号。

【《沈阳市军民融合高层次人才引进奖励和项目资助办法（试行）》】 2月7日市人社局市人才办市财政局印发。《办法》设总则；奖励补贴和资助标准、申报标准；申报和评审流程；资金发放流程；附则6章14条。《办法》所指军民融合高层次人才，专指部队、军事科研院所、军工单位从事科学研究、技术开发并原则上拥有副高级及以上职称，具有较强科研能力或一定科研成果，自主择业在沈创新创业的军事科研人才。《办法》自公布之日起实施。

【《沈阳市中青年科技英才培养工程实施办法(试行)》】 2月13日市人社局市人才办市财政局印发。《办法》设总则、政策支持、申报程序、管理评估、附则5章11条。《办法》所指顶尖人才、杰出人才是根据《沈阳市高层次人才认定办法》(沈人社发

沈阳市中青年科技英才培养工程奖励第二批奖励对象

表8

序号	姓名	单位	奖励条件	奖励金额（万元）
1	刘剑文	辽宁大学	长江学者特聘教授	250
2	金耀初	东北大学	国家千人计划创新人才（长期）	250
3	李　琳	东北大学	国家青年千人计划	30
4	李　刚	东北大学	国家青年千人计划	30
5	李渝哲	东北大学	国家青年千人计划	30
6	李　犁	东北大学	国家青年千人计划	30
7	沈岩柏	东北大学	长江青年学者	30
8	王爱德	沈阳农业大学	长江青年学者	30
合计				680

（市人社局）

〔2016〕54号），被认定为沈阳市高层次人才中的顶尖人才、杰出人才。《办法》自公布之日起实施。

【《沈阳市高层次人才税收补贴实施办法（试行）》】 2月13日市人社局市人才办市财政局印发。《办法》设总则；补贴对象、条件、标准；申请程序；资金来源及拨付；评估管理；附则6章13条。《办法》明确补贴对象：经市人社局认定的领军人才以上高层次人才（含领军人才）；高级管理人才；在沈阳创业并获“盛京人才”有关政策奖励的高层次人才。《办法》自2018年1月1日起执行。

【《沈阳市高精尖优才集聚工程实施办法（试行）》】 2月13日市人社局市人才办市财政局印发。《办法》设总则、申报条件、评审认定、政策支持、管理评估、附则6章15条。《办法》所指高精尖优才指2017年8月27日之后，由外埠引进到沈阳创新创业，拥有自主知识产权或掌握核心技术，对沈阳传统优势产业和战略性新兴产业有重大引领推动作用，并经评审认定的顶尖人才、杰出人才、创业型领军人才。《办法》自公布之日起实施。

【《沈阳市紧缺急需人才需求目录编制和奖励补贴实施办法》】 2月13日市人社局市人才办市财政局印发。《办法》设指导思想、基本原则、目录编制与发布、资助办法与管理、保障措施5部分。《办法》奖励补贴对象：对沈阳市行政区域内各类企事业单位按《沈阳市紧缺急需人才需求目录》培养引进的人才开展择优奖励补贴；对国家“双一流”建设高校及学科（原“211工程”“985工程”工程高校）毕业，并就职于世界500强企业工作三年以上的符合规定条件的人才开展择优奖励补贴。《办法》自2018年1月1日起执行。

【《沈阳市建设创新创业人才高地若干政策措施的补充意见》】 4月21日市委办公厅市政府办公厅印发。《意见》提出实行全面开放的户籍政策，实现“零门槛”落户；对引进人才的就业创业房租补贴政策进行升级，扩大受益群体范围等9项补充完善政策。

【《沈阳市优秀专家评选管理办法》】 11月25日市委办公厅市政府办公厅印发。《办法》分总则、评选条件、评选程序、待遇、管理与考核、附则6章24条。《办法》所称的优秀专家，是指经市优秀专家评审委员会评审，并经市委、市政府命名的在沈阳市经济和社会发展中作出突出贡献且尚未达到法定退休年龄的优秀人才。（志闻）

公共机构节能

【概况】 2018年，市公共机构节能办按照公共机构节能“十三五”规划和市委、市政府节能减排工作要求，完成年度各项工作任务，在国家公共机构节能管理司、省公共机构节能办组织的各项检查考核中均名列前茅。节能目标方面，以2015年为基数，人均综合能耗下降41.29%、单位建筑面积综合能耗下降15.74%、人均水耗下降15.99%，超额完成年度节能工作目标及年度公共机构节能目标。制度建设方面，制发《2018年沈阳市公共机构节约能源资源工作要点》《2018年沈阳市公共机构节能绩效考评工作实施方案》等10余份文件，并逐项组织落实。能耗统计方面，定期组织全市进行能耗统计数据网络报送和能源资源消耗状况分析，按时向省公共机构节能办报送全市数据。8月，在省公共机构节能办组织的能耗数据会审中名列前茅。9月，迎接国管局公共机构能耗数据质量抽查得到高度评价。以各地区为重点，新增14家公共机构开展能耗监控平台建设。宣传培训方面，继续组织开展节能宣传周和能源紧缺体验活动，倡导低碳办公和绿色出行。推广好的经验做法，80余篇经验信息被国家公共机构节能网、省机关事务管理局网站等媒体予以刊载。完成第五批远程教育培训工作任务，42名参训人员全部通过培训考试。专项任务方面，组织开展第三批节约型公共机构示范单位创建工作。垃圾分类方面，先后4次组织召开市直生活垃圾分类业务工作培训会，市直100家一级公共机构全部按要求落实生活垃圾“四分法”（可回收物、有害垃圾、湿垃圾、干垃圾），回收签约率100%。会同市垃圾分类联席办向各市直公共机构发放分类垃圾宣传用品4万余个（册）。组织生活垃圾分类“进政府、进机关、进校园、进大厅”的主题巡展，50余家单位约5300余人进行观看。检查考核方面，年初按照各地区、独立办公市直单位、合署办公市直单位3类情况，分别拟制下发考核细则，在上、下半年工作结束时，采取‘地区考核市直、市直考核地区”的交叉考核方式，组织集中考核，并下发成绩

通报，促进节能工作的开展。组织开展第三批节约型公共机构示范单位创建工作，市第20中学等8家单位通过国家审核验收，获授“节约型示范单位”称号。市和平区南昌中学等7个单位通过省考核，获授“辽宁省节约型公共机构”称号。

【市直单位节能改造节资427万元】 2018年，全市继续设立1000万元节能专项资金，用于市直单位改造项目资金补助及地区以奖代补。资金主要用于市直单位改造项目资金补助及地区以奖代补。其中涉及市直相关部门节能改造项目13个，节能率均在24.29%—71%，改造后年节约经费约427万元，减少碳排放折合标煤约727.27吨。 （张 超）

公共资源交易

【概况】 2018年，全市统一的公共资源交易平台体系初步建立，工程建设、政府采购、交通、水利、卫生、产权、土地、林业、铁路等板块项目均进入公共资源交易平台交易，实现公共资源交易全流程、透明化运行。完成交易4711笔，交易金额337.23亿元。其中，工程建设类项目1479笔，交易额102.73亿元；政府采购类2983笔，交易额91.33亿元；土地类151笔，交易额176.95亿元；产权类98笔，交易额6.22亿元。大力推进公共资源交易全流程电子化，政府投资的建筑领域工程建设项目的施工、监理全部实行电子化招投标，交通、水利领域工程建设项目正在加快推进依法必须招标项目全流程电子化招投标系统建设。加快推进市公共资源交易电子系统建设，推进电子服务系统、电子交易系统、电子监管系统三大板块的研发，实现有形交易场所向电子化转型升级。完成沈阳市公共资源交易数据统计上传工作，按要求做到信息应传尽传，完成向省政府推送全市公共资源交易数据工作。深入实施《沈阳市在工程建设招标投标领域应用信用报告管理暂行办法》，3月1日起，正式在工程建设招投标领域应用信用报告制度。推进招标代理机构信用报告在全市公共资源交易平台应用，健全招标投标失信惩戒机制，科学、公正评价工程建设项目招标代理机构。

【《沈阳公共资源项目进场交易目录（2018）》】 6月6日市发改委印发。本次修订在原进场交易目录基础上增补事项4项，增补内容为：在原目录产权交易类中增补“碳排放权、排污权、农村综合产权（农户承包土地经营权、林权、‘四荒’使用权、农村集体经济组织产权、资产、使用权等）、行政及司法机构罚没物、判决物”。《目录》内容共计7类102项：其中，工程类75项、政府采购类2项、土地交易类5项、产权交易类9项、中省直项目类4项、特许经营类6项、其他类1项。 （市发改委）

参 事

【概况】 2018年，全市发挥政府参事专业领域特长，履行参政议政职责，参事作用得到有效发挥。围绕设施园艺、都市农业、林业生态、文化产业建设、垃圾处理、金融以及军民融合发展等课题，通过分析对比沈阳市存在的不足，提出有针对性的建议建言29篇，其中7篇参事建议得到市委市政府主要领导批示14件次。参加国务院参事室以及外省市参事室组织的会议、论坛等活动，扩大沈阳参事知名度和影响力。其中，参事韩毅受邀参加重庆市政府参事室举办的“人才、创新、信息化与建设现代化经济体系”研讨会并作主题发言；参事石铁矛、王厚双应邀参加国务院参事室以“聚焦改革再出发”

沈阳市人民政府参事室组织参事参加由东北振兴研究院主办的东北亚经济合作与东北振兴进程论坛 （市政府研究室供）

为主题的第九期全国政府参事研修班，研讨新样本新成效新思考；参事张献和、李绍德应邀参加由国务院参事室、中国行政体制改革研究会、中国经济体制改革研究会共同主办，新华网承办的主题为“改革开放再出发”的“2018国是论坛”，参事郭殿满撰写的《深入贯彻军民融合发展战略，扛起军工企业强军富民重任》被《国是论坛文集》收录。组织参事参加由东北振兴研究院组织的“东北振兴大讲堂”“东北亚经济合作与东北振兴进程座谈会”和“改革开放40周年与东北振兴论坛”等活动，听取全国知名专家对各个方面特别是关于东北振兴发展方面的独到见解，为参事更准确地把握时局，更好地为政府服务起到启发作用，为参事调研考察提出针对性建议和调研报告提供理论素材。部分参事结合深入学习习近平总书记在东北考察时的重要讲话精神，在《沈阳日报》以《专家支招促进东北亚经济合作 参事建言沈阳老工业基地全面振兴》为题发表专栏文章，为沈阳振兴把脉献策。

【3名参事建议受到市领导重视并落实】 2018年，为落实周晓世提出的“关于我市发展物联网产业的建议”，副市长吴文学召开由市科技局、市大数据局、市经信委等相关单位参加的座谈会专题研究，共同探讨沈阳市物联网发展方式方法；为落实张思宁提出的“关于沈阳农田林网恢复和采伐迹地还林问题”的意见建议，市林业局按副市长陈弘指示，特邀请张思宁参事到林业局座谈，听取意见建议，商讨解决办法；为落实张献和提出的“创建沈阳东北区域金融后台服务中心的建议”，副市长彭肇文专门给张献和参事打电话，邀请其参加座谈会，进一步听取意见和建议。

（张宝剑）

接 待

【概况】 2018年，市接待办在面临事业单位改革、市委第三轮巡察以及主要领导调整等情况下，完成公务接待327次，14786人次。其中正餐247次，3595人次；工作餐247次，3036人次；会议、会见、座谈120次，8155人次，车辆1045台次。接待部级领导49次，接待国家级领导4次。先后完成全国人大常委会副委员长艾力更·一明巴海、张春贤、顾秀莲，中国国民党中央评议委员会原主席蔡玲，中国科学院党组书记、国家污水治理督察组、省委书记陈求发到沈调研、“第十届APEC大会”、“2018年中国（沈阳）东北振兴国际金融大会”、京沈对接、中国国际装备制造业博览会、世界冬季城市市长会议等重大公务接待的服务保障任务。

【接待系统事业单位改革完成】 2018年，全市事业单位改革涉及接待办调整编制及所属沈阳迎宾馆、沈阳宾馆转企改制和国宾车队优化整合。其间，所属宾馆转企改制历史遗留诸多关乎职工利益问题的集中凸显，直接影响和制约改革的进程以及驻宾馆市委巡察组和全办的正常工作。办领导班子协调市人社局等相关部门现场办公回答职工提出的各类问题，解疑释难。常务副市长刘晓东带领相关7个单位和部门现场接访答疑，解难题、办实事，推进所属宾馆改革的顺利进行。

（市接待办）

机关事务管理

【概况】 2018年，沈阳市以“服务质量提升年”为主题，突出问题导向，坚持精准对标，扎实推进机关事务工作创新发展。12月28日，按照《沈阳市机构改革方案》要求，沈阳市机关事务管理

常务副市长刘晓东参加接待系统事业单位改革接待会　（市接待办供）

局正式挂牌成立，为市政府工作部门、副厅级。

机关用房、资产、用车管理。详细统计市本级党政群机关和事业单位办公用房情况，做好市直机关办公用房调整工作。完成63家转企事业单位资产转移备案，组织100余家市直行政事业单位资产管理培训会。推动事业编车改方案和区县（市）公车改革方案审批，完成华晨宝马新能源汽车政府采购，推进公车挂牌转让、车辆调配购置。配合市委老院内的相关部门，做好资产处置和安全保卫，完成市委老院的移交工作。

机关事务保障。组织开展集中办公区绿化美化、节能改造、功能提升等工程，优化美化办公环境。健全定期检修、专项巡查、应急处置等保障机制，设立维修热线电话，提升运维能力，打造运转顺畅、安全可靠办公区。开展“共建共管共保目标安全”活动，编发《安全常识》宣传手册，推进技防物防建设，完善各类预案方案，组织培训讲座，抓实应急处突演练，确保办公区绝对安全。

机关事务服务。深化“明厨亮灶”工程，坚持比价询价制度，强化日常巡检，加强培训学习，完善食堂文化环境，营造办公区食堂的舒适环境和优质服务。加大对物业公司的“周考核、月总结、季奖惩”绩效考评，建立物业公司互学互检机制，不断提高物业公司服务意识、敬业精神和技术水平。协调高峰快车优化线路，为办公区引进免押金共享单车、在办公区外安装丰巢快递柜等，通过整合资源、多措并举，丰富办公区生活服务。

市直单位内部停车场对外开放。落实市长办公会关于解决沈阳市“停车难”工作部署，推进市直机关事业单位内部停车场对外开放。完成全市近500家机关事业单位内部停车场情况的调查统计，会同市建委研究确定18家试点开放单位，起草印发《沈阳市市直行政事业单位内部停车场对外开放鼓励办法（试行）》。

【市公务用车信息化平台运行】 按照公务用车平台建设“全省一张网”和市领导要求，3月，市机关事务管理办公室广泛调研学习，研究制订方案，推进公务用车信息化平台建设。6月，组织开展市直保留公务用车北斗系统安装和公车平台建设工作，设立公务用车平台监控室。8月，沈阳市公务用车信息化平台建设基本完成并正式运行，实现公务用车跨部门使用功能，与省公车平台完成数据对接。

【机构、事业单位改革保障】 2018年，根据《沈阳市机构改革方案》要求和市领导指示，提前做好市级机构改革办公用房调整、公务用车调整、资产划转和名牌统一制作方案。确保改革工作展开后，各单位第一时间搬入新办公场所，公务用车及时调整到位，资产划转高效落实，按时限完成挂牌工作。按照全市事业单位改革总体安排，制定办公用房调配、资产划转工作方案，完成48家事业单位改革办公用房调整和资产划转工作。

【外地来沈领导干部公有周转房项目建设】 2018年，按照市委市政府关于建设公有周转住房的意见，会同相关部门组织考察、调研，研究制定周转房项目建设方案。完成项目立项批复，土地划拨手续及地上物征收、补偿、安置等工作。严格落实工程建设制度、质量监督检查和项目资金管理。截至年末，完成项目土建工程，内部装修正在进行中。

【沈阳市公务用车管理办法制定】 2018年，按照市领导指示精神，参考中央和省出台的管理办法，借鉴大连等副省级城市经验，制定《沈阳市党政机关公务用车管理办法》。《办法》9章，40条，包括编制管理、购置配备更新管理、经费管理、使用管理、平台管理、处置管理、监督问责7个方面内容。先后征求车改成员单位及相关部门意见建议，邀请省机关事务管理局及东北大学3名专家进行评审，报市政府常务会议审议通过，待市委常委会议审议通过后印发执行。

（周学谦）

四、中国人民政治协商会议沈阳市委员会

综　述

2018年，市政协坚持以习近平新时代中国特色社会主义思想为指导，深入学习贯彻中共十九大和十九届二中、三中全会精神，特别是习近平总书记在辽宁考察时和在深入推进东北振兴座谈会上重要讲话精神，组织参加政协的各民主党派、人民团体和各族各界人士，围绕中心，服务大局，全面履行职能，增强履职本领，为推动沈阳振兴发展作出积极贡献。

始终把加强理论学习放在首要位置。深入学习习近平新时代中国特色社会主义思想、中共十九大精神和习近平总书记关于加强和改进人民政协工作的重要思想，特别是习近平总书记在辽宁考察时和在深入推进东北振兴座谈会上重要讲话精神。认真学习政协章程、中共中央《关于加强新时代人民政协党的建设工作的若干意见》和习近平总书记关于加强和改进人民政协工作的重要思想理论研讨会精神。

8月9日，召开学习习近平总书记关于加强和改进人民政协工作的重要思想理论研讨会
（市政协供）

聚焦聚力调查研究。坚持察真情、说真话、建真言，围绕“补齐生产性服务业短板，推动实体经济振兴发展”“完善农业社会化服务体系，推进乡村振兴战略实施”“推进高品质公共服

务体系建设，提高公共服务供给质量”“推进高品质城市建设”等议题，组织各类调研、视察、协商、座谈、考察等活动280余次，形成各类调研报告和建言成果200余份，发挥人民政协建言资政的独特优势和作用。

积极推进民主监督工作。通过提案办理、选派民主监督员、反映社情民意等方式，增强民主监督实效。全年收到提案531件，经审查立案468件，这些提案得到市委、市政府及相关部门的高度重视和积极采纳，并全部办结。延伸民主监督触角，100名政协委员被市纪委监委聘为正风肃纪民主监督员，40名政协委员被市法院聘为特约监督员，4名政协委员被市营商环境办聘为民主监督员。编发《社情民意》105期，其中4篇信息被全国政协采纳，18篇信息得到市级领导批示，并转发相关部门办理。

扎实做好文史资料工作。制定《政协沈阳市第十五届委员会学宣文史委员会文史资料工作规划》，编辑出版《纪念改革开放40周年文史资料》《见证——沈阳政协委员与改革开放40年》《焦若愚沈阳工作20年画册》。聘任市政协文史顾问，组建文史资料征编专家队伍。

促进对外交流友好合作。市政协牵头组团出访8个国家和地区，为沈阳的对外经贸交往搭建平台，特别是组织沈阳市代表团出访“一带一路”沿线重点国家俄罗斯、印度、马来西亚，在教育、文化、旅游、经贸等领域达成广泛共识、推进合作项目，取得务实成果。加强与港澳人士的联系联络，组织港澳委员开展爱国主义教育和经贸考察活动，对辽宁自贸区沈阳片区的发展情况进行视察，走访台资企业，了解全市侨商企业发展情况，帮助排忧解难，为他们在沈创业兴业提供服务。

着力加强自身建设。不断加强委员队伍管理，设立委员履职档案，修订《沈阳市政协委员履职管理办法》、制定《沈阳市政协委员履职管理办法实施细则》。进一步优化委员结构，调整委员19人，增补委员26人，调整常委4人，增补常委5人。截至年末，沈阳市区两级政协组织机

2018年市政协常务委员会议

表9

会议名称	日期	主要内容
十五届一次常委会议	1.24	会议审议通过政协沈阳市第十五届委员会副秘书长名单；审议通过政协沈阳市第十五届委员会专门委员会设置的建议和各专门委员会主任、副主任名单；讨论通过政协沈阳市第十五届委员会2018年工作要点
十五届二次常委会议	3.22	会议传达全国政协十三届一次会议精神、市委常委会（扩大）会议关于贯彻全国两会精神的部署要求;讨论通过调整市政协委员相关事项
十五届三次常委会议	6.15	会议协商讨论关于“补齐生产性服务业短板推动实体经济振兴发展”的有关问题，讨论通过《关于“补齐生产性服务业短板推动实体经济振兴发展”的专题调研协商报告》
十五届四次常委会议	9.19	会议协商讨论关于“完善农业社会化服务体系推进乡村振兴战略实施”的有关问题，讨论通过《关于“完善农业社会化服务体系推进乡村振兴战略实施”专题调研协商报告》
十五届五次常委会议	12.10	会议听取市党群系统、市政府系统关于市政协十五届一次会议以来提案办理工作情况的通报；审议市法院关于市政协十五届一次会议以来提案办理工作情况的通报（书面）；讨论通过《政协沈阳市委员会全体会议工作规则》《政协沈阳市委员会常务委员会工作规则》《政协沈阳市委员会委员履职管理办法》《沈阳市政协学习贯彻习近平总书记关于加强和改进人民政协工作的重要思想 推动政协工作实现高质量发展的若干意见》；协商通过关于市政协部分专门委员会更改名称调整职能的建议；协商通过市政协十五届二次会议相关事项
十四届三十二次常委会议	12.7	听取市党群系统、市政府系统关于市政协十四届以来提案办理工作情况的通报；审议市法院、市检察院关于市政协十四届以来提案办理工作情况的通报（书面）；讨论通过市政协十五届委员会委员名单；协商通过市政协十五届一次会议相关事项

（市政协）

构14个，政协委员3404名，其中市政协委员516名，区县（市）政协委员2888名。（吴汉伟）

全体委员会议及常务委员会会议

【市政协十五届一次全体会议】 1月21—24日举行。中共辽宁省委常委、沈阳市委书记易炼红出席会议并讲话，对做好新一届政协工作提出要求。会议审议并通过主席姜宏代表政协沈阳市第十四届委员会常务委员会所作的工作报告和副主席韩晓言所作的提案工作情况报告。会议协商讨论市长姜有为所作的政府工作报告，协商讨论沈阳市2017年预算执行情况和2018年预算草案的报告、沈阳市2017年国民经济和社会发展计划执行情况与2018年国民经济和社会发展计划草案的报告；协商讨论沈阳市中级人民法院工作报告和沈阳市人民检察院工作报告，委员们对以上报告表示赞同。会议选举产生政协沈阳市第十五届委员会主席、副主席、秘书长、常务委员会委员。会议对重要人事安排进行充分协商，同意市人大常委会、市人民政府、市监察委员会、市中级人民法院、市人民检察院领导候选人的建议名单。（市政协）

政治协商

【概况】 2018年，市政协以实施年度协商计划为重点，积极探索政治协商、民主监督、参政议政的有效实现形式，聚焦全市经济社会发展重大问题和涉及人民群众切身利益的实际问题开展协商议政。组织实施重点协商活动11次，其中1次全体会议协商，2次专题议政性常委会议协商，2次专题议政性主席（扩大）会议协商，5次专题协商，1次界别协商。形成一批有见地、有分量、可操作的意见建议，为市委、市政府科学决策提供参考。

【“补齐生产性服务业短板，推动实体经济振兴发展”调研】 2018年，市政协围绕“补齐生产性服务业短板，推动实体经济振兴发展”开展调研，联合各民主党派、工商联和区县(市)政协，组织300多名委员，赴国内8个城市学习先进经验，形成调研报告56篇近30万字，有效促进“沈阳港”项目建设提上日程、“企业上云”试点示范工作加快推进、科技与金融深度融合的管理办法的出台。

【“完善农业社会化服务体系，推进乡村振兴战略实施”调研】 2018年，市政协围绕“完善农业社会化服务体系，推进乡村振兴战略实施”专题，会同民盟、民进、九三学社、台盟、涉农区县(市)政协深入开展调研，从改革农业行政服务机构体制机制等6方面，提出19条具体建议。市政府对此高度重视，加大对新型农业主体培育扶持力度，全面提升农业机械化服务水平，加快推进农业集体产权制度改革。

民主监督

【概况】 2018年，市政协坚持工作重心下移，深入实际、深入基层、深入群众，围绕推动智慧城市建设、义务教育均衡发展、加快基层医疗建设、民营医院诚信经营、改造老旧小区等群众反映强烈的现实问题，组织各界别委员深入了解实情，客观反映民意，理性务实建言，有效利用视察调研协商活动、委员提案、大会发言、反映社情民意信息等形式发挥民主监督职能，协助党委和政府解决问题、改进工作，让人民群众有更多获得感。市政协以提案建议为载体，通过提案中的批评和意见、办理中的督促落实和办理后的跟踪视察调研等，实现经常性监督。认真贯彻提案办理协商的相关制度，完善办理协商模式，加大提案督办力度，推动21件重点提案所涉及的民生热点和难点问题得到有效解决。创新提案办理方式，开展“提”“办”双方双向民主评议，通过对提案办理情况和委员提案质量进行双向民主评议，提高提案办理质量和委员提案质量，实现双向监督。

【民盟市委关于创新沈阳商贸流通业发展模式的提案】 2018年，民盟市委针对沈阳商贸流通业发展中存在的问题，提出《关于创新沈阳商贸流通业发展模式的提案》，建议构建供给侧制度优势、加快推进商业转型升级、做强龙头商企、建设完善公共项目、加强人才引进培育。市服务业委及四家协办单位高度重视该提案，认真进行办理回复。市政协主席韩东太作为该提案的督办人，带领部分政协委员到沈阳新世界博览馆、五爱市场进行实地视察，并召开重点提案办理协商会，听取市服务业委对提案办理情况的汇报和沈河区政府关于推进五爱市场转型升级建设工作情况的汇报。

2018年政协沈阳市委员会重点提案

表10

案号	提案者	案由	承办单位	督办领导
0009	民盟市委	关于创新沈阳商贸流通业发展模式的提案	服务业委	韩东太
0073	市政协社会和法制委员会	关于加强社区治理体系建设，推进我市城乡社区治理不断创新的提案	民政局	韩东太
0028	农工党市委	关于加快发展我市休闲农业的提案	农委	张景辉
0412	戴卫东	关于加大推动沈阳建设东北亚国际化中心城市的提案	发改委	张景辉
0040	致公党市委	关于建设特色小镇，推进沈阳新型城镇化的提案	建委	韩晓言
0074	市政协民族和宗教委员会	关于挖掘北市场民俗文化和皇寺宗教文化旅游品牌的提案	旅游委	韩晓言
0077	市政协港澳台侨联络与外事委员会	关于加快辽宁自贸区沈阳片区3.0版改革发展的提案	自贸区	赵世宏
0069	市政协经济委员会	关于推动我市战略新兴产业快速发展的提案	经信委	赵世宏
0001	民革市委	关于进一步构建我市人才工作新格局的提案	市委组织部	金志生
0071	市政协人口资源环境与城乡建设委员会	关于进一步提升“一河两岸”功能的提案	规划局建委旅游委	金志生
0070	市政协农业和农村工作委员会	关于推动我市农村土地经营权有序流转的提案	农委	肖　枫
0419	秦征宇等11人	关于完善沈阳市法院审判执行及司法辅助工作的提案	市法院	肖　枫
0014	民建市委	关于加快我市装备制造业转型升级的提案	经信委	于　龙
0361	朱　翎	关于大力发展文化创意产业的提案	市委宣传部 文广局	于　龙
0018	民进市委	关于打造沈阳特色街区，突显沈阳文化特色的提案	规划局	
0050	九三学社市委	关于推进大数据产业发展，加快沈阳智慧城市建设的提案	大数据局	
0059	台盟市委	关于完善我市排水设施建设，构建内涝灾害风险防范体系的提案	城建局	
0060	市工商联	关于加强对小微企业转贷服务工作的提案	财政局金融办	
0126	马　妍	关于应对老龄化现状，创新社会养老服务保障体系层次的提案	民政局	
0240	马平等17人	关于进一步打造我市营商环境，树立企业投资经营信心，切实促进我市经济发展的提案	营商局	
0434	王义鑫	关于积极培育我市演艺市场，促进文化产业整体发展的提案	文广局	

（市政协）

重要活动

【“庆祝改革开放40周年”系列活动】 7—12月，市政协为纪念改革开放40年所带来的巨大变化，展现改革开放取得的巨大成就，开展以“庆祝改革开放40周年”为主题的系列活动。通过组织专题视察，出版文史资料，举办征文、书画摄影作品展，召开座谈会等活动，学习贯彻习近平总书记在庆祝改革开放40周年大会上的重要讲话精神，全面宣传改革开放40年来沈阳的改革历程和历史性变化，展现政协委员奋发有为的良好精神面貌。

【“三城联创”参与推进】 2018年，市政协通过发出活动倡议、编发行动方案、召开现场推进会和工作经验交流会，聚焦重点难点堵点，着眼补缺补短补软，开展明察暗访，深化跟踪监督，努力探索政协履职向基层延伸的有效形式。据统计，全市开展“三城联创”工作以后，市区两级政协开展各项活动3417次，提出意见和建议近8000条，推动沈阳“三城联创”工作。（吴汉伟）

11月15日，市政协举办庆祝改革开放40周年书画摄影作品展（市政协供）

五、中国共产党沈阳市纪律检查委员会 沈阳市监察委员会

综 述

2018年，全市各级纪检监察机关树牢“四个意识”，坚定“四个自信”，做到“两个维护”，以敢于担当、敢为人先的勇气和干劲，毫不动摇贯彻落实全面从严治党的方针和要求，牢牢把握稳中求进工作总基调，持续不断深化转职能、转方式、转作风，坚定不移正风肃纪、反腐惩恶，着力净化修复政治生态，全市纪检监察工作迈出新步伐、取得新成效、开创新局面。

严明政治纪律和政治规矩，进一步压实管党治党政治责任。坚定履行“两个维护”政治责任，查处违反政治纪律行为的案件34件，增长30.8%。积极协助市委履行全面从严治党主体责任，制定运用监督执纪“第一种形态”开展谈话的实施意见，各级党组织和领导干部开展谈话、约谈25120人次。用好问责利器，开展问责530件1142人，给予党纪政务处分256人，通报履行全面从严治党不力问题29起40人。

持续深化正风肃纪监督，推动党和政府治理体系、治理能力的大提升。以正风肃纪监督为抓手，冲着资金去、冲着项目去、冲着物资去、冲着决策去，将扶贫领域监督执纪问责以及各类专项整治纳入其中，把权力运行的全过程晒在阳光下，着力破解自我监督这一世界性难题。截至年末，正风肃纪监督发现问题37640个，整改35495个；涉嫌违纪问题线索3453件，立案1538件，给予党纪政务处分1237人，移送司法机关25人，挽回经济损失4.05亿元。

深化纪检监察体制改革，初步形成“四个全覆盖”的权力监督体系。积极探索纪检监察工作运行机制，先后出台监督执纪监察工作试行办法、工作流程规范、调查措施使用规范等制度，依法全要素运用12项调查措施，推动纪法贯通、法法衔接。创新派驻机构领导体制和管理机制，实行市纪委监委班子成员直接分管派驻机构，授予部分监察职能，实现监察职能横向拓展。深化政治巡察，充分彰显巡察利剑作用。

驰而不息纠正“四风”，持续巩固深化作风建设成果。抓住重要节点，聚焦“关键少数”，紧盯隐形变异“四风”问题，严肃查处以学习培训、调研考察为名公款旅游等问题。全市查处违反中央八项规定精神问题424件500人，给予党纪政务处分442人，分别增长109.9%、101.6%、107.5%，通报曝光典型问题66起105人。

始终保持高压震慑，精准有力惩治腐败。坚持无禁区、全覆盖、零容忍，坚持重遏制、强高压、长震慑，持续强化不敢、知止氛围。全市各级纪检监察机关受理信访举报5633件次，增长5.6%。立案4095件、处分3499人，分别增长21.1%、12%，采取留置措施85人，移送司法机关93人。查处市管干部47人，处级干部307人。严肃查处陈阳、赵安、王晓民、李洪生、林涛、李丹、邵敬联等一批重大典型案件。加大国际追逃追赃工作力度，将潜逃加拿大近5年的周莉劝返归案，全市归案外逃人员9人，占总数的64%，取得明显阶段性成果。

坚持严管与厚爱相结合，有效提升干部队伍的整体素质。市纪委常委会带头加强思想和作风建设，扎实推进“两学一做”学习教育常态化制度化。坚持以开放的姿态走出去对标先进，以开放的胸襟邀请社会各界零距离接触纪委、全方位了解纪委，汇聚起正风反腐的磅礴力量。创新选人用人机制，做大干部储备“蓄水池”工程。强化自我监督，从严约束自身行为。全系统受理纪检监察干部问题线索156件，立案14件，给予党纪政务处分12人。

截至12月底，全市有纪检监察干部2429人。其中，专职1845人，兼职584人。市纪委监委机关行政编制238个，实有220人；事业编制33个，实有28人。领导班子职数14个，其中，书记（主任）1人，副书记（副主任）3人，纪委常委兼监委委员4人，纪委常委3人，监委委员3人。市纪委监委机关内设机构25个，分别是办公室、组织部、宣传部、研究法规室、党风政风监督室、信访室、案件监督管理室、第一至十五纪检监察室、案件审理室、纪检监察干部监督室、机关常委办公室，所属事业单位1个，为市纪委监委综合保障中心（市纪委监委电化教育中心）。市纪委监委设立派驻纪检监察组25个，履行纪检、监察两项职责，行政编制255名、政法专项编制41名，实有178人。市纪委监委派出纪工委3个，实有干部13人。市委巡察办行政编制17个，实有12人；巡察组行政编制36个，实有23人。区县（市）纪委监委机关有行政编制698个，实有593人；事业编制4个，实有4人。区县（市）巡察机构有行政编制234个，实有101人。全市有乡镇纪委66个，乡镇纪检监察干部330人，其中，专职198人，兼职132人。街道（功能区）纪工委136个，街道（功能区）纪检监察干部680人，其中，专职408人，兼职272人。

重要会议与活动

【沈阳市监察委员会挂牌】 1月25日，市第十六届人民代表大会第一次会议选举产生市监察委员会主任，市委常委、市纪委书记王冬石当选。1月26日上午，市第十六届人大常委会第一次会议任命孙建军、陈世海、韩春声为市监察委员会副主任，张中人、孔宪才、关卫民、毕成伟、赵久平、方世义、魏武宁为市监察委员会委员。同日上午，省委常委、市委书记易炼红与王冬石共同为沈阳市监察委员会揭牌。

【市纪委十三届三次全会】 2月11日召开。会议深入学习贯彻习近平新时代中国特色社会主义思想和党的十九大精神，全面落实十九届中央纪委二次全会和省纪委十二届三次全会部署要求，总结工作，分析形势，对当前和今后一个时期全市全面从严治党、党风廉政建设和反腐败斗争作出安排部署。省委常委、市委书记易炼红出席会议并讲话。市委常委、市纪委书记、市监委主任王冬石主持会议并代表市纪委常委会作题为《坚定不移推动全面从严治党向纵深发展为沈阳全面振兴发展提供坚强保证》的工作报告。

【“严明党纪国法，强化正风肃纪”纪律教育活动】 教育活动从3月下旬开始，9月底结束，以分层次集中开展警示教育、党组织主要负责人讲专题党课、组织参观省反腐倡廉展览馆等方式进行。其间，全市累计召开警示教育大会100余场，组织参观省反腐倡廉展览馆、观看《前车之覆》

1月26日，省委常委、市委书记易炼红，市委常委、市纪委书记、市监委主任王冬石共同为市监察委员会揭牌

（市纪委监委供）

警示教育片32906人次，撰写心得体会5311篇；向市管党员领导干部推送《忏悔与剖析》4期，各级党组织主要负责人讲授廉政党课540场。

【全市纪检监察工作座谈会】 6月15日召开。会议传达学习贯彻全国省区市纪检监察工作座谈会及全省纪检监察工作座谈会精神，对重点工作进行安排部署。市委常委、市纪委书记、市监委主任王冬石出席会议并讲话。市纪委监委领导班子成员，机关各部门负责人，各区县（市）纪委书记，市纪委监委各派驻（出）机构主要负责人，市管企业、市属高校纪委书记参加会议。

【全市纪检监察系统队伍建设会议】 8月10日召开。市委常委、市纪委书记、市监委主任王冬石出席会议并讲话，就年初以后的重点工作、如何履行好职责使命以及加强干部队伍建设3方面进行阐述，并对下步工作进行部署。市纪委监委机关和市委巡察办全体干部，市委各巡察组组长，市纪委监委各派驻纪检监察组组长、副组长，派出机构纪工委书记，市管企业、市属高校纪委书记，各区县（市）纪委监委班子成员，区县（市）委巡察办主任参加会议。

【沈阳市纪委监委综合保障中心成立】 8月17日，沈阳市纪委监委综合保障中心（沈阳市纪委监委电化教育中心）正式成立。综合保障中心整合市纪委监委所属的沈阳市执纪审查基地服务中心、沈阳市纪委监察局电化教育中心和市人大所属的沈阳市人大代表培训中心、市发改委所属的沈阳市发展和改革委员会会计核算中心4个事业单位，为市纪委监委所属事业单位。保障中心（电教中心）下设办公室、财务部、保障一部、保障二部、电化教育部5个部门，主要负责全市纪检监察系统电子信息化教育、执纪审查和监察留置场所的管理等工作。

11月30日，沈阳市监察委员会与中国科学院计算技术研究所战略合作协议签字仪式在沈阳举行（市纪委监委供）

【祝家审查留置基地建成】 9月17日，市纪委监委祝家审查留置基地一期改造项目竣工并正式投入使用。该留置基地位于浑南区祝家镇下高士320号（原市人大代表培训中心），占地604亩（40.27公顷），总建筑面积14533平方米；设有留置房间35间、案情分析室10间、审计室3间、办公室11间、陪护宿舍38间、办案人员宿舍89间，以及医务室、监控收置室、特警陪护值班室等房间，为全市纪检监察机关采取留置措施开展审查调查提供硬件保障。

【全市纪检监察系统干部会议】 9月29日召开。会议传达贯彻省委常委、省纪委书记、监委主任廖建宇到沈阳市纪委监委调研时的讲话精神，市委常委、市纪委书记、监委主任王冬石出席会议并讲话。市纪委监委领导班子成员，机关中层以上干部，市委巡察机构负责人；各区县（市）纪委书记、副书记；市纪委监委派驻各纪检监察组组长、副组长，派出纪工委书记，市属企业、高校纪委书记参加会议。

【沈阳市监委与中科院计算所签订战略合作协议】 11月30日，沈阳市监察委员会与中国科学院计算技术研究所战略合作协议签字仪式在沈阳举行，双方负责人出席签约仪式、分别致辞并共同为大数据监督技术实验室（沈阳）揭牌。此举标志着沈阳市纪委监委与中科院计算所正式建立战略合作伙伴关系，双方将深度推进正风肃纪监督大数据监督工作，共同致力于打造国家级大数据监督平台。

执纪审查

【概况】 2018年，全市各级纪检监察机关受理信访举报5633件次，增长5.6%。立案4095件、处分3499人，分别增长21.1%、12%，采取留置措施85人，移送司法机关93人。查处市管干部47

人，处级干部307人。在保持惩治力度的同时，准确把握“四种形态”适用情形，全市纪检监察机关运用“四种形态”处理12397人次，增长153%，第一、第二种形态占比超过95%，第三、第四种形态占比分别仅为2%和2.5%。全市有13694人主动说明问题，上缴违纪款2亿余元。建立审查调查信息查询平台，引入39个单位900余类480亿条信息，提高工作效率。

查处典型案件

【李洪生严重违纪违法案】 6月6日，市纪委监委对康平县委常委、政法委书记李洪生涉嫌严重违纪违法问题立案审查调查。经查，李洪生违反政治纪律，对抗组织调查；违反组织纪律，利用职务上的便利在干部选拔任用、安排工作等方面为他人谋取利益；违反廉洁纪律，违规收受礼品、礼金；违反群众纪律，侵害村集体利益；违反财经纪律，套取公款设立账外资金；违反法律法规规定，利用职务上的便利，非法占有公共财物，为他人谋取利益，收受他人巨额财物。李洪生受到开除党籍、开除公职处分，涉嫌犯罪问题移送检察机关依法审查提起公诉。

【王晓民严重违纪违法案】 7月2日，市纪委监委对市交通局副局长王晓民涉嫌严重违纪违法问题立案审查调查。经查，王晓民违反组织纪律，隐瞒不报个人有关事项；违反廉洁纪律，违规购买、更换超标准车辆，违反有关规定从事营利活动；违反国家法律法规规定，设置账外资金，利用职务便利，为他人谋取利益，非法收受他人财物，涉嫌受贿犯罪。王晓民受到开除党籍、开除公职处分，涉嫌受贿犯罪问题移送检察机关审查起诉。

【邵敬联严重违纪违法案】 7月10日，市纪委监委对市总工会原副主席邵敬联涉嫌严重违纪违法问题立案审查调查。经查，邵敬联违反政治纪律，与他人串供，对抗组织审查；违反廉洁纪律，违规收受礼金、长期借用他人车辆；违反生活纪律，长期与他人保持不正当性关系；违法国家法律法规规定，利用职务上的便利，非法收受他人财物，为他人谋取利益，涉嫌受贿犯罪。邵敬联受到开除党籍处分，取消退休待遇，涉嫌犯罪问题移送检察机关审查起诉。

【李丹严重违纪违法案】 8月29日，市纪委监委对辽中区政府副区长、市公安局辽中分局局长李丹涉嫌严重违纪违法问题立案审查调查。经查，李丹违反组织纪律，在干部选拔任用工作中为本人谋取利益，隐瞒不报个人有关事项；违反廉洁纪律，违规经商办企业；违反工作纪律，干预司法和执法活动；违法占地建造私人庭院，涉嫌受贿犯罪。李丹受到开除党籍、开除公职处分，涉嫌受贿犯罪问题移送检察机关依法审查起诉。

【赵安严重违纪违法案】 9月5日，市纪委监委对沈阳经济技术开发区管委会常务副主任赵安涉嫌严重违纪违法问题立案审查调查。经查，赵安违反政治纪律，对抗组织审查；违反组织纪律，不如实报告其个人有关事项；违反中央八项规定精神和廉洁纪律；违反国家法律法规规定，利用职务上的便利，非法收受他人财物，并为他人谋取利益，涉嫌受贿犯罪。赵安受到开除党籍、开除公职处分，涉嫌犯罪问题移送检察机关审查起诉。

【林涛严重违纪违法案】 11月16日，市纪委监委对辽宁法库经济开发区党工委副书记林涛嫌严重违纪违法问题立案审查调查。经查，林涛违反廉洁纪律，收受可能影响公正执行公务的礼品、礼金、消费卡，违反有关规定从事营利活动；违反国家法律法规规定，利用职务上的便利，为他人谋取利益，非法收受他人财物，涉嫌受贿犯罪。林涛受到开除党籍、开除公职处分，涉嫌犯罪问题移送检察机关审查起诉。

巡察工作

【概况】 2017年11月，市委成立巡察工作领导小组，市委常委、市纪委书记担任领导小组组长，市委常委、市委组织部部长担任副组长，成员分别由市纪委、市委组织部和市委巡察办相关负责人组成，下设市委巡察办和6个巡察组，核定编制48人，10名正局级职数、11名副局级职数。2018年机构改革后，市委巡察机构重新核定编制56人、实有49人，按照“1办9组”模式开展工作。组成29个巡察组，先后对84个单位和地区的党组织开展4轮巡察（其中提级巡察12个单位党组织），发现坚持和加强党的全面领导、落实新时代党的建设总要求、全面从严治党等方面问题4620个，移交问题线索1155件，涉及市管干部161人，涉及单位问题325件。前3轮巡察移交的996件问题线索调查481件，查实率约为

70%；处理642人，涉及市管干部73人，收缴违纪款1亿余元。

【中央巡视整改】 7月13日，中央第六巡视组向辽宁省委反馈巡视工作专项检查情况。市委巡察工作领导小组成立中央巡视反馈整改工作领导小组，推进整改工作。截至9月中旬，市委制定的17项、13个区县（市）明确的233项巡察整改任务，全部整改完毕，实现销号率100%；市级形成制度成果18个，各区县（市）形成制度成果73个。在市委巡视复核查验中，市委巡察办被评为全市第一档，整改迎检材料作为样本被市委留存。

【助推专项治理】 2018年，市委巡察机构以深化政治巡察为统领，创新实施“大数据+巡察”分析、“1对N”领导小组谈话回访、“3+1”问题线索对接移交、“六位一体”反馈整改协同参与等工作模式，提升巡察监督质量。针对私设“小金库”、“公有房产出租”“私车公养”“意识形态责任制不落实”等普遍性倾向性问题，积极推动有关部门开展专项整治，收到较好的政治效果和社会效果。

相关链接

1对N，一是市委巡察工作领导小组听完巡察情况汇报后，市委常委、市纪委书记、市监委主任、市委巡察工作领导小组组长王冬石同市委巡察组组长单独进行谈话，全面深入细致了解巡察中遇到的具体情况和隐性问题。二是巡察反馈结束后，王冬石同被巡察单位党组织主要负责人逐一谈话，传导压力，压实整改主体责任。

3+1，即“三个对接：市纪委监委相关纪检监察室与巡察组无缝对接、派人全程参与；各派驻纪检监察组与巡察组主动对接，视情况派专人参加巡察；在巡察过程中随时对接，对发现的明显问题线索，各纪检监察室第一时间核查。“一个会议”：市纪委常委会定期研究巡察问题线索办理情况，解决巡察发现问题线索的移交办理、跟踪落实等具体问题，进一步强化监督执纪问责。

正风肃纪监督

【概况】 2018年，在全市97个市直单位、690家事业单位、15户国有企业和2530家基层群众性自治组织开展正风肃纪监督工作，全面覆盖监察法规定的六类监察对象。按照“三专两兼”（三个专职纪检干部、两个兼职纪检干部）标准，为全市204个乡镇街道配备专兼职纪检干部1010人。设立正风肃纪监督组683个，选聘监督员5669人。以正风肃纪大数据监督平台为依托，以突出问题专项整治为载体，推动正风肃纪监督工作不断向纵深发展。

【正风肃纪大数据监督平台建设】 2月，沈阳市纪委监委与中科院计算所开展合作，开发建设集公示、监督、分析、决策于一体的正风肃纪大数据监督平台，探索运用大数据技术对包括民生扶贫领域项目资金在内的政府投资项目进行精准监督、全覆盖监督。平台一期工程主要包括“一库四系统”：“一库”即正风肃纪监督大数据库；“四系统”为正风肃纪监督公示系统、数据采集系统、问题管理系统、综合分析系统。平台于9月初上线运行至年末，通过数据分析比对，发现疑似问题83754个，涉及资金5304万元。

【突出问题专项治理】 2018年，全市坚持问题导向，以专项治理为载体，推动正风肃纪监督工作不断深入。集中开展“小金库”专项治理，清理“小金库”1820个，收缴1.77亿元，处理149人。对低保、五保问题进行专项清理，全市清退优亲厚友、骗保家庭3208户，主动退出2018户，避免国家经济损失4014万元，新增符合条件但过去没人管的低保五保户家庭1546户。针对公有房产违规违法出租出借乱象，清理发现未按规定上缴财政租金33.69亿元。针对公车私用问题开展专项治理，发现违规问题公务加油卡9591张，给予党纪政务处分19人、诫勉谈话61人、批评教育11228人。监督推动土地确权增收工作，全市农村土地面积多丈量出239万亩（15.93万公顷），全市每年可新增土地承包费约5亿元。对法院执行难问题开展专项治理，梳理2016—2017年法院超期执行款155笔4.78亿元，月平均执结案件率大幅提升。

【扫黑除恶专项斗争监督执纪问责】 2018年，全市纪检监察机关以强化顶层设计、压实政治责任为基础，加强线索排查，深挖彻查“保护伞”，加大问责力度，不断增强扫黑除恶工作的主动性和广泛性。全市受理涉黑涉恶“保护伞”案件线索621件，立案150起，其中，中央转办件21批306件，全部办结。给予党纪政务处分87人，组织处理44人，移送司法机关17人，追责问责16人，对3起典型案件在全市通报曝光。

（逄宇池）

六、民主党派与工商联

中国国民党革命委员会沈阳市委员会

【概况】 2018年，中国国民党革命委员会沈阳市委员会（简称"民革沈阳市委"）有主副委7人，常委15人，委员31人，基层组织27个，支部36个，党员1210名。年内发展党员75人，全部为大学本科以上学历，其中硕士、博士学位13人；中高级职称19人；民革特色23人；新的社会阶层37人。有专委会6个，分别是参政议政专委会、社会与法制专委会、社会服务专委会、学宣文史专委会、祖统工作专委会和妇女工作专委会，民革机关内设"四部一室"，分别为参政议政部、宣传部、对台联络部、组织部和办公室。在沈阳市政协十五届二次全会上，市委会提交大会口头发言1件，书面发言5件，民革集体提案8件，界别提案4件。市委会报送理论研究立项课题5篇，各类理论研究成果11篇，其中《统一战线参与脱贫攻坚进展情况及主要问题研究》为省委统战部立项课题。根据辽宁省、沈阳市决策部署，受中共沈阳市委委托，民革市委启动营商环境专项民主监督工作，确定对放管服改革最后一公里进行监督，成立专项监督调研小组。调研组到和平区、浑南区行政审批服务大厅实地调研，并形成专项民主监督报告。开展精准扶贫，民革沈阳市委在全市基层组织中开展"奉献一片爱心，助力寒门学子"活动，计划用3年时间对接康平县的5位贫困大学生开展帮扶活动，此次活动募集善款8万余元，4月底将首批捐款送到贫困大学生家庭。民革辽宁省委社会法制工作委员会、民革沈阳市委社会法制工作委员会、沈阳民革企业家联谊会组成联合调研组，参加沈阳市人民检察院开放日活动，并调研参观沈阳市强制医疗所。沈阳市民革企业家联谊会捐助5000元，用于被执行人员购买衣物。

【民革全国企业家助推沈阳发展大会推介会召开】 5月23日，由民革中央、沈阳市政府主办，民革辽宁省委、民革沈阳市委、沈阳市大东区政府共同承办"凝心聚力 振兴东北"民革全国企业家助推沈阳发展大会召开。全国政协副主席、民革中央常务副主席郑建邦，民革中央副主席兼秘书长李惠东，民革辽宁省委主委温雪琼，沈阳市市长姜有为，沈阳市政协主席韩东太出席开幕式。民革中央企业家联谊会及全国20余个城市的民革企业家代表300余人参加，共谋沈阳新一轮振兴发展大计。

【"开学第一课"普法讲座】 9

"凝心聚力振兴东北"民革全国企业家助推沈阳发展大会　（民革沈阳市委供）

月12日，民革沈阳市委社会法制委员会律师团队到沈阳市未成年管教所为少年学员宣讲"开学第一课"普法讲座，向未成年犯学员解读宪法修正案及现实意义，提高服刑人员的宪法意识、认罪悔罪意识，增强法治思维，帮助服刑人员树立"热爱祖国"和"拥护中国共产党的领导"的思想观念。

【赴南京调研考察】 10月24日，民革沈阳市委主委一行7人赴南京调研考察，拜谒中山陵，参观溧水"中山博爱之家"，并与民革南京市委专职副主委、溧水区综合支部主委和部分民革党员就组织建设、参政议政和社会服务等进行座谈交流，并就缔结民革友好市委会达成初步意向。

【举办骨干党员培训班】 11月8日，民革沈阳市委举办2018年骨干党员培训班。培训期间，中共沈阳市委党校教研部主任及教授分别就《学习贯彻习近平总书记在辽宁考察时和在深入推进东北振兴座谈会上重要讲话精神》《"一带一路"建设与沈阳新一轮振兴发展》《中国陆疆安全热点透视》和《坚持"一国两制"推进祖国统一》课题进行辅导讲座。

【"送法到台企"活动】 12月18日，民革沈阳市委一行10人到沈阳市富邦财险有限公司开展"送法到台企"活动。座谈会上，民革沈阳市委负责人介绍沈阳民革法律人才云集的独特优势，表示今后民革愿为台资企业提供法律方面的帮助和支撑，并通过民革自身平台和渠道向有关部门反映并协调解决台资企业发展中遇到的问题，切实维护台资企业在沈的合法权益。　（杨潇音）

中国民主同盟沈阳市委员会

【概况】 2018年，中国民主同盟沈阳市委员会（简称"民盟沈阳市委"）有1名主委、10名副主委，1名秘书长（专职副主委兼任），55个直属基层组织。其中，委员会21个。有11个专门工作委员会、1个艺术家演出团和1个盟务工作智囊团。发展230名新盟员，其中女盟员127人，平均年龄36.24岁；大学以上文化程度227人，占98.7%；高、中级职称118人，占51.3%；教育界86人，科技医卫界25人，经济界84人，政府21人，文化艺术界10人。截年年末，全市有盟员4411名，有中国工程院院士1人，全国人大代表1人，政协委员1人；省人大代表2人，政协委员22人；市人大代表10人，政协委员37人；区级人大代表11人，政协委员105人；副局级及以上干部18人。

思想建设。民盟沈阳市委以习近平新时代中国特色社会主义思想凝聚共识，以"不忘合作初心、继续携手前进"主题教育活动为主线，统一思想，提高认识，进一步夯实新时代多党合作共同思想政治基础。开展纪念中共中央发布"五一口号"70周年征文活动，举办"不忘合作初心 继续携手前进"——纪念中共中央"五一口号"发布70周年大型文艺演出和书画摄影作品展、"不忘初心，温故知新——从'五一口号'看新时期使命"同心大讲堂、"丹青墨韵·影像盛京"——纪念改革开放40周年暨沈阳解放70周年书画摄影展，引导全市盟员在重温历史中铭记初心，在弘扬传统中深化共识，巩固多党合作思想根基。

参政议政。在全国"两会"上，盟内全国人大代表提出《用科技为后人留一块肥沃的黑土地》等3条建议；全国政协委员提交《构建公平合理社会保险制度推进基本养老保险全国统筹》等4件提案。在省"两会"上，盟内人大代表、政协委员提交《关于进一步加快我省法治政府建设的建议》等37件议案、提案。在市"两会"上，盟内人大代表、政协委员提交《关于进一步加强

民盟沈阳市委"同心大讲堂"　（民盟沈阳市委供）

我市高端青年人才引进与合作的建议》等31件议案、提案。市政协全会上，民盟沈阳市委提交9件集体提案，其中《关于聚焦供给侧结构性改革，创新沈阳商贸流通业发展模式的建议》作为大会口头发言，并被列为主席重点督办提案。《关于大力发展文化创意产业的建议》等3件提案被市政协列为重点提案。在区"两会"上，盟内人大代表提交建议12条，政协委员提交提案64件。就中共沈阳市委、市政府促进沈阳振兴的有关政策和措施，广泛开展社会问卷调查，形成《关于对2016年—2018年十个政策和措施实施情况的问卷调查分析报告》，以"直通车"的方式上报市长。

理论研究。征集统战理论研究课题18项，其中《中国共产党统一战线思想在十四年抗战初期的历史作用与现实意义研究》《创新少数民族流动人口服务管理机制研究》获中共省委统战部批准立项。《机遇与挑战并存国际形势下新社会阶层人士统战工作的长效机制研究》等4项获中共沈阳市委统战部批准立项。郭广珍、张洁、马琳被选聘为民盟中央参政党理论研究中心特邀研究员。

调查研究。围绕习近平总书记在辽宁考察时和在深入推进东北振兴座谈会上的重要讲话精神及中共市委十三届八次会议精神，围绕补齐和拉长"四个短板"，习近平总书记提出的推进振兴"六个方面要求"，对照中共市委《关于在全市开展"解放思想推动高质量发展大讨论"的实施意见》中明确的讨论选题，召开主委会议重点研究，广泛发动各级基层组织开展大讨论，研究对策措施，报送中共沈阳市委统战部。对标先进城市，组成调研组赴西安、广州、重庆、成都、杭州等地，就对外开放、汽车产业研发、文化名城创建、高品质商贸中心建设、养老服务及"老字号"产业发展等课题进行调研。赴新民、康平、法库及市有关部门，就市县域经济发展情况进行调研。完成《将沈阳建设成东北地区"一带一路"重要枢纽城市的建议》《关于依托商旅文融合发展打造我市高品位步行街的思考与建议》等调研报告9篇，分别报送市政协、中共市委统战部。

信息报送。向民盟省委上报社情民意信息258条，被民盟省委采用26条，其中《高度关注东北地区县级政府财力支撑及政府债务问题》《加快东北老工业基地跨境电子商务发展》2条被民盟中央采用；《关于加速发挥"人才政策"效应的建议》等3条被省政协采用；《关于辽宁省实行仲裁员办案补助的建议》等5条被市政协采用；《沈阳市中小学老师岗位编制考试向非应届毕业生开放的建议》得到市领导批示。被民盟辽宁省委评为"反映社情民意信息工作优秀单位一等奖"。

社会服务。民盟沈阳市委依托界别优势，积极开展特色品牌活动，发挥盟内专业人才优势，服务社会，回馈社会，被民盟中央授予"民盟社会服务工作先进集体"称号。固有品牌影响更大，普教工作委员会在铁岭县高中连续6年开展"农村教育烛光行动"；沈河区委员会连续15年，对辽中县杨士岗子九年一贯制学校开展对口支教活动；浑南区委员会连续3年，到省光明学校开展拓展训练活动。"民盟同馨讲坛"走进学校、社区等地并通过网络媒体，围绕家庭教育、传统文化、家风家教等主题，开展讲座55场，受益听众近2000人。法制工作委员会开展"黄丝带帮教"活动走进社区，以心理辅导、特别慰问和法制宣传等形式对社区矫正人员实行关怀、帮扶、教育和救治工作。扶贫助困更加精准，组织6个综合支部、浑南区委员会、辽宁大学委员会、沈阳工业大学委员会、苏家屯区委员会、沈阳建筑大学支部、沈阳音乐学院支部、中国医科大学委员会、沈阳市第四人民医院支部前往康平县北四家子乡长沟子村，二牛所口镇单家窝堡

村，东升乡善友屯村，西关屯蒙古满族乡荒岗子村、西关屯村，实地走访定点帮扶五名贫困大学生家庭；签署结对帮扶协议书，每生每年资助3000元助学金，送去米、面、油等生活用品；浑南区委员会连续10年到李相镇元科村慰问老人；化工研究院支部、科技工作委员会、沈阳市体校支部、铁西区委员会到阜蒙县沙拉镇二郎庙村、新民市高台子镇、铁西区保工街道繁荣社区等地开展精准扶贫，捐助资金2万余元，捐助学习用品、生活用品等数千件。服务振兴更加扎实，在抚顺市清原县清原镇、康平县小城子镇、彰武县四合城镇大伙房村建立“乡村振兴实践基地”；沈阳农业大学委员会在大连瓦房店市建立“同心共建基地”，充分发挥在涉农领域的人才智力优势，为助力乡村振兴作出贡献。“四个一”“三下乡”参与广泛，医药卫生工作委员会、浑南区委员会在儿童节、教师节、重阳节分别到北陵公园、沈阳航空航天大学、浑南区幸福长者汇养老院为游园儿童、在校教师、住院老人开展医疗义诊活动；综合一支部、妇女工作委员会、苏家屯区委员会、辽宁省图书馆支部等走进社区，建立“同心联络站”、为社区合唱团进行声乐演唱技巧指导、开展健康知识讲座以及流动图书进社区活动；辽宁中医药大学支部到抚顺市前甸镇开展爱心义诊活动；沈阳大学委员会、沈阳市第五人民医院支部联合第二期新盟员委员会为自闭症孩子献爱心；辽宁大学委员会、辽宁省图书馆支部到丹东市宽甸县、凤城市大堡蒙古族乡等地开展送科技、送文化、送医疗下乡活动。

【纪念改革开放40周年系列活动】 11月28日，在大东区文化馆举办“丹青墨韵·影像盛京”——民盟沈阳市委员会纪念改革开放40周年暨沈阳解放70周年书画、摄影作品展。100多名盟员参加开幕式。展览，汇集盟内书画、摄影家及爱好者精心创作的近60幅作品，诗文书画、山水花鸟、风景人物，从不同角度、不同层面描绘改革开放的新画卷，歌颂改革开放的伟大成就，弘扬“不忘初心、牢记使命”的新时代主旋律。12月26日，民盟沈阳市委员会在党派机关会议室召开庆祝改革开放40周年座谈会。部分市委委员、学宣委委员、基层盟员代表等40余人参加会议，盟内文化、教育、科技、企业等界别的盟员骨干代表先后发言，回顾40年的改革历程和取得的丰硕成果。（白艳立）

中国民主建国会沈阳市委员会

【概况】 2018年，中国民主建国会沈阳市委员会（简称“民建沈阳市委”）面对新形势、新任务、新要求，以习近平新时代中国特色社会主义思想为指导，深入学习贯彻十九大精神和习近平总书记在辽宁考察时和在深入推进东北振兴座谈会上以及在民营企业座谈会上的重要讲话精神，深入学习贯彻民建十一大精神，团结带领全市民建各级组织和广大会员，勠力同心，各项工作取得新进展。全市共发展会员284人。截至年末，民建市委下辖民建5个区级地方组织、5个基层委员会和6个高校支部（总），支部总数107个，在册会员2988人，平均年龄47.7岁；会员中担任科级以上职务的193人（在职），占会员人数的6.45%，其中担任县处级以上职务38人；大学以上文化程度2714人，占会员人数的90.82%，其中具有中高级职称1344人，占44.97%；经济界人士占72.2%，担任省、市、区人大代表、政协委员246人，占8.23%。

思想建设。加强思想政治引领，组织召开学习习近平总书记系列重要讲话座谈会，特别是习近平总书记在辽宁考察时和在深入推进东北振兴座谈会上以及在民营企业座谈会上重要讲话精神。深入开展主题教育活动，民建沈阳市委紧扣“不忘合作初心，继续携手前进”主题教育活动，开展座谈会、报告会、主题征文、书画摄影、音乐会、考察学习等系列活动，纪念中共中央发布“五一口号”70周年、改革开放40周年和黄炎培先生140周年诞辰，继承和弘扬民建与中国共产党风雨同舟，荣辱与共的优良传统。

组织建设。加强对区级组织的换届指导，民建皇姑区委顺利完成换届工作。先后成立民建沈阳音乐学院支部、民建辽中区基层委员会、民建沈阳建筑大学支部。重视发挥专委会作用，加强企业家和专家学者会员队伍建设，更好发挥青年、妇女和老龄会员的作用，民建沈阳市委成立经济委、财政金融委、社会法制委、企业委、理论委、教科卫体委、文化艺术委、生态环境委、农业与农村委、青年工作委员会、妇女工作委员会和老龄会员工作委员会12个专委会。

参政议政。向市政协十五届一次全会提交集体提案6件，大会书面发言4件，并作题为《推进工业经济转型升级》的大会口头发言，其中《关于加快我市装备制造业转型升级的提案》被评为重点提案。向市政协十五届二次全会提交集体提案11件，大会书面发言7 件，并作题为《进一步落实政策举措，推动民营经济高质量发展》的大会口头发言。向民建辽宁省委、中共沈阳市委统战部、市政协等多渠道反映报送社情民意信息115篇。被市政协报送全国政协3篇、市领导社情民意专报采用7篇。其中，陈国宏撰写的《关于加强我省幼儿园教师队伍建设的几点建议》得到辽宁省政协副主席李晓安批示；李晓茹、郭春旭撰写的《进一步规范我市招投标行业发展的建议》得到沈阳市委常委、副市长刘晓东批示；张宇鹤撰写的《重视解决“清真食品泛化”问题的建议》得到沈阳市副市长姜军批示。

调查研究。参加市政协“推进高品质城市建设”专题调研，参与市政协组织的通报会、座谈会、论证会和实地调研等活动，提交《综合整治背街小巷推动城市品质提升》《关于加强城市建设及管理水平的建议》2篇调研报告。承担中共沈阳市委统战部布置的重点课题调研任务，围绕“发展生活性服务业”和“农村电子商务”2个课题，由2个调研组分别深入社区、深入农村调研，提交《加快发展生活型服务业促进消费结构升级的对策研究》《促进我市农村电子商务进一步发展》调研报告2篇；围绕“关于健全完善民主党派履职发挥作用机制的对策研究”，认真总结民建市委履行职能、发挥作用情况，梳理建立健全履职发挥作用工作机制的经验做法和取得的成效，形成《关于健全履职发挥作用机制的对策研究》调研报告1篇。

民主监督。受中共沈阳市委委托，按照中共沈阳市委统战部“关于支持各民主党派市委开展营商环境建设专项民主监督工作实施方案”要求，民建沈阳市委首次开展营商环境建设专项民主监督工作，重点围绕营商环境建设中的政策落实“最后一公里”专项整治工作情况开展调研。调研组深入50多户民建会员企业开展调研活动31次、座谈16次，深度了解民营企业的需求和存在的问题。收到会员反映的问题及建议200多条。向中共沈阳市委提交专项民主监督工作报告，提出精准、务实、可行的意见建议。

社会服务。民建沈阳市委各基层组织开展扶贫帮困活动147次，助学助教活动56次，送医义诊活动75次，服务会员企业活动7次，其他公益活动10次，累计捐款捐物价值262万元，取得良好社会效果。

【赴上海黄炎培故居等地学习考察】 10—11月，为纪念中共中央发布“五一口号”70周年，民建沈阳市委组织各基层组织负责人分批次赴民建爱国主义教育基地——上海黄炎培故居等地学习考察。这次学习考察活动，是民建沈阳市委有一次规模较大的基层组织外出学习活动，150名基层组织负责人参加学习，通过学习民建先贤、寻根思源，使民建党员牢记使命、传承民建优良传统。

【“致敬改革开放40周年”主题音乐会】 12月18日在盛京大剧院举办。为庆祝改革开放40年，民建沈阳市组织策划“我爱你，中国！——致敬改革开放40周年”为主题的大型音乐会。音乐会在得到民建沈阳市文化艺术委，民建沈音支部、沈师支部、沈大总支部以及梁莹等会员的大力支持，从事文艺工作的民建会员表演《我和我的祖国》《我爱你中国》等歌曲，用音乐和歌声讴歌改革开放40年取得的伟大成就。现场观看演出会员1000余人。

（胡自平）

中国民主促进会沈阳市委员会

【概况】 2018年，中国民主促进会沈阳市委员会（简称“民进沈阳市委”）发展会员154人。截至年末，有会员3083人，其中女会员1681人；在职会员2012人；教育文化出版主界别2370人，占全市会员总数的76.9%。

参政议政。向市政协十五届一次全会提交集体提案18件，其中《关于打造沈阳特色街区，突显沈阳文化特色的提案》被评为重点提案，并作题为《完善技术创新体系，加快我市科技成果转化》的大会发言。向市政协十五届二次全会提交集体提案18件，向民进省委提交提案素材31篇。

理论研究。积极开展解放思想推动高质量发展大讨论，学思践悟，学以致用，切实筑牢思想根基。市委会主要负责人在培训和工作会议上做主题辅导和宣讲，班子成员领学示范并发表理论文章，提出真知灼见，思想政治水平有新提高；举办纪念中共中央发布“五一口号”70周年和纪念

改革开放40年系列活动，进一步丰富“不忘合作初心，继续携手前进”主题教育活动的形式，深化政治交接的内涵。

课题研究。征集统战理论重点课题文章15篇。完成民进省辽宁委员会和中共沈阳市委课题5项。配合市政协有关专门委员会开展专题调研，形成调研报告7篇。响应民进中央“乡村治理体系建设”的调研选题，前往康平县小城子镇开展“农村基层党建调研”等活动，形成提案2篇。

信息报送。上报宣传信息848条，被《民主》、会中央网站、《辽宁民进》、辽宁民进网站和微信公众号、《沈阳日报》、沈阳同舟网等采用231条。民进沈阳市委员会获“民进全国宣传思想工作先进集体”“《民主》杂志发行先进集体”等称号。提交社情民意信息160余件，其中，市委会主要领导积极发声，撰写的社情民意信息被《零讯》采用。社情民意信息被《全国政协信息》《民进信息》《辽宁政协信息》《辽宁民进信息》等采用112件次，省市领导批示4件次。

服务社会。落实中共市委统战部“奉献一片爱心，助力寒门学子三年行动计划”活动要求，组织企业家赴康平走访慰问5户困难大学生家庭，送去第一年度1.5万元的助学金和扶贫物资。在辽中区举办“迎新春、送春联”惠民活动和“同心博爱”送温暖活动，向10户贫困户赠送价值4万余元的生活用品。先后赴康平县小城子镇开展“温暖民心”义诊、慰问贫困村退休中共党员、援建贫困村图书馆等活动，捐赠书籍8000余册和价值万余元的物资。举办“助力三城联创，共建美好家园”公益宣传主题趣味运动会，240余名会员参加，向市民发放环保袋1000余个。组织会员开展丰富多彩活动，以实际行动助力“三城联创”工作。组织法律界、书画界会员到社区进行普法宣传，讲解书画鉴赏、收藏等方面的知识。举办“为了孩子们的快乐成长——我为沈阳画未来”主题书画义卖捐献活动。

【开展专项民主监督活动】 2018年，民进沈阳市委员会开展营商环境建设专项民主监督工作，围绕全市营商环境建设中政府和企业失信问题，组成由经济、法律等界别会员参加的调研组，后前往和平区法院、市中级人民法院等单位开展调研并形成调研报告，为全市构建优良营商环境、解决实际问题建言献策。

（刘庆国）

中国农工民主党沈阳市委员会

【概况】 2018年，中国农工民主党沈阳市委员会（简称农工党沈阳市委）发展党员112人。截至年末，市委会有党员2042人，基层组织55个。农工党沈阳市委机关被中共沈阳市委统战部评为“沈阳市统战信息工作先进单位”。在中国农工民主党第十六届中央专门工作委员会成立大会上，农工党沈阳市委有李铁男、王玉鹏、张晓龙、周云川、俞敬、孙洪（女）等6名党员，被农工党中央聘为新一届专委会委员。有113名农工党党员分别被推荐为各级政协委员或当选为各级人大代表，有2个基层组织、10名党员被农工党省委分别授予坚持和发展中国特色社会主义学习实践活动优秀基层组织、优秀党员和先进个人；有6个基层组织被农工党省委授予“先进基层组织”、19名党员被授予“优秀党员”、21名党员被授予“荣誉党员”称号。

参政议政。市委会领导班子成员积极参加中共沈阳市委、市政府、市政协召开的民主协商会、通报会等，并建言献策。农工党沈阳市委向市政协十五届一次会议提交《关于开展历史遗留污灌区土壤环境质量评估与风险管控的建议》13件提案，18名政协委员提交20件个人提案。主委李铁男代表农工党沈阳市委员会作《加快发展休闲农业 建设新农

民进沈阳市委举办第三季“订单培训 下沉服务”培训班　（民建沈阳市委供）

村》的大会发言。在市政协重点提案督办座谈会上，对农工党沈阳市委在市政协十五届一次会议上提交的《关于加快发展我市休闲农业的提案》办复情况进行督办，对市农经委办复落实《关于加快发展我市休闲农业的提案》工作给予肯定。开展关于全市停车难及公共停车场建设营商环境专项民主监督活动，先后深入到市建委交通处和市公安局交通警察局开展前期调研，并由主委李铁男主持召开优化营商环境建设民主监督工作启动仪式暨全市公共停车场建设座谈会，同时组织到华润·太原街广场地下停车场、锦江之星（太原街店）立体停车场等一些现场点位进行实地考察，梳理出关于加强此项营商环境建设工作的意见建议，并向中共沈阳市委提交《关于我市停车难及公共停车场建设专项民主监督调研报告》。科教支部赵永会撰写的《乘创建国家食品安全城契机，提升我市中小学学校食堂食品安全及监管水平的建议》社情民意信息，得到中共辽宁省委常委、沈阳市委书记易炼红的高度重视，并作出重要批示，责成市委常委、副市长刘晓东和副市长姜军研究落实。

调研工作。开展各类调研活动160次，形成调研报告40篇，党员报送提案36件、建议17条和信息211条。按照市委统战部开展大调研工作部署要求，完成《关于提升中小微企业自主创新能力的对策研究》和《关于大力发展健康产业的对策研究》全市统一战线两个重点调研课题。关于历史污灌区土壤环保问题的调研报告受到有关方面高度评价，并在市政协全会上作大会发言。承担市政协的医养结合子课题调研报告，撰写的《推进医养结合体系建设需要关注和破解的几个问题》研究文章在农工党中央刊物《前进论坛》上发表。

社会服务。主委李铁男带队组织党员医疗专家等赴大方县三元乡开展脱贫攻坚系列活动。同时响应中央消费扶贫倡议，全市党员900余人次购买7万余元的商品。按照农工党中央对口云南省脱贫攻坚民主监督工作部署，参加昆明东川区脱贫攻坚民主监督调研活动，为致公党民主监督工作开展提供基础支撑。开展为促进云南省会泽县地区乡镇医疗卫生院发展的精准扶贫捐赠活动，在全市基层组织和广大党员完成捐款额超13万元。按照统战部开展“奉献一片爱心助力寒门学子”三年行动计划的部署要求，与康平县5名帮扶学生家庭签署《帮扶协议书》，资助贫困家庭大学生。一些基层组织党员到辽中区、康平县、清源县和西丰县等地，面向农村、学校，开展精准帮扶服务基层、服务群众的公益活动，捐赠物资12万余元。有10多个基层组织、党员80余人次参加各类形式精准扶贫帮困活动10余次，帮扶生活困难群众20余人。

【纪念“五一口号”发布70周年和庆祝改革开放40周年系列活动】 2018年，编辑出版“纪念中共中央发布‘五一口号’70周年专刊”，举行“不忘合作初心，继续携手前进”——庆祝改革开放40周年书画摄影作品展，营造坚持和发展新型政党制度氛围。截至年末，官方网站共上传1607篇文章，点击406多万人次；微信公共平台关注人数894人，推送292图文信息。加大在网易新闻、凤凰新闻、百度新闻、帅正新闻、凤凰网、搜狐网等主流媒体的宣传力度，统战宣传工作保持在全市的领先地位，在沈阳同舟网宣传稿件采用的数量名列全市第二名。（王勇）

中国致公党沈阳市委员会

【概况】 2018年，中国致公党沈阳市委员会（简称“致公党沈阳市委”）围绕中心，服务大局，

8月29日，农工党沈阳市委与市政协教科文卫体委员会赴沈阳市安宁医院联合对失智人员医养结合情况开展专题调研（农工党沈阳市委供）

把握侨海优势，助力推动沈阳高质量发展，获致公党中央“参政议政工作先进集体”、致公党辽宁省委“坚持和发展中国特色社会主义实践活动先进集体”等称号，于洪区支部被评为“坚持和发展中国特色社会主义实践活动先进基层”。发展党员43人，其中女党员16人。截至年末，有党员889人。

参政议政。在沈阳市政协十五届二次全会上提交集体提案14件，大会发言7件，报送致公省委提案素材29件，24件被采用；报送市委统战部重点协商课题4件，其中1件被推荐到省委统战部。党员应其元撰写的《关于充分发挥医疗卫生在我省精准扶贫中作用的建议》被评为参政议政优秀成果，党员富莹被评为参政议政先进个人。利用“直通车”渠道，向市委市政府报送《关于沈阳申请免费便民警亭项目的建议》，为推动沈阳高品质公共服务中心建言献策，得到市长批示。对中共沈阳市委全会报告、市政府工作报告等协商内容，集全党智慧形成协商建议，为市委市政府科学决策提供有价值的参考意见。创新协商渠道，充分把握集体提案答复契机，采取提案集中办理手段，与市民政局、建委、环保局、外经委等单位开展20余次协商议政和协商监督工作，并建立信息沟通机制。

民主监督。针对沈阳北站地区发生的影响沈阳营商环境乱象，提出《关于加强北站等窗口地区营商环境整治的建议》，得到市委领导、市营商办重视，问题得到有效解决。受中共沈阳市委的委托，开展垄断行业营商环境专项整治民主监督活动，对水电煤气等垄断行业进行调研、座谈、暗访，形成监督调研报告，为市委市政府进一步改善垄断行业营商环境提供决策参考。

“侨”“海”联络。接待加拿大、美国、欧盟议会等海外团组12个，宣传中国特色社会主义新型政党制度、政治协商制度的优越性，介绍沈阳在全面振兴全方位振兴过程中投资政策、人才政策等叠加优势，号召海外爱国侨领为家乡建设出谋划策、牵线搭桥。借助致公中央及“五侨”联席会议制度，充分发挥海外洪门同根同源的资源优势，“以侨为桥”，构建与海外华人华侨首领、华人社团的联系，巩固传统友谊外。此外，与阿根廷、意大利等重要华人媒体平台建立友好关系，为推动沈阳对外合作开放发挥作用。

社会服务。继续提塑“致福”品牌、“致福送诊”工程。以医大工委、四院、辽宁中医、铁西等支部为主体，先后深入到农村开展医疗下乡活动，开展“致福爱万家”——“心肺复苏”公益培训活动，助推国家健康城市建设。开展“致力童心.残障儿童关爱计划”，通过“为了孩子的快乐成长——我为沈阳画未来”现场书画义卖公益活动，筹得善款2万余元，全部捐献给和平区睿智学校，作为残障儿童关爱基金。依托皇姑工委、文化专委会，开展书法、戏剧、足球进校园活动，在求知、塑美的实践中，弘扬社会主义核心价值观，增强文化自信、文化自觉。夯实社会服务基地，做实全市24个社会服务基地，在辽中区佑户坨社区启动致公党沈阳市委社会服务基地，并正式挂牌，标志市委在社会服务工作长效机制建设方面迈上一个新台阶。

舆情宣传。充分发挥微信公众号、网站等传播媒介的优势，及时发布并报送致公省委、市委统战部、市政协信息400余件，以“大宣传”思维开展统战信息宣传工作，扩大覆盖面。强化传统媒体宣传，出版4期《沈阳致公》，创新栏目内容，增强刊物理论性、可读性和可鉴性。立足新时代统一战线和服务沈阳全面振兴全方位振兴，报送致公省委及市委统战部理论研究成果16篇。

【“精准扶贫·致福光明行”公益活动启动】 2018年，致公党沈阳市委依托于洪支部、何氏眼科，在于洪区打造首个智慧化专科医联体。百姓可以通过远程云医疗，实现及时诊断、及时防控，通过互联网、大数据和公共卫生教育等方式，全面提升贫困百姓的眼健康水平，真正以智慧医疗手段落实精准扶贫，项目覆盖于洪区110多个社区。

【“助力寒门学子”三年行动计划】 2018年，致公党沈阳市委依托企业家专委会，帮扶5名优秀在校大学生，制定在思想上引领、经济上帮扶三年行动计划。主委李展超带领党内9名企业家及青年骨干党员，亲自入户走访，深入了解各家庭经济情况、致贫原因以及每个家庭特点和可挖掘的增收潜力，因户施策，指导家庭提高脱贫造血能力，制定增收脱贫帮扶计划，并将第一批资助款1.5万元交到学生家长手中。党员张伟明个人出资4.5万元，解决受助学生家庭养殖生猪销售困难问题，助力学生家庭脱困，为学生安心学习解除后顾之忧。

（韩志强）

九三学社沈阳市委员会

【概况】 2018年，九三学社沈阳市委员会（简称“九三沈阳市委”）发展社员95名，净增率4.1%。高级职称及硕士以上学位占全年发展数87%，其中具有博士学位18人，硕士学位53人；具有高级职称33人。组建科教文卫委员会、经济与社会发展委员会、社会服务与联络委员会、思想建设与理论研究工作委员会、青年工作委员会和妇女工作委员会。截至年末，全市有社员2405人，基层组织40个，其中基层委员会12个，支社28个。完成辽宁大学基层委员会等14个基层组织的换届工作。召开“一先两优”表彰暨经验交流会，评选出沈阳农业大学基层委员会等13个先进基层组织，授予李煜等61名社员和孙丽枫等86名社员为优秀社务干部优秀社员称号。

思想建设。社市委举办纪念“五一口号”发布70周年暨全国“两会”精神报告会。向中共沈阳市委统战部上报统战理论论文3篇、立项论文1篇。参加社省委统战理论研究课题招标，3项课题立项并结项，张颖等3名社员获奖。宫建等5名社员的政协理论研究文章被市政协理论文集采用。参加中共沈阳市委统战部纪念“五一口号”发布70周年系列活动。参加社中央“五四运动与九三学社初心”研讨会论文征集活动和纪念改革开放40周年征文活动，其中1篇获优秀奖，1篇获入围奖。

参政议政。在市政协第十五届委员会第二次会议上，社市委提交集体提案9篇，其中大会口头发言1篇、书面发言3篇。向九三中央、社省委、市政协、市委统战部报送社情民意200余条，其中全国政协采纳4篇，社中央采纳7篇，省政协采纳6篇，社省委采纳19篇，市领导批示2篇。在党派大调研活动中，形成题为《沈阳建设东北亚先进装备智能制造中心对策研究》和《关于进一步完善实体经济发展政策环境的对策研究》的调研报告。在与市政协联合开展的“完善农业社会化服务体系”调研工作中，形成调研报告2篇。开展营商环境专项民主监督调研活动，对人才政策落实“最后一公里”专项整治工作情况开展调研并形成调研报告。

九三学社市委医疗专家赴北镇市罗罗堡镇开展义诊活动　　（九三学社市委供）

社会服务。各专委会在组建后均开展富有成效和各自特色的活动。开展“奉献一片爱心、助力寒门学子”活动，对康平县康平镇五户寒门学子家庭发放助学金。开展送医下乡活动，9月14名医疗专家赴北镇市罗罗堡镇义诊；10月，配合社省委工作，选派医疗专家赴西丰县天德镇开展医疗义诊。

机关建设。社市委积极开展机关作风建设年活动。组织全体机关干部参加社省委举办的机关干部培训班。社市委机关接收2名军转干部，借调1名干部充实到机关干部队伍中。在九三学社中央机关正规化建设交叉检查活动中，初步梳理完善工作制度23项，编印九三学社沈阳市委员会工作制度手册，获得社中央颁发的2018年度机关正规化建设交叉检查工作组织奖证书。（马　佳）

台湾民主自治同盟沈阳市委员会

【概况】 2018年，台湾民主自治同盟沈阳市委员会（简称“台盟沈阳市委”）发展1名新盟员，从吉林省调入1名盟员。截至年末，全市盟员74人。

参政议政。台盟沈阳市委完成调研报告17篇，完成党派集体提案5件，界别提案1件，委员个人提案5件。其中，《关于完善我市排水设施建设，构建内涝灾害风险防洪体系的提案》被市政协评为优秀集体提案；《关于关注学生心理健康加强心理健康教育

的提案》被市政协评为优秀界别提案；以62.12%的提升比例，连续第二年获盟中央2018年市级组织参政议政突出进步奖；连续第二年获盟省委2018年参政议政工作先进市委会，2人获先进个人二等奖、3人获三等奖。围绕中共沈阳市委关于在全市开展“解放思想推动高质量发展大讨论”的实施意见的要求，就中共市委提出相关讨论选题，聚焦“冰天雪地也是金山银山”、苏宁小镇规划建议等，完成《优化城市管理系统，完善城市管理功能——对沈阳城市管理的几点建议》的调研报告。

政治协商。台盟沈阳市委领导参加中共辽宁省委、中共沈阳市委、省（市）政府、政协、省（市）纪委召开的征求意见座谈会、协商会、通报会、新闻发布会、联席会等协商议政活动20余次，并就《中共沈阳市委十三届七次全会报告》《中共沈阳市委、沈阳市政府关于推动高质量发展的意见》及市政府、政协工作等提出相关意见、建议。

专题调研。参与全市统一战线大调研工作，就承担的重点课题《加强居民小区“二次供水”管理，严把“最后一公里”用水安全关》，课题组赴市水务集团、沈河区什字里泵站、和平区八经街道办事处沈电社区居民小区泵房等实地调研和座谈，取得调研所需的第一手资料；就医养结合和金融业发展支撑实体经济等方面，课题组赴武汉市水岸星城社区卫生服务站、江汉区老年公寓、富邦华一银行、中小企业银行、土地银行等调研，并召开调研座谈会，学习吸纳武汉市相关的先进经验和做法；就医养结合中的“院中院”模式，赴辽宁中置盛京老年病医院专题调研；围绕如何扎实有效推动乡村振兴工作，课题组随盟省委赴浙江省安吉县余村等地实地调研；围绕落实《辽宁省贯彻〈关于促进两岸文化交流合作的若干措施〉实施意见》的情况随省政协台盟和台联界别组赴大连市、鞍山市专题调研，通过开展大调研活动，为全面完成年度各项调研任务夯实基础。围绕市委、市政府提出“三城联创”工作的总目标，对城市管理和市容市貌进行调研，分别向市政协提出《关于在“三城联创”工作中重典整治用“杂物”乱占停车位问题的建议》《关于“疏”“堵”结合从消费源头整洁街头食品安全问题的建议》《关于禁止在公共道路区域内违规设置“专用车道”的建议》《社会治理理念下交警执法应该更人性化的建议》等建议。民盟沈阳市委发动盟员中的市、区政协委员对全市城市交通的现状和存在的问题进行调研，形成《关于对二、三级马路路口信号灯进行科学合理配时的建议》《关于严查城市道路乱用远光灯的建议》《关于对路内停车位明确标识停车种类的建议》《关于严管部分区域机动车乱调头行为的建议》等建议，经与市交管部门联络、沟通，所提建议全部得到采纳。

对台工作。承办台盟中央“中小学教师国情区情培训班”。陪同台湾中小学教师参访团赴南京十校参访，双方就传承传统中华文化等进行交流。南京十校的师生为台湾客人准备浓缩中华文化的精髓和传统的技艺展示课程，学校与台湾桃园市新屋区东明小学达成开展传统文化合作交流合作的意向。在台盟中央2018年对台联络工作会议上，作全盟市级组织的唯一代表做经验交流发言。举办两岸青年弘扬中华传统文化座谈会等联谊活动。举办“泛舟青山绿水共度端午佳节”在沈青年台胞联谊活动，邀请中国医科大学、辽宁中医药大学就读的台湾大学生代表与在沈的台商、青年定居台胞、民革党员、台盟盟员的代表共同参观大伙房水库，并就弘扬中华传统文化进行座谈。与市台联举办2018年在沈台胞春节团拜会、“迎中秋盼统一”在沈台胞中秋联谊会；与市台办等举办2018年沈阳市台胞台属中秋联谊会招待会；接待台湾抗日志士亲属协进会创会会长林光辉一行。

【“奉献一片爱心，助力寒门学子”活动】 4月13日，按照市委统战部的统一部署，赴康平县镇西村对口帮扶的贫困大学生家中，详细了解其家庭的生活情况和主要困难，台盟盟员、沈阳瑞亚生物科技有限公司总经理赵悦彤为贫困学生资助3000元；国庆节前专程到贫困家庭中走访慰问，并送去节日慰问品。

【纪念中共中央发布“五一口号”70周年系列活动】 4月19日，邀请省社会主义学院马克思主义理论教研部主任王淑华教授作《重温五一口号，不忘合作初心》专题报告。邀请市委委员、老盟员、骨干盟员代表等进行座谈。4月26日，组织盟员参观“不忘合作初心 继续携手前进”书画展并观看全省统一战线纪念文艺演出。开展征文活动，共征集稿件7件，3件获省委统战部优秀论文奖，1件获二等奖，2件获三等

奖，并被收录到《辽宁省纪念中共中央发布“五一口号”70周年理论研讨会优秀论文集》。征集书法作品5件，其中盟员杨晓健创作的《忆秦娥·娄山关》入选省委统战部“不忘合作初心 继续携手前进”书画展。开展宣传活动，设计制作主题为“七十载风雨同舟，新时代携手前进”的纪念“五一口号”发布70周年的宣传展板，用图文的形式展示台盟响应“五一口号”的光辉历史和盟市委所取得的丰硕成果；完成盟市委纪念文章《同舟共济建设新中国，薪火相传共圆复兴梦》并在《沈阳日报》专栏中刊载。

【台海形势报告会】 7月15日，以同心大讲堂为平台，邀请台盟中央参议政工作委员会主任、原中共中央（国务院）台办海峡两岸关系研究中心研究员王中作《现阶段台海局势及两岸关系态势的若干关注点》的专题报告，深入解读中共十九大报告中的涉台部分和习近平总书记会见连战一行时提出的“四点意见”的相关精神。

【“同心·文化艺术进校园”社会服务活动】 8月19日，联合省图书馆，分别赴南京十校、辽宁光明学校，把文化艺术“套餐”送进校园，台盟盟员、辽宁歌剧院国家一级编剧吴君为学校艺术团作“走进高雅艺术的殿堂—交响乐鉴赏”专题讲座；省图书馆流动图书车开进校园，为学生提供图书阅览服务，使同学们在校园内就受到高雅艺术的熏陶和启迪，体验到流动图书车的方便快捷，受到师生欢迎。

【学习习近平新时代中国特色社会主义思想培训活动】 9月12—13日，举办“不忘合作初心继续携手前进”主题教育活动暨第31期盟员培训班，邀请中共沈阳市委党校党史党建教研部主任吴辽生作《新时代、新使命、新思想、新征程——党的十九大精神解读》的专题报告；组织学员就学习习近平新时代中国特色社会主义思想等进交流讨论，并赴省档案馆进行现场教学活动。

【“走进小城子同心帮困服务”活动】 重阳节当天，全体机关干部赴康平县小城子镇小城子中心敬老院，为敬老院的全体老人送去毛巾、梳子、香皂、洗漱包等日常生活用品，为全体老人包一顿饺子，送去台盟组织的温暖和祝福。赴中共康平县小城子镇委，与镇委书记座谈交流，进一步了解小城子镇的基本情况、经济发展、扶贫攻艰等情况，商洽下一步帮扶小城子镇的工作思路。

【庆祝改革开放四十周年系列活动】 2018年，邀请沈阳市委党校党史党建教研部教授刘工力作《改革开放：中国再出发》专题报告。12月26日，学习习近平总书记在庆祝改革开放40周年大会上的讲话及台盟中央主席苏辉在台盟中央庆祝改革开放40周年座谈会上的讲话，并组织与会盟市委老领导、老盟员、中青年盟员进行座谈交流。举办征文活动，征集5件文稿，其中，《透过深圳看沈阳——庆祝改革开放40周年》等2件征文被市政协《见证—沈阳政协委员与改革开放40年》一书收录。

（尤超）

沈阳市工商业联合会

【概况】 2018年，市工商联坚持政治建会、团结立会、服务兴会、改革强会，充分发挥作用，认真履行职能，踏实推动各项工作提速提质提效。经过届中人事调整，市工商联（总商会）有执委353人，其中，主席（会长）1人，副主席28人，副会长17人〔专职副主席（副会长）3人，企业家副主席25人，企业家副会长14人，市委统战部1名副部长任副主席、副会长〕、常委134人。全市有工商联会员34762个，各类商会组织195家，其中行业商会91个、异地商会35个、乡镇（街道）商会54个、市场、园区商会3个。执委中在各级人大和政协担任职务的代表人士有173人，其中全国政协委员2人；省、市人大代表、政协委员63人，区人大代表、政协委员105人。禾丰牧业在中国民营企业“500强”评选中位列第267名，是沈阳市唯一入选的本土企业。经市工商联推荐，和平区工商联获全国工商联“五好”工商联称号，沈阳江苏商会获全国工商联“四好”商会称号，禾丰牧业被评为全国模范和谐劳动关系单位；王晶被评为辽宁省“巾帼创业创新行动”标兵，获辽宁省三八红旗手称号；王卓、王水林、朱一飞、苏文博、赵永茂被评为“沈阳十佳青年企业家”；张小敏、洪蕴来被评为“沈阳十佳农村青年致富带头人”。

参政议政。探索民营经济舆情上报机制，上报市委市政府的调研报告，得到时任市委书记等市领导的批示。年初提交的设立引导资金的提案被列为市政府重点提案，并与市金融办重点协商，为设立中小微企业融资扶持资金提供基础。组织收集和撰写30多份提案，4篇大会发言在人

大、政协“两会”期间上报市政协，其中《关于交警系统精准治堵的提案》被市政府评为优秀提案，《关于财政设立引导资金降低中小微企业续贷成本的提案》被市政协评为优秀提案。

服务社会。组织50余名会员参与统一战线“奉献一片爱心，助力寒门学子”三年行动计划，发放第一年13万元帮扶资金给寒门学子。开展“精准扶贫”慰问活动，组织会员捐款、捐物200余万元。截至年末，组织118户企业与102个建档立卡的贫困村进行一对一、多对一扶贫协议的签署并完成基本情况对接，其中产业帮扶投入10030.05万元，就业帮扶投入107.55万元，公益帮扶投入66.37万元，技能帮扶投入2.94万元。

金融服务。推动会员组建沈阳民营转贷服务平台——沈阳联宏投资发展有限公司，设立计划规模5亿元的“沈阳市民营中小微企业融资扶持资金”，完成转贷业务72笔，累积转贷资金4.3亿元，为会员节约融资成本300余万元。发动和支持会员建立基金小镇，通过以商招商的形式，引进40余家基金机构入驻沈阳，资金总规模超过百亿元。搭建银企对接平台，累计为989户企业融资26.4亿元。

会展服务。参与组织APEC中小企业技术交流暨展览会，先后邀请域内外200多位嘉宾参观展会。开展会展经济升级工程，所属商会主办及承办的东北国际口腔器材展览会、东北国际建筑装饰博览会、东北国际五金工具展览会，发展成为北方地区最具规模、最具影响力的行业展览会。古玩艺术品博览会，总交易额超过2亿元。国际广告节参展商达到400余家。

沈商大讲堂第四期专题讲座 （市工商联供）

法律服务。与检察院、法院、司法局、仲裁委建立经常性联系机制，联合出台《关于加强协作配合保障沈阳市非公经济健康发展的意见》《关于建立联系协作机制的意见》等一系列文件，通过完善联席会议、日常联络、投诉监督、案件通报、专业咨询制度，为民营企业搭建法律服务绿色通道。聘请15家律师事务所作为法律顾问单位、6家律师事务所作为非公企业法律服务基地，组建“百名律师顾问团”。开展“法律顾问进企业进商会”活动，先后为150户企业提供合同审查、债权债务清理、法律风险排查等服务，代理案件46件，挽回经济损失8000余万元。

对外联络。助力“三引三回”活动，策划开展“请老乡回家过年”系列活动，邀请5个代表团到沈考察，落地项目4个，投资额30.7亿元。市工商联联络处被评为市直机关“四服务”标兵处室，联络处和处长分别被市委授予集体三等功和个人三等功称号。依托海外辽沈商会，建立俄罗斯和美国两个海外工作联络站。全系统在建、扩建和新投入的项目32个，合同金额553.572亿元，到位资金345.62亿元。

教育培训。先后组织会员赴复旦大学、延安、河南兰考等地举办理想信念教育和能力素质提升培训班3期；与沈阳大学合作，举办“年轻一代企业家能力素质提升培训班”1期；创办“沈商大讲堂”，先后举办4期专题讲座。教育培训人员3100余人(次)。市工商联被中华工商时报评为“宣传教育先进单位”，沈阳市是东北唯一入选的城市。

【沈阳市民营企业家爱心慈善会成立】 8月6日成立大会在辽宁大厦召开。它是在民政局注册备案的社会团体，是东北地区首个以民营企业家为主体的慈善事业平台。其宗旨是：发扬人道主义精神，弘扬中华民族扶贫济困的传统美德，帮助社会上不幸的个人和困难群体，开展明星义演募捐、文化艺术藏品拍卖活动等多种形式的社会救助工作，筹集的善款均作为扶贫救助基金。截至年末，有会员190个，集善款165万多元，开展扶贫和慈善项目7个，发放善款30余万元。

（市工商联）

七、群众团体

沈阳市总工会

【概况】 2018年，全市各级工会组织深入学习贯彻习近平新时代中国特色社会主义思想和党的十九大精神，认真落实市委和上级工会决策部署，扎实践行“三突出”（突出服务中心工作，突出打造亮点品牌，突出全面从严治党和推进工会改革）、“三贴近”（贴近基层、贴近一线、贴近职工）和开门办会工作理念，以大学习加强思想引领，以大改革去除机关化行政化倾向，以大创新增强工作实效，以大发展促进固本强基，各项工作取得新进展。截至年末，全市工会组织1.16万个，涵盖单位6.42万个，其中区县（市）、开发区总工会13个，街道乡镇总工会224个，社区工会874个，区县（市）行业工会109个；全市工会会员152.4万人，包括农民工会员11.9万人，建会率、入会率保持在98%以上，基本实现动态全覆盖；全市工会系统专职工会干部6000余人，兼职工会干部3.5万人。

思想引领。市总工会党组理论学习中心组开展12次集体学习，组织各级工会干部分2期到延安集中培训，依托市工会干校组织市级层面培训工会干部109期、1.08万人次，组织全市400余支宣讲小分队累计面向34.7万余名职工群众宣讲3100余场，健全完善意识形态工作责任制实施细则等9项规章制度，印发“不忘初心、牢记使命”等马克思主义学习资料，引导工会干部和广大职工牢固树立“四个意识”、增强“四个自信”、做到“两个维护”。“解放思想推动高质量发展‘工会怎么办’大讨论”深入开展，聚焦中心工作，发挥职能作用。举办“盛京大工匠”颁奖典礼和“五一”表彰，制作播出25集《盛京工匠》专题片，编辑出版《盛京大工匠》，弘扬劳模精神、工匠精神。

工会改革。按照全市统一部署，新组建市工会事务与职工服务中心，直接面向职工提供优质服务、保障机关日常运转；按照市委批准的市总机关“三定”方案，完成机关机构整合和人员调整，精简的14个编制（机关编制的10%）划拨给13个区县（市）和辽宁自贸区沈阳片区，加强基层工作力量。牵头协调30余个市直部门，共同起草《沈阳市产业工人队伍建设改革实施意见》，以市委文件正式印发，产业工人队伍建设改革全面启动。与共青团、妇联共同研究制定《沈阳市工青妇基层组织协同创新发展2018行动计划》，推荐12家省级示范点并拨付720万元项目资金，

新建工会事务与职工服务中心　（市总工会供）

工青妇基层组织实现协同创新发展，沈飞公司、大南街道、黄河街道、新湖社区4个示范点具备功能。

振兴发展。承办第六届全国职工职业技能大赛盛京杯焊工决赛，举办工匠精神主题论坛；承办2018全国工会就业援助行动暨“工创美好生活”东北三省联合招聘行动，并举办“沈阳市就业创业发展论坛”。继续落实省总支持企业发展10项措施，为6132户小微企业返还工会经费总额约1630余万元。持续开展“百万职工岗位技能提升工程”《超级技工》技能大赛和市重点工程项目劳动竞赛，组织技能培训交流，涌现职工技术创新成果2120项、技术攻关1880项、合理化建议11.5万余条。培育和发展职工志愿者组织2424个，志愿者总数20.3万人，并组织开展“学习雷锋·三城联创·擦亮沈阳”志愿服务活动。

职工维权。起草发布《沈阳市工会推进和谐劳动关系建设蓝皮书（2017年度）》。指导沈阳机床、华晨金杯等17户涉改企业规范履行民主管理程序，在新一轮国有企业改革改制和处置厂办集体企业、僵尸企业中发挥工会作用。培训劳动争议调解员800人次，深入排查化解劳动纠纷。“安康杯”竞赛广泛开展，工监站规范化建设不断加强。加强“爱异客”服务平台建设应用，农民工技能培训和维权服务工作再上新台阶。

帮扶服务。大病保障和住院津贴项目累计支付互助金2000余万元，受益职工9200余人，医疗互助保障为1.2万余名患病职工支付互助金1400余万元，有效缓解患病职工的经济负担；全市工会会员组合保险投入1350万元为，累计理赔金额1010余万元，受益职工7400余人次。持续开展“送荣誉鼓干劲、送温暖聚人心”、两节送温暖和“送清凉”等慰问活动，全市工会即时性走访慰问职工6500余人，走访慰问企业和工地300余家、职工5万余人次，发放慰问金、慰问品600余万元，把党和政府的温暖送到职工身边。

职业技能竞赛。持续组织“百万职工岗位技能提升工程”和超级技工电视技能大赛，组织开展模具设计、火电集成控制工、电梯维修、CAD制图员等20个市级工种的理论、实操比赛，参与大赛职工1.5万人。设计、编辑、录制5期超级技工节目，在辽宁公共频道的黄金时间播出。参加由省委组织部、省人社厅、省总工会、团省委和省妇联举办的“技师杯”辽宁省职业技能大赛，参加焊工、加工中心操作工、数控机床装调维修工、钳工、网络安全员和砌筑工6个工种竞赛，沈阳获单项2项第1名、1项第2名、2项第3名、3项第4名、4项第5名和团体总分第1名。

基层组织建设。市本级工会经费的85.62%用于服务职工群众和加强基层工会建设，安排区县主题项目资金2562万元，推进服务职工的阵地和设施建设，累计投资2114万元推动88处职工文体广场建设，带动行政企业投资2.15亿元，建成78处并投入使用。开展货车司机、快递员等“八大群体”集中建会和入会工作，新发展会员2万人。下拨社区工会工作经费922万元，推进“六有”（有强化职工思想教育的课堂阵地、有丰富职工文化生活的活动载体、有维护职工合法权益的协商机制、有解决职工实际困难的帮扶平台、有热心职工公益事业的志愿者队伍、有体现职工参与社区治理的工作品牌）社区工会创建工作。全力推进基层工会组织和工会会员实名制统计工作，全市实名统计基层工会组织1.1万个、工会会员142万名。推动非公企业、社会组织以及服务业单位组建工会，25人以上单位

建会率达到100%，25人以下单位建会率达到93%以上。

【“中国梦·劳动美·三城联创”工会在行动】 年初，市委、市政府全面启动“三城联创”工作，市总工会在全市开展“中国梦·劳动美·三城联创”工会在行动活动，培育和发展职工志愿者组织2424个，志愿者总数达20.3万人，3月16日在市总文化宫举办专题培训会，市人大党委会副主任、市总工会主席安俊辉为“三城联创”职工志愿者服务队授旗。全年各类职工志愿者服务队组织宣讲300多次，开展“擦亮沈阳”等活动100余次。

【“送荣誉鼓干劲、送温暖聚人心”活动】 元旦、春节期间，市总工会领导带队，为基层送荣誉30余次，走访慰问困难劳模、困难职工35人，送去米面油蛋等慰问品，发放慰问金3.5万元；全市各级工会组织走访公交司机、环卫工人，一线交警4500余人，发放慰问品价值67万余元。陪同上级工会，走访慰问困难职工、困难劳模、困难企业代表，以及部分重点项目工地、一线作业人员，发放慰问金33.3万元。

【“工创美好生活”工会就业援助行动】 4月22日，由沈阳市总工会、58集团沈阳分公司联合承办的2018全国工会就业援助行动暨“工创美好生活”东北三省联合招聘行动在沈阳创新天地启动。山东、大连、丹东、长春、辽源、白山、哈尔滨、鸡西等8省市工会代表出席启动仪式。此次招聘会用工企业线上线下600余户，其中现场招聘320户，提供1万余个工作岗位，招聘现场接到投送简历8873份，当场达成意向1436人。

【“关爱职工送清凉、建功立业促振兴”活动】 7—8月，组织全市各级工会深入基层企业，特别是室外露天作业集中、农民工集中的用人单位，以走访慰问、健康体检、文艺宣讲、政策咨询、法律援助等活动形式，协调解决高温劳动保护工作中存在的困难和问题，走访企业和工地294家，慰问职工47383人次，筹集慰问金251万余元。

【第六届全国职工职业技能大赛盛京杯焊工决赛】 8月26—29日举办。沈阳市总工会和沈阳鼓风机集团股份有限公司具体承办。全国30支代表队的91名焊工选手参与比赛。河北代表队、山西代表队、山东代表队分获焊工团体总分前三名。河北代表队的王要飞、山东代表队的李洋和河北代表队的张志军分获焊工个人一、二、三名。沈阳两名参赛选手分获22名和31名。其间，举行“专注 倾情 卓越”——工匠精神主题论坛，强化工匠意识，弘扬工匠精神，引导高技能人才的核心发展方向。（瓮金福）

中国共产主义青年团沈阳市委员会

【概况】 2018年，团市委以“基层服务年”为依托，组成20个调研组，深入一线，梳理汇总基层需求，指导13个区县（市）、28所高校、183所中学、13所中职学校编制共青团改革方案，成立沈阳市高校与中学共青团工作指导委员会，召开少先队改革现场观摩推进会，“青、学、少”组织改革实现同频共振；指导30家基层团组织完成换届，县级共青团代表大会和委员中基层一线青年比例显著提高。严把团员入口关、严控团员发展比例、严格团员组织生活，全市中学毕业班团青比降至30%以下。截至年末，全市有团员42.3万人，专职团干部499人、兼职团干部57027人；基层团委1021个、团工委116个、团总支547个、团支部20481个；全市有少先队员33.21万人，少先队8818个，辅导员8818人。

青少年思想引领。深入学习贯彻习近平新时代中国特色社会主义思想和党的十九大精神，以及习近平总书记在辽宁考察时和在深入推进东北振兴座谈会上重要讲话精神，全面落实“解放思想推动高质量发展大讨论”；在全市范围内开展“改革开放40年，青年奋进正当时”等主题教育活动，“爱家乡赞沈阳 做新时代好青（少）年”主题征文收到稿件5066篇。官方微博微信全年累计发布原创专题92期，“青年之声”平台访问总量突破2000万次；联合市委组织部、市委宣传部等单位，开展“新时代·新青年”六进宣讲团送培训下基层促发展活动。

青联外事。应中华全国青年联合会邀请，俄罗斯百名青年代表团到沈进行访问交流。其间，举办以“青年创新”为主题的中俄青年创新圆桌会议；召开中俄青年企业家洽谈会，双方就智能制造、创业孵化、文化创意、农产品输出等领域展开洽谈并作项目推介，现场有12个项目达成初步合作意向；以创业教育和经贸合作为主题的中俄青年创业孵化器交流项目沈阳—克麦罗沃在扬谷创客基地启动，进一步丰富中俄人文交流的内涵。

青少年维权品牌项目。精准衔接基层单位的“需求侧”和维权志愿服务的“供给侧”，变单项灌输式教育为“订单式”服务，依托一系列接地气、受欢迎、重实效的精品课程和一支专业化、规范化、长效化的“种子”社工志愿者队伍，深入社区、学校、企业等青少年生活、学习、工作的最基础单元开展宣讲活动，重点引导青少年自觉成为维权意识和法治精神的传播者和践行者。全市举办宣讲活动628场次，受益青少年8.3万余人，开发的动漫产品《沈小团带你3分钟读懂“种子”计划》广受好评，工作经验被中央、省、市级媒体宣传报道。

大型赛会志愿服务。针对大型赛会多、时间集中、要求高等特点，优化志愿服务岗位配置和志愿者管理，完成2018年沈阳国际马拉松赛、2018年肿瘤学大会、APEC中小企业技术交流暨展览会、冬季市长会议、2018智慧城市创新大会、“钻石之恋·爱在沈阳”集体婚礼、“双创周”系列活动、宝马“燃擎之夜”等10余场大型赛会志愿服务工作，超过3000名志愿者参与其中。

服务青年民生。在青年创业工作中，发布“青创地图”12期，举办活动近百场，参与青年6000余人，举办沈阳市青年创新创业大赛，收集项目102个，推荐参加省青创赛项目50个，获奖12个，推荐参加全国“创青春”大赛项目43个；在青年婚恋交友工作中，整合团内所属资源，动员社会力量，在全市范围内开展“团缘之恋”公益婚恋交友系列活动，举办大型公益类婚恋交友活动7场，惠及各行业单身青年2000余人；在阳光助考行动中，开展心理减压讲座13场，为3.2万名2018年高考考生免费提供“爱心助考包”。全力构建青年创业创新服务体系，建设团属创业阵地，为创业青年提供“一站式”创业服务；打造“种子”特色品牌项目，深入社区、学校、企业等基础单元开展宣讲活动。

少先队品牌活动。开展2018年“红领巾——我爱我家”主题实践活动，通过“红领巾广播站”“红领巾小导游”“红领巾读书季”“红领巾故事会”“红领巾宣讲团”等活动载体，引导全市少先队员增强热爱祖国、热爱人民、热爱中华民族的情感。联合北方图书城、凤凰网辽宁频道、辽宁省朗诵艺术协会共同开展小小朗读者活动，凤凰网现场直播在线观看人数24.9万。围绕助力三城联创，开展“小小志愿者”活动，同时，大力拓展红领巾校外教育实践基地建设，建立市级“红领巾教育实践基地”12家，形成市、区、校多层级的校外活动阵地网络。

脱贫攻坚。团市委积极研究探索“多元化”脱贫攻坚工作模式，在坚持扶贫先扶智，“输血”与“造血”相结合的帮扶模式下，向新民市南王岗村6户贫困户提供慰问品及畜牧养殖启动金，并在现场将沈阳农业大学的专家与脱贫项目养殖户进行点对点对接指导，项目启动后将初步建立贫困人口自己“造血”的长效脱贫机制。此外，为辽中、康平地区的516名贫困青少年发放2018春季助学金22万元；开展“善就未来 慈善助学”主题活动，为700余名贫困中小学生提供午餐、校车费用26万余元；开展“大手牵小手 关爱永相传”系列活动，在元旦、春节期间为全市66名贫困青少年赠送价值1万余元的学习用品；持续开展“快乐假期”关爱留守儿童活动，让农村贫困、留守儿童增长见识、开阔眼界。

（张庆松 姜正伟 于英杰 白雷 宋肖雄 张楠 佟玥 孔祥征）

【纪念五四运动99周年系列活动】 五四前夕，组织沈阳青年创新创业代表座谈会，时任省委常委、市委书记出席座谈会，并对全市青年工作给予高度评价。五四期间，对各行业涌现出的96个先进青年个人（集体）进行集中表彰，并授予沈阳市“五四奖章（奖状）”。5月4日，举办纪念五四运动九十九周年暨“一路芳华一路歌”青运咏诵汇，用诗和歌相结合的形式，回顾99年青年运动发展历程，全面展现各个时代青年人前赴后继承担历史重任，用青春书写时代强音的动人风采。（张琛）

【助力“三城联创”大学生暑期社会实践活动】 暑期，团市委组建300支市级重点暑期社会实践团队，其中包括200支“三城联创”社会实践专项团队，深入基层，以实际行动践行“我是青年 我为沈阳创城代言”的青春誓言，助力全市“三城联创”工作。

（陈琦）

【第十四届“振兴杯”大赛决赛】 9月10—13日，由共青团中央与人社部联合主办的第十四届“振兴杯”全国青年职业技能大赛决赛在沈举办。大赛参赛总人数634人，并创“振兴杯”参赛队最多、单项工种竞赛人数最多、参与执裁的全国专家人数最多三项之最。在汽车装调工、钳工和焊

全国青年职业技能大赛钳工决赛机械设备装调操作现场　　（团市委供）

工3个工种项目比赛中，辽宁（沈阳）选手包揽全部赛项冠军。

沈阳市妇女联合会

【概况】 2018年，全市各级妇联组织深入学习领会习近平总书记系列重要讲话精神，落实中央及省委、市委党的群团工作会议要求，积极探索改革转型之路，不断强化自身的政治性、先进性和群众性，着力做好服务大局、服务妇女的各项工作。截至年末，全市有妇女组织2548个，其中市级妇女组织1个、区县（市）妇女组织13个、街道妇女组织134个、乡镇妇女组织69个，社区妇女组织1185个、村妇女组织1146个。市妇联有专职妇联干部40人。市直妇委会有34个，其中：机关妇委会10个、高校及事业单位妇委会6个、民主党派妇委会8个，非公经济组织和社会组织妇委会10个。

基层妇联组织改革。按照运行体系制度化、组织设置灵活化、工作队伍社会化、阵地建设亲民化、活动开展特色化的"五化"改革思路，持续推进妇联改革，先后制定完善区域化妇联工作联席会议制度、区域化妇联轮值主席制度和妇女议事会制度等改革规程，确保各项既定的改革任务规范有序推进。在全市143个乡镇(街道)建立"妇女之家"，推动沈阳天地商务楼宇将原沈阳天地"妇女之家"升级为"沈阳天地商务楼宇妇女联合会"，在非公经济组织和社会组织——沈阳市广全学校和北京盈科(沈阳)律师事务所成立市直妇委会，有效拓展妇女阵地覆盖范围。指导市及区县（市）妇联建立微信公众平台，发挥1200余个"网上妇女之家"的辐射作用，以"键对键"的方式与妇女群众建立紧密联系。

妇女创业创新。创建沈阳市巾帼电商创业创新联盟，为联盟会员发展农业电商提供及时有效的对接服务，组织965名妇女接受电商实用技能培训。举办6期巾帼就业创业导师行动公益讲堂，累计为350名女企业家、女性创业者、女大学生提供创业帮助。新建4家省、市巾帼科技示范基地，深入开展"女教授牵手农家女"活动，辐射带动3500余名农村妇女实现增收。在省妇联举办的"邮储银行杯"辽宁女性人才创新创业大赛中，入围决赛的15名选手里有8人来自沈阳，比例超过一半。

维护妇女儿童合法权益。制定下发《落实沈阳市妇女儿童发展规划重点目标任务三年滚动计划（2018—2020年）》，召开沈阳市第六次妇女儿童工作会议，促进各成员单位共同落实规划指标，推进妇女儿童事业发展，顺利通过省委省政府对全市妇女儿童发展规划专项督导检查。配合省人大对全市反家暴工作进行专题调研，联合市人社局开展促进女性公平就业督导工作。召开沈阳市反家暴推进会，举办精品培训班学习长沙反家暴经验，开展法律及心理服务40场，组织大型普法活动，制作推广《家暴不是家务事》微动漫宣传片，全面提升相关部门和基层妇联反家暴工作水平，提升广大家庭成员的反家暴意识。采取走访群众、入户调查、信访接待等形式深入开展婚姻家庭矛盾纠纷排查化解工作，排查问题118件。

服务妇女儿童需求。举办母婴护理、手工艺等技能培训班30余期，培训妇女3821人次，安置就业1796人次。开展就业推介服务，成功介绍3686名女性就业。开展贫困妇女"两癌"免费检查和救助工作，累计完成宫颈癌检查54362例，乳腺癌检查33834

例，发放救助金154万元。实施温暖贫困母亲项目，为100名城区贫困母亲和45名农村贫困母亲，分别发放救助金10万元、脱贫项目补助金22.5万元。开展爱心助学活动，为贫困儿童募集助学款30余万元。启动“共享蓝天、梦想起航”儿童眼病防治项目，累计完成239名困境儿童的眼病诊治。开展“你点单、我送课”百场家庭教育巡讲活动，有近万名家长从中受益。

定点扶贫。春节期间，市妇联组织机关党员干部深入到法库县包家屯镇百子屯村8个贫困户家中开展走访慰问，每户赠送慰问金、春联和福字等节日用品。市妇联协调法库县天源水处理有限公司投入5万元，组织挖掘机、压路机等车辆进村施工，为百子屯村解决村内总长8千米道路维修难题，深受村民好评。施工结束后，百子屯村为企业赠送“爱家乡无私奉献，帮扶路百姓称赞”锦旗。

巾帼志愿活动。在沈阳“三城联创”、秸秆禁烧等攻坚战中，全市各级妇联招募巾帼家庭志愿者29万余名，组建巾帼督战团5900支，走家入户发放倡议书、开展清洁沈阳志愿活动、向各种不文明行为说不。市妇联组织近千支“三城联创”巾帼督战团成员走上街路，走进园区，走进村屯，带动居民共同清扫积雪，为打好打赢“三城联创”攻坚战贡献巾帼力量。

【“三八”妇女节系列纪念活动】 “三八”节期间，省委常委、市委书记易炼红到山东庙街道铝镁社区、沈飞集团线束厂线束工段实地调研妇女工作，看望慰问妇女代表，代表市委、市政府向全市广大妇女致以诚挚谢意、送上美好祝福。在沈阳市工人文化宫举办“玫瑰礼赞”——沈阳市纪念“三八”国际妇女节108周年诗歌朗诵会，市管女领导干部、市妇联执委、市妇儿工委成员单位负责人、市直机关女干部及各界优秀妇女典型800余人到现场观看诗歌朗诵会。市政协、市妇联共同举办“庆三八、话发展、促振兴”调研座谈活动，女政协委员和女创业带头人分享自己创业成功的经历和经验，为女大学生在创业中的困惑和需求进行详尽的解答和指导，并对女大学生创业就业提出良好建议，提供宝贵创业就业渠道和信息。

【庆祝“六一”国际儿童节主题活动】 5月31日，省委副书记、市委书记易炼红到沈阳儿童活动中心调研少年儿童教育工作，看望慰问少年儿童。6月1日，辽宁省暨沈阳市妇联“争做新时代好少年”庆祝“六一”国际儿童节主题活动在沈阳儿童活动中心举行，全省各地500多名少年儿童参加，共同庆“六一”国际儿童节。

【全国妇联党组书记宋秀岩到沈调研】 4月11日，全国妇联党组书记、副主席、书记处第一书记宋秀岩到沈阳市调研深化妇联改革和企业女职工委员会发挥作用等工作进展情况。宋秀岩一行分别走访铁西区沈阳鼓风机集团股份有限公司、浑南区沈阳新松机器人自动化有限公司和大东区大北街道北苑社区。沈鼓集团总经理马诚、设计院副总设计师葛丽玲、新松机器人高级副总裁王宏玉、北苑社区妇联主席赵桂湘分别从女职工岗位建功、企业女职工委员会、妇女之家发挥作用情况、社区“妇女议事会”等网格化服务妇女工作情况及社区妇联执委发挥作用情况等方面进行汇报。

【4名代表出席全国妇女十二大】 10月30日至11月2日，沈阳市妇联党组书记、主席姜萍，沈阳鼓风机集团股份有限公司透平设计院副总工程师姜妍，中国医科大学附属盛京医院党委书记、副院长赵玉虹，沈阳市晶创孵化基地有限公司董事长王晶4人作为沈阳妇女代表参加在北京举办的中国妇女第十二次全国代表大会。会上，姜萍、姜妍当选为全国妇联十二届执委。

【“寻找为创建国家卫生城作出突出贡献的最美家庭”活动】 2018年，市妇联启动“全城发动，共同寻找为创建国家卫生城作出突出贡献的最美家庭”活动，印发10万份宣传单，与东北新闻网共同开展网络投票活动，吸引80万群众为“最美家庭”点赞。全市评选出最美“创卫”家庭110户。其中，4户家庭入选2018年全国“最美家庭”和“五好文明家庭”。（王硕）

小资料

全国“最美家庭”洪家光家庭：洪家光是中国航发黎明公司的一线员工，在全家人的理解与支持下，从一个学徒工成长为全国技术能手，累计完成技术革新160多项，解决技术难题300多个。洪家光父母的质朴、勤劳，岳父母的无条件支持及妻子的鼓励、默默奉献，成就洪家光爱岗敬业、实干创新的大国工匠，为祖国的航空梦、强军梦贡献全家人的力量。

全国“最美家庭”刘抗美家庭：刘抗美是英烈的后代，2005

年起，她和身为军人的丈夫走进孤儿院，将12万元的积蓄用在助养10名伤残孤儿身上，为孩子们写下2000余篇成长日记，拍下10万余张照片记录孩子们的喜怒哀乐，先后把福利院的10个孩子接回家中当成自己的亲生儿女，让他们享受家庭的温暖。

全国“五好文明家庭”金波家庭：“航空世家”金波一家4代有27人在沈飞公司工作，到沈飞创建66周年，金家4代人在沈飞的工龄累计700年，在沈飞发展的各个阶段都有金家人的身影，他们以“爱岗敬业，忠诚报国”为家训，用兢兢业业、服务航空事业的实际行动诠释家训的内涵，用奉献与实践书写情系沈飞、薪火相传、忠诚报国的家国情怀。金波家庭

全国“五好文明家庭”徐占海家庭：徐占海作为沈阳市新民市周坨子镇党委书记，带领乡亲们将贫困落后的家乡变成人均收入超万元的富裕乡，被誉为“周坨子奇迹”。徐占海齐“小家”，爱“大家”，拿出大部分工资接济贫困户、五保户和上不起学的孩子，他用廉洁的作风，带出良好的家风；以良好的家风，又促进养成廉洁的作风，形成一个和谐廉洁的家庭。

沈阳市科学技术协会

【概况】 2018年，市科协下辖13个区县（市）科协，198个乡镇（街道）科协，186个农村专业技术协会，企业科协38个，高校院（所）科协18个，市级学会、协会、研究会34个。全市新建院士专家工作站8家，10名院士进站工作，累计成立院士专家工作站93家，其中全国模范院士专家工作站7家、辽宁省示范院士专家工作站12家，院士314名。新办社区科普大学9所，全市科普大学总数达到548所，在册学员突破3万人。

青少年科技创新。组织青少年科技创新大赛、机器人竞赛、航模竞赛，吸引130多所学校、3万余名中小学生踊跃参与。在辽宁省青少年科技创新大赛、机器人竞赛中，沈阳市获奖157项，获全国大赛一二三奖28项。沈河区文化路小学被评为全国科技教育创新学校，辽沈街第二小学被评为全国十佳科技教育创新学校。广泛发动在校学生参加全国高校科学营、青少年科学调查体验等课外科技实践活动，广大青少年崇尚科学、探索求知的热情日益高涨。

科技创新智库建设。2018年度科技思想库课题申报立项工作启动，出台《沈阳市科技创新智库研究课题管理实施细则》，立项研究课题10项，决策咨询课题177项。为优化整合科技创新资源，分别在东北大学、沈阳大学建立科技创新智库工作基地，“小中心、大外围”智库工作格局进一步形成。研究课题完成中期评估，决策咨询课题如期结题。编报《决策参考》获市领导批示4人次。

科技人才举荐及评选表彰。组织开展2018年沈阳市自然科学学术成果评价工作，征集自然科学学术成果716项，评选优秀成果397项。开展第八届沈阳市十大科技英才暨第十三届沈阳市优秀科技工作者评选表彰活动，评选出“第八届沈阳市十大科技英才”10名，“沈阳市十大科技英才提名奖”10名，“沈阳市优秀科技工作者”135名。落实沈阳人才新政，实施高层次人才参加国际学术会议专项资助，有73名受资助者赴国外学习交流。

海外人才离岸创新创业基地建设。出台《沈阳海外人才离岸创新创业自由港创新创业基地资助办法》，支持中德（沈阳）装备制造产业园、沈阳国际软件园、沈阳锦联新经济产业园、新

12月3日，沈阳市院士专家工作站推进大会在沈阳宾馆召开　（市科协供）

松机器人创新实验室建设海外人才离岸创新创业基地。中德产业园上半年分别在深圳、德国海德堡、瑞典韦斯特罗三地设立离岸创新中心，在园区成立中德发展（沈阳）离岸创新服务中心有限公司。

院士专家工作站建设。2018年度院士专家工作站创建工作启动，制定《沈阳市院士专家工作站专项资金管理细则》。修订《沈阳市院士专家工作站建设管理办法》，实现院士专家工作站建管升级、良性发展。召开院士专家工作站推进大会，评选表彰10家先进院士专家工作站和10名优秀院士专家，沈阳天安科技股份有限公司获评为全国示范院士站，辽宁巨子实业股份有限公司等3家单位获评辽宁省示范院士专家工作站。东软集团股份有限公司等8家院士专家工作站挂牌运行，10名两院院士签约进站。

全民科普。为贯彻落实《全民科学素质行动纲要》，推进科普信息化建设，全市新配置全媒体科普屏39台，依托区县（市）有线电视台，累计播放科普中国V视频800期，全市城乡科普中国e站发展到269个，科普传播渠道得以纵深拓展。9月，举办2018年沈阳市科学嘉年华暨全国科普日活动，围绕校园科普联合行动、科普服务乡村振兴联合行动、社区科普益民联合行动、科普教育基地联合行动，策划组织特色科普活动108项。制发科普挂图10期，编辑出版《设施蔬菜生产技术问答》《身边科学》4.5万册。

社区科普大学。新增分校9所，全市分校发展到548所，覆盖62%以上社区，在册学员突破3万人。探索“互联网+科普大学”“电视+科普大学”的办学模式，与辽宁电视台、沈阳电视台、东北新闻网等媒体联合制作《不试不知道》《科普大讲堂》网络讲座等栏目34期。配合全市“三城联创”，举办食品安全、文明礼仪等专题培训近800场次。

科普惠农兴村。聚焦乡村振兴战略实施，举办沈阳市农村科技创业致富带头人培训班两期，百余名农业科技骨干接受培训。组织乡村振兴战略宣讲8场次，近千名乡村党员干部参加学习。发动4000余人参加全国农民科学素质网络知识竞答，提升农民科学素质。组织开展农业科技服务活动369场次、送医下乡26次，举办科普大集18场，发放科普图书和宣传资料10万余册，推介农业适用技术、新优品种、生产资料150余种。

【中国沈阳海智创新创业大赛】 3月13日，中国沈阳海智创新创业大赛暨第二届“中国智谷·星汇杯”创新创业大赛启动。辽宁省科协、沈阳市政府主办，市科协、市人才办、市科技局、市人社局、浑南区政府承办。主体活动10月结束，累计征集国内外77个科研团队、67户科技型企业144个项目参赛，决出金奖项目10个，其中1个项目落户沈阳锦联新经济产业园，2017年海创赛优秀项目于2018年落地4项。（宋 丹）

【第二届沈阳市科普微视频及科普动漫大赛】 5月启动，11月27日结束。大赛由市科学技术协会和市文学艺术界联合会主办，原市科普宣传中心、市电影电视家协会、市动漫艺术协会承办。收到全国各地的优秀作品148件。参赛作品呈现出科普知识的多样化、趣味化特点。东北大学的《琼楼玉馆故宫三舍》和北京中科幻彩动漫科技有限公司的《三峡大坝作用几何》作品分获科普动漫和科普微视频一等奖。

（志 闻）

【第十五届沈阳科学学术年会】 6月20日，以“沈阳振兴，材料先行”为主题的亚太材料科学院年会暨第十五届沈阳科学学术年会在沈阳丽都索菲特酒店开幕。组织特邀报告会、专题分论坛及重点学术活动56场次，44位中国科学院、中国工程院、亚太材料科学院院士，部分国内外知名专家学者参会交流。征集的298篇优秀学术论文由中国学术期刊电子杂志社编辑出版，并编入《中国重要会议论文全文数据库》。实施高端学术交流活动专项资助，吸引国内外知名学术机构和行业组织参与，在沈举办2018医学院士高峰论坛、第17届世界肥料大会等重点学术会议14项。

【开展解放思想推动沈阳高质量发展大讨论活动】 11月，为贯彻落实习近平总书记在辽宁考察时和在深入推进东北振兴座谈会上重要讲话精神，按照《关于在沈阳全市开展“解放思想推动高质量发展大讨论”的实施意见》的工作要求和统一部署，市科协制定印发《沈阳市科协关于深入开展“解放思想推动高质量发展大讨论”的实施方案》。20日，在沈阳迎宾馆召开“解放思想推动沈阳高质量发展大讨论”专家学者座谈会，20余位高层次科技专家学者参加，形成意见建议30余项。（宋 丹）

沈阳市文学艺术界联合会

【概况】 2018年，市文联坚认真

履行“团结引导、联络协调、服务管理、自律维权”职能，积极推动沈阳文艺事业繁荣发展。

文艺活动。围绕纪念沈阳解放70周年和改革开放40周年，打造“艺沈阳”品牌系列文艺活动，举办“艺沈阳·盛京赋”大型美术、书法、摄影、民间艺术精品立体联展，中国·沈阳“盛京满绣”艺术化产业论坛，“艺沈阳·盛京流云”纪念沈阳解放70周年舞蹈精品晚会，“艺沈阳”之“名家名作画名城——沈阳城市百象”美术作品展等。

志愿服务活动。围绕春节策划“文化惠民活动月”，各项文艺活动40余场，直接和间接受益群众50余万人次；广泛开展艺术惠民讲座700余场，直接或间接受益100万余人；深入组织文艺志愿服务活动37场次。

文联改革。《沈阳市文联深化改革实施方案》经市委常委会、市委深化改革领导小组会审议通过，以市委办公厅文件印发，为推动文联改革提供强大政策支撑；严肃认真落实审计和巡察整改工作，顺利完成文联所属3家事业单位的划转和3户企业的转隶。清理僵尸会员1777人，各文艺家协会重新录入登记会员6292人；清理整顿僵尸协会3个，保留11个文艺家协会；清理僵尸阵地5个，保留130个文艺阵地；进一步延伸服务手臂，登记掌握全市新文艺组织573个、新文艺群体78个、新文化艺术园区4个、新文艺从业者318人。

【“艺沈阳之名家名作画名城”美术作品展】 4月3—17日在沈阳美术馆举行。由市委宣传部、市文联主办。在组织沈阳艺术家现场画沈阳的写生活动基础上，项目组委会对整理提交的作品从主题性、质量、刻画角度等方面进行严格选拔，确定近70位艺术家的油画、中国画、水彩、坦培拉、色粉、综合材料、钢笔速写等绘画门类的120余幅作品参展，并由辽宁人民出版社出版发行展览作品集。

【中国·沈阳“盛京满绣”艺术化产业论坛】 5月28日在沈阳故宫举办。中国民间文艺家协会、辽宁省文联、沈阳市委宣传部、沈阳市文联主办。省内外数十位领导及专家学者参加会议。围绕“盛京满绣”艺术产业化品牌路径提升，专家学者从“盛京满绣”艺术产业化与沈阳经济发展、“盛京满绣”传承与发展、“盛京满绣”艺术产品与市场展望、“盛京满绣”艺术产品与国际化等展开论证，并提出可操作的对策。通过展演展示、观摩论证等形式，充分彰显以“盛京满绣”为代表的民间艺术的发展成果，推动“盛京满绣”艺术走向国际市场，用满绣艺术讲好鲜活的沈阳故事，传播好沈阳声音。

【“艺沈阳·盛京赋”大型立体联展】 7月24—28日在辽宁美术馆举办。展览由市委宣传部、市文联主办，展出美术、书法、摄影和民间艺术4个艺术门类作品300余幅，集中展示艺术家们以清·乾隆撰写的“盛京赋”为创作蓝本，精心创作出健康向上、主题鲜明、立意高远、异彩纷呈的优秀作品。

【“盛京满绣”杯“我和旗袍的故事”系列活动】 9月21—25日，作为第二届中国（盛京1636）国际旗袍文化节的重点项目之一，市文联组织举办首届“盛京满绣”杯“我和旗袍的故事”系列文艺活动。活动围绕旗袍服饰文化内容，用艺术语言讲述自己在生活工作中或在研究创作中，与旗袍结下的艺术之源、情节故事及深刻感悟。活动涉及

“艺沈阳·盛京赋”大型立体联展　　（市文联供）

文学、摄影、书法、微电影、民间艺术等文艺门类，包括面向全国开展征文、摄影、微电影作品征集活动，文艺作品秀，文学、书法、摄影、民间艺术优秀作品展以及旗袍主题摄影巡展等。其中征集活动收到全国各地上报的文学（小说、散文、诗歌、报告文学）、摄影、微电影作品5000余篇（幅、部）。张玉、孙胜等33人获文学类“小说”作品一、二、三等奖和优秀奖；王秀杰、李忆锋等31人获文学类“散文”作品一、二、三等奖和优秀奖；王向峰、苏美晴等55人获文学类“诗歌”作品一、二、三等奖和优秀奖；郑军等4人获文学类“报告文学”作品一、二、三等奖；刘宝成等39人获摄影类优秀奖；《奶奶的旗袍》等12部作品获微电影类一、二、三等奖和优秀奖。并将获奖文学作品编辑成集——首届“盛京满绣”杯征文选集《我和旗袍的故事》出版发行。

【“艺沈阳·盛京流云”舞蹈精品晚会】 10月30日在盛京大剧院举行。晚会为纪念沈阳解放70周年，由市文联、市公共文化服务中心主办。13个舞蹈节目是伴随沈阳70年的发展历程，沈阳舞蹈界创造出的享誉全国的佳品力作，包括获得中宣部“五个一工程奖”、文化部“文华大奖”的舞剧《月牙五更》片段；获得央视《舞蹈世界》“舞蹈全民星”奖的舞蹈《怒放的金达莱》、第三届“小荷风采”全国少儿舞蹈展演表演金奖的《闪闪的红星》等精彩节目。沈阳舞蹈工作者用舞蹈语言传播沈阳声音，讲好沈阳故事。

2018年全市文联系统获国家级奖励集体与个人情况

表11

序 号	获奖作品	获奖单位及个人	奖 项
1	歌曲《中国秤》		获批国家艺术基金立项
2	纸上刀绘《吉祥图》	王 静	获“第三届中国（潍坊）民间艺术博览会”博览会金奖
3	满绣《官补》	杨晓桐	获“第三届中国（潍坊）民间艺术博览会”博览会金奖
4	核雕作品《骑兽十八罗汉》	李永利	获“第三届中国（潍坊）民间艺术博览会”博览会金奖
5	核雕作品《恋曲》	王 政	获“第三届中国（潍坊）民间艺术博览会”博览会金奖
6	微电影《彩虹》《幸福快递》《新闻》《童话镇》		获中国金鸡百花电影节第三届国际微电影展优秀作品奖
7	电视剧《女人的天空》		获第31届电视剧“飞天奖”优秀电视剧大奖提名作品奖

（市文联）

【沈阳·“中国旗袍文化起源地、盛京满绣文化起源地、纸上刀绘文化起源地”论证会】 12月21日在沈阳故宫东朝房召开。中国起源地文化研究中心组织。通过课题介绍、对申报项目的情况说明、起源地文化专家现场提出相关问题、答辩、阐述意见、评审组讨论、签署意见书等过程进行论证。中国文联民间文艺家协会顾问曹保明等12位专家、辽沈地区资深专家、沈阳故宫等相关领导等参加论证会。

（王 兰）

沈阳市社会科学界联合会

【概况】 2018年，沈阳市社科联深入学习宣传贯彻习近平新时代中国特色社会主义思想和党的十九大精神，以及市委全会精神，坚持围绕中心，服务大局，在理论研究服务决策方面发挥积极作用，在社会科学宣传普及方面提升市民素养，在社会组织建设与管理方面取得新成效。市社科联、社科院工作得到市领导肯定性批示；市社科联被评为全国社科组织先进单位、沈阳市全民终身学习活动先进单位，市社科院被评为全国城市社科院先进单位，辽海·沈阳讲坛被评为沈阳市全民终身学习品牌；理论宣讲经验被纳入《2018年沈阳市宣讲工作探索》汇编。开展科研工作，发挥智库作用，向市委市政府报送6项对策建议，得到市委书记、市长和相关市领导的批示采纳；围绕让营商环境成为振兴发展新优势、深化供给侧结构性改革、加快建设文化名城等重点

工作，精心设计2018年度沈阳市社会科学立项课题选题，在结题的269项研究成果中，获领导批示26项，被决策采纳47项，出版著作23项，在报刊发表论文302篇；开展沈阳市第二十三届社会科学优秀学术成果评选工作，评选出399项优秀成果，6个优秀组织单位；做好第16届沈阳科学学术年会承办工作。围绕年会主题，设立10个社会科学分会场，为沈阳经济社会发展咨政建言。开展科普、讲坛工作，举办社会科学普及活动，开展特色活动64项，发放资料2万余份，参与市民5万余人次；举办社会主义核心价值观等系列讲座700余场听众3万多人；在《沈阳日报》推出《老厂记忆》专栏，报道6篇、讲座10场；和《沈阳晚报》、沈阳网联合推出《讲好沈阳故事》专栏，举办讲座10场，网上视频点击量129万余次；编写《“弘扬家教家风，树立家国情怀”读本》；与沈阳广播电视台FM986节目组举办“社科知识空中科普”活动；编写4期科普挂图在5处科普橱窗宣传。加强社科类社会组织建设，按照中央及省、市委要求，全面推进社科类社会组织的党组织建设工作，市社科联有直属社科类社会组织26家，成立党组织23家。在全面总结社会组织工作经验基础上，编印《直属社科类社会组织工作经验材料汇编》；整理22家社会组织的2018年工作大事记，编印《直属社科类社会组织2018年工作大事记汇编》。研究制定《沈阳市社科联社科类社会组织管理暂行办法》（草案），进一步加强社会组织的建设与管理。

【庆祝改革开放40周年和纪念沈阳解放70周年活动】 9月19日，与市老年书画研究会联合举办“纪念改革开放40周年暨沈阳解放70周年书画作品展”，展出作品240余幅。为科学总结和广泛宣传改革开放40年的实践经验与理论创新成果，与市委党校共同组织征文活动，表彰优秀论文50篇。

【习总书记在辽宁考察时和在深入推进东北振兴座谈会上的重要讲话精神贯彻落实】 11月12日，成立市社科联“解放思想推动高质量发展大讨论”领导小组，制订实施方案。召开机关全体干部职工会议，主要领导进行动员部署，邀请市委宣讲团成员为机关全体人员作专题辅导。11月28日，举办“全市党校系统、社科界学习贯彻习近平总书记在深入推进东北振兴座谈会和在辽宁考察重要讲话精神暨庆祝改革开放40周年理论研讨会”，辽宁大学日本研究所副研究员许悦雷5位专家学者和实际工作者围绕大会主题，从不同研究角度、不同工作领域进行研讨交流。

市社科联举办纪念改革开放40周年暨沈阳解放70周年书画作品展　　（市社科联供）

【“解放思想推动高质量发展大讨论”贯彻落实】 11月28日，召开社科界专题研讨会，市委常委、宣传部部长冯守权出席会议，并就全市为什么开展“大讨论”，围绕什么开展大讨论，怎么把大讨论搞好，怎么评价大讨论成果进行系统强调，对社科战线提出要求，市人才开发研究所所长、教授张淑华等5位专家学者和实际工作者进行研讨发言，全市社科界专家学者和实际工作者260余人参加会议。通过沈阳广播电视台FM98.6《新闻早高峰》栏目举办空中科普活动，广泛开展“解放思想推动高质量发展大讨论”宣传，营造浓厚氛围。

【辽海·沈阳讲坛之讲好沈阳故事活动】 2018年，与《沈阳晚报》、沈阳网共同举办10期辽海·沈阳讲坛之讲好沈阳故事活动，并在沈阳网开设网上视频，点击率达到129万人次；与《沈阳日报》联办辽海·沈阳讲坛之“老厂记忆”活动，在《沈阳日报》整版刊发6篇，举办讲座10场。

【社会科学知识宣传普及活动】 2018年，组织开展“流动基地走基层”系列科普活动，先后开展社会科学读书交流活动、社会科学知识进校园活动、社会科学知识进社区、村镇活动；与沈阳广播电视台FM986节目组共同举办“社科知识空中科普”活动，完成早高峰科普节目25期，社科

专家走进直播间3期，现场讲座1期；围绕“关于改革开放习近平这20句经典话语意蕴深远”等内容，编制4期科普橱窗挂图，在和平区光明社区等5处科普橱窗进行宣传展示。（段科明）

沈阳市归国华侨联合会

【概况】 2018年，市侨联坚持国内海外工作和老侨新侨工作并重，积极拓展海外工作、新侨工作，着力推进侨联改革创新。为深入学习贯彻习近平总书记在深入推进东北振兴座谈会上的重要讲话精神，邀请中国侨商会及东三省市侨联、侨商会领导和侨商代表60余人，东北城市侨商联盟组织召开“携手侨商企业 助力东北振兴”研讨会；推出东北城市侨商联盟“携手计划”行动，整合东北地区侨商企业资源优势，为沈阳振兴发展凝聚侨心侨力。完成浑南区侨联成立和于洪区、康平县侨联换届，成立浑南区、于洪区侨商会。市侨联等3家侨联组织被中国侨联授予“全国侨联系统先进组织”称号，沈阳市归侨侨眷10人被中国侨联、国务院侨办授予“全国归侨侨眷先进个人”。截至年末，全市基层侨联组织36个。全市13个区县（市）侨联组织实现全覆盖。在归侨侨眷较多的全市20所重点高校中，成立东北大学、辽宁大学、沈阳农业大学等14个高校侨联。成立沈飞集团、辽沈工业集团2户国有企业侨联，沈阳国际软件园1个科技园区侨联。在铁西、和平、大东、沈河区成立6个社区侨联并建立“侨胞之家”。

建言献策。市侨联召开“解放思想推动高质量发展大讨论”座谈会，组织市侨联特聘专家委员会、市侨商会、市侨青会、市侨文联的侨界代表人士，围绕学习贯彻习近平总书记讲话精神特别是补齐“四个短板”，谈体会、查不足、找对策、提建议，为推动沈阳全面振兴、全方位振兴建言献策。成立沈阳市侨联特聘专家委员会，聘请侨界中国工程院院士和“百人计划”“长江学者计划”“千人计划”入选者及行业或研究领域的领军人物、博士教授等84名为首批特聘专家，为实施沈阳“人才强市”战略发挥侨联“智库”作用。组织全市30个基层侨联开展“互学交流”大调研活动16次，形成24篇调研报告，编印《沈阳市基层侨联工作调研材料汇编》。

侨联改革。学习贯彻中国侨联、辽宁省侨联改革方案和市委党的群团工作会议精神，完成《市侨联改革实施方案》征求意见、修改完善和报审工作，经市委常委会议审议通过，市委办公厅印发《沈阳市侨联改革实施方案》。召开全市基层侨联工作会议，进行传达贯彻和动员部署。

服务侨企。配合市委、市政府举办第十届APEC中小企业技术交流展览会，10余户侨商企业就医疗设备、电子工程、机器人等领域与韩国企业直接对接交流，共同推动中韩企业间的信息交流与成果转化。组织100名侨商企业参加展会组织参加中国侨联第七届新侨创新创业成果交流活动、中国侨商会“三省一区”侨商企业项目推介会、东北城市侨商联盟企业项目对接座谈会、2018年省会暨口岸城市侨联“一带一路”建设工作协作会议，海外侨商龙江行等活动20余次，增进与海内外企业的交流合作。

维护侨益。市侨联联合基层侨联走访慰问老侨和困难归侨侨眷，向215名老侨发放关爱资金近10万元，向17户归侨低保家庭、42人困难归侨侨眷发放扶贫帮困资金7.3万元。参与全市统战系统“奉献一片爱心助力寒门学子”行动，组织15名侨商企业家成立5个爱心团队，走访慰问康平县贫困家庭，与5名大学生签订结对帮扶协议，捐助帮扶助学金1.5万元。

海外联谊。市侨联与市委宣传部组团赴“一带一路”国家塔吉克斯坦、俄罗斯、白俄罗斯开展“亲情中华·沈阳海外宣传文化周”活动，举办5场“亲情中华·美丽沈阳、印象沈阳”图片展，讲好沈阳故事，传播沈阳声音，200多位侨胞参加活动，扩大沈阳对外宣传。举办3场沈阳三引三回推介活动，在厨具用品、塑料制品、旅游文化等方面签订合作协议12个，促进沈阳对外经贸合作。加强与海外侨胞及侨团的联谊互动，拜会4个侨团进行座谈交流，建立友好侨团9个，聘请市侨联海外委员9名。

【沈阳市侨界代表人士培训班】 6月6—8日在市委党校举行。市侨联与市社会主义学院举办。培训班发放编印党的十九大、十九届二中全会和市委十三届六次全会及全国联系统工作会议精神《学习辅导材料》，以“深入学习贯彻党的十九大精神，为沈阳新一轮振兴发展凝聚侨界力量”为主题，从政治理论、统战工作、侨联工作、经济工作、国防教育五方面专题内容，多角度、多层次

沈阳市侨界代表人士培训班 （市侨联供）

宣讲党的十九大精神和习近平新时代中国特色社会主义思想，各基层侨联委员、侨联干部及侨界社团成员等180人参加。

【沈阳首个华侨国际文化交流基地揭牌】 7月30日，市侨联、市文广局举行沈阳首个“中国华侨国际文化交流基地”沈阳故宫揭牌仪式，组织省侨联“亲情中华”海外夏令营学员参观沈阳故宫，征集沈阳故宫故事并编入《中国华侨国际文化交流基地故事》一书全球发行，弘扬中华传统文化，讲好沈阳故事，传播沈阳声音。

【协办“2018海外侨胞故乡行暨第四届世界知名侨商辽宁行”活动】 9月26日，按照中国侨联、省侨联工作部署，配合市委、市政府承办“2018年海外侨胞故乡行暨第四届世界知名侨商辽宁行”走进沈阳活动，接待30多个国家和地区的100余名海内外侨胞。市长姜有为会见中国侨商联合会会长、香港世茂集团董事局主席许荣茂等知名侨商代表。市委、市政协相关领导陪同参观考察沈阳城市规划展示馆、沈阳国际软件园。组织侨商与各区县（市）政府进行项目对接洽谈。

（市侨联）

沈阳市台湾同胞联谊会

【概况】 2018年，市台联充分发挥自身优势和桥梁纽带作用，服务台胞乡亲，积极推进两岸民间交流交往，不断提高参政议政水平，着力加强市台联党的建设和机关建设。

参政议政。召开参政议政工作会议2次。在市政协十五届一次全会上提交团体提案5件，界别提案1件，大会发言2件。其中，《关于进一步完善“机动车礼让行人”新规的提案》被评为市政协优秀提案，新闻媒体进行跟踪报道。

调查研究。广泛征求意见建议，形成《关于做好新时代争取台湾民心工作的思路探究》调研报告。组织召开“机关党支部大学习大讨论”专题研讨会、台胞代表人士“解放思想推动高质量发展大讨论”座谈会和组织台胞代表人士赴北京市台联进行学习调研，形成调研报告。台情研究小组会议召开，就如何进一步做好对台工作提出意见建议。

服务台胞。走访慰问老台胞、困难台胞、患病台胞及遗属，累计走访慰问台胞家庭82户，发放慰问金及补助款10万余元，接待回沈探亲台胞3人次；为台胞协调养老保险、采暖费、台籍身份认定等各类事务29件次。组织“走进新时代 共圆中国梦——2018年在沈台胞迎新春团拜会”“情暖三八节烘焙技术培训班”“沈台两岸青年台胞端午节联谊活动”以及“迎中秋 盼团圆——在沈台胞中秋联谊会”等活动，举办联谊活动5次。组织台胞大学生志愿者，参加全国台联举办的“台湾大学生夏（冬）令营辽宁分营”活动。组织市台胞集邮协会围绕沈阳解放70周年、庆祝改革开放40周年、纪念海峡两岸三通十周年、纪念《告台湾同胞书》发表40周年等制作纪念封，并邮寄到台湾岛内台胞。

对台交流交往。接待中华文化经贸交流发展协会等岛内外台资企业和台胞社团组织8个团组150余人到沈参观考察，参与接待全国台联组织的“台湾大学生夏（冬）令营辽宁分营”活动，接待“台湾新北市教师申评会参访团”来沈阳就有关法律事务开展座谈研讨。由全国台联、省台联主办，市台联承办的“台湾少数民族中小学校长参访团”一行21人到沈阳等地开展交流参访活动。市台联名誉理事和在沈台商参与“市委统战系统奉献一片爱心 助力寒门学子三年行动计划”帮扶活动，走访慰问康平县5名大学生家庭，建立结对帮扶联系。参加全国台联组织的“台联系统

干部赴台参访团”赴台参访，广泛接触台湾中华妇女联合会、台湾生产党等20余家陆配团体，深入陆配家庭实地走访慰问，探讨开展两岸婚姻家庭及婚生子女交流活动的形式与思路。接待“2018两岸婚姻家庭辽宁行”参访团，建立两岸婚姻家庭情况数据库。

服务台商。承办“第二届台湾创新创业青年辽宁（沈阳）行”活动，项目推介会和实地考察双创基地等活动。9名台湾青年企业家落户辽宁自贸区沈阳片区，注册资金4500万元。邀请台湾建大、南京乔丰模具等4批17户台资企业到沈阳华晨雷诺金杯汽车有限公司进行考察和项目洽谈。积极协调和鼓励台资企业苏州金鸿顺公司利用在沈阳的闲置土地，开发建厂。为台湾创业青年陈惠在沈阳三好街海峡两岸青创基地，注册沈阳生悦有限公司，注册资金100万元。邀请台湾山水文创有限公司执行长李云山一行5人到沈阳老龙口酒厂就企业文化、营销策划等进行项目考察。到台资企业上海农祥生物科技中心、苏州金鸿顺汽车部件股份有限公司、沈阳生悦科技有限公司、沈阳亚洲商贸中心和台企协会开展调研7次，并对台资企业发展提出合理化建议。为台资企业协调解决台商案件5件，避免经济损失1550余万元。与司法局合作，针对台湾同胞普遍关心的法律法规，编辑并制作《涉台政策法规服务手册》3000册。

【对台意识形态系列活动】 3—12月，市台联组织开展对台意识形态系列活动。市台联党组研究制定《2018年市台联贯彻落实意识形态工作实施方案》，组建网评员队伍，建立“沈阳台联”微信公众号。组织台胞学习贯彻习近平总书记重要讲话精神和全国两会精神；组织纪念建党97周年参观红色教育基地活动；举办台海形势报告会。组织市、区台联理事参加省台联和省台盟举办的“学习传达全国两会精神报告会”；组织台胞、台商代表人士参加市委统战部举办的“看沈阳 爱沈阳 做贡献”专题活动；截至开展全市台胞纪念“改革开放40周年”征文活动；组织台胞参加纪念“五一”口号七十周年和市政协举办的“纪念改革开放40周年书画展”；组织台胞代表人士参观“伟大的变革——庆祝改革开放40周年大型展览”和应邀参加北京市台联举办的两岸“三通”之通邮纪念活动；举办“纪念改革开放40周年暨《告台湾同胞书》发表40周年”座谈会。

（于小川）

沈阳市残疾人联合会

【概况】 2018年，市残联以习近平新时代中国特色社会主义思想为指导，深入学习习近平在辽宁考察时和在深入推进东北振兴座谈会上的重要讲话精神，牢牢把握残疾人工作政治方向基础上，解放思想，推动残疾人事业发展方式转变，全市残疾人工作取得突出成绩。截至年末，全市持证残疾人数178298人。其中，视力残疾24213人，占13.6%；听力残疾14377人，占8.1%；言语残疾2355人，占1.3%；肢体残疾98667人，占55.3%；智力残疾16590人，占9.3%；精神残疾19998人.占11.2%，多重残疾2098人，占比1.2%。城乡居民基本养老保险46570人（视力6157人、听力2904人、言语1047人、肢体29113人、智力3310人、精神3596人、多重443人）；参加医疗保险(城镇居民/新农合) 86100人（视力9668人、听力5780人、言语1562人、肢体48006人、智力10027人、精神9860人、多重1197人）。全市有助残志愿者18183名，经民政部门注册备案组织有7家，其中市残联注册沈阳市残疾人福利基金会、中国狮子联会沈阳代表处2家；其他助残社会组织5家，分别为沈阳市和平区益新残障人社会工作服务中心、荣乐社区手拉手为民公益团队、北海社区义工吧、沈阳市大东区洮昌街道合作社区四叶草助残志愿服务队、沈阳市苏家屯区助残志愿者协会。全年康复训练102236人次，残疾人救助资金11039.1万元。实名制安置残疾人就业36480人，其中：按比例就业8620人、集中就业1679人、个体就业1683人、公益岗位就业1855人、居家就业95人、辅助性就业956人、农村种养殖加工就业17774人、社区就业267人、灵活就业3551人。沈阳市3名残疾人运动员参加国家队集训，并出征亚运会。残疾人运动员参加省级以上重大体育赛事16次，获145金77银39铜。

残疾预防。会同其他部门在全省率先出台《沈阳市残疾预防行动计划（2018—2020）》。全市出生缺陷和发育障碍致残指标、疾病致残指标、各种伤害致残指标明显下降，康复服务效果显著加强，公众残疾预防意识，残疾预防知晓率和参与率大幅提升。铁西区被中国残联确定为全国残疾预防综合实

验区，实验效果得到中国残联专家组的肯定；受中国肢残协会委托，沈阳市举办2期全国脊柱裂伤友骨干培训班。

残疾人康复。会同其他部门制定出台《沈阳市残疾人社区精准康复服务实施方案》，进一步明确工作任务，强化保障措施，彻底解决长期困扰基层工作的康复规范性不强、康复资金不会、不敢使用的问题；和平区、辽中区创建全国残疾人精准康复服务试验区，其创建工作得到中国残联的充分肯定；皇姑区、浑南区、沈北新区、苏家屯区创建省级试验区，取得阶段性成果，康复残疾人23926名，康复率91%，位居全省第1。印发《沈阳市人民政府关于印发沈阳市残疾儿童康复救助制度实施方案的通知》，在残疾儿童手术、辅具配适、康复困难补助等各方面建立体系性的救助机制，为残疾儿童康复提供制度性保障。

残疾人脱贫攻坚。制发《沈阳市贫困残疾人脱贫攻坚行动计划（2018—2020年）》，加大对因残致贫的精准施策和帮扶力度；实现普惠加特惠的叠加精准扶持，全市2691名建档立卡贫困残疾人全部脱贫，在全省贫困残疾人脱贫攻坚工作推进会议上进行典型经验交流。

残疾人社会保障。在普惠中凸显特惠，上浮2.9万名享受低保残疾人保障标准，落实困难残疾人“两项补贴”制度，为全市17.6万持证残疾人续保意外伤害险；为1500余名参加城乡居民基本养老保险的55—59周岁重度残疾人发放生活补助；对1600余名低收入一级残疾人实施专项救助；会同相关部门共同完善残疾人托养服务体系。

盛京银行捐赠资助金　（市残联供）

残疾人文化体育。举办残疾人文化艺术节，开展残疾人古诗词大赛等30多项活动，获市第十届全民读书季优秀组织奖；建设残疾人无障碍体育健身示范点，开展残疾人趣味竞技体育比赛进社区活动。在省第13届残疾人运动会暨省首届特殊奥林匹克运动会上获奖牌246枚（金137、银73、铜36），金牌总数和奖牌总数位居全省“双第一”，同时获体育道德风尚奖；在亚残运会上，沈阳市运动员取得1金4银1铜。

残疾人教育。全面落实国家《残疾人教育条例》及省、市第二期特殊教育提升计划，会同市教育局开展义务教育阶段残疾人教育需求调查，为有教育需求和接受能力的未入学残疾人制定“一人一案”教育安置计划。开展残疾人助学资助，投入资金117万元，资助残疾人大学生374名、学前及义务教育阶段残疾学生713名。

残疾人权益维护。注重将维护残疾人的合法权益与对残疾人的引导教育及维护稳定工作有机结合。接待残疾人来访1132人次；完成930户贫困残疾人家庭无障碍改造，为506名农村肢体残疾人家庭进行无障碍厕所改造，满意度100%。

残疾人信息管理。健全残疾人基础数据，完成残疾人信息数据动态更新和全市178949人次信息采集工作，入户调查率98.29%，手机APP采集率100%。构建残疾人工作大数据平台，逐步与残工委成员单位共享相关数据资源。沈阳市获批全国第三代残疾人证（智能化）试点城市。

【《沈阳市残疾预防行动计划(2018—2020年)》】 2月6日市政府办公厅印发。《计划》包括总体要求、主要行动、保障措施3部分内容。《计划》明确主要行动内容：有效控制出生缺陷和发育障碍致残、着力防控疾病致残、努力减少伤害致残、显著改善康复服务4方面16项内容。

（志 闻）

【2018年沈阳市残疾人就业洽谈

会】 10月24日，在残联举办“爱心送岗位、助残促就业”2018年沈阳市残疾人就业洽谈会。洽谈会涉及餐饮、医疗、金融、计算机和生产加工等行业领域的58户企业提供就业岗位811个，并在现场提供法律咨询和心理咨询服务，残疾人与用人单位达成就业意向486人次，50余名残疾人及其家属共同参加就业岗前培训课程。（市残联）

沈阳市红十字会

【概况】 2018年，市红十字会认真学习贯彻习近平总书记在辽宁考察时的重要讲话精神和在深入推进东北振兴座谈会上的讲话精神，解放思想、改革创新中做强核心业务，树立“项目为王”理念，围绕市委、市政府重要决策部署，弘扬“马上办”“钉钉子”精神，推进全市红十字事业的稳步发展。

应急救援能力建设。与沈阳市红十字蓝天救援队签订合作协议，全面提升应急救援队处置应急情况、突发事件及协同作战能力，开展山地、水域搜救应急演练8次。在第十个全国防灾减灾日当天，全市红十字系统开展主题为“行动起来，减轻身边的灾害风险”的防灾减灾活动。

应急救护培训。开展急救员培训82期，培训4319人次；开展“进社区、进企业、进学校、进机关、进农村”应急救护公益培训200余期，普及1.6万余人次。“世界急救日”期间，全市红十字系统工作人员和300余名志愿者走上街头、进入社区和学校，以讲座、演练、情景再现、设立主题宣传板等形式开展系列宣传活动，受益5000余人，并通过沈阳市红十字会官方微信公众号发布开展活动相关信息33篇。市红十字会派出44名志愿者参与“亚泰城杯”沈北蒲河国际半程马拉松的应急救护保障工作。

人道救助。春节前开展“红十字博爱送万家”活动，全市红十字系统筹集慰问物资75万余元，对1500余户困难家庭进行走访慰问，受益3500余人。与沈阳市大众医院联合开展“弘扬人道精神，关爱贫困家庭”活动，为500名群众进行免费体检。持续打造“博爱助学”救助品牌活动，投入20万元对沈阳地区高校的400名贫困大学生进行资助。做好对血液病及先天性心脏病的救助项目，救助患者46人，救助金额100.3万元。市红十字会接待患病求助者来访300余人次，复核救助票据准确率在全省范围内属于优秀水平，得到省红十字会高度认可。接收社会捐款83万余元。

“三献工作”。在遗体（器官）捐献上，清明节期间，组织捐献者家属、医学院校的师生开展清明祭活动。遗体捐献志愿报名1001人，器官捐献志愿报名450人，眼组织捐献志愿报名451人；实现遗体捐献111例，眼组织捐献4例。在无偿献血宣传上，为保障全市医疗临床用血需求，印制无偿献血倡议书5万份。联合沈阳市中心血站开展“世界献血者日”宣传活动，组织献血6116人次，比上年增加8%，献血量178.9万毫升，比上年增长19%。在造血干细胞捐献上，配合推进省造血干细胞捐献者资料库建设，协调市血站安排采血点开展造血干细胞采样、高配、异地邮寄、体检及采集等相关服务。再动员86人，高配15人，体检10人。实现干细胞捐献7人，比上年增长75%，为全省实现捐献量的36%，全省排名第1。

红十字青少年工作。组织120名高校红十字青少年参加“我与红十字”主题演讲比赛，共评出一等奖1名、二等奖2名、三等奖3名、优秀奖94名，同时评选出优秀集体10个，优秀组织者10名。按照国家总会《关于开展2018年全国红十字防灾避险知识竞赛的通知》要求，开展防灾避险知识竞赛。沈阳市红十字会获得全国最佳组织一等奖；沈北新区沈北街道办事处等13家单位为最佳组织二等奖；沈阳市浑南区白塔小学等9家单位为最佳组织三等奖。在高校中组织4期艾滋病同伴教育培训班，累计培训学员100余人。

红十字文化宣传。与中国医科大学协商合作拟建立沈阳市红十字文化广场。以“讲好红十字故事”为重点，提升宣传报道质量和内涵，2018年度被中国红十字博爱理事会评为优秀理事单位。制作专题电视片400个、在主流平面媒体发表专题报道25篇、在电视媒体播出转来节目3期、在网媒同步发布信息，提升红十字的社会影响力和知晓度。

志愿服务管理。出台《沈阳市红十字会志愿服务管理办法》，通过积极组织志愿者参与博爱送万家、清明祭、养老服务、“三城联创”、“5·8”世界红十字日、“6·14”世界献血者日等活动提升志愿服务水平。加强志愿者队伍建设，面向社会公开招聘4支志愿服务队，增强志愿服务专业化水平和服务能力。

沈阳市红十字会组织志愿者保障2018亚泰城杯马拉松比赛　（市红十字会供）

加大典型人物和典型事迹宣传，设立“人道、博爱、奉献”奖项对志愿服务团队及志愿者进行表彰。市红十字会志愿者刘抗美获沈阳市文明办“感动沈阳人物”称号。

红十字国际交往。持续深化与大韩民国赤十字社京畿道支社友好两会的国际交往。9月派出友好访问团，赴韩国进行友好访问。续签两会友好交往协议书，访问韩国赤十字社总社、血站和志愿服务基地。在沈阳接待韩国京畿道赤十字社红十字青少年访问团，组织开展“中·韩国际红十字青少年夏令营”活动。

【沈阳市“5·8”世界红十字日纪念大会】 4月26日在市工人文化宫举行。会议以“人道、博爱、奉献”为主线，宣传红十字历史，总结沈阳市红十字事业发展历程，讲述红十字优秀志愿者的先进事迹。现场58名老战士办理遗体捐献登记。市红十字会决定，授予国彩霞等692人“人道奖”称号，授予辽宁何氏医学院等14个单位“博爱奖”称号，授予丁丽华等162人“奉献奖”称号。中国红十字会总会、辽宁省红十字会和全市“四大班子”领导出席会议并为获奖代表颁奖。

【全国首创市民接待服务大厅启用】 5月15日启用。为市民办理遗体（器官）捐献、捐款捐物和人道救助等手续，为前来办理业务的市民提供温馨、舒适、便捷、高效的服务。截至年末，接待市民来访1000余人次，遗体捐献志愿报名1001人，比上年增长37%。

【空中救援体系基本框架建立】 8—12月，先后与辽宁省航空运输协会签订《航空应急救援合作框架协议》、与上海金汇通用航空股份有限公司辽宁分公司签订《空中应急救援体系合作框架协议》，沈阳市红十字空中应急救援体系框架基本形成，初步完善水陆空一体救援能力，在自然灾害应急救援，人体移植器官转运，公共安全事故导致的灾难性应急救援，包括急危重患救治转运以及社会人道救援等方面发挥作用。（全铂潇）

中国国际贸易促进委员会沈阳市分会

【概况】 2018年，中国国际贸易促进委员会沈阳市分会（中国国际商会沈阳商会）通过“走出去”和“请进来”多种方式开展国际合作与交流，先后与美国、俄罗斯、亚美尼亚、巴基斯坦、乌兹别克斯坦、泰国、菲律宾、印度尼西亚、柬埔寨、肯尼亚、危地马拉等国家的工商会建立友好合作关系，新签署友好合作协议14份，建立友好合作关系的外国工商会累计达到80家。在招商引资方面，市贸促会分别就泰国泰便利智慧连锁店项目、菲律宾SM集团购物中心项目、日本丸红环保和东芝锂电池项目等进行洽谈交流，取得积极进展。在引进内资方面，引进中国华录集团“集成电路和智慧产业基金”项目20亿元，首款到位6亿元。这是习近平视察辽宁后，中央企业以实际行动支持沈阳振兴的第一笔大额资金。6月，正式启动贸促会原产地证书自主打印推广项目，企业可以足不出户办理业务，实现由“最多跑一次”到“一次不用跑”服务。完成第十届APEC中小企业技术交流暨展览会国际创新成果交流区招展及相关洽谈工作，邀请全球36个国家和地区的278家单位参展，实际落实展位514个。重点展示智能制造、绿色环保、信息技术、生物医药、跨境电商领域的产品和技术，达成合作意向近20亿元。邀请境内外部级政要3人，以及各驻华使领馆及境外政府机构代表、境外商协会代表、世界500强企业代表100

多人。其间，举办“东北亚中小企业创新发展论坛”“中俄中小企业创新发展论坛”“中韩信息产业及智慧城市科技创新论坛”等多场论坛和中外企业对接洽谈活动。中国贸促会常务副会长卢鹏对工作给予充分肯定。

【2018中国沈阳国际机器人大会】 8月31日至9月5日举行。市长姜有为，科技部机器人产业技术创新战略联盟秘书长徐方，法国国家功勋骑士、法国工程院院士阿伯德拉马纳·切达尔分别在开幕式上致辞。大会以“智能制造、创新未来”为主题，邀请法国工程院院士阿卜杜勒-拉赫曼·切达、英国皇家工程院院士塞苏·维亚亚库马、日本丰桥技术科学大学副校长寺岛一彦等20多个国家的300余名机器人领域专家和企业代表参会。围绕工业和服务机器人发展、趋势、未来及挑战、人工智能与工业自动化等热点话题，采取主题论坛、对接洽谈、专题讨论、高端对话、现场参观等多种形式，集中展示世界机器人领域的最新研究成果，共同分享海内外发展与应用成功案例。大会组织30多位拥有博士以上学位、五年以上海外工作经验的海外华人及国际专家的20个合作项目出席对接洽谈会。沈阳国家大学科技城、产业园企业、软件园企业、高科技企业协会、金融系统、投资机构、高校等100余名代表参与对接洽谈，洽谈项目150余次。

【2018中国沈阳国际机器人展览会】 9月1—5日举办。展览会展出面积1.3万平方米，展位548个，中科院沈阳自动化所、沈阳新松机器人、德国库卡、日本安川、那智不二越等知名企业参展。主要展示包括工业机器人、服务机器人、特种机器人、机器人功能部件及零部件、智能技术及应用、虚拟现实技术与应用(VR)等机器人领域的最新技术及产品，并进行技术交流活动。

【承办世界冬季城市工商界合作交流会暨项目发布对接会】 9月7日举行。此次工商界合作交流会围绕“交流合作、共享发展”主题，活动邀请包括乌拉圭佛罗里达省副省长吉尔莫·洛佩兹在内的全球20多个国家的商协会、企业和政府代表参加，美、日、韩、英、法、德、俄等国80多名商协会和企业代表与辽沈企业进行项目对接，取得广泛有效的成果。

参加哈萨克斯坦中国家居建材品牌展览会 （市贸促会供）

【“2018沈阳名优产品‘一带一路’海外行”活动】 2018年，向企业发布33项“一带一路”沿线国家和地区的展会信息，重点组织参加俄罗斯莫斯科国际建材展览会、2018泰国（亚洲）食品博览会、哈萨克斯坦中国家居建材品牌展览会等8个展会。市贸促会挑选适合沈阳产业特点、利于国际产能合作的境外知名展会，组织沈阳远大集团、五爱集团等近百户沈阳企业携产品亮相一带一路国家，助推沈阳企业走向国际市场，受到企业欢迎。 （赵 刚）

沈阳市黄埔军校同学会

【概况】 2018年，市黄埔同学会以习近平新时代中国特色社会主义思想为指导，全面贯彻落实党的十九大精神，坚持爱国主线，致力弘扬正能量。发挥黄埔军校同学会的独特作用，加强与台黄埔同学及亲友的联谊交往，做好台湾和海内外黄埔同学到沈的接待工作，增进各地黄埔人对祖国统一大业的认同感。在新年、春节、中秋等节日密切沟通海内外联系。向台湾及海内外有关人士通过电话、微信、寄发贺卡等方式，送问候、送信息、送亲情，加强与台湾及海内外黄埔同学与亲友的联系。积极参与支持台海两岸黄埔同学和黄埔后人之间的民间交流活动，拓宽市黄埔同学会与台湾黄埔同学和黄埔后代之间的沟通联络渠道，打牢

爱国根基，壮大反独促统力量。响应市委统战部开展“看沈阳 爱沈阳 做贡献”主题活动的号召开展系列活动。组织部分黄埔同学和家属，参观沈阳工业博物馆、文体场馆、大型城建工程、市民休闲场所和爱国主义教育基地，倡导黄埔后代要“讲好沈阳故事、传播好沈阳声音、树立好沈阳形象”。在全市黄埔同学和黄埔后代亲友中开展“看家乡、爱沈阳、增豪情”书法摄影作品征集和展览，组织宣传推介以《改革开放与黄埔老兵的四十年》为主题的家庭图片展和黄埔老兵幸福生活场景的相关媒体报道。开展铭记历史，感恩英雄，关爱老兵活动。市黄埔同学会开展服务黄埔同学的日常看望、生日祝福、节日问候、生病慰问等“五必访”活动180余人次。协调反映情况，咨询政策。建立联系点和联系人制度，发动后代为孤寡和生活特殊困难黄埔老人进行贴身服务，切实为黄埔同学排忧解难办实事。发动支持黄埔后代关爱黄埔抗战老兵和黄埔同学，为他们送温暖，解难题，宣传他们的事迹，在社会倡导铭记一切为民族解放作出贡献的英雄。在新年、春节、国庆节、重阳节、抗战胜利纪念日等节日纪念日，对全市黄埔同学进行走访慰问，并送去慰问品和慰问金，重点走访看望黄埔同学会理事和黄埔抗战老兵，送出党和政府以及同学会组织对他们的关爱。加强史料抢救发掘工作，开展黄埔老兵口述历史等系列活动，收集整理老兵的亲身经历留下珍贵史料，使参与活动的黄埔后代和社会志愿者受到爱国主义教育。

【黄埔军校建校94周年纪念活动】 6月16日，市黄埔军校同学会在辽宁大厦召开黄埔军校建校94周年纪念大会。通过校庆活动，弘扬黄埔精神、教育黄埔后代，发出两岸黄埔人反对台独，维护祖国统一的誓言。市委统战部领导、黄埔同学会副会长以及黄埔后代代表在纪念大会上讲话。省同学会和省内各市黄埔同学会秘书长、沈阳市部分黄埔同学、黄埔后代、亲友等150余人参加纪念活动。

【纪念中国人民抗日战争暨世界反法西斯战争胜利73周年座谈会】 9月4日，与会人员共同表达牢记历史，珍爱和平，警示后人，发奋自强的强烈愿望。全体与会黄埔后代和工作人员集体向出席座谈会的百岁黄埔抗战老兵敬礼，并送上鲜花.全市抗战黄埔老兵、黄埔联络委员和全市黄埔后代、亲友以及省内13个城市的黄埔同学会秘书长等70余人出席座谈会。

【改革开放40周年纪念活动】 9月5日，为纪念改革开放40周年，举办《纪念改革开放40周年，回望黄埔足迹图片展》和座谈会。展出的400多幅图片，真实反映广大黄埔同学和亲友高举爱国主义旗帜，大力弘扬黄埔精神，深入对台交流、开展特色活动、热情服务会员，为祖国和平统一大业，为辽宁老工业基地建设和社会发展作出的积极贡献，取得的丰硕成果。黄埔同学、省及各市同学会秘书长及黄埔后代、亲属和社会人士百余人参加座谈会和图片展览。 （颜飞）

沈阳市收藏家协会

【概况】 2018年，市收藏家协会有会员293人，下设古籍旧书资料研究专业委员会、红山文化研究会、连环画收藏专业委员会3个分支机构。协会与辽宁省古玩商会，沈阳市古玩商会，鲁园古玩城共同举办古玩艺术品大型交流活动2次，季节性交流活动4次。举办古玩艺术品免费鉴定活动2次，举办书画，瓷器讲座3次。会员在省内外举办大型书法，篆刻，瓷器及其他展会5次。免费向收藏爱好者发放刊物1.2万余册。在省市电台，电视台，报刊等演讲，报道的人和事20多件。协会会员个人举办的展会5次，其中在省内外有影响的2次，包括沈阳收藏家协会副秘书长与上海市长宁区共同举办辽宁省早期革命家杜仲远先生历史图片展，以及沈阳收藏家协会会员与大东区工会共同举办首届沈阳老工厂印记展，展出建国后近千件辽宁省老工厂产品，受到群众赞扬。与沈阳电视台举办免费为市民鉴定古玩艺术品近千件，受到市民欢迎。

【春秋两季沈阳古玩艺术品博览会】 5月、9月分别在沈阳鲁园古玩城举办。由全联民间文物艺术品商会、辽宁省民间文物艺术品商会，沈阳古玩行业商会、沈阳市收藏家协会主办。两次展会设室内450个档口，室外摊位6500个。活动全面展示古玩艺术品上百万件，参展商近万人，购物交流者20余万人次，交易额1.8亿元。 （李晓旭）

八、法　治

人大立法

【概况】 2018年，市人大常委会推进科学立法、民主立法、依法立法，不断提高立法质量，审议通过4件地方性法规，完成1件法规草案一审、对5件立法调研项目的调研论证工作。对57部地方性法规进行清理，对7件政府规章进行备案审查。完成五年立法规划编制，筛选33件事关振兴发展大局和民生改善的立法项目。

【《沈阳市多规合一条例》制定】 6月22日市第十六届人大常委会第四次会议通过，10月11日省第十三届人大常委会第五次会议批准，12月1日起正式施行。《条例》是全国第一部非特区城市的"多规合一"地方性法规，在国内城市具有积极的示范作用。《条例》明确，多规合一是指建立以战略规划为引领，统筹协调国民经济和社会发展规划、城市总体规划、土地利用总体规划、环境保护规划等涉及空间的规划，形成协调一致的一张蓝图，构建建设项目全生命周期业务协同和信息共享的平台，完善建设项目的生成与审批流程的制度体系。为深化"放管服"改革，《条例》规定建设项目生成与审批的新制度、新程序。为加强事中、事后监管，《条例》提出，建立建设项目审批信用监管制度，对承诺事项要进行监督检查，建设项目监督检查实行"双随机、一公开"制度，建设项目参与者违反《条例》将纳入信用信息系统。

【《沈阳市安全生产条例》修改】 8月24日市第十六届人大常委会第五次会议审议通过，10月11日省第十三届人大常委会第五次会议批准《沈阳市安全生产条例（修订草案）》，自2019年1月1日起施行。此前，2006年6月21日市第十三届人大常委会第三十次会议通过《沈阳市安全生产条例》，同年7月28日省第十届人大常委会第二十六次会议批准。在严格遵循上位法和国家有关规定的前提下，市人大常委会决定对《沈阳市安全生产条例》进行修订。新修订的《条例》主要依据《中华人民共和国安全生产法》、国务院《生产安全事故报告和调查处理条例》和《辽宁省安全生产条例》，并参照《中共中央、国务院关于推进安全生产领域改革发展的意见》《中共中央办公厅、国务院办公厅关于推进城市安全发展的意见》等规范性文件，同时，借鉴重庆、无锡等城市的先进立法经验。全文6章36条，主要包括总则、生产经营单位的安全生产保障、安全生产的监督管理、生产安全事故的调

查处理、法律责任等内容。其中对安全生产监督管理体制、生产经营单位的安全生产保障、安全生产的监督管理、生产安全事故调查处理以及法律责任等沈阳市安全生产领域出现的新问题进行规范和调整。

【《沈阳市物业管理条例》修改】 10月25日市第十六届人大常委会第六次会议审议通过，11月28日省第十三届人大常委会第七次会议批准《沈阳市物业管理条例（修订草案）》，自2019年2月1日起施行。此前，2010年8月31日市第十四届人大常委会第二十三次会议通过《沈阳市物业管理条例》，同年9月29日省第十一届人大常委会第十九次会议批准。新修订的《条例》对一些市民关注的焦点问题作详细规定，同时明确物业管理企业的权利和义务，最大限度避免各种物业纠纷。《条例》包含55项内容，其中提出停车费扣除管理成本后的场地占用费归全体业主共有。同时，规定新小区前期物业合同不得超过3年。关于住宅专项维修资金的交纳和管理，《条例》规定，业主应当依法交纳住宅专项维修资金。住宅专项维修资金实行专户存储、专款专用、所有权人决策、政府监督的管理原则。《条例》还明确违反行为的处罚标准。（刘　思）

法治政府建设

【概况】 2018年，全市加快建设法治政府，为推动沈阳振兴发展提供有力的法治保障。统筹推进法治政府建设，印发《沈阳市2018年法治政府建设工作要点》，从改善政府服务、加强制度建设、规范行政行为3方面对全市法治政府建设工作作出部署。加强政府立法工作，向市人大提报《沈阳市安全生产条例》等4件地方性法规草案，出台《沈阳市烟花爆竹安全管理规定》等8件政府规章，审办完成《沈阳市人民政府关于加强建筑垃圾和散流体运输车辆管理的通告》等4件通告，召开政府规章发布实施新闻发布会7次。审查备案规范性文件7件，合法性审查规范性文件15件。强化执法监督工作，严格规范行政检查行为，20个市直部门编制提报2018年度行政检查计划，涉及检查企业691户。审核通过20个市直部门编制的涉企行政检查计划，核减企业206户，审核确认涉及检查企业485户，具体检查事项64项。开展涉企处罚专项整治工作，对全市13个区县（市）和44个市直执法部门进行规范涉企处罚专项整治工作督查。各区县（市）和市直作出涉企处罚的执法部门均建立涉企处罚复核制度。开展行政复议和行政应诉工作，新收行政复议申请251件，结案196件，其中化解争议后终止63件，撤销、确认违法和责令履行职责52件，维持11件，驳回申请26件，其他41件。开展行政应诉工作，主动协调相关部门搜集证据并按照法定时限提交，承办行政应诉案件88件。完成法律事务工作，承办各类法律事务407件。市政府法律顾问出具各类合法性审查意见书671份，参加各类法律论证会37次。（李　舒）

【《沈阳市烟花爆竹安全管理规定》出台】 1月18日，市政府第61次常务会议讨论通过，市长1月23日签发，2月1日起施行，原《沈阳市烟花爆竹安全管理规定》同时废止。本次《沈阳市烟花爆竹安全管理规定》的修改主要依据国务院《烟花爆竹安全管理条例》以及安监局《烟花爆竹经营许可实施办法》的相关沈阳市烟花爆竹安全管理规定，同时借鉴北京、天津等地的立法经验，主要对烟花爆竹的销售和燃放时间做出修改，并对立法目的和监督管理部门进行完善性修改。（顾　野）

【法治政府建设年度考核】 4月，制定《沈阳市2018年法治政府建设考核方案》，对打造国际化营商环境工作、“三乱”整治工作、推行重大执法决定法制审核制度试点工作新增考点，调整考核权重，同时对“推进依法行政工作措施”“行政行为规范”“行政行为无过错”3方面工作进行细化，全面、科学设定法治政府建设考核指标。沈阳市全面推进法治政府建设工作领导小组集中对区县（市），市直部门和驻沈执法单位开展法治政府建设工作考核。（金　泉）

【“办事难”问题专项整治】 4月，根据《沈阳市开展“办事难”问题专项整治工作方案》的部署，在规范涉企处罚任务中开展专项整治工作。5月，建立规范涉企处罚专项整治工作进展情况信息报送机制，将报送情况纳入法治政府建设年度考评内容。6月，开展规范涉企处罚专项整治工作督导检查。7月，开展“回头看”持续推进规范涉企处罚工作，召开座谈会、发放调查问卷。9月，在份省专项检查中得到肯定。（刘　朋）

【《沈阳市安全生产条例（修订草案）》制定】 5月27日，为加

强安全生产监督管理，防止和减少生产安全事故，保障人民群众生命和财产安全，促进经济发展，根据《中华人民共和国安全生产法》、国务院《生产安全事故报告和调查处理条例》和《辽宁省安全生产条例》，经市政府第9次常务会议讨论通过，6月21日提请市十六届人大常委会第四次会议审议。新修订的《条例》6章36条，主要包括总则、生产经营单位的安全生产保障、安全生产的监督管理、生产安全事故的调查处理、法律责任等内容。（顾野）

【《沈阳市机动车停车管理条例（草案）》制定】 5月29日，经市政府第9次常务会议讨论通过，以政府议案的形式提请市人大审议。《条例》分为总则、规划与建设、管理与服务、道路停车、法律责任、附则6部分，对区域内机动车停车设施的规划、建设、使用、管理以及机动车停车管理与服务等方面做出具体规定。（马利）

【《沈阳市物业管理条例（修订草案）》制定】 7月27日，根据《中华人民共和国物权法》、国务院《物业管理条例》和《辽宁省物业管理条例》，经市政府第12次常务会议讨论通过，8月23日提请市十六届人大常委会第五次会议审议。《条例》包含55项，对市民关注的焦点问题作详细规定，同时明确物业管理企业的权利和义务，最大限度避免各种物业纠纷。

【《沈阳市黑臭水体管理规定》出台】 8月6日，为提升人居环境质量，改善城乡生态环境，推进生态文明建设，实现水体长治久清，根据《中华人民共和国水污染防治法》，经市政府第13次常务会议讨论议通过，市长8月28日签发，9月30日起施行。《办法》33条，对行政区域内的黑臭水体治理和水体维护、保持、管理等活动进行具体规定。

【《沈阳市"门前三包"责任制管理办法》出台】 8月6日，为规范"门前三包"管理行为，创建整洁、优美、文明的生活环境，根据《沈阳市城市市容和环境卫生管理条例》和《沈阳市绿化条例》制定，经市政府第13次常务会议讨论通过，市长8月28日签发，10月1日起施行。《办法》16条，对"门前三包"（城区内责任单位管理其责任地段内的环境卫生、绿化美化和公共秩序）的工作职责、内容、范围、标准等做出具体规定。（顾野）

【《沈阳市居家养老服务条例（草案）》制定】 9月19日，经市政府第21次常务会议讨论通过，以政府议案的形式提请市人大审议。《条例》是针对沈阳市老龄化形势严峻、老年人口增长迅速、相关养老制度不健全的现状而制定的。通过明确各级政府和各部门的职责，理清政府、社会、市场和家庭责任边界，加快推进居家和社区养老服务设施建设，满足居家老年人的养老服务需求。

【《沈阳市道路车辆管理办法》出台】 11月15日，经市政府第23次常务会议讨论通过，11月29日市长签发，2019年3月1日起施行。此次是将2012年出台的《沈阳市城市道路车辆管理办法》更名为《沈阳市道路车辆管理办法》。新《办法》26条，适用范围由原来的绕城高速公路以内扩大至沈阳市行政区域内的道路(不含高速公路)，更适应沈阳城市化过程中道路交通发展的实际情况。其中对原《办法》中的6项条款予以保留、13项条款进行修改、3项条款删除，同时新增加7项条款。（马利）

【《中国（辽宁）自由贸易试验区沈阳片区建设促进办法》出台】 11月15日，为推进和保障中国（辽宁）自由贸易试验区沈阳片区建设，根据《中国（辽宁）自由贸易试验区条例》，经市政府第23次常务会议审议通过，11月22日市长签发，2019年1月1日起施行。《办法》62条，主要包括总则、管理体制、投资开放和贸易便利化、金融创新和风险监控、国企改革和产业升级、东北亚地区合作和"一带一路"建设、科技创新和人才保障、综合监管和公共服务、法治环境等内容 。

【《沈阳市运河风景区管理办法》出台】 12月4日，经市政府第25次常务会议讨论通过，市长12月11日签发，2019年2月1日起施行。《沈阳市运河风景区管理办法》自 1999 年 6 月 1 日实施后，在运河风景区的保护、利用、建设和管理方面提供法律依据。随着沈阳城市建设的不断发展，尤其是国家对水环境保护的高度重视，《办法》的上位法《沈阳市绿化条例》进行多次修改，而《办法》始终未修订，存在相关条款缺失和责任不明等问题。修改后的《办法》24 条，主要规定立法目的、适用范围、运河的规划和建设、保护与管理等内容。

【《沈阳市地下综合管廊管理暂行办法》出台】 12月21日，经市政府第26次常务会议讨论通过，

12月27日市长签发，2019年2月1日起施行。《办法》31条，对行政区域内除国防、军事等涉密管廊工程外，从事地下综合管廊的规划、建设、运营和维护管理以及在管廊内从事管线敷设、维护做出具体规定。（顾野）

公 安

【概况】 2018年，全市公安系统深入开展防范化解政治安全、经济安全、社会稳定、公共安全风险“四大攻坚战”，强势推进“扫黑除恶”专项斗争、打击暴恐活动专项行动和打击整治枪爆违法犯罪专项行动。加快构建智慧公安、数据警务，不断完善“放管服”改革，为沈阳老工业基地新一轮全面振兴打造安全稳固的政治环境、安定有序的社会环境、公平正义的法治环境和优质高效的服务环境。

打击各类刑事犯罪活动。破获刑事案件上升4.3%；刑拘、逮捕人数分别上升29%、29.2%；新发79起命案全部告破，破获命案积案5起；抓获网上逃犯1260名，侦破2018全省1号公案——苏家屯区“7·04”特大持枪抢劫杀人案等一批重特大案件，特别是破获浑南区“2000·6·22”致2死6伤的特大故意杀人案，将杀人潜逃18年并漂白身份的嫌疑人抓获。破获2018年“串联20号”系列入室盗窃案件、浑南区华发首府小区涉案百万系列入室盗窃案件、“2·25”浑南区砸韩国领事馆汽车玻璃盗窃案件等重大侵财案件。全面推进“禁毒2018两打两控”和“禁毒重点整治”工作，破获毒品犯罪案件1058起，占全省总量的42.87%；打击处理毒品犯罪嫌疑人1169人，占全省总量的40.52%；缴获毒品1955余千克，查获吸毒人员5029人，强制隔离戒毒926人，摧毁毒品贩运通道15 条，打掉毒品贩运团伙120个。开展防范化解经济安全风险攻坚战和金融风险排查整治专项行动。破获经济犯罪案件513起，打击处理嫌疑人501人，为企业和群众挽回经济损失15.3亿元。深入推进“猎狐”行动，缉捕境外逃犯35人，特别是将外逃希腊的涉嫌经济犯罪的嫌疑人王某引渡回国，成为“猎狐”专项行动开展后，辽宁首例采取引渡方式缉捕归案的外逃欧美国家的经济犯罪嫌疑人。

“扫黑除恶”专项斗争。结合市委、市政府关于“建设平安乡村”的部署要求，严查“微腐败”、严打“村霸”和宗族恶势力。成立督导工作队15个，向基层派驻工作组116个，深入各个街道、乡镇和行业领域开展宣传发动、线索排查、督导督办等工作。打掉涉黑犯罪组织4个，恶势力犯罪集团23个，恶势力犯罪团伙98个，破获刑事案件337起，刑事拘留犯罪嫌疑人774人。以市委巡察为契机，在全局开展公安民警涉黑涉恶及充当“保护伞”等问题专项整治行动，发现并查处民警充当黑恶势力保护伞3人，其中予以开除党籍开除公职2人，立案审查免职1人。

街面巡逻防控。结合警情研判成果实现“科学布警、精确布警、精确防控、精确打击”。利用警用指挥“一张图”和智能勤务管理系统，实时掌控全市巡逻态势，实现网上指挥、网上跟踪、网上督导、网上考核。每天投入社会面巡逻警力1900余人次、车辆480余台次，实现复杂地段、人员密集场所、重点单位、重点时段的全面巡控。全市八类主要刑事案件发案下降2.4%，盗窃、抢劫案件发案分别下降7.5%、17.7%。开展大频度点调拉动和应急处突演练，应急指挥和查缉堵控的实战能力大幅提升，市公安局“再快一分钟”理念和机制建设被省厅列为“三位一体”机制在全省推广。

治安管理。围绕娱乐场所信息系统建设和分级化管理，侦破涉黄涉赌刑事案件165起、打击处理480人；办理涉黄涉赌行政案件1032起、行政处罚2879人。特别是侦办“4·13”利用网游平台开设赌场案、“4·05”利用网络直播平台传播淫秽物品案等公安部督导案件4起，市公安局扫黄打赌工作经验在全省推广。以“打击整治枪爆违法犯罪专项行动”和“春节期间烟花爆竹公共安全管控工作”为载体，破获涉枪涉爆案件23起；查处非法运输、储存、燃放烟花爆竹案件218起，收缴非法运输、储存的烟花爆竹3226件、各类枪支191支、子弹69978发。对全市1006户寄递企业、927户物流企业、1.8万从业人员建档登记，推动“三个100%”制度，严格散装汽油管理，推动散装汽油APP软件安装工作，全市512家加油站全部安装完毕。围绕“审批备案、风险评估、安全检查、责任落实和现场安保”五项流程，深入开展安全评估、预警监测、人流导控、疏散救援，确保中甲足球联赛、CBA联赛沈阳赛区比赛、2018沈阳马拉松赛等333项大型活动、288万人次参与群众的绝对安全。打击网络犯

罪。以“净网2018”专项工作为载体，连续破获安联邦私家侦探公司侵犯公民信息案、李戬利用技术手段盗取支付宝账户案、张阳犯罪团伙组织高考作弊案等一批重大涉及网络案件。

清剿安全隐患。1—10月，检查社会单位10万余家次，发现整改隐患10.4万余处，火灾事故件、死、伤、损四项指标分别下降14.8%、33.3%、33.3%和72.3%。深入开展道路交通突出问题整治、再生资源回收站点综合整治、小招贴源头治理“创卫三项整治”工作，联合相关部门组成5个专门工作组，分赴10个建成区开展暗访检查，为创卫工作提供有力支撑。制定《打击食品安全违法犯罪专项行动工作方案》，加强与服务业委、食药监、农业、工商、质检、畜牧等行政主管部门的执法协作，开展“利剑2018-食药打假风雷行动”“今冬明春集中打击整治食药违法犯罪行动”等专项行动，破获食品药品犯罪案件285起，打击处理286人。

“雪亮工程”建设。推进全市10家体育场馆、64家企事业单位、3个大型旅游景区和69个森林防火视频资源与公安视频专网的联网整合，全市视频探头总量达到60万个，比2016年增长90.4%，实现全市2409个公路重点路段、1198个农村行政村主要出入口、486个物业弃管小区等重点复杂地区视频监控全覆盖，全市重点单位视频监控系统完好率提高11.3%，全面构建现代化、智能化、立体化公共安全防范体系。

科技兴警。推进“安管平台”建设。对接房产、工商、质监、食药监等部门，进一步加大资源整合力度，总数据量达560亿条。依托大数据、云计算技术，通过开展大数据碰撞比对，感知异常数据15.6万余条，经二次研判锁定风险隐患2.1万余项，全部推送相关部门开展管控。依托“安管平台”研发110非警务警情联动处置模块并试运行，日均处置110非警务警情1700余条。

练兵强警。组织全局25个牵头单位，集中开展警种系统“岗位业务大练兵、实战技能大比武”活动。开展公共科目及专业科目比武打擂活动61批次，累计参训民警23180余人次。深化“轮值轮训、战训合一”集中培训，开班26期，调训一线警力7800余人次。

【公安部督办“2017·568号”特大跨区域团伙制贩毒品案侦破】 3月，经过一年侦查成功打掉由河南省商丘市和江西省南昌市向沈阳市大肆进行毒品贩运的两条地下贩毒通道。抓获张某忠（男，48岁，住沈阳市沈河区热闹路15号）、郭某勇（男、33岁，住沈阳市铁西区爱工北街26号）和宋某楠（女，33岁，系郭妻）等违法犯罪嫌疑人32人，缴获含“可待因”和“羟考酮”毒品及制剂207.37千克，冰毒17.63克，毒品配剂2.46千克，收缴制毒设备30余件，扣押涉案车辆5台，毒资130余万元。

【谷万涛等人组织、领导、参加黑社会性质组织案件破获】 4月，接民心网举报信，称以谷万涛（男，32岁，辽中区人）为首的涉黑犯罪团伙“横行霸道、敲诈勒索、为害乡里”。经查，该团伙为非法获取经济利益，暴力垄断辽中地区生猪交易市场和全部动拆迁工程，谷万涛指使团伙成员将群众的数百棵果树砍掉。经过走访群众100余人，核对扣押合同、账册300余册，辗转辽宁、吉林、浙江三省10余市对犯罪嫌疑人实施抓捕，制作笔录1000余份，彻底查明该涉黑组织全部犯罪事实。12月24日，大东区人民法院对谷万涛等人组织、领导、参加黑社会性质组织案件及相关“保护伞”案件进行一审宣判，对谷万涛、谷红军等19人以犯组织、领导、参加黑社会性质组织罪、故意伤害罪等分别判处有期徒刑。该案是开展扫黑除恶专项斗争后，全市首例依法判决的黑社会性质犯罪组织案件。

【“12·01”特大组织领导传销活动案侦破】 5月，侦破“12·01”特大组织、领导传销活动案件。该传销组织以加入中央八部委统一制定的基本国策“中国人际网”为诱饵，直接或者间接以发展人员的数量作为计酬或者返利依据，组织传销活动。抓获以孟某（曾用名：孟某贵，男，62岁，住河北省黄骅市官庄乡）为首的犯罪团伙42人，扣押涉案资金3.727亿元，扣押宾利、保时捷、奔驰等涉案车辆13辆。

【苏家屯区“7·04”持枪杀人案件侦破】 7月4日1时54分，被害人李某某（女，53岁，住苏家屯区姚千街道刘千户村9组6号）报案称，当日凌晨1时45分，一名陌生男子潜入其家中，持钢珠枪对其和丈夫汪某（男，52岁）近距离射击，将李某某牙齿和肩部击伤，将汪某的头部击伤致死。7月19日，经侦查，破获苏家屯区“7·04”持枪杀人案件，将犯罪嫌疑人孟某勋（男，45岁，苏家屯区大沟乡人）抓获。经审

讯，犯罪嫌疑人孟祥勋对为实施侵财犯罪故意杀人的犯罪事实供认不讳。（方庆武）

检 察

【概况】 2018年，全市两级检察院深入学习贯彻党的十九大精神、习近平总书记在辽宁考察时和在深入推进东北振兴座谈会上的重要讲话精神，践行“讲政治、顾大局、谋发展、重自强”的新时代检察工作总要求，忠实履行宪法法律赋予的职责，努力为沈阳振兴发展提供坚强的司法保障。全市检察机关受理提请批捕案件7372件9572人，批准逮捕4634件5751人，受理移送起诉案件10869件12613人，提起公诉9863件11130人。侦查监督和刑事审判监督不断强化。对应立案而未立案、不应立案而立案的，督促侦查机关立案95件、撤销案件82件。对应当逮捕而未提请批捕、应当起诉而未移送起诉的，追加逮捕134人、追加起诉225人。对不构成犯罪或证据不足的，不批捕2081人、不起诉34人。对发现的违法侦查行为，书面纠正99件次。对认为确有错误的刑事裁判支持抗诉32件，抗诉和提出再审检察建议63件。落实检察长列席同级法院审判委员会会议制度，两级院检察长共列席审委会会议21次，依法发表监督意见，积极促进司法公正。

服务营商环境建设。对接市委工作思路，构建推进营商环境建设“1+3”新格局，进一步落实市检察院服务老工业基地全面振兴若干意见、保障和服务沈阳“十三五”规划实施的九条措施、服务国际化营商环境建设的意见等文件。制定市检察院关于在服务高质量发展和优化营商环境中建设保障企业家健康成长若干机制的意见。与市工商联建立联系协作机制，两级院以“服务非公经济，保障营商环境”为主题，面向企业家举办14场检察开放日活动，巩固发展联系机制，为非公企业合法经营保驾护航。启动“规范司法行为，优化营商环境”专项活动，在窗口部门开展“营商环境从我做起——不为不办找理由，只为办好想办法”活动，以实际行动服务沈阳创建全国营商环境最优城市。市检察院被评为全省检察机关服务营商环境先进窗口单位。

保障金融安全。集中力量严惩危害金融安全、侵害农民利益、破坏生态环境的刑事犯罪，大力推进环境公益诉讼，为“三大攻坚战”提供优质的法治环境和司法保障。以防范化解金融风险为重点，积极履行检察职能，依法打击破坏金融管理秩序类和金融诈骗类犯罪，批准逮捕172人，提起公诉121人。突出惩治非法吸收公众存款、集资诈骗等涉众型经济犯罪，提起公诉69人；同步做好缓解矛盾、风险防控、追赃挽损工作，最大限度维护人民群众的合法权益。加强对新型疑难金融犯罪案件的研究，正确区分金融创新与金融犯罪，在惩治犯罪的同时保护创新发展。

检察公益诉讼。贯彻中央决策部署，全面启动检察公益诉讼工作。从全市振兴发展大局出发，突出办理生态环境和资源保护，食品药品安全，国有财产保护、国有土地使用权出让等领域案件，立案350件，发出诉前检察建议302件，提起刑事附带民事公益诉讼12件。落实市委、市政府“在保护中发展、在发展中保护”的要求，聚焦重点领域和人民群众的反映，开展辽河流域生态环境综合治理、“舌尖上的安全”专项清查等公益诉讼专项行动，立案150件，发出诉前检察建议135件。

扫黑除恶专项斗争。贯彻党中央决策部署，将扫黑除恶专项斗争摆在工作中心位置，盯紧11类黑恶势力，聚焦涉黑涉恶问题突出的重点地区、行业、领域，实施精准打击。全市两级院均成立“一把手”牵头的领导小组，建立工作联系协调、案件监督管理、线索排查移送、信息数据研判和宣传机制。先后与市监察委、市法院、市公安局、市司法局会签涉黑涉恶问题线索双向移送反馈制度、扫黑除恶专项斗争办案程序衔接机制的意见等文件，统一执法尺度，形成打击合力。受理提请批捕的涉黑涉恶案件219件623人，批准逮捕182件481人；受理移送起诉的涉黑涉恶案件104件375人，提起公诉70件215人，完成“扫黑除恶专项斗争”第一阶段主要任务。

【《关于支持检察机关提起公益性诉讼工作的意见》】 9月7日市委办公厅市政府办公厅印发。《意见》分充分认识建立检察机关提起公益性诉讼制度的重要性、加大对检察机关提起公益性诉讼工作的支持和保障、高度重视和做好公益诉讼前检察建议和应诉工作、以更高标准发挥检察机关法律监督职能作用4方面内容。（志 闻）

【胡庆仁、路佳轩抢劫、非法买卖枪支案】 2017年5月5日，被告

人胡庆仁、路佳轩持枪抢劫沈阳市法库县某金店，劫得黄金饰品2千克，价值71.41万元。案发后，辽宁省公安厅、沈阳市公安局成立专案组，确定该案为2017辽宁省一号公案。该案在全省乃至全国范围内具有重大影响。同年12月25日，市检察院依法提起诉讼。审查起诉阶段，承办人要求公安机关补全案件证据瑕疵，对侦查机关的违法行为予以纠正。2018年3月8日，市检察院出庭公诉，同时依法追诉被告人胡庆仁非法买卖枪支罪。（孙琳）

审判

【概况】 2018年，全市法院受理各类案件326022件，审执结287874件，分别上升14.9%和26%，其中市法院受理案件32808件，审执结29241件，分别上升13.4%和22.3%。沈阳法院受理和审执结案件、法官人均结案等主要指标位居全省法院首位，长期未结案件清理、裁判文书上网、庭审直播等多项工作名列全国法院前茅。

刑事审判。坚决贯彻总体国家安全观，依法惩治各类刑事犯罪，审结刑事案件11178件。坚持扫黑除恶“四个强化”（强化政治站位、强化全面筛查、强化深挖彻查、强化担当作为）工作机制，牵头起草《办理黑社会性质组织犯罪案件指导意见》和《办理恶势力犯罪案件指导意见》，成立涉黑涉恶专门合议庭，指导全市法院涉黑涉恶案件的审理，并统一公开宣判。妥善办理重大敏感案件，审理“谷某等17人组织参加黑社会性质犯罪”“杨某等8人利用迷信破坏法律实施案”“耿某贪污、破坏选举案”等大要案件。深入推进以审判为中心的刑事诉讼制度改革，围绕建立刑事司法机关之间沟通交流机制、侦查人员和鉴定人出庭程序、新型毒品犯罪案件量刑标准、加强司法警察与公安监管部门协调配合等工作，制定会签相关会议纪要和指导性文件。

民商事审判。坚持把新发展理念贯穿法院工作始终，完善司法服务举措，审结商事案件119090件，上升19.6%。加强产权司法保护，市法院出台《关于充分发挥审判职能作用 为企业家创新创业营造良好法治环境的实施意见》，发布发送涉银行商事案件、涉建工合同案件等司法审查报告。保障供给侧结构性改革，稳妥推进“辉山乳业”“北方重工”等重大破产重整案件审理工作，化解债务74.75亿元，相关案件被评为全国法院破产审判十大典型案例。助推转型创新发展战略实施，发布沈阳地区“十五年知识产权司法保护白皮书”，率先在东北地区成立9个旅游巡回法庭。支持“军队全面停止有偿服务”，多措并举推进涉军“停偿”案件快立、快审、快执，相关案件全部按要求如期审执结，获得“全省法院系统涉军维权先进集体”称号。强化民生司法保障，审结婚姻家庭、教育、医疗、住房、就业等涉民生领域案件35667件。全面推广家事审判方式改革，建立家事案件诉前冷静期预立案、家事联动调解等工作机制，家事案件调解、撤诉率52.8%。加强环境资源审判工作，辽中法院审理全市首例环境保护公益诉讼案件。

行政审判。推进法治沈阳建设，依法监督行政机关依法行政，审结行政案件6279件。坚持发布发送年度行政审判白皮书，与市政府建立联席会议制度，规范和细化集体土地房屋征收行为司法审查标准，从源头上有效预防和化解行政纠纷。开展普法宣传，市法院举行新闻发布会、通报会20次，发布典型案例113件，播出法制宣传栏目465期，在全社会营造学法遵法守法用法氛围。

执行。全市法院执结案件65357件，执结到位金额119.8亿元，其中，市法院执结2593件，执结到位金额66.34亿元。沈阳法院“基本解决执行难”工作得到最高法院院长周强的批示肯定。推动失信被执行人信用监督、警示和联合惩戒机制建设，全年限制消费59617人，列入失信名单39744人，拘留847人，罚款54人、126.25万元，移送追究拒执罪104件、判决29件，集中攻克执行标的8.6亿的“河北鑫达”、涉及400余名申请人的“巴塞置业”以及“威尼斯酒店”等疑难复杂案件86件，中央电视台对沈阳法院两起执行案件进行深入报道。建成集指挥调度、案件管理、财产查控、信用惩戒等功能为一体的新型执行指挥中心，进一步拓展“金雕查控网”功能范围，共查询银行账户、知识产权、房产土地、出入境记录等信息490余万次、冻结被执行人账户资金4.48亿元。大力推行网络司法拍卖，对3822件执行案件标的进行“网拍”，成交率50.65%，成交金额26.06亿元，溢价率1427.66%，执行模式和管理方式不断向现代化、信息化转变。

司法为民。落实以人民为中

心的发展思想，着眼人民群众日益增长的多元司法需求，不断完善司法便民利民机制。制定一次性告知、延时服务等诉讼服务制度，引入手机自助立案、“语音+短信”送达、案件信息查询终端等系统，推动打造服务大厅、诉讼服务网、12368诉讼服务热线“三位一体”综合性服务平台，全市法院当场登记立案率98%。以开展“涉诉信访减存控增三年攻坚”为重点，扎实推进社会矛盾纠纷排查化解专项行动，化解涉诉信访案件1547件，化解率90.3%，其中，中央巡视组交办578件全部化解，沈阳市书记抓信访“融冰行动”交办案件化解374件，省法院三年攻坚专项行动交办案件化解420件。充分发挥国家赔偿救济功能，审结国家赔偿案件82件；落实司法救助政策，发放救助金163万元，缓减免诉讼费579.8万元。开展全市法院“深化司法公开年”活动，市法院和沈河法院全部法庭实现庭审实况“一键直播”，两级法院直播庭审19508场，是上年的4.95倍，庭审直播点击量1016万余次；上网公开裁判文书183542份，数量位居全省第1、全国中级法院第6。自觉接受外部监督，办理代表建议、政协提案28件，办结率、答复率、满意率均为100%；委托社会第三方全面深度评估法院审判执行工作，通过833份样本结果显示，社会公众对市法院审判工作满意度总体评分为8.51分。

司法改革。深入推进司法改革和法院工作机制改革。坚持扁平化管理、专业化审判，持续优化审判权运行和司法资源配置，全市法院组建新型审判团队354个，合议庭和独任法官依法自主裁决案件达99.6%。加强对审判全流程监管，出台《完善院庭长审判监督管理机制的意见》，加大案件质量评查力度，强化院庭长办案示范引领，开展长期未结案件专项清理，市法院超18个月以上未结案件仅剩11件，基层法院超三年未结案件保持为零，清理效果位居全国法院前列。建立完善员额法官动态管理机制，遴选第二批员额法官107名，58名员额法官依规退出员额。完成审判辅助人员职务序列改革，任命法官助理及书记员628名，增补政府雇员821名。完善司法职业保障机制，制定《员额法官审判业绩量化考核办法》，全面落实薪酬保障制度，全市法院法官人均结案284.2件，增加36.9件，审限内结案率达98.3%。深入推进“智慧法院”建设，建成电子卷宗随案生成和电子档案系统，实现卷宗档案电子化、案件信息智能提取、裁判文书自动生成；建成移动协同办公办案系统，实现法院内部政务无纸化办理和审判执行业务随时随地在线办理；建成费款管理系统，实现法院与银行数据实时交换、当事人在线缴纳费款；新建诉讼服务网、全市法院政务网站群、自助立案查询等平台系统，两级法院科技法庭增至269个，部分基层法院开通移动客户端收退诉讼费、“云柜式”送达等服务，有效减轻群众诉累。深化矛盾纠纷多元化解机制建设，诉调对接中心联调联动单位增至129个，诉前化解纠纷8178件，皇姑法院多元化纠纷解决机制工作被评为辽宁省“社会治理十大创新”成果。深入推进案件繁简分流，全面推行刑事案件认罪认罚从宽制度和庭审实质化改革，完善民商事案件要素式审理、格式化裁判，基层法院简易程序适用率达64.7%。（贾俊兴）

【东北首设旅游巡回法庭】 2月28日，沈北新区旅游巡回法庭在沈阳怪坡风景区正式挂牌。与此同时，和平区、沈河区、铁西区、皇姑区、大东区、浑南区、于洪区、苏家屯区的旅游巡回法庭在老北市文化园、中国（沈阳）工业博物馆、北陵公园、龙之梦、棋盘山风景区等重点景区挂牌设立。沈阳成为东北首个设立旅游巡回法庭的城市。设立旅游巡回法庭，旨在运用司法手段、使用简易程序，就地、快速解决和处理旅游纠纷，使游客的合法权益能在最短时间内得到维护，旅游经营者的违法违规行为在最短时间内得到矫正。

【沈阳首个小额案件巡回审判点揭牌】 5月7日，沈北新区人民法院小额案件审判点正式落户道义街道人杰水岸社区。巡回审判点面向道义地区居民提供免费法律咨询服务、庭前调解以及定期在此开庭审理案件，让居民在家门口就能化解棘手纠纷。

【《关于充分发挥审判职能作用为企业家创新创业营造良好法治环境的实施意见》】 6月22日市法院印发。《意见》分17条意见涵盖从立案、审判到执行等各个司法流程，涉及公司类、金融类、知识产权类、劳动争议类、行政争议类以及执行类等各种矛盾纠纷。《意见》明确依法保护企业家人身权和财产权、支持企业发展壮大、保障企业家创新创业。（志闻）

相关链接

《关于充分发挥审判职能作用 为企业家创新创业营造良好法

治环境的实施意见》包括17项内容：平等保护各类企业家合法权益；严厉打击侵犯企业家财产权和人身权的刑事犯罪；审慎把握处理产权和经济犯罪的刑事司法政策；依法维护公司内部自治行为；积极防范金融风险；推进和谐劳动关系构建；积极助推企业破产清算和破产重整；助力优化营商环境；依法保护知识创新和技术成果创新；创新知识产权案件审判方式；妥善化解行政管理中引发的政企纠纷；公正审理行政协议案件；穷尽执行查控功能破解查人找物难题；推动完善失信惩戒机制；创新执行方式提升执行社会效果；全面落实便利诉讼原则；延伸和拓展涉企纠纷案件审判职能。

【全省首例知识产权刑事、民事、行政审判“三合一”案件审理】 4月24日，为充分发挥知识产权司法审判职能作用，探索完善知识产权刑事、民事、行政审判“三合一”审理模式，切实加强知识产权司法保护工作，市法院公开开庭审理原告于晓峰诉被告鞍山市知识产权局、第三人鞍山开元环境科技工程有限公司专利行政裁决一案，本次庭审作为市法院“4.26知识产权宣传周”系列活动之一，该案首次由刑事、民事、行政主审法官组成合议庭，系我省首例知识产权刑事、民事、行政审判“三合一”案件。（贾俊兴）

司法行政

【概况】 2018年，全市司法行政工作有效发挥法治宣传、法律服务、法治保障职能作用，被司法部授予“国家司法考试工作先进单位”称号。林杰、邓扬分获“全国人民调解工作先进个人”和“国家司法考试工作先进个人”，12个集体、82名个人获市级奖励。8月20日，原沈阳市第一公证处、沈阳市第二公证处、沈阳市法律援助中心和沈阳市政府法制事务服务中心4家公益性事业单位整合为沈阳市公共法律服务中心（沈阳市沈阳公证处）并挂牌运行。

律师。全面推进“一社区（村）一法律顾问”工作，全年有239家律师事务所的1392名律师与全市2454个社区（村）完成对接，并以司法所为单位建立208个法律顾问服务微信群。深入开展律师代理申诉和参与信访积案化解及依法介入信访工作，有律师691人次接待上访群众614批次、934人次。全市336家律师所的4556名律师代理各类案件4.2万余件。

公证。全市办理各类公证10万余件，提供上门服务1291件，办理公益性法律服务案件1506件，减免公证费103万余元。

监狱戒毒。全市监狱戒毒单位全面落实治本安全观，健全完善安全稳定长效机制，康家山、东陵监狱连续23、22年实现“四无”（无罪犯脱逃、无重大狱内案件、无重大疫情、无重大安全生产事故），沈新、张士强戒所连续16年实现“六无”。

社区矫正。先后开展“社区矫正质量提高年活动”“社区服刑人员和刑满释放人员排查管控专项行动”，进一步规范执法行为、丰富教育方法，扎实做好就业安置和扶贫帮困工作，全年累计接收社区服刑人员24358人，累计解矫19969人，在矫4389人；累计接收刑满释放人员4032人，其中重点帮教对象112人，衔接率100%。安置3848人，安置率95.43%，帮教率100%。

人民调解。全市各级各类人民调解组织调解各类纠纷9472件，成功9385件，成功率99%，未发生因调解不利导致的民转刑、群体性上访等案件。聚焦“枫桥经验”，召开“坚持发展枫桥经验，实现矛盾不上交”工作会议，充分发挥人民调解员

“12·4”国家宪法日系列宣教活动（市司法局供）

公共法律服务实体平台建设现场会 （市司法局供）

在维护社会稳定中第一道防线作用，使人民调解工作向社会化、法治化、专业化迈进，努力实现矛盾不上交。

法律援助。新建人民法院法律援助工作站，成立市法律援助劳动人事争议仲裁工作站，全面推进法援服务网络建设；开展“携手互助 法律援助乡村行”专项活动，使法律援助惠及更多困难群众。受理法律援助案件5736件、“12348”法律服务热线解答热线咨询27958人次。

司法鉴定。零差错完成司法鉴定业务29920件。

普法宣教。会同市委政法委、市委宣传部起草《关于深入学习宣传和贯彻实施宪法实施意见》。开展“12・4”国家宪法日系列主题宣教活动，组织近10万人参与的网上宪法答题活动，举办2018年第一期沈阳市机关先导讲坛报告会，举办沈阳市中小学生“学宪法 尊宪法 做新时代好学生”宪法知识竞赛决赛，开展沈阳电视台《盛京说法》栏目和“沈阳普法”微信公众号；组织编撰以案说法案例234个，15个案例被省厅推荐给司法部案例库。

扫黑除恶。按照市委、市政府统一部署，成立“扫黑除恶”专项斗争领导小组，组织召开“扫黑除恶”专项斗争动员大会，对全市司法行政系统“扫黑除恶”专项斗争作出全面部署；在监所深入开展坦检、深挖余罪工作，制定涉黑涉恶线索摸排工作台账，排查出线索109条。同时，成立市律师协会扫黑除恶专项斗争律师辩护代理业务指导委员会，对律师办理涉黑案件进行培训和案件跟踪指导，依法开展涉嫌黑势力犯罪案件辩护代理，确保把每一起案件都办成铁案。

【全市律师行业首次党代会】 9月26日，沈阳市律师行业第一次党员代表大会在沈阳召开。省司法厅、省律师协会，市委组织部、市及区县（市）司法部门、律师协会有关领导，101名律师党员代表出席会议。大会以选举产生中共沈阳市律师行业第一届委员会。

【法律服务平台建设】 2018年，全市司法行政系统加强公共法律服务实体平台建设，全市13个区县（市）公共法律服务中心全部建成并投入使用。全年累计建成乡镇（街道）公共法律服务工作站185个，工作人员411人；村（社区）公共法律服务工作室1078个，工作人员1278人。网络平台建设取得新成效，12348法网、12348APP、12348微信、12348微信解答法律咨询244件。

【司法行政服务民企活动】 2018年，开展“万人进万企”主题活动，市司法局出台法律服务民营企业18条举措，组织69名处级以上领导干部与浑南区69户民营企业实施对接。发挥司法行政工作优势，主动为企业提供法律咨询，对企业提出的涉法问题，及时进行转办、督办，有效解决民营企业办事难、办事繁等问题。

（吕 伟）

行政执法

【概况】 2018年，市城管执法部门以“三城联创”为抓手，下大力气攻克城市环境顽疾，不断优化城市环境秩序，各项工作取得明显成效，获省住建厅2018年度“人民满意城管队伍”称号。

在强力推进拆除违建工作上，拆除违建953.78万平方米。在强力推进露天烧烤占道经营等市容“八乱”(乱贴、乱画、乱停、乱放、乱搭、乱建、乱摆、乱堆)整治上，以每周两次的频次，集中开展统一行动，在全市形成高压严管态势；组建联合执法队伍，通过台账销号等方式逐街消除市容“八乱”问题，清理露天烧烤2.4万处、占道经营16.3

万处、乱贴乱画等其他市容问题13.5万处，市容环境达到同期最好水平。在牵头做好市容环境卫生组技术评估工作上，统筹19个市直部门和10个区完成99个样本点位现场检查和69项指标档案收集建档工作，开展“大巡查、大整改、大提升”活动，有效地巩固提升集中整治成果。

在建设市场执法上，坚持“项目为王”，在依法依规前提下，为项目建设提供执法服务。将预许可作为项目开工建设有效要件，对取得正式审批手续的预审批项目不予处罚，强化案件查处后的跟踪回访，实行全程伴随式执法服务。在开展重点交通枢纽地区综合治理上，对20个交通枢纽地区组织开展集中整治，着力清理公共秩序、交通秩序、客运秩序、市容秩序和环境卫生等方面问题，提高城市“窗口”形象。在加强扬尘堆场执法监管上，对全市436处露天堆场逐一建立执法台账，并实行动态监管。严查扬尘污染行为，取缔三环内露天砂场24处。在开展文明祭祀执法工作上，加强“三边”（市场周边、殡仪馆周边、医院周边）、“三店”（日杂店、食杂店、寿衣店）的宣传走访，严查清明节等特殊时段占道售卖烧纸行为，教育引导市民文明祭祀。

在推行网格化管理上，全市划分网格1034个，制定巡查路线1538条，配备巡查人员1413名。开展部件普查，明晰236.6万个部件的权属单位、216个部件事件小类的责任单位，建立城市管理电子台账。智慧城管系统受理案件43.61万件，立案36.54万件，应结案35.05万件，结案32.65万件，结案率93%。在不断深化城管执法体制改革上，与市建委就整合城乡住建领域行政处罚权达成一致意见。推动城市管理立法工作，完成《沈阳市城市治理条例》等法律规章的起草或修改完善工作。发挥城治办作用，市、区城治办积极发挥统筹协调、督查检查、综合治理等职能，促进创卫任务完成和城市管理难题的解决。市城治办组建10个检查督导组，发现问题即时转交相关区处理，并建立问题点位明细表，逐个督办销号，确保整治到位。督办整改问题1.2万个。在建立联合执法机制上，与公安、环保、食药监、工商、交通等部门组建联合执法队伍，开展综合执法，在清理取缔占道经营、乱涂乱贴、私搭乱建、渣土运输和餐厨垃圾运输、城乡接合部综合治理、重点交通枢纽地区综合治理等工作中发挥作用。在以立法的形式加强“门前三包”管理上，制定《沈阳市“门前三包”责任制管理办法》，并通过完善管理制度、致商户一封信、现场观摩、座谈交流、集中考核等形式，指导推进全市“门前三包”工作。全市签订“门前三包”责任书12.3万份，责任书签订率98.8%，签状量为上年的178%。

【拆除违建获好评】 2018年，全市将拆违作为创卫“牵牛鼻子”工程，挂图作战，跑表计时，先后以老旧小区、背街小巷、城乡接合部、铁路沿线、非机动车道等区域为突破口，攻坚克难，多角度、全方位破解拆违难题。拆除违建953.78万平方米，完成计划总量的123.14%，120个老旧住宅小区、546条背街小巷违建全部拆除，城市面貌焕然一新，市民的获得感、幸福感和满意度不断提升。

【城中村（城乡接合部）综合治理完成】 4月，开始建立包村包组工作责任制，采取走访到户、清单交办、靶向整治、逐村逐街推进、定点清理、按村按街验收的“六步工作法”。每5天一个周期，逐村逐街实行“地毯式清底”整治。到8月，176个城中村（城乡接合部）存在的19类问题全部按期整改。（闫安）

仲裁

【概况】 2018年，沈阳仲裁委员会办公室（沈阳市劳动人事争议仲裁院）以习近平新时代中国特色社会主义思想为引领，以建强“两支队伍”(仲裁员队伍、仲裁秘书队伍)活动为载体，以“案件受理多样化，纠纷处理多元化”为抓手，依法履职尽责，依规开展工作，提升办案质量和效率，各项工作顺利开展。截至年末，受理劳动人事争议案件3206件，上年度转结案件179件，审结3296件，当期结案率97%。审结案件中，调解结案2007件，案件调解率60.9%。裁决结案1289件，终局裁决案件460件，终局裁决率35.6%。受理民商事仲裁案件226件，审结案件190件，涉案标的额3.08亿元，上交非税收入379.9万元，审限内仲裁案件结案率100%。

商事仲裁涉外服务。紧扣年初《政府工作报告》分解落实的任务指标，完善商事仲裁等涉外服务。3月，在辽宁自贸区沈阳片区政务服务中心正式设立咨询窗口，为自贸区内企业提供就近的法律服务，在自贸区内进一步提

升区域影响力和认可度；探索国际仲裁调解机制，制定《沈阳仲裁委员会中国（辽宁）自由贸易试验区仲裁规则》，充分发挥仲裁程序灵活、当事人自主性强等优势特点，使案件办理更快捷、更高效、更经济，在解决涉外争议纠纷中优势更明显。筹建网络仲裁平台，制定《沈阳仲裁委员会网络仲裁规则》，为解决互联网争议纠纷打下制度基础。

案件流程管理。完善首问首办、一次性告知、同岗替代等窗口制度，特别是按照全市营商环境建设要求，开展中层以上干部职务姓名、办公电话、工作分工“三公开”工作，自觉接受监督，为当事人提供更加优质的服务。精简业务流程。进一步完善立案登记制，在立案阶段实行劳动争议仲裁风险告知等制度。3月建立仲裁案件网络信息管理系统，解决手工处理和统计中存在的速度慢、效率低、错误多等问题，实现仲裁案件从立案到归档的全程管理、全程监控，有效提高办案效率和案件质量。

为民服务。优化便民设施配备，在劳动人事争议立案窗口增设企业资料查询专用电脑，免费为当事人提供查询服务，减少当事人诉讼成本。成立法律援助工作站，配合市司法局做好办公场所、办公设施筹备等工作。深化“千街万企行”服务活动，继续开展劳动法律公益服务“千街万企行”活动，深入企业宣讲劳动法律政策、营商工作精神等，发挥调解仲裁化解纠纷、维护社会稳定的作用，为全市营商环境建设、新一轮振兴发展贡献力量。全年深入企业走访10次，惠及企业110余户。赴中国建设银行辽宁省分行及沈阳浑南支行等金融企业就打造营商环境、服务金融企业进行调研走访，向金融企业介绍仲裁法律制度的优势，上门提供仲裁法律服务，并与建行浑南支行签订合作备忘录，规范合同条款选择仲裁方式解决金融争议纠纷。

宣传推介。积极利用新闻发布和媒体资源拓宽宣传推广渠道，树立沈阳仲裁委员会品牌形象，不断提升区域影响力。市政府新闻发布厅召开“沈阳市打造法治化营商环境 完善民商事仲裁制度建设新闻发布会”，会议发布《沈阳仲裁委员会制度汇编》，沈阳电视台、《沈阳日报》等媒体进行相关报道。与市工商联举办“沈商大讲堂”、合同法、仲裁法专题宣讲活动。市仲裁委与沈阳市台办共同举办沈阳市台资企业仲裁法律知识讲座。在《沈阳日报》刊发《有经济纠纷 找沈阳仲裁》《民商事仲裁：解决民商事纠纷的重要法律途径》《民商事仲裁正在成为解决经济纠纷的首选》3篇宣传文章。撰写的案例分析《求职申请表中某项为空白能否视为隐瞒欺骗》《违约金约定并非适用所有劳动者》《劳动者给用人单位造成损失，用人单位如何举证》分别在《中国劳动保障报》和中国调解仲裁公众号发表。

机构改革。根据《中共沈阳市委办公厅关于印发<沈阳市市直公益性事业单位优化整合方案>的通知》要求，沈阳仲裁委员会办公室、市仲裁办所属的沈阳国际仲裁院（沈阳国际调解中心）和市人力资源社会保障局所属的沈阳市劳动人事争议仲裁院组建为沈阳仲裁委员会办公室（沈阳市劳动人事争议仲裁院）。在筹备组领导下，及时制定新组建单位整合方案，有序开展“三定”方案起草、人员转隶、资产划转、办公场地配备、挂牌等工作，在时限内高标准完成新单位组建工作。

【劳动人事争议仲裁工作站成立】 3月23日，沈阳市法律援助中心劳动人事争议仲裁工作站，在劳动人事争议仲裁院四楼调解立案服务大厅举行挂牌仪式。工作站为当事人提供法律咨询、援助申请、法制宣传、仲裁代理等法律援助服务。

【台籍仲裁员聘任】 5月15日，为促进沈台两地民商事仲裁机构的沟通交流，市仲裁委在北约客维景国际酒店举行“沈阳仲裁委员会台籍仲裁员聘任仪式”，聘任台湾世新大学校长吴永乾等4位为台籍人士为沈阳仲裁委员会仲裁员。会上还宣布沈阳仲裁委员会办公室、沈阳市人民政府台湾事务办公室《关于建立涉台民商事纠纷仲裁联处工作机制的意见》，就充分发挥仲裁机构与政府对台工作部门在预防化解涉台民商事纠纷中的作用建立联处工作机制。市政府有关部门、相关行业协会、驻沈台商代表、知名律所代表和新闻媒体约100人出席活动。 （马 宁）

九、外事·侨务·港澳台事务

外 事

【概况】 2018年，市外办充分发挥市委外事工作领导小组统筹协调作用，以国际交流工作为主线，以举办第十八届世界冬季城市市长会议为主要抓手，积极实施“结知名友城、打造百城之好”计划，不断拓展对外交流新渠道，开创对外交往新局面。

精心安排市领导出访。市级领导出访20余个国家和地区，强力推进一大批大型合作项目。安排市长姜有为赴德国、瑞典进行友好访问和经贸洽谈，与德国宝马集团、西门子集团、弗朗霍夫研究院和瑞典机器人谷等世界500强企业及知名机构进行深入洽谈，务实推进20个招商项目，促成5个项目签约。安排市人大常委会主任潘利国出访埃及、希腊、以色列，洽谈推进汽车及零部件、智能农业、旅游产业等10个经贸项目。安排市政协主席韩东太出访俄罗斯、印度、马来西亚，与当地议会、政府、商协会等各界人士进行广泛接触和深入交流，全面深化沈阳与相关城市间的友好交往和项目合作。

成功举办第十八届世界冬季城市市长会议。本次会议是沈阳对外开放以来出席国别最多、规模最大、层次最高的国际城市间交往活动。有30个国家41个城市团组、52个商会团组莅沈参会。参会代表团涵盖五大洲，其中包括5个首都城市、4个冬季奥运会举办城市、5个“一带一路”沿线城市。副市长以上代表团22个，副部级以上代表团7个。会议内容丰富，精彩纷呈，赢得中外嘉宾的高度评价，沈阳受到众多国际媒体的关注和聚焦。

友城结好取得重大突破。沈阳市与巴西第二大城市里约热内卢市达成结好意向，与巴基斯坦卡拉奇市和瑞典韦斯特罗斯市签署建立友好合作城市关系协议，与乌干达金贾市建立友好城市关系意向书、与摩洛哥拉巴特市建立友好合作城市关系协议书、与韩国大田广域市签署强化友城交流合作谅解备忘录，友城结好工作成果显著。

切实加强外事归口管理。坚持结合国家开放战略和“一带一路”倡议，结合重点企业“走出去”的需求，结合重大对外合资合作项目，科学制定全市因公出国（境）计划。严格规范全市因公出国（境）审批管理工作，制定《关于进一步规范我市国家工作人员因公临时出国的意见》，切实保障重点企业、重点团组、重点项目“走出去”。强化对涉领馆活动的统一管理，进一步规范对领馆交往活动。认真做好领

事保护和涉外案件处置工作，处理7起领保案件。

【重要到访】 2月9日，美国驻华大使布兰斯塔德率团访辽，市长姜有为陪同省委书记、省人大常委会主任陈求发会见代表团一行。

5月17日，新加坡驻华大使罗家良率团访沈，市委书记易炼红会见代表团一行。

5月18日，韩国驻华大使卢英敏率团访沈，市长姜有为会见代表团一行。

6月25日，阿塞拜疆共和国巴库市卡拉达赫区区长苏莱曼·卡伊洛夫率团访沈，市委书记易炼红会见代表团一行。

7月19日，俄罗斯联邦总统顾问格拉济耶夫率团访辽，市长姜有为陪同省长唐一军会见宴请代表团一行。

8月9日，巴基斯坦卡拉奇市市长瓦萨姆·阿赫塔尔率团访沈，市长姜有为会见代表团一行。

9月11日，乌干达总统事务部部长埃斯特·姆巴约率乌干达友好及经贸代表团来沈参加第十八届世界冬季城市市长会议，市长姜有为会见代表团一行。乌干达国务部长艾萨克·伊桑加·穆苏姆巴、金贾市市长吉萨姆比拉·提图斯·穆坦达会见时在座。摩洛哥拉巴特市市长默罕穆德·萨迪奇率团来沈参加第十八届世界冬季城市市长会议，市长姜有为会见代表团一行。

9月12日，乌拉圭佛罗里达省副省长吉尔莫·洛佩兹率团来沈参加第十八届世界冬季城市市长会议，市长姜有为会见代表团一行。韩国首尔市副市长尹准炳率团来沈参加第十八届世界冬季城市市长会议，市长姜有为会见代表团一行。白俄罗斯明斯克市副市长维克托·拉普捷夫率团到沈参加第十八届世界冬季城市市长会议，市长姜有为会见代表团一行。

12月20日，俄罗斯伊尔库茨克州立法会议主席索科尔率团访沈，市人大常委会主任潘利国会见代表团一行。

【重要出访】 5月6—13日，市长姜有为率沈阳市经贸代表团赴德国、瑞典进行友好访问和经贸洽谈。代表团考察德国宝马集团、西门子集团、弗朗霍夫研究院和瑞典机器人谷等世界500强企业及知名机构，洽谈推进高端装备制造、汽车及零部件、产城融合、旅游体育等20个项目，促成5个项目签约。代表团还举办合作论坛、座谈会等活动，先后会见德国海德堡市、慕尼黑市和瑞典韦斯特罗斯市政要，并与韦斯特罗斯市建立友好合作城市关系。

5月29日至6月7日，市人大常委会主任潘利国率沈阳市代表团出访埃及、希腊、以色列，深入推进沈阳与埃及、希腊、以色列的友好交流与经贸合作。其间，代表团密集开展会见洽谈、登门拜访、参观考察、座谈推介等活动，与当地议会、工商界人士进行广泛接触，共叙友谊、共商合作、共谋发展，促进沈阳与这三个国家的友好交往和在多个领域的经贸合作，取得丰硕成果。

10月17—26日，市政协主席韩东太率沈阳市代表团赴俄罗斯、印度、马来西亚进行友好访问和经贸洽谈。代表团与当地议会、政府、商协会等各界人士进行广泛接触和深入交流，通过会见洽谈、登门拜访、参观考察、座谈推介等形式，深化友城合作、打造交流平台、推动重大项目合作，搭建双方政协与议会间的交流平台，深化沈阳与相关城市间的友好交往。

【友城交流】 5月11日，沈阳市与瑞典韦斯特罗斯市建立友城合作城市关系，市长姜有为与韦斯特罗斯市市长安德斯·特杰拜克代表两市共同签署建立友好合作城市关系协议书。

6月18日，沈阳市与里约热内卢市举行两市建立友好城市关系意向书交换仪式，市人大副主任徐璐代表沈阳市与里约热内卢市国际关系部大使安东尼奥·费尔南多·德·梅洛交换友城协议文本。

8月9日，沈阳市与巴基斯坦卡拉奇市建立友好合作城市关系，市长姜有为和卡拉奇市市长瓦萨姆·阿赫塔尔·汗分别在意向书上签字。

9月11日，沈阳市与乌干达金贾市签署建立友好城市关系意向书，市长姜有为与乌干达国务部长艾萨克·伊桑加·穆苏姆巴分别代表两市在协议书上签字。沈阳市与摩洛哥拉巴特市建立友城合作城市关系，市长姜有为与拉巴特市市长默罕穆德·萨迪奇代表两市共同签署建立友好合作城市关系协议书。沈阳市与韩国大田广域市签署强化友城交流合作谅解备忘录，双方达成共识将强化两市在人工智能、大数据、智慧城市等领域的科技创新交流；强化两市企业间的交流与经济合作，为企业进军海外市场提供协助；积极促进两市大学间缔结友好关系并开展互换学生交流；强化两市在文化、旅游、医疗、教育等领域的务实交流合作。

9月13日，第十八届世界冬季城市市长会议期间，英国贝尔法斯特市举行旅游推介会，重点介绍当地旅游文化资源和热门旅游线路，近百名辽沈地区旅行社、媒体和文化旅游界人士出席活动。副市长彭肇文会见前来出席活动的贝尔法斯特市市长迪尔德丽·安妮·哈吉一行。

11月4—5日，日本札幌市市长秋元克广到沈访问，代表"世界冬季城市会"会长城市，感谢沈阳市在举办第十八届世界冬季城市市长会议过程中做出的巨大努力。秋元克广一行参观第十八届世界冬季城市市长会议主会场新世界博览馆，观看了会议图片展示，考察了会议场馆设施，对会议的成功举办和沈阳城市建设给予了高度评价。副市长刘晓东会见代表团一行。（李丹）

2018年市领导会见的部分友好人士

表12

序号	到访时间	到访国别和地区	到访者
1	1.10		中国欧盟商会主席何墨池
2	4.11	德国	宝马集团大中华区总裁兼首席执行官高乐
3	5.19	德国	国家科学与工程院院长孔翰宁
4	5.30		欧洲科技商会会长福润·冯·途赫
5	6.19	美国	安博公司全球董事长兼首席执行官何慕德
6	8.1	美国	诺贝尔奖获得者兰迪·谢克曼教授
7	8.22	俄罗斯	青年联盟副主席塔季扬娜·伊戈列夫娜·谢莉维尔斯托娃
8	9.6	日本	关西·亚洲环境节能商务交流推进论坛会长古川实
9	9.13	日本	东京商工会议所特别顾问日本电话服务株式会社社长今野由梨
10	9.25	法国	雷诺集团董事长兼首席执行官戈恩
11	11.14		欧洲货币集团执行总裁欧节瀚

（市外办）

2018年到访友城重要官员

表13

序号	到访时间	到访国别和地区	到访者
1	4.19	德国	格赖夫斯瓦尔德市市长斯蒂芬·法斯宾德
2	6.26	泰国	芭堤雅市芭堤雅市市长安南·扎塄差瑟
3	6.26	日本	札幌市副市长町田隆敏
4	9.12	乌干达	金贾市市长吉萨姆比拉·提图斯
5	9.12	韩国	首尔市副市长尹准炳
6	9.12	俄罗斯	白明斯克市副市长 维克托·拉普捷夫
7	9.12	英国	贝尔法斯特市市长迪尔德丽·安妮·哈吉

续表13

序号	到访时间	到访国别和地区	到访者
8	9.12	芬兰	罗瓦涅米市市长埃斯科·洛特文南
9	9.12	芬兰	凯米市市长泰罗·尼希南
10	9.12	拉脱维亚	尤尔马拉市市长盖提斯·楚斯尼斯
11	9.12	摩洛哥	拉巴特市市长默罕穆德·萨迪奇
12	9.12	葡萄牙	布拉加市副市长菲尔米诺·马奎斯
13	9.12	法国	克莱蒙费朗市副市长杰罗姆·奥斯朗德
14	9.12	韩国	大田广域市副市长朴英淳
15	9.12	加拿大	埃德蒙顿副市长蒂姆·卡特梅尔
16	9.12	法国	纪尧姆市第一副市长皮埃尔·让·帕提寇
17	11.4	日本	札幌市市长秋元克广

（市外办）

2018年到访议会代表团

表14

序号	到访时间	到访代表团	率团议长、副议长
1	5.3	美国犹他州议会代表团	参议长韦恩·尼德豪瑟、众议长革瑞革·休斯

（市外办）

2018年驻沈总领馆一览表

表15

派遣国	设馆日期	总领事	到任时间/任届	领 区	馆 址	邮编
美国	1984.5.30	梅儒瑞	2016.8/13	辽宁、吉林、黑龙江	和平区十四纬路52号	110003
日本	1986.1.13	川上文博	2018.10/13	辽宁、吉林、黑龙江	和平区十四纬路50号	110003
朝鲜	1986.9.06	具永赫	2016.3/8	辽宁、吉林、黑龙江	和平区南四经街109号	110003
俄罗斯	1991.5.07	谢尔盖·契尔年科	2018.10/8	辽宁、吉林、黑龙江	和平区十三纬路31号	110003
韩国	1999.7.08	林秉镇	2018.1/9	辽宁、吉林、黑龙江	和平区南十三纬路37号	110003
法国	2008.10.27	马克·拉米	2015.9/3	辽宁、吉林、黑龙江	和平区南十三纬路31号	110003
德国	2012.10.12	毕满天	2018.8/3	辽宁、吉林、黑龙江	和平区青年大街286号	110004

（市外办）

侨务

【概况】 2018年，市侨办在为侨服务方面，开展走访慰问归侨侨眷活动，走访慰问侨界重点人士、贫困归侨侨眷及海外侨领在沈眷属代表154人，发放慰问款物折合人民币约8万余元;会同沈阳何氏眼科医院10余名专家赴于洪区迎宾路街道珍珠社区，为当地160余名群众进行免费诊查;在沈阳农业大学举办“为侨服务进校区工作会议暨侨法宣传活动”；在全市开展社区、校区“侨之家”为侨服务示范单位创建活动，先后对铁西区新湖社区、于洪区珍珠社区、大东区高教社区、东北大学、沈阳农业大学、沈阳音乐学院和沈阳工业大学“侨之家”创建工作进行指导，并为其购置办公所需桌椅、电脑、书柜、图书及宣传栏等相关设备和器材约8万余元。注重侨政管理与为侨服务的有机结合，完成涉侨身份认定113份，华侨回沈落户38户42人，“三侨子女”高考照顾14人，“三侨子女”中考照顾6人。此外，办理涉侨来信来电来访275件次。在对接海外侨务资源上，在荷兰建立“荷兰（阿姆斯特丹）沈阳海外联谊工作站”，举办华侨见面会、留学生见面会等活动，并借助《联合报》《联合时报》等华文媒体宣传沈阳市最新发展情况。对接到沈访问的加拿大多伦多市议员代表团、澳大利亚东澳商会、美国芝加哥东北华人商会、英国东北商会、尼日利亚华裔青年会、俄罗斯辽宁华人华侨联合会等代表团，以及随团访问的辽宁汉邦科技有限公司、沈阳德恒机械制造有限公司等侨企，宣传、推介沈阳市打造国际化营商环境情况和有关扶持政策，推进相关项目对接，争取海外商会、侨商在沈阳市投资兴业、开展经贸合作。

（王春琦）

【邀请重点团组参加冬季城市市长会】 为服务2018年9月召开的第十八届冬季城市市长会，市侨办2017年开始通过各海外侨团、商会，发挥华侨华人在当地的社会资源优势，邀请国外重点城市和相关社团参加冬季城市市长会议。截至2018年8月，邀请芬兰凯米市市长团组，以及美国华人社团联合会、俄罗斯辽宁华人华侨联合会、英国东北商会、英中友好城市合作促进会、意大利威尼斯地区华侨总会、美国硅谷东北商会、新西兰辽宁总商会、阿根廷布市华人华侨互助协会8个侨商团组参会，填补部分地区空白，扩大沈阳市的国际影响力和知名度。

【配合完成APEC中小企业技展会活动】 年初，市侨办在接到关于第十届APEC中小企业技术交流展览会境外嘉宾邀请的工作任务部署后，主要面向APEC成员国家和地区，侧重空白地区——马来西亚、泰国、阿根廷方向发出邀请，邀请马来西亚马六甲州政府中国商务特使拿督威拉颜天禄，以泰国芭堤雅市市长安南·扎塄差瑟为团长的泰国代表团一行20人，以及以阿中地产协会主席刘金钢为团长的一行5人到沈参会。

（杨晓鹏）

【为侨服务进校区活动】 5月12日，市侨办在沈阳农业大学举办“为侨服务进校区工作会议暨侨法宣传活动”。省侨办和沈阳农业大学有关领导出席会议并为沈阳农业大学“全国为侨公共服务示范单位”揭牌；市侨办有关领导宣读国侨办《关于确定2017年度全国为侨公共服务示范单位的通知》，并代表市侨办向沈阳农业大学“侨之家”赠送设备器材及图书。驻沈高校的侨务工作者及侨界专家学者百余人参加政务公开日相关活动，发放宣传资料300余份，解答群众咨询50人次。会后，市侨办安排心肺复苏急救知识讲座，部分参会人员还参观农大校史馆和“侨之家”。

（王春琦）

【“海外高层次人才沈阳行”活动】 2018年，为进一步推动沈阳市与海外多领域的交流合作，市侨办主动邀请海外高端人才访沈，举办4次“海外高层次人才沈阳行活动”。邀请美国华侨、中国有机谷集团董事长王小村，国侨办科技创新委员会委员、美国MPEE主席石戬，中日国际化医学合作中心主任王亦敏等海外高端人才20余人访沈，与康平县、沈阳津通智慧谷、沈阳中置盛京老年病医院等有关区县、单位沟通联络，对接并推进卧龙湖富锶水产品养殖水域生态保护及有机水产品开发、康平“三品一标”产品应用产品质量追述系统、大型养老社区开发、医疗数据标准化中心建设、精准医疗与医养结合等项目，受到代表团和全市对接单位一致好评。（杨晓鹏）

港澳事务

【概况】 2018年，加强与港澳官方机构沟通联络，进一步提高港澳地区政策资源利用率。精心安排市长姜有为、市人大常委

会主任潘利国赴香港澳门经贸洽谈活动，高效务实地推进一批重点项目，全面深化沈阳市与港澳地区的交流与合作。组织全市企业参加由香港特区政府投资推广署举办的第四届“一带一路，共创新思路”内地企业访问香港活动。组织全市企业及科研院所参加“2018年澳门国际环保合作发展论坛及展览（MIECF）”，推介企业的先进技术和优势产品，大力宣传沈阳市环保产业优势资源及科技支持政策，达成一批有发展前景的合作意向。与市服务业委、澳门贸易投资促进局、南光集团等单位联合举办“第二届中国（沈阳）—葡语国家经贸投洽会”，邀请葡语国家及澳门、沈阳企业开展经贸洽谈和合作对接。开展沈港两地青少年交流活动，安排5批次220余名香港师生访问沈阳，加深对中华民族悠久历史文化的了解，增进两地学子的友谊。

【姜有为会见蔡冠深】 6月2日，市长姜有为在市政府会见来访的全国政协常委、香港中华总商会会长、香港新华集团董事局主席蔡冠深博士一行。

相关链接

香港新华集团始创于1957年，主要经营高新科技、金融财务、教育培训、地产建筑等七大业务，在沈阳投资建设新华国际金融中心等项目。蔡冠深从1990年开始在东北大学设立教育基金，先后捐资600万元港币，奖励优秀学生近千人次。

【“一带一路，共创新思路”内地企业访问香港活动】 3月19—20日，市外办组织沈阳航空产业集团、沈阳机床集团等4户企业的5位代表，赴港参加由香港特区政府投资推广署举办的第四届“一带一路，共创新思路”内地企业访问香港活动。其间，企业代表详细了解了香港在税务、银行、仲裁、雇佣、专业服务等领域先进经验以及内地企业人员赴港工作方面的最新情况。

相关链接

香港特区政府投资推广署于2000年7月成立，是香港特区政府下属部门，专责为香港促进外来直接投资，协助海外及内地企业在香港开业或拓展业务，为企业提供实用信息及专业支持。

【2018年澳门国际环保合作发展论坛及展览（MIECF）】 4月12—14日，市外办组织沈阳市远大科技实业有限公司、沈阳市环境科学研究院等5户企业院所14名代表参加“2018年澳门国际环保合作发展论坛及展览（MIECF）”，助推沈阳市节能环保产业对接港澳地区、“一带一路”沿线及葡语系国家优势资源。

【中国（沈阳）葡语国家商贸投资洽谈会】 9月20—22日在沈举办。由澳门贸易投资促进局、澳门会议展览业协会主办，市外办及省市相关单位协办。澳门贸易投资促进局主席张祖荣，东帝汶大使本迪托·多斯·桑托斯·费迪托，澳门会议展览业协会会长、南光（集团）有限公司总经理段洪义等出席活动。其间，举办“葡语国家商贸洽谈会”“葡语国家产品推广活动—沈阳站”等系列活动，增进澳门和沈阳企业间在食品、酒类等领域的深入交流与合作。

【沈阳市代表团赴澳门开展经贸洽谈活动】 11月1—4日，市人大常委会主任潘利国率沈阳市代表团赴澳门特别行政区，就加快推动全市航空产业和会展业发展开展经贸洽谈活动，并参加第七届澳门公务航空展。本届展会，沈阳市代表团参加同期举办的澳门公务航空发展论坛、亚洲商务与通用航空发展高层论坛，并与中国航空器材集团、中国民航技术装备有限公司、庞巴迪公务机、本田公务机等国内外航空企业进行广泛接触和深入洽谈。

【沈阳市经贸代表团赴港招商】 11月27—28日，市长姜有为率沈阳市经贸代表团随省政府经贸代表团赴香港开展招商推介活动。代表团以产城融合、商业综合体、现代服务业等项目招商为重点，与香港知名企业和工商界人士进行广泛的接触和深入洽谈，高效务实地推进一批重点项目，访问取得丰硕成果。活动期间，利用《香港商报》，对沈阳市市情、营商环境、对外开放、产业发展、科技创新、金融商贸、自贸区建设和人才引进等情况进行全面宣传报道，进一步扩大沈阳市在香港的知名度和影响力。

【沈阳—香港青少年交流活动】 2018年，市外办联合市教育局、香港特区政府教育局等单位共同开展沈阳—香港青少年交流多动，先后安排5批次220余名香港师生访问沈阳，与沈阳市第二中学、沈阳市第二十七中学、沈阳市第五中学开展校际交流，接受爱国主义教育，进一步加深对中华民族悠久历史文化的了解，增进两地学子的友谊。　（李丹）

台湾事务

【概况】 2018年，通过沈阳口岸出入境签注赴台29466人次。

7月27日，2018年暑假台湾大学生中华文化研习营在沈阳开营　（市台办供）

其中，因公163人次，因私29303人次。新批台资项目23个，总投资额7663.06万美元，实际利用台资额4292.53万美元，累计批准台资项目1259个，总投资额78.6亿美元，实际利用台资额23.5亿美元。因公赴台交流团组18个93人次（自组团组16个，跨省团组2个）。接待台湾团组18个340人次。为台胞寻找大陆亲人2人次，处理台胞信访2人次，办理台胞子女就学18人次。

【寒假台湾大学生中华文化研习营】 1月26日，由海峡两岸关系协会主办、市台办承办、沈阳大学协办的“融入新时代，共创新未来”2018寒假台湾大学生中华文化研习营在沈开营。来自台湾世新大学的45名师生与8所岛内高校的沈阳籍陆生及沈阳大学志愿者共65人参加研习营生活。

【涉台法律知识培训】 4月12日在沈举行。由沈阳市台办主办，北京大成律师事务所沈阳分所和沈阳台商协会承办。市台办和大成沈阳分所负责人出席讲座并讲话，大成沈阳分所资深律师作法律讲座，全市50余名台商和台企负责人参加培训。

【沈阳仲裁委员会台籍仲裁员聘任仪式】 5月17日在沈举行。沈阳仲裁委员会首次聘任吴永乾、杨长峯、邹纯忻（女）、翟所容4位台籍人士为仲裁员。市直有关部门和沈阳自贸试验区领导，各区县（市）台办负责人，在沈台商、相关行业协会、知名律师事务所和新闻媒体代表出席聘任仪式。

【第二届沈台农业合作论坛】 7月16日在沈阳召开。由市台办、市农经委、市科技局主办，沈阳台商协会、沈阳农业产业化龙头企业协会协办。中国国民党中央常务委员林荣德、台湾中华海峡两岸新农村发展暨环保科技交流协会理事长古秀烽等台湾农业企业家和科技专家以及沈阳各区县（市）相关领导和招商部门负责人100余人参加活动。

【暑假台湾大学生中华文化研习营】 7月27日，由海峡两岸关系协会主办、沈阳市台办承办、沈阳大学协办的“2018年暑假台湾大学生中华文化研习营”在沈阳开营。台湾世新大学的42名师生、16名在岛内高校就读的沈阳籍陆生以及沈阳大学的学生志愿者60余人参加开营仪式。

（赫英良）

十、军　事

警　备

【概况】 2018年，沈阳警备区在习近平新时代中国特色社会主义思想和习近平强军思想指引下，坚决贯彻军委国防动员部、省军区党委和沈阳市委决策部署，着力抓好理论武装和主题教育，坚决维护核心，坚决贯彻军委主席负责制，确保政令军令一贯到底，全面建设取得新的发展进步，宣传报道工作排名省军区第一。

扶贫帮困。抓好本级，与康平县郝官屯镇孙家屯村结成对子，投资160万元帮助建设村部、卫生室、文化广场和光伏发电项目，并通过省级脱贫评估验收。协调驻军，与市扶贫办共同组织驻沈20余家师以上单位召开对接会，将150个贫困村与驻沈团以上单位一一对接，展开扶贫帮困工作。军地联动，会同市教育局组织全省贫困地区100名教师，到沈阳市8所省重点中、小学进行培训，探索教育扶贫的路径和经验，社会反响很好。

停偿工作。协调市政府办公厅、市中级法院、市维稳办和各区县（市）相关部门，全力推动驻沈部队停止有偿服务工作。累计召开会议60余次，制作周报50余期，化解上访隐患30余起，警备区系统停偿项目全部清停。

常态化训练备勤试点。沈阳警备区担负省军区“依托市级民兵训练基地组织常态化训练备勤”试点任务，统筹分配年度训练任务，科学制定常态化训练备勤计划；在训练组织、教学保障、人员管理、器材场地分配等方面，统筹协调，探索常态化训练备勤新模式；投资160余万元用于民兵训练基地加装空气源热泵系统和小型锅炉；修缮民兵宿舍楼，开展常态化营产营具维修；购置训练、生活保障物品，确保满足常态化训练备勤需要。同时，协调市委、市政府专项资金1260万元，用于民兵训练基地基础设施升级改造，获立项批准。

兵役征集。4—9月，全市各级兵役机关集中开展动员部署、宣传发动、网上报名、体格检查、政治考核、审批定兵、役前训练、新兵输送、回访部队等阶段性工作，贯彻国务院、军委国防动员部和省征兵工作电视电话会议精神，完成全市兵役征集任务，大专以上学历新兵占任务总数的比例明显提高。

主题教育。将主题教育作为党委工程、主官工程，强势推进。把学习领会习近平新时代

中国特色社会主义思想和党的十九大精神作为一条主线贯穿全程，通过党委中心组学习、理论培训、党团活动、上门送学等形式，不断增强官兵政治认同、思想认同、理论认同。在省军区集中大课的基础上，区分专题由师团级主官和老干部进行小课辅讲。发挥老干部红色政治资源在教育中的植入运用，举办“首届驻沈部队老干部美术书法摄影作品展”，注重用红色基因教育引导感染官兵，开展重温入党誓词、参观革命旧址等活动，激发官兵听党指挥、维护核心的行动自觉。聚焦警备区职能使命，扎实开展和平积弊大起底大扫除实践活动，立起向中心聚焦、向实践转化的鲜明导向。

首长机关训练。1—3月，针对首长机关指挥能力考核细则，每周组织机关人员进行迎考辅导，训练效果明显。4—9月，依托电视电话会议系统组织首长机关集训，组织基础训练和业务训练。10—12月，分两批组织参加省军区三级首长机关指挥能力集训考核，在集训中获省军区首长充分肯定。

（王昆鹏 沈洪亮 赵为 李冬生 孙志华 孙禹）

【警备区五届二次全委会议】 1月19日，中共沈阳警备区五届二次全委扩大会议暨党管武装第一书记述职会议召开。会议第一阶段召开警备区全委扩大会议，传达北部战区、军委国防动员部党委扩大会议和省军区全委扩大会议精神，总结2017年度工作，部署2018年度工作任务，观看《2017年沈阳警备区工作与建设掠影》成果片；审议党委工作报告。第二阶段召开党管武装第一书记述职会议，宣读2017年度表彰通报，为受表彰的先进单位和个人颁奖；省委副书记、市委书记、警备区党委第一书记易炼红讲话；各区县（市）委书记、人武部党委第一书记进行党管武装工作述职。（王昆鹏）

【民兵调整改革规范建设现场观摩活动】 4月9日，沈阳警备区依托于洪区人武部组织召开“辽宁省民兵调整改革规范建设现场观摩活动”。在于洪区人武部和北陵街道两个观摩现场，展示29类登记统计格式、梳理23种软件资料，统一人武部和基层武装部建设硬件标准。12日，组织本级所属人武部主官、参谋人员分别到北陵街道武装部和于洪区人武部观摩民兵调整改革规范化建设成果，为推动全市民兵调整改革任务的正规有序落实提供基本遵循。

（李冬生）

【百日安全活动】 9—12月开展。活动分为动员准备、组织实施、集中整改、验收总结四个阶段，采取统一部署、自主组织、上下联动、层级落实的方法组织实施，突出重点问题，抓好具体工作落实。组织不间断安全专抓检查，不定期组织回头看，定期进行讲评和安全形势分析。其间，召开安全管理专项整治动员部署大会。警备区司令、政委作动员部署，邀请市公安局交警支队领导进行辅导授课。通过座谈讨论、查找隐患、设立倒计时牌等形式，使人人受教育、受触动，确保部队秩序正规、安全稳定。（沈洪亮）

武警

【概况】 2018年，武警沈阳支队高举习近平新时代中国特色社会主义思想伟大旗帜，牢固树立习近平强军思想根本指导地位，聚焦履行“两个维护”新时代使命任务，坚决贯彻落实武警党委和总队党委决策部署，继续坚持抓建思路不变、抓建力度不减、抓建节奏不乱，突出政治引领、练兵备战、基层基础、厉行法治、综合保障、党的建设，真抓实干、抓紧快干，在抓落实上下真功、用真招、见真章，全面建设发生显著的变化。学习贯彻习

12月6日，沈阳警备区组织年度高炮训练考核 （刘银星摄）

近平主席训词精神，聚力练兵备战，抓实战化军事训练，做好执勤处突、反恐维稳等各项工作，坚决完成党和人民赋予的新时代使命任务，从难、从严、从实抓好部队实战训练，把部队拉到新建野外七星山靶场，组织实弹射击训练。紧盯车辆、枪弹安全管理不放松，实现安全无事故目标，后勤工作走在部队前列。组织冬季行车安全教育，使官兵始终不忘遵守交通法规，确保出行交通安全。视驻地为故乡，积极为辽宁老工业基地振兴发展保驾护航。到铁西工业展览馆进行参观，使官兵了解辽宁工业发展史，增强官兵为第二故乡经济建设做贡献的使命感、责任感。完成抗击暴风雪、抚顺清源抗洪、扑救棋盘山火灾等任务，被沈城人民称为“沈城卫士”。强军文化引领前进方向，支队注重用强军文化铸魂育人，举办第二届强军文化节、第一届军体运动会和强军杯篮球赛。500人被评为优秀基层官兵，553人立功受奖；执勤一大队、执勤四中队被总队评为强军先锋集体，分别荣立集体三等功、二等功；执勤一大队大队长张立权被武警部队表彰为“维稳先进个人”，执勤八中队中队长韩笑寒被总队表彰为“强军先锋”个人；执勤一大队被表彰为“基层建设先进大队”，执勤四中队连续5年被总队树为标兵中队，10个中队被表彰为“基层建设先进中队”，执勤沈河、法库中队迈进先进行列；沈阳支队被总队表彰为“新闻报道先进单位”和“密码工作先进单位”。

【沈阳支队获授队旗】 1月10日，中央军委举行仪式向武警部队授旗，标志武警部队成立35年有了旗帜。1月30日，武警辽宁总队组织授旗仪式，总队首长向沈阳支队授武警部队旗。（宋广峰）

支队组织到新建野外七星山靶场实弹射击训练　　（武警支队供）

人民防空

【概况】 2018年，全市人防系统推进重要经济目标——综合防护系统试点建设项目，完成各项前期准备工作，进入集成建设阶段。进一步加强防空警报建设，新建防空警报器40部、警报统控终端60部、维修防空警报器112部、机动警报车6辆，培训警报操作人员30余人，完成“426”“918”全市防空警报试鸣工作，鸣响率达98%。完成盛京金融广场楼顶人防通信塔项目立项、评审和招标采购工作。召开整组工作会议，部署2018年人防专业队整组工作，联通沈阳分公司、沈化公司的专业队分别接受省人防办整组点验。组织市应急救援中心、东药集团、沈飞公司、沈化公司、和平子午线轮胎公司等单位人防专业队防化骨干开展为期10天集中训练。其间，开展“重要经济目标防护”室内演练。赴朝阳、抚顺和吉林白城，组织开展全市人防机动拉练与人防指挥通信警报业务组训，开展行进间通联训练、短波电台操作通联、野外短波电台天线架设、市区（县）两级人防指挥平台通联等训练内容，并与朝阳市人防办进行联训。

人防工程建设与管理。市本级审批结建人员掩蔽工程面积占全部批建面积的73%，收取人防易地建设费约1.8亿元，签订人防警报器安装协议6项。实现人防工程建设管理平台上线运行，进一步提升人防网上审批服务水平。完成沈阳北站人防工程局部维修改造项目、大东区沈北路人防战备库房工程项目。对“1801人防工程”项目建设方案反复进行调整优化，通过市规划业务会议审议，列入2018年市本级项目投资前期工作计划，并完成项目选址意见书及用地预审，可研报告通过专家评审。推进对人和公司人防工程项目安全检测工作，

编报项目预算，并组织进行专家评审。完成人防工程档案室项目设计费审核、改造方案设计等工作，并进行政府采购。推进沈阳站人防工程改造项目，完成沈阳站东广场交通组织方案和景观改造方案，对沈阳站东广场土地及地下工程开展评估。完成沈河区“1001工程”结算初审，基本完成和平区“2901工程”项目建设。质量监督受理及出具报告书工作实现在市政务服务大厅即时办理，缩减企业办事时间。

人防宣传教育。开展人防系统反恐怖防范宣传月活动，制发宣传单2万份，在市人防办和地下商业城LED大屏幕滚动播放宣传口号。重点抓好人防宣传教育进学校指导工作，为参与试点的6个单位配发部分展品和训练器材，组织观摩于洪区、经济技术开发区人防办组织的“918”撞钟鸣警与人防宣传教育进学校活动，对10个区、县人防办开展人防宣传教育进学校工作进行检查验收，其中，和平区人防办、第19中学等单位被评为先进单位，20人被评为先进个人。

人防安全生产。制定《2018年度沈阳市人民防空办公室安全生产工作方案》，分阶段、分重点对安全生产工作进行具体安排和部署。认真开展安全生产事故隐患排查月活动，累计检查市本级人防工程130项，下达整改通知书11份，存在的隐患问题均整改完毕。结合开展安全生产月活动，在沈阳北站人防工程组织相关单位开展宣传教育活动，普及安全生产知识和逃生避灾技能。认真抓好人防工程安全度汛工作，组成12个检查组，派出检查人员500余人次，对115项市管人防工程进行检查，发现并整改42项问题。汛期期间，全市结建人防工程准备防汛沙袋9.8万袋4000余吨，各类排水泵6300余台均处于良好运行状态，参与防汛值班人员6000名，至年末，全市人防工程未发生倒灌、塌陷等责任事故，防汛工作取得较好效果。

【法治人防建设】 2018年，市人防办与市执法局完成关于人防工程建设方面行政处罚职能交接工作，并向新成立的市人防事务服务与行政执法中心进行行政执法委托。印发《关于明确人防工程使用费征收有关事宜的通知》，取消原有按区域划分和收费标准。制定《应用综合执法平台开展“双随机一公开”工作实施方案》，建立和完善《重大行政执法决定法制审查制度》《重大处罚备案制度》《执法检查计划制度》《行政执法公示制度》和《行政执法全程记录制度》规范执法流程，全面执行重大执法决定法制审核制度。涉企处室制定企业资质公示制度、行政许可发放的公布制度和人防工程质量监督协调会制度。（郑春柏）

陆军预备役

【概况】 2018年，在习近平新时代中国特色社会主义思想和党的十九大精神指引下，师党委坚持以稳中求进为总基调，深入贯彻战区陆军党委决策部署，扭住铸魂育人、练兵备战、正风肃纪、优质保障、安全稳定持续用力，部队全面建设呈现良好发展态势。师被战区陆军评为“安全工作先进单位”。

作风建设专项督查。师纪委组成作风建设专项督查组，围绕陆军和战区陆军明确的5个方面重点督查内容，聚焦“人、钱、车、房、酒、油、礼、密、岗、食”10个方面督查要点，对所属单位“逐个过一遍”。对发现问题现场予以反馈，并要求相关单位明确整改措施、责任分工、完成时限，较好地起到发现问题、形成震慑、传导压力的作用，进一步纯洁部队政治生态。

战区陆军基础训练考核。制定下发《关于进一步加强军事训练的通知》，发出“聚力备战备考”的动员号令。累计投入经费150余万元，用于基础强化训练，不断完善训练保障条件。战区陆军对师进行基础训练考核，全师118名现役军官参考。

“传承红色基因、担当强军重任”主题教育。全师统一分专题上大课，师团领导干部带头辅导宣讲，广泛开展纪念学雷锋55周年、“红色基因代代传”“和平积弊大起底大扫除”活动，组织“赓续传统不忘初心、担当使命备战打仗”主题党日，参观辽宁改革开放40周年成就展、观看《强军》等政论片、浏览微信公众号等信息媒体，增强教育实效，常态落实经常性思想教育和形势政策教育。

停止有偿服务。师党委坚决贯彻落实党中央、中央军委和习近平关于全面停止有偿服务活动重大战略决策，专门成立停偿工作领导小组，设立停偿办公室，聚力公关，攻坚克难、狠抓落实，历时8个月，顺利完成协议签订、房产回收整治利用、善后收尾等工作。

【师党委七届十次全体扩大会议】 1月29日，中共辽宁陆军预

组织防护训练 （市人防办）

备役高射炮兵第一师七届十次全体扩大会议召开。会议深入传达贯彻上级党委扩大会议精神，围绕“用习近平强军思想引领新征程、奋力走好预备役部队新时代改革发展强军路”的主题，总结2017年度工作，部署2018年度任务。师党委书记主持会议，师党委委员出席会议，师机关全体现役干部和部分优秀预备役军官代表列席会议。与会代表就学习贯彻师党委全会精神分别进行表态发言。

【师党委常委专题民主生活会】 4月24日，师召开党委常委专题民主生活会。会议以“认真学习领会习近平新时代中国特色社会主义思想，坚定维护以习近平同志为核心的党中央权威和集中统一领导，全面贯彻落实党的十九大各项决策部署”为主题，按照“一人讲、大家评、逐个过”的方法，深入进行党性分析，严肃认真开展批评和自我批评，研究制定加强党委班子和常委个人建设措施，达到砥砺党性品格、凝聚团结共识、汇聚意志力量、促进部队建设的目的。 （田中瑞）

十一、经济管理

发展规划

【概况】 年初，依据《沈阳市国民经济和社会发展第十三个五年规划纲要》（简称《规划纲要》），全市开展《规划纲要》实施情况中期评估，历经启动部署、综合评估、意见征求三个阶段，形成《沈阳市国民经济和社会发展"十三五"规划纲要实施情况中期评估报告》，经市十六届人大常委会第七次会议审议通过。根据辽宁省政府对产业特色小镇建设工作的相关部署，省有关部门组织开展第一批产业特色小镇推荐、评选工作，确定将沈阳永安机床小镇纳入辽宁省第一批产业特色小镇创建名单。

【《关于加强全市项目调度管理和服务工作的指导意见》】 2月14日市政府批转，市发改委制定。《意见》设完善项目组织管理工作体系、实行项目工作平台化协调管理、注重加强项目前期工作、健全项目工作激励机制4方面内容，强化项目组织管理体系建设等12条措施。

【"十三五"规划实施中期评估报告经市人大审议通过】 12月7日，市十六届人大常委会第七次会议听取审议并通过市政府《关于沈阳市国民经济和社会发展第十三个五年规划纲要实施中期评估报告》。常委会组成人员认为，《中期评估报告》客观公正、实事求是地对"十三五"规划纲要实施情况行总结和评估，真实地反映全市经济社会发展的现状和存在的问题，并提出有针对性的对策措施，为如期完成"十三五"规划各项目标和任务，加快全面建成小康社会奠定坚实的基础。（李沈红）

【"改革开放40周年与东北振兴"主题论坛】 12月22日，改革开放40周年与东北振兴——庆祝改革开放40周年主题论坛在东北大学汉卿会堂举行。国家级智库专家学者围绕庆祝改革开放40周年与东北振兴进行深入研讨与交流。东北大学校长赵继、中国(海南)改革发展研究院院长迟福林、国家发改委振兴司原司长周建平等专家学者分别就扩大改革开放形成东北振兴的新动力、如何依靠创新做实做强做优实体经济、激发民企活力壮大增长新动能等提出各自主张。（志闻）

工商行政

【概况】 截至年末，全市新登记市场主体16.06万户，增长2.73%。全市实有市场主体77.32万户，增长15.06%。6月23日，全市登记业务实行"一窗受理、

一证零表、并行办理”，审批压缩为工商登记、印章刻制、发票申领3个环节，工商登记事项办理不超过2日，刻制印章不超过1日，申领发票不超过0.5日，企业开办3.5日内办结，低于国务院确定的8.5日。截至12月29日，全市各级政务服务中心新办企业服务专区累计发出营业执照7515户、公章1699户、发票197户。在各级政务服务中心设立自助申报（服务）区，推行银行网点帮办代办服务等措施，截至12月24日，累计全程电子化设立登记5.14万户，占全省网上设立登记总量的39.68%。推进企业年报和涉企信息归集公示工作，全市企业年报率88.39%平。截至年末，全市各级政府部门通过公示系统归集公示涉企信息605.57万条。推进经营异常名录和严重违法失信企业名单管理工作，全市列入严重违法失信企业名单2223户；列入异常名录企业25449户、农民专业合作社2253户，标记经营异常状态个体工商户137526户。依申请移出企业6225户、农民专业合作社234户，取消经营异常标记98625户。10月，按照《国务院关于在全国推开“证照分离”改革的通知》和辽宁省推开“证照分离”改革工作的会议精神，由市工商局牵头“证照分离”改革工作。10月30日，组织召开全市推开“证照分离”改革工作会议，对全市“证照分离”改革工作进行部署安排，并于11月10日起在全市全面实施“证照分离”改革工作。全市工商和市场监管部门利用系统开展双随机抽查74次，抽查企业10128户，随机选派执法检查人员4050人次。

风险分类监管。对市场主体加强分析研判，对相关企业进行风险分级，建立风险行业库25个、风险等级库19个、专项风险库16个，实施随机抽查13批次、1万余户。通过对老年体验店、广告经营主体、流通领域化肥经营企业等风险分类监管，将其分为高、中、低风险企业，分别按照不同比例开展抽查，加大对高风险企业的抽查力度，实现风险企业多检查，优良企业少打扰。

重点领域市场监管。维护公平竞争秩序，查办不正当竞争案件3件，办理传销办案18件。加强商标保护和打击制假售假行为，建立东北4城市商标保护跨地区协作机制，收集商标侵权溯源行动线索42条，查处侵权假冒案件96件。加强广告市场监管，对广告经营主体风险分级管理。加强网络市场监管，完成网络定向监测分析报告4篇，网络市场调研分析报告1篇，查办网络案件10件。开展“沈阳地区网络店铺定向监测”和“沈阳地区企业官网及微信公众号定向监测”，监测出涉嫌违法违规网络店铺780家、企业网站234个、微信公众号241个、企业229户，立案4家，责令整改15家。

商标注册和商标质押。发挥商标注册和商标质押两个试点窗口的优势，支持企业做大做强。办理商标质押登记428件，质押贷款金额15.93亿元。受理商标注册、变更等申请8290件，接受咨询1.5万人次，直接为申请人节约申请成本800余万元，激发市场主体创牌热情。

【集贸市场扫黑除恶专项斗争】 2018年，全市工商行政管理部门加大宣传发动工作力度，发放《致广大经营者的一封信》12.41万份、张贴公告2.39万份、宣传单9万多张，制作宣传板620块、涉黑涉恶投诉举报箱74个。对全市335处集贸市场开展“无死角”排查，向市、区“扫黑办”和公安机关移送案件线索204件，其中，“集贸市场欺行霸市、强行收费”类线索26件，“恶意索赔、恶意投诉”类线索145件，“组织传销等其他违法犯罪”线索33件。

【行政审批中介服务清理规范】 2018年，市委、市政府将行政审批中介服务清理规范作为解决“办事难”专项整治和优化全市营商环境的重要举措，纳入2018年全市营商环境六大专项整治任务之一。按照省、市政府部署要求，市工商局牵头负责行政审批中介服务清理规范专项整治工作，完成《市级行政审批中介服务事项清单》编制和发布工作，确认市级中介服务事项67项，界定中介服务机构行业主管部门8个，确认全市中介服务机构为386户。组织开展审批中介服务收费专项检查，纠正收费不公示、合同条款不规范等问题。（市工商局）

统　计

【概况】 2018年，市统计管理部门进一步提高统计监测频次和效率，在原有“一月六报”基础上，从下半年开始，调整为“一月七报”，增加向市政府主要领导报送领导关注指标。定期分专业开展经济走势分析，城市对比分析增加东北4市板块。每月在市政府经济形势分析会上做专题汇报，满足各方面对统计服务的不时之需。加强对统计工作的分析研究，完成调研课题分析29篇。

完成统计分析164篇，获市领导批示29篇（次），比上年增加14篇（次）；其中15篇（次）获市委书记、市长批示，比上年增加10篇（次）。按照上级文件精神，先后印发《沈阳市统计机构负责人防范和惩治统计造假弄虚作假责任制实施办法（试行）》《沈阳市统计局关于加强统计领域信用建设的实施意见（试行）》等8个规范性文件。开展全市统计数据质量核查、违背统计法精神文件和做法排查整治“两个专项”行动以及“双随机”执法检查。通过文件排查整治，及时纠正3个地区将统计部门列入经济指标责任部门的做法。检查规上企业46户，处罚8户，罚款2户。统计执法助力经济普查，解决10户企业不配合问题，一定程度上扭转统计执法淡化、弱化局面。完善“三新”（新产业、新业态、新商业模式）统计监测制度。制度涉及新兴现代农业、战略性新兴产业、互联网平台等13个重点领域27张统计报表，建立起全新的数据交流渠道。探索“三新”经济增加值测算办法，完成2016年全市“三新”经济增加值试算，对2017年全市“三新”统计数据进行汇总分析。作为省试点城市，实施地区生产总值统一核算试点工作，完成三季度县区地区生产总值核算工作，基本实现全市和县区汇总数的衔接。建立开发区统计指标体系，建立起包括“四上”企业增加值等5项主指标和工业固定资产投资完成额等9项分指标的开发区统计指标体系。督促开发区强化统计力量，按季度开展指标试测试算。完成第四次全国经济普查普查机构组建、方案制定、经费和物资落实、普查试点、“两员”（普查指导员和普查员）选聘和培训、普查区划分、单位清查等各项普查登记准备等工作。全市划分普查小区3688个，选聘“两员”5667人，申请并到位市级经费860万元，年底前下拨省市两级“两员”补贴705万元。市级完成培训2000人次。其间，完成单位清查工作。全市清查单位18.5万户，个体户38万户，清查数量基本达到预期。

【“沈阳市宏观经济和社会发展数据库”一期完成】 5月30日，“数据沈阳”APP和PAD版正式上线，实现数据按指标查询和图表展示功能，实现局内网络环境下人人可用，专业处室领导外网环境下24小时随调随用。完成81.6万笔历史数据加载，涉及指标4168个。打通数据导入与发布渠道，常规数据发布实现双轨运行。至年末，全市上线用户323个，其中副局级以上权限用户164个，市级领导权限用户40个，用户体验反馈很好，规范组织完成一期项目验收。

【第四次全国经济普查宣传】 8—12月，市统计局在全市范围开展第四次全国经济普查宣传活动。开发并维护“经普网站”，创建“沈阳普查”公众号，加载普查动态140条；地铁、公交、出租车普查宣传全面铺开；广泛利用临街LED屏，展现普查宣传语；继续发挥报纸、广播、电视等传统媒体作用；青年大街全线悬挂经济普查宣传路旗。行政审批大厅、市委党校全力配合普查宣传。省经普办沟通全省税务大厅、办税平台发出普查宣传告知书。专门聘请设计公司对“两员”物资和普查宣传品进行整体包装设计。背包、数据线、杯子、雨伞等形成精美的普查宣传系列，广受欢迎，宣传效果良好。（市统计局）

质监

【概况】 2018年，市质监行业管理部门认真贯彻学习十九大精神，深刻把握新一轮东北振兴战略机遇，围绕发展质量与效益主题，全力抓质量、提标准、保安全、促发展。

标准化工作改革。市政府成立由市长任组长的标准化战略领导小组，成员单位覆盖所有市直部门，办公室设在市质监局，统筹全市标准化工作。制订出台《沈阳市建设国家标准化改革创新先行区实施方案》，提出深化标准化管理体制改革、创新标准化推进机制、构建新型“沈阳标准”体系、强化标准供给支撑5个方面重点工作，安排了20项主要任务。统筹出台标准化资助奖励政策，《沈阳市标准化建设专门资金使用管理办法》、《沈阳市标准化资助奖励实施细则》。7月17日，沈阳市召开建设国家标准化改革创新先行区工作推进会议，会议通过《沈阳经济区标准化协作创新联盟章程》，并签署《沈阳经济区标准化协作创新联盟协议》，这标志着全市标准化工作进入了一个新的发展阶段。

标准化课题研究。项目成功申报国家标准化基础研究项目和沈阳市科技计划课题。《城市营商环境评价指南》市级地方标准发布。5月下旬，市质监局主要领导到国标委作了汇报，受到国家标准委主要领导的充分肯定，并同意建立由中国标准化研究院、

中国宏观经济研究院等单位参加的“国家城市营商环境标准化工作组”，启动“城市营商环境评价标准体系”国家标准立项申报程序。

电梯安全监管。在沈河区启动物联网电梯安全管理公共平台试点，市委书记易炼红在观看现场演示后给予充分肯定。年初开始，全面推进“电梯+物联网+保险”安全监管模式。创建以物联网、大数据、云计算技术为核心，将96333电梯安全应急救援处置平台升级为全面系统的电梯物联网信息监管平台，提高智能化程度。引入保险机制，探索创新电梯维保资金托管、老旧电梯改造等工作，形成完整的“电梯+物联网+保险”电梯安全监管新格局。

（周 云）

【349家检验检测机构上线服务】 2018年，初步搭建沈阳检验检测认证公共服务平台。平台以质监系统检验检测技术机构为主体，按照紧密配合产业、集约分散结合，线上线下一体、多元混合经营、分步做大做强的总体思路，整合社会优势检验检测资源，促进全市资源优化配置。平台具备资源集聚、信息展示、在线交易、政务管理四大功能。平台完成349家检验检测机构上线服务，整合检测资产规模10亿元。

（市质监局）

国资监管

【概况】 2018年，市国资系统全面贯彻习近平总书记在辽宁考察时和在深入推进东北振兴座谈会上的重要讲话精神，深入贯彻全国国企改革座谈会精神，围绕国企改革、国资运营、国资监管、国企党建“四条主线”，统筹推进国资国企改革，取得重要阶段性成果。截至年末，市属国有及国有控股企业27户，企业职工68594人。

国企改革发展。出台《落实习近平总书记关于辽宁工作重要指示精神以啃硬骨头精神推进国有企业改革发展实施方案》等系列重要文件。探索形成沈阳机床集团输血、止血、造血“三位一体”综合改革，东北制药集团二次混改引入民营资本控股、实现完全市场化经营，沈鼓集团“整体上市+债转股+全面混改”和北方重工集团破产重整的国企改革4种模式。沈阳机床集团与中国通用技术集团签订战略重组框架协议，集团15户辅助企业除2户留壳承债外全部完成处置。依托i5智能机床推广“按时间、按价值、按产品”分享商业模式。东北制药集团实施二次混改，定向增发引入战略投资者方大集团，通过完善法人治理结构，引入成熟高效的治企理念、经营机制和管理方式，公司营业收入增长45%，利润增长225%，国有股份市值实现增长，员工收入实现翻番。公司改革得到国务院国企改革督查组的充分肯定。沈鼓集团完成往复事业部、通风公司混改；完成核电公司5亿元债转股；实施“5+2”战略转型，获工信部“服务型制造示范企业”称号。北方重工实施破产重整，公开招募战略投资者。

国有资本运营。搭建运营“3+1+N”（3指3家国有资本投资运营公司，1指1家资产管理公司，N指N个国有资本产业投资平台）国有资本投资运营平台取得成效。沈阳盛京金控投资集团有限公司发起设立政府投资引导基金并开展应急转贷、股权投资等业务，沈阳市城市建设投资集团有限公司发起设立总规模100亿元的基础设施PPP（政府和社会资本合作）项目基金，沈阳产业投资发展集团有限公司推进设立智能制造、军民融合和养老产业基金，沈阳盛京资产管理集团有限公司联合社会资本设立首期20亿元的国企改革基金。通过开展资本整合、投资融资、产业培育等手段，支撑市属国企改革发展、支撑城市基础设施建设、支撑区域经济新旧动能转换。

国有资产监管。出台国企改革系列配套政策和具体实施方案，形成“1+30”（1指《关于进一步深化国资国企改革的实施意见》，30指后续出台的系列配套文件）政策体系。坚持以管资本为主转变监管职能，出台国有资本授权经营管理办法，授权两类公司对持股企业履行出资人职责。完成81户经营性事业单位转企接收工作。强化战略管控和风险防范，开展“去杠杆”降低资产负债率专项行动，区分不同行业设定资产负债率警戒线，对高负债风险企业实行名单制管理。完善投资风险监督管理，明确8种禁止类投资事项，对非主业、非控股和非境内的投资项目实行特别监管。

国有企业党建。以市管20户企业党建工作划归市国资委党委管理为契机，构建全市国有企业大党建工作体系。落实党建工作责任，扎实推进“两学一做”学习教育常态化制度化，实施“红色堡垒工程”和“新时代讲习所”建设，全面铺开党支部规范

化建设。加强国有企业党风廉政建设，深入推进正风肃纪，在国资系统开展顶风违反中央八项规定精神、“小金库”以及公车私用、私车公养等问题专项治理行动，坚决惩处违法违纪。

（王　朋）

【《沈阳市国有企业违规经营投资责任追究暂行规定》】 1月19日市政府办公厅印发。《规定》分总则、责任追究范围、资产损失认定、经营投资责任认定、责任追究处理、组织实施、附则7章33条。《规定》明确责任追究范围：企业经营管理有关人员违反法律法规和企业内部管理规定，未履行或未正确履行职责，造成资产损失以及其他严重不良后果的，应追究责任。

【《市属国有企业推行市场化选聘经营管理者和职业经理人制度的意见（试行）》】 1月4日市委办公厅、市政府办公厅印发。《意见》包括工作目标、基本原则、确定试点企业和选聘方式、管理模式、有关要求、组织实施6方面内容。《意见》提出畅通现有经营管理者身份转换通道，拓宽优秀企业经营管理者和职业经理人引进渠道，逐步在企业经营层形成以市场化为导向的选聘制度、以契约化为导向的管理模式和以业绩为导向的薪酬激励机制，提高企业经营层成员市场化、专业化、职业化程度，不断激发企业活力的工作目标。

【《市属国有企业推行市场化选聘经营管理者和职业经理人工作实施办法（试行）》】 1月4日市委办公厅、市政府办公厅印发。《办法》包括市场化选聘经营层成员范围和任职条件、确定试点企业程序、市场化选聘经营管理者程序、市场化选聘职业经理人程序、实施步骤5方面内容。

（志　闻）

【《落实习近平总书记关于辽宁工作重要指示精神以啃硬骨头精神推进国有企业改革发展实施方案》】 9月8日市深化国资国企改革领导小组下发。主要内容为推进股权多元化和混合所有制改革，深化国企体制机制改革，充分发挥国有资本投资运营公司作用，完善国资监管体制，全面解决历史遗留问题，从严加强国企党的建设。

（王　朋）

【《沈阳市人民政府关于改革国有企业工资决定机制的实施意见》】 12月28日印发。《意见》分改革工资总额决定机制、改革工资总额管理方式、完善内部工资分配管理、健全工资分配监管体制、认真组织实施、适用范围6部分内容。《意见》自2019年1月1日起实施。

（志　闻）

国土资源管理

【概况】 2018年，全市国土规划部门较好地完成国土资源管理各项任务，在服务经济发展、保护国土资源、提高节约集约用地水平等方面取得成效。全市下辖10区2县1市，总面积1.286万平方千米。其中，和平、沈河、大东、皇姑、铁西、苏家屯、浑南、沈北、于洪9个行政区为城市规划区，总面积3471平方千米。规划中心城区总面积1353平方千米，年末，建成区规模560平方千米。

土地要素保障。获批建设用地163件、总用地面积1085公顷。保障宝马厂区扩建用地需求，推进辽西北供水涉及的净水厂、配水厂征地报批工作，推进综合保税区、地铁9号线、大辛垃圾场等项目落地实施。完成存量储备土地146宗，处置“净地不净”55宗、闲置土地67宗。推进房地产市场平稳运行，全市出让土地247宗，1074.58公顷，上升59.9%，成交总价354.43亿元，上升34.2%。收缴配套费3.909亿元，清缴土地出让金欠款35.44亿元。

耕地保护。全面落实耕地保护责任和任务，通过国家2016—2020年耕地保护目标责任期中考核。印发《关于改进耕地占补平衡工作的通知》，进一步改进和规范全市耕地占补平衡、易地补充耕地、提质改造等工作。制订土地矿产卫片执法监督检查工作方案，推动建立三级网格化监管，全市违法占用耕地比例由22.19%降至4.49%。

优化行政审批业务。稳步推进“多规合一”改革，“一张蓝图”建设不断完善，政务内网上线图层308个，政务外网图层由4个增加到37个。业务协同共享平台进一步优化，在划拨用地项目实现在线策划生成基础上，全面推动经营类用地和工业类用地项目生成上线运行，900余个项目进行策划生成，400多个部门和地区接入业务协同共享平台。加快工程建设项目审批制度改革，梳理和制订27个规范性文件，进一步依法履行规划管理职能。优化审批流程，将串联办理改为并联办理，通过“一窗、一表、一套材料”基本实现多个事项“一次申请、同时办理”。

不动产登记。进一步压缩办事时限，其中抵押权注销、补换发不动产权证书（证明）和商品房办证实现即时办结，不动产抵

押权首次登记、在建工程抵押权变更登记1个工作日办结，建设用地使用权、房屋所有权首次登记5个工作日办结。与地税部门创建合署办公机制，让办事群众实现“一次排队、一窗受理、一站办结”。化解历史遗留问题，推进非住宅解遗办证工作。开展全市国有农垦土地确权登记发证工作，权籍调查完成8.24万亩（0.55万公顷），实现证书“应发尽发”。完成辽中区集体土地及地上房屋一体登记试点。不断完善不动产登记信息管理平台，全年办理各类不动产业务151万件。

土地执法。会同市农业农村部门组织和开展“大棚房”问题清理整治专项行动，制订“一个方案”（《沈阳市自然资源局关于“大棚房”问题再清理再整治工作方案》），严格“两个标准”（违法违规认定标准和整改标准），落实“三张图”（鱼骨图（时间表）倒排工期、流程图和网格化管理图）。开展全域土地例行督察试点和整改，制订《沈阳市全域例行督察试点工作方案》，针对督察反馈全市的7大类26个问题，牵头制订《沈阳市落实2018年全域土地例行督察整改意见实施方案》，建立“1+13+5+7”整改方案体系，即1个全市总方案，13个区县子方案，5个专项清理整改方案，建立形成7个制度体系，实行分类整改、整体推进。按照省委省政府要求和全市工作部署，启动非煤矿山综合治理工作，牵头制订实施意见和8个专项行动工作方案，协调推进落实相关工作。

测绘地理信息和土地调查。落实测绘法等法律法规，着力提升测绘法治水平；加强基准站、地图市场、测绘地信成果质量、涉密成果监管，建立“问题地图”治理长效机制；激发和保护测绘市场活力，营造公平竞争、规范有序的市场环境。加强信息化建设，全力推进时空信息云平台建设工作，形成时空信息云平台资源配置方案和资源清单；完成综合办公平台与市政务服务平台的联通，实现10项审批事项的对接；完成不动产登记系统与全市电子证照库的技术对接工作。第三次全国国土调查全面铺开，建立调查组织领导机构，开展宣传和培训，编制实施方案，落实工作经费，完成沈北新区先行调查试点工作，各项调查工作11月底在全市开展。做好土地变更调查工作，核查遥感监测图斑3372个、面积3.3836万亩（0.23万公顷）。

（市自然资源局）

【《县级政府耕地保护责任目标考核办法》】 6月5日市政府办公厅印发。《办法》分总则、年度自查、期中检查、期末考核、奖惩、附则6章17条。《办法》提出，各区县(市)政府对《沈阳市土地利用总体规划》确定的本行政区域内的耕地保有量、永久基本农田保护面积以及沈阳市确定的高标准农田建设任务负责，区县(市)长为第一责任人。市政府与各区县(市)政府签订耕地保护责任书，每年签订1次。（志闻）

【土地利用改革】 2018年，完成沈北新区腰长河村利用集体建设用地开展旅游项目审批试点。利用集体建设用地建设租赁住房试点积极推进，确定大东区后陵村作为首批试点。创新土地管理和利用制度，制订《关于推进我市事业单位改革涉及土地资产处置的意见》，印发《关于解决我市土地未供即用历史遗留问题有关意见的通知》，颁布《沈阳市被征收集体土地上房屋（附属物）申请强制执行的若干规定（试行）》，分别为全市事业单位改革中土地资产处置、解决土地未供即用历史遗留问题和集体土地房屋征收提供政策支持。

（市自然资源局）

价格监督

【概况】 2018年，全市价格监督部门围绕服务经济发展和解决民生热点问题主线，开展公租房和公交领域、清明节期间殡葬服务市场价格、全市涉农价格和收费、电网和转供电环节电价的专项检查，加强对医药价费投诉举报案件的查处，检查各类单位616家，处理价格违法案件49件，经济制裁总额491.40万元。受理价格咨询、举报投诉6379件，其中价格咨询6195件，价格举报投诉184件，按期办结率100%；强化应急预案和重点时段监管，成功处理沈阳鑫畅客运集团191公交车司机联名举报新能源公交车燃气价格上涨过快问题，妥善应对突发事件，有效阻止群访事件发生。组织全市供水、供气、供暖、电信领域价格专项检查。对42户电信运营商、20户供暖、4户供气、6户供水企业等72个单位执行政府定价、安装工程收费和明码标价等行为开展检查。责令供水企业主动退还多收水费33.02万元，责令供暖企业退还多收供热工程费23.32万元，沈阳辉能置业有限公司专程送来感谢信，感谢减轻企业价费负担。

【医药价费投诉举报案件查处】

2018年，按照“双随机”方式，在全市范围内对9家医院医用耗材开展专项整治，8家医院涉嫌存在问题，涉及违规收费项目3项、耗材种类20种，查出价格违法问题8件，涉嫌违法金额18.54万元。

（周 云）

海关

【概况】 2018年，沈阳海关党以机构改革为契机，强化监管优化服务，深入推广应用“动车组”理论成果，全力支持新时代辽宁全面振兴发展，不断推动各项工作取得成绩。关区进出口货运量、货物总值、入库税款创历史新高，各类专项行动取得新战果。沈阳海关（机关）及机场海关、现场业务处顺利通过中央文明办“全国文明单位”复查。

机构改革。沈阳海关坚决贯彻落实《国务院机构改革方案》关于“将国家质量监督检验检疫总局的出入境检验检疫管理职责和队伍划入海关总署”的决策部署，严格按照机构改革时间节点推进工作。4月19日，完成辖区原沈阳、抚顺、锦州、阜新、辽阳、铁岭、朝阳、葫芦岛、沈阳综合保税区出入境检验检疫局等9个分支机构办公场所更换标识标牌工作，转隶单位一线旅检、查验和窗口岗位全部统一着海关制服、佩戴海关关衔、以海关名义对外开展工作。按照优化协同高效原则，大力推进关检业务融合，6月1日取消通关单，8月1日报关单、报检单合二为一。

优化口岸营商环境。以机构改革为契机，沈阳海关深入推进“放管服”改革，大幅精简优化

向企业讲解业务流程　（沈阳海关供）

通关流程和环节。精简监管证件，货物通关流程由12个环节整合为7个，进出口环节海关验核监管证件由86种缩减为48种，并实现联网核查，原报关、报检共229个申报项目合并精简至105个，货物整体通关时间压缩超过三分之一。

通关一体化改革。沈阳海关统筹实施提前申报、“先放行、后改单”、大宗资源性商品“先验放后检测”等通关便利化措施。顺利完成全国通关一体化进出口货物整合申报工作，推广国际贸易“单一窗口”新功能，实现报关单申报业务覆盖率100%目标。在关区全面推广实施货物监管“查检合一”联合作业，联合作业“一次查验”达到90%以上。

“银关保”“关税保证保险”改革。推行关税担保方式改革，联合人保财险辽宁省分公司、招商银行沈阳分行创新推出“银关保”担保模式，构建“企业申请-保险承保-银行授信-海关受理”新型担保链条。推行关税保证保险，为企业的纳税期限和征税要素提供担保，助力企业实现“先放行后缴税”。2户企业签约“银关保”，3家试点保险公司开出20份“关税保证保险”保单，涉及10户民营企业，担保额度1.68亿元。

【打击走私象牙等濒危物种的“百日会战”专项行动】 2017年12月15日至2018年3月24日，按照海关总署缉私局的统一部署，沈阳海关开展严厉打击濒危物种走私“百日会战”专项行动，行动期间共查办打击濒危物种走私案件16起，其中，刑事案件2起，行政立案14起，总计查扣水鹿角2个、梅花鹿角3个、红珊瑚制品4128克、象牙制品5852.6克。

【打击“洋垃圾”走私“蓝天2018”专项行动】 2018年，沈阳海关重点对新调整列入《禁止进口固体废物目录》的4类24种固体废物进行监控和排查，排查利用固体废物非法加工的企业。5月，开展打击“洋垃圾”走私“蓝天2018”第三轮专项行动。刑事立案1起，案值9000万元，查获固体废物富铅渣1.1万吨，行政受案2起，行政立案2起，案值2万元，查获旧相机及配件93件、旧手机屏幕及原件203件。

【“绿蕾4”行动】 2018年，沈阳海关强化进出境动植物及产品

检疫管理，在“绿蕾4”专项行动期间，各口岸共截获非法携带、邮寄进境植物种子种苗71批次，检出有害生物11种21种次。10月26日，对禁止携带、邮寄进境动植物及其产品进行集中销毁，销毁“绿蕾4”专项行动截获的种子、种苗以及近期截获的禁止携带、邮寄进境动植物及其产品154批420.35千克。

【口岸天平行动】 2018年，沈阳海关针对进口铜精矿“短重”案例，狠抓事中监管和事后追责，严厉打击贸易欺诈现象，维护国家利益和贸易公平。检出来自智利、墨西哥、秘鲁、沙特、澳大利亚、新加坡等国家的进口铜精矿短重，及时出具重量证书帮助国内收货人进行索赔结算，帮助企业挽回经济损失1029万美元，有效防范贸易风险。 （祝威）

财 政

【概况】 2018年，全市财政工作坚持以供给侧结构性改革为主线，实施积极的财政政策，深化财税体制改革，强化预算管理，服务全市经济社会发展大局。全市一般公共预算收入720.6亿元，增长10%；一般公共预算支出964.9亿元，增长12.9%。其中重点民生支出776.4亿元，增长7.8%，占一般公共预算支出80.5%。支出结构更加优化，管理方式科学规范，预算执行平稳高效，财政风险总体可控。

全市一般公共预算收入主要科目。增值税232.4亿元，增长3.3%；营业税0.3亿元，下降66.5%；企业所得税97.2亿元，增长6.2%；个人所得税31.8亿元，

沈阳海关2018年主要业务数据

表16

指 标	单 位	本 年	同比（±%）
监管进出口总值（人民币）	亿元	1082.6	45.7
进口	亿元	866.3	53.0
出口	亿元	216.3	22.3
监管进出口总值（美元）	亿美元	164.3	49.3
进口	亿美元	131.4	56.6
出口	亿美元	32.9	25.8
进出口货运量	万吨	1895.0	51.0
进口	万吨	1541.3	74.7
出口	万吨	353.7	-5.1
税收入库	亿元	156.2	29.1
关税入库	亿元	32.6	14.8
进口环节税入库	亿元	123.6	33.6
集装箱总数	万箱次	11.3	68.6
集装箱箱载货物	万吨	69.3	36.8
监管运输工具总数	辆艘	11497	0.4
监管进出境总数	辆艘	11194	3.8
进出境船舶	艘	698	15.2
进出境飞机	架	10496	3.1
进出境人员数	万人次	180.1	18.0
其中：进出境旅客	万人次	168.3	19.4
运输工具服务人员	万人次	11.8	0.2
邮、快递总数	万件	359.0	23.5
其中：行邮物品	万件	85.1	-14.5
快件	万件	273.9	43.3
备案加工手册	份	618.0	-1.1
手册备案金额	亿美元	14.2	-37.0
经批准内销补税	亿元	7.3	56.8
进出口报关单总数	万张	8.7	12.2
检验检疫出入境货物	万批次	3.1	-10.1
检验检疫出入境货物货值	亿美元	98.6	34.1
检疫查验出入境人员	万人次	177.5	16.4

（沈阳海关）

增长7.4%；城市维护建设税40.6亿元，同比增长8.7%；房产税34.9亿元，增长5.7%；城镇土地使用税29亿元，增长1.2%；契税50.3亿元，增长45.5%；印花税10.1亿元，增长6.8%；国有资本经营收入、国有资源有偿使用收入57.6亿元，增长66.7%；行政事业性收费、罚没等收入35.1亿元，下降9.8%；排污费、水资源费、教育费附加等专项收入43.2亿元，增长11%。全市基金收入408.8亿元，增长92.6%。

全市一般公共预算支出主要科目。一般公共服务支出91.8亿元，增长23.5%；国防支出1.4亿元，增长33.1%；公共安全支出71亿元，增长17.7%；教育支出115.2亿元，增长0.7%；科技支出18.1亿元，增长12%；文化体育与传媒支出11.9亿元，下降41.7%；社会保障和就业支出239.2亿元，增长9.2%；医疗卫生支出62.1亿元，增长4.4%；节能环保支出34.5亿元，增长5.1%；城乡社区事务支出96.4亿元，增长8.9%；农林水事务支出58.9亿元，增长6.2%；交通运输支出22.4亿元，增长38.3%；资源勘探电力信息等事务支出63.3亿元，增长107.6%；商业服务业等事务支出11.2亿元，下降10.7%；金融监管等事务支出0.3亿元，下降46.5%；国土资源气象等事务支出6.7亿元，增长3.9%；住房保障支出24亿元，增长30%。全市基金支出完成355.8亿元，增长69.4%。

市本级一般公共预算收入93.7亿元，增长19%；市本级一般公共预算支出405.3亿元，增长5.7%。全市政府性基金收入408.8亿元，增长92.6%；全市政府性基金支出355.8亿元，增长69.4%。市本级政府性基金收入150.1亿元，增长84.8%；市本级政府性基金支出119.9亿元，增长52.2%。市本级国有资本经营预算收入5.7亿元，增长62.3%；国有资本经营预算支出6.5亿元，增长59.5%，主要是国有企业资本金注入、解决历史遗留问题及改革成本等支出。

市本级一般公共预算重点科目支出。教育支出20.7亿元，加上补助各地区转移支付资金28.5亿元，市本级用于教育方面资金49.2亿元。科学技术支出12.3亿元，加上补助各地区转移支付资金1亿元，市本级用于科技方面资金13.3亿元。文化体育与传媒支出8.8亿元，加上补助各地区转移支付资金等0.04亿元，市本级用于文体方面资金8.9亿元。社会保障和就业支出153.2亿元，加上政府性基金以及补助各地区转移支付资金28.2亿元，市本级用于社会保障和就业方面资金181.4亿元。医疗卫生支出25亿元，加上补助各地区转移支付资金12.7亿元，市本级用于医疗卫生方面资金37.7亿元。节能环保支出28.6亿元，加上补助各地区转移支付资金2.4亿元，市本级用于节能环保方面资金31亿元。城乡社区事务支出27.4亿元，加上政府性基金、补助各地区转移支付资金以及在节能环保、交通运输和住房保障、债务还本支出等四个科目中核算的支出123.6亿元，城市建设方面投入151亿元。农林水事务支出8.3亿元，加上政府性基金以及补助各地区转移支付资金37.8亿元，市本级用于农林水事务方面资金46.1亿元。交通运输支出9.8亿元，加上补助各地区转移支付资金5.3亿元，市本级用于交通运输方面资金15.1亿元。住房保障支出8亿元，加上补助各地区转移支付资金2.9亿元，市本级用于住房保障方面资金10.9亿元。

支持经济高质量发展。统筹财力保障重点产业发展专项资金需求，加快沈阳新松机器人自动化股份有限公司等重点企业（项目）建设。推进科技创新驱动和培育壮大科技创新主体。发挥中小企业创新发展基金及沈阳市应急转贷资金作用，支持民营经济发展壮大。完成国家小微双创3年示范工作，累计兑现财政补贴27.6亿元。规范推进PPP（政府和社会资本合作）项目，做好物有所值评价、财政可承受能力论证等相关工作，总投资额111.1亿元的沈阳市城市快速路网项目成功实施。制发《沈阳市政府投资引导基金管理办法》，筹集资金20亿元，组建多支政府投资引导基金，带动社会资本支持战略性新兴产业、创新创业、基础设施和公共服务等重点领域发展。

着力提升城乡品质。投入城建资金151亿元，加速推动地铁、路桥等城乡基础设施建设及维护。大力支持“三城联创”工作，加快推动拆违、老旧小区改造等市容环境整治。投入47.9亿元，保障污水处理、污染防治能力建设、宜居乡村和美丽乡村建设等项目支出，推动打赢污染防治攻坚战。

全力保障民生政策落实。全市各级财政补助119.5亿元，保障企业养老保险金按时足额发放。拨付就业补助支出5.9亿元，确保就业困难群体各项待遇落实。投入36.7亿元，严格兑现居民医保及新农合提标、基本公共卫生

服务体系建设等医药卫生刚性支出政策。全市投入115.2亿元，支持教育事业优先发展。全市投入11.9亿元，推动文化、体育等事业发展。

支持国有企业改革和机关事业单位改革。筹措24.1亿元，增加市属重点企业注册资本金。推进搭建“3+1+N”（3家国有资本投资运营公司，1家资产管理公司，N个国有资本产业投资平台）国有资本投资运营平台体系。筹措11.4亿元，推进厂办大集体改革、“三供一业”（供水、供电、供暖及物业）分离移交、“僵尸企业”（已停产、半停产、连年亏损、资不抵债，主要靠政府补贴和银行续贷维持经营的企业）处置工作。梳理事业单位改革相关财税政策，为涉改单位实际操作提供切实可行的指导。提早研究机构改革相关经费预算预拨调整方案等配套工作，保障机构改革顺利推进。

深化财税管理改革。推进预算制度改革，完善跨年度预算平衡机制，在足额保障各项重点支出后，统筹财力37.1亿元转入市本级预算稳定调节基金，用于保障以后年度预算收支平衡。完善预算绩效管理制度体系，全面推进预算绩效管理。创新县乡及开发区管理体制机制，设立乡镇独立国库，制定“飞地经济”税收政策，完善开发区财政管理体制，激发各地区积极性和自主性。

持续巩固精准脱贫成果。落实《关于统筹整合资金支持打好脱贫攻坚战的实施意见》，下放审批权限，调动区县（市）积极性。强化扶贫资金管理，建立财政扶贫资金动态监控机制，提升扶贫资金使用的精准性和有效性。全市投入扶贫攻坚资金8.7亿元，为全市脱贫攻坚工作顺利开展提供资金保障。

（吴佳林 徐海波）

【《沈阳市政府投资引导基金管理办法》】 2月14日市政府批转，市财政局制定。《办法》分总则、机构职责、设立运作和风险控制、退出和收益、预算和资产管理、监管和绩效评价、附则7章38条。《办法》所称政府投资引导基金是指由市政府出资设立，采用股权投资方式，按市场化母基金模式运作的政策性基金。《办法》自印发之日起施行。

【《关于探索建立涉农资金统筹整合长效机制实施方案》】 8月10日市政府印发。《方案》分总体要求、组织实施、保障措施3方面内容。《方案》提出主要目标：2018年，部分实现部门内部涉农专项转移支付的统筹整合；2019年，实现部门内部涉农专项转移支付的统筹整合，基本实现部门间涉农专项转移支付和涉农基建投资的分类统筹整合；到2020年，构建形成权责匹配、相互协调、上下联动、步调一致的涉农资金统筹整合长效机制。《方案》提出认真开展涉农资金整合、建立健全涉农资金管理机制2方面组织实施措施。（志 闻）

税 务

【概况】 2018年，全市税务系统圆满完成税收改革发展各项任务。各项税收578.1亿元，增长7.9%。在各项税收中，增值税232.4亿元，增长3.3%；企业所得税97.2亿元，增长6.2%；个人所得税31.8亿元，增长7.4%；土地增值税36亿元，增长22.7%；耕地占用税1.7亿元，下降62.6%；契税50.3亿元，增长45.5%。落实增值税税率调整、留抵退税、房产税和土地使用税、个人所得税等一系列扶持经济转型升级和惠及民生的优惠政策，落实各项税

全市税务系统走进社区、企业、学校，广泛开展“便民办税春风行动”宣传活动

（市税务局供）

收新政43亿元，国家政策红利充分释放。主动从税收角度为沈阳发展建言献策，形成宏观税负分析、汽车产业链分析、税收形势分析等一批成果，获市领导10余次表扬性批示。

【沈阳市税务局挂牌】 7月5日，新组建的国家税务总局沈阳市税务局在沈阳市沈河区惠工街126号举行挂牌成立仪式，标志着原辽宁省沈阳市国家税务局、沈阳市地方税务局正式合并。同日下午，国家税务总局沈阳市税务局西滨河路办公区、国家税务总局沈阳市税务局稽查局完成挂牌工作。12家原市国税局、市地税局直属机构同步完成挂牌工作。7月20日，全市各县区级税务新机构正式挂牌成立，各县区级原国税局、地税局及其所属税务分局（税务所）正式合并成为新的税务机构。9月30日，市税务局第一税务分局、第二税务分局、第一稽查局、第二稽查局、第三稽查局全部完成挂牌工作。市税务局于9月30日在《沈阳日报》刊发有关事项的公告。

【纳税人缴费办税指南】 7月，国家税务总局沈阳市税务局发布11类226项纳税人缴费人办税指南，推行容缺受理举措，按照新办纳税人、成熟纳税人、注销纳税人不同需求编制办税清单，设置"清税注销业务专窗"，办税更便捷更高效。推行契税报送要件电子化，率先在全国推出全部无复印件办税流程，避免重复提供资料。

【办税服务厅全部实行"一厅通报"】 2018年，全市20个办税服务厅全部实行"一厅通办"，办税时间平均缩短60%。推出202项"最多跑一次"清单，比全省多44项。进一步自我加压，将即办效率提升至93%。缩减企业开办时间，新办企业从登记到申领发票时间压缩至3.5个工作日。推行不动产登记缴税"一窗受理"，办理时间由原来的5个工作日提速到"即时办结、当天出证"。

（市税务局）

沈阳市2018年度纳税百强单位名单

表17

排名	纳税人名称	法人代表	纳税总额（万元）
1	华晨宝马汽车有限公司	吴小安	1915068
2	上汽通用（沈阳）北盛汽车有限公司	丹·阿曼	356912
3	红塔辽宁烟草有限责任公司沈阳卷烟厂	李　军	177277
4	辽宁省烟草公司沈阳市公司	胡志伟	159912
5	华润置地（沈阳）有限公司	陈　刚	151272
6	国网辽宁省电力有限公司	谭洪恩	144321
7	盛京银行股份有限公司	张启阳	126398
8	中海地产（沈阳）有限公司	张智超	112674
9	金地集团（沈阳）房地产置业有限公司	施鑫华	110699
10	沈阳万科企业有限公司	肖　劲	86921
11	辽宁共享碧桂园置业有限公司	周成斌	72649
12	国家电网公司东北分部	张建坤	71296
13	新世界（沈阳）房地产开发有限公司	陈耀豪	67286
14	国家开发银行辽宁省分行	洪登金	66467
15	华润雪花啤酒（辽宁）有限公司	侯孝海	59973
16	国网辽宁省电力有限公司沈阳供电公司	辛国良	59324

续表17

排名	纳税人名称	法人代表	纳税总额（万元）
17	辽宁交通投资有限责任公司	徐大庆	58222
18	东北制药集团有限责任公司	魏海军	48722
19	沈阳恒嘉置业有限公司	刘兴伟	44675
20	特变电工沈阳变压器集团有限公司	马旭平	39159
21	沈阳荣盛房地产开发有限公司	刘迎春	38736
22	招商银行股份有限公司沈阳分行	王默涵	37334
23	沈阳旭辉企业管理有限公司	杜　洋	35352
24	恒大地产集团（沈阳）投资有限公司	刘　权	35182
25	中国平安人寿保险股份有限公司辽宁分公司	廖志坚	33562
26	沈阳造币有限公司	刘　科	30891
27	安斯泰来制药(中国)有限公司	滨口洋	29041
28	华晨汽车集团控股有限公司	祁玉民	28694
29	康师傅控股有限公司	黎振宜	27637
30	三生制药集团	娄　竞	27097
31	沈阳铁路信号有限责任公司	赵　旋	26670
32	交通银行股份有限公司辽宁省分行	张仕才	24894
33	沈阳化工集团	王大壮	24756
34	沈阳京东世纪贸易有限公司	张　雱	24411
35	东软集团股份有限公司	刘积仁	23517
36	米其林沈阳轮胎有限公司	方诺德	23108
37	中国平安财产保险股份有限公司辽宁分公司	叶　青	21998
38	沈阳港丰巨宝房产开发有限公司	黄文仔	20165
39	辽宁京丰置业有限公司	李丹峰	19220
40	沈阳飞机工业（集团）有限公司	郭殿满	18533
41	华晨雷诺金杯汽车有限公司	吴小安	17545
42	沈阳穗港房地产投资开发有限公司	肖　劲	17333
43	沈阳鼎凯园区建设发展有限公司	胡学文	17286
44	沈阳印象名流置业有限公司	尹　沧	17277
45	三一重型装备有限公司	戚　建	16912
46	沈阳圣丰御景房地产开发有限公司	肖　劲	16198
47	沈阳金杯安道拓汽车部件有限公司	许晓敏	16137

续表17

排名	纳税人名称	法人代表	纳税总额（万元）
48	锦州银行股份有限公司沈阳分行	张国盛	16129
49	德科斯米尔（沈阳）汽车配件有限公司	朱海英	15841
50	上海浦东发展银行股份有限公司沈阳分行	李国光	15657
51	沈阳浑南热力有限责任公司	朱昌一	15389
52	采埃孚伦福德汽车系统（沈阳）有限公司	本杰明·卢斯	15017
53	辽宁成大生物股份有限公司	李　宁	14852
54	沈阳农村商业银行股份有限公司	吴　川	14380
55	嘉里（沈阳）房地产开发有限公司	王志刚	14294
56	新生活集团（中国）有限公司	安凤洛	14187
57	中国铁路沈阳局集团有限公司	张海涛	14007
58	沈阳广兴房地产开发有限公司	林泽宝	13698
59	延锋安道拓（沈阳）座椅有限公司	茅海峰	13664
60	桃李面包股份有限公司	吴志刚	13649
61	中国移动通信集团辽宁有限公司沈阳分公司	荀光学	13618
62	沈阳金杯延锋汽车内饰系统有限公司	许晓敏	13614
63	中国银行股份有限公司辽宁省分行	贾天兵	13609
64	中国移动通信集团辽宁有限公司	郎奎平	13480
65	沈阳首创新运置业有限公司	胡卫民	13467
66	中国石油天然气股份有限公司管道沈阳结算站	何维强	13287
67	沈阳焦煤股份有限公司红阳二矿	田双龙	13244
68	中国电力财务有限公司东北分公司	朱智恒	12982
69	安川电机（沈阳）有限公司	熊谷彰	12839
70	沈阳新松机器人自动化股份有限公司	曲道奎	12722
71	沈阳航天三菱汽车发动机制造有限公司	陈兰华	12281
72	中信银行股份有限公司沈阳分行	郭　琦	12169
73	沈阳远大企业集团	康宝华	12117
74	沈阳盛京金控投资集团有限公司	王琳琳	11888
75	中车沈阳机车车辆有限公司	张海涛	11555
76	中国航发沈阳黎明航空发动机有限责任公司	杨　森	11540
77	华夏银行股份有限公司沈阳分行	刘一丁	11437
78	沈阳全运村建设有限公司	宋卫平	11230

续表17

排名	纳税人名称	法人代表	纳税总额（万元）
79	沈阳燃气有限公司	刘旭辉	11186
80	中兴–沈阳商业大厦（集团）股份有限公司	徐晓勇	11180
81	国药控股沈阳有限公司	李光甫	10927
82	沈阳万科东阪置业有限公司	肖　劲	10850
83	沈阳银基新世纪置业有限公司	史志勇	10800
84	沈阳幸福基业房地产开发有限公司	孟　憬	10723
85	沈阳万科朗汇置业有限公司	肖　劲	10691
86	沈阳万科西盛置业有限公司	肖　劲	10525
87	兴业银行股份有限公司沈阳分行	蔡　斌	10267
88	沈阳泰盛投资有限公司	张保文	10232
89	中国人寿保险股份有限公司辽宁省分公司	于青山	10177
90	沈阳山盟建设集团有限公司	刘培华	10077
91	锦银金融租赁有限责任公司	刘文忠	10017
92	辽宁雅居乐房地产开发有限公司	龚　莉	9743
93	中国光大银行股份有限公司沈阳分行	王守坤	9483
94	中国民生银行股份有限公司沈阳分行	程清亮	9383
95	沈阳亚欧星海铜业有限公司	舒　勇	9276
96	沈阳北方建设股份有限公司	李兴国	9234
97	沈阳全运万达广场投资有限公司	吕正韬	9233
98	沈阳万达房地产有限公司	齐　界	9154
99	沈阳新兴置业有限公司	肖　劲	8890
100	沈阳铁道房地产开发有限责任公司	郑宏伟	8833

（志　闻）

审　计

【概况】 2018年，全市审计机关聚焦“全面振兴、全方位振兴”的目标任务，不断创新审计理念，突出审计重点，依法全面履行审计监督职责。完成审计项目49个，涉及1234个单位，审计查出主要问题金额893.41亿元，移送有关部门处理事项7件，出具审计报告和审计调查报告60篇，审计结果被市领导批示13篇（次）。

重点项目和专项资金审计。在外经贸产业发展专项审计中，揭示预算执行率逐年下降等6个方面问题，追回财政补助专项资金500余万元，并以市委文件的形式出台进一步健全完善全市外经贸发展方面的政策和管理办法。围绕东北振兴开展制造业智能升级“三年行动计划”推进情况审计，延伸调查其中33个项目，覆盖全市7个区县，涉及资金3亿元。同时，及时向市委、市政府反映体制机制方面存在的问题，提出有针对性的建议，着力打通政策落实的“提前一公里”和“最后一公里”，切实把审计结

果转化为高质量发展的推动力。

政策落实跟踪审计。防范重大风险，对13个区县（市）政府一般公共预算收支和债务情况进行专项审计调查，揭示3大类8个方面问题。同时，对沈阳恒信融资担保等4家国有独资融资担保公司开展审计调查，审计调查报告被市长、常务副市长批示，要求有关部门和单位认真研究风险防范和化解的办法措施，抓好问题整改；服务精准脱贫，按照中央、省、市脱贫攻坚部署要求，持续开展对全市和康平县脱贫攻坚政策措施落实情况的跟踪审计，揭示财政扶贫专项资金落实不到位、少数民族发展项目建设进展缓慢等问题，促进脱贫攻坚政策的落实；促进污染防治，对全市黑臭水体治理工程、运河水系治理工程进行跟踪审计调查，针对黑臭水体治理审计调查中发现的二次污染问题提报的审计要情市长、副市长批示，要求市环保部门会同相关区县认真整改，有力推进此项工作的顺利开展。

财政审计。利用数字化审计分析平台，严密组织2017年度预算执行和其他财政收支审计，实现对全市74个一级预算部门和592个二级预算部门的预算执行审计“全覆盖”。审计揭示8大类18个方面问题，并从体制机制层面分析原因和提出建议，促进全市财政管理改革的深化和创新发展。全市262个整改问题，整改到位254个，占总数的97%。受市政府委托，在沈阳市第十六届人大常委会第四次和第六次会议上，分别作《关于2017年度沈阳市本级预算执行和其他财政收支的审计工作报告》和审计查出问题的整改情况报告。市人大常委会组成人员对审计工作报告、审计整改情况以及审议意见的处理结果表示满意。

民生资金审计。开展2017年就业补助资金管理使用情况专项审计调查，揭示就业补助政策未完全落实等问题，为推动全市就业创业工作发挥积极作用。严密组织《沈阳市加强基层医疗卫生服务体系建设与发展行动计划（2016—2018年）》落实情况专项审计调查，针对因资金结算缓慢导致的“看病难”问题，提报审计要情。审计结果、审计要情先后3次被市长、副市长批示，要求严肃整改。在全市2017年保障性安居工程跟踪审计中，揭示安居工程政策落实、管理绩效等方面存在的问题，并分析问题产生的原因，提出审计意见和建议。市政府多次召开办公会议，调度审计查出问题的整改，促进保障性住房体制机制的完善。

经济责任审计和领导干部自然资源资产离任审计。组织对全市20家单位的25名市管领导干部开展经济责任审计工作。制定《2018年至2022年度沈阳市市管领导干部经济责任审计计划编制方案》，扎实推进党政主要领导干部和国有企业领导人员经济责任审计“全覆盖”。根据中央和省两办文件，以市委、市政府办公厅名义出台《沈阳市关于贯彻落实〈领导干部自然资源资产离任审计规定（试行）〉的实施意见》。同时，开展3个地区领导干部自然资源资产离任审计项目，重点关注自然资源资产实物量和生态环境质量变化、贯彻执行中央生态文明建设方针政策和决策部署等方面情况，有效促进被审计领导干部依法履职，进一步推动生态环境保护责任制建立与落实。

交接交办。市审计局组织精干力量，先后开展全市国资委重点监管的市属国有及国有控股企业境外投资情况专项审计调查、农村饮用水安全工程审计调查、水务集团拖欠市财政原水费和污水处理费情况专项审计、苏家屯区沈阳南部污水处理厂等3个项目征地拆迁情况审计调查等交办工作，为市领导宏观决策提供重要

12月29日，中共沈阳市委审计委员会办公室正式挂牌　（市审计局供）

参考依据。按照省审计厅要求，开展全市公检法机关非税收入和涉案财物审计调查和审计整改情况“回头看”，促进被审计单位提高认识、积极整改，巩固审计成果。

【中共沈阳市委审计委员会办公室挂牌】 12月29日，中共沈阳市委审计委员会办公室正式挂牌。根据党中央关于改革审计管理体制的决策部署以及省委、市委和上级审计机关有关要求，作为市委议事协调机构，其办公室设在市审计局，接受市委审计委员会的直接领导。承担市委审计委员会具体工作，研究提出审计领域坚持党的领导、加强党的建设的政策建议、审计工作规划，协调推进和督促落实中央、省委、市委审计委员会决策部署，以及市委和市委审计委员会决定。组建市委审计委员会，通过优化审计监督职责，将市发展改革委的重大项目稽查职责，市财政局的市级预算执行情况和其他财政收支情况的监督检查职责，市国资委国有企业监事会的职责等划入市审计局。（王唯人）

劳动经济管理

【概况】 2018年，坚持以企业军转干部、农民工群体为重点，加强矛盾排查化解，坚持防范系统性、区域性风险，确保劳动关系总体和谐稳定。

强化劳动关系协调。全面推进企业劳动用工信息备案制度，加强企业劳动用工动态管理，依法加强劳动派遣用工监管，规范企业用工行为。办理劳动用工备案55.48万人次，备案集体合同1698份，覆盖企业1.16万户，涉及职工17.03万人，审批劳务派遣经营许可206个，认证市级模范劳动关系和谐企业129户。

整治拖欠农民工工资。以推行“三金三制”（工资预储金、保证金、政府周转金；清欠责任制、定期巡查制、温馨提示制）为重点，加强源头治理、注重过程监管、抓实案件查办、完善机制建设，综合治理拖欠农民工工资问题，处理拖欠农民工工资案件108件，为6009名农民工追回拖欠工资1.13亿余元。

加强劳动监察执法。建立覆盖全市的举报投诉受理平台，联合开展清理整顿人力资源市场秩序专项行动、用人单位遵守劳动用工和社会保险法律法规专项行动，检查用人单位2960户，对149户用人单位下达整改书，为劳动者追发工资84.55万元。

做好仲裁调解工作。组织开展劳动法律法规“千街万企行”活动，为劳动者提供法律援助服务；建立健全裁审衔接机制，完成裁审衔接工作组组建；劳动仲裁立案8295件、结案8301件；提高终局裁决比例，终局裁决率达到33%。

加强信访工作。开展“书记抓信访”工作推动信访问题减存控增活动，完成交办案件总量的40%；全力推行网上信访，实现网上与网下融合、网上向“掌上”延伸。（何灵）

【市法援中心劳动人事争议仲裁工作站成立】 3月23日，沈阳市法律援助中心劳动人事争议仲裁工作站成立。工作站设在市劳动人事争议仲裁院立案大厅。市法律援助中心遴选6名劳动法实务方面资深律师组成专业服务团队，每天安排一名律师到工作站值班接待。市仲裁法律援助工作站在仲裁院立案大厅设专门接待室，并公示值班律师名单，以满足当事人进行“点援”预约。（志闻）

社会信用体系

【概况】 2018年，全市全面推进社会信用体系建设模式创新，“信用沈阳”建设加快发展。6月获全国“守信激励创新奖”，9月获“全国信用信息共享平台和门户网站一体化建设标准化平台网站”奖项，城市信用监测排名稳居全国36个省会级及以上城市前10名。11月，举办“诚信建设万里行（沈阳站）”启动仪式，开展“诚信进学校、进社区、进企业”论坛交流会，“百城万企亮信用”诚信专栏，“百万里 百万企”信用承诺等活动。沈阳市创新将信用报告应用范围拓展至全部工程建设项目领域。截至年末，市社会信用体系建设领导小组办公室联合市环保局、市公安局、市民政局等部门陆续出台近40部信用监管文件，行业信用监管范围逐步扩大。守信联合激励和失信联合惩戒工作依托市公共信用信息平台，开发建设联合奖惩系统，实现奖惩对象及措施精准推送，联合奖惩机制基本建立。

中小微企业信用信息应用服务平台建设。市发展改革委与中国人民银行沈阳分行营管部共同建设中小微企业信用信息应用服务平台，整合中小微企业社会信用信息和金融信用信息，发布企业融资需求和金融信贷产品，为企业和金融机构提供对接服务，致力于

解决中小微企业融资难问题。

信用服务市场规范发展。市信用协会相继开展信用服务机构备案、信用报告规范性审查、信用报告底稿抽查等主要业务，重点实施引导行业自律、组建专家委员会、建立健全监管办法等发展举措，开展信用信息调研、投身社会公益、《信用面对面》期刊等建设活动。此外，组织全市40余家信用服务机构签订信用承诺书，督促机构诚信经营，规范信用服务市场健康发展。

【街道（乡镇）政务诚信评价试点】 1月，全市获批辽宁省街道（乡镇）政务诚信评价工作试点城市。截至年末，全市建立街道（乡镇）政务诚信评价指标体系，通过自主申报、实地调研、材料报送、专家评审等环节，对试点街道（乡镇）政务诚信状况进行评价，评出政务诚信示范单位1个，政务诚信建设试点单位5个，为基层政务诚信建设做出表率，探索成功经验在全市推广。

【招标代理机构信用监管】 1月，全市获批辽宁省招标代理机构信用监管工作试点城市。全市以招标代理机构信用数据为基础、信用报告为载体、公共信用综合评价为标准、信用报告管理暂行办法为制度保障，建立沈阳市招标代理机构信用监管新模式。依托沈阳市公共资源交易平台，开设信用监管专栏，公示政府掌握的招标代理机构信用信息及选取招标代理机构的结果信息，为招标人和招标代理机构的双向自主选择提供有力支撑。

（王　郎）

【《关于进一步加强政务诚信建设工作的实施意见》】 9月5日市政府办公厅印发。《意见》提出充分发挥政府在社会信用体系建设中的引领示范作用，不断提升政府公信力；进一步聚焦问题，从源头上防范政府失信问题发生；进一步明确责任，确保政府诚信建设工作有序推进3项意见。

（志　闻）

【政府失信问题专项整治】 2018年，全市着力整治政府拖欠工程款、政府招商政策承诺不兑现、净地不净、惠民政策落实不到位及法院判决政府失信案件等政府失信问题。截至年末，，偿还政府拖欠工程款27余亿元，解决招商政策承诺不兑现问题22个，完成净地不净49个，办结市民诉求问题147个，解决法院判决政府失信案件46件。（王　郎）

十二、公共安全

安　监

【概况】 2018年，全市安监工作以存量隐患清零行动、常态化互检互查行动、基层防线构筑行动和企业全员安全教育培训工作（3+1）为抓手，层层落实安全生产责任制，着力推进安全生产网格化建设，建立完善安全生产“双控”（严格依法认定、适度从严)体系。扎实推进安全生产领域改革发展，探索实施安全生产治本之策，推动安全生产工作不断取得新成效。事故起数、死亡人数持续下降，全市安全生产形势保持总体稳定。各类事故总起数为193起，减少175起、下降47.6%。各类事故死亡总人数204人，减少52人、下降20.3%。较大事故发生3起，增加2起、上升200%；全市未发生重特大事故。生产安全事故发生33起、死亡36人，事故起数减少20起、下降37.7%，死亡人数减少17人、下降32.1%。道路运输事故发生154起、死亡161人，事故起数减少155起、下降50.2%，死亡人数减少36人、下降18.3%。农业机械事故发生1起、死亡1人，持平。特种设备及其相关事故发生5起、死亡6人，事故起数持平，死亡人数增加1人、上升20%。危险化学品生产企业85户（全年注销企业10户，新办2户），完成延期申请转报17项。危险化学品经营企业771户（市级发证），与上年持平。完成危险化学品经营许可的延期、变更190件。

完善明责落责机制，各级安全生产责任进一步压实。出台《贯彻落实〈地方党政领导安全生产责任制规定〉实施方案》《安全生产“四责”联动落实的意见》，制定公布24个行业部门安全生产权责清单；出台《安全生产警示约谈办法》，对事故防控和隐患整改不力7个地区负责人实施约谈、政务处分11人。372户企业完成标准化复审，12户非煤矿山企业完成整顿提升。

实施3+1行动，各类安全事故得到有效遏制。对2017年4月以后各级检查发现的1264项存量隐患问题逐个建档入库、实施清零行动，累计整改一般隐患1141项、重大隐患100项。每两个月选取5至6个领域，组织地区间常态化互检互查，累计开展15个领域检查，排查整改隐患1344项。开展基层防线构筑行动，推进企业一线班组落实一名安全员、安全责任一口清、班前召开一次安全会、建立一个工作微信群。实施全员安全教育培训，统一编制4套培训教案，制作23部警示教育片，层层签订安全责任书和岗位安全承诺书，累计培训各类人员

61.6万人。

定标准建机制，安全预防双控体系建设初见成效。率先在全省发布29个安全风险辨识建议清单，1917户规模以上企业完成风险分级，辨识出风险点12121处，逐级落实管控措施。全市危险化学品安全风险“一张图”绘制完成。出台隐患排查指导清单和违法行为清单，完善企业自查、部门检查、专家协查、群众举报“四位一体”的隐患排查机制，5078户企业自查自改隐患14624项。各级行管部门排查整治隐患9200余处，查处危化品非法储存窝点10处。

巩固提升安全生产领域改革发展优势。沈阳市作为全国推进安全生产领域改革发展工作联系点，以完善落实安全监管工作机制为突破口，制定2018年重点改革任务分解方案，明确重点改革任务。在完善考核机制、建立联合执法和安全生产约谈制度、强化基层网格管理队伍等方面进行大胆实践，累计制定发布网格化监督管理实施意见等34项制度性政策措施，完成72项重点改革任务。

【网格闭环管理模式基本建立】 2018年，全市组建679人乡街协管员队伍，开展3轮次摸底调查，厘清12.56万家单位基础信息和行业监管、专业监管责任，建成网格管理电子“户口本”，社区层面下延建成责任区6731个，初步实现九小场所（小医院、小学/幼儿园、小商店、小餐饮场所、小KTV/舞厅、小旅馆、小美容洗浴场所、小网吧、小生产加工企业）全覆盖分级管理。10月23日，省政府召开现场会交流推广沈阳市网格化建设经验。《中国应急管理报》整版报道沈阳市网格化做法。（孙茂丽）

应急管理

【概况】 2018年，全市应急管理工作突出抓好应急值守和应对处置，加强预案管理和应急演练，拓宽宣传教育培训渠道，狠抓应急管理队伍建设，强化“严细实快”作风养成，较好地完成年度应急管理各项工作任务。妥善处置“沈北钢构产业园塌方事故”“大东区燃气锅炉爆炸事故”“皇姑区‘5·31’和‘8·15’燃气管线泄漏爆炸事故”等20起较大突发事件。处置一般突发事件210余起，最大限度地减少灾害造成的损失。编制突发事件信息报送流程、突发事件现场处置（救援）流程和城市运行保障风险预警报告流程模板的编程设计工作，信息报告和应急处置流程更加规范。市政府应急办深入各区县（市）政府、街道、社区等多个单位，开展基层应急管理基础工作调研，指导基层工作。组织对全市2015年前市级专项应急预案进行修订，审核完成《沈阳市境外劳务事件应急预案》《沈阳市农业重大有害生物灾害防控应急预案》《沈阳市鼠疫控制应急预案》3个市级专项应急预案。向市政府领导报送《值班信息》1177期，向省政府报送《沈阳市重要情况报告》131期。

【航空救援座谈会】 4月8日召开。会议针对上海金汇航空救援纳入沈阳市应急救援体系，进一步提升全市应急救援能力，探索应急救援产业发展等进行广泛而深入的交流。市政府应急办、市卫计委、市红十字会、市120急救中心负责人、上海金汇通用航空股份有限公司王海滨副总裁等相关部门负责人参加座谈会。

【沈北新区非洲猪瘟疫情妥善处置】 8月1日，沈北新区沈北街道（新城子）五五社区发生疑似非洲猪瘟疫情，并于8月3日上午11时确诊。疫情发生后，农业农村部，辽宁省委、省政府高度重视，立即启动重大动物（Ⅱ级）疫情响应，迅速组成专家组赶赴疫区，指导扑疫工作。沈阳市、沈北新区严格按照《非洲猪瘟疫情应急预案》要求，对疫点、疫区存栏生猪进行扑杀、消毒和无害化处理，对受威胁区生猪进行全面采样监测，并全面展开流行病学调查。8月31日，农业农村部召开全国非洲猪瘟等动物疫病防控工作视频会议，传达学习中央领导重要批示指示精神，对全国非洲猪瘟等动物疫病防控工作进行再动员再部署。会后，副省长郝春荣对全省非洲猪瘟等动物疫病防控工作进行部署。副市长陈弘对沈阳市下步防控工作提出明确要求。（王雷）

消防管理

【概况】 2018年，沈阳消防救援支队以“夯实基础建设年”为目标，严格贯彻落实消防队伍转制改隶相关工作要求及在授旗仪式上习近平总书记的训词精神，取得“社会面火灾防控、消防软环境建设、灭火救援能力、班子队伍建设”等一系列历史性突破，完成重大活动消防安保任务，全面提升消防工作和部队建设水平。截至年末，全市建有特勤消防站2个，一级消防站22个，

二级消防站26年，小型站30个，战勤保障站1个。全市有市政消火栓5311个，水鹤284个。全市各类消防执勤战备车辆422台，橡皮艇3艘，冲锋舟2艘，气垫船1艘。全市发生火灾3527起，死亡11人，受伤3人，直接财产损失602.23万元。全年扑灭火灾3527起，抢救被困人员1388人，疏散被困人员921人，抢救财产价值760.25万元。4月18日，市长姜有为在《关于市长批示事项落实情况的报告》上做出批示，对沈阳消防支队工作予以肯定。

【打造最优发展环境工作部署会议】 4月13日市公安消防支队召开。会议宣读《沈阳市公安消防支队打造最优发展环境实施方案》，并解读其中的重点内容。《方案》结合2017年前往发达城市调研考察的做法和经验，比照全国最优标准，最大限度地下放审批权限，缩窄审批范围。

【通过国务院消防考核】 7月9日，国务院第六组考核组A组对沈阳市2017年度政府消防工作情况进行检查考核。考核组充分肯定沈阳市政府2017年度的消防工作，认为沈阳市党委、政府贯彻习近平总书记重要指示行动迅速、措施有力，落实党中央、国务院关于消防工作的决策部署思路清晰、成效明显，各部门能够落实消防安全责任，创新消防管理，公共消防基础设施建设得到进一步加强，社会防控火灾整体能力得到有效提升。

【“2018—忠诚使命”跨区域地震救援拉动演练】 7月11—13日市公安消防支队在法库县组织开展。演练调集特勤大队地震救援重型搜救队，地震救援轻型搜救队以及支队全勤指挥部、通信应急保障分队、战勤保障大队16台消防车、110名官兵参加。演练加强地震救援重型搜救队和水域救援队的装备配备、处置程序、应急手段及协同作战能力。

【迎旗授衔换装仪式举行】 12月28日在市消防救援支队举行。市公安局领导及沈阳市消防救援支队全体指战员参加仪式。支队消防指战员身着新式制服，礼兵护卫“中国消防救援队”队旗入场。会上宣读授予消防救援衔命令，全体指战员集体宣誓。副市长杨建军代表市委、市政府讲话。（金卓群）

民政救灾

【概况】 2018年，全市实现救灾工作的重心由单一救灾转向救灾与防灾减灾并重上来。各地区贯彻“以防为主，防、抗、救相结合”的方针，将防灾减灾救灾工作纳入当地党委、政府议事日程，防灾减灾救灾宣传活动广泛深入，合理安排必备应急救灾物资储备，定期组织应急预案演练，防灾减灾救灾综合能力建设取得长足进步。

自然灾害应急救助预案体系不断完善，除了市和13区县（市）和乡镇（街道）均制定自然灾害应急预案和紧急转移安置方案外，82%的村（社区）从可操作性、实用性、系统性、联动性入手，制订应急救助预案。形成市、区、县（市）、乡镇（街道）、村（社区）4级预案体系。全市上下初步建立防范有预案、应急有措施、救济有办法的应急预案框架体系。实行汛期应急管理24小时值班和领导带班制度，及时向救灾工作人员发送预警信息，汛期全市无一人因灾死亡。

全市应急（救灾）物资储备库建设初具规模。从备灾、救灾的实际情况出发，合理确定区县（市）应急（救灾）物资储备库建设规模。在苏家屯区、新民市、辽中区、康平县、法库县设立5个县级储备库，形成以市级储备库为核心，区县（市）储备库为配套的应急（救灾）物资储备体系，提高自然灾害应急救助能力。市级储备库应急（救灾）物资储备量折合272万元。

全民防灾减灾意识和避灾自救能力显著提升。在实施防灾减灾知识“进社区、进学校、进单位”的基础上，以“5·12全国防灾减灾日”和“国际减灾日”大型宣传活动为契机，开展灾害应急知识的宣传普及工作，提高全市社会的防灾减灾意识和自救互救能力。在沈阳副食集团冷冻物流中心举办“科学减灾，依法应对”的应急演练活动，在沈阳广播电视大学举行防灾减灾专家宣讲团启动仪式，在救灾救济物资储备库举办救灾帐篷搭设比赛。通过比赛、演练和专家宣讲，做好防灾减灾宣传教育。

【为康平县申请自然灾害救助资金2.4万元】 12月，针对康平县受旱灾，向国家申请到自然灾害救助资金2.4万元。对2018年遭受自然灾害的灾民实施救助，解决受灾群众的住房、口粮、衣被等方面的生活困难。保障受灾地区群众的基本生活，维护社会稳定。

【灾害风险转移机制初步建立】 2018年，沈阳市建立政策性保险与省、市（区）、县财政补助相结合的灾害风险转移机制，开展以“政府引导、市场运作、自主

自愿”的农房保险制度，拓展农业灾害救助途径，维护农村和谐稳定，使受灾农民最大限度地降低受灾农房的损失。全年9个涉农地区有近8万户参加农房保险，部分农户因遭受风雹、洪涝灾害，保险公司能够及时出险、理赔，有效地转移灾害风险，保护受灾农户的利益。（赵重超）

水旱灾害防治

【概况】 防汛。汛期以后，市、县两级防汛抗旱指挥部以“不死人、少伤人”作为工作目标，按照《防汛指挥工作规则》及时发布预警，全面部署防控措施。市委常委会议、市政府常务会议专题听取全市防汛工作汇报。7月12日，市委书记易炼红冒雨视察浑河、蒲河、棋盘山水库等重点防汛部位，要求各地区、各部门以确保人民群众生命财产安全为目标，确保沈阳安全度汛。市防指总指挥、市长姜有为研究部署河道防洪、水库集雨、城市排水能力等防汛专业数据推算，创造性地提出防汛“三十六字”（雨河库站闸坝、房企旅矿坑田、气热油电运讯、人机料法调宣、涝淹泡沉堵陷、巡查督转救援）工作要求，先后6次主持召开全市防汛工作会议，实地检查重点险工险段、城区易积水点位、深基坑等防控工作。市防指先后启动全市防汛三级1次，城市防汛预警17次；召开全市防汛会商和调度会议29次，紧急下发各类明传电报102份，传达国家和省市领导批示精神、落实防御工作，及时根据降雨预测，有针对性地对河流、水库、闸坝等防御重点进行安排部署。执行《沈阳市防汛指挥工作规则》，加强防汛信息报送工作，累计报送《防汛抗旱专报》80期，为市领导决策提供重要参考。全市累计转移受威胁区域人员10740人次。

抗旱。夏季，全市出现持续高温天气，6—7月降雨分布不均，导致大部分地区玉米作物不同程度出现阶段性干旱。经过挖掘潜力和科学调度，全市未出现人畜饮水困难情况，水田作物未出现旱情。7月下旬至8月15日，市防指组织水利、气象、农业、民政等部门以及各区县（市）建立完善旱情信息日报告制度，及时了解掌握各区县（市）旱情发展变化，以及抗旱设施设备的储备、调运及效益发挥情况。及时对全市人畜饮水、城镇供水、水田灌溉、设施农业和大田作物用水保障以及旱情监测预警、人工增雨作业、农业技术指导、旱情信息报送等抗旱减灾工作进行安排部署。市防汛抗旱指挥部8月6日17时向全市发布四级干旱预警，同时启动抗四级应急响应。先后2次向省防指申请供水指标3000万立方米，为水田灌溉用水提供有力保障。

【抗旱自救】 2018年，康平县、新民市、辽中区、铁西区等区县（市）召开抗旱工作会议，并先后派出工作组，赴旱区指导抗旱工作。新民市启动抗旱四级预警，法库县调配潜水泵35台套，康平县下摆抗旱水箱400个，支援受旱乡镇开展抗旱救灾工作。全市累计投入抗旱资金560余万元，日投入抗旱人员9100余人，降低灾害损失。

【水利部门抗旱技术指导】 2018年，市水利局由主要领导带队组成8个抗旱工作组，实地指导抗旱救灾工作。按照抗旱工作重点，督促各区县（市）提前落实工程维修、应急调水、定点供水、人工送水等准备工作，全力确保人畜饮水安全。指导受旱地区充分利用水库、塘坝、河道等水源，重点保障设施农业和经济作物灌溉用水。下拨水泵180台套，全力支援康平、法库、新民三地开展抗旱工作。（孙茂丽）

森林防火

【概况】 2018年春季、秋冬季森林防火期，全市长期无有效降水，风干物燥，森林火险等级居高不下，特别是“春节”“清明”“五一”“十一”等重点时期进入林区、景区人员数量剧增，“春耕”“秋收”期间野外用火行为增多，防火管理难度加大。加之8—9级大风天气时有发生，森林防火形势十分严峻。全市各级森林防火部门强化组织领导，层层落实责任，贯彻落实国家、省、市各级领导批示精神，做到“早安排，早部署，早落实”，保证全市机构改革、事业单位改革期间森林防火工作没有出现空档期，确保全市森林资源安全。

进入森林高火险期以后，全市在重要路口设置136个专人负责的森林防火临时检查站，对进山人员进行火源收缴和防火宣传告知。866名专职护林员在岗在位，加强巡护时间和密度，开展火险隐患大排查活动。对野外非法用火行为进行严厉打击，重点时期每日增加近2000名临时巡护人员，出动车辆500台次。加强对林

间散坟的管理，严防上坟烧纸，做到死看死守。

全市投入5851.23万元，其中市级财政投入1309.43万元，各区县级财政投入4541.8万元，为森林防火工作提供坚实的保障。市防火办与市委宣传部联系，制订2018年森林防火宣传方案，并开展森林防火宣传月活动。在《沈阳晚报》整版刊登森林防火宣传常识，在《沈阳新闻》《天气预报》等栏目播出宣传口号，在全市楼宇液晶大屏幕、出租车显示屏等广泛宣传森林防火知识，市森防指制作下发3000面宣传彩旗、4000条宣传条幅到各地区。浑南区开展“警灯工程”，苏家屯区开展“小手拉大手”森林防火进校园，沈北新区开展挨家挨户走访宣传，提升森林防火自觉性。市防火办与市气象局加强沟通协作，加强森林火险预警信息的发布，提高防范措施。

全市7支专业森林消防队223名森林消防队员集中食宿，随时待命，人员车辆靠前驻防，物资装备机具装车待命。春防期间，浑南区、沈北新区、苏家屯区专业森林消防队接到省森防指的调令，赴葫芦岛、抚顺、铁岭、开原援助扑救森林火灾。各级森林防火部门坚持24小时专人值班和领导带班，指挥中心实时监控林区情况，确保一旦发生火情，及时上报。市防火办时常采取抽查方式调度各级森林防火部门的值班情况，保证各级森林防火部门值班值守到位。

【参加省级森防应急机动队跨区应急机动能力演练】 1月25日，浑南区、沈北新区、苏家屯区专业森林消防队90名队员、23台森林消防车辆作为省级森防应急机动队参加2018年省级森防应急机动队跨区应急机动能力演练。其间，演练模拟沈阳市、锦州市、营口市、阜新市、抚顺市、葫芦岛市、本溪市、大连瓦房店市等多地集中爆发森林火灾，急需支援。省森防指第一时间启动应急预案，调派19支省级森防应急机动队分赴8个火场进行支援。全省19支省级森防应急机动队，各级森林防火指挥员、高速公路管理人员、公安交管人员、气象保障人员等480余人参加演练，出动扑火指挥车、运兵车、消防水车、保障车、火场气象保障车等各类车辆117台。

9月17日，沈阳3支专业森林消防队赴本溪市参加省级森防应急机动队跨区应急机动能力演练　（张卓摄）

【参加省级森防应急机动队伍跨省支援应急演练】 9月17日，浑南区、沈北新区、苏家屯区专业森林消防队70名队员作为省级森防应急机动队参加省级森防应急机动队伍跨省支援应急演练。其间，全省19支省级森防应急机动队通过高速公路分别按规定时间抵达大连、本溪、葫芦岛市的演练集结地点，并就地驻扎待命。演练分四个科目：跨区域机动、以水灭火、火场通讯通联以及48小时自主保障。此次演练调集全省19支省级森防应急机动队伍600余人，出动130余台森林消防车辆。

【2018年沈阳市森林防火跨区演练举行】 9月26日，市森林防火指挥部在法库县财湖机场附近组织开展2018年沈阳市森林防火跨区演练暨秋冬季森林防火部署会议。演练出动浑南区、沈北新区、苏家屯区专业森林消防队员100余人，出动车辆20余台。市森防指总指挥、副市长陈弘参会并讲话。部分市森防指成员单位、市应急办、市人防办主管领导，各区县（市）政府主管领导及相关森林防火负责人30余人观摩演练并参加会议。（武宏宇）

2018年沈阳市森林防火跨区演练暨秋冬季森林防火部署会议　（武宏宇摄）

震灾应急

【概况】 8月，随着全市事业单位机构改革，地震震灾应急救援工作职责由市地震局划转至市应急管理局。有效开展地震应急演练活动，结合新修订的预案开展地震现场工作专题演练，现场实战模拟灾情速报网启动、监测流动设备架设以地震影响调查等演练和培训，锻炼和提高现场应急处置能力。参加辽宁省地震局每季度的地震应急演练，并总结演练中出现的问题，对相关工作不断改进，保证应急处置工作及时、快速、有序。加强全市应急志愿者队伍建设和管理，完成全市近万名志愿者基本信息汇总，对全市灾情速报网实行动态管理，确保地震发生后能够快速开展自救互救并报送地震灾情信息。

【新一批应急指挥设备投入使用】 1月，地震应急指挥辅助决策系统和省局地震应急指挥联动平台沈阳局终端投入使用。此套系统结合沈阳市区域特点，实现地震灾区灾害损失快速评估，提供地震影响区域的分析数据和实时现场应急决策信息，帮助了解分析地震影响情况和救援进展，并提供更有针对性和科学性应急救援指挥建议。在法库县M3.1级地震及各类地震演练中得到较好的检验，进一步增强地震应急处置综合水平。

【法库地震应急处置】 2月17日21时2分，法库县发生M3.1级地震。市地震局机关留沈人员半个小时内全员到岗，立即启动市地震局应急预案四级地震响应，迅速通过应急短信平台向市领导及防震抗震工作领导小组成员单位等发送地震信息。同时，第一时间召开紧急震情会商会，对地震台网观测资料进行分析研究，对震后趋势进行研判，以两期《震情简报》的形式，将地震参数、地震影响、会商意见等上报市委、市政府。向法库县、康平县、沈北新区等与震区较近的区县了解灾情及舆情。安排专人实时监控网络舆情及地震谣言。通过官方网站、官方微博及微信公众号向社会公开地震信息，接听市民电话咨询40余次，避免由于信息不畅造成地震谣传误传。

【中小学校应急疏散演练】 5月11日下午第七节课，集中组织全市600所中小学，60余万名中小学生开展防震减灾疏散演练，提升中小学生减灾意识和逃生避险能力，营造全社会关注防震减灾工作的良好氛围。活动期间，《辽沈晚报》《沈阳晚报》、沈阳广播电视台等媒体进行宣传报道。

【全市地震应急“第一响应人”培训】 6月20—23日在国家地震紧急搜救培训基地举办。市地震局联合市政府应急办举办。全市

各地震应急行业50人参加培训。通过理论授课、实际操作和地震现场模拟等方式，集中学习地震应急管理形式、地震应急任务、应急现场处置要求和方法等，进一步提高各级各类应急响应人员的防震减灾意识、灾害处置能力和基本应急救援能力。（胡舒颖）

交通安全管理

【概况】 2018年，采取一系列针对性的工作措施，取得“道路交通事故件、死、伤、损四项指标和交通拥堵警情、交通事故警情全面下降、全天平均车速达到畅通工程国家一类标准、创卫迎检承担项目高分通过”的工作成果。排查道路交通安全隐患点段29处，全部治理完毕，整改率达100%。以客货运、危险品运输、校车企业和客运场站为重点，会同有关部门对全市所有运输企业进行深入走访，与企业签订《道路交通安全责任状》5551份，登记排查重点车辆13.2万台次，指导企业与驾驶人签订《道路交通安全承诺书》10万余份，企业走访率、签状率和重点驾驶人交通安全受教育率均达到100%。全市发生一般程序道路交通事故2485件、死亡899人、受伤2271人、直接财产损失1400万元，分别下降0.44%、4.26%、0.39%、1.96%，少死亡40人。

改善优化交管服务。对车管所进行升级改造，优化74项行政审批事项服务流程，压缩19项业务办理时限，实现67项复杂业务“最多跑一次”，18类简单业务“一证即办”，申请材料实行“免复印、免填表、免拓印、免提交”“四个减免”。在“沈阳易行”应用程序和“交管12123”应用程序中开通15项车驾管服务项目，推出“沈阳易行”微信公众号交通违法行为缴费功能，在27个基层单位设置88台自助服务机办理交管业务。至年末，通过互联网和自助服务机办理的交通违法处罚业务比例升至46%，群众在窗口站排现象明显减少。

推进网格化巡逻管控。建立以“区域化主责、网格化定位、摩托化巡逻、动态化处警、全程化督考、信息化支撑”为体系的网格化勤务模式。在全市范围内组建70个网格责任区，每个作战单元按照“1+n”的形式编组执勤，警力巡逻覆盖里程增加50%，出警时间缩短35%。各区大队充分对标指挥中心“情报、指挥”工作制度，全面开展属地化的情报研判和指挥调度。市区两级指挥调度部门的路面监控频率增加6倍，精准打击情报数量增加4倍，下达出警指令15万条次，交通拥堵警情下降14.4%，交通事故警情下降6.1%。

缓堵保畅工作取得新突破。面对机动车保有量日均增加600辆的客观条件和全市634项对道路交通影响较大的占道施工项目不利条件，设法提高道路通行效率。对29处交通堵点实行领导包保和挂牌督办，对全市30所临街的中小学校周边交通实施综合治理。通过组建微信群等方式，及时向广大学生家长宣传公安机关采取的相关工作措施，全力保障道路交通畅通、有序。全市优化调整220处路口路段交通组织，新建交通信号灯岗20处、交通诱导屏10块、高清道路视频监控60处，优化调整交通信号995次，维护信号灯岗2066次，排查整改交通设施问题584件。经测算，全市全天平均车速达到36.76千米/小时，高峰时段平均车速达到26.42千米/小时，全市平均车速与上年基本保持平稳，高于畅通工程国家一类标准。

从严交通整治成为新常态。坚持实施微信工作群实时上传违法信息的制度，推广使用可记录数据并实时上传后台的酒精测试仪，开辟严明执勤执法纪律、营造公平公正环境的新途径。坚持“大情报、小行动”警务机制，大数据分析研判重点车辆及驾驶人信息8.7万条，排查重点违法嫌疑人800余名，定向查处失格驾驶违法行为416件。全年累计查处各类机动车交通违法421万件，行人非机动车违法5.1万件。其中，查处酒驾8217件、涉牌涉证违法行为28742件，查处数均列全省第1名。

【新增道路临时性停车泊位23.06万个】 2018年，按照“以时间换空间，以空间换空间”工作思路，积极推动医院等单位将内部停车泊位向社会开放，推动商业中心等企业将停车泊位于夜间错峰向周边居民开放，置换共享停车泊位2.7万个。新增违停抓拍电子警察450套，增设隔离桩、隔离球1.3万个、隔离护栏1.9万延长米。清理地桩地锁1.4万处，清理僵尸车2610台，新增道路临时性停车泊位23.06万个。（周 健）

食药监督

【概况】 2018年，全市开展餐饮业质量提升工程等29项执法管理措施，深化新闻宣传等5项宣传发

动措施，在15个副省级城市中，第一家按国家新标准通过省级综合评价，第一家由省政府食安委向国务院食安办申报推荐“国家食品安全示范城市”。省政府召开现场会全省推广经验。持续深化食品药品风险分级分类监管，累计完成食品监督抽检38896批次，问题发现率1.22%；完成药品监督抽检1209批次，问题发现率0.74%。开展春秋季学校食堂、校园及周边食品安全、食品“三小”（小作坊、小摊贩、小餐饮）、互联网销售食品等治理工作。以疫苗企业为重点，完成57户药品生产企业全覆盖检查。联合公安、农业等8部门，建立执法联动工作机制，累计查办各类违法违规案件2391件，移送公安机关21件，严厉打击违法违规行为。

【食品药品网格化智慧监管模式】 2018年，全市建立包括1个一级平台综合监管网格、14个二级平台区局指挥调度网格、146个基层所解决网格、641个执法巡查组的“四级”纵向网格化监管模式。以食品“三小”单位、中小学食堂为试点，利用全市食品药品安全监测预警系统，在电子地图上为3.08万户“三小”单位和528家学校食堂、1413户托幼机构食堂建立业户点位、资质、其他情况等基本信息，并赋予每家业户二维码。执法人员通过使用“沈阳食药”APP，开展监督检查，核定量、编成组、绑定户、全覆盖、频重访，基本形成巡查重访、发现问题、解决问题、核查反馈和考核评价的全过程逻辑闭环。（市药监局）

【国家食安城通过省级验收】 2015年9月，沈阳市被国务院食安办列为第二批创建城市。截至2018年，沈阳市委、市政府高度重视创城工作，先后22次召开专题会议，出台25份文件及政策措施，研究、部署推进创城工作。同时，深入开展耕地污染整治、学校校园及周边食品安全等综合治理工作；建立食品安全从“农田到餐桌”的全程监管体系、食用农产品全程追溯体系、食品安全检验检测体系和“食品三小”网格化智慧监管长效机制；实施餐饮业质量安全提升工程；开展20万户居民问卷调查，广泛宣传发动，形成全社会人人参与创城、支持创城的浓厚氛围，促进沈阳市食品安全总体水平的提升。2018年7月23日至10月12日，沈阳全部通过资料审核、暗访检查、第三方满意度调查、省考核组现场评价四个程序，综合得分97.19分，群众食品安全满意度80.71%、创城知晓率77.92%、支持率94.48%。综合评价得分高于90分，关键项得分全部超过60%，无否决项情形，达到国家创城标准要求。省政府食安办向国务院食安办推荐沈阳市为“国家食品安全示范城市”。

（志闻）

十三、农　业

综　述

2018年，全市主要涉农区县（市）9个，涉农街道73个，乡镇69个，行政村1541个。耕地面积1051万亩（70.07万公顷），乡村人口272.5万人，农业从业人员74.9万人。农林牧渔业总产值525.9亿元，其中：种植业244.2亿元，林业9.6亿元，畜牧业222.0亿元，渔业25.3亿元，农林牧渔服务业产值24.7亿元。第一产业增加值260.1亿元，占全市地区生产总值的4.1%。农村居民人均可支配收入16530元，增幅连续6年超过城市居民收入。

接受全国人大执法检查。7月3日，全国人大常委会副委员长张春贤带队就贯彻落实农产品质量安全法先后视察沈阳市农产品质量安全综合监管信息化服务平台、辽中区养前果蔬种植专业合作社、辽中区丰辉农资销售商店，认可沈阳市农产品质量安全监管工作取得的成效。这是沈阳市农产品质量安全工作首次接受副国级领导人检查。

双安双创（全国食品安全示范城市创建与农产品质量安全县创建）。围绕验收时限和承担的工作任务，通过实施挂图作战、跟踪督导，落实责任和开展工作。聘请第三方评估机构按照创城标准对九个涉农监管部门、农业生产流通企业、农业投入品经营店、屠宰企业、乡级监管站140个点位开展评估评价，查找问题所在，并按照创建标准要求进行整改。加大示范创建工作推进指导。累计召开双安双创业务工作会议6次，开展现场督导15次，及时跟进指导，督促各区县（市）进行整改完善，制定完善创建食品安全示范城市各项制度性文件模板20余个，提供给各区县（市）农业行政部门用于完善提升，提高迎检通过率。为了落实农产品生产及投入品经营主体责任，组织县区监管人员在全市范围内摸清监管底数，并统一印制农产品生产主体责任公示板、农资经营主体责任公示板、常用农药使用安全间隔期规定，实现创城工作规范化。

三品一标(无公害农产品、绿色食品、有机农产品和农产品地理标志)。组织5户获证企业参加省农委组织的“春风万里绿食有你，2018绿色食品宣传月活动”，组织4户企业参加第十九届绿色食品博览会，收到良好的经济效益和社会效益。开展三品证后监管工作，与市工商局、市质监局、市食药监局联合开展三品专项检查两次。对有效期内的无公害蔬菜、水果生产企业、绿色食品企业进行年检，年检率

100%，抽检无公害农产品9个，绿色食品144个，合格率100%。对2017年获证的无公害农产品、绿色食品进行补贴，补贴金额116.4万元。至2018年末，全市无公害农产品405个，认证面积730.6万亩（48.71万公顷）；绿色食品373个，认证面积68.46万亩（4.56万公顷）；有机食品101个，认证面积6.91万亩（0.46万公顷）。地理标志24个，三品累计认证面积805.97万亩（53.73万公顷），占耕地面积的76.03%。

土地承包经营权流转。制定《市农经委 市财政局关于印发沈阳市2018年农村土地承包经营权流转项目管理实施细则的通知》，鼓励引导新型农业经营主体规范有序流转农村土地，开展多种形式的土地适度规模经营。截至年末，全市土地流转面积319.1万亩（21.27万公顷），占农民家庭承包耕地总面积的39%。全年流出耕地农户26.3万户，签订耕地流转合同22.5万份，规范流转合同的签订率85%。从流转方式看，以出租（转包）为主，达到265.8万亩（17.72万公顷），转让、互换及其他形式流转合计53.3万亩（3.55万公顷）。从流转去向看，流入农户193.4万亩（12.89万公顷），流入专业合作社44.6万亩（2.97万公顷），流入企业49.8万亩（3.32万公顷），流入其他主体31.3万亩（2.09万公顷）。

新型经营主体。与市财政局研究进一步加强农民合作社、家庭农场扶持的相关政策，督促指导农民合作社及时到工商部门进行年度报告，推进家庭农场适度规模发展，全市新发展农民合作社496家，农民合作社总计8207家；新发展家庭农场286家，家庭农场总计1711家。完成全市90%的家庭农场（2017年县级农业部门备案的家庭农场）名录录入工作，录入名录的家庭农场1302家。有4家家庭农场评选为省级示范家庭农场。

农业生产社会化服务。在新民市召开由9个区县（市）农业（经）部门局长、科长参加的农业生产托管工作会议，确定新民市为开展生产托管服务的试点县，对全市新型农业经营主体开展土地托管的进行政策奖补，实施农业生产社会化土地托管22.8万亩（1.52万公顷），其中：旱田土地托管面积14万亩，水田生

2018年全市主要农产品产量

表18

产品名称	单位	产量	增长（%）
粮食总产量	万吨	369.1	-3.5
#水稻	万吨	98.0	-2.0
玉米	万吨	257.7	-3.8
小麦	万吨	0.8	0.3
大豆	万吨	2.1	-36.4
油料	万吨	9.2	-8.2
蔬菜	万吨	362.0	4.0

（志闻）

2018年全市主要畜禽产品、水产品产量

表19

产品名称	单位	产量	增长（%）
肉类总产量	万吨	70.9	4.6
#猪牛羊肉	万吨	53.5	4.1
牛奶产量	万吨	49.6	-1.3
禽蛋产量	万吨	19.9	1.3
生猪出栏数	万头	481.4	-4.6
牛出栏数	万头	61.4	21.2
羊出栏数	万只	86.3	3.7
猪年末存栏数	万头	168.3	-25.5
牛年末存栏数	万头	65.5	15.6
羊年末存栏数	万只	68.1	3.6
水产品产量	万吨	21.1	1.4

（志闻）

产托管面积为8.8万亩。

（市农业农村局）

种植业

【概况】 2018年，全市粮食作物播种面积845.3万亩（56.35万公顷），调减玉米种植面积10.09万亩（0.67万公顷），优化种植结构，开展沈北新区水稻绿色高质高效创建县建设，落实玉米、大豆生产者补贴政策，大田作物参保面积657万亩（43.8万公顷），粮食产量369.1万吨，下降3.5%。提升设施农业建设标准，完成新建、改造设施农业3800亩（253.33公顷），加快装备杀虫灯、性诱剂、黏虫色板等植保设备，大力推广病虫害绿色防控、水肥一体化等生产技术。蔬菜总产量362万吨，增长4.0%。建设钢筋骨架冷棚1万亩（0.07万公顷），实施10个特色作物示范园和10个特色新品种展示园项目建设，加大发展经济作物补贴力度，扶持发展连片50亩以上规模化经济作物，重点建设康平海州、北三家子、辽中大黑岗子等花生种植乡镇。全市蔬菜、花生、“两瓜”、“三莓”等特色作物种植面积202.5万亩（13.5万公顷）。印发《沈阳市推进种植业生产核心区三年实施方案2018—2020年）》，全面开展450万亩（30万公顷）粮食、蔬菜、特色作物生产核心区建设，建成万亩粮食作物绿色优质高效示范区20个，发展规模化特色作物6.8万亩（0.45万公顷），建成特色作物示范园7个。印发《沈阳市粮食生产功能区和重要农产品生产保护区划定推进方案》，各区县（市）初步完成207万亩（13.8万公顷）水稻和59万亩（3.93万公顷）大豆的划定工作。沈北新区通过实施稻虾（小龙虾）种养、农业旅游观光、稻蟹种养、水稻提质增效等4种绿色高质高效模式，水、肥、药亩均使用量均有所下降。项目区涉及4个街道、4个农场，建设面积16.1万亩（1.07万公顷），实现平均亩产增产，总效益明显提升的目标。（吴　锋）

辉山集团草业公司饲料收割设备　　（市农业农村局供）

【《沈阳市推进种植业生产核心区发展三年实施方案(2018—2020年)》】 5月10日市政府办公厅印发。《方案》分主要目标、总体布局、主要任务、保障措施4方面内容。《方案》明确主要目标：到2020年，建成生产布局合理、产业特色鲜明、要素高度集聚、设施装备先进、生产方式绿色、经济效益显著的粮食、蔬菜、特色作物生产核心区，努力打造现代农业发展的引领区、样板区、示范区。《方案》提出8项主要任务：新型主体提升、基础设施提升、机械化水平提升、科技水平提升、品质品牌提升、产业带动提升、农业电商提升、信息化水平提升。（志　闻）

畜牧业

【概况】 2018年，全市生猪出栏481.39万头，家禽出栏8698.22万只，肉产量70.9万吨，禽蛋产量19.9万吨，奶产量49.6万吨，畜牧业产值221.95亿元，畜牧业增加值108.1亿元。全市建设标准化规模养殖场13家，组织法库县叶茂台镇成功申报辽宁驴“特产之乡”，组织沈阳华美畜禽成功申报国家级标准化示范场。加强畜禽养殖废弃物处理和资源化利用，全市建设29个生态建设项目，粪污处理设施配套率达到84.58%，畜禽养殖废弃物处理和资源化利用率达到76%。经省市专家验收，全市完成粮改饲种植面积24.98万亩（1.67万公顷），

青贮饲料收贮量64.97万吨，全面完成省分配任务（省任务：面积24万亩，收贮量62.4万吨）。组织沈北新区完成1.85万亩苜蓿草种植项目。

【禁养区养殖场户关闭搬迁】 2018年，全市划定浑河等6条河流沿河区域禁养区358.89平方千米，确需关闭搬迁养殖场户194家（规模场24家，养殖户170家），全面完成关闭搬迁。同时，全市继续推进河流沿线禁养区划定工作，划定长河、秀水河等25条河流禁养区484.25平方千米，需关闭搬迁养殖场户12家（养殖场6家，养殖户6家）。新民、法库和浑南完成关闭搬迁工作任务。

【“大棚房”专项整治】 2018年，为加强耕地保护及遏制农地非农化现象，全市开展“大棚房”整治行动。经各区县（市）排查养殖类设施农业2303个，面积1.54万亩（0.1万公顷），经国土部门认定违法违规建设13个，面积120.94亩（8.06公顷）。相关违法违规设施全部整改完毕。

（钟 波）

水产业

【概况】 2018年，全市淡水养殖面积23.36万亩（1.56万公顷），其中，水库面积7.72万亩，池塘养殖面积15.3万亩，与上年基本持平。渔业增加值5.64亿元，与上年基本持平；水产品产量21.08万吨，增长1.43%。加大渔业供给侧结构性改革，根据市场需求变化，调减鲤鱼养殖面积4000亩（266.67公顷）改养草鱼，扩大鮰鱼、鲈鱼、武昌鱼、黄金鲫、大鳞鲃等名优品种养殖面积，并适度发展观赏鱼养殖。鼓励开展稻田养殖小龙虾，发展稻田养殖小龙虾面积1130亩（75.33公顷），年产成虾125吨，水稻400吨，小龙虾产值875万元，水稻产值370万元，实现“一田双收、虾稻共赢”。

【养殖项目鼓励扶持】 2018年，支持沈阳创普华农业投资有限公司淡水小龙虾养殖繁殖项目，“虾稻共作”在东北地区首获成功。实施省标准化池塘改造项目，有8户企业进行申报，确定补助项目6个，其中，新民市2个，辽中区3个，铁西区1个。改造老旧池塘2500亩（166.67公顷），每亩补助资金2000元。开展农业部水产健康养殖示范场创建活动。创建农业部水产健康养殖示范场4家，截至年末，全市农业部水产健康养殖示范场50家。

（毛世骏）

农业产业化

【概况】 2018年，全市新认定市级农业产业龙头企业12户，申报省级农业产业化龙头企业6户，递补国家级龙头企业4户，监测市级以上龙企业75户。市级以上农业产业化龙头企业156户（国家级8户、省级42户、市级106）。组织2户龙头企业参加省农村创业创新项目创意大赛，分别取得成长组二等奖、初创组三等奖的优异成绩。加强对计划投资500万元以上农产品加工项目的跟踪推进，全市开（复）工建设投资500万元以上农产品加工项目22个，完成投资6亿元。康平佳合肉鸭养殖屠宰深加工项目本年度完成投资额1亿元，填补沈阳市肉鸭产业规模化的空白。新民福来豆制品生产二期项目本年度完成投资1亿元。重点培育发展沈北辉山、法库孟家等6个农产品加工园区，推进农产品加工业集聚发展。沈北辉山农产品加工园入驻企业38户，完成产值303.5亿元，增长15%。法库孟家绿色食品加工园入驻企业8户，完成产值1.1亿元。康平朝阳工业园入驻企业21户，完成产值2.1亿元。辽中、新民、于洪3个新建园区正在完善规划，加快推进园区开发、建设和市场化运营。新民市完成农业部农产品产地初加工实施县的收尾工作。推荐康平县申报农业部产地初加工实施县。配合财政部驻沈阳财政监察专员办对法库推进一、二、三产业融合发展试点县进行绩效评价工作，系统总结法库推进产业融合试点县项目建设的经验做法。组织申报省级特产之乡，新民大民屯镇等5家乡镇（街道）复评省级特产之乡，全市省级种植业类特产之乡达到10家。

（王晓宇）

【新增2个一村一品国家级示范村】 2018年，全市推进一村一品发展，完成全国一村一品示范乡村监测和申报工作。辽中区皮家堡村、金山村成为国家级一村一品示范村，国家级一村一品示范村（镇）达到5家。在原有9家省级一村一品示范村（镇）基础上，新推荐浑南王滨街道、新民新农村镇靠山屯村申报省级一村一品示范村（镇）。（志 闻）

农 机

【概况】 2018年，全市农机化生产工作力度持续加大，农机

化水平明显提高，农业机械总动力380.9万千瓦，农作物耕种收综合水平达到85.3%，其中主要粮食作物玉米机械化综合水平达到90.78%，水稻机械化综合水平达到96.14%。辽宁省分配沈阳市中央财政农机购置补贴资金2.93亿元，在补贴系统操作1.28亿元（5792台套机具），受益农户3973个。深松整地项目专项作业补助资金2730万元。召开“机械化处理秸秆技术现场培训会”“玉米机收暨农机作业演示培训现场会”，着重推动秋季农机化生产工作开展，推动玉米机械化收获水平提高。玉米机械化收获水平比上年提升18.6%，达到82%以上。实施深松整地项目，实际完成作业任务114.3万亩（7.62万公顷），超额完成14.3%。春秋两季针对重点农机化生产环节进行监管，进行农机化生产调度27期，其中春季16期，秋季11期。组织农机技术培训活动140余次，培训1.6万余人次；建农机维修网点426个，维修农机具2.2万台套；农机合作组织867个，比上年增加123个；新建设农机具库房20个。宣传农机化宣传咨询活动，发放宣传资料2万余份，在省农机化网站发出宣传信息540条，在国家农机化网站发出宣传信息185条。印制农机质量监管法规宣传手册2000册，发放农机质量调查表5000份，跟踪测试农机产品1.6万台（套）。

（张永刚）

农业科技

【概况】 2018年，在全市主要涉农地区开展农业科技引领工程，通过优新品种和先进适用技术示范，推动现代农业提质增效和优势产业技术升级。围绕粮油作物高产栽培、设施蔬菜高效栽培、病虫害绿色综合防控、特色经济作物品种示范、生态循环农业等领域，落实科技引领项目20个。在沈北新区、辽中区、新民市、法库县、康平县5个区县（市）实施基层农技推广体系改革与建设补助项目，全市选用技术指导员205人。围绕水稻、玉米、蔬菜、花生4大产业，遴选科技示范主体1060个，其中新型农业经营主体502个，传统农户558个。建设农业科技示范基地13个，总面积1.3万亩（900公顷）。

【基层农技推广人员培训】 5月，组织沈北新区、辽中区、新民市、法库县、康平县100名（沈北新区15人，辽中区30人、新民市20人、法库县20人、康平县15人）基层农技推广人员赴沈阳农业大学继续教育学院参加为期一周的集中业务提升培训。设置“玉米高产栽培技术”“蔬菜虫害防治及安全生产技术”“蔬菜病害防治及安全生产技术”“水稻基质育苗及高产栽培技术”“花生、甘薯、葡萄等作物高产栽培技术”“农药管理条例及有效利用”“农产品质量安全”“转基因生物安全”“农作物营养诊断”“农作物精准施肥技术”“农业生产智能控制及物联网技术”11门课程。（周兆彤）

农村集体三资管理

【概况】 2018年4月26日，沈阳市召开农村集体产权制度改革暨农村集体资产清产核资推进会，全面动员部署改革工作。针对乡镇级农经体系薄弱，人员、经费不足的状况，印发了《关于加强乡镇农经体系建设的指导意见》，明确相应机构承担农村经管工作职责，对人员经费保障提出要求，确保事有人干、责有人负，在全省率先迈出了健全完善乡镇农经管理体系的步伐。农村集体产权制度改革主要内容为清产核资、成员身份界定、股权管理(因村设置)、建立新型集体经济组织等。为稳妥完成总体改革任务，沈阳市在“试点先行，有序推进”的原则上，在主要涉农区、县（市）选取60个村开展农村集体产权制度改革试点。全年，60个试点村基本完成农村集体资产清产核资工作，共受理流转及转让项目211宗，流转土地面积13.76万亩，合同成交金额5.6亿元；受理集体产权出租项目4宗，租赁合同金额150万元。特别是于洪区流转服务中心在探索土地流转后续金融支持方面成效显著。银行发放农村土地经营权抵押贷款6169万元，有51户次的专业合作社和个人得到抵押贷款。

（方朝明）

【《沈阳市关于进一步壮大村级集体经济实施意见》】 4月3日市委办公厅市政府办公厅印发。《意见》分析总体要求、基本原则、具体措施、组织领导4部分内容。《意见》提出到2020年，力争实现85%以上的村有集体收入，其中收入5万元以上的达到70%，10万元以上的达到30%。《意见》提出严格规范集体资产及财务管理、全面推动集体经营性资产产权制度改革、努力探索发展壮大村集体经济方式3项具体措施。（志闻）

农垦

【概况】 2018年，根据国家和省市统一部署，全市重点围绕农垦国有农场办社会职能分离和农垦国有土地作用权确权登记发证，全面推进全市垦区农垦改革发展工作。全市垦区有国有农场7家，分布在6个区县：于洪区光辉畜牧场、康平县三台子畜牧场、沈北新区前进农场和青年农场、铁西新区四方台农场、皇姑区北陵农场及苏家屯区塔山农场。7家国有农场土地总面积8.19万亩（0.55万公顷），其中：建设用地总面积4000亩，农用地总面积7.62万亩，耕地面积5.64万亩；未利用地总面积1700亩。截至年末，全市垦区有从业人员643人，在岗职工474人。

【农垦国有农场办社会职能分离改革】 2018年，全面推进农垦国有农场办社会职能分离改革工作。截至12月30日，全市农垦国有农场办社会职能改革工作基本完成，其中三台子畜牧场，根据康平县2017年9月7日第20次县长办公会议纪要要求，对承担的办社会职能，实行内部分开、管办分离、单独核算，采取“政府购买服务”的方式进行分离，康平县政府每年支付三台子畜牧场办社会职能专项经费30万元，并纳入政府财政预算。其他4家有改革任务的农场均采取整建制完全分离的方式进行，各相关区县政府出台相关改革方案，明确将各农场的办社会职能纳入政府统一管理，并通过省农垦局督查组的验收。

【农垦国有土地使用权确权登记发证完成99.27%】 截至9月30日，市农经委会同市规划国土局按照“权属应确尽确，证书应发尽发”的原则，对各农垦权籍调查工作开展情况和权籍调查数据进行核查，全市农垦有土地总面积8.19万亩，112宗，权籍调查100%完成，发证8.13万亩，占总面积的99.27%。

【康平县三台子畜牧场道路建设项目竣工】 2018年，为康平县三台子畜牧场争取贫困农扶贫专项资金120万元，用于三台子畜牧场道路建设项目。该项目新修水泥混凝土路面1997米（其中：5米宽水泥混凝土道路1010米；4米宽水泥混凝土道路987米）、山皮石路面1250米，项目工程建设7月31日正式建成，10月22日完成竣工验收工作，并全部投入使用。

（胡晓东）

脱贫

【概况】 2018年，沈阳市各有关地区和部门认真贯彻落实党中央决策部署和省、市工作安排，紧紧围绕沈阳全面振兴大局统筹推进，全市脱贫攻坚工作取得积极成效，巩固扶持任务全面完成。脱贫攻坚政策体系和工作机制不断完善，出台《沈阳市精准脱贫攻坚工作方案（2018—2020年）》等政策文件和相关配套工作方案，全市脱贫攻坚三年行动“1+N”政策支撑体系初步形成；严格落实“五级书记抓扶贫”“市抓监督指导、县抓实施推进、乡村抓具体落实”工作责任机制，市委、市政府与承担脱贫攻坚任务的4个区县（市）签订责任书。脱贫攻坚资金投入进一步加大，全市安排支持脱贫攻坚资金8.26亿元，其中，市财政安排专项扶贫发展资金4760万元，增长44.2%；医疗扶贫资金3312万元，增长47.3%。精准扶贫举措落地落实，因地制宜发展资产收益等扶贫项目，推进实施产业扶贫项目236个，受益人口4400户；新增特色产业面积1.7万亩（0.11万公顷），庭院养殖4万余头（只），人均增收1100元；开展贫困户危房等级核查鉴定，符合条件的36户危房全面改造完成；对1020名贫困学生落实扶持政策，补助资金63.3万元；落实职业教育“雨露计划”，176名贫困家庭子女获补助资金52.8万元；将农村低保标准由每月425元提高到450元，3496名贫困人口享受低保政策；安排资金312万元对贫困人口新农合个人缴费进行补贴，新农合补偿贫困人口10085人次，贫困人口在县、乡医院和市级定点医院看病住院实现零负担。精准识别和精准管理稳步推进，开展脱贫质量“回头看”，新识别建档立卡贫困人口33户96人；投入116万元建设精准扶贫分析管理系统，对贫困人口进行实时管控；推进贫困户家庭收入核算表、明白卡、帮扶责任人全部上墙，康平县获全省通报表扬。全社会扶贫潜力有效释放，市委选派党员干部1416人到乡村任第一书记，100余家市直单位、国有企业开展定点扶贫，100余户民营企业参与精准扶贫，38家驻沈部队与贫困村开展一对一帮扶，投入扶贫资金及物资合计金额2100多万元，落实帮扶项目120余个。扶贫攻坚舆论氛围更加浓厚，10月17日扶贫日期间，组织沈阳广播电视台、《沈阳日报》等新闻媒体对脱贫攻坚成果进行全方位

报道。各定点驻村单位开展“深入贫困村、走访贫困户”等活动，送去慰问金和米面油合计180余万元。市财政投入116万元建设精准扶贫分析管理系统，按照户有卡、村有册、乡有档案、全程信息化管理的要求，实现贫困人口精准识别、精准管控。

（赵　奇）

【《沈阳市精准脱贫攻坚工作方案(2018—2020年)》】 2月12日市政府办公厅印发。《方案》分主要目标、工作任务、保障措施3部分内容。《方案》提出到2020年，全市建档立卡贫困人口彻底摆脱贫困，康平县基本公共服务主要领域指标达到全国平均水平等主要目标。《方案》明确推进产业发展、实施科技扶贫、开展技能培训、强化住房安全、加强医疗保障、实施教育资助、落实低保兜底、提高贫困地区公路畅通水平8项工作任务。（志　闻）

林　业

【概况】 2018年，全市林业工作以构筑完备的林业生态体系、发达的林业产业体系、繁荣的生态文化体系为目标，以实施国土绿化提升工程、生态屏障保护工程、产业基地建设工程、林果产品提质工程为主要抓手，大干实干，锐意进取，在打造美丽沈阳生态名片建设中展现林业新作为。调整编制《沈阳市绿化提升三年行动计划（2018—2020年）》等20个规划计划工作。全面启动退耕还林还湿还湖还草还生态工程，制定三年计划、五年规划、十年成果展望和2035年全域大生态愿景。开展增绿补绿复绿造绿行动，完成造林15万亩（1万公顷），森林抚育1.5万亩（0.1万公顷），全民义务植树400余万株，完成采伐迹地清理清退还林12.98万亩（0.87万公顷），对全市范围内3225棵名木古树进行保护。持续推动林业产业发展，全市新植寒富苹果4.78万亩，辽中、新民两地新发展林下种植中草药5000余亩（333.33公顷）。

集体林权制度改革稳妥实施，全市完成政策性森林保险面积150万亩（10万公顷），超额完成全年任务。大力推进林业新型经营主体建设，建设10个标准化农民林果专业合作社示范社。在全省率先制定实施国有林场改革5年过渡期工作规划，通过国家级验收。加强野生动物保护，解救野生动物2000余只。抓好森林病虫害防治，全市完成防治面积43万亩（2.87万公顷），防治作业面积50.6万亩次，实现防治率100%、无公害防治率100%、森林病虫害成灾面积为零。春季完成采伐迹地清理清退还林12.98万亩（0.87万公顷）。编制《沈阳市矿山地质环境恢复与综合治理规划》，完成生产矿山地质环境治理任务148亩（9.87公顷）。开展打击涉林刑事违法犯罪专项行动，办理刑事案件16起，移送检察院审查起诉12起。

【自然资源机构改革】 2018年，坚决落实市委关于机构改革的重大决策部署，稳妥有序推进全市自然资源行政机关及事业单位组建工作。12月29日举行沈阳市自然资源局、沈阳市规划局、沈阳市林业和草原管理局的挂牌仪式。市自然资源局整合市规划国土局、市林业局的职责，划入各相关单位的资源调查和确权登记管理、草原监督管理以及自然保护区、风景名胜区、自然遗产管理等职责。调整后，市自然资源局（市规划局、市林业和草原局）内设机构27个、派出机构12个、直属行政机构1个。

（市自然资源局）

水　利

【概况】 2018年，全市水利系统深入贯彻落实习近平生态文明思想，进一步转变治水理念，实现民生水利建设扎实推进，农村水利基础设施进一步完善；生态水系建设加快发展，河湖综合整治全面铺开；防汛抗旱能力持续提升，全市城乡实现安全度汛；水利改革创新迈出新的步伐，市、县、乡、村四级河长体系全面建立。水利工作在服务全市经济社会发展中的支撑和保障作用进一步得到加强。

重点项目推进。实施农村饮水安全工程，5.86万农村人口喝上放心水。推进辽西北供水二期配套工程、受水地区净水厂及配套工程建设步伐。完成11个移民扶持项目建设任务，通过水利部、省水利厅验收。

水生态环境建设。实施河流综合整治和堤防养护，完成辽河干流退耕封育30.96万亩（2.06万公顷）、支流5693亩（379.53公顷）。完成水土流失综合治理面积17万亩（1.13万公顷）。全面推进河湖“清四乱”（乱占、乱采、乱堆、乱建）专项行动，解决316处“四乱”问题。开展入河排污口摸底调查和规范整治专项行动，完成12条黑臭水体入河排污口的整改任务，通过国家黑臭

市防汛储备中心调拨抗旱物资 （市水务局供）

水体巡查验收，获“黑臭水体治理示范城市”称号。

防汛抗旱。实施柳河新民城市段左岸堤防加固、辽河险工治理及柳河、秀水河等4条河流度汛工程建设。成功应对“8·7”“8·14”等局地强降雨过程，实现安全度汛。

河（湖）长制。四大班子一把手及市委常委、副市长分别兼任总河长、河长。编制完成236条河流“一河一策”治理及管理保护方案。设立1528块河长公示牌。聘请58名“企业河长”、165名“民间河长”、124名志愿者，初步构建起政府、企业、社会组织和公众共同参与的河湖管理保护体系。

水资源管理。积极推进最严格水资源管理制度，全市用水总量28.48亿立方米。新增农业综合水价改革试点面积6万亩（0.4万公顷），在试点范围以外启动改革面积136.2万亩（9.08万公顷），在全省农村水价综合改革工作中获第一名。新增高效节水灌溉面积2.85万亩（0.19万公顷）。市水务局在全省农田基本建设“大禹杯”竞赛活动中获“先进单位”称号。

【沈阳市水务局成立】 12月29日，按照市委统一部署，组建沈阳市水务局，在原市水利局职责的基础上，新增城市供水、节水、排水及污水厂建设管理等相关职能，局机关内设11个处室，实现职能配置优化目标。同时，进一步强化局机关和水务中心的工作联动，确保各项工作有序高效开展。 （市水务局）

十四、工　业

综　述

2018年，全市工业经济运行总体稳定，并初现企稳回升的势头，重点行业发展、工业转型升级、新旧动能转换取得初步成效。工业生产实现稳定增长，工业总产值5305.4亿元，增长8.2%；工业增加值1348亿元，增长7.6%，高于全国（5.7%）平均水平。工业产销衔接状况良好，全市规模以上工业销售产值5184.6亿元，增长7.3%，产销率97.7%。工业经济效益有所回升，规模以上工业实现利税总额579.5亿元，增长4.2%；利润总额298.3亿元，增长3.0%。工业固定资产投资小幅增长，工业固定资产投资额307.6亿元，增长0.7%。汽车制造业生产保持较快增长，为全市工业稳增长起到决定性的作用。在全国汽车销量下滑的背景下，沈阳市汽车制造业依托结构性优势，生产保持较快发展，产值2355.2亿元，增长11.7%，对全市工业增长的贡献率达到61.6%。其中，华晨宝马一枝独秀，在增资扩产以及新车型的拉动下，生产快速增长，完成产值1448.9亿元，增长26.2%，拉动全市工业6.1个百分点，为全市工业稳增长起到重要作用。农副产品加工业在消费需求的拉动下保持稳定增长，产值696.1亿元，增长12.5%。其中，禾丰牧业、红塔沈烟、希杰生物、双汇食品、蒙牛乳业等重点企业保持较快增长。石油化工业生产总体运行平稳，产值231.5亿元，增长8.1%。其中，沈化集团、和平子午线轮胎、科创化学品等重点企业生产保持较快增长。与此同时，催化剂、农药、高档涂料等精细化工和化工新材料企业增长迅速。医药制造业生产增长强劲，产值183.4亿元，增长25%。其中，东药集团完成混改，以产定销、产品结构（原药转向制剂）转型策略实施顺利，生产经营平稳运行；三生制药、诺康制药、成大生物等重点企业生产大幅度增长。电子信息业生产运行总体平稳，产值144.4亿元，增长6.4。其中，东软集团产值增长20.4%，规模稳居行业首位；云狐科技、英佰科技生产增势迅猛。机械装备业受供给侧进展不大、叠加需求侧下滑影响，生产总体萎缩，产值1109.3亿元，下降3.1%。其中，三一重装、远大压缩机、通用电气、新松机器人、三洋建筑机械、三洋制冷、蓝英工业自动化等重点企业产值增长10%以上。北方重工、沈阳机床、铸锻工业、机车车辆、安川电机、特变电工减产数额较大。

主要先行指标稳中有升，生

产要素总体供应平稳。制造业采购经理指数(PMI)连续10个月处于景气区间。电力热力燃气及水生产和供应业产值增长17.3%，高于全市规上工业总产值9.1个百分点；工业用电量172.29万千瓦时，增长4.76%，保障工业生产需求。

新动能培育取得新进展，新兴产品增长较快。新能源汽车、机器人、航空、IC装备、生物制药等新兴产业再上新台阶，新一代信息技术主营业务收入近千亿规模。一批新兴产品产量较快增长，新能源汽车增长9.2倍，城市轨道车辆增长190%，工业机器人增长20.9%，光缆增长12.5%，智能手机增长5.1%。

一批新项目逐步实现达产，成为工业发展的新生力量。华晨宝马第三代全新BMW X3车型投放市场，华晨中华V6/V7新车型实现量产，双汇食品顺利实现达产，麦格纳卡斯马沈阳工厂、安川电机三期等50个项目完成建设。

工业和信息化融合不断深入，成为工业企业发展的助推器。以智能制造为主攻方向，稳步推进智能升级项目三年行动计划，累计支持项目104个，建成一批智能工厂、自动化车间、智能化生产线。华晨宝马新工厂、海尔冰箱沈阳工厂等成为国家级智能工厂，新松公司机器人数字化工厂成为国内首个“机器人生产机器人”国家智能制造试点示范项目，32个项目获批省级试点示范项目。沈飞工业集团、沈阳东软医疗等9户企业成为省智能制造及智能服务试点示范标杆企业。全市规模以上企业数字化研发设计工具普及率达到68%，关键工序数控化率达到56%。

行业发展不平衡，经济支撑结构脆弱。作为全市的传统重点行业机械装备业生产总体下滑，部分重点企业陷于困境。汽车制造业特别是华晨宝马一枝独大，若发生波动将严重影响全市工业总体运行的稳定。非公有制经济发展滞后，全市规模以上非公有制工业增加值增长3.3%，低于公有制工业（7.6%）4.3个百分点，发展相对滞后，没有展现出应有的经济活力和增长动力。企业盈利水平总体偏低，全市规上工业企业主营业务利润率5.68%，低于全国（6.49%）0.81个百分点，特别是机械装备行业仅为1.37%。（市工信局）

产业集群

【概况】 2018年，沈阳市产业集群按照4大发展空间分布设立建设。西部以装备制造及其配套产业为主：铁西区有铁西装备制造、铁西现代建筑、铁西医药化工3个产业集群；于洪区有于洪机械电气设备、于洪电力设备两个产业集群；新民市有新民医药、新民包装印刷2个产业集群；辽中区有铸锻造机加产业集群。东部以汽车及航空航天产业为主，有大东汽车及零部件、大东航空

2018年全市主要工业产品产量

表20

产品名称	单位	产量	增长（%）
汽车	辆	918301	–0.2
#轿车	辆	610779	–5.0
#宝马牌	辆	339988	11.6
#新能源汽车	辆	21647	927.4
工业机器人	套	6072	20.9
金属冶炼设备	吨	42796	22.8
气体压缩机	万台	563.1	10.5
彩色电视机	万台	154.8	5.9
轮胎外胎	万条	1177.4	–2.2
铝材	吨	40822	1.1
化学原料药	吨	25440	6.1
啤酒	千升	902027	3.1
软饮料	吨	1629676	1.2
乳制品	吨	489193	0.8

（志闻）

航天及零部件2产业集群。南部以软件及电子信息和健康数字医疗产业为主，有浑南软件及电子信息、棋盘山泗水健康医疗2个产业集群。北部以农产品深加工及智能终端制造、轻工建材产业为主，沈北新区有沈北农产品精深加工、沈北云计算与智能终端2个产业集群；法库县有法库陶瓷、法库绿色食品加工2个产业集群；康平县有康平塑编纺织产业集群。截至年末，全市有市级重点产业集群19个，其中，省级产业集群16个。涉及装备制造、汽车及零部件、民用航空、医药化工、软件及电子信息等领域。19个重点产业集群销售收入4492亿元，入驻企业1013户，从业人员30万人。千亿集群2个，分别为铁西装备制造1455亿元、大东汽车及零部件1386亿元；200亿以上集群3个，分别为沈北农产品精深加工完成378亿元、铁西医药化工完成306亿元、浑南软件及电子信息完成239亿元；100—200亿集群2个，分别是沈北云计算与智能终端完成199亿元、大东航空航天及零部件完成139亿元。重点产业集群中，铁西装备制造产业集群产值1455亿元，与上年持平；大东汽车及零部件产业集群产值1386亿元，增长16.8%；沈北农产品深精加工及生物制药产业集群产值378亿元，增长1%。

（郭振宇）

两化融合

【概况】 2018年，全市两化融合水平整体上处于单项覆盖向集成提升过渡阶段，大规模企业两化融合发展水平在60.56分，有52.6%的企业仍处于单项覆盖阶段，这些企业正着力推进信息系统在办公、财务、研发、生产、采购、销售等单项业务环节普及渗透，并开始探索关键业务系统集成、资源优化和一体化管理模式；15.8%的企业处于集成提升阶段，这些企业单项业务信息化基本全面覆盖，并不同程度的开展关键业务系统集成基础上的资源优化和一体化管理；5.6%的企业处于创新突破阶段，在综合集成的基础上实现跨企业的业务协同和模式创新，企业的数字化研发设计工具普及率和关键工序数控化率分别达到67.8%和53.1%，较2017年提升0.58个和4.89个百分点。企业信息化新型能力不断增强，东药集团、三一重装、沈冶机械等4户试点企业先后通过国家审核，沈阳机床通过实施PDM/CAD一体化建设项目、集团全高清即时会议平台项目和集团移动协同平台项目，形成国际化在线协同研发能力，构建企业“德国设计、中国制造、全球服务”模式的可持续竞争优势，大幅缩短国际化新产品开发周期；远大博林特通过实施标准贯彻，建立一套全面科学的IT运维管理体系，加速集团战略目标的实现。

【各级试点示范及智能制造项目组织实施】 2018年，沈阳华铁异型材有限公司、讯网网络科技有限公司、辽宁锐翔通用飞机制造有限公司3户企业获批辽宁省两化融合管理体系贯标试点，沈阳汇丰机械有限公司获批国家级两化融合管理体系贯标试点；东软医疗有限公司、沈阳新松机器人、中科院自动化所等3个项目获批国家“智能制造综合标准化与新模式应用类项目”，专项资金支持2200万元。沈阳机床集团、沈鼓集团、沈飞工业集团等9户企业成为省智能制造及智能服务试点示范标杆企业，新松机器人、禾丰牧业2户企业获批省级工业电子商务试点。

（市工信局）

军民融合

【概况】 2018年，全市有军工单位14户，涉及航空、航发、航天、船舶、兵器、核工业、电子科技等领域。全市民口军品配套单位135家，涉及航空、装备制造、汽车、工业自动化、新能源材料等领域。全市军民融合产业基础雄厚，其中航空产业优势尤为突出，是国家发改委批准的民用航空产业的国家高技术产业基地，还是国家低空空域改革的试点城市。全市有各类国家重点航空航天企事业单位36户，登记在册通用航空公司8家，直接从事航空产业有4万余人。全市有一批产业领军企业，其中沈飞公司作为整机制造龙头企业，被列入中航工业军民融合主机厂试点单位；601所在增材制造领域处于国内领先水平；新松公司是国内最大的自主机器人制造商和系统集成商，研发4大系列特种机器人参与军民融合。年内，推动军民融合重点项目建设，其中沈阳航空制造有限公司实施的“04专项”项目项第一条智能验证线建成并生产出合格零件；争取中国航发燃气轮机有限公司总部项目落户沈阳，9月13日项目筹备组到沈考察并与市政府会谈。以沈阳中钛装备制造有限公司为龙头，围绕军工、航空航天等高端应用领域，建设高端钛合金零部件生产制造

基地等项目并开工建设；601所旋翼无人机项目完成无人机样机生产，填补国内外行业内技术空白。

【《沈阳市加快推进军民融合产业发展的若干政策措施》】 6月25日市政府印发。《政策措施》包含科技成果转化、民参军、产业发展基金、混合所有制改革、企业上市、中小企业创业载体、公共服务平台、高层次人才、培育创新型企业家、无人机产业发展10个方面内容。

【《沈阳市2018年军民融合“十个一”专项行动计划》】 8月16日市政府办公厅印发。《专项行动计划》分五部分，包括指导思想、总体要求、工作目标、重点任务、保障措施。在重点任务中对“十个一”进行明确，即成立一个机构，编制一个规划，拟订一个年度计划，建设一批园区，认定一批军民融合企业，形成一批基金，设立一支资金，抓好一批项目，制定一套政策，建立一批对接平台。（杨小光）

【军民融合促进通用航空与空地立体交通产业发展院士研讨会】 8月17日在沈阳通航基地召开。由中国工程院机械与运载工程学部、沈阳市政府主办，沈阳航空航天大学、辽宁通用航空研究院、沈阳通用航空产业基地管理委员会共同承办。23名中国工程院、中国科学院院士和中国民用航空局、国家相关部委、中央军民融合发展委员会办公室等相关部门领导、辽宁省及沈阳市军民融合相关政府主管部门领导、中国航天科技集团顶层专家、学者以及国内航空科研机构、科研院所、院校代表、其他军民融合、通用航空相关领域机构代表100余人与会。

【军事高科技成果在通航领域的转化与应用研讨会】 8月17日在沈阳通航基地召开。国防大学学术委员会委员、教授曹廷泽，军事科学院博导、少将姜春良，中央电视台中视航通国际传媒有限公司总裁李东方，军事博物馆少将张玮，清华大学规划设计院副院长金戬，国防大学国防经济研究中心原主任刘晋豫分别作主题演讲。研讨会举行攻击鹰军民两用无人机平台、无人机检验检测中心、房车基地运营、建超通航飞机运营、马术教学学院、沈阳财信通航小镇军民融合国防教育产业园6个项目的签约。

（戴国富）

工业投资及重点项目

【概况】 2018年，全市累计完成工业投资307.6亿元，增长0.7%，占全市固定资产投资的17.1%。其中制造业完成投资204.3亿元，占全市工业投资的66.4%，制造业投资中汽车制造业完成投资56.9亿元，占全部工业投资的18.5%。全市各地区中，和平、铁西、于洪、大东、辽中、新民、法库、康平8个地区实现增长，其中和平、铁西、于洪、新民、法库5个地区增幅较大，平均增幅超过46%；沈河、浑南、沈北、苏家屯4个地区完成投资下降幅度相对较大，低于全市平均水平。全市重点工业项目量增质升，推进亿元以上重点工业项目247个，较上年增长187.2%。华晨宝马X3大东工厂、三生制药北方生物医药科技谷、米其林子午线轮胎扩产等一批大体量项目落地实施，对工业投资起支撑作用，尤其是中科SC35高性能碳纤维产业化生产等项目落地建设，填补沈阳市行业空白。47个亿元以上重点工业项目全部开复工，当年累计完成投资179亿元。其中续建项目121个，全部复工建设，复工率100%，当年累计完成投资98.4元；新开项目126个，全部开工建设，当年累计完成投资80.6亿元。247个重点项目中，有华晨宝马X3大东工厂、麦格纳卡斯马沈阳工厂、安川电机三期工厂、沃尔瓦格涂料沈阳新工厂、东药集团黄连素及中间体胡椒环建设工程等50个项目完成建设。

【宝马大东工厂技术改造建设项目】 总投资34.9亿元，项目位于大东区东望路东侧沈闫线南侧原华晨宝马大东工厂北侧。年初复工建设，通过对原有涂装生产线和总装生产线的改造调整，新增车身车间的焊接生产线，对物流车间进行改造，并对部分公用设施填平补齐，实现双班年产12万辆整车，当年完成投资9.7亿元，第三代BWMX3新车型5月正式下线。

【东北制药集团股份有限公司维生素C智能化绿色国际工厂建设工程项目】 总投资15.5亿元，项目位于沈阳经济技术开发区沈西六东路29号，在东药细河厂区内，不新增土地，建筑面积15.2825万平方米，项目围绕智能传感与控制装备、智能物流与仓储装备等关键技术，采用先进的原料药制造生产执行系统，集成分布式控制系统、安全仪表系统、工业电视监控系统、火灾报警系统等自动化控制系统，实现维生素C及系列产品的智能制造新模式。4月复工建设，当年完成投资6.1亿元。截至年末，完成各

生产厂房主体工程、砌筑工程、外墙抹灰、设备基础、水暖地埋工程、电气工程施工。甲醇回收完成四层混凝土主体结构施工，罐区新增遮阳棚基础及设备基础完成40%，围堰内地面砼完成。采购设备2000台套，累计到货1200台套。

【华安钢宝利高新汽车板加工（沈阳）有限公司年产27万吨轻量化汽车板深加工项目】 总投资6.89亿元，项目占地103亩（6.87公顷），建筑面积8万平方米，主要建设热成型落料板、热冲压激光拼焊高强度汽车钢板，汽车车桥系统，轴，底盘系统以及A柱总成、B柱总成等汽车零部件生产项目。10月复工建设，当年完成投资0.3亿元。截至年末，主体基本建成，主要进行设备调试和试生产，预计2019年12月竣工投产。

【沈阳金杯车辆制造有限公司搬迁改造项目】 总投资25亿元，从沈河区方家栏地区搬迁到辽中近海经济区，占地面积66.67万平方米。项目在轻卡的基础上，向“重、微”两个方向发展，实现卡车全系列产品生产的规划目标，一期轻卡车15万辆。截至年末，总装、涂装、冲压3大车间建成，设备安装基本完成。

【华晨雷诺生产整车项目】 总投资120亿元，在原华晨金杯厂区内进行改造，其中冲压线继续借用华晨集团冲压线进行生产，引进雷诺产品的冲压模具、夹具，在原有华晨金杯生产线基础上对总装、焊装、涂装生产线进行适应性改造，改造后实现金杯、雷诺两大系列产品混线生产。项目2月正式动工建设，预计2021年11月竣工投产。

【中科北方科技发展有限公司SC35高性能碳纤维产业化示范项目】 选址在沈阳化学工业园沈西六东路路南，博尼斯（沈阳）硅业有限公司东侧，建设SC35高性能碳纤维产业化示范区，一期占地155亩（10.33公顷）。该项目总投资70亿元，其中：一期百吨级投资5亿元，二期千吨级投资40亿元，三期碳纤维复合材料投资25亿元。项目10月开工建设，预计一期2020年末竣工投产。

【新松机器人自动化股份有限公司机器人未来城项目】 总投资51.4亿元，占地42.5万平方米，建筑68万平方米。重点打造以“智造、创新、人才、示范、金融”五大平台为核心的产业生态圈，实现工业机器人、特种机器人、服务机器人、智能物流、人工智能、物联网、可穿戴设备、无人机、科技金融等新兴业态有机成长，利用产业增值回报平台服务，实现平台和业态交互增值，促进技术、资金、人才等要素在生态圈内的循环流动，并形成生态圈外“虹吸效应”。项目11月开工建设，预计2021年12月竣工投产。

【三生制药集团北方生物医药科技谷项目】 总投资50亿元，选址位于沈阳经济技术开发区中德园浑河二十街（原雅致地块），占地面积500亩（33.33公顷），一期占地面积120亩（8公顷），主要创建集研发中心、生产基地、培训学院、检测中心、物流仓储中心为一体的综合园区项目。建成投产后，年产值预计约100亿元，利税预计约10亿元。项目10月开工建设，预计一期2020年12月竣工投产。

【上通北盛下一代别克、雪佛兰小型运动多功能汽车及其变形车项目】 位于大东区轩盛路16号，生产新车型的技术改造项目，新增车型模具、新增或改造各车间工艺设备。达产后雪佛兰和别克小型运动多功能车型年产能均为12万辆，而总产能维持在30万辆/年不变。该技术改造项目总投资31.5亿元，10月动工建设，预计2021年1月竣工投产。

（市工信局）

机械装备制造业

【概况】 2018年，全市机械装备制造业规模以上企业439户，工业总产值1109.3亿元，占全市比重20.9%，下降3%；工业增加值217亿元，占全市比重16.1%，下降7.7%。全市机床产业规模以上企业20户，有100余户零部件配套企业。整机企业产品以金属切削机床为主，产品有6大类63个系列，涵盖金属切削机床大部主机产品。沈阳机床集团深入研发iSESOL云平台和i5OS工业操作系统平台，初步打造出由“i5核心技术+i5智能产品+5D智造谷（智能工厂）+iSESOL-i5os+新商业模式+金融”等要素构成的、从“终端-云端”的智能制造生态体系在全国签约建设15个5D智造谷，iSESOL云平台接入i5智能机床1.3万台。1月12日，沈阳市政府与中国通用技术集团控股有限责任公司签订《关于战略重组沈阳机床（集团）有限责任公司框架协议》。全市电力装备产业规模以上企业117户。特变沈变公司为昌吉—古泉特高压直流输电工程研制的首台±1100千伏换流变压器试制成功并通过现场验收，4台运至昌吉，持续奠定沈变公司

在特高压输电领域的龙头地位。全市石化通用装备产业规模以上企业49户。沈鼓集团首台国产化AP1000屏蔽电机主泵完成全部产品试验和拆检，各项指标均满足相关要求，标志国内企业全面具备AP1000屏蔽电机主泵国产化制造能力，为后续CAP系列电站主泵国产化供货提供有力保障。全市重矿机械装备产业规模以上企业21户。受国内煤炭行业复苏影响，煤炭机械重点企业沈阳三一重装公司呈现快速发展态势，建设年产5000台宽体矿车生产线项目，项目总投资3亿元，利用原有厂房建设新产品生产线，完成生产线老旧设备拆除、新购置设备选型、样车总体设计、生产线基础建设等工作，宽体矿车样机试制下线，实现小批量生产，2020年达到年产5000台的目标，年新增产值30亿元。全市轨道交通装备产业规模以上企业19户。沈车公司与大车公司、沈阳地铁集团合资成立沈阳中车轨道交通装备有限公司，其中沈车公司占比20%，主要从事地铁车辆维保并带动轨道交通车辆相关产业发展。沈阳铁路信号公司为京沈高铁提供优质的信号控制系统的成套设备，并获北京冬奥会重点工程京张高铁的订货。

【沈阳机床诞生4户双创小微企业】 年初，集团组建机加零部件双创工作小组，先后完成双创基金的筹建、加工业务历史经营数据的统计及财务分析、加工资源的梳理、机加零部件工艺的优化等工作。同时，委托智能云科信息科技有限公司完成基于iSESOL平台的接发加工订单模块、生产流程管理模块及价值分享模块的开发。2月，集团内部有4户双创小微企业拿到工商营业执照。

（黄德威）

【世界首个±1100千伏昌吉—古泉特高压直流输电工程变压器试制成功】 5月26日，特变沈变公司承担的世界首个±1100千伏昌吉—古泉特高压直流输电工程国内首台发送端±1100千伏换流变压器在特变电工总部新疆昌吉生产基地试制成功。该产品的成功研制，开启特高压输电技术发展的新纪元，持续奠定沈变公司在特高压输电领域的龙头地位。

（市工信局）

【沈阳机床建设全国首个工业互联网实训基地】 6月12日，全国首个工业互联网示范基地和培训中心“工业互联网产业联盟实训基地”在广东江门高新区产业加速园揭牌成立。该基地由沈阳机床集团、神州数码科技有限公司、智能云科信息科技有限公司与江门市投资平台共同组建，占地面积4200余平方米，集工业互联网生产、科研、人才培养和展示于一体。以基于“工业互联+云服务+智能终端”创新模式的iSESOL工业互联网平台为核心，专注于机械加工行业垂直领域，配套高端制造业人才培养，实现区域高端制造业产业升级，支持制造业小微双创的发展。

（黄德威）

【北方重工集团有限公司实施重整】 6月22日，经有关债权人申请，市中级法院依法裁定，北方重工集团有限公司实施重整，并指定市国资委作为管理人依法组织重整工作。同时，沈阳市政府成立由市长担任组长、两名市委常委、一名副市长担任副组长的“北方重工司法重整领导小组”，依法指导、协调总体工作。8月17日，在市中级法院主持下，顺利召开第一次债权人大会。

【首台AP1000屏蔽电机主泵完成产品试验及拆检】 9月11日，由沈阳鼓风机集团核电泵业有限公司和哈电集团哈尔滨电气装备有限公司共同承制的首台AP1000屏蔽电机主泵在沈鼓核电顺利完成全部产品试验和试验后拆检工作，试验数据显示主泵各项性能参数均满足主泵设计规范书的要求，整体拆检各项指标均满足相关要求。本次主泵试验的成功，标志着国内企业全面具备AP1000屏蔽电机主泵的国产化制造能力，为后续CAP系列电站主泵国产化供货提供有力保障。

【沈鼓集团与中韩武汉石化乙烯三机扩容改造项目签订】 10月23日，沈鼓集团与中韩武汉石化乙烯三机扩容改造项目成功签订。该项目原80万吨/年乙烯三机的机组全部采用沈鼓压缩机，是国内首套乙烯三机全部采用国产化的装置。此次乙烯三机升级改造工作，提升中韩武汉用户的产能。

（市工信局）

【沈阳机床参与国内首座3D打印树脂景观桥建设】 11月29日，由沈阳机床提供机械结构和运动控制整体解决方案，上海建工机施集团连续800小时完成中国首座3D打印树脂景观桥的打印，这是国内首条“实装”3D打印桥梁，也是世界最大尺寸的一次成型3D打印桥梁。创造15米大尺寸件一次打印成型、25米长的龙门结构高精度3D打印机两项世界纪录。这台3D“打印机”，由“龙门框架结构+打印头”组成，是沈阳机床的产品和i5智能控制技术首次应用于3D打印领域。（黄德威）

【沈鼓120万吨乙烯装置压缩机

填补国内空白】 12月10日，中国机械工业联合会、中国通用机械工业协会在广东惠州组织召开国产首台套“120万吨/年乙烯装置用离心压缩机组”产品鉴定会。由14名行业知名专家、院士组成的鉴定委员会经过评审，评定由沈鼓集团研制的120万吨/年乙烯装置用压缩机组填补国内空白，是装备国产化的重大技术突破，机组整体性能达到国际同类产品先进水平，其中机组工况适应能力、操作性等居国际领先水平。（志　闻）

【沈阳机床“HTM系列卧式铣车（车铣）复合加工中心”课题通过验收】 12月20日，由沈阳机床股份有限公司牵头承担的“HTM系列卧式铣车（车铣）复合加工中心”课题，在用户现场通过工信部产业发展促进中心专家的验收。该课题充分研究和验证高速铣车复合铣削主轴的制造技术、高刚性高定位精度B轴技术、热变形误差补偿等10余项关键技术，并在提供国内用户的7台HTM系列卧式铣车（车铣）复合加工中心系列化开发制造过程中推广应用，有效验证上述关键技术的可靠性及成熟度。专家组认为，课题达到任务研究预期的目标和要求，其研究成果已经用户现场应用验证。（黄德威）

汽车工业

【概况】 2018年，全市汽车产业经济运行情况良好。在华晨宝马的强势拉动下，全市汽车产业产值实现较快增长，工业总产值2355.2亿元，增长11.7%，占全市规模以上工业产值比重44.4%；工业增加值669.7亿元，增长11.6%，占全市工业比重49.7%。其中，整车完成产值1860亿元，增长14.1%；汽车零部件产值495.4亿元，增长6.7%。新能源整车产量21647辆，较上年净增19544辆，增长9.29倍，产值110亿元，增长12.7倍。整车完成产量92万辆，销量90万辆。汽车及零部件制造业实现主营业务收入2347.6亿元，增长9.9%，利润总额216亿元，增长9.6%。华晨宝马新工厂项目、华晨宝马大东工厂技术改造（X3）项目、宝马X3纯电动车型项目、华晨宝马全新3系及X2产品建设项目、上汽通用（沈阳）北盛公司下一代别克等小型运动多功能汽车及其变型车项目等重点项目顺利推进。至年末，全市汽车产业形成以乘用车和汽车发动机为重点，以商用车、专用车、轻卡及汽车零部件为补充，具有一定整车制造和零部件配套能力的生产体系。整车方面，有整车企业5户：华晨宝马汽车有限公司、上汽通用（沈阳）北盛汽车有限公司、华晨雷诺金杯有限公司、华晨集团控股有限公司（沈阳华晨中华汽车有限公司）、沈阳金杯车辆制造有限公司。汽车零部件方面，有汽车零部件企业264户，形成以汽车发动机、车桥、座椅、变速器、内外饰件、冲压件等一级配套产品为主体，以汽车发动机零部件、制动材料、座椅材料等二、三级配套产品为补充的汽车零部件配套体系。底盘类零部件、车身类零部件是沈阳市汽车零部件的优势产品，种类齐全，除能够满足本地配套需求，部分产品给外地配套。（市工信局）

【第一届智能汽车产业论坛举办】 1月23日，由普祺小镇、沈阳国际软件园主办，中德创新研究院、沈阳千人计划创新创业服务中心、沈阳市新的社会阶层人士联谊会共同协办的“第一届智能汽车产业论坛（沈阳）暨千人讲堂走进中德园活动”举行。本次活动旨在通过深入分析政府相关政策的支撑引导解读中国汽车智能制造产业优秀企业市场需求，同时，邀请国家千人计划专家等行业学者对智能汽车产业进行核心技术分解，为沈阳本地龙头车企制定市场战略提供借鉴。（志　闻）

【宝马集团中国战略协议签署】 10月11日，宝马集团中国战略协议签字仪式暨华晨宝马铁西新厂开工仪式在中德（沈阳）高端装备制造产业园举行，华晨宝马新工厂项目正式签约，同日，召开华晨宝马汽车零部件供应商投资推介会。（市工信局）

【《沈阳市加快新能源汽车推广促进产业做大做强实施方案》】 11月25日市政府办公厅印发。《方案》设总体目标、主要任务、保障措施3方面内容。《方案》提出以创新驱动为核心，以纯电驱动新能源汽车为主要战略取向，强化政策引领和市场培育，扩大新能源汽车推广应用规模。统筹规划，合理布局，适度超前建设智能高效充电基础设施网络等总体目标。《方案》提出加强新能源汽车推广应用、加快新能源汽车充电基础设施建设、优化新能源汽车使用环境、做大做强新能源汽车全产业链、建设中德装备园电动示范区5项主要任务20条措施。（志　闻）

航空航天制造业

【概况】2018年，全市航空产业保持平稳增长的态势，产业总体规模在全国副省级城市中位居前列。全市航空产业实现产值380亿元，增长8.5%。全市航空产业保持平稳增长的态势，产业总体规模在全国副省级城市中位居前列。全市拥有沈飞公司、黎明公司、沈飞民机公司、沈阳飞机设计研究所（601所）、中国航发沈阳发动机研究所（606所）、航空工业空气动力研究院（626所）等航空制造企业和科研院所，直接从事航空产业人员4万余人，高级科技人员4000多人，是全国唯一具备300余名研发人员与国外研发人员共用平台进行设计的城市。通航和无人机产业发展势头向好，从事通航整机制造的企业有2户，通航配套企业2户，具备一定规模的无人机企业10余户，有效专利近200项。1月12日，中航沈飞股份有限公司在上海证券交易所重组更名上市，实现核心优质军工资产整体上市，成为中国战机第一股。

【无人机5G技术应用】 2月19日，无距科技携无人机前往法库通航机场在5G环境下进行飞行演示，并完成超远距离超高清视频实时回传和360度VR相机的高清实时回传任务，是5G技术在无人机行业的一次具体应用。

【辽宁省燃气轮机创新中心挂牌】 5月23日，辽宁省燃气轮机创新中心揭牌仪式暨第一次联盟成员大会在606所召开，标志国内唯一的燃气轮机省级中心进入筹建阶段。中心由606所联合燃机产业链上下游企业、科研院所、高校、行业组织等15家成员单位共同组建，采取网络化科研模式，建设多学科、跨领域、跨地区，优势互补、资源开放共享的科研创新网络平台。

【沈飞民机交付首架波音737MAX尾段】 7月26日，航空工业沈飞民机B737MAX48段首架交付仪式在沈飞民机公司举行。波音737项目是沈飞民机最早承接的国际转包项目之一，项目运行超过20年，沈飞民机2017年与美国势必锐公司签订波音737MAX尾段合同，合同期为10年，月平均交付速率为10架份。

（市工信局）

【第七届沈阳法库国际飞行大会】 8月18—20日在沈阳通用航空产业基地举行。由市政府主办，法库县政府承办。大会以“创新 共享 共赢”为主题。其间，举办促进通用航空与空地立体交通产业发展院士研讨会、无人系统产业创新与发展研讨会等6场高峰论坛。大会展览突出“专业化、规模化、系统化”特色。其中，通用航空飞行器及器材静态展集中展示实用轻型机、轻型无人机、直升机等各类航空器60余种160余架，以及航空发动机、航空新材料、雷达导航系统、新型航电设备、飞机零部件等高端航空相关产品，签约通航企业合作项目6个，实现无人机意向销售700架。 大会期间，华安通航、跃龙通航，以及辽-VM1000矢量多旋翼无人机飞行表演队、WZ180型倾转旋翼无人机飞行表演队、辽宁七星瓢虫动力伞飞行队等国内团队进行特技编队、单双机特技、应急救援、低空通场、悬停起落等表演。大会吸引国内外参演参展单位300余家、业内人士及采购商3000余人、观众10万人次，129家媒体参与宣传报道。

（志 闻）

【“飞机复杂结构件数控加工单元技术与装备”课题通过验收】 8月30日，由沈阳机床集团牵头承担的国家科技重大专项“飞机复杂结构件数控加工单元技术与装备”课题在沈阳飞机工业（集团）有限公司通过工信部产业发展促进中心验收。该课题是由沈阳机床集团牵头，联合沈飞集团、华中数控有限公司、北京航空航天大学等9家单位共同申报的国家科技重大专项课题，沈阳机床集团在课题中承担“面向飞机结构件国产数控加工设备的研发”和“钛合金/铝合金航空结构件高效加工工艺技术”的研究，为沈飞公司提供数控设备组成的加工单元及生产线。 （黄德威）

【锐翔增程型电动飞机获颁型号合格证】 10月 19日，锐翔增程型电动飞机（RX1E-A）获中国民用航空局颁发的型号合格证。RX1E-A飞机是由沈阳航空航天大学辽宁通用航空研究院研制的一款新能源电动飞机。5月，科研机交付运行。RX1E-A飞机依托RX1E飞机技术平台，将电推进系统最大功率从40千瓦提升到50千瓦，飞机最大起飞重量从500千克增加到600千克，飞机的续航时间由45分钟增加到120分钟，增加电子地平仪、数字化仪表等仪表配置。通过改进设计，RX1E-A飞机较第一代电动飞机技术指标大幅提升，可进一步满足市场需求。

（志 闻）

【联航神燕珠海航展签售30架购机合同】 11月7日，在第十二届中国国际航空航天博览会（珠

海航展）上，辽宁联航神燕飞机有限公司与安徽蓝天国际飞行学院签署30架TECNAM P2006T和P2010飞机的购机合同。联航神燕生产制造的TECNAM飞机在可靠性、售后服务、运营维护等方面具备比较优势。（市工信局）

石化工业

【概况】 2018年，全行业规模以上企业90户，比上年减少28户，产值231.5亿元，增长8.1%，占全市4.4%；增加值47.6亿元，增长3%，占全市3.5%。利税17.4亿元，下降5.5%；利润8.6亿元，增长1.7%。全市石化产业重点监控的6户企业产值152.2亿元，增长3%，占行业65%。其中，沈化集团产值65亿元，增长9.3%，利润3300万元，同比持平；米其林沈阳轮胎有限公司产值45.2亿元，同比略有下降，利润1.9亿元，增长29.2%；和平子午线轮胎有限公司产值15.5亿元，增长13.8%；利润3000万元，下降32%；普利司通（沈阳）轮胎有限公司产值12亿元，下降21%，实现利润7300万元，下降17%；科创化学品有限公司产值10.7亿元，增长18.4%，利润1.2亿元，增长42.3%；沈阳三聚凯特催化剂有限公司产值3.8亿元，下降65%，主要由于缺乏流动资金所致，利润1200万元，下降84%。原油加工能力140万吨/年，实际原油加工量72.7万吨；PVC糊PVC糊树脂（包括PCMA）生产能力20万吨/年，实际PVC糊树脂产量20.3万吨，增长14%；烧碱生产能力20万吨/年，实际产量20.2万吨，增长14%；聚乙烯生产能力（包括茂金属）10万吨/年，实际产量10.1万吨，下降15%；系列丙烯酸酯生产能力13万吨/年，实际产量13.3万吨，增长1.5%；轮胎外胎产能1600万条/年，实际产量1177.4万条，下降2.2；实际产量10340吨，增长8.8%；实际产量14500吨，下降25.6%。根据《辽宁省人民政府办公厅关于印发辽宁省城镇人口密集区危险化学品生产企业搬迁改造实施方案的通知》，全市纳入搬迁改造企业31户。至年末，有13户完成搬迁改造，超额完成省政府下达的全年任务。全市化工行业产业布局不断优化，产业聚集度进一步提高。沈阳化学工业园经过10余年发展，有入园企业108户，实现产值120亿元，产业集中度超过50%，除沈阳蜡化外，全市重点化工企业均入驻园区。米其林和普利司通两户世界一流轮胎制造企业入驻沈阳化工园后，全市轮胎年产能从十二五初期的570万条增加至1600万条，开发区化工园内形成东北地区最大、国内高端轮胎制造集中度最高、全球最高端的橡胶工业研发和轮胎生产基地。产业结构调整初见成效，精细化工及化工新材料逆势增长。氯碱、烯烃、精细化工材料3大种类20余种化工新材料实现产值75亿元，增长15%，成为化工产业增长的新兴力量。

【米其林新增600万条高性能子午线轮胎项目】 总投资22亿元，2017年项目初开始设计，2018年4月7日桩基础开始正式施工。年内完成主体建筑封闭，压延、密炼、成型等主要车间正在进行内部电气、消防、采暖、给排水、网络等机电工程施工，当年完成投资3.1亿元。（朱宣）

【沈阳化工股份有限公司战略合作大会召开】 9月28日，沈阳化工召开庆祝建厂80周年暨战略合作大会，在展示80年发展成就的同时，正式对外发布超性能茂金属聚乙烯、消光糊树脂等8个新牌号产品。全国各地的50多名客户代表和160名企业老领导、员工代表参加大会。《中国证券报》《中国化工报》《证券时报》《辽宁日报》、辽宁电视台、《沈阳日报》、沈阳电视台7家媒体刊播新闻9篇（条），报道沈化集团的发展成果。

（韩景超）

【中科北方1000吨SC35高性能碳纤维项目】 总投资70亿元，分3期建设。一期建设期2018—2020年，总投资5亿元；二期总投资40亿元，建设1000吨SC35级聚丙烯腈碳纤维；三期总投资25亿元，建设SC35级聚丙烯腈碳纤维下游复合产品。项目2018年5月24日土地摘牌，10月20日举行奠基仪式，主要进行临建、围挡、土地平整、厂区排水等工作，当年完成投资1.3亿元。（朱宣）

冶金工业

【概况】 2018年，全市规模以上冶金企业48户，工业总产值64亿元，下降0.6个百分点，占全市比重1.2%；工业增加值19.6亿元，增长27.6%，占全市比重为1.5%。全市规模以上冶金企业主营业务收入68.1亿元，增长3.7%；利税总额3.2亿元，增长196.3%；利润总额2.2亿元，增长353.4%。全市冶金产业以钢铁和有色金属压延业为主，是沈阳工业的重要组成部分，从“国

有独大”转变为非国有经济占据主导地位。除中铝沈阳有色金属加工有限公司、沈阳超力钢筋有限公司、沈阳中科三耐新材料股份有限公司等国有或国有参股企业外，非国有经济比重达到95%以上，基本形成以民营经济为主体、以深加工为特色、服务于装备制造业的产业体系。中科三耐代表沈阳新材料企业参加9月6—8日在哈尔滨国际会展中心举行的第五届新材料博览会。

【沈阳材料科学国家研究中心奠基】 4月14日，沈阳材料科学国家研究中心通过科技部专家论证会，10月30日正式奠基。它是在原沈阳材料科学国家实验室和优势学科群基础上，依托中国科学院金属研究所组建的，是中国首批建设的6个国家研究中心之一。主要针对材料领域核心科学问题和共性关键技术问题，开展基础及应用基础研究，引领材料科学发展，形成显著国际学术影响力；促进材料技术进步和材料品质提升，催生材料新技术，满足国家重大工程和经济建设可持续发展的需求。（王文强）

医药制造业

【概况】 2018年，全市医药制造业（包括化学药品原料药制造、化学药品制剂制造、中药饮片加工、中成药生产、生物药品制造）有规模以上企业36户，工业总产值183.4亿元，增长25%，占全市工业3.5%；主营业务收入199.9亿元，增长27.6%；利税39.3亿元，增长18.8%；利润27.3亿元，增长18.5%。按照“布局合理、特色鲜明、集约高效、生态环保、协调优化”的原则，引导各个子产业向不同区域集聚，形成“三区、一园”的发展布局，医药企业主要集中在铁西区、浑南新区、沈北新区和新民市医药产业园4大区域。其中铁西以发展化学原料药和制剂为主，浑南区以发展生物制药为主，沈北新区以发展现代中药为主，新民市医药产业园以发展综合制药为主。沈阳医药产业主要由化学药品原药制造、化学药品制剂制造、中药饮片加工、中成药制造、生物药品制造5个子行业，3000多个品种、12种主要剂型组成。截至年末，全市医药制造业有国家级企业技术中心1家、省级企业技术中心14家、市级企业技术中心4家，市级以上企业技术中心占规上企业比重61.3%，居全市各产业首位。上市一类新药12个，在研一类新药18个。年内，7个市重点项目全部按进度计划实施，包括好医生北方基地总部项目、沈阳东星医药科技有限公司脂质微球注射液生产线项目、沈阳海思科医药产业园一期项目、三生制药集团北方生物医药科技园项目、东北制药集团股份有限公司黄连素及中间体胡椒环建设工程项目、维生素C智能化绿色国际工厂建设工程项目和异地改造氯霉素建设工程项目。

【中国北方生物医药科技园立项】 2月1日，中德(沈阳)高端装备制造产业园管委会、中德(沈阳)国际产业投资发展有限公司、沈阳三生制药有限责任公司共同签署合作协议。三方将在沈阳中德园内打造一个中国北方生物医药科技园，结合各方以及东北地区在资源、技术、人才资金等各方面的优势，发展以现代生物药产业化为龙头，集生物制药、精准治疗、生物制药原辅材料和高端生物工程装备为一体的产业集群。（市工信局）

建材工业

【概况】 2018年，全市建材行业主要由水泥、陶瓷、新型墙体材料3个大行业等组成。沈阳市建材行业骨干企业有沈阳冀东水泥有限公司、沈阳山水工源水泥有限公司、亚泰集团沈阳建材有限公司、洛斐尔建材（沈阳）集团有限公司、沈阳顺风实业集团有限公司、辽宁利盟高科新材料有限公司等。受全国宏观经济不景气和市场需求不足影响，建材工业整体增速放缓，固定资产投资下滑，企业经营压力加大，市场竞争更加激烈。

【第15届沈阳法库国际陶瓷博览交易会】 7月7—9日在法库举办。由中国陶瓷工业协会、中国建筑卫生陶瓷协会、中共法库县委、法库县政府主办，辽宁法库经济开发区管理委员会、中国瓷谷商会、辽宁法库陶瓷协会承办。以“高端化、品牌化、绿色化、智能化”为主题。其间，举行“法库陶瓷产业发展高峰论坛”“沈阳市无机非金属新材料产业技术创新战略联盟授牌仪式暨玄武岩纤维产业发展研讨会”、法库县艺术产品拍卖会、陶瓷配套展、法库福冠窑艺术陶瓷有限公司新品及法库陶瓷创意中心签约书画家作品展、中国瓷谷商会组织企业建筑陶瓷展等项主题活动。陶博会期间，域内外近8000名客商莅临法库观展，就合作共建新材料、卫生洁具等产

7月8日，2018辽宁法库新材料产业发展推进会举行　（市工信局供）

业园项目，辽宁法库经济开发区与河北唐山贺祥集团、河北神州节能保温材料有限公司等10余户品牌企业达成实质性投资合作协议，计划投资总额超60亿元，园区40余户规模以上企业累计实现销售收入超10亿元。（杜　军）

纺织工业

【概况】 2018年，全市纺织行业规模以上企业17户；工业总产值8.2亿元，比增长0.4%，占全市0.2%；工业增加值2.4亿元，下降0.2%，占全市0.2%。利润总额由上年的亏损转为盈利，增长41.7%。其中，骨干企业沈阳新区弘曲棉纺织有限公司是东北最大的缝纫线生产基地，工业总产值1.3亿元，增长23.2%，出口交货值1046万元。康平塑编及纺织产业集群，2018年入驻企业97家，销售收入19亿元，上缴税金亿元，从业人员7105人。龙头企业为时代塑编、国大塑业、弘曲纺织等。

【中国服装定制全产业链（国际）峰会】 12月17—19日在沈阳举办。中国服装协会定制专业委员会、沈阳市沈河区政府联合主办。峰会聚集国内外具有代表性的服装定制全产业链资源，是国内首次以“服装定制”为主题、上下游产业链和线上线下高度融合的大型峰会。峰会以“创新升级·融合发展”为主题，包括开幕式、高峰论坛、展洽对接、主题研讨、联谊交流5大版块活动。峰会聚集国内外极具实力和代表性的服装定制全产业链资源，其中包括服装定制面（辅）料、男、女装柔性化生产、互联网平台和相关的定制设计、智能化系统、配套服务机构等40余个参展单位。（孟　静）

十五、建筑·房地产

建筑业

【概况】 2018年，全市建筑业增加值474.2亿元，按可比价计算，比上年增长1.9%。资质等级以上建筑业企业完成总产值1430.2亿元，增长6.8%。在强化建筑市场信用体系建设、不断打造诚实守信的建筑市场环境上，先后起草完成《沈阳市建筑市场管理办法》《沈阳市建筑市场信用管理办法》《沈阳市建筑市场各方主体优良信用信息认定标准》《沈阳市建筑市场各方主体不良信用信息认定标准》，公开全市建设市场主体信用信息209条，其中良好信息6条，不良信息203条；更新施工和监理企业综合信用评分16次。在突出建筑市场执法检查工作，不断完善建筑市场和施工现场的联动监管机制上，先后完成省住建厅专家组在沈北、沈河、新民和张士等地区建筑市场检查，全市招标代理机构检查，全市监理企业在建项目的检查，对5起涉嫌转包违法分包行为进行依法查处。同时抓好人才培养，组织2次工程监理企业的监理人员岗前培训工作，更新行业管理数据库人员信息1188人次，办理工程招标代理机构新入库申请42家，企业基本信息和人员变更等诚信库变更申请120余次。在抓好农民工维权工作重点，不断提高开展“治欠保支”工作的能力和水平上，主动、协调解决好农民工讨薪问题，处理上访案件184起，接待1015人，涉及6509人，涉及金额近14924.36万元。同时，完成国家农民工维权督导组、省政府农民工维权督导组对沈阳市维权工作的迎检工作。

（何 伟）

【建筑工地“创卫”通过国检】 2018年，市建委根据市创卫办工作部署，强力推进建筑工地落实“创卫”标准。制定《沈阳市建筑工地创建国家卫生城市实施方案》《沈阳市建筑工地创建食品安全示范城市实施方案》《沈阳市建筑工地病媒防制实施方案》等文件，指导、督促、协调各区县（市）建设局开展建筑工地创卫工作。组织开展委干部职工500余人“一网一群实名制”、委领导包区组、建筑扬尘防治第三方评价团队现场检查和市区两级建设行政执法检查，督促各建筑施工单位全面落实建筑扬尘“七个100%”防治措施，全面清除建筑生活垃圾和取缔旱厕，实现建筑工地食堂餐饮许可证和生物病媒防制措施全覆盖，施工现场环境整治达标率由年初的65%提升到99%，建筑工地“创卫”工作通过国家专家暗访和技术评估。

（白利国）

现代建筑产业

【概况】 2018年，围绕重点工作任务，以完成省考、市考为重点，稳步提升装配式高质量发展的服务和管理水平。全市新开工装配式建筑面积为646.8万平方米，占新建建筑面积的30.9%。

出台政策，推进装配式建筑发展。1月21日市政府办公厅印发《沈阳市人民政府办公厅关于印发沈阳市大力发展装配式建筑工作方案的通知》（简称《工作方案》），并依据《工作方案》各部门出台相关支持政策。按期完成《沈阳市建筑产业化示范工程补贴资金实施细则》《沈阳市装配式建筑工程建设管理实施细则》《沈阳市装配式建筑装配率计算细则（试行）》编制工作。

完善技术标准体系，积极支持科技创新。完成辽宁省技术标准《装配式混凝土结构设计技术规程》的修编、《双面叠合剪力墙标准图集》的编制工作、《基于典型项目、典型构件的装配整体式建筑工程成本核算与分析》的研究工作，发布沈阳市地方标准《装配式混凝土建筑预制构件BIM建模标准》（DB2101/T0030-2018，2018-07-17发布）。

推动精致建设，开展19个示范项目建设。编制18个相关技术标准，城市交通体系、基础设施、配套保障和居住生活环境等城市功能得到进一步完善和扩展。

第七届中国（沈阳）国际现代建筑产业博览会 （市建设局供）

【第七届中国（沈阳）国际现代建筑产业博览会】 5月17—19日在沈阳国际展览中心举办。辽宁省住房城乡建设厅和沈阳市政府主办，沈阳市城乡建设委员会、沈阳市装配式建筑协会和沈阳国际展览中心承办。建博会吸引万科集团、亚泰集团、日本积水住宅、藤田建设、加拿大阔森特等国内外的300户家建筑业知名企业参展，展出面积4万平方米，累计到场的专业观众3万人。由沈阳、长春、哈尔滨、大连发起成立的装配式建筑产业技术创新联盟东北分会（简称“东北分会”）于建博会期间在沈成立，同时由东北分会主办的“东北地区装配式建筑产业技术创新联盟成立大会暨装配式政策与技术交流大会”也在建博会同期举办。由沈、长、哈、大4城市组成的城市综合展区，以及沈阳、大连、盘锦等城市团体展在本届建博会上亮相，填补以往城市专题展区的空白。 （付 欣）

房地产市场

【概况】 2018年，沈阳房地产市场继续保持平稳健康的发展态势，各项指标涨跌互现。坚持“房子是用来住的，不是用来炒的”定位，根据市场走势变化，精准施策，建立房价地价联动机制，增加市场有效供给，完善商品住房价格指导，持续整顿规范市场秩序。房地产开发累计完成投资996.72亿元，增长22.4%；其中，住宅投资775.06亿元，增长24.9%。商品住宅投资占全部房地产投资的77.8%。商品房施工面积6525.79万平方米，下降6.3%；其中住宅施工面积4683.8万平方米，下降4.8%。商品房新开工面积1416.16万平方米，增长6.1%；其中，住宅新开工面积1121.36万平方米，增长3.9%。商品房竣工面积660.64万平方米，下降19.7%，其中住宅竣工面积495.71万平方米，下降28.0%。商品房合同备案面积1812.86万平方米，下降6.58%；备案金额1633.02亿元，增长8.76%。其中，商品住房合同备案面积1508.96万平方米，下降10.89%，备案金额1324.57亿元，增长3.27%。存量房转让面积1441.1万平方米，增长15.06%，转让金额666.58亿元，增长16.76%。其

中存量住房转让面积1289.82万平方米，增长14.7%，转让金额612.08亿元，增长16.18%。商品房备案均价9008元/平方米，上涨16.43%；其中，商品住房备案均价8778元/平方米，上涨15.89%。存量房成交均价4625元/平方米，增长1.47%；其中存量住房成交均价4745.5元/平方米，上涨1.26%。深入实施商品房预售资金监管，签订监管协议1220份。出售自管公有住房14.11万平方米，2519户。国有住房租赁平台公司运行平稳，房发公司484套房源对外出租，地铁公司怀远门站200套公寓项目启动改造，大东黎明地块和同盛和悦改建项目加快推进，大西租赁项目上线招租。出台《关于进一步活跃和规范我市住房租赁市场若干意见》，机构化、规模化市场主体进一步发展。截至年末，开展住房租赁业务的房地产企业7户持有房源9400套，物业服务企业13户经租房源2008套，芒果“住房管家”托管租赁住房8000多套。发布住房租金参考价，覆盖71个区域（较上年增加3个）。（亓树华 贺亮）

【《关于促进我市房地产市场平稳健康发展的通知》】 4月15日市政府办公厅印发。《通知》分进一步加大新增土地供应、扩大商品住房价格监控指导范围、将购买商品住房和二手住房的限售范围由“三环区域及浑南区全域(不含沈抚新区)内”扩展至“全市行政区域(不含辽中区、新民市、康平县、法库县)内”、调整提取公积金后准贷时限等7项内容。

【《关于进一步做好我市房地产市场调控工作的通知》】 8月6日市政府办公厅印发。为保持全市房地产市场平稳健康发展，《通知》提出扩大商品住房限购区域、增加住房用地和商品住房供应量、加强土地供后监管、实施商品住房价格指导、继续加大整顿房地产市场秩序力度、加强舆论引导和预期管理6条措施。（志闻）

房地产管理

【概况】 2018年，市房产局建立包保巡查等制度，对全市所有住宅小区进行拉网式督导检查，整改问题点位6550余处，住宅区创卫通过国家评审。在老旧小区提质方面，全市完成改造151个老旧小区，超额完成31个老旧小区。累计完成更换排水管线8.8万米，新建道路62.7万平方米，外墙保温153万平方米，外墙粉饰176万平方米，楼道粉饰89万平方米，屋面防水62万平方米，惠及居民7.1万户，以铁西区教师新村小区、沈河区柳塘小区为代表的住宅小区旧貌换新颜，所有改造小区后续管理机制全部建立，得到住建部充分肯定。修订完成《沈阳市物业管理条例》、制定《关于提升旧住宅区综合管理水平的实施意见》，旧住宅区业主委员会组建、落实物业管理模式率达到100%，“四位一体”（物业小区在街道办事处指导下，在小区建立社区党支部、社区居委会、物业公司业主委员会）管理模式的覆盖率达到30%目标，4户企业被评为全省十大标杆物业服务企业。进一步加强物业行业信用体系建设，出台《沈阳市物业服务企业和物业项目负责人信用信息管理办法》，继续开展物业服务企业大检查活动，严格整治规范物业企业服务行为，完成非物业小区扫保移交工作。全市棚改任务16348套，截至9月底开工16612套，开工率101.6%，完成国家和辽宁省下达的年度考核指标。在农村危房改造方面，年内计划改造农村危房391户，全部开工，提前完成全年任务。房屋征收管理进一步加强，历史项目行政裁决、信访遗留案件处理稳步实施，新启动房屋征收项目50项，涉及居民0.9万户，审核市本级投资房屋征收项目3项，审核资金8.7亿元。辽宁省政府下达沈阳市住房保障任务为公租房配租19982套，实际完成20024套，发放城镇住房保障家庭租赁补贴2万户，实际完成37125户。在扩大保障范围的同时，进一步实施精准保障，对残疾人家庭、司乘人员、环卫工人、外地新毕业大学生、荣立二等功及以上人员家庭、因公殉职人员家属、重点优抚对象、抗美援朝家庭、参战参试家庭、建国前老战士等群体优先配租。出台《关于对享受公租房等“三房”保障家庭重复享受保障问题加强校验筛查管理工作的通知》，不断强化保障家庭经济状况核查。住房租赁网格化管理模式实现全覆盖，完成铁西区、沈河区试点工作。持续推进铁西区时代包装地块6160平方米、云峰街装备西地块840平方米租赁住房配建计划。（贺亮）

【《关于提升旧住宅区综合管理水平的实施意见》】 5月3日市政府办公厅印发。《意见》提出积极构建统一政策、统一标准、多种管理模式并存的“1+1+N”旧住宅区综合管理工作格局，实现一年见成效、二年有提高、三年大改观的工作目标。《意见》

明确完善综合管理体制；推行社区党组织监督指导下的社区、业主大会执行机构、管理服务主体“三位一体”共管模式；创新解决突出问题；完善扶持政策和约束机制4方面内容19条意见。

【市物业协会举办礼仪培训活动】 8月18日，市物业管理协会在市委党校开展服务礼仪培训活动。市物业管理协会工作人员及沈阳恒信物业发展有限公司的200余名物业服务人员参加培训。本次培训活动通过讲师讲授、案例分析，情景演练、现场模拟等培训方式，提升物业服务人员对外在形象和社交礼仪重要性的认识。（志闻）

【“创卫最美物业人”评选活动】 11月30日，市房产局举行共生·共享·共融——沈阳物业管理论坛暨“创卫最美物业人”展示评选活动颁奖典礼。由沈阳市房产局与FM103.4生活广播联合组织的“创卫最美物业人”展示评选活动，7月启动，近300名物业人报名参评，有116万沈阳市民参与网络投票。选出张宝地、黄茹、张洪鹤等“创卫最美物业人”20人；沈阳万科物业服务有限公司、辽宁泓达物业服务有限公司、沈阳泰和兴物业管理有限责任公司等“最佳组织奖”单位20家。FM103.4生活广播播出20期《“创卫最美物业人”风采展示录》节目，使广大沈阳市民对埋头苦干的物业人加深了解。通过此次评选，为沈城物业行业树立学习典型。（贺亮）

沈阳房地产大厦 （高好云摄）

十六、商　贸

综　述

2018年，市商务部门深入学习贯彻党的十九大精神，围绕全市“四个中心”建设发展目标，深化内贸流通体制改革，促消费、稳增长，实现年度经济增长目标，全市社会消费品零售额4051.2亿元，增长9.3%（全市批发业销售额11732.1亿元，增长7%;零售业销售额3978.5亿元，增长10.3 %；住宿业营业额42.2亿元，增长10.9%；餐饮业营业额653.5亿元，增长11.8%）。

持续推进落实《沈阳市会展业发展“十三五”规划》，举办各类会展活动406项，实现展览面积413万平方米；推进实施《沈阳市商贸流通业电子商务三年倍增计划（2018—2020）》，推进电商产业园区建设，据商务部综合考评通报，沈阳浑南国家电子商务示范基地在全国100个国家电子商务示范基地中排名第2位；推进实施肉菜流通追溯体系升级扩面，加紧国家供应链体系建设综合试点；推动盘活闲置大型零售设施4.1万平方米，超额完成市政府下达的3.5万平方米工作任务；参与协调促进化解风险，强化节、假期日监测制度，加强流通市场风险防范预警，维护市场流通秩序、保供稳价；参与全市“三城联创”工作，全市再生资源回收站点创卫达标率实现100%，无证照经营的回收站点清理整顿率达到100%。

积极推动外资外贸指标稳定增长，全市实际利用外资14.3亿美元，增长41.3%；引进内资813.3亿元，增长15.1%；全市进出口总值979.1亿元，增长13.5%（出口337.2亿元，增长7.6%，进口641.9亿元，增长16.8%）；新批境外投资项目30个，中方投资额2.8亿美元，增长22.6%；加大招商引资力度，通过“三引三回”活动，签约项目59个；全市重大招商项目取得突破性进展，10月13日，宝马集团中国战略协议签字仪式暨华晨宝马铁西新厂开工仪式在中德（沈阳）高端装备制造产业园举行。

大力推进发展跨境电商，成功争取获批国家跨境电子商务综合试验区，研究制定跨境电商综试区建设实施方案，编制完成《沈阳跨境电商综试区公共服务平台可行性报告》，挂牌成立“沈阳跨境电商国际物流产业基地”；加快“单一窗口”推广应用，“单一窗口”主要业务覆盖率达到80%以上。

国际交流合作健康发展，与15个国家的20个城市结为友好城市，与184个国家和地区建立经贸往来关系，有96户世界500强企业

在沈投资运营项目160多个，教育、医疗、文化、旅游等交流活动日益活跃。3月28日，沈阳至法兰克福航线成功复航；12月18日，沈阳至洛杉矶直达航线首次开航。（赵 冰）

批发零售业

【概况】 2018年，全市批发业呈快速增长态势，限额以上批发贸易企业全年累计销售总额7544亿元，增长6.7%；零售业呈稳步增长趋势，限额以上零售贸易企业全年累计销售额1529亿元，增长5.1%。

全市社会消费品零售总额4051.2亿元，增长9.2%，高于上年同期9.1个百分点。其中，批发业零售额279.6亿元，增长21.5%，高于上年同期18.9个百分点。零售业零售额3170.6亿元，增长8.0%，高于上年同期9.2个百分点，全年呈快速增长态势。全市限额以上社会消费品零售总额1630.0亿元，增长2.0%，高于上年同期6.2个百分点。其中，网上零售额265.7亿元，增长34.4%，低于上年同期3个百分点，依然保持高速增长。限额以上批零企业商品销售额较上年增幅较大的类别有：电子出版物及音像制品类销售额0.4亿元，增长39.7%；石油及制品类销售额4621.3亿元，增长10.7%；文化办公用品类销售额99.6亿元，增长10.7%。降幅较大的类别有：五金电料类销售额11.6亿元，下降10.3%；汽车类销售额527.3亿元，下降8.6%；饮料类销售额25.5亿元，下降6.6%。

开展常态化促消费工作。按照市政府挂图作战工作计划和促消费工作常态化的要求，市服务业委组织全市各区县（市）服务业主管部门、各行业协会、主要商业街区，通过采取与展会、行业活动等有效结合，先后开展主题鲜明、各具特色的促消费活动，组织开展“新年新时尚，消费在沈阳”“暖春迎时尚，消费在沈阳”“相约在春天，消费在沈城”“2018沈阳消夏购物节”4次较大规模的全市促消费系列活动。活动期间，组织新闻媒体对餐饮、汽车、老字号、美容美发、家政服务、洗染等行业协会进行8次专访；《沈阳日报》、沈阳网、《沈阳晚报》等媒体宣传18次，网络转载超过100次。印制促消费政策、沈阳特产和促消费活动宣传单6.7万份，在各商业街区和企业发放。4次促消费活动累计173天，有1万余户次企业参与活动，累计销售额近百亿元。（范孝宽）

【沈阳特产城开业】 4月28日，“沈阳特产城”开业仪式在沈河区沈阳路135号（故宫对过）举行。“沈阳特产城”征集236户企业的150余种近1000种规格的特产。“沈阳特产城”是全市第一家大型沈阳特产专卖店，经营面积1000余平方米。

【“购了么”电商平台上线】 5月1日，沈阳国际纺织服装城自建的“购了么”电商平台正式上线运营。电商平台采取“同城网购”的最新销售模式，用户通过APP下单后，商家30分钟内准备好商品，30分钟内快递员到店取验货，再经过1小时的快速物流运输，可以确保网上下单到开门收货不超过2小时。

【沈阳K11购物艺术中心试营业】 5月26日，沈阳K11购物艺术中心试营业。K11购物艺术中心6层楼（包含地下一层），商业面积26万平方米。K11购物艺术中心设有全国首个室内曼哈顿概念街区、都市农庄、艺术空间、全球首座国家地理探险家中心、东北首座乐高探索中心+海洋探索中心、国内首个多元智能儿童购物乐园等。

【沈阳佳兆业广场开业】 5月26日，沈阳佳兆业广场举行开业仪式。沈阳佳兆业广场位于青年大街173号。项目商业面积超8万平方米，含地下4层和地上7层，内部配有1200个停车位，引进各类品牌近百个，开业率达95%。项目涵盖零售、餐饮、文化、休闲、配套等业态，品牌级次高中低搭配合理，可为周边3000米范围内都市精英白领提供一站式商务生活配套服务。

【东北新零售品牌运营中心设立】 9月18日，由共青团于洪区委发起，联合有关部门共同打造的东北新零售品牌运营中心落户启点创客基地。新零售品牌东北运营中心可以帮助更多品牌快速转化成为新零售行业，更好地为东北的品牌提供服务，帮助企业品牌提高销售能力，提升传播能力。（志 闻）

住宿餐饮业

【概况】 2018年，市烹饪协会组织开展“厨神入画杯”意境菜大赛“美食与美器 意境与情怀”美食艺术节；联合沈阳广播电视台开启“盛夏行动”；组织沈阳部分餐饮企业、厨师参加在大连举办的第二届辽宁（大连）

西塔美食节　　（市产业转型升级促进中心供）

厨师节及同期举办的大连国际海鲜节、中华小吃产业发展大会等活动，展示沈阳名厨风采；协会搭台，商场支持开展“消夏购物节——厨神烹饪大赛”，开展烹饪技术练兵，传承和发展辽菜传统烹饪技艺；开展国家级非物质文化遗产“辽菜传统烹饪技艺”辽菜传习店、辽菜传习人培训班及“辽菜非遗星级餐饮店”的评定等活动；举办“大匠传承，凝聚发展”高峰论坛。便民餐饮进一步升级发展，满宝馄饨在原有的中央厨房基础上进一步升级改造，发展连锁门店沈阳市180家。全市住宿业网点4000余个，从业人员6.4万人；餐饮业网点近4万个，从业人员40万人。　　（马志宇）

小资料

2018年沈阳人品美食特点：沈阳线上购买外卖的主力人群是25~34岁的年轻白领人群，占比为41%，其次为15~24岁的学生群体，占比约37%。在男女比例上，沈阳的占比情况跟绝大多数国内城市正好相反，女性占比为56%，男性占比为44%，女性更愿意享受快捷的外卖服务。

在区域外卖订单数量上，沈阳市订餐数量最多的单个区域是沈阳师范大学，其次为沈阳航空航天大学。排在之后的为北行、沈阳医学院、沈阳奥体中心、沈阳农业大学、三好街和中街。在地域分布上，工作日内写字楼商圈附近的订单数占比高达69%，高校附近的订单占比25%，社区仅占比6%。在双休日，社区订单占比上升至52%，高校占比为22%，写字楼商圈附近的订单数占比为26%。沈阳外卖销量最高的单品分别为：麻辣烫、麻辣拌、羊肉串、鸡肉串、扬州炒饭、牛肉串、香辣鸡腿堡、皮蛋瘦肉粥、黄焖鸡米饭、牛肉面。

在订餐时间的选择上，主要还是集中在午餐时间（11:00－13:59），占订单总比42.8%；其次为晚餐时间段（17:00－19:59），占订单总比的33.7%；第三为早餐时段（6:00－10:59），占订单总比的13.2%；第四是下午茶时段（14:00－16.59），占订单总比的6.3%；宵夜时段（20:00－次日5:59）占总比4.0%。早餐时段最受沈阳市民欢迎的外卖食品（销量）前三名是包子、豆浆和皮蛋瘦肉粥；午餐时段最受沈阳市民欢迎的外卖食品（销量）前三名是麻辣烫、麻辣拌和鸡肉饭；下午茶时段最受沈阳市民欢迎的外卖食品（销量）前三名是水果、果汁和蛋糕；晚餐时段最受沈阳市民欢迎的外卖食品（销量）前三名是麻辣烫、羊肉串和牛肉饭；宵夜时段最受沈阳市民欢迎的外卖食品（销量）前三名是羊肉串、烤面筋和皮蛋瘦肉粥。

【东北首届餐饮+互联网创新峰会】　5月29日，2018东北首届餐饮+互联网创新峰会在沈阳世贸希尔顿酒店举行。本次峰会主题为“迭代行业格局 重塑餐饮品牌”。峰会分为嘉宾经验分享、圆桌嘉宾交流以及嘉宾与观众互动交流等环节，与会嘉宾就广大餐饮人共同关心的话题做深入的探讨。参会嘉宾涵盖辽沈及全国餐饮界人士，辽宁有点牛CEO、沈阳同城会创始人、沈阳吃货王创始人以及本次峰会主办人等相继致辞。

【2018中餐烹饪世锦赛】　2018

中餐烹饪世界锦标赛（个人赛）11月21—24日在辽宁现代服务职业技术学院举行。本届赛事由中国烹饪协会主办，以“匠心·创新·时尚 ·中餐国际化”为主题，赛事分设专业组与青年组，设中式冷菜、中餐热菜、中餐面点、果蔬雕刻4个项目。蒙古、马来西亚、以色列、韩国、巴基斯坦及中国大陆、中国香港、中国澳门、中国台湾等国家和地区200余名选手在比赛中展开竞争，展示2000道创意中餐。（志　闻）

烟草专卖商业

【概况】 2018年，市烟草专卖局（公司）销售卷烟34.66万箱，收入100.01亿元，税利26.03亿元，破获国网案件4起，其中1起部督案件，获“全省烟草行业2018年度工作业绩考核一等奖”和“全省烟草打假工作特殊贡献集体”等称号，在沈阳市2018年度纳税百强单位排名第4位。在卷烟营销方面，强化专销联动，对违规户进行规范治理。优化品类布局，清退73个规格，品牌集中度进一步提升。重点培育地产烟，开展“走进工厂”等系列营销活动，销售“人民大会堂”1.65万箱，大幅高于全省平均水平。推进终端建设，注重自律互助标杆小组建设质量，发挥和平、沈北、康平三个试点单位的示范作用。举办营销大讲堂10期，开展零售客户培训1573场，建成自律互助小组1688个。有序推进工商网配，升级企业微信，初步打通“工商零消”网上共享服务渠道。在专卖管理方面，组织开展“利剑”“清网”等专项行动，破获各类案件1983起，查获违法卷烟6213.73件，打掉窝点141个，拘留13人，逮捕7人，判刑9人。推行网格化监管，组建新民等四个县级局稽查所，延伸监管触角。注重专销融合，开展违法违规大户、“小脏差乱”户综合治理和中小学周边零售户清理。落实“放管服”要求，切实解决办证堵点问题。优化合理布局，依法加强卷烟零售市场准入和退出管理。完善法律风险防控体系，深化行政执法公示、执法全过程记录、重大执法决定审核“三项制度”建设，举办第二届全员政策法规知识竞赛，稳妥处理涉法事务。在企业管理方面，加强精益管理和对标管理，完善财务预算体系，费用支出降低3043 万元；优化资产配置管理，实现国有资产保值增值。加强物流管理，完成提升机改造，升级仓储信息系统，优化送货线路，维修费、燃油费、物流费用同比下降。加强创新管理，开展群众性创新活动，物流中心“安全巡检智能化信息管理系统研发”QC项目，获全国烟草行业优秀质量管理小组成果三等奖、全省行业一等奖。

【烟草法治宣传月活动】 3月1—31日，市烟草专卖局组织开展“法治宣传月”系列宣传活动。在《沈阳晚报》开辟《法治烟草》专栏，发布系列报道、普法案例、烟草举报电话及举报奖励等内容，受到社会各界的积极关注和好评。辽宁电视台、辽宁交通广播、沈阳电视台和《沈阳日报》、《沈阳晚报》等媒体，对活动进行专方和报道。同时，新浪、网易、腾讯等14家网络媒体对“网上买烟不靠谱”、市区两级市场监管24小时举报电话等内容进行转载。

【市烟草与市邮政局签署战略合作协议】 3月6日，市烟草专卖局（公司）与市邮政管理局签订战略合作协议。双方明确建立定期会商机制，并就市场监管、市场拓展、寄递物流、金融业务和品牌宣传等方面深化合作、推进落实达成共识。

5月10日，市烟草局（公司）召开全省行业卷烟包装箱（塑料箱）循环利用工作现场会
（高铭俭摄）

【《沈阳市烟草制品零售点合理布局管理办法（草案）》修订听证会】 12月26日，市烟草专卖局组织召开修订《沈阳市烟草制品零售点合理布局管理办法（草案）》（简称《办法》）听证会。52名零售户、消费者听证代表出席，《沈阳日报》等媒体记者及各区县（市）烟草专卖局负责人列席。会上，介绍《办法》修订内容、理由和依据。与会代表进行审议，并提出意见和建议。会后，市烟草专卖局对《办法》进行补充和完善，并上报辽宁省烟草专卖局、市政府法制办备案。《办法》11条，定于2019年1月1日正式实施。（付程忠）

物资商业

【概况】 2018年，沈阳物资集团主营业务收入8.26亿元，利润1534 万元，比上年同期增长27.5%。按照党的十九大对国有企业改革发展提出的新任务新要求，集团党政领导班子充分研究讨论，把2018—2020年确定为集团“深化改革、调整结构、转型发展”的跨越三年，以“质量第一、效益优先、稳中求进”为总基调，以深化改革为动力，确立“228”发展目标和“一力六化”工作目标，激发干部职工努力拼搏、大干实干的积极性和创造性。“228”发展目标：即到2020年，集团主营业务收入达到20亿元；实现利润2000万元；在岗职工年均收入争取达到8万元。“一力六化”工作目标，“一力”是指增强政治领导力；“六化”是指治理结构现代化、股权结构多元化、产业结构优势化、新业发展规模化、制度管理科学化、担当有为自觉化。

沈阳玛莎新型建筑材料——路缘石系列产品（沈阳玛莎供）

企业改革。按照市国资委“一企一策”改革总体要求，集团组织有关人员学习考察国内知名企业及沈阳市内优秀企业改革成功经验，认真梳理阻碍企业快速发展、亟须改革解决的突出问题和制约瓶颈，以推进混合所有制改革为突破口，完善《沈阳物资集团综合改革总体实施方案》，实施“3+1+N”稳步推进，试点企业充分酝酿、摸索前行。同时，集团进一步理顺所属企业产权结构和监管名录，签署“三供一业”移交意向；扎实推进厂办大集体改革工作，完成集团所属47户厂办大集体企业性质界定工作，正在进行职工身份认定，成为沈阳市首批试点企业。

经营管理。钢材物流事业部从改善营商环境入手，转变经营理念，建立“沈阳钢材市场”微信公众平台，优化场区管理，提高工作效率，提升服务质量，有效稳定客户资源，建立完善资源充足、仓储一流、分销稳定的产业链条群，增强市场影响力和凝聚力。同时中，拓展经营空间，与辽宁海拓建材有限公司开展合作经营，新增仓储面积6万多平方米，扩大市场占有率，钢材吞吐量占沈阳总体份额90%以上。典当事业部面对市场环境变化、盈利空间狭窄的严峻形势，开展“仓单质押”短期贷款业务，成为企业新的效益增长点。玛莎新型建筑材料公司加大产品创新力度，将工作重点放在研发高质量水工砖、装配式路基产品及缝隙透水砖上，先后与9家专业工程建筑公司建立供需关系，取得陵园街道路铺装工程项目，并抢占住宅园区建设项目，成为玛莎公司特色产品。同时，组建装配式砌块铺装及灌浆施工队伍，努力向生产、销售、安装一体化方向发展。（郭琳琳）

供销商业

【概况】 2018年，全市供销社系统以参与乡村振兴战略和推进农业供给侧结构性改革为重点，围绕全面深化沈阳市供销合作社系统综合改革，着力完善农村现代流通、农业社会化服务和社有企业经营体系建设，推进全系统经济结构转型升级，各方面工作显著提质提速，完成年初确定的各项目标任务。全系统销售总额

200.3亿元，汇总利润1.26亿元，所有者权益16.4亿元。在2018年度全国总社系统综合业绩考核中，沈阳市社位列第6名，获一等奖，在辽宁省社系统综合业绩考核中位列第1名，获特等奖。

【机手顾问签约培训会】 1月16日，市供销社组织新民万盈秋实农业服务有限公司在市金秋实农资有限公司的庄稼医院举办机手顾问约培训会。培训会上重点介绍土地托管的优势、农机的标准化操作、检修与维护，科学施肥等内容，并举行签约仪式。市金秋实农资有限公、辽宁万盈农业科技有限公司领导，市供销社相关工作人员，新民地区各乡镇的机手代表、顾问等40余人参加培训。截至年末，新民万盈秋实农业服务有限公司在新民地区与农户签订土地托管服务面积3000余亩（200余公顷）。

【地利·供销2018首届年货大集】 1月27日，由市供销社、大东区政府主办，地利集团承办的“地利·供销2018首届年货大集”在大东区东贸路地利市场开集。大集总占地面积1.7万平方米，分室内、室外2个经销区域，组织企业、农民合作社、家庭农场等经营商户217户，产品涵盖粮油、果蔬、土特产品、海鲜水产、畜禽、烟酒糖茶、炒货、小百货、手工艺品等供销优选、地利生鲜千种以上商品。年货大集自1月27日开集持续到2月15日（除夕）。市场人流量3万人次（包含旅游团及社区接送团），来往车辆1000台左右。

【3·15农资科技大集】 3月13日在法库县双台子农贸市场举行。市供销合作社联合社、法库县政府联合举办。大集以“放心农资保春耕、精准服务在供销”为主题。活动现场，市供销社、法库县政府等部门领导为农民专业合作社、种养殖大户等新型农业经营主体代表赠送为农服务科技丛书。沈阳金秋实农资有限公司等在场农资经营企业共同签署“诚信服务从我做起——农资诚信经营服务三农承倡议书”。市农业生产资料总公司、法库县供销社、法库县教育局分别与沈阳市农民经纪人协会、沈阳市大光农业服务中心签署沈阳市农业安全投入品体验中心合作框架协议、为农服务中心合作框架协议和培训成校教师及农民实用技术合作框架协议。市农民经纪人协会、市大光农业服务中心发布科技精准扶贫模式，法库县万盈农业服务有限公司介绍土地托管服务模式。市供销社邀请的20余名农资、农药、种子、种苗、农技、电商、金融、托管、维权等方面专家，现场免费为农民提供咨询服务，帮助农民辨识真假农资商品、科学选肥选种用药，解答和解决农民在农业生产、农村电子商务、农村金融、规模化经营、打假维权等方面遇到的难题。同时，免费为农民发送农业科技书籍、宣传资料等2000余册（份）。

【市供销社系统土地托管现场推进会】 7月13日，市供销社在法库县召开系统土地托管现场推进会。参会人员观看由辽宁广播电视台经济频道《庄稼院》栏目录制的市供销社系统土地托管宣传片。法库县供销社围绕“推广土地托管 当好农民田保姆”作典型发言。辽宁万盈农业科技有限公司大区经理重点介绍万盈农业发展概况、技术优势、管理模式及团队建设。各区县（市）供销社主要领导及沈阳集农农业科技有限公司经理介绍本单位土地托管（流转）进展情况、存在问题及未来发展方向。截至年末，全市供销社系统依托基层社、农民专业合作社、农业服务公司共组建服务队71个，自购、整合农业机械739台，累计托管服务面积近25万亩（1.67万公顷）。

【走进贫困村共度扶贫日项目精准对接活动】 11月5—11日举行。花牛沟村支部书记现场演示

11月5—11日，市供销社开展走进贫困村共度扶贫日项目精准对接活动（市供销社供）

和介绍由市供销社投入扶贫开发资金2万元购置的村屯宣传广播设备。市供销社表示将全力支持玉米叶编织品项目，并在当地做好技术培训，同时依托沈阳供销快线电子商务有限公司让这些地产特色农产品实现线上销售，以项目助推精准帮扶，进一步激发贫困村造血能力，让村民在家门口实现生产和就业。沈阳金鑫华腾米业有限公司销售人员现场介绍公司的水稻种植、大米加工、秋稻收购等情况，特别是种植的水稻新品种天隆优619的托管模式，即通过选取良种、病虫害防治、科学精细的田间管理等一系列环节，实现托管的水稻在同等条件下品质好、产量高、收益高。凤城市乡艺手编专业合作社负责人介绍玉米叶编织品的优点和分类、编织技术的历史、制作的工艺、回收的价格，展示合作社成员用玉米叶子手工编织的汽车坐垫、背包、花篮、帽子、蒲团等成品。市供销社、辽中区政府、辽中区供销社有关领导，牛心坨镇党委负责人、分管扶贫的相关人员以及花牛沟村等周边村的贫困户及村民50余人参加本次活动。

【与天津静海区供销社合作洽谈】 12月5日，天津市静海区供销社党委委员、百货公司总经理郑云庆一行8人到沈阳市供销社进行考察，洽谈合作等相关事宜。郑云庆等先后考察沈阳金鑫华腾米业有限公司、地利生鲜市府大路店、新隆嘉生鲜连锁超市大东路店的生产、经营及销售等情况。特别是在考察沈阳金鑫华腾米业有限公司的生产和包装车间后，静海区供销社百货公司与华腾米业现场签订37吨大米的采购合同，合同额17万余元，并达成长期合作意向。 （李一鸣）

盐　业

【概况】 2018年，全市完成省下达的4500吨的省级食盐储备任务，其中中盐（沈阳）盐业储备配送中心有限公司3500吨、新民盐业公司1000吨。为确保全市食盐市场稳定，确保百姓吃上放心盐，防止出现突发事件，组织中盐（沈阳）盐业储备配送中心有限公司、新民、辽中、法库、康平县盐业公司等，组织货源，送货上门，确保食盐供给。全市食盐购进15286吨、食盐销售15651吨，工业盐购进2136吨、工业盐销售2691吨，库存食盐6707吨、工业盐348吨。为让全市老百姓吃上放心碘盐，开展走市场、查仓库、保民生、促稳定执法检查行动。对元旦、春节、五一、十一等节日市场进行全面检查，对储存食盐仓库进行全面摸底排查。查获1起非法经营，交易食盐数量50吨，案件移送市公安局铁西分局食药侦大队，依法追究刑事责任。为完善食盐食品安全工作机制，成立市食品安全工作领导小组，具体负责食盐食品安全日常协调管理工作；编制沈阳市食盐供应应急预案，明确食盐供应应急情况下的责任分工和具体措施；建立法律顾问制度，盐政稽查部门聘请法律顾问，将盐业执法工作的办案流程、执法文书进行系统梳理，完善后的执法文书基本满足与法院、公安的工作衔接要求。

【科学补碘宣传活动】 5月15日，以第25个“防治碘缺乏病日”为契机，开展主题为“科学补碘，健康一生”的科普宣传活动。到铁西万达广场等指定地点向市民和消费者宣传、普及碘盐知识，识别无碘盐、假盐的方法，以宣传单、展板、影像等方式向市民宣传食盐加碘盐的科学性、必要性以及“补碘过量”的危害性等常识，号召市民科学补碘。

（市工信局）

省级食盐储备库 （市工信局供）

副食商业

【概况】　截至年末，沈阳副食集团离退休人员5861人，在册人员3423人。主要经济指标完成情况：仓储物流收入41928万元，增加6661万元，增幅18.9%；生产加工收入14184万元，增加2904万元，增幅25.7%；商贸流通收入46980万元，增加7769万元，增幅19.8%；餐饮酒店收入5604万元，增加719万元，增幅14.7%；新增固定资产投资1.7亿元；利润总额7509万元，增加3347万元，增幅80%。集团党委开展系列暖心活动，支出困难员工慰问金5.25余万元。深化薪酬制度改革，员工收入每人每年增加4040元。发放离休干部住房货币化补贴（集团自筹资金）61人，金额301.04万元。1人获辽宁省五一奖章称号，5人获沈阳五一奖章称号。1人获“技术大王”称号（授予市五一奖章），1个党总支部获“沈阳市先进党组织”称号。同时，集团、集团基层工会，班组及个人分别获沈阳市总工会授予的9项荣誉，集团团委、团支部及个人分获团市委授予7项称号。集团被第十届APEC中小企业技术交流暨展览会组委会授予“卓越参展企业”称号。集团塔湾咖啡厅书屋被中华全国总工会授予全国职工示范书屋称号。

混改企业。富海公司以储存分拣配送业务为主，增收利润点，实现收入4243万元。富合公司引进美莱网，干仓收入增加384万元。锦富公司推出套餐销售模式，新增协议客户290个。副华酒店制定试营业宣传及营销方案，当月销售47.9万元。稻香村公司中秋月饼总产量1244吨，实现历史性突破；新增销售渠道，实现收入1.26亿元。青花公司与北京大菜园、北京二商集团合作，累计供货1.5万余件。淘鲜禾基地，开展采摘、团购、餐饮及会议接待，承接客户2000余人次。

服务管理。建立健全卫生管理网络体系，通过国家创卫达标检查。“十二线”市场，克服破开市政一级路面等难题，更新300米供水管道，解决供水不畅难题。食安管控全面铺开，建立业户信息二维码管理系统。服管中心利用LED大屏幕同步显示业务办理进度，建立对外微信服务号，打造优质营商环境。加强维修养护，抓实能源管理，节能70余万元。制定实行专职安全巡视员制度。提前完成“书记抓信访”减存控增三年攻坚计划工作，国家、省、市重点敏感时期无越级上访事件发生。

创新工作。在制冷机房智能化改造项目中，完成白塔堡机房新旧系统对接。继续开展创新活动，完成13场创新宣讲，收集创新提案214条，全员销售实现销售额7300万元。搭建创新平台，形成一个中心、2个平台、4个系统的结构体系，数字中心实现远程功能接入，提升集团信息化水平，完成大数据规划方案、软件维护及升级、监控全覆盖及维护等工作。

集团改革。继续深化2018年度集团综改实施方案，编制集团综改工作挂图作战计划。梳理产权关系，完成5户企业股东变更及5户企业职工退股，注销24户壳企业，完成11户大集体企业性质界定，并完成稻香村员工持股。完成集团各个区域的固定资产及实物资产清查，形成《沈阳副食集团资产资源资料汇编》。编制《集团混改三年规划实施意见》，制定完善《合资合作项目审批制度》等管理制度，规范混改企业运营。

【集团自营收入超10亿元】2018

2018年，沈阳副食集团所属的塔湾肉食厅升级改造　　（沈阳副食集团供）

年，围绕工作目标，集团自营收入首次突破10亿元。原塔湾肉食厅升级改造，收入增加100万元；智能冷库使用率达到90%，收入增加232万元；水产市场制定冷库招商和经营政策，年增加收入200余万元；升级收费系统，门禁收入2540万元。商超实践传统零售模式与电商平台相结合的新零售理念，拓宽网上销售渠道；糖酒争取政策支持上百万元；推广食糖自有品牌，沈阳糖酒老字号品牌“中和祥”小包装糖销售70余吨；完善自营批发业务，配送客户210余家。

（王化凤）

家庭服务业

【概况】 截至年末，全市有家庭服务网点1.7万余家，从业人员16.5万人。全市组织家庭服务行业开展京沈对接。以“为民、便民、利民、安民”为宗旨，组织家政行业企业赴京学习考察，开展交流合作。北京市爱依家政、管家帮家政等优秀企业展示的资本运作、互联网经营、智能家政机器人等新做法，扩宽沈阳企业的发展思路。开展家政扶贫工作，全市家庭服务业协会组织家政企业开展家政扶贫，缓解招工难问题，通过扶贫对象的安置把地方特色产品推销到沈阳，拉动扶贫地区经济增长。

（庄春阳）

【京沈家庭服务业协会签署合作协议】 4月10—12日，沈阳市服务业委、沈阳家庭服务业协会组织全市重点企业赴京开展对口合作，两地协会签署战略合作协议，沈阳市11户重点企业与北京市6户重点企业分别交换各自的经营管理经验，表达合作意向。此次对口合作双方签订的长期合作框架协议内容包括协会建设、行业自律、信息交流、搭建平台、业务交流等领域。同时，此次对接活动实现政府、协会、企业三级对接，涉及孕婴、养老、保洁等家庭服务业全业态，跨越企业经理、部长、90后创业者等各个管理层级。（志闻）

老字号管理

【概况】 截至年末，全市认定61家沈阳老字号（其中有14家中华老字号、28家辽宁老字号、19家沈阳老字号），具体行业分布：餐饮业14家、零售业16家、医药业9家、酿造业11家、食品业5家、其他行业6家。

【沈阳老字号展示馆揭牌】 4月28日，坐落于沈河区沈阳路135号的沈阳老字号展示馆举行揭牌仪式。沈阳市委常委、市委宣传部部长冯守权，市委常委、副市长吴文学出席仪式。沈阳老字号博物馆立主要通过多媒体展示和实物展示相结合的方式，展示和宣传、推介沈阳61家老字号。展示分文化珠宝类、食品酿造、食品百货、餐馆类、医药类等部分。（任大方）

【10户企业入围第二批“辽宁老字号”】 10月26日，第二批“辽宁老字号”授牌仪式在辽宁工业展览馆举行，有42户企业获第二批“辽宁老字号”称号，其中沈阳企业10户。获第二批“辽宁老字号”称号的10户沈阳企业分别是沈阳重工食品有限公司、沈阳亨得利钟表眼镜有限责任公司、辽宁康福食品有限公司、老友谊冷面店、沈阳老北味酒业有限公司、沈阳大龙酒业有限公司、沈阳黄金家族酒业酿造有限公司、沈阳克拉古斯食品有限公司、沈阳乐善中医疑难病门诊部、法库县桃山老窖酒厂。

（志闻）

进出口

【概况】 2018年，全市进出口总额979.1亿元人民币，增长13.5%。其中，出口337.2亿元，增长7.6%，占全省出口总额的10.5%；进口641.9亿元，增长16.8%，占全省进口总额的14.8%。同期，全省进出口总额增长11.8%，其中，出口增长5.7%，进口增长16.8%；全国进出口总额增长9.7%，其中，出口增长7.1%；进口增长12.9%。全市进出口总额和出口、进口增幅达到或超过全省及全国平均水平。

重点出口企业对全市扩大出口拉动力明显。全市50户重点企业累计出口212.1亿元，增长11.9%，占比62.4%。50户企业中出口正增长34户，其中增幅较大的通用电气风电20.5亿元，增长844%；华晨宝马2.9亿元，增长398%；东软医疗3.5亿元，增长158%；东电一公司7.2亿元，增长150%；远大铝业10.3亿元，增长33%。

重点进口企业对全市扩大进口规模起到支撑作用。华晨宝马进口403.1亿元，增长27.9%，进口净增87.9亿元，占全市进口净增值92.2亿元的95.3%。此外，

特变电工沈阳变压器进口10.2亿元，增长249.27%；德科斯米尔汽车配件进口9.8亿元，增长41.49%；通用电气风电进口5.1亿元，增长136.6%。（许克非）

利用外资及港澳台资

【概况】 2018年，全市新设外商投资企业162户，下降9%；实际利用外商直接投资14.3亿美元，增长41.3%。有5大洲的62个国家和地区的企业在沈投资。全市第二产业利用外资6.3亿美元，下降1.9%，占全市总额的44.2%。服务业新设外商投资企业137户，实际利用外资8亿美元，增长117.7%。1月设立的沈阳盛新艺乐物业有限公司，年内实现调资4.7亿美元，是2012年以后全市利用外资最大的单体项目。截至年末，全市新设外商投资企业累计14629户、实际利用外资累计614.2亿美元。

（孙宇慧）

对外及港澳台经济技术合作

【概况】 2018年，全市新批境外投资项目30个，协议投资额35194.54万美元，增长-1.2%，中方投资额27799.63万美元，增长22.6%。全市对外承包工程营业额88454.45万美元，增长32.2%；新签合同额120304.72万美元，增长40.5%。全市对外劳务合作营业额9664.51万美元，增长33.7%；新签合同额8361.01万美元，增长-4.9%，新签对外劳务合作项目197个，占比较大的仍为日本和新加坡等传统劳务市场，其中，日本新签项目148个，合同额4539.32万美元，占新签合同总额的47%。全市企业对“一带一路”相关国家非金融类直接投资项目12个，协议投资额25008.12万美元，占全市协议投资总额的71%，增长105.6%。对外投资主要流向制造业、服务业等非政策调控行业，其中，制造业中方投资额21975.1万美元（占比79%），服务业中方投资额5824.5万美元（占比21%）；主要投资国别和地区包括德国、韩国、新加坡、意大利和中国香港等。为企业“走出去”搭建平台，组织企业参加“伊朗投资贸易座谈会”“第三届一带一路税收政策宣讲活动”“泰国投资机遇对接会”“2017厦门国际投资贸易洽谈会”“政策引领 深耕海外”“中国辽宁—中东欧国家经贸友好合作推介会”活动。

（冯静洁）

【中国沈阳·日本关西经贸合作交流会】 7月17日在沈举行。日本关西地区政经界代表团涉及电子工业、精密制造、贸易、物流、金融、航空、旅游等领域30多户企业参会。在经贸合作交流会上，沈阳市推介沈阳转型创新发展中蕴藏的市场机遇。日本的企业代表就各自企业的发展情况进行介绍，中日双方进行充分的交流。（志闻）

十七、中国（辽宁）自由贸易试验区沈阳片区

综 述

2018年，中国（辽宁）自由贸易试验区沈阳片区（简称沈阳片区）全面贯彻落实国家、省、市决策部署，扎实推进各项改革试验，取得重要的阶段性成果。在制度创新方面。截至年末，省总体方案试验任务完成97项，完成3年任务的84.35%；在全市复制推广上海等自贸区经验92项，完成3年任务的88.46%；形成创新案例39项，14项全省复制推广，12项供全省借鉴，5项上报国家商务部。在经济发展方面，累计注册企业1.69万户，是成立前的27.6倍，占全省自贸区新注册企业一半。纳税企业6342户，外商投资企业262户，分别是成立前10.4倍、17.5倍。全口径税收、实际利用外资、进出口额分别是成立前的2.6倍、21.7倍和1.5倍，区域经济实现跨越发展。

深化放管服改革，打造一流营商环境。完成国家“证照分离”改革试点任务，采用改革后新方式办理许可571件。承接省政府首批下放权限116项，累计为企业办理相关事项663件。建立银企信息输送平台，压缩企业设立时限，60%企业当天领到营业执照，发出全省首张电子营业执照。建成事中事后监管平台，归集38个部门数据46万多条，实现对企业动态监管、智慧监管。开展专利、商标、版权、原产地地理标志“四合一”知识产权综合管理改革。沈阳片区新政务服务大厅正式启用，率先开设新办企业服务专区，累计完成新办企业831户，全部实现当日取照。

扩大投资贸易开放，提升便利化水平。围绕负面清单开放领域以及《国务院关于支持自由贸易试验区深化改革创新若干措施的通知》，在重点支持领域，引进特色产业，围绕航空产业、高端装备、跨境电商等上下游产业链，开展重点产业招商。启动国际商会总部基地、自贸之窗，与19个国家和地区20家商协会签订战略合作协议，深化对外开放合作。推广国际贸易单一窗口，企业使用覆盖率超过80%。建设出入境人员综合服务“单一窗口”，1.0版上线运行。实施“特殊监管区域+飞机维修”“集报集缴”等改革，其中集报集缴压缩通关时间70%，节约成本40%。

完成综保区建设，完善对外开放平台。投入27亿元，完成综保区桃仙园区土地征收3000亩（200公顷），仅用11个月完成土地征收以及综合办公楼、仓库场地、巡逻通道、隔离围墙等一系列配套设施建设和水电热气等管网敷设，并于12月6日通过国家8

部委正式验收。进驻沈飞国际公司、沈飞民机公司等航空制造企业，建成跨境电商综合平台和监管中心。

加快重点产业集聚，提升区域经济能级。新建亿元以上项目34个，计划总投资669.2亿元，实际完成投资27.7亿元。龙头企业加速进驻，引进航天科工集团、大唐集团、上汽通用公司等12户世界500强企业。先进制造持续壮大，东软医疗公司工业产值24.3亿元，实现91%的高速增长，沈飞A220系列新工厂、新松机器人未来城等先进制造园区加快建设，新设科技企业2966户。跨境电商竞相发展，建成综保区和中储两处跨境电商基地，初步形成线上线下联动的跨境电商格局。金融产业集聚明显，规划建设“金融岛”，新增金融企业406户，中国银行、工商银行、建设银行、交通银行等8家银行设立自贸区支行，人保财险省分公司、融盛保险公司和星恒保险公司总部相继落户。融资租赁企业207户，注册资本244.65亿元，开展业务71笔，投放本金约8.7亿元，重点集中在成套生产线、大型机械设备和医疗设备等。

深化国资国企改革，推动老工业基地结构调整。与市国资委联合印发支持国有企业产业转型升级和结构调整实施意见，充分利用沈阳片区改革创新优势，推动国有企业在资产管理体制、现代企业制度、市场化经营机制等重要领域和关键环节的改革创新，形成国有企业“内创业”、混改管理层持股推动国资国企改革、国有企业应急转贷业务创新等6项制度创新案例，占沈阳片区省级复制推广创新案例的42.9%，占全省自贸区国资国企领域创新案例85.7%，充分发挥沈阳片区在促进老工业基地结构调整中的引擎作用。沈阳机床集团以“内创业”方式完成国企员工向创业者身份的转换，在沈阳片区孵化小微企业6户，实现生产效率提升70%，年产值提升76%，员工收入提升177%，设备总投入减少56%。东药集团在混合所有制改革中，通过管理层和骨干员工持股方式，创造共享式激励机制，推动国有企业在决策机制、运营模式、管理体系方面的深刻变革，实现集团公司的较快发展。国有盛京金控投资集团与银行合作，为国有企业提供应急转贷资金，解决企业符合银行信贷条件，贷款即将到期而足额还贷暂时困难的问题。与24家驻沈银行开展业务合作，业务范围涉及流动资金贷款、银行承兑汇票、信托、融资性保理和信用证等融资工具，并支持不同融资工具转换续贷业务。有效缩短续贷审批时间，降低国有企业财务成本。

规划建设

【概况】 沈阳片区位于沈阳城区南部，地跨浑南和苏家屯两个行政区，规划总面积29.97平方千米，其中，浑南区22.63平方千米，苏家屯区7.34平方千米。东至沈本二街，南至机场路、浑南灌渠，西至长大铁路，北至全运路。沈阳片区依托国家全面创新改革试验区、国家自主创新示范区、国家高新技术产业开发区、国家产城融合示范区，政策叠加优势明显；集聚东北地区最有影响的空港——桃仙国际机场、最重要的高铁站——沈阳南站和最大铁路货运编组站——苏家屯站，枢纽功能完备；汇聚智能制造、航空装备、信息技术等高端制造产业集群和便捷的商贸物流服务体系，产业基础雄厚。同时，集聚东北大学、鲁迅美术学院、沈阳体育大学、中国医科大学国际医院等城市功能，是沈阳新的行政中心、科技中心和经济发展增长极。沈阳片区按产业发展定位初步划分为金融商贸集聚区、会展商贸集聚区、高新高端产业集聚区、装备制造集聚区、物流商贸集聚区、保税服务功能区、空港服务功能区7个功能区。

【综保区桃仙园区建成】 8月，位于沈阳片区内的沈阳综合保税区桃仙园区建设完成，9月20日通过辽宁省联合验收组的预验收，12月6日通过由海关总署等8部委组成的国家联合验收组验收，桃仙园区进入封关运行的新阶段。在产业布局上，桃仙园区发挥毗邻桃仙国际机场的区位优势，突出空港型综合保税区的产业特色，规划建设“七区一中心”，分别是综合服务区、保税贸易区、跨境电商贸易区、航空保税物流区、航空大部件保税制造区、保税加工再制造区、航空零部件保税制造区和国际快件运营中心，重点发展对航空运输时效性、依赖度较强的航空制造、跨境电商、装备维修再制造、临空物流、保税加工、国际贸易等相关产业。桃仙园区入驻沈飞国际公司、沈飞民机公司等国内知名航空制造企业，建成约133公顷的航空制造区；沈阳片区跨境电商综合服务平台开发调试完毕，中西跨境进口商品展示体验交易中心项目正式启动建设。

招商引资

【概况】 2018年，沈阳片区累计组织和参加大型活动34场，通过国际商会总部基地启动仪式、创业周末、东财助力自贸、辽宁—香港“一带一路”合作圆桌会、“自贸之窗”启动仪式、中韩青年合作创业交流会、首届国际进口博览会、装备制造业博览会、辽宁特色产品采购洽谈会、中国国际航空航天博览会等活动积极宣传推介自贸区。为对标国际贸易通行规则，沈阳片区建立“海外经贸顾问”聘任制度，吸引海内外专家、学者为沈阳片区更好地开展“走出去、引进来”对外经贸工作提供专业咨询服务。接待来访团组566个，包括海外团组148个，与18个国家和地区的19家商协会签订战略合作协议，出访瑞典、德国及中国香港开展经贸活动，逐步完善招商资源布局工作。储备包括香港五星级酒店、安博东北生物医药产业园、航天科工系统仿真科技（北京）有限公司项目等150个重点项目，其中重点推进项目20个。推进辽宁立德投资控股集团有限公司在哈萨克斯坦克孜勒奥尔达州投资3亿元建设现代农业大棚项目和总投资60亿元新能源发电项目、中国平安健康（检验）中心项目、凡思得采购项目和银联跨境电商支付项目等10个项目签约工作。

【“自贸之窗”设立】 10月25日，沈阳片区创新设立“自贸之窗”，以帮助企业建立立体式信息互通网络，就片区发展、招商引资等方面进行深入交流。截至年末，有10家国内商会、12家境外商会加入“自贸之窗”。域内企业通过“自贸之窗”平台，在老挝、柬埔寨、瑞典和哈萨克斯坦找到投资和贸易合作伙伴。

经济发展

【概况】 2018年，沈阳片区推进片区重点产业发展和产业园区建设，加强对经济运行的调度分析，全面超额完成各项指标任务。实际到位内资完成23.7亿元，完成进度118.3%。货物贸易进出口额37.4亿元，增长28.3%。其中进口额19.6亿元，增长28.3%；出口额17.8亿元，增长28.4%。固定资产投资19.51亿元，增长152.6%。新设立企业2675户，注册资本500.8亿元。其中内资企业2570户，注册资本463.6亿元；外商投资企业105户，注册资本54198万美元。注册资本过亿元企业109户，注册资本284.5亿元。

体制机制创新改革。起草《沈阳片区开发区体制机制改革工作实施方案》。按照“小政府+大企业”“管委会+平台公司”的运营管理模式，推进平台公司组建工作，注册资本6亿元的沈阳自贸投资发展有限公司，3月末完成工商注册，6月末正式投入运营。

重点项目建设。全年沈阳片区亿元以上项目27个，其中：工业项目19个、服务业项目7个、城建项目1个。项目计划总投资243.1亿元，全年计划总投资42亿元，完成投资38.1亿元。

融资租赁业发展。研究制定《促进融资租赁业发展若干政策的实施细则》，开展内资融资租赁试点企业风险排查工作，举办融资租赁业研讨会暨项目对接会、沈阳市内资融资租赁试点企业座谈会以及融资租赁企业和城市商业银行的对接座谈会。截至年末，沈阳片区注册融资租赁企业200户，注册资本239.07亿元。有6户融资租赁企业获得内资融资租赁企业试点，2户外资融资租赁企业完成备案运营口。

【《沈阳片区促进科技创新发展的若干政策》】 3月26日沈阳片区管委会印发。《政策》分11条，主要包括培育发展科技型企业、支持科技小巨人和高新技术企业发展、加强科技创新平台建设、支持企业加大研发投入、促进产学研协同创新等。

【“金融岛”建设】 2018年，沈阳片区“金融岛”建设引进战略投资者，推进以名仕金融中心，原万润集团1、2、3号地块为核心的沈阳片区“金融岛”开发建设。举办“金融岛”投融资研讨会暨项目对接会、融资租赁业研讨会暨项目对接会、跨境电商与跨境金融研讨交流会及融资租赁企业与城商行对接洽谈会、金融创新工作交流对接会等一系列活动，搭建平台，促进金融合作。

（陈智兴）

十八、会展业·广告业

会展业

【概况】 2018年，全市举办各类会展活动406项，展览面积413万平方米，会展交易额3025亿元，增长10%。沈阳市自有品牌的沈阳家具博览会和东北公共安全防范产品博览会等“生根型”展会为代表，展会规模扩大，展品涵盖范围增加，影响力提升。连续举办21届的自主品牌的“广告展”，与上海现代国际会展公司（亚洲最大广告展的主办方）广告展资源成功嫁接，合作举办“沈阳国际广告节”，规模效益影响力均有突破性增长。全国特产商品交易会、豫珑城新春民俗灯会、各种车展和汽车团购会、食品节等民生消费类展会占全部展会50%以上，丰富提升市民群众的日常生活，拉动促进消费增长。沈阳市展览业协会有成员单位102家，涵盖会展场馆、组展企业、展览工程企业、会展服务企业等相关领域。

【第十届APEC中小企业技术交流暨展览会】 6月27—29日在沈阳国际展览中心举办。这届展会由经国务院批准，由工信部和辽宁省政府主办，中国中小企业发展促进中心、中国中小企业国际合作协会、辽宁省工信委和沈阳市政府共同承办。展会以“创新推动发展 合作创造未来”为主题，重点围绕沈阳全面创新改革试验区、自由贸易试验区、中德（沈阳）高端装备制造产业园等国家级试点示范，突出展示沈阳创新发展新成效新进展，全面展现辽宁老工业基地振兴发展成果。本届展会参展企业1649户，参展展位1999个，吸引世界500强企业、知名商会代表等600余人。

【《沈阳市会展业创新发展三年行动计划（2018—2020年）》】 7月17日沈阳市会展业发展工作领导小组办公室印发。《计划》以到 2020年把沈阳建成“东北区域会展中心城市”为总体目标，从展会数量、展览面积、交易额、总体收益等方面明确经济目标；从“五化”即专业化、品牌化、国际化、市场化、信息化等方面明确企业目标，另外《计划》还明确实现计划的重点任务和推进措施，以及年度要突出抓好的重点工作。

【2018第七届中国沈阳国际家博会】 8月5—7日在沈阳国际展览中心举办。这届展会由中国家具协会、中国林产工业协会、辽宁省家具办会、沈阳家具产业协会和上海博华国际展览公司联合举办。国内外的910户企业参展，展出面积13万平方米，观展人数13.3万人次，与会专业买家占比90%，展会初步达成成交

第十七届中国制博会现场　　（市产业转型升级促进中心供）

意向约31亿元。其中，沈阳家具企业有433户参展，意向成交额11.7亿元，分别占参展企业数的57.7%，占意向成交总额37.7%。

（赵燕南）

【第十七届中国国际装备制造业博览会】 9月1—5日在沈阳国际展览中心举行。这届展会主题为“智能制造与东北振兴”。展览总面积11万平方米，设置7个展馆和1个室外展场。参展企业915户，展位4112个，其中：境外及外商投资企业展位1362个，占33.1%，来自美国、德国、英国、意大利、瑞典、西班牙、日本、韩国等15个国家和中国台湾地区；国内参展企业来自20个省市（区）。世界500强企业及跨国公司64家，世界著名机床企业12户，国内知名装备制造业企业42户。制博会期间签署11个经贸合作协议，签约额9.6亿元；举办的采购商大会现场签订合同额1.5亿元。参展企业现场签订销售金额2.08亿元。其间，沈阳市政府组织12个区县（市）开展经贸活动，先后与100多户企业进行对接。参观制博会的观众17.1万人次，其中专业观众10.2万人次。

（市产业转型升级促进中心）

【2018沈阳经济区（厦门）名优产品展示交易会】 9月8—11日在厦门国际会展中心B6展厅与“2018厦门国际投资贸易洽谈会”同期举行。展会以“优势互补、合作共赢”为主题，面积3645平方米，汇聚沈阳、鞍山、抚顺、本溪、辽阳5个城市的148户企业1000余种商品参展，展品涵盖特色农业、装备制造、人工智能、信息科技、生物医药、文化产业、服装针织、休闲食品等1000余个品种。　（赵燕南）

【第十八届沈阳国际农业博览会】 9月21—24日在沈阳国际展览中心举办。展会期间，重点围绕“乡村振兴、喜迎丰收、精准帮扶、电子商务”等主要内容，组织8项主体活动。参展观众35.8万人次，增长1.8%，其中接待专业观众2.5万人次，普通观众33.3万人次；签订意向合作项目158个，签约额21.6亿元，增长87.8%，其中，现场签约项目68个，签约额10.6亿元，增长32.5%。在参展企业方面，海城馅饼总交易额23万元获销售冠军；大笨鱼总交易额超过20万元紧随其后。在设置展区方面，“第一书记”展区现场交易额146万元。在贸易对接方面，签约额

韩国进口商品展销展示会　　（市产业转型升级促进中心供）

超过20亿元。其中，辽中区、新民市、法库县、康平县签约额4.5亿元。“第一书记”展区对接区域涉及商超、餐饮、电商、银行、技术合作、原料采购、企业采购、环保、冷库、后勤服务和销售代理等领域，签订合作项目及产品销售合同36个，意向签约额超过1500万元。（王志峰）

【第十五届中国沈阳韩国周】 10月19—23日举办。这届韩国周主题“为搭建创业创新平台，促进中韩新兴产业交流与合作”。按照“恢复性举办和以经贸活动为主”的原则，确定中韩青年创业创新论坛暨第十五届中国沈阳韩国周开幕式、中韩新兴产业项目交流对接会、韩国进口商品展销展示会、沈阳西塔美食节四项主体活动。本届韩国周邀请韩国在沈留学生参会，为促进沈阳与韩国青年创新创业的沟通和增进了解搭建友谊的桥梁。

（市产业转型升级促进中心）

广告业

【概况】 2018年，全市有广告经营单位5683户，其中主营广告业务企业2429户，兼营广告业务企业2419户，私营广告企业5121户，外商投资广告企业13户。全市广告经营额33.22亿元，其中经登记的户外广告经营发布额0.38亿元；广告营业收入排名前4位的公司分别是沈阳市广播广告有限责任公司、沈阳中北广电广告有限公司、沈阳日报广告传媒有限公司、沈阳晚报都市广告传媒有限公司。发布公益广告60156条次，监测广告160170条次，其中严重违法广告975条次，违法率0.61%。依托国家互联网广告监测平台，监测全市互联网广告主涉嫌违法广告线索65批次，1036条；监测互联网媒介涉嫌违法广告线索1批次，17条。查处违法广告案件22件，其中查处虚假违法广告5件，查处网络广告案件11件。罚没金额408.73万元，查处的案件数居前3位的是药品、医疗器械和教育培训。全市广告费投入居前3位的是房地产（8.34亿元）、食品（4.18亿元）和汽车（3.76亿元）产业。

【整治虚假违法广告联席会议】 2018年，召开两次整治虚假违法广告联席会议。3月13日，第一次联席会议传达《工商总局等十一部门关于印发〈整治虚假违法广告部际联席会议2018年工作要点〉的通知》《工商总局关于开展互联网广告专项整治工作的通知》，联席会议成员单位对违法率较高的媒体进行集体约谈，有效遏制虚假违法广告的蔓延势头。11月9日，第二次联席会议通报5月对全市部分媒体广告监测抽查情况，传达国家市场监督管理总局广告司负责人在国家市场监督管理总局督导调研互联网广告专项整治工作沈阳汇报会上的讲话精神。（周云）

十九、旅游业

综　述

2018年，全市旅游工作积极适应旅游消费升级的需要，坚持以改革创新为动力、以抓好项目建设为核心，不断增强旅游产品供给，优化旅游管理服务，旅游经济持续平稳增长。接待国内外旅游者8257.5万人次，旅游总收入759亿元，分别比上年增长14.1%和15.0%。沈阳世博园接待游客99.6万人次，总收入5203.7万元；棋盘山森林动物园接待游客101万人次，总收入6833.58万元；沈阳故宫接待游客204.22万人，收入8061.13万元；张氏帅府接待游客116万人，收入4737万元；北陵公园接待游客160.78万人次，总收入2471.94万元；怪坡风景区接待游客41.1万人次，总收入2939万元；沈阳方特欢乐世界接待游客106.9万人次，总收入19957.6万元。全市国家A级旅游景区111家，旅行社305家，星级宾馆81家。

以先行区建设任务统领全市旅游工作。以市委办公厅、市政府办公厅名义印发先行区建设《行动方案》，制定出台景区门票价格管理等7个政策性文件，完成计划任务26项。承办2018年全省国有旅游景区改革创新现场会。26家国有景区完成市场化改革，8家事业类景区实现“两权分离”或“三权分离”，4家事业单位景区管理机构撤销，新组建旅游集团4家。支持沈阳旅游集团对全市旅游资源进行整合（1家集团、2家公司、7家景区、3家宾馆），集团资产规模达到11.7亿元；辽宁康辉国际旅行社等3户企业进入“全省旅游航母企业培育名单”，沈阳青年国际旅行社、沈阳北约客维景国际大酒店、华强方特（沈阳）文化科技有限公司等13家单位入选“全省旅游领军企业培育名单”。

加快推进落实全域旅游工作。全市纳入国家、省、市旅游项目库的项目100个，其中：新建项目36个、续建项目57个、改扩建项目7个，项目总投资693亿元，全年完成投资111.47亿元；盛京古城、恒大童世界等大型旅游项目开工建设。完成盛京皇城创建5A级景区初检查工作，指导沈北新区、浑南区落实创建国家全域旅游示范区工作，铁西区、苏家屯区成为省级全域旅游示范区创建单位。全市新建、改建旅游厕所174座，其中新建148座，改造26座，新建改建“第三卫生间”21个，吸引社会资金投入5115万元，厕位面积11364平方米，安建厕位1989个。

专题营销推广成交显著。持续开展四季游活动，推出活动

400余项。6月，赴“四大火炉”城市（重庆、长沙、南昌、武汉）开展为期10天的清凉沈阳专题推介；举办“2018中国沈阳旅游产业博览会暨沈阳装备制造业产品交易会”。11月中旬，赴长江三角洲地区（无锡、杭州、上海）开展冰雪旅游推广活动。启动丁香湖·奥悦冰雪嘉年华，继续联合新媒体打造“浪花爱上雪”“梦回大辽季”等冰雪旅游营销品牌。沈阳市被评为“2018中国十佳冰雪旅游城市”。赴京参加“第七届北京国际旅游商品及装备制造博览会”；组织李氏掐纸、辽瓷、帅府折扇等20余种“盛京好贺儿”生产企业，开展“沈阳文旅商品北京行”活动。牵头组织东北旅游推广联盟赴厦门、福州等地区开展东北旅游推介会。

旅游一体化建设进一步深化。签约《京沈旅游产业对接合作战略框架协议》和《旅游质监联动合作协议》。联合举办“四京互动”活动（北京、沈阳—盛京、抚顺—兴京、辽阳—东京），推出“新四京”清文化旅游线路和“盛京1764”大西迁文化旅游线路。发行“京辽旅游一卡通”及“惠民旅游套票”，累计发放170余万张。举办“东北房车露营地大会”和“北京、台湾—沈阳经济区旅游项目招商投资对接会”。

产业融合发展取得成效。组织编制全市旅游交通规划、旅游产业集群和领军企业规划、涉旅公共服务设施规划、乡村旅游规划、工业旅游发展规划、东部旅游大道规划（修编）。促进特色街区建设，推出7个“沈阳旅游休闲街区”，其中老龙口1662特色文化街区、老北市场休闲街区、沈阳路特色商业街入选“省级旅游商品示范街（区）培育单位”名单。加强乡村旅游后备厢基地建设，推广宣传创奇游乐、“大黄蜂”、亚豪滑雪、精密传动等15户旅游装备制造企业，年产值5000万元以上的旅游装备企业4户。

管理服务更加规范有序。完善旅游市场综合治理机制，在9个区的重点景区设立旅游巡回法庭，受理旅游纠纷案件83起；在15个区县（市）及开发区的治安大队增挂旅游警察大队牌子。沈阳市成为东北地区首个设立旅游巡回法庭和旅游警察的城市。简化政务流程，压缩办理时限；落实“双随机”监管制度，规范旅游企业经营行为。加强旅游行业培训，开展集中宣讲，赴南京、浙江等先进省市，学习乡村旅游和旅游改革创新工作经验。落实行业安全责任，定期开展旅游安全专项检查，全市旅游安全形势稳定。规范全市旅游景区门票价格管理，出台《沈阳市人民政府办公厅关于规范旅游景区门票价格管理的意见》，提高全市旅游景区经营活力，促进旅游投资与消费增长，推动全市旅游业健康发展。（赵军）

旅游规划

【概况】 2018年，为推进《沈阳市旅游发展总体规划（2016—2020年）》的实施和落实工作，市旅游委组织有关专家和机构，开展区域和专项规划编制工作，使全市旅游产业的规划体系更加健全，旅游产业布局向更加优化的方向发展。

【区域旅游规划编制】 2018年，完成全市13个区县（市）的旅游发展规划编制工作，除苏家屯区外，其余12个区县（市）均通过当地政府和市级评审。在旅游规划的编制过程中，沈阳市特别强调旅游总体规划与相关涉旅部门规划的衔接，在全市十三五规划以及交通、城建、农业、文化、服务业等部门的规划中都将旅游业发展内容列入重要内容。

【专项旅游规划编制】 2018年，市旅游委招标北京巅峰智业旅游文化创意股份有限公司，编制完成工业旅游、乡村旅游、涉旅公共服务体系、旅游产业集群和领军企业等市级专项旅游规划；开展冰雪旅游产业规划课题研究，

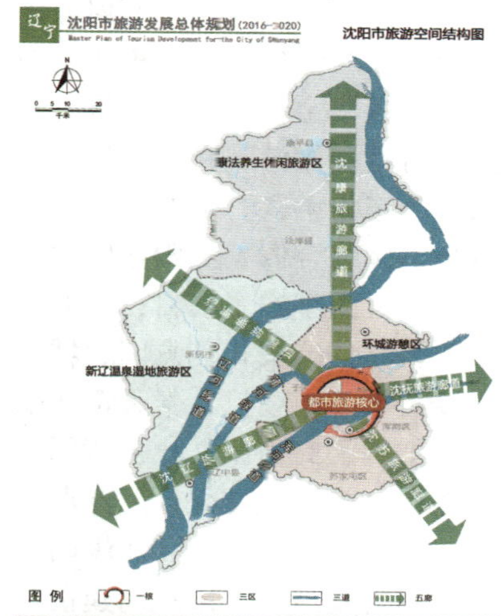

沈阳旅游空间结构图（市文广旅游局供）

由沈阳大学工商管理学院旅游系主任、博士、教授范秋梅牵头组成编制组，形成规划提纲，通过专家评审立项。（田毅）

旅游项目建设

【概况】 2018年，整合推进旅

沈阳龙润夏宫项目　　（市文广旅游局供）

游项目100个，其中：新建项目36个，续建项目57个，改扩建项目7个。项目总投资693亿元，当年计划投资171亿元，当年完成投资额111.47亿元。按照项目类划分，其中乡村旅游项目有大东北艺园花木小镇、金花种植园项目、盛京牡丹生态旅游观光园项目、杨城寨生态旅游区、厚城天府花海养生田园综合体、沈阳辽庄休闲农业示范园等23个项目；工业旅游项目有1905文化创意园、城市之梦冶金公园项目、奉天记忆铁西梦工厂、31街区文化创意园、老龙口1662工业文化创意产业园等9个项目。其他项目有沈阳老塘峪越野基地、沈阳鸟岛建设项目、狮子王飞行小镇、辽河国家湿地公园、白清寨漂流生态乐园、恒众欧亚非温泉水世界项目、北方乐园温泉度假城项目、辽宁格轩马术温泉旅游度假村等68个项目。　（佟胜富）

经济区旅游一体化

【概况】 2018年，为贯彻落实沈阳经济区一体化发展战略，沈阳经济区5城市旅游委按照《沈阳经济区建设发展三年攻坚计划（2018—2020年）》及《沈阳经济区一体化发展共同行动计划》确定的目标任务，联合开展区域旅游一体化工作。建立一体化联席会议制度，定期召开区域旅游一体化工作联席会议，共同研究策划、组织开展经济区旅游一体化建设工作，制定形成《推进沈阳经济区旅游产业一体化建设实施方案（2018—2020年）》。开展惠民旅游活动，创办京辽旅游一卡通。整合旅游资源，打造精品旅游线路，研发以清文化为主题的新“四京”旅游线路和“盛京1764”大西迁文化旅游线路。赴厦门、福州、举办东北旅游推广联盟暨沈阳经济区旅游资源推介会。围绕“巡四京都城、品四市风情、进四地人家”主题，联合策划北京、沈阳（盛京）、抚顺（兴京）、辽阳（东京）旅游互动活动。

【旅游招商活动】 2018年，策划包装精品特色民宿、旅游文创、房车露营地等46个旅游招商项目规划的编制工作。联合全国工商联汽车经销商商会房车露营委员会、东北旅游推广联盟各城市旅游委，以推进东北旅游房车露营地体系建设为核心，邀请上汽大通汽车有限公司、奇瑞露营途居控股有限公司、大连银泰旅游集

东北旅游房车露营地大会　　（市文广旅游局供）

团等240余名企业代表，举办“东北旅游房车露营地大会”。举办“北京、台湾—沈阳经济区旅游项目招商投资对接会”，成立沈阳经济区旅游招商项目台北联络处和北京—沈阳经济区对口旅游企业投资合作联盟。完成旅游直通车软件平台开发工作，开通旅游直通车线路10条。（暴洪亮）

节庆会展活动

【概况】 2018年，按照全市会展总体安排，市旅游委负责承办2018中国沈阳旅游产业博览会暨沈阳装备制造业产品交易会。此次博览会由沈阳市旅游协会主办，沈阳中展国际会展文化有限公司承办，展示沈阳及全国其他地区旅游产品，促进旅游交流合作。春节期间，全市接待国内外游客260.9万人次，增长15.2%；旅游总收入20.9亿元，增长16.3%。十一期间，全市接待游客827.5万人次，比上年同期增长24.9%；旅游总收入58.1亿元，增长15.3%。

【2018中国沈阳旅游产业博览会暨沈阳装备制造业产品交易会】 8月17—20日举行。由沈阳市旅游协会主办，沈阳中展国际会展文化有限公司承办。参展商200余家，吸引观众超过5万人次，现场交易额突破4000万元，订单交易额突破8000万元。这届博览会展出面积1.3万平方米，有国际标准展位515个，现场展出7大类5000多种旅游商品。博览会包含全国各地的品牌房车、户外用品、帐篷、游艇、VR体验、游乐设备等旅游装备以及景区、旅行社、乡村旅游、冰雪温泉、工业体验、特色美食、非物质文化遗产和民间技艺、“盛京好贺儿”特色旅游商品等各类旅游元素。

（那延博）

旅游宣传营销

【概况】 2018年，全市围绕“传奇盛京 福运沈阳”旅游形象，在北京高铁站、北国网、腾讯大辽、《沈阳日报》、今日头条、新华网、中国网、新华社、中国旅游报等平台，实施全方位宣传营销推广工作，较好地宣传沈阳城市形象，扩大沈阳城市旅游的美誉度和影响力。推出“旅游惠民日”“全域冰雪旅游图”“精品旅游线路”等百余项惠民便民优惠政策，其中：“旅游惠民日”参与旅游企业19户，全域冰雪旅游重点点位30个，辐射全市各地区，嬉冰雪玩雪项目百余个；精品旅游线路22条；开展线上线下营销推广40余次，四季游活动曝光量千万人次，发挥大型活动辐射性强、带动面广的特点，带动社会企业参与项目400余项，涉旅企业百余户，投资金额超亿元，超额完成全年旅游各项指标任务。“浪花爱上雪”获IAI国际旅游奖暨2018金足迹文化旅游“新媒体创新奖”殊荣。

【域外旅游市场营销】 2018年，在中国日报网开设沈阳旅游专栏，面向80个国家进行城市旅游资源推广，通过与南航集团《航空杂志》合作宣传沈阳特色资源，辐射国内外百余条航线，持续累计点读辐射人群超亿人次。在长三角地区城市主流媒体《扬子晚报》《钱江晚报》《上海旅游时报》和“四大火炉”城市主流媒体《重庆商报》《三湘都市报》《江西晨报》《武汉晚报》，在珠三角城市的《珠江晚报》，京津冀地区的《北京晨报》《天津城市快报》等开展沈阳旅游资源整版宣传，累计辐射人群千万人次。

【域内旅游市场营销】 2018年，与沈阳网合作，联合开展寻找沈阳好去处活动，推出好去处旅游产品200个，原创微信15条，pc端（桌面机）稿件300篇；通过微信公众平台推送15期沈阳好去处，印发《沈阳好去处》宣传册30万册。印发《沈阳旅游攻略手册》16万份，利用展会、促销、推介会等契机免费发放，宣传沈阳经济区资源。

【新媒体宣传营销】 与北国网推出“网游随记印象沈阳”旅游达人微旅行活动和“驾游沈阳 踏春之旅”欢乐自驾游活动；与马蜂窝网开展“马上蜂行”活动；与新浪网推出“浪花爱上雪”创意营销活动，采取网络大V及旅游达人，实地体验沈阳旅游资源美景，并通过微博、微信、直播等形式宣传沈阳，媒体曝光量累计超2亿人次。（孙学林）

二十、金融业

综　述

2018年，全市金融业增加值489.58亿元，增速3.7%，占地区生产总值7.78%。金融企业纳税101.52亿元，占全市税收8.87%。全市本外币贷款余额14912亿元，增长13.3%（比全省高4.3个百分点，比大连高12.9个百分点），比年初新增贷款1746亿元；存款余额17746亿元，增长12.7%（比全省高3.9个百分点，比大连高13.7个百分点），比年初新增加1993亿元。新增社会融资1624亿元。全市新增金融及金融服务机构36家，持牌金融机构613家。融盛财险开业运营后，全市法人金融机构数量21家。全市证券交易额26765.3亿元，下降33.5%。全市保费收入328.5亿元，下降11.4%。赔付及给付支出121.9亿元，其中国内财险增幅17.2%，人身险增幅25.1%。年末，通过政府机构改革，市金融办整合原市服务业委的融资租赁、典当行、商业保理三项管理职能，组建市金融发展局加挂市地方金融监督管理局牌子。

金融稳定工作是重中之重。年初，市政府办公厅印发《沈阳市防范化解重大风险攻坚实施方案（2018—2020年）》。在处置非法集资案件方面，当年实现60件非法集资陈案结案，国家督办4起案件取得突破性进展。中普P2P案采取良性退出与处非打击两个程序并行的做法，在习近平总书记来沈召开东北振兴座谈会时段有效控制P2P爆雷风险，得到国家打非局的高度认可。在化解企业流动性风险方面，全市4个百亿规模以上的大案均取得阶段性成果，辽宁辉山乳业集团有限公司顺利完成债权申报，提交重组草案；沈阳机床集团首批债转股资金到位，ST摘帽（撤销特别处理的股票代码前不再有ST标记），暂时消除退市风险；北方重工集团有限公司顺利进入司法程序，进入战投招募阶段；辽宁兴隆大家庭商业集团积极自救，关闭低效场店10家，完成重组框架性方案准备。防范地方法人银行风险方面，着重加强村镇银行风险管理，清收不良贷款8.71亿元，占不良贷款总额16%。应对上市公司股票质押风险方面，针对沈阳蓝英工业自动化装备股份有限公司7亿股票质押融资到期不能接续，采取场内质押转场外质押手段，协调沈阳盛京金控投资集团有限公司通过建设银行发放3.2亿委托贷款，快速有效化解股票平仓风险，被辽宁证监局在全省推广经验。

金融发展保持与时俱进。为将沈阳建成东北区域金融中心，

市金融局挂牌成立　　（市金融局供）

市金融发展局编制完成《沈阳区域金融中心发展规划（2018—2030）》，为建设东北区域金融中心进一步明确发展目标、发展战略和发展路径。沈阳市出台《多层次资本市场建设三年行动计划》《沈阳市促进中小微企业融资服务若干政策措施》。在全省率先建立应急转贷基金，规模7.2亿元，两年内累计投放496笔，562亿元，救济企业99户。下调民营企业客户计费标准至0.5‰/日水平，实现国有企业、民营企业计费标准统一。在信贷资金紧缩时期发挥巨大的杠杆效应，成为地方政府层面最有效的政策工具。建立常态化“银担企对接”机制。通过“一企一策”，带金融机构走入企业，先后帮助17户重点企业解决融资难、融资贵问题。上市企业后备企业库入库企业52户。何氏眼科集团历史遗留问题基本解决，沈阳风景园林股份有限公司报辅，沈阳麟龙科技股份有限公司上市申请获正式受理，辽宁成大生物股份有限公司获赴港上市批文，东北制药集团完成混改实现再融资8.5亿元。新增新三板挂牌企业3户，沈阳风景园林股份有限公司、精通世创有限公司等9家新三板挂牌公司完成股权融资2.59亿元。辽股交新增挂牌展示企业290户（其中标准板创新层44户），融资13.4亿元。辽金交办理资产交易项目4单，成交金额2.6亿元。抓住京沈合作契机，市政府与亚洲金融合作协会签订战备合作协议，在沈召开亚金协产业金融国际会议，搭建沈阳衔接金融“一带一路”的重要平台。（市金融局）

银行业

【概况】 2018年，全市金融机构本外币各项存款余额17746.2亿元，比年初增加1993.4亿元，增长12.7%；本外币各项贷款余额14911.6亿元，比年初增加1745.7亿元，增长13.3%，占全省新增贷款的47.6%。沈阳市有银行类金融机构56家，有银行机构营业网点1500余个，从业人员近3.7万人。银行类金融机构包括政策性银行2家（开发银行辽宁省分行、农业发展银行辽宁省分行营业部）；国有商业银行5家（工商银行沈阳分行、农业银行沈阳分行、中国银行沈阳分行、建设银行辽宁省分行、交通银行辽宁省分行）；邮政储蓄银行1家；股份制商业银行11家（招商银行、中信银行、华夏银行、光大银行、浦发银行、兴业银行、广发银行、民生银行、浙商银行、平安银行、渤海银行沈阳分行）；城市商业银行12家（盛京银行，大连银行、哈尔滨银行、营口银行、锦州银行、阜新银行、辽阳银行、葫芦岛银行、吉林银行、朝阳银行、丹东银行、抚顺银行沈阳分行）；民营银行1家（振兴银行）；农村商业银行2家（沈阳农村商业银行、新民农村商业银行）；农村信用联社5家（沈阳市农村信用合作社联合社、辽中农村信用合作社联合社、法库农村信用合作社联合社、康平农村信用合作社联合社、苏家屯农村信用合作社联合社）；村镇银行6家（沈北富民村、新民镇银行、辽中镇银行、法库富民村镇银行，于洪永安村镇银行、康平抚银村镇银行），外资银行11家（韩亚银行、企业银行、大华银行、东亚银行、汇丰银行、三井住友银行、三菱日联银行、新韩银行、渣打银行、友利银行、韩国产业银行沈阳分行）。非银行业金融机构2家（锦银租赁有限责任公司、盛银消费金融有限公司）。此外还有外资银行驻沈代表处2家（大众银行、日本北海道银行）；财务公司2家（中国电力财务有限公司东北分公司、中油财务有限公司沈阳办事处）。

（刘荣佳）

【市政府与国开行签署开发性金融区域合作协议】 9月10日，沈

阳市政府与国家开发银行在沈阳签署《共同推进沈阳新一轮振兴发展开发性金融区域合作协议》，这是国家开发银行与辽宁省人民政府签署的战略合作总协议框架下的专项合作协议。《协议》重点明确在助力“三大攻坚战”、重大基础设施建设、保障和改善民生、乡村振兴战略、产业转型升级、国资国企改革、全面对外开放七个领域的合作重点和方向。双方在“沈阳市开发性金融合作机制”框架下，在高层会商、日常工作、项目对接、风险防控、干部交流等方面对合作机制内容进一步丰富和完善。

【东北首家银行业纠纷调解机构成立】 12月18日，辽宁省银行业纠纷调解中心在沈阳成立。该中心由辽宁银保监局主管，中国人民银行沈阳分行指导，辽宁省银行业协会发起设立的民办非企业单位，也是东北地区首家银行业纠纷调解机构。调解中心立足沈阳，辐射全省，组建一支以银行业务为主，法律、保险、学者、媒体等行业为辅的73人专兼职调解员队伍，其主要业务范围涵盖银行业纠纷调解、银行业金融知识普及、银行业消费者权益保护咨询、银行业内部培训以及银行业纠纷调解交流等工作。可为当事双方提供更加便捷、高效和优质的服务。 （志闻）

保险业

【概况】 2018年，全市有保险公司64家，其中，财产险公司28家，人寿保险公司31家，养老保险公司3家，健康保险公司2家（暂无再保险公司、集团公司及保险资产管理公司）。全市有保险专业中介机构292家（法人机构52家、分支机构240家）。法人机构中，保险代理机构41家、保险经纪机构4家、保险公估机构7家，2018年无新设机构，退出机构105家。保险兼业代理机构近21家。全市保险业保费收入328.5亿元，下降11.4%。其中，国内财产险公司保费收入92.9亿元，增长11.3%；人身险保费收入232.4亿元，增长-18.5%。全市保险业赔付及给付支出121.9亿元，增长20.8%。其中，国内财产险赔款支出53.1亿元，增长17.2%；人身险赔付金额67.9亿元，增长25.1%。财产险市场业务规模平稳增长，全市车险保费收入75.35亿元，增长3.4%。非车险保费收入25.85亿元，增长43.0%。主要险种实现盈利，车险效益状况较好；人身险市场业务规模缓慢增长，人身险两大类险种的保费收入同比呈现负增长态势，其中寿险业务保费收入增长-25.3%，健康险增长-13.7%，意外险保费收入增长10.50%。沈阳地区保费收入总量占全省比重为36.2%，全市人身险公司寿险业务新单保费88.35亿元，增长-52.8 %。

【融盛保险开业运营】 8月8日，辽宁省第一家财险法人机构—融盛财产保险股份有限公司（简称“融盛保险”）正式开业运营，标志着全新保险经营理念及服务模式在辽宁的诞生。融盛保险是在国家振兴东北老工业基地、辽宁省经济转型和发展的大背景下应运而生，公司注册资本10亿元，坐落于中国沈阳自贸区。有东软集团股份有限公司、沈阳新松机器人自动化股份有限公司、辽宁省交通规划设计院有限责任公司、上海弘焜房产经纪有限公司、北方联合出版传媒（集团）股份有限公司、大连汇能投资控股集团有限公司6家大股东。作为辽宁省首家落地的财产保险公司，融盛保险将立足于改善辽沈地区企业和个人客户的生活品质，完善辽沈地区金融机构体系建设，助力辽宁省乃至东北地区的经济振兴和转型升级，并为逐步成为面向全国的优秀保险企业奠定坚实基础。 （市金融局）

证券业

【概况】 2018年，全市上市公司23家，其中主板16家，中小板3家，创业板4家。上市公司数量占全省51.1%。在新三板挂牌公司61家，在辽宁股权交易中心挂牌及展示公司933家。至年末，全市有证券期货法人机构4家，其中证券公司2家（中天证券、网信证券），期货公司1家（江海汇鑫期货），投资咨询公司1家（麟龙投顾）。证券分公司28家，证券营业部106家；期货分公司5家，期货营业部23家；证券投资咨询分公司3家；外国证券类机构驻华代表处1家；基金管理公司分公司4家；独立基金销售机构分公司4家；取得基金销售业务资格的地方商业银行1家；备案私募基金管理人50家，备案私募基金产品数量93个。直接融资工作有新进展，年累计实现直接融资82.45亿元。1家上市公司（东北制药集团）非公开发行股票再融资8.51亿元；11家新三板挂牌公司定向增发融资2.66亿元；1家公司债券融资65亿元（华晨集团）；企业上市工作持续推进，1家公司（沈

阳风景园林股份有限公司）进入辅导备案阶段挂牌公司呈现新旧更迭态势；辽宁昌源旅游汽车股份有限公司、辽宁汇安汽车保险销售股份有限公司、沈阳晨邦科技股份有限公司3家公司在全国股转系统成功挂牌；埃森诺信息技术股份有限公司、沈阳电缆产业股份有限公司、金铠建筑科技股份有限公司、凯风技术股份有限公司4家公司完成摘牌。证券期货机构保持增长势头，新增1家证券分公司（西藏东方财富证券股份有限公司东北分公司），1家证券营业部转为证券分公司（中山证券有限责任公司沈阳分公司），新增期货营业部3家（华泰期货有限公司沈阳营业部、恒泰期货股份有限公司沈阳营业部、上海东证期货有限公司沈阳营业部）。全年证券交易额26765.3亿元，比上年下降33.5%。其中，股票交易额11883.1亿元，下降30.4%；基金交易额782.9亿元，下降22.0%。

证券监管合作。为积极有效发挥资本市场服务实体经济的功能，市政府与辽宁证监局展开多种形式的合作。协调辽宁证监局到中国证监会沟通企业上市相关事宜、到中国证券投资基金业协会探讨沈阳市基金行业的发展及基金小镇发展规划等问题、邀请参加拟上市企业座谈会及亏损上市公司座谈会等，就资本市场服务实体经济进行深层次的交流和沟通。

金融风险防范。根据沈阳市多家上市公司大股东股票质押较高，全部或部分跌破平仓线，出现严重流动性困难的情况，市政府协调辽宁证监局，共同推动企业运用市场化的方式和手段纾困解难：蓝英装备公司通过场外质押代替场内质押，并积极利用资本市场直接融资的便利条件，通过非公开发行可交换公司债的手段和方式成功缓释大股东的股票质押风险；荣科科技股份有限公司通过股权转让的方式化解了股票质押风险。

资本市场宣讲。为提高各区县对多层次资本市场的认识，提高企业利用多层次资本市场融资的能力，市金融局联合辽宁证监局、相关市直部门及国泰君安证券公司、华普天健会计所等中介机构专家，组成宣讲团，到沈河、和平、铁西、沈北等区县，开展7场多层次资本市场宣讲活动，宣讲覆盖全市范围，取得较好效果。

科创板后备企业筛选。按照习近平在首届中国国际进口博览会开幕式上提出将在上交所设立科创板并试点注册制的相关要求，市金融局会同市科技局及各区县，共同对科技创新型企业进行摸排，挖掘有意愿到科创板上市且符合或接近科创板上市条件的企业。筛选优质企业纳入上市后备企业库，并做好对后备企业的培育与服务。

【《沈阳市推进多层次资本市场建设三年行动计划（2018—2020年）》】 9月12日市政府办公厅文件印发。《计划》分指导思想；基本原则；总体思路和工作目标；多措并举，加快推进多层次资本市场建设；推动辽宁股权交易中心发挥综合金融服务平台功能作用；加强统筹协调，完善工作保障机制6部分内容。《计划》提出工作目标：到2020年，实现辽宁股权交易中心挂牌企业达到500户以上，市场化遴选建立200户优质上市后备企业库，力争实现新三板挂牌企业达到80户以上，境内外上市公司达到50家以上；到2022年，力争实现境内外上市公司达到60家以上。

（市金融局）

典当业

【概况】 2018年，根据国务院办公厅各部委部分职能的调整，商务部公布《商务部办公厅关于融资租赁公司、商业保理公司和典当行管理职责调整有关事宜的通知》，标志着典当行业历经人民银行、国家经贸委、商务部3个行业主管部门后，管理职能正式划归中国银行保险监督管理委员会。年内，受宏观经济下行，实体经济不振以及小额贷款公司快速发展及民间借贷等因素影响，全市典当企业普遍经营困难，行业盈利能力大幅下滑，但行业风险总体可控。截至10月，全市典当企业发展到156户，当年新增11户。全行业资产总额15.28亿元，下降1%；注册资本金15.53亿元，增长5.5%。全年典当总额18.65亿元，下降1.5%；年末典当余额5.08亿元，下降8.5%；经营收入4538万元，下降15.1%；上缴税金553万元，下降25.6%；税后利润-61万元，下降91.5%。

（市金融局）

二十一、交通·邮政

交　通

【概况】 2018年，货物运输总量23491.4万吨，比上年增长2.6%。其中，铁路451.4万吨；公路23034万吨；民用航空6万吨。旅客发送量20141.1万人，比上年下降1.0%。其中，铁路4978.1万人，增长2.8%；公路14449万人，下降2.2%；民用航空714万人，下降0.5%。全市民用汽车保有量231.2万辆，比上年末增长10.3%。其中，载客汽车212万辆，载货汽车18.1万辆。私人汽车保有量199.9万辆，增长11.4%。沈阳与国际25个城市、国内93个城市（地区）通航。沈阳机场航线226条，其中国际航线29条，国内航线197条；民航运输飞机起降13.7万架次，比上年增长8.0%；机场旅客吞吐量1902.7万人次，增长9.7%。

公路与城际铁路建设。市交通管理部门协调于洪区、新民市保质保量完成沈阳西站、新民北站车站配套工程建设工作，使2座车站全部具备落客条件。完成沈阳境内干线公路建设项目12项191.9千米（省投资3.1亿元）。建完“四好农村路”（建好、管好、护好、运营好）1400千米，是年初计划的2.8倍。同时，规范专项养护工程管理，保质保量按期完成养护站和停车服务区建设、道路环境综合治理等工作，全面推进全市干线公路养护管理水平稳步提升。完成《辽宁省干线公路沥青路面下封层技术应用评估》《沥青电磁加热技术研究》《水泥稳定碎石土在路面底层的适用性的研究》等科研项目的研究工作，并经省局组织验收。

道路运输。全市交通运输系统道路货运量2.3亿吨，货运周转量399.7亿吨千米，增长3.7%。完成客运量1.4亿人次、旅客周转量76亿人千米，比上年分别下降2%和2.5%。新增道路客运车辆222台，更新道路客运车辆155台，新增租赁车辆170台，货运车辆13486台。完成团结路客运站的搬迁及国有资产的处置。

民用航空。与沈阳通航的城市有118座，其中国内城市91座，国际及地区城市27座。覆盖美国、德国、日本、韩国、新加坡、泰国、越南、加拿大、俄罗斯等国家和地区以及国内省会大部城市。年内相继开通西藏拉萨航班，实现高原航点的通航，以及美国洛杉矶直达航班，弥补东北地区没有直达美国航线的空白。至年末，沈阳机场有11家公司投放过夜运力59架次，其中基地设在沈阳运营的航空公司有5家，分别是：中国南方航空公司北方分公司，深圳航空有限责任

沈阳桃仙国际机场地勤维护 （陈松摄）

公司，春秋航空股份有限公司，北京首都航空有限公司和瑞丽航空有限公司。

铁路。沈阳市辖内承担客运任务的铁路车站发送旅客5613.2万人。沈阳客运段担当乘务沈阳（北）至北京（南）等方向98对旅客列车乘务工作。全段旅客列车日走行128425千米。每天出乘班组85个，日均出乘人数817人。完成图定列车旅客输送任务，完成临客181对，旅游列车9趟，观光车67趟，路用列车16趟，军运28批；完成4277辆次加挂任务。沈阳货运中心货物发送量1926万吨，日均装车1105车，日均卸车1873车，实现运输收入216842万元。沈阳站、沈阳北站主要担当客运列车的接发及旅客的乘降工作；苏家屯站主要负责沈阳辖区内货物运输和旅客运输工作；裕国站主要承担沈阳枢纽货物列车的编组和解体任务；沈阳车务段主要负责沈阳市辖内的客货运输以及铁岭、抚顺市辖内部分铁路的货运和客运任务。沈阳货运中心主要负责沈阳辖区内货物运输的办理和装卸任务。截至2018年12月31日，图定每日开行动车组列车195对154组。

城市公共交通。全市城市公共交通客运量11.02亿人次，公交车5912辆。优化改善浑南、皇姑、沈北等区域及南北二干线工程的公交线网布局，解决大型生活区与主城区、地铁口接驳的“最后一公里”问题。完成新开调整公交线路36条，增加运营里程84.1千米，填补公交空白40.5千米。新购公交车辆319台。安装3003处座椅和24个电子站牌。12月7日，公交移动支付委托招标公司在中国招标投标公共服务平台、中国采购与招标网发布招标公告。完成公交调度系统升级。

轨道交通。浑南有轨电车完成运营里程330.1万列千米，客运量1391.3万人次。沈阳地铁集团有限公司营业总收入11.36亿元，增长4.21%；完成投资70.2亿元，完成年计划的105.67%。安全开行列车25.79万列次，运营里程740.5万列千米，运送乘客3.16亿人次，日均客流86.74万人次，最大客流108万人次，平稳通过重要敏感时段和重大活动考验。4月8日，二号线北延线二期工程实现载客试运营，沈阳市地铁运营总里程达到60.39千米。沈阳地铁行车效能进一步提升，地铁一、二号线高峰期最小行车间隔进一步压缩至4分15秒和4分40秒。实施设备维保动态管控机制，完成沈阳站站、于迎区间等站区及场段设备设施重点维修改造工程；开展车辆架、大修工作，完成二号线11列电客车架修，编制《一号线电客车大修规程》并着手启动车辆大修；自主研发的闸机压力测试设备取得国家发明专利，电客车门控器监测装置获国家设备创新二等奖。九号线按期完成建设任务，顺利实现开通试运行；十号线除桑林子车辆段外，正线工程基本完工；四号线累计完成10座车站和1个区间主体结构施工；第三轮建设规划获国家发改

中国铁路沈阳局集团公司调度所调度大厅 （张维斯摄）

委批复，二号线南延线完成前期各项要件准备及初步设计、施工图设计工作；三号线、六号线完成前期各项要件准备工作，进入初步设计、施工图设计阶段。组织开展日常巡检213次、专项和联合检查8次、参加各项首段验收32次，分部验收39次，提出各类整改问题342条，下发整改通知单164份，全部监督落实整改完成。

出租汽车。年末全市出租汽车21534辆，市内客运量4.5亿人次。完成1.3万台巡游出租汽车车载智能终端设备的升级改造工作。组织开发建设从业人员考试业务网上报名系统。完成全市14家网约车平台公司、1689台网约车辆的运输证件办理工作，10730人取得网约车从业资格。组织对首批申报的2.8万台增量网约车进行逐台审核确认，确认车辆3685台。查处各类非法营运车辆2047台，查处出租汽车违规案件1939件。开展出租汽车企业质量信誉考核、每半年一次的出租汽车车容车貌集中检查和每周一次的互检互查，以及文明服务竞赛月等活动。行业星级驾驶员达到10842人，模范出租车1796台，

大型活动公交保障。先后完成盛京灯会、辽篮季后赛、沈阳国际马拉松、APEC中小企业技展会、中国肿瘤大会等36项大型交通运输保障任务，并有针对性地提供延时运营、开通专线、应急保障、秩序管理等保障服务。累计发车830台，1850车次，运输乘客7.4万余人次。

道路运输服务与管理。市交通政务服务中心交通窗口办结各类审批47793件，落实最多跑一次项目38299件。其中新开业30件，超限运输308件，客运业务13028件。出租汽车业务24963件。公交准驾证3739件、公交车营运证5525件。规定时限办结率100%。开展中介服务事项清理整治，并对“红中介”“灰中介”进行清理，确定进入市级中介服务清单交通事项，并沟通省交通厅对未列入清单项目进行修改完善。进一步推进审批事项标准化建设，编制完成《交通行政审批事项标准化办事指南》，并完成省级目录录入。持续推进并修改完善重点行业审批流程，严把危货、放射性、客运等安全生产重点行业入口关，继续坚持“过程监管、三件到位”，即审批处、行管处、驻区分局联合勘验，例会审查，确保新审批企业安全管理人员到位、安全设施设备到位、安全管理制度到位，企业从开业之初就基本满足安全标准化达标要求。

（陈千城 赵大光 张超 周芮岑 李保翰 李航）

【沈阳—贵阳—拉萨航线开通】 3月24日，沈阳开通沈阳—贵阳—拉萨航线，实现高原航点的通航。该航线由西藏航空执行，航班号TV9917/8，每天一班。截至年末，运输旅客4.3万人，平均客座率78%。（周芮岑 李保翰）

【沈阳—法兰克福国际航线复航】 3月28日，汉莎航空沈阳—法兰克福国际航线复航。从沈阳出发，10个小时左右即可直达法兰克福。该航线是沈阳唯一一条直通欧洲的航线，也是东北地区开通的首条直航欧洲航线。该航线每周3班，可提供279个座位，其中包括30个商务舱座位，28个优选经济舱座位以及221个经济舱座位。

【地铁2号线北延线开通试运营】 4月8日，沈阳地铁2号线北延线二期工程辽宁大学站、人杰湖公园站、蒲河路站、蒲田路站4座车站正式开通，载客试运营。4座车站增加运营里程5.3千米，开通后二号线全线运营里程31.88千米。地铁二号线北延线正式开通后，蒲田路站为二号线最北端终点站，首班车时间6:00。

（志闻）

【浑河夜航开通】 6月，沈阳地方海事局（隶属市交通局）在浑河沈阳城市段开通1条夜航航线，观光船从五里河码头出发，绕如意岛，经盛京大剧院，过浑河桥返回始发码头，全程5000米，航行40分钟。发船55班次，接待游客660人。（陈千城 赵大光）

【沈阳至成都高铁开通】 7月1日起，沈阳新开通沈阳北至成都东G1284/3高铁，这是东北地区首次开行的横跨东北至西南地区的长途高速动车组，穿越辽宁、天津、河北、河南、陕西、四川等省份，单程运行2556千米，全程14小时33分钟。途经沈阳北、锦州南、葫芦岛北、绥中北、山海关、秦皇岛、唐山、天津西、胜芳、白洋淀、保定东、正定机场、石家庄、邢台东、安阳东、新乡东、郑州东、洛阳龙门、华山北、渭南北、西安北、成都东。

（志闻）

【沈阳机场跑道大修工程】 7月20日开工，10月22日竣工完成。其间，机场因施工夜间关闭累计95天。施工期间，辽宁机场集团及各参建单位严格把握机场安全运行的各项标准，未发生任何安全问题。11月27日凌晨，在东北地区民航专业工程质量监督站的指导和监督下，工程竣工验收合格。12月7日，通过民航行业验收。项目概算14513万元，其中工程直接费11712万元。资金来源为

民航发展基金2990万元，其余为公司自筹。（周芮岑 李保翰）

【《沈阳市支持航空货运发展的若干政策》】 7月30日市政府办公厅印发。《政策》提出安排民航运输发展政策资金；鼓励航空公司开通全货机货运航线，构建和完善货运航线网络；鼓励航空公司在沈阳市设立货运基地，增加全货机运力；鼓励航空公司向沈阳机场集货，促进国际、国内及中转货量快速增长；对战略性货运航线和大宗商品运输任务给予支持5项政策。

【《沈阳市深入推进“四好农村路”建设三年行动计划（2018—2020年）》】 9月5日市政府办公厅印发。《计划》包括总体要求、主要任务、保障措施。《计划》提出到2020年，实现农村公路建管养运全面协调发展，适应农业农村现代化和全面建成小康社会的要求。《计划》明确主要任务：建好农村公路、管好农村公路、护好农村公路、运营好农村公路。（志 闻）

【沈阳至美国洛杉矶往返直达航线开通】 12月18日，沈阳至美国洛杉矶往返直达航线首航成功。该航线由南方航空空客A330-300执行，航班号为CZ609/10，每周3班，该航班在空中连续飞行11小时40分钟，开航首月平均客座率90%。这是首条东北地区直达美国的洲际航线。

（周芮岑 李保翰）

【承德至沈阳高铁开通】 12月29日，北京至哈尔滨高铁承德至沈阳段正式开通运营。沈阳到承德的动车组列车最短运行时间为2小时21分，比既有铁路列车最短运行时间压缩近9个小时。京哈高铁承沈段途经河北省承德市和辽宁省朝阳市、阜新市，终至辽宁省沈阳市，沿线设承德南、承德县北、平泉北、牛河梁、喀左、奈林皋、朝阳、北票、乌兰木图、阜新、黑山北、新民北、沈阳西、沈阳14座车站，线路全长506千米，初期运营时速300千米。

（志 闻）

【通辽连接京沈客专快速铁路通车】 2018年，国家重点项目——通辽连接京沈客专快速铁路工程，主线征拆工作全部完成并全线无障碍进场施工。相关房建工程、桥梁及附属排水沟、路基绿化等既定阶段性建设目标顺利达成，铺轨施工全部完成，工程建设进入试运行阶段。12月29日，通辽至京沈高铁新民北站铁路（新通高铁）开通运营。新建线路全长197千米，总投资约171亿元。设计时速250千米/小时。

【无车承运人试点】 2018年，按照部、省关于开展道路货运无车承运人试点工作的总体要求，经交通运输部确认，确定沈阳市辽宁诚通物流等3家单位为本年度国家无车承运人试点企业，完成延续经营许可工作。3户试点单位的信息平台均同“交通部无车承运试点运行监测系统”对接，并按要求向省级交通运输主管部门、国家交通物流公共信息平台提供行业运行监测所需要的数据。

【交通运输业“证照分离”改革完成】 2018年，按照省、市政府关于自贸区“证照分离”改革的总体部署，全面落实交通运输行业“证照分离’8项改革任务。由区交通局实施的3项告知承诺制全部启动，省交通厅、市交通局实施的4项提高透明度和可预期性、1项强化准入监管的改革事项全面落实到位，得到市政府和自贸区的肯定。

2018年沈阳机场基地航空公司基本情况

表21

航空公司	南方航空	深圳航空	春秋航空	首都航空	瑞丽航空
旅客吞吐量（人）	5234291	2458632	1362895	756019	750814
同比增长（%）	15.3	-1.8	8.1	-6.8	134.0
货邮吞吐量（吨）	39759.3	31326.7	5501.9	3336.5	3748
同比增长（%）	-3.4	-4.2	26.7	49.3	138.0
航班起降（架次）	39350	18855	8121	5044	4896
同比增长（%）	11.0	-1.4	7.4	-5.0	103.0
平均客座率（%）	83.5	81.9	92.5	88.2	90.7
过夜运力（架）	24	12	4	4	4

2018年沈阳机场新开通国内航线

表22

航空公司	航 线	航班号	班 期	开航日期
春秋航空	沈阳-邵阳-深圳	9C8576	1357	10.30
春秋航空	沈阳-威海-南京	9C8743	1234567	10.28
东方航空	沈阳-青岛-上海虹桥	FM9276	1357	6.13
东方航空	沈阳-烟台-上海虹桥	FM9278	246	6.14
桂林航空	沈阳-扬州-桂林	GT1058	1234567	3.25
南方航空	沈阳-上海浦东-深圳	CZ3614	1357	6.3
南方航空	深圳-沈阳-大庆	CZ3611	246	11.1
瑞丽航空	沈阳-武汉-德宏	DR6573	1234567	10.28
瑞丽航空	沈阳-呼和浩特-兰州	DR5321	1234567	7.9
厦门航空	沈阳-福州-深圳	MF8078	1234567	10.28
深圳航空	沈阳-扬州-三亚	ZH9732	1234567	2.1
首都航空	沈阳-福州-三亚	JD5566	1234567	2.1
首都航空	沈阳-合肥-三亚	JD5582	1234567	3.25
首都航空	沈阳-临沂-丽江	JD5376	1357	10.28
首都航空	沈阳-兰州-丽江	JD5811	246	10.30
西藏航空	沈阳-西宁-拉萨	TV9918	1234567	3.25
山东航空	济南-沈阳-佳木斯	SC8005	1234567	7.3

（沈阳机场）

2018年沈阳机场新开通国际及地区航线

表23

航空公司	航线	航班号	班期	新增日期	备注
汉莎航空	沈阳-法兰克福	LH783	357	3.28	
瑞丽航空	沈阳-福州-西哈努克	DR5035	1234567	11.1	
澜湄航空	沈阳-暹粒	LQ913		10.2	包机
春秋航空	沈阳-扬州-曼谷	9C8767	37	10.29	
南方航空	沈阳-洛杉矶	CZ609	246	12.18	
意大利全景航空	沈阳-博洛尼亚	BV5481		7.15	包机

（沈阳机场）

【机动车维修行业专项整治】 2018年，市交通管理部门在全市机动车维修行业联合开展专项执法整治行动，采取“过筛子”的方式，加强对背街小巷和汽修“大杂院”的检查和整治，关停和查封无证经营、存在安全隐患的维修企业127户，现场整改违规经营、妨碍交通的维修企业567户。同时，对二级维护市场乱象实施“零容忍”，对全市685户二级维护企业进行全覆盖检查，发现违规业户57户，限期整改20户，停业整顿30户，变更许可经营范围2户，行政处罚5户。

【地铁站周边市场运营秩序专项整治】 2018年，市交通管理部门会同公安部门制定地铁站周边专项整治工作方案，对全市47个地铁站周边市场运营秩序情况进行全面摸底调查，梳理出14个重点站区的32条问题线索，逐条制定问题清单，实施精准执法。加大十三号街、奥体中心、白塔河、航天大学等重点站区的监管。开展联合集中检查5次，查扣非法营运车辆90台，查处违停、喊客等各类违规乱象100余件。同时，强化与地铁站的公交接驳，围绕需求较大的地铁站陆续新开、调整21条公交线路。 （陈千城 赵大光）

邮 政

9月16日，市邮政分公司的“绿水青山 最美邮路”系列主题赛（沈阳站）暨“把魅力沈阳寄出去”活动在沈阳奥林匹克公园举行 （市邮政分公司供）

【概况】 2018年，全市邮政行业业务总量58.33亿元，增长30.94%；邮政行业业务收入（不包括邮政储蓄银行直接营业收入）46.04亿元，增长24.92%。其中，快递业务收入36.45亿元，增长30.35%；快递业务量3.12亿件（不包括在沈阳中转快件量），增长25.20%。邮政、快递服务满意度持续提高。消费者申诉处理满意率达到100%。截至年末，有京东、苏宁、申通、圆通、韵达等企业将区域总部设置在沈阳。解决快递车辆通行难问题，联合市公安局为辖区快递企业发放2018年快递车辆通行证291张。与联通公司合作推动快递三轮车线上管理平台运行，完成100台车辆的系统测试工作。全市品牌快递企业电子面单使用率超过85%。其中，顺丰、中通、韵达等快递企业电子面单使用率超过90%。开展第二届“打造幸福沈阳、书写奋斗人生——2018年沈阳市第二届寻找最美快递员活动，产生10名“最美快递员”、20名“模范快递员”。全市快递企业配备安检机49台，确保“应检必检”的工作要求顺利实施。沈阳市智能快递箱箱递率提升2.7%。推动菜鸟驿站、箱邦、农商行等共同打造服务于社区居民与农村居民日常生活的集众创、快递+电商、普惠金融+社区综合服务“三位一体”的公共服务平台。全市城乡有邮政局所230处（城市98处、农村132处），其中校园综合服务中心1处，储蓄网点149处。另设置24小时自助营业厅113处，集邮门市部、集邮专柜14处，报刊亭90处，特色主题邮局7处。寄递翼改革后，设有信息化揽投部246处，信筒箱407个，投递段道1557条（城市1242条），邮路总长度4792千米，配备邮政汽车520辆、环保电动车507辆。建成邮政便民服务站1171处，“邮农丰”农产品返城直营店9处，“邮农丰”农作物种植专业合作社76处，邮乐购店2018处。市邮政分公司出口快递包裹1343万件、进口（投递）快递包裹2674.1万件；出口函件979万件、投递各类报刊11859万份。“爱心健康”合作医院26家，远程服务点59处。11185客服中心年呼入总量74.3万人次。

经营发展呈现良好发展态势。邮政新增金融总资产30.19亿元。快包发件量突破1000万件，日均3.7万件，市场占有率提升1.8%。标快业务优化管理机制，新增有效客户356户。全市8家政务中心开展邮寄便民业务。45处专网机构年揽收317.7万件，13处重点市场商圈年揽收401.3万件。

农产品销售体系不断完善，全市运作农产品项目销量26.25万千克，地区特色产品销售额154.2万元。建设“邮政—第一书记”政府邮乐购店2处，引入优质产品600种，“第一书记工程”产品80余种。受邀参加市委举办第11届沈阳食品节，与第一书记联社签订产品推广合作协议。做活文化传媒业务。聚焦特色创新活动，开展69场主题活动。推进以顺丰为代表的快递企业深化精准扶贫，打造特色农产品进城服务。以顺丰为代表的快递企业承运18大类30余种小类农产品，范围覆盖辽宁省14个城市，其中沈阳苏家屯的草莓，沙地沟的杏，法库的葡萄，康平卧龙湖鱼以及辽中的鲜花等正在通过快递网络行销到全国。（徐莹 白冬雪）

【“绿水青山 最美邮路”系列主题赛（沈阳站）】 9月16日，“绿水青山 最美邮路”系列主题赛（沈阳站）暨“把魅力沈阳寄出去”活动在沈阳奥林匹克公园举行。全国各地的邮政同仁、4000余名跑步爱好者和热心市民参加活动。此次赛事设置5000米健康跑、1万米健康跑两个组别，在5000米组别还特设亲子跑。比赛路线使用沿浑河岸马拉松专用赛道。现场免费赠送大众的《浑河两案活力沈阳》明信片，展现了新沈阳、新环境。

【“九·一八”历史博物馆专用邮资图首发】 9月18日，由沈阳市委宣传部、中国邮政集团公司、中国邮政集团公司辽宁省分公司、沈阳市邮政管理局、沈阳市文化广电新闻出版局主办，中国邮政集团公司沈阳市分公司承办的沈阳“九·一八”历史博物馆专用邮资图首发仪式在沈阳“九·一八”历史博物馆举行。市邮政分公司以“九一八”历史事件为题材，发行《“九·一八”历史博物馆》异形明信片一套十枚，《沈阳二战盟军战俘营》特种明信片一套六枚，使用的邮资图为市邮政分公司特别申报的沈阳“九·一八”历史博物馆专用邮资图，由《中国人民抗日战争暨世界反法西斯战争胜利七十周年》纪念邮票的著名设计者李晨设计。

【“双提升”活动】 2018年，市邮政分公司聚焦普遍服务、党报党刊传递、机要通信、收寄安全及规范操作、平常信件处理等薄弱环节，开展窗口服务、运行能力“双提升”等专项活动10余次，整改问题1132项，投诉率下降50%，在省分公司服务满意度测评中得到94.2分。11185客户满意率全国排名第3位。建立“巡视”邮件特殊通信保障机制，对中央巡视、扫黑除恶、环保督查专项巡视专人运输，全环节实施专人专车专线专业保障，确保安全畅通，得到省委肯定并来函致谢。

【“三爱工程”】 2018年，市邮政分公司开展“爱心邮路”“爱心驿站”“爱心健康”等“三爱工程”。依托“爱心邮路”“爱心驿站”载体，推进党员与基层投递员结成帮扶对子85对。节日期间开展“在职党员进社区，结对帮扶显真情”活动，组织党员干部职工深入社区56人次，为百余名困难群众提供生活及物质关爱。“爱心健康”合作医院达26家，远程服务点59处；全年组织远程健康咨询、现场义诊、健康大讲堂等活动984场，服务人数3.98万人。携手市扶贫办、市卫健委、何氏眼科开展“爱心医疗扶贫光明行”活动358场，为1万余人进行免费眼病筛查，为166名贫困患者免费手术，减免费用50万元。（白冬雪）

二十二、信息业

电　信

【概况】2018年，全市完成电信业务总量439.7亿元，增长1.0倍。年末城乡固定电话用户148.4万户，比上年末下降12.9%。移动电话用户1317.6万户，增长2.3%。互联网络宽带接入用户238.3万户，增加16.7万户，增长8.3%。固定电话普及率17.8部/百人，移动电话普及率158.4部/百人。

无线电安全保障。在春节、“两会”期间，对重要频率进行实时监测、监听。为外国政要访华途经沈阳市提供2次无线电通信服务保障；为沈阳市创城现场会、重点项目工作推进会提供8次无线电通信服务保障。完成第七届沈阳法库国际飞行大会保障工作。保障沈阳国际马拉松无线电安全。为高考、会计、职业法律资格等考试提供38次保障累计51天，占用周六、周日46天。对发现利用无线电设备发射78个疑似作弊信号实施技术阻断。完成8个单位申请设置无线台站资料的初审工作，拟指配双工频率16对，新增固定台16部，移动台580部。新核验业余无线电台82部。与民航、高铁等用户建立干扰排查快速反应联动机制，排查无线电干扰10起。对无线电监测网进行12次巡检，完成省无线电管理机构下达的无线电监测和设备检测任务，监测系统累计完成监测44050小时，移动监测车行驶25108千米。　（大数据管理局）

【沈阳电信与北部战区空军开展合作】　年初，沈阳电信协调辽

5月，沈阳电信促成北部战区空军与集团公司战略合作签约　（沈阳电信供）

宁省电信公司及中国电信集团公司，与北部战区空军机关达成大军网整合合作意向。5月，中国电信集团公司副总经理陈忠岳与北部战区空军副司令乔相记在中国电信辽宁省公司签订战略合作协议，正式确认战略合作关系。沈阳电信将与本地作战部队在家属园区建设，安全手机使用等方面进行深度合作。（彭丽洺悦）

【沈阳电信“机房大整治”活动】 年初，为有效提升沈城780万用户网络使用体验，提高网络运行质量，保障网络线路安全，沈阳电信开展“机房大整治”活动。通过开展劳动竞赛等方式，员工们比效益、比贡献、比创新。截至12月，完成全部核心机房的整治工作，梳理机房内杂乱线缆12万余条，减少隐患27处，网络安全生产工作得到有力保障。

【沈阳联通打造全市首个智慧幼教平台】 4月16日，沈阳联通公司与沈阳朵朵在线科技有限公司联手为沈阳市浑南区教育局打造全市第一个智慧幼教平台。该系统平台基于安全稳定的云数据技术进行信息数据的采集、运算、存储和管理，借助互联网和物联网技术向接入平台统一管理的幼儿园提供网络安全防护、智能定位、在线直播、电子商城、智能管理等集成化、多功能智慧服务。全区113所幼儿园全部接入统一监督及管理平台。（于波）

【沈阳移动服务大型公益活动】 5月3日，沈阳移动公司助力“黄手环行动—‘益’起爱辽宁，把爱带回家”大型公益活动在沈阳启幕。活动由中国人口福利基金会主主办，沈阳卫计委协办。主要目的是以黄手环作为载体，借助沈阳移动广泛的网络分布、稳定的网络信号、快速的网络速度和优质的客户服务对阿尔茨海默病进行宣传、预防、治疗，帮助患病老人及家属渡过难关。

（彭丽书婉）

中国移动沈阳5G应用示范区启动仪式（大数据局供）

【沈阳联通首个5G实验网站点开通】 5月16日，沈阳联通公司成功开通首个5G实验网站点。作为国家发改委5G“智慧工业控制”试点，随着首站的在网运行，标志着联通公司在辽沈地区5G试验网络商用化的领先起步。开通当日，经过firstcall等15项测试，基站性能完全达到理论设计标准；测试环境下支持终端流畅播放4K、8K超清视频。（于波）

【沈阳电信参与智慧停车项目】 5月，沈阳电信与沈阳静态交通投资管理有限公司合作开展沈阳智慧停车项目，对沈城9万个路边停车泊位进行智慧化管理。该项目通过在地面安装地磁设备，依托物联网无线传输技术，实现车辆进位感知。车位管理人员可在手机APP对车牌号码进行输入，通过微信完成费用收缴。该项目在市内5区1000余个点位试运行。

（彭丽洺悦）

【沈阳电信为武警支队提供安全手机】 9月，沈阳电信为保障武警战士安全放心地使用手机，为武警沈阳支队提供一站式绿色军营综合解决方案，特别针对开放手机使用之后可能产生的军事泄密风险等问题，提供解决思路和功能匹配，为战士彻底免除后顾之忧。至年末，安全手机为近万武警战士提供服务。（彭丽洺悦）

【“联通千兆宽带·服务品牌升级”发布会召开】 12月9日，沈阳联通公司召开“满意在联通——宽带有速度，服务有温度暨联通千兆宽带·服务品牌升级”发布会。发布会上，沈阳联通回顾改革开放40年，辽沈地区通信行业发展史以及宽带产品的迭代进程，介绍公司为推出全新的“10010装维服务标准”，并宣布全面完成沈阳市“千兆光网”建设计划，是辽沈首家推出“千兆光网”服务的通信运营商，标志沈阳超过6000个小区，320万个家庭可接入千兆宽带。

（于波）

【沈阳移动5G应用示范区建设正式启动】 12月12日，沈阳移动公司在沈阳召开“中国移动5G应用示范区启动仪式”，沈阳5G应用示范区建设正式启动。沈阳5G应用示范区首批设置在华晨宝马公

司、新松机器人公司、沈阳机床集团和沈阳国际软件园，将在智慧交通、智能制造、智慧工业和智慧园区方面开展应用示范。

（彭丽书婉）

智慧城市建设

【概况】 2018年，全市以建设国家大数据综合试验区建设为契机，全面聚焦“智慧城市新体系、大数据产业链、发展工业互联网”三条主线，制定并出台《沈阳市国家大数据综合试验区建设三年行动计划（2018—2020年）》。重点推动大数据技术与医疗、能源、交通等领域融合发展，相继建成东软集团健康医疗大数据平台、沈阳麦克奥迪多能合一智慧能源管理平台等。华为公司、紫光云数科技有限公司、北京睦合达信息技术股份有限公司等公司先后落户，全市大数据企业超过180户。制定出台《沈阳市引导企业上云实施方案》，助力华晨宝马公司、海尔冰箱沈阳工厂、新松机器人公司、沈阳机床集团、沈鼓集团等龙头企业率先建设智能工厂。

政务数据资源整合共享。建立政务数据资源目录体系，出台《沈阳市政务信息资源目录编制实施细则》，升级市政务信息资源目录系统，合计填写资源目录3832条，并与国家及省级系统实现共享。建成沈阳区域云中心信息管理平台，对区域内各家云资源进行统一监控管理，初步形成系统资源互联互通、计算能力动态调配的云服务体系。

城市治理和公共服务信息化。提升智慧城管平台应用水平，开发“城管一键通APP”，加大移动督查管理力度，实现智慧城管全移动办公。完善公共安全管理平台，整合全市各类安全信息资源525亿条，制作全市涉稳重点人员等6个《大数据研判报告》，经二次研判锁定风险隐患13370项。完善环保110平台，实现环境治理市区两级联动，对全市各个区域环境质量进行实时监控和预报。构建智慧化“大交通”，重点建成智慧停车信息平台，有2.1万个停车资源纳入共享平台，市民可使用手机 APP 实现快速找车位、预约车位和电子付费。统一政务服务手机应用入口，实现“我的沈阳”APP对接整合智慧医保、沈阳易行等便民服务。建成正风肃纪监督平台，汇集835家单位业务数据，通过比对分析技术实行精准监督。

（大数据管理局）

【《沈阳市新一代人工智能发展规划（2018—2030年）》】 5月5日市政府印发。《规划》分总体要求、重点任务、工作措施、组织实施4方面内容。《规划》近期目标：到2020年，新一代人工智能发展水平跻身国内重点城市行列；中期目标：到2025年，成为东北亚具有重要影响力的人工智能创新高地；远期目标：到2030年，成为中国新一代人工智能科技创新重要一极。《规划》明确构建新一代人工智能科技创新体系6大战略目标。

【《沈阳市国家大数据综合试验区建设三年行动计划（2018—2020年）》】 5月20日市政府办公厅印发。《计划》分总体要求、主要任务、基础支撑体系、保障措施4部分内容。《计划》提出到2020年，5G移动通信网络和窄带物联网感知设施完成布局，基本建成“宽带、融合、安全、泛在”的下一代信息基础设施，跨部门协同管理与服务能力显著提升，政府各部门行政审批和公共服务事项100%实现网上办理等总体目标。

【智慧城市与景观照明发展论坛】 8月25日，中国（沈阳）智慧城市与景观照明发展论坛在沈阳举办。论坛主题为“智慧点亮生活 智能引领未来”，由中国照明学会、中国照明学会智能控制专委会指导，中国照明网主办，辽宁省城市照明协会承办。北京工业大学教授李农博士等业界权威、专家学者分别围绕全国重点城市景观照明工程建设取得的成就与经验、智慧城市建设发展方向、文化旅游产业中灯光经济、智慧照明管理等话题展开主旨演讲。省内大专院校、规划设计院所，工程设计公司和生产营销企业的500余人参加论坛。

（志 闻）

【2018沈阳·第五届中国智慧城市创新大会】 11月2—3日举行。由沈阳市政府与国家发改委城市和小城镇改革发展中心共同主办，以“智能制造 智慧治理”为主题。大会设置主论坛、沈阳夜话和智慧马拉松发布会3大板块，围绕工业互联网、智能制造、大数据、城市精准治理、绿色金融、能源互联网、智慧城市国际合作等主题，有74位专家学者、企业家等发言嘉宾进行经验分享，主论坛参与人数1000余人，大会交流探讨当今智慧城市和大数据产业发展的最前沿技术和应用实践。 （大数据管理局）

【《沈阳市新一代人工智能发展规划三年行动计划（2018—2020年）》】 12月6日市政府办公厅

印发。《计划》分总体要求、重点任务、工作措施、组织实施4部分内容。《计划》提出，到2020年，新一代人工智能发展水平跻身国内重点城市行列等行动目标。《计划》明确重点任务：构建新一代人工智能科技创新体系、培育四大新一代人工智能核心产业、做大做强六大人工智能相关产业、打造新型智慧城市新标杆、优化人工智能产业空间布局。（志 闻）

软件服务业

【概况】 2018年，全市软件产业1162户规上企业完成软件业务收入1040亿元，增长14.7%，约占全省软件业务收入的69%。东软集团位列2018软件收入百强企业第19位、软件和信息技术服务综合竞争力百强企业第9位。华为沈阳云中心项目办公和机房等基础设施基本完成，1500万元服务专项资金拨付到位。“紫光中德技术有限公司”完成工商注册，资本金1亿元，云基础平台建设完成投资3000万元。与国家、省沟通，强化跟踪指导，为全市21个项目争取扶持资金近亿元。沈阳国际软件园园区入驻企业1080户，其中世界500强企业43户，中国软件百强企业22户，上市公司及子公司86户，沈阳本土创业型企业占比70%。沈阳机床“产品全生命周期管理智能工业APP解决方案”和沈阳鸿宇科技“鸿宇智能工厂管家APP综合解决方案”获批工信部2018年工业互联网APP优秀解决方案（东三省6个，辽宁省4个）。中科院沈阳自动化所“工业软件定义网络基础标准与试验验证项目”和“工业互联网边缘计算测试床项目”获2018年工信部工业互联网创新发展工程项目3675万元支持。东软集团“基于工业互联网的智能化远程运维服务平台”获批2018年工信部工业互联网试点示范项目。沈阳国际软件园获中软协颁发的“2018年中国最具活力软件园”和中国软件园区发展联盟颁发的“2018年度软件园区杰出贡献奖”2项大奖。沈阳市软件和信息服务业协会换届选举完成，推举东软集团董事长刘积仁为名誉会长，成立新一届领导班子和工作机构。

【《沈阳市引导企业上云实施方案》】 9月17日市政府办公厅转发，市经济和信息化委制定。《方案》分总体要求、主要任务、资金补贴、保障措施4部分内容。《方案》确立总体目标：到2022年，云计算技术、产业、应用和服务体系及产业生态初步建立，云计算领域产业链条做长做强，企业信息化水平明显提升，数据共享与业务协同水平显著提升等。《方案》提出工业企业上云、科技企业上云等6项主要任务。截至年末，上云备案企业99户，累计合同金额近9000万元。

（大数据管理局）

电子信息制造业

【概况】 2018年，全市电子信息制造业总体保持持续健康发展。规模以上企业60户，产值206.6亿元，增长10.59%，全省占比26.66%。集成电路装备产业发展势头强劲，重点企业在技术研发、市场开拓等方面不断取得新成果，主营业务收入21.1亿元，增长6.6%。数字医疗板块在东软医疗系统有限公司带动下保持平稳发展，企业自主研发能力大幅提高，国产品牌市场竞争力不断提升。主营业务收入28.72亿元，增长16.8%。数字视听板块通过积极调整生产经营方式主营业务收入实现增长，手机和智能终端板块稍有下降。全市电子信息制造业亿元以上重点工业项目3个，累计完成投资20079万元。其中沈阳富创精密设备有限公司IC装备零部件产业基地项目建成柔性智能化超精密生产线，实现IC 装备精密零部件智能化生产。沈阳芯源微电子设备有限公司集成电路300毫米晶圆单片处理设备研发及产业化项目产品成功研制，与上海华力微电子有限公司和长江存储科技有限责任公司签订正式的销售合同，两台样机运抵客户现场入场签收并完成装机调试。沈阳拓荆半导体有限公司薄膜设备产业化基地（二期）建设项目，完成半导体薄膜设备生产洁净系统环境建设。

【首台国产半导体前道工艺制程用高产能匀胶显影设备“奉天1号”出厂】 8月7日，沈阳芯源微电子设备有限公司自主研发的首台国产半导体前道工艺制程用高产能匀胶显影设备“奉天1号”顺利出厂。“奉天1号”出厂是芯源公司前道设备由前期研制阶段转为市场检验阶段的重要一步，标志沈阳芯源公司前道设备正式进入市场推广阶段。该设备打破国外设备在该领域的垄断，填补国内空白。（大数据管理局）

二十三、城乡建设

综　述

2018年，全市城乡建设全面落实国家、省、市工作安排部署，完成既定目标任务，大力提升城市品质。完成城建计划投资301.6亿元；建筑业总产值1430.2亿元，增长6.8%，结束连续3年负增长；房地产开发投资996.7亿元，增长22.4%；新开工装配式建筑占新建建筑面积30.9%，完成省考指标。天然气供气管道总长度10211.71千米。新建改造城市慢行系统40千米，新增各类公共停车场约150处（不含小区规范及路内施划）、停车泊位20余万个。完成农村人居环境整治投资8.3亿元。

持续补短板提功能。东一环快速路、小北关街跨铁路桥年底前通车；东塔、中央大街、长青桥新桥三座跨浑河桥相继竣工，南北主城连接更加通畅；怒江北街延长线、陵园北街贯通等工程，实现道路的全线贯通。在汛期前完成源头减排、排水管渠、排涝防险、运行管理4类51个排水防涝项目，完善南运河东部等9个排水系统，二环内重点积水区域75个常态积水问题得到缓解。南北快速干道、浑南新城二期等综合管廊建成运营，南运河段综合管廊全线“洞通”；南部污水处理厂（二期）、东部污水处理厂工程开工建设，大伙房西部净水厂（二期）、辽西北供水工程按计划推进；完成供水管网改造1300千米、供气管网改造195千米；持续推进“水务一体化改革工作”，取得阶段性成果。按计划完成“22+3”地下空间规划方案设计。解决停车泊位缺口20余万个；搭建运行沈阳“智慧停车”系统，北站地区的571个路内停车资源和50余家路外公共停车场率先接入“智慧停车”管理平台，实现共享泊位2.1万个。编制完成农村人居环境整治三年行动方案，改造村内道路及边沟600千米，建设12个宜居示范村；规划建设稻梦小镇等3个特色小镇。

完成全市重点任务。全面落实“7+3+1”（即包括封闭围挡、喷雾系统、硬覆盖、轮胎清洗系统、软覆盖、渣土车密闭运输、远程视频监控“7个建筑扬尘防治措施”，垃圾及时清运、水冲厕所、食堂“3个生活卫生措施”，病媒防治“1个防传染病措施”）创卫措施整治措施，采取“晨检夜查”等措施，有效推进施工现场整治达标率由年初的65%提升到99%；提前完成全市10个区560条背街小巷整修工程，以及线缆整治、拆违和绿化补植等任务，338条大中修道路工程质量抽检合格率全部达到100%。在技术评估阶段，市建委

牵头负责生活饮用水安全管理迎检工作，打造示范点位、并开展模拟评估，水源地水质达标率达到100%，完成评估迎检工作。全力遏制黑臭水体污染反弹，认真整改国家专项督查反馈的问题，组成12个督导组，对国家交办和全市自查问题细化形成200多个任务，明确责任主体和完成时限，按照有组织、有机制、有体系、有调度、有协调、有安排、有标准、有检查、有评价、有总结“十有”工作法，经过3个月不分昼夜地连续奋战，最终国家专项巡查认定全市建成区水体全部消除黑臭。梳理总结全市立法保障、“爱水，爱沈阳”主题宣传、山梨河整治“八步工作法”、辉山明渠根治黑臭、和平区数字化网格化监管5项亮点工作，上报生态环境部、住房城乡建设部。沈阳市通过住房城乡建设部等三部门组织的竞争性评审，成为全国黑臭水体首批治理示范城市，获中央财政6亿元定额补助支持，年末到位2亿元。坚持开展黑臭水体沿河排查，推动辽河流域污水处理设施及管网建设；建立24小时值班制度，按照“接件快、转件快、落实快、反馈快”的原则，即接即办16件公众举报案件，上报档案材料19批次。

扎实推进行业发展。推进建筑行业稳步发展，深入落实促进建筑业持续健康发展工作方案和大力发展装配式建筑工作方案，加快传统建筑业向以装配式建筑为标志的建筑产业现代化转型升级，通过评估的装配式建筑面积达957万平方米，举办第七届建博会，成立东北地区装配式建筑产业技术创新联盟，召开第一届装配式建筑产业技术创新联盟东北分会会员大会，发挥国家示范城市的示范引领作用。建筑节能稳步发展，绿色建筑由点及面，取得扎实成效。强化建筑行业从严管理。编制建筑市场信用管理办法，强化行业监管，全面排查本领域涉黑涉恶问题；开展危险性较大分部分项工程、汛期深基坑等隐患排查专项整治，积极推进风险管控，建筑施工领域安全生产形势总体稳定；抗霾攻坚取得积极成果，空气质量优良天数285天，比上年增加29天。全面推动城市精致建设，实施长青桥跨河桥、“浑河两岸”二期滨水绿道、地铁人杰湖站换乘停车场等19个示范项目，编制《浑河滨水慢道系统精致建设导则》《沈阳市背街小巷环境综合整治设计管理导则》等18个相关技术标准、导则和规范等，努力提升精致建设水平。坚持“项目为王”，协调推动537个房地产开发项目加快建设，积极分析房地产市场形势，推动产业健康发展。同时，盘活停缓建工程，妥善解决历史遗留问题，推动12个项目复工建设。

积极实施创新改革。快速路111亿元的PPP（政府与社会资本合作）项目采取增量带动存量的运作形式，盘活存量资产资源，拓宽了建设资金融资渠道；同时，这个项目较国内其他同类PPP项目运作周期压缩一半以上时间，为全市PPP项目运作提供示范样板，有力促进城建计划的执行。牵头组织施工许可和竣工验收两个阶段的各项改革任务，完成全市审批制度改革试点70项工作中涉及的30项改革任务并取得阶段性成果，起草全市施工图联合技术审查、施工预许可审批、联合竣工验收等七个实施性文件。建立资质审批平台系统，资质审批实现全程网上办理。对标国内外先进城市，对全市7大方面公共服务进行全方位规划，完成建设东北亚高品质公共服务中心的顶层设计。（任 军）

城乡规划

【概况】 2018年，市规划部门本着城乡统筹、合理布局、节约用地的原则，科学实施精准规划，提升规划编制水平，加强城乡规划管理，充分发挥城乡规划的引领作用。

城市总体规划改革试点取得阶段性成果。稳步实施城市总体规划改革试点工作，形成“1+4+6+22”（1个总报告、4个中心规划、6个专项报告和22个专题研究）初步成果，成果被住建部作为范本在全国范围内推广。

中心城区控制性详细规划实现全覆盖。深入落实城市总体规划意图，积极推进未覆盖区域控规单元的规划编制、审批和街区层面的工作编制。中心城区147个单元控详规划方案基本全部编制完成，中心城区控制性详细规划基本实现全覆盖。

加快编制各类专项规划。中心城区海绵城市专项规划、停车专项规划、沈阳市垃圾收集（压缩）站布局规划经市政府业务会议审议通过；沈阳市绿地系统规划、沈阳市地下空间总体规划编制完成；完成变电站站址及路径规划、12条水系蓝线划定工作。

开展重点地区城市设计。重点开展“一河两岸城市设计”“新南站地区城市设

计”“盛京皇城地区城市设计”。对全市“双修”（生态修复和城市修补）工作开展研究，重点进行现状评估、生态修复规划、生态修补规划三方面工作。

历史文化资源得到进一步的挖掘与保护。完成第四批历史建筑认定工作；正进行对第五批历史建筑的认定，将初选名单上报市政府审定；完成《沈阳市工业遗产保护规划》和《沈阳历史文化资源挖掘与保护规划》编制工作。

（市自然资源局）

城建管理

【概况】截至年末，城建项开复工350项，累计完成投资301.6亿元，占全年计划100.5%。其中：市本级项目，185项工程全部开工，开工率100%，完成投资273.4亿元。独立投资项目，170项开复工165项，完成投资28.2亿元。

道路交通。地铁2号线北延线投入使用，4、9、10号线建设顺利实施，9号线年底通车试运行；中央大街、东塔跨河桥，怒江北街、陵园北街南段、小北关街平改立竣工通车；东一环快速路进行桥面施工，年底通车；二环富民、王家湾立交进行收尾工程；昆山西路贯通工程正常实施；彰北线（彰武县台门村至新民市北安村）柳河大桥主体完工，丹霍线（丹东至霍林河）巨流河特大桥完成桩基础施工；长青街新建桥梁年底通车，高架工程进行桩基和承台施工；胜利大街、浑南大道快速路，沈辽南阳湖节点开工建设；沈康高速公路延长线、四环快速路棋盘山段、（马官桥至宋家沟）改扩建二期、沈闫线（八棵树考试路至七朱公路交叉口）扩建工程进行PPP合同洽谈。

生态环境建设。完成南运河、新开河截污、清淤等水系治理工程，完成南运河、新开河、沈大边沟、细河、白塔堡河、南小河、造化排支等水系护岸改造、景观恢复、附属设施等工程，其中，市城建局运河截污工程总投资14.26 亿元，其中新开河截污工程投资 9.45亿元，南运河截污工程投资4.81 亿元，工程全部竣工；实施建成区内城市黑臭水体整治工程；完成滩地绿化补植、绿道提升改造、东部自行车道等浑河一河两岸浑河滩地提升工程；老虎冲、大辛和张士垃圾焚烧发电项目顺利实施；北部、沈水湾、仙女河和西部4座污水处理厂提标升级改造加快推进；东部污水处理厂开工建设；祝家污泥、老虎冲和大辛垃圾场渗滤液按计划处理；完成1.2万吨燃煤锅炉脱硝装置改造；淘汰306台20吨及以下工业和三产燃煤锅炉；拆除114台建成区内20吨及以下民用燃煤供暖锅炉。

配套设施。新建燃气管网70千米，更新改造老旧燃气管网195千米；完成76千米供热老旧管网抽换；完成1346千米供水管线联网改造；500千伏盛京变电站及滂江220千伏输变电工程顺利实施；完成北运河下游出口改造，柳条湖、望花等6处调蓄池的投入使用，完成二零四、北陵、华山等21个泵站改造，完成管渠清淤街路192条、275千米；完成119处行泄通道、45处易涝点、13条雨水支线、5160个雨水井口改造，对易涝点周边方迪家园、宏伟名都等20个小区进行海绵化改造；大伙房输水配套工程西部净水厂（二期）开工建设。

民生保障。提质改造120个老旧小区，改造完成棚户区1.66万套；进行世代龙翔、民欣家园公共租房收购，采取租赁补贴等方式完善保障性住房供应体系；改造391户农村危房；按照创卫标准，完成裸露地面覆盖293万平方米，整治560条背街小巷，改造农贸市场101个，改造公厕172座，完成垃圾收集站（压缩箱）密闭棚、道路果皮箱、公厕采购、垃圾分类等采购项目；拆除违章建筑953万平方米；“公交都市”创建按计划实施，新增、更新319辆老旧公交车；解决停车泊位20万个，增设交通智能化诱导屏，新建20处系统信号灯岗，同步完善重点地区指路标志和流量检测系统等交通设施。（李士强）

【《沈阳市人民政府办公厅关于推进实施环卫行业市场化改革的指导意见》】 2月6日印发。《意见》分改革目标、改革原则、改革范围和服务项目、改革措施、实施步骤、组织保障6方面内容。《意见》提出引入市场竞争机制和政府购买服务模式，积极构建“事企分开、管干分离，重心下移、市场运作”的环卫运行新模式和管理新机制的改革目标。《意见》提出推行公开招标、安置环卫人员、强化部门监管职能、行政事业单位国有资产处置管理4项改革措施。（志闻）

市政管理

【概况】 2018年，市城建部门围绕“精细化”管理总体工作目标，加强对市级市政设施管养单

位检查指导，相继开展春季市政设施、道路慢行系统等集中整治活动，市管市政设施维护管理水平明显提高。完成道路沥青路面维修20.3万平方米、方砖路面维修2.3万平方米、调补边石2.2万平方米、道路机非隔离护栏维修1.5万米、热熔盲道7413米。同时，完成桥梁维修504座次，桥梁水洗200.4万平方米，桥梁粉饰12.4万平方米，桥梁除锈4.8万平方米，声屏障维修3294米，泄水管维修4413米，地下通道维修60座次。严格按照国家生活垃圾卫生填埋标准，加强生活垃圾卫生填埋作业管理，无害化处理生活垃圾177.07万吨，其中老虎冲生活垃圾处理场84.97万吨，大辛生活垃圾处理场92.1万吨；渗沥液处理75.12万吨，其中老虎冲处理20.53万吨，大辛处理54.58万吨；沼气发电共发电上网4136万度，其中老虎冲发电上网880万度，大辛发电上网3256万度。

城市防汛。全市发布16次城市防汛预警令（其中一级2次、二级5次、三级9次），未发生重大险情灾情，无房屋倒塌，无人员伤亡，实现城市安全度汛的总体工作目标。4月初，开始开展城市防汛调研检查工作，完成对119处建筑深基坑进行实时监测和城区264栋、1104户危房避险预案。召开市2018年度城市防汛工作会议，对城市防汛工作进行全面部署。组织开展城市防汛演练工作，全市各重点城防单位实施防汛演练9次。完成《沈阳市易积水点位防控指导手册》《浑河城区段两岸堤坝洞口点位分布图》。全面开展城市防汛应急抢险工作。与多部门共同修订《沈阳市防汛指挥工作规则》。

举办沈阳市公共机构生活垃圾分类工作业务培训　（市行政执法局供）

生活垃圾处理。大辛生活垃圾焚烧发电项目，土建施工完成46.44%，焚烧炉安装完成57.76%，余热炉安装完成43.1%，烟气净化系统安装完成17.45%。老虎冲生活垃圾焚烧发电项目土建施工完成85.71%，焚烧炉安装完成41.73%，烟气净化完成43.2%。安装工程完成19.6%，其中焚烧炉安装完成10%，余热锅炉安装完成40.4%。老虎冲餐厨垃圾处理项目一期工程3月开始正式接纳处理餐厨垃圾，二期工程4月开始调试运行，全年接纳处理34594.67吨。大辛餐厨垃圾处理项目6月30日开工，完成项目入区协议签订、可研核准审批、PPP合同联合评审、施工图网上审查。大辛垃圾场积存渗沥液应急处理项目累计合格出水量30.6万吨，渗沥液处理量38.6万吨。老虎冲垃圾场积存渗沥液应急处理项目累计合格出水量21.4万吨，渗沥液处理量24.1万吨。渗沥液处理项目中，大辛渗沥液处理项目共处理渗沥液30.5万吨，累计处理渗沥液48.9万吨，老虎冲渗沥液处理项目累计处理日产渗沥液81.5万吨，基本实现两场新增渗沥液日产日清目标。　（市城建局）

【《关于加快推进生活垃圾分类工作的实施意见》】 3月1日印发。《意见》分指导思想、工作任务、重点工作、保障措施4方面内容。《意见》分别提出到2018年末、2020年末的工作任务。其中到2020年年末前，全面启动并推广深化生活垃圾强制分类工作，建立餐厨垃圾收运系统、有害垃圾收集处置系统、低值可回收物回收利用系统，建立健全生活垃圾分类法规政策标准体系、宣传发动体系、运行管理体系、执法监督体系等工作任务。《意见》明确推动公共机构实施生活垃圾强制分类等3项重点任务。

（志闻）

市政设施建设

【概况】 2018年，市城建部门运河截污工程总投资14.26 亿元，其中新开河截污工程投资 9.45亿元，南运河截污工程投资4.81 亿元，该工程全部竣工。机场路雨水系统改造工程在一期更换水泵

崇山路施工 （市政公用局供）

等相关设备的基础上，建设一体化泵站1座及其配套的进出水管道工程，该工程竣工并试运行。

【胜利大街快速路工程】 工程总投资16亿元，工程2017年9月开工建设，至2018年末，胜利大街阳光路立交工程和胜利大街跨长白西路桥工程2标段完成主体工程建设。胜利大街跨长白西路桥1标段和胜利大街跨浑南大道桥工程完成下部结构建设。胜利大街揽军路转体桥工程2018年12月启动工程建设。

【富民立交改造工程】 工程总投资1.08亿元，工程将二环与富民街现状菱形立交改造为全互通的扁苜蓿叶立交，并在家乐福超市前设置人行天桥。工程2017年8月开工建设，2017年11月具备通车条件。2018年，完成绿化、E线挡阻墙、地面道路沥青铺设、人行天桥等附属工程建设。

【崇山路高架桥潮汐车流改造工程】 改造工程总投资500万元，实施崇山路儿童医院至辽宁大学段高架桥潮汐信号、出入口限高架、交织段护栏等设施改造。该工程8月开工建设，10月工程全部竣工并投入使用。 （市城建局）

【东塔跨浑河桥通车】 8月20日，东塔跨浑河桥通车。东塔跨浑河桥位于沈阳市区东南部，浑河城市段上游，长青桥上游3000米，王家湾桥下游2000米。2017年1月1日，东塔跨浑河桥开始进场施工。工程北起二环路，南至祝科街，全长1460米，桥梁全宽43米，机动车双向8车道，设置非机动车道和进入公园的上下梯道。北岸接二环现状菱形匝道，南岸采用半苜蓿叶式匝道与南堤路互通。东塔桥建成通车后，从浑南东部祝科街至浑河北岸的沈河区的东塔、长青、方家栏地区乘车仅需5分钟，并缓解长青桥地区交通压力。

【中央大街跨浑河桥通车】 9月30日，沈阳最长跨河桥——中央大街跨浑河桥竣工通车，从铁西区到苏家屯区不需再绕行四环路。中央大街跨河桥工程路线全长2450米，其中主桥长1710米、北引道长295米、南引道长445米，是沈阳浑河上最长的跨河桥梁，也是第18座跨浑河桥梁。桥面设计为机动车双向6车道，设计时速60千米/小时。

【长青桥两侧新桥通车】 12月18日，长青街快速路工程跨浑河新建长青大桥通车。长青大桥主要包括在原桥东西两侧各新建一座新桥和老桥的加固维修。新建桥梁为单向双车道，并设有5米宽行人和非机动车混行道。通车后，长青桥将由双向4车道变为双向10车道，设计速度为60千米/小时。

（志闻）

村镇建设

【概况】 2018年，根据省、市工作部署，编制下发《2018年沈阳市农村环境卫生集中整治工作实施方案》，召开全市农村环境卫生集中整治工作会议，明确整治范围、整治内容、检查验收等工作重点；牵头开展两轮农村环境卫生检查暗访，及时发现和解决问题；会同市执法局等市直单位成立联合验收组，对农村环境卫生集中整治工作进行验收并报省农环治办备案；代表市政府作好迎接省检查验收的准备工作并通过验收。完成年度农村人居环境整治项目建设：完成600千米村内道路及边沟改造，12个宜居示范村创建，新建改造98处农村社区文体广场，实施康平县43个省定重点贫困村和新民市杏树坨子村等精准扶贫建设工程；启动实施祝家污泥处理场周边3村及沈北新区大辛垃圾场周边村庄环境建设项目，完成建设项目年度任务。完成2.7万座农村改厕和6.86万人农村安全饮水工程建设任务。

【《沈阳市农村人居环境整治三年行动实施方案（2018—2020年）》】 12月26日市委办公厅市政府办公厅印发。《实施方案》确定全市农村人居环境整治的指

导思想和基本原则，提出到2020年，全市农村人居环境整治取得显著成效，基本形成与全面建成小康社会相适应的农村垃圾污水、卫生厕所、村容村貌治理体系的总体目标。详细安排农村生活垃圾治理与秸秆综合利用、农厕改造与粪污治理、农村生活污水治理与村内河道整治、农村道路建设与村容村貌提升、村庄规划管理与历史名村保护、建立建设与管理长效机制等6项专项行动、24项重点工作和53项具体工作任务。《方案》还制定具体工作措施。（赵凌云）

供　电

【概况】 2018年，国网沈阳供电公司有全民职工5018人，农电用工1536人，集体职工1910人。公司售电量310.46亿千瓦时，增长4.49%，售电总量位居全省首位，并首次突破300亿千瓦时大关；服务客户总数在东北地区率先突破500万户；完成固定资产投资27.83亿元，投资规模创历史之最；投运66千伏及以上变电站6座，输电线路279.1千米，变电容量29.6万千伏安。

电网建设。在全省率先完成各电压等级电网精益化规划。强化发策、运检、建设、经研等专业协同，超前完成2020年电网项目立项评审和2019年新开工项目可研、核准工作。创新编制《发展专业法律风险防范手册》。促请市长3次召开电力建设领导小组会议，有效破解35项电网发展难题。500千伏盛京变进线工程全面开工。京沈客专3项高铁配套工程提前投运。12月1日，受阻近3年的66千伏前显输变电工程成功破阻并建成投运，创造地区66千伏输变电工程建设周期最短纪录。超额完成年度配网自动化改造任务。全面启动浑南自贸区和中德产业园“世界一流城市配电网核心示范区”建设。农网改造升级“两年攻坚战”工程通过省公司法人验收。小康电及贫困县工程全部竣工。深化基建管理体系变革，组建项目管理中心，在省内率先实现“建管分离”。落实基建改革12项配套政策，创新建立基建安全质量进度管理责任量化考核体系。

经营服务。全年替代电量5.71亿千瓦时。有序完成四轮一般工商业电价调整，节省用户成本4.21亿元。落实电费风险防控措施，应收及在途资金保持“双结零”。预收电费余额突破20亿元。全市费控预警及抄核收自动作业覆盖率分别达92.52%和99.08%。实施降损攻坚行动，治理高损台区5596个，追补违窃电费3882.71万元，同期线损台区合格率同提升27.58%。开展正风肃纪优化供电营商环境专项整治行动，整治窗口服务等七个方面问题。以“简化流程、下放权限、信息公开”为着力点，构建“大业扩”服务模式（以就近服务为原则，业扩联合作业中心为主体，属地供电服务单位为支撑，构建“供电企业员工多跑腿，客户最多跑一次”的业扩服务体系），业扩可控环节总时长平均缩短12个工作日，10千伏、400伏非居民客户平均接电时间分别缩短至80天和30天。在全省率先试点小微企业“简、快、省”（简环节、快接电、省成本）办电服务新模式，用户接电时长缩短至20个工作日内。超前完成4.45亿元项目包投资匹配。促请政府出台新建住宅小区电力配套设施建设支持性政策，实现设备选型、工程验收、资产接收、临时电等全方位规范管理。加快在途新建住宅供电工程建设，100天以上高压业扩项目结存压降率51.4%。深化“互联网+营销服务”，客户线上办电率和交费率分别达99.68%和65.28%。

企业管理。落实经济活动分

国网沈阳供电公司配网自动化工程（启动）现场会　（沈阳供电公司供）

析会制度，滚动优化经营策略。调整安全、物资等机构设置。公司被授予国网供电服务指挥中心（配网调控中心）建设标杆单位。有序完成薪点工资改革和职员职级序列建设。开展“绩效管理提升年”活动，实现组织绩效、全员绩效与员工收入紧密挂钩。多维精益管理体系在省内首家上线。持续开展“两金”（应收账款和存货占用资金）压控，清理全部逾期应收款2426.64万元。清理长期未完在建工程351项，压降余额14.93亿元。完成在建工程转资20.12亿元。开展问题清单梳理及整改再提升，累计整改问题190项。强化物资质量管控，约谈不合格产品供应商19家。完成13批授权招标采购，中标金额6.13亿元。废旧物资管理及处置效率保持全省领先。持续强化同业对标，对标典型经验入选入围数量位居全省首位。在省内率先开展县公司卓越绩效管理与评价。公司高分通过“标准化良好行为企业”AAAA级验收。编制下发《依法治企常态化指导手册》。开展宪法等法律法规全员学习。修订“三重一大”（重大决策、重要人事任免、重大项目安排和大额度资金运作事项）决策管理制度，严格重大决策合法性审核。开展触电案件压降专项整治，案件压降率达60%。开展“修章建制年”专项行动，新建制度104项，废止23项。成立党委审计工作领导小组和审计团队。完成领导干部任期经济责任审计和集体企业综合检查，全面督导问题整改。完成国网公司保密、资金安全、纪律审查、专项审计等迎检任务。

改革创新。规范市场化售电业务，直接交易电量34.1亿千瓦时，释放红利4100万元。在省内率先实现“三供一业”（含企业和科研院所在内的国企，将家属区水、电、暖和物业管理职能从国企剥离，转由社会专业单位实施管理）供电职权移交、协议签订和资产入账“三个百分之百”。提前完成集体企业瘦身健体改革任务。深化平台企业实体化运作，制定内控制度23项，集体企业“三定”（定员、定岗、定编）、薪酬理顺及绩效管理全面完成，并实现安全生产、优质服务、市场开拓等业务与属地同步考核管理。加快集体企业“两金”压控及清产核资，应收、应付账款全面厘清。电建集团成功与万科、中海等企业签订战略合作框架协议，企业市场竞争能力和盈利水平实现双提升。开展“管理创新年”活动，公司获省公司及以上成果奖21项。公司牵头的“节能导线”项目获得国家、行业和国网公司四项三等奖以上奖励。“大容量储热能源消纳关键技术”项目通过国家验收。高标准建成职工创新俱乐部。公司在国网第四届青创赛中取得一金、一银佳绩。

【确保恶劣天气电网稳定运行】 2月28日，沈阳地区出现年内最强大风雪雨天气，国网沈阳供电公司积极应对，及时启动防雪灾害应急预案，电力抢修人员在风雪中开展设备巡视和故障点查找，在最短时间内排除故障，保证沈城正常的生产生活用电。截至3月1日7时，沈阳地区处理10千伏系统跳闸19条23次，受理工单数量936件，处理率100%。

【智慧路灯多功能指挥厅投运】 9月29日，沈阳市路灯管理局新建成的智慧路灯多功能投入运行。智慧路灯多功能指挥厅对原有多个业务信息系统及运行环境进行整合、改造和升级，划分为操控指挥、模拟互动、路灯展品三个区域。监控人员通过指挥平台对全市路灯实时监控，受理故障报修，实现一键式开启。通过此次改造，将智慧路灯信息管理系统正式接入路灯指挥平台，成为路灯智能化管理的重要方式。智慧路灯具有智能照明、通信基站、视频监控、环境监测、LED信息发布、无线WIFI、新能源汽车充电、一键报警、GIS精准定位等多方面功能。

【沈阳地区用电户数增长居东北地区首位】 截至12月20日，沈阳地区用电户数突破500万大关，达到506万户，增长21万户，增长率4.26%，居东北地区首位。改革开放40年间，沈阳的用电户数由1978年的13.7万户增长到506万户，达36.9倍，年售电量由28亿千瓦时增长到310亿千瓦时，达11.1倍。

【管理创新成果获“零”的突破】 2018年，公司全面开展“管理创新年”专项活动，并取得较好成绩。管理创新获奖24项，其中国家级二等奖1项，电力行业级成果一等奖1项，辽宁省企业管理创新成果一等奖1项、二等奖5项，沈阳市管理创新成果一等奖4项、二等奖2项。“基于‘互联网+’研发‘抢派单’供电服务平台创建新型绩效管理模式”的管理创新成果首次获全国企业管理现代化创新二等奖、中国电力企业联合会电力创新一等奖，同时实现国家级、行业级成果“零”的突破。

【“安全精益管理提升年”活动】 2018年，公司编制完成典

型岗位责任清单，压实全员安全责任。创新安全督查“三队三清单”（安全监察大队、安监管理人员轮训梯队、安全讲师团；企业资信清单、检查督办清单、违章负面清单）模式，监察覆盖率达93.1%。严格入网企业和分包队伍安全管理，狠抓资质审查、负面清单和安全实训，安全管控能力大幅提升。吸取系统内外事故教训，开展“六查六防”（查安全责任落实、安全基础保障、消防隐患整治、现场安全管控、专业安全管理、迎峰度夏工作；防范大面积停电事故、人身死亡事故、重特大设备事故、重大网络安全事件、重大火灾事故、重特大交通事故）等专项督查，整改问题1415项。完成远郊4个县公司输、变电专业属地化运维。推广无人机、智能巡检机器人及县域带电作业技术应用，有效提升运检质效。高质量完成春、秋检及8座变电站综合改造。制定落实配网验收等工作标准，全面实施标准化验收，入网工程质量大幅提升。完成实物“ID”（电网设备资产编码档案）建设年度目标。D5000系统（电网运行调度技术支持系统）顺利切主运行。完成500千伏蒲河变出口整理、迎峰度夏抗高温保电等急难险重任务，确保电网安全运行和电力有序供应，得到省公司、市政府充分肯定。公司连续14年实现“安全年”。

【农村电网建设】 2018年，公司在市政府电力建设领导小组支持下，建立“政企联动”协同机制，高效解决农网工程施工受阻问题。公司小康电示范县工程、贫困县工程等农网工程顺利实施，新建及改造10千伏线路330.74千米，新建及改造变压器336台，新建及改造低压台区348个，新建及改造0.4千伏线路384.72千米，惠及供电用户82421户。经改造，沈阳地区农网供电可靠率由99.917%提升为99.9214%；电压合格率由99.94%提升为99.99%，沈阳地区农村电网供电质量及供电可靠性显著提升。（刘　军）

供　水

【概况】 2018年，全市日均供水量195万立方米。其中，地表水主要取自大伙房水库，占70%；地下水主要取自浑河和辽河水系漫滩区，占30%。供水人口781.5万人（含辽中、新民、法库、康平）。供水管网总长度9477千米，其中，市街管网4469千米、小区内网5008千米。城市公共供水的非居民用水计划用水率90.05%，自备井供水户计划用水下达率100%。（市水务局）

【优质国际化水务营商环境建设】 2018年，按照市委、市政府关于打造国际化营商环境工作要求，集团全力打造国际化水务营商环境：成立营商环境办公室，出台下发系列实施细则等规章制度。压缩办理时限，将原审批串联办理的工作全部改为并联办理。减少受理环节和要件，“零要件，即时受理”让用水申请足不出户就可办理。全年集团开展“企业服务日”活动48期，参与人数2004人次，服务对象374个，受理企业提出问题129件，解决问题129件，办结率100%。集团建立“水务用户体验馆”。为全面打造“体验式”+“习惯式”+“灵活式”的水务工作室进社区新模式，水务集团分别在三个营业分公司的收费站建立三所“水务用户体验馆”。

【沈阳水务“三城联创”专项工作】 2018年，按照市委、市政府深化创建国家卫生城市的总体部署要求，市水务集团组建12个创卫工作推进组，先后制定并下发《沈阳市深化创建国家卫生城市沈阳水务集团生活饮用水达标工作方案》等一系列创城相关文件，全集团完成创卫档案1913卷。按创卫要求，各水厂完成水源供水设备设施的拆除工作。二次加压泵站全面开展整治，完成泵站外墙粉刷127处，管路着色482处，安防设施修缮422处，房屋围墙修缮264处，更换比色剂1064个，配备记录桌椅198套。办理老旧小区许可证 621处。水务集团八水厂及3个泵站接受国家创卫技术评估检查，完成国家创城评估检查迎检工作。

【居民小区供水内网改造工程】 2018年，针对老旧小区内网和楼内躺杠进行改造，以达到减少管网漏失、降低运营成本、提升供水质量，保证水质安全的目的。全年总投资6.9亿元，计划改造1346千米管线，涉及市内7个行政区。年内完成改造410处居民小区1348千米管线，完成城建计划改造任务。改造后，水务集团的供水质量和服务水平得到进一步提高，得到政府方面的肯定和百姓的认可。

【大伙房水库输水配套工程西部净水厂（二期）工程】 2018年，浑南区大伙房西部净水厂一期旁新建一座设计规模为35万立方米/日的地表水净水厂以及长度约为430千米的输配水管线，项目总投资8.32亿元。工程惠及浑南、

和平、苏家屯、于洪和沈阳经开区，已取得净水厂建筑工程施工许可证，配合市政道路改造工程完成苏家屯段丁香街输水管线铺设DN900球墨铸铁管约1.8千米工程；净水厂与输水管线分成多段同时开工建设，至年末，西部二期净水厂工程完成产值约9000万元。（何璐）

供　气

【概况】 2018年，沈阳燃气集团服务用户262万户，供气范围覆盖除新民市、辽中区和苏家屯区部分区域外的全市各区（县），年供气量约10亿立方米，最大日供气能力600万立方米，总储气能力600万立方米，能够满足全市生产生活用气需要。1月24日，全市管道燃气日供量首次突破370万立方米，超2017年冬季最高的318万立方米，创历史最高纪录。公司有3座天然气接收门站；3座燃气储配站、1000余座调压站、14座汽车加气站；燃气管网8381千米，形成较为完整的高、中、低压燃气管网格局。

供气保障。面对年初全国性气源紧张的严峻形势，沈阳燃气积极协调，多渠道筹措气源。集团公司与中石油签订的年度供气合同总量6.88亿立方米，增长29%。随着法库地区陶瓷企业“煤改气”项目落地及公司供气结构发生根本性变化，天然气供应呈现“淡季不淡”的态势，天然气用量一直保持高位运行。为弥补供气缺口，通过天然气交易中心竞拍，采购LNG、CNG等车载气源进行应急补充，竞拍天然气2.36亿立方米，采购LNG2.2万吨、CNG3979万立方米，保障全市稳定供气。

基础设施建设。完成老旧燃气管网改造198千米，重点实施崇山路、热闹路等市街管网改造工程。新建市街燃气管网124千米，重点实施的利源轨道项目增加新的气源点，中德大街、东平湖街、304国道、中央大街等工程为形成环状供气格局奠定基础。高压环线一期建设工程稳步推进。青台子门站建成并投产运行，气源接收能力进一步增强。家具园、自贸区、祝家地区等区域实现管网全覆盖。完成28个低压环网建设项目，解决69个小区单向供气问题。实施法库21户陶瓷企业的供气设施技术改造，确保各陶瓷企业按时投产。完成32座高中调压站的智能升级改造及远传调试工作，完成大青储配站等30项技术改造。

【居民天然气价格联动机制建立】 9月12日，沈阳市理顺居民天然气销售价格及建立价格联动机制听证会召开。经市政府同意，决定建立全市天然气销售价格联动机制，理顺居民用气价格。居民用天然气销售价格调整为3.16元/立方米；非居民用天然气销售价格调整为3.82/立方米。

【抚顺青台子门站建成投产】 9月28日，沈阳燃气青台子门站正式建成通气。青台子门站主要功能是接收中石油大沈线天然气，向沈抚地区供气，同时也可对向沈阳市区内供气。门站占地面积约1.3万平方米，分为办公区和生产工艺区，2017年4月开工建设。

【法库天然气日销售量突破百万立方米】 2018年，集团公司盘活法库陶瓷工业园区市场，陶瓷工业园内30余户陶瓷生产企业相继与公司签订供气合同，法库地区最高日供气量达到150万立方米，全年燃气售量达到2.9亿立方米。（燃气集团）

供　热

【概况】 2018年，沈阳市区（不含辽中、新民、法库、康平）供热面积3.25亿平方米，其中住宅2.44亿平方米，占全市供热总面积的75%；非住宅0.81亿平方米，占全市供热总面积的25%。集中供热面积3.03亿平方米，集中供热率93%。居民热用户334万户。全市供热经营单位188家（清洁能源供热61家，燃煤供热127家）。城市供热运行总体平稳，重点工程项目超计划完成。暖期“三修”（内网维修、外网改造和设备维护）等前期准备工作抢先抓早，9月底前，“三修”任务全面完成，总投资5.9亿元，增加3.5%。重点问题区域整改、储煤、收费、应急等情况明显好于往年。对上一采暖期投诉较多、设备故障率较高的12处区域5358万平方米进行全面整改，涉及居民66万户，供热诉求大幅下降，沈阳市在省民心网群众满意度评比中继续名列全省第一。按照省委、省政府的要求，淘汰和改造民用燃煤小锅炉房任务完成62座114台，改造供热旧管网134千米，均超计划完成年度工作任务。（贺亮）

二十四、环境保护

综 述

2018年，全市生态环境保护全力抓好督察整改，全力打赢打好污染防治攻坚战，推动生态环境保护工作取得突破性成就、发生根本性变革。空气质量方面，省政府要求空气质量优良天数达到236天以上，细颗粒物（PM2.5）年均浓度低于60微克/立方米。沈阳市空气质量优良天数达到285天，细颗粒物（PM2.5）年均浓度为41微克/立方米。水环境质量方面，省政府要求劣五类水体比例不高于5.88%（1个水体断面），建成区黑臭水体比例不高于10%，集中式饮用水水源水质达标率100%。沈阳市建成区黑臭水体全面消除；集中式饮用水水源水质达标率达到100%；17个河流断面中，8个未达标（东陵大桥、七星湿地、八间桥、旧门桥、于家房、蒲河沿、于台、东羊角），其中劣五类5个，断面水质没有达到省考要求。污染减排方面，省政府要求以2015年为基数，化学需氧量、氨氮、二氧化硫和氮氧化物分别削减10.8%、10%、12%和10%。全市上报削减化学需氧量2.608万吨、氨氮2150吨、二氧化硫2.556万吨、氮氧化物1.650万吨，比2015年分别下降10.8%、11.35%、25.23%和19.96%。

全面加强党对生态环境保护工作的领导。深入学习践行习近平生态文明思想，将其纳入市委理论中心组、党校干部培训学习内容。强化落实党政主体责任，生态环保目标责任状实行“党政同签”，生态环保工作纳入党委综合决策。严格监督考核问责，实施领导干部自然资源资产离任审计并逐步常态化，对19家市直单位和13个区县（市）政府生态环保工作进行全面考核，对秸秆焚烧防控不力情况问责417人次。

全面深化改革推动形成新型高效污染治理模式。创新工作模式，引入第三方实施巡查监管，聘请专家顾问团队，建立监测监控网络、污染源解析系统、应急响应体系，实施挂图作战和周排名、月考核、季扣款，精准治污工作机制趋于成熟。夯实工作基础，推广浑南区第二次污染源普查试点经验，完成18313户企业、1477个行政村、415个排污口调查；加快编制《沈阳市城市环境总体规划》和大气、水环境质量限期达标等专项规划，推动科学有序发展。加大工作投入，市本级预算安排投入环境保护项目资金50.69亿元并拨付到位。丰富工作手段，划定1379.03平方千米、占总面积的10.72%的生态保护

244

红线，制定负面清单、实施准入限制，纳入“多规合一”管理平台；实行排污许可制度，累计核发火电等20个重点行业排污许可证183家。完善工作制度，印发绿色发展指标体系，开展62户重点企业碳核查推动碳交易，引导绿色发展和循环低碳转型。

深入推进中央生态环保督察整改。把落实督察整改作为重要政治任务和重大民生工程抓实抓好，制订补充整改方案，组建专项推进组并实行领导包案，督察整改取得扎实成效，案件办理“12小时”精神被全国推广，一批积重积久积难问题整改有效推进。中央环保督察23项整改任务中，12项基本完成整改，9项达到序时进度，2项未达到序时进度（污水厂提标改造和祝家污泥处置）要求；1590件交办案件整改销号1559件，销号率98%；督察“回头看”期间交办的1388件案件全部办结；督察“回头看”期间启动问责36件、62人。

抗霾攻坚取得新成效。强化“煤尘车炉”系统整治和秸秆禁烧专项管控。新增清洁供暖面积500万平方米，三环内基本实现型煤替代，削减燃煤总量100万吨；严格落实在建工地7个100%防尘措施，街道机械化清扫率达到90.4%；新能源及清洁能源公交车达到4503台、占比76%；淘汰燃煤小锅炉420台，基本取缔建成区20吨以下燃煤锅炉，完成燃煤锅炉脱硝1.2万吨；查处秸秆焚烧火点168处、扣款8300万元；累计治理VOCs（挥发性有机化合物）重点工业企业和汽修单位688家，安装油烟净化装置9954家，清理整治露天烧烤2.5万余处次。大气优良天数增加29天，重污染天数仅为2天，PM2.5、PM10和SO2平均浓度分别下降19.6%、14.8%和29.7%，抗霾攻坚进入成果集中释放阶段。

水环境治理取得积极进展。科学评价浑河等4条河流现状，实施66项断面水质达标工程措施、并完成47项。新建改造污水处理厂17座，11家省级以上工业集聚区污水处理设施稳定达标运行，污水处理厂提标改造全部完成，建成区污水收集率达到100%。摘除雨污混接点552个，治理污水直排31处，获评全国黑臭水体治理示范城市。完成6.86万户安全饮水工程。水源地保护区标志牌全覆盖，加油站地下油罐防渗改造完成94.5%。34座万吨以上污水厂稳定达标运行，污水收集管网日趋完善，水质改善短板一一补齐，水环境质量改善基础逐步牢固。

土壤污染防治有序实施。开展土壤污染详查，核实农地点位2046个，完成450户重点行业企业信息采集，发布第一批污染地块名录。出台《土壤污染治理与修复规划》，实施35.1万平方米污染场地治理修复。提升固废垃圾处理能力，日处理能力7500吨的大辛等3座焚烧发电项目将按计划投产运行，铁西年处理能力3万吨危废焚烧和辽中固废填埋二期项目不断推进，餐厨垃圾集中统一收运、日收运量达403吨。老虎冲、大辛积存渗滤液累计处理70万吨，祝家堆存污泥累计处置40.1万吨、处置率达到42.2%，污水处理厂污泥安全处置率100%。土壤环境风险得到进一步管控。

强化农业农村污染防治。整治畜禽养殖污染，划定浑河等6条河流禁养区358.89平方千米、其他25条河流禁养区484.25平方千米，搬迁关闭194家养殖场，完成标准化规模养殖场建设项目11个，畜禽养殖废弃物综合利用率76%。推进秸秆综合利用，收获秸秆446.4万吨，秸秆还田196.7万亩（13.11万公顷），综合利用402.61万吨。开展宜居乡村建设，改造村内公路及边沟600千米，新建98处文体广场，实施43个基础设施工程，建设12个宜居示范村。

强化自然资源和生态环境保护。实施“绿盾行动”，完成省排查2个问题的整改并上报省林业厅申请验收销号，开展6个自然保护区自查，针对43个违法违规问题“一事一策”制订整改方案并积极整改。强化129万亩（8.6万公顷）的湿地管控，完成造林15万亩（1万公顷）；救护野生动物1500余只。

强化环境应急和监管执法。提高重污染天气应急能力，完成100个大气微型监测子站、3个大气边界监测站、3个VOCs监测站和1个多模式立体复合超级站的建设，启动气象环保联合会商800余次。对环境违法行为“零容忍”，检查企业3.1万户次、立案289件，涉行政拘留移送案件11件，涉环境污染犯罪移送案件6件，处罚金7690万元。

强化环境宣传教育。“中华环保世纪行”、“六五”主题环境日宣传活动成效显著，各类媒体播发沈阳市环境保护新闻596篇，开通“沈阳环保”微信订阅号、发布信息1800余条，官方网站主动公开信息5612条，开展环保志愿服务活动400余次，官方微博关注超过41万次，不断营造全社会生态环保氛围。（范士纯）

污染减排

【概况】 2018年，市环境生态管理部门组织落实城镇生活污水处理厂提标改造工程、城镇生活垃圾处置、黑臭水体治理、清洁能源替代、关停淘汰小锅炉等主要减排工程措施，形成预定的减排量，从工程减排的角度，完成2018年度主要污染物减排工作任务。

实施水减排工程。新增西部二期、浑南桃仙、棋盘山泗水、棋盘山开发区、于洪沙岭、造化、蒲河北二期、辽中近海、新民兴隆堡9座污水处理厂、总计处理能力52万吨/日、处理水量6109.85万吨/日；新增北部、沈水湾、仙女河、满堂河、西部一期、上夹河6个污水处理厂实施一级A提标改造工程，处理能力总计为121万吨/日、处理水量总计103.19万吨/日；新增经济技术开发区中水深度处理系统再生水利用项目1个、处理能力1600吨/小时（万吨/日）、处理水量3.8万吨/日，削减化学需氧量422.06吨、氨氮187.22吨；新增沈阳市正东升种猪场等128个规模化畜禽养殖场（小区）粪污治理与资源化利用工程项目；新增大辛城镇生活垃圾场渗滤液处理处置项目，处理能力2000吨/日，实际垃圾日处理量3400吨/日；新增辽中区、新民市、法库县3个农村生活垃圾处理处置项目，年处理垃圾17.58万吨；新建英达污水处理站等21个农村分散型污水处理设施，处理能力2.09万吨/日，处理水量1.78万吨/日；关停沈阳德宝享泰种猪养殖有限公司等92个畜禽养殖场。

实施大气减排工程。完成沈阳金山能源股份有限公司金山热电分公司、国电东北电力有限公司沈西热电厂、国电康平发电有限公司3户火力发电企业燃煤机组超低排放改造，改造机组6台，装机容量2260百万瓦；完成沈阳金杯车辆制造有限公司等145个清洁能源替代项目；完成沈阳市沈河区房产局热力供暖公司（小西热源）等14个其他工业行业排放改造工程，其中11个为脱硫改造工程、3个为脱硫脱硝改造工程；关停散乱污企业整治数量536户，其中省核定82户企业符合减排工程要求。

完成5座污水厂提标改造工程。完成仙女河污水厂（40万吨/日）提标改造工程。该工程总投资6.47亿元，3月27日挂网招标，4月12日进场施工。该工程分应急区、改造区、新建区3个区建设，应急区9月5日具备独立通水条件，改造区10月27日通水并与应急区联动调试，应急区、改造区、新建区三区12月25日通水调试。完成满堂河污水处理厂（2万吨/日）提标改造工程。该工程总投资7900万元，6月5日完成招标并进场使用，11月30日进水调试，12月24日通水运行。完成沈水湾、北部、西部一期污水处理厂提标改造工程。3座污水厂出水指标基本稳定达到一级A标准。3座污水厂收尾工程全面复工，水质验收和环保验收工作正在稳步推进。

燃煤锅炉淘汰。沈阳市在省政府下达228台燃煤小锅炉淘汰任务的基础上，计划淘汰燃煤小锅炉365台（其中市生态环境局负责拆除工业与三产业燃煤锅炉300台，市房产局负责拆除民用供暖燃煤锅炉65台）。市生态环境局将燃煤小锅炉淘汰作为重点工作进行部署，将任务指标分解到各地区政府，并定期调度锅炉淘汰工作进展情况，及时协调工作中遇到的困难。实际淘汰燃煤锅炉420台，超额完成年初制定的工作目标。

燃煤锅炉脱硝改造。沈阳市计划实施5000蒸吨燃煤锅炉脱硝改造工程，并将改造项目列入2018年第一批城建项目投资计划，对改造企业给予资金支持。市生态环境局起草《沈阳市环境保护局关于火电行业及燃煤锅炉执行二氧化硫与氮氧化物特别排放限值的通知》和《沈阳市城建计划燃煤锅炉脱硝工程项目实施方案》，推动城建计划燃煤锅炉脱硝项目开展。纳入城建计划的63台燃煤锅炉脱硝项目全部按时完成；另有90台没纳入城建计划的燃煤锅炉完成脱硝设施建设工作。总计完成脱硝改造1.2万蒸吨，比年初计划超额完成7000蒸吨。 （范士纯）

【《中共沈阳市委沈阳市人民政府关于全面加强生态环境保护坚决打好污染防治攻坚战的实施意见》】 8月31日印发。《意见》包括深刻认识生态环境保护面临的形势、深入贯彻习近平生态文明思想、全面加强党对生态环境保护的领导、总体目标和基本原则、推动形成绿色发展方式和生活方式、坚决打赢蓝天保卫战、着力打好碧水保卫战、扎实推进净土保卫战、打好农业农村污染治理攻坚战、加快生态保护与修复、有效防控环境风险、改革完善生态环境治理体系12方面内容。

【东部污水处理厂（一期）工程开工】 10月4日，由沈阳水务集团承建的沈阳市东部污水处理厂（一期）工程正式开工建设，项目总投资1.6亿元。该项目是收

集沈阳市东北部污水，经过集中处理达标后排放的一项环境治理工程。东部污水处理厂北起沈吉高速，南至二环路，西起新东四街，东至金家街，占地6.5万平方米，区域总汇水面积约24.7平方千米。其中，一期污水处理厂工程建设计划2019年12月完工。

（志 闻）

环境监督管理

【概况】 2018年，市生态环境管理部门围绕全市环境保护重点工作，推进新常态下监察执法工作的有效落实。制定2018年度生态环境监察计划，修订污染源名录库，组织全市开展2018年生态环境监察执法工作。通过"双随机"抽查和专项执法行动等执法手段，提高执法效能。全市立案289件，下达行政处罚金额7689万元，按日计罚1件，查封扣押案件84件，涉行政拘留移送案件11件，涉环境污染犯罪移送案件6件，环境违法行为得到有效遏制。

大气执法行动。印发《沈阳市采暖期大气污染专项执法行动工作方案（2017—2018）》《关于开展2018—2019年采暖期大气污染专项执法行动的通知》等文件方案，全市以疑似超标在线监测数据为主要线索，对发现的疑似在线超标问题及时调查问题原因，全力督促企业加强污染治理设施运行。发现各类环境问题950个，立案调查44起，其余问题均现场责令改正。

水专项执法行动。制订《沈阳市水体达标综合执法方案》，对全市涉水企业进行全方位执法检查，发现各类环境问题30个，立案调查16起，其余问题均现场责令改正。

噪声专项执法行动。为给全市广大考生提供安静的学习、休息和考生环境，组织全市开展中、高考期间的环境噪声专项执法行动。各环境监察机构安排人员对各校园考点周报实行噪声环境的专人死看死守，落实监管责任，保障无噪声扰考问题发生。

【五大重点专项行动】 2018年，市生态环境管理部门组织全市重点开展涉VOCs（挥发性有机化合物）企业、燃煤企业、涉水企业以及涉废旧铅酸蓄电池收集和处置企业及自然保护区专项行动五大专项行动，在全市启动一次全员参与的环境执法检查风暴，查处一批严重环境违法行为，推进环境质量提升。

【食品安全专项执法行动】 2018年，为保障全市创建食品安全城市工作顺利实施，市生态环境管理部门进一步加强对食品相关重点行业、企业的监察执法力度，对发现的30起环境违法行为依法进行查处。

（范士纯）

环境科研监测

【概况】 2018年，市生态环境管理部门承担科研课题3项、国家标准制定5项。3项课题中，1项课题通过验收，1项完成研究，1项在研。5项国家标准中，《环境空气 苯并（a）芘的测定 高效液相色谱法》（HJ956-2018）标准正式发布，《水质 多环芳烃的测定 液液萃取或固相萃取 气相色谱—质谱法》等4项标准处于实验室研究阶段。

【《大气细颗粒物载带组分对慢阻肺发病影响及关键技术攻关》课题】 2018年，本课题处于研究报告编制和论文发表阶段。年内，推进课题各项研究工作，课题主要攻关内容有三方面：通过对沈阳地区大气颗粒物 PM2.5浓度进行连续实时监测，了解PM2.5 载带组分的暴露水平与慢阻肺的关系，分析其主要污染元素、污染程度和来源。用采集的PM2.5冷冻干燥再处理后染毒大鼠，用免疫组织化学、流式细胞术、全基因组芯片和生物信息学分析等实验方法。

【《沈阳—川崎城市间环境空气颗粒物源解析项目》课题】 2018年，项目周期为2年。按计划完成春夏秋冬四个季节PM2.5受体源解析样品采样、分析工作，并同川崎市综合环境研究所开展同一试样比对分析研究。项目开展过程中，双方主要交流大气颗粒物、VOCs等来源解析技术，完成颗粒物来源解析研究并形成报告初稿。5月，双方商定2019年将开展大气VOCs来源解析研究，就大气VOCs污染治理技术开展进一步交流。

【《沈阳地区臭氧时空分布特征及形成机理研究》课题】 2016年，市科技局针对国家级重点实验室投资150万元，设立2个课题，本课题是其中之一，预算50万元。2018年，该课题通过市科技局验收。该课题研究表明：沈阳市臭氧污染逐年增加，城市近郊区臭氧浓度最高，城市次中心次之，而城市中心区最低；下垫面为建设用地的臭氧度最高，其次是耕地，最低的是林草地；环境空气VOCs浓度与臭氧呈负相关，说明VOCs参与光化学反应，且活性较强。

（范士纯）

二十五、开发区·功能区（园区）

中德（沈阳）高端装备制造产业园

【概况】 2018年，中德园规模以上工业总产值750.7亿元，增长11.7%；全口径税收99.4亿元，增长15.3%；固定资产投资50.5亿元，增长27.6%。体制机制改革取得初步成效，按照省市要求完成开发区（园区）改革，进一步加强和规范机构编制管理。推进“中德开”（中德园开发建设集团有限公司）、“中德发”（中德国际产业投资发展集团有限公司）两公司实质化运营。“中德开”推进12个重点项目建设，完成76.8亿元的中德园基础设施PPP项目策划与招标。“中德发”推进19个项目签约落地，参与投资设立2个融资租赁公司，3支基金进入组建或报批阶段。招商引资项目建设实现新突破，引进项目81个，总投资额699.02亿元，包括投资200亿元的华晨宝马铁西新厂、投资50亿元的三生医药产业园等亿元以上项目47个。续建项目37个，开工率100%；新开工项目32个，竣工项目35个。承接市级土地审批权限，完成20宗土地交易，成交总面积146.56公顷，成交金额7.67亿元。不断夯实“一个平台、五大体系”建设，建设“一站式”企业服务中心，为企业提供全生命周期、全过程、全链条的服务。夯实“五大体系”（双元制职业教育体系、知识产权保护体系、工业互联网服务体系、融资服务体系、技术提升服务体系）建设，中德学院、华晨宝马培训中心开工建设；设立知识产权保护窗口；依托SAP（企业管理解决方案）等为园区75户企业开展技术诊断。被授予全国模范劳动关系和谐工业园区称号。对外开放持续深化，积极响应“一带一路”倡仪，推进中欧班列直达中德园宝马铁西厂区。建设德国海德堡、瑞典韦斯特罗斯、深圳、沈阳离岸创新中心。加强经贸交流，举办德国“沈阳铁西日”、“沈阳遇见海德堡”中德合作论坛、德企沈阳行—中国制造2025与德国工业4.0对接交流研讨会，北京、深圳招商说明会等活动。基础设施建设不断完善，按照新发展理念，不断完善中德园总体规划、控制性详细规划、城市设计；完善路网、电网改造；完善公共服务配套，外籍人员子女学校正式成立并开学。宝马青年公寓一期2526套交付使用，其中546套已入住。

【国家国际科技合作基地（国际创新园类）获批】 2月，科技部批复认定中德园为“国家国际科技合作基地（国际创新园

类）”。到年末，中德园创新能力不断提升。在柏林与德中研发创新联盟、辽宁省产业技术研究院签署三方合作战略协议，拓展国际科技合作交流。东北大学新材料研究院、智能制造研究院落户园区。实施“双培育工程”，新增规模以上工业企业15户，新增高新技术企业12户，新增科技“双培育”入库企业10户。打造5G智能园区，在沈阳率先启动5G园区网络规划建设。

【“沈阳遇见海德堡”——中德合作论坛】 5月7日在德国海德堡市中德科技大厦举行，由中德（沈阳）高端装备制造产业园管委会和中德科技园控股有限公司主办，沈阳市政府、德国海德堡市政府共同支持。沈阳市与海德堡市政界、工商界100余人出席论坛活动。这次论坛成果丰硕，智能电动自行车、高速图片处理、节能环保锅炉、轻量化泡沫铝板4个项目现场签约。市长姜有为和海德堡市长埃卡特·维尔茨纳博士共同为“中德（沈阳）装备制造产业园德国离岸科技创新中心”揭牌。

【德企沈阳行——中国制造2025与德国工业4.0对接交流研讨会】 5月19日在沈阳举行。会上，市长姜有为致辞，被誉为“工业4.0之父”的德国国家科学与工程院院长孔翰宁，以及中德总商会、思爱普、戴姆勒-克莱斯勒、新松机器人、沈阳机床等机构和企业的专家、企业家发表演讲，交流分享推进德国工业4.0和中国制造2025的经验和做法。

【德国“沈阳铁西日”活动】 6月27日，第三届中国沈阳·铁西日活动在德国奥格斯堡市举行。奥格斯堡市政府、协会、当地企业代表100余人应邀出席。在交流日现场，为入驻中德园的德籍人士提供配套的德语国际学校、德语国际幼儿园项目正式签约；隐形冠军企业Hubschmann GmbH与中德园正式签署投资协议；奥格斯堡工业产业园与中德园签署战略合作协议。

【华晨宝马铁西新厂开工】 10月11日，宝马集团中国战略协议签字仪式暨华晨宝马铁西新厂开工仪式在中德园举行。华晨宝马铁西新厂投资30亿欧元，规划占地面积2.9平方千米，产能40万辆。

【外籍子女学校开学】 10月30日，沈阳盍碧玺曼詹外籍人员子女学校正式开学。学校是东北第一家拥有外籍人员子女教育执照的国际学校。学校以德语、法语、英语等教学，采用国际化教材，与欧美国家的教育考核体系实现无缝链接。学校的成立得到德国巴伐利亚州教育部的大力支持，是中国第4家可以提供德国文凭的学校，是德国奥格斯堡-鲁道夫·狄塞尔国立综合学校在中国唯一的姊妹学校。学生在这里将接受到与德国本土完全相同的教育，且学分互认。

【获授全国模范劳动关系和谐工业园区称号】 12月，中德园获人力资源社会保障部、全国总工会、中国企联、全国工商联评选的“全国模范劳动关系和谐工业园区”称号。中德园全面提升企业服务水平，建设“一站式”企业服务中心，夯实“五大体系”，组建项目服务和企业服务专门队伍，成立“中德园企业家俱乐部”，完善园区配套设施，解决企业职工在就医、就业、就学、住房等方面问题，降低企业的通勤成本，开通中德园一号班线，提供拎包入住的青年公寓，解决员工后顾之忧。

【承诺制审批入选国家审批改革百佳案例】 2018年，优化升级承诺制审批改革方案，扩大承诺制审批试行范围，不断提高审批效率。截至年末，为宝马高压电池、中德园标准厂房（二期）等22个项目办理承诺制审批相关手续。该做法成为沈阳市全面创新改革可复制推广经验，上报国家并入选全国审批改革百佳案例。

【离岸创新中心服务】 截至2018年，中德园建设德国海德堡、瑞典韦斯特罗斯、深圳、沈阳离岸创新中心，为企业在国际协同创新、高新科技成果转化、柔性人才引进、合作项目对接、金融支持等方面提供服务。沈阳离岸创新8户企业首期入驻签约，服务合同金额10亿元。深圳离岸创新中心与辽宁省、深圳市签订战略合作协议，成为沈阳工业大学粤港澳校友创客基地。 （张大鹏）

沈阳经济技术开发区

【概况】 2018年，沈阳经济技术开发区规模以上工业总产值1948.8亿元，增长1.3%；固定资产投资157.5亿元，增长-2.6%；公共财政预算收入82.2亿元，增长15.4%；实际利用外资2.65亿美元，增长5.8%。

工业经济。装备制造业发展迈出新步伐，米其林沈阳轮胎有限公司、安川电机沈阳有限公司、沈阳恩斯克有限公司等一批企业增资扩产，沈鼓集团成为国家级服务型制造示范企业，沈阳三一重装有限公司增长105%。汽车及零部件产业蓬勃发展，产值增长11.5%，其中，宝马铁西工

1月31日，中德（沈阳）高端装备制造产业园管委会等与三生制药集团举行签约仪式

（沈阳经济技术开发区供）

厂增长10.5%，新能源汽车产值增长326%。医药化工产业发展态势良好，产值增长13%，其中，东药集团和沈阳三生制药股份有限公司分别增长45%和51.5%。战略性新兴产业快速增长，产值占工业产值比重25.8%，铁西成为全国14个战略性新兴产业集聚区建设真抓实干成效明显市（区）之一。

农业发展。农业总产值14.6亿元，增长9.5%。贯彻落实乡村振兴战略，专门出台促进现代农业发展若干政策，彰驿街道农村电商示范村建设不断加快，盛京驿站、兴龙农场、谷源等一批“农字号”都市休闲旅游品牌逐步形成。开发区启动沈阳首届丰收节仪式。

招商引资。新组建招商中心，开展“三引三回”活动，举办“德企沈阳行”“德国铁西日”等活动。洽谈储备项目211个，签约亿元以上项目89个，其中50亿元以上项目7个、20—50亿元项目9个，总投资140亿元的恒大养生谷项目正式签约。总投资200亿元的华晨宝马新工厂、70亿元的SC35碳纤维产业园、50亿元的北方生物医药工业园等一批重大项目当年签约、当年奠基。实际利用外资2.65亿美元，实际引进内资106.1亿元。

项目建设。成立项目（企业）服务中心，建立“管家式”服务体系，开通企业服务“直通车”，开展“百人进千企”服务行动。开复工亿元以上市重点项目163个、开复工率100%，其中50亿元以上项目4个、20—50亿元项目10个。中车中钛高端钛合金零部件产业园、微控新能源、国信优易大数据创新创业基地等56个新动能项目开工，增长60%。市重点项目数量、开复工数量和完成投资等指标均列全市首位。

对外贸易。“沈满欧”国际班列直达宝马铁西工厂，打通对欧贸易的大通道。进出口总额200亿元，增长6.9%，外贸出口总量稳居全市首位。开发区被评为“国家外贸转型升级基地”。

行政体制。开发区全面实行“承诺制审批”并入选“全国审批改革百佳案例”，在全市率先启动“审核合一、一人通办”（坚持“谁受理谁审批谁负责”的原则，窗口登记人员全权负责受理、核准、审批全流程。同改革前相比较至少压缩2个环节）登记制度，加快推进营业执照“全程电子化”网上审批，实行“最多跑一次”审批。

国资国企改革。东药集团二次混改成功引入民营资本。沈阳机床集团入选国务院国企改革“双百行动”（3月，国资委发布《关于开展“国企改革双百行动”企业遴选工作的通知》，决定选取百家中央企业子企业和百家地方国有骨干企业，在2018—2020年期间实施“国企改革双百行动”，简称“双百行动”），沈阳北方重工集团有限公司和沈阳铸锻工业有限公司加快司法重整步伐并召开第一次债权人大会，沈鼓集团通风公司确定混改方案。

生态环境建设。开发区通过国家级生态工业园区复审。碧水工程方面，细河三环至四环段黑臭水体治理工程全面完工，四环外黑臭水体整治工程正式启动，胜科水源地保护工作扎实推进。彰驿街道（新民屯）污水处理厂和农村小型污水处理设施调试运行。浑河防洪治理工程正式开工，铁西新城综合管廊加快建设，化工园地下管网改造及雨污分流工程有序推进。

【机床集团工业云跻身中国十强】 2018年，沈阳机床集团以i5数控系统为基础开发的iSESOL工业云平台，入选“中国十大工业云平台”。该平台为企业和个人

沈阳经济技术开发区主要经济指标

表24

指标	单位	2018年	同比增幅（%）
开发区面积	平方千米	448	0
企业户数	户	7728	17.4
#内资	户	7482	17.3
外资	户	246	19.4
全区从业人员	人	194079	-10.2
地区生产总值（两区数据）	亿元	932	3.6
规模以上工业总产值	亿元	1948.8	1.3
固定资产投资额	亿元	157.5	-2.6
社会消费品零售额（两区数据）	亿元	638	8.1
实际利用外资（两区数据）	万美元	26508	5.8
公共财政预算收入	亿元	82.2	15.4
公共财政预算支出	亿元	47	49.4
税收总额（地方税收收入）	亿元	80.4	14.5
一般公共预算收入	亿元	71.2	34.5
一般公共预算支出	亿元	31.4	16.0
税收总额（地方税收收入）	亿元	70.3	35.5
商品房销售面积	万平方米	105	55.4

（经开区）

客户群体提供社会化协同的一站式云制造服务。（黄颖）

沈阳金融商贸开发区

【概况】 2018年，沈阳金融商贸开发区一般公共预算收入25.40亿元，下降12.5%；税收收入39.7亿元；固定资产投资27.14亿元，增长17.9%；服务业增加值335.58亿元，增长7.7%；实际利用外资6643.5万美元，增长45.7%；实际到位内资40.42亿元，增长45.1%。进出口总额9.98亿元，增长34.9%；2018年开发区（园区）党政领导班子考核等级为一等，第二名。截至年末，开发区有各类金融机构959家，其中传统金融机构409家，其他小贷、融资担保、融资租赁等金融类机构550家，市级及以上各类金融机构501家，占全市的56%。金融业的集聚发展同时产生金融人才的集聚效应。开发区金融从业人员5.7万人，占全市的49.5%（全市11.52万人）。据统计，开发区金融机构数量和业务量占全市半壁江山，开发区金融集聚和辐射能力不断增强。2月26日，沈阳金融商贸开发区成功纳入《中国开发区审核公告目录》，为开发区入选国家级奠定基础。8月14日，沈阳金融商贸开发区开展资本市场宣讲活动，业界专家就资本市场相关政策与情况进行讲解。10月16日，根据《市编委关于沈阳金融商贸开发区管理委员会主要职责、内设机构和人员编制规定的通知》，设立沈阳金融商贸开发区党工委、沈阳金融商贸开发区纪工委。在11月27日省商务厅下发《关于2017年度省级以上经济开发区综合发展水平考核评价结果的通报》，沈阳金融商贸开发区在全省75家省级经济开发区中总成绩排第四名，经济发展单项工作全省排第一名。

【首届产业金融国际论坛】 11月1日，“亚金协产业金融合作委员会成立大会暨首届产业金融国际论坛”在香格里拉酒店召开，由亚洲金融合作协会、沈阳市政府共同举办，沈阳金融商贸开发区承办。会上成立亚金协产业金融合作委员会，确定组织架构和工作规则，商定工作计划。这个委员会是亚金协成立的第一个专业委员会。会上，市政府分别与亚金协、中国建设银行签署战略合作协议。会议发布《全球产业金融观察报告》，举办新产业革命与新产业金融、全球产业链与产业金融合作等专题论坛。

（庞小莹）

沈阳金融商贸开发区主要经济指标

表25

指标	单位	2018	同比增幅（%）
新进区外资企业	户	8	167.0
地区生产总值	亿元	428.53	6.3
固定资产投资额	亿元	27.14	18.0
社会消费品零售额	亿元	392.74	8.0
实际利用外资	万美元	6643.5	127.8
出口总额	万美元	71332	
一般公共预算收入	亿元	25.40	-12.5
税收总额	亿元	39.7	
一般公共预算收入	亿元	29.02	3.63
一般公共预算支出	亿元	2.31	-2.9

（金融商贸开发区）

沈阳综合保税区

【概况】 2018年，沈阳综合保税区推动改革创新不断深化，政策功能不断拓展，营商环境不断发送。有力促进园区保持协调向好发展态势。1—12月，沈阳综合保税区海关监管进出境货运量5856吨。监管进出境货物总值1.8亿美元。审结进出口报关单1.2万份。沈阳综合保税区海关征收税款合计6945.56万元。

创新监管服务。推动黎明国际动力公司在区内开展委托加工，承接商飞C919飞机零部件加工业务，有效解决企业产能过剩问题；根据企业需求，推进保税展示交易、仓储货物按状态分类监管、“先出区后报关”等改革事项，为企业节省大量时间成本和运输经营成本；协助沈飞民机、沈飞国际争取“选择性征收关税”取得实效，解决企业入区后进口税无法抵扣以及产品内销产生的税负计入企业运营成本的实际问题。

管理体制调整。按照“统分结合，行权完整”的原则，市编委7月印发《市编委关于调整沈阳综合保税区管理体制和机构设置的通知》。在市级层面，设立新的沈阳综合保税区开发建设领导小组，领导小组办公室（以下简称“综保办”）设在市外经贸局。在园区层面，将原综保办更名为沈阳综合保税区桃仙管委会，由自贸区沈阳片区管委会管理，负责桃仙园区规划、建设和开发工作。将沈阳综合保税区辽中管委会更名为沈阳综合保税区近海管委会，整建制划入沈阳近海经济区管委会，由辽中区政府管理。

【沈阳综合保税区调规通过验收】 12月6日，沈阳综合保税区调规（一期）通过海关总署等8部委组成的国家联合验收组的正式验收。国家联合验收组向市政府颁发验收合格证书。12月12日，海关总署正式复函省政府，认定综保区调规（一期）验收合格，同意桃仙园区正式封关运行。国务院于2017年8月正式批复同意沈阳综保区进行规划调整。调整后的沈阳综保区仍分两个区块。区块一（“近海园区”）规划面积和四至范围与原规划一致；调整至桃仙国际机场附近的区块二（“桃仙园区”）规划面积2平方千米。2018年7月底，桃仙园区（一期）基础设施、隔离设施、监管设施及相关配套设施全部建设和调试完毕，区内实现“七通一平”，基本符合海关特殊监管区域基础和监管设施验收标准。

（周萌）

沈阳高新技术产业开发区

【概况】 沈阳高新技术产业开发区（简称沈阳高新区）始建于1988年5月。1991年3月，经国务院批准成为首批国家级高新技术产业开发区，区域总面积为170.3平方千米（含沈阳自贸区22.6平方千米）。东至三环高速公路，南至桃仙机场，西至浑南区界，北至浑河。沈阳高新区作为沈大国家自主创新示范区的核心区，是国家新型工业化产业示范基地、国家集成电路装备高新技术产业化基地、国家电子商务示范基地、国家科技服务业试点区、国家双创示范基地和国家级知识产权示范区。

高新技术产业实力强劲。机器人、IC装备、生物医药、健康医疗、民用航空等高新产业产值保持20%以上增长。沈阳新松机器人自动化股份有限公司入选2018年工业强基重点产品工艺“一条龙”应用计划。平昌冬奥会上“北京8分钟”表演，24位轮滑演员和24个新松公司的智能机器人共同演绎舞蹈，让沈阳智造惊艳世界。沈阳芯源微电子设备有限公司自主研发的全国首台高产能前道匀胶设备“奉天1号”顺利出厂。沈阳富创精密设备有限公司刻蚀反应腔等产品通过验证期开始大批量应用，产值实现倍增。辽宁远大诺康生物制药有限公司止血药全国市场占有率达到40%。22个产品（技术）新入选省“专精特新”产品名单，占全市27%。

创新创业环境进一步优化。中关村双创大街、中科招商双创综合体、东大优客工场建成运营，建立全国首家“金融双创示范基地”。京沈双创产业加速器签约落地，科技企业孵化器和众创空间达到54家，占全市的一半。培育企业及创业团队3500余个。举办“创之星”中美创新创业大赛、工业互联网高峰论坛等赛事活动500余场。国家双创示范基地两个典型经验全国推广，沈阳高新区获批国家“科技资源支撑型”升级版双创载体。

创新创业活动精彩纷呈。承办2018年全国双创周辽宁·沈阳分会场活动，突出展现沈阳双创的新氛围、浑南双创的新成果，并代表沈阳与国家领导人进行视频连线互动，得到省、市、区领导的表扬与肯定。组织举办“创响中国”系列活动等创新创业活动500余场次。组织21户企业参加中国创新创业大赛（辽宁赛区）、中国海创周等活动，对接创业合作项目56人次。基地建设成果在沈阳网进行推介，“浑南创客”品牌初步形成。

京沈对口合作工作有序开展。制定区京沈对口合作实施方案，建立对口合作工作信息互通上报机制、会商协商机制及省市联合推动对口合作工作机制，对项目实行周报告、月调度和即时督办反馈。组织召开区京沈对口合作工作会议，促进项目快速落地。相关单位积极对接、务实合作，形成京沈对口合作项目（事项）49项，当年实现投资13亿元，落地项目数、完成投资额及综合考评居全市第一位。形成园区复制的合作模式，引进泰康医养、联东U谷、京东亚洲一号二期等15家成型科技园区复制合作。110余户北京企业将第二研发中心或工作机构设在浑南，入驻面积近25万平方米，从业人员1.1万人；形成产业体系的合作组织，达成两地IC产业融合发展共识，组建京沈IC产业联盟；形成广泛的、实质性的平台合作，两地共建“京沈双创产业加速器”“创新生态及产业协同发展平台”等合作平台。（包鑫）

【科技企业培育】 2018年，落实《沈阳高新区高新技术企业、科技小巨人企业、瞪羚企业培育工作实施意见》，新增高新技术企业112户，总数达到338户，两年翻一番。新增科技小巨人企业49户，总数达到132户。瞪羚企业达到8户，增长60%。获批科技型中小企业240户，增长3.3倍。辽宁蓝卡医疗投资管理有限公司成为东北首家独角兽企业。东软集团、沈阳拓荆科技有限公司等4户企业入选“2018年中国企业创新能力千强榜单”。（郭连斌）

【开发区建设专项整治】 2018年，贯彻落实省委、省政府《辽宁省开展开发区（园区）建设问题专项整治工作方案》的有关要求，沈阳高新区建立由党政主要领导挂帅的组织领导体系，制订工作方案。撤销沈阳高新区下设的4个二级园区管委会，实行扁平化管理，高新区管委会独立设置，为市政府派出机构，规格为正局级。通过调任、转为非领导职务等方式对有关干部进行消化安排。出台相关文件，高新区明确发展智能制造和信息技术、生物医药和健康医疗、电子商务和民用航空产业四大主导产业。加强土地利用动态监管，盘活存量用地，落实节地评价工作，为符合产业导向的优质企业提供发展空间。优化运行机制，推行“管委会+平台公司”运营管理模式，由沈阳南科集团负责区域内的招商、项目建设、融资等工作。加强干部队伍管理，加强对不担当不作为问题的专项整治。在人事薪酬制度方面，制定《差异化薪酬制度的实施方案》。（胡明）

【高新区排名提升5位】 2018年，全面推动高新区晋位升级的各项工作。从钻研火炬统计专业工作着手，保质保量完成数据报送。与火炬中心建立密切联系，找出并补齐定性指标短板，承办全国火炬统计年会。由年初查摆问题、止跌企稳的目标设想，最终实现排名上升5位，在157家国家级高新区排第39位，为三区合署办公以后首次筑底回升。

（王丹）

【国家双创示范基地典型经验全

国推广】 7月，国家发改委等部门联合对国家双创示范基地发展指标进行全面评估，浑南双创示范基地代表辽宁省接受国家调研组实地评估，对基地两年来的发展给予充分肯定。形成的《构建一体化电商物流服务体系，打造电子商务示范高地，突显沈阳仓储物流区位优势》《打造一站式立体工业设计公共服务平台，助推装备制造业转型升级》两个典型经验被推荐并入选国家《大众创业万众创新典型经验汇编》。

【创新创业载体建设】 2018年，沈阳高新区双创街引进企业35户，实现满街运营。东大优客工场签约5户企业。中科招商双创综合体有58户企业入驻。全国首家金融双创示范基地落户浑南。京沈双创产业加速器项目正式启动。沈阳高新区科创中心孵化器被评为沈阳市唯一一家年度A类国家级科技创业孵化器。八戒凌云渡等10家众创空间获2018年度省级众创空间称号，占沈阳市获批总数的48%，占全省23%。全区科技企业孵化器12家、众创空间42家，均增长20%。其中，国家级孵化器6家，国家级众创空间12家，占全市1/2；各类孵化载体面积达132万平方米，入驻企业3500余户，为高新区晋位升级奠定良好基础。（何英杰）

沈阳首府经济开发区

【概况】 沈阳首府经济开发区位于皇姑区东北部，区域面积28.4平方千米。开发区东至长大铁路，西至黄河大街、陵北街，南至崇山路，北至皇姑区界。规划核心区面积13.3平方千米，东至永安街，西至陵东街、首府街，北至文储路，南至崇山路。2012年6月，皇姑区委、区政府批准设立皇姑区陵东新城；2013年2月，更名为皇姑区首府新区；2013年10月，经省政府批准为省级经济开发区重点培育对象；2015年2月，市编办批复成立沈阳首府新区管委会。2017年11月，省政府批准沈阳首府新区为辽宁省级经济开发区，名称为沈阳首府经济开发区，纳入中国开发区审核公告目录，编号S21044。开发区可利用开发土地面积近10平方千米，由工业用地、仓储用地、居住用地、闲置地等组成。有条件建设区和限制建设区总面积7.9平方千米。核心区占地面积2207公顷，实际可用于产业、商业和居住出让用地555.18公顷。开发区是省人大、省政府、省政协、省军区以及半数以上省级行政机关所在地。西南部毗邻占地近4平方千米的北陵公园，南部环抱有沈阳“玉环”之称、9公里长的北运河水系。区域内有14万平方米的英雄公园，7万平方米的槐园，2300延长米的七二四明渠健身带，开发区北部防护林和苗圃林地，二环路、三环路、长大铁路沿线密植绿化带，人文条件和生态基础优越。

经济发展。2018年，地区生产总值68.8亿元，增长8.1%；固定资产投资51.2亿元；“四上”企业（规模以上工业企业、资质等级建筑业企业、限额以上批零住餐企业、国家重点服务业企业）增加值3.94亿元，增长113.2%。坚持市场化思维、专业化运作方式，“开发区+主题产业园区”发展模式、“管委会+平台公司”运营模式日臻成熟。围绕首府科创走廊核心区建设，实施项目“满园扩园”“腾笼换鸟”行动，加快培育特色产业集群。启动并完成西窑等地块2000余亩（133.33公顷）土地征收整理工作，超百亿元的首府云城、华漫驿站项目签约落地，以色列加速中心、阿里云服务平台进驻园区，联想集团、中化集团等世界500强企业和中国航空科技工业股份有限公司、威高集团等国内500强企业相继落户。

城市建设。投资1.72亿元，新建及维修改造道路2万延长米，新建排水管线1万延长米，城市南北主干线怒江北街、陵园北街全线竣工通车。北部污水处理一体化工程竣工并投入使用，日处理能力1万吨。城中村和城乡接合部市容环境得到改善，实现村屯垃圾规范化管理及密闭化运输。完成67条村级道路新建改造任务。

【120亿元产城融合项目落户开发区】 2月11日，首府云城产城融合项目签约仪式在沈阳市政府举行。首府云城项目位于沈阳首府经济开发区核心地块，占地面积109.6公顷，总投资额120亿元，分3期实施，首期启动40公顷。项目采取城市运营模式，以“共同城、成长圈”为开发理念，以科技引领，文化促动，服务支撑，将产、学、研汇聚融合。构建完善的区域创新链条，打造创新发展生态圈，重点发展科教文化、军民融合、高端医养等产业，注重建筑空间、产业空间、生活文化休闲空间、城市公共空间和地下空间五位一体融合发展。计划引进600户企业，培育6家以上上市公司，税收收入6亿元以上，解决3万人就业，成为转型升级、产城融合的典范，成为

沈阳市建设东北亚国际化科技创新中心的重要支撑。（王茁）

铁西区启工金谷经济开发区

【概况】 启工金谷经济开发区（原启工街道）位于铁西老城区西北部。东起铁西区卫工街，西至于洪机场铁路线，南起北四路，北至沈山铁路线，总面积7.6平方千米。功能区下辖重工新村社区、启阳社区、启迪社区、启新社区、启明社区、北一新村社区、保利心语花园社区7个社区。内设党群办、行政综合办、招商办、经济管理办、社会事业管理办、安全管理办、城市管理办、社会治安综合治理办8个办公室。户籍户数29399户，人口69437人。常住户数40661户，人口97337人。功能区是沈阳城区内企业最为集中的地区之一，有企业2791户。启工金谷经济开发区管委会位于铁西区北一西路7甲3号。

经济发展。2018年，实现社会消费品零售总额29亿元，完成固定资产投资63亿元，完成全年指标的167.2%。在经济普查上，完成法人清查2839户，个体清查2760户。在招商项目上，有保利云禧等在建项目8个；鑫丰鑫悦府等新建项目4个；待出让地块10处；待拆迁地块4个，全部建立台账。在服务企业上，开展"万人进万企""菜篮子工程"等专项行动，功能区领导带头与企业对接沟通，建立"重点企业联络制度"，及时掌握税源企业经营动态，做到有效的跟踪和服务。

城市管理。作为重点迎检区域代表沈阳市铁西区迎接国家暗检组的创城检查，基本实现预定目标。创城期间，全员参与、全线压实、全情投入、全力以赴，依托路长制深度巡查，为居民营造温馨宜居环境。经过拆违攻坚、铁路沿线整治、十乱整治、大杂院整治、楼道粉刷工程等系列活动，辖区卫生环境发生翻天覆地的变化。拆除违建1195处54269平方米；清理积存垃圾残土1万余吨；清除小招贴、小广告16万处；整治废品收购站22家；拆除改造辖区内旱厕65处；整治大杂院21处，督促帮助企业清理积存垃圾2000余吨；楼内粉刷198栋、373921平方米。整体效果基本实现预定目标。建立街道社区两级微信工作群，联络11个职能部门入群合力整治，走访发动500余家商户加入志愿者队伍并张贴标识，形成功能区班子、社区书记带队巡查，网格员积极反馈，各部门联动出击，商户密切配合的工作体系，形成常态长效机制。认真做好垃圾分类、散煤整治、门前三包、数字化城管平台回复、爱国卫生和病媒防治、除运雪等工作。协调水电煤等部门，配合做好广业路小区提质改造工程。

社会事业。低保户新审批43户63人、停保62户81人，有低保户325户406人、边缘户5户6人，享受公租房廉租房待遇616户，累计发放低保金315.99万元、救助136户26.42万元。特困、老龄、残联工作有序开展。新增创业人员126人、带动就业756人，发布招聘信息7449条，并为746人做好求职登记，成功就业245人。个保新参保37人，城保新参保140人。办理各类生育指标455人，落实计划生育家庭奖励扶助、完善特殊家庭档案、开展流动人口服务月、完成国家动态监测。完成退伍军人及其他优抚对象信息采集工作，录入信息数据1758人。养老文体丰富生活，开展"创卫轻骑兵"演出、百团互演、百姓剧场15场；开展"我与创卫的故事"征文比赛、"我与百姓的故事"演讲比赛，激发启工人创城必胜的信心；维修健身器材百余件。（张滟玲 姜鹏飞 李余彬）

【"非公党建文化沙龙"创建】 6月15日，在金谷红色驿站举办"启工非公党建文化沙龙启动仪式"。"非公党建文化沙龙"以"红色驿站"为依托，为企业提供一个"党建业务交流、企业文化互动、党员活力展示"的平台。全年开展主题活动3次，接待各级参观学习32次。（王思妍）

沈阳浑南现代商贸区

【概况】 沈阳浑南现代商贸区辖区范围北起浑河南岸，南至三环路，东临国际新兴产业园，西至沈大铁路。辖区面积约45平方千米。区域内南京桥、三好桥、浑河桥、五爱隧道、富民桥、长青桥6条主要通道与母城相连。浑南大道与沈营、沈本、沈丹、沈抚、沈苏等主要道路相接，距桃仙机场仅半小时车程。经济总量约占全区60%，其中工业总产值占全区近50%，税收收入约占全区56%。商贸区2012年4月成立。2018年初，沈阳高新区体制改革后，浑南现代商贸区管委会内设党政综合办、经济发展处、企业服务处、现代商贸产业促进处、总部与楼宇经济促进处、现代建筑产业促进处和征收服务处7个处

室。年初，商贸区区域调整，城市及社区管理工作划归五三街道和站东街道管理。商贸区有工业规上企业72户，服务业规模以上企业41户，贸易业限额以上企业52户。

2018年，商贸区规模以上工业总产值236.54亿元，固定资产投资51.9亿元，社会消费品零售总额78亿元，引进外资9457.86万美元，引进内资12.78亿元。商贸区形成以奥体商圈、生态休闲、文化体育、汽车贸易、金融和总部经济、高新技术产业、汽车发动机研发及配套、现代建筑产业为主导的产业发展格局，确立"一带、三园、三中心"的空间布局。以辽宁成大生物股份有限公司、沈阳东软医疗系统有限公司、沈阳红旗制药有限公司为代表的医疗及医疗器械产业产值43.2亿元，增长39%；以沈阳金杯安道拓汽车部件有限公司、沈阳金杯延峰汽车内饰系统有限公司、中电投东北新能源发展有限公司等为主的其他支柱企业产值55.6亿元，增长28%。

相关链接

"一带、三园、三中心"的空间布局："一带"即以浑河南岸滩地资源为依托的沿浑河生态休闲旅游带；"三园"即以东软集团、辽宁成大生物股份有限公司为代表的高新技术产业园，以沈阳航天三菱汽车发动机制造有限公司、沈阳金杯延峰汽车内饰系统有限公司为核心的汽车发动机及配套产业园和以沈阳万融现代建筑产业有限公司为代表的浑南现代建筑产业园；"三中心"即奥体商业中心（奥体商圈）、汽车贸易中心（浑南汽车城）、金融政务中心。

【楼宇招商引进项目9个】 2018年，商贸区全员开展辖区内闲置楼宇、厂房和土地的全面统计工作。将闲置资源分类，建立现代商贸区闲置资源库。参照国内先进省市楼宇招商政策，制定符合浑南区产业发展方向的《沈阳市浑南区（沈阳高新区）加快楼宇经济发展实施意见（试行）》，营造良好营商环境，增强对大型优质企业的吸引力。新引进项目9个，纳税16.5万元。截至年末，入驻楼宇税源项目完成引进中国电财东北分公司、中国人寿财产保险股份有限公司沈阳市中心支公司、热风辽宁销售公司等119家。

【完成3000万元以上洽谈储备项目130个】 2018年，浑南现代商贸区实名制项目39个，其中续建项目23个，开工21个；新建项目16个，开工项目6个；开工储备项目5个，未摘地项目5个。完成投资3000万元以上签约落地产业项目36个；引进新榆创业中心项目、创视通华传媒项目等亿元以上签约落地产业项目14个。与辽宁省体育产业集团签订合作协议，投资额33亿元。引进中石油管道公司沈阳油气管道技术创新中心项目，投资额约70亿元。中关村双创大街、中科招商双创综合体建成运营，年末签约投资80亿元的中国诚通产城融合项目。完成投资3000万元以上洽谈储备项目130个，亿元以上洽谈储备项目60个。

【营商环境优化】 2018年，妥善处理省、市营商部门高度关注的浑南汽车城营商环境案件。与区建设局沟通，协助解决乐府公馆项目地下供暖管线、燃气管线的排迁问题。与区发改局等部门沟通，协助兑现沈阳无距科技有限公司、沈阳聚恒房地产开发有限公司绿蛙工业园项目、辽宁九丰药业有限公司九丰药业总部项目、沈阳宝利基市政工程有限公司宝利基科技园项目、中国通信建设集团有限公司辽宁省通信服务分公司、中科招商集团中科招商微天使联盟双创综合体项目等产业扶持资金和房屋补贴1144.41万元。开展项目容缺手续办理服务，对乐府公馆项目、天惠广场二期项目、嘉华幼儿园项目、文华苑三期等项目进行容缺审批办理。协调区政务服务中心和各审批职能部门对华润商务中心、沈阳永昌盛房产开发有限公司房实名苑二期、沈阳金杯安道拓汽车部件有限公司、沈阳华新联盛房地产开发有限公司乐府公馆商业街、辽宁成大生物股份有限公司、沈阳铁鑫达房地产开发有限责任公司（田园牧歌）等企业和项目开展面对面服务200余次。

（付崇华）

二十六、非公有制经济

综　述

2018年，全市非公经济地区生产总值3410.5.亿元，增长4.2%，占全市的54.2%。固定资产投资1249.2亿元，增长20.5%，占全市的86.7%；社会消费品零售总额3727.1亿元，增长24.3%，占全市的92%；出口总值251.6亿元，增长13.1%，占全市的74%；地方级税收收入479.5亿元，增长8.9%，占全市的83%。

非公经济总量规模不断壮大。全市非公经济市场主体存量74.3万户，占全市市场主体的95.28%，其中，民营企业24.2万户，个体工商户50.1万户。非公经济从业人员占全社会从业人员比重超过80%。

非公经济社会贡献稳步提升。全市非公经济增加值2833.4亿元，增长5%，占全市的45%。全市非公经济全口径税收总收入924.3亿元，增长8.7%，占全市的83.6%。

公共服务体系日趋完善。辽宁北方实验室有限公司等2户企业被认定为国家级中小企业公共服务示范平台；沈阳嘉越电力科技有限公司等4户企业获批辽宁省级中小微企业公共服务示范平台；中韩大厦小微企业创业（辅导）基地等2家基地获批国家级小微企业创业创新示范基地。截至年末，市级以上中小企业公共服务平台125个，市级以上小微企业创新创业示范基地52个。新认定的服务机构106家，聚焦开放共享的科研仪器设备1863台（套），服务项目2035项，科技服务交易金额5220万元。全市众创空间、科技企业孵化器和加速器新增18家，总数124家，其中国家级38家，省级59家。

民营企业向高新技术领域发展。深入实施科技企业“双培育”计划，新增科技小巨人和高新技术企业培育库企业236户和338户，“双培育”入库企业1074户。全市高新技术企业总数1230户，其中民营企业占比88%；科技型中小企业1431户，其中民营企业占比90%，涌现8户“瞪羚”企业及东北唯一的“独角兽”企业。截至年末，全市有83项中小企业“专精特新”产品（技术）被认定为省级“专精特新”产品（技术）；35户中小企业被认定为省级“专精特新”中小企业。

中小微企业融资难题得到缓解。截至年末，全市小微企业贷款余额3026.1亿元，比年初增加295.9亿元，增长10.7%；民营企业贷款余额3318.3亿元，比年初增加902.1亿元，同比增长40.8%；普惠口径小微贷款余额84.3亿元，比年初增加13.6亿元。

建立常态化的“银企对接”机制。采用“线上+线下”相结合的银企对接服务模式，健全完善中小微企业综合融资服务平台，逐步实现企业与金融机构线上双向选择、自主对接。市政府累计举办各类对接活动80余次，市应急转贷基金实现国有企业、民营企业计费标准统一，投放229.81亿元，救济企业51户。

工 业

【概况】 2018年，全市非公有制经济发展滞后，缺乏应有的活力和动力。规模以上非公有制工业增加值587.82亿元，增长3.3%，低于公有制工业（7.6%）4.3个百分点，非但没有展现出应有的经济活力和增长动力，反而相对滞后，亟待激活。创新转型步伐加快，民营企业占全市高新技术企业88%；建立市级以上企业技术中心255家，占全市总数的80%以上。

在人工智能方面，沈阳拥有机器人学国家重点实验室和机器人国家工程研究中心，机器人行业产品线集中工业机器人、移动机器人、洁净机器人、特种机器人、服务机器人5大类产品，形成以浑南、铁西等为支撑的产业布局，拥有沈阳新松机器人自动化股份有限公司、沈阳通用机器人技术股份有限公司、沈阳众拓机器人设备有限公司等15户机器人企业。在IC装备产业方面，沈阳位列全国三甲，培育以沈阳芯源微电子设备有限公司、沈阳富创精密设备有限公司、沈阳拓荆科技有限公司为代表的一批优势民营企业，形成“1411”生产配套能力，即一项控制系统技术、四类重要整机装备、一批关键单元部件和一个关键零部件支撑平台。沈阳富创精密设备有限公司承担的国家“IC设备关键零部件集成制造技术与加工平台”项目，打破国外对中国集成电路关键零部件的技术封锁，实现IC装备精密零部件国产化。沈阳拓荆科技有限公司是国内唯一能够生产适用于大规模集成电路生产线的PECVD设备供应商，实现国内在IC装备国产化方面的重大突破。在软件和信息技术产业方面，形成沈阳国际软件园、东软软件园、沈阳软件出口基地三大产业园区体系，沈阳国际软件园位居全国骨干软件园区十强，其中民营企业占比超过90%。东网科技有限公司东北区域超算中心，不仅为全省云计算产业提供基础计算和存储环境，而且为东北地区经济社会发展特别是科技创新提供计算需求。在生物医药及医疗器械方面，有辽宁远大诺康生物制药有限公司、兴齐眼药股份有限公司等民营骨干企业，东软数字医疗系统股份有限公司是唯一入选工信部“职能制造试点示范”的大型医疗设备民营企业，CT销量排名国内前三甲。在电力装备方面，特变电工沈变集团研制出世界首台特高压升压变压器、世界单相容量最大核电变压器等一系列创造世界第一的新产品，变压器电压等级达到世界最高水平。在通用石化重矿装备行业，三一重装公司将研发作为首要核心竞争力，每年将销售收入的7%以上资金投入到研发，掘进机产品适应煤、半煤岩、全岩巷道掘进及隧道施工，是业内第一品牌；在综采领域，可提供综采成套设备一站式整体解决方案。在无人机、AR、VR等前沿领域，辽宁壮龙无人机科技有限公司、沈阳无距科技有限公司、沈阳图腾科技有限公司、沈阳蓝邦数字科技有限公司等一批民营企业加速成长。沈阳远大压缩机股份有限公司是专业从事往复活塞式压缩机研发制造的国家高新技术企业。具有年生产300余台套大型工艺压缩机的能力，产品研发制造水平位居国内同行业前列。依托沈鼓、富创道场，持续推进精益管理培训，助力生产效率提升，增强企业发展后劲。年累计组织精益管理培训班18期，培训人员1075人次。通过精益系列培训的工业企业，普遍生产效率提升20%，生产周期提高明显。

（市工信局）

服务业

【概况】 2018年，全市非公经济社会消费品零售总额3727.1亿元，增长24.3%；引进内资813.3亿元，增长15.1%，其中，吸引民营企业及自然人投资435.7亿元，占比53.6%；民营企业进出口总额126亿元，其中，出口90.1亿元，占全市出口总额的26.7%，进口35.9亿元，占全市进口总额的5.6%。京东、苏宁易购、唯品会3户电子商务龙头企业实现网上零售额259.9亿元，占全市网上零售额的97.8%。在市商务局的积极推荐下，东软集团及东软人才培训中心获中国国际投资促进会组织评选的“中国服务外包十大领军企业”“中国服务外包对日外包业务领军企业”“中国服务外包公共服务行

12月，由沈阳天江老龙口酿造有限公司建设的老龙口1662工业文化创意产业园建成
（市文广局供）

业领军企业”“中国服务外包百强企业”“中国服务外包领军培训机构”“2018中国服务外包杰出贡献人物金奖”等称号。出台《关于印发沈阳市服务业发展专项资金管理暂行办法的通知》《沈阳市振兴实体经济若干政策措施》《沈阳市鼓励和扩大消费拉动经济增长的若干政策措施》《沈阳市开发区中介招商项目奖励实施细则》和《沈阳市鼓励扩大出口若干政策措施》等一系列法规，为商贸流通业民营企业提供有力政策和资金支持。全市270户民营企业累计获各级财政资金支持约2 6亿元，有力地促进民营企业发展。完善容缺受理模式，为东软集团有限公司成功启动容缺受理，受理20份出口技术合同，涉及16个国家和地区，金额2124.01万美元。开展“请进来”招商活动，举办4次“引老乡回家乡”专题招商活动，签约项目59个，协议投资额320.73亿元。优化企业“走出去”服务，举办第三届“一带一路”税收政策宣讲会、东盟市场分析说明会等活动，增强企业“走出去”的信心和底气，为企业出海搭桥，组织企业参加“民营企业500强峰会”“APEC中小企业技术交流会”和“东博览”等活动，帮助企业开拓国际市场。组织民营企业参加各类会展活动406项，会展交易额3025亿元，为民营企业提供广阔展示平台。（市商务局）

二十七、经济合作交流

沈阳经济区

【概况】 2018年，全面贯彻落实习近平总书记关于沈阳经济区建设的指示精神，深入实施沈阳经济区发展战略，协同鞍抚本辽4市实施《沈阳经济区一体化建设发展共同行动计划》，进一步强化全面合作对接，加快同城化、一体化发展，打造东北振兴重要的增长极和有较强竞争力的现代化都市圈。出台《沈阳市关于科学统筹精准施策构建协调发展新格局的实施意见》，进一步明确增强中心城市综合实力，提升辐射带动作用等重点任务。沈阳经济区地区生产总值10785.1亿元，增长5%，规模以上工业增加值增长8.2%，固定资产投资增长8.5%，一般公共预算收入增长9.0%。沈阳市除地区生产总值外，其他主要指标增速均高于全国平均水平，城市辐射带动能力进一步增强。建立健全5市领导定期会商制度，召开5次会商会议，听取沈阳经济区各市对沈阳市发挥龙头带动作用的意见建议，以及沈阳经济区一体化建设发展推进情况。共同参与组建沈阳经济区产业投资基金，各市明确出资比例，沈阳市出资20%，与省出资比例保持一致。全力支持沈抚新区建设发展，协助沈抚新区完成对浑南区两个街道的对接协商、方案制定、梳理移交三个阶段的工作任务。

“4个中心”建设。推进东北创新中心建设，编制完成《沈阳东北亚科技创新中心建设规划》，建设东北亚有影响力的科技创新中心。举办“辽宁·沈阳大众创业万众创新活动周”。推进东北区域金融中心建设，组织举办“走进新三板”资本市场专题培训。推动各类金融机构及金融服务机构设立和引进工作。推进东北人才中心建设，沈阳市新增国家“千人计划”人选9名，新增国家“万人计划”人选20名，新增“教育部长江学者”4名。吸引高校毕业生到沈11万人。举办4场面向经济区的大型招聘会，提供就业岗位8735个，入场9550名毕业生。推进东北亚物流中心建设，以沈阳港项目为平台，充分发挥平台作用，连接鞍山西柳国际物流园、抚顺石化物流基地、本溪钢铁物流园、辽阳佟二堡皮草交易市场等重要物流节点，形成覆盖东北亚地区的现代物流网络体系，推进物流产业加快发展。

多领域深层次务实合作。编制完成《沈阳市建设东北亚先进装备智能制造中心发展规划》，以装备制造业高质量发展为核心，协同鞍抚本辽4市共同建设东北亚先进装备智能制造中心。打造沈阳国家级汽车城，依

托宝马汽车有限公司、上海通用（沈阳）北盛汽车有限公司、华晨汽车集团控股有限公司等龙头企业，加强与鞍山正发电路有限公司、辽宁华岳精工股份有限公司、辽阳忠旺集团等经济区内重点企业对接，加快推进汽车及零部件产业协同发展。加快机械装备合作，北方重工集团、中国有色（沈阳）冶金机械有限公司等沈阳市重点装备制造企业参与鞍山菱镁矿用水泥炉窑更新换代工作，鞍钢、本钢、抚钢也为沈阳市装备制造产业的发展提供大型锻件、特殊钢材等配套支持。

基础设施一体化发展。沈抚大道与四环路互通立交项目完成施工招标工作，参建单位全部进场，完成临建、拌和站等准备工作。东李线东陵大桥改造项目，完成投资3365万元。投资1.8亿元的沈海高速公路鞍山北出口建设项目正式动工。沈阳、抚顺之间实现公交化运营，有运营线路14条，营运车辆205台，双向日客流量约1.5万人次。

高品质公共服务一体化建设。编制完成《沈阳建设东北亚高品质公共服务中心规划》，提标提质提档沈阳市重点领域公共服务水平，带动经济区高品质公共服务一体化发展。共同打造国际化品牌和服务，举办百万市民上冰雪活动、国际冬泳邀请赛和国际女子10千米路跑公开赛等活动，经济区4市运动员和群众参与人数近千人。同时，沈阳市与鞍抚本辽4市共同举办和平杯足球赛和国际马拉松赛等活动。合力建设智慧城市，利用沈阳国家互联网骨干直联点、东网科技超算云中心等资源优势，联合经济区4市推动数据存储中心等重要基础设施建设。

旅游一体化发展。5城市旅游委共同签署《沈阳经济区旅游产业一体化合作协议》，制定《推进沈阳经济区旅游产业一体化建设实施方案（2018—2020年）》。完成旅游联盟换届，组建旅游智库。创新产品体系，完善区域品牌，共同推出以“钢铁是怎样炼成的”等为主体的专题旅游线路。打造“清文化—北京、盛京、兴京、东京”精品线路以及“盛京1764”大西迁文化旅游线路等旅游产品体系，创设中国“清文化”旅游新品牌。加快整合区域资源，联合开发市场，开通区域内旅游景区直通车15条。组织沈阳经济区5城市旅游委和旅游企业联盟会员，参加北京国际旅交会联合推介区域旅游资源，组织盛京好贺儿等区域旅游商品9月赴厦门、10月赴北京分别开展沈阳经济区文化旅游产品北京行、厦门行活动。

对外开放一体化发展。编制完成《沈阳市建设东北亚国际化中心城市规划》，协同沈阳经济区主动融入经济全球化进程，与鞍抚本辽4市谋划参与“一带一路”建设、国际产能合作和中蒙俄经济走廊建设。沈阳及鞍抚本辽5市共同组织4次对外招商活动：赴厦门市开展农产品深加工、机器人及智能装备的推洽会；赴上海市开展汽车及零部件、机械装备、现代服务业和战略新兴产业的推洽会；赴深圳市开展金融服务、现代物流产业的推洽会等，共同推进对外开放一体化发展。其中，由沈阳经济区5城市政府、厦门市政府主办的“项目与资本对接交流会”，沈阳经济区15户企业与闽台地区客商现场签约，总额16.06亿元。（刘晓亮）

【首届沈阳经济区旅游电子商务发展培训会】 11月21日在沈阳召开。由沈阳经济区5城市旅游委、沈阳市服务业委主办。培训采取“政策+理论+案例解读”的方式，分别从电子商务政策解读、智慧全域旅游创新解决方案、旅游互联网运营思路、大数据应用与旅游、旅游产品品牌打造与电子商务运营等主题进行培训和探讨。（志闻）

经济协作

【概况】 2018年，全市经济协作以优化对内开放环境，打造国际化营商环境，推进国内合作交流为导向，围绕对口合作工作、“三引三回”活动（引老乡回家乡、引校友回沈阳、引战友回驻地）、沈阳经济区合作3项重点工作展开。全力开展京沈对口合作、与厦门对口合作，参与辽宁—北京招商引资活动周活动，13个项目在活动周期间签约、协议投资额493.62亿元；沈阳经济区五城市政府、厦门市政府共同举办“项目与资本对接交流会”“沈阳经济区专场项目对接会暨沈阳经济区与闽台地区合作项目签约仪式”。展开“引老乡回家乡”专题活动，参加市委宣传部组织的新闻发布会活动；派出6个推介组赴外地城市，开展专题推介邀请活动；组织举办一系列活动，提升“引老乡回家乡”活动效果。（王海庚）

国内投资

【概况】 2018年，全市完成内资引进项目312个，到位资金813.27亿元，增长15.1%。其中，新建

项目199个，引进资金433.84亿元，占总额的53.3%，续建项目113个，引进资金379.43亿元，占总额的46.7%。引进亿元以上项目232个，总到位资金795.71亿元，占总额的97.8%，引进百亿元以上项目10个，总到位资金91.87亿元，占总额的11.3%。开展各类“走出去”招商活动12次，对接企业393户，洽谈项目75个，签约项目29个。其中市领导洽谈推进项目97个。

【“飞地经济”研究】 2018年，为加快推进全市“飞地经济”工作，繁荣壮大乡镇经济，补齐县域招商引资短板，促进县域经济加快发展，市商务局赴辽中区、新民市、法库县、康平县实地调研县域“飞地经济”发展情况。并赴朝阳喀左县实地考察，学习借鉴其发展“飞地经济”的经验做法，在调研学习的基础上，撰写“飞地经济”招商调研报告，“飞地经济”招商专项行动方案。（李睿知）

京沈对口合作

【概况】 2018年，京沈两市进一步加大合作力度，深化对接交流合作，对口合作工作广度和深度不断拓展。同步制定印发《北京市与沈阳市对口合作2018年工作计划》《北京市与沈阳市对口合作2018年任务清单》等文件，两市签订各类合作协议149个。举办京沈合作高端装备制造业研讨会、在京院士博士专家“沈阳行”等百余项重大对口合作活动。在《人民日报》等媒体刊发报道350余篇。承接北京非首都功能疏解和产业外溢，强化市场对接，京沈对口合作产业项目总计218个，计划总投资约3264亿元，实际完成投资450亿元。合作建设“一街”（中关村领创空间三好双创大街）、“一园”（中关村·电子城沈阳科技产业园）、“一平台”（首都科技条件平台沈阳合作站）。中关村发展集团旗下东北首家领创空间沈阳创新中心启动运营，首都科技条件平台沈阳合作站引进北京大学、中国建材总院等4家服务基地，北京23家服务基地、750个专业服务机构对沈阳开放共享。浑南区与中关村朝阳园、沈阳经济技术开发区与北京经济技术开发区（亦庄）、皇姑区与中关村海淀科技园，沈阳雪松经济开发区与中关村东城科技园进行全面战略合作，共同推动园区共建。两市互派31名优秀干部挂职交流，沈阳选派300余名干部赴京参加专题研讨班，邀请7位在京院士到沈交流合作。出台全国首个“订单式博士政策”，引进北京博士38名。皇姑区岐山路第一小学与东城区史家小学缔结为友好学校。沈阳第五医院等9家医疗机构与北京肿瘤医院等签署合作协议，沈阳市医保异地就医结算和养老保险关系转移接续与北京实现互通。学习北京“互联网+民政服务”建设方案，完成沈阳市数字民政综合业务平台建设。3月底，协调督办市政务服务办（市营商局）将京沈合作项目全部纳入项目审批“绿色通道”，使在沈项目审批再提速。4月24日，北京市与沈阳市对口合作工作座谈会在北京召开。沈阳市委书记易炼红、市长姜有为分别汇报京沈对口合作工作情况及进一步推进重点，中共中央政治局委员、北京市委书记蔡奇，辽宁省委副书记、省长唐一军出席会议并讲话。会议形成《深入推进京沈对口合作座谈会会议纪要》，就优化合作机制、细化合作任务、强化合作平台、实化合作成果，努力打造一批合作样板提出新的部署和要求。

【深入推进京沈对口合作座谈会暨签约仪式】 8月27日在沈阳召开。北京市人大常委会主任李伟，辽宁省委常委、常务副省长张雷出席会议并讲话，沈阳市市长姜有为出席并介绍京沈对口合作工作情况及部署下一步工作安排。两市旅游委、国资委分别签署对口战略合作协议，京沈IC装备产业联盟、清华启迪（沈阳）科技城等12个项目集中签约，总投资300.3亿元。（李璐平）

【沈阳市产业与人才融合北京座谈会】 9月20日在北京辽宁大厦举行。座谈会由沈阳市政府主办，市政府驻京办、市科协、市人才办、市人社局、市科技局承办，中国科学院、中国工程院协办。著名经济学家左小蕾、上海社会科学院研究员汪怿、中国农科院信息所所长王文生，分别就人才招引与产业发展联动、人才政策与科技成果转化现实路径、人才服务与创新创业同频共振、以信息化助力京沈农业合作等议题作专题讲座。市人才办、市人社局、市科技局、市科协领导，就沈阳市经济社会发展情况，特别是当前实施的人才和产业政策作推介。（志闻）

对口支援

【概况】 2018年，全市加强科学筹划，开展资金项目、干部人

才、产业合作、智力支持等方面援助工作，提高受援地经济和社会发展的内生动力。市委书记易炼红、市长姜有为、常务副市长刘晓东分别率市党政代表团赴新疆、西藏、三峡库区考察调研对口支援工作，实地察看对口援建项目进展情况，解决援助工作中遇到的实际问题，看望慰问援助干部和各族群众并捐赠慰问金241万元。全市上解和拨付援助资金2.30亿元。其中，援疆资金16981万元、援藏资金4244万元、援阜资金1500万元、援三峡库区资金300万元。全市安排对口援助项目108个，使用援助资金20127万元。其中，援疆项目14个，使用全市援疆资金9505万元，5个“交钥匙”项目和9个“交支票”项目全部实施，实现项目100%开工。着手实施援藏项目10个，使用援藏资金8822万元；援阜项目79个，使用援阜资金1500万元；援三峡库区移民工作项目5个，使用援三峡资金300万元。

【塔城产业援助】 2018年，推进塔城市创业创新孵化基地、基金产业园、文化产业园、沈阳产业援疆项目基地四位一体园区建设，完成选址、设计及一期建设工作。在2018年辽宁产业援疆签约会上，塔城市边境经济合作区和沈阳经济技术开发区签署深入合作协议。沈阳磁力通塔城电采暖项目、辽宁壮龙无人机科技有限公司塔城分公司项目、辽宁太平洋实业有限公司通航旅游项目、红星美凯龙家居集团（辽宁）有限公司家居流通连锁企业项目分别与塔城市政府、企业签约合作，总规模16.6亿元；招商引进企业10户，注册资金1.4亿元，其中：沈阳恒久安泰环保与节能科技有限公司和沈阳磁力通能源科技有限公司两户电采暖企业与塔城市签订35万平方米电采暖项目；举办无人机现场演示交流会，沈阳2家公司分别向地区和塔城市相关部门、企业和农户进行推介，沈阳中测无人机科技有限公司为塔城地区公安局开办全疆第一期警用无人驾驶航空器驾驶员培训班，35名干警经公安部警航办考官考核全部通过；组织参加中国“手艺”民族手工产品推介会、杭州丝路产品会、丝绸之路国际博览会、亚欧博览会、中国国际投资贸易洽谈会、中国西部博览会、沈阳国际农业博览会等，集中推介和展销特色资源和产品，赴东兴洽谈巴克图口岸边贸互市合作事宜；按照省前指工作部署，承办辽塔特色农产品对接洽谈会，搭建两地企业深入交流与合作的商贸平台。

【援疆（藏）智力支持】 2018年，市援疆工作队参加维护稳定、全力推动援疆项目建设和产业援疆等工作，并深入基层开展“访汇聚”和“民族团结一家亲”活动，累计组织下沉驻村2次，走访牧民18家、少数民族亲戚50余次，举行民族团结联谊活动2次，赠送慰问品百余件，增进民族团结互信；打造沈阳援疆示范村，构建立体式的庭院生产模式，21名干部种植16种蔬菜水果、养殖鸡雏50只、移植各类果树200余棵。加强援疆工作典型人、典型事宣传，编发援疆信息27条，印发简报20期，出版杂志1期，播报电视新闻7次，制作专题影片1期，发表报刊稿件6篇，上传微信公众号22期，组织《沈阳对口援疆工作纪实》系统宣传7期，发布网络信息56条，建设沈阳援疆展室和文化展示室。市委政法委全体党员干部为安多县部分家庭困难的学生捐献大衣、羊毛裤、围巾、帽子等490余件，并解决贫困大学生次仁巴吉生活费0.5万元；辽中区茨榆坨街道为安多县色务乡牧民捐赠19.46万元维修危房的善款；浑南区向安多县捐赠10万元；市总工会、市援藏办为县工会援助50万元。沈阳市2户爱心企业为安多县400名贫困学生捐献运动服等总价值近6万元的慰问品；沈阳市疾病预防控制中心为安多县捐赠大批宣传品；新民市为安多县贫困牧民提供20万元援助款。援藏干部下乡8次，为“亲戚”解决求医、就业等各类问题12个，解答扶贫政策36次。全体队员自掏腰包2万余元，直接援助贫困牧民、患病教师11户45人，其中5户18人成功脱贫。落实国家“万名教师支教计划”，选派30名援藏援疆教师，其中，援藏教师5人，援疆教师25人。积极开展送培进疆（藏）活动，组织22人专家团队赴塔城市开展一周“中高考强化指导”活动，举办讲座49次，指导集体备课65次，上“同课异构”课43次，听评课77节。选派7名中小学教师（含幼教）赴新疆开展2018年辽宁省“送教进疆”活动。选拔1名校长及3名教研员，组织教育团队赴西藏安多县开展为期10天的“送教进藏”活动。开展教研培训活动20余场，受众2000余人次。9月，全市增派4名医疗专家，作为短期柔性技术人才进藏工作。

（马万韬）

二十八、教　育

综　述

2018年，全市有各级各类学校2194所，在校生161.18万人，在职专任教师9.65万人。其中，幼儿园1445所、小学275所、初中213所、工读学校1所、特殊教育学校16所、高中86所、中等职业学校80所、高等教育机构78所。学前三年毛入学率98%，小学学龄人口毛入学率116.1%，初中毕业生升学率119.6%，高中阶段毛入学率123.9%。全市教育系统围绕实现教育现代化目标，以督导、教育视导和教育信息化建设为抓手，着力深化教育改革、提升教育质量、促进教育公平，教育事业继续保持健康快速发展的良好势头。

学前教育普惠性发展迈上新台阶。协调物价部门出台公办幼儿园收费标准，规范收费行为，结束近20年公办幼儿园收费未调整的局面。调整学前奖补政策，奖补标准从200元每生每月平均提高到300元。成功申报11所五星级、18所四星级幼儿园。新增1200个公办学位，普惠性幼儿园覆盖率76.4%，适龄儿童入园率98%。4项国家学前教育改革发展试点任务得到教育部肯定，形成普惠性幼儿园办园成本分担机制等可复制、可推广创新经验。

城乡义务教育一体化发展取得新成绩。制定年度消除计划，两次召开专项调度会，建立工作台账，通过完善学校布局规划、保障教育用地、调控学校规模等6项硬性措施，全部消除66人以上超大班额，消除56人以上大班额174个。按照“实用、够用、安全、节俭”原则，全面完成农村薄弱校改造和中心城区、城乡接合部配建学校建设。深入推进集团化办学、结对共建、学区化办学、合作办学等，不断扩大优质教育资源覆盖率。完善控辍保学机制，劝返帮扶辍学学生和有辍学倾向学生。印发第二期特殊教育提升计划，全面部署未来3年特教工作。

普通高中优质化多样化特色化国际化发展走出新路子。全面实施高中阶段教育普及攻坚计划，完成16所市级优质化普通高中建设、20所民办普通高中完成教育教学评估。开展精品校本选修课程评选，全市121门课程申报参评。新增投入541万元，建成储物箱1.6万个，为开展走班教学提供设施保障。联合市民委印发创建中小学校民族团结教育基地学校建设方案，开展科技教育、环保教育进校园活动，持续推进中日、中加和中美等中外合作办学项目建设，拓宽普通高中办学路子。

2018—2019学年度沈阳市各级各类学校（机构）基本情况

单位：所、人

表26

	学校（园）数	毕业生数	招生数	在校生数	教职工数	
					计	专任教师
总 计	2194	394484	469897	1611763	137311	96452
高等教育机构	78	180501	233745	683917	43169	26877
中等职业学校	80	21945	24348	79261	7414	5056
普通高中	86	35381	33206	104481	11630	9947
初中	213	48137	59446	174050	19075	15415
普通小学	275	58488	73802	392808	25791	22944
工读学校	1	12	4	60	33	23
特殊教育学校	16	176	173	1849	649	435
幼儿园	1445	49844	45173	175337	29550	15755

（市教育局）

现代职业教育发展推开新模式。扎实推进与宝马和新松等高端企业全面合作框架协议，完成2018级宝马班学生遴选工作。紧缺和急需专业指标增比10%，全市绿色招生、阳光招生2.4万人。扩大初中起点“3+2”分段培养规模，17所学校招生1372人。参加国家和辽宁省职业院校技能大赛，获国赛奖牌17枚，全国中等职业学校班主任基本功大赛获2个一等奖，6项成果入围国家教学成果奖评审，35项成果被评为省级教学成果奖。

市属高校转型发展赢得新契机。遴选增加6个市级重点建设专业，25个专业累计投入资金4000万元。沈医、沈职院与北京高校对口合作项目纳入全市合作框架，首医及附属口腔医院教授到沈完成对接交流，完成对市属4所高校考核测评任务。

终身教育体系实现新发展。印发《沈阳市社区教育网络实体办学指导意见》，“三独立”（场地、人员、编制独立）社区学院占比70%，确立10个乡镇（街道）级社区教育实验校，新增10个社区教育实验点，大东区终身教育学院等3家机构被评为全国第二批城乡社区教育特色校。开展扶贫专项培训70余次，发放图书读本1.1万余册，惠及5000余户贫困家庭，使扶贫与扶智、扶志相结合。（裴德利）

学前教育

【概况】　2018年，全市以全力完成国家学前教育改革发展实验区工作任务为重点，在强化责任、建立机制、提升质量、规范管理等方面积极探索，加快推进学前教育普惠发展进程。全市有各级各类幼儿园1445所，其中公办幼儿园356所；在园儿童17.5万人，其中公办幼儿园在园儿童占在园儿童总数的35.7%；教职工3万人，专任教师1.6万人。学前教育三年毛入园率达98%。全市举办第四届幼儿园优秀自制玩教具评展活动，评出6个优秀团体、13个优秀组织奖、31个先进单位、15名先进个人。开展骨干幼儿园园长培训和园长岗位培训，推荐市优秀校长8人、市名师6人、市骨干校长5人、市骨干教师104人、市先进典型教师1人，学前教育师资队伍综合素质得到有效提高。

提升学前教育普惠水平。出台《沈阳市物价局市教育局市财政局关于规范全市幼儿园收费管理工作的通知》，重新制定不同级别公办幼儿园的收费标准。完善

学前教育奖补政策，印发《沈阳市人民政府办公厅关于进一步完善学前教育奖补政策的通知》《沈阳市教育局市财政局市发展和改革委员会关于印发沈阳市普惠性民办幼儿园认定与管理暂行办法的通知》，鼓励、引导和支持民办幼儿园面向社会提供公益性、普惠性学前教育服务，进一步扩大普惠性学前教育资源覆盖面。普惠性幼儿园在园儿童数占全市在园儿童总数的76.3%。

提高学前教育保教质量。继续开展幼儿园评估定级工作，全市五星级幼儿园达到129所，位居全省首位。调研儿童早期教育服务需求与方式，开展儿童早期教育试点工作，确定59所幼儿园为沈阳市开展儿童早期教育试点园，为做好儿童早期教育服务工作提供准备。开展幼儿园“小学化”专项治理工作，建立防止和纠正学前教育“小学化”管理的长效机制。

【国家学前教育改革发展实验区任务完成】 2018年，落实《沈阳市人民政府办公厅关于做好国家学前教育改革发展实验区工作的实施意见》，完成国家学前教育改革发展实验区的4项试点任务，取得2项可复制可推广经验，并得到教育部基础教育司认可。指导和平区等6个学前教育改革发展先行区进行改革实验，在疏解“无证园”、民办幼儿园管理、乡镇中心幼儿园建设等方面总结经验。

【新增幼儿园75所】 2018年，通过新建改扩建幼儿园、接收小区配套幼儿园、利用空闲资源改建幼儿园、推进民办幼儿园审批等途径继续增加幼儿园存量，为适龄儿童提供更多的学位。全年新增幼儿园75所。

【学前教育宣传月】 2018年，全市开展“我是幼儿园教师”学前教育宣传月活动，开展“三个开展”系列活动，即开展1次主题演讲、开展1次主题半日开放活动、开展1次集中宣传，努力在全市范围内营造尊师重教氛围。6月5日，在浑南区白塔小学举行学前教育宣传月活动启动仪式。在《沈阳教育发布》推出系列幼儿教师队伍宣传短片。宣传月历时1个月，广泛宣传科学的教育理念和教育方法，促进家园共育。

（董素靖　段志慧）

义务教育

【概况】 2018年，全市义务教育阶段有普通学校488所，其中普通小学275所，比2017年增加2所，普通初中213所（含111所九年一贯制学校），与2017年持平。义务教育阶段在校学生566858人，其中小学在校生392808人、初中在校生174050人。全市小学教职工25791人，其中专任教师22944人；初中教职工19075人，其中专任教师15415人。小学学龄人口毛入学率116.1%，初中学龄人口毛入学率110.3%，初中在校生年度保留率99.2%。

城乡义务教育一体化改革。全市出台《沈阳市推进市域义务教育优质均衡发展实施方案》。11月30日，在市政府举行统筹推进城乡义务教育一体化优质均衡发展工作会议。印发《消除义务教育学校大班额专项规划》，66人以上超大班额全部消除，56人以上大班额在2017年剩余数量基础上消除59%，超额完成省定大班额年度消除目标。指导4对城乡区域共同体结成112对学校共同体，优质教育资源覆盖率达到84.8%。10月29—30日，辽宁省义务教育改革发展现场会在沈阳市召开，会议以宣传推广沈阳市义务教育工作经验为主，全省13个市教育局的主管局长、科处长、中小学校长代表100余人参加会议。

中小学招生入学。印发《2018年沈阳市中小学招生入学工作实施意见的通知》《沈阳市教育局转发省教育厅关于进一步加强普通中小学择校问题治理工作的通知》等文件，招生入学工作坚持属地管理、免试就近、依法规范、根治“择校”基本原则。召开新闻通气会，解读百姓关心的相关政策问题。“根治择校”政策推进顺利，基本实现义务教育阶段“零择校”。辽中区实现民办义务教育学校派位招生。完成2018年学区划分方案的发布、解读等工作。组织完成起始年级阳光分班。召开中小学学籍管理培训会，按时为新生建立学籍。继续保障落实随迁人员子女入学政策，简化入学流程和手续。

学校办学和教师教育教学。印发《关于规范全市中小学校办学行为和教师教育教学行为的实施意见》。持续开展课堂教学开放活动：4月，以“关注课堂，提质减负”为主题，实现义务教育阶段全部学校、学段、教师、学科课堂教学开放的全覆盖；10月，以“传承红色基因、办人民满意的学校”为主题，集中开放小学和初中起始年级。46.87万名家长参加开放活动，推进学校不断提升教育教学质量，规范学校办学行为和教师教育教学行为。

【义务教育课程改革】 2018年，全市印发《沈阳市义务教育课程实施意见》《关于遴选第二批全面深化义务教育课程改革研究基地学校的通知》《关于遴选2018年沈阳市义务教育课程改革先进学校的通知》等文件，遴选出32所课改基地校，26所课改先进校。先后在皇姑区岐山一校、沈阳市第一三四中学、沈阳市第五十中学、法库东湖一中、皇姑区珠江五校、沈阳市实验学校等学校召开8场全面深化义务教育课程改革现场会，校长及教学干部约2000人次参加会议。

【义务教育学校专项视导】 2018年，制发《关于开展2018年度义务教育学校专项视导工作的通知》及《评估细则》，组建视导组14个，以弹性离校、减负提质和学校管理标准为主题，组织完成对130所学校的视导。召开中小学弹性离校现场会，制发《弹性离校专项资金使用与管理实施细则》，全市中小学弹性离校参与率达到98%以上。召开《义务教育学校管理标准》推进暨培训工作会，义务教育阶段学校校长全员参加。指导学校按时完成《义务教育学校管理标准》的对标研判工作。（王阿俏 陆奕宏 安曼）

普通高中教育

【概况】 2018年，全市普通高中教育紧密围绕各项既定指标，推动事业持续发展；围绕教育质量，加强管理，稳步推进各项改革；更新服务理念，营造和谐环境，推动全市普通高中优质、特色、多样发展。深化普通高中教育教学改革，将教育教学改革实验校建设与沈阳市教育科学“十三五”规划2018年度课题研究工作绑定推进，确定沈阳师范大学附属学校等12所学校为2018年教育教学改革实验校。4月、10月，面向全市普通高中开展课堂教学开放月活动，促进各高中课堂教学质量提升。加强对全市普通高中学籍管理工作，截至10月末，办理普通高中学籍异动业务3461件，其中休学183人，复学262人，转学2634人，退学382人。6月，组织全市77所普通高中进行毕业证书发放工作，发放毕业证书33281个。9—12月，为全市79所普通高中31282人注册学籍。全市有普通高中86所，在校生104481人，教职工11630人，其中专任教师9947人，普通高中招生33206人，比上年减少3010人，降幅8.3%。

【普及高中阶段教育攻坚计划实施方案出台】 2018年，为贯彻落实《教育部等四部门关于印发高中阶段教育普及攻坚计划（2017—2020）的通知》和省教育厅等四部门印发的《辽宁省高中阶段教育普及攻坚计划实施方案（2017—2020年）》，市教育局牵头制订《沈阳市高中阶段教育普及攻坚计划实施方案（2018—2020 年）》，并与市发改委、市财政局、市人社局会签，经市政府同意于4月10日印发。《方案》强调，以满足供给需求、保证供给成效、注重供给质量为基本原则，不断优化结构布局、改善办学条件、健全经费投入机制、完善学生资助政策、加强教师队伍建设、促进普通高中优质多样特色国际化发展、提高优质中等职业教育的供给能力和吸引力、改进招生管理办法。

【17所学校通过优质化高中验收】 2018年，对《沈阳市优质化高中评估验收细则》进行调整和完善，参照最新出台的辽宁省示范高中评估细则，并结合市委巡查及正风肃纪的相应要求，把党建、学校专项资金使用等重要内容纳入评估验收细则。全市有20所学校申报优质化高中评估验收。依据评估组意见，沈阳市第三十八中学等17所学校通过优质化普通高中评估验收。

【15所普通高中教学管理专项视导】 4—5月，组织视导专家对全市15所普通高中进行为期6天的普通高中教学常规管理专项视导。这次视导是基于2016年全市高中学校全方位视导和2017年重点视导后的第三轮视导工作。视导专家组听课36节，涉及10个学科，查阅教案150余册，实验报告200余册，参加集体备课15次。视导组通过看、查、听、问、访、评等手段，以推门视导、常态视导为主线，重点视导课堂教学、集体备课和实验教学情况，为学校提炼升华工作亮点55项，指出学校存在问题49处，并给出工作发展建议48条。

【精品校本选修课评选】 2018年，为鼓励和推动各普通高中开发校本课程，整合和丰富有效教学资源，努力实现高中课程的多样化、可选择，开展沈阳市精品校本选修课程评选工作，全市121门课程申报参评。6月，对全市200名普通高中骨干教师及市区教研人员进行专项培训；7月，市教育研究院学校与地方课程研究室召集经验丰富的专家、教师组成评委团队，对征集的各类高中校本课程进行评选，《中山舞台（戏剧实践）》等10门课程

获一等奖、《基于新高考模式的STEAM校本课程》等20门课程获二等奖、《英语戏剧》等30门课程获优秀奖。

【公办普通高中学生储物箱建成7.38万个】 2018年，为应对即将全面实施新高考改革，组织全市公办高中开展走班制教学所需的学生储物箱建设。上半年，全面完成相关建设工作。全市新增投入541万元，储物箱项目建设总投入2233万元，全年新建成储物箱1.6万个，全市储物箱建设总量达到7.38万个，公办高中储物箱建设任务基本完成。

【弹性离校服务】 2018年，在全市公办高中范围推进弹性离校服务工作。全市参与弹性离校的公办普通高中学生73081人，参与率达97.97%。拨付5716.5万元用于普通高中弹性离校补贴。弹性离校服务工作强调不收费、不讲新课和学生自愿原则，各普通高中科学规范地安排好教师辅导答疑，从提供适合的服务入手，缓解学生课外补习需求，减轻学生家庭负担。（葛超）

特殊教育

【概况】 2018年，全市有在籍残疾少年儿童3039人，入学率96.43%。按教育形式分，其中随班学生1100人，分布在354所学校，特教学校就读1487人，分布在15所学校，送教上门学生452人，分别由78所学校承担。按残疾类别分，其中视力残疾214人、听力残疾445人、智力残疾1506人、肢体残疾498人、言语残疾79人、精神残疾139人、多重残疾158人。特教学校教师534人，资源教室35个，接受医教结合康复人数1798人。加强特殊教育教师培训，共培训930人次。其中，市培智教研中心面向全市负责培智类教育的教研员、学校管理者及教师开展特殊教育工作职责转型教师通识培训，培训300人。市聋教研中心面向全市聋校教师进行手语系列培训，培训500人次；举办聋校教师通用手语高级培训班，培训学员30人；开展聋校干部教师专业技能培训，培训50人。市盲教研中心面向盲教育教师开展专题培训，培训50人。（安凯）

【《沈阳市第二期特殊教育提升计划实施方案（2018—2020年）》】 4月23日，市教育局与市编办、市发改委、市民政局、市财政局、市人社局、市卫计委、市残联会签，联合印发《沈阳市教育局等八部门关于印发沈阳市第二期特殊教育提升计划实施方案（2018—2020年）的通知》，对未来三年特教工作进行全面部署。其主要内容：提高残疾儿童少年义务教育普及水平、加快发展非义务教育阶段特殊教育、健全特殊教育经费保障机制、加强特殊教育基础能力建设、切实加强特殊教育师资队伍建设、大力推进特殊教育课程教学改革。（志闻）

【教育成果展示现场会】 11月28日，在铁西区春晖小学召开国家特殊教育改革实验区暨沈阳市特殊教育成果展示现场会，展示和推广铁西区在特殊教育工作中取得的成果和经验，全面总结全市特殊教育工作，并对下一步工作进行动员和部署。与会人员通过参观校园、观看学生表演、听取报告等形式，进一步明确工作目标。（安凯）

民办教育

【概况】 2018年，全市有民办普通中小学41所，其中普通小学4所、初中3所、九年一贯制学校7所、十二年一贯制学校5所、完全中学12所、普通高中10所；民办普通中小学在校生72658人，其中小学15475人、初中30569人、普通高中26614人；民办普通中小学在职教职工4168人，专任教师3748人。全市民办中等职业学校39所，在校生18115人，在职教职工1555人，专任教师944人。做好民办中职院校业务管理，将民办中职校纳入全市中等职业学校的管理序列，继续开展年检工作，有25所学校通过年检，有1所学校未通过；落实市政府简政放权和放管服改革政策，取消章程、招生简章和收费标准等3个事项上的审批，实行区县教育行政部门备查制，并及时出台配套政策，确保平稳过渡。

【民办普通高中办学行为检查评估】 3月21日至4月10日，组织专家对全市民办普通高中的办学思想、办学条件、学校管理、组织领导、师生权益及评价5个方面进行实地评估，对各民办普通高中2017年度综合办学情况进行检查评价。全市22所民办普通高中参与本次检查评估，其中20所学校通过这次验收。（张金伟 葛超）

民族教育

【概况】 2018年，全市有民族

中小学23所。按民族分，朝鲜族学校11所、回族学校3所、满族学校3所、蒙古族学校1所、蒙满两族4所、锡伯族学校1所；按办学阶段分，小学8所、初中4所、九年一贯制8所、高中2所、完全中学1所。在校生13809人，教职工1915人，其中双语教师729人。东北育才学校新疆班有在校学生280人，内派教师4人，任课教师27人；市第十一中学有西藏班在校学生161人。市翔宇中学青海班有在校学生1249人，全部为藏族。全市中等职业学校设有新疆班和西藏班，在校生702人，其中，沈阳现代制造服务学校334人，内派教师4人；沈阳市汽车工程学校232人，内派教师3人；沈阳市艺术幼儿师范学校136人，内派教师2人。

开展民族体育进校园活动。3—6月，在各民族学校开展体育活动；9—10月，由各民族学校集中展示民族体育成果。全市所有的民族学校及内地民族班1.3万余人参加活动。

民族特色校园文化建设。市教育局重点支持沈阳市朝鲜族第一中学、朝鲜族第二中学、康平县柳树满蒙九年一贯制学校、康平县西关蒙满九年一贯制学校、沈北新区蒲河满族学校具有本民族特色的校园文化建设工作，每所学校拨付20万元。

【民族教育学校督导检查】 市教育局、市民委、市政府教育督导室转发省教育厅、省民委、省政府教育督导室《关于开展全省少数民族教育专项督导检查的通知》并提出工作要求。成立2个专项督导小组，7月9—12日集中对全市少数民族教育工作进行专项督导，督导检查学校达到100%，形成督导报告上报省教育厅及市政府。全市民族教育整体发展较好，在办学条件、师资配置上整体好于全市中小学平均水平，不足百人的民族学校生均教育经费至少按200人拨付，双语教学扎实开展，教学质量总体有所提高。

（陈维忠）

职业教育

【概况】 2018年，全市有中等职业教育学校110所，其中教育部门管理学校80所、人社部门管理学校30所；在校生人数9.1万人，其中原省属学校1万人、市直属中等职业学校2.7万人、市行办学校1.3万人、民办学校1.8万人、区县职教中心7000人、技工学校1.6万人。教育部门学校招生2.4万人，外地生源比例为52%，人社部门技工学校招生6000人。全市教职工7414人（不含技工学校），专任教师5056人，生师比为14.89:1，专业教师3114人，“双师型”教师（同时具备教师资格和职业资格，从事职业教育工作的教师）1342人，“双师比”为43.1%，聘请校外教师数为801人。专任教师中本科学历4778人、研究生学历687人；高级职称1811人，占比35.82%。全市开设17个专业大类，111个专业。其中，加工制造类专业12个，交通运输类9个，信息技术类11个，石油化工及医药卫生类17个，财经商贸及旅游服务类15个。有新一轮国家示范专业7个，省级示范专业52个，市级重点专业48个。12所学校、48名选手代表辽宁省参加国家职业院校技能大赛中职组的20个项目比赛，获奖牌17枚，其中金牌2枚、银牌5枚、铜牌10枚。组织参加由中国职教学会德工委举办的第三届全国中等职业学校班主任基本功大赛，获2个一等奖，3个二等奖，1个单项奖。市外事服务学校获评教育部职业院校实习管理50强。市教育研究院、市化工学校、市旅游学校3项成果获评国家教学成果二等奖，市装备制造工程学校、市化工学校、现代制造服务学校、市外事服务学校、市旅游学校、市信息工程学校、市汽车工程学校、辽中区职教中心、沈职院附属中等职业学校等9所学校的33项成果被评为辽宁省教学成果奖。

中职学校就业。中职学校学生就业率高，质量稳步提高。就业率始终保持在95%以上，对口就业率较高，平均在70%以上，2018年，毕业生初次就业平均收入在2300元左右，比2017年略有提高。80%实现本地就业。每年3万名中职毕业生中至少有2.4万人在沈就业，而且绝大部分为沈阳市户籍以外毕业生。从企业类型看，到国企和大型企业的比例降低，到中小企业的比例增加明显。

供给侧改革。部署和推进县级职教中心转型发展，由市教育局牵头五部门联合印发《关于转发省教育厅等五部门<关于推进县级职教中心转型发展的意见>的通知》，明确沈阳市转型目标、任务、时间节点和支持政策等具体要求，县级各职教中心完成制定转型工作实施方案。7所农村职教中心完成各类培训2.9万人次，其中技术技能型培训1.8万人次，社会生活教育培训7425人次，新型职业农民培训118人次，农村剩余劳动力转移培训800人次，职教中心转型发展的培训功能逐步增

强。有国家级示范学校10所，省级示范学校4所。辽中区职教中心通过国家示范校验收，沈阳市旅游学校和沈阳市轻工艺术学校通过辽宁省中等职业教育改革发展示范校验收。完成28所沈阳市中等职业学校建设标准化项目终期验收。

双元培育。落实市教育局与宝马集团、新松公司全面合作框架协议内容，完成2018级宝马订单班75名学生的遴选工作，2018届有50名宝马订单班毕业生正式入职宝马公司，从沈阳市装备制造工程学校等6所学校选出690名学生顶岗实习。推进与新松教育集团合作的教师培训项目，完成130名专业教师培训。（张金伟）

高等教育

【概况】 2018年，全市有高等教育机构78所，在校生683917人，毕业生180501人，招生233745人，教职工43169人，专任教师26877人。其中，普通高校47所，在校生391152人，毕业生109760人，招生106271人，教职工42578人，专任教师26564人。市属高校4所（沈阳大学、沈阳医学院、沈阳职业技术学院、沈阳广播电视大学），学校总占地面积139.4万平方米，建筑面积90.9万平方米。有在职教职工总数4465人，其中专任教师2808人。普通在校生43659人，其中博士研究生21人、硕士研究生995人、本科生21604人、专科生14711人、留学生1585人。（陈馨 孔德林）

【东大与抚顺市政府签署战略合作框架】 1月18日，东北大学与抚顺市人民政府战略合作框架协议签约仪式在东北大学举行。抚顺市委书记高宏彬、常务副市长蒲信子，东北大学校长赵继、党委副书记张国臣、副校长孙雷等出席签约仪式。蒲信子与孙雷代表双方签订战略合作框架协议。本着“优势互补、协同合作、相互促进、共同发展”的原则，合作双方将围绕发展需求，加强科技创新与人才培养交流，开展多层次、多渠道、多形式的政产学研用合作，提升双方的自主创新能力，共同谋求跨越式发展。

【东大与南宁市签署战略合作协议】 4月15日，东北大学与南宁市战略合作协议签约仪式在南宁市举行。校长赵继、中国工程院院士王国栋出席签约仪式。根据协议，东北大学与南宁市将围绕科研与产业、智力支持与技术、人才培养与培训等方面开展合作。东北大学将在南宁建设具有国际领先水平的国家级广西先进铝加工创新中心，努力形成具有自主知识产权的国际领先的创新成果，造就促进关键技术及装备制造服务于实体经济，创造良好的经济、社会与环境效益。

（庞金刚 杨明）

【辽大获国际刑事法院中文模拟法庭比赛8项奖励】 4月20—22日，辽宁大学代表队在中国国际刑法青年学者联盟主办的2018年国际刑事法院中文模拟法庭比赛中，获2018年国际刑事法院中文模拟法庭竞赛一等奖、最佳检方律师第一名、最佳检方律师庭辩奖第一名、最佳庭辩奖第一名、最佳辩方律师第一名等8个奖项。比赛吸引包括中国人民大学、中国政法大学、清华大学、台湾东吴大学等48所高校参加。

（刘蕙 马心竹）

【“一带一路”国际医学教育联盟成立大会】 5月26日在中国医科大学科学艺术中心举行。“一带一路”国际医学教育联盟是由中国医科大学召集，由中国、乌克兰、吉尔吉斯斯坦共和国、爱沙尼亚、阿塞拜疆、巴基斯坦、菲律宾等15个国家医学教育机构共同发起倡议的国际医学教育联盟组织。成立大会上，15个国家的43所医学教育机构共同签署合作框架协议，并共同发起《沈阳宣言》。（张萱）

【东大“零排放清洁生产氧化铝技术”完成科技成果转化】 5月，东北大学教授张廷安团队“零排放清洁生产氧化铝技术”以1亿元完成科技成果转化。北京增鑫资产管理中心（有限合伙）及壹力（天津）环保工程有限公司共投资近亿元，三方共同组建东大有色固废技术研究院（辽宁）有限公司，作为平台公司负责该项重大科技成果的产业化。该项技术成果获得推广后，可使中国铝土矿资源扩大2—3倍，延长铝土矿使用年限30年以上，可摆脱氧化铝行业对进口矿物的依赖。

【东大团委获全国五四红旗团委称号】 5月，共青团中央发布关于表彰2017年度“全国优秀共青团员”“全国优秀共青团干部”“全国五四红旗团委（团支部）”的决定，东北大学团委获“全国五四红旗团委”称号。东北大学团委坚持立德树人，深入实施思想引领、素质拓展、权益服务、组织提升四项行动，服务学生成长成才和学校发展建设。同时，制定出台《东北大学共青团改革实施方案》，统筹推进共青团工作改革创新，主动将共青团工作融入学校大学生思想政治

工作和人才培养大局，在推进实施全国高校共青团“第二课堂成绩单”制度试点、全团“青年之声”建设试点、基层团组织建设和团支部“活力提升”工程等重点工作方面取得积极成效。

【东大获全国大学生机器人大赛冠军】 6月21日，东北大学ACTION创新团队获第十七届全国大学生机器人大赛冠军，这是继2016年、2017年两次夺得冠军后ACTION第三次获冠军，并代表中国出征在越南举办的“亚太大学生机器人大赛”并获亚军，ACTION创新团队获评全国大学生“小平科技创新团队”。

【东大与云南省政府签署战略合作协议】 6月22日，东北大学与云南省人民政府战略合作协议签约仪式在昆明举行。云南省副省长陈舜、东北大学党委书记熊晓梅签署省校战略合作协议。根据协议，双方将在教育、科研和人才培养等方面展开合作。其中，在科研合作方面，双方将围绕矿业、冶金、工业控制、超级计算、云计算、大数据、网络空间安全、信息技术与装备制造等领域方面，开展全面深入的科研合作，全力支持云南省融入“一带一路”建设，促成一批科研平台、科研成果、人才和团队入滇落地。

【东大与朝阳市政府签署战略合作协议】 7月4日，东北大学与朝阳市人民政府战略合作协议签约仪式在朝阳市举行。朝阳市市长高伟、东北大学党委书记熊晓梅分别代表双方签署战略合作协议。根据协议，在科技合作方面，双方以培育战略性新兴产业为重点，联合组建技术转移服务机构，共建研究中心、产业技术研究院、工程中心、产业化基地，重点推动朝阳东大矿冶研究院建设，共同打造国家级科技成果转化中试基地；在人才交流方面，发挥东北大学智力优势，积极为朝阳科技发展规划和经济社会发展规划等重大战略制定提供决策咨询和政策建议。

（庞金刚　杨明）

【2018全国首届“医学美术作品展”】 12月3—7日在辽宁美术馆举行。由中国医药卫生文化协会、中国医科大学、《中国医院建筑与装备》杂志社主办，由中国医科大学人文社科学院东方人文医学研究所、辽宁省环境健康研究所、中国医科大学国际医学教育研究院教育技术研究所承办。这次作品展邀请中国医科大学、中国医学科学院北京协和医学院等52个单位的国内行业领域专家同台展示医学美术新作品241幅。

【中国医科大学健康医疗大数据国家研究院成立】 12月13日，中国医科大学健康医疗大数据国家研究院举行成立仪式，仪式由中国医科大学校长闻德亮主持。研究院首任院长、中国医科大学副校长尚红宣读中国卫生信息与健康医疗大数据学会《关于共建“中国医科大学健康医疗大数据国家研究院”的批复函》，中国医科大学党委书记朱京海介绍研究院筹建情况与发展规划，中国卫生信息与健康医疗大数据学会会长金小桃与辽宁省政协副主席、省医学会会长滕卫平共同为研究院揭牌。（张萱）

终身教育

【概况】 2018年，全市终身教育工作以党的十九大精神为指引，扎实贯彻教育部等七部门《关于推进学习型城市建设的意见》、市委办公厅市政府办公厅《关于建设全民学习终身学习的学习型城市的指导意见》等国家、省、市相关文件要求，坚持以人为本，项目推进，求实创新，各项工作平稳推进，取得阶段性成果。开展各类终身教育活动10.14万次，参与人次达3165.79万。沈河区被评为全国社区教育数字化先行区，大东区终身教育学院、法库县秀水河子镇农村成人教育中心校、苏家屯区陈相街道社区分院等被评为全国第二批城乡社区教育特色校，沈阳社区大学、法库县的送课进社区和“一带十”科学种田示范工程获全国终身教育优秀品牌；沈阳社区大学、和平区社区学院、沈河区社区学院等5家社区教育机构接待2018年度全国社区教育研讨会与会代表的参观考察，并受到一致好评；承办辽宁省首届全民终身学习活动周开幕式。沈阳市终身教育工作继续保持省内领先、全国前列。（张金伟）

【《沈阳市老年教育三年行动计划（2018—2020年）》】 8月26日市政府办公厅印发。《计划》分计划背景、总体要求、主要任务、保障措施4方面内容。提出到2020年，基本形成覆盖城乡、社会参与、特色鲜明、充满活力的新时代老年教育新格局的主要目标。《计划》明确提升老年教育基础能力建设水平、扩大老年教育资源供给、丰富老年教育内容和形式、促进老年教育可持续发展4项主要任务。（志闻）

教育管理

【概况】2018年，全市教育综合改革稳步深入推进。“双元制”改革走向深入，建设2所中德职业学院，华晨宝马汽车有限公司、新松机器人自动化股份有限公司等高端企业全面合作框架协议落地，2018级宝马班学生遴选工作全面完成。学前教育国家实验区完成改革任务，承担的扩大普惠性资源、农村学前教育成本分担机制、普惠性财政投入保障机制、普惠性民办园管理四项任务完成。中小学德育工作开辟新路径，试行小学生品行培养手册，探索“微+项目”小微德育模式，为构建全学段品行培养体系奠定基础。教师招聘及交流更成熟，完善招聘方式，严密招聘程序，新招聘192名优秀毕业生，硕士研究生占72.7%，全市累计招聘教师6000余人；义务教育学校校长、教师交流轮岗比例达到36.8%、14.8%。机关事业单位改革全面铺开，整合9家事业单位，组建成沈阳市教育研究院，384名教职工、26位领导干部全部按新单位新职能调整上岗。国际教育合作交流不断加强，推进宝马新工厂项目教育配套服务，做好初高中评审准备。做好在沈国际学生服务，安排785名国际学生、港澳台学生和华侨子女在中小学就读。接待日、英、美、俄及中国香港等地的教育行政部门和中小学教育13个团组375人来访。按照“立即办、容缺办”精神，优化外籍人员子女学校办理规程，完成2所学校审批审核工作。督导工作有序推进。出台区县（市）政府履行教育职责评价实施细则，完成13个区县（市）全面督导评估。开学准备工作早培训、早布置、落实经费长效保障机制等做法，得到省教育厅专家组高度认可。4个督查小组先后抽查130所幼儿园、23所少数民族学校、6个内地民族班开展专项督导。印制义务教育均衡发展动态监测数据册，完成一区一测、一校一测的工作任务。责任督学工作经验走向全国。深入推进校园安全管理，集中1个月时间，市直29个部门联合行动，全面排查消防、食品卫生、校舍安全等13个问题，逐一消除安全隐患，全面整治校园及周边安全。全市全年无学生溺水，无安全责任事故。

8月17日，沈阳市教育研究院（沈阳市教育事业发展中心）举行成立挂牌仪式

（市教育局供）

依法行政和依法治教。印发《关于调整市教育局全面推进依法行政和依法治教工作领导小组组成人员的通知》。严格行政执法资格管理，局机关有31人持有有效行政执法证件，行政执法主体及执法人员信息通过官方网站向社会公布。完成《沈阳市教育局行政执法“三项制度”开展情况调研报告》。完成2018年度局法律顾问公开招聘工作，与辽宁秀文律师事务所签约，聘请该所律师为市教育局法律顾问，就重大决策、重大执法及其他涉法事务提供顾问服务。向市政府法制机构报送法制信息36篇。

调查研究。针对教育热点难点问题，确定48个调研课题，最终征集调研报告33篇，评出特等调研报告2篇，一等调研报告8篇，二等调研报告10篇。按照市委研究室等有关部门部署，组织开展关于东北振兴大调研、沈阳市乡村振兴大调研等活动，形成《东北老工业基地振兴发展的调查与思考》（教育部分）、《沈阳市乡村振兴调研（优先发展乡村教育事业）》等调研报告，为市政府决策提供参考。

市本级财务管理。市教育局公开部门决算、预算及三公经费。2019年全局预算16.34亿元，其中人员经费10.19亿元，公用经费2.26亿元，项目支出3.88亿元，预算单位23家，实有人数14016人。

教育基本建设。围绕幼儿园公办学位扩增、解决大班额、普及高中阶段教育、职业教育能力

建设等安排基建项目102个。完成新增1000个公办幼儿园学位任务；基本完成义务教育改薄5年规划建设项目；完成中小学建设项目51所、高中阶段学校建设项目10所。

优化营商环境。市教育局开展清理现行排除限制竞争政策措施工作3次，重新编制审批事项办事指南，审批时限由法定3个月缩短为18天。审批民办学校许可变更事项18项。

对口支援合作。5月，市教育局组织送培进疆专家团队一行22人赴新疆塔城市开展为期1周的“中高考强化指导”暨“送培进疆”活动。6月，市教育局领导分别随沈阳市援疆党政代表团、援藏党政代表团赴塔城市、安多县就教育对口支援工作进行调研。7月，选拔出30名教师参加2018年辽宁省援藏援疆教师支教计划。9月，选拔4名优秀教师组成教育团队赴西藏安多县开展为期10天的“送教进藏”活动。

领军团队建设。市教育局新建名优教师工作室38个、名优校长工作坊21个。在北京师范大学开展沈阳市骨干校长领导力提升高级研修培训，继续委托东北师范大学开展第五期沈阳市农村中小学优秀校长高级研修培训。

安全教育。3月，印发《辽宁省暨沈阳市“做自己的首席安全官—平安校园行”主题宣传活动启动仪式实施方案》，统一组织各区县（市）和学校开展系列活动。4月，以“普及消防安全常识，提高自防自救能力”“净化校园周边食品环境，保障未成年人健康成长”为主题开展活动。5月，开展“防灾减灾日”主题宣传教育活动，市教育局、市地震局、市减灾办联合印发《关于在全市中小学校开展防震减灾主题宣传教育活动周的通知》。6月，以“强化学校安全工作主体责任、深入推进平安校园建设工作”和“生命至上、安全发展”为主题，开展“安全生产月”活动，印发《2018年“安全生产月”活动方案》。10月，以“遵守交通规则，安全伴我成长”和“提高防范能力，杜绝校园欺凌”为主题，集中开展“五个一”〔组织一次专题知识教育讲座、召开一次主题教育班（团、队）会、开展一次应急疏散演练、开展一次消防安全专项治理、组织观看一次宣传教育片〕和“三个一”（联合开展一次集中治理行动、完善巡查和监控机制、完善安全教育和管理制度）主题宣传教育和社会实践活动；市教育局统一印制300副主题宣传条幅（标语），编印1.5万册安全教育宣传手册，全部免费发放到各区县（市）教育局以及中小学校。

校车安全管理。2018年，全市农村中小学校车涉及9个地区、184所学校、1341台运营车辆，接送学生累计8.3万人。城区校车涉及5个城区、151所学校、549台运营车辆，接送学生累计1.3万人。为进一步加强沈阳市城区校车规范运营和管理，市教育局会同市公安局、交通局联合印发《关于进一步加强城区校车规范运营和管理工作的通知》，并协调市公安部门对城区校车标牌核发业务受理权限的归属原则及有关注意事项进行界定。配合市安管办完成全市校车监控平台建设工作，全面建立农村、城区和幼儿校车信息基础档案。协调当地公安、交通部门加强对校车日常运营情况进行监管，对违规违章校车和不法运营车辆坚决进行查处，确保学生乘车安全。（市教育局）

【违规补课专项治理】 寒暑假前，市教育局分别于1月5日和7月12日召开全市教育系统会议，部署在职教师违规补课等问题的专项治理工作，下发专项治理工作文件，明确重点整治有偿补课等十种违规行为，并公布全市教育系统公开举报电话受理市民投诉。寒暑假专项整治期间，市区两级教育行政部门组成145个检查组，累计出动527人次对学校、办学机构以及群众举报地点进行了不间断排查。（董波）

【校园安全风险辨识、评估和管控】 2018年，市教育局做好校园安全风险辩识、评估和管控工作。印发《沈阳市教育局关于印发沈阳市中小学安全风险评估实施方案的通知》，其中包含《沈阳市中小学安全风险源辨识建议清单》《沈阳市学校安全风险辨识评估标准》《学校安全风险辨识评估清单》等内容。市教育局要求各区县（市）教育局均要明确至少1所学校作为先行先试的试点学校，在本区域内先行先试，率先总结工作做法和经验，尽快形成区域典型，逐步推广示范。同时，辽沈街第三小学、沈阳市实验学校（中学部）被选定为全市校园风险辩识、评估、监测和管控等方面的试点学校，分别在年初到2所学校进行工作指导和任务分派，全面完善工作环节和程序，供全市校园参考和借鉴。3—4月，开展校园风险辨识、评估、监测和管控方面的培训和指导工作。

（郭晓峰）

【贫困地区义务教育阶段学生营

养补助】 4月，市教育局与市财政局联合印发《部分贫困地区农村义务教育学生实施营养干预试点工作方案》。拨付专项经费327.61万元，用于开展贫困地区义务教育阶段学生就餐经费补助工作。6月，对试点进行专项督导，并就发现的问题进行通报，责令相关地区、单位限期整改，并上报整改报告。（于晓晶）

【外籍人员子女学校服务】 2018年，市教育局完成2所外籍人员子女学校的审批工作，满足在沈外籍人员子女就读需求，尤其是宝马员工子女就读德国课程的需求。5月18日，召开全市外籍人员子女学校业务培训会，对各区县（市）教育局相关人员进行政策解读、审批工作规程介绍、工作具体要求等业务知识培训。加大对外籍人员子女学校的支持和服务力度，走访调研全市外籍人员子女学校，解决外籍人员子女学校办学中的问题。做好沈阳韩国国际学校搬迁换址工作。安排华晨雷诺金杯有限公司外籍专家子女在沈就学事宜。（夏光）

【全国文明城市教育系统复检】 6月，市教育局完成教育系统《未成年人测评体系》和《全国文明城市测评体系》档案材料的申报工作。在中央文明办来沈实地检查过程中，各校准备充分，其中沈阳铁路第五小学、沈阳市第九十九中学高标准完成迎检任务，学生良好的精神面貌获检查组肯定。沈阳市教育局被评为创建全国文明城市突出贡献单位。（孔庆琳）

【县域普通话普及情况调查】 2018年，根据省教育厅、省语委《关于切实做好学校语言文字工作达标建设及实施国家通用语言文字普及攻坚工程的通知》，市教育局制订沈阳市普通话基本普及县域验收工作方案。7月25日，根据《辽宁省教育厅办公室关于做好2018年县域普通话普及情况调查工作的通知》，沈阳市选取和平区、康平县、法库县以及新民市4个县域的负责人，参加在人民大厦举办的县域普通话普及情况调查培训班。各区负责人学习新的调查软件使用方法，并使用数据采集方法进行调查，累计收集语音数据1600份，完成本年度调查任务。（杨瑶）

【《沈阳市小学生品行培养手册（试行）》制发】 2018年，为推进学校德育改革，提高德育工作的实效性，市教育局围绕小学阶段德育培养目标研究制定《沈阳市小学生品行培养手册（试行）》。8月24日，召开小学生品行培养工作部署会议，正式发布《沈阳市小学生品行培养手册（试行）》。手册主要内容：爱党爱国、勤奋好学、文明有礼、自理自立、孝敬父母、尊敬师长、诚实守信、友善互助、身心健康、防灾自护、勤劳节俭、爱护环境。（孔庆琳）

【网络安全宣传教育活动】 2018年，举办2次市级大型活动，上半年开展“清朗网络 多彩校园”2018沈阳市网络文明校园行活动，倡导全市中小学生安全文明上网，活动得到中央网信办和省市各大主流媒体宣传报道。下半年组织全市学校开展国家网络安全宣传周教育活动，9月18日在铁西区启工二校举行网络安全周校园日启动仪式，活动得到市委网信办高度肯定，华商晨报专门予以报道宣传。9月16—21日，市教育局参加由辽宁省公安厅组织为期6天的“辽宁护网2018”网络攻防实战演习象。（张殿辉）

【选派11名干部到乡村工作】 2018年，按照市委统一部署，市教育局选派11名干部到乡村工作。工作期间，局机关及派出单位党政领导30余次深入乡村看望干部，支持乡村发展。与选派干部保持经常性联系，全程关注干部表现，保障好干部待遇。5名干部在年度考核中获评优秀等次。（张雪冰）

【“引校友回沈阳”工作】 2018年，在“三引三回”工作中，市教育局主要负责在全市中小学开展“引校友回沈阳”工作中校友梳理、开展宣传及制定和完善人才子女入学政策。对全市所有中小学的校友会及校友中的重要人才进行梳理，整理全市普通中小学校友组织名录及人才信息名录。其中校友组织名录25条，校友人才信息名录133条；召开“引校友回沈阳”活动动员大会、“引校友回沈阳”工作座谈会、“引校友回沈阳”工作推进会；制定引进人才子女入学政策和工作流程，保证人才子女在各学段都会得到高效的教育服务。（葛超）

二十九、科学技术

综　述

2018年，全市科技机构以建设东北亚科技创新中心为目标，以建设国家自主创新示范区和全面创新改革试验区为契机，着力构建统筹推进、相互支撑、协同发展、效能优先的城市创新体系。用于研究与试验发展（R&D）经费支出140.1亿元，占全市地区生产总值2.23%，管理市财政科技拨款5.59亿元。专利申请23826项，专利授权12582项。高新技术企业净增383户，累计1230户，增长45.2%。认定登记的技术合同成交8078项，技术合同成交额252.04亿元，增长15.86%。拥有众创空间、科技企业孵化器和加速器124家、孵化器面积10万平方米。两院院士23人。全市获国家级科学技术奖8项，获省级科学技术奖97项。

科技创新。在科学规划创新驱动方面，8月印发《沈阳市建设东北亚科技创新中心规划（2018—2030年）》，明确科创中心建设“三步走”战略。11月，印发《沈阳市关于以培育壮大新动能为重点激发创新驱动内生动力的实施意见》，就发展的现代产业体系、加速就地转化科技成果、突破“卡脖子”技术和优化创新创业环境4个方面提出21项重点任务。在规划布局未来新兴产业方面，5月5日，以市政府名义发布《沈阳市新一代人工智能发展规划（2018-2030年）》。为全面推进《规划》落实，12月6日，市政府办公厅印发《沈阳市新一代人工智能发展规划三年行动计划（2018-2020年）》。12月24日，以市政府名义发布《沈阳市未来产业培育和发展规划（2018-2035年）》。《规划》总体布局到2035年加快推进沈阳市未来产业培育和发展的总体要求、发展重点、重大工程和保障措施等主要内容。在创新主体加速成长方面，实施科技企业“双培育计划”（高新技术企业培育、科技小巨人企业培育）。新增“双培育”入库企业574户，涌现出8户“瞪羚”企业及东北唯一的1户“独角兽”企业，科技企业群体形成梯队成长格局。在创新市校共建新模式方面，组织协调相关部门与东北大学进行项目对接，推进校地共建战略的实施。5月，东北大学智慧水利技术创新中心挂牌成立，东北大学与东软集团共同申报的“城镇环境污染监测与生态修复院士工作站”获批。推进市长大学校长联席会议重点项目，根据《2018年市长大学校长（科研院所长）联席会议议定事项工作分工》，对高校院所提出的重点项目进行梳

理汇总，形成项目清单，完成合同签订工作，推动相关成果在本地实现转化。在创新创业载体建设提速提质方面，全省众创空间和科技企业孵化器绩效评价中绩效评价达优秀等级，列全省第一名，全市19家众创空间和孵化器获省资金支持。华府青创空间加速器等重点双创载体相继落地投入运营，以打造东北第一创新创业街区为目标的沈阳·智谷双创街起步运营。推进沈阳市临床医学研究中心建设，8月会同市卫生健康委拟制《关于开展沈阳市临床医学研究中心绩效评估的通知》。同月，会同市卫生计生委印发《关于开展2018年沈阳市临床医学研究中心建设申报工作的通知》。10月，评选确定中国医科大学附属第一医院消化系统肿瘤临床医学研究中心等10个中心为第二批建设单位。

科技成果转化。在建立成果转化对接制度方面，定期举办产学研金介等多要素参与的专题成果转化对接活动，组织企业与院所高校对接会近20场。5月28日，举办科技成果转化对接会，1239项科技成果与1302项技术需求交互对接，547个项目达成合作意向。在成果转化应用示范效果显现方面，机器人未来城、东方机器人谷、东软健康医疗国际产业园、眼产业精准医疗小镇等科技园区加快发展。在智能制造、现代农业、生态环保、人口健康、公共安全等领域，推广数字化车间、秸秆炭化还田、大气污染源溯源预警、老年慢性病管理系统、食品杀菌剂残留分析检测等一批先进、成熟、有较大影响力的科技成果，促进相关产业和社会领域发展。在技术转移机构加快发展方面，制定《沈阳市技术转移示范机构管理办法》。新增远大智能制造、东软智慧医疗、法库通用航空3家产业技术研究院，以产业技术研究院为代表的新型研发机构达到8家。（周巍 王英）

科技研究

【概况】 2018年，全市累计安排各类科技计划项目642项，安排科技创新专项资金45714.44万元。地域内各科技型企业、科研院所、高等院校获批立项911个项目，争取国家、省级各类科技计划资金9.14亿元，增长4.6个百分点。制定并出台《沈阳市新批建科技创新平台支持政策实施细则》。材料科学国家研究中心、国家机器人创新中心等7个“国字号”科技创新平台相继落地建设。新增省级重点实验室、工程技术研究中心、企业技术中心71个，新增市级重点实验室、工程技术研究中心和临床医学研究中心30个，各类科技创新平台1266个。新增39家单位牵头实施的72个“双百工程”项目。

【新增省市级实验室研究中心81个】 2018年，新增省级重点实验室、工程技术研究中心、临床医学研究中心中心51个，新增市级重点实验室、工程技术研究中心和临床医学研究中心30个，涉及先进装备制造、生物医药、新材料、航空航天等技术领域。安排专项资金对新获批的2个国家级工程研究中心（工程实验室）、18个省级科技创新平台和32个市级科技创新平台，分别给予200万元、100万元和50万元的补助支持。各类科技创新平台建设取得显著效果，集聚科研人员2333人，设备8421台，设备原值8.5亿元。申请专利649项，获专利授权328项。发表论文516篇，其中SCI及国内核心重点期刊论文发表383篇，占比74%。（张慧颖）

【中国医大获两项国家科技进步二等奖】 在2018年度国家科学技术奖中，中国医科大学附属盛京医院教授孙思予团队完成的“内镜超声微创诊疗体系的建立与临床应用”和中国医科大学附属第一医院教授滕卫平、单忠艳作为第二、三主要完成人参与的项目“亚临床甲状腺功能减退的危害及干预”两项成果获国家科技进步奖二等奖。其中“内镜超声微创诊疗体系的建立及临床应用”率先在国际上提出多项内镜超声（EUS）引导下微创诊治技术，牵头制定多项国内、国际指南和规范，为多种疾病的诊治提出“中国方案”，创立以EUS为核心的诊疗体系并应用于临床，使国内外患者受益。依托这一科技成果，中国医科大学开发一系列相关医疗器械，以及拥有自主知识产权的转化产品。（志 闻）

科技交流

【概况】 2018年，沈阳市融入“一带一路”建设，加强与东北亚及欧洲、北美等地区国家科技合作。新增中科院沈阳自动化所工业物联网技术国际联合研究中心、中德园中德国际智能创新园两个国家国际科技合作基地。支持中科院金属所与白俄罗斯科学院共建中白塑性成形技术联合实验室，中科院沈阳计算所与新西兰奥克兰大学联建智能制

造与工业互联网联合实验室。推动创新主体与俄罗斯科学院西伯利亚分院、罗马尼亚特来西瓦尼亚大学、德国维斯玛大学等15家国外科研机构达成合作意向，引进海外高层次专家85名，与23个高校、科研机构和跨国企业合作建立国际研发机构，柔性引进高层次外籍科研人员275人，解决关键共性技术38项，获专利授权78项。借助京沈、苏辽对口合作平台，加强与京津冀、长江经济带、粤港澳大湾区等地区和城市科技交流。推动东北大学与清华大学、中科院沈阳自动化所与北京航空航天大学重点实验室联合开展技术攻关。引进中国国际技术转移中心等4个合作平台，14家北京众创空间在沈设立分支机构。参与北京科博会、哈科会、澳门国际环保论坛等展览展示和学术交流活动，与鞍山、辽阳等城市开展成果对接等活动。

【国际基因组学大会第一届眼科大会】 6月8—9日在沈阳举行。由沈阳市政府主办，沈阳市科技局、浑南区政府、何氏眼科医院、国家基因库眼基因库承办，由国家基因库、深大华大生命科学研究院、深圳华大基因股份有限公司、辽宁何氏医学院协办。大会邀请中国科学院院士、华大基因理事长杨焕明，中国工程院院士、发展中国家科学院院士丁健以及美国宾夕法尼亚大学医学院神经和行为科学学院教授科林·巴恩斯特布尔国内外知名专家，沈阳市组织中国医科大学、辽宁中医药大学、沈阳药科大学、沈阳医学院及14家生物医药健康领域的企业代表参加会议。大会启动“中国眼基因组计划”，该计划由国家基因库眼基因库、华大基因、何氏眼科合作发起，遵循“共为、共有、共享”的原则，联合国内外眼科临床和科研机构共同开展公益性研究和临床试验。会上，院士、千人计划专家、基因组学国际专家、眼科临床专家、干细胞治疗、生物医药、大数据等多领域专家，针对眼科基因检测与治疗、基因编辑与干细胞治疗、生物信息学与药物遗传学以及相关科研成果在精准医疗中的应用等问题进行深入研讨，分析相关科研成果的产业前景，共同推进重大科技成果转化、加强人才及学术交流，推动中国精准医疗产业发展。

【第五届国际多功能材料与结构大会】 6月11—13日在沈阳化工大学举行。大会由沈阳市政府主办，市科技局、沈阳化工大学、西班牙马德里高等材料研究院承办。大会邀请美国、英国、澳大利亚、印度等10余个国家的材料科学与工程领域的一流科学家、学者、知名专家，国内相关领域的院士、长江学者、杰出青年基金获得者以及相关企业负责人300余人参加。开幕式上，西班牙加泰罗尼亚理工大学、沈阳化工大学校签署校际合作项目；沈阳化工大学、沈阳化工研究院有限公司、沈阳橡胶研究设计院有限公司、辽宁北方玻璃机械有限公司、沈阳化工集团有限公司等分别与在场专家签署高端人才引进项目；西班牙马德里高等材料研究院和沈阳顺风新材料有限公司，沈阳化工大学高分子产业高端制造研究院和沈阳东海包装材料有限公司，沈阳化工大学和沈阳防锈包装材料有限责任公司，西班牙马德里高等材料研究院和辽宁海城精华新材料有限公司分别就即将开展的科研合作项目进行签约。大会举办140场专业学术报告和研讨会，主要议题涵盖各种先进功能材料、生物基及仿生材料、智能材料和结构、功能性纳米材料、先进加工制造、增强复合材料等。

【新材料国际发展趋势高层论坛】 9月16—18日在沈阳举行。由中国工程院化工、冶金与材料工程学部，材料学术联盟，中国材料研究学会，国家新材料产业发展战略咨询委员会，沈阳市政府，中国科学院沈阳分院等单位主办，由中国科学院金属研究所、北京科技大学、沈阳市科技局和《中国材料进展》杂志社等单位承办。论坛邀请周廉、谢建新、徐惠彬、王震西等30名两院院士，15名杰出科学家，360名材料科学家在15个材料领域作报告。报告涵盖先进金属结构材料、材料服役行为、能源电池材料、先进高分子材料、先进陶瓷材料、高温合金、先进复合材料与技术、材料界面与控制、计算材料学、电子信息功能材料、材料智能制备加工、先进磁性材料、生物医用材料、高熵合金与非晶材料、石墨烯等材料领域。280余家高校、企业单位的代表和青年学生1000余人参加论坛。

（陈姝媛）

科技管理

【概况】 2018年，全市科技管理部门强化政策配套和落实，制定出台《沈阳市科技创新“双百工程”支持措施》《沈阳市扬帆启航科技计划项目实施细则》

《沈阳市科技企业孵化器、众创空间扶持政策实施细则》《沈阳市技术交易受让企业补贴实施细则（试行）》等17项目配套政策和实施细则，推进各项政策细化、量化、可操作。实施《沈阳市促进科技成果转移转化行动方案》，形成促进成果转化的政策、平台、人才、服务体系。推动驻沈高校院所科技成果使用、处置、分配“三权”改革，驻沈高校院所等科研单位在沈转化项目755项，占在全省转化项目总数的62.6%。在推动科技服务业发展上，推进浑南区国家科技服务业区域试点工作。通过完善科技服务业体系、营造生态环境、壮大龙头企业、建立新型研发机构、开展京沈合作、培育新业态等方面开展相关工作，充分发挥科技服务业在推动战略性新兴产业发展、促进传统产业转型升级以及老工业基地振兴等方面的支撑作用。印发《2018年沈阳市技术经纪人培训方案》，联合北京技术市场协会举办2018年沈阳市技术经纪人培训班。在产业技术创新联盟上，先后出台《沈阳市产业技术创新战略联盟管理办法》《沈阳市产业技术创新战略联盟绩效考核办法》，组建沈阳市科技创新大联盟，组织开展“2018年度联盟北京行”活动。签订《首都创新大联盟沈阳科技创新大联盟战略合作协议》，推动京沈产业技术创新联盟进行精准对接并签订合作协议，共同推动京沈两地创新资源优化配置、互动共享。全市有各级产业技术创新联盟50家，其中国家级2家、省级22家、市级26家。

（肖强 周巍）

【市长—高校校长（科研院所长）联席会议制度支持高校院所项目186项】 2017年12月，沈阳市建立由41家高校院所参加的市长—高校校长（科研院所长）联席会议制度。到2018年末，解决高校院所地方事务和历史遗留问题109项，支持引导高校院所输出创新成果、市校共建创新平台，累计支持高校院所项目186项，支持项目研发经费1.3亿元。

（付珊）

【沈阳市高新技术企业协会成立】 5月21日，正式在市民政局登记注册。5月28日，市长姜有为为协会揭牌。沈阳市高新技术企业协会是由市科技局倡导发起，由沈阳市国家级高新技术企业及全市从事与高新技术产业发展相关的企事业单位自愿结成的地方性、专业性、非营利性的社会团体。协会以全力打造一个为全市高企服务的多要素、专业化的科技创新服务平台为主要目标，搭建企业与政府，企业与企业，企业与科研院所之间的资源共享平台，为会员单位提供更高层次服务，将协会建设成为沈阳市高企之家。截至年末，协会入会会员192家，其中理事长单位1家；副理事长单位10家；理事单位33家。协会建立科技管家队伍，组织“内行碰撞”，打造沈阳高企服务平台，拓展双培育工作，初形成科技企业培育体系。

（范国柱）

【沈阳市科技金融联盟成立】 5月28日，科技成果转化对接会期间，市科技局联合相关企业、金融机构、中介公司等317家单位，共同发起成立沈阳市科技金融联盟。联盟致力于成为以整合社会各界资源，促进交流合作，加速科技金融相容相生生态发展，形成全方位、多元化、市场化的投融资体系，为创新创业搭建新平台，并共同支持科技企业、新兴产业企业高质量发展为目的非营利性联盟组织。联盟成立以后，通过论坛、讲座、沙龙、研讨、交流、路演等形式，主办和协办第一届沈阳市科技投融资论坛与对接会等各种活动50余场，参加人数超过3000人次。（王海鹏）

【18期青年农民上大学培训班】 2018年，全市举办“青年农民上大学”18期培训班。培训学员361

5月28日，沈阳市科技成果转化对接会开幕式上，市长姜有为为高新技术企业协会揭牌

（范国柱摄）

人。有259人结业考试并取得结业证书，162名学员获国家职业技能鉴定证书，193名学员获省农民科技经纪人证书。（裴亚涛）

【科技特派员示范工程】2018年，围绕主导产业，市科技局与沈阳农业大学、辽宁省农业科学院、沈阳市农业科学院、沈阳市畜牧兽医科学研究所等科研单位协作，在大田作物、蔬菜、花卉、食用菌、养殖等领域为8个郊区县（市）选派科技特派团，实施科技特派员示范项目40项。科技特派团组和特派员深入农村一线开展科技指导工作300余人次。组织参加全市科技、教育、卫生三下乡活动。科技特派员在苏家屯区、新民市开展授课咨询活动，发放农业科普图书1500余册。举办“沈阳市科技特派员工作经验交流会”等。（李静）

科技园区

【概况】2018年，全市在建设重点产业园区上，围绕“四区一中心”（即高端装备研发制造集聚区、转型升级引领区、创新创业生态区、开放创新先导区、东北亚地区科技创新创业中心）发展目标，对标省市“三年行动计划”重点任务，发挥龙头企业带动作用和创新平台溢出效应，持续壮大创新主体。机器人产业园落地企业74户，IC装备主题产业园区半导体薄膜设备产业化基地投入使用。东软健康医疗产业园医疗人工智能研究院和大数据中心项目取得土地证。中国科学院机器人与智能制造创新研究院挂牌，一期主体建成。国家机器人质量监督检验中心、检测与评定中心投入使用；国科大机器人学院开工建设。在新动能新产业壮大上，推进机器人未来城、IC装备产业园、东软健康医疗产业园、生物医药产业园等园区重大项目建设。自创区机器人、生物医药、IC装备、健康医疗等产业产值分别增长23.6%、27.6%、44.5%和92.1%，新松机器人、诺康制药、富创精密、东软医疗等企业产值分别增长24.1%、80.2%、152.9%和130.9%。

（石莹）

【机器人与智能制造创新研究院挂牌】10月，中国科学院机器人与智能制造创新研究院举行揭牌仪式。创新研究院位于浑南区创新路135号。2015年4月，中国科学院院长办公会批准中国科学院沈阳自动化研究所联合中国科学院合肥物质科学研究院、中国科学院宁波材料技术与工程研究所等院内单位筹建“中国科学院机器人与智能制造创新研究院”。9月，辽宁省、沈阳市与中科院签署共建创新研究院协议。2017年10月，创新研究院一期项目建成，通过专家组现场考核。一期项目建设用地面积147亩（9.8公顷），建筑面积9万平方米。一期项目计划总投资额3.5亿元。

（朱全凯）

知识产权保护

【概况】2018年，加快中国（沈阳）知识产权保护中心建设，统筹做好工作人员落编入职、资金划转、信息系统建设、办公设备采购等工作，3月底完成建设工作。推动知识产权金融服务深入开展，鼓励和引导企事业单位通过转让、许可、质押融资等方式实现知识产权价值。5月28日，沈阳市正式获批国家知识产权示范城市。起草《沈阳市推进国家知识产权示范城市建设工作方案（2018—2021年）》，会同13个区县（市）政府和工商、财政等20个市直相关部门研究制定，并由市政府办公厅印发。办理专利案件131件，其中调处专利侵权纠纷5件，调解发明人资格纠纷1

4月20日，举行知识产权宣传周启动仪式（王轲摄）

件，查处假冒专利行为10件，出具电商领域专利侵权判定咨询意见115件。

【知识产权宣传周活动】 4月20—26日，开展以“倡导创新文化 尊重知识产权”为主题的知识产权宣传周系列活动。其间，开展“2018年辽宁省暨沈阳市知识产权宣传周”、“2018·中德园知识产权日”、“2018沈阳大学生知识产权模拟法庭竞赛”、专利技术项目对接洽谈会、专利行政执法专项行动、知识产权保护专题培训班、沈阳市知识产权工作者培训班、十大知识产权案例发布、知识产权行政案件示范庭公开日活动、商标知识普及宣传活动、“绿书签”行动等10余项主题活动，发放各类知识产权宣传材料5000余份。（王 轲）

气象服务

【概况】 2018年，市气象局制定春运、“两会”、APEC中小企业技术交流暨展览会、国际飞行大会、装备制造业博览会、国际马拉松比赛、农业博览会等气象服务方案，发布服务专报86期。开展春季抗旱防火、秋冬季除雪气象保障服务；发布《春季森林防火气象服务专报》64期。汛期，发布沈阳气象信息125期，发布高温天气决策材料6期，发布雨情、预报、预警信息12万余条，发布206个气象灾害预警信号，预警准确率100%，平均提前时效65分钟；各地区及各部门防汛人员以警为令，按照责任分工在3小时内完成防汛各项准备工作，有效应对汛期2次局地暴雨、1次局地大暴雨天气。开展增雨作业21次，累计增加降水2.75亿立方米。做好污染防治攻坚战气象服务，每天制作1期抗霾攻坚气象服务产品，每天两次与环保局开展联合会商，联合制作环境空气质量预报；发布65个大雾预警信号和2个霾预警信号。摄制气象部门暴雨应急演练短片，6月15日，参加全市城市防汛应急演练。启动高温Ⅲ级、暴雨Ⅲ级、暴雨Ⅱ级应急响应各1次。准确预报冬季4次降雪过程。扎实做好气象为现代农业生产服务工作，制定《2018农业气象周年服务方案》，发布决策材料60期；开展实时农田小气候监测和作物长势监测，及时发布农用天气和农业气象灾害预报预警。市、县两级农气人员通过大喇叭、显示屏、微信、短信等媒体手段开展直通式服务，累计发布直通式服务信息5000余条。制定《沈阳市集约化直通式发布系统涉农信息发布业务规定》，实现全市涉农单位农业信息的全面、高效发布。农村应急广播系统覆盖全市1242个行政村；电子显示屏覆盖全市166个乡镇和涉农街道；手机短信号码库包括各级党政领导及相关部门负责人、农村气象信息员等4000余人。制定《沈阳市气象局2018年政务信息工作实施方案》，通过市政府《要情快报》和《沈阳政讯》发布气象政务信息29条。制定沈阳市气象局行政许可工作制度，气象行政审批窗口办结许可件135件，企业满意率100%。

公共媒体气象服务。通过“沈阳市气象局媒体通联群”，向全市14家媒体单位发布最新的天气信息。通过中国气象局“今日头条”制作发布“节气”视频节目13期。“沈阳气象”微博粉丝超过48万，“沈阳气象”“老夏气象站”微信公众号关注粉丝分别为1.73万人和6158人。FM1034、FM986广播频道气象专家连线直播天气，实时发布天气信息310余次，8月13日和14日强降水期间每小时连线直播。与沈阳网联合举办气象服务专题“微访谈”。接受沈阳广播电视台、央视驻辽宁记者站等媒体采访134次。

预警信息发布。市气象局与市政府应急办联合开展应急预警信息宣传发布系统建设。与农业、林业、水利等部门联合开展涉农信息集约化直通式发布工作。实现手机短信、农村应急广播、乡镇（社区）电子显示屏、市内五区各街道显示屏与辽宁省突发事件预警信息一体化发布系统对接。全市1242套农村应急广播覆盖所有行政村。通过森林防火指挥部微信群发布春季防火关键期未来24小时和未来7天森林防火等级预报服务产品。决策气象手机APP投入业务使用，为市政府应急办、市防汛办及各区县防汛办、各区县政府领导、水利局、排水集团、城防办、交通局、中铁沈阳工务段、消防支队等部门及时提供气象信息。沈阳气象官方微博、微信发布预警信号实现实时自动更新。

完善区域站和农村应急广播设备运行保障机制。制定《2018年沈阳市区域气象观测站社会化保障实施方案》，区域气象站、能见度站、雨滴谱仪、农田小气候站均列入社会化保障，区域站到报及时率排在全省前列。开发“沈阳市气象局社会化保障”微信公众号小程序，实现了对区域自动站和农村应急广播系统基于

位置的设备维修管理。

实现智能网格化防雷监管。全面启动和应用国家、省、市等5个防雷监管平台，利用全国防雷减灾综合管理服务平台和沈阳市“双随机”综合执法平台相补充的方式开展“双随机”执法综合监管。国务院大督查第六督查组在沈阳督导检查，对市气象局应用平台开展“双随机”抽查实例给予充分肯定。完成全市898处易燃易爆危险环境场所一年两检任务。对376处易燃易爆场所开展防雷安全执法检查。无防雷和施放气球安全生产责任事故发生。

完善行政许可审批工作机制。修订《沈阳市气象局行政管理权责清单》，将行政审批中介服务事项清减为“防雷装置设计技术评价和竣工验收检测”一项。制定《沈阳市气象局行政许可工作制度》，将气象行政审批窗口纳入综合窗口管理，实现审批职能集中、审批事项集中、审批人员集中，审批事项办理全部在市政务服务中心封闭式办结。建立窗口服务制、公开承诺制、首席代表责任制和责任追究制。在行政审批工作中实行“阳光审批”“一站式”服务，推进气象行政许可事项网上办理，结果向社会公开。

【推进沈阳气象事业发展专项行动】 2018年，制定《沈阳市气象局2018年推进气象事业发展专项行动实施方案》，针对12个方面突出问题，开展针对性专项解决行动。开展《沈阳市气象事业发展“十三五”规划》中期评估。对规划组织实施、双重计划财务体制落实、科技与气象人才保障等实施保障情况进行深入分析。

【气象精准预报预警能力建设】 2018年，市气象局建立无缝隙智能网格化预报业务，完成沈阳地区3千米无缝隙智能网格预报方法研究。完善极端暴雨事件预报模型，完成对历史极端暴雨个例数据的收集和整理工作，研究沈阳地区极端暴雨特点，凝练极端暴雨预报指标。建立并改进内涝监测预警模型，应用沈阳城市内涝预报预警系统，实现与城建局资料的实时共享及城市内涝预警分区、定点、定级发布，制作发布城市内涝气象风险预警服务产品。完善天气监测及预警信号发布规定、大风及雨情信息发布规定及降水预报发布规定。

【气象综合观测与信息保障能力建设】 2018年，市气象局完成23套6要素自动气象站升级。完成地面报表A文件历史资料数据库建设，为决策服务提供历史数据查询服务，产品通过决策气象APP及微信小程序发布。完成气象信息纳入城市防汛综合指挥调度平台系统，建成市气象局与城市防汛指挥部视频会议系统，气象数据应用于市防汛抢险动态感知监控平台，及时高效地实现气象数据及产品的部门合作和成果共享。在2018年辽宁省县级综合气象业务技能竞赛上获团体二等奖，参赛队员获个人单项一等奖和个人单项二等奖。完成沈阳国家基本气象站百年气象站的申报工作，完成法库、康平、辽中、新民四个台站中国气象局“五十年站”的认定申报工作。

【“3+1”智慧城市门户气象服务平台建成】 2018年，完成针对政府决策、城市公众、农村公众用户的3个手机APP与1个网络版气象监测预警服务信息共享平台开发，为政府相关部门及社会公众提供服务。决策气象手机APP在市县两级防汛相关单位和政府领导中进行推广应用，气象监测预警服务信息共享平台纳入城市防汛综合指挥调度平台，气象数据接入市防汛抢险动态感知监控平台。（张 楠）

11月21日，市气象局召开推进气象精准预报预警能力建设会议 （市气象局供）

三十、文　化

综　述

12月29日，沈阳市文化旅游和广播电视局挂牌成立，按照三定方案，内设机构、人员安排全部到位，机构改革任务顺利完成，实现思想不乱、工作不断、各项工作有序衔接、持续推进。深入推进事业单位改革，组建成立沈阳市文化市场综合执法总队、沈阳博物院（沈阳故宫博物院）、沈阳市公共文化服务中心。深化文化市场综合执法改革，出台《关于进一步深化文化市场综合执法改革的实施意见》，整合市区两级执法队伍。

牢固树立“项目为王”意识，有力地推进北大营抗战遗址纪念馆、沈阳博物馆、沈阳故宫文物展馆、沈阳杂技城、红楼群建筑专题展区等十大文化项目建设。市群众艺术馆改造项目、市艺术学校迁建工程建设完成。

文艺精品创作卓有成效，创作演出京剧《战沈州》、评剧《黄显声》、话剧《奉天战俘营》、杂技诗剧《炫彩中国》、舞剧《满风印象》、沈阳第一交响曲《盛京故事》等一系列讴歌沈阳、弘扬新时代沈阳精神、具有沈阳特色的精品力作。

推动公共文化服务由标准化、均等化向智能化、特色化、高品质化升级，推进图书馆总分馆制建设，市少儿图书馆新建5家分馆，辽中区图书馆新馆、文化馆升级改造等区县项目进展顺利，完成10个乡镇（街道）和20个村（社区）省级基层公共文化示范点创建工作。

惠民文化活动形成品牌，举办第二届中国·沈阳国际合唱节、2018沈阳艺术节、第十届沈阳市全民读书季、百万市民走进博物馆、第五届沈阳市社区文化艺术节等一系列规模大、影响广，参与群众多的群众文化活动。

文化遗产保护和传承全面加强，红楼群4号楼完成著名画家罗虹画展的陈列展览工作，10月对外开馆。市博物馆项目西侧1500平方米墙体，引进3D全息投影媒体项目，并进行首秀；刘敬贤等3名传承人被文化和旅游部认定为国家级非物质文化遗产代表性传承人。

广电事业繁荣发展，牢牢把握正确舆论导向，组织开展“改革开放40周年”主题宣传等活动，开展广播电视安全播出大检查、卫星电视地面接收设施专项整治等专项行动。

文化产业和现代文化市场体系不断完善，印发《沈阳市文化创意产业“十三五”发展规划》，盛京大剧院获批省文化产

业园区（基地），积极推进国家文化消费试点工作，开展2018年春节期间文化消费试点活动，深入开展平安文化市场建设，立案查处文化市场违法违规案件178件，查办“11·27系列案件”等一批大要案件。（陆 明）

专业文化

【概况】 2018年，以“讲好沈阳故事、弘扬沈阳精神”为目标创排精品剧目，推出京剧《战沈州》、评剧《黄显声》、话剧《奉天战俘营》、杂技剧《炫彩·中国——沈阳故事》等8台新创剧目。举办2018沈阳艺术节，以专业化、国际化的艺术水准，提高沈城知名度和美誉度。沈阳盛京大剧院开展市场化运营，演出449场，三厅用场天数累计608天，接待观众40余万人次，平均上座率达74%以上，公益讲座惠民活动51次，观众满意度平均达100%，发展会员数量41476人，微信公众号拥有粉丝人数超过10万人。市级专业院团开展惠民演出1000余场，包括文化宫、盛京红磨坊常态惠民演出，沈阳故宫、张氏帅府实景惠民演出，以及戏曲进校园、进乡村等公益演出。

【第六届沈阳市少儿曲艺大赛举行】 5月5—6日举行复赛和决赛。由市曲艺家协会主办，沈阳玖伍文化城承办。经过初赛，有20个节目进入复赛，12个节目进入决赛。鼓曲联唱《忠孝图》、评书《灞桥挑袍》获一等奖；东北大鼓《学费的隐情》等4个节目获二等奖；双簧《转变》等6个节目获三等奖；沈阳市艺术学校等单位团体获得优秀组织奖。（志 闻）

【2018沈阳艺术节】 9月15日至10月29日举办。以“艺术之光，城市心灵”为主题。艺术节期间，有70多家中外演出团体，推出60余台剧目、10多种艺术门类，总计199场演出，直接参与艺术节活动和观看演出的市民超过35万人次。有国家、省、市各大主流媒体、各大新闻网40多家，以及众多新自媒体，热情投入艺术节采访，提高艺术节的知晓率和知名度。为更好地助推京沈文化合作，艺术节期间首次引进“北京故事”优秀小剧场的7部展演精选剧目，为沈城观众奉献上14场精彩的演出。演出内容丰富多彩，以话剧、昆曲、形体剧等不同形式呈现，昆曲《牧羊记·望乡》、话剧《未完待续》《建家小业》《网子》《彼岸》《奋不顾身的爱情》、形体剧《吾爱至斯》等。

【对外文化交流】 2018年，携《炫彩中国》等优秀剧（节）目走出去。以盛京大剧院（北京保利演出院线）为平台，引进以色列爱乐乐团、俄罗斯国家古典模范芭蕾舞团等“一带一路”及沿线国家精品演出项目，实现中外优秀文化交流与互鉴。组织6个重要文化交流团组出访，推进沈阳与国际及境外文化交流。组织盛京戏曲论坛学术交流，在全国产生良好反响。

【原创交响曲《盛京故事》创排】 2018年，沈阳交响乐团创排沈阳第一交响曲《盛京故事》，通过写沈阳故事，反映沈阳地区的历史、人文风貌，充分展示沈阳厚重的文化实力。9月22日，在盛京大剧院首演，得到业内外一致好评。（谭 兰）

文博事业

【概况】 2018年，文物保护工作扎实有序，博物馆建设成绩突出，文博事业呈现出稳步发展的良好势头。印发《关于进一步贯彻落实<辽宁省人民政府办公厅关于落实文物安全责任制的通知>的通知》；召开全市文物安全工作会议，对全市文物安全工作进行部署；完成文物看护员备案工作，聘用文物看护员看护部分市级以上文物保护单位；有效解决2018年度国家文物局卫星遥感外业核查问题，开展文物消防安全大检查，文物安全零事故。挖掘文化底蕴，完成180处文物保护单位和历史建筑讲解词整理汇编，开展抗战资源的调查，编辑出版《沈阳抗战遗址遗迹通览》。启动第十批省级文物保护单位（长城类）保护范围和建设控制地带划定工作。截至年末，沈阳市在省级文物行政部门登记备案的博物馆有17个，包括国有博物馆11个，非国有博物馆6个。文化文物系统博物馆举办各类展览66个，累计接待观众550万人次。

重点文物保护工程。推进各类文物保护工程，确保文物本体安全，其中沈阳故宫师善斋、文溯阁修缮工程，帅府舞厅修缮工程已经竣工，大和旅馆旧址修缮工程按计划推进；开展文物保护工程专项补助资金自查及中央对地方专项转移支付绩效目标自评工作；开展2019年度全国重点文物保护单位保护及三防项目申报工作；组织开展2011—2017年省级及以上文物保护工程检查。

公众考古活动。举办“共产

党员当先锋 沈阳考古进校园”公众考古系列活动，增强学生们的文物保护意识和文化传承理念，深化对考古和历史的认知，培养学生了解家乡文物、热爱家乡的情怀。（吴姣）

【“5·18国际博物馆日”系列活动】 5月18日，组织开展沈阳“百万市民走进博物馆”活动表彰仪式，沈阳“走进非国有博物馆、艺术馆、美术馆”活动启动仪式、辽宁省版权局颁发“作品自愿登记证书”仪式，沈阳观象数字文房展示馆开馆仪式等主体活动。5月18日前后，举办“流动博物馆联合走进校园”活动，将文博展览和公益讲座送进沈北新区152中学、新兴中学等学校，赢得广大师生的欢迎。（胡燕军）

【全国首家锡伯族博物馆开馆】 7月26日，全国首家锡伯族博物馆在沈北新区举行开馆仪式。中国锡伯族博物馆位于沈北新区锡伯族文化广场西南侧，总投资7242万元，总建筑面积7398平方米。该馆是一个集文物典藏、民俗展陈、学术交流、文献研究等多功能于一体的国家级民族展馆。馆内有展品700多件，详细记录锡伯族从起源到现在的变迁史。

（志闻）

非物质文化遗产保护

【概况】 2018年，全市非物质文化遗产保护工作以建设文化强市为目标，围绕打造国际化营商环境、幸福沈阳共同缔造、供给侧改革等重点工作，把“让非物质文化遗产活起来”作为工作主线，在“活”字上做文章。实施非遗项目、传承人、传习基地和工作品牌“四轮驱动”战略，通过搭建非遗传承展示平台，不断提高非遗工作的社会认知度和保护工作水平，逐步实现非遗整体性、生产性、濒危性保护和校园传承的新局面。沈阳市国家级非遗项目“评剧‘韩花筱’三大流派艺术”代表性传承人冯玉萍被评为“全国非遗保护工作先进个人”。

截至年末，市级以上非物质文化遗产代表性项目196个，其中国家级10个，省级40个，涵盖非遗全部10大类别；市级以上非物质文化遗产代表性传承人176人，其中国家级10人，省级38人。

【非遗展演展示活动】 在元旦、春节期间，分别组织举办“迎新春非遗精品展”和“迎新春非遗项目展演”活动。展出非遗作品500余件，举办4场非遗项目展演活动，吸引数万市民群众参观。同时，为提高剪纸类非遗项目的影响，举办“沈阳首届剪纸节”，参展作品2000余件，展现沈阳悠久的历史文化和独特的民族风情。

【吴吉山等3人被认定国家级非遗代表性传承人】 5月8日，文化和旅游部下发通知，公布第五批国家级非物质文化遗产代表性项目代表性传承人，沈阳市非遗传承人吴吉山、刘敬贤、霍大顺分别被文化和旅游部认定为“民间信俗（锡伯族喜利妈妈信俗）”“辽菜传统烹饪技艺”“东北大鼓”三个非遗项目的国家级代表性传承人。

【第五届沈阳非物质文化遗产博览会】 6月15—17日在和平区皇寺文化广场举办。北京、延安等市项目的170多个各级各类的非遗项目进行不同形式的展演、展示；在开幕式上，公布沈阳市“非遗之旅”参观旅游路线及推荐单位名单。此次博览会有200多个展位，展览面积6000多平方米，吸引数万市民参观体验。

【孙天舒获国家级奖励】 9月，沈阳非遗项目参加“中国第五届非物质文化遗产博览会”传统工艺比赛。经初审以及现场比赛，非遗传承人孙天舒取得“中国第五届非物质文化遗产博览会”传统工艺比赛陶瓷成型类第二名成绩。（黄大为）

公共文化

【概况】 截至年末，全市有公共图书馆20个，馆藏文献809万册（套），文化馆15个，其中有11个图书馆和9个文化馆达到国家一级馆标准。有乡镇文化站73个，社区文化活动室957个，村文化活动室1005个，社区书屋856个，农家书屋1329个，电子阅览室824个。社会文化系统组织文化活动超过万场。沈河区顺利通过国家公共文化服务体系示范区的复查，沈北新区省级公共文化服务体系示范区创建工作获批通过。完成30个辽宁省乡镇（街道）综合文化站示范点、村（社区）综合性文化服务中心示范点创建。中国锡伯族博物馆文物征集工作全面展开，辽中区图书馆新馆建设项目、文化馆改造项目进展加快。

【第五届沈阳市社区文化艺术节】 6月至11月举办。社区艺术节紧扣“新时代”主题，围绕“讴歌新时代 共建幸福城”设置多项主体活动，注重国粹经典元素提炼，举办“戏曲撷英”社区居民京评剧票友曲艺大赛等系列活动。在市级10项主体活动基础

上，各区县（市）结合社区居民文化需求，全方位展现基层文化建设成果。

【第二届中国沈阳国际合唱节】 7月25—28日举办。本届合唱节以“唱响新时代 欢聚大沈阳”为主题，宣传沈阳“中国合唱基地”“北方合唱之都”品牌，提升沈阳的国际文化影响力。邀请西班牙、俄罗斯等7个国家的8支团队，北京市、天津市等14个省外城市的14个合唱团队及省内28支合唱团队参加演出，演职人员近2000人。举办开幕式、国外合唱团专场音乐会、合唱走基层等12项主体活动、近百场演出交流。

【2018年度省级基层公共文化示范点创建完成】 截至11月末，和平区西塔街道等10个乡镇（街道）、和平区南湖街道文安路社区等20个村（社区）全部完成2018年度省级基层公共文化示范点创建任务。（牟毅兵）

广播电视

【概况】 2018年，全市广播电视系统深入学习宣传贯彻习近平新时代中国特色社会主义思想和党的十九大精神，严格落实意识形态工作责任制，牢牢把握正确的舆论导向。围绕沈阳全面振兴主线，以满足人民群众对公共文化服务的需求为重点，以行业监管为抓手，全面加强广播电视宣传、惠民服务和行业监管。通过组织开展广播电视安全播出大检查、频率频道呼号播出专项整治、食品保健品欺诈和虚假广告宣传整治行动、卫星电视地面接收设施专项整治、影院电影市场秩序专项治理行动等专项行动，启动广播电视村村通向户户通升级工作，确保广播电视宣传工作导向正确，安全播出保障有力，惠民服务提质增效。新民广播电视台获全国县级优秀广播电视台称号。

安全播出和网络安全管理。加强元旦、春节、全国“两会”、国庆节等重要保障期（敏感期）安全管理和安全检查，保障央视央广新闻联播延时安全播出无差错。全市广电系统无安全播出责任事故。

服务保障。完成中高考期间外语听力测试考试保障工作；完成市政协第十五届一次会议委员驻地收看电视保障工作；保障第四届沈阳马拉松赛事央视直播防信号干扰工作。接待和处理民众举报的关于收视和频率频道等方面民生问题27起，妥善处理传媒机构和用户之间关系，群众满意度100%。

基础设施建设。完成辽中区广播电视发射台、新民市广播电视发射台、康平县327转播台3家台站基础设施二期工程建设，完成苏家屯区广电管理中心和沈北新区广播电视站重新建设铁塔工作。（宋志平）

电影管理

【概况】 2018年，全市进一步贯彻落实电影产业促进法，规范电影市场秩序，加强对全市电影市场行业的监管，组织开展全市影院电影市场秩序专项治理行动，对影院的消防安全、影片放映质量、“偷漏瞒报”票房等违规行为进行查处。同时，继续组织开展城乡公益电影放映活动，放映公益电影24268场。总体看，观众观影热情持续高涨，对爱国主义题材《红海行动》和反映现实生活题材《我不是药神》等电影尤为偏爱。截至年末，全市有影城82家，座席77204个，播放电影101余万场次，观影1854万人次，票房收入5.7亿余元。

（市委宣传部）

文化市场

【概况】 截至年末，全市有文化市场经营单位1227家。其中，文艺表演团体77个，演出场所经营单位36个，演出经纪机构2个，娱乐场所经营单位416个，经营性互联网文化单位2个，互联网上网服务营业场所689个，艺术品经营机构5个，从业人员6523人，经营面积398153平方米，资产总计395662.6万元。（江叁）

【剧目全国巡演】 10月，沈阳杂技演艺集团、沈阳话剧团携大型杂技剧《炫彩·中国》和话剧《雨夜》赴全国巡演，赴衡水、昆山、呼和浩特、威海、聊城等近20个城市进行为期一个月的演出。巡演的两个剧目展现沈阳艺术的水准和魅力，受到业内专家、学者的广泛赞誉，并得到观众朋友的欢迎。（谭兰）

新闻出版

【概况】 截至年末，沈阳市所属范围内有公开发行新闻出版单位62家，其中公开报纸21家：《沈阳日报》228人、《沈阳晚报》160人、《晚晴报》21人、《地铁第一时间》77人、《沈阳铁道报》47人及16家高校报；公

开期刊38家：《芒种》9人、《诗潮》6人、《招生考试通讯》29人、《乐活老年》14人、《人生十六七》9人、《接待与交际》6人及32家自然科技类期刊；出版社3家：沈阳出版社84人、辽大出版社77人、东大出版社45人。内部期刊66家，其中党政机关27家，社会团体21家，企业报18家。全市出版行业人员1079人。报刊发行量过百万份报纸有5家：《沈阳日报》《沈阳晚报》《晚晴报》《地铁第一时间》《沈阳铁道报》。期刊发行过百万册的有1家：《招生考试通讯》。报纸出版21种，总印数11840.6（14641.64）万份，定价总金额9012008.63万元，总收入15085.41万元，其中广告收入8395.39万元，发行收入4718万元。期刊出版38种，期发行量37.84万册，总印数285.25万册，定价总金额2930万元，总收入4861.85万元，其中广告收入1090.75万元，发行收入15583.62万元。图书出版2457种，其中新版图书1663种，再版图书794种，再版率约32.3%，总印数1397.66万册，总码洋（定价总金额）1405万元。

（市委宣传部）

【城区新华书店转型升级】 2018年，市新华书店完善“一店一品、一店一景、一店一韵”发展格局，完成升级5个和新建4个门店。新建成的全国首家生态主题书店和浑南书店，填补区域市场空白，生态主题书店获评2017—2018年度出版发行集团品牌传播金案，入选国家总局改革发展项目库2018年度入库项目。各销售店在主题定位、业态融合、文化体验上整体提升运营水平，成为沈城新的文化空间和活动平台。

【馆配基地销售突破2000万元】 2018年，中国北方基础教育图书馆藏书馆配基地、辽宁省基础教育图书馆藏书馆配基地，运营首年实现业务覆盖全省60余所中小学，销售突破2000万元，组织并参与制定2018—2019年《辽宁省基础教育图书馆（室）配备推荐书目》，在教育系统形成广泛影响。

（孙东辉）

文化产业

【概况】 2018年，全市拥有市级以上文化产业示范园区和基地41家，其中国家级示范园区2个、示范基地7个。沈阳1905文化创意园连续举办犀牛市集活动，积聚沈城浓厚文化氛围。沈阳国际旗袍节、沈阳国际钢琴艺术节、沈阳国际合唱节、浑河岸交响音乐节、“浑河之夏”文化艺术季、法库国际飞行大会、沈阳国际马拉松、和平杯国际青少年足球赛、法库国际白鹤节、康平卧龙湖大辽文化冬捕节等一系列节庆活动，进一步营造产业发展的氛围。

【国家文化消费试点】 2月，市政府成立由市长姜有为任组长，副市长姜军、市委宣传部长冯守权任副组长的沈阳市国家文化消费试点工作领导小组。领导小组办公室设在市文广局，负责牵头组织协调落实试点工作任务。文化消费补贴资金政策列入《沈阳市人民政府关于印发沈阳市鼓励扩大消费促进经济发展若干政策措施的通知》。在2018—2020年期间，每年安排2060万元用于城乡居民参观博物馆、观映电影、剧场演出、购书和文创产品以及文化娱乐场所文化消费的鼓励补贴。

（潘海龙）

【首届创意沈阳艺术设计沙龙举行】 5月31日，由和平区主办，丰美传媒承办的第二届沈阳创意设计周分会场活动——空间·视觉首届创意沈阳艺术设计沙龙在Harbor House万象城旗舰店举办。设计沙龙以“为城市创意设计”为活动主题，探索时尚、艺术、设计、创意之间的关联，综合运用创意设计和相关的科技手段，推进文化产业和相关产业转型升级、创新发展。深圳中装建设集团设有关专家作为特邀主讲嘉宾做有关创意设计的演讲。

【《关于保护利用老旧厂房拓展文化空间的指导意见》】 10月11日市政府办公厅印发。《意见》包括保护利用工作原则、扎实做好保护利用基础工作、完善保护利用相关政策、健全保障措施4方面内容。《意见》明确坚持保护优先，科学利用；坚持需求导向，高端引领；坚持政府引导，市场运作3项保护利用工作原则。《意见》提出开展普查登记、科学评估认定、编制专项规划、促进多元利用4项保护利用基础工作。（志 闻）

【沈阳盛京满绣全省建41个扶贫点】 “盛京满绣”是沈阳地区独有的刺绣技艺。沈阳盛京满绣文化艺术产业发展有限公司在全省助力产业项目扶贫的过程中，将沈阳盛京满绣技艺传承扶贫（孵化）车间项目与省扶贫协会对接，首先在阜蒙县建立全省第一个沈阳盛京满绣技艺传承扶贫（孵化）车间。满绣第四代传承人杨晓桐秉承开放式办学理念，先后举办培训班120余期，培训满绣学员1000余人次，培养刺绣工艺师120余人。截至2018年末，盛

京满绣在省内建起41个扶贫点，解决贫困地区人员就近就业创业，增收脱贫。沈阳盛京满绣文化艺术产业发展有限公司被辽宁省扶贫协会评为2018年度省扶贫突出贡献单位，盛京满绣第五代传承人薛舒馨被授予“辽宁扶贫形象大使”称号。　（李 浩）

党　史

【概况】 2018年，按照市委统一部署，在全市事业单位机构改革中，原市委党研室、市政府地方志办公室、市统计研究所合并，新组建中共沈阳市委党史研究室（沈阳市人民政府地方志办公室）。全面贯彻落实习近平新时代中国特色社会主义思想和党的十九大精神，按照市委十三届六次、七次、八次全会的要求，聚焦主责主业，服务振兴大局，履行史志工作以史鉴今、资政育人职能，推动沈阳振兴发展。召开沈阳市党史工作会议，完成《中国共产党沈阳历史》（三卷）大纲的编写工作，编纂《中国共产党沈阳历史大事记（2011—2018）》的书稿，对《中共沈阳党史人物传》第一卷进行修订出版，完成《中国共产党沈阳年鉴》的编纂和中央党研室《改革开放实录》一书《沈阳市贯彻落实2003年中央老工业基地振兴战略情况》《沈阳市积极推进沈阳经济区发展进程》2个课题的研究和编写，编纂出版《城市的荣光——沈阳解放70周年成就》一书，在全国率先编纂《沈阳市对口支援西藏新疆工作实录》。《沈阳党史》期刊围绕改革开放40周年、沈阳解放70周年，周恩来、刘少奇120周年诞辰等重要节点开辟相关专栏，发行3.6万册，近50万字。配合市委组织部创建红色驿站沈阳地方党史展区，在市委组织部《沈阳党建》期刊中发表12篇纪念沈阳解放70周年系列文章，与《辽沈晚报》、沈阳电视台、《沈阳日报》等媒体合作，对沈阳解放70周年进行系列专题宣传。

8月16日，召开新组建中共沈阳市委党史研究室（沈阳市人民政府地方志办公室）干部职工会议并举行成立揭牌仪式　（市委党研室供）

【2018年沈阳市党史工作会议】 5月17日召开。会议对各区县（市）党史部门的先进单位、个人和优秀成果进行表彰。市委常委、秘书长连茂君代表市委讲话，提出“抓核心、抓方向、抓成效、抓导向”要求，明确全市党史工作的方向和目标。

【《中共沈阳党史人物传》第一卷（修订版）出版】 6月出版。此书在2003年版基础上，深入查找资料，广泛征集稿件，对原文内容进行修订，增加大量新内容，丰富人物的研究成果，填补原书一些照片欠缺的空白。全书37万字，收录34位新民主主义革命时期沈阳地方党的革命志士和英雄。

【中共沈阳市委党史研究室（沈阳市人民政府地方志办公室）挂牌】 8月16日，按照市委的统一部署，新组建的中共沈阳市委党史研究室（沈阳市人民政府地方志办公室）召开干部职工大会，并举行揭牌仪式。市委常委、统战部长王镇出席并作讲话。新组建的中共沈阳市委党史研究室（沈阳市人民政府地方志办公室）由原来的中共沈阳市委党史研究室和沈阳市人民政府地方志办公室整合而成，为市委直属事业单位。内设办公室、党史编纂部、党史文献部、方志编纂部等7部（室），全额拨款事业编制50名。其主要职责包括统筹规划和组织协调全市史志（鉴）工作、开展地方志理论研究、开展史志宣传教育工作等。

【《中国共产党沈阳年鉴·2018》出版】 10月出版。全书进一步扩大收录范围，新增市机关事务管理办、市营商环境建设监督局、市大数据局以及辽宁省自贸区（沈阳片区）4家单位。增加收录篇目，重要决策中“重要文件”部分的篇目由往年

《中国共产党沈阳年鉴2018》
（市委党研室供）

的10篇增至15篇，重要会议及重要活动部分的篇幅也较上年有所增加，全书文字量由上年105万字增至130万字。

【《城市的荣光——沈阳解放70周年成就》出版】 在沈阳解放70周年前夕完成《城市的荣光——沈阳解放70周年成就》的编撰和出版工作。该书收录472个条目、262幅图片、35万字，从"史上第一""敢为人先""长子情怀"等侧面，用生动翔实的文字资料和珍贵的历史图片记录70年间沈阳各条战线在东北地区、全国乃至世界堪称第一，填补空白的重大成果，总结弥足珍贵的"沈阳经验"，展现沈阳为加速共和国的工业化、现代化作出的历史性贡献以及沈阳人民引以为自豪的党和国家赋予的国家级荣誉称号。（李悦）

《城市的荣光—沈阳解放70年辉煌成就》
（市委党研室供）

地方志

【概况】 2018年，市地方志办公室深入学习贯彻党的十九大精神，认真落实国家和省地方志工作部门部署和要求，地方志工作取得新成绩。《沈阳综合年鉴》2017卷获第五届全国地方志优秀成果（年鉴类）地市级综合年鉴三等奖，在辽宁省推荐参评年鉴中唯一获奖。双月《沈阳方志信息》编发6期，辟建《盛京故事》《方志人物》《修志之外》等新栏目，一篇文章被《沈阳工作》予以转载，扩大地方志影响。

《沈阳市志1986—2005》（卷二下）统稿。做好二轮志书中最后一册"卷二下"的组稿、审改工作。对金融、商业服务、人事、物价等不完整的困难稿件，重新调配编辑分工，强化骨干人员担当责任。办领导带队到相关单位座谈研究稿件编写补充等工作。完成稿件整合、审改、统稿，形成750多个条目、120余万字的定稿，年末前完成送审稿排版校对工作。

地方志理论研究。强化修志理论的学习提高，在总结二轮志书编纂经验上，编辑人员撰写有关二轮志书编纂体会文章，总结经验得失，为三轮志书编纂工作提供借鉴和启示。在《沈阳综合年鉴2017》获国家级奖励的激励下，编辑人员集思广益，撰写年鉴改版升级理论文章或发言提纲7篇，并将其转化为实际工作成果，进一步提高年鉴编纂质量。

《沈阳大事记》编写。在市委主要领导的关心和指示下，修订《〈沈阳大事记〉编写规范》，明确指导思想、基本原则、收录标准等内容，规范工作流程，报送市委办公厅和市政府办公厅审核后定稿。编发月度《沈阳大事记》12期，8万余字。

区县（市）二轮志书编纂。持续推动全市区县（市）开展二轮志书编修工作。全市13个区县（市）中11个完成二轮志书编纂出版工作。重点对和平区、新民市二轮志书编纂工作进行调研、协调和指导，《和平区志1986—2005》《新民市志1996—2005》志稿处于评审修改后的排版阶段。

区县年鉴编纂。编纂业务人员前往和平区、苏家屯区、浑南区指导年鉴编纂工作。面对事业单位改革新形势，办领导带队前往康平县、新民市、和平区开展工作调研，促进修志工作开展。全市13个区县（市）中12个启动年鉴编纂工作，康平县、辽中区、沈北新区年鉴已出版，9个地区正在组织编纂，大东区年鉴编纂工作正在积极推动中。

修志服务。5月，指导推荐《沈阳教育年鉴2017》申报全国地方志优秀成果。6月，对市民委报送的《沈阳市少数民族志编纂工作方案》同意备案实施。业务人员对市满族联谊会编辑的《满族志》篇目设置提出具体建议，

资料室对《满族志》资料搜集工作提供图书查阅便利。9月，为拓展地情服务功能，丰富居民精神文化生活，到浑南区五三街道开展送书进基层活动。向城市社区图书阅览室赠送市志、年鉴、专题志等地情书籍近800册。业务骨干在和平区、皇姑区分别举办编鉴培训班，讲解年鉴基础知识、篇目设置、书写规范等内容，培养基层修志人才。

完成上级修志部门交办工作。编写提供《中国地方志年鉴2018》《辽宁方志志》沈阳市文稿近3万字；为省志办提供《辽宁改革开放四十年志》《辽宁图志》《辽宁古塔志》沈阳市相关资料和图片；协助省志办校对《辽宁文鉴》22万字；报送省志办《情系方志》征文7篇；协助省法制办和省志办召开《辽宁省地方志工作规定（草案）》立法调研座谈会。

【《沈阳综合年鉴》2018卷出版】 为提升全书编纂质量，根据《地方综合年鉴编纂出版规定》的要求，对框架结构、栏目内容、装帧设计等进行调整。在框架结构优化上，卷前增设《特载》栏目，《文献》栏目改为《附录》，使年鉴结构类型更加丰富。在内容服务中心理念上，市委部分设《营商环境》分目，市政府部分设《“三引三回”活动》分目，反映全市特色活动。在整体设计上，力求推陈出新。全书封面、字体、装帧等重新设计，扉页刊载《盛京赋颂》全文，提升书籍文化品位。全书约110万字，40余个栏目、100余幅彩图，12月正式出版。

《沈阳综合年鉴》2018卷

（市委党研室供）

9月17日，市档案馆举行国家重点档案保护与开发成果发布会暨赠书仪式（市档案馆供）

【《沈阳街道乡镇志》（第二辑）出版】 2018年，为弥补市、区两级志书微观记述之不足，市史志办继续对20世纪80年代全市各区县编写的街道乡镇志稿进行整理。《沈阳街道乡镇志》（第二辑）收录隶属于和平区的12个街道志稿，本着“修旧如旧”的原则，重点解决志稿在体例结构、记述史实、语言表述等方面的问题。如对设置不合理的章节进行归并、分拆或移位；对错误的人名、地名、职务等进行校正；对人称、句法、用字等不规范的地方加以改正。全书50余万字，12月正式出版。

（俄文亮）

档　案

【概况】 2018年，市档案局以“为党守史、为民服务”为宗旨，不断促进档案事业科学发展。开展“档案资源建设年”活动，完成国家重点档案保护与开发项目，形成《九一八事变前日本在奉天的侵略活动档案汇编》《皇姑屯事件档案资料图集》等；确保事业单位机构改革稳步推进，以两办名义制发《关于在沈阳市机构改革中切实加强档案工作的通知》；加强重大项目、企业、农村档案工作，对沈阳地铁、中德产业园等重点建设项目档案工作进行指导；完成462个行政村档案规范化管理测评工作；对沈阳机床（集团）有限公司等4户企业、市政府办公厅等4家机关单位开展档案行政检查；完成馆藏档案数字化项目三期（2018年度），数字化加工完成馆藏档案60个全宗、49071卷、6902483万页（A4幅面）；完成文件级和目录级目录著录442835条；完成历史档案整理490卷，录入文件级目录6712条；深入开展“听老歌、看老片、看展览”活动，接待参

观4400余人次。加强档案科教工作，8个项目获省档案局科技项目立项，1个项目获国家档案局科技项目立项；5项成果分获省档案局优秀科技成果奖。局（馆）长张春风撰写的《坚定文化自信突出优势特色 加强档案文化建设》入选《新时代中国特色档案文化建设优秀论文选辑》，在上报的19篇全国档案工作者年会征文中，获一等奖1篇，优秀奖2篇，入选16篇。

档案服务。召开“皇姑屯事件档案资料保护与开发”项目建设座谈会，发起成立沈阳抗战历史文化联盟；建立“九一八事变”“皇姑屯事件”“中共满洲省委”“抗日义勇军”“盟军战俘营”等抗战档案资料专题数据库，开展抗战档案资料整理、研究，将市档案馆打造成为沈阳市抗战文化研究中心和档案资料保管中心，为沈阳市打造抗战历史文化名城服务。

档案文化建设。组织全市各级档案部门参加国家档案局和省档案局举办的纪念改革开放40周年征文活动，先后获国家档案局“档案见证改革开放”征文活动优秀组织奖、省档案局“纪念改革开放40周年”征文活动优秀组织奖；利用沈阳档案信息网、“沈阳档案”微信公众号等新媒体，宣传档案文化；与新闻媒体合作，刊载档案工作文章，其中《增强全社会档案意识 充分释放档案资源巨大潜能》一文刊载在《沈阳日报》上。在市档案馆档案查阅大厅进行以“清文化”为主题的沈阳历史文化展示，营造浓厚的档案文化氛围。倡导机关干部大兴学习研究之风，在中国档案学会和浙江省档案学会联合开展的全国档案文化建设学术研讨会征文活动中，撰写上报论文18篇，其中5篇论文入选，3篇论文被评为优秀论文，论文《坚定文化自信突出优势特色 加强档案文化建设》在研讨会现场作交流，并被编入《新时代中国特色档案文化建设优秀论文选辑》。

【档案资源建设年活动】 2018年，接收市法院、沈阳水务集团等单位档案近10万卷进馆。开展“城市印记”档案史料有奖征集活动和《印象沈阳》相关声像资料征集活动；征集日本驻沈阳总领事石塚英树诗集手稿入馆。征集《盛京赋》和“盛京盛景”书画作品入馆，同时将这些书画作品在档案查阅大厅以“清文化”为主题进行档案文化展示；征集39件清代契照，其中清乾隆二十七年（1762年）7月奉天府尹堂颁发的契尾的征集进馆，将馆藏最早档案年限提前48年；征集著名文化学者彭定安、著名画家卢志学等名人档案资料进馆；征集反映改革开放初期沈阳建设成就的《沈大高速公路》《沈阳新北站》等25部影视纪录片；赴日本、韩国征集有关沈阳历史档案资料，其中，1637—1645年清代皇太极时期朝鲜国王的两位太子在盛京作为人质期间形成的日记——《沈阳日记》对于研究当时的沈阳颇具史料价值。

【《散豁双楫》石塚英树、王宁自作汉诗诗集出版及手稿捐赠仪式】 5月15日，在市档案馆举办“国之交 民相亲”——《散豁双楫》石塚英树、王宁自作汉诗诗集出版及手稿捐赠仪式暨中日传统文化交流研讨会。100多位在沈中日友好人士、沈阳书画界的学者和艺术家参加此次活动，并就促进两国的交流与合作的作用进行探讨和交流。这次捐赠是市档案馆首次接受日本友人的直接捐赠。

【沈阳市档案文化建设理论与实践研讨会暨第六届国际档案日系列宣传活动启动仪式】 6月6日，为迎接6月9日“国际档案日”，巨型盛京城阙图浮雕，以及“盛京赋”“盛京盛景”书画展在市档案馆揭幕。同时，“九一八事变展览”“皇姑屯事件展览”首次与市民见面。专家学者围绕推进沈阳市档案文化建设，弘扬档案文化价值，发挥档案文化作用，对如何保存社会记忆、传承中华传统文化，推动档案事业科学发展、提升社会档案意识等方面问题开展深入研讨。

【市档案馆业务建设评价迎检】 6月25—26日，接受国家档案局专家组关于业务建设评价。专家组对市档案馆基础业务建设、迎检准备工作和佐证材料提供等方面给予充分肯定。此次业务建设评价使市档案馆基础业务工作实现“五个完善”“两个强化”和“一个改善”，即各项制度、馆藏档案目录体系、库房管理工作、相关基础业务、设施设备等工作得到进一步完善，接收档案进馆工作和库房管理工作得到进一步强化，市档案馆的环境建设得到很大程度的改善，达到以评促建的目的。

【开展“家庭档案中的家国记忆”系列活动】 12月13日，市档案馆（市文史馆）举行“改革开放40周年《家庭档案中的家国记忆》”新书首发式暨“档案见证时代变迁”展览启动仪式。此次活动作为沈阳市庆祝沈阳解放70周年、改革开放40周年系列活动之一。沈阳市文化、教育机

构有关专家学者，部分作者、新闻媒体、市民代表、市档案馆等近百人参加活动。深入企业、社区、学校等举办“国难来袭——九一八事变档案资料流动展”；联合举办纪念“八一”不忘初心——军旅作家胡世宗集邮展。继续推进中小学档案教育实践基地建设；邀请市民走进市档案馆，开展“听老歌、观老片、看展览”活动，接待参观群众4400余人次。

【《印象沈阳》出版】 12月由沈阳出版发行集团、沈阳出版社出版发行。该书以精美的照片和翔实的文字相结合，以档案应用数据库为支撑，以手机移动互联为手段，全方位、立体式地再现沈阳历史发展全景，是一本全面展示沈阳历史文化和城市发展面貌的大型超媒体档案文化产品。从内容上看，包含自强不息、志存高远之沈阳历史印记和厚德载物、厚积薄发之沈阳发展万象两个部分。从产品形式上看，有图册和《印象沈阳》电子书、《印象沈阳》视听指南、微信公号等组成。可以通过手机移动互联与沈阳档案文史应用数据库进行连接，可以通过手机翻看《印象沈阳》电子书，通过《印象沈阳》试听指南听到《话说老沈阳》《沈阳啊，沈阳我的故乡》等沈阳的老歌，观看《中街谈往》《国难来袭》《沈阳百年图志》《传奇老龙口》等与沈阳印象相关的视频。（杜晓晓）

文　史

【概况】 2018年，中央文史研究馆委托课题《辽瓷在沈阳的发现与研究》结题。组织开展“纪念改革开放四十周年”系列活动，开展“纪念改革开放四十周年”口述史采访和编写工作；举办“纪念改革开放四十周年”诗歌吟唱会；举办“沈阳市庆祝改革开放40周年书画展”和“文史历程——沈阳市文史研究馆62年馆史回顾”展览。推进《沈阳历史文化典籍丛书》第七辑、第八辑点校工作，由沈阳出版社出版，并举行出版首发式暨赠书仪式。《沈阳历代诗赋经典百篇》《中国十四年抗战起点史料汇编》被列入沈阳市哲学社会科学专项资金项目。编辑出版《沈阳文史》内部刊物，搭建馆员、研究员发表研究成果、开展学术交流的平台。

【市文史馆新址开放】 2018年，加快推进市文史研究馆新址项目修缮工程，确保作为沈阳市十大文化工程项目之一的市文史馆新馆项目率先完成并投入使用。新馆地址位于和平区八经街10号，建筑面积2680.29平方米，11月30日对外开放。（杜晓晓）

三十一、卫生健康

综 述

2018年，市卫生健康管理机构围绕以人民健康为中心，以打造便民、利民、惠民的高品质医疗卫生服务体系为主线，积极采取措施，丰富工作载体，完成医药卫生体制改革和创建国家卫生城市等各项工作任务。截至年末，各级各类医疗卫生机构5270家，其中医院274家，社区卫生服务中心（站）138个，卫生院117个，村卫生室2589个。实有床位70363张，平均每千人口床位9.43（8.46）张。卫生人员95074人，其中卫生技术人员77951人，全市医护比1:1.19。平均每千人口卫生执业（助理）医师4.03（3.62）人；平均每千人口注册护士4.47（3.98）人。沈阳地区总诊疗人次4216万人次，入院人数181.6万人，出院人数181.1万人，住院病人手术人次数73.5万人次，病床利用率80.5%，每百门急诊的入院人数5.22人。新型农村合作医疗参合人数162.22万人，参合率99%以上，人均筹资标准提高到700元。全市平均人口期望寿命80.26岁（男77.39，女83.17）（市内5区）。全面两孩生育政策依法、平稳、有序实施，出生率8.00‰；自然增长率-0.61‰，一孩率69.9%、二孩率28.3%、多孩率1.8%。办理生育登记51818例，其中一孩登记占68.75%；二孩登记占28.93%；多孩登记占2.32%。

营商环境持续优化。推出12 项便民举措，惠及市民17万人次。建立5 个急诊急救体系，推进胸痛、卒中、小儿气管异物、危重孕产妇和新生儿急诊急救体系建设，沈医二院、市四院等6家单位通过国家胸痛中心认证。实施5 项惠民服务。为7 万名小学生实施免费口腔健康服务，为百岁以上老人和特困人群提供免费院前急救。开展“服务百姓健康行动”大型义诊等活动，受益市民64 万人次。实现审批事项网上办理全覆盖，审批行政许可事项3 万余件。建设9 所涉外定点医院，开通国际医疗绿色通道，诊疗4000余人次。创新开展“百人进百院”活动，为民营医院建立“服务直通车”，实施大型民营医院与委属单位“五同”（布局上同规划，党建上同要求，工作上同部署，业务上同管理，绩效上同考核）管理，首批试点单位成效显著。

创卫工作成绩优异。依托干保系统对17 家驻沈省属、部队医院实行责任包干。依托医联体，组织27 家市管三级医院对136 家二级以下医疗机构全方位督查。组织全系统5 万余人次对居住小

区健康教育宣传栏设置情况进行排查。组织市级医院干部职工、青年志愿者、卫生监督专业人员和各建成区4万余人次，实施“五小行业”（小浴室、小美容美发、小歌舞厅、小旅店、小网吧）专项整治“四项行动”（委领导督导、督查专员督查、委属单位领导干部包保、卫生监督专业队伍督导）。开展病媒生物防制工作，持续开展重点场所专业督查。对标创卫任务，开展多层次、高频次技术培训。市卫健委承担的创卫指标在全市第三方暗访、国家暗访和技术评估中成绩一直名列前茅，圆满完成创卫工作任务。

深化医改全省领先。改革一周年，115家公立医院医疗费用增幅4%，低于国家10%的控制指标；药品价格下降24%，减轻患者药费负担近40亿元；医疗服务收入占比25%，增加6%，医院收入结构持续优化。分级诊疗体系持续完善。60个“1+X”医联体实现基层医疗卫生机构全覆盖，市七院、市肛肠医院、沈阳中心血站等6个单位牵头组建的跨市医联体辐射全省。严格执行“两票制”（指药品从药厂卖到一级经销商开一次发票，经销商卖到医院再开一次发票），开展“4+7”（国家组织11个城市进行药品集中招标采购试点）药品集中采购试点工作，新农合筹资标准提高至人均700元。开展饮水安全等7项蓝盾行动，对2000余家单位实施“双随机、一公开”抽查。受理举报100余件，处理率、反馈率、群众满意率均达到100%。

公卫体系日趋完善。强化重点传染病联防联控和群防群控，沈阳大学艾滋病防控经验在全国推广。新建数字化预防接种门诊24家，累计建成139家。完成慢病高危人群筛查干预10余万人，和平区通过全国慢性病综合防控示范区复核，市疾控中心获评全国肿瘤登记工作杰出贡献奖。年内救治严重精神障碍患者6000余人次，非洲猪瘟、H7N9禽流感、乙脑散发、校园结核等疫情处置得当，无区域性公共卫生事件发生。深入开展地震救援减灾演练、野外生存拉练等系列活动，有效提升卫生应急能力。食品安全体系稳步完善。食源性疾病监测全域覆盖，全市13个区县全部纳入食品风险监测采样点，363个哨点医院报告食源性病例4667份，备案食品安全企业标准461份。

基层卫生全面夯实。标准化建设稳步开展，铁西区高花卫生院、辽中区四方台卫生院等6所卫生院改造完成并投入使用，沈北新区等36所乡镇卫生院完成设备采购，基层卫生短板逐步补齐，与沈阳经济社会发展相匹配的基层医疗卫生服务体系基本形成。基本公共卫生服务补助经费提高至人均55元。和平区北市社区卫生服务中心获评全国首批基层医疗机构呼吸疾病规范化防治优秀单位。基层人才队伍建设取得实效，注册全科医生2055人，每万常住人口配备全科医生2.4名。浑南区承办国家卫健委“世界家庭医生日”宣传活动，全市组建2163个家庭医生团队，实现“签约一人、履约一人、做实一人”。（尹晶晶）

医　疗

【概况】 截至年末，沈阳地区拥有各级各类卫生机构5270家（不包括以下5类：卫生新闻出版社、卫生社会团体、卫生行政机关、教育部门登记注册的高中等医学（药）院校、军队编制内卫生机构）。实有床位70363张，地级市直属单位实有床位14792张，占全市的21%。省直属单位实有床位20555张，占全市的29.2%。卫生人员总计95074人，其中卫生技术人员77951人，其他技术人员4199人，管理人员4571人，工勤技能人员5603人。地级市直属单位卫生人员总计17986人，占全市的18.9%；其中卫生技术人员15174人，其他技术人员923人，管理人员846人，工勤技能人员1043人，分别占全市的19.5%、22%、18.5%、18.6%。省直属单位卫生人员24795人，占全市的26.01%。其中卫生技术人员21296人，其他技术人员1314人，管理人员813人，工勤技能人员1372人，分别占全市的27.3%、31.3%、17.8%、24.5%。卫生技术人员中拥有执业（助理）医师30126人，注册护士35980人，药师（士）3771人，技师（士）3961人，其他4113人。地级市直属单位拥有执业（助理）医师5246人，占全市的17.4%；注册护士7428人，占全市的20.6%；药师（士）710人，技师（士）946人，其他844人。省直属单位拥有执业（助理）医师7698人，占全市的25.5%；注册护士10577人，占全市的29.4%；药师（士）981人，技师（士）964人，其他1076人。全市医护比1:1.19；市直1:1.41；省直属单位1:1.37。

医疗能力。市五院、市六院等项目完成年度施工计划，市红十字会医院、市九院、市胸科医

院等续建项目投入使用，市妇幼保健院完成UNN大厦购置项目并投入使用。医疗质量持续加强。启动新一轮改善医疗服务行动，沈阳积水潭医院等7家单位获全国优秀示范单位等奖项。

智慧卫生。区域人口健康信息平台通过第三方验收，进入试运行阶段。智慧医院建设走在全国副省级城市前列，全市医疗机构网络挂号50万人次，自助打印300万人次，诊间结算1.5亿元，减少患者就诊时间约1小时。“互联网+医疗”深入开展，于洪区政府与东软集团签订大健康产业发展合作协议；法库县以“渔歌智慧医疗”为载体，全面推进县乡村医疗共同体建设。

急救体系。增设“辽宁省院前医疗急救中心”职能，立足沈阳带动省内院前急救事业共同发展；建立东北首家欧洲复苏委员会（ERC）生命支持课程科普培训基地；与通航公司签约合作开展航空救援项目，空地立体救援模式逐步形成；推动卒中、胸痛中心建设，通过信息化传输手段，进一步推进区域性协同救治体系不断完善；针对老龄化问题精准发力，实行百岁老人免除急救费用政策，切实服务于民。

合作交流。签订《京沈2018—2020年医疗卫生合作框架协议》，市一院、市五院等12家单位开展对口合作，央视专题报道。市骨科医院国际骨科交流培训中心、市儿童医院中德合作儿童康复项目示范医院等8个国际交流项目扎实开展。

学科建设。获国际课题1项、国家和省级独立课题49项，立项总数量增长40%。沈阳何氏眼科医院眼科专业等3个国家临床重点专科、市儿童医院康复科等12个国家中管局重点专科、市四院陈孝平院士工作站等6个领军平台引领示范作用凸显。

（尹晶晶 邢志刚）

【东北首家集中管理日间手术中心开诊】 2月3日，东北首家采用国际上先进的集中式管理模式的日间手术中心在沈阳军区总医院开诊。符合条件的患者可以当天入院、当天手术、当天出院，并可使用医保结算。中心设有日间预约随访中心，术前评估门诊，拥有床位30张，4间层流手术室。有骨科、耳鼻喉科、肝胆外科、内窥镜科、介入科、普外科、整形科、血液净化科、泌尿外科、心外科等临床科室开展日间手术，涉及膝关节粘连松解及穿刺术、内固定装置置入及取出术等50余种病种。

【东北首家“空中医疗救援基地”落成】 3月30日，辽宁省人民医院与上海金汇通用航空股份有限公司正式签约，第一架空中医疗救援直升机降落在辽宁省人民医院停机坪，东北地区首家“空中医疗救援基地”在辽宁省人民医院落成。该公司与辽宁省人民医院合作用于航空医疗救援的直升机为专业医疗构型直升机，机舱内部经过改制，配备国际一流的呼吸机、除颤监护仪、注射泵、吸引器等专业医疗设备，可在直升机飞行的同时为患者进行医疗救护，最大限度地保障患者的生命体征平稳。所有参与医疗救援的人员，均为辽宁省人民医院急诊急救中心医护人员。

【省首家肝胆胰外科院士工作设立】 8月6日，“陈孝平院士工作站”落户沈阳市第四人民医院。这是辽宁省第一家肝胆胰外科专业领域的院士工作站。陈孝平是国内著名肝胆胰外科专家，中国科学院院士、同济医院外科学系主任、肝胆胰外科研究所所长，在肝癌外科治疗和肝移植领域取得一系列重大创新成果，是国内肝胆胰外科领域的权威和领军人物。沈阳市第四人民医院将充分利用陈孝平院士工作站的技术力量和科研平台组成专家组，在涉及临床肝胆胰外科、基础科学实验研究、护理学等专业领域，开展临床技术创新。（志闻）

医政管理

【概况】 2018年，全市无偿献血总人次116850人次（含机采13177人次），采血总量38.80吨，机采血小板20699.5例；向临床供血36.71吨，供应机采血小板20626.5例；红细胞分离率99.83%，全面满足临床用血需求。沈阳地区从未启动互助献血，临床用血100%来自自愿无偿献血，确保临床输血安全。沈阳急救中心完成急救任务193976次，增长5%，完成各类医疗保障、救援、演习、备勤任务累计297项1042次。

医疗服务质量全面提升。10月11—31日集中开展覆盖市登记管理医疗机构和各区县（市）中心（人民）医院的医疗质量管理与控制检查工作，累计派出专家500余人次，针对存在问题制发质控通报，对24家医疗机构或科室进行关停整改处理，对40余家医疗机构或科室进行通报批评，并责令立即整改。

对口支源基层服务能力增强。通过对口支援和专科专病两种模式与市内三级医院建立长期

的技术帮扶合作关系，加强骨干医师的专业培训，严格落实城市医生晋升职称前到农村服务要求，真正做到县域内常见病多发病能够在县级医院得到规范化的诊疗，大多数疑难病能够确诊，重大疾病和急危重症能够得到及时有效治疗，基本实现外转诊率小于10%目标。

推进“三调解一保险”（院内调解、人民调解、司法调解、医疗风险负担机制有机结合）工作。推进沈阳市医疗责任保险和医疗纠纷人民调解工作。市医调委调解医疗纠纷153例，成功率93%，司法确认149例。全市13个区县（市）推进基层医疗责任保险工作。市管二级以上公立医院参保率100%。在沈阳市第一人民医院推广医师执业责任险试点。扩大手术意外保险覆盖面，初步构建起沈阳市多元化医疗风险分担机制。

开展专业医学中心建设。确定医大一院、盛京医院、市儿童医院和市第四医院4家医院为小儿气管异物救治医院。组织建设6家中国胸痛中心，分别是北部战区总医院、医大一院、省人民医院、医大四院、沈医二院和市第四医院。确定市第一医院等17家医院为全市胸痛中心建设单位。首批确定市红十字会医院等23家医疗机构为创伤中心建设单位。在沈医中心医院设立全市首家胸部创伤中心。

【市四院获批国家级胸痛中心单位】 8月15日，市四院正式获批国家级胸痛中心单位。市四院胸痛中心按照国家指南要求，在心血管内科、综合急诊科、导管室为主体核心科室及院前120急救中心的支持配合下，从病人进入医院大门的时间开始到病人梗塞相关血管被开通、血管恢复正常血流的时间从建设初期的140分钟降至80分钟，急性心梗病人的死亡率从3%降至1%，并首次实现急性心梗病人“双绕”（120急救绕行急诊科、绕行CCU）途径直达导管室开通梗塞相关血管的病例，从病人进入医院大门的时间开始到病人梗塞相关血管被开通、血管恢复正常血流的时间仅耗时16分钟。（志闻）

【首个“中国医师节”大会暨颁奖典礼召开】 8月17日，沈阳市在辽宁友谊宾馆组织召开庆祝首届中国医师节大会暨颁奖典礼，表彰首届“沈阳卓越医师奖”5名，首届“沈阳杰出医师奖”21名，首届“沈阳优秀医师奖”105名及“优秀专科分会主任委员”26名。

【“大型义诊周”活动】 9月6—12日，开展全市“服务百姓健康行动”大型义诊周活动。全市137家医疗机构参加义诊活动，参加义诊医师918人，药师184人，护士791人，受益市民18152人次，农村建档立卡贫困人口614人；参加大讲堂群众9212人次，发放宣传材料36191份，收住院患105人次，住院患者义诊手术13台次，减免患者费用83328元。

（王索艳）

基层卫生

【概况】 2018年，全市加快社区卫生服务机构建设进度，完善网络建设，将新农合筹资标准提高到人均700元，较上年提高70元。农村居民大病保险筹资标准提高到人均55元，较上年提高20元。协调各级财政，落实新农合配套资金3.9亿元。

贫困人员医疗保障全覆盖。与市扶贫办、市财政局共同配合，申请政府专项经费320万元对建档立卡贫困人口参加新农合个人缴费给予全额补助，确保贫困人员全部参加新农合。

贫困人口慢病管理。组织各地区开展建档立卡贫困人口身份信息及健康状况核查，并将结果通过全国健康扶贫动态管理系统进行填报。将贫困人口慢病患者全部纳入签约服务范畴，签约率100%。

贫困人口兜底保障。将贫困人员住院合规费用报销比例提高到90%以上，利用新农合结余资金，对经新农合、大病保险、民政医疗救助后未报销的合规费用自付部分及自费费用，按照50%比例进行二次补偿；医疗机构对贫困人口经政府医疗保障政策报销后的其余住院费用兜底。

基本公共卫生服务项目落实。健全基本公共卫生服务经费补助资金监督管理制度，定期调度资金拨付及到位情况。将人均基本公共卫生服务经费补助标准从50元提高至55元。集中开展国家基本公共卫生服务项目宣传活动。

打击欺诈骗保专项活动。11月29日，印发《沈阳市卫生计生委关于推进打击新农合欺诈骗保专项行动的通知》，组成23个检查组对辖区有住院服务的定点医疗机构进行检查，排查定点医疗机构389家（次），其中民营定点医疗机构78家，实现全覆盖。

（张世奇）

疾病控制

【概况】 2018年，全市的疾病预防控制工作以预防和控制重大传染病发生和流行、有效提升人民群众健康水平为目标，着力构建医防结合工作机制，强化和推进疾控体系能力建设和内涵建设，传染病防治、免疫规划、慢性病、地方病管理以及重性精神疾病防治等各项工作成效显著。

基本和重大公共卫生项目有效落实。开展为期3个月的高血压、糖尿病、严重精神障碍、肺结核病专项核查行动，保障管理档案真实、准确、规范，基层服务质量有效提升；推进重大公共卫生疾控项目实施，代表辽宁省迎接国家对基本和重大公共卫生项目专项检查，取得全国排名第6的好成绩，结核病患者管理受到专家的充分肯定。

传染病综合防控措施有效落实。出台艾滋病、结核病、地方病、职业病、慢性病等专病防治“十三五规划”，推进疾控工作纵深发展。针对水痘疫情高发态势，及时研判预警，发布健康提示，召开48所高校防控专项会，举办高校防艾宣传海报设计大赛活动，沈阳大学高校防艾经验全国推广。

预防接种精细化管理水平再上台阶。完成适龄儿童常规免疫接种近160万针次，单苗接种率保持在95%以上；在100%实现乡镇集中安全接种的基础上，推进以农村地区为重点的数字化预防接种门诊建设，年内新建24家，总数量达139家，数字门诊建设受到国家创卫暗访组的高度赞扬；利用省项目资金，为全市补充冷藏车14辆，冷库、冰箱等348台件，冷链更新率达到100%。

精神病防治工作持续推进。加强严重精神障碍患者管理，累计为33363名患者提供精神卫生服务，各指标位居全省前列；推进严重精神障碍患者救治，为6000余人次患者提供了免费药品救助和农村困难家庭救助救治；加强患者的发病报告和随访管理，未发生因管理不到位导致的肇事肇祸事件。

高校艾滋病防控工作经验全国推广。充分发挥高校学生社团的优势，成立沈阳市大学生健康教育联盟，在学生群体中广泛开展艾滋病宣传干预活动，市疾控中心积极协助沈阳市大专院校申请艾伯维艾滋病防治项目7项，特别是沈阳大学的艾滋病防控工作获得国家、省领导高度肯定，高校防艾“沈大模式”在全国推广。6月，启动以“情系红丝带，青春永无‘艾’”为主题的沈阳市高校防艾宣传海报设计大赛活动， 大赛收到各类作品157件，网络评选阶段，浏览量超过45万人次，总投票4.5万张，青年学生预防艾滋病的自觉参与性显著提高。

启动实施儿童口腔健康服务项目。指导全市为6万余名小学二年级儿童免费实施口腔检查和适宜儿童窝沟封闭，总封闭牙齿数近5万颗，浑南区、苏家屯区、大东区任务完成率和完成量居全市前列，市牙病防治所得到市卫健委通报表扬。 （亚云珠）

【《沈阳市职业病防治规划（2018—2020年）》】 1月18日市政府办公厅印发。《规划》分总体要求、主要任务、保障措施3方面内容。《规划》提出到2020年，全面完成省政府确定的目标和任务，建立健全用人单位负责、行政机关监管、行业自律、职工参与和社会监督的职业病防治工作格局的总体目标。《规划》明确引导促进，落实用人单位职业病防治主体责任等8项主要任务。

【《沈阳市结核病防治“十三五”规划》】 6月15日市政府办公厅印发。《规划》分防治现状、总体要求、防治措施、保障措施4方面内容。《规划》提出到2020年，全市肺结核发病率下降到58/10万以下，死亡率较“十二五”期间有所下降的目标。《规划》明确加强定点医疗机构建设、推进防治结合和分级诊疗等10项防治措施。

【《沈阳市慢性病防治中长期规划（2018—2025年）》】 7月2日市政府办公厅印发。《规划》分总体要求、规划目标、工作措施、保障措施、督导与评估5方面内容。《规划》分别提出到2020年、2025年全市慢病防控目标。《规划》提出控制危险因素，营造健康支持性环境等8项工作措施。 （志闻）

卫生科教

【概况】 2018年，全市卫生科技建设成果显著。获国际课题1个，国家级独立课题4项，国家级协作课题22项，省级独立课题45项，获科研经费1531万元。4家委属医疗机构被评为市临床医学研究中心，获经费350万元。截至年末，全市有2055名医生注册或加注全科，每万城乡常住人口配备全科医生2.4名，完成上级卫生

行政主管部门制定的阶段性工作目标。加大紧缺医学人才培养力度，合理规划医学人才比例，全年住院医师规范化培训新招入学员中紧缺专业占比超过45%。10月中旬，市卫健委组织沈阳急救中心、市骨科医院等相关医疗机构，全力做好受伤台商的安全转运和救治，为台商提供高品质的医疗卫生服务保障。

【病原微生物生物安全业务和管理培训】 7月5日，市卫计委举办病原微生物生物安全业务和管理培训，辖区内153家实验室设立单位和卫生行政主管部门260余人参培。培训突出实用性、可操作性，贴近实验室生物安全管理和工作实际，确保实验室生物安全。（李春楠）

中　医

【概况】 2018年，全市不断完善基层中医药服务网络建设，完成16个中医馆项目验收工作，开展15个中医馆建设项目。和平区、沈河区、皇姑区、苏家屯区、新民市通过全国基层中医药工作先进单位复评。沈阳市中西医结合医院、辽宁奉天中医院通过三级甲等医院评审；市第四人民医院通过省中医药工作示范单位建设和评审验收工作；市中医院心病科、苏家屯中西医结合医院骨伤科、市第二中医医院心病科获评辽宁省“十三五”中医重点专科。

西学中培训。为落实《辽宁省中医药健康服务发展规划（2015—2020年）》《促进中医药发展实施方案（2016－2020年）》要求，全市2018年起举办“西学中”人才培训项目，面向全市医疗机构、特别是乡镇卫生院和社区卫生服务机构招生150人。计划用3年时间，培训约500人，初步缓解沈阳市基层医疗机构中医药人才不足的矛盾。

中医药新兴业态发展。促进融合中医医疗、康复、护理资源，为老年人提供治疗期住院、康复期护理、稳定期生活照料以及安宁疗护一体化的中医药健康养老服务模式，大东区中医院和铁西霁虹社区卫生服务中心获辽宁省首批中医药健康养老示范单位称号。加强“中医药+旅游”工作，沈阳市辽中花溪地温泉度假中心和沈北新区北汤温泉管理有限公司获辽宁省中医药健康旅游示范单位称号。

中医药文化系列宣传活动。开展以“传承国粹、共享健康、助力创城”为主题的宣传月活动；开展全市中小学生中草药种植大赛活动，提高广大中小学生对中医药的浓厚兴趣；举办由四家三级甲等中医医疗机构参赛的全市中医药健康文化知识大赛，营造全市中医系统学中医、爱中医、用中医的良好氛围。

（张悦 金童）

【首届“西学中”培训班】 11月30日开班。由市卫计委中医管理局主办、市中西医结合医院承办。全市基层医疗卫生服务机构147名学员参加第一次授课。本次“西学中”培训班学制二年，通过中医药理论和技能的培训，培养学员树立中医辩证思维，系统掌握中医基础理论、中医诊疗方法和中医适宜技术，提高对疾病诊疗过程中的中、西医综合处置能力。（志闻）

卫生监督

【概况】 2018年，全市卫生健康综合监督工作创新监管方式，提升监管效能，全面净化了医疗服务市场，保障公共卫生安全，综合监督工作名列全省第一名，2例案件被评为辽宁省十大优秀评查案例，1人被评为省级办案能手。

监督执法稽查。开展对县（区）卫生计生执法监督稽查工作，重点加大对案卷质量的检查和指导，对各县（区）稽查结果进行通报。在全面实行手持执法终端现场执法的基础上，推进现场执法规范化、标准化，推进执法全过程记录制度建设，全市配置手持执法终端215台和便携式打印机139台，配备执法记录仪141台。

传染病防治分类监督综合评价。全市有425家医疗机构参与试点工作，其中疾控机构14家、采供血机构1家、三级医疗机构34家、二级医疗机构71家、一级医疗机构266家、其他医疗机构39家，兼顾不同级别的原则。同时将传染病分类监督综合评价纳入医疗卫生监管依法执业评分，取得较好效果。

医疗机构依法执业。对全市81家美容医疗机构、16家设置医疗美容科的医疗机构、1343家公共场所生活美容院进行监督检查，立案处罚医疗美容相关机构17起，查处无证行医案件立案10起，全面净化医疗美容服务市场。

中医监督。以中医医疗技术相关性感染预防与控制为重点开

展中医特色医疗技术管理，检查各级各类中医医疗机构593家，处罚14起。启动并开展《中医药监督工作指南》（测试版）试点工作。

学校卫生监督。完成学校卫生监督抽检计划，覆盖率达到100%。对7家学校游泳馆水质开展水质抽检工作。对全市所有寄宿制中小学校和20%非寄宿制学校进行传染病防控专项检查。完成对全市231所中小学校传染病防控检查。

【蓝盾系列专项整治行动】 2018年，全市结合百姓关注和社会热点问题，开展“学生健康 蓝盾护航”“饮水安全 蓝盾护航”“场所卫生 蓝盾护航”“百姓就医 蓝盾护航”“母婴保健 蓝盾护航”“中医诊疗 蓝盾护航”“医疗废物 蓝盾出击”7项蓝盾系列专项整治行动，累计监督22092户次，立案处罚87件，并对行政处罚案件信息进行公开。

（夏晓明）

医养结合

【概况】 2018年，全市打造“984医养结合沈阳样本”，完成国家级医养结合试点任务。197个医疗机构开通老年人就医绿色通道；198个养老机构全部能够以不同形式提供医疗卫生服务。全市72个二级以上综合医院开设老年病科或老年病门诊，占比100%。认定医养结合床位1200多张。11月24日，市卫健委代表以《坚持政府主导 转型创新发展 推进医养结合》为题，在2018中国医养结合实践与规范高峰论坛上做主旨发言。

小资料

984医养结合沈阳样本：即制定“建机制、搭平台、育人才”的医养结合工作9字策略。在8个方面沈阳市进行了创新：成立医养办，为推进医养结合发展奠定政府主导基础；打造以医院为中心的医养结合新模式，为推进医疗机构实现医养结合创新发展开创新途径；在医疗机构开设医养结合床位，为老年人提供可选择的医养结合产品；成立医养结合联盟，为指导协调各类资源共同推进医养结合搭建平台；成立医养结合管理控制中心，为制定医养结合管理制度、标准体系提供组织保障；成立医养结合人才培训中心，为医养结合事业发展提供可持续的人力资源保障；率先打造居家养老医养结合的伴随模式，开创为居家养老老年人提供医疗健康服务的新模式；制定建立优质高效医养结合服务体系的指导意见，为医养结合按辖区、成体系、全覆盖开辟实施路径。4种基本模式，包括院中院模式、医养结合床模式、签约模式、伴随模式。

【中国（沈阳）医养结合创新发展大会】 6月2日在沈阳棋盘山国际会议中心召开。由中国老年医学学会、沈阳市卫生和计划生育委员会主办，辽宁中置盛京老年病医院承办，中社社会工作发展基金会、辽宁省老年服务协会、辽宁省基层卫生协会、中国国际科技促进会卫生产业研究分会、沈阳医养结合联盟协办。会议研究讨论医养结合创新发展的方向；推介沈阳市医养结合创新发展经验；启动辽宁中置盛京老年病医院以医院为中心的医养结合创新项目。省政协副主席、副市长姜军出席会议并讲话，中国老年医学会会长范利对沈阳市的医养结合试点给予高度评价。18位中外专家做报告，全国16个省的医养结合工作者700多人参加会议。（张晓丹）

药械服务

【概况】 2018年，全市在以乡（镇、社区）、行政村为单位实施基本药物制度全覆盖的基础上，进一步规范和全面落实基本药物制度。组织全市所有政府办医疗机构对医用耗材进行议价，并全部在省网平台上进行填报集中采购。截至年末，有116个乡镇卫生院、87个社区卫生服务中心、1533个村卫生室实施国家基本药物制度。全市基层医疗卫生机构药品网上采购总金额1.8亿元，比上年增长0.6%，居全省首位。

做好短缺药品供应保障工作。对短缺药品信息进行监测，实行短缺药品信息月零报告制度；建立市短缺药品会商指导专家库，对易短缺药品信息库内的短缺药品可替代性开展综合评价，为临床药品保障供应提供依据和应对措施；组织沈阳地区专家与省联采办就省短缺药品进行撮合谈判，保证沈阳地区西地兰等药品的供应保障，初步形成与省联动会商机制。

落实国家城市药品集中采购试点前期工作。8月开始，由于省、市还未成立医保局，因此市卫计委暂代工作。完成统计医疗机构采购量、中选品种在沈阳市的采购情况分析、起草医疗机构对中选药品使用的考核办法、协助市人社局完成沈阳市实施方案，探索药品供应保障机制。

【市级以上基约补助落实6589万元】 2018年，全市推动实施基本药物制度补偿政策。全面落实以区、县为主体的实施国家基本药物制度补偿政策为重点，推动落实实施基本药物制度县级政府的主体责任和卫生计生行政部门的主要责任。建立项目资金季报表制度，完成国家基本药物项目资金落实情况季度报表工作。截至年末，市级以上基药补助资金6589万元全部、足额、及时拨付到13个区县（市）。（岳新）

妇幼健康服务

【概况】 2018年，全市继续完善基层妇幼健康服务网络，乡镇级孕期和儿童保健门诊设置率达到100%，203家乡镇级卫生院和社区卫生服务中均按照标准配备妇保和儿保医生。推动成立沈阳市产科医疗质量控制中心，全市60家助产机构全部制定产后出血、羊水栓塞和子痫等抢救预案。新增12家危重孕产妇和危重新生儿抢救中心，形成以中国医科大学附属盛京医院等省级抢救中心为龙头，市妇婴医院、市儿童医院等市级抢救中心为骨干，县级抢救中心为支撑的沈阳地区三级围产期急救网络。妇女“两癌”（乳腺癌和宫颈癌）免费检查项目筛查范围扩大。新增省级城市项目6240人，筛查10余万人。免费孕前优生健康检查项目目标人群覆盖率90.57%，9个项目地区覆盖率达到或超过100%。增补叶酸预防神经管缺陷项目目标人群覆盖率103.2%。推广新修订的《母子健康手册》，全市孕产妇、儿童系统管理率保持在95%以上。市妇幼保健院实现应用串联质谱技术开展多种遗传代谢病筛查能力，是省内首家质谱实验室，处于省内领先水平。截至年末，全市新生儿疾病筛查率99.1%，新生儿听力筛查率95.5%。市儿童医院承担先天性结构畸形救助试点项目救助142人，救助金额106.4万元。

【剖宫产率下降8.4个百分点】 2018年，全市妇幼服务能力不断提升。组织省、市专家进行剖宫产率专项质控，重点抽查35家助产机构1800余份病志，指导并纠正产科质量管理中存在问题，分别约谈12个县区30家助产机构并进行专项督导。截至年末，全市剖宫产率得到有效降低，由第一季度的62.6%降至第四季度的54.2%。（牛利权）

三十二、体 育

综 述

2018年，全市体育工作围绕全市中心工作，创新思维、锐意改革、开拓进取，加快推进体育领域改革，全民健身异彩纷呈、竞技体育成绩优异、体育产业初显成果。市体育局（包括局本级及所属16家事业单位）体育事业资金投入2.42亿元，其中：财政拨款投入1.59亿元，体彩公益金投入8362.4万元。体彩销量19.2亿元，比上年增长40.7%。

开展全民健身活动，群众体育成效显著。举办2018“跃动沈阳”国际篮球嘉年华启动仪式及中伊篮球对抗赛、全民健身国际徒步节发布仪式暨2018沈阳国际徒步日活动总结表彰大会、2018沈阳国际马拉松、第十八届世界冬季城市市长会议全民健身项目展示活动、沈阳市首届国际登山节等10余场大规模、大体量、大影响力的群众体育赛事活动和超过1000场常态化大众体育健身活动，直接参与市民50万人以上，间接参与市民超300万人，促进全民健身活动健康发展。

加快竞技项目改革创新，不断提升竞技体育水平。参赛辽宁省第十三届运动会，沈阳市获青少年组比赛成绩奖金牌、奖牌、团体总分第一名，获“体育道德风尚奖”和“赛事承办纪念奖”。认真贯彻落实新时期竞技体育工作发展模式，在射箭、手球、橄榄球、篮球等体教结合项目上取得丰硕成果。橄榄球队参加辽宁省橄榄球锦标赛，男女队均获第一名，蝉联三届冠军；手球队参加辽宁省手球锦标赛，男女队均获第一名；射箭取得5枚金牌。

优化产业项目，促进体育产业健康发展。推进足球青训体系建设。与中国足协共建国家级青少年足球训练中心。推进中国足协在东北育才学校建立1个国家队青少年训练基地工作。与德国科隆足球俱乐部合作，成立中德足球学院，培养青少年足球人才。推动冰雪项目发展。编制《沈阳市冰雪产业发展三年（2019—2021年）行动计划》，推进冰雪运动进校园、进机关、进企业、进社区、进乡村、进家庭“六进”活动，培养冰雪运动后备人才。举办沈阳市青少年冰球、花样滑冰等冰雪赛事，挖掘冰雪文化，促进冰雪旅游，推动冰雪产业发展，努力将“冷资源”转化为“热经济”。（赵吉祥）

竞技体育

【概况】 2018年，高质量完成各项竞技体育工作任务。在8月19—28日盘锦市举办的辽宁省第十三届运动会（青少年组）中，沈阳市组建1300余人的代表团参加全部32个大项的比赛，代表团获金牌372枚、奖牌754枚、总分7359分的优异成绩。获得总成绩榜的奖牌总数和团体总分第一名。按照辽宁省第十三届运动会部分项目的承办和组织工作要求，沈阳市高标准承办短道速滑、体操、击剑、曲棍球、高尔夫球等项目，获得上级的好评。（赵吉祥）

【获省运会速滑4金】 1月18日，在辽宁省第十三届运动会青少年组速度滑冰比赛中，沈阳市体校代表队获4枚金牌。其中，张天力获男子甲组500米和1000米两枚金牌；王馨悦在女子甲组500米和1000米，连夺两金。谷午在女子乙组500米和1000米比赛中，摘得两枚银牌；男子乙组的裴国栋和王帅涵，分别在500米和1000米中拼得亚军。（志闻）

【竞技项目改革探索】 2018年，全市适应新时期国家体育工作战略，科学调整项目布局，扩大区县（市）级训练单位的训练规模，整合社会体育资源，逐步建成市本级与高校、与社会俱乐部联办的人才培养体系。将有条件项目推向市场，寻求企业、项目协会和社会组织的合作，加快竞技体育项目市场化改革，使业余训练工作更加适应全市政治、经济、文化和体育事业发展需要。（赵吉祥）

2018跃动沈阳国际运动汇开幕式（市体育局供）

群众体育

【概况】 2018年，全市群众体育工作以推进实施《全民健身计划（2016—2020年）》为主线，深入贯彻实施全民健身和健康中国两大国家战略，围绕惠民生、促发展、抓融合，进一步理清群众体育工作思路，夯实"六个群众身边"（群众身边的体育健身组织、群众身边的体育健身设施、群众身边的体育健身活动、群众身边的体育健身赛事、群众身边的体育健身指导、群众身边的体育健身文化）工程基础，完善全民健身公共服务体系，促进全民健身与全民健康深度融合，推动沈阳市群众体育工作实现跨越式发展。完成4600件室外健身器材安装，参加国家级社会体育指导员培训33人，参加辽宁省国家一级社会体育指导员培训203人，培训国家二级社会体育指导员1006人，上岗指导服务率90%。开放的公共体育场馆和学校体育场馆、社区公共运动场29处。（赵吉祥）

【沈阳市全民健身国际徒步节设立】 8月24日，市第十六届人民代表大会常务委员会第五次会议，审议市政府《关于设立沈阳市全民健身国际徒步节的议案》。会议同意这项议案，决定从2019年起，将每年六月第三周的星期六定为沈阳市全民健身国际徒步节。（志闻）

【"百万市民上冰雪"暨冰雪进校园活动启动仪式】 10月15日在和平区全民健身中心举行。活动由市体育局、市教育局主办，和平区政府、沈阳日报社、市体育事业发展中心承办，市冰球协会、市滑冰协会、市滑雪协会协办。沈阳市体育局与沈阳日报社深度合作，在各体育场开设雪场，在符合条件的水面铺设冰场，在全市范围内广泛构筑冰雪运动场所，为沈城市民上冰雪提供有效路径。同时，倡导和发动各冬季项目企业共同参与"百万市民上冰雪"活动。

【常态化"千场"大众健身活动】 2018年，全市以市、区县（市）两级全民健身中心、大型公园（广场）、街道（乡镇）、社区（村屯）、健身站点5类健身场所为依托，开展1100场全民健身活动，参与群众430万人次。确保体育健身活动在全市城乡全方位、多层次、广覆盖地开展。发

展健身走（跑）、骑行、户外、游泳、球类、广场舞等群众喜闻乐见的运动项目，培育帆船、击剑、赛车、极限、轮滑等具有消费引领特征的运动项目，扶持推广武术、太极等民族民俗民间传统运动项目。（赵吉祥）

体育科研与基本建设

【概况】 2018年，市体育科研医疗中心发布《2018年国民体质监测白皮书》，沈阳市国民体质监测工作按照计定的方案完成沈阳市幼儿、成年人、老年人国民体质状况基础数据的采集任务。以数据作支撑，为今后政策的出台，更加科学、系统地制定全民健身计划，提供有效的依据。同时，为全市国民体质监测工作的科学化、系统化、常态化和规范化探索有效的途径。

【国民体质监测“五进”活动】 2018年，市体育科研医疗中心开展国民体质监测“五进”（“进企业”“进学校”“进社区”“进机关”“进村屯”），测试1.2万余人，出具单项评估报告、综合评估报告、综合锻炼指导报告等近9.6万余份。先后为北盛汽车集团、沈阳华晨汽车集团、沈阳化工大学、东北大学、沈阳市第176中学、雪松路小学、沈阳市委市政府等沈阳市相关企事业单位职工开展体质监测工作。

【全运会青运会选材测试】 2018年，沈阳市首次配合辽宁省海校赛艇队完成赛艇项目全运会、青运会增设雪仗滑轮项目的选材测试任务，对市水校赛艇队运动员的基本身体形态、竞技运动身体机能、初级滑轮能力进行全面普查及测试，为下一步选拔赛艇运动技巧和滑轮技巧兼具的优秀运动员进入辽宁省队完成全运会、青运会参赛任务打好基础。对15名2013年12月31日以前出生的男女赛艇运动员进行身体形态测试及体能测试工作，得到辽宁省海校及辽宁省冬季项目管理中心的高度认可及好评。（赵吉祥）

2018年沈阳籍运动员全国级以上比赛成绩

表27

单位	项目	姓名	小项	比赛名称	名次	备注
水校	赛艇	陈起发	越野滑雪（滑轮）5公里团体	2018年全国赛艇锦标赛	第一名	山东日照
	皮划艇	宋丹妮	1000米女子单人皮艇	2018年全国皮划艇静水锦标赛	第一名	山东临沂
	皮划艇	宋丹妮	500米女子单人皮艇	2018年全国皮划艇静水锦标赛	第一名	山东临沂
	皮划艇	宋一明	越野滑雪（滑轮）4X1.5公里女子四人接力	2018年全国皮划艇静水锦标赛	第一名	山东临沂
	皮划艇	宋丹妮	500米女子单人皮艇	2018年全国皮划艇静水冠军赛（冬季）	第一名	贵州六枝
	皮划艇	宋丹妮	1000米女子单人皮艇	2018年全国皮划艇静水冠军赛（冬季）	第一名	贵州六枝
	皮划艇	宋丹妮	四项全能女子单人皮艇	2018年全国皮划艇静水冠军赛（冬季）	第一名	贵州六枝
	皮划艇	宋丹妮	女子500米单人皮艇	2018年全国皮划艇静水冠军赛（春季）	第一名	湖北鄂州
	皮划艇	宋丹妮	女子12公里单人皮艇	2018年全国皮划艇静水冠军赛（春季）	第一名	湖北鄂州
	皮划艇	宋丹妮	女子单人皮艇三项全能	2018年全国皮划艇静水冠军赛（春季）	第一名	湖北鄂州
	蹼泳	李家逸	女子400米蹼泳	2018年蹼泳世界杯分站赛	第一名	美国迈阿密
	蹼泳	李家逸	女子800米蹼泳	2018年蹼泳世界杯分站赛	第一名	美国迈阿密
	蹼泳	李家逸	女子4X100米蹼泳接力	2018年蹼泳世界杯分站赛	第一名	美国迈阿密
	龙舟	张　振	男子组12人龙舟200米	2018年第十八届亚运会	第一名	印度尼西亚
	龙舟	张　振	男子团体组12人龙舟400米接力	2018年第三届国际龙舟联合会世界杯	第一名	印度尼西亚

续表27

单位	项目	姓名	小项	比赛名称	名次	备注
水校	龙舟	张　振	男女混合组22人龙舟100米	2018年第三届国际龙舟联合会世界杯	第一名	重庆合川
	龙舟	张　振	男女混合组22人龙舟200米	2018年第三届国际龙舟联合会世界杯	第一名	重庆合川
	龙舟	张　振	男女混合组22人龙舟500米	2018年第三届国际龙舟联合会世界杯	第一名	重庆合川
	龙舟	张　振	男子组22人龙舟200米	2018年第十三届亚洲龙舟锦标赛	第一名	广东佛山
	龙舟	张　振	男子组22人龙舟500米	2018年第十三届亚洲龙舟锦标赛	第一名	广东佛山
	龙舟	张　振	男子组22人龙舟1000米	2018年第十三届亚洲龙舟锦标赛	第一名	广东佛山
	龙舟	徐凤雪	女子组12人龙舟200米	2018年第十八届亚运会	第一名	印度尼西亚
	龙舟	徐凤雪	男女团体组12人龙舟400米接力	2018年第三届国际龙舟世界杯	第一名	重庆合川
	龙舟	徐凤雪	男女混合组22人龙舟100米	2018年第三届国际龙舟世界杯	第一名	重庆合川
	龙舟	徐凤雪	男女混合组22人龙舟200米	2018年第三届国际龙舟世界杯	第一名	重庆合川
	龙舟	徐凤雪	男女混合组22人龙舟500米	2018年第三届国际龙舟世界杯	第一名	重庆合川
	龙舟	徐凤雪	女子组22人龙舟200米	2018年第十三届龙舟锦标赛	第一名	重庆合川
	龙舟	徐凤雪	女子组22人龙舟500米	2018年第十三届龙舟锦标赛	第一名	广东佛山
	龙舟	徐凤雪	女子组22人龙舟1000米	2018年第十三届龙舟锦标赛	第一名	广东佛山
	龙舟	徐凤雪	女子组12人龙舟200米	2018年第十三届龙舟锦标赛	第一名	广东佛山
	龙舟	徐凤雪	女子组12人龙舟500米	2018年第十三届龙舟锦标赛	第一名	广东佛山
	龙舟	徐凤雪	女子组12人龙舟1000米	2018年第十三届龙舟锦标赛	第一名	广东佛山
陆校	武术套路	王冰冰	女子二人对练	2018年全国武术套路锦标赛	第一名	
	武术套路	王冰冰	女子二人对练	2018年全国武术套路冠军赛	第一名	
	射击	张珏铭	男子25米手枪速射团体	青年世界杯（第一站） 2018-3-26（澳大利亚）	第一名	破青年世界纪录
	射击	张珏铭	男子25米手枪速射团体	青年世界杯（第二站）2018-6-26（德国）	第一名	
	击剑	王　石	男子佩剑团体	2018年亚洲击剑锦标赛 6.17-22曼谷	第一名	
	击剑	王　石	男子佩剑个人	2017-2018年赛季全国击剑冠军赛总决赛（成人组）	第一名	
	击剑	李兴慧	女子重剑团体	2017-2018年赛季全国击剑冠军赛总决赛（成人组）	第一名	
	击剑	李兴慧	女子重剑团体	2018年全国击剑锦标赛	第一名	
	柔道	吕岳恒	男子-55公斤	2018年全国少年柔道锦标赛	第一名	
	中国式摔跤	梁添一	男子+100公斤级	2018年全国中国式摔跤俱乐部锦标赛	第一名	
小球中心	乒乓球	陈幸同	乒乓球女子团体	2018年亚运会	第一名	雅加达
市体校	田径	王嘉男	男子跳远	2018年亚运会	第一名	雅加达

三十三、社会保障

社会保险

【概况】 截至年末，全市城镇基本医疗保险参保人数537.4万人（职工参保337.1万人，居民参保200.3万人），指标完成102.36%；生育保险参保311.8万人，指标完成102.63%，新农合参保162.2万人。医保基金工作按照“收支平衡、以收定支、略有结余”的原则，在保障参保人群基本医疗需求的前提下，实现医保基金略有结余，达到预期目标。

职工居民医疗与生育保险。在出台国家谈判抗肿瘤药品纳入全市城镇医保等相关政策上，将国家谈判抗肿瘤药品纳入全市城镇医保，将曲拓珠单抗、阿扎胞苷等37种抗癌药品纳入沈阳市城镇医保支付范围；规范部分高值药品结算管理问题，出台《关于部分高值药品医保结算管理有关问题的通知》。在推进国家组织药品集中采购试点工作上，是研究制订《沈阳市关于做好国家组织药品集中采购试点工作的实施方案》，以市政府名义报国家药品集中采购试点工作领导小组审定后，以市政府办公厅文件形式印发；推动《沈阳市关于做好国家组织药品集中采购试点工作实施方案》落实。在推进城镇基本医保支付方式改革上，完善其他现行医保支付政策；对精神类疾病的结算情况进行调研，完成策调整的测算工作；出台《关于对2016年度城镇职工和居民基本医疗保险定点医疗机构补偿的通知》；积极配合市发改委开展按病种付费政策研究。提高城镇居民基本医保财政补助标准、完善居民大病保险制度，分别将居民大病筹资标准从每人35元/年提高至55元/年。居民医保筹资标准从每人450元/年提高至490元/年。推进生育保险与基本医疗保险合并工作，全市生育保险和基本医疗保险完成合并实施试点工作任务，继续全面落实“四统一、一不变”，即：统一参保登记，统一基金征缴和管理，统一医疗服务管理，统一经办和信息服务，生育保险待遇不降低。

新型农村合作医疗。进一步提高新农合筹资标准，达到每人每年700元，较上年提高90元。开展异地就医即结报。印发《关于进一步做好新农合即时结报工作的通知》，在全市建立起市级新农合信息平台，参合患者可通过市级平台转诊至省级及省外定点医疗机构就医并实现即结算。做好健康扶贫工作。出台《关于进一步加强建档立卡贫困人口兜底保障工作的通知》，在全市建立贫困人口住院治疗兜底保障制度。将贫困人员住院合规费用

304

打击欺诈骗保专项行动会议　（市医保局供）

报销比例提高到90%以上，住院合规费用自付部分纳入民政救助资金补偿范围，利用新农合结余资金，对经新农合、大病保险、民政医疗救助后未报销的合规费用自付部分及自费费用，按照50%比例进行二次补偿。

【打击欺诈骗保行为】 2018年，沈阳市制定印发《沈阳市人力资源和社会保障局等四部门关于开展打击欺诈骗取医疗保障基金专项行动的通知》《沈阳市人民政府办公厅关于印发沈阳市开展打击欺诈骗取医疗保险基金专项行动方案的通知》《沈阳市人民政府办公厅关于开展推进打击医疗保险欺诈骗保专项行动的通知》，成立专项工作组，对全市定点医疗、药机构进行专项检查，重点检查国家、省交办的及前期检查发现的疑似欺诈骗保案件。通过营造全民打击医保骗保社会舆论大环境，对全市街道、社区工作人员进行反欺诈工作培训，设立多渠道举报平台，建立医保曝光台，成立5个督导检查组，对全市13个区县（市）开展专项行动情况进行督导检查等措施，累计实地检查市医保定点医院702家次，定点药店1258家次；处理存在问题的医院和药店503家，追回741万元；对40家医院下达自查整改通知书；暂停月结算83家；暂停收治医保患者35家；暂停协议6家；终止服务协议12家；移送司法部门4家。同时，完善基金监督管理政策法规等相关制度40个。　（佟　硕）

社会救助

【概况】 2018年，全市围绕“保基本、托底线、救急难、可持续”的目标，提高困难群众基本生活保障水平，实现社会救助工作持续发展。城市低保标准提高到每人每月655元，农村低保标准提高到每人每月450元。全市城乡低保5.3万户，7.9万人，月人均救助额455.8元，发放城乡低保资金4.4亿元。建立支出型贫困家庭救助政策，制定《沈阳市因病致贫家庭救助工作实施方案》，进一步完善全市社会救助体系。结合民政领域正风肃纪工作，开展农村低保专项治理活动，对发现的疑点信息进行全面彻底的核查整改，城乡低保工作得到全面规范。

临时救助。建立和完善临时救助制度和“救急难”工作机制，对居民遭遇临时性、突发性事件事故导致基本生活出现严重困难的实施临时性、过渡性救助，发放临时救助资金1400万元，救助1.3万人次。

流浪乞讨救助。全市7个救助管理站，救助各类流浪乞讨人员5665人次，其中站内救助5305人次，站外救助360人次；救助人员中未成年人244人次，老年人1520人次，危重病人115人次，疑似精神病患者551人次。救助管理机构护送返乡967人次。

残疾人两项补贴。全市为9.47万名残疾人发放困难补贴和护理补贴9862万元；为960位20世纪60年代精简退职职工发放生活补助475.1万元。

【专项救助行动】 6月和11月，分别出台《市民政局关于印发沈阳市“夏季送清凉”专项救助行动实施方案的通知》《市民政局关于印发沈阳市“寒冬送温暖”专项行动实施方案的通知》。专项救助行动期间，各救助管理站加强巡查力度和救助保护力度，为流浪乞讨人员发放棉衣、棉被和食品、药品等生活救助物资。加大救助宣传力度，通过广播、电视、报纸、网络、社区宣传板、发放宣传册等形式宣传救助举措，确保流浪乞讨人员及时获得救助。全年未发生流浪乞讨人员死亡等极端事件。

【《关于在脱贫攻坚三年行动中切实做好社会救助兜底保障工作的实施意见》】 10月，市民政局联合市财政局、市扶贫办印发。

《意见》切实将做好脱贫攻坚三年行动中社会救助兜底保障工作作为重大政治任务来抓，完善农村低保、特困人员救助供养、临时救助等保障性扶贫措施，切实做好社会救助兜底保障工作，特别是保障完成丧失劳动能力和部分丧失劳动能力且无法依靠产业就业帮扶脱贫的建档立卡特殊贫困人口的基本生活。截至年末，将符合低保条件的建档立卡贫困人口3006人及时纳入农村低保，充分发挥民政部门社会救助兜底保障作用。（市民政局）

社会优抚

【概况】 2018年，全市登记退伍军人及其他优抚对象237237人。从8月1日起，提高优抚对象抚恤补助标准。截至年末，全市有优抚对象27282人，其中各类伤残人员4934人，三属425人，在乡老复员军人783人。发放义务兵优待金6048万元。发放各类抚恤补助资金249011万元，为优抚对象报销医药费2666万元，八一及两节期间为部分优抚对象发放临时性救助资金394.1万元。申报各类评残人员221人，接收部队伤残退役人员112人。审批各类优抚对象58人。全市有区、县级烈士纪念建筑物保护单位14家，安葬烈士5137名；国家级烈士建筑物保护单位1家（沈阳市抗美援朝烈士陵园），安葬抗美援朝志愿军烈士123名、在韩志愿军烈士遗骸592具、苏军烈士179名。开展“情系老优抚，爱心献功臣”医疗巡诊活动，为83位在乡复员军人上门体检，免费送药品价值近7万元。组织54位优抚对象进行健康疗养。全市各级组织走访慰问部队323个，走访慰问优抚对象、困难群众8107户；召开军政座谈会174次，举办联欢会、文艺演出107场（次）；发送慰问信26550件、楹联年画8000件。全市春节、“八一”期间赠送慰问金、慰问品787.97万元。

转业安置。接收自主择业军转干部934人，因未落户及其他原因退档21人，实际发放退役金人数913人；组织关系转接912人（1人申请退党），基本信息采集与录入913人；新增913名自主择业军转干部退役金全部发放到位。在转业战士安置上，1—2月，完成复员士官723人接收工作。6月，接收符合政府安排工作条件退役士兵291人。7月，完成2018年度退伍义务兵、复员士官基本信息库，录入采集人员信息3061人。10月，落实1993—2000年复员干部退休生活补助、采暖补贴、独生子女费补贴等有关政策。11月20日，举办2018年度退役士兵大型就业洽谈会，197户企业参加洽谈会，提供就业岗位6000多个，退役士兵4100余人参会，现场达成就业意向2000余人。12月7日，为符合安排工作条件退役士兵发放待分配期间经济补助107.44万元，为自主就业退役士兵发放自主就业经济补助金11070万元。

军休干部服务管理。完成年度军休干部接收安置任务，接收安置军休干部323人。落实军休干部政治待遇，组织5个党委、104个支部的换届选举工作；组织军休干部参加在韩志愿军烈士遗骸安葬仪式、“勿忘九一八”撞钟鸣警仪式、9·30烈士纪念日等重大纪念活动；自行投资创建军史博物馆的军休干部徐文涛被授予“全国最美退役军人”称号；为军休干部订阅报纸杂志1万多份。全面落实军休干部生活、医疗待遇，为9200余名休干、340名遗属发放工资、津补贴、遗属补助费13亿元；发放离休干部荣誉金、国务院特殊津贴、降温费、取暖费、军粮差价及住院伙补等各项待遇经费3900多万元；向152名去世休干家属发放丧葬费1640余万元；完成全市8894名军休干部和士官、327名遗属的取暖费补贴发放工作，落实补贴款2200余万元；春节、八一等节日开展走访慰问活动，发放慰问金、慰问品605万元，走访慰问2692人次；组织军休干部体检10254人次，审核报销医疗费1200万元，发放医疗补贴365万元。深入开展军休文体活动，11个干休所组织近万名军休干部及家属的春秋季一日游活动；组织全市规模的军休干部书画展、摄影展，球类、棋类比赛，联欢汇演等活动12场次；在《晚晴报》《辽宁老年报》等市级报刊及沈阳民政信息网、《军休简报》上相继刊登稿件1800多篇。

（李陶颖 蒋志刚 李大朕）

【第五批在韩志愿军烈士遗骸安葬】 3月28日，第五批23具在韩志愿军烈士遗骸回国迎接仪式在沈阳桃仙机场举行。3月29日，第五批在韩志愿军烈士遗骸安葬仪式在沈阳抗美援朝烈士陵园举行。

（李陶颖）

【自主择业军转干部适应性培训班】 9月17日至10月12日举办。培训分为3期，每期5天，940名2018年沈阳自主择业干部及30余名铁岭自主择业干部参加培训。主要围绕自主择业政策、就业创

业、身心健康三个方面开展医疗保险、养老保险、法律、工商、税务、干部心态、健康问答等培训课程，帮助择业干部熟悉地方政策，掌握自身待遇，尽快适应新的工作生活环境。（陶冶）

社会福利

【概况】2018年，全市推进国家养老服务业综合改革试点工作、全国居家和社区养老服务改革试点工作，结合办理市人大《关于加快推进我市居家养老服务体系建设的议案》，全面开展养老服务体系建设工作。新增区域性居家养老服务中心12个、社区养老服务站300个，全市新增养老床位4656张。截至年末，全市有养老机构207家（城镇公办养老机构13家、农村中心敬老院37家、民办养老机构157家），社会化养老床位4.47万张，区域性居家养老服务中心60个，社区养老服务站300个，农村互助幸福院216个。

孤儿保障。儿童福利院负责全院322名孤残儿童的医疗救治、儿童保健、卫生防疫等工作。年内，“明天计划”项目治疗儿童85人，为293名儿童购买居民医疗保险，带孤残儿童外院救治168人次，儿保体检141人次，口腔筛查31人次，视力筛查78名人次。

福利企业管理。市民政局直属福利企业9户。在职健全职工1108人，被托管残疾职工295人，离退休人员5817人。

福利彩票。福利彩票销售总量24.3亿元，占全省销售总量的23.12%，连续10年居全省首位。筹集社会福利公益金6.8亿元，其中市本级公益金2.13亿元；代扣代缴个人所得税880万元，三等奖以上中奖人数1350人。

（市民政局）

【《沈阳市加快推进居家养老服务体系建设实施方案（2018—2020年）》】9月26日市政府办公厅印发。《方案》包括指导思想、基本原则、工作目标、主要任务、保障措施5方面内容。提出到2020年，基本建成以居家为基础、社区为依托、机构为补充、信息为辅助、医养相结合的养老服务体系，实现服务网络更加健全、基本保障更加有力、服务质量不断提升、医养结合深度发展、体制机制更具活力、养老产业初具规模的工作目标。《方案》明确加强居家养老服务设施建设、引导社会力量广泛参与、加强医养结合服务体系建设、推动养老服务信息化发展、探索农村居家养老服务路径、推动老年精神关爱服务发展、加强人才队伍建设、推动养老服务产业发展8项主要任务。（市民政局）

慈善

【概况】2018年，全市慈善事业继续坚持“依法行善”“依靠社会办慈善、整合资源做慈善”的指导思想，大力营造“人人慈善、全民公益”的社会慈善环境，以打造“慈善社区”为目标，在弘扬慈善文化，规范慈善行为，支持慈善组织发展，提高慈善队伍从业人员素质，鼓励慈善项目开发，引导慈善组织参与精准扶贫，畅通社会各界参与慈善活动等方面再上新台阶。沈阳市教育基金会获“慈善项目奖”、沈阳何氏眼科医院院长何伟获“慈善楷模奖”，慈善法宣传活动中央电视台在9月5日“中华慈善日”当天向全国报道；沈阳市和平区律动公益社会工作服务中心慈善组织获中央财政支持社会组织发展资金50万元（单项最高额度）；沈阳市天优公益服务中心刘光宇、沈阳市爱梦成真公益发展中心亢启迪获“沈阳市五四奖章”、沈阳市皇姑区利州社会工作服务中心牛彩霞获“沈阳十佳社会公益青年”；经市区两级民政部门批准注册的慈善组织由25家增加到44家；慈善活动从扶贫济困方面，拓展至教育、科学、文化、卫生、体育、环保等诸多领域，都有慈善组织和爱心人士的踊跃参与。各类慈善公益活动获中央、省、市电视报道17次，电台报纸及网络媒体报道850余次；参与慈善宣传活动市民30万人次。市民政投入公益创投资金300万元资助57个公益项目。沈城公益人士自编、自导、自演的13个慈善文艺作品，通过歌舞、合唱、小品、快板等方式，说慈善人，讲慈善事，受到群众普遍欢迎。完成“我市慈善组织运行状况调研报告”和第五届“中国城市公益慈善指数”沈阳地区数据采集工作。（市民政局）

三十四、社会生活

城市居民生活

【概况】 2018年，在各项惠民政策的有效推动下，全市城镇居民收入保持平稳增长，增速快于经济发展速度，人均可支配收入达到44054元，增长6.5%。

【收入构成】 2018年，全市经济继续保持平稳运行态势，城镇从业人员就业状况总体稳定，各级机关事业单位人员按照国家标准增资调资并补发部分津补贴、最低工资标准上调，共同拉动城镇居民工资性收入达到23757元，增长6.2%，贡献率为53.9%。落实税收新政减税、取消9项行政事业性收费，开通商事主体综合服务平台，推行一证零表、证照联办，多措并举有效降低小微企业和个体经营户负担，城镇居民人均经营净收入7415元，增长7.1%。基本民生保障标准稳步提高，教育、医疗、住房、养老等服务保障能力持续提升，带动城镇居民转移净收入快速增长，达到9989元，增长6.9%。居民投资意识逐步增强，沈城百姓理财渠道不断拓宽，城镇居民人均财产净收入2893元，增长6.6%。

【消费构成】 2018年，城镇居民人均食品烟酒、衣着、居住支出分别为9268元、3145元、4604元，比上年增长7.9%、3.9%、6.9%，增速较上年均有所减缓。随着消费潜力的释放，汽车消费

市调查局走访记账户 （曹晨摄）

增长迅猛，4G网络飞速发展，通信更加便捷，带动居民人均交通通信消费支出增长 9.5%，达5237元。居民子女教育投入增加，外出旅游持续火爆，人均教育文化娱乐类消费支出4041元，增长9.2%。在防病治病意识和健康理念增强、二孩政策的进一步落实、医疗统筹的不断完善和医疗制度改革深化取消药品加成等多重因素的共同推动下，医疗保健消费支出快速增长，成为居民消费增长的"推动者"。城镇居民人均医疗保健支出2037元，增长8.0%，增速较上年提高3.8个百分点。

2018年沈阳市居民消费价格分类指数

表28

项 目	上年同期=100	项 目	上年同期=100
居民消费价格总指数	103.0	3.水电燃料	100.2
一、食品烟酒	102.8	4.自有住房	105.1
1.食品	103.1	四、生活用品及服务	100.0
（1）粮食	100.5	1.家具及室内装饰品	101.8
（2）薯类	107.1	2.家用器具	96.8
（3）豆类	98.4	3.家用纺织品	99.9
（4）食用油	99.9	4.家庭日用杂品	99.3
（5）菜	108.1	5.个人护理用品	102.0
（6）畜肉类	96.8	6.家庭服务	104.7
（7）禽肉类	105.8	五、交通和通信	102.0
（8）水产品	108.1	1.交通	103.0
（9）蛋类	109.6	2.通信	100.1
（10）奶类	102.3	六、教育文化和娱乐	100.7
（11）干鲜瓜果类	107.0	1.教育	101.9
（12）糖果糕点类	100.9	2.文化娱乐	99.0
（13）调味品	102.1	（1）文娱耐用消费品	96.5
（14）其他食品类	101.4	（2）其他文娱用品	102.7
2.茶及饮料	105.6	（3）文化娱乐服务	100.0
3.烟酒	103.9	（4）旅游	98.7
（1）烟草	103.1	七、医疗保健	112.7
（2）酒类	104.9	1.药品及医疗器具	104.1
4.在外餐饮	101.1	2.医疗服务	120.0
二、衣着	100.4	八、其他用品和服务	101.1
1.服装	99.5	1.其他用品类	98.8
2.服装材料	100.0	2.其他服务类	102.6
3.其他衣着及配件	100.3	（1）旅馆住宿	100.1
4.衣着加工服务费	102.1	（2）美容美发洗浴	103.7
5.鞋类	103.1	（3）养老服务	100.0
三、居住	103.1	（4）金融保险	103.0
1.租赁房房租	106.4	（5）其他服务类	100.0
2.住房保养维修及管理	100.0		

（市调查局）

农村居民生活

【概况】 2018年，市委、市政府推进农业供给侧结构性改革，坚持依靠人民的发展思想，推进各项惠民政策，农村居民收入水平稳步提高。农村居民人均可支配收入16530元，增长6.9%，增速高于城镇居民0.4个百分点；人均消费支出11395元，增长8.1%，增速高于城镇居民0.5个百分点。

【收入构成】 2018年，随着农村规模化经营迅速发展，农村富余劳动力选择就近择业、返乡创业比例持续加大。农民工资性收入6366元，增长7.6%，占可支配收入的比重为38.5%，高出上年同期0.2个百分点。推进农业供给侧结构性改革，大力推行"公司+基地+农户"模式，带动40万农户参与产业化运营，家庭农场超过1万家。推进一、二、三产业融合发展，农业市场活跃促进农村居民经营收入不断增长。农民经营净收入8041元，增长6.1%，占可支配收入的比重为48.6%，是农村

2017—2018年沈阳市居民生活主要服务价格

表29

名 称	规格特征	计量单位	2017年	2018年
缝纫	纤裤角	条	8.00	8.00
钟点工	清理卫生	小时	37.71	38.16
诊查费	普通门诊诊查费	次	4.24	9.07
注射费	静脉输液	次	4.27	6.40
诊断费	纤维胃十二指肠镜检查	次	227.70	227.70
实验室诊断	尿液分析	次	7.31	7.00
临床手术治疗	剖宫手术	次	1070.67	1452.00
临床手术治疗	阑尾切除术	次	941.33	1117.33
住院费	普通4人间市级医院	天	26.71	35.67
理发	（男）全活	次	16.58	18.50
洗浴	洗浴	次	7.80	7.80
洗车费	小型车	次	37.65	38.32
车辆修理服务	自行车补带	次	4.50	4.50
公共汽车零票	专线全程	张	1.17	1.42
地铁零票	9站内	张	2.00	2.00
出租汽车	白天	公里	1.82	1.82
市内固定电话通话费	市内电话通话费3分钟内	次	0.20	0.20
信件邮寄	信件邮寄（外埠平信）	封	1.20	1.20
公园门票	昭陵公园门票	张	6.00	6.00
有线电视收费	有线电视月租费	月	24.00	24.00
采暖费	冬季采暖费	平方米	23.30	23.30

（市调查局）

居民增收主要来源。通过土地流转，激活农村闲置资源，通过土地转包、出租、互换、转让以及股份合作等方式整合土地资源，加速农业产业化进程，增加农民财产净收入。农民财产净收入429元，增长7.3%，增速高出上年同期0.4个百分点。社会保障进一步加强，强农惠农富农政策的实施和落实力度加大，政策性生活补贴和惠农补贴有所增加，低保标准、医保政府补助标准持续提高，扩大重大疾病保障病种范围。农民转移净收入1695元，增长7.9%，增速位居四项收入之首。

【消费构成】 2018年，全市农民人均食品烟酒消费支出3578元，增长6.4%，较上年同期增速有所放缓，恩格尔系数为31.4%，比上年同期下降0.5个百分点。人均服务型消费支出2926元，增长9.5%，占消费总支出的比重为25.7%，高于上年同期0.4个百分点。随着农村居民收入水平不断提高，消费观念提升。人均发展享受型消费为5319元，占消费总支出的比重为46.6%，高出上年同期0.5个百分点。人均交通通信消费支出1804元，增长10.6%，增

速继续保持在八大类消费首位。

（邵 欣）

就业创业

【概况】 2018年，全市落实就业政策，改善就业环境，优化就业服务，就业重点扶贫，就业局势总体稳定，就业质量明显提升。城镇新增就业11.87万人，城镇登记失业人员再就业12.56万人，扶持创业带头人3483人，带动就业2.07万人，零就业家庭保持动态清零。

高校毕业生就业成果突出。开展“送政策、送岗位、送项目、送技能、送信息”进校园活动，举办111场高校毕业生专场招聘会，吸引11.03万名高校毕业生到沈就业创业；加强高校毕业生实名制管理，实名接收就业创业应届高校毕业生75768人；招录30名“三支一扶”（支农、支教、支医和扶贫）人员和992名高校毕业生到基层就业，帮扶4074名高校毕业生实现就业。

创业带动就业继续深化。加大政策扶持力度，出台《吸引人才就业和创业租房补贴实施细则》，为6256人发放就业创业租房补贴1670万元。组织项目对接、高峰论坛、创业沙龙等活动300余场，评定优秀创业导师26人，发放创业孵化基地运营补贴2100万元，创业担保贷款3491万元。

公共就业服务平台建设加强。加快推进国家级人力资源服务产业园建设，沈河园区、浑南园区等“一园三区”规划建设面积20.5万平方米、总投资11.8 亿元的发展格局初步形成；公共人力资源服务机构举办各类招聘洽会738场，提供就位岗位14.5万个。

（何 灵）

【《沈阳市支持留学归国人员来沈创新创业实施细则》】 2月1日，市人社局、市人才办、市财政局印发。《细则》设9条。《细则》明确支持政策和标准：支持拥有自主知识产权或掌握核心技术，具有自主创新能力和创业经验，熟悉相关产业领域的海外留学归国人员来沈创新创业。对在海外取得教育部认可博士学位的来沈创新创业留学归国人员给予15万元生活补贴，对在海外取得教育部认可的硕士、本科学位的来沈创新创业留学归国人员给予国内高校毕业生同等待遇。《细则》自发布之日起施行。

【新增6家国家级星创天地】 12月19日，《科技部办公厅关于公布第三批星创天地名单的通知》印发。辽宁省科技厅推荐的30家星创天地（沈阳6家）入选，获得科技部备案。沈阳市新增的6家国家级星创天地分别是于洪区弘侨星创天地、康平县丰康星创天地、辽中区将爱反哺星创天地、浑南区士兰星创天地、沈北新区稻梦空间星创天地、法库县英棘康星创天地。

（志 闻）

小资料

星创天地是发展现代农业的众创空间，是推动农业农村创新创业的主阵地，是以农业高新技术产业示范区、农业科技园区、高等学校新农村发展研究院、农业科技型企业等为载体，整合科技、人才、信息、金融等资源，面向科技特派员、大学生、返乡农民工、职业农民等创新创业主体，集中打造融合科技示范、技术集成、成果转化、融资孵化、创新创业、平台服务为一体的综合平台。

【就业援助】 2018年，开展“就业援助月”专项活动，走访就业困难人员和零就业家庭4719户，登记认定未就业困难人员2202人，帮助就业困难人员实现就业1102人。落实就业援助政策，将公益性岗位补贴标准由1530元提高到1620元，发放公益性岗位补贴资金4亿元，引导公益性岗位人员实现市场化就业114人。开展公益性岗位专项检查，发放就业困难人员社保补贴5117万元。开展困难家庭高校毕业生就业帮扶，帮扶68名困难家庭高校毕业生全部实现就业。加强农村劳动力转移就业和返乡创业，实现新增农村劳动力转移就业4.91万人，新增返乡创业1352人。 （何 灵）

消费者权益保护

【概况】 2018年，市工商管理部门围绕“品质消费 美好生活”消费维权年主题开展系列教育活动，举行“3·15”国际消费者权益日纪念表彰大会，建立老年消费教育基地100个，开展消费教育讲座100余场，印发宣传资料10万余册，受教育民众2万多人次，新培育发展市级“放心消费”示范店28家。以家用电器、儿童用品、装饰装修材料、汽车配件等老百姓普遍关注的商品为重点，组织流通领域商品抽检950批次，合格886批次，不合格64批次，抽检结果和行政处罚信息全部公开。开展老年健康“体验店”专项整治，排查全市老年健康“体验店”1043家，对243家“体验店”实施“双随机”检查，保护消费者的消费安全。举

行家具行业诚信经营启动仪式，50家经营单位做出“诚信经营、品质消费、美好生活”的承诺。开展卫生用品、大米等比较试验，开展银服务行业消费者满意度问卷调查，发布消费警示20余篇，引导消费者理性消费。将民心网、市民热线等群众诉求渠道统一归口管理，实行统一接件、统一转件、统一督办。受理群众消费诉求7.62万余件，为消费者挽回经济损失642余万元。12315投诉举报中心因消费维权工作成绩突出，获2015—2017年度辽宁省“精神文明先进单位”称号。

（周　云）

婚姻、收养登记管理

【概况】 2018年，全市14个婚姻登记机关办理国内结婚登记57182对，离婚登记34521对，补领婚姻登记31501份；受理涉外结婚登记388对，离婚登记75对。年初为打造国际化营商环境，对全市婚姻登记机关开展为期一个月的执法检查，全面规范全市婚姻登记管理工作。5月，开始在全市推行婚姻登记“全年无休”便民工作制度。在2月14日、5月20日、“七夕节”等特殊节日，市民政局组织各区县（市）婚姻登记机关制定应急方案，启用预约登记、延时工作等措施应对婚姻登记高峰。接收儿童17人，其中弃婴14人，困境儿童3人；送养儿童17人，其中国内送养11人，国外送养6人；转送社会福利院13人；困境儿童离院10人；解除关系自行离院7人；因病死亡4人。

【婚姻登记“全年无休”便民工作制度】 5月12日起，为打造沈阳国际化营商环境，根据省民政厅《关于实施婚姻登记便民工作的紧急通知》和《中共沈阳市委办公厅沈阳市人民政府办公厅关于印发〈沈阳市开展“办事难”问题专项整治工作方案〉的通知》要求，沈阳市进行统一部署，全市婚姻登记处落实休息日、节假日值班制度，实现365天无休息办公。同时，大力宣传婚姻登记机关休息日、节假日办公服务制度，让公众广泛知晓，并做到休息日、节假日办公服务质量不打折扣，服务水平不降低，确保办事群众满意。（市民政局）

户政与出入境管理

【概况】 2018年，全市户籍人口7451349人，户数2788374户，全市自然增长率为-0.61‰，迁入人口129221人，迁出人口36903人。办理公民因私出入境证件640779件，增长4.07%，其中市局办理270828件，分局办理369951件。受理外国人居留许可14797本、减少3.57%；外国人签证532人次、减少18.14%；外国人停留证件793人次、增长16.51%；台胞证116本、减少33.80%；出入境通行证605本、减少4.68%；开具注销中国户口证明532人次、增长8.45%；签发其中口岸团签1.71万件，10万人次，个人签证190件，一次性台胞证168件。

调整户口落户政策。4月，对全市人才落户政策进行调整。即“35周岁以下，具有中专、大专学历的；45周岁以下，具有本科学历的；55周岁以下，具有研究生以上学历的，本人凭身份证、毕业证可以在我市落户”。同月，调整随军落户政策。依据国务院中央军委关于军人家属随军政策的相关规定，对现役军人随军家属、子女随迁给予“零门槛”落户政策，调整后的落户地点由原来的部队营房增加为本人合法有效房屋、亲属朋友家以及租赁住宅等；所需要件减少本人申请书、晋升军衔报告表等材料；审批时限由原来的10个工作日缩短至5个工作日。6月，为打造最优发展环境，继续深化公安机关“放管服”改革工作，对审批事项进行“瘦身”，在下放审批权限、缩短审批时限、减少审核要件三方面对现有的户口政策进行调整。在下放审批权限上，将博士后入站、出站落户等9项户口的审批权限由市局窗口受理、审批调整为由派出所受理。权限下放后，上述9类户口的受理窗口由原来的市局1个窗口扩展为由全市221个派出所窗口，更加方便群众就近办理。将外埠居民购房落户、外埠居民投配偶落户等16项户口的审批权限由分、县（市）局审批调整为由派出所受理、审批。在缩短审批时限和减少审核要件上，市、区两级下放25项户口审批权限，减少审批环节，25项户口审批时限合计由原来的265个工作日缩短至现在的46个工作日，其中有11项即办，节省群众办理户口的时间。

推进涉外建设及创改。向中德产业园区派驻签证二科就近提供服务；召开营商环境建设涉外企业座谈会，现场答疑解决企业出入境问题；实施144小时过境免签入境政策，全年口岸团队签证量达到10万人次，提升沈阳的口岸城市影响力；按照“有效发挥签证政策为国引才引智作用”

要求，落实自贸区及全面创新改革示范区配套出入境政策，为外籍高层次人才在沈停留、居留提供便利。累计为企业紧缺急需人才、突出贡献人员、高级管理人员签发长期居留证件412人次，为高层次人才家属签发长期居留证件125人次，充分提供出入境便利。落实部局八项便利措施、“只跑一次”制度及“放管服”改革五项举措，免费照相、缩短办证时限等各项服务措施；全面实施“自助申请”服务模式，开通“自助打印”便民窗口，有效提升人性化窗口服务水平。其中，公民出境受理科被全国总工会授予“全国工人先锋号”称号。

【《全市出入境管理系统优化营商建设12项服务举措》】 4月30日，市公安局出入境管理局印发，5月1起执行。《措施》12条，从缩短证照办理时限，开设绿色通道，为重点高校、科研院所、大型企业、“一带一路”企业、国家省市重点项目紧急邀请的外籍专家、学者、工程技术和商务人员在沈办理口岸签证；为召开的大型国际展会、国际体育赛事、重要国际交流等重大涉外活动提供预约前置办理境外人员签证服务等方面提供便利条件，优化营商环境、助推经济发展。

（周 健）

老龄工作

【概况】 2018年，市卫健委联合市民政局、市财政局共同印发《关于为全市城乡分散救助供养的特困老年人办理意外伤害保险的通知》为全市7998名城乡分散救助供养的特困老年人办理意外伤害保险，投入财政资金15.996万元。开展以“关注夕阳宣教活动”“孝行天下温暖活动”“情系乐龄关爱活动”“银龄风采展示活动”为主要内容的全市敬老月活动。有1673家单位直接参与敬老月活动，走访慰问各类老年人1.6万余名，送慰问金76万元，送价值800余万元慰问品。市委宣传部、市老龄委、市文明办、市卫健委共同举办“敬老爱老，共享发展”2018年庆祝重阳节老年人电视文艺演出。（刘 芳）

【《关于全面放开养老服务市场提升养老服务质量的实施意见》】 7月23日市政府办公厅印发。《意见》分总体要求、重点任务、保障措施3方面内容。《意见》明确进一步降低行业准入门槛、加大养老服务设施土地供给力度等15项重点任务28条措施。

（志 闻）

殡葬管理

【概况】 截至年末，全市有殡仪馆 10家，殡仪车辆管理调度中心1家，经营性公墓20家（含1家回民服务中心），公益性公墓14家，市交通事故尸检中心1家。全市火化遗体 63177具，其中市回龙岗殡葬服务中心火化20970具；落葬骨灰25323盒，其中经营性公墓落葬骨灰21889盒，公益性公墓落葬骨灰968盒，骨灰撒海2466盒。各殡葬单位无安全责任事故发生。

清明节群众祭扫服务保障工作。3月19日至4月20日，全市殡葬系统接待祭扫群众400余万人次，清明节期间祭扫各项服务保障工作平稳有序，无重大责任事故发生。其中清明节小长假接待祭祀群众83.8万人次。清明节期间，全市殡葬系统2700余名工作人员在岗，各殡葬服务场所无责任事故发生，实现“平安、文明、有序”的工作目标。

殡葬管理体制改革。在全市机构改革中，市民政局成立殡葬管理处，市民政事务服务与执法中心组建了市民政事务行政执法队，殡葬执法权自行政执法部门划回到民政部门。原市属殡葬单位——市殡仪馆、市回龙岗革命公墓和市殡仪车辆调度中心合并成立市回龙岗殡葬服务中心，隶属于市民政事务服务与执法中心。

惠民殡葬政策。全市各殡仪馆认真落实城乡低保对象、农村五保对象等群体的六项基本殡葬服务（遗体接运、遗体寄存、遗体火化、纸棺、骨灰盒、骨灰寄存）费用减免政策。2018年1月1日到12月31日，全市符合条件的人员2791人，累计减免费用3786970元。其中低保对象2168人，减免费用3035142元；五保对象537人，减免费用667870元；遗体器官捐献者对象23人，减免费用29925元；无名尸50具，减免费用40380元；三无人员7人，减免费用11015元；计划生育特殊家庭扶助对象5人，减免费用2238元；见义勇为牺牲人员1人，减免费用400元。

节地生态安葬。全市海葬骨灰2466份，财政补贴资金419万余元；选择在殡仪馆寄存20年以上的骨灰42份，财政补贴资金1.4万元，选择树葬、草坪葬等节地生态安葬墓穴下葬的骨灰125个，财政奖补资金13.8万元。

殡葬设施建设。按照市长办公会议纪要的要求，市民政局开展骨灰祭祀堂、殡仪馆及尸检中心建设项目。2018年完成项目需求和项目规模的编制工作，明确了项目代建具体工作流程、内容和时间节点等细节，协调了市财政局的预拨征地补偿款等工作。

殡葬服务提升。各殡葬单位通过开展“优质服务月”暨“优化营商环境活动月”活动，采取便民措施，优化殡葬服务，落实惠民殡葬政策，使全市殡葬行业的服务水平得到明显提升。各殡葬单位还开展一系列特色服务，彰显了清明文化的丰富内涵。其中西郊卧龙墓园举行“早春行动”活动仪式，为遗体器官捐献者提供免费落葬服务；龙泉古园举办“龙泉杯24孝故事大赛”，通过讲述“孝顺父母”“孝敬老人”好故事，缅怀亲人，弘扬传统美德。

【殡葬领域突出问题专项整治行动】 7月下旬至9月底，开展殡葬领域突出问题专项整治行动。在整治行动中，查处两台违规接运遗体的社会车辆及一处未经审批的遗体冷藏设施，规范并补全公墓安葬手续档案212份，关停17家没有民政部门审批手续的公墓，依法取缔21个未办理审批手续的殡葬服务中介机构，超大墓穴、超面积墓穴全部停建、停售。

（市民政局）

【回龙岗墓园首次树葬公祭仪式】 4月3日，市民政局、市回龙岗墓园联合举行首次树葬公祭仪式。在专业礼仪队员的引领下，6名逝者可降解骨灰盒被放置梧桐树下，覆土掩埋。树葬这种殡葬形式，不仅解决骨灰存放去向问题，而且绿化荒山荒地。（志　闻）

2018年沈阳市老年人口年龄情况

表30

年龄段	人口数（万人、人）	占户籍总人口比例（%）	占户籍老年人口比例（%）
户籍60岁以上老年人	187.4	25.12	
其中65岁以上老年人	117.6	15.77	62.75
其中70岁以上老年人	68.9	9.9	36.77
其中80岁以上老年人	24.4	3.27	13.03
其中90岁以上老年人	2.59	0.35	1.38
其中100岁以上老年人	364	0.005	0.02

（市卫健委）

社区建设

【概况】 2018年，全市基层政权和社区建设工作按照国家及省、市相关工作要求，围绕营造共建共治共享的社会治理新格局，重点打造保障有力、治理优化和服务精准的社区治理体系，社区服务供给模式进一步创新，社区治理能力稳步提升，社会工作者队伍建设持续加强，基层政权和社区建设实现新突破。截至年末，全市有基层群众性自治组织2452个，其中城市社区居民委员会911个，农村村民委员会1541个，社区工作者10747人，村民委员会成员5914人。全市城乡社区公共用房全部达标，其中城镇社区公共用房平均面积750平方米，最大单体面积4000平方米，农村社区公共用房平均面积400平方米，最大单体面积1500平方米。

探索创新社区服务模式。选取沈河区、浑南区的4个社区作为首批试点，将适宜采取市场化运作的社区代办等政务服务和养老、儿童福利等公共服务事项，以政府购买服务方式交由社会组织承接。民之惠社会组织服务中心、乐居社会服务中心分别进入沈河区和浑南区试点社区开展工作。

提升社区治理能力。充分发挥居民代表会议和社区事务协商委员会等协商议事组织作用，社区治理能力持续加强。严格执行社区准入制度，定期对各区县（市）落实社区准入和“三项清单”情况进行指导，切实减轻社区负担，推进基层群众性自治组织回归自治本位。开展基层群众性自治组织特别法人统一信用代码动态管理工作，指导各区县（市）民政局对居（村）民委员会法人统一信用代码信息进行及时新增、变更和注销，进一步规范基层建设，激发基层活力，提升城乡社区治理水平。

加强城乡社区综合服务设施建设。运用省级福利彩票公益金475万元建设城镇社区服务站（含居家养老服务站）5个，农村社区服务中心5个，乡镇服务中心2个。

规范社区工作者管理考核。对《沈阳市社区工作者管理考核

办法》进行修订，印发《关于规范社区工作者薪酬体系的通知》。规范社区工作者的薪酬待遇体系，完善社区工作者能上能下、能进能出的工作机制，在东北地区首次将社区工作者纳入劳动法律调整范畴。全市社区工作者薪酬待遇5450元/月，处于全省领先水平。

【政协13件提案办理】 2018年，承办市政协十五届一次会议提案13个，其中主办9件、协办4件，所有提案全部按时办结，实现见面率、办复率、满意率“三个百分之百”的工作目标。承办的市政协第0073号《关于加强社区治理体系建设推进我市城乡社区治理不断创新的提案》，经市政协十五届四次主席会议审议确定为市政协重点提案，由市政协主席韩东太亲自督办。重点提案圆满办结，办理过程和办理结果得到了市政协领导的高度肯定。

（市民政局）

民族事务

【概况】 2018年，市民族事务管理部门以习近平新时代中国特色社会主义思想为指导，深入学习贯彻党的十九大、十九届二中、三中全会精神，深入开展民族团结进步宣传教育和创建，全市民族团结进步事业不断繁荣发展。在全市范围内创新开展寻找民族团结感动人物活动，省实验中学新疆部教师团队、和平区公安分局孙丽霞等10个集体和个人为沈阳市“民族团结感动人物”。举办沈阳市第13个民族团结进步宣传月系列活动，在沈阳电视台集中推出30期《各美其美 美美与共——沈阳市民族团结进步风采录》专题报道，在《沈阳日报》刊发7期党的十八大以来全市民族团结进步事业成果系列报道，在《中国民族》报刊载沈阳市民族工作动态。完善锡伯家庙民族团结进步教育展室，推动民族团结宣传进清真南寺、铁西清真寺等宗教活动场所，形成多层面、多方式、多角度的民族团结进步宣传教育格局。开展第四批民族团结进步创建示范单位评选活动，完善创建示范单位数据库建设，和平区浑河湾街道砂阳南社区等7家单位被列为市级示范单位培养对象，沈河区朱剪炉街道、沈飞集团公司党委统战部被命名为全国民族团结进步创建示范单位，市第十一中学被命名辽宁省民族团结进步示范校。利用国家和省、市扶持少数民族发展的优惠政策，建立少数民族发展资金项目库，重点扶持42个项目，落实资金2020万元（中央财政资金项目12个、991万元，市本级资金项目30个、1029万元）。结合市人大常委会主任会议听取市政府《关于少数民族贫困户脱贫工作情况的汇报》、办理市人大重点建议，整合力量推进民族乡村脱贫工作。派出4名干部分别进驻新民市罗家房乡张马台村、康平县西关屯乡大辛屯村开展驻村扶贫，为帮扶单位协调扶持资金100多万元，改善村民生产生活条件，推动产业发展。代表辽宁省参加少数民族传统体育项目全国邀请赛，获2个二等奖、7个三等奖。会同市体育局组成185人的代表队，参加辽宁省第九届少数民族传统体育运动会，获25金、17银、8铜，居辽宁省首位。会同皇姑区政府、市体育局举办市第八届少数民族传统体育运动会，全市有14个代表队，近200名裁判员、1000多名运动员参加，中央及省市10余家媒体予以专题报道。据2010年全国第六次人口普查统计，全市有52个少数民族，占全市总人口的9.45%。阿昌族、乌孜别克族、德昂族没有分布。其中，人口排名前五位的是满族430565人，占少数民族总数56.22%；蒙古族108413人，占14.16%；朝鲜族92114人，占12.03%；回族71403人，占9.32%；锡伯族55759人，占7.28%；其他47个少数民族7574人，占0.99%。全市少数民族分布呈大分散小集中态势，遍布13个区县（市），其中沈北新区、皇姑区、于洪区少数民族人口所占比重最大，分别为10.2%，9.7%，9.1%。从聚集地来看，满族主要分布在浑南区、沈北新区、沈河区；蒙古族主要分布在康平县、法库县；朝鲜族主要分布在苏家屯区、和平区、皇姑区；回族主要分布在沈河区、皇姑区；锡伯族主要分布在于洪区、沈北新区。（李 光）

【市满族联谊会建会三十周年庆祝活动】 1月27日举办。150余名满族同胞参加，各地、各界满族社团组织代表到场祝贺。满族联谊会会长回顾联谊会成立以来的工作情况，并介绍今后5年的重点工作安排。（徐鹏飞）

【国家民委调研沈阳市城市民族工作】 4月10日，国家民委监督检查司调研组到沈阳市就《关于依法治理民族事务促进民族团结的意见》的落实情况进行调研。调研组针对《意见》中提及的少数民族权益保障、流动人口服务管理等方面内容的贯彻落实情况

进行座谈。实地考察市第十一中学西藏班、锡伯族文化广场和在建中的锡伯族博物馆，对全市内地民族班工作和民族团结进步教育基地建设情况给予高度评价。（薛 宁）

【少数民族联谊会学习贯彻十九大精神座谈会】 5月17日，市民委组织召开全市5个少数民族联谊会学习贯彻党的十九大精神座谈会。会议组织观看省委常委、市委书记易炼红关于党的十九大报告的解读视频，提出“珍惜机遇、紧密团结、建设更美沈阳”倡议。市民委负责人针对新时代民族工作的新要求，从坚持党和政府的领导、铸牢中华民族共同体意识、深化民族团结进步教育、促进各民族交往交流交融、加快民族乡村振兴发展、传承中华优秀传统文化、发挥社团桥梁纽带作用七个方面对沈阳市民族工作形势任务进行讲解，确立“全国一流”的目标。（马云松）

【民族团结进步创建工作专题培训班】 6月10—15日，沈阳市民族团结进步创建工作专题培训班在中央民族干部学院举行。市、区民委，部分乡镇（街道）、社区、民族学校及5个少数民族联谊会相关负责人等61人参加培训。培训包括习近平关于民族工作新理念新思想新战略、中国处理民族问题的宪法原则、新时期少数民族散杂居地区开展创建工作的现实意义和开展的方式方法等相关课程。截至年底，全市打造3批25个市级创建示范单位，并被国家民委命名6个示范单位，省民委命名4个示范单位。（薛 宁）

【“中华民族一家亲，同心共筑中国梦”少数民族流动人口游活动】 9月14日举行。由市民委举办。全市各行各业的维吾尔族、朝鲜族等各民族来沈务工人员、学生近百人参观锡伯家庙、中国工业博物馆和沈飞航空博览园，共同感受沈阳市的历史文化和经济社会发展成果。（葛生民）

【市蒙古族联谊会成立30周年纪念活动暨那达慕大会】 10月13日举行。长春、大连、阜新的嘉宾及全市蒙古族同胞400余人参加活动。市蒙古族联谊会秘书长总结30年间联谊会发展的历程和取得的成果。市满族、朝鲜族、回族、锡伯族联谊会应邀参加活动。会后举办蒙古族传统体育赛事—那达慕大会，全市的18支队伍进行博克、射箭、布鲁、蒙古象棋等具有民族特色的激烈赛事。（马云松）

【全市民族宗教工作系统依法行政工作专题讲座】 10月25日举办。各区县（市）民宗委主任、科长、工作人员以及市民委机关近60余人参加培训。市法制办专家以“建设法治政府，提高依法行政能力”为题作专题讲座，省民委政法处专家解读民族宗教政策与法律法规，围绕变更民族成分、清真食品生产管理工作、少数民族殡葬等实际工作进行具体指导。（付 聪）

【西北拉面经营业户爱心拉面公益活动】 11月2日，由来自西北地区的近60家拉面经营业户自发组织的爱心拉面公益活动正式启动。此项活动旨在通过一碗拉面传递一份爱心，让公交司机、环卫工人、交通警察等辛勤工作在第一线的劳动者及城市弱势群体感受社会的关爱。截至年底，全市有近80家拉面店参与此项活动，捐献拉面2300余碗，吸引社会爱心人士1300余人参与其中。（马云松）

【满族联谊会庆祝“颁金节”383周年纪念活动】 11月18日举行。满族同胞代表与蒙古族、朝鲜族、回族、锡伯族联谊会代表以及社会各界人士200余人参加活动。其间，满族联谊会总结2018年工作，部署2019年重点工作，表彰10家“先进分会”。满族和其他兄弟民族同台表演民族特色浓郁的文艺节目。（高振翼）

宗教事务

【概况】 2018年，市宗教事务管理部门以习近平新时代中国特色社会主义思想为指导，深入学习贯彻党的十九大、十九届二中、三中全会精神，扎实做好中央巡视整改、宗教工作督查和市委巡察等重点工作，宗教领域和谐稳定大局不断巩固。认真落实党中央和省委关于宗教工作决策部署，先后开展中央巡视涉宗教问题、宗教工作自查、中央宗教工作专项督查3轮整改。市委常委会先后3次专题研究宗教整改工作，市委理论学习中心组专题学习习近平总书记关于宗教工作的重要讲话和批示精神，市政府常务会议2次研究民族宗教工作。全市完成治理大型露天宗教造像6处，去宗教功能化治理乱建场所15处，压缩宗教功能区域治理“批小建大”场所7处，治理佛道教商业化场所1处，取缔基督教私设聚会点108处。坚持宗教中国化方向，引导宗教界与社会主义社会相适应。加强对宗教界的政治引领，印发《沈阳市宗教界坚持我国宗教中国化方向指导意见》，组织宗教界参观劳模纪念馆、中共满

洲省委旧址，开展“庆祝改革开放40周年”爱国主义艺术展等活动，倡导宗教活动场所开展升挂国旗活动。指导宗教团体建立政治学习制度，加强思想建设，开展践行社会主义核心价值观系列活动。会同市慈善总会召开五教同心助力“精准扶贫”动员大会，2017—2018年，全市宗教界累计捐赠公益慈善财物约787万元。坚持依法管理宗教事务，不断提升宗教工作法治化水平。结合宗教督查整改工作，先后出台《沈阳市宗教界人才队伍建设中长期规划》《沈阳市宗教事务联合执法工作规则》等相关制度文件33个。深入开展《宗教事务条例》进机关、进乡村、进团体、进场所的“四进”活动，组成5个宣讲团，培训基层工作人员上万人次，编印并发放《宗教工作正确认识70问》宣传册5000份。组织宗教活动场所财务监督管理培训，推进团体和场所财务监管，75个重点宗教活动场所完成2018年度财务审计，351个场所报告年度收支情况。妥善处理宗教领域复杂敏感问题。依法查处光之源文化中心非法宗教活动，依法取缔省医院设立的宗教祈祷室。协助做好综保区新B区用地征收工作，完成古台天主教堂、桃仙基督教活动点异地安置任务，保障综保区建设顺利推进。协调沈河区政府对慈恩寺周边宗教用品市场进行彻底治理，整治南关天主教堂周边安全环境，妥善解决沈阳圣母圣心修女会违建纠纷。截至年末，全市有佛教、道教、伊斯兰教、天主教、基督教5大宗教。经政府登记的宗教活动场所348处。其中甲类场所97处、乙类场所251处。按教别看，佛教场所64处、道教10处、伊斯兰教23处、天主教15处、基督教236处。按区县分布看，和平区15处、沈河区20处、大东区9处、皇姑区14处、铁西区28处、苏家屯区29处、浑南区41处、沈北新区33处、于洪区29处、新民市43处、辽中区32处、法库县23处、康平县32处。信教群众约50万人。

（李光）

【宗教界学习党的十九大精神暨坚持我国宗教中国化方向座谈会】 5月11日在建筑大厦召开。36名全市宗教界上层人士参加。会议组织观看党的十九大精神辅导讲课专题片，解读《2018年沈阳市宗教界坚持我国宗教中国化方向的指导意见》（征求意见稿）并组织座谈讨论。（曲士正）

【中国道教协会到沈调研】 5月25日，中国道教协会副会长兼秘书长张凤林道长带队，到沈阳市调研道教领域商业化治理工作。调研组实地走访篷瀛宫，听取道教领域及蓬瀛宫在商业化治理工作方面的主要做法、工作的难点及下一步措施。对道教领域商业化治理工作给予充分肯定，并就一些难点、热点问题提出具体工作建议。

【全市宗教领域安全工作现场会召开】 6月13日，市宗教局在沈阳市慈恩寺召开“沈阳市‘安全生产月’主题活动暨全市宗教领域安全工作现场会”。各区县（市）宗教局局长，全市爱国宗教团体负责人和甲类宗教活动场所负责人130余人参加会议。慈恩寺、太清宫、铁西区基督教堂作经验交流，沈河区消防大队警官对宗教活动场所消防安全应注意事项进行授课。会后，与会人员观看消防官兵的消防演练，并对如何使用干粉灭火器、消防栓等进行实地模拟演练。（吴长权）

【贯彻落实中央第六巡视组巡视反馈意见整改工作座谈会】 7月31日在辽宁政协会馆召开。各区县（市）宗教局局长，机关干部等30余人参加会议。会议传达学习中央第六巡视组巡视辽宁的反馈意见，并就贯彻落实整改工作进行交流。

【宗教界从事公益慈善活动经验交流会暨五教同心助力“精准扶贫”动员大会】 8月10日在辽宁政协会馆举办。市宗教局与沈阳市慈善总会联合举办。市慈善总会有关领导、各区县（市）宗教局局长、宗教团体代表50余人参加会议。会议围绕宗教界从事公益慈善活动开展经验交流，并就宗教界与慈善总会联合开展公益慈善活动达成共识。

【宗教政策法规学习月活动启动仪式暨宗教政策法规培训班】 11月7日在辽宁工会大厦举办。此次培训就党的十九大精神、习近平总书记调研辽宁讲话精神、新修订《宗教事务条例》、网络宗教舆情应对与处置、坚持我国宗教中国化方向等专题，邀请省、市著名专家学者进行授课，全市180余名基层宗教工作干部参加培训。（曲士正）

区划调整与区域界线管理

【概况】 3月，按照省民政厅要求，牵头完成与铁岭、辽阳两市行政区域界线联合检查。分别下发《沈阳市辽阳市行政区域界线联合检查工作实施方案》《沈阳市铁岭市行政区域界线联合检查

工作实施方案》。沈阳与铁岭、辽阳两市行政区域界线总长分别为246.36千米和192.92千米，涉及12个县（市）区，43个乡镇（街道），实地埋设界桩25棵。除沈阳与辽阳线（辽中区—灯塔段）4号界桩损坏，按照《行政区域界线界桩管理办法》规定，在原界桩位置进行补设外，其他界线两侧地物、地貌无明显变化，界线走向清晰无争议。在联检基础上，分别签订平安边界协议书，推进平安边界建设。6月7日，经市政府批准，浑南区撤销英达街道，原英达街道行政管辖区域并入满堂街道；将五三街道青年南大街以西区域划归浑河站东街道；将浑河站东街道青年南大街以东区域划归五三街道；将白塔街道三环高速路以北（3.2平方千米）区域划归浑河站东街道；将祝家街道的龙红社区划归深井子街道；将祝家街道的高八寨、段家沟、永安3个社区划归李相街道；将桃仙街道沈本大街以西、创新路以北区域划归白塔街道；将桃仙街道沈本大街以东、沈抚运河以北区域划归白塔街道；将白塔街道沈本大街以东、沈抚运河以南区域划归桃仙街道；将营城子街道沈桃高速公路以西区域划归桃仙街道。10月，市勘察测绘院完成全市2010年局部行政区划调整14条行政区域界线勘界成果移交工作，有协议书14份，界线详图126幅，包括纸质和电子版2种形式。

【浑南成立永胜街道】 6月7日，经市政府批准，浑南区将深井子街道的兴农、李相、畜牧场、永胜4个社区和祝家街道洪台沟、于桥、前康、于胜、潘李、后康、金德胜、东靠山8个社区划出，成立永胜街道。永胜街道东至沈通线，南至祝家街道下楼子社区、王滨街道尖山子社区，西至东湖街道古城子社区、营城子街道收兵台社区，北至深井子街道国公寨社区，面积38平方千米，辖12个涉农社区，街道办事处驻地为永胜街道永胜社区，实行街道管村体制。（市民政局）

地名管理

【概况】 2018年，完成第二次全国地名普查11大类4.7万余条信息国家验收、入库工作；完成沈阳市体冠路等243条道路，地铁九、十号线站点命名。其中命名体冠路等243条道路:体冠路、砂山街172巷、长白三街蓬莱巷、三好街王家巷、胜利南街兴河巷、上木场街、沿子河街、新达街、高官台西一街、新泰北街、东贸南二路、东贸南三路、东贸南四路、双河路、方青南路、北堤路、山梨南路、科普路、方和路、吉祥庵巷、吉祥庵北巷、顺发西巷、伊光巷、新惠街、新立堡西路、官台巷、新立堡西路3巷、新立堡西路5巷、丰乐二街东巷、先农坛路21巷、先农坛路9巷、天坛西巷、南塔北巷、文化桥南巷、南塔街48巷、药大南一巷、药大南二巷、南关路北巷、文会街西巷、泽工北巷、望云南巷、和睦路、方青北路、南塔街20巷、文萃路201巷、方家栏路58巷、柏枝街、柏繁街、柏叶街、柏茂街、麦营路、麦峪路、国公寨大街、杨官街、长安桥南街、王家湾街、祝科一街、祝科二街、祝科三街、祝科四街、牛相屯街、兰台一路、李巴彦路、王家湾西路、麦子屯路、中华寺路、前桑林路、后桑林路、营城子大街203巷、浑南中路54巷、汇泉东路5巷、新优街一巷、沈营大街16巷、沈营大街18巷、临波路2巷、沈营大街3巷、沈营大街5巷、天成街一巷、宁园路北巷、文汇街7巷、白塔河二路南甸巷、羊安一街、羊安二街、羊安三街、羊安大街、羊安五街、羊安六街、沈南西街、沈南东街、火石桥大街、广北街、广南街、火石北街、火石南街、白塔南街、高三家街、下深沟街、下深沟一街、下深沟二街、安顺街、莫园西街、新美街、莫南一街、莫南二街、莫南三街、莫园东街、上深沟街、沈本三街、白塔堡路、白塔堡一路、白塔堡二路、站西路、站西一路、站西二路、站西三路、站西四路、站东一路、站东二路、站东三路、站东四路、园西一路、园西二路、园西三路、园东一路、园东二路、全运一西路、全运一中路、全运一东路、张尔路、双深北路、双深路、全运北路、莫园环路、智云路、慧云路、彩云路、祥云路、全运站路、羊安六街东巷、沈南东街99巷、智慧一街青堆子巷、浑南中路48巷、沈本大街、沈本一街101巷、全运三路59巷、桃仙街50巷、全运北路19巷、莫园东巷、莫园北一巷、莫园北二巷、莫园西巷、智慧二街299巷、白塔二南街20巷、高深西路169巷、高深西路171巷、沈营大街608巷、沈营大街610巷、沈营大街620巷、沈营大街626巷、沈营大街601巷、沈营大街659巷、学城路、文溯街、高深东路、翠湖街、黄海路8巷、黄海路31巷、沈新路12巷、大通湖街青铜巷、

2018年沈阳市扩建延长道路命名情况

表31

序号	调整前道路基本情况					扩建情况	调整后道路基本情况					通名类别	命名理由
	名称	起点	止点	长度（米）	宽度（米）		名称	起点	止点	长度（米）	宽度（米）		
1	和睦路	西起地坛街	东止东陵西路联盛南巷	2000	10	向东延长至铁路线（东站–东塔机场），延长750米。	和睦路	西起地坛街	东止铁路线（新立堡路路口）	2750	10	路	沿用既有道路名称
2	方青北路	西起长青街	东止青阳四季花园二期西侧	850	12	向西延长450米至丰乐二街	方青北路	西起丰乐二街	东止青阳四季花园二期西侧	1300	12	路	沿用既有道路名称
3	南塔街20巷	东北起南塔街	南止汽车三厂	210	6	向南延长190米至南塔街80巷	南塔街20巷	东北起南塔街	南止南塔街80巷	400	5	巷	沿用既有道路名称
4	顺发西巷	北起顺发巷	南止文艺路	300	6	北起点向北延长至南关路，长度延长了200米。	顺发西巷	北起南关路	南止文艺路	500	6	巷	沿用既有道路名称
5	伊光巷	西起泽工南巷	东止奉天街	280	10	西起点向西延长至惠工街，长度延长了220米。	伊光巷	西起惠工街	东止奉天街	500	10	巷	沿用既有道路名称
6	鸭绿江西街				15	鸭绿江西街向北延长1200米的路段命名为鸭绿江西街		南起锡山路	北止金山路	1750	15	街	
7	永安街				8	将永安街向南延长218米的路段命名为永安街		南起金山路	北止圣安路	2418	8	街	
8	陵园街				21	将陵园街向北延长1029米的路段命名为陵园街	陵园街	南起宁山东路	北止金山北路	3229	21	街	
9	滦河街				21	将滦河街向南延长1000米的路段命名为滦河街	滦河街	南起青城山路	北止正良一路	1700	21	街	
10	金山北路				18	金山北路向西延长609米的路段命名为金山北路	金山北路	东起永安街	西止规划路	2109	18	路	
11	金山南路				9	将金山南路向西延长370米的路段命名为金山南路	金山南路	东起鸭绿江东街	西止陵园街	1040	9	路	
12	学城路	西起文汇街	东止祝科街	3300	30	东止点向东延长1300米至长安桥南街	学城路	西起文汇街	东止长安桥南街	4600	30	路	原路向东延长，路名不变
13	文溯街	北起浑南中路	南止三环高速	2500	30	南止点向南延长700米至麦子屯村古张公路	文溯街	北起浑南中路	南止麦子屯村古张公路	3200	30	街	原街向南延长，街名不变
14	高深东路	西起沈中大街	东止沈本一街	3231	40	西起点向西延长715米至智慧三街	高深东路	西起智慧三街	东止沈本一街	3946	40	路	原路向西延长，路名不变
15	永辉街	南起洪泽路	北止沈胡路	700	22	向北延长4800米，与永辉街贯通合并成一条路	永辉街	南起洪泽路	北止小浑河	5500	22	街	永辉街向北延长至小浑河，原有道路名称不变
16	永富街	南起洪滨路	北止二道河	1050	12	向南延长1300米，向北延长950米，与永富街贯通合并成一条路	永富街	南起沙岭路	北止铁路线	3300	12	街	永辉街向南延长至沙岭路，向北延长至铁路线，原有道路名称不变

（市民政局）

细河路大堡巷、夏语南巷、甬江街、灵山路、红山路、橙山路英守巷、雅河街东巷、雅河街、雅河街西巷、青城山南路、晋江街、陵西街35巷、香湖街、绵山路、甘河街、丽江街、川江街、陆港大街、通港街、富港街、荣港街、兴港街、旺港大街、安港街、洪顺路、洪吉路、洪祥路、洪德路、洪盛路、九龙河大街、玉泉街、金泉街、农博路、农惠路、老边路、农科路、农丰路、农润路、农泽路、昆山西路167巷、木兰山路、西江街221巷、赣江街、永辉街、永富街、嘉陵江东街、盘龙江街、图们江街、海兰江街、通天河街、药山路、法轮寺路、文储南一路、丹霞山路、新开河南路、舍利塔路、澜沧江街、乌苏里江街、沱江街、蔷薇河北街、陵东街省府宽巷、沱江街一巷、沱江街二巷、通天河街一巷、通天河街二巷、陵园街17巷、铁山路6巷、鸭绿江西街、永安街、陵园街、滦河街、金山北路、金山南路。

【9号线、10号线44个地铁站命名】 2018年，完成地铁9号线、10号线44个地铁站点。其中9号线23个：怒江公园站、淮河街沈医二院站、皇姑屯站站、重型文化广场站、北二路站、铁西广场站、兴华公园站、沈辽路站、滑翔站、吉力湖街站、大通湖街站、曹仲站、浑河站站、胜利南街站、长白南站、榆树台站、金阳大街站、彩霞街站、奥体中心站、天成街站、朗日街站、长青南街站、建筑大学站；10号线21个：丁香湖站、元江街站、向工街站、塔湾街站、淮河街沈医二院站、百鸟公园站、长江街站、中医药大学站、陵东街站、北塔站、合作街站、东北大马路站、滂江街站、长安路站、万莲站、泉园站、江东街站、长青桥站、长青南街站、理工大学站、张沙布站。 （市民政局）

社会组织管理

【概况】 截至年末，全市有社会组织15121个，其中注册登记的社会组织5442个（社会团体1145个，其中市级社会团体562个、区县级社会团体583个，基金会4个，民办非企业单位4293个，其中市级民办非企业单位373个、区县级非民办企业单位3920个），实行备案制管理的城乡基层社会组织9679个。新增社会组织登记879个（社会团体116个、民办非企业单位763个），注销登记社会组织411个（社会团体 255个、民办非企业单位156个）。建设银行辽宁省分行合作建设社会组织E线通项目申请财政资金支付审计和清算费用，实现市本级社会组织成立—变更—注销登记全过程零费用。升级社会组织管理服务系统，优化审批流程，变“群众跑腿”为“信息跑路”，通过网上预审申报材料实现最多跑一次目标。建立登记档案电子扫描入库全过程的自动追踪程序，完成登记档案电子化工作。市民政局会同市财政局出台《市民政局市财政局关于印发2018年沈阳市支持社会组织开展社会服务项目实施方案的通知》，编制《社会组织办事指南》并印制5000份；进一步规范社会组织日常监管，下发《全市性行业协会商会负责人任职管理办法》《社会组织章程修改流程》《社会组织重大活动事项报备》等规范性文件，提高社会组织法人的诚信自律意识和内部治理水平。开展社会组织评估，通过购买服务方式委托第三方机构沈阳市现代社会组织服务中心作为评估承接方，市本级完成16家社会组织评估工作。联合市工商联组织召开行业协会商会工作调研会，沈阳市保险行业协会等23家协会负责人参加会议，19家协会提出67项行业协会遇到的难题和需要政府解决的事项，市民政局形成报告并报市政府。优化社会组织党建工作环境，制定下发《让党旗飘扬——推进全市性直接登记社会组织党组织全覆盖实施方案（试行）》。对未组建党组织的全市性直接登记社会组织负责人进行党建集体约谈。加强服务型党组织建设，简化材料申请流程，以“最多跑一趟”的宗旨为社会组织党建工作提供便利条件，推动社会组织党组织建设再上新台阶。

（市民政局）

小资料

2018年沈阳市5A级社会组织：沈阳汽车流通协会、沈阳市企业文化研究会、沈阳市建设监理协会、沈阳展览业协会。4A级社会组织：沈阳市城市金融学会、沈阳市医疗器械行业协会、沈阳市沈北新区星河青少年社会工作服务中心、沈阳市孙进技工学校、沈阳市物业管理协会、沈阳市华龙职业技术学校。3A级社会组织：沈阳市消防行业服务协会、沈阳市文物保护协会、沈阳市铁人三项运动协会、沈阳市毽球协会、沈阳电梯协会、沈阳市工装模具行业协会。

集 邮

【概况】 2018年，市集邮协会有基层组织110个，会员近万人，集邮爱好者近10万人。市集邮协会贯彻中华全国集邮联合会工作会议精神，结合沈阳市集邮工作特点，带领协会全体会员和集邮爱好者，配合沈阳市邮政分公司开展形式多样的集邮活动，不断提高集邮会员的文化素养，促进集邮事业健康发展。举办《戊戌年》特种邮票首发式、元宵节特种邮票首发活动、《海棠花》特种邮票首发式、《红楼梦（三）》邮票首发式、《当代美术作品（二）》邮票发布仪式、《全国助残日纪念邮票》首发式、“正道直行送清风，公正廉洁筑清流”清正廉洁（一）邮票首发、“邮享美景”邮展暨《二十四节气（三）》邮票首发活动、“风雅颂天骄 学之思无邪”《诗经》特种邮票首发系列活动。会员吕向、赵忠威获2018年世界集邮展览大镀金奖。

【雷锋专用邮资图 邮资机宣传戳系列活动启动】 3月5日，为宣传弘扬雷锋精神，由市邮政分公司主办、市志愿服务联合会承办、沈阳雷锋精神传承团协办的“弘扬雷锋精神 助力沈阳发展”系列活动在和平区集邮营业厅开启。雷锋生前所在班的班长、市精神文明办志愿服务处、市志愿服务联合会、省分公司集邮与文化传媒部、市邮政分公司相关领导及300余位集藏爱好者参加活动。仪式上，市邮政分公司启动雷锋邮资机宣传戳，发行《雷锋雕刻版邮资明信片》一套四枚、《雷锋剪纸明信片》一套四枚。

【沈阳抗战联线成立一周年纪念邮品发布】 5月18日暨第42个国际博物馆日，市邮政分公司与沈阳“九·一八”历史博物馆共同召开纪念“5·18国际博物馆日”暨沈阳抗战联线成立一周年邮品发布会。此项活动限量发行一套《传承抗战历史 弘扬抗战精神》纪念邮折和一套12枚沈阳抗战联线12家纪念馆专属纪念封。沈阳市集邮协会参与和配合本次活动，并提供3部邮集展出。

【中国梦 劳动美——纪念改革开放四十周年沈阳职工主题集邮展览】 9月30日至10月1日在市文化宫二楼活动室举办。由市文联、市文化宫主办，市职工传统文化协会、市集邮协会承办。本次活动展出各类邮集80框，1280片，展出期间有各地集邮爱好者200余人观展。（张建国）

三十五、人　物

组织机构主要负责人

【中共沈阳市委员会】

书　记：易炼红（7月免）
　　　　张　雷（11月任）
副书记：姜有为
　　　　韩东太（1月免）
常　委：马占春（1月免）
　　　　刘晓东
　　　　刘桂香
　　　　李松林
　　　　冯守权
　　　　连茂君（6月免）
　　　　王　健（8月免）
　　　　王　镇
　　　　王冬石
　　　　吴文学（11月免）
　　　　李　军（1月任）
　　　　宋　诚（10月任）
秘书长：连茂君（6月免）

［2018年12月机构改革前］

副秘书长：顾少清（2月任）
　　　　程晓龙
　　　　张小虎（12月免）
　　　　于久元（7月免）
办公厅主任：顾少清（2月任，12月机构改革其市委办公厅主任职务自然免除）
机关事务管理办公室主任：马志军（12月机构改革其市机关事务管理办公室主任职务自然免除）
组织部部长：刘桂香
宣传部部长：冯守权
统战部部长：王　镇
政法委书记：王　健（11月免）
　　　　宋　诚（11月任）
政研室主任：李伟梁
台办主任：王羽轻
巡察办主任：赵　岩
巡查组组长：陈玉涛
　　　　杨　弘
　　　　袁　革
　　　　孙常福
　　　　冯　志（12月任）
　　　　王海波（12月任）
编委办主任：雷雨润（12月机构改革其市编委办主任职务自然免除）
直机关工委书记：连茂君（6月免）
中省直企业工委书记：王亚忠（12月机构改革其市委中省直企业工委书记职务自然免除）
教科工委书记：冯守权
老干部局局长：闫凤霞（2月免）
　　　　张小虎（12月任）

［2018年12月机构改革后］

秘书长、办公室主任：暂空
副秘书长：顾少清（办公室分管日常工作的副主任）
　　　　程晓龙
组织部部长：刘桂香
宣传部部长：冯守权
统战部部长：王　镇
政法委书记：宋　诚（11月任）
政研室主任：李伟梁
网络安全和信息化委员会办公室主任：冯守权（12月兼）
机构编制委员会办公室主任：雷雨润

（12月任）

军民融合发展委员会办公室主任：

刘晓东（12月兼）

台办主任：王羽轻

巡察办主任：赵　岩

巡查组组长：陈玉涛

杨　弘

袁　革

孙常福

冯　志（12月任）

王海波（12月任）

市直机关工委书记：暂空

信访局局长：梁　威（12月任）

老干部局局长：张小虎（12月任）

【沈阳市人大常委会】

主　任：潘利国

副主任：马占春（1月任）

徐　璐

邓福林（1月任）

王　健（1月任）

安俊辉（1月任）

邢　凯（1月不再担任）

顾春明（1月不再担任）

王翔坤（1月不再担任）

李继安（1月不再担任）

黄　凯（1月不再担任）

聂洪升（1月不再担任）

于　波（1月不再担任）

秘书长：孟昭贵

［2018年12月机构改革前］

副秘书长：李　军

朱　杰

范泉水

［2018年12月机构改革后］

秘书长：孟昭贵

副秘书长：李　军

朱　杰

范泉水

【沈阳市人民政府】

市　长：姜有为

副市长：马占春（1月不再担任）

刘晓东

吴文学（11月不再担任）

姜　军

杨建军

张景辉（1月不再担任）

于振明

王广生

张永伟（8月不再担任）

阎秉哲、

彭肇文（5月任，挂职2年）

苗治民（12月任）

秘书长：肖　枫（2月免）

徐凤翔（2月任、11月免）

［2018年12月机构改革前］

副秘书长：刘阳春

陈双伟（2月免）

闫卫东（12月免）

刘　军

陈佳标

郭忠孝

赵胜龄（12月免）

赵永圣

赵　功（挂职，11月免）

高　航（12月任）

办公厅党组书记、主任：刘阳春（12月机构改革其市政府办公厅党组书记、主任职务自然免除）

民委（宗教局）党组书记、主任（局长）：杨志宏（12月机构改革其市民委（宗教局）党组书记、主任（局长）

职务自然免除）

公安局党委书记、局长：杨建军

民政局党组书记、局长：

刘　祥（7月免党组书记、8月免局长）、于久元（7月任党组书记、8月任局长）

司法局党组书记、局长：董开德（12月机构改革其市司法局党组书记、局长职务自然免除）

人社局党组书记、局长：

徐凤翔（2月免）

陶庆才（2月任）

外办党组书记、主任：王晶莹（12月机构改革其市外办党组书记、主任职务自然免除）

信访局党组书记、局长：

么汝兴（2月免）

梁　威（2月任，12月机构改革其市信访局党组书记、局长职务自然免除）

法制办党组书记、主任：王武范（12月机构改革其市法制办党组书记、主任职务自然免除）

研究室党组书记、主任：赵　斌

驻北京办事处党组书记、主任：孙鸿庆

驻上海办事处主任：刘　帅

驻浙江办事处主任：高　岩

驻闽南（福建）办事处主任：刘振宁

驻深圳办事处（市政府驻香港经贸代表处、市政府

驻澳门经贸代表处）主任：叶天勇

仲裁办主任：王武范（8月机构改革其沈阳仲裁办主任职务自然免除）

发展改革委党组书记、主任：阎秉哲（2月免）

邢　鹏（2月任）

经济和信息化委党组书记、主任：田　家（12月免，机构改革其市经济和信息化委主任职务自然免除）

教育局党组书记、局长：

苏文捷（2月免）

闫凤霞（2月任）

科技局（市知识产权局）党组书记、局长：赵日刚

财政局党组书记、局长：卢　俊

规划国土局（市地理信息局）党组书记：曾庆元

规划国土局（市地理信息局）局长：

严文复（11月免）

环保局党组书记、局长：李纪宁

建委党组书记、主任：吕　凡

城管局党组书记、局长：侯绍立

执法局党组书记、局长：孙　明

房产局党组书记、局长：陈　杰

交通局党组书记、局长：杨　树

农经委党组书记、主任：朱文波

水利局党组书记、局长：

衣　甫（2月免）
陈双伟（2月任）
林业局党组书记、局长：房东辉
服务业委党组书记、主任：暂空
外经贸局党组书记、局长：
高　航（12月免）
文广局党组书记、局长：杜春华
体育局党组书记、局长：关蓉晖
旅游委党组书记：赵继凯（8月免）
旅游委主任：于　龙
卫计委党组书记、主任：
陶庆才（2月免）
都英杰（2月任市卫计委党组书记）
苏立明（2月任市卫计委主任）
审计局党组书记、局长：韩　力
工商局党组书记、局长：
方铁林（11月免）
质监局党组书记、局长：张坚强
食品药品监管局党组书记、局长：
曲向军
统计局党组书记、局长：
冷雪峰（11月免）
安监局党组书记、局长：
刘志寰（2月免）
么汝兴（2月任）
金融办党组书记、主任：
项洪峰〔党组副书记、副主任（主持工作），12月机构改革其市金融办党组副书记、副主任职务自然免除〕
人防办党组书记、主任：邹　昊
国资委党委书记、主任：曹　鹏
大数据管理局党组书记、局长：
李　莹
〔2018年12月机构改革后〕
秘书长、办公室主任：暂空
副秘书长：刘阳春（办公室分管日常工作的副主任）
刘　军
陈佳标
郭忠孝
赵永圣
高　航（12月任）
驻北京办事处党组书记、主任：
孙鸿庆
驻上海办事处主任：刘　帅
驻浙江办事处主任：高　岩
驻闽南（福建）办事处主任：刘振宁
驻深圳办事处（市政府驻香港经贸代表处、市政府驻澳门经贸代表处）主任：叶天勇
发展改革委党组书记、主任：邢　鹏
教育局党组书记、局长：闫凤霞
科学技术局党组书记、局长：赵日刚
工业和信息化局党组书记、局长：
韩　博
民族和宗教事务局党组书记、局长：
杨志宏（12月任）
公安局党委书记、局长：杨建军
民政局党组书记、局长：于久元
司法局党组书记：王武范（12月任）
司法局局长：董开德（12月任）
财政局党组书记、局长：卢　俊
人社局党组书记、局长：陶庆才
自然资源局党组书记：曾庆元
自然资源局局长：赵　辉
生态环境局党组书记、局长：赵胜龄
房产局党组书记、局长：陈　杰
城乡建设局党组书记、局长：吕　凡
交通运输局党组书记、局长：杨　树
水务局党组书记、局长：陈双伟
农业农村局党组书记、局长：朱文波
商务局党组书记、局长：张坚强
文化旅游和广播电视局党组书记：
齐　舒
文化旅游和广播电视局局长：杜春华
卫生健康委党组书记：都英杰
卫生健康委主任：苏立明
退役军人事务局党组书记、局长：
闫卫东（12月任）
应急管理局党组书记：么汝兴
应急管理局局长：王晓刚
审计局党组书记、局长：韩　力
外事办公室党组书记、主任：
王晶莹（12月任）
国资委党委书记、主任：曹　鹏
市场监督管理局党组书记、局长：
曲向军
体育局党组书记、局长：关蓉晖
统计局党组书记、局长：暂空
研究室党组书记、主任：赵　斌
金融发展局党组书记、局长：项洪峰
人防办党组书记、主任：邹　昊
营商环境建设局（市行政审批局）党组书记、局长：闫占峰（12月任）
〔注：市营商环境建设局（市行政审批局）机构改革前为市营商环境建设监督局（市政务服务管理办公室），其党组书记、局长（主任）为李逸群（11月免）〕
医疗保障局党组书记、局长：
杨顺昌（12月任）
机关事务管理局党组书记、局长：
马志军（12月任）
城市管理综合行政执法局党组书记、局长：孙　明
市政公用局党组书记、局长：侯绍立
大数据管理局党组书记、局长：
李　莹
供销合作社联合社党组书记、理事会主任：刘澜波

【政协沈阳市委员会】

主　席：韩东太（1月任）
姜　宏（1月不再担任）
副主席：张景辉（1月任）
韩晓言
赵世宏（1月任）
金志生（1月任）
肖　枫（1月任）
于　龙（1月任）
赵晓川（1月不再担任）
许文有（1月不再担任）
卢　柯（1月不再担任）
李　峰（1月不再担任）
孙　红（1月不再担任）
李卓然（1月不再担任）
汪　涛（1月不再担任）
刘慧鸣（1月不再担任）

秘书长：姜　军（1月任）
　　　　徐大地（1月不再担任）
［2018年12月机构改革前］
副秘书长：冯　彦
　　　　　马智天
　　　　　常胜权
［2018年12月机构改革后］
秘书长：姜　军
副秘书长：冯　彦
　　　　　马智天
　　　　　常胜权

【中共沈阳市纪律检查委员会】

书　记：王冬石
副书记：孙建军
　　　　陈世海
　　　　韩春声
　　　　邓福林（1月免）
常　委：赵　岩
　　　　张中人
　　　　孔宪才
　　　　关卫民
　　　　毕成伟
　　　　李新和
　　　　骆　峰

【沈阳市监察委员会】

主　任：王冬石（1月任）
副主任：孙建军（1月任）
　　　　陈世海（1月任）
　　　　韩春声（1月任）
委　员：张中人（1月任）
　　　　孔宪才（1月任）
　　　　关卫民（1月任）
　　　　毕成伟（1月任）
　　　　赵久平（1月任）
　　　　方世义（1月任）
　　　　魏武宁（1月任）

【沈阳市中级人民法院】

院长、党组书记：段文龙

【沈阳市人民检察院】

检察长、党组书记：赵东岩

【民主党派】

民革沈阳市委主委：贾海洋
民盟沈阳市委主委：于　龙
民建沈阳市委主委：范　民
民进沈阳市委主委：姜　军
农工党沈阳市委主委：李铁男
致公党沈阳市委主委：李展超
九三学社沈阳市委主委：原忠虎
台盟沈阳市委主委：吴利薇

【群团】

总工会党组书记、主席：安俊辉
团市委党组书记、书记：暂空
妇联党组书记、主席：姜　萍
科学技术协会党组书记：吴智丰
科学技术协会主席：成会明
社会科学界联合会党组书记、主席人选：袁　柳
文学艺术界联合会党组书记：王　菁
文学艺术界联合会主席：暂空
归国华侨联合会党组书记、主席：王庆伟（2月免）
台湾同胞联谊会党组书记：张昕光（兼）（8月免，原职务为市委统战部副部长兼市台联党组书记），暂空
残疾人联合会党组书记、理事长：刘　文
中国国际贸易促进委员会沈阳市分会（中国国际商会沈阳商会）党组书记：李　屹
中国国际贸易促进委员会沈阳市分会（中国国际商会沈阳商会）会长：赵　凯
工商业联合会党组书记：金　翔（兼）
工商业联合会主席：侯　巍
红十字会党组书记、专职副会长：段　阳

【市属事业单位】

［2018年8月市事业单位改革前］
党校（沈阳行政学院、市社会主义学院）常务副校（院）长：
　　徐兴家（7月免）
　　刘　祥（7月任）
党史研究室主任：鲁　颖
档案局（馆）党组书记、局（馆）长：张春风
地震局党组书记、局长：程文海
地方志办公室主任：暂空
接待办公室党组书记、主任：罗　丽
文史研究馆馆长：王　罡
公共资源交易中心（市政府采购中心）党组书记、主任：许　健
住房公积金管理中心党组书记、主任：唐玉辉
辽河保护区管理局党组书记、局长：陈　勇
日报报业集团党委书记、总裁、总编辑，沈阳日报社社长：程谟刚
日报报业集团党委副书记、副总裁、副总编辑，沈阳日报社总编辑：兰宝刚
广播电视台党委书记、台长：马　丽
广播电视台总编辑：关　金（2月任）
［2018年8月市事业单位改革后］
党校（沈阳行政学院、市社会主义学院、市团校）常务副校（院）长：刘　祥（8月任）
档案馆（市文史研究馆）党委书记、馆长：张春风（8月任）
党史研究室（市政府地方志办公室）主任：鲁　颖（8月任）
日报社党委书记兼社长：程谟刚（8月任）
日报社总编辑兼党委副书记：兰宝刚（8月任）
接待办公室党组书记、主任：罗　丽（11月免）
仲裁委员会办公室（市劳动人事争议仲裁院）党组书记、主任（院长）：暂空
住房公积金管理中心党组书记、主任：唐玉辉
广播电视台党委书记、台长：马　丽
广播电视台总编辑兼党委副书记：关　金（8月任）
重要技术创新研发与科技成果转化

中心党组书记：王　罡（8月任）
重要技术创新研发与科技成果转化中心主任：吴希平（8月任）
产业转型升级促进中心党组书记：李　芃（8月任）
产业转型升级促进中心主任：任宝箴（8月任）
现代农业研发服务中心（市农业科学院）党委书记：夏君轶（8月任）
现代农业研发服务中心（市农业科学院）主任（院长）：李旭臣（8月任）
信息中心（市信用中心）党组书记、主任：李世勇（8月任）
考试院（市招生考试委员会办公室）党组书记、院长（主任）：赵继凯（8月任）
公共资源交易中心（沈阳市政府采购中心）党组书记、主任：许　健

【市属高校】

沈阳大学党委书记：
李继安（2月免）
苏文捷（2月任）
沈阳大学校长：李　峰
医学院党委书记：张广印
医学院党委副书记、院长：肖纯凌
广播电视大学党委书记：阴训法（9月免），暂空
广播电视大学党委副书记、校长：王　滨
职业技术学院党委书记：张黎明
职业技术学院院长：王久成

【市属企业】

中兴—沈阳商业大厦（集团）股份有限公司党委书记、董事长：徐晓勇
副食集团公司党委书记、董事长：李　军
副食集团公司党委副书记、总经理：刘玉东
物资集团有限责任公司党委书记、董事长：王军锋
物资集团有限责任公司党委副书记、总经理：孙忠霖
水务集团有限公司党委书记、董事长：暂空（陈阳被留置）
水务集团有限公司党委副书记、总经理：陈显利
沈阳国际经济技术合作有限公司党委书记、总经理：唐乐珍
盛京银行股份有限公司党委书记：刘彦学
盛京银行党委副书记、董事长：张启阳
机床（集团）有限责任公司党委书记、董事长：关锡友
机床（集团）有限责任公司党委副书记、副董事长、总经理：刘　岩
北方重工集团有限公司党委书记、董事长：刘鹤群
北方重工集团有限公司党委副书记、副董事长、总经理：王学民
鼓风机集团股份有限公司党委书记、董事长：戴继双
鼓风机集团股份有限公司党委副书记、总经理：马　诚
基础产业建设发展集团有限公司董事长、总经理：董　强
产业投资发展集团有限公司党委书记、董事长、总经理：苏庆祥
出版发行集团有限公司党委书记、董事长、总经理：王　京
燃气集团有限公司党委书记、董事长：刘旭辉
地铁集团有限公司党委书记、董事长：卢春风
旅游集团有限公司党委书记、董事长：林宇航（2月免董事长）
孙含欣（7月任）
航空产业集团有限公司董事长：曹晓玲
城市建设投资集团有限公司董事长：孙百如
盛京金控投资集团有限公司董事长：王琳琳
盛京资产管理集团有限公司董事长：暂空
中德园开发建设集团有限公司董事长：张洪利
中德（沈阳）国际产业投资发展集团有限公司董事长：王铁利

【区县（市）】

和平区区委书记：李　强
和平区人大常委会主任：蔡效军
和平区政府区长：邢　鹏（2月免）
刘志寰（2月提名，12月当选）
和平区政协主席：厉　馨
和平区纪委书记：何增春
沈河区区委书记：王　健（1月免）
王忠昆（1月任）
沈河区人大常委会主任：杨文凯
沈河区政府区长：陈　弘（1月免）
林宇航（2月提名，12月当选）
沈河区政协主席：张顺成
沈河区纪委书记：程　洁
铁西区区委书记：李松林
铁西区人大常委会主任：刘　斌
铁西区政府区长：董　峰（1月免）
刘克武（1月提名，12月当选）
铁西区政协主席：王玉辰
铁西区纪委书记：侯　军
皇姑区区委书记：王新北（12月免）
李　军（12月任）
皇姑区人大常委会主任：李　凯
皇姑区政府区长：李　盛
皇姑区政协主席：林学家
皇姑区纪委书记：闫　伟
大东区区委书记：曾　波（10月免）
王新北（12月任）
大东区人大常委会主任：白　实
大东区政府区长：刘克武（1月免）
李　刚（2月提名，12月当选）
大东区政协主席：陈玉光
大东区纪委书记：于明海

浑南区区委书记：王一兵（10月免）
单　义（10月任）
浑南区人大常委会主任：金光熙
浑南区政府区长：
李　军（12月免）
王心宇（12月当选）
浑南区政协主席：李桂盛
浑南区纪委书记：高华山（12月免）
于　凯（12月任）
于洪区区委书记：王忠昆（1月免）
董　峰（2月任）
于洪区人大常委会主任：黄宝晖
于洪区政府区长：王庆海
于洪区政协主席：赵胜龄（12月免）
张海涛（12月任）
于洪区纪委书记：张海涛（12月免）
沈北新区区委书记：李宏德
沈北新区人大常委会主任：刘东耀
沈北新区政府区长：刘树敏
沈北新区政协主席：陈国聆
沈北新区纪委书记：杨宇光
苏家屯区区委书记：
赵世宏（1月免）
李　军（10月任）
苏家屯区人大常委会主任：侯晓东
苏家屯区政府区长：
蹇　骞（10月免）
李逸群（10月提名，12月当选）
苏家屯区政协主席：王德利
苏家屯区纪委书记：
王海波（12月免）
张　堃（12月任）
辽中区区委书记：李晓航
辽中区人大常委会主任：马立伟
辽中区政府区长：张江徽
辽中区政协主席：丁　宇
辽中区纪委书记：张　堃（12月免）
刘　涛（12月任）
新民市市委书记：顾少清（2月免）
周鹏举（2月任）
新民市人大常委会主任：徐占海
新民市政府市长：周鹏举（10月免）
张文哲（10月提名，12月当选）
新民市政协主席：王宏伟
新民市纪委书记：季春辉
法库县县委书记：王欢苗
法库县人大常委会主任：段秀华
法库县政府县长：陈大为
法库县政协主席：刘连恒
法库县纪委书记：刘　成
康平县县委书记：朱文蔚（8月免）
滕增泰（10月任）
康平县人大常委会主任：王一平
康平县政府县长：王志刚
康平县政协主席：吕明臣
康平县纪委书记：代国斌
中国（辽宁）自由贸易试验区沈阳片区管委会党工委书记：陈佳标（常务副主任）

（市委组织部 市委统战部）

新闻人物

【徐文涛】 1951年5月生。1970年12月参军，1973年9月加入中国共产党。2004年11月，受命在原沈阳军区联勤部机关营区内创建全军第一座后勤史馆。2011年12月退休，现为沈阳市军休常德休养所第五党支部副书记。退休后，继续兼任后勤军史馆馆长。截至2018年，为军内外观众讲授红色故事，传承红色基因，培育社会主义核心价值观等课程1500多场，受众20余万人。2010年被评为感动沈阳十大人物。2011年被评为沈阳军区学雷锋标兵，获金质荣誉章。2013年被评为全军优秀离退休干部。2014年被聘为国家国防教育首批专家。2015年被评为全国关心教育下一代先进工作者。2016年徐文涛全家被评为全国五好文明家庭，被评为全国道德模范。2018年被中央宣传部、退役军人事务部评为“最美退役军人”。

（刘柏青）

【刘积仁】 1955年8月生，辽宁丹东人。1976年10月至1980年4月，在东北工学院计算机应用专业学习。1980年8月至1983年2月，东北工学院计算机应用专业硕士研究生。1983年2月至1984年8月，任东北工学院计算机系助教。1984年在东北大学攻读博士，1986—1987年在美国国家标准局计算机研究院做论文研究，1987年回国获东北大学博士学位，成为中国第一个计算机应用专业博士。1987年5月至1995年3月，任东北大学（东北工学院）计算机系讲师、教研室主任、教授、软件研究中心主任。1991年，刘积仁创建东软，1993年6月至1999年3月任公司董事、总经理，1999年8月始任公司董事长。兼任中国软件行业协会副理事长、中国自动化学会常务理事，曾任东北大学副校长、亚太经合组织APEC工商咨询理事会成员等职。是世界经济论坛新兴跨国公司议程理事会成员。曾获“第六届亚洲商业领袖·创新人物奖”“2009 CCTV中国经济年度人物”“2010安永中国企业家”奖、“最具战略眼光董事长”奖、“最具社会责任董事长”奖、“中国最佳商业领袖奖”“产学研合作创新奖”以及IAOP外包名人堂、中国软件产业十年功勋人物、国家工程研究中心“先进工作者”等称号。2018年10月24日，入选中央统战部、全国工商联《改革开放40年百名杰出民营企业家名单》。

（市工商联）

【马宗义】 1963年9月生。黑龙江人。1985年在东北重型机械学院（现燕山大学）获学士学位，1988年在哈尔滨工业大学获硕士学位后到中国科学院金属研究所工作，2000年在香港城市大学获博士学位。2001—2004年在美国密苏里大学工作。2005年作为中国科学院“百人计划”入选者到中

科院金属研究所任研究员。现为中国科学院二级研究员、特聘研究员，博士生导师，创新课题组组长。先后获中科院百人计划（2005）、国家杰出青年基金（2005）、“973”计划、“863”计划、国家自然科学重点基金等项目资助。入选辽宁省“百千万人才工程”百人层次（2007年），获辽宁省、沈阳市“优秀科技工作者”称号（2014年），享受国务院津贴（2016年）。

1988年，承担国家首批863计划金属基复合材料项目，建立起晶须/颗粒增强金属基复合材料（MMC）制备及其二次变形加工技术路线，项目验收时被评为“达到国际先进水平”。2009年，整合MMC与搅拌摩擦焊（FSW）两个研究方向，组建科研团队，取得大量创新性成果。

他发表SCI（科学引文索引）论文310余篇（其中FSW领域论文数量国际排名第一），出版英文专著1部。

他率领团队开展技术攻关，为遥感、风云、嫦娥、高温气冷堆等重大工程装备成批提供高性能MMC零件万余件，成为多个主机厂、院所的唯一或优先供货单位，奠定金属所在MMC领域的领先地位。同时，为高速列车、火箭燃料贮箱等关键装备提供FSW技术服务，突破多个重大工程需求的制约瓶颈。入选2018中国科学年度新闻人物。

（中科院金属所）

【李志强】 1964年6月生。1983年10月退役士兵安置就业到黎明公司装配试车厂工作。2001年7月加入中国共产党。现任中国航发集团首席技能专家、高级技师，黎明公司装配试车厂总装班班长。李志强直接参与和直接完成的技术革新项目80多项，他亲手装配2600多台次发动机，首创并推广航空发动机管路校正与安装的“李志强操作法”，提高装配效率，使发动机装配合格率显著提升。2016年，李志强的事迹在中央电视台5月2日的《大国工匠》节目中播出。曾获沈阳市劳动模范、辽宁省优秀班组长、辽宁省五一奖章、辽宁省劳动模范，全国“五一”劳动奖章、全国劳动模范等称号。享受国务院颁发的政府特殊津贴。2018年被中央宣传部、退役军人事务部评为“最美退役军人”。

（刘柏青）

【杨晓桐】 女，满文名字巴彦殊兰，1969年9月生。非物质文化遗产“盛京满绣”第四代传承人，现为中国东方文化研究会旗袍专业委员会主任、辽宁大学国际教育学院客座教授，创办“盛京满绣坊”、“沈阳民间艺术产业示范基地”“辽宁大学国际学生文化体验基地”。4岁起跟随外祖母哈尔哈觉罗氏学习皇族刺绣技艺，哈尔哈觉罗氏曾于1921年为清朝皇后婉容绣制过嫁衣。杨晓桐从事刺绣几十年间有上千幅作品，刺绣技法以盘金绣、打籽绣、平针绣及施针绣为主，其中代表作品有《浔阳遗韵》《金龙鱼》《清明上河图》《九龙壁》《九凤鼎》《美丽中国梦》等，曾经给杨澜、章子怡等绣制过服装，并培训满绣学员400多人，其中部分学员曾在中央电视台为晚会专门绣制演出服装。杨晓桐作品2018年进行欧洲巡展。

（王兰）

【孙天舒】 女，1988年11月生。沈阳市沈河区人。受家庭影响，从小对瓷器装饰品有非常浑厚的兴趣。2007年，考上沈阳理工大学工业设计专业。2011年，考取沈阳理工大学设计艺术学院陶瓷研究方向研究生。2014年，她获硕士学位。为恢复辽瓷制作工艺梦想，放弃安稳工作的机会。她用半年多时间到江西景德镇、浙江龙泉、广东佛山、河北唐山自费学习和考察制瓷技术。

2015年春，在辽瓷大师关宝琮的支持下，开始辽瓷古老工艺的探查和研究。2016年11月，孙天舒终于烧制出从色彩、密度、手感、音感等均能乱真的辽瓷凤首壶和皮囊壶等器物。在造型方面，依据契丹族辽瓷的独有器型，进行1比1等比恢复，包括凤首壶、皮囊壶、宝葫芦、鸡腿坛、交颈鸳鸯壶、马蹬壶、盘口净瓶、穿戴壶、海棠壶等。

2016年11月，孙天舒的陶瓷作品《满园春华》获景德镇陶瓷大学陶瓷大赛一等奖，陶瓷作品《潺潺青音》获中国轻工商品博览会金奖。2017年4月17日，作品《马到成功》在日本东京的中国文化中心展出。6月，她参与制作的“辽三彩烧造技艺”获沈阳市非物质文化遗产称号。同时，《马到成功》获中国工艺美术协会金奖。她的辽瓷作品获“2017辽宁青年创新创业大赛”优秀奖。12月，其作品《马上封侯》被东北大学工商管理学院收藏。2018年5月，孙天舒获“沈阳五四奖章”“沈阳十佳创业青年标兵”称号。6月，获中共沈阳市委宣传部“公益先锋奖”。同时，被辽宁大学民俗研究中心聘为民俗学课程实践导师，担任沈阳市沈北新区蒲河满族学校艺术顾问。

（志闻）

先进人物

【全国优秀少先队员1人】 沈阳市134中学马芊羽

【全国青年岗位能手13人】

王语瑄　女，原沈阳多美姿服饰销售有限公司员工

尹逊楠　沈阳飞机工业（集团）有限责任公司零部件供应链管理部信息化主管

姜　华　中国航发沈阳黎明航空发动

机集团有限责任公司机修钳工

丁佳伟 沈阳造币有限公司模具设计与制作中心维修钳工

李亚运 中国航发沈阳黎明航空发动机集团有限责任公司机修钳工

梁 南 沈阳市装备制造工程学校教师

李 想 中国航发沈阳黎明航空发动机集团有限责任公司钳工

黄明亮 满族，沈阳飞机工业（集团）有限公司十三厂铣工

宗 凯 中国航发沈阳黎明航空发动机集团有限责任公司钳工

于姝娜 女，沈阳市汽车工程学校专业教师

闫鹏鹤 上汽通用（沈阳）北盛汽车有限公司总装车间返工工段技师

辛继光 沈阳市汽车工程学校初级教师

陈 雷 中国联合网络通信有限公司沈阳市分公司数据机务员

（团市委）

【全国非遗保护工作先进个人1人】

冯玉萍 女，沈阳市国家级非遗项目“评剧‘韩花筱’三大流派艺术”代表性传承人（黄大为）

【全国打击侵权假冒工作先进个人1人】

杨志刚 沈阳市药品和医疗器械监督执法支队科长 （志闻）

【全国12328电话系统百佳工作者1人】

贾 秋 沈阳交通服务热线业务班长

（陈千城 赵大光）

【沈阳五一劳动奖章300人】

王传洲 沈阳鼓风机集团股份有限公司核电公司机加车间数控镗铣加工中心工人

王 博 沈阳飞机工业（集团）有限公司四十五厂机加工段车工二班车工

李 想 中国航发沈阳黎明航空发动机有限责任公司工装制造厂夹具工段钳工

张 楠 沈阳航天新光集团有限公司先进成型车间数控班班长

田 芳 女，沈阳飞机工业（集团）有限公司三十四厂十工区五班铆装钳工

陈 雷 中国航发沈阳黎明航空发动机有限责任公司盘轴加工厂整体叶盘工段工艺员

高存强 沈阳航天新光集团有限公司研究五室设计员

张佳平 女，中国航发沈阳黎明航空发动机有限责任公司技术中心热表处理技术研究室技术员

毛宏图 中国航发沈阳发动机研究所传动润滑设计研究室传动系统组组长

徐振伟 中车沈阳机车车辆有限公司制备分厂中梁班电焊工

茆丽娟 女，中国移动通信集团辽宁有限公司沈阳分公司技术管理

李照涛 中国电信股份有限公司沈阳分公司网络运行维护部线路专业主管

李洪光 中车集团沈阳汽车车桥制造有限公司机加车间主减速器壳班班长

庞胜汉 沈阳华润热电有限公司技术支持部安全经理

杨 洋 女，中国移动通信集团辽宁有限公司沈阳分公司市场经营部服务管理

杨正帅 沈阳航天新乐有限责任公司研究所总体室主任

龙 月 中国联合网络通信有限公司沈阳市分公司公安政法大客户服务中心经理

张玉光 辽沈工业集团有限公司116车间主任

于 辉 女，中国联合网络通信有限公司沈阳市分公司实体渠道中心经理

郭平平 辽沈工业集团有限公司检验中心机加技术组组长

万晓东 沈阳航天三菱汽车发动机制造有限公司售后服务部驻在员

郑大彪 中国邮政集团公司辽宁省新民市梁山支局支局长

宿小飞 中航沈飞民用飞机有限责任公司39厂787&777工区铆装钳工

丁 霞 女，沈阳兴华航空电器有限责任公司电连接器装配分厂389系列装配班装配工

赵 巍 沈阳航天誉兴机械制造有限公司机械加工二车间主任助理

梁尔民 沈阳辽海装备有限责任公司生产经营部总经理助理

宋文兴 中国航发沈阳发动机研究所副总设计师

张 澎 中国航空工业集团公司沈阳飞机设计研究所专业领域副总设计师

辛荣勤 女，沈阳航天三菱汽车发动机制造有限公司党委副书记、纪委书记

沈 岩 中国移动通信集团辽宁有限公司沈阳分公司副总经理

衷洪杰 中国航空工业空气动力研究院副总工程师

王 珂 沈阳二四五厂副厂长

卢君实 东北煤田地质局物探测量队队长

支洪维 沈阳石蜡化工有限公司热电分厂制浆工艺专责工程师

金翔宇 沈阳化工股份有限公司氯碱分厂工艺员

袁邦助 沈阳化工股份有限公司聚氯乙烯分厂聚合工段班长

刘智奇 红塔辽宁烟草有限责任公司沈阳卷烟厂卷包车间维修工

王文索 红塔辽宁烟草有限责任公司沈阳卷烟厂制丝车间维修工

刘 洋 上汽通用（沈阳）北盛汽车有限公司冲压车间模修工段工段长

李 军 红塔辽宁烟草有限责任公司

营销中心片区经理
白跃飞　东北制药集团股份有限公司研究院艾滋病药物研究所所长
李晓刚　沈阳鼓风机集团股份有限公司设计院炼化工程部部长
陈　勇　沈阳鼓风机集团股份有限公司往复机事业部运动部件车间数控车工
朱　俊　沈阳鼓风机集团股份有限公司定子车间PAMA180数控镗床加工中心工人
赵丹军　北方重工集团有限公司电站设备事业部装配车间钳工一班班长
颜　东　北方重工集团有限公司海外营销总公司第三事业部部长
孙　健　北方重工集团有限公司矿业装备事业部市场发展部设计师
李明利　沈阳铸锻工业有限公司特钢分公司造型一班班长
孙海峰　沈阳优尼斯智能装备有限公司M4产品线装配团队车间主任
单承洋　沈阳机床股份有限公司沈一车床厂数控车床加工产品线设备保障部设备管理室工段长
蔡广河　中捷机床有限公司加工线大件一车间加工中心操作工
谭海波　华晨雷诺金杯汽车有限公司车身Ⅱ车间白车身总成班班长
张　伟　沈阳华晨东兴汽车零部件有限公司技术处处长
王　翠　女，沈阳金发汽车钢圈制造有限公司焊接车间主任
张云峰　华晨汽车工程研究院安全管理办公室主任
林乐鸿　华晨宝马汽车有限公司动力总成工厂总装车间总监
曹　进　华晨宝马汽车有限公司大东工厂总装车间质量部整车质量段工段长
李　莉　华晨宝马汽车有限公司大东工厂总装车间维修段工段长
栗忠雷　华晨宝马汽车有限公司大东工厂总装车间内饰段工段长
王丽莉　女，华晨汽车集团整车事业部销售公司党群办公室主任
乔　威　沈阳机床股份有限公司营销服务事业部两广区域区域总监
高玉梅　女，沈阳抗生素厂工会主席兼综合办主任
张世杰　东北制药集团股份有限公司制剂销售粤桂琼公司总经理
姜　滨　上海优尼斯工业服务有限公司沈阳分公司沈阳区域区域总监
于远海　华晨汽车国际贸易公司伊朗大区首席
安得福　东北制药集团股份有限公司制剂销售川湘青藏公司副总经理
缪亚军　上汽通用（沈阳）北盛汽车有限公司总经理兼党委书记
许　昆　中国刑事警察学院刑事犯罪侦查系教师
王兴伟　东北大学软件学院院长
谢　地　辽宁大学经济学院院长
袁和学　沈阳市肛肠医院肛门病三病区副主任
张　屹　沈阳市红十字会医院泌尿外二科副主任
王海兴　辽宁省交通高等专科学校道路与桥梁工程系教师
夏鸿雁　女，沈阳大学机械工程学院材料加工系教师
田素博　女，沈阳农业大学工程学院教师
黄　勇　沈阳建筑大学建筑学院教师
单宝峰　沈阳航空航天大学机电工程学院教师
于　洋　沈阳理工大学自动化与电气工程学院教师
王野秋　北方联合广播电视网络股份有限公司总经理助理
赵　敏　女，中国医科大学附属盛京医院急诊科主任
金晶晶　女，中国电子科技集团公司第四十七研究所高级专家
萧林静　女，沈阳广播电视大学终身教育学院副院长
张立新　沈阳化工大学校长助理
王湘宁　女，中交煤气热力研究设计院有限公司燃气运营管理咨询部经理
于雅洁　女，沈阳橡胶研究设计院有限公司技术中心主任
邓淑玲　女，沈阳市教育局会计核算中心综合科科长
王　坚　沈阳环境科学研究院副总工程师
周彦国　沈阳市规划设计研究院副总工程师
王家伟　中冶沈阳勘察研究总院有限公司总工程师
李　晶　女，沈阳市第五人民医院副院长兼总会计师
许晓峰　沈阳工程学院电力学院院长
冯志莲　女，沈阳音乐学院音乐学系主任
晏东铭　沈阳医学院组织部部长
赵双丽　女，鲁迅美术学院党政办公室主任兼大连校区分党委书记
吴景东　辽宁中医药大学教务处处长
董传升　沈阳体育学院体育社会科学研究中心主任
杨静玉　女，沈阳药科大学生命科学与生物制药学院院长
张　闯　沈阳出版社党委书记、社长
张雪松　沈阳市外事服务学校副校长
郭正春　沈阳东副超市有限公司自营部经理
魏　丹　女，盛京银行股份有限公司沈阳市东陵支行行长
赵　霞　女，中兴—沈阳商业大厦集团（股份）有限公司国际化

妆品卖区经理
司　红　女，中国石油天然气股份有限公司辽宁沈阳销售分公司苏家屯经营部浑河加油站经理
许子文　沈阳兴隆大家庭购物中心有限公司兴隆大奥莱分公司名品友谊商场业务经理
刘　璐　沈阳家乐福商业有限公司物流部货运经理
温启龙　沈阳兴隆大家庭购物中心有限公司兴隆大奥莱分公司业务处业务科科长
门　璐　女，沈阳大东兴隆百货有限公司收银员
马　骧　沈阳副食集团有限公司办公室车辆管理员
李　晔　沈阳市金融护卫保安服务有限公司大队长
佟德泽　沈阳张士农副产品股份有限公司市场管理员
吕守华　女，沈阳商业城股份有限公司人力资源部薪酬主管
吴春静　女，沈阳兴隆大天地购物有限公司保洁员
王　永　沈阳长生产业集团股份有限公司十二线区域安保队长
王晓楠　女，国药控股沈阳有限公司党务工作主管
陈　岱　国药控股沈阳有限公司医院直销部经理
周玉国　沈阳副食集团工程物业部电工班班长
张守鑫　中国人民银行沈阳分行营业管理部员工
李秋菊　女，沈阳外国企业服务总公司财务部薪酬主管
王然耕　交通银行辽宁省分行工会副主席
韩维胜　沈阳铁西百货大楼有限公司副店长
铁维国　中国农业银行沈阳分行党委副书记
于学民　中国人民财产保险股份有限公司沈阳市分公司党委书记、总经理
陈东宇　吉林银行股份有限公司沈阳分行党委书记、分行行长
郑宏伟　女，沈阳市社会养老和工伤保险管理局事业保险处处长
王梓晗　沈阳地铁集团有限公司工程三处处长
薛　滨　沈阳安运巴士有限公司162线路驾驶员
蒋治国　中国建筑五局东北公司总经理助理
邵周明　沈阳储运集团有限公司经理办公室主任
王洪彬　沈阳市供热管理办公室规划发展科科长
鄢正勇　沈阳客运集团有限公司黄河公共汽车分公司驾驶员
杜大海　沈阳市交通局行政执法支队直属六大队主任科员
林树忠　沈阳燃气有限公司管网输配分公司（燃气管网抢修中心）抢修中心六队主任
王　莉　女，沈阳燃气有限公司皇姑营业分公司地区经营管理员
高　琦　沈阳市自来水总公司给水设备维修服务中心车间主任
张　瑞　沈阳水务集团有限公司八水厂维修工段工段长
宋　帅　中铁九局集团第四工程有限公司南北快速干道项目部项目经理
刘　军　国电东北热力集团有限公司汽机专业检修专工
高　生　沈阳焦煤有限责任公司红阳二矿综掘三队队长
万　超　中建三局集团有限公司东北分公司沈阳经理部经理
王　宇　中铁九局集团第六工程有限公司总法律顾问兼法律合规部部长
洪　璐　女，沈阳市不动产登记中心权籍调查部代理部长
宋建嫱　女，沈阳市市政工程设计研究院有限公司道桥设计一所所长
张春生　沈阳市东部固体废弃物综合处理站（大辛垃圾场）综合管理部部长
杨玉华　沈阳燃气有限公司和平营业公司售后服务员
汪焱宏　中建二局东北分公司第十四项目部项目经理
王　硕　国电东北热力集团有限公司炉专业检修专工
赵文彬　沈阳市不动产登记中心纪检察部经济师
田　宁　国电东北环保产业集团有限公司总会计师
陆永辉　国电东北电力有限公司沈西热电厂副厂长
肖青海　沈阳市交通局机关党委副处级调研员
高延纲　沈阳市城市建设管理局项目管理中心项目一科科长
曾晓林　沈阳市房产档案馆馆长
张东杰　女，沈阳市城市建设管理局人事编制处处长
何振文　沈阳市城乡建设委员会公用事业处处长
王庆国　辽宁金帝路桥建设有限公司董事长、总经理
王　欣　女，沈阳市不动产登记中心浑南分中心主任
崔添淇　沈阳水务集团有限公司工会干事
李雨妍　女，沈阳市和平区人民政府办公室文电科科员
乔兴国　沈阳一运实业有限责任公司物流中心运输项目部驾驶员
汪永海　沈阳市第一三四中学校长
刘军宏　沈阳市和平区人民检察院控告申诉检察科员额检察官
张　陆　沈阳市和平区长白社区卫生服务中心主任

田　斌　女，沈阳市和平区太原街街道办事处统计科统计员
田雅琴　女，沈阳市和平区新华街道办事处临沂路社区党委书记
任连军　沈阳市城市管理行政执法局和平分局指挥调度科科长
廖春军　沈阳市公安局和平分局刑侦禁毒大队大队长
王振飞　沈阳双兴建设集团有限公司董事长
李　阳　沈阳市公安局沈河分局滨河派出所三级警长
张晓芳　女，沈阳市沈河区朝阳街第一小学校长
齐桂琴　女，沈阳市沈河区审计局审计一科主任科员
于　淼　女，沈阳市沈河区第三环境卫生管理所人事科主任科员
鲍　泉　沈阳市沈河区滨河街道六合社区党委书记
杨　威　沈阳市公安局北站地区分局经侦大队民警
鲍向宏　女，沈阳市沈河区大西街道办事处党工委书记
吴　畏　女，沈阳市沈河区大南街道办事处党工委书记
于太祥　沈阳茶城有限公司总经理
姜云鹭　女，辽宁云创企业管理咨询有限公司董事长
杨路阳　沈阳市沈河区发展和改革局项目科科长
史知凡　沈阳市沈河区新北站街道总工会职业化工会干部
赵艳洁　女，沈阳市铁西区文化馆馆长
高　杰　女，沈阳市铁西区应昌街小学校长
赵　辉　沈阳市铁西区市场监督管理局工人村市场监督管理所主任科员
尚　飞　沈阳市公安局铁西分局刑警大队副大队长
李亚萍　女，沈阳市铁西区霁虹街道新湖社区党委书记、工会主席
汪　虹　女，沈阳市铁西区工人村街道清乐社区党委书记
王晓君　女，沈阳市铁西区凌空街道九小区社区党委书记、工会主席
于建明　沈阳市政集团有限公司材料设备部经理
孙明宇　沈阳市公安局交通警察局开发区大队综合科代理科长
于文斌　沈阳经济技术开发区信访局接访科科长
张　威　沈阳来金汽车零部件有限公司冲压二车间调度
郭　健　沈阳市铁西区翟家街道办事处副主任科员
陈　浩　三一重型装备有限公司风控债权部经理
聂　轰　沈阳昊诚电气有限公司机加车间机加班班长
樊之见　贝卡尔特沈阳精密钢制品有限公司北方地区总经理
姜春金　沈阳市铁西区昆明湖街道办事处党工委书记
王丹波　沈阳市皇姑区陵东街道观音地区社会事业管理服务中心副主任科员
闫　莉　女，沈阳市皇姑区辽河城市管理所清扫班班长
刘　扬　沈阳市皇姑区房地产交易中心解遗窗口副主任科员
陈　旭　沈阳市公安局皇姑分局治安大队民警
关忠柏　沈阳市皇姑区舍利塔街道延河社区主任
郭玉山　辽宁中维物业亿海名都管理处项目部部长
赵　楠　沈阳市皇姑区三洞桥街道办事处党委办公室主任
王宏业　沈阳市皇姑区发展和改革局项目办主任
吴　昊　沈阳市皇姑区信访局局长
于　伟　辽宁省肿瘤医院中西医结合大东医院肿瘤病房主任
孙　路　沈阳市第二十八中学校长
董　佳　女，沈阳市大东区地方税务局人事科科员
赵敬梅　女，沈阳市大东区前进街道办事处主任助理
赵丽清　女，沈阳市大东区工业总公司信访部副主任科员
张　蕾　沈阳帕卡濑精有限总公司技术中心工业水处理项目组长
陈　旭　沈阳市大东区市场监督管理局长安市场监督管理所所长
赵　闯　沈阳市大东区人民法院执行二庭庭长
杜　岩　沈阳市大东区营商环境建设监督局局长
孙美丽　女，沈阳市大东区万泉街道办事处工会主席助理
段灵龙　中铁东北投资发展有限公司计划合同部部长
段永峰　奥维通信股份有限公司研发中心总经理
李吉亮　沈阳富创精密设备有限公司技术部工艺工程师
李明振　沈阳东方钛业股份有限公司焊工班班长
苏　展　沈阳高新技术产业开发区总工会职工服务中心职业化工会干部
姚方明　沈阳亨通光通信有限公司设备部电气组电气工程师
赵乃霞　女，沈阳芯源微电子设备有限公司控制系统部副部长
苏文博　沈阳无距科技有限公司董事长兼总经理
郭　斌　中一东北国际医院有限公司总经理
高　宾　沈阳锅炉制造有限责任公司本体车间电焊工
陈玉红　女，沈阳市于洪区迎宾路街道迎宾花园社区党委书记兼主任
赵　臻　沈阳市于洪区河道堤防管理办公室工作人员

耿春宇　沈阳市公安局于洪分局造化派出所所长
霍广新　沈阳市于洪区工业信息化和科技局局长
董诗画　女，沈阳市于洪区总工会宣教部干事
张艳秋　女，沈阳大川机械设备有限公司办公室主任
程世纯　沈阳市苏家屯区国有资产管理办公室资产科主任科员
王　琦　女，沈阳市苏家屯区中医医院副院长
海振武　沈阳市苏家屯区总工会劳动保护部副处级调研员
吴学群　沈阳桃李面包有限公司总经理
高晓楠　女，蒙牛乳业（沈阳）有限责任公司人事行政处文员
何东旭　沈阳市沈北新城环卫所工人
顾艳文　女，沈阳市沈北新区新城子街第一小学校长
徐立军　沈阳格微软件有限责任公司副总经理
任忠义　沈阳市公安局沈北新区分局副局长
张明渤　沈阳市沈北新区总工会农产品深加工行业工会副主席
胡　楠　女，新民市信访局综合办公室主任
李　芳　女，新民市人民医院心内二科副主任
吴喜清　沈阳城市公用集团煤炭有限公司生产调度部部长
吴绍辉　辽宁新民农村商业银行股份有限公司营业部经理
刘洪志　新民市东蛇山子镇党委书记
隋金栋　辽河油田公司茨榆坨采油厂地质研究所副所长
张丽明　女，沈阳市辽中区环境卫生管理处清扫队队长
彭　军　沈阳市辽中区信访局副局长
王　红　国网辽宁省电力有限公司沈阳市辽中区供电公司经理
臧传伟　沈阳市辽中区刘二堡镇党委书记
陈　思　沈阳市辽中区总工会保障部干事
徐祥彬　法库县广播电视局有线台安装队队长
肖　飞　辽宁法库陶瓷工程技术研究中心技术员
郭乃豪　辽宁法库经济开发区管理委员会招商局项目主管
于文龙　法库县发展和改革局党委委员
孙会儒　沈阳新区弘曲棉纺织有限公司前纺车间主任
刘晓坤　康平县人民医院循环内科二病房主任
姜　河　康平县农业技术推广中心主任
许德军　康平县地方税务局工会主席
高　志　沈阳日报报业集团内参部记者
董树贵　沈阳市残疾人联合会维权处副处级调研员
李良平　中共沈阳市直属机关工作委员会机关工会主席
周永全　中共沈阳市委办公厅文电处处长
王　斌　沈阳市人民政府办公厅电子政务处处长
李洪明　中共沈阳市委政策研究室党建处处长
毛志祥　中共沈阳市委中省直企业工委组织部部长
郑春晖　沈阳市发展改革委员会高技术产业处处长
李　雪　女，沈阳市妇女联合会调研室主任
马春玲　女，沈阳市人民政府法制办公室法律事务处处长
贾英莉　女，沈阳市工商行政管理局机关党委专职副书记
赵　峰　沈阳市人力资源和社会保障局人力资源开发与市场处主任科员
高　飞　中共沈阳市委组织部干部三处处长
刘　涛　沈阳市营商环境建设监督局（沈阳市政务服务管理办公室）审批信息处副处长
薛凤伟　沈阳市总工会国防及中省直企业工会主席
霍　泓　中共沈阳市委教科工作委员会宣传部兼统战部部长
董素靖　女，沈阳市教育局学前教育处处长
张明庆　沈阳市地方税务局机关党委专职副书记
刘大军　沈阳市农村经济委员会沈阳市社会主义新农村建设办公室副主任
张伟娟　女，沈阳市体育局体育运动学校训练科教练
盖　括　中共沈阳市委宣传部办公室主任科员
刘　钢　中共沈阳市委统战部办公室副调研员
王文革　沈阳市公安局经侦食药侦支队特侦大队大队长
王建艳　女，沈阳市教育局基础教育一处处长
于　革　沈阳市公安局公交（地铁）分局大东治安派出所民警
潘晓东　沈阳市公安局交通警察局交通处规划调研科科长
佟玉南　沈阳市公安局刑侦禁毒局禁毒预防管控大队代理大队长
杨传铭　沈阳市公安局于洪分局巡特警大队大队长
曹　杰　新民市公安局巡特警大队教导员
邵凌慧　沈阳市公安局反恐特巡维稳支队中队长
刘　超　沈阳市公安局警务指挥部情报支队维稳分析大队主任科员
关兴国　沈阳市公安局大东分局二台子派出所主任科员
韩和光　辽宁兴旗汽车销售服务有限

公司售后服务部技术顾问
李春明　沈阳大清宝泉矿泉水饮品制品有限公司砂川水站送水工
高　嵩　沈阳天北建筑安装工程公司第一项目部瓦工班组工人
张宏伟　沈阳京剧院演员
雷　方　女，沈阳市儿童福利院医务科副科长、护士长
陈笑含　沈阳市东陵监狱监狱长
刘　宁　沈阳市城市管理皇姑综合监管中心综合监管科主任科员
刘立新　中国石油天然气股份有限公司辽宁销售分公司财务处处长
邹德民　沈阳广播电视台行政处处长

【2018年度沈阳市道德模范20名个人或团组】

王　岩　沈阳日报社
王泽民　原65111部队管理处（退休）
付一晴　沈阳光彩生物科技有限公司
刘开周　中国科学院沈阳自动化研究所
吕　品　辽宁省军区沈阳第十一离职干部休养所（离休）
邬大为　辽宁省军区沈阳第十六离职干部休养所（离休）
何晓霞　沈阳东苑刺绣工艺品有限公司
李尚恒　沈阳市公安局和平分局
杨　璞/武　峰　中国铁路沈阳局集团有限公司沈阳客运段
苏广林　沈阳市和平区玉禾田环境有限公司
谷振平　沈阳市于洪区第二十建筑工程有限公司（退休）
周雨杉　法库县东湖一中
柯晓宾　沈阳铁路信号有限责任公司
赵永久　龙之梦小商品共达物业公司
赵玉玲　中环洁（沈阳）城市环境服务有限公司
宾占元　辽宁省饮食服务公司（退休）
康高阳光少年　康平县高级中学
康　鑫　沈阳市金融护卫保安服务有限公司
沈阳新松科技团队　沈阳新松机器人自动化股份有限公司
986路况报道队　沈阳广播电视台

【2018年度沈阳市优秀乡村振兴人才93人】

辛世财　大东区前进街道辛家村
于海龙　大东区文官街道木匠村
刘庆军　浑南区望滨街道湾沟社区
于宏海　浑南区李相街道王士兰村
赵　卉　浑南区满堂街道英达社区
安志国　浑南区王滨街道魏家社区
李焕发　浑南区东湖街道牛相屯社区
高晓红　浑南区英达满族小学
张治平　于洪区沈阳聚鑫北虫草菌业有限公司
李　凯　于洪区沈阳郭铠新鑫豪通风设备有限公司
刘　莹　于洪区沈阳水木田园有机农业发展有限公司
李彦君　于洪区造化街道造化村
王　强　于洪区平罗街道前辛台村
董会生　沈北新区马刚街道董三家子社区
马喜双　沈北新区黄家街道拉塔湖村
洪蕴来　沈北新区沈阳辽北七星米业有限公司
齐艳芳　沈北新区沈阳鸿业汽车制动器制造厂
唐　敏　沈北新区新城农业专业合作社
潘莲香　沈北新区绿馨花卉园艺有限公司
刘学勇　沈北新区沈北街道颇家社区
李　涛　沈北新区清泉街道后屯社区
张宝信　沈北新区马刚街道马刚社区
赵志峰　沈北新区马刚街道铁营子社区
马喜军　沈北新区黄家街道拉塔湖村
刘玉石　沈北新区石佛寺街道孟家台社区
田　丽　苏家屯区沈阳禾田水稻种植专业合作社
张桂华　苏家屯区白清街道白清村
穆洪栋　苏家屯区沈阳鸿发生态养猪场
刘广野　苏家屯区永乐街道互助村
邵贵和　苏家屯区贵和果树种植农村合作社
张建宇　苏家屯区沈阳三通牧业有限公司
郑忠信　苏家屯区沈阳冠卓牧业有限公司
王　军　苏家屯区大沟街道杨城寨村
徐洪波　苏家屯区圣源种植专业合作社
李承甲　苏家屯区共赢玉米种植专业合作社
田玉江　苏家屯区临湖街道北营子村
沈启尚　苏家屯区林盛街道吉祥村
夏君涛　苏家屯区十里河街道五里街村
吴荣辉　辽中区刘二堡镇皮家堡村
赵　宇　辽中区潘家堡镇于家台村
于东霞　辽中区茨榆坨街道第三社区
曹福翠　辽中区杨士岗镇德兴堡村
王　凯　辽中区茨榆坨街道后边外村
李金辉　辽中区金鑫辉煌农业机械服务专业合作社
杜东升　辽中区沈阳博阳饲料股份有限公司
郭　宁　辽中区沈阳乐圃现代农业科技有限公司
田荣林　辽中区沈阳欣禾生态农业有限公司
张善举　辽中区龙湾寒富苹果种植专业合作社
赵　戬　辽中区沈阳真诚实业有限公司
郑冰池　辽中区养士堡镇王家岗村
孙艳冬　辽中区大黑镇钱缝村
王建群　新民市梁山镇费岗子村
关大生　新民市三道岗子镇大生养殖场
郑培军　新民市沈阳市郑家坊酿酒厂
王成全　新民市罗家房镇李家村
杨长武　新民市东蛇山子镇大同村养殖厂
李宝江　新民市沈阳凯鹏电线电缆制造有限公司
龙全生　新民市红旗乡九天地村
高志安　新民市沈阳奥多程粮食贸易有限公司
陈　卓　新民市大民屯镇平安堡村
张　猛　新民市西城街道柴屯村

鄢长龙	新民市王岗种植专业合作社
李红军	新民市公主屯镇东塔子村
贾兴有	新民市大民屯镇西章士台村
郑晓成	新民市胡台学校
李文忠	法库县沈阳龙丰生态农业有限公司
李宏海	法库县双台子乡后大房申村
赵兴华	法库县广盛源牛业专业合作社
田家慧	法库县登仕堡子镇
王兴波	法库县和平乡鲍家屯村
陈洪元	法库县元杰酒坊/洪元酿造厂
刘国辉	法库县秀水河子镇獾子洞村
李　岩	法库县东润泽玉米种植家庭农场
曹中奎	法库县叶茂台镇西二台子村
方　伟	法库县依牛堡子镇祝家堡村
张云路	法库县十间房镇钱家沟村
冯喜春	康平县海洲乡华兴种猪繁育场养猪厂
唐秀芝	康平县辽宁康奉堡农产品有限公司
王振武	康平县展望农业科技有限公司
汪擎松	康平县擎松玉米种植专业合作社
季秀丽	康平县兴果花生专业合作社
孙红山	康平县二牛所口镇岔海挠村
张春侠	康平县花古红黄鸭蛋生产基地专业合作社
张金平	康平县张氏食用菌专业合作社
孙旭新	康平县方家屯镇卧龙湖南沙地红薯种植专业合作社
程香海	康平县胜利街道农佳旺农作物专业种植合作社
张艳红	康平县张强镇政府张强村
宋楠楠	康平县二牛所口镇刘家窝堡村
张亚艳	沈阳经济技术开发区强农果蔬农民专业合作社
王　超	沈阳经济技术开发区天顺祥米业有限公司
张宗林	沈阳经济技术开发区聚诚果蔬专业种植合作社
张　宏	沈阳经济技术开发区长滩镇三合村
高春吉	沈阳经济技术开发区彰驿站街道彰驿村

（志　闻）

【2018年最美沈阳人3批】

第一批：市口腔医院“微笑列车”团队；沈阳燃气集团深南公司售后服务部高宇亮团队；中国建设银行北站支行员工吴天祎和阿婆虾饺粥铺经理门闯；沈城文明出行爱心群体

第二批：坚持2年免费接送透析病人的滴滴专车司机；徒手合力接住坠楼老人的华润樟树湾保安苏明强、白立金；救助交通肇事受伤老人的铁西区交警姜宝栋、环卫工人宋庆义、李玉萍；抢救突发心脏病公交乘客的于洪区国为中医院医护团队、公交司机沈松林

第三批：张恩富（辽宁龙源新能源发展有限公司技术培训中心主任）；万晓东（沈阳航天三菱汽车发动机制造有限公司售后服务部驻在员）；吴法勇（中国航发沈阳发动机研究所副总设计师）；徐洪波（沈阳中航机电三洋制冷设备有限公司质量管理部员工）；杨雪松沈阳造币有限公司造币二部特币班副班长；左玉杰（沈阳航天三菱汽车发动机制造有限公司铸造部缸盖浇注工位班长）；葛巍（沈阳本土原创音乐人）；吴善翎（著名词作家、评论家）；张明（弓月）（二胡演奏家、曲作者，沈阳音乐学院附属中等音乐学校副校长、副教授）；康辉（国家一级演员）；许嘉（钢琴、流行键盘演奏家，编曲制作人）；胡宏伟（国家一级编剧，中国音乐文学学会理事，辽宁省文联委员、音乐家协会副主席、音乐文学学会副主席）；宋世辉（团省委“情暖童心，快乐童伴”计划志愿支教老师）；鲍成（铁西分局兴工派出所民警）；李知洺（大东水务应急抢修110服务队员工）；孙天舒（辽瓷工艺传承人）；李辉（安联妇婴医院院长）；汪洋（和平区浑河湾社区卫生服务中心副主任）；刘颖（沈阳市公安局禁毒警察支队管教）；康凯、王颖夫妇（人体器官捐献志愿者）；李庆（沈阳出租车司机）；赵博恩（望湖路小学体育老师）；肇凤枝（铁西艳粉街道永善社区党委委员）；布巴卡（BahElhadjBoubacar）（沈阳航空航天大学留学生）；辽宁中医药大学护理学院青苑青年志愿者协会；沈阳市红十字会遗体器官捐献志愿服务队

（市委宣传部）

逝世人物

【罗阳】（1961.6.29—2012.11.25），沈阳人，1986年8月加入中国共产党。研究员级高级工程师。1983年7月，北京航空航天大学飞机设计专业毕业。2012年1月，任中航航空装备有限责任公司特级专务、副总经理，分党组成员；沈阳飞机工业（集团）有限公司董事长、总经理、党委副书记。2012年11月25日，在完成中国航母首次舰载机海上起降训练后，“辽宁舰”返回大连母港。担任歼15舰载机研制现场总指挥的罗阳，在跟随航母回到大连后，突发急性心肌梗死、心源性猝死，经抢救无效，于11月25日12时48分在工作岗位上殉职。罗阳逝世后，习近平总书记作出重要指示，中央组织部号召广大党员、干部学习罗阳的优秀品质和可贵精神，中央宣传部组织主要媒体立即对罗阳先进事迹采访宣传。中央和地方有关单位，先后追授罗阳航空工业英模、全国优秀共产党员、烈士、全国五一劳动奖章、改革先锋、中央企业劳动模范、中央企业优秀共产党员、中央企业道德模范标兵、模范科技工作者、航空报国英模、辽宁省特等劳动模范、辽宁省优秀共产党员、沈阳市共产党员楷模、沈阳市功勋劳动模范、

沈飞骄子等称号，并当选感动中国2012年度人物。2018年12月18日，党中央、国务院授予罗阳改革先锋称号，颁授改革先锋奖章，并获评用生命践行航空报国的优秀代表。

（沈飞公司）

【李欣】（1922.7—2018.2.24），女，山东省章丘县人。1938年4月参加革命工作，1940年7月加入中国共产党。1938年4月，加入中国民众抗日义勇军，担任宣传员、科员，8月加入抗日民族解放先锋队。1939年9月，在抗日军政大学女生队学习。1940年8月，任冀南广宗县妇救会部长、一区区长、县民政科长，广曲县民政科长。百团大战期间，曾任冀南军区25团3营协理员。1944年2月在延安联防军政治部工作，10月在中央党校二部学习。1946年3月奉命赴东北战场，8月任牡丹江新海县副县长（代理县长）。1948年1月，任哈尔滨道外中心区委组织部部长。1949年2月，任沈阳市委军需局党委副书记。1950年3月任沈阳市委党校教育长。1951年1月，任沈阳市委组织部办公室主任。1953年3月，任沈阳市妇联办公室主任、秘书长，市妇联副主任。1965年7月，任沈阳市委街道工作部副部长。1973年10月，任沈阳市民政局局长、党委书记。1981年5月，任沈阳市委统战部部长。1982年3月，当选为沈阳市政协副主席。1988年2月，任中共沈阳市顾问委员会常委。1990年11月，离职休养。离休后仍然担任沈阳市关心下一代工作委员会领导工作及多项社会工作。

（吴汉伟）

【王岩】（1966.7—2018.3.3），沈阳人。1989年7月辽宁大学经济学系政治经济学专业毕业后进入沈阳日报社工作，任理论评论部编辑。1987年11月加入中国共产党。生前系沈阳日报编委兼时事评论部主任，历任沈阳日报理论评论部副主任、政治新闻中心副主任、总编室副主任、理论评论部主任等职务。他是沈阳市委宣传部品牌评论专栏“沈轩言”的创始人之一、总执笔，他参与主持撰写和编辑的《全运十二论》《党代会十二论》《微笑沈阳十二论》《全面振兴十二论》《对标·共振“学讲话促振兴”百日谈》，以及“落实‘五高’要求、建设‘四个中心’”等一大批大型系列评论影响深远、意义重大。他组织创办的《话题网议》《每周话题》《宇论焦点》《周末论坛》等评论栏目均获辽宁新闻奖名牌栏目一等奖。他主笔撰写的理论评论文章在历届全国副省级城市党报理论评论年会上获一等奖。他是沈阳新闻奖设立以来首届年度大奖获得者。他在2006年和2009年，先后入选沈阳市和辽宁省宣传文化系统“四个一批”人才。2013年获“辽宁省第十二届十佳新闻工作者”称号，在全国党报理论评论界享有较高声望。2018年3月3日凌晨，因突发心梗不幸逝世。逝世后，被中共沈阳市委追授“沈阳市优秀共产党员”称号。

（孔令华）

【李尚恒】（1988.6.13—2018.3.31），满族，沈阳人。2015年8月5日加入中国共产党，生前任沈阳市公安局和平分局刑侦禁毒大队三中队民警，二级警司。2014年10月参加工作，先后任和平分局马路湾派出所刑侦民警、和平分局刑侦禁毒大队三中队民警。从警3年间，他获多项荣誉：2014年12月24日，获和平分局个人嘉奖；2015年1月27日，获和平分局个人嘉奖；2015年3月10日，获立个人三等功；2015年4月29日，获立个人三等功；2015年12月29日，获和平分局个人嘉奖；2016年1月8日，获和平分局个人嘉奖。2018年3月31日7时30分，李尚恒与战友赵英军在沈阳市皇姑区陵园街附近抓捕入室盗窃犯罪嫌疑人张某某时，张某某突然掏出尖刀猛刺向两名民警和一名群众，将三人刺伤后逃跑。李尚恒等三人被送到医院进行紧急救治。民警李尚恒因伤势过重，抢救无效，英勇牺牲。犯罪嫌疑人张某某于当日被沈阳警方抓获。2018年7月，市公安局为他追授“优秀共产党员”称号。

（方庆武）

【李天】（1938.10—2018.4.11），吉林省吉林市人。1963年毕业于清华大学工程力学数学系流体力学专业。1982年加入中国共产党。2005年12月当选为中国科学院院士。原中国航空工业第一集团公司沈阳飞机设计研究所副总设计师、首席专家，李天长期从事飞机空气动力设计和隐身技术研究等工作。在飞机空气动力设计领域创造性地解决型号研制过程中的多项重大技术难题，拓展中国飞机气动布局领域的设计方法，并通过对先进隐身飞机气动布局的研究，开拓性地解决了气动与隐身在布局设计中的技术难点，创造出隐身与气动优化融合的新方法，为中国新一代先进战斗机的发展奠定坚实基础。他十分注重科技人才的培养，细心指导和培养一大批飞机总体技术、气动力技术、隐身技术等领域的杰出人才。

（宋丹）

三十六、先进集体

【中国青年五四奖章集体1个】 航空工业沈飞RCS测试团队

【全国五四红旗团委1个】 中国航发沈阳发动机研究所　（团市委）

【2018年全国科普日予以表扬的组织单位4个】 沈阳市科学技术协会；浑南区科协；铁西区科协；辽中区科协

【第三十三届全国青少年科技创新大赛基层赛事优秀组织单位1个】 沈阳市科学技术协会

【全国示范院士专家工作站1个】 沈阳天安科技股份有限公司　（市科协）

【全国粮食流通监督检查创新示范单位1个】 辽中区粮食局员　（市发改委）

【全国改善医疗服务示范医院2个】 沈阳市妇婴医院；沈阳市胸科医院

【2018年度改善医疗服务优秀示范单位1个】 沈阳急救中心

【全国表现突出采血班组1个】 沈阳中心血站太原街献血屋

【2017—2018年全国医疗服务价格和成本监测与研究网站先进单位1个】 沈阳市第七医院　（市卫健委）

【全国县级优秀广播电视台1个】 新民广播电视台　（宋志平）

【第二批全国“扫黄打非”进基层示范标兵1个】 沈河区五里河街道　（志　闻）

【2018年度全国交通运输行业文明示范窗口1个】 沈阳交通服务热线　（陈千城　赵大光）

【2018年辽宁省最佳警队1个】 沈阳市公安局浑南分局沈阳国际软件园驻企警务工作站

【沈阳五一劳动奖状24个】 沈阳沈西燃气有限公司；沈阳职业技术学院；沈阳急救中心；中国建设银行沈阳铁西支行；中国人民健康保险股份有限公司沈阳中心支公司；沈阳兴隆大家庭购物中心有限公司兴隆大奥莱分公司；中国石油天然气股份有限公司东北销售分公司；沈阳市给排水勘察设计研究院有限公司；沈阳电能建设集团有限公司；沈阳石油天然气有限公司；沈阳市和平区南湖街道办事处；沈阳市沈河区五里河街道办事处；沈阳市铁西区中心医院；沈阳市皇姑区商务局；沈阳拓荆科技有限公司；沈阳市于洪区沙岭中心敬老院；沈阳市苏家屯区发展和改革局；沈北新区道义街道办事处；新民市公安局；沈阳市城市管理行政执法局辽中分局；法库县营商环境建设监督局（原政务服务管理办公室）；康平县园林管理处；沈阳地铁报业传媒股份有限公司；沈阳市公安局于洪分局

【沈阳工人先锋号50个】 沈阳飞机工业（集团）有限公司总装厂；中国航发沈阳黎明航空发动机有限责任公司机匣加工厂对开机匣工段镗铣班；中国航发沈阳发动机研究所总体设计一部；中车沈阳机车车辆有限公司机动分厂电气二班；沈阳造币有限公司造币一部包装班；辽沈工业集团有限公司116车间压药班；沈阳鼓风机集团股份有限公司销售中心；北方重工

集团有限公司营销总公司冶金系统装备部；特变电工沈阳变压器集团有限公司铁心车间；沈阳机床（集团）有限责任公司精密数控机床分公司加工线箱体大件车间箱体班组；华晨中华汽车公司车身车间调整线乙班；沈阳同联集团有限公司沈阳抗生素厂维修中心机加铆焊班；华晨宝马汽车有限公司铁西工厂总装车间；中国医科大学附属第四医院手术室；沈阳市第十人民医院保卫科；沈阳玖伍苑文化有限公司招商运营部；沈阳航空航天大学图书馆；沈阳建筑大学朱玲团队；沈阳大学信息工程学院交通运输系；中国石油天然气股份有限公司辽宁沈阳销售分公司怀远门加油站；盛京银行股份有限公司沈阳分行营业部营业室；中国建设银行股份有限公司辽宁省分行国际业务部；沈阳燃气有限公司产业分公司；国网辽宁省电力有限公司沈阳供电公司浑南客户服务分中心自贸区供电所；沈阳沈北煤矿有限公司蒲河煤矿掘进一队吕德君班组；沈阳安运公共交通有限公司111线路；沈阳市和平区市场监督管理局中国小食品城市场监督管理所；沈阳市和平区西塔街道办事处图们社区；沈阳市公安局沈河分局巡特警大队东陵警务工作站；沈阳市沈河区五里河公园绿化一班；沈阳来金汽车零部件有限公司冲压二车间；沈阳金谷商业经营管理有限公司工程维修部；铁西区市政集团有限公司排水班组；沈阳经济技术开发区城管服务中心环卫车队；沈阳市大东区市场监督管理局行政审批科；沈阳市皇姑区中心医院护理部；顺丰速运（沈阳）有限公司沈阳区工会；中铁大桥局集团（沈阳）工程有限公司党群工作部；沈阳市于洪区迎宾路街道黄海花园社区；国药集团辽宁省兆隆医疗器械有限公司耗材部；北京联东物业管理股份有限公司沈阳第一分公司物业服务部；辽宁省新民市国家税务局法哈牛税务所；辽宁远通物流有限公司维修班组；沈阳市社会医疗保险管理局法库分局业务经办大厅；康平县公安局刑事侦查大队；中共沈阳市委办公厅综合一处；沈阳市发改委沈阳市重点项目管理工作办公室；沈阳市体育局群体处；沈阳市公安局法制控申支队九大队；沈阳市公安局便衣警察支队侦查三大队。 （志闻）

三十七、区县（市）

和平区

【概况】 和平区位于沈阳市中部，是沈阳市中心城区之一。东起青年大街沿线与沈河区相连，西至铁路沿线、沈大高速公路与铁西区相接，南至金桔路与苏家屯接壤，北至铁路沿线与皇姑区毗邻。下辖浑河湾、新华、集贤、太原街、南湖、马路湾、南市场、八经、北市场、西塔、长白、沈水湾、浑河站西13个街道，105个社区。2018年，全区面积59平方千米，户籍人口72万人。居住着汉、回、满、蒙、朝鲜、锡伯等29个民族。区内驻有辽宁省委、省政府部门及北部战区联合指挥部等党政军机关，东北电业、邮电、铁路等枢纽企业，辽宁广播电视台、辽宁日报传媒集团等新闻机构，沈阳市煤气、自来水、联通等公用集团，美、俄、德、法、日、韩、朝7国驻沈阳总领事馆。有东北铁路指挥中枢、东北地区最大的铁路编组站沈阳站和通达全国各地的SK客运站，地铁1、2号线途径和平区，城市交通网络四通八达。和平区具有近百年的商业发展历史和文化积淀，商贸集聚功能十分突出，拥有东北首个创业创新大街三好街、全国著名商业街太原街、素有“北方不夜城”之称的西塔地区以及充满关东风情的北市地区，汇聚中兴商业大厦、欧亚联营等知名商贸企业，以及皇朝万豪酒店、洲际酒店、丽都喜来登饭店、盛贸饭店、假日酒店等沈阳市主要的五星级和四星级酒店。和平区市场体系完善，有16个大型专业市场、10余条特色商业街、50余个贸易市场及近万个商业网点，构成全市最大的产品交易市场和购物区域，辐射2500余万人，直接影响着沈阳周边8座超百万人口的城市群及东北三省和内蒙古地区。韩国三星电子汽车等世界500强企业区域性总部，以及强生公司等龙头企业都坐落于此。《辽菜传统烹饪技艺》列入国家级非物质文化遗产名录。锡伯家庙被国务院批准列入第六批全国重点文物保护单位。区政府驻十一纬路76号。

区域经济。2018年，和平区地区生产总值805.9亿元，增长2.0%。一般公共预算收入92.7亿元，增长3.7%。税收85.3亿元。固定资产投资207.8亿元，下降0.9%。实现社会消费品零售总额776亿元，增长8.8%。完成规模以上工业总产值52亿元，增长19.2%。城镇居民人均可支配收入49626元，增长6.7%。实际到位内资74.1亿元，增长72.7%。实际利用外资4.3亿美元，增长50倍。项目建设实现新突破，全区亿元

以上建设项目达到70个，完成投资134.5亿元。恒大帝景、灵浠等5个商业综合体顺利开工，新世界中心、盛京金融广场项目加快推进。落地招商项目82个，总投资448亿元；在谈项目156个。全区总部型企业116户，世界500强企业42户。推进中航两河流域、东北设计院等21个项目地块征收，红椿路、民族北街49号等20个地块实现净地，棚户区改造任务全部完成，夹河路北、华光灯泡厂等5个地块出让。构建楼宇经济大数据平台，运营商务楼宇120座612.2万平方米，平均入住率81.5%，培育华润、中海、华航等一批楼宇产业园。京沈合作成效明显，24个合作项目进展顺利，总投资385亿元。和平区与北京市东城区签订文化领域战略合作框架协议。与俄罗斯科学院建立合作关系。“三引三回”取得实效，三好街引进诺贝尔奖得主兰迪·谢克曼工作室、著名基因组学家于军团队、海外学子张卓大数据项目。

城市建设与管理。和平区以“创城为民”的理念，围绕“清、拆、管、建、疏、查、打、宣”八个方面任务，开展35项攻坚战役，实施15项提升改造工程。清运垃圾105万吨，清理僵尸车525辆、小招贴150万处，捆扎383个小区裸露电线30万米，搬迁畜禽养殖户70家，拆除旱厕1000余座，取缔废品回收站47家，拆违总量36.4万平方米。改造提升老旧小区52个、背街小巷82条、公厕28座，升级改造8家农贸市场，规范管理早市4家。硬覆盖村级路196条，施划机动车位1.9万个，补植行道树1.3万株、种植花草68.3万平方米，覆盖裸露地面49.5万平方米。推进前显66千伏输变电工程建设如期完工，根本缓解长白地区电力供应紧张局面。中冶66千伏浑五甲乙线入地改造及浑太白太高压线架空移设工程稳步推进。长白污水干线和浑河左岸堤防工程加快建设。完成上河一号街、上河二号路、红椿路道路及管网建设，建成上河配水厂。长白一街、长白六路等交通配套设施建设完工。强化“散乱污”企业整治，取缔、整改不达标企业124户。加强6处水源地53眼水井保护区监管力度。完成42台燃煤小锅炉整治、41台燃煤锅炉脱硝工程建设。减排二氧化硫823吨、氮氧化物334吨，实现非电燃煤总量连续10年负增长。

民生工作。和平区新增就业岗位2.2万个，城镇新增就业2.1万人，城镇登记失业率2.86%。基本养老保险参保率98%，养老金当期发放，收支基本平衡。发放企业养老金34.6亿元、失业保险金4844万元、各类救助金4750万元、人才租房和高校毕业生首次购房补贴4272万元。建设居家养老服务信息化平台，沈阳万怡康瑞养老服务有限公司等养老项目落户和平。推进社区工作者管理制度和薪酬体系职业化、规范化建设。

社会事业。和平区新认定高新技术企业33户，新增科技企业676户，有效发明专利3015件。中国（沈阳）知识产权保护中心落户和平。哥瑞基因科技产业园落地运营，举办2018全球基因组学大会。辽宁省网络空间安全人才与创新基地启动运营。东北大学沈阳市科技条件平台和智慧系统国际合作联合实验室投入使用。优质教育均衡发展，启用和平一校长白二分校、南宁幼儿园格林玫瑰湾分园。改扩建南京一校长白一分校、铁路实验中学太原分校等4所学校。中考总平均分连续20年位列全市第1，高考文理总平均分连续11年居市内五区区属高中第1名。突出内涵发展，管乐、合唱、足球、国际象棋等素质教

和平区政务服务24小时自助办理厅　（和平区供）

和平区主要经济社会指标

表32

指标	单位	2018年	同比增幅（%）
年末总人口（户籍人口）	万人	72	5.7
地区生产总值	万元	8058521	2.0
第一产业	万元	1019	-32.6
第二产业	万元	1261351	-6.5
#工业	万元	272493	10.6
第三产业	万元	6796151	3.8
农林牧渔业总产值	亿元	0.2	-34.8
蔬菜产量	吨	3512	-12.1
规模以上工业总产值	万元	569932	28.8
固定资产投资额	万元	2077969	-0.9
一般公共预算收入	万元	926963	3.7
一般公共预算支出	万元	464105	1.0
社会消费品零售额	万元	7759486	8.8
实际利用外资	万美元	18739	2165.1
城市居民人均可支配收入	元	49626	6.7
商品房销售面积	平方米	1220357	2.7
普通中学（含高中）	所	16	0
小学	所	24	-7.7
在岗教师	人	4794	-9.2
在校学生	人	51452	9.5
幼儿园	所	37	8.8
医院、卫生院	所	371	12.7
医院卫生院医生数	人	6874	0.2
医院卫生院床位数	张	15917	10.3
回迁安置居民	户	1405	0
运动场馆	个	251	0
结婚登记数	对	5360	114.2

（和平区）

育高水平推进。课改成果在省市展示，师资素质再获提升。和平区被国务院督导委授予全国责任督学挂牌督导创新区。“零起点教学改革研究与实验经验”获国家基础教育教学成果二等奖。文体事业蓬勃向上，举办第四届“浑河之夏”文化艺术季、第四届“和平杯”国际青少年足球邀请赛、沈阳2018YY粉丝嘉年华及中秋烟花秀、“和平杯”青少年国际象棋邀请赛。“浑河之夏”文化艺术季被评为沈阳市艺术惠民“双百万”工程十佳品牌。“和平杯”国际青少年足球邀请赛被评为辽宁省体育产业示范项目。开展文化“五进”等惠民活动400余场，惠及群众100余万人。国际米兰足球队在东北第一家青训学院落户和平。实现健身器材485个小区全覆盖。中山公园改造升级，成为全市体育示范公园。在全省率先构建“1+1+N”家庭医生团队签约服务模式，个性化家庭医生签约服务全省领先。13家社区卫生服务中心均与三级医院建立医疗联合体，实现中医医联体全覆盖。以优异成绩通过国家慢性病综合防控示范区、全国中医药工作先进单位复审评估；在全省率先按照“六统一”标准（统一标志标识、统一建设标准、统一工作流程、统一服务项目、统一技术规范、统一考核标准）建设中医“治未病”中心，慢性病防治体系日臻完善。（李鑫）

【东北首个政务服务24小时自助办理厅启用】 6月27日，和平区政务服务综合性24小时自助办理厅正式启用并对外开放。它为全市乃至东北三省的政务服务首创。该自助办理厅位于和平区政

务审批服务局一楼，紧靠和平区政务服务大厅，面积180平方米，进驻审批、公安、交警、医保、银行5个部门的14台自助设备。可为市民提供企业登记、工程施工、建筑物命名、教育养老、民非社团、特种设备、投资立项、危化产品、文化宗教、医疗卫生等10类，建筑工程施工许可证、公共场所卫生许可、民办学校许可、外商投资项目备案等200余项业务的自助办理服务。

【区交通运输行业工会联合会成立】 11月23日，和平区交通运输行业工会联合会正式成立，这是和平区商业集群工会成立的第一个行业工会。首批入会的交通运输司机576名。

【三好街高科技园区科学技术协会成立】 12月4日，沈阳三好街高科技园区科学技术协会正式成立。中国科学院院士、东北大学机械科学与自动化学院教授、博士生导师闻邦椿当选科协主席。截至年底，加入协会的科技创新型企业79户。（志 闻）

沈河区

【概况】 沈河区地处市中心，东到三环与浑南区为邻，南至浑河中心线与东陵区相连，西抵南、北三经街与和平区搭界，北迄长大线铁路中心线与大东区、皇姑区接壤。南北长6.9千米，东西宽13.6千米，位于北纬41° 44′ 58"至41° 58′ 45"，东经123° 24′ 54"至123° 34′ 18"之间。沈河区是沈阳市具有悠久历史的老城区，素有“沈阳的胚胎”“一朝发祥地，两代帝王都”的美誉。地域面积60平方千米，户籍人口71万余人，区内居住着汉、满、回、朝鲜等23个民族，下辖15个街道办事处，111个社区，拥有1个国家优化金融生态综合试验区——沈阳金融商贸开发区。沈阳北站坐落在区域内。距离沈阳桃仙国际机场13千米，交通非常便利。沈河区有世界文化遗产1处（沈阳故宫），国家级文物保护单位3处（清沈阳故宫、张氏帅府博物馆、沈阳天主教堂），省级文物保护单位17处，市级文物保护单位21处，沈阳市不可移动文物20处。市级大型公共文化设施（沈阳市图书馆、辽宁大剧院、沈阳故宫博物院、沈阳金融博物馆），沈河区有首批全国十大著名商业街“中街”。中街高品位步行街建设方案通过商务部审批，成为东北唯一的全国首批高品位步行街。沈河区社区教育获评全国数字化学习先行区，国家义务教育质量监测结果位居全省第一。沈河区被全国普及法律常识办公室授予全国法治区创建活动先进单位。沈河区大南街道怡静园社区被司法部、民政部授予全国民主法治示范村。沈河区成为全省社会心理服务体系建设试点区和省级平安区。沈河区政府位于盛京路25号。

区域经济。2018年，沈河区地区生产总值1003.71亿元，增长6.2%；服务业增加值857.17 亿元，增长7.9 %；固定资产投资200.39亿元，增长11%；社会消费品零售总额 1067.6亿元，增长8.4%；城镇居民人均可支配收入49537元，增长6.6%；一般公共预算收入79.05 亿元，下降2.7%；加快基金大厦建设，累计引进私募股权基金机构34家；取得中基协登记资格的基金管理人17家，占全市34.7%；基金产品备案33只，占全市38.8%。推进人力资源服务产业园建设，吸引华厦外包服务（辽宁）有限公司等6户企业进驻。强化金融风险防控和处置，搭建金融风险防控平台，监管企业400户。新增渤海银行沈阳分行等金融及金融类机构38家，银行存贷款余额增长16%。沈阳金融商贸开发区聚集各类金融机构959家，其中银行、保险等金融机构409家，小额贷款、融资担保等金融类机构550家；市级及以上各类金融机构501家，占全市56%；金融从业人员5.7万人，占全市49.5%；制定《商贸业转型升级规划》，完善促进商贸业提升发展扶持政策，为23户企业申请振兴实体经济政策奖励415万元。引导线下经营渠道向线上拓展，五爱首个海外分市场正式挂牌，五爱（南塔）千亿元市场建设有序推进。依托盛鑫产业园带动南塔地区新兴业态聚集，天使云科技有限公司等76户科技和电商企业入驻。五爱（南塔）市场年销售额550亿元。五爱智慧市场建设获中国纺织服装流通大奖智慧应用特别创新奖；开展项目推进企业帮扶专项行动，建立管家式、全周期服务模式，盘活富丽华大厦等4个项目，解决宝能项目间距不足等150个问题。60个亿元以上项目全部开复工，总建筑面积1279万平方米，全年完成投资130亿元。推进全域例行督察问题整改和“大棚房”专项清理整治。开展22宗地块土地攻坚，住宅攻坚签约507户，签约总量位居全市前列。嘉里城等5个项目开业运营。建立项目招商协议审核机制，出台29项产业扶持和招商优惠政策，新增市场主体1.81

万户，策划包装16个特色楼宇。开展赴外招商推介，签约项目54个，总投资512亿元。推动“三引三回”（引老乡回家乡、引校友回沈阳、引战友回驻地），深化京沈合作，举办沈阳楼宇经济发展论坛。年销售额100亿元的东北天然气交易平台等8家区域总部项目签约进驻，楼宇空置率降低17%；着力改善营商环境，深化“放管服”改革，梳理237项审批事项并实施动态管理，33项便民事项“全区通办”模式入选中国营商环境优化最佳实践案例。建立“互联网+双预”机制，进驻项目网上预审、预约比例分别提升至73%和98%，“最多跑一次”事项覆盖率达68.5%。开展“办事难”问题专项督查，成立为企服务帮办中心，构建“六大渠道为企服务直通车”（依托区级领导“两包四联系”工作机制建立微信工作平台；依托功能区联系企业密切的优势，选取部分代表企业建立微信工作平台；依托街道办事处与辖区企业联系密切的优势，选取部分税收20万元以上企业建立微信工作平台；依托工商联与个体工商户联系密切的优势，选取部分个体工商户建立微信工作平台；依托个体劳协，与企业联系广泛的优势，选取部分行业领军企业建立微信工作平台；依托专业管局，组建沈河重点行业营商联络小组，由区营商局直接参与管理），沈河区在全省营商环境评价排名中位居前列。完善国资监管体系和国有资产议事决策机制，稳步推进政企分开。完成10户僵尸企业处置和9户厂办大集体界定工作。

城市建设与管理。强力推进全国文明城市、国家卫生城市和国家食品安全示范城市创建。动员2000余名机关干部、1700余名社区工作者和30余万名志愿者参与创城。开展“五爱地区雷霆行动”“零点行动”等7个专项整治，五爱、南塔和东部城乡接合部环境治理获社会高度认可。全市首家拆违现场会在沈阳区召开，提前1个月完成拆违目标，拆除各类违建63万平方米。整顿街路秩序，查处占道经营4.5万处。解决影响百姓身边环境的小事，清理三堆杂物9.7万处。提标改造10个农贸市场2.3万平方米。创建国家卫生城市第一阶段迎检期间，区受检点位最多、受检项目最全、受检频次最高、受检效果最好，高质量完成技术评估迎检任务。建立网格化城市管理模式，城市管理机制更加完善。完成全国文明城市复检工作，通过创建国家食品安全示范城市省级验收。扎实推进“蓝天碧水工程”，深入落实河长制。对满堂河和辉山明渠河道及两侧护堤进行清理整治，修整两岸护坡5.6万平方米，安装防护网1500米，清运垃圾残土1.6万立方米。对辉山明渠护坡西侧等27万平方米裸露地面进行补植。完成东部污水处理厂和满堂河污水处理厂提质工程土地组报卷及征收工作。加强黑臭水体整治，开展抗霾攻坚，拆除10吨以下燃煤锅炉5台，联网燃煤锅炉4台，对新北热电等9家单位37台大吨位燃煤锅炉进行脱硝改造，超额完成年度减排指标。以100%的案件办结率完成中央环保督察“回头看”迎检任务。皇城改造扎实启动，5A级景区创建通过省级评审。东部路网一期工程启动，榆树屯道路改造和保利香槟国际东规划路建设进场施工。完成88条背街小巷综合整治提升、10条街路景观提升、13处积水点和5条街路改造及157条街路2.2万平方米道路养护维修。对48座公厕（旱厕）和22座垃圾转运站实施改造。设置135个小型勾臂箱。在153条等级街路增设和更换2402个果皮箱。完成19处绿地和122栋楼体亮化工程，安装灯具4.6万套。施划停车泊位1.4万个，设置阻车石柱659个、护栏2500米，缓解动静态交通压力。在全市率先高标准完成“雪亮工程”，建成视频监控点位6540个；加大社会防控、治安管控和打击犯罪力度，破获刑事案件2447起，增长15%。开展扫黑除恶专项斗争，打掉恶势力集团2个、恶势力团伙7个，破获涉恶案件22起，命案侦破率100%，万莲清泉警务室成为全市首家平安志愿者工作站。大力推动“全区通办”便民服务改革，33项服务事项打破区域界限、实现就近办理，沈河模式在全市推广，并入选中国营商环境优化最佳实践案例。对重点行业领域开展3.3万家次安全生产检查，排查隐患4300余处并全部整改到位。深化基层治理，形成“一站四所五中心”基层社会治理体系。组建区城管执法局，完成环卫市场化改革。推进政府机构改革，完成事业单位改革，全区166家事业单位精简至16家，组建4家企业集团，提升国有企业市场竞争力。推进盛京皇城申报创建国家AAAAA级文化旅游景区，编制创建详规，挖潜历史文化，明确改造项目，完成景区省级景观质量评审。中街高品位步行街建设方案通过商务部审批，中街成为东北唯一的首批全国高品位步行街试点。通过老

旧厂房改造等方式，打造九门里等3个文化产业园，文化产业增加值占地区生产总值比重达8.9%。举办文化旅游节系列活动和七彩旅行线路推介活动，文化旅游业影响力和聚集度持续提升。

民生工作。推动创业带动就业，新增城镇就业14971人、创业6528人，发放大学生租房补贴355万元，帮助2265名困难人员实现就业。发放失业保险金6052万元。建立农民工工资监管系统，清欠农民工工资2779万元。新增养老机构4家、养老床位627张，建设2个区域性居家养老服务中心、3个社区日间照料站和10个示范型日间照料站。回迁安置居民491户。向4.3万户弱势群体发放低保金及临时救助金3800万元。完成残疾人适配辅助器具593人，实现贫困残疾人家庭无障碍改造全覆盖。启动“先予处置”资金500万元，解决各类诉求2100余件。严格执行区人大及其常委会决议和决定，自觉接受人大依法监督和政协民主监督。593件省市区人大代表建议和政协提案全部办结。办理“区人大三方互动工作平台”即办件1462件，办复率100%。落实重大执法决定法制审核制度，办理行政诉讼案件49件、办理行政复议23件。完善政府运行规则，37项决策事项经过合法性审查。开展“心防”工程建设，沈河区成为省社会心理服务体系建设试点区和省级平安区。深入实施惠民工程，完成3处社区用房改造和18个老旧小区改造提质工程，586个老旧住宅区实现物业管理全覆盖。拆除老旧自行车棚1.4万平方米，建设43个“百姓乐园”和“居民之家”。

社会事业。统筹推进各项社会事业协调发展，社区教育、社区卫生服务等工作走在全国前列，多福社区工作法在全国推广。国家义务教育质量监测结果位居全省第一位，社区教育获评全国数字化学习先行区。完成九中异地搬迁，七中五里河学校和七中附属小学投入使用。新增学前教育公办学位360个。中考“三校生”（辽宁省实验中学、东北育才学校、沈阳市第二中学学生）达线人数占总招生计划的24.6%，沈河区七中高考文、理科平均分连续三年位居全市各区县首位。持续打造国家公共文化服务体系示范区，建成15个基层综合性文化服务中心、3个体育健康主题公园和15家公共文化服务社会资源共享联盟体。完善区域医疗卫生服务体系，医联体覆盖率达100%。新增重点人群家庭医生签约服务2.8万人。泉园社区卫生服务中心开业运营，滨河、风雨坛两家社区卫生服务中心获国家优质服务示范社区卫生服务中心。以深化科技创新和科技支撑为主线，以科技进步推动社会转型升级为重点，以打造科技创新创业载体、完善科技创新创业环境、发展科技金融融合为抓手，推动区域高新技术产业发展和区域科技综合实力增长，引领全区经济、社会、环境快速协调可持续发展。以“三城联创”为总抓手，从阵地建设、活动开展和人才培养三个方面推进体育工作，进一步完善和加强健身阵地建设，搭建全民健身运动的活动载体，加强全民健身运动的推广和普及。（梁萍）

【成为省社会心理服务体系建设试点区】 3月被确定为辽宁省社会心理服务体系建设试点区。沈河区融会新时代“枫桥经验”，以源头预防为重心，以开展“心防”工程建设为载体，将心理疏导工作注入平安建设和社会治理中，综合运用心理干预手段疏导社会情绪、平和社会心态、化解社会矛盾、防控社会风险。由区委政法委牵头，依托综治中心成立“沈河区社会心理服务与指导中心”，在街道建立15个“社会心理工作站”，在社区建立111个“心理咨询室”，构建三级社会心理服务平台。招募专业力量组建“三支队伍”，即从辽宁省社区心理健康服务专业委员会、东北大学心理健康教育中心、辽宁省医院等11家社会组织、医疗机构和高校，聘请13名社会心理领域专家，与各街道对接成立13个“名师心理工作室”，负责重点人群心理咨询，并指导各街道社区开展心理服务；从心理服务行业协会选拔21名国家二级心理咨询师，从街道社区选拔150名平安志愿者组建心防志愿者队伍，与社区对接，开展社区心理服务、社区干部培训、社会面宣传、社会心理普查及其他服务工作；从区公共法律服务中心选派15名优秀律师，派驻各街道，为服务对象提供法律咨询，答疑解惑，从法理上辅助心理疏导工作。针对重点人群开展“三级防护”，即将服务对象按风险等级划分为普通、特殊、重点三类，提供“三级防护”。预防削减重点人群违法犯罪，管控、降低社会风险，防止发生极端案（事）件，维护社会和谐稳定。紧贴基层需求，激发社会参与热情；紧贴干部业务需求，提升群众工作能力；紧贴基层治理需求，实现矛盾源头化解。初步构建起了一套符合

沈河区主要经济社会指标

表33

指标	单位	2018年	同比增幅（%）
年末总人口（户籍人口）	万人	71.42	0.4
地区生产总值	万元	10037089	6.2
第二产业	万元	1465389	-3.2
#工业	万元	212944	-5.8
第三产业	万元	8571700	7.9
规模以上工业总产值	万元	413305	-9.6
固定资产投资额	亿元	200.4	11
一般公共预算收入	万元	790548	-2.7
一般公共预算支出	万元	480196	11.2
实际利用外资	万美元	10228	-7.8
社会消费品零售额	万元	10675767	8.4
商品房销售面积	万平方米	28.4	-65.9
城镇居民人均可支配收入	元	49537	6.6
普通中学（含高中）	所	24	4.3
小学	所	31	3.3
幼儿园	所	110	-2.7
在岗教师	人	5720	-0.5
在校学生	人	58466	2.6
医院、卫生院	所	47	-2.1
医院、卫生院医生数	人	3582	1
医院卫生院床位数	张	7055	-3.1
运动场馆（游泳馆）	个	9	-
结婚登记数	对	5440	-3.3

（沈河区）

沈河区域特点、契合社区群众需求的社会心理服务体系，形成集“人防、物防、技防、心防”为一体的新时代立体化治安防控格局。（崔梦）

【4项教学成果参评国家教学成果评审】 4月27日，沈河区教育局4项教育教学成果在“2018年辽宁省基础教育教学成果奖评选”工作中获得优异成绩，并报送至教育部参评国家级教育教学成果奖评审。其中沈河区教育局“小微德育成长工程”获一等奖，沈河区文化路小学“戏剧+系列课程的开发与实践”和沈河区文艺路第二小学“四叶草综合课程的开发与实施”获二等奖，沈阳市育源中学“‘三环六步’课堂教学模式”获三等奖。沈河区获奖数量在辽宁省各区县中位居首位。

（刘栩彤）

【五爱集团获“中国纺织服装流通大奖智慧应用特别创新奖”】 5月21日，首届中国纺织服装流通大奖颁奖典礼暨纺织服装智慧商城高峰论坛在江苏常熟举行。沈阳五爱集团获“中国纺织服装流通大奖智慧应用特别创新奖”；集团总经理隋震获“2016—2017年度中国纺织服装流通大奖年度领军人物’；同时，五爱集团（五爱市场）通过中国服装品牌孵化基地第二次复评，继续作为2018年度中国服装品牌孵化基地。在纺织服装智慧商城高峰论坛上，集团从五爱智慧市场应用探索与实践的角度，对“智慧市场”项目进行推介。（王莹）

铁西区

【概况】 铁西区是沈阳市市内5区之一，位于东经123°11′13.6"至123°24′21.5"，北纬41°42′22.9"至41°46′19.1"。北临皇姑区、于洪区，西接辽中区，东与和平区、苏家屯区接界，是中国著名的工业区。老城坐拥一环二环繁华地段。新城位于三环四环地区。面积286平方千米，人口93.88万人。区内交通发达，基础设施完备，工业文化浓厚，城区环境优美，所辖中国工

业博物馆、宝马沈阳铁西工厂被评为国家AAAA级景区，盛京驿站、华圣寺、沈阳机床等景点被评为国家AAA级景区。2007年6月9日，国家发改委和国务院振兴东北办授予沈阳市“铁西老工业基地调整改造暨装备制造业发展示范区”的称号。2008年，被列入改革开放30年全国18个典型地区之一，获联合国全球宜居城区示范奖。2009年，《铁西装备制造业聚集区产业发展规划》获国家发改委正式批准，上升为国家战略。铁西区被命名为“国家可持续发展实验区”“国家新型工业化产业示范基地”“国家科技进步示范区”“国家首批知识产权强区”“全国义务教育均衡化示范区”，入选“新中国60大地标”。区政府办公地址位于重工北街37号。

区域经济。2018年，完成地区生产总值932亿元，增长3.6%；一般公共预算收入120亿元，增长10.6%，其中，税收收入115亿元，增长9%；固定资产投资262.4亿元，增长21.3%；社会消费品零售总额638亿元，增长8.1%；城市居民人均可支配收入增长6.4%。工业方面，规模以上工业总产值1981.8亿元，增长1.4%。装备制造业发展迈出新步伐，米其林、安川电机、日本精工等一批企业增资扩产，沈阳机床集团工业云跻身中国十强，沈鼓集团成为国家级服务型制造示范企业。沈阳三一重型装备有限公司产值增长1.05倍。汽车及零部件产业蓬勃发展，产值增长11.5%，其中，宝马铁西工厂增长10.5%，新能源汽车产值增长3.26倍。医药化工产业发展态势良好，产值增长13%，其中，东北制药集团股份有限公司和沈阳三生制药有限责任公司分别增长45%和51.5%。战略性新兴产业快速增长，产值占工业产值比重25.8%，铁西成为全国14个战略性新兴产业集聚区建设真抓实干成效明显市（区）之一。服务业方面，服务业增加值实现323.7亿元，增长8.5%。北京恒丰保险经纪有限公司、地利农产品投资控股有限公司等11家总部入驻铁西。商品房销售总量及增幅位居全市前列。陌贝网、脉搏智造智能工业服务平台等8户重点电商企业网上交易额5.6亿元。铁西金谷生产性服务业聚集区加快建设，平台大厦和21栋办公楼宇投入使用，中国（辽宁）自由贸易试验区中东欧16国国家馆正式落户。农业方面，农业总产值实现14.6亿元，增长9.5%。认真贯彻落实乡村振兴战略，专门出台促进现代农业发展若干政策，彰驿街道农村电商示范村建设不断加快，盛京驿站、兴龙农场、谷源等一批“农字号”都市休闲旅游品牌逐步形成。沈阳首届丰收节启动仪式在铁西举行。创新小镇建设扎实推进，新能源、健康养老等产业定位逐步明晰，规划设计、土地整理等前期工作基本完成。招商引资方面，新组建招商中心，加快“走出去”“请进来”步伐，开展“三引三回”活动，举办“德企沈阳行”“德国铁西日”等活动。洽谈储备项目211个，签约亿元以上项目89个，其中50亿元以上项目7个、20亿–50亿元项目9个，总投资140亿元的恒大养生谷项目正式签约。总投资200亿元的华晨宝马新工厂、70亿元的SC35碳纤维产业园、50亿元的北方生物医药工业园等一批重大项目当年签约、当年奠基。实际利用外资2.65亿美元，实际引进内资106.1亿元。争取上级政策资金支持，获国家、省、市政策专项资金支持11亿元。项目建设方面，成立项目（企业）服务中心，建立“管家式”服务体系，开通企业服务“直通车”，开展“百人进千企”服务行动。开复工亿元以上市重点项目163个、开复工率100%，其中50亿元以上项目4个、20亿–50亿元项目10个。中车中钛高端钛合金零部件产业园、微控新能源、国信优易大数据创新创业基地等56个新动能项目开工，增长60%。中德企业服务中心、国际公馆、中德应用技术学院等配套项目进展顺利。市重点项目数量、开复工数量和完成投资等指标均列全市首位。对外贸易方面，实行资本项目收入结汇支付便利化试点，实现外贸经营权、海关收发登记、自理报检和电子口岸四项业务区内办理。“沈满欧”国际班列直达宝马铁西工厂，打通对欧贸易的大通道。全年进出口总额200亿元，增长6.9%，外贸出口总量稳居全市首位。开发区被评为“国家外贸转型升级基地”。国资国企改革方面，东药集团二次混改成功引入民营资本，企业呈现巨大活力和强劲动能。沈阳机床集团入选国务院国企改革“双百行动”，沈阳北方重工集团有限公司和沈阳铸锻工业有限公司加快司法重整步伐并成功召开第一次债权人大会，沈鼓集团通风公司确定混改方案。全区完成44户僵尸企业、45户厂办大集体改革任务，盘活国有房产75处，完成国资收益2.97亿元。辽宁股权交易中心铁西分中心正式设立，新增

辽股交挂牌企业13户。东药集团在A股市场定向增发8.5亿元。建立银企对接工作机制，帮助9户企业融资3882万元。

城市建设与管理。抓住“三城联创”有利契机，对标对表一流城区，保重点投入、高标准建设、精细化管理，全力打造最佳宜居环境。生态建设深入推进。牢固树立绿色发展理念，铁腕治污治乱，落实中央环保督察“回头看”整改工作。承办33批次171件交办案件全部按时办结。强化节能减排工作，通过国家级生态工业园区复审。实施蓝天工程，集中开展对1059户“散乱污”企业的专项整治行动，餐饮油烟、露天烧烤、散煤替代、扬尘污染、秸秆焚烧、VOCs（发性有机化合物）排放等问题得到有效治理，拆除20吨以下燃煤锅炉76台，削减二氧化硫5323吨、氨氮1876吨。实施碧水工程，“河长制”得到有效落实，细河三环至四环段黑臭水体治理工程全面完工，四环外黑臭水体整治工程正式启动，胜科水源地保护工作扎实推进。彰驿街道（新民屯）污水处理厂和农村小型污水处理设施调试运行。实施净土工程，第二次全国污染源普查全面完成，东药集团、沈阳化工集团污染场地治理修复工作加紧推进。城乡建设不断加强，投入10亿元，保障124个重点城建项目顺利实施。提高公共交通承载力，沈辽路高架桥工程进入主体建设阶段，沈阳站西广场地面基础工程竣工，22号路跨三环桥主体竣工，中央大街跨浑河桥建成。提高防汛减灾能力，浑河防洪治理工程正式开工，铁西新城综合管廊加快建设，化工园地下管网改造及雨污分流工程有序推进。加快美丽乡村建设，制定全区农村人居环境整治三年行动方案，强力实施村屯环境综合整治，村容村貌日益改观。创城工作成效显著，老旧小区弃管、市容环境脏乱差等一大批积久积深的城市顽疾问题得到有效整治，城乡面貌焕然一新，群众的幸福感得到提升。创新城市治理模式，建立有效的责任落实和巡检督查体系，实施“网格化”管理。强化环境综合整治，改造老旧小区541个、背街小巷132条，整治建筑工地142处，拆除违建63.5万平方米。密闭改造垃圾压缩站37座，清运垃圾66万吨。拆除旱厕3444座，改造公厕46座，新建无害化卫生厕所3253座。新施划停车泊位27万个。弓匠、高明等13个小区被评为全市改造提质样板示范小区。强化食品药品安全监管，全面改造农贸市场35个，锦江麦德龙成为全市首批放心肉菜示范超市。国家卫生城市、国家食品安全示范城市创建工作走在全市前列。

民生工作。实施更加积极的就业创业政策，新增就业2.1万人，城镇登记失业率控制在2.28%，零就业家庭保持动态为零。加强社会救助工作，发放各类救济帮扶资金近3亿元，救助困难群众20万人次。完善社区居家养老体系，南十、永善等12个居家养老服务中心正式运营。实施安居工程，改造棚户区住房4176户，张士二期、四台子一期等4个移村再建工程主体完工。完成房产解疑办证1.5万户，老旧小区实现物业化管理全覆盖。

社会事业。扩大教育资源覆盖面，勋望等4家教育集团全面运行。东北首家对接德国的外籍子女学校落户中德园，杏坛云海校区等6所新建学校主体完工，2所公办幼儿园投入使用。教育教学质量不断提高，中高考成绩位居全市前列，铁西成为全国特殊教育改革实验区。提升基本医疗服务水平，区属医疗机构全部建立“医联体”，分级诊疗信息化平台与市五院实现资源共享，全国首家“信息化医联体”进入试运行，10家养老服务中心和72家社区养老服务站基本实现“医养结合”。开展文体惠民活动3000余场，承办2018中国足球协会甲级联赛，铁西区残疾人在世界残奥会获“一金三银”，国家级全域旅游示范区创建通过省验收。举办第十二届国防科技工业生产制造技术与工艺创新研讨会。成立大连理工大学军民融合沈阳铁西研究院，顺义科技等9个项目相继入驻。东北大学新材料研究院和智能制造研究院落户铁西。研制成功世界首台发送端±1100千伏高压直流换流变压器，特变电工沈变集团再度摘得国家科技领域最高奖。建立德国海德堡等4个离岸创新中心，中德园与德中研发创新联盟、省产业技术研究院签署三方合作战略协议，中德园被评为“国家国际科技合作基地”。

【华晨宝马15周年庆典活动】 10月11日，华晨汽车集团在中德（沈阳）高端装备制造产业园沈阳铁西工厂内举行华晨宝马15周年庆典活动。2003年，德国宝马公司在沈阳开设工厂，成为中国加入WTO后首个来华生产豪华车的汽车制造商。2018年，宝马公司决定对华再增资30亿欧元，并在沈阳建新厂。2009年以后，宝马公司在沈阳累计投资超

过520亿元。沈阳成为宝马公司全球最大生产基地，建有欧洲以外最大动力总成工厂、德国本土以外最大研发中心。

【推行“五长制”城市治理模式】 年内，为有效解决城市治理过程中存在的突出问题，实现城市治理的科学化、网络化和常态长效管理，铁西区探索推行‘五长制’（路长制、店长制、场长制、楼长制、河长制）城市治理模式。“五长制”城市治理模式形成工作闭环，从问题发现到问题提报、部门认领、整改落实、督办考评、责任追究、问题销号等环节形成闭合链条，推动城市治理模式由过去的粗放型、问题型、突击型向精细化、常态化、长效化转变，让人民群众生活得更方便、更舒心、更美好。全区设立“五长”近4万人。在铁西召开的全市创建国家卫生城现场调度会上，铁西向全市各地区和相关部门介绍“五长制”工作经验。（王大鹏）

【第三届中国沈阳·铁西日活动】 6月27日在德国奥格斯堡市举行。奥格斯堡市政府、协会、当地企业代表100余人应邀出席。铁西区对区情和中德园进行推介，并向参会的德国企业着重介绍区内企业对德合作的具体需求。沈阳普祺集团和沈阳大众友邦涂装有限公司的两位企业家与德国企业积极交流，并达成初步合作意向。在交流日现场，为入驻中德园的德籍人士提供配套的德语国际学校、德语国际幼儿园项目正式签约；有160多年历史的隐形冠军企业Hubschmann GmbH与中德园正式签署投资协议；奥格斯堡工业产业园与中德园签署战略合作协议，实现两个园区内

铁西区主要经济社会指标

表34

指标	单位	2018年	同比增幅（%）
年末总人口（户籍人口）	万人	93.88	3.3
地区生产总值	万元	9319747	3.6
第一产业	万元	67692	4.8
第二产业	万元	6087832	2.5
#工业	万元	5472527	1.5
第三产业	万元	3164223	5.9
粮豆总产量	吨	112798	8.4
蔬菜产量	吨	154069	5.7
规模以上工业总产值	万元	19817665	1.4
固定资产投资额	万元	2623650	21.3
一般公共预算收入	万元	1215040	12.0
一般公共预算支出	万元	845098	32.9
社会消费品零售额	万元	6380470	8.1
实际利用外资	万美元	26508	5.8
城市居民人均可支配收入	元	44607	6.4
商品房销售面积	平方米	1379464	26.3
普通中学（含高中）	所	41	20.6
小学	所	40	14.3
在岗教师	人	5312	-18.2
在校学生	人	95333	3.3
幼儿园	所	194	1.0
医院、卫生院	所	25	0
医院卫生院医生数	人	435	24.0
医院卫生院床位数	张	1208	5.0
运动场馆	个	7	0
结婚登记数	对	9106	-3.9

（铁西区）

企业在技术交流和市场协作方面深度合作。（志闻）

相关链接

奥格斯堡市是德国巴伐利亚州重要的工业城市，主要产业包括智能制造、机械制造、环保产业和电子产业，诞生包括KUKA（库卡）自动化设备有限公司、世界500强重卡制造企业德国Man集团、西门子电器、汽车零部件企业鹤赦夫集团等知名企业，是德国环保产业研究基地，与铁西区未来合作空间潜力巨大。

大东区

【概况】 大东区是沈阳城区之一，位于沈阳城东北部，西南、南、东南与沈河区比邻，西北与皇姑区相连，东北与浑南区（棋盘山开发区）相接，北与沈北新区接壤。大东区因位于大东边门外而得名。辖区面积100平方千米，下辖14个街道办事处、122个社区（108个城市社区，14个村改社区），常住人口80余万人。大东区是沈阳民族工业的发祥地。清末，奉天银元局、大亨铁工厂等沈阳最早的民族工业在大东兴起。民国时期，全国最大的东三省兵工厂在大东建立。1931年，自行设计、生产出第一台“民生牌”载重汽车。新中国成立后，黎明公司、新光公司、矿山机器厂、中捷友谊厂、东基集团等著名的国有大中型企业成为沈阳工业的重要支柱。大东区历史文化积淀深厚，有建于明永乐13年（1415）的“大法寺”、清崇德八年（1643）的“东塔”，有赵尔巽、杨宇霆、王明宇、吴俊升、常荫槐、孙烈臣等民国名人故居，以及被列入“盛京八景”的星阁晴霞、万泉垂钓、东塔春耕等文化遗产。大东区地灵人杰，周恩来曾在大东读书，辛亥革命喋血奉天第一人张榕、东北抗日义勇军最早倡导者黄显声、著名文化人士杜重远、金毓黻等曾在大东驻足。区政府驻津桥路20号。

区域经济。2018年，地区生产总值746.8亿元，增长8.7%；规模以上工业总产值1469.6亿元，增长14.9%；一般公共预算收入82.1亿元，增长8.3%；城市居民人均可支配收入44975元，增长6.9%。其中，地区生产总值、规模以上工业总产值、城市居民人均可支配收入等指标增幅居全市前列。汽车产业优势进一步巩固，促进一批具有支撑作用的整车项目投产扩建，华晨宝马汽车有限公司12万辆产能X3燃油车型正式投产，4万辆产能X3纯电动车型进展良好，总投资100亿元的华晨宝马公司产品升级项目正式启动，相关征收、土地整理、基础配套全面推进。总投资19亿美元的华晨雷诺金杯汽车有限公司金杯整车项目开工建设，构建汽车产业新格局。充分释放华晨中华汽车有限公司M8X平台能力，中华V7车型投产。上海通用（沈阳）汽车有限公司别克、雪佛兰小型SUV项目启动生产线升级改造。沈阳平和法雷奥汽车传动系统有限公司二期、沈阳华特汽车零部件有限公司等一批项目建设，进一步完善汽车产业链条。整车及零部件产值1370亿元，增长15.1%。服务业品质进一步提升，促进新兴服务业项目集聚，颐高梦创中心、龙腾创意产业园等一批新兴服务业项目落地，新增开源证券辽宁分公司、平安银行、东北金融后援服务中心等16家金融类企业；不断扩大东中街商业规模，南华中环广场主体竣工，中粮·大悦城E区完成供地。推进传统服务业与电商产业融合发展，社会消费品零售总额284.9亿元，增长8.2%。坚持以重大项目建设为核心，持续用力增强发展动能。拓展招商思维，提高项目质量，增强可持续发展能力。发挥招商服务中心职能，建立“1+6+4”招商体制（“1”，即在区招商服务中心成立1个招商服务中心办公室；“6”，即在体制内组建6个招商局；“4”，即通过社会招聘组建4个招商局），“走出去”开展境内外招商136次，在沈举办民革全国企业家助推沈阳发展大会、沈阳—台湾汽车产业项目对接会、华晨宝马汽车零部件供应商投资推介会等活动，接待来访企业、团组100余个，推进大东汽车创智园、长安民生友邦物流有限公司东北区域总部等重点项目，实现特斯拉公司东北销售总部、名华模塑科技有限公司等44个具有重要牵动力的亿元以上重大项目签约。实际利用外资1.3亿美元，到位内资82亿元。推动项目，发挥项目服务中心职能，制作重大项目推进“鱼骨图”（鱼骨图是一种发现问题“根本原因”的方法，因其形状如鱼骨，所以又叫鱼骨图），促进了华通智慧园、凌云瓦达沙夫零部件等29个新建项目开工，普洛斯大东物流园、陶瓷大都汇等11个项目竣工，实现联东U谷大东汽车研创园供地当日，一次性取得规划、建审、人防等要件。全区投资亿元以上重点项目60个，增长130.7%，其中

投资20亿元以上项目8个，含100亿元以上项目1个；固定资产投资119.5亿元。发挥企业服务中心职能，走进企业送政策、解难题，为4户企业申请市级专项资金支持，为17户企业解决办理房证难问题，为15户企业解决供电、供水、供暖等问题，特别是解决华晨宝马公司北规划路建设等12个历史遗留问题，夯实华晨宝马公司在大东发展的基础。推进盘活存量土地攻坚，解决东北大马路285号、珠林路南等4个地块净地不净、闲置用地等问题，拓展发展空间。推行企业服务专区“全程代办”、智能自助等办件模式，“无件受理、持件取照、履约践诺、全程互信”登记服务模式入选中国营商环境最佳实践案例。持续开展垄断性行业服务、乱检查乱收费乱罚款、政府和企业失信专项整治，将中介服务和政策落实问题纳入整治范围，打通政府服务“最后一公里”。全年新登记市场主体14735户，增长13.2%；新登记各类企业4030户，增长13.6%。推动开发区体制改革，建立“管委会+平台公司”运行机制；发行债券，筹措发展资金，完善基础设施，提高开发区集约化水平。坚持用改革创新的方法防范风险，完成政府年度化债任务。国有企业改革不断深化，建立健全国有企业领导班子和法人治理结构，整合国企国资资源，组建2家国有企业集团。推动19户“僵尸企业”（已停产、半停产、连年亏损、资不抵债的企业）处置、11户“三供一业”（对国有企业职工家属区供水、供电、供热（供气）和物业管理）企业分离移交、18户厂办大集体改革，完成沈阳石油化工设计院破产重整股权交易，取得解决国企历史遗留问题新突破。

城市建设与管理。坚持以“创建国家卫生城市”为突破，凝心聚力提升城区品质。创新工作模式。坚持挂图作战、跑表计时、标本兼治，围绕“清、拆、管、建、疏、查、打、宣”八条主线（清理清扫、拆除私搭乱建、强化管理和建设、注重疏导和执法检查、打击违法犯罪、做好宣传发动等工作主线），建立多渠道发现问题、暗访评估、治理清单销号、责任追究工作机制，不断完善“五层（智慧城管体系、社会化管理网格员、专业化巡查队伍、“五+N”长、社区巡查队伍叠加”“四级（一级指挥平台、二级综合调度平台、三级支撑平台、四级执行处置平台）互动”网格化管理机制。办理群众诉求13万余件，形成全民参与的氛围。着力治理城市顽疾，相继完成方凌路、八家子、高官台东北水暖城等14处重点难点整治，二台子、朱尔、赵家等26个城乡接合部综合整治，拆除违章建筑80.3万平方米，解决遗留的积深积重积难问题。实施11个农贸市场提升改造，实现7个早市规范管理，系统整治占道经营、残土乱排、超载超限运输、废品收购站等各类顽疾，切实改善城区形象面貌。实施城市畅通工程，完成东建街扩宽改造，开通和睦北二路、新东三街延长线等5条小区配套路，改造背街小巷67条，改善村屯道路49.2万平方米。统筹城市管网改造，改造供水管网160公里，供暖管网5千米。新增60余台环卫作业车辆，道路机械化清扫率由71%提高到91%。更新垃圾容器4000余个，全面消除城乡接合部露天垃圾池，新建二类水洗公厕71座，新增停车泊位2.34万个，全面提升城市功能。着力改善生态环境，树立“绿水青山就是金山银山”的理念，全面整改北大营海鲜市场等115个中央环保督察问题，扎实整改中央环保督察“回头看”交办案件123件。大力整治露天烧烤、散煤污染、燃煤锅炉、秸秆焚烧等问题。强化扩绿增绿，完成裸露地面绿化覆盖12万平方米。建立区、街、村（社区）三级河长巡河制度，解决各类问题269件。加强黑臭水体治理，实行“六步（拆违建、清杂物、除旱厕、修村路、常扫保、入户宣）工作法”，清理河道2700米，清除积存垃圾4200余吨，截断排污口48处，关停非法排污企业13户，辉山明渠、山梨河改造经验在全国推广。深入开展信访减存控增攻坚行动，解决柳邻家园、世博家园等7个小区办理房产证、万城小区配电等一批历史遗留问题。进一步规范民族宗教管理，促进全区民族团结、宗教和谐。较好完成兵役征集任务，切实做好退役军人服务管理。坚持“有黑扫黑、无黑除恶、无恶治乱”，强力扫除八家子水果市场黑恶势力，全面整治16个专业市场经营环境。新增视频探头4700个，交通枢纽、商业街、学校、开放式小区、行政村出入口实现监控点位全覆盖。强化生产、消防、食品药品、特种设备等领域安全责任落实。

民生工作。把棚户区改造作为头号民生工程，投入25亿元，全力推进毛君屯、东站铁路二期等10片、15.5万平方米棚户区改造，完成房屋征收4500户，超出

计划900户。筹措资金，推进凌云佳园、三家子等安置房建设。实施新东三街21号院、永兴小区等26个老旧小区改造，推进后堡、盲人大院等区域环境整治，改善群众居住环境。实施就业优先战略，新增城镇实名制就业1.41万人，保持零就业家庭动态为零。强化民生兜底保障，征缴养老保险统筹基金17.8亿元，财政补充养老保险金10.2亿元，确保养老金按时发放；新建2个区域性居家养老服务中心，新增养老床位260张；为9200余户低收入家庭和1100余名优抚对象发放低保金、供暖补贴、住房租赁补贴、优待抚恤金等1.5亿元。“放管服”改革不断深化。取消调整21项行政职权，562个审批事项实现“最多跑一次”，185个便民服务事项做到“只进一扇门”。开展“办事难”整治，清理各类不合理证明，创新“双联机制”（市区联动、政企联合），办理失业人员退休手续，群众办事更加便捷。

社会事业。落实沈阳市“24+9”人才政策（沈阳人才政策24条和人才政策新9条补充意见），引进德国MDC国家分子生物医学中心华人科学家团队等海内外高层次人才11人。坚持创新驱动，沈大内窥镜引进德国弗朗霍夫研究所光镜产业技术并共建研发中心，拜奥泰克细胞再生医学中心等一批高科技项目落地，沈阳航天新光集团有限公司等2户企业创新平台晋级市级工程技术研究中心，新增高新技术企业10户，有效发明专利拥有量1026件。实施市科技小巨人和高新技术企业“双培育计划”，14户企业获准进入科技小巨人培育库、13户企业获准进入高新技术企业培育库，并获政策资金支持。分三批次组织企业参评高新技术技术企业，推荐沈阳沈大内窥镜有限公司等22户企业参评高新技术企业，其中16户企业为首次申报、6户企业为到期复审。大东区区高新技术企业累计达到60户。推进“名师名校名校长”工程，成立107中学等三个教育集团，深入推进校本研修、校长工作坊等工作。完善教育设施，205小学、111中学操场投入使用，东越尚品学校、和美幼儿园建设顺利实施。深入发掘大东历史文化遗存，“老龙口1662”文化产业园投入运营。不断完善公共文体服务体系，区少儿图书馆新馆正式开放，举办艺术惠民演出、社区体育节等各类文体活动1000余场。举办“大东区第十九届社区体育节”系列活动。全区各街道办事处、体育协会组织71场次群众体育活动，参与人数5000人次以上。依托“全民健身日”契机，区全民健身中心8月起对场馆进行分时段免费对外开放。着力增强健康服务能力，文官社区卫生服务中心与省人民医院正式签订“医联体”协议。新型农村合作医疗参合率达到99.8%。大东区获“全国中小学责任督学挂牌督导创新区”“全国妇幼健康优质服务示范区”等荣誉。加强公共卫生、健康教育、疫病防控等工作，深入开展“三小”（小饭店、小熟食店、小食品加工店）“五小”（小旅馆、小歌舞厅、小浴室、小美容美发店、小网吧）行业监管。建立食品安全网格化监管模式，推行早市食用农产品常态化快速检测，有效防控“非洲猪瘟”，保证老百姓食品安全，创建“国家食品安全示范城市”工作取得阶段性成果。

【特色小镇项目签约】 8月29日，在2018中国民营企业500强峰会上，大东区与中南集团大东汽车特色小镇项目签订投资合作协议。项目总投资400亿元，规划面积约2780亩（185.33公顷）。其中产业部分占地约1390亩（92.67公顷）；国际化社区及人才公寓占地1180亩（78.67公顷）；教育医疗占地210亩（14公顷）。项目建成后可实现纳税额70亿元。项目分6期建设。

【环卫市场化改革】 大东区继上年在全市率先开展环卫市场化试点运行的4个街道办事处后，将10个街道办事处划分为两个标段招标。服务项目除环卫作业内容外，主要涉及1037万平方米的街路保洁、887万平方米的非物业小区保洁及每天640余吨的垃圾收运任务。2户中标企业5月1日正式进场开展工作，完成合同制职工的合同转签及人员接管等工作。同时，组建环卫市场化后的监管队伍，保障对非物业小区作业情况进行全面监管。设定监管模式，明确标准及规则，依据考核成绩确定服务费用。启动智慧城管系统建设，利用现代技术加强对环卫各项业务的监督，做到全时全域监管，以科学的手段巩固环卫市场化改革工作成果。

【三项举措服务项目建设】 2018年，大东区加快项目审批。在实行超前服务上，北京联东集团与大东区签署合作意向书之后，区招商服务中心、汽车城经发局等数十个部门提前介入、超前服务，建立沟通协调机制，主动向企业“问需”，帮助企业梳理项目审批流程等问题，破解项目落地过程中遇到的难题。在全

大东区主要经济社会指标

表35

指标	单位	2018年	同比增幅（%）
年末总人口（户籍人口）	万人	64	-2.1
地区生产总值	万元	7468055	8.7
第一产业	万元	1118	-28.0
第二产业	万元	4952007	12.8
#工业	万元	4762764	14.0
第三产业	万元	2514930	1.1
规模以上工业总产值	万元	14696267	14.9
固定资产投资额	万元	1195135	3.5
一般公共预算收入	万元	820544	8.3
一般公共预算支出	万元	522119	32.7
社会消费品零售额	万元	2848978	8.2
实际利用外资	万美元	12742	-35.0
城市居民人均可支配收入	元	44975	6.9
商品房销售面积	平方米	649987	-31.1
公立普通中学（含高中）	所	14	0
小学（普通22+培智2+私立1）	所	25	0
在岗教师	人	4304	0
在校学生	人	42181	-13
幼儿园	所	94	3.3
医院、卫生院	所	49	2.1
医院卫生院医生数	人	3294	-0.8
医院卫生院床位数	张	10338	0.5
回迁安置居民	户	349	-905.2
运动场馆	个	9	125.0
结婚登记数	对	5736	-13.2

（大东区）

程帮办上，为项目提供全程代办帮办服务，由企业自行确定“联系员”，相关职能部门确定“代办员”，配合部门配备“协办员”，与市规划、建委、消防等部门积极沟通，专设“导办员”。通过“四员”联动，实现每个环节都有专门人员提供服务。在联合审批，原需要30个工作日才能完成的前期准备、报件、审核工作仅仅7天就全部完成。

【八家子地区拆迁改造完成】 2018年，针对八家子地区长期存在的环境问题，大东区开展八家子地区环境整治攻坚战。调集城管执法、公安、规划、安监、信访、属地街道等部门400余人，挂图作战、不间断推进。在沈河区的配合下，拆掉5.17万平方米违法建筑，清理垃圾残土2494车，并立即进行土地平整，苫盖裸土。在拆违过程中，从房屋性质和权属认定，到强制拆除，及拆后相关事项处理，都依法依规进行，同时对于有实际困难的群众及时安置救助到位。 （汪玉贵）

皇姑区

【概况】 皇姑区位于沈阳市北部，是沈阳市中心城区之一，也是辽宁省行政中心区和文化教育大区。东邻大东区，南邻沈河区、和平区、铁西区，西邻于洪区，北邻沈北新区。区域面积66平方千米，户籍人口83.84万人，辖9个功能区，包括124个社区、3个行政村，拥有一个省级经济开发区——沈阳首府经济开发区。皇姑区历史悠久，名称可上溯至清建立之初的“皇姑坟”。域内华山路是清历代皇帝回沈祭祖的大御路。皇姑区有国家重点文物保护单位4个，包括7200年前新石器时代的新乐遗址，近千年历史的辽代无垢净光舍利塔，世界文化遗产清昭陵，以及东北

大学旧址。省人大、省政府、省政协、省军区及50%以上的省直机关均坐落于此，并汇集辽宁大学、辽宁中医药大学、沈阳飞机设计研究所等大专院校、科研院所33所，驻区团以上部队46个。交通四通八达，拥有12条交通主干道和沈阳北站北出口，沈阳地铁二号线贯穿皇姑区南北。新乐遗址、舍利塔、清昭陵和北塔构成沈阳最丰厚的人文景观，沈阳“绿肺”北陵公园、沈阳“玉环”北运河构筑沈城最佳人居环境。区政府驻松花江街3号。

区域经济。2018年，全区地区生产总值532.8亿元，增长4.9%；一般公共预算收入40.02亿元，增长15.3%。瞄准产城融合、聚焦新兴产业、着眼提质增效，亿元以上项目数量增长46%，20亿元以上重大项目达到12个。固定资产投资116.7亿元，增长10.8%；规模以上工业总产值17.3亿元，增长7.1%；社会消费品零售总额253.4亿元，增长8.7%。调整招商体系，着力引进符合产业布局和增加财税实力的龙头项目。赴外埠招商45次，洽谈储备项目181个，联想、中化等世界500强企业和中航科工、威高等国内500强企业相继落户，新引进93户企业。实际利用外资1.02亿美元，增长62.6%；实际到位内资53.4亿元；出口总额5.61亿元，增长20.4%。加强对重点产业、重点企业和重点税种跟踪帮扶，实现土地增值税、契税等稳定增长。深入挖掘企业所得税、环保税等潜力，依托大数据分析查补税款。税收收入33.47亿元，增长12.7%，税与非税比为84：16。坚持“一地一策”，强力推动“清根拔刺”，出让8宗土地，面积30万平方米，成交总价45亿元。加快盘活存量土地攻坚行动，解决存量土地和“净地不净”土地16宗。推出“皇钻十六条”产业创新发展政策，发挥政策引导优势，实现埃克森美孚公司、辽宁古巧生物科技有限公司等一批区域性总部落地。摸清楼宇底数，重点推进沈阳天地、利星行广场、中海、中粮等楼宇经济项目。全区金融机构总数341家，金融业税收贡献率增加5个百分点。服务业增加值433.7亿元，增长5.3%，占地区生产总值比重达到80%以上。区军民融合产业发展联盟升级为发展促进会，成员突破140家。10所大院大所开放合作，42个实验室机构、600余台（套）仪器设备对外开放。做大“五园一中心”（航空技术军民融合产业园、君威军民融合智慧产业园、装备器材防护军民融合产业园、沈阳科技文化产业园、安搜军民融合众创空间、中国装备制造工业设计中心），推动军民融合产业基地规划建设，形成军民融合产业园协同创新体系。深化“放管服”改革，2万平方米的新政务服务中心建成使用。梳理审批服务6项清单，推行“最多跑一次”，实施登记全程电子化，审批时限压缩50%以上。

城市建设与管理。打好创卫攻坚战，市容市貌显著改善。实行三级网格化管理，严格落实“五长制”（楼长制、路长制、场长制、店长制、河长制）。完成3条小区配套道路工程，整修51条背街小巷，整治22.2千米道路，改造面积7.5万平方米。新建改造提升52座公厕，拆除184座旱厕。拆除违章建筑48万平方米，拆除违规户外广告等1.44万平方米，精心打造10条牌匾治理示范街路。“大棚房”清理整治任务100%完成。文官废旧钢材市场专项整治取得阶段性成果。环卫作业市场化改革成效初显，主要道路机扫率提高到85%，30座露天垃圾压缩站实施加棚密闭改造，全区街路新增果皮箱2203个。升级改造6个农贸市场，规范管理37个生鲜超市，取缔11个违规街路市场。市容“十乱”（乱搭乱建、乱贴乱画、乱停乱放、乱扔乱倒、乱拉乱挂）问题得到有效治理，清理露天烧烤、占道经营等4.9万处。完成14条街路行道树补植，裸露地面绿化覆盖16万平方米，路灯亮化率达95%以上。持续实施抗霾攻坚行动，严格落实秸秆禁烧管控。完成3台340吨锅炉脱硝工程，拆联15台450吨位锅炉，整治查处“散乱污”企业96户。中央环保督察后续整改工作落实到位，完成164个交办件整改销号工作。怒江北污水处理工程按期竣工，日处理1万吨污水。完成鸭绿江北街南小河、文官村文储路、观音南路黑臭水体改造工程。深入开展信访“减存控增”3年攻坚行动，化解案件241件，化解率达到40%以上。持续开展扫黑除恶专项斗争，加强平安皇姑建设，深入推进“雪亮工程”，构建“全民参与、全民防范”管理新模式，刑事立案下降7.8%。建立完善安全生产监管体系，加强应急管理机制建设，强化重点隐患排查力度，安全生产形势总体平稳。

民生工作。投入1.13亿元，完成86万平方米的19个老旧小区改造工程，惠及居民15446户。城镇新增就业1.4万人，城镇登记失业人员控制在15550人以内，保

持零就业家庭动态为零。城镇居民人均可支配收入44404元，增长6.8%。积极推进养老、医疗、失业和工伤保险扩面工作，养老基金收缴12.5亿元。救助城乡低保6.9万人次，发放各项救助金5115万元。溪湖社区区域性居家养老服务中心投入使用。新建4所养老机构，新增养老床位490张。完成棚户区改造288套。加快回迁房建设，回迁安置居民2237户。

社会事业。成立拥有会员近百家的区科技产业发展协会。引入创新升级运营团队，打造“沈阳科技创新中心”，引进公共服务创新平台、人工智能生态云服务平台。建设产学研协同创新平台，专利成果资源开放836项。全区高新技术企业达到79户，增长68.1%；进入市“双培育”库企业（培育高新技术企业和科技小巨人企业）47户，增长68%。重点培育2户“瞪羚”企业（成长性好、具有跳跃发展态势的高新技术企业）。新增碧桂园幼儿园等普惠制幼儿园，完成2所三星级数字校园建设，通过全国中小学校责任督学挂牌督导创新区评估验收。统筹推进区属12家社区卫生服务中心医联体建设，实现全区居民健康档案统一电子化管理。通过全国基层中医药工作先进单位复审。开展“明厨亮灶”提升工作，实现比例达到94%以上。组建“皇姑区博物馆联盟”，承办惠民活动30余场次。区图书馆、少年儿童图书馆获国家一级图书馆称号。举办区第二届全民健身运动会。

【大院大所开放合作签约仪式】 5月7日，皇姑区举行大院大所开放合作信息发布会暨军民融合合作体系签约仪式。沈阳飞机设计

皇姑区主要经济社会指标

表36

指标	单位	2018年	同比增幅（%）
年末总人口（户籍人口）	万人	83.84	1.1
地区生产总值	万元	5327571	4.9
第一产业	万元	553	2.6
第二产业	万元	990119	3.2
#工业	万元	747714	5.5
第三产业	万元	4336899	5.3
规模以上工业总产值	万元	173370	7.1
固定资产投资额	万元	1167186	10.8
一般公共预算收入	万元	400168	15.3
一般公共预算支出	万元	330081	20.8
社会消费品零售额	万元	2534175	8.7
实际利用外资	万美元	10173	62.6
城镇居民人均可支配收入	元	444034	6.8
商品房销售面积	万平方米	109.5	13.5
普通中学（含高中）	所	17	0
小学	所	27	0
特殊教育学校	所	2	0
在岗教师	人	4384	-4.7
在校学生	人	64394	1.3
幼儿园	所	116	10.5
医院、卫生院	所	40	-4.8
医院卫生院医生数	人	4550	6
医院卫生院床位数	张	10200	-3.3
运动场馆	个	10	0
结婚登记数	对	6332	-7.6

（皇姑区）

注：普通中学包括九年一贯制学校1所

研究所、沈阳飞机工业（集团）有限公司、中国电子科技集团第四十七研究所、辽宁大学、沈阳航空航天大学等10所大专院校、科研院所签订《开放合作体系倡议书》，“115”军民融合公共服务平台体系签订合作协议，42个实验室机构总造价百亿级的实验室和设备对外开放，标志着皇姑区军民融合正在由政府主导转向产业自主发展、政府跟进服务的新模式。

【皇姑区博物馆联盟成立】 5月16日，皇姑区举办“讲文化故事 享无限链接”皇姑区博物馆联盟成立仪式，沈阳“九·一八”历史博物馆、沈阳新乐遗址博物馆、辽宁古生物博物馆、沈阳审判日本战犯法庭旧址陈列馆、沈飞航空博览园及皇姑区13家民间艺术馆现场签约成立“皇姑区博物馆联盟”。联盟成立后，整合各博物馆文化资源，将历史文化与现代科技相结合，吸引更多的普通市民走近历史，走进博物馆，不断提升皇姑文化内涵和城市品质。

【皇姑区科技产业发展协会成立】 5月23日，皇姑区举行科技产业发展协会成立仪式暨科技创新资源供需信息交流会。驻区高等院校、科研院所、科技企业近百家单位120余人出席大会。会上，皇姑区政府分别与辽宁环保集团、沈阳飞机设计研究所及辽宁大学就“辽宁环保科创中心”“专利开放与共享”项目签署产学研协同创新平台合作协议，辽宁省环保集团、沈阳飞机设计研究所、辽宁大学、沈阳防锈包装材料有限公司、沈阳林科信息技术有限公司、沈阳博来德滋电子科技有限公司依次进行科技创新资源供需信息交流。会议实现沈阳飞机设计研究所、辽宁大学、辽宁中医药大学专利成果资源开放836项，辽宁大学等高校院所实验室及仪器设备开放15个。

【全市首家军民融合产业园红色驿站建成】 7月1日，全市首家军民融合产业园红色驿站——君威红色驿站正式启动。君威红色驿站是由君威新能科技有限公司自筹经费建立起来的红色阵地。驿站以“不忘初心，牢记使命”为主题，由党史教育阵地、产品展示、党员教育基地、企业文化传承和洽谈平台5个版块组成，是全市首家军民融合产业园红色驿站，也是皇姑区第一家由非公企业自筹经费建立起来的红色阵地。

【“皇钻十六条”产业创新发展政策发布】 8月1日，皇姑区政府在市政府新闻发布厅召开专场发布会，向社会公布《皇姑区“皇钻十六条”产业创新发展政策》。“皇钻十六条”包括总部经济、商务楼宇、科技创新产业、军民融合产业、金融业和人才保障6大部分16条政策内容。“皇钻十六条”具有：规定动作满分，严格贯彻落实省市创新政策，并在奖励金额上做一定调整；自选动作加分，参考先进地区政策，在商务楼宇、亿元楼宇、军民融合等方面提出具有皇姑特色的产业发展政策；实施细则护航，“皇钻十六条”虽然产业政策简练，但出台详细的实施细则；灵活机动选项，设立书记、区长特别贡献奖，对皇姑经济、社会发展做出杰出贡献的，无论符合不符合“皇钻十六条”政策，都给予奖励；讲究时效性，此次制定的产业政策，将随时根据实施情况予以评估修订；加大兑现保障，设立5000万元专项资金保障政策兑现。发布会现场，沈阳清办管理有限公司和平安人寿保险公司代表分别领取380万元和306万元的政策兑现转账支票，首享政策红利。（王茁）

浑南区

【概况】 浑南区位于沈阳市东南部，南与苏家屯区接壤，北与母城隔河相望，东与抚顺市为邻，西与和平区相连，处于沈阳经济区中心，辐射抚顺、本溪、鞍山、辽阳、营口5市。2010年2月，市委、市政府将东陵区、浑南新区（沈阳高新区）、航高基地整合为东陵区（浑南新区），“三区”合署办公。2013年11月，棋盘山开发区并入东陵区（浑南新区）。2014年6月，经国务院批准，东陵区（浑南新区）正式更名为浑南区。浑南区交通便利，拥有由沈阳桃仙国际机场、沈阳南站、城际铁路、高速公路、地铁构成的立体交通网络，是沈阳市重要的交通枢纽和对外门户。区域总面积约734平方千米。由国家大学科技城（浑南新城）、沈抚新城、现代商贸区、国际新兴产业园区、现代农业示范区和棋盘山风景名胜区6个功能板块构成，下辖73个社区，167个涉农社区，户籍人口40.93万人，常住人口65万人，兼具城乡两种管理职能。全区生态资源丰富，东南部有绵延17千米的长白山余脉，植被茂密葱郁，坐落其中的陨石山国家级森林公园拥有19亿年前陨落的世界上最大最早的古陨石群；北部有由东向西流经全区25.6千米的辽宁第二大

河流——浑河，两岸地势坦荡，风景如画。全区人文景观积淀丰厚，汉魏墓葬群、辽代白塔遗址、唐代中华寺、朝阳山等增添了丰富的历史文化内涵。此外，辽宁省科技馆、辽宁省图书馆、辽宁省博物馆、辽宁省档案馆四大场馆成为沈阳市市政建设旅游观光区。浑南区旅游活动独具特色，浑南啤酒节、盛京灯会、棋盘山冰雪节等成为沈阳市重要旅游品牌。全国首批智慧城市建设试点之一，率先开展5G移动通信网络试点和全域窄带物联网建设应用。在产业发展方面，以信息技术、智能制造、生物医药、健康医疗、民用航空、电子商务等高新产业为主导，已建成软件及系统集成、机器人、数字医疗设备、IC装备等一批全国重要高新技术产业化基地，培育新松机器人自动化股份有限公司、东软集团股份有限公司、拓荆科技有限公司等高新技术企业338户，占全市的1/4；拥有科技小巨人企业132户，瞪羚企业8户、独角兽企业1户。是国家新型工业化产业示范基地、国家集成电路装备高新技术产业化基地和国家电子商务示范基地。浑南区获全国武术之乡、国家电子商务示范基地、国家自主创新示范区、国家双创示范基地、国家级妇幼健康优质服务示范区、国家科技服务业试点区、全国义务教育发展基本均衡区等荣誉。区政府位于浑南区世纪路13号。

区域经济。2018年，服务业增加值262.9亿元，增长9.5%，超额完成全年计划，在全市增速排名第1位。全区社会消费品零售额累计完成 404.8 亿元，增长 16.4%，高出全市平均水平 7.2 个百分点，增幅排全市第1名。限额以上企业累计完成零售额 345.5 亿元，增长 23.7%，占全区社会消费品零售额的 85.4%。全区有进出口额的企业158户，完成进出口总额130.97亿元，增长28.43%。其中有出口额的企业120户，实现出口80.2亿元，增长87.86%，全省占比2.73%。出口超5000万元以上的企业17户，出口额79.22亿元，占总出口额的98.78%；有进口额的企业83户，实现进口额43.12亿元，增长20.66%，全省占比1%。进口超5000万元的企业15户，进口额38.63亿元，占总进口额的89.59%。

城市建设与管理。推进土地划拨手续办理。市政设施建设项目前期手续办理71项推送至多规合一平台。为浑南新城道路一期及道路二期工程办理建设用地规划许可证后办理土地划拨手续。完成23项在建市政工程，包括三环南三路道路及排水工程、汽车贸易园区中心景观带工程、仓储街排水改造工程、桃仙街（创新路至创新二路）道路工程、永康路、于山西路（白塔街-白塔一街）道路工程、中央公园地下停车场维修改造工程等，为海思科医药集团股份有限公司等解决排水问题，完善综合保税区、国际医院等园区周围市政基础配套，为企业及周边居民出行提供便利条件和有力保障。完成大华地块、综保区电信排迁工作，304国道电信排迁工作。完成融顺、后榆、张官及农机厂4个老旧小区供水、供气及电信设施改造、嘉华新城小区电信改造。完成浑南区街路周边电信线缆整理工作；完成71个小区内电信线缆“蜘蛛网”整理、20个自备井小区内网改造及32项电力工程前期手续办理工作；完成综保区、军区安置住房等12项电力排迁、融顺等弃管小区电力提质、三菱发动机等产业区电力网架建设、祝科东三街等10余条道路照明工程、大学科技城2016年开工的28条街路（次干路、支路、新入住小区及新南站周边区域）530盏路灯的续建和高压电源报装工作。加大道路日常巡查力度，累计巡视250条道路7.3万千米。重点对奥体中心周边等重点区域进行大规模道路病害整治；投资2000余万元对电力、路灯进行维护；完成沈抚新城（棋盘山）交通信号、标志标线维护工程的招标工作；对排水管网进行维护，累计清扫雨污水管线665千米，对李相新村污水截流、全运路沈本大街东南角污水管线等9项工程进行抢修，博荣水立方、绿色家园等50余处污水管线进行封堵。根据《沈阳市背街小巷环境综合整治设计管理导则》，47条背街小巷列入2018年基建计划中，投资5350万元，6月末完成工程建设。新增设信号灯29个灯岗，在中华寺增设超速抓拍电子警察3处。为金帆路等道路增设中央护栏5000米，边栏3000米。开展静态交通治理，在浑南大道等主要路段增设电子警察违停抓拍187处；主要道路重新施划标线12万平方米，施划道路停车泊位3.3万个。浑南新城高速口隔声屏项目、排水项目、二十一世纪大厦周边公交车站移位项目、泰奕夏园临时停车场项目均完工。完成城中村环境综合改造工程，对五三街道、浑河站东街道、东湖街道3个街道的14个村及社区，总计163条道路实施改

造。为47条背街小巷配套标志标线；完成人大代表提案12件，涉及公共设施破损、交通设施不完善及道路等问题，促进了城市环境整体提升。区划地名工作成效显著，调整9个街道行政管辖范围，撤销英达街道建制，成立永胜街道（市政府已批复）。全区新命名街路127条，设置街路牌375块。完成与和平区5个界线争议地区的确认。做好地名审批，审批地名124件，出具地址证明2000余份。

民生工作。在社会救助方面，为全区城乡低保户1592户、2343人发放各类救助金1721万元，为特困供养人员345户356人发放保障金451万元。落实残疾人“两项补贴”（困难残疾人生活补贴、重度残疾人护理补贴；金额均为每人每月50元）、春耕生产、电价补贴等救助机制。连续7年提高低保标准，城市低保由每人每月635元提高到655元，农村低保由每人每月425元提高到450元。持续开展科级领导干部结对帮扶活动，春节、“五一”、“七一”期间，全区698名科级以上领导干部结对帮扶困难群众，送慰问金、慰问品67万元。加大临时救助力度。发放临时救助金54万元，累计救助228人次。在城乡社区治理方面，创新社区服务模式，探索社区回归自治本位，选定五三街道美好社区、浑河站东街道浑河堡社区试点政府购买社会组织服务。加强顶层设计，制定《浑南区开展创新社区运行和服务机制试点工作方案》。优化社区布局，新成立9个城市社区，调整11个城市社区规模。完成全区240个社区赋码工作。加强社会组织登记管理，完成社会组织备案登记297家，志愿团体注册525家。在养老事业持续改善上，开展养老机构专项整治，完成天柱山（远大老年公寓）等3家养老机构消防整改，取缔和顺养老院和顺等7家非法养老机构。采取“公建民营”方式，高标准推进浦江苑居家养老服务中心建设。新增养老床位645张。区浦江苑、恒大江湾等7家居家养老服务中心高质量运营。婚姻登记有序开展，办理结婚登记3756对，离婚登记2276对，补发婚姻证书1204件。

社会事业。举办彩色跑、武林风、龙泉青瓷展等国际国内知名品牌活动。承办“2018沈阳国际马拉松”、帐篷音乐节、“我和旗袍”故事论坛、“吉他艺术节”等高品质、好品位、亮品牌活动。与宣传部共同策划举办浑河之夏文化艺术季活动。举办“文化绿洲，幸福浑南”第二届文化艺术节百余场，免费电影进社区、进村巷1800场，10万人参与。开设合唱、摄影等公益惠民培训班600场，培训学员1.6万人次，发挥文化“扶志”“扶智”作用，助力扶贫脱困。朗读、征文在市读书活动中获一、二等奖。社区流动图书近万册，被评为市优秀组织奖。区文化馆获沈阳市“百万市民艺术培训共享工程”突出贡献单位。区文化馆广场舞蹈队、合唱团、阳光艺术团、区诗联协会获沈阳市艺术惠民“双百万”工程优秀群众文艺团队；区书法家协会主席刘宏卫获中国书法最高奖“兰亭奖”。助力浑南高品质公共文化服务新展区建设，新建健身步道850米，安装器材454件。完成奥体灯会、“CBA季后赛”等大型活动的综合保障工作。区15处烽火台被评为省级文物；申报2名市级非遗传承人，完成“满族传统搓背”“盛京满绣”“核桃木器包嵌技艺”“吕氏摸骨养生术”“董辉面人”“许世左剪纸”“皇家羽毛画”7个区级项目申报市级。对25处区内涉及疑似消失、变化不可移动文物情况开展文物外业核查和文物行政执法，依法对石台子山城等涉及违章建筑问题进行处理。区被评为省体育产业示范基地和CBA辽篮

浑南双创示范基地代表辽宁省接受国家发改委调研组实地评估（浑南区供）

夺冠突出贡献奖；作为沈阳市唯一一个全国武术之乡，获第十五届全国武术之乡比赛集体项目一等奖、个人展示项目一等奖。李铁公园被评为省体育产业示范项目。科技创新体系不断完善，各类研发机构达到159家，其中，重点实验室36家、工程技术研究中心71家、新型研发机构5家（占全市60%），企业技术中心47家。搭建辽宁省产业技术创新平台36家，对接沈阳市科技条件平台入网机构47家，引导组建产业技术创新战略联盟16家，培育技术转移示范机构10家。组织45户企业申报沈阳市科技创新百强民营企业。教育质量不断提升，沈阳市第51中学暨本溪高中浑南分校迁入新校区，杏坛中学浑南分校、省实验浑南一中金阳校区等5所高品质现代化新学校全面投入使用。北师大沈阳附属学校中学部内部装修工程基本完工，126中学浑南分校进场施工。被教育部确立为《基于课堂教学的智能移动学习终端研究》项目试验区，智慧教室项目正式启动，教育大数据中心建设加速推进，开展大数据精准分析和纸笔智慧课堂试点，深入推进分层教学活动，以信息技术引领高品质教育发展成效显著。中考升入省级重点高中学生数增长8.89%。承办沈阳市落实高品质教育工作推进会暨浑南国际教育首届高峰论坛，浑南教育的影响力进一步扩大。持续深化医药卫生体制改革，各公立医院全部取消药品加成（中药饮片除外），实施药品实施“零差率”销售。药占比由48.6%下降到43.8%，百元医疗收入（不含药品收入）中消耗的卫生材料由8.1元下降到7.34元，医疗费用增

浑南区主要经济社会指标

表37

指标	单位	2018年	同比增幅（%）
年末总人口（户籍人口）	万人	40.93	9.9
地区生产总值	万元	4790427	8.0
第一产业	万元	55634	3.5
第二产业	万元	2105383	6.4
#工业	万元	1710346	6.2
第三产业	万元	2629410	9.5
农林牧渔业总产值	亿元	11.1	3.2
粮豆总产量	万吨	15.85	-0.7
蔬菜产量	万吨	3.19	-23.7
规模以上工业总产值	亿元	478.6	4.5
固定资产投资额	亿元	230.2	20.0
一般公共预算收入	亿元	79.4	13.1
一般公共预算支出	亿元	62.4	22.0
社会消费品零售额	万元	4047764	16.4
实际利用外资	万美元	10398	-6.3
城市居民人均可支配收入	元	46245	6.5
城市居民人均消费性支出	元	35156	
商品房销售面积	万平方米	348.7	12.1
普通中学（含高中）	所	22	4.8
小学	所	20	5.3
在岗教师	人	3014	7.3
在校学生	人	44228	11.5
幼儿园	所	131	0
医院、卫生院	所	324	-
医院卫生院医生数	人	3854	-
医院卫生院床位数	张	3381	-
回迁安置居民	户	1320	39.4
运动场馆	个	984	0
结婚登记数	对	3931	14.5

（浑南区）

注：上年医院、医生、床位数按照实有在编数填报；2018年数字按照公报数字填报。填报口径不同，不能与上年进行对比

长幅度为9.83%。公立医院综合改革专项资金100万元全部下发参改医院。全区社区卫生服务中心、乡镇卫生院、124家实施基本药物村卫生室全面配备使用基本药物并实行零差率销售。

（孙源鹏）

【事业单位改革完成】 5月11日，根据《中共沈阳市委关于印发〈沈阳市加快推进事业单位改革工作方案〉的通知》要求，制定《浑南区事业单位改革整体方案》《浑南区公益性事业单位优化整合方案》《浑南区事业单位改革工作推进方案》。全区涉改172家单位，转制为企业3户，其余169家优化整合为17家，精简比例达到90.1%。8月1日，召开浑南区事业单位改革实施动员大会，对事业单位改革工作进行部署，全面启动公益性事业单位改革的实施工作。截至8月30日，完成全部17家新组建事业单位的三定方案制定、领导班子配备、集中办公、机构挂牌和事业单位登记工作。（张蕴）

【机构改革启动】 按照省委、省政府的决策部署和市委、市政府的总体安排，浑南区实施机构改革工作。11月28日，区委第一届常委会第73次会议审议通过《沈阳市浑南区机构改革方案》，并呈报省市委审批；12月29日，省委正式批准区《方案》。《方案》批复后，开始研究各部门机构编制、内设机构、职能配置方案，并参照市机构改革部署，筹备召开区机构改革动员大会。（李非）

【获省市双创扶持资金1808.43万元】 2018年，全区为博众青年创业工场等26户科技企业孵化器和众创空间争取省市扶持资金1808.43万元，占全市双创扶持资金总量40%以上，资金扶持率全市领先。

【科技服务收入128.06亿元】 2018年，新增科技服务业机构86家，总数达到512家，从业人员2.2万人，实现科技服务业营业收入128.06亿元。新增科技公共服务平台2家，总数达23家；新增科技创新联盟1家，总数达26家。累计建成省产业技术创新平台36家。

（胡明）

于洪区

【概况】 于洪区位于沈阳市西北部，东临铁西区、皇姑区，西与新民市接壤，南隔浑河与苏家屯区相望，北邻沈北新区。辖区地势平坦，自然生态环境优越，浑河、蒲河、细河、九龙河等流经域内。区域历史文化底蕴深厚，拥有新乐遗址、永安桥、北塔法轮寺等名胜古迹。于洪区是沈阳市及东北三省通往关内的重要通道，由沈大、京沈、绕城高速公路，秦沈、沈山、长大线铁路等构成四通八达的交通网。区划面积499平方千米，辖迎宾路、陵西、于洪、北陵、沙岭、南阳湖、城东湖、平罗、马三家、造化、大兴、光辉12个街道，户籍人口47.89万人。区政府驻黄海路37号。

区域经济。全区经济社会保持平稳稳定发展。截至年底，项目引进建设、城乡环境提升等95项任务均顺利完成。抓运行保发展，经济总量进一步提升。地区生产总值343.3亿元，增长6.3%。其中，第一产业增加值9.9亿元，增长3.3%；第二产业增加值127.2亿元，增长11.4%；第三产业增加值206.3亿元，增长3.1%。公共财政预算收入37.2亿元，增长8.2%。规模以上工业总产值完成119.2亿元，增长12.1%。固定资产投资172.6亿元，增长25.5%。社会消费品零售总额121.2亿元，增长9.2%。其中，电子商务业15.3亿元，增长21.5倍；限额以上传统零售业7.5亿元，增长13%。出口总额完成14.9亿元，增长13%。城镇居民人均可支配收入增长6.3%。农村居民人均可支配收入增长7.5%。永安经济开发区规模以上工业企业产值70.2亿元，增长17.4%；“四上”企业（规模以上工业企业、资质等级建筑业企业、限额以上批零住餐企业、规模以上服务业企业这四类规模以上企业的统称）增加值18.7亿元，增长25.5%；限额以上社会消费品零售总额完成15.7亿元，增长10.8倍；税收收入7.2亿元，增长14%；外贸出口总额15.97亿元，增长18.8%；外贸进口总额1.82亿元，增长28%；固定资产投资172.6亿元，增长25.5%。加大农业特色品牌培育力度，新注册榛海堂、马家干调等农业品牌商标8个，艾农艾乐、聚鑫等8个品牌12月获首届“农民丰收节”明星奖、沈阳国际农博会金奖、陕西杨凌农高会“后稷特别奖”等奖项。发展“产+销”和“企业+合作社+农户”经营模式，新申报市级龙头企业1户、省级龙头企业1户，全区省市农事龙头企业12户。新发展富盛裕、日鲜丰、永易通等合作社134家，总数672家。利用本来味道电商平台，全区发展水木田园、波音等农村电子商务应用企业50户。扩大高效经济作物种植

面积，调减玉米种植面积2600亩（173.33公顷），新增水稻2000亩（133.33公顷）、草莓300亩（20公顷）、温室336亩（22.4公顷）。推广现代农业技术，开展无公害农产品复查换证工作，“三品”（无公害农产品、绿色食品和有机农产品）面积保持在22.3万亩（1.49万公顷）以上。推广落实农业保险补贴政策，玉米、水稻、温室等农作物参保面积15.73万亩（1.05万公顷），增长23%，参保率55.5%，比上年提升10个百分点。推进休闲农业发展，接待游客90万人次，增长12.5%，营业额超9000万元，增长13%。投资25亿元的伊顺蒲河乡村生活圈文旅项目签约落地。9月出台《于洪区促进工业转型创新发展若干政策》《于洪区推广精益管理支持政策实施细则的通知》等一系列支持实体经济发展的若干政策全面落实振兴实体经济政策。优化完善重点园区服务功能，打造集机器人实训、多轴数控实训、智能制造实训、装调修实训、智能检测实训及一级工业机器人职业鉴定等功能于一体的辽宁省智能制造应用示范基地，11月正式投入运行。12月1日举办“华中数控杯”全国第二届机器人大赛和国家级智能制造产业发展论坛。加快推进商贸物流业发展，沈阳国际物流港7月获评2018年优秀物流园区。10月，成立于洪区商贸物流企业联盟，吸纳商贸企业会员100余家。国家电子商务示范基地10月通过国家综合评估。全面启动口岸申报工作，编制完成《沈阳建设国家铁路口岸（沈阳铁路综合货场）可行性研究》报告，9月20日沈阳铁路综合货场纳入沈阳港“一港多区”总体发展规划。打造总部经济，黄河北大街商贸服务业总部基地1月投入运营，入驻苏宁小店、深圳玉和田、恒润通信、百草益寿等23户企业，累计注册资金7.8亿元，年税收超2000万元。完善招商工作体系，正式印发《2018年于洪区引进项目奖励兑现管理办法》，完善项目签约、开工、竣工到运营全过程的奖励政策体系。强化闲置资源招商，将29处工业闲置资源、3处商业闲置资源、21个已批未供土地纳入招商资源库。提升审批服务效率，开辟项目审批“绿色通道”，实行并联审批。强化项目要素保障。重点推进北陵19号地、南阳湖88号地、于洪新城56号地、大转湾村等115个地块征收工作，征收房屋面积33万平方米，增长7.5%，农用地2033亩（135.53公顷）。

城市建设与管理。中央环保督察215个任务整改完成率100%；通过环保督察回头看迎检，受理案件总计142件，减少34%，全市占比由13.5%下降到10.2%，重点案件占比由14.2%下降到7.1%，下降比例均居全市首位。开展黑臭水体整治，启动细河整治工程，治理长度8.3千米，累计清运淤泥2万吨。开展小浑河综合整治工程，投入1620万元，治理长度13.08千米，对河道漂浮物、岸线、抛石、水体原位等方面进行治理，水体质量明显好转。开展造化污水处理厂扩容改造工程，污水处理能力从1万吨/日提升至3万吨/日。全面落实“河长制”，完成21条河流及丁香湖“一河（湖）一策”编制工作，建立4名区级总河长、12名街道河长、95名村级河长三级工作体系。开展巡河11332次。制定《于洪区河湖垃圾清理专项行动方案》，清理河湖垃圾3700立方米。超额完成燃煤锅炉整改任务。拆除改造燃煤锅炉53台，占全年任务总量的241%。开展餐饮油烟整治工作，排查餐饮企业299户，增长202%；完成油烟治理281户，增长242.7%。开展重点区域居民散煤替代工作，投入168.1万元，建立三级网格化管理和考核奖励机制；完成居民散煤替代1862户，增长81.5%。严格管控秸秆禁烧，发生秸秆焚烧23起，管控水平位于全市前列。推进秸秆综合利用，发放补贴资金300万元，增长210%，秸秆综合利用率达91%以上。开展老旧小区、物业小区、城中村整治，整治农贸商超65家、“八小”行业（小理发店、小旅店、小歌舞厅、小浴池／小浴室、小网吧、小饭店／小餐饮、小熟食店、小食品加工店）企业5785户、背街小巷58条，取缔早晚夜市9个，整改各类行业问题3.78万个。拆除违法建设6038处，面积135万平方米，拆除土地卫片（自然资源部利用高清卫星照片发现土地违法行为）141处，面积41万平方米，各类违建得到有效遏制。开展大棚房专项治理行动，拆除违规大棚房2.82万平方米，整治违规大棚房1.67万平方米。开展水源地清理整顿。水源地一级保护区内8眼水井已排迁，20眼井周边46户99个点位违法建筑全部拆除。在全省首家开展水源地二级保护区整顿工作，关停取缔污染企业8户。开展80个建筑工地专项整治行动，沙土物料覆盖合格率达到96.25%。巡查建筑工地1062次，市民投诉率由32.5%

下降到17.6%。开展城中村、城乡接部村清理整顿工作，完成刘家村、明星村等53个村的整治提升，配备垃圾箱4000余个，垃圾不落地覆盖率达98%以上。实施绿地工程，完成白山路、大通湖街、元江街、大转湾村、新开河南侧、省实验学校门前等25块绿地，76条街路绿化补植任务，增长46.2%。新增绿地面积6.8万平方米；改造绿地面积31万平方米。加强静态交通管理，盘活闲置停车资源，新增停车泊位27810个。启动49项市政工程建设。京沈客专沈阳西站广场、怒江北街、仙女河北路、大通湖东街（中段）等10项工程竣工。五彩阳光城三期北、云龙湖东二街、丁香西街等10项工程完成计划进度；蒲文街、文大北路、文大南路等6个新建项目顺利开工。新建道路14.31万平方米、新建桥梁1座、翻建道路13.08万平方米、翻建人行道8.64万平方米、累计完成投资1.75亿元。确立空间发展新格局。永安经济开发区（省级）、平罗湾新兴产业区、光辉现代农业示范区、行政商务区建设扎实推进，构建区域联动、发展协同的空间格局，明晰空间边际和权责边界，提升管理和运行效能。做实永安经济开发区管委会，按照三定方案顺利完成机构调整和人员配备工作，平罗湾新城控详规划8月通过市级审批。创新永安开发区管理模式。6月，组建辽宁永安建设发展有限公司，形成“管委会+平台公司”的发展模式。通过市场运营方式，统筹推进开发区土地整理、金融服务、市政建设投资、招商引资等各项工作。推进省级特色小镇建设。5月，永安机床小镇（中欧智造小镇）获批为全市唯一的省级产业特色小镇。全区范围内规划19个特色小镇。开展“扫黑除恶”专项斗争，对46名有前科劣迹的村委会成员和3名社区工作者按不同情况进行分类处理。

民生工作。累计发放低保金2262万元，发放残疾人两项补贴11327人次，1222.2万元。实现低保工作应保尽保、应退即退。出台《于洪区因病致贫家庭救助工作实施方案》，开展临时救助391户，发放临时救助金76.35万元；农村医疗救助599人次，发放医疗救助资金102.99万元。新增民办养老机构10家，增加养老床位1067张。兑现各项补贴政策，发放养老床位运营补贴131.1万元，养老床位建设补贴406.6万元。依托“沈阳尼特福家养老服务有限公司”，在全区22家社区老年服务站开展社会化养老服务。在北陵街道新建金辉区域性养老服务中心。进一步完善治理网格划分，将社区内所有的小区、街路、机关、学校、企业等划入治理网格中，对社区网格治理基础信息进行收集汇编，并建立社区治理问题台账。指导社区成立“协商议事中心”“社区协商议事委员会”和“社区监督评议委员会”，开展协商议事活动。推进样板社区（村）建设，打造10个优秀示范社区和4个优秀示范村。加强社区工作者队伍管理，制定《社区工作者薪酬体系实施方案》《社区工作者管理考核实施细则》。落实优抚安置政策，接收退役士兵60人，发放经济补助金216.6万元。做好春节前夕走访慰问各驻区部队、重点优抚对象工作，为随军未就业家属发放生活补助123万元。在就业方面，推进“大众创业、万众创新”。扶持创业带头人190人，增长11.8%，带动就业1140人，增长11.8%；城镇新增实名制就业10731人，增长21%，新增创业人数2500人，增长47.1%。农村劳动力转移输出5042人，增长15%；普惠制培训1893人，增长8.6%；被征地农民培训1100人；检查农民工就业企业工资支付情况，覆盖率100%。在社会保障方面，累计发放城市低保金2248万元，惠及群众4518人。推进城乡保险扩面，企业养老保险参保人数20.1万人，基本医疗保险参保人数29.5万人，失业保险参保人数7.7万人，工伤保险参保人数7.5万人，实现城乡居民应保尽保。加强住房保障，小三家村二期、大转湾村二期等12个棚户区改造顺利完成，涉及民宅1455套。改造农村危房55户，完成任务量的157%；落实保障性住房391户，完成川汇绿园、北四栋2个老旧小区提升改造工程，88个非物业小区实现物业管理。倡导并践行“积极养老、科学养老、健康养老”的理念，五彩阳光城大健康小镇形成以居家为基础、社区为依托、机构为补充的医养结合养老模式，可提供全方位、全生命周期健康维护。

社会事业。创新培育力度不断增强，新增高新技术企业33户、科技型小巨人企业20户、科技型中小企业122户，争取高新技术企业等各类奖励资金1630万元。于洪区发明专利拥有量259件，在全市排名处于第8名。组织开展首批省级农业星创天地申报工作、国家级星创天地（第三批）申报工作，辽宁弘侨生物科技股份有限公司运营的“辽宁弘

侨特色有机食品星创天地”在获省级农业星创天地备案后，获批国家级星创天地。组织2家国家级星创天地运营负责人参加中国农村技术开发中心在青岛举办的“第二届全国星创天地建设培训班”及同期举办的国家“星创智汇营”活动。协助光辉现代农业示范区获批省级农业科技园区。完成13所三星数字校园建设和20所数字幼儿园达标验收。于洪区被评为教育部网络学习空间应用普及工作示范区。区电教馆获光明日报《教育家》杂志社寻找大国良师“优秀组织奖”。2名教师分获全国信息技术与教学融合优质课大赛一、二等奖。创建东北英才学校教育集团，设立小学部、初中部、高中部。持续加大教育投入，完善教育资源配置，改善各类教育办学条件。投资1.7亿元，按期实施滨江小学建设工程。深化用人制度改革，探索“县管校聘”管理模式。继续招聘新教师，补充新教师364名，实现合同制教师与在编教师同工同酬同待遇。推进民办职业学校属地化管理进程，规范办学意识加强。校外培训机构专项治理工作扎实开展，摸排205家无证机构并督导其整改。国奥小学举行市中小学第十届读书季活动启动仪式。开展妇女“两癌”（宫颈癌、乳腺癌）免费筛查14908人，对筛查阳性者全部进行专案管理并及时随访。发放农村孕产妇住院分娩补助183人，发放补助资金9.15万元；对30例贫困精神障碍患者免费体检3次。进一步完善新农合体系建设，开展结算及跨省异地就医即时结算业务，基本药物报销比例提高10%，对60岁以上民政对象人员实行免费住院政策，143人次受益，减免金额11.6万元。实施国家基本药物制度的村卫生室足额安排配套资金45.44万元，各基层医疗机构安排收支差额资金780万元。开展区级卫生监督机构规范化建设，对非法行医、生活饮用水、放射等各项卫生监督工作有序开展。各类监督检查1817户，下达卫生监督意见书870份，监督覆盖率100%；处理投诉举报110起，群众满意率100%；立案处罚4起，罚款5300元；完成卫生许可现场审查33户。加强对陵西街道国奥社区为创建2018年沈阳市村（社区）综合文化服务中心示范点创建工作的指导和监督。为提升公共文化服务工程，推进对于洪区文化中心及北部文化中心的维修改造和功能配套工作。开展书屋自查和整改，整理编辑于洪区名人录，监督和指导中央补助地方专项资金的安排和使用，对全区基层文化建设基本情况进行调研、统计和上报等工作。继续打造于洪文化讲坛特色文化品牌，完成公益讲座5场，受益听众800人以上。举办第十九届元宵佳节有奖猜谜活动，元宵节当天在文化大楼前厅悬挂1000幅谜条，参与读者600余人。编辑出版《于洪文艺界》第十七期及于洪文艺界纪念改革开放40周年《于洪文艺界》特刊。启动于洪区的特色品牌“浑河之夏”暨于洪区第七届文化节开幕式。举办“创建卫生城·打造新于洪”为主题的创卫文化艺术季巡演工作，在9个街道分别开展大型文艺演出。组织指导各基层单位举办两节期间的书屋活动。结合公共图书馆服务宣传周活动，开展以“以文铸魂促振兴·书香逐梦展未来”为主题的全民读书季活动，活动包括读书季启动仪式、数字移动阅读推广活动、纪念改革开放40周年宣传等主题图片展、“悦读越精彩”有奖征文活动及公益讲座，参与读者1500人以上。区文化馆舞蹈队参加辽宁省农民广场舞比赛获一等奖。继续开展文化“三送”（送戏、送电影、送科技）活动，开展送书（信息）进社区、进学校、进军营、进工地活动9场；开展送《于洪文化讲坛》系列讲座到社区活动10场。开展到基层辅导讲座活动600余场；开展送戏活动近30余场。参加省、市各项非遗活动，新增加4名市级传承人。开展永安桥升格为国家级文物保护申报工作。继续加强“扫黄打非”进基层工作，全区12个街道全部成立“扫黄打非”工作领导小组，设立“扫黄打非”办公室。每个社区设立扫黄打非联络员。先后开展两节期间出版物市场专项整治行动、校园周边文化市场专项整治行动、宗教场所出版物专项检查行动、“五一”期间出版物专项整治行动、网络游戏出版专项整治行动等各种专项行动。出动检查人员270余人次，与其他部门联合检查2次，出动检查车辆170余辆次，检查校园周边6次，检查网吧190家次、歌厅22家次。3次完成体育创卫健身器材4000件大排查、大提升工作，对近500件破损健身器材进行维修维护。完成2处笼式足球场围网及草坪维修维护工作。完成50场群众体育活动，参与活动总人数达到5万人。承办“实力于洪杯”拔河比赛，全区38支代表队千余名队员参赛。风筝协会在国际风筝大赛中获奖。6月，举办纪念毛泽东题词66周年于洪区

于洪区主要经济社会指标

表38

指 标	单 位	2018年	同比增幅（%）
年末总人口（户籍人口）	万人	47.89	0
地区生产总值	亿元	343.3	6.3
第一产业	亿元	9.9	3.7
第二产业	亿元	127.2	11.4
# 工业	亿元	927354	6.5
第三产业	亿元	206.3	3.1
农林牧渔业总产值	亿元	19.9	4.0
规模以上工业总产值	亿元	119.2	12.1
固定资产投资额	亿元	172.6	25.5
一般公共预算收入	万元	371926	8.2
一般公共预算支出	万元	324714	14.1
社会消费品零售额	亿元	121.2	9.2
实际利用外资	万美元	7562	4.5
城市居民人均可支配收入	元	45969	6.3
商品房销售面积	平方米	222.2	-8.0
普通中学（含高中）	所	16	-5.9
小学	所	34	3.0
在岗教师	人	3223	2.2
在校学生	人	48318	10.2
幼儿园	所	162	8.0
医院、卫生院	所	446	–
医院卫生院医生数	人	1600	–
医院卫生院床位数	张	3123	–
回迁安置居民	户	1100	-84.3
运动场馆	个	68	1.5
结婚登记数	对	3474	2.0

（于洪区）

注：医院、卫生院、医生、床位数统计口径与上年不同，不能对比

健身展示大会，有近千名体育协会会员参加。

【全市率先启动实施环卫市场化改革】 4月，为改变过去环卫主管部门既实施扫保作业，又负责检查考核的管理模式，按照沈阳市政府办公厅《关于推进实施环卫行业市场化改革的指导意见》，区通过公开招标方式确定由北京环卫集团和深圳玉禾田公司分别负责于洪区南、北两个片区环卫工作，成为全市第一个落实环卫市场化改革的县区。建立市区环卫专业化二级监管平台，新增机扫车辆107台，将全区四环内182条街路、1594.6万平方米道路纳入市场专业化扫保范围，机械化作业率达到92%以上，清理积存垃圾7.4万吨，清理违规喷涂36.5万张，清洗市政设施23.8万处，城乡环境水平大幅提升。

【“散乱污”2478户企业整治】 4月，针对不符合地区发展规划，未办理发改、国土、环保、工商等各相关审批手续，不能稳定达标排放污染物的“散乱污”企业开展专项整治。排查“散乱污”企业2478户，关停取缔1020户，整合搬迁325户，停产整治895户，库房233户。

【城乡精细化管理】 4月，制定出台《于洪区城乡精细化管理实施方案》《重点街路24小时保洁方案》，实行人员定岗、定位、定责管理。重点街路24小时、主要街路不少于20小时机械化配合人工不断档保洁作业。结合区智慧化平台，以街道社区为单元，落实行政执法网和街路扫保网格管理责任制，配备环卫一线作业人员2543人（含三环外村屯人数），非物业小区作业人员

1070人。

【大型“世界家庭医生日”宣传活动】 5月19日举行。以“我承诺、我服务、助力三城联创”为主题。组建135个家庭医生服务团队，签约居民203975人，服务人口签约率31.5%；重点人群签约95389人，签约率61.5%；计划生育特殊家庭人员签约服务工作签约率100%。

【精益管理进政府、进园区、进企业“三进”于洪活动】 5月，启动全国首创的精益数字管理云平台建设。100户企业得到精益管理服务，对72户企业进行运营诊断和精益管理培训。10户标杆企业制造成本降低20.5%，制造周期缩短20.2%，生产效率提升30%，产品交付能力提升30.8%，现场管理水平提升50%。

【健康大讲堂活动】 5月，区卫计部门与民政部门合作，举行启动仪式。民政部门确定授课社区，卫计部门确定15个健康讲座课题，15家基层医疗机构轮流到全区各社区及村进行健康讲座，开展健康大讲堂911场、健康教育讲座195场，受益居民41305人。

【大转湾“城中村”改造工程】 2018年，投入1.5亿元完成大转湾“城中村”改造工程，拆除违建41户，总面积1.6万平方米，清理非法塑料加工点、废旧物品收购站59家，铺设道路1.5万平方米，新增绿化面积1.4万平方米。大转湾村成为全市环境综合整治样板。

【宜居乡村建设投入8700万元】 2018年，完成72千米村屯道路提升改造、美化亮化、修建路边沟工程，投入6800万元。新建小尚义村、马三家村、十里河村、诸木珲村、后辛台村、皮台村、高台村、薄荷村、秋家村9处农村社区文体广场，投入180万元。修建永安村、秋家村、大房身村3个活动中心，投入135.8万元，增长177%。推进农村改厕，完成上年未建农村改厕任务2800座及2018年市政府要求建设任务2900座，总投入1596万元，增长159%。

【重点区域招商对接314个重点项目】 2018年，全区以现代商贸物流、高端装备制造、总部基地等产业为重点，瞄准环渤海经济圈、长三角经济圈、珠三角经济圈等重点招商区域。开展各类招商活动109次，洽谈对接314个重点项目。签约新城吾悦广场、金科京沈制造产业新城等35个重点项目，增长45.8%。总投资额760.9亿元，增长206%。其中2个20亿元以上项目，4个50亿元以上项目，总投资400亿元的苏宁文创小镇项目落户于洪新城。（郑海龙）

苏家屯区

【概况】 苏家屯区位于沈阳市南部。东邻抚顺县，南与本溪县、灯塔县相邻，西与辽中区、于洪区隔河相望，北与浑南区毗邻。全区面积782平方千米，其中城区面积17.4平方千米，林地面积113平方千米。全区地处辽东丘陵和辽河平原过渡带，地势自东向西倾斜。矿产资源丰富，主要有优质煤、石灰石等。区内有浑河、北沙河、十里河、柳沟河4条主要河流，境内流程149.5千米。沈大、沈丹、沈抚3条铁路交会于此，沈大高速公路、沈本高速公路、沈营公路3条国、省级公路自北向南通过，区政府距桃仙国际机场20千米。东部山区有国家AAA级景区马耳山景区、白清寨滑雪场、杨城寨生态旅游区、白清漂流生态乐园和AA级景区沈阳水洞。全区有杨城寨村、马耳山村、来胜堡村、台沟村、永乐村5个特色采摘基地。特色旅游商品有“金钟山”牌笨鸡蛋、沈阳礼拜天食品、沈阳不老林食品、姚千街道杨城寨果蔬等11种旅游商品。区政府驻翠柏路14号。

区域经济。2018年，地区生产总值228.1亿元，增长7.0%。一、二、三产业比为6.6:50:43.4；规模以上工业总产值209.2亿元，增长17.1%，增速高于全年目标4.6个百分点。一般公共预算收入20.8亿元，增长15.8%，增速高于全年目标7.8个百分点，税收占一般公共预算收入比重94.9%，较上年同期提高0.3个百分点。固定资产投资63.6亿元，增长73.4%，增速高于全年目标56.3个百分点。社会消费品零售总额109亿元，增长8.3%，增速高于全年目标0.2个百分点。进出口总额完成12亿元，增长0.3%。实际利用外资完成3438万美元。实际到位内资完成29.5亿元。城镇居民人均可支配收入35369元，增长6.2%。农村居民人均可支配收入完成19141元，增长7.5%。城镇登记失业率控制在3.5%以内。

城乡建设与管理。加快旧城改造步伐，投资6745万元，完成供水、供电、供热和物业管理的“三供一业”改造工程。投资4000万元，实施93个住宅小区环境提升工程。投资2700万元，完成育林、金山等7个重点老旧小区综合改造。提升道路交通环境，投资3800万元，完成丁香街

等18条主次干道和背街小巷维修改造。投资1.3亿元，大中修黑大线、苏长线、佟陈线等公路，改造里程154千米。投资1170万元，新增停车泊位8325个、电子警察148处，施划禁停边黄线3万延长米。因地制宜开展农网改造，投资1.27亿元，升级农村电网376.5千米。加大绿化美化力度，增绿补绿33万平方米，城乡品质得到全方位改善。创建全国文明城市、国家卫生城市、国家环保模范城的“三城联创”工作成效明显。推进拆违控违攻坚，拆除违建7045处，合计90.7万平方米，自拆率达到85%以上。完成环卫市场化改革，城区机扫率85%以上，日处理垃圾340余吨，实现垃圾日产日清。推进工程建设攻坚，桂花、苏白路等5个农贸市场完成升级改造，丁香街、京杨路等18条主次干道和背街小巷改造工程全部竣工，育林、金山等7个纳入全市重点工程的老旧小区完成改造。有效缓解停车难问题，新增停车泊位8325个。生态环境质量显著提升，持续开展抗霾攻坚，万元地区生产总值能耗下降3.6%，拆除20吨以下燃煤小锅炉35台。加强挥发性有机物VOCS重污染企业整治工作，加大秸秆禁燃网格化工作力度。实施水污染综合防治工程，北沙河水质情况逐步改善，集中式饮用水水源地水质达标率100%。

民生工作。民生保障体系不断完善，加快建成多层次社会保障体系。加大医疗、住房等财政8项支出力度，完成支出19.5亿元，增长12.6%。落实城乡“低保”“五保”工作，实施动态管理。加大医疗救助力度，为农村低保、城市低保发放大病救助资金。开展“大众创业、万众创新”活动，新增创业人数2043人，新增就业人员3574人，扶持创业带头人122人。居民人均可支配收入水平持续提高，城镇和农村居民人均可支配收入增速分别高于地区生产总值增速0.3和1.3个百分点。

社会事业。全区公共服务水平全面提升，优化教育布局，原沈阳市第176中学维修改造工程竣工，沈阳市第46中学玫瑰校区、民主街小学完成搬迁，扩大办学规模，增加公办学位。数字化校园建设达标，全面完成优质化高中创建。体育特色建设成绩斐然，176中学获全国青少年橄榄球锦标赛男、女队双冠军。深化医药卫生体制改革，减少医药费用3264.77万元。苏家屯区通过全国基层中医药先进单位复评验收，沈阳市第二中医院被授予国家综合卒中中心，沈阳市苏家屯区中心医院成为全市首批胸痛中心建设医院，沈阳市苏家屯区妇婴医院成为沈阳市第二妇婴医院。实施公共文化服务体系提升工程，辽绣、泥塑、民间画等非物质文化遗产和民间艺术传承活跃，获批辽宁省民间文化艺术之乡。新增高新技术企业18户，全区高新技术企业48户。科技小巨人企业入库新增12户，高新技术企业培育入库新增13户；全区科技小巨人企业25户，高新技术企业入培育库20户。年内获市政府奖励430万元。完成科技型中小企业申报68户，有53户被科技部确定为科技型中小企业。为12户科技型中小企业申领专利补助4.02万元。参加市政府科技成果转化对接会，现场科技成果转化对接5项，参与对接展under展示的企业6户。全区科技成果转化完成36项，完成指标120%。为沈阳农业大学输送学员15名，为高级班输送学员1名，培育学员科技示范户1个。截至年末，全区青年农民学员中涌现出29名学员科技示范户。

【被命名“中国矿泉水之乡”】 6月12日，在沈阳召开的中国天然矿泉水产业发展峰会上，苏家屯

苏家屯区被中国矿业联合会天然矿泉水专业委员会授予矿泉水之乡称号（苏家屯区供）

苏家屯区主要经济社会指标

表39

指标	单位	2018年	同比增幅（%）
年末总人口（户籍人口）	万人	42.39	-0.3
地区生产总值	万元	2281434	7.0
第一产业	万元	146865	2.7
第二产业	万元	1122642	9.0
#工业	万元	963178	9.3
第三产业	万元	1011927	5.3
农林牧渔业总产值	亿元	33	2.5
粮豆总产量	吨	317642	8.4
蔬菜产量	吨	217672	9.0
规模以上工业总产值	万元	2092044	17.1
固定资产投资额	万元	635999	73.4
一般公共预算收入	万元	207892	15.8
一般公共预算支出	万元	257889	13.9
社会消费品零售额	万元	1090076	8.3
实际利用外资	万美元	3438	-26.5
城市居民人均可支配收入	元	35369	6.2
城市居民人均消费性支出	元	–	–
商品房销售面积	平方米	92.3	46.1
普通中学（含高中）	所	25	0
小学	所	27	0
在岗教师	人	3309	-0.5
在校学生	人	37667	1.8
幼儿园	所	96	-4
医院、卫生院	所	21	31.3
医院卫生院医生数	人	1820	15.8
医院卫生院床位数	张	4323	7.2
回迁安置居民	户	–	–
运动场馆	个	1	0
结婚登记数	对	3401	-5.2

（苏家屯区）

区被正式命名为“中国矿泉水之乡”。“中国矿泉水之乡”是由中国矿业联合会天然矿泉水专业委员会组织专家评审后命名的。苏家屯区在2016年11月向中国矿业联合会天然矿泉水专业委员会提交命名申请，2017年通过专家组评审。矿泉区位于苏家屯区大沟街道，核心区面积47.3平方千米。该地区矿泉水最大允许开采量4562立方米/D（D是指D级精度），矿泉水资源弹性存储量约534.3×104立方米。矿泉水资源主要分布在长白山余脉的山前地区，经辽宁省矿泉水鉴定委员会鉴定为偏硅酸、锶型优质天然矿泉水。

【第176中学橄榄球队获全国锦标赛男女双冠】 6月30日至7月1日，全国青少年U系列英式7人制橄榄球锦标赛在内蒙古自治区包头市举行。此次全国青少年橄榄球锦标赛有17支队伍参加，其中男队12支、女队5支。代表沈阳参加比赛的沈阳市第176中学多为高二和高三学生。在比赛中，沈阳市第176中学获男、女组双冠军。

【获评“民间文化艺术之乡”】 7月，经“辽宁省民间文化艺术之乡”评审命名工作领导小组组织专家评审，辽宁省文化厅命名沈阳市苏家屯区为“辽宁省民间文化艺术之乡”。苏家屯区农民画起源于20世纪80年代，民间绘画创作是在吸收传统的民间美术基础上发展起来的，并逐步形成具有自身特色的、创新的、多元化的艺术风格。从2012年开始，苏家屯区文化馆开展艺术惠民辅导培训工作，成立农民画辅导培训班，吸引一大批民间绘画爱好者的参与。全区农民画辅导班坚持走进社区村和城乡学校，每年辅

导300余学时，培养农民画爱好者百余人，骨干作者60余人，年均创作精品百余幅。（郑飞）

沈北新区

【概况】 沈北新区位于沈阳市区北部。南靠沈阳市大东区、皇姑区，北隔辽河、万泉河与法库县和铁岭市相望，东与抚顺市、铁岭县毗邻，西与于洪区、新民市相连。全区总面积884.4平方千米。户籍人口32.97万人，全区人口中有40个少数民族，少数民族人口7.8万人。2006年10月8日，经国务院批准新城子区与辉山农业高新区合并后更名为沈北新区。沈北新区有丰富的自然资源，拥有46003.67公顷良田，东部林地果园7000公顷。有辽河、蒲河等7条河流和石佛寺水库等大、中、小型水库4座，域内水面积率8%。2018年，地铁二号北延长线通车运行，怒江街、陵园街全线贯通。投资7200万元，建筑面积7400平方米的中国锡伯族博物馆建成开放。组织2018年蒲河国际半程马拉松、辽宁省足球双超联赛等赛事。沈北新区成为辽宁省首批沈阳市唯一的省级公共文化服务体系示范区。新区拥有沈阳怪坡虎园、方特欢乐世界2家AAAA级景区，稻梦空间等AAA级景区12家。区政府驻辉山农业高新区明珠路1号。

区域经济。2018年，沈北新区地区生产总值337.5亿元，增幅7.9%；规模以上工业产值633.7亿元，增幅13.9%；社会消费品零售总额99.2亿元，增幅9.8%；固定资产投资162.1亿元，增幅16.1%；实际利用外资11361万美元，增幅24.7%；出口总额31.6亿元；一般公共预算收入35亿元，增幅16.2%；税收收入28.1亿元，增幅10%；城市居民人均可支配收入39656元，增幅6.9%；农村居民人均可支配收入18956元，增幅6.9%；经济指标综合排名位居全市前列。全社会用电量增长10.5%；新增市场主体8000个以上，增长30%以上；加快推进产业转型升级，持续优化产业结构，培育发展新动能，一、二、三产业比达到6.6：60.6：32.8。粮食总产量205572吨、蔬菜产量147520吨。农业现代化水平逐步提升，华美畜禽蛋鸡生产基地、小龙虾北方养殖基地建成达产；全区土地流转面积34533.33公顷；流转率达到83%。土地确权全面推进，农机化水平不断提升，沈北新区获“全国主要农作物生产全程机械化示范区”称号。项目建设成效显著，引进投资100亿元的恒大足球小镇、80亿元的北汤国际医养康复小镇等项目100个，其中用地类项目53个。开（复）工项目153个，其中20亿元以上项目10个。投资63亿元的一汽普雷特项目投产后，填补沈阳市新能源汽车电机、电控等核心部件的产业空白。现代服务业发展步伐加快，投资50亿元的吾悦商业综合体项目落户沈北，信基红星美凯龙等21个亿元以上项目开工建设，清河半岛度假酒店、百岁万汇城等一批特色商业项目投入运营。商品房销售面积116万平方米，增幅21.2%。全域旅游示范区建设加快推进，举办冰雪温泉节等十大旅游节庆活动，接待游客1100万人次、门票收入3.1亿元，分别增长12.9%和19.2%，沈北新区获“辽宁省乡村旅游贡献奖”和“首批国民休闲旅游胜地”称号。

城乡建设与管理。加强城乡基础设施和公共服务设施建设，投入2.87亿元维修改造道义大街等城乡公路131千米，打通正良一路等断头路6条、建成学子桥等桥梁4座，城乡路网更加完善。北兴客运站建成运营，蒲河廊道旅游观光专线及15条微公交线路全面开通。投入2300万元新建城市公交候车亭121个、公交停车港湾站27处、农村客运候车亭30个、停车场6.1万平方米。辽西北供水工程沈北段正式启动，投入2.15亿元的农村安全饮用水工程全面竣工，惠及农民2.5万户。累计投入1.96亿元实施82个村屯的人居环境提升、特色小镇配套及美丽乡村建设工程。加大水体治理力度，投入1.35亿元对南小河进行改造，实施河道底泥治理、截污管道建设、气盾闸门修建、沿岸景观提升等工程；投入1400万元完成黄泥河、九龙河截污管网工程，黑臭水体得到彻底整治；长河等4条河流清淤工程全面完成，万泉河等7条河流水面及岸坡垃圾得到清理；孙家洼子污水处理厂、新城子污水处理厂（二期）建设工程接近尾声，道义污水处理厂（三期）、虎石台南污水处理厂（二期）扩建工程启动。投入2500万元购置12台应急污水处理装置，有效缓解污水处理能力不足问题。大气治理全面推进，完成67台燃煤锅炉拆小并大和清洁能源改造任务，取缔700余台黄标营运车辆，推进重点工业企业挥发性有机化合物综合整治及餐饮单位油烟污染防治。全面开展秸秆禁烧和综合利用工作，综合利用率达到90%。编制完成

《原沈阳新城化工厂铬污染土壤综合治理修复方案》，修复工作启动。绿化美化效果明显，投入4700万元实施辽河七星湿地景观提升及辉山湿地公园、西湖公园建设等工程，新增公园面积45万平方米、绿化面积103万平方米。投入4500万元、面积250万平方米的城市花海建成开放，成为沈阳北部一道靓丽的风景。完善立体化防控体系，开展扫黑除恶专项斗争，打掉“508”校园贷、套路贷诈骗等13个涉黑涉恶团伙。开展减存控增攻坚，完成省、市交办信访案件115件。加强食品药品监管，非洲猪瘟疫情得到及时有效控制。全面开展安全生产隐患排查，实施重点行业和重点领域专项治理，未发生重大安全事故，保证人民群众生命财产安全。

民生工作。社会保障显著增强，举办招聘会98场，就业技能培训15018人次，新增就业11925人、创业3087人，零就业家庭保持动态为零，城镇登记失业率2.03%，居民人均可支配收入增长实现与经济增长同步。资助2232名城乡困难居民参保参合，为4300名农村居民办理退保障转保险。新区养老保险、失业保险、医疗保险、工伤保险参保人数分别达到11万人、8万人、18万人、6万人，全年养老保险基金征缴收入8.3亿元，累计结余21亿元，社保政策覆盖率100%。低保人员救助和五保户供养标准每人每月提高100元，发放低保金等救助补贴资金4900万元，发放残疾人辅助器具354件，对困难群体实施有效救助。对民办养老机构发放补贴48万元，新增养老床位170张。农民工权益得到有效保障，处理农民工维权案件22件，收取

沈北新区主要经济社会指标

表40

指标	单位	2018年	同比增幅（%）
年末总人口（户籍人口）	万人	32.97	1.9
地区生产总值	亿元	337.5	7.9
第一产业	亿元	21.8	2.8
第二产业	亿元	203	9.0
#工业	亿元	178.6	7.6
第三产业	亿元	112.7	6.9
农林牧渔业总产值	亿元	44.1	3.1
粮食总产量	吨	205572	-1.8
蔬菜产量	吨	147520	2.5
规模以上工业总产值	亿元	633.7	13.9
固定资产投资额	亿元	162.1	16.1
一般公共预算收入	亿元	35	16.2
一般公共预算支出	亿元	48	10.2
社会消费品零售额	亿元	99.2	9.8
实际利用外资	万美元	11361	24.7
城市居民人均可支配收入	元	39656	6.9
城市居民人均消费性支出	元	–	–
农村居民人均可支配收入	元	18956	6.9
商品房销售面积	万平方米	116	21.2
普通中学（含高中）	所	20	25
小学	所	19	18.8
在岗教师	人	4044	34.9
在校学生	人	46580	34.2
幼儿园	所	80	0
医院、卫生院	所	22	4.8
医院卫生院医生数	人	1879	8.8
医院卫生院床位数	张	2827	23.7
回迁安置居民	户	682	-37.1
运动场馆	个	51	2
结婚登记数	对	2562	-7.7

（沈北新区）

农民工工资保证金9633万元，对39个项目办理农民工工资专户。人居环境持续改善，投入2.7亿元完成34个老旧小区改造工程，改造面积110万平方米，惠及1.74万户居民。投入2.3亿元完成682户棚户区（城中村）改造。为752户居民发放公租房租赁补贴74万元，为262户居民发放廉租住房租赁补贴67万元，对 18户困难家庭危房进行改造。投资2.15亿元的农村供水改造工程全部竣工，惠及90个村2.5万户居民。改造老旧供热管网16千米，为13个小区11279户居民解决燃气开栓问题，为5个小区1852户居民解决房证办理问题。

社会事业。教育水平大幅提升。文艺二校沈北分校、雨田实验学校竣工开学，清华万博幼儿园等4所知名幼儿园竣工开园，沈阳市第七中学沈北分校等11个教育项目加快建设。中高考成绩稳步提升，沈阳市第83中学连续9年获沈阳市高考入出口评估优秀奖。全国农村艺术实验区创建工作成效显著，获批全国中小学责任督学挂牌督导创新区，义务教育均衡发展水平进入全省第一集团。推进20家学校食堂公司化运营，完成95台校车票价核定工作。引导52家民办幼儿园普惠性运营，发放学前奖补资金162.9万元，惠及1962名儿童，全区普惠率达到75.8%。妥善解决道义地区1872名适龄儿童入学难问题，消除“大班额”53个。社区教育发展取得新成绩，道义街道太湖社区、虎石台街道古城新都社区被评为全国优秀学习型社区。卫生事业不断进步，道义社区卫生服务中心建成投入使用，妇幼保健计划生育服务中心完成搬迁改造，辽宁中医药研究院沈北分院完成医疗区域规划设置，新建数字化预防接种门诊3家，三级卫生服务体系更加完善，15分钟便民医疗服务圈初步形成。深化医药卫生体制改革，制定《沈北新区2018年新农村合作医疗补偿方案》《沈北新区卫生扶贫方案》，新农合筹资标准提高到700元/人，全面落实农村居民大病保险制度及重大疾病保障政策，累计报销补偿30万人次。免费提供13项基本公共卫生服务，城乡居民人均基本公共卫生服务经费提高到50元/人，国家免疫规划疫苗接种率保持在98%以上。开展医养结合居家养老服务，完成家庭签约4000余份。制定《沈北新区家庭医生签约服务实施方案》，组建家庭医生团队123个，签约18.8万份、服务人口42.8万人。文体事业繁荣发展，举办蒲河文化季系列活动、锡伯族西迁254周年纪念活动、沈北国际半程马拉松赛，完成文化下乡演出165场、地区性文化活动55场、基层文化活动100场、读书活动及讲座25场、电影放映1800场、体育活动50场。重大科技创新成果不断涌现，推进13个重大科技成果转化项目及10个重大科技研发项目列入沈阳市“双百工程”（百项重大科技研发项目、百项重大科技成果转化项目）启动实施。新区14个项目获辽宁省科学技术奖，其中3个项目获辽宁省科学技术进步一等奖。

沈北“七星山”　（沈北新区政府办供）

【创城投入5.93亿元】 2018年，全区以“三城联创”为抓手，城乡环境品质大幅度提升。投入2.7亿元实施34个老旧小区综合改造工程，改造面积110万平方米，惠及群众1.74万户，老旧小区面貌焕然一新。投入2.3亿元实施682户棚户区改造。拆除违建8935处、73万平方米。拆除旱厕55座，投入2800万元新建水冲及环保公厕45座、改造农村厕所4100座。投入6500万元完成道义大街和54条背街小巷的改造工程。清理积存垃圾150万立方米、广告牌4537块，提升市容市

貌整体水平。

【高新企业累计103户】 2018年，新增高新技术企业19户，全区高新技术企业达到103户；新增省级重点实验室及工程技术研究中心14个，国家和省部级重点实验室及工程技术研究中心达到98个。新增省级创新创业基地4个，省级以上创新创业基地达到12个，入孵企业和创业团队达到500家。有效发明专利累计907件，转化科技成果162项，其中实现区内校企转化21项；获批省级“专精特新”产品和技术18项、占全市的22%。 （于民野）

新民市

【概况】 新民市位于辽宁省中部，沈阳市西部，据省会沈阳市60公里。东与沈阳市沈北新区、于洪区相连；南与沈阳市辽中区相邻；西与锦州市黑山县接壤；北与沈阳市法库县、阜新市彰武县毗邻，西北一角与阜新市阜新县搭界。地理位置为东经122°25′至123°20′，北纬41°23′至42°17′。新民市区域面积3296.6平方千米，耕地面积2158.1平方千米。户籍人口66.56万人。辖24个乡镇、5个街道、339个行政村。新民市境内有沈通、辽宁中部环线2条高速公路。有102、304、101等6条国、省级公路，京哈、高新两条铁路通过。京哈高铁在新民境内设有中间站新民北站，新民北站同时也是通新高铁的接轨站。新民市区内图书馆、文化馆、群众艺术馆、纪念馆、大剧院、大型体育场馆、会议中心一应俱全。新民会议中心是新民市的地标性建筑；新民文化博览园是国家级文化产业示范基地；沈阳仙子湖旅游度假区是国家AAA级旅游景区。荷花节、元宵灯会和油菜花节等是新民特色节庆活动。新民地下有储量丰富的石油、天然气及温泉资源。2018年，公主屯鸡蛋获批国家地理标志保护产品，柳河沟香瓜、新民大米和新民血肠获批国家地理标志证明商标；新民市被中华商标协会授予品牌“贡献奖”。新民市政府位于新民市南郊路2号。

区域经济。2018年，新民市地区生产总值234.7亿元；固定资产投资增幅14.6%；一般公共预算收入11.1亿元；社会消费品零售总额106亿元；农民人均可支配收入16577元。粮豆总产量101.9万吨，调减玉米种植面积2万亩（0.13万公顷）。蔬菜及经济作物播种面积69.2万亩（4.61万公顷），设施农业24.32万亩（1.62万公顷），设施农业产量93.43万吨。新增家庭农场34家、农民专业合作社69家。农产品电子商务全年销售额8亿元。引进农业试验示范新项目、新品种和新技术100余种。主要作物耕种收综合机械化水平达到95%，水稻生产实现全程机械化。造林6.28万亩（0.42万公顷）。全年改造中低产田4万亩（0.27万公顷），全市土地流转面积94.9万亩（6.33万公顷），335个村的土地确权颁证登记工作完成权属调查。实施防洪、农田基础设施等水利工程42项，总投资1.27亿元。全市新增规模以上企业7户，规模以上企业总数69户，完成规模以上工业总产值80.9亿元，实际利用外资1585万美元。在谈项目146个，签约项目55个，总投资252.7亿元，其中亿元以上项目35个。沈阳市富森安泰木制品加工厂秸秆人造板等9个项目被列入沈阳市技术改造三年滚动项目。沈阳三九药业有限公司等5户企业被认定为国家级高新技术企业。

城市建设与管理。新民北站及配套设施全部完工，12月29日投入使用。完成各级公路维修改造336.9千米。新增22户低收入家庭保障住房、35户公租房。全市整改点位1500个，拆除违规牌匾2160块、整改970块。拆除违法建筑127万平方米，完成棚户区改造1502套。

民生工作。民生类支出28.29亿元，占公共预算支出的79.2%。新增城镇就业2766人，农村劳动力转移输出6562人，“零就业家庭”保持动态为零。扶持创业带头人91人，创业带头人带动就业547人。全市养老保险参保3.73万人，累计发放企业退休金、城乡居民养老保险金8.04亿元。完成农村危房改造296户。对城乡低保户、低保边缘户、特困人员、重点优抚对象发放补助救助款9233.3万元。投资1.1亿元的宜居乡村建设项目稳步实施，高台子镇、新农村乡5个村屯6850人的饮水安全工程持续推进。

社会事业。新增6个科技示范基地，示范新品种3个、新技术6项、新项目12个；引进新品种7个。创建新民市湖水稻生产等7家科技示范合作社。开展科技培训100余次4981人。选送91名农民上大学。胡台等8所学校提升为三星级校园；红旗等33所幼儿园完成数字化建设。新建新民城南小学主体工程已完工；胡台学校分校开工建设；启动周坨子等8所幼儿园、兴隆堡等15所农村学校

新民市主要经济社会指标

表41

指 标	单 位	2018年	同比增幅（%）
年末总人口（户籍人口）	万人	66.8	-1.0
地区生产总值	万元	2346660	3.5
第一产业	万元	677619	3.2
第二产业	万元	764846	3.8
＃工业	万元	687788	3.2
第三产业	万元	904195	3.5
农林牧渔业总产值	亿元	132.1	3.2
粮豆总产量	吨	1019327	-6.3
蔬菜产量	吨	1541905	3.4
规模以上工业总产值	万元	808718	6.7
固定资产投资额	万元	–	14.6
一般公共预算收入	万元	111423	6.8
一般公共预算支出	万元	420729	27
社会消费品零售额	万元	1060363	8.2
实际利用外资	万美元	1585	13.7
农村居民人均可支配收入	元	16577	7.2
商品房销售面积	平方米	167377	-39.7
普通中学（含高中）	所	34	0
小学	所	35	0
在岗教师	人	4450	12.4
在校学生	人	49853	-5.3
幼儿园	所	116	-3.3
医院、卫生院	所	40	0
医院卫生院医生数	人	1627	78
医院卫生院床位数	张	2851	2.6
回迁安置居民	户	1497	273.3
运动场馆	个	55	0
结婚登记数	对	4733	-12.1

注：运动场馆不含小广场，与上年年鉴数据不可比　　（新民市）

建设、改造和配套工程。开展道德讲堂、全民读书、广播体操展演和马拉松赛等文体活动7721场次。新民市出品的首部电影《站着是一面旗》参加第27届中国金鸡百花电影节国产新片展映。举办2018中国（新民）国际马术耐力达标赛暨中国马术代表团赴世界马术大会出征仪式。开展文体公益性培训16次1000余人。为老年人开展健康体检及农村妇女“两癌”筛查45380例。开工建设辽河文体主题公园。兴隆堡健康养生养老小镇获批省级特色乡镇。　（王丽芬）

【2018中国（新民）国际马术耐力达标赛暨中国马术代表团赴世界马术大会出征仪式】 9月1—2日，在新民市柳河马业马术综合运动场举行。中国马术协会、辽宁省体育局、沈阳市体育局、中共新民市委市政府及有关单位领导、运动员以及观众1000余人参加大会。大会主题为“以马为媒，振兴新民”，展示绿色、时尚、健康、活力以及柳河河滩草原地貌优美的自然环境和人文环境。之后进行40千米和80千米马术耐力达标赛。

（张铁英　王丽芬）

【新民北站投入使用】 12月29日，京沈客运专线辽宁段正式开通，新民北站投入使用。新民北站是京哈高铁的中间站、通新（内蒙古通辽—新民北站）高铁至京沈高铁的接轨站，位于辽宁省新民市北3公里后营子村附近。车站始建于2016年，车站为两层楼，建筑面积5986平方米。车站可容纳1000人。

【省市领导调研新民市农业农村工作】 4月17日，辽宁省副省长郝春荣、沈阳市副市长陈弘带领有关部门负责人，对沈阳福来食

新民北站 （新民市供）

品实业有限公司、大民屯镇方巾牛村及兴隆堡镇西高力村进行调研。郝春荣一行参观沈阳福来食品实业有限公司豆制品和豆芽生产车间，视察兴隆堡镇西高力村沈阳农业大学草莓示范基地、大民屯镇方巾牛村展馆并了解设施农业建设情况，对新民市农业农村工作给予肯定。 （王丽芬）

辽中区

【概况】 辽中区位于辽宁省中部。因在古代辽郡以西、辽水以东，宛在中央而得名。区域面积1645平方千米，耕地面积8.67万公顷。全区辖4个街道办事处，16个镇，18个社区，215个行政村，拥有1个省级经济技术开发区近海经济区。总人口51.39万人，有汉族、满族、回族、蒙古族、锡伯族、朝鲜族等20个民族。辽中自然条件优越，辽河、浑河、蒲河、绕阳河4河过境。辽中区位优势明显，距离沈阳市城区52千米，南接台安，东邻辽阳，西连黑山，北界新民，在一个半小时经济圈内有钢都鞍山、煤都抚顺、化纤城辽阳、石化城盘锦等8大工业原料资源主产城市。境内各级公路总长1200余千米，京沈、灯辽、本辽、辽新高速公路与辽宁中部城市群、东北腹地联通，秦沈铁路穿境而过，交通网格局日臻完善。2018年，辽中区被农业部评为“全国农村创业创新典型县”称号。威云寒富苹果等5家农产品获第十八届沈阳国际农博会金奖。沈阳市万谷园米业有限公司被农业部评为“农业产业化国家重点龙头企业”。辽中区政府驻蒲东街道滨水新区滨水路26号。

区域经济。2018年，地区生产总值208.4亿元，增长2.8%；规模以上工业总产值65.9亿元，增长12.1%；固定资产投资46.8亿元，增长10.9%；一般公共预算收入9.4亿元，增长14.3%；社会消费品零售总额89.9亿元，增长9.3%；出口总额3.6亿元，增长24%；城镇居民人均可支配收入34885元，增长6.1%；农村居民人均可支配收入17085元，增长7.1%。聚焦主导产业，组织开展招商活动，区级领导带队赴外招商38次，制定《辽中区发展“飞地经济”实施方案》。新引进3000万元以上项目24个，其中亿元以上项目10个，包括投资23.5亿元的沈阳环嘉再生资源产业园、投资20亿元的沈阳中亚环保危险废物处置、投资20亿元的上海曼镭蒲河水岸、投资11亿元的近海国际家居建材产业园等项目。储备富春集团网营物联供应链运营中心、中投珍珠湖国际温泉旅游度假村等65个重点推进项目。建立重点企业、项目微信群，及时解决发展难题。全区开复工3000万元以上项目56个，总投资152亿元，开复工率100%。汽车产业园入驻关联项目7个。全区高新技术产业发展到16户，增长60%。推进优势企业“倍增培育”和“智能升级三年行动”计划，帮助企业实现融资贷款和争取贴息资金达3000万元，年产值5000万元以上企业达25户。沈阳艾克线缆有限公司与金川集团股份有限公司战略合作启动全国布局，有色金属加工全行业年产值24亿元。沈阳世润重工有限公司与沈阳黎明重工科技有限公司、沈飞集团等国家重点大型军企开展合作，向军工、核电等高端领域迈进。沈阳旭阳中冶座椅有限公司等4户企业完成省级“专精特新”产品认证。组织沈阳银丰铸造有限公司等企业参加第十届APEC中小企业技术交流展览会和制博会。农业结构持续调整，农

辽中区通过创建国家农产品质量安全县考核验收　（辽中区农业农村局供）

作物播种面积8.7万公顷，粮食产量56.2万吨，调减玉米播种面积933.3公顷。农村新型合作经济组织发展到1126家，农村电商产业园正式运行，益农电商平台实现农村全覆盖。推进农业部秸秆综合利用试点县建设。农村集体产权制度改革试点清产核资细化全面完成。省、市级土地确权登记颁证率达60%，土地委托经营等模式流转土地4万公顷。国家农产品质量安全县考核验收顺利通过，农产品检验检测中心通过省级“双认证”复查审核，全国人大常委会副委员长张春贤在辽中区调研时对农产品溯源体系建设给予充分肯定。三级河长制责任体系全面建立，编制完成境内8条河流“一河一策”保护方案。完成违规“大棚房”专项清理整治工作。有效做好非洲猪瘟防控工作。农产品精深加工园逐步完善，辽宁天天想食品责任有限公司食品加工、30万吨康森留芽米稻米加工设备启动安装，沈阳德丰清真屠宰有限公司投产运营，并与北京顺鑫集团成功开展合作。沈阳农大禾丰饲料有限公司、沈阳市克达饲料有限公司等33户农产品加工企业产值26亿元。

城乡建设与管理。投资1.43亿元新建维修国省干线、农村公路、蒲河景观路等城乡道路242.8千米。投资1475万元完成主城区绿化亮化及排水工程，完成张家湾等6个棚户片区改造工程，完成老旧小区路面硬化13万平方米，升级改造老城区背街小巷14条，植树造林2320公顷。推进“厕所革命”，新建水洗、环保公厕31座，城区旱厕全部取缔。开展“三城联创”，取得阶段性成果。拆除违建83万平方米，新兴市场、副食大厅完成升级改造，西环市场、商业街夜市“退路进厅”，在全市率先实现马路市场全部取缔，启动数字化城市管理平台，网格化管理机制实现全覆盖。探索网格化、制度化、常态化管理机制，全市创城现场调度会在辽中区召开，“辽中经验”向全市推广学习。安全生产和信访工作不断加强，社会大局保持和谐稳定。

民生工作。全面完善社会救助体系建设，提高最低生活保障及特困供养水平，发放救助优抚慰问资金9597万元。医疗报销救助4987人，救助资金731万元。持续巩固建档立卡人群脱贫成果，确保实现稳定脱贫。完成1322套棚户区改造任务。开展“春风行动”和“就业援助月”活动，城镇新增就业5525人。

社会事业。辽中区有科技型中小企业评价16户，高新技术企业培育库9家，科技小巨人入库企业9户，成功申报高新技术企业6户。选派60名青年农民到沈阳农业大学参加“青年农民上大学”培训。科技培训企业100余户，培训4300人次，发放科技资料3500多份（张）。投资2908万元，完成教育设施设备采购工作。利用教育教学设施，开设阅读、书法、合唱、舞蹈、体育运动、兴趣小组等社团157个，参加学生5623人，提升学生弹性离校期间的综合素养。辽中区高考成绩进一步提升，本科上线率96.1%，2名学生被北京大学录取。创建茨榆坨镇、刘二堡镇2个省级文化站示范点和茨榆坨太平村、冷子堡高力房、古城子3个省级村综合文化服务中心示范点。利用文化大篷车进社区开展助力“三城联创”文艺演出21场。举办文化大讲堂5次。举办全民读书月一条街、非物质文化遗产、摄影等各类展览10次。组织参加“讴歌新时代共建幸福城”第五届沈阳市社区文化艺术节的活动、“大美辽中新区 乐享湿地文化”辽中区第十一届湿地旅游文化节。组织举办2018 AIBO（爱柏）全国越野摩托/全地形车大奖赛（辽中站）暨辽中第九届摩托车文化节。举办沈阳市辽中区首届全民体育运动会。全区有24.7万人参加新型

农村合作医疗保险，争取省、市、区补助资金2229万元，农民个人筹资5192万元，总筹集资金1.73亿元。全区有22.6万人次享受到新农合补偿，补偿金额1.49亿元，全区新农合资金运行基本平稳，基本公共卫生服务项目全面完成。

【张春贤率执法检查组到辽中区检查】 7月4日，全国人大常委会副委员长张春贤率农产品质量安全法执法检查组，到沈阳市辽中区养士堡果蔬经济区养前果蔬专业合作社检查。养士堡镇党委书记向检查组介绍养士堡果蔬经济区基本情况。检查组围绕养士堡果蔬经济区的农产品质量安全标准体系、农产品产地管理、农产品生产过程可追溯制度、农产品质量安全管理制度和农产品质量安全监督检查制度5项重点内容的建设和执行情况进行调研。养前果蔬专业合作社生产销售的农产品，可以通过二维码扫描就能清楚的了解相关信息，检查组对养士堡镇在农产品溯源体系建设中取得的成果给予高度的评价。

【区首届全民体育运动会】 决赛9月26日在辽中区全民健身中心开幕，9月29日闭幕。运动会以“全民健身、幸福辽中”为宗旨。有4500余名运动员参加职工、农民、学生3个组别，乒乓球、羽毛球、象棋、篮球、排球、足球、啦啦操、十百千万和田径等比赛项目，观众5万余人次。辽中区首届全民体育运动会从5月8日开始举行比赛至9月29日结束，历时近5个月时间。

【通过国家农产品质量安全县考核验收】 11月30日，受农业农村部的委派，辽宁省农业农村厅创建国家农产品质量安全县专家评

辽中区主要经济社会指标

表42

指标	单位	2018年	同比增幅（%）
年末总人口（户籍人口）	万人	51.39	–0.1
地区生产总值	万元	2083740	2.8
第一产业	万元	652150	3.2
第二产业	万元	568391	3.5
#工业	万元	526144	3.1
第三产业	万元	863199	2.0
农林牧渔业总产值	亿元	131.4	3.2
粮豆总产量	吨	561979	–7.7
蔬菜产量	吨	846230	7.4
规模以上工业总产值	万元	658809	12.1
固定资产投资额	万元	467749	10.9
一般公共预算收入	万元	93928	14.3
一般公共预算支出	万元	273166	8.0
社会消费品零售额	万元	899219	9.3
城市居民人均可支配收入	元	34885	6.1
农村居民人均可支配收入	元	17085	7.1
商品房销售面积	万平方米	25.4	17.2
普通中学（含高中）	所	24	0
小学	所	10	0
在岗教师	人	3301	–32.3
在校学生	人	39663	–25
幼儿园	所	109	–3.5
医院、卫生院	所	30	0
医院卫生院医生数	人	1067	–14.0
医院卫生院床位数	张	2266	0
回迁安置居民	户	–	–
运动场馆	个	1	0
结婚登记数	对	3660	–8.2

（辽中区）

注：2018年回迁安置居民工作是发放货币补偿，没有回迁安置房屋的居民

审组一行7人，先后深入到辽中区养前果蔬专业合作社、沈阳昌润达淡水鱼养殖有限公司（冷子堡镇）、家正肉牛养殖场（肖寨门镇妈妈街村）、区农产品检测中心等9家种植养殖企业和农业投入品经营单位开展点位检查。听取区领导代表所做的关于创建国家农产品质量安全县工作汇报，并根据检查情况组织专家现场打分。辽中区以93.41分通过省农村农业厅评审组的考核验收，跻身全国农产品质量安全县的先进行列。（史云芳）

康平县

【概况】 康平县位于辽宁省北部，地处辽宁、吉林、内蒙古三省交界处，是辽宁省的北大门。康平县因清朝设县时由其驻地康家屯而得名，寓意“康乐太平”。东隔辽河与昌图相望，西与彰武相邻，南与法库相接，北与内蒙古科尔沁左翼后旗毗连。地形西高东低，南丘北沙。西南为兴安岭——医巫闾山余脉，北部为科尔沁沙地东南缘，东部为辽河冲积平原。康平县属温带大陆性季风气候，具有冬季严寒少雪、春季干旱多风、夏季温热多雨、年温差较大的气候特征。境内少山，巴尔虎山是康平和法库县的界山，是沈阳市最高山峰，海拔442.9米。境内辽河长度52.7千米，另外还有公河，东、西马莲河等中小河流7条。国道203线和省道彰桓线（彰武县到桓仁满族自治县）贯穿全境，沈康（沈阳到康平）、铁朝（铁岭到朝阳）高速公路呈十字形连通。2018年，全县区域面积2167平方千米。总耕地面积153万公顷，辖5个镇、7个乡（其中少数民族乡4个）、3个街道办事处、1个新城区、1个省级经济开发区。总人口34.2万人，有汉、蒙、满、回等19个民族。卧龙湖位于县城的西北部，面积127.5平方千米，是辽宁省最大的平原淡水湖。县政府位于新城区，距沈阳市120千米。

区域经济。2018年，康平县地区生产总值132.4亿元，增长3.7%，其中第一产业减少2.5亿元，减少7.1%；第二产业减少33401万元，减少7%；第三产业增加值51697万元，增长10.1%。工业经济平稳运行。全县工业用电量3.65亿千瓦时，增长4.14%，其中开发区工业用电量2.96亿千瓦时，增长10%。清洁能源产业规模壮大，国电优能二牛和小城子风电场、聚能生物质热电联产项目竣工。塑编产业转型升级步伐加快，塑料循环产业园加快建设，28户塑编企业完成升级改造。农副产品深加工产业加快集聚，徐州佳合肉鸭全产业链一期项目投产，新希望生猪现代农业产业化项目加紧推进。特色农业产业规模不断扩大，花生、薯类、杂粮等高效经济作物面积3.13万公顷，新植寒富苹果等经济林面积666.67公顷，新建畜禽规模化养殖场6家。农产品品牌创建工作取得实效，“三品”（无公害农产品、绿色食品、有机食品）认证面积10.5万公顷、产品157个。国家农产品质量安全示范县通过验收，“康平小米”获批国家地理标志保护产品，“康平花生”获“辽宁礼物”称号。农村电商加快发展，完成电商示范村镇创建，建设电商服务中心4个、电商特色馆2个，入驻电商平台的新型农业经营主体达到20家，农产品线上销售额3亿元。传统商贸业提质升级，万家福生活广场开业，万泰城市广场主体竣工。卧龙湖旅游产业取得新突破，卧龙湖水上乐园项目投入使用，天沐温泉度假酒店、宜航医养康复项目加速推进。举办第六届卧龙湖冬捕节、巴尔虎山登山节、寒富苹果采摘节等节庆活动，累计接待游客127万人次。房地产市场平稳发展，亿居公园里、名门第一城、御康府等优质品牌不断提升新城宜居品位。

城乡建设与管理。生态建设持续加强。湖滨生态湿地缓冲带（末期）、卧龙湖西岸生物多样性修复等5项工程完工。新增植树造林面积2666.67公顷。孔家污水处理厂、城南污水处理厂稳定运行，城北污水处理厂改扩建工程正在进行，中水明渠清淤工程完工。实施河流险工险段治理4处，维修养护堤防114千米，辽河康平段自然封育2533.33公顷。生态治理成效明显，中央环保督察“回头看”交办案件办结率达到100%。严格落实河长制，清理河湖垃圾2100余立方米，清除非法种植面积46.67公顷，整治八家子河、秀水河流域禁养区养殖户37家。“抗霾攻坚”强力推进，整顿违法造粒企业18户，改造燃煤锅炉41台，有效管控秸秆露天焚烧，秸秆综合利用率达到90%。空气优良天数达到280天，较上年增加42天。基础设施不断夯实。实施宜居乡村和10个城乡融合示范村建设，完成农村饮水安全工程16处、农村改厕4120座、农村危房改造140户，新建维修农村公路160千米，90千米一事一议村内道路、西二线改建工程竣工。

康平县主要经济社会指标

表43

指标	单位	2018年	同比增幅（%）
年末总人口（户籍人口）	万人	34.22	-0.4
地区生产总值	万元	1323643	3.7
第一产业	万元	318795	2.7
第二产业	万元	442257	3.0
#工业	万元	337891	-0.7
第三产业	万元	562591	4.8
农林牧渔业总产值	亿元	62.8	2.7
粮豆总产量	吨	561730	-0.7
蔬菜产量	吨	284922	-7.9
规模以上工业总产值	万元	388662	8.0
固定资产投资额	万元	408355	17.0
一般公共预算收入	万元	80528	28.7
一般公共预算支出	万元	273925	24.0
社会消费品零售额	万元	451189	8.5
农村居民人均可支配收入	元	15036	6.6
农村居民人均消费性支出	元	8957	9.5
商品房销售面积	万平方米	26.8	57.5
普通中学（含高中）	所	19	0
小学	所	21	5.0
在岗教师	人	2856	-12.3
在校学生	人	27509	-0.5
幼儿园	所	38	5.6
医院、卫生院	所	19	0
医院卫生院医生数	人	438	-31.6
医院卫生院床位数	张	2270	81.6
运动场馆	个	6	50.0
结婚登记数	对	2345	-12.7

（康平县）

政法路维修改造工程完工，新增城区绿化养护面积17万平方米。城乡管理更加精细，强化数字化城管指挥平台监管，城区市容市貌持续向好。提高规划管控能力，充分发挥规划的引导和统筹作用。做好国土督察反馈问题整改，提升土地利用和管理水平。实施拆违控违攻坚战，拆除违法建筑341处、4.4万平方米。“扫黑除恶”专项斗争取得阶段性成果，全县侦破涉黑涉恶案件14起、刑事拘留75人，打掉涉黑涉恶犯罪集团1个。开展信访案件“减存控增”攻坚行动，信访积案得到有效化解。安全生产“三项行动”（执法行动、治理行动、宣传教育行动）有效开展，安全生产形势总体平稳。

民生工作。建立贫困人口动态监管机制，及时帮扶返贫人口，完成动态识别国标贫困人口脱贫退出工作。综合运用特色产业发展、新型农业经营主体带动、资产收益性扶贫等措施，不断增强贫困村和贫困人口“造血能力”。全面落实各项扶贫政策，完成43个重点贫困村基础设施建设。就业和社会保障服务中心投入使用，新增城镇实名制就业2050人，农村劳动力转移输出8085人。启动新城区马家窝堡地块棚改工作。养老保险、医疗保险等社会保险覆盖面不断扩大，企业退休人员养老金按时足额发放。社会救助力度进一步加大，城乡低保和农村五保再次提标，残疾人康复工作扎实推进。

社会事业。滨湖实验小学和幼儿园投入使用，柳树屯蒙古族满族乡九年一贯制学校综合楼建设完工，康平县高级中学入选北京大学优质生源中学、晋升省

级示范高中、被评为市级改革试验学校，康平一中晋升市级优质化高中，新招聘特岗教师86人。县医院晋升三级医院，公立中医院、县医院门诊综合楼、疾病预防控制中心投入使用，妇幼保健站项目主体完工。创建省级标准乡镇文化站2个、村级文化服务中心3个。争取省级文化建设资金12万元，张强镇、两家子乡创建省级标准乡镇综合文化站。创建沿湖沿河的王家窝堡村、十家子村、齐屯村省级标准村级文化服务中心。体育事业改革出新，开展协会办赛事，各单项协会组织开展多项赛事活动，参加人数5000余人，在社会上引起强烈反响。举办康平县天顺风能杯“健步卧龙湖开启新征程”健步走活动。2018年沈阳市科技特派员交流会议在康平县召开，省市科技局对康平县的科技特派员工作给予肯定。康平博物馆成为康平县首家市级科普基地，沈阳恒生生物科技有限公司和康奉堡农产品专业合作社被评为省级星创天地。

【康平辽代契丹贵族墓群入围2017年全国十大考古新发现终评】 4月，沈阳市考古所和康平县文物所在沙金台蒙古族满族乡张家窑林场共同开展对辽代贵族墓群的挖掘工作，以“辽宁康平辽代契丹贵族墓群”为题，被列为2017年度全国十大考古新发现入围终评项目。辽宁康平辽代契丹贵族墓群，时间范围大致在10世纪中期至11世纪中期。在墓葬形制、葬具、葬俗以及墓地排列等方面体现出较以往不同的新特点，出土一批珍稀精美的高等级随葬品，特别是两件白釉黑、褐彩梅瓶，为辽墓中首次出土，出土的玻璃器为研究辽代草原丝绸之路提供重要线索。

【天顺风能杯“健步卧龙湖 开启新征程”健步走活动】 4月在康平县举办。以“健步卧龙湖 开启新征程”为主题，由县委办牵头，县直机关工委组织，相关单位协助。全程约10千米，历时两个多小时。活动组委会组织志愿者形成第三方评委团，评出精神风貌奖5个，优秀组织奖10个。县直机关44家单位、1000余名干部职工参加此次活动。

【2018年沈阳市科技特派员交流会议】 5月在康平县召开。交流会上，市科技局介绍沈阳市科技特派员工作情况及下步工作打算。康平县科技局作为区县科技局代表作工作介绍，沈阳农业大学和辽宁省农业技术学校的3名科技特派员代表在会上作经验介绍。

【恒生生物公司获评省级星创天地】 7月，沈阳恒生生物科技有限公司被评为省级星创天地。恒生生物是东北地区日产量最大的食用菌生产基地。2014年5月，恒生生物组建食用菌专业合作社，年末成立沈阳市康平县食用菌协会。以“公司+合作社+农户”的形式，组织带动康平县农户种植食用菌。公司为农户提供菌包，带动农户种植平菇、香菇和滑子菇，实现食用菌栽培标准化、规模化生产，使食用菌的种植在当地形成产业化。打破传统的销售模式，将线上销售与线下销售有机结合，探索出“互联网+食用菌”新模式。生产品种主要有金针菇、平菇、香菇等。恒生生物公司每年组织培训5次，带动周边合作社3个，解决本地500人就业，带动500贫困户脱贫。2015年，恒生生物公司被评为“沈阳市农业产业化重点龙头企业”。金针菇产品通过“绿色食品”国家级认证。（陈雅琴）

法库县

【概况】 法库县位于沈阳市北部，西接新民市、彰武县，北邻康平县，东连铁岭县、开原市、昌图县。区域面积2281平方千米，辖2个街道、12个镇、5个乡（含1个蒙古族乡）、233个行政村、12个社区，有汉、满、蒙古、朝鲜、锡伯等21个民族，户籍人口43.82万人。境内有沈康、铁朝、铁新等高速公路3条和国家、省级公路6条，县级公路实现村村通，有铁康线铁路1条和火车站1座，交通便捷。县城内建有集图书馆、文化馆、博物馆、体育馆、影剧院和文化广场为一体的文化体育中心。叶茂台辽墓群为全国文物保护单位，有五龙山、白鹤楼等AAA以上旅游景区8个。每年举办国际白鹤节，荷花节、登山节、古枫节、葡萄节、树莓节等特色节庆和国际陶瓷博览交易会、国际飞行大会、驴交易博览会等大型文旅活动。县政府位于法库镇兴法东路22号。

区域经济。2018年，农业调减玉米面积2.64万亩（0.18万公顷），特色果蔬面积62万亩（4.13万公顷），辣椒、西兰花出口日本、韩国等国家；新增经济林1.5万亩（0.1万公顷）。陶瓷产业新增高端产能1.26亿平方米，研发创新类单品100个。通航产业入驻无人机企业3户，划设无人机专用空域2个，无人机专用机场投入使用；联航神燕P2006T飞机完成组装7架，珠海航展期间再获30架销售订单。培育电商经营

主体108家，培育一木山楂等品牌10个，助力线上交易额突破8.1亿元。新增各类物流企业89户，海铁联运开通降幅线路6条，发运集装箱4500余个。新增乡遇时光生态庄园等AAA级景区3个。

城乡建设与管理。维修改造沈张线等县级以上公路76条，建成“四好（建好、管好、护好、运营好）农村路”235.6千米，建成水处理站30座、供水管网802.3千米。大气优良天数比上年增加20天，团山子污水处理厂实现按国家一级A标准稳定达标排放。建立河长制工作机制，拉马河、秀水河、王河三个断面水质全部达标。改造农村无害化卫生厕所2510座，新增常态化保洁村36个。完成造林8.1万亩（0.54万公顷），实施矿山环境恢复治理148亩（9.9公顷）。獾子洞湿地公园通过国家验收，大孤家子镇半拉山子村获“全国生态文化村”称号，叶茂台镇叶茂台村、四家子蒙古族乡公主陵村被列入第五批中国传统乡镇名录。

民生工作。投入资金3280余万元，改善6个省级贫困村村容村貌。新增农村劳动力转移就业6750人、城镇实名制就业2516人，培训城乡劳动力2000人，扶持创业带头人95人，全县失业率控制在3.86%以内。养老金按时足额发放，城乡五保低保标准、医保政府补助标准持续提高。孤儿、困境儿童、留守儿童、失独家庭等群体得到妥善照顾。

社会事业。全县中小学通过教育信息化市级验收。镇成人教育学校获批全国农村优秀学习型组织。法库县获第四批全国法治县市区创建活动先进单位、获批全国青少年校园足球“满天星”训练营，秀水河子镇获批国家卫生乡镇。实施“双培育”工程，新增科技型中小企业、高新技术企业和科技小巨人企业8户，创新主体持续成长。举办音乐会、歌舞晚会、第六届辽文化年会等大型文艺活动8次，开展艺术惠民文化进农村、进社区、进学校等活动20余次，开展健身操（舞）比赛、环财湖马拉松赛等全民健身活动10余次。（戴国富）

辽文化节祭祀大典 （法库县供）

【辽育白牛进入全国“地理标志产品区域性品牌”百强榜】 5月9日，2018中国品牌价值评价信息发布暨第二届中国品牌发展论坛在上海举行。法库县的辽育白牛代表辽宁省进入“地理标志产品区域品牌”百强榜，获“地理标志产品区域品牌”百强榜第52名。辽育白牛是辽宁畜牧业历经40年培育的科技成果，2009年通过国家畜禽遗传资源委员会组织的专家审定，被认定为畜禽新品种。辽育白牛以其优越的产肉性能、独特的适应能力，受到农民欢迎。

【获评第四批全国法制县市区创建活动先进单位】 法库县在开展法制县创建活动中，建立乡镇政务服务中心19个，村（社区）便民服务代办点240个，有60%以上的村达到省市民主法治示范村标准。政府法律顾问参与审核各类经济合同200多件，参与处理历史遗留问题83件。县公安局通过短信平台进行案件办理公开，县检察院开通执法办案网上监督平台，县法院设立巡回法庭。各执法部门严厉查处危害食品药品、农产品等方面违法行为，严厉打击各种破坏市场经济秩序的违法犯罪活动，维护社会大局稳定。6月，被全国普法办公室授予第四批全国法制县市区创建活动先进单位称号。（徐 贺）

【东北通用航空产业联盟成立大会】 8月20日在沈阳通用航空产业基地召开。会议宣读《通航产业联盟倡议书》和《东北通用航空产业联盟章程》，推选东北通用航空产业联盟主席、常务副主席、副主席、秘书长、理事单位。辽宁省航空运输协会、辽宁通用航空研究院等行业协会、高

法库县主要经济社会指标

表44

指 标	单 位	2018年	同比增幅（%）
年末总人口（户籍人口）	万人	43.82	-0.4
地区生产总值	万元	1997967	5.2
第一产业	万元	363186	3.8
第二产业	万元	751946	10.6
#工业	万元	698127	8.8
第三产业	万元	882835	1.5
农林牧渔业总产值	亿元	76.9	4.0
粮豆总产量	吨	578726	-11.8
蔬菜产量	吨	219149	11.3
规模以上工业总产值	万元	1119572	16.5
固定资产投资额	万元	421324	24.9
一般公共财政预算收入	万元	106327	16.7
一般公共财政预算支出	万元	300891	15.9
社会消费品零售额	万元	560244	9.5
实际利用外资	万美元	1316	163.2
农村居民人均可支配收入	元	15489	7.3
农村居民人均消费性支出	元	9939	-5.7
商品房销售面积	万平方米	43.8	116.8
普通中学（含高中）	所	6	0
小学	所	23	0
在岗教师	人	3502	-9.4
在校学生	人	28495	-7.2
幼儿园	所	69	-5.5
医院、卫生院	所	22	0
医院、卫生院医生数	人	694	5.5
医院、卫生院床位数	张	1006	0
回迁安置居民	户	196	-78.6
运动场所	个	1	0
结婚登记数	对	2784	-6.7

（法库县）

等院校、科研院所领导和各行业企业领导、发起单位企业领导120人参加会议。

【金梧桐县域论坛·沈阳法库峰会】 9月20日举行。金梧桐县域论坛主席梅绍华，新浪网、微博运营总经理李峥嵘分别致辞；副市长陈弘、县领导共同为《法库农村电商创新服务产业园》启动。一木山楂、法库青创电商公司、新浪辽风旅游、超市发4个项目进行电商合作签约。县领导为梅绍华和中国产业聚集研究专家杨建国颁发产业发展顾问聘任证书。（戴国富）

三十八、街道（乡、镇）

和平区沈水湾街道

【概况】 沈水湾街道位于和平区南部、长白岛东部，东至金阳大街，南至浑南大道，西至南京南街，北至浑河河道中心线。成立于2006年8月，辖区面积4.8平方千米。区域内有4个社区、4所中小学、13所幼儿园。有居民小区37个，350栋居民楼。总户数37730户83265人。沈水湾街道办事处位于仙岛南路12号。

经济发展。2018年，固定资产投资20.88亿元，占全年计划的115%；社会消费品零售总额3.76亿元，占全年计划的141%；规模以上工业产值1.27亿元，占全年计划的635%；限额以上其他营利性服务业企业营业收入3637.3万元，占全年计划的121%；区级税收7.5亿元，完成全年计划129.51%。街道对12个市重点项目计划投资18.65亿元，完成投资19.76亿元，超额完成5.75%。

城市管理。处理居民网上、电话、到访等各种投诉及求助案件1877件，回头看案件76件，接转电话投诉103个，回复率、满意率、理解率均100%，社会治理综合政务网格化上报案件4万余件，办结率95%以上。深化创建国家卫生城市业务培训，培训人员850余人次，制作创城宣传板580余块，设置健康宣传栏126处，宣传海报1800张，动员物业及志愿者8700余人次，送达商铺门前三包责任书3220份、禁烟标识1580张，签状率达到100%。组织机关干部、社区人员及物业公司人员对创城工作整体部署，出动1.36万余人次，清理清运征收区域、待建路段及小区大杂院等生活及建筑垃圾万余车，80余万立方米。累计清理僵尸车215辆。整治露天烧烤及占道经营，联合夜查230余次，取缔露天烧烤240余处。清理占道经营2.1万余处，平整上夹河未拆迁区域路面2000余平方米，清运生活垃圾及残土5万余立方米，设立围挡1100余米。做好拆违工作，统计上报单位所有人员个人违法建筑自查情况表，发放张贴整治违建通告1200余张，拆除违建189处，违建面积18176平方米，占拆违计划数14770平方米，完成任务总量的123.06%。优化国际化营商环境，实行早晚错时上下班制度、微信矩阵全程服务模式，提升社区服务质量和服务水平，达到办事居民"最多跑一次"的要求。推行全科社工，在沈阳市黄金杯全科社工大赛团体赛中，获和平区第一名、沈阳市第二名。

社会民生。以鲜明的文化主题为引领，不断夯实社区和谐氛围基础，开展"家教家风""爱

国爱党”“道德教育”“尊老爱老”“我们的节日”“全民健身”等群众文化体育活动200余场，开展“学校放假社区开学”中小学生寒暑假活动40余场。报送市、区摄影、作文大赛作品43幅，其中舞蹈大赛和广场舞大赛获优秀团队奖。利用社区学院、外事服务学校、科普大学等为居民百姓送课300余场。及时将党和政府的关怀送到最需要的群众手中，不缩水、不走样。办理残疾证17人、残疾人乘车爱心卡23人，办理一胎指标538例、二胎指标1058例、多胎30例，办理租赁证67户。养老保险统筹基金征缴176万元，占全年计划的97.24%。发低保金21.14万元、两节补助1.57万元、电价补贴1400元、70—79岁特困老人补助1800元、临时价格补贴1728元、住房补贴3.92万元、救助款2万元、大病补助2万元、重度残疾人生活补助4.51万元、困难残疾人救助款1.56万元、残疾人双项补贴6.49万元；发放退役士兵优待金3.89万元、退役军人困难补助1.25万元。城镇登记失业率控制指标以内，实名制就业人员246人，完成指标的100%。扶持创业带头20户，带动120人就业，完成指标100%。发布岗位信息1040余条，完成指标的100%以上。个人求职信息录入900余人，完成指标的100%以上。引领大学生创业20人，完成指标的100%。劳动保障监察两网化工作录入信息290条，完成全年任务。城镇居民医院保险大批量收缴工作到12月底收缴人数3984人，超额完成全年任务。退管工作接收146人，接收失业金人数新增62人，为退休职工办理取暖费报销15人。

【便企5项措施】 2018年，沈水湾街道完善服务企业模式。建立健全企业联系制度，对辖区内企业采取“主动式”走访，了解企业发展规划以及所需，为企业提供优质服务，为企业发展排忧解难，保驾护航；打造服务企业平台，进一步实行“一站式”办公和“一条龙”服务，实行全程跟踪服务，从招商引资、手续办理、项目实施、后期管理等各个环节，为企业服好务、站好岗；实现区域资源共享，聚焦企业在选址、注册、办理相关手续等问题，街道搭建区域资源共享平台，做好联合协调工作，实现企业间的互利共赢，为企业提供便利、快捷、周到的服务；构建多元服务格局，为了让驻街企业“投资安心、经营顺心、生活舒心”，街道在企业员工孩子入托入学、家人就医、申请助学贷款、咨询窗口服务事项等方面，协调相关各部门给予支持和帮助，让企业没有后顾之忧；落实责任服务机制，街道内设有企业服务资源的科室参加的企业公共服务领导小组，负责企业公共服务的重大问题、工作措施、政策落实等。主要服务内容包括税务、工商、劳动就业、安全生产、知识产权保护、人才引进、政策咨询、工作流程、优惠政策、联络员联系人名册等，并根据不同企业所需提供对应的帮助，为企业提供菜单式服务。

（曾晓琳）

沈河区皇城街道

【概况】 皇城街道位于沈河区古方城内，辖区东起东顺城街，西至西顺城街，南起南顺城路，北至北顺城路，地域面积1.93平方千米。辖区内总人口18644户、52426人，其中户籍人口17512户、49336人。由翠生、正义、平顺、帅府、西华5个社区组成。世界级文化遗产沈阳故宫，国家级文物保护单位张氏帅府，罕王宫遗址、长安寺等7处省级文物保护单位，盛京城址（西北角楼）、中心庙等9处市级文物保护单位均坐落于此。辖区内有沈阳恒隆、兴隆大家庭、沈阳荟华楼、沈阳商业城等驻街企业。中街商业区位于皇城区域内，商业街日均客流量40万人次，重要节假日客流量百万人次。2017年6月，皇城街道被市委、市政府授予沈阳市文明街道称号。

经济发展。皇城街道对重点税源企业实行街道、社区为主体的四级包保责任制，为企业生存发展提供帮助。2018年，皇城街道限额以上社会消费品零售总额91.2亿元，限额以上批发业销售额42.8亿元，限额以上住宿业营业额7728.3万元，固定资产投资4亿元，规模以上工业产值2.2亿元，人均可支配收入5.02万元。

城市管理。以创建国家卫生和食品安全城为核心，抓整治、扫盲点、补短板、促提升。发动商户严格落实“门前三包”，1004家沿街商户全部签订承诺书。建立街道“一队两所三中心”（交警大队；皇城派出所、皇城市场监督管理所；区执法中心皇城分中心、区应急中心皇城小区保障分中心、区城建中心）及社区等多部门的联动机制，成立“常规团”“固定哨”“主力军”和“突击队”，定期开展老旧小区、背街小巷联合整治行

动，不断提升城市管理水平。皇城地区卫生环境、市容市貌明显改善，小区楼院干净整洁，商户经营秩序井然，环境得到优化，形象得到提升，做到无杂院、无死角。增强公众及食品领域从业人员的食品安全知识和法律意识，未发生重大食品安全事故，保障群众"舌尖上的安全"。利用创建三级网格工作模式，开展扫黑除恶专项工作。通过形式多样的宣传活动营造浓厚宣传氛围，制作宣传板290块，发放宣传海报1500张，发放居民入户"明白卡"1.5万张，设置举报箱14处，设置LED显示屏宣传35处。

社会事业。民政工作深入推进，日间照料站和居家养老服务中心社会化运营并满足"五室五助"（五室，即日间休息室、休闲娱乐室、图书阅览室、健身康复室和公共餐厅 / 配餐室；五助，即助餐、助洁、助浴、助医、助行）功能；协同驻街各类社会组织共同搭建社会组织服务居民、服务社区的平台。社会保障工作有序进行，实名制就业1600人，失业人员再就业690人；完成代扣养老保险1792.66万元，办理居民医保1650人，做到应保尽保。社会救助工作扎实开展，临时救助低保户56人，共计26.86万元；救急难渠道救助34人，共计6.44万元，解决困难群体实际问题；深入挖掘皇城区域特色，在正义社区打造以"发掘传承历史 弘扬党风正气"为主题的特色社区，开设党建展示室、党员多功能活动室等。大力推进区域共建机制，在社区营造以党风带民风促家风共建共享的良好氛围；开展退役军人和其他优抚对象等覆盖12类人群的基本信息采集工作，通过微信、网格员、公示栏等方式第一时间发布信息。在辖区张贴千余份通知，做到信息采集工作家喻户晓。

【城市网格化管理新模式全区推广】 2018年，按照区委创新城市管理体制机制，探索建立城市网格化管理新模式的构想。皇城街道作为试点，以社区为单位建立责任网格，每个责任网格合理划分小区空间、街路空间、生态空间三个微网格。明确服务事项内容、划清层级监督职责、强化问题及时处置，打造出"人员定位在网格、责任落实在网格、问题处置在网格、考核评价在网格"的工作模式，进一步提升皇城地区城市管理效能和管理水平，成功经验在全区进行推广。

（汪子琪）

大东区长安街道

【概况】 长安街道位于大东区东南部。以辖区内有原长安街而得名。东起凌云街、方陵路，南至东塔机场油库南墙，与沈河区东陵街道相邻，西至滂江街、莲花街、万莲路、江东街，毗邻沈河区万莲街道，北抵长安路与东塔街道相接。面积5.8平方千米，下辖江东、滂江、军航、东胜、莲花、长安、园中、民航8个社区，常住人口约8万人。街道办事处位于滂江街117号。

经济发展。坚持把"稳增长"作为全街工作的首要任务，以项目为重点，加大改善投资环境。规模以上工业总产值4817万元，完成年计划160.56%；社会消费品零售总额38760万元，完成年计划100.9%；固定资产投资7042万元，完成年计划30.6%；引进内资3.71亿元，完成年计划的107%；科技创新工作上报2个，完成工作计划；建立菜篮子零售网点备检库，完成全年计划100%，上报37户备检企业，每月按时完成备检库的更新。新增贸易业企业3户，其中贸易业法人1户。

城市管理。城中村环境得到改善，春节期间开始对方凌路地区开展环境整治攻坚行动。拆除违建134处、2198平方米，规范违规牌匾172块，清运杂物垃圾5690吨，回填土石1568吨。在此基础上，实施墙体立面粉饰6000余平方米，完成硬覆盖1.2万余平方米、绿化2500余平方米，铺设下水管线200余米。有效开展拆违控违工作，响应并落实市政府拆违工作安排。加大宣传力度，开展拆违工作，共拆除违章建筑975余处，拆除面积约9878平方米。持续开展环境治理工作，对辖区内乱涂乱画、乱搭乱建、乱堆乱放等"十乱"现象进行全面治理，清理小招贴3万余处、清理杂物残土2500余吨，清理卫生死角1300余处，城区环境得到进一步优化。东胜社区、军航社区以及园中社区获2018年大东区委区政府创建全国文明城市先进集体。深化综治信访维稳中心"一站式"服务建设，进一步提高工作效率，破解信访疑难积案。有效开展扫黑除恶工作，张贴"扫黑除恶"内容的宣传海报400余张，向居民群众、幼儿园、沿街门市商户发放宣传单页2000余份。利用党课宣传全面参与扫黑除恶的讲座16场。累计入户435户，发放《市纪委监委关于扫黑除恶致广大群众的一封信》1396封，扫黑除恶基础知识宣传册310余本，惩

贪治腐正风肃纪宣传袋300个，扫黑除恶专项斗争明白卡400余张。持续推进安全生产工作，走访个体商户及企业210家，发放各类宣传教育手册300余份。开展消防讲座、演练2场次。

社会事业。以提高社区自治水平，提升社区服务功能为切入点，开展“一社区一项目”建设。园中社区开展老年惠民食堂项目建设，省、市多家媒体对此进行报道。全街8个社区承办8场大东区艺术惠民进社区演出，受益观众800人次。居民到社区活动室1.2万人次，参与读书、阅览人数4000人次。各社区举办种类体育赛事24次，参加人数800人次。利用健身器材参加健身锻炼的居民4500人次。开展低保规范化管理，有低保户144户，保障人口占全街总人口的0.22%，累计发放低保金144万余元。就业和社会保障工作得到加强，扶持创业带头人、普惠制培训、就业失业登记证办理、申报小额担保贷款、实名制就业、灵活就业人员养老保险、灵活就业人员医疗保险、城镇居民医疗保险等工作持续开展。9月，东胜社区申报辽宁省充分就业社区。

【方凌路平房区环境整治】 2月19日清晨，大东区行政执法局、长安街道及城管科领导，军航社区的社区干事、保洁人员及区执法局的工作人员到方凌路的平房区环境整治现场开展整治工作。对临街商户挨家挨户进行通知宣传，对无法联系到物主的僵尸车辆及无主物，联系相关部门立即进行处理。累计出动执法人员和特勤人员370人次，雇佣拆除和清运工人220人次，启用吊车、钩机、铲车、板车等机械作业车辆35台次，完成拆除私搭乱建63处、950平方米；拆除商亭、集装箱18个；拆除违规牌匾142块；清理被圈占绿地8000平方米；清运杂物垃圾63车、710吨，完成第一阶段拆违总工作量的80%。

【姜有为视察方凌路地区创卫成果】 6月10日，市长姜有为一行到长安街道军航社区方凌路地区视察创卫工作成果。姜有为对沿街商铺及公厕等环境卫生进行检查。随后来到部队大院，听取长安街道领导的创卫工作汇报。姜有为对方凌路地区和铁路沿线的环境卫生整治成果表示满意，同时，对接下来的创卫工作作出部署。（司晓萌）

于洪区南阳湖街道

【概况】 南阳湖街道地处于洪新城西部，东至南阳湖街，西至三环路，南至浑河，北至沈辽路。辖域面积14.75平方千米。居民总人口118389人（42281户），其中，常住人口67532人，暂住人口50857人。街道办事处所辖地区为于台、金沙、上沙、杨士、甘官、富官、科研7个村，及鹏程、南阳湖、杨士、恒大、新宏、新城雅居、恒大金碧7个社区。

经济发展。地区生产总值20.5亿元，完成年计划的135%；规模以上工业产值12.13亿元，完成年计划135%；固定资产投资28.16亿元，完成年计划108%；税收2.6亿元。引进沈阳睿博房地产开发有限公司汪河路项目、沈阳辉创置业有限公司细河路南2号地块项目、沈阳招源房地产开发有限公司雍景湾项目。街道加大落地项目跟踪服务力度，提升地区发展的综合实力。完成区政府下达的土地房屋征收任务，总计房屋6.25万平方米、农用地191.9亩（12.79公顷）。100号地热源项目征收步入收尾阶段，81号地、88号地、云龙湖东二街项目征收全面完成。

城市管理。成立以街道党工委书记为组长，办事处主任为副组长的“三城联创”工作领导小组。重点整治7个非物业小区和5个城中村的私搭乱建、垃圾沉积、乱堆乱放等脏乱差问题。拆除私搭乱建约7200平方米，清运垃圾约1.75万车次（15万吨），平整大型残土堆并绿化1500亩（100公顷），细河两岸裸土苫盖2万余平米，平整铺设村路75条，设立临时停车场35个（2.5万平方米）。粉刷墙体立面15万平方米，设置毒饵站950个，设立围挡12千米，设置散流体监督执法岗亭9处，设置勾臂箱和垃圾箱300处（勾臂箱60个、垃圾箱900个），使辖区环境得到质的改善，居民的生活环境基本达到城市化标准，实现城市化管理。发挥社区宣传栏、公开栏、电子屏等载体作用，设置创卫宣传栏、健康教育栏及各类宣传板646处，全面跟踪宣传三城联创工作进展。采用多媒体、信息简报等形式，及时报道联创工作成效。发动党员群众参加志愿者队伍，开展宣传、信息、服务、监督活动和红袖标巡查活动，志愿服务活动90余次。社区干部入户走访，开展问卷调查20余次，发放宣传材料2.5万份、《致广大居民的一封信》2万封，社区利用活动室开展健康知识、食品安全讲座20余次。制定主要领导接访制度，接待群众来访325批次，1037

人次，结案率90%、群众满意率80%以上。街管重点企业签订安全生产、消防安全、食品安全责任状10家；村、社区签订责任状327家。召开安全生产会议22次，下发安全生产等文件60余份，制作发放生产、消防安全、食品安全、交通安全等宣传材料1000余份，张贴安全警示标识200块。对29户企业下达《责令改正通知书》，在指令时间全部整改合格。排查整顿餐饮行业258家（其中小餐饮189家），食品流通行业228家，提高食品饮食的安全性。建立街道扫黑除恶专项斗争工作领导小组。扫黑除恶领导小组办公室设在街道综治办，形成扫黑除恶整体工作合力。召开党工委工作会议5次研究扫黑除恶工作、召开全街扫黑除恶工作部署会、培训会17次。开展宣传活动9次；发放举报张贴单2000余份；发放扫黑除恶入户宣传资料1.85万份；扫黑除恶“明白卡”2万份；张贴宣传海报200余处；设置公告宣传板762块、路旗300个；开展入户调查12次；开展各种宣传教育6次，受教育群众230余人。组织各村、实业公司成立村级财务专项审计整改小组，对上一年村级财务及当年创卫工作经费的使用进行专项审计，并对审计过程中发现的问题进行整改。

社会事业。城镇实名制新增就业140人，进城农民工培训80人，失地农民培训220人，创业带头人3人，带动就业人数18人，为辖区70岁以上的空巢老人安装一号通便民服务器19个，低保户脱贫 18户。522人享受计划生育家庭奖励扶助，54人享受计划生育特别扶助。加大文体基础设施建设投入。更新、维修社区健身器材30余件，增设装修多功能文化活动室7个，图书室3个，书画室1个，改善拓宽群众文体活动环境。群众文化活动不断发展，有常年活动文艺队伍5支，培养文化骨干百余人。群众文体活动丰富多彩，节假日文艺演出30余场。开展争做文明市民、创卫知识、健康知识、科学生活知识讲座10余次，树立新生活理念。指导相关村制定土地补偿款、村集体资产、土地流转费等项目的分配方案，并对相关村土地流转情况进行核查，落实失地农民养老保险，并向区政府报请应付土地流转费。

【清产核资】 2018年，街道成立清产核资组织机构，制定具体工作方案。召开清产核资工作会议5次，发放相关文件7套，传递工作信息200余条。制定街道及各村土地确权及经济组织成员认定工作方案，召开专题会议5次，发放相关法律法规文件5套，宣传画板4套，对街道资产等进行核查。

【安全度汛】 6月，成立防汛抗旱指挥部。制定《南阳湖街道防汛工作方案》《南阳湖街道防汛抢险救灾应急预案》。成立抗洪抢险应急分队，储备防汛物资，并提早对辖区内浑河、细河及低洼易涝地段进行细致的排查，顺利度过汛期。 （崔常顺）

苏家屯区湖西街道

【概况】 湖西街道办事处机关位于苏家屯区葵松二路8 号。辖区东起迎春街，西至沈大高速公路—丁香街，南起枫杨路，北至金钱松路—乔松路。辖区面积11.84平方千米。湖西街道党工委和湖西街道办事处内设党群办公室、行政办公室、城市管理科、经济和社会事业服务科、就业和社会保障科、社会治安综合治理科、社区建设指导科及经济建设和社会事业服务中心。湖西街道辖林校、育林、大格、葵花、电业、金宝花园、金山、浑南、金电9个社区和大格镇村、金宝台村2 个村，居民3.04万户7.06万人。辖区内驻有区人大、区法院、区检察院、区公安分局等机关单位19家；农业银行、血栓医院、自来水公司等企事业单位9家；省林业职业技术学院、沈阳市第30中学、雪松路小学等学校6 所。

经济发展。2018年，街道规模以上工业企业总产值2.83亿元，固定资产投资512万元，社会消费品零售额限上企业零售额2.99亿元。8月开始，街道开展全国第四次经济普查，录入上报法人单位469家，产业活动单位21家，个体工商户2989家。同时完善基本单位名录库维护，街道组织社区统计人员对新增法人单位和产业活动单位进行排查，对符合条件的64户法人单位，7户产业活动单位进行名录库录入。

城市管理。顺利完成老旧小区改造，清理楼前绿地小开荒6600余处，乱堆乱放1.7万余处，清理小招贴及乱贴乱画10万余处。拆违治乱成效明显，街道拆除辖区内各类违法建筑2050处，面积7.65万平方米。城乡接合部卫生环境明显改善，金宝台地区清理积存垃圾1000余吨，增设垃圾桶80余个、钩臂罐14个。拆除旱厕150余个，设置环保公厕3个及新型户厕150余个。强化督办整改力度。建立网格化长效管理机制，街道处理各类城管问题348处

督办点位、43处交办点位。开展食品安全专项整治。成立食品安全工作领导小组，配备12名专兼职食品安全协管员；按照网格化管理方式对食品生产单位开展检查，为587家经营业户发放食品摊贩登记备案卡。采取“一入户三回访”等形式向居民宣传扫黑除恶专项斗争。街道形成信访案件“纯案数据库”，建立三级信访台账，严格做好交办案件的办理、报送、审核工作。街道完成综治中心建设，获沈阳市综治中心建设综合验收工作组的高度评价。

社会事业。街道按月足额为204户低保户发放补助金12.25万元；为35户低保户发放临时救助金81535元；签订照料护理服务协议13户；城镇居民基本医疗保险新增参保7000人；城保参保人员生存认证2200余人次；完成新增就业和城镇失业人员再就业1390人；社区开展现场招聘会4场；接待领取失业金签到2500余人次，办理并打印失业证930余本；为1005名残疾人参保意外伤害保险，完成残疾人个体就业创业工作扶持金发放4万元；做好退役军人家庭义务优待金发放工作；按时足额发放高龄补贴，及时为老年人办理老年证、优待证。

【“三城联创”整治】 2018年，湖西街道对老旧小区“十乱”（乱贴乱画、乱堆乱倒、乱拉乱挂、乱搭乱建、乱停乱放）现象进行摸底改造，清理小开荒6600余处，拆除各类违法建筑2050处。金宝台地区积存垃圾点位全部清除，对主要街路进行修缮及粉饰。街道开展食品安全专项整治，配备专兼职12名食品安全协管员，健全街道、社区两级食品安全工作监管网络体系，按照网格化管理方式对食品生产单位开展检查，为587家经营业户发放食品摊贩登记备案卡。湖西街道区域内未发生大型食品安全事故。

（李 佳）

沈北新区石佛寺街道

【概况】 石佛寺街道办事处位于沈北新区西北部，距沈阳市区30千米，距沈阳桃仙机场45千米。东部与黄家街道、沈北街道相接，南与兴隆台街道为邻，西部与新民市罗家房乡接壤，北部与法库县依牛堡乡隔辽河相望。区域面积48.47平方千米，辖区内包括石佛一、石佛二、孟家台、房身、小屯、鲁家、大黑台子、兴胜、立新9个涉农社区，14个自然村，有3892户，11830人。其中有6个村是锡伯族村，2个村是朝鲜族村，锡伯族、满族、朝鲜族、蒙古族等少数民族约占总人口数一半。石佛寺街道以第一产业为主，有耕地3356公顷，水稻种植面积约3000公顷。街道境内尹石线和107省道一纵一横，形成交通道路框架，与各社区内相连的道路形成交通网络，距哈大高速公路沈阳绕城高速公路20千米，交通便捷。石佛寺街道依七星山傍辽河水，辖区内拥有石佛寺城遗址、七星山、辽塔、西迁纪念馆、烽火台、碉堡等丰富的历史文化资源。2018年底，石佛一社区入选第七批中国历史文化名村。街道充分挖掘利用所具有的辽金文化、锡伯文化、田园文化、山水文化、宗教文化、军事文化等6种文化资源，调整产业结构，开发新兴产业，致力打造“历史文化名镇山水田园新镇”，即以历史文化旅游、锡伯族民俗体验为主的文化旅游之镇和以蟹田稻米、观光采摘、水产养殖为辅的生态田园之镇。依托七星山风景区、辽河湿地公园等旅游资源，大力发展第三产业，开发民俗资源，在主要街路沿线发展以魏家驴肉为代表的特色农家院，创建立新朝鲜族特色村寨项目。辖区内有辽北七星米业有限公司、狮子王工贸有限公司、昕家旺有限公司等28户企业。

经济发展。开展村级“三资”清查工作，对辖区内各村的资金、资产、资源进行全面盘点、核实、登记，制订完善农村“三资”管理办法，为盘活和壮大村级集体经济打下坚实基础。充分发挥第一书记在乡村发展建设中的作用，指导“三农”政策落实。帮助社区厘清发展思路，狠抓农事项目建设。根据资产拥有度、资源优势条件，因村制宜推进鲁家社区、房身社区、小屯社区蟹田米种植项目，兴胜社区蒲公英（药材）种植项目，立新社区朝鲜族特色村寨旅游项目，孟家台社区城市休闲养老项目。街道蟹田米种植面积333.33公顷，形成沿七星山周边千亩林果采摘带，开始富硒水稻、富硒蔬菜及水果种植实验，“一村一业”发展格局雏形初现。大力发展旅游业，充分发掘利用辽文化、军事文化、宗教文化、锡伯族及朝鲜族民族文化、七星山及辽河山水文化、田园文化等资源，依托石佛一社区、石佛二社区国家历史文化名村品牌，以及立新朝鲜族特色村寨、房身锡伯族民俗活动等载体，完善旅游基础设施建设。提升旅游公共服务

水平，加快推进特色旅游项目，以旅游产业发展促进供给侧结构性改革。按照《石佛寺街道农民增收致富方案》，继续大力发展特色农业、生态农业，培育发展一批带动能力强、示范作用明显的农事龙头企业、专业大户、家庭农场等新型农业经营主体，实现“一村一品、一村多业”，形成“村村有产业、户户有项目、人人有事干”的农民增收新态势。鲁家、房身、小屯、大黑台子等村形成蟹田米种植基地，发展蟹田米种植，实现一地双收、助农增收，发展订单式种植，实现种植产业规模化、现代化、效益化，增加农民基础性收入；以农事体验、私人订制等形式按需发展零散规模化种、养殖家庭农场，实现农业的高质量发展，提高农民经营性收入；发展壮大村集体经济，鼓励引导农民以土地承包权、房屋、农机具等折价入股农事、旅游企业及成立合作社，提高农民财产性收入。2018年农民人均可支配收入18408元。

石佛寺街道召开实施乡村振兴战略建设美丽石佛寺誓师大会　（石佛寺街道供）

城乡建设与管理。在环境治理方面，街道将4月定为环境整治月，加大环境卫生整治力度，做到村内生活垃圾日产日清、汛期前彻底清理排水沟渠；开展社区环境卫生专项整治、七星山绿化补植、街路两侧花草种植等，提升石佛寺街道辖区内环境的质量。搞好绿化补植工作，4月中旬起，组织机关干部、社区党员群众和武警官兵在七星山上种植1万余棵树苗。8—10月，在全域范围内开展村屯环境卫生集中整治以及垃圾分类减量工作。研究制定《石佛寺街道环境卫生集中整治实施方案》《石佛寺保洁员管理办法》《垃圾分类及处理方法》，通过拆除村内垃圾池、增加钩臂车垃圾箱，实现减量排放，彻底清理挤街占道、垃圾乱扔等陋习，乡村环境焕然一新。拆违控违、大棚房整治工作，拆除19个点位，面积5346平方米，完成总任务的168%。特别是在11月下旬，严格排查大棚房，对发现的唯一一处超面积看护房，在规定时限前完成拆除任务。2018年，石佛寺街道被评为沈北新区文明单位。制定实施《石佛寺街道乡村治理实施方案》，提升社会治理水平，发动群众共同治理和统筹资源合理治理，完善公共服务体系，形成有效的社会治理和良好的社会秩序。把孟家台、立新、兴胜社区作为试点单位，参加辽宁省城乡社区治理与服务创新和农村社区建设示范单位创建活动，3个社区完成村规民约的制定，并完善社区建设的其他材料。

社会事业。街道完成45户低保户的核对复核工作，新办理低保审批7户，根据法定事由停保7户；受理临时救助10户，审批合格7户，发放临时救助金2.5万元。按照《石佛寺街道精准扶贫实施方案》，对街道困难家庭的详细情况进行分析，针对具体情况因人施策，采取租种稻田、小作坊加工、困难户就业、资金帮扶等措施，实现一户多法、个人个法的精准扶贫政策。街道辖区内新参保城乡居民养老保险人员380名，补缴人员460名，变更信息480名，全街道参保人员累计达到5680名；新农合应参人员7946名，实参7946名，缴费金额164万元。农合报销190件，报销金额55万元，办理特慢病证上报46个。新参保医疗保险人员370名，续缴435名。定期组织社区工作人员开展业务培训，提高工作人员业务水平。城镇实名制就业人数、农村实名制转移输出就业人数、零就业家庭就业人数、就业困难人员就业人数、城镇登记失业人员总量控制、扶持创业带头人数、新增创业人数、岗位信息条数、个人求职登记信息条数，均完成年计划的100%；办理就业失业证120本；健全完善劳动保障平台，

建立劳动力信息库，对就业人员和再就业人员的基本情况实行动态管理。

【机关读书室揭牌】 3月，石佛寺街道开始筹建机关读书室。区级机关为街道捐赠社科类、文学类、经济类、医学类以及廉政教育、传统教育等各类图书700余册。街道安排2000元资金，购置书架、沙发、墙纸，维修地板。同时，发动干部职工参加“一千零一部”图书捐赠倡议活动。捐赠图书200余册。读书室累计收藏近千册图书。6月12日，石佛寺街道机关读书室正式揭牌，街道领导及工作人员30余人参加此次活动。

【3个社区农村供水改造工程】 为进一步加快农村供水改造工程，有效解决社区居民吃水难问题，8月3日，石佛寺街道领导到小屯社区、兴胜社区、房身社区进行现场调研。通过实地勘察，在小屯社区确定新、老管线对接点位及1500延长米水管埋设线路，并对施工工程提出要求。8月末完成改水全部工作，3个社区的居民吃上放心水。

【“实施乡村振兴战略 建设美丽石佛寺”誓师大会】 10月12日在石佛寺街道举办。区委常委、区总工会主席、区委宣传部部长，石佛寺街道领导班子成员及全体工作人员，各社区第一书记及书记、主任，石佛寺街道正风肃纪监督员及社区群众200余人参加大会。街道党工委书记作动员讲话，兴胜社区党支部书记、石佛一社区党总支第一书记、石佛二社区群众代表分别作表态发言。演职人员为参会人员表演精彩的文艺节目。

【扫黑除恶宣传动员】 2018年，召开村第一书记及社区干部扫黑除恶工作专题部署动员会议，宣传扫黑除恶专项斗争、部署扫黑除恶工作任务；各社区通过组织召开支部党员大会、村民会议，第一书记带领村两委班子逐户走访，广泛宣传“扫黑除恶”的背景、意义以及举报电话，动员村民参与扫黑除恶专项斗争。在穿村主路、进村路口、村部附近等人群密集及显著位置，设置30余块宣传广告板；在社区宣传栏、文体广场、沿街商铺等位置张贴近300张的宣传海报。分别印制发放警民联系卡、《致广大市民的一封公开信——扫黑除恶专项斗争宣传单》4000余张，组织社区干部、志愿服务者、正风肃纪监督员等人员入户，对村民进行面对面宣传，组织填写扫黑除恶调查问卷400余份，鼓励群众积极提供黑恶势力犯罪线索。为提高宣传效果，深入推进宣传发动工作，街道投入1.2万余元。（王 玉）

石佛寺街道机关读书室 （石佛寺街道供）

新民市公主屯镇

【概况】 公主屯镇位于新民市东北部。地理位置为东经122°26′，北纬41°26′，距新民市15千米。东与东蛇山子镇相邻，南与三道岗子镇、兴隆镇毗连，西与大柳屯镇接壤，北与新农村乡搭界。镇域面积200平方千米，耕地面积21.36万亩（1.42万公顷）。辖21个行政村，76个自然屯，全镇1.23万户，4.29万人。辽宁中环高速公路在镇内设有出入口，沈环、沈于两条省级公路在域内交汇贯通，市、乡、村路网纵横交织。公主屯镇是农业大镇，曾先后获沈阳市“粮食单产强乡镇”“畜牧强乡镇”，并被沈阳市政府列入农业产业经济区蛋鸡产业经济区、“经济林之乡”。2018年“公主屯”商标品牌鲜蛋申报国家地理保护标识并获批，成为辽宁省国家地标保护品牌产品。

经济发展。全镇区域生产总值23.35亿元，居民人均收入1.75万元。粮食产量6.3万吨。裸地菜种植1.2万余亩（0.08万公顷），菜籽、葡萄苗木繁育基地、冷棚葡萄、寒富苹果等面积2.15余万亩（0.14万公顷），寒富苹果园被沈阳农业大学列入科研示范基地。蛋鸡饲养量100万只以上，鲜蛋产量 1.5万吨。社会固定资产投资1.3亿元，工业固定资产投资及城镇化固定资产投资1.5亿元。引进辽宁众友饲料集团辽宁众盟禽业有限公司等项目。全镇有粮食收购营销、板业及木材加工等企业及个体工商业户356家，解决农村劳动力就业400余人，就业人员1500余人。镇内有大型农贸市场、轻工市场、鲜蛋交易市场、大型超市、商业城等，并有农资销售一条街。

城市管理。镇政府进一步强化社会环境治理与改善，进行市场场地、道路的改造。全镇新修桥涵20余座，清理干支沟10余条，总长度3.27万余米。启动《辽滨特色小镇建设》项目审批工作。

社会事业。百源苹果园、齐文志苹果园被定为沈阳农大科技园。设有垃圾处理场、污水处理场。镇文化站正在建设中；21个行政村文化广场和文化书屋建成；镇政府与新民市文化局共同建成辽滨历史文化展馆。九年一贯制学校有中、小学35个班，有学生2546人、教师183人。2018年，中考成绩在新民市农村九年一贯制学校列第一名。公主屯医院有职工80名，床位50张，门诊量每天110人次左右，全年住院患者1600余人次，手术500余例。新农合参合人数26404人，参合率100%。新农保参保人数21810人，居民养老保险参保人数1784人，全镇有6220人领取养老金。完成安全饮水工程建设，村民全部饮用上自来水。

【辽滨塔保护】 2018年，公主屯镇政府制定《辽滨塔历史文物保护规划》，对辽滨塔进行保护。《规划》对古塔、古城遗址、复建古庙、古渡口、辽河古道、千年古石雕等历史文物提出保护开发与利用。

相关链接

辽滨塔南临辽河、西临秀水河。公元1110年施工，公元1114年竣工。古塔系实心八角密檐青砖结构舍利塔，塔基直径12.5米，塔高42米。古塔、古寺（法王寺）凝聚隋唐以后的历史文化——佛教文化、契丹文化、满族文化和本土风情文化。2003年，公主屯域内辽滨塔被辽宁省政府列为省级历史文物保护单位。

【后山遗址保护】 2018年，公主屯镇政府制定《辽滨特色小镇建设实施方案》，对后山遗址进行保护。《实施方案》以辽滨古塔至公主屯后山遗址连线为轴，向两侧辐射六个行政村（关家窝堡、水口、公主屯、河东、辽滨、东塔）。打造占地20平方千米的特色小镇，功能定位为在特色小镇区域内设辽滨旅游景区、关家窝堡、水口产业园区、公主屯、河东商贸集聚区。2008年，公主屯后山遗址被辽宁省政府列为省级历史文物保护单位。

（付德奎　李江波）

相关链接

公主屯后山遗址和辽滨古塔区相距4.5千米。公主屯后山遗址分为四种文化类型：新石器时期晚期遗址和墓葬，出土文物有石斧、石刀夹滑石划纹陶片；青铜器时期文化，出土文物有夹砂碣陶器，以深腹大口圆沿平底罐为主，还有空足鬲、陶盆等；汉代遗址；辽金时期遗址，出土文物有泥质灰陶绳纹瓦、筒瓦、罐和盆。20世纪50年代出土的石狮茵镇、石龟砚、白瓷粉盒，90年代出土的五色舍利子、师钮铜熏炉、高足碗、檀香木塔，鎏金铜净瓶、金塔、豆青瓷盒等108套件保存完好，其中10余件为国家一级保护文物。

辽中区蒲东街道

【概况】 辽中区蒲东街道位于沈阳市西南部、辽中城区蒲河东岸新城。是辽中区委、区政府、区法院、区检察院、区公安局等委办局所在地，是辽中区政治、文化、交通中心。东与沈阳近海经济区工业新城、茨榆坨镇接壤；南与肖寨门镇为邻；西与辽中老城、六间房镇跨蒲河相通；北与潘家堡镇毗连。境内地势平坦，南北纵长约9.1千米，东西横宽约6.9千米，总面积约62.8平方千米，占全区总面积的3.8%。蒲东街道属于四级行政区，下辖新苑、蒲安2个社区，吴家屯、年家屯、徐家屯、乌伯牛、回民村、东荒地、腰荒地、勾刘村、达子营9个行政村，20个自然屯。居住有汉、回、锡伯、满、蒙5个民族。街道办事处设有3个中心：经济发展服务中心、便民服务中心、社会养老保险服务中心。2018年，全街道总户数11533户，其中城市住户5296户，农村住户6237户。常住人口28434人，其中农村人口19028人，城市人口9406

辽中区蒲东街道义务环卫保洁　（沈宾摄）

人。户籍人口19683人，其中城镇人口7655人，农村人口12028人。城市流动人口257人。街道地理位置显要，陆路交通顺畅便捷，是沈西开发大道连接沈阳老城和出海口营口市的交通要塞。京沈高速铁路、京沈高速公路在境内通过，乌杨（乌伯牛—杨士岗）公路、沈环公路纵贯南北，沈盘省道与沈西开发大道交叉通运，形成“三纵三横”畅通的交通网络。新城北五路向西过蒲河直通辽中火车站，向东直通近海工业新城的沈西开发大道。辽中客运站坐落在新城中心地段，距省会城市沈阳45千米、沈阳桃仙机场65千米、大连港285千米、营口港（鲅鱼圈）155千米、北京610千米。街道内部交通便利，村路183.3千米，基本实现村村通柏油路。境内750路、751路公交车6时至17时运行。

经济发展。2018年，总产值3.07亿元。规模以上工业企业65户，工业总产值3150万元。有工业企业法人单位34家，个体工业户31家。丽都水岸、厚城天府花海田园养生综合体等新开工项目3000万元以上8个。固定资产投资7.4亿元；社会商品零售额560万元，出口创汇20万美元，财政收入1800万元。三产业持续发展，总产值2560万元。商业餐饮住宿企业239户，其他服务业企业435户。社会商品零售额560万元；出口创汇20万美元。农业总产值2.5亿元。有耕地面积2354.8公顷。投资4500万元，在13个村实施农业综合开发水田2000公顷农田灌溉基础工程，建设道路、桥、涵、闸、渠系衬砌等。完成植树林业森林复植工程，按批伐指标，春季实现采伐迹地植树造林43.34公顷。农村土地确权顺利扫尾，把村集体、个人承包土地进行勘测、丈量，精准确定地块位置、四至边界，确定面积到户到人。农民人均收入1.62万元。

城市管理。投资186.84万元，集中整治创建卫生城、健康城，食品安全示范城的突出问题和薄弱环节，实施动态化管理，按季按期完成常态工作任务。实行网格化管理，建立街道、社区、小区环境管理责任制，做到无盲区、无死角。街道对辖区内实现环卫保洁常态化管理。街道有专职保洁员56名，垃圾车33辆，负责保洁清运垃圾工作，出动机械1620余台班，出动人工15120个。拆除违建房屋40处2万平方米，拆除违建地坪4000平方米。对村、社区实行违建管控责任制，控制新增违建工程零增长，改变脏乱差的环境。召开扫黑除恶专题会议6次、出动宣传车100余次、制作宣传板100余块，发放扫黑除恶宣传册400余册，入户走访、摸排、查找线索，维护社会稳定。街道召开普法工作会议4次，发放普法手册、宣传材料800余份，全街道受教育人数80%以上。健全矛盾纠纷“大调解”体系，解处理29起民事纠纷案件，成功率100%。

社会事业。推进建设“农村饮水安全工程”项目，东荒地、腰荒地、西荒地3个村6000余口人喝上安全饮用水。投入5万元，为低保户新建房2户、维修房3户。常住人口新农保参保人数10563人，参保率90.9%。城乡新农合参保人数15982人，参保率100%。电力资源丰富，有主变压器容量1.13万千伏安、66千伏安变电站1座。街道内建有辽中第一高中、辽中二中教育集团蒲东校区、乌伯牛九年一贯制学校、乌伯牛幼儿园、辽中教育实验基地；辽中体育场、全民健身中心；济康医院、乌伯牛卫生院；区养老院、康利托老院；文化站1处，村、社区文化活动室11家、文化广场7个；农家图书室11个，藏书5万余册；有健身器材200余套，体育运动设施50余件（套）。

【非洲猪瘟防控】 省内非洲猪瘟疫情发生后，8月中旬，成立非

洲猪瘟防控指挥部，制定《蒲东街道非洲猪瘟防控实施方案》，深入村户认真排查。设立消毒带60余处，投放生石灰、火碱30余吨。截至年末，疫情得到控制。

（沈 宾）

康平县方家屯镇

【概况】 方家屯镇位于康平县西南，距县城15千米，距沈阳110千米。方家屯镇北依卧龙湖，东与东关街道办事处相邻，南与西关屯蒙古族满族乡、法库县毗连，西与东升满族蒙古族乡接壤。区域面积9360公顷，其中耕地面积5600公顷。辖11个行政村41个自然屯69个居民组，总人口2.01万人。方家屯镇交通便捷，法（库）张（强）线、东关五台子线公路在境内交叉通过，长（春）深（圳）高速公路横穿境域，并在李影匠村设出口，柏油路村村通，沙石路屯屯连。

经济发展。2018年，方家屯镇公共财政预算收入2784万元，农民人均纯收入14425元。以做优做强寒富苹果产业、扩大薯类、杂粮产业规模为核心，加大农业产业结构调整。种植业结构调整521.33公顷，占耕地总面积10%，其中集中土地流转406.67公顷、辐射带动零散农户174.67公顷。成立各类大型农业合作社8家，流转土地进行特色作物种植280公顷，其中发展黑果花楸33.33公顷、红薯106.67公顷、谷子53.33公顷、寒富苹果20公顷、榛子66.67公顷。举办康平县第五届寒富苹果采摘节，“寒富苹果之乡”进一步叫响。推进秸秆打包离田及综合利用工作，消灭秸秆焚烧隐患。5个行政村土地确权工作基本完成。树立“项目为王”理念，继续扶持落地的龙源风力发电有限公司、铁研科技股份有限公司，同时将主攻方向转为旅游和休闲农业三产项目。沈阳雷安特新能源科技发展有限公司微风发电、民宿体验示范中心等一批项目开工建设。

城市管理。开展村屯环境整治行动，清理垃圾3500车，约6500吨，村屯环境宜居度在全县排名大幅提升。建立健全村屯环境保持长效机制，实现所有行政村专职保洁员和保洁车辆全覆盖。完成常规造林132.08公顷，其中新植林79.56公顷，补植面积52.53公顷。沿湖的十家子、王家窝堡村宜居乡村建设基本完成，成为全县环湖产业景观带建设的突破口和领先区。全面实施美丽乡村、达标村建设工程，镇域逐步实现街路美化、绿化、亮化。开展宜居示范村庄创建工作，加大村屯环境整治力度，建立清扫保洁、垃圾收运等环卫机制，彻底解决农村“四堆”（柴堆、煤堆、粪堆、料堆）现象，打造“美丽方家”。

社会事业。坚持科学治贫、精准扶贫。截至2018年末，2016年识别的国标贫困人口全部脱贫。人均纯收入稳定超过3600元这一标准线，实现吃穿“两不愁”，医疗、教育、住房“三保障”，3个重点贫困村全部销号。新筛选市标贫困户6户9人，信息系统录入完毕。涌现出十家子村卧龙湖南沙地红薯种植专业合作社等产业带动脱贫典型。推进国家食品安全示范城市创建工作，提升食品安全监管水平。巩固农村医疗体制改革成果，加强城乡社会救助体系建设，力争实现五保集中供养率达到90%以上，城乡医疗救助基本实现全覆盖。不断提升教育教学水平，加大文化基础设施建设力度，有计划收集撰写方家屯镇域内名人、风俗、地名于一体的地方志书。

【康平县第五届寒富苹果采摘节】 10月16日，在方家屯镇东小房身村开幕。沈阳寒富苹果产业发展有限公司与康平县方正河寒富苹果专业合作社社长在现场签订购销合同。开幕式上，方家屯镇村民表演广场舞，战友艺术团表演歌伴舞、二人转、独唱等节目。县领导、俄罗斯ABC股份有限公司等参加开幕式。方家屯镇大力发展寒富苹果产业，聘请沈阳农业大学专家为产业技术顾问。不断加大园区基础设施建设力度，打造寒富苹果专业合作社和寒富苹果协会。同时，进行品牌推广，打造东小房身村、李影匠村、前旧门村3个产业村，形成“方正河”寒富苹果品牌。全镇寒富苹果面积近1.2万亩（0.08万公顷），其中盛果期面积4000亩（266.67公顷），亩效益4000—5000元。

（陈雅琴）

法库县大孤家子镇

【概况】 大孤家子镇隶属于沈阳市法库县。南距沈阳市60千米，北距法库县城23千米，东邻冯贝堡镇，西与丁家房镇毗邻，南与依牛堡子镇、三面船镇接壤，北靠十间房镇，镇政府驻地大孤家子村。全镇区域面积101.05平方千米，耕地面积5412.93公顷，林地面积3333.33公顷，辖11个行政村，总户数6500

户20312人，常驻居民有汉、满、回、蒙古等11个民族。国道203线贯穿全境，各村柏油路相连，交通便捷。

该镇山水相依，风光秀丽，土质肥沃，盛产北方粳稻、高粱、谷子、糜子、小麦、玉米、大豆、小豆、芝麻、葡萄、李子、梨、苹果、枣等优质酿酒原料。该镇坚持“酒业兴镇”的发展战略，以祖家坊、老北味白酒企业为主导，建成以半拉山子村为核心、面积15平方千米的白酒产业园区，年生产能力5000吨，白酒年产值1.7亿元，安置就业1000余人。爱新觉罗国际生态旅游度假区分为四个生态旅游观光区域，为国家AAAA级旅游景区，年接待游客30万人次，树立白酒特色小镇的区域品牌，带动周边各业发展。2018年，大孤家子白酒特色小镇荣登辽宁省第一批特色乡镇榜单，半拉山子村获“全国生态文明村”称号。

2018年，大孤家子镇农业收入38745万元，工业50亿元，三产12.8亿元，地区生产总值79亿元，财政收入2369万元，人均收入1.4万元。推进社会救助体系建设，发放低保、五保、优抚、高龄补贴及残疾人2项补贴235万元；发放低保、五保医疗救助资金5万元；发放困难群众救助资金5万元；安排劳动力就业2500人。完成年度危房改造两户，协调完成宜居乡村建设工程，有8个村完成验收。镇文化中心免费开放，文化室藏书1000余册，培训文化队伍人员100人次。开展各项文化活动，放映电影6场次，举办秧歌汇演2次，大孤家子村、兴隆山村、牛其堡子村、半拉山子村继续完善村文化广场建设，健身器材运行良好。

【首届辽宁特色白酒小镇旅游文化节】 9月30日至10月7日在爱新觉罗皇家博物院举行。国家及省市县相关部门领导，酒类专家、学者，企业家代表300余人参加开幕式。开幕式上，县领导为爱新觉罗祖家坊酒业有限公司颁发“全国休闲农业与乡村旅游五星级企业”牌匾。爱新觉罗祖家坊酒业有限公司与中国食品发酵工业研究院就标准白酒技术研究签署战略合作协议。文化节期间，举行喜迎丰收的开仓注粮仪式、伏羲祭祀大典、满族风情时装秀、传统酿酒工艺表演、祖家坊满香型白酒品鉴、辽宁特色白酒小镇发展论坛等展览活动和文化、民俗表演主题活动。

（李德才）

三十九、社区（村）

和平区南湖街道文安路社区

【概况】 文安路社区位于沈阳市和平区东南部，辖区面积68万平方米，居民总户数6100户1.51万人，有19个园区（其中物业小区6个，13个旧住宅物业小区），107栋居民楼，329个单元，自管党员715人。社区建立26个党支部、11个社会组织、15个业主委员会，形成千余人志愿者队伍，社区有专职工作者14名。有低保户13户15人，边缘户1户，残疾人78人，90岁以上老人35人，辖区内有万豪、万鑫、丽都索菲特酒店、沈阳广播电视台、望湖路青年大街小学、五里河茶城、通达物业公司、上海世茂等驻区单位。社区办公地址位于文安路56-1号。

城市管理。2018年，为给居民提供洁净的居住环境，社区对园区环境进一步加大清洁管理力度，动员园区党员、居民、志愿者参与园区环境整治活动。年内，社区对各园区楼道内杂物、园区死角等进行彻底清理，开展“共产党员社区奉献日”“学习雷锋党员先行 共同缔造争当先锋”“创城百日攻坚行动”等。彻底清理非物业小区楼道147个单元；上报并处理创城案件1000余起；设置毒饵站190处；安装健康教育宣传板100余张；消杀蚊蝇50余次；投放鼠药110千克；清运残土、杂物、枯树枝100余汽车；清理小招贴喷涂1万余处；植树300余株；参加社区劳动200余次；擦拭园区宣传栏100余次；修剪园区树木200余棵。

社会民生。管理在册退休人员1538人，其中省直企业退休人员9人，80岁以上人员48人，残疾人员4人。实名制就业214人，城镇登记失业率控制在3%以内，零就业家庭保持动态为零。完成创业带头人6人，完成率100%，带动就业36人，为就失业人员办理发放就业失业登记证230个，接收失业下岗人员并正领取失业救济金人员39人。启动实施劳动保障监察管理信息系统国家统一软件，驻街企业劳动监察信息累计采集777户，达到全覆盖。为55名60岁老人办理老年证，13名70岁老人办理优待证；为35位90岁以上老年人发放补助金11.91万元。社区残疾人协会为49位残疾人发放居民健康卡，6位残疾人发放辅助器具，3个残疾人家庭进行无障碍改造，3位残疾人办理临时救助，33位残疾人办理免费乘车卡。为宣传文安五德、家教家风，书画协会学员挥笔书写字画195幅作品。社区以文安美、助老情为主题印刷1500本书画宣

传册发放给居民，弘扬正能量。为百余名合唱团成员聘请乐理老师，为老年居民聘请专业的书画老师。

【工青妇助老服务中心成立】 5月，以万家宜康居家养护中心为依托，成立工青妇助老服务中心。对60岁以上的老人基本情况、生活状态、经济状况进行调查，采集老年人基础信息，并为老人提供低价助餐1203人次。与省国学会社会组织合作，为社区低保户、边缘户、残疾人、低收入及失独家庭提供免餐、减餐服务，受益10560人次。先后为12户空巢、患病等老人坚持送餐上门。为从未参加体检的28名低收入、低保户、残疾人、失独家庭等弱势家庭提供96项全面健康体检。为70岁以上老人提供免费助浴服务300人次。为社区的老人进行定期免费理发530余人次，免费修脚375余人次。（胡静琴）

沈河区皇城街道 翠生社区

【概况】 翠生社区位于故宫东侧，东起东顺城街、西至朝阳街、南起南顺城路、北至北顺城路，辖区面积0.65平方千米，有住户7169户、20202人；有低保户98户，118人。社区居民以汉族为主，社区有办公用房1600平方米，社区工作者28人，是沈河区规模较大的社区。辖区内商业、文化、旅游资源丰富，有沈阳商业城、盾安新一城、老边饺子馆、玫瑰大酒店、朝阳一校、长安寺及东三省官银号旧址、原日本南满洲铁道株式会社奉天公所旧址、满铁奉天公所职员住所旧址等遗址，萃升书院、文庙、钟楼、工部、庄王府等历史遗迹均坐落于此。

社区为打造宜居舒适的生活环境，开展民意调查，收集小区居民意见，9月开始对东顺城内街104号楼院内500平方米自行车棚进行升级改造，确定自行车棚改造方向为“居民之家”，年末前完成主体施工。社区把拆除违章建筑与创建卫生城市工作同时进行，拆除违章建筑点位28个，面积1076平方米；社区通过实施城市网格化管理工作，清理楼道内小招贴、小广告3000张份，清运小区内杂物 207车，社区环境得到有效提升。

【党员“三城联创”主题活动】 4月，社区开展“三城联创党员先行，擦亮沈阳争作表率”主题活动。参加活动的有区委统战部、皇城街道办事处、朝阳一校、房产局、211公交车队、沈阳农商银行等驻社区单位的党员、社区工作者们以及社区内党员志愿者们共计165人。主要针对社区内的小招贴、居民楼道内的无用杂物进行清理，并向暖气沟、排水沟管道进行越冬蚊蝇熏杀。清理杂物1吨，清理小招贴100余处，熏杀蚊蝇点位10余处。

【端午双拥共建活动】 6月15日，社区与沈河区消防中队联合举办“军民鱼水情、共迎端午节”为主题的端午节双拥共建活动。活动现场，翠生社区艺术团成员们表演合唱、诗朗诵等，演出的节目有歌曲《幸福赞歌》、诗朗诵《献给消防官兵的诗》《我把太阳迎进祖国》。表演结束后，社区居民与消防队员一起包粽子，并一起品尝劳动成果。

【文明迎新年联欢会】 12月28日，社区组织玫瑰艺术团成员38名、社区党员16人、居民20人，举办“文明迎新年、文明过大年”主题活动。联欢会演出的节目有女声独唱《翻身农奴把歌唱》《我爱你，塞北的雪》《我们的中国梦》，男声独唱《我和我的祖国》、女声小合唱《浪漫夕阳》，诗与歌《短》，舞蹈《打靶归来》《可爱的姑娘在草原》，双人舞《美丽的心情》，模特秀《中国姑娘》等。

（马静云）

铁西区启工街道 保利心语花园社区

【概况】 铁西区启工街道保利心语花园社区位于铁西区重工北街与熊家岗路交汇处.东起牛心屯三街，南至熊家岗路，西至牛心屯六街，北至北二西路，紧邻沈阳市铁西区体育场、全民健身广场等大型体育广场及铁西森林公园。地域面积近34万平方米，建筑面积73万平方米。是一个功能完善、环境优美、空气清新的全物业小区。社区现入住5327户，总人口13860人，居民楼86栋，商业网点186个。

社区党委密切联系社区自管党员，继续深入完善党员信息管理系统，做到转入、转出、死亡党员准确入册。党委以推进“两学一做”为基础，组织党员“三会一课”按时学习，并在社区党员微信群推送学习内容，使此项工作常态化、系统化。各党支部按时、按主题召开支部大会，上党课，按时、足额收缴党费，党员远程教育终端站点学习始终坚持为“全天候”形式，党员随到

随学。抓实党委及各支部的政治纪律教育，提高党员执行党的政治纪律的自觉性。“七一”组织开展参观革命遗址，重温入党誓词、“庆七一，感党恩”文艺汇演等活动。社区党委切实承担全面从严治党主体责任，认真传达学习贯彻落实习近平总书记关于进一步纠正“四风”、加强作风建设重要批示精神。实施专项整治，制定专项工作方案持久深入整治。建立健全工作考核监督机制，对社区干部、居委会“两委”成员、网格人员、各类协管员实行定岗定责和考核。革除不执行、缓执行、思想涣散、纪律松弛等陋习。（郭红）

【“庆七一，感党恩”文艺汇演】 6月30日，为纪念建党97周年，继承和弘扬党的光荣传统和优良作风，丰富居民生活，启工街道保利心语花园社区开展以“庆七一，感党恩”为主题的迎七一文艺汇演。演出民乐《祝福祖国》、模特表演《大唐盛世》，芭蕾舞《又见北风吹》，藏族舞《吉祥欢歌》等节目。社区老年合唱团、老年艺术团、和居民代表80余人参加活动。

（刘伟）

【双全服务】 2018年，社区开展“双全服务”，即“全心全意为党员服务，全心全意为居民服务”。始终坚持把服务群众作为社区工作的出发点和落脚点，将服务群众与党建工作相结合，进一步提升党建工作水平。每月由社区党支部书记牵头，与居民进行面对面交流，心连心解决问题，使社区党支部进一步了解民情，解决民忧。拉近社区居民之间距离，通过沟通交流，密切思想感情，把群众利益放在第一位，全心全意为居民做实事，架起党员联系群众的桥梁。

（郭红）

大东区长安街道园中社区

【概况】 园中社区位于大东区航空西路3号2门。东起小河沿路、西到凯翔三街、南至小河沿路、北邻长安路。辖区面积0.3平方千米，有53栋居民楼、171个单元、居民3897户、人口10362人，有汉族、满族、回族等7个民族。社区有老年人3582人，空巢老人385人，低保6户，高龄老人20人。驻街单位主要有沈阳二四五医院、大东公园、大东城管局、大东区行政执法局、私立一中等。

2018年，园中社区创新服务项目，引进百强家政等社会组织，开展一系列“送温暖、解民忧”的服务，打造优质社区品牌。园中社区成立惠民食堂，兼顾公益，回馈社会。8月率先引进沈阳百强家政（培训）有限公司进社区，为居民提供有偿、抵偿、无偿的专业化的家政助洁服务。辖区30户70岁以上困难、空巢老人，享受到市民政局、沈阳市慈善总会公益创投项目提供的每户400元免费的家政服务，真正解决高龄老人体弱多病和空巢且家庭生活困难的老年人保洁难题。

园中社区小区管理实行分类治理，有物业管理、业委会自治、车辆管理委员会管理、大院院长管理、保障型物业管理5种管理模式。10月，区民政局训练营立项申报国家社区治理与服务创新实验区建设。园中社区开展一系列形式多样喜闻乐见的社区活动，挖掘社区能人、爱车俱乐部、爱犬沙龙等创新服务举措，提升居民参与效能，激发居民参与热情。社区先后获沈阳市充分就业示范社区、沈阳市爱国卫生先进社区、大东区全民终身学习先进社区等荣誉称号11项。

【“送万福 进万家”下基层志

大东区长安街道在园中社区举办“送万福 进万家”志愿服务公益活动　（大东区供）

愿服务公益活动】 2月7日在长安街道园中社区举行。由市书法协会、大东区文联、长安街道办事处联合举办。区文联领导、市书法家协会陈洪普、万建国、赵友章、李琪、马青敏、常海、李小龙、王卓群等书法家到现场与居民共同联欢。社区居民70人参加活动。

【惠民食堂开业】 6月29日举行开业典礼。市委统战部、大东区政协、大东区委统战部、大东区委宣传部、大东区民政局、大东区光彩事业促进会领导、沈阳新闻综合频道以及市徒步协会的企业家志愿者参加活动。长安街道园中社区整合闲置资源与爱心企业联手，将闲置社区用房装修成为社区惠民食堂，为辖区居民提供安全又放心的食品，解决老年人吃饭难的问题。为辖区低保、孤寡、90岁高龄老人23人每日免费提供三餐。为60岁以上老人办理夕阳红卡充值卡，提供早餐3元套餐、午餐6元套餐。办卡300余张。三餐之余，食堂活动室对外开放图书角、棋盘室，开展义诊等。（李冬梅）

皇姑区陵东功能区金山社区

【概况】 金山社区位于皇姑区金山路93-3甲西侧。成立于2002年1月，社区隶属于皇姑区陵东功能区，东起陵园街，西至陵东街，南起银山路，北至金山路，管辖面积2.3平方千米，办公用房面积400平方米，工作人员10人。社区由金山一小区、金山二小区、银山小区和电车自来水4个小区组成，居民户数3085户，人口8336人，包含党员304人、老龄人284人、优抚对象3人、低保8人、残疾人54人、社区志愿者1130人。

社区服务。志愿者150余人，组织志愿服务活动20余次。建立志愿服务工作站，设立心理咨询室、电子阅览室、图书室等，社区志愿服务实现常态化。与沈阳施宇心理学校签订共建服务协议，由专业心理咨询师定期为居民提供心理健康方面的辅导讲座、个案咨询。与市第四医院北院区签订共建合作协议，构建“小病在社区、大病去医院、康复回社区”的分级就医格局，有近百位居民与医院签订“家庭签约服务协议书”。与沈阳农商银行皇姑支行签订共建合作协议，从普惠金融、基础设施投入等方面助力社区建设。与辽宁良友律师事务所签订共建合作协议，为社区居民提供法律志愿服务。

创建国家卫生城市。以召开居民代表会、发放宣传单等方式，动员社区居民参与“创城”，清理工作得到居民的理解和配合。清理楼道杂物50余处，小开荒围栏、乱堆乱放80余处，小招贴2万余处，环境整体提升。

社区文化。成立社区老年电脑班、金山尚合唱团、金山社区姐妹、金山社区帮扶等各类社会组织，依托合唱团、舞蹈队、京剧班等文艺团队开展文化活动，举办庆“七一”、庆“十一”文艺汇演等演出。以社区电脑班、摄影班为平台，吸引退休居民参与特色培训班，成立社区小视频制作组及摄影班。

【“奋斗新时代，迈向新征程”国庆文艺汇演】 9月27日，金山社区与营口银行鸭绿江支行共同举办“奋斗新时代，迈向新征程”国庆文艺汇演。社区文艺团队表演舞蹈《三月桃花雨》、京剧《梨花颂》《智取威虎山》等节目，社区居民100余人观看表演。（王茁）

浑南区浑河站东街道浑河堡社区

【概况】 浑河堡社区位于浑河南岸，隶属于浑河站东街道。东起青年大街，西到彩霞街，北临明波路，南至浑南西路，是集农民回迁和高、中、低档商品房小区于一体的混合型板块社区。服务面积1.2万平方米，有居民8225户、28039人。

2018年，浑河堡社区以打造五星级社区为目标，全面开展以社区党建、网格管理和为民服务为主要内容的社区工作建设。

打造特色社会组织，依靠群众推进社区治理。社区针对群众文化需求，组织开展“书香进万家—全民读书季活动”；针对社会道德风尚建设，开展“最美志愿者”评选等系列活动，建立良好的社会道德建设导向，以群众身边人、身边事教育群众、引导群众。浑河堡社区艺术团成立2013年，有团员100余人，平均年龄56岁，社区根据居民的各自特长组建合唱团、舞蹈队、乐队等15个群团组织。社区组织艺术团致力于社区文艺活动，利用现有的文化阵地，围绕各种节庆日举办百家宴、民俗表演、亲子活动等，使居民在家门口就能享受到社区文化的饕餮盛宴，满足社区居民的文化需求。

浑河堡社区为大学生提供直接服务群众、化解群众难题、丰

富社会实践阅历的有效载体。社区依托团区委志愿者组织免费在假期为中小学生开展文化课、手工课、素质教育、安全教育、大手拉小手游戏等打开中小学生的视野，提高学生的社会实践能力。有近100名大学生志愿者到社区长期开展志愿服务。

【创建卫生城活动】 自1月创城工作开展以后，浑河堡社区把百姓需要的、期盼的事情做好做实。将浑河堡社区3个老旧小区内杂物堆积问题整改百余处、违章建筑拆除40处，小区内荒地绿覆盖近4000平方米，路面硬覆盖近1000平方米，对沿街住宅楼外墙粉刷20余栋，政发小区内围墙重新修缮近200米，清理商户卷帘门小张贴100余处，覆盖墙体立面二次污染50余处。并对小区内、背街小巷、主要干道等破损路面进行修复百余处。在社区人大代表刘强的捐助下，社区为3个小区内安装自行车架100组，安装晾衣杆135根，购买清理小招贴的喷涂机器。

【开展“书香进万家—全民读书季活动”】 4月，浑河堡社区围绕“书香润心灵，阅读促成长”为主题，在辖区内开展全民读书节活动。其间，组织社区居民开展多种形式的读书交流活动，发动居民群众近百人参加活动。同时，社区书屋藏书千余册，常年向社区居民免费开放。发挥社区图书室、电子阅览室的作用，为居民的学习提供更加优质的服务。

【三城联创社区志愿者评选活动】 2018年，三城联创工作开展以后，浑河堡社区发动辖区党员、群众、志愿者开展志愿者活动20余次，近400余人参加。12月27日，浑河堡社区对在三城联创中做出贡献的社区志愿者进行表彰鼓励，被表彰志愿者人数到80余人。由群众推举，评选出“杰出志愿者”5名、“优秀志愿者”9名、“文明志愿者”16名、“最美志愿者”30名、“最美共产党员”25名，“最佳贡献团队”4支、“最佳组织团队”2支、“最佳合作团队”4支、“最佳敬业团队”2支。（李 静）

于洪区南阳湖街道
鹏程社区

【概况】 于洪区南阳湖街道鹏程社区成立于2002年，隶属于于洪区南阳湖街道办事处。社区管辖范围东至里湖街，南至细河，西至云龙湖街，北到沈辽路。面积约为0.8平方千米。社区辖鹏程花园小区、鹏程上漾园西区两个物业小区，一个平房动迁区域杨士平房。居民住宅楼40栋，商业网点122户，社区公共用房408.88平方米。有居民2732户，人口7531人。

扶贫帮困。由社区牵头，联合驻区单位、社区志愿者，吸纳社会力量，做到助残疾献爱心，助孤老解寂寞，助特困解忧愁，助下岗再就业，使社区弱势群体感受到困有所帮、贫有所扶、难有所助。实名制就业145人，领取失业金58人，免费技能培训12人；临时救助7人次；办理城镇居民医疗保险2344人；为10户无房的低收入家庭办理入住公租房手续，为7户无房的低收入家庭办理公租房补贴。免费为43名育龄妇女两癌（宫颈癌、乳腺癌）筛查。落实残疾人社会保险补贴、持续开展扶贫帮困社会资助活动，救助走访8户，使困难人群真正享受到惠民政策。

开展文艺活动。社区在原有的7支文体队伍基础上，开设1个书法班；开展“2018迎新春联谊会”；携手农业银行开展“庆元宵、猜灯谜”及“三八妇女节联欢会”活动；举办“粽叶飘香阳光，浓情粽香鹏程”欢度端午佳节活动。增强社区凝聚力。社区租用206平方米房屋为社区居民活动室，提升居民的幸福感。

坚持打造特色党建品牌。以成立协商议事平台，建立协商议事制度为载体，组建由党员、网格长、单元长，楼栋长、物业保安等人员构成的志愿者队伍，架起党员和人民群众的“连心桥”。通过建立“社工+义工”的志愿服务模式，广泛开展志愿服务活动，形成互帮互助的良好社会风气。

【“一站式”社区服务】 2018年，为营造“有事不用求人，小事不用远走，急事不用久等”的家人式服务，社区采取错时服务制、电话预约服务等便民措施，打通服务居民的最后一公里。通过网格化管理，使社区专干和居民、商家、驻街单位等“熟起来”，用好“熟人文化”确保件件有落实、事事有回音。社区网格员12人，楼长40人，单元长157人全面落实到位。建立社区和谐家园微信群和QQ群，使居民更快、更准确地了解社区动态，并可随时向社区咨询问题、反映情况，打造网络互动便民服务新模式。

【重点街巷整治】 2018年，全面开展环境整治行动。完成3个居民区环境整治提升，拆除违章建

筑41余处，清理卫生死角53处，乱堆乱放百余处，小开荒35处，大杂院5个，修整4个停车场，清理杨士平房25处长年沉积的垃圾山，营造整洁有序的小区环境。组建社区沿街商铺联盟，签订门前三包责任书，建立共同遵守、互相监督的常态化管理机制。

（丁 丹）

苏家屯区佟沟街道胜利社区

【概况】 苏家屯佟沟街道胜利社区（原胜利村）位于沈阳市南郊、苏家屯区东部，总面积2.45平方千米。东至浑南区李相镇，南至陈相街道桃木村，西至浑南区马楼子村，北至浑南区黄山子村，沈本产业大道、沈丹高速从境内穿过，距桃仙国际机场5分钟车程，距沈阳市区15分钟车程。全村382户、1105人，有汉族、满族、锡伯族、回族、蒙古族5个民族。2005年10月，胜利村完成整体搬迁改造，投资5500万元建成胜利新村小区，有住宿楼24栋、42个单元，总面积3.8万平方米，人均居住面积35平方米，村委会办公楼605平方米，居民文化活动广场2400平方米，能够充分满足社区居民办事和活动需求。2013—2015年，土地陆续被政府及企业征收，人均土地0.2亩，全部流转；45%村民交失地养老保险。恒大童世界、沈阳城市学院、信盟花园、紫薇仙庄等企业落户于此。被沈阳市精神文明建设指导委员会评为美丽乡村，被中共苏家屯区委员会评为先进党组织等称号，是全市新农村建设的典范。

【恒大项目落地】 9月30日，恒大童世界项目正式开工剪彩，胜利村居民楼南侧建筑高级住宅小区。在土地占用上，为了完成街道党工委的拆迁收尾工作，胜利村组织成立动迁安置小组，定期对每户进行走访、谈心、安抚、沟通，征求未动迁户的意见和诉求，按时完成恒大项目落地工作。

【环境整治】 胜利村加强村级城市化建设。4月，经两委班子会议研究，改造荒地20余亩，种植大量花卉，栽植果树及景观树800余棵。针对村周边遗留的施工残留垃圾进行清理回填，整改后的容村村貌有很大改观。在春秋两季秸秆禁烧工作中，设立指挥部、监控点，广播禁烧条例，张贴禁烧警句，利用村民微信群发布相关规定。全村禁烧期间未点一把火，未冒一股烟。（赵 晶）

沈北新区石佛寺街道鲁家社区

【概况】 鲁家社区位于沈北新区石佛寺街道办事处南部，尹石线贯穿其中，占地面积300公顷，有居民249户792人，其中朝鲜族71户206人，锡伯族35户90人。

加强党组织阵地建设。将党建制度、党员权利义务、入党誓词及党员星级评定等内容上墙，向区委组织部、石佛寺街道报送社区党建活动信息、文章；建立社区党员群，把一些有教育意义的材料在群里转发；加强党员的学习和管理，组织党员参加全区轮训，参加书记培训班、全市第一书记培训班；严格落实“三会一课”（支部委员会、党员大会、党小组会、党课）和党日活动制度，开展主题讨论，召开专题组织生活会，组织党员参加街道党课学习及比赛；加强党员管理，开展党员星级评定，新吸收1人入党，1人由预备党员转为中共正式党员，有3人被列为入党积极分子，有1名年近七旬的老人递交入党申请书；组建鲁家社区新时代农民讲习所，组建讲师队伍，不定期举办讲座。

贯彻乡村振兴战略。研究制定发展村集体经济发展计划，探

沈阳市教育研究院到石佛寺街道鲁家社区调研指导（鲁家社区供）

索村集体经济发展渠道；继续推广有机水稻种植，促进农民增收致富；制定土地确权方案，为土地确权发证奠定基础；为村民教育、健康保健、义诊做好服务工作，提高村民生活质量。

开展扫黑除恶工作。贯彻落实党中央开展扫黑除恶3年专项斗争要求，成立扫黑除恶工作领导小组，制定鲁家社区扫黑除恶工作3年实施方案。通过贴宣传海报，悬挂扫黑除恶宣传板等多种渠道进行集中宣传。公布市、区及街道扫黑除恶举报热线，设置鲁家社区举报电话，逐户发放警民联系卡、一封信和明白卡。填写调查问卷，举办新时代农民讲习所首场讲座，做扫黑除恶专项斗争主题宣讲，在党员微信群发扫黑除恶宣传片。全村未发生涉黑涉恶事件。

开展环境整治暨垃圾分类工作。制定社区环境整治暨垃圾分类工作方案，明确工作时间和工作步骤；成立环境整治暨垃圾分类领导小组，实行村干部包片，党员和村民代表包户，实行网络化管理。同时，对保洁人员加强管理，重新划分分担区，责任落实到人。通过大规模的集中清理活动，鲁家社区主干道两侧垃圾、杂物、“三堆”（垃圾堆、柴草堆、粪堆）全部消除。

做好民生工作。开展经常性的走访慰问，春节、“七一”期间走访老党员和生活困难党员、困难家庭，在非洲猪瘟暴发期间到养殖户中走访，查看他们养殖及防疫情况；到村民家中进行日常走访，询问生活中遇到的困难和问题。社区为村民办理养老保险、医疗保险手续，为落实计划生育待遇、优抚待遇，发放补贴等提供有效服务。11月，沈北新区精神文明建设指导委员会印发《关于表彰2017—2018年度文明单位、文明社区、文明村镇、文明家庭、文明校园、精神文明建设先进工作者的决定》，鲁家社区被授予沈北新区“文明村镇”称号。

【市档案局与鲁家社区结成帮扶对子】 5月30日，市档案局机关党委专职副书记一行8人到鲁家社区开展“五个一”结对帮扶活动。向社区赠送党建和档案业务书籍，帮助完善社区党员活动阵地；到村民焦文学家走访，送去米、面、油、牛奶等生活物品；以“乡村振兴之路”为题讲党课；对社区建设和居民生活情况进行调研；同时为社区配备笔记本电脑1台和打印机1台，改善社区办公条件。

【市教育研究院到鲁家社区调研】 6月22日，沈阳市教育研究院研究员刘国强以及浑南新区社区学院、苏家屯社区学院、法库秀水河子社区学校代表一行6人到石佛寺街道鲁家社区睦邻学习点进行调研指导。调研组视察睦邻学习点规章制度、活动场地及人员参与情况。鲁家社区睦邻学习点创办人向调研组汇报睦邻学习点开展活动的情况，展示美术作品和舞蹈表演照片，播放舞蹈队演出视频。村民现场表演舞蹈，受到调研组的一致好评。

（郝翠彬）

新民市公主屯镇辽滨塔村

【概况】 辽滨塔村隶属于新民市公主屯镇，距镇政府7千米。距新民市29千米，东与东塔村毗邻，南与三道岗子镇烧羊皮褂子村接壤，西隔秀水河与河东村、水口村相望。北与东蛇山子镇十里堡村相邻。全村1272户、3962人，其中满族人口占2/3。村域面积2.4万亩（0.16万公顷），耕地面积0.52万亩（0.03万公顷）。西距辽宁中环高速新民至铁岭段公主屯出口4千米，并与苗叶（法库县苗家沟—叶茂台）公路3千米油路相接。2017年，辽滨塔村获批省级历史文化名村。

2018年，全村粮食产量1.05万吨，秸秆再生资源回收率80%。新修辽宁中环高速公路公主屯出口至辽滨塔村4千米公路，新建老窑河古道桥、秀水河桥，秀水河东提进村桥3座，修缮村内水泥路面。新安装路灯50盏，新修建农户卫生厕所400余座，安放垃圾箱4处。对村内3千米主要黑色油路加十辽路进行维修。兴建农民文化广场1400平方米。

【获评沈阳最美乡村】 2月8日，《沈阳日报》报道：经沈阳市政府批准，在市精神文明办公室、城乡建设委员会和沈阳日报社联合举办的“2017寻找沈阳最美乡村”活动中，辽滨塔村被评为最美乡村。该村南临辽河，西靠秀水河。辽滨塔屹立村域内。村有300余亩（20公顷）生态林。在秀水河与辽河交汇处，拥有辽阔的湿地。有100余亩（6.67公顷）白沙滩和野生灌木、两处河心岛、千亩（66.7公顷）以上半岛，有20余种野生动物及鸟类栖息。

（付德奎 李江波）

辽中区刘二堡镇皮家堡村

【概况】 辽中区刘二堡镇皮家堡村位于辽中区东北，距辽中城区25千米。1651年（清顺治八年）有皮姓、钟姓两户人家由山东迁至此地，开荒种地形成村落，取名皮钟堡子，后称皮家堡村。全村面积7.31平方千米，耕地面积494.72公顷。全村有居民663户、2052人，以汉族为主，隶属刘二堡镇管辖。县级乌伯牛—杨士岗公路贯穿村内。西靠辽中区珍珠湖，东与辽中区杨士岗镇“一品汤泉”“花溪地”温泉度假区等休闲旅游区为邻，交通十分便利。2015年，该村被中央文明委命名为“全国文明村”。

经济发展。皮家堡村以设施农业果蔬棚菜生产为主导产业，以产业调整和农业增效、农民增收为主线。2018年，全村社会总产值8.4亿元，人均收入3万元。该村采取外出参观、聘请专家授课、党员干部带头建温室和冷棚等方式方法，调动农民发展经济田生产的积极性。经济田总面积240公顷，成为“一村一业”的主导产业，种植的果蔬品种主要有葡萄、西红柿、桃、芸豆等，年产值2亿余元，仅设施农业一项人均收入2.6万元，占人均纯收入的86%，全村60%的村民从事该产业。皮家堡村休闲采摘、乡村旅游快速发展。举办3届葡萄采摘节。2018年，借助“沈阳休闲农业特色村”项目，完成葡萄采摘园区景观大门、休息长廊、小型停车场等项目建设，推动全村休闲旅游产业发展，带动棚户户均增收2000元。村发展产品质量达到QS标准的大型稻米加工厂10户，年加工优质大米30余万吨，产品远销全国各地，年产值5亿余元。引进沈阳前进汽车靠垫厂、沈阳洪宇水泥建材厂等中小型民营企业5户，个体工商户12家，农民专业合作社3家，年产值8000余万元。组织成立沈阳市凯盛货物运输有限公司，60余台大型货物运输车辆往返于全国各地，年产值3000余万元。

社会民生。截至2018年，投资6300余万元修筑农田、经济田砂石作业路17千米；村内24条街路全部铺设柏油路面，安装路灯，修水泥石砌边沟，栽植风景树；建自来水厂1座，村民用上安全放心的饮用水；村集体连续3年出资为村民交纳一半新型农村合作医疗保费；修建2处占地面积5400余平方米的文化广场；建成日处理能力200吨的污水处理厂；改造文化宫；成立“蒲水斋书画研究基地”和“草根小剧场”；新建党群活动中心—党员干部群众的红色教育基地；新建“万事民为先”便民服务中心；成立平安志愿消防队、姐妹现代舞队、家园美环保志愿者服务队等6个志愿服务队；村内主要街道路口安装监控摄像头31个；结合宜居乡村建设工程，完成“乌杨”公路两侧扩宽改造，新安置标志性村碑等项目；举办农民文化节开展形式多样的篮球、拔河、象棋、广场舞、秧歌、健身及小型多样的趣味比赛活动。

【6000平方米村民住宅楼竣工】 5月，由沈阳昌达置业有限公司投资1600万元，开发建设6000平方米的村民住宅楼，11月竣工交付使用。住宅楼为5层景观电梯花园式洋房，能容纳60户本村及外地人口居住，房均价2980元每平方米。

【皮家堡村第3届葡萄采摘节】 7月，举办第3届葡萄采摘节。12日，举行开幕式。开幕式有辽中区首届旅游名品颁奖仪式、娱乐团体演出等，市、区相关领导、游客近万人参加开幕式。开幕式后进行葡萄采摘。有面积133.33公顷“着色香”葡萄供游客采摘。自2016年起，该村连续举办3届葡萄采摘节。 （罗树军）

康平县方家屯镇王家窝堡村

【概况】 王家窝堡村位于卧龙湖南岸、方家屯镇东北侧，距康平县城10千米。王家窝堡村隶属于康平县方家屯镇管辖。该村有吴家梁、王家窝堡、单家窝堡、下甸子、三棵树、胡家窝堡6个自然屯、10个居民组。区域面积800公顷，其中耕地面积604.6公顷。人口573户、2065人。环湖路两侧涉及王家窝堡、三棵树、胡家窝堡3个自然屯6个居民小组，有335户，耕地333.33公顷。

经济发展。2018年，投资3000万元、占地0.8公顷的沈阳北方卧龙湖休闲农业发展有限公司大型民宿农家乐项目主体框架工程完工。民宿体验示范中心项目开工建设。北方果树主题科普公园项目栽植完成，栽植海棠、辽梅、香花槐、冬枣等各类果树2000棵，年底完成并投入使用。与辽宁富康源黑果花楸科技开发有限公司等龙头企业签署订单协议，进行土地流转，发展黑果花楸33.33公顷、有机向日葵13.33公

顷、吉塔辣椒6.67公顷、苹果采摘园20公顷。发展特色作物土地集中流转村集体领办的“标兵裕农专业合作社”，采取“保底+分红”（每亩保底价550元）模式带领农户利用土地资源增收，小米每亩增收300元，地瓜增收400元。

社会民生。村屯内增打3眼生活饮用水井、维修500米供水管道，进行水质提升的安全饮水改造计划基本完成。上报氧化方塘改造1处。人畜分离集中饲养小区1200平方米主体工程和基础设施完成，增打1眼深水井。镇增派2台环卫车4名环卫工人，由村委会牵头集中清理沿街垃圾1500余立方米、清挪柴草垛390垛。建成大型垃圾储运点1处，分类回收垃圾箱发放360户。厕所入户完成样板间3户，完成清洁厕所530户。完成危房改造6户。宜居乡村建设工程和卧龙湖土地整理三期工程基本完工。村委会从医疗、教育、社会保障等方面考虑，成立便民服务大厅、多元调节工作室、村民议事大厅，方便为村民服务。确定基础设施、公共服务、产业发展3大方面19项城乡统筹发展实施计划，在全村范围内发放574份，征集各类意见建议1700余条。（陈雅琴）

法库县四家子蒙古族乡公主陵村

【概况】 公主陵村位于法库县城西15公里处的沈阳第一高峰——巴尔虎山东麓，隶属法库县四家子蒙古族乡。区域面积1.3万亩（900公顷），其中耕地面积6670亩（444.67公顷），林地面积4780亩（318.67公顷）。全村578户、2048人，其中蒙古族人口1761人，占人口总数的86%。距203、101国道均为8千米，紧邻法包陶瓷专用线，交通便利。公主陵村于清初成村，因1730年（清雍正八年）和硕端柔公主下嫁科尔沁左翼后旗第七任札萨克（旗长）齐默特多尔济时在此留宿，称“下金台”。1754年（清乾隆十九年）公主死后葬于下金台，遂改名“公主陵”。该村自然风光秀美，文化内涵丰富，境内的巴尔虎山山上古城、山间古刹、山下陵墓，组成蒙满文化独特的人文景观。村特色产品“僧王榛”面积5560亩（370.67公顷），年产量固定在10万千克左右，销往北京、大连和沈阳等地，实现收入390 万元。同时，每年都开展万亩榛子园旅游观光采摘活动，吸引大批游客。2018年，被省环境保护厅评为“辽宁省生态村”，被住房城乡建设部列入第五批中国传统村落名录。2018年，公主陵村种植业产值430万元，养殖业产值720万元，第三产业产值1520万元，农民人均收入1.3万元。脱贫攻坚工作扎实有效开展，6户建档立卡贫困户达到“两不愁”（不愁吃、穿）、“三保障”（保障义务教育、基本医疗和住房），在乡村干部的帮扶下都先后发展致富项目。全村农民新农合参合率96%，大病急病得到有效救治。组建村卫生保洁专业队伍，配备垃圾车，实现村屯卫生保洁常态化，村容村貌大为改观。先后主建立秧歌队、舞蹈队等自娱自乐队伍，组织开展秧歌汇演、广场舞比赛等文体队伍，农民业余文化活动日益丰富。

【被列入第五批中国传统村落名录】 2018年，公主陵村被辽宁省环境保护厅评为“辽宁省生态村”，同年12月被住建部列入第五批中国传统村落名录。该村自然风光秀美，境内的巴尔虎山山势奇伟，林木葱郁，生态和谐，有辽代古城遗址和清代三清宫、玉皇阁等寺庙，村内有端柔公主与齐默特多尔济王爷、晚清人物僧格林沁陵墓，文化内涵丰富。

（白献春）

四十、企事业单位信息

【中国工商银行沈阳分行】 2018年，中国工商银行沈阳分行认真贯彻国家宏观调控政策和金融监管要求，按照国家积极推进供给侧结构性改革的要求，统筹运用信贷增量和存量，信贷与非信贷融资资源，以多元化金融服务，支持实体经济转型升级，较好地发挥大型银行在服务实体经济中的应有作用。立足服务于区域实体经济发展，在重点区域、重点客户、重大项目上扩大规模、提升占比、加深融合，重点围绕基础设施、政府购买服务、房地产、教育医疗、装备制造等领域加大投入力度。全年累计向实体经济投放贷款410亿元，其中公司客户投放289亿元，普惠金融投放7亿元，个人客户投放114亿元。截至年末，各项贷款余额1172亿元，比年初净增137亿元，增长13.3%。

存款业务。分行把迎合客户需求，提供整全产品，增加服务供给作为经营发展的基本取向，针对客户流动、保障、投资、融资等多方面金融消费升级的需求，持续推动“以客户为中心”的服务模式转型，坚持客户分类、维护分层、公私联动，持续强化对优质客户、潜力客户的存款业务服务。截至年末，分行人民币全部存款余额1663亿元，比年初净增87亿元，增长5.6%。其中个人存款余额970亿元，增长4.8%；对公存款余额659亿元，增长8%。

金融服务。分行致力于提供高效优质的创新金融服务，实施方法各异的专属特色服务和个性化服务。通过优化渠道布局、线上线下融合、配置专属产品、搭建体验场景、一站式开户、举办专项活动、组织宣介沙龙等一系列措施，不断满足实体经济发展与客户日益多样化的服务需求，为工商企业和个人提供高效、便捷、安全的金融服务。中间业务收入增长4.9%。

经营管理。分行严格遵照国家政策和金融监管要求，制定合理合规收费价目表。大力传播和渗透合规文化理念，强化合规养成教育，以文化的力量持续促进本行合规意识与能力的提升，不断提升资产质量与风险把控能力。成立公司大客户服务中心，实现对公司大客户从营销到售后服务的全流程一站式管理，集中更多资金支持沈阳实体经济补短板、上水平的领域。成立信贷审查审核中心，构建公司类贷款贷前环节全覆盖、贷中自主审查审核、贷后集中监测预警的全链条信贷业务运行模式。优化银行卡购车分期业务流程，实施车分期业务的专项治理、流程优化、省市行联动和资源倾斜，将业务处理时间由原来的15天缩短到5天。

企业服务。助力先进制造业转型升级，灵活运用打包贷款、信用证、开立保函、国际结算等业务品种，给予装备制造企业合理融资支持，全力助推核心企业“走向全国、走向世界”，为其全球发展战略提供优质金融支持。推动企业降杠杆，坚持“区别对待，有保有压”的投放原则，综合客户行业发展前景、宏观及微观风险等因素分析后，合理压降“两高一剩”（高污染、高耗能及产能过剩行业）等非绿色信贷领域融资总量。加大普惠金融服务力度，成立普惠金融业务专营机构，配备专职人员，创新推广线下专营和线上标准化相结合的小微金融服务模式，实现专营机构的小企业业务调查、审查、审批到放款的全流程最优化“一站式”操作。在现有账户服务的基础上，根据小微企业经营活动特点，在手机银行上为小微企业提供专属入口，实现一点接入，集中提供便捷的预约开户、免费的资金存管、高效的结算服务、网络融资和提升企业营收的投资理财等一站式综合化服务。

重点客户服务。紧跟客户住房改善需求，为客户提供全方面个人信贷业务服务。将个人住房按揭贷款业务下移至网点，方便客户就近办理。调整个人二手房贷款业务服务架构，构建“1+5”的服务模式。从客户需求角度出发，优选本地区知名度高、资源丰富、管理规范的二手房中介公司开展合作，开通全流程绿色通道，缩短审批时间。持续推进社保网点分区服务，围绕社保客户的特点科学构建业务服务专区，从等候区到业务办理区，全部按照社保客户特点进行设置，并专门组织社保客户厅堂微沙龙，为社保客户群体在网点内提供热水，提供现场量血压等义务增值活动，业务高峰期时长从月均7天降至3天。开展网点“服务价值提升百日攻坚”，创新提出“服务工作数字考核”新理念，年末超时等候网点由年初的7家下降为0。满意评价器发起率由年初52.24%上升为67.13%。打造“爱购周末”品牌活动，精心打造餐饮、健康养生、百货购物、精致生活、出行加油、娱乐观影6大消费场景，全年平均每周参与“爱购周末”活动商户5户，实现周均消费额300万元、周均消费笔数160笔。开展“走进职场”上门服务活动，走进代发工资单位开展形式多样的主题活动，累计开展“走进职场”活动58场。为40家幼儿园办理线上托费代缴代收业务。

1月9日，工商银行沈阳分行联合市政府金融办、市国资委共同主办“工行助力降杠杆银企对接促发展”支持实体经济研讨会（工商银行沈阳分行供）

服务实体经济发展。发挥大行的社会责任，搭建银企平台，会同沈阳市国资委、沈阳市政府金融办主办“工行助力降杠杆，银企对接促发展”支持实体经济研讨会。邀请工商银行总行专家莅临授课成功推介投资银行和资产池等结算产品，得到沈阳市政府和与会企业的广泛赞誉和一致好评。参加沈阳科技局和辽报助微网发起组建“沈阳科技金融创新联盟”，获联盟理事长单位称号，与科技局对接，共同探讨金融机构服务科技型企业及新兴产业的模式。在沈阳市首届优创助微银行2018年度评选活动中获年度“优产品”银行殊荣。

支持沈阳市营商环境建设。为了更好地服务自贸区客户，在原有13个支行的基础上，增设自贸区支行。同时，针对自贸区客户需求，主办中国（辽宁）自由贸易试验区沈阳片区国际贸易“单一窗口”宣讲暨国际商会总部基地启动仪式活动并签署战略合作协议。同时，利用企业通平台提供一站式服务。推广中小微企业便捷开户模式。截至年末，使用中小微企业便捷开户项目开户699户，应用率33.42%。

持续提升运营效率。推进网点运营模式优化，打通客户经

理、客服经理和柜员的角色互换通道。推广实施柜面运营服务无纸化改革项目，凭证成本节约明显，柜面业务办理时长也同步压缩30-60秒，凭证打印、交接、拍照、扫描、整理、轧账等内部工作量均得到大幅减少。推广自动柜员机远程查库项目和凭证预约集中配售，凭证集中预约出售率由49.4%提高到95.4%。

强化运营风险管理。强化信用风险控制，将公司、小企业、个贷、银行卡、投行、票据、同业等与信用风险相关业务全部纳入网格化管理模式和全流程风控体系。强化全流程内部控制，建立案防重点联系行和重点联系专业制度，实施八大领域案件风险防范工作细化方案，推进案件风险控制矩阵管理模式。践行合规从高层做起，持续强化员工异常行为排查，创新活用“新平台”等内部控制手段。坚持安全为本、稳健为先，持续强化运营风险管理。开展“建设最安全银行”主题活动、隐患排查“随手拍”竞赛活动和安全演练，加强外部欺诈风险管理，规范保安人员管理。（刘琳娜）

【中国建设银行辽宁省分行】 2018年，建行辽宁省分行认真贯彻新发展理念，积极承担国有银行社会责任，各项贷款余额3230亿元，排名4大国有银行第1位。一般性存款日均余额4223亿元，排名4大国有银行第1位。实现中间业务净收入27.4亿元，拨备前利润73亿元。不良贷款率1.36%，下降0.06个百分点；减值准备比上年增加24.58亿元，风险抵补能力稳步提升。

大力支持实体经济建设。落实辽宁省委、省政府要求，聚焦“一带五基地”建设、“五大区域发展战略”，重点支持制造业、铁路及城市轨道交通、产业园区等重点行业、重大项目基础设施信贷投放。还原不良处置、债转股、个人住房贷款证券化后，贷款实际新增266亿元。除传统信贷外，利用建行集团整体优势，多渠道满足客户需求，年度内累计为辽宁地区融资3732亿元。同时，支持中铁九局、特变电工集团、远大集团等区域重点企业参与“一带一路”境外投资和承包项目，累计开立工程项下保函4.7亿美元；为境外工程承包企业提供“建信通”产品，满足海外工程融资需求；分别在沈阳、营口地区成立自贸区支行，累计为自贸区企业开立账户1971户。

全面支持国资国企改革和民营企业发展。为中城集团提供重组财务顾问等综合金融服务，帮助企业盘活资产，解决融资困境，新增贷款投放31.9亿元。落实国务院关于港口整合工作要求，配合政府参与港口资源整合，实现营口港债转股44.2亿元顺利落地。对接国有资本运营改革需求，为沈阳产投集团、盛京金控集团等平台提供授信额度69亿元。贯彻落实习近平总书记关于服务民营企业和民营经济的重大决策部署，出台《辽宁分行金融支持民营和小微企业发展实施方案》，提出33条举措，为7600余户民营企业提供信贷支持，贷款余额224亿元。

多措并举支持普惠金融发展。成立沈阳地区普惠金融服务中心，为小微企业提供更加高效便捷的服务。打破以往小微企业贷款须提供担保抵押的传统模式，以纯信用、无需抵押的特色产品“七朵云”（政采云贷、科技云贷、医保云贷、薪金云贷、银票云贷、云电贷、农信云贷）助力小微企业发展，其中“小微快贷”系列产品，上线仅一年半时间，为10943户小微企业提供92亿元信贷支持。创新推出“惠懂你”APP，提升服务小微企业的便捷性，截至年末累计下载3.8万次。落实中央要求，切实降低民营企业和小微企业融资成本。下调小微企业信用类快贷产品定价，拓宽成长型优质民营企业抵质押融资服务渠道，缓解民营企业特别是小微企业融资难融资贵问题。

住房租赁推动租购并举市场建设。响应党的十九大提出的“加快建立多主体供给、多渠道保障、租购并举的住房制度”，对接百姓的居住诉求，引领“长租即长住 长住即安家”的住房理念。与各市政府及省内主要房屋中介机构签署全面合作协议，为政府、国企、租赁企业、中介机构和承租人提供住房租赁综合服务平台，实现全省13个城市（不含大连）签约和平台上线全覆盖。保障个人住房贷款规模供给，推进业务流程改革，办理借款标准时间由10个工作日缩短到5个工作日以内，提升客户体验。

金融科技赋能提升综合服务水平。对接国家智慧城市建设的总体部署，结合“互联网+政务”的发展需要，为政府部门打造智慧政务、智慧政法、安心养老等支撑智慧城市建设的平台，截至年末，政务、养老、教育、宗教、党群等智慧政务平台上线客户857家。创新“银政通”，通过工商登记电子化服务，在网

点为企业提供从注册登记、开户到税务初始登记在内的全流程服务，简化登记手续，为企业提供便利。开发“工匠宝”平台，助力解决拖欠农民工工资问题。

提升零售服务能力。个人客户金融资产3724亿元。个人存款日均余额2587亿元，新增104亿元，排名4大国有银行第1位。个人住房贷款余额1165亿元，新增139亿元，排名4大国有银行第1位。建立商户集中经营模式，围绕沈阳五爱、铁西九路家具城、朝阳豪德等专业市场，累计向120个客户投放贷款3000万元。推进移动支付便民示范工程建设，实现移动支付交易额214亿元。打造服务品牌，提升客户服务体验，开展星级网点评定，4家网点获评银行业协会年度“千佳”，同业第一。

履行社会责任。在全省建行576家营业网点建立“劳动者港湾”，开放网点服务资源，为社会公众提供周到、贴心的服务。实施“金智惠民”工程，利用建行培训资源，向小微企业主、双创人群、扶贫对象、涉农群体等社会大众普及金融知识。创新“手机银行+裕农通”模式，全省布设“裕农通”服务点5215个，让农村百姓在家门口享受便捷的金融服务。对接贫困地区实际需求，加大金融支持力度，以“党建+金融+产业+善融+公益”模式助力脱贫攻坚，投入定点扶贫捐赠资金170万元，建设项目16个；新增金融精准扶贫贷款1.56亿元，增速50.2%。

防范化解区域重大金融风险。开展全面主动风险管理，全力推进不良资产攻坚战，全年累计处置不良贷款46.9亿元，以市场化债转股债权转让方式，处置北方重工集团不良贷款14.9亿元；以上市公司股票抵债等方式，处置抚顺特钢有限公司不良贷款3.2亿元。（郭曦）

【盛京银行】 2018年，盛京银行把为辽沈经济社会发展服务作为出发点和落脚点，大力发展轻资产、轻资本业务，积极实施“大零售”转型发展战略，持续推进组织架构改革，不断优化激励约束机制，有序实施资产结构、负债结构、客户结构、收入结构调整，完善合规体系建设，有效防范经营风险，促进效益、质量、规模均衡发展，经营工作呈现稳中有进、持续向好发展态势。截至12月31日，总资产9890.72亿元，各项存款余额5968.75亿元，比年初增加254.43亿元，各项贷款余额3715.06亿元，比年初增加925.89亿元，全行净利润70.16亿元，拨备前利润117.64亿元，增加22.59亿元。在北京、上海、天津、长春4个中心城市及辽宁省内14个城市设立18家分行，实现省内城市机构网点全覆盖，机构网点总数205家。

明确未来发展规划。盛京银行2017年下半年提出“建设综合性、多元化、高品质，在同类型银行中处于领先地位的股份制商业银行”的战略定位后，明确未来的发展目标。在总体战略基础上，盛京银行制定业务发展战略规划、业务支撑战略规划、业务转型战略规划三大类战略规划纲要，优化各条线板块职能，提升战略协同作用，促进业务功能互补，凝聚全行共识，引领盛京银行实现跨越式发展。

持续加大对地方经济发展的资金投放力度。围绕国家和省市政府重大战略决策、重要基础设施和重点项目建设，综合运用多种金融产品组合方式，为辽沈地区经济发展提供多渠道、低成本的资金支持，优先满足重点领域、重要项目、支柱产业和优质企业的资金需求。全年，盛京银行累计向沈阳地区投放人民币贷款1550亿元；在沈阳地区贷款余额2420.16亿元，比年初增加940.35亿元。

积极履行纳税义务。盛京银行缴纳各项税款28.04亿元，其中在沈阳地区缴纳税款20.36亿元，纳税位居辽宁省金融机构首位、沈阳市企业三强。同时，盛京银行充分发挥服务实体经济职能，积极支持推动区域内企业发展，带动区域内企业税收增长，助力区域财税增长。

加强全面风险管理体系建设。在总行层面，将原风险控制中心分设为风险管理部和授信审批部，实现单一风险管控向全面风险管理转变，增强精细化风险管理实效；在分行层面，设立分行风险总监制，实现全辖分行风险管理部门全覆盖，提升风险管理的独立性和有效性。制定全面风险管理制度，形成以制度管业务、以制度管机构、以制度管人员的良好机制。持续完善信贷风险管理制度和流程，突出管理重点，狠抓关键环节，提升责任意识和风险意识。采取有效措施，加大信贷风险化解处置力度，推动资产质量稳步提升。

推动内设机构改革。全面推进组织架构优化管理。对现有总分行组织架构进行系统性改进、结构性优化、整体性衔接，明确各部门职责边界，理顺工作流程，打造规范科学的运行机制；

4月27日，盛京银行Visa信用卡发布会 （盛京银行供）

以市场为导向、以客户为中心，优化公司、零售、投行、同业等部门资源配置，提升市场反应速度；强化合规、风控、内审部门职能，明确各类风险归口管理部门，坚持不发生系统性金融风险的底线，为盛京银行战略转型提供有力的组织保障。

发展“轻资产、轻资本”业务。在统筹考虑成本、收益、风险和资本的基础上，把有价值、有效益的轻型业务发展放在首位，将零售业务、金融市场业务、投资银行业务、国际业务中具有轻资产、轻资本属性的业务作为盛京银行转型发展的重点业务领域，提高非利息收入占比，实现经营利润稳步增长。拓展投融资业务市场，合理安排融资策略，持续优化客户结构和资金投向，加大总行对总部集团客户营销力度，完善定价机制，稳步提高议价能力和盈利水平。

（史明冲）

【招商银行沈阳分行】 截至年末，分行全折自营存款时点余额772.6亿元，当年新增148.3亿元，增幅23.8%；住房贷款时点余额92.12亿元，当年新增33.78亿元，增幅55.1%。招商银行沈阳分行拥有1家营业部，33家同城支行，14家社区/小微支行，省内下辖丹东分行、鞍山分行、抚顺分行和盘锦分行4家异地机构，有24小时自助银行83家，有员工1548人。荣膺辽沈地区“年度最具影响力银行”“年度社会公益责任杰出贡献奖”“年度最具社会责任银行”“年度‘金融先锋’成就奖”“年度最佳服务银行”“新时代卓越公信力银行”等社会殊荣。连续13年获监管评级一级；连续10年获外管评级A级；连续18年无案件及重大责任事故。分行始终以塑造百年品牌为己任，成功打造以“一卡通”“一卡通金卡”“金葵花卡”“钻石卡”“私人银行卡”“信用卡”“摩羯智投”“生意贷”为主的零售金融品牌体系，形成以“点金理财”“抵押贷”为龙头的公司金融品牌体系，实现品牌形象和内涵的双重提升。招商银行“一卡通”和“金葵花理财”品牌形象深入人心，成为深受辽沈地区客户喜爱的家喻户晓的知名金融品牌。 （张倬铭）

【中国人保财险沈阳市分公司】 2018年，中国人保财险沈阳市分公司下辖20个支公司，拥有1145名员工，保险服务网络覆盖所有县区和大部分乡镇，是沈阳市成立最早、规模最大、网点最多的

10月26日，招商银行沈阳分行联合沈阳海关、省人保财险公司举行“银关保”新型关税担保模式推介会 （招商银行供）

财险公司。公司经营机动车辆保险、财产保险、工程保险、船舶保险、货运保险、责任保险、信用保险、意外伤害保险、健康保险、农业保险等业务，为全市50万辆机动车提供车险服务，为120万工会会员提供组合保险服务，为300余万亩（20万公顷）农田提供农险服务，为600余万城镇职工提供补充医疗保险服务。截至年末，公司保费收入30.1亿元，利润总额23099万元，赔付率61.02%，综合成本率92.25%，市场份额32.62%。为各类企事业单位和个人提供风险保障金额近1.10万亿元，是沈阳市同期地区生产总值的1.62倍，签单185万件；累计处理各类保险案件30万件，累计支付赔款16.87亿元，缴纳各类税费5.15亿元。

沈阳市分公司实行专业化经营，在人才、产品、技术和服务等领域构筑优势。以“互联网+”思维，搭建客户服务平台、人保V盟、以线上、线下服务团队为支撑，客户服务平台为载体的创新销售服务模式不断完善，产品研发、偿付能力保持行业领先。同时，全面启动客户服务能力，推出包括直升机救援、警保联动、理赔夜市等十大理赔新举措。空中救援是公司在全国率先推出的特殊服务，向全市开展免费应急救援、公益救援服务。沈阳市分公司全面加深政企合作力度，先后与康平、辽中、法库、新民政府签订战略合作协议，市公司班子主动承接政府职能转变和国家重大战略实施释放出的保险需求。深入落实国务院“放管服”政策，全面贯彻公安部及中国人保财险相关文件要求，沈阳市公安局交通警察局与人保财险沈阳分公司全面深化合作，开展“警保联动”系列便民项目。

（王见希）

【中国人寿保险股份有限公司沈阳市分公司】 2018年，公司主要业务指标实现持续增长、业务结构得到持续优化。总保费23.66亿元，增长0.51%；续期保费15.73亿元，增长17.9%，首年期交保费5.27亿元，完成率98.27%，增长10.72%。保障型产品保费8131.03万元，完成率78.59%，增长79.63%。短期险保费1.37亿元，完成率71.02%，增长0.48%。应用运营科技取得新进展，新一代契约平台、核保平台顺利上线，无纸化投保率52.85%，新一代团险保全平台作业量1103件。保全服务e化率73.98%。大健康注册17452人，完成率123.55%，使用19050人，完成率108.76%。开展反洗钱风险排查和客户信息治理，提升客户信息质量，对重点人群做重点培训，先后4次882人次参训；深入开展“治乱打非”“防范化解重大风险攻坚战”“打击非法商业保险活动”“乱象整治”等十多项重点专项自查，全面执行防范非法集资常态化工作机制；持续推进内控标准体系建设，强化重点监督与专项检查，严守底线。

（韩雪霜）

【沈阳水务集团有限公司】 2018年，沈阳水务集团有限公司（简称“水务集团”）年供水量6.34亿立方米，日均供水量173.7万立方米。主城区单位耗电量0.287千瓦时/立方米。售水量4.90亿立方米。产销差率22.71%。水费收入约15亿元。供水管网总长度3810千米，供水面积734.6平方千米。在装水表321.3万块。供水人口696.9万人，用水户314.2万户。用户投诉率0.11%，供水水质综合合格率99.99%。实际运行二次加压泵站2039处，泵站运行率达到99.85%，全市基本实现全天24小时连续供水。

供水设施。水务集团有市政水源井数645眼，其中可运行井568眼（含热备井）。主城区北部水源仍为地下水，其他区域水源基本置换为地表水为主的供水

1月20日，人保财险公司开展直升机救援演练　（人保沈阳分公司供）

市水务集团开展“劳模带我去工作”主题活动　　（市水务集团供）

水源，地表水达到130万立方米/日，占日供水总量60%以上。集团二次加压设备数量16463台套，贮水池容积55.2 万立方米，二次加压泵站全年平均运行率99.89%，按照国家规定，组织完成贮水池泵站最少一次清洗工作，完成清洗贮水池56.4万立方米。完成维修漏水6505件，管网维修及时率99.4%。实施水源环境整治，对水源内部及周边环境卫生进行清理。

水质监测。实行水厂在线监测、水质检验中心在线监测、供水集团在线监测，共同督促检查的方式进行监控，确保24小时水质指标监测。全市有计量点298处。其中：水源出口计量点139处、区间计量点143处、户线计量点16处。采用智能远传水表，加强水表智能化管理，完成改造水表176971块。全面做好重点用户服务保障，保障两节两会及各类重要活动35项，开展应急送水服务，为及时有效应对供水突发事件，满足用户最基本用水需求，开展应急送水服务937车次，8215吨。集团22702270客户服务热线接听电话536031个，反映各类问题3334件，投诉率0.108%，用户投诉解决率99.64%。集团网络受理平台接到各渠道转10497件，非集团责任退件2616件，办理转件7881件，获沈阳市“消费者满意单位”等称号。

安全生产。连续十二年实现安全生产“六个为零”，即职工因工死亡事故、因工重伤事故、职业病及职业中毒事故、一般特种设备事故（死亡和重伤）、负主要责任以上（含主要责任）的重大交通事故、一般火灾事故（死亡和重伤）为“零”。集团安委办协助排涝项目安全总监对30余处施工现场，开展安全检查170余次，发现和整改隐患问题286项。完成“创卫”工作任务，在检查中发现各单位未按迎检要求筹备内业资料等相关问题41处，现场检查发现安全隐患69处，均当场提出整改建议，研究整改方案，协调帮助各单位整改。

排水防涝。水务集团承接《沈阳市排水防涝补短板行动方案》（2018—2020年）项目，重点实施水系出口整治，易涝点及地道桥改造等47项工程，计划投资总额19.2亿元。实施北运河下游出口扩宽工程，实现过水能力达到国家三年一遇标准；改造15项雨水管渠，排水能力达到国家三年一遇标准；改造21座泵站，实现地面不积水；建设调蓄池6个，改造零星易涝点45处，行泄通道119处；对20个老旧小区实施海绵改造工程，实现初期雨水就地吸纳。集团成立排水防涝项目考核工作领导小组和项目巡察工作领导小组，5个考核小组和1个巡察小组从干部作风、工程进度、安全施工、文明施工、工程质量等方面对6.30节点防涝项目开展考核和巡察工作。至6月30日，排水防涝项目考核领导小组和巡察小组对51项工程项目完成553次考核，累计上报考核日报34期。　（何璐）

【航空工业沈阳飞机工业（集团）有限公司】 2018年，航空工业沈阳飞机工业（集团）有限公司（简称“航空工业沈飞”）完成各项任务，营业收入、利润、EVA（考核评价体系）等各项指标全面完成航空工业集团公司考核目标。航空主业科研生产任务顺利完成，均衡生产工作深入推进和提升。通过精细计划制定、实施关键路径和风险预警管理、加强器材采购、零部件配套管控、严肃考核等举措，提前实现航空工业集团公司考核目标。年末，航空工业，沈飞在册职工14745人。1月2日，中航沈飞股份有限公司挂牌揭幕。在第七届全国精益管理项目发表与研修会上，沈飞公司“缩短铝合金法兰

盘类模锻件生产周期”精益改进项目获最高奖项“示范级技术成果”奖。沈飞公司党委书记、董事长郭殿满获第十三届航空航天月桂奖“领导卓越”奖。沈飞公司“提高航空复合材料抗载荷冲击能力的研究”创新团队夺得首届中国创新方法大赛冠军。沈飞航空博览园被教育部评为“全国中小学生研学实践教育基地”。

推进质量综合提升工程。完成新版国军标贯彻，顺利通过武器装备承制资格监督审查和民机三方认证审核。通过开展航空武器装备质量安全整顿、启动为期三年的工艺纪律整顿等专项工作，现场按章操作更加规范，实物质量明显提升。进一步强化供应商管控。质量形势总体平稳，批产飞机连续3年实现不合格品审理单下降20%、万元质量损失率下降2%的目标。

技术体系建设。民机机加智能化生产线试点建设初见成效。申请专利167项，多项成果获航空工业科技进步奖。在2018年国家企业技术中心评比中，航空工业沈飞获评优秀企业。信息化建设在三维工艺设计、知识工程、主数据管理等方面取得较大进展，“两化”融合（即信息化与工业化融合）水平进一步提升。

军民融合。中航沈飞上市成为中国战机第一股，迈出市场化发展的坚实步伐。上市公司规范运营得到加强，制度体系建设不断完善，实施了公司第一期限制性股权激励。

条件保障。中航工业运营管理体系建设取得阶段进展，构建公司流程体系，深入推进三级自主管理平台建设，管理能力和管理效率得到进一步改善。供应链管理水平持续提升，初步建立供应链管理制度体系。“瘦身健体”取得重大进展，按航空工业集团公司开展参股企业清理工作要求，完成6户参股企业股权退出工作。

实施岗位职级体系。加强人才队伍建设，合理调配公司内部人力资源，“三定”（定岗、定编、定员）工作和员工调配管控不断深化。推进薪酬与任务、效率挂钩，进一步激发干部员工干事创业热情。引导职工建功立业，促进青年成长成才，公司RCS测试团队获第22届中国青年五四奖章集体，耿伟华获“振兴杯”全国青年职业技能大赛钳工冠军。（常琳）

11月23日，沈飞公司“提高航空复合材料抗载荷冲击能力的研究”创新团队获首届中国创新方法大赛冠军（沈飞公司供）

【中国航发沈阳黎明航空发动机有限责任公司】 2018年，中国航发沈阳黎明航空发动机有限责任公司（简称“公司”）贯彻落实中国航发集团战略体系框架，从严治党全面加强，聚焦主业成果显著，完成全年各项任务，推动各项改革发展工作取得新进展。公司从业人员12501人。公司获“全国模范职工之家红旗单位”称号，获集团服务保障先进集体、燃机与产业发展工作先进集体、辽宁省安全文化建设示范企业等称号。洪家光获中华技能大奖、全国五一劳动奖章，栗生锐获中华技能大奖。16人获省市、集团技术能手（技术工匠）。

经营管理水平有效提升。公司全面聚焦主业，坚持以用户需求为导向，持续强化重点型号科研生产管控能力，产品交付能力得到持续提升，服务保障能力得到不断强化，完成生产任务。贯彻落实“瘦身健体”、提质增效要求，推动清理投资项目，彻底完成黎航化机重整。持续开展成本工程，严格科研经费管理，深入实施成本工程，公司资产负债率、成本费用占营业收入比率等指标均有较大改善。

军民融合深入开展.深入贯彻落实国家军民融合战略和集团相关要求，着力构建“小核心、大协作、专业化、开放型”科研

生产体系，“民参军”、“军转民”等相关工作取得积极进展。

人才队伍建设得到不断强化。构建职级、绩效、薪酬“三位一体”的员工成长发展体系。畅通技术、技能、管理序列九级职业发展通道。完善薪酬制度体系，建立以业绩为导向的职级晋升、薪酬增长管理模式。员工队伍管理不断强化，持续开展员工总量调控，技术人员比例达到24.7%。实施精准招聘，引进新员工75人。搭建内部交流平台，229名员工参与到67个岗位的竞聘。

核心关键技术获得较大突破。持续推进落实“十三五”技术规划，扎实开展科研攻关，突破关键核心技术瓶颈，强化公司关键技术储备。着力构建正向工艺研发体系，从流程制度、制造文件体系、设计制造协同、制造技术研发平台和信息化五方面开展工艺研发体系建设。开展技术合作交流，与北航、南航、航空工业制造院等签署技术合作框架协议，与北航等5所高校共建联合实验室。

基础能力持续夯实。聚焦公司主价值链，深入开展运营管理体系建设，重点推动“产品研发、生产制造、供应商管理、服务保障”4大业务体系建设。开展端到端流程梳理优化项目立项及评审，确定并开展任务13项，修订公司信息化及智能制造“十三五”规划。（付海彤）

【沈阳机床（集团）有限责任公司】 2018年，沈阳机床集团推进企业的转型升级，企业平台化、员工创客化、内部市场化等一系列综合创新改革举措的实施取得积极进展；以i5技术为依托，iSESOL工业互联网平台入选“中国十大工业云平台”；由沈阳机床牵头组织实施的15个国家科技重大专项全部通过验收。2018年，沈阳机床集团从业人员14075人，产品销售收入131亿元，工业总产值132.2亿元，工业增加值26亿元，数控机床产量2.2万台，机床产品产销率92%，智能机床产量4000台。5月25日，沈阳机床集团与厦门钨业股份有限公司签署战略合作协议，双方将在电机、控制技术及设备智能化等方面深入合作，并共建厦门智能制造谷。6月，全新的i5OS（i5OS被称作“工业界的安卓系统”，为制造业提供自主、安全、可控的运动控制开放平台，传统装备或自动化制造商可以借助i5OS实现产品智能化升级）携34款APP正式上线。10月11日，2018世界智能制造大会在南京国际博览中心举行。沈阳机床集团展出i5智能机床、i5OS开放式智能控制平台、iSESOLWIS工业云平台及“5D智造谷”共享合作模式。

（黄德威）

【沈阳鼓风机集团有限公司】 2018年，沈鼓集团主要经济指标保持增长态势。累计完成工业增加值18.3亿元，增长15.9%；集团综合经济效益指数217.65，增长40.6个百分点；完成工业总产值98.2亿元，增长10.8%；营业收入88.8亿元，增长10.2%；截至年末，集团从业人员5792人。沈鼓集团与中国石油国际管道有限公司签订战略合作协议，开拓海外天然气管线输送市场；与荣盛集团、杭汽轮集团、杭氧集团、山东荣信集团、南京天加热能等签订战略合作协议。沈鼓集团通过全国精神文明办的复查，继续保持“全国文明单位”称号。

产品研发。9月11日，中国首台国产AP1000屏蔽电机核主泵在沈鼓获得成功，使沈鼓集团成为全球第二家能够自行加工制造AP1000主泵的企业。12月10日，沈鼓集团研制的120万吨/年乙烯装置用压缩机组通过鉴定委员会鉴定，填补国内空白，机组整体性能达到国际同类产品先进水平，其中机组工况适应能力、操作性等居国际领先水平。沈鼓集团获“400万吨/年煤间接液化关键技术与重大装备开发及应用”等省部级奖励5项，中国专利奖2项，首次获中国石油化工联合会科技进步特等奖。结合10万等级空分等重大新产品和单元技术研发，开展专利挖掘培训与专利申请工作，申请并受理专利91项。

企业经营。10月23日，沈

10月23日，沈鼓集团乙烯三机组扩容改造项目成功签订　（沈鼓集团供）

鼓集团与中韩武汉石化乙烯三机扩容改造项目成功签订，创服务类订货额历史新高。12月，巴西石油天然气处理项目的签订让沈鼓牌压缩机首次进入南美市场；伊朗Abadan大炼油项目实现汽轮机驱动4M125的国内外首台套业绩；哈萨克斯坦化工厂项目实现多台套高速往复机首次成套出口；印尼生物质发电总包项目实现在工程总包领域的突破，让沈鼓海外业务布局加快，海外市场开拓成为沈鼓新的竞争优势。

（吴亮）

1月6日，沈阳新松机器人公司与南德意志集团举办CE证书及TüV Mark证书颁发仪式

（新松机器人供）

【沈阳新松机器人自动化股份有限公司】 2018年，新松集团上市业务收入30.95亿元，增长26.1%，营业利润5.26亿元，增长15.8%。12月，新松公司在由人力资源和社会保障部、中华全国总工会、中国企业联合会、中华全国工商业联合会共同举办的“全国模范劳动关系和谐企业”表彰评选活动中，获“全国模范劳动关系和谐企业”称号。

2月25日，在2018平昌冬奥会闭幕式上，24个载有透明冰屏的新松智能机器人惊艳亮相。3月18日，平昌残奥会落下帷幕。新松机器人8台新松机器人再次以完美姿态彰显中国科技大国之实力。新松科技团队受到省、市领导赴机场的迎接，并被授予主创团队“市长特别奖”。7月，新松公司管廊巡检机器人服役于沈阳第一条地下综合管廊，对管廊工程技术工程起到示范作用。工信部、卫健委、民政部联合专家核查组莅临新松公司，就新松自主研发的下肢康复训练机器人和智能一体化床椅II型两项产品申报《智慧健康养老产品及服务推广目录》进行现场核查，通过该产品的形式审查与专家评审。8月，国内首台具有独立知识产权的新型双臂大气机械手在新松公司研发成功，打破该产品国外设备商在半导体设备前端自动化传输领域的封锁，填补该产品在IC自动化领域应用的空白。10月，新松公司与万科集团深度合作，通过向其提供包含半自动一体化床椅、电动护理床、健康检测一体机II型、生命体征监测床垫等产品在内的智慧养老设备及方案，打造从医到养，从自理到照护的老年生活，助力解决人口老龄化社会问题。11月，新松移动机器人整系统通过欧盟CE认证，属中国首张移动机器人CE安全认证，并取得国内第一张移动机器人TüV-mark（德国零部件产品形式认证标志）。12月，新松公司出席“中国移动5G应用示范区启动仪式”，携手辽宁移动建设5G应用示范区，率先探索机器人搭载5G通信技术的发展道路。

（王皓然）

【沈阳煤业（集团）有限责任公司】 沈阳煤业（集团）有限责任公司（简称沈煤集团），前身为1983年沈阳矿务局、本溪矿务局、辽宁煤矿建设局“三局合并”组成的沈阳矿务局，2000年改制为沈阳煤业（集团）有限责任公司。现为2018年辽宁省委省政府新组建的辽宁省能源产业控股集团有限责任公司的重点子公司之一。集团总部位于辽宁省沈阳市，有职工2.7万人，资产总额近300亿元，年均营业收入110亿元以上。2018年，沈煤集团累计完成商品煤产量1018万吨，发电量28.4亿千瓦时，焦炭产量83万吨，经营总收入114亿元，企业利润亏损3.4亿元，员工人均收入5.4万元，资产总额274亿元，负债总额210亿元，所有者权益64亿元。

安全生产。沈煤集团深入开展安全文化宣贯、事故警示教育和员工安全培训，广泛凝聚“生命高于一切，安全永远第一”的思想共识。紧盯基层区队、车间、班组、岗位“最后一公里”的责任落实，保证安全责任层层

压紧压实。大力推进煤矿安全基础建设，累计投入4.1亿元开展安全补套工程建设和监测监控系统升级改造，有效增强矿井防灾抗灾能力。西马煤矿、蒲河煤矿通过国家一级安全生产标准化矿井验收。救护大队在全国标准化达标互检中被评为特级救护队。全公司煤矿无人身伤亡事故。

经济运行。2018年，沈煤集团抓住煤炭、焦炭市场高位运行的利好机遇，科学组织产销协同增效，在产品总量有限的前提下，实现效益最大化。累计实现利润7.2亿元，增长37%。鞍山盛盟煤气化公司销售焦炭84.5万吨、煤气1.6亿立方米，利润1.5亿元，增长1.2亿元。集团公司非煤单位全年累计实现经营收入43亿元，同比减亏1.3亿元，减亏增盈单位比例达50%。

企业改革。沈煤集团优化顶层设计，完善组织架构，形成"一个中心、一个平台、四大板块"的格局，即集团公司为决策中心，红阳能源为资本运作平台，煤炭、电力、煤化工、资产经营为四大业务板块的全新管理格局，职能定位和管理层级更加清晰规范。集团机关机构由20个减至9个、降幅55%。重点二级子公司机关机构改革压茬推进，党政机构平均精简48%，其中沈煤红阳热电公司机构精简70%。同时，对管理人员去行政化，实施全员竞聘、双向选择、择优上岗。改革后，集团机关中层管理人员压缩30%，重点二级子公司中层管理人员平均压缩20%，实现干部能上能下。（徐 扬）

【中车沈阳机车车辆有限公司】截至年末，沈阳公司员工总数3657人，其中高级职称190人、中级职称354人，高级技师72人、技师113人。公司下设23个职能部室、8个生产分厂、5个参股公司、1个全资子公司、4个分公司。厂区占地面积86万平方米，建筑面积29万平方米，固定资产原值17.19亿元，净值9.98亿元。营业收入23.6亿元，考核净利润4851万元。国内造修货车市场份额保持稳定，签订国内新造货车订单4879辆、检修货车订单9239辆。探索"联合出海"模式拓展海外市场，联合中车齐车公司完成澳大利亚力拓公司31辆长轨车采购预投标。地铁工务装备市场取得新拓展，中标10辆沈阳地铁工程车订单。销售新造货车3795辆、检修货车9260辆，销售车轴836根、交叉杆1795辆份。开展"十三五"发展规划前期执行情况评估和后期发展环境分析，调整"十三五"发展规划目标。召开中国共产党中车沈阳机车车辆有限公司第一次代表大会，明确2019—2023年发展目标和方向。

改革改制。立足高质量发展，实施工程机械业务收尾工作。深化组织机构改革，撤销工程机械事业部、计量理化检测分公司，神华修车厂并入转向架分厂，设备分公司与大连工程机械分公司合署办公。推动厂办大集体改革改制，所属厂办大集体被纳入省、市厂办大集体改制范围。中车沈阳实业管理有限公司与沈阳房地产置业担保集团有限公司签订"三供一业"（指企业的供水、供电、供热和物业管理）移交合同，完成"三供一业"分离移交工作。

经营管理。主动融入地方经济，与中车大连机车车辆有限公司、沈阳地铁集团有限公司合资组建的沈阳中车轨道交通装备有限公司注册成立并投入生产，主要开展地铁车辆、有轨电车、城际列车检修等业务。开展制度专项对规对标工作，实施制度合规性评审，新增、修订、废止管理制度127项。修订试行《公司组织绩效考核管理办法》，发挥绩效考核激励导向作用。推进精益管理，建立精益指标考核奖励管控平台，开展精益培训35项，培训860余人次，建设标准工位100个、精益示范线3条。深化提质增效专项工作，总成本费用下降19.98%，实现降成本5223万元；可控期间费用增加5.3%，低于利润同比增加值53.46%；"两金"（应收账款、存货账款）总额降低12484万元。在工艺质量上，调整T11BK型长钢轨车组检修工艺布局，实施扩能改造，实现生产流程化、区域化、精细化。开展C70E型敞车和C70EH型敞车厂修试修，获L70型粮食漏斗车、X70型集装箱平车维修许可。推进质量管理体系建设，通过ISO/TS 22163质量管理体系转版认证审核。建立"QMS"质量信息平台，实现过程质量信息化监控。未发生一般D类及以上质量责任事故，行车责任设备故障数量下降20%，质量损失率控制在0.72‰。在安全环保上，深化全员安全生产责任落实，制定《安全技术操作规程》393项，签订《安全生产责任状》《安全生产承诺书》3322件。开展安全检查及专项整治19次，排查、整改安全隐患986项。实施安全技术措施项目21项，投入115万元。开展以"控风险、除隐患、保生产"为主题的安全隐患大排查大化解

中车沈阳机车车辆有限公司公司的GQ70型轻油罐车　　（沈阳机车供）

工作，发现并整改各类安全隐患133项。持续推进安全生产标准化建设，获“辽宁省制造业行业安全生产标准化二级企业”称号。制定《生态保护污染防治攻坚战三年行动计划》，确定污染防治项目27项。开展高污染项目源头治理，拆除焦炭炉，取消酸洗磷化工艺。实施动能中心空压机变频节能改造，年节约电量约12.5万度。

科技创新。全面实施T11BK型长钢轨运输车组23项智能化升级项目，《长钢轨运输车组机械化作业提升技术研究》被铁路总公司列为2018年第二批科技研究开发计划急需性重点课题。沈阳地铁工程车项目完成设计开发并通过实验验证和用户验收审核，该项目包含轨道平板车、轨道平板吊车、接触网放线车、接触网作业平台车四种车型，用于沈阳地铁线路施工作业。申报专利23项，其中发明专利16项。

（张骁）

【东北制药集团公司】 2018年，东北制药集团公司（简称公司）在全市国企中率先实施混合所有制改革试点任务，引入战略投资者，转变领导干部身份，推进体制机制重大创新。辽宁方大集团通过混改成为东北制药控股股东，充分激发动力活力。东北制药营业收入74.67亿元，增长31.54%；净利润1.95亿元，增长64.04%；缴纳税金5.1亿元（其中沈阳本地纳税4.8亿元），增长49.06%，位列2018年沈阳纳税百强企业第18位。“混改”前后，员工人均月收入增长61.81%，国有资产保值增值40%，“混改”使东北制药进入了加速高质量发展的崭新阶段。东北制药深化“混改”的成功实践受到国家和省市各级党委、政府的广泛关注。国务院国企改革工作落实情况专项督查组及省市各级领导先后走进企业深入调研，对方大集团和东北制药给予充分肯定。中央媒体报道团、新华社、《人民日报》、辽沈主要媒体深入企业调研采访。公司成功申报成为国家第四批“混改”试点单位。

“所有者监督、经营者负责”的治理模式加速形成。方大集团成为第一大股东后，公司依法依规召开股东大会，改选董事会和监事会，完善“三会”相关制度27项，进一步健全法人治理结构。由董事会市场化选聘中高层管理人员，8名原市管干部全部完成身份市场化转变，打破传统国企领导干部的铁交椅，形成市场化、专业化、法制化的公司决策和管理运行机制，真正以市场准则推进企业经营。集团依法履行大股东监督职责，先后提出完善领导班子分工，健全各项管理制度，全面加大考核力度，堵塞各种管理漏洞等一系列工作建议，公司认真研究论证后采纳落实，迅速将完全市场化经营理念注入公司。

“对标先进、结果导向”的业绩评判标准加速形成。全面聚焦效益和效率，对标市场和行业内最好的标杆，以市场准则评判工作成果，按标准实施考核。从高管开始各级干部明确考核指标，用业绩说话，干部能上能下、收入能多能少的局面初步形成。加大力度打造大产品体系，10亿元系列产品群见到雏形；大力推进差异化营销，建立产品质量分级标准67个，通过各类审计、核查30余次，产品价格有效提升；研发投入1.5亿元，盐酸羟考酮注射液完成注册申报，依非韦伦片、卡前列素氨丁三醇等新产品完成工艺验证，进入报批阶段。

“全方位覆盖、全过程监管”的风险防控机制加速形成。财务管理迈向精细化，实现资金收支日报告，全面监控各类资金收付，对非正常经营性支出实时预警。建立成本日报表体系，在

股份公司、第一制药全面运行，实现成本变动日分析，严密监控全体系资金使用和财务状况。强化合同管理，完成制度修订，完善各类合同示范文本27份，搭建线上流程，按程序规范审批。系统开展合同审核，针对潜在风险，及时签订补充协议。严谨评估投资立项，坚决下马、清理不合格项目。全面排查风险隐患，编制完成《东北制药内控手册》，识别业务风险918项，结合监督工作全面推进整改，有效堵塞跑冒滴漏和各种经营风险，大幅提升企业运行质量。

“创造分享、干到给到”的全新动力机制加速形成。分阶段、分层次、分专业完善考核办法，推进实施股权激励计划，形成利益捆绑机制，共同创造、共同分享。开展全员全方位降本增效。中层以上领导干部每月排名，仅2018年下半年增加利润贡献及资金回笼，实现降本增效超过1亿元。采购实施末位淘汰，精细化采购降成本开始起步。从11月起，“赛马”工作全面推开，70个单位制定实施106项赛马方案，专业线实施赛马23项，探索建立“前面有金山，后面有老虎”动力机制，大、小赛马为各项工作增添活力。同时，各项重点工作有力推进：细河原料药搬迁改造年内完成计划进度，VC项目按计划节点开展冬季施工；一致性评价中19个产品完成预中放试验，4个产品完成申报，齐多夫定片、磷霉素氨丁三醇散实现行业首家申报；环保二期、循环经济产业园项目持续推进，完成“中央环保督察回头看”迎检任务，东北制药成功获评“国家绿色工厂”；“大宗原料药及医药中

2018年，东北制药集团张士厂区全景　　（东北制药供）

间体智能制造新模式”项目取得重大进展，吡拉西坦智能生产线和综合监管平台成功上线运行，项目整体高分通过国家验收。

（李萍）

【沈阳化工股份有限公司】 2018年，沈阳化工股份有限公司（简称“沈阳化工”）在职职工1207人、营业收入84亿元、利润3105万元。主导产品烧碱产量20.11万吨、糊树脂产量20.3万吨，均超过20万吨产能目标，沈阳化工新厂区实现真正意义上的达产达标。安全环保实现“五零一控”目标，即重大火灾、爆炸事故为零；重伤及以上人身伤害事故为零；一般及以上环境污染事故为零；新增职业病病例为零；多人急性中毒事故为零；TRIR（二十万工时受伤率）完成0.34（目标不大于0.85），下降52%，通过各级安全环保检查。4月13日，经沈阳市质监局和食品监督管理局审核批准，沈阳化工烧碱、盐酸两种产品获“食品级生产许可证”，标志着沈阳化工产品应用拓宽到食品应用领域。

履行社会责任，委托第三方检测机构对“水、气、声、渣”等环保指标进行权威检测，达标率100%，得到中央环保督察组领导的高度评价。完善全员安全生产责任体系，层层签订安全生产责任状，实施安全“包片到人”，强化夜间生产指挥体系和应急指挥系统管理，保证生产安全稳定。

围绕市场需求深入开展售后服务和技术攻关，新牌号糊树脂产品试产15845吨，推广销售13340吨。新申请专利15项，其中发明专利1项，实用新型专利14项。“环保发泡糊树脂研发”等三个项目获辽宁省重点技术创新计划项目认定。5月12日，“一种PVC糊树脂配料装置”经国家知识产权局审查批准，获国家发明专利授权。10月初，“H-50聚氯乙烯糊树脂产品产业化”项目通过市重要技术创新研发与科技成果转化中心验收，开始产业化生产，产品达到国际同类产品技术水平，填补国内空白。

全面推行绩效考核管理，突出生产、销售业绩指标的奖罚比例及处室量化指标的考核。重新制定《价格绩效考核办法》。加大管理与信息化融合，对BI（商业智能够）系统应用条框重新进行定义和梳理。针对信息化评价

指标逐项进行优化，认真执行ERP（集成化管理信息）系统标准化应用，开展网络信息安全自纠自查，优化智能巡检，岗位巡检质量大幅度提高。完善学习应用平台，组织572人次学习操作考试，并将成绩与工资挂钩，强化岗位员工培训的实用性，提升人员素质。（韩景超）

【国电东北热力集团沈阳热电有限公司】 2018年，国电东北热力集团沈阳热电有限公司”（简称沈阳热电），实现安全生产、稳定供热、资产经营等各项工作稳步推进，全面完成上级公司下达的各项任务目标。年度发电量22053万千瓦时；上网电量11089万千瓦时；供热量6358180吉焦。营业总收入3.4亿元，利润总额-1.47亿元，负债7亿元。保持安全生产周期，实现连续安全生产7907天。

安全生产保持持续稳定。机组设备及热网系统计划性检修工作有序进行，完成热水锅炉低氮燃烧改造及脱硫塔漏泄治理工程、锅炉脱硫塔内部防腐修缮、煤场封闭等工程；组织进行厂区噪声治理改造工程、污水达标排放改造工程；设备实现环保达标排放，供热、发电任务圆满完成。

企业管理水平实现再提升。优化公司结构，明确各职能部门工作职责，加大对各热力公司督导管理力度，强化热网稽查、煤质监督和检测、财产保险索赔管理，深化预算及资金全过程管控，推行热力板块融资，保障企业资金安全。建立绩效考核管理机制，完善分配方案，加大向生产岗位、重点岗位的倾斜力度。

各项重点工作有序推进。

6月5日，沈阳热电公司人员参加沈阳市百万职工岗位技能提升工程和职工技能竞赛活动（沈阳热电供）

结合地区发展政策，利用企业现有资源，跟动国家相关产业政策及集团公司意见，着力推进公司转型升级项目，年度与政府、上级公司及项目合作单位进行沟通，对燃气电厂进行实地考察调研。该项目得到上级公司及地方政府高度关注和支持，列入《沈阳市热电发展总体规划（2018—2025）》。（孙晓红）

【金杯汽车股份有限公司】 2018年，金杯汽车股份有限公司坚持稳中求进的工作总基调，以振兴发展为主题，通过市场化改革，强力推动机制创新、技术创新和产品创新。探索混合所有制改革，摆脱“整零关系”的依附型发展模式，主动适应市场变化，实现创新发展。2018年末，公司资产总额56.94亿元，比年初下降4.30%；归属于上市公司股东的净资产3.56亿元，比上年初增加29.75%；资产负债率85.50%，比上年增加0.10%。2018年度营业收入61.46亿元，增长6.50%；利润总额3.53亿元，下降21.61%；归属于母公司股东的净利润0.81亿元，下降19.56%。

出新招、求实效，解决发展难题。利用公司重大资产重组后所赢得的发展契机，充分发挥公司领导班子的核心作用，按照集团改组国有资本投资公司的精神和统一部署，结合公司改革发展需要，组建由一把手总负责，分管领导牵头负责的“资本市场改革发展、管理变革、零部件业务改革发展、生产服务业务改革发展、清理壳企业，解决僵尸企业”五个改革发展核心团队，专题破解金杯公司未来发展难题。以转变领导干部工作作风为抓手，强化公司领导班子成员责任担当意识，实行分管领导深入企业“坐班制”，形成班子成员人人扛指标、人人抓落实的良好氛围。

聚焦零部件主业，统筹管理，核心业务转型升级。围绕零部件业务改革发展的工作任务，谋划零部件企业总体发展思路和预期目标。树品牌、优品质，重点零部件企业效益稳步提升。全力应对内销低迷局面，积极开拓

外销市场。选择国际顶尖企业合资合作，推动零部件业务转型升级。提高国际化视野，向国际大品牌学习，精准定位优秀合资伙伴及海外并购对象。

重点板块及要项工作取得新突破，公司综合竞争力提升。优化配置各类生产要素，通过多渠道营销，长庆专用车实现扭亏为盈目标，实现营业收入4.5亿元，同比实现大幅度增长。生产服务功能不断完善，以华晨物流事业部模式共同进行华晨三方物流项目的运营管理及业务开发工作，累计接触供应商37家。同时，在获得华晨雷诺备件项目的基础上，争取华晨雷诺入厂物流项目，全面展开项目前期的准备工作。在解决历史遗留问题上取得新突破："三供一业"移交工作如期完成。其中物业移交面积总计7.56万平方米，涉及管理户数1452户，整体移交费用2850万元。加速推动处置"僵尸企业"，公司针对23户困难企业确定具体的工作路径并形成整体解决方案。积极稳妥推进"厂办大集体"改革，与政府协调推进。继续开源节流，狠抓降成本工作，降成本2602万元。持续好政策支持工作，累计申报政府政策支持项目20项，累计申报政策支持资金5430万元，政策支持资金全部到位。（徐成君）

【沈阳采油厂】 沈阳采油厂（以下称上市业务）隶属中国石油天然气股份有限公司辽河油田分公司，主要任务是组织沈阳油区的油气生产和经营，托管沈阳工程技术处（以下称未上市业务）。期末，用工总量4762人，其中工人3469人，干部1293人（高级技术人员117人）。机关设17个科室，直属单位16个，基层单位21个，其中直接从事油气生产单位8个。驻地位于辽宁省新民市兴隆堡镇，距沈阳市35千米，驻地占地面积134.90公顷，厂总占地面积1152.80公顷。上市业务资产原值223亿元，净值54亿元；大型联合站5座，轻烃站1座，在册设备12328台套；年末油井总数1840口，开井1414口；水井总数551口，开井407口；气井总数189口，开井15口；观察井57口。未上市业务资产原值3.3亿元，净值0.77亿元；在册设备925台套。

沈阳油区构造上位于辽河断陷北部的大民屯凹陷，探明石油地质储量37636.69万吨（含科尔康油田）。27个油藏投入开发，动用地质储量27607.58万吨。23个区块投入注水开发，注水地质储量26917.96万吨。综合递减率4.1%、自然递减率7.7%、含水上升率0.3%、油田阶段存水率0.19、阶段水驱指数1.71、储采比12.7。

2018年，上市业务原油产量计划91.5万吨，实际完成94.54万吨；原油商品量计划91.5万吨，实际完成94.54万吨；天然气产量计划5000万立方米，实际完成8300万立方米；天然气商品量计划600万立方米，实际完成4245万立方米；油气综合商品量计划91.98万吨，实际完成97.92万吨。未上市业务作业交井2218井次，比预算减少45井次；轻烃产品825吨，比预算减少2375吨。上市业务实现营业收入254321万元，比预算增加13293万元，增加13049万元；其中油气销售收入251775万元，比预算增加12847万元，增加12979万元。未上市业务实现收入34436万元，比预算减少406万元，增加333万元。上市业务基建投资计划16.08亿元，实际完成10.31亿元。未上市业务基建投资计划3045万元，实际完成480万元。上市业务上缴税费2.73亿元，未上市业务上缴税费0.56亿元。承担各类科技项目10项，经费投入906万元。获油田公司科技进步奖3项，国家专利授权6项。

油田开发。自然递减率、综合递减率分别下降0.6、1.1个百分点，含水上升率、地层压力保持稳定。加快产能建设步伐，投产新井114口、产油8.1万吨、平均单井生产时率211天。开展精细注水，实施水井措施及动态调配650井次、增油4.2万吨，水驱在老油田稳产中的支撑作用得到充分发挥。推进方式转换，实施调驱调剖井组33个、化学驱进入水驱试验阶段。深化剩余油分布研究，实施压裂、堵水等油井措施165井次、增油3.1万吨，措施贡献率得到提高。

经营管理。精细投资管理，坚持"简单实用"标准，细化项目论证，优化核减投资1.7亿元。强化成本管控，坚持属地预算和专业预算相结合，实现成本刚性受控。推进依法治企，强化市场、合同、物资、概预算、结算管理，开展内控、审计和效能监察。坚持技术节能与管理挖潜相结合，节电3260万千瓦时、节气280万立方米、节掺水95万立方米，创效4100万元。扩大"外转内"项目，实现资产挖潜1190万元。推进薪酬制度改革，坚持正向激励与反向约束并重，加大考核结果与奖金分配挂钩力度，严考核硬兑现，调动全员工作热情。

民生建设。实施矿区"绿

化、美化、亮化、净化、硬化”建设，历史遗留问题得到解决。矿区主干道维修改造、一条街集中整治复绿、属地违建拆除、公园设施升级改造、生鲜超市入驻矿区、数字电影播放。吨油成本下降87元；员工收入增长17%，高于辽河油田公司5个百分点。落实带薪休假、疗养、健康体检等福利待遇，保障员工合法权益。提案征集、民主恳谈会畅通员工诉求，拓宽民主管理渠道。精准帮扶，发放各类帮扶救助慰问资金243万元，减轻困难家庭经济压力。强化社会治安综合治理，矿区保持和谐稳定。

辽河油田服务中心。位于沈阳市皇姑区金沙江街5号。隶属未上市业务。1985年12月24日，辽河石油勘探局沈阳办事处（简称沈阳办事处）成立，隶属辽河石油勘探局，为处级单位。2015年11月12日，辽河油田公司机构编制管理委员会决定，撤销沈阳办事处。2017年5月，中国石油天然气集团公司批复，原沈阳办事处大楼由挂牌出售调整为留用出租，沈阳办事处宾馆于8月1日关门停业，资产和员工划归沈阳采油厂管理。划归前固定资产原值1553.24万元，净值878.06万元，员工48人。2017年8月1日，沈阳办事处更名为辽河油田服务中心，隶属沈阳工程技术处，为科级单位。2017年11月2日，沈阳办事处宾馆资质注销。2018年末，服务中心设机关部门4个，基层单位1个。员工48人，其中工人30人、干部18人，高级职称2人。固定资产原值1553.24万元，净值813.26万元。占地面积3900平方米，建筑面积4558平方米。

（孙金昌）

【中兴—沈阳商业大厦（集团）股份有限公司】 2018年，公司全面强化党的领导，不断深化企业改革，着力提质增效，狠抓营销管理创新，商品销售30.3亿元，上升4.0%；利润总额1.2亿元，上升5.5%；净资产收益率6.87%；上缴国家税金1.14亿元，上升32.2%；有员工1642人，人均劳动生产率（人均销售额）183.9万元。公司占地面积24493.6平方米，为商业批发零售用地。总建筑面积223956.88平方米，为商业零售、写字间楼宇，全部在用且使用状况良好。截至年末，资产总额21.7亿元，负债总额8.23亿元，净资产13.47亿元，资产负债率37.9%，无闲置资产和其他不良资产良。

全力打造核心能力，增强竞争优势。提升服务工作战略高度，制定下发服务品质提升工程实施方案，利用三年时间不断提升服务质量，最终形成中兴服务的品牌和符号，把服务打造成中兴新的核心竞争力。推进关键岗位市场化选任和契约化管理，对卖区经理岗位实行竞聘上岗，责权利相统一，实行卖区利润计划指标超额分成奖励办法，推动基层经营部门分配机制和分配方式改革。实施经营管理八大计划，采取多种方式唤醒会员3.03万人，招募新会员7.78万人，会员规模39.8万人，2018年会员消费18.54亿元，上升12.6%。打造美丽时尚中兴，247个品牌柜位全新升级，新引进74个，剥离124个，品牌年度调整率超过30%，时尚品牌数量达到530个。

优化营销管理，不断提升扩销能力。以“时尚中兴，品质传诚”为主题，创新视觉及商环设计，完善营销细节管理，合理把握营销节奏力度，将文化营销、价值营销、体验营销、场景营销相融合，强化线上线下互动，有效组织开展以会员节、服装节、扫货节为重点的促销活动32档。春季、秋季会员节分别实现销售1.26亿元、1.52亿元，增长9.72%、7.06%，两次刷新会员节日销和档期销售两项纪录。强化连锁超市营销能力，开展促销活动22档，在会员节、年中庆期间，门店销售实现同比200%—300%业绩增长。

优化部门职能，全面提升管理质量。根据公司发展需要，重新整合4个卖区，组建战略规划（投资发展）部等3个部门，划转两项业务职能，进一步强化卖区业务经营，明晰部室管理职能，提高执行力和组织穿透力。引进费用预算管理软件，提高管理效率，严控费用支出。出台《违规经营投资责任追究细则》等规章制度36项，修订流程管控24项，规范经营管理工作，堵塞管理漏洞，降低经营成本，有效防范经营风险，提高公司治理水平和运行质量。

推进实施总店升级改造项目，提升功能优势。企业投入自有资金1.2亿元，对7楼及方城8—10楼区域的功能业态及商业环境进行全面规划升级，拟引入韩国CGV高品质影院，升级儿童休闲娱乐及体验业态，打造社交时尚主题餐饮街区，加快推进公司太原街店向百货型购物中心转型发展。

持续推进连锁布局，稳步加快拓展步伐。考察调研周边城市商业项目，进行可行性研究和论证，寻求新的购物中心项

目合作机会。12月30日，丁香湖（Vlife）店整体正式开业，经营趋势向好，社区商业拓展迈出关键一步。与国际知名便利店连锁巨头进行洽谈和实地考察，并签订合作意向书，稳妥推进便利店项目进展。（陈志刚）

【沈阳日报报业集团】 2018年，沈报集团认真贯彻落实习近平新时代中国特色社会主义思想，按照市委宣传部提出的“两讲、两转、两改”要求，积极应对互联网对传统媒体的冲击，以“腾笼换鸟”“有加有减”“深耕细作”“多元布局”“政策兜底”等思路，深入开展管理提升年、项目推动年、献计献策年主题实践活动，创新开展新闻报道，大力推动媒体融合，积极探索多元经营，稳步推进改革创新，规范提升管理服务，从严落实党建责任，各方面工作都取得重要进展和成效。2018年，沈报集团获中国报业融合发展创新单位和改革开放四十年报业经营管理先进单位称号，运营推广沈阳国际马拉松赛事、树立王岩先进典型、创建“全媒体工作室”等工作为报业转型媒体融合发展奠定坚实基础。在市委的大力支持下，《沈阳日报》发行取得历史性突破，扭转连续多年持续下滑的局面，并实现增收。

做大做强主流媒体。集团各媒体特别是《沈阳日报》《沈阳晚报》《地铁第一时间》和沈阳网，围绕贯彻落实习近平新时代中国特色社会主义思想，十九届二中、三中全会精神，“改革开放40年”“沈阳解放70年”“优化营商环境”“三城联创”“三引三回”等重大主题，以《沈阳日报》为统领，发挥各自优势，推出一系列重大专题报道和策划，引导舆论、服务大局，充分发挥党报集团的主流媒体作用，有效巩固党的宣传舆论阵地。《沈阳日报》策划的《向人民报告》特刊入选2018中国报业转型十大务实案例，全国两会报道“奋进新时代”特刊得到中宣部新闻局领导表扬，《市委书记突击暗访，现场严厉问责》等民生报道，被人民网、新华网等数十家媒体转载。《沈报内参》得到市委、市政府主要领导批示。与市纪委、市委组织部、市营商局、市直机关工委联合推出《正风肃纪》《聚焦营商》《沈阳机关党建〈“第一书记”驻村手记〉》等专版专栏均取得满意效果。此外，郎朗钢琴节、宝马新厂开工、法库飞行大会、世界冬季市长大会、制博会、浑河之夏、APEC技展会等大型活动报道，得到各方好评。地铁报邀请著名小提琴家吕思清等开展快闪公益活动，首开全国地铁“快闪”先河，网上传播影响力广泛。沈阳网创卫随手拍、金点子征集和百城对春联等活动影响大效果好，《沈阳监委诞生记》等视频节目获市领导和广大受众点赞。

创建“全媒体工作室”新模式。根据“深耕区县（市），细作委办局”思路和基层实际需要，集团整合资源，推出“全媒体工作室”模式。2018年，“全媒体工作室”先后在沈北新区、市营商局、市纪委、大东区、皇姑区、团市委等挂牌，深入区县（市）和市直部门服务基层，尤其是驻市纪委“全媒体工作室”整合杂志、新媒体、微信、网站、专版报道，呈现全媒体报道形式，组建专业团队，撰写舆情报告，得到市纪委领导的高度评价。取得内部资源整合、新老媒体融合，人事制度和分配制度改革综合试点经验，为全面铺开这一工作模式和改革措施奠定基础。

一体化宣传格局初步形成。集团加大《沈阳日报》《沈阳晚报》整合力度，实现资源打通、稿件共享、考评互认。形成“策采编发一体化，报网端微一盘棋”宣传格局，特别是在“沈马”等大型活动报道中，融合效应凸显，全网触达量上亿次，实现立体化、全方位、多角度的城市宣传推介。此外，集团整合大数据平台资源，成立营商环境研究院，围绕全市重点工作，为市委决策献计出力。

将“办展办会办节办活动”贯穿全年。集团参与或主办的沈阳国际广告节、创意设计周论坛、郎朗国际钢琴节、“爱上沈阳”中国钢笔画邀请展、“百姓眼中大美沈阳”影展等活动，社会反响强烈，特别是集团开创媒体承办国际马拉松大型赛事先河，成功运推2018沈阳国际马拉松赛事，取得两个效益的双丰收。

跨界发展合作共赢成效明显。集团与沈抚新区共同组建沈抚新区文化传媒有限公司，构建“行政部门+党报党刊”的宣传新模式，以专业人做专业事，让新闻人也能吃市场饭。集团与人民网、新华网和东北大学、辽宁大学等开展战略及项目合作，推进集团转型创新发展。

立足党媒开展公益活动。2018年，沈阳网策划的“闪亮书包”公益活动和特色农产品销售平台获中央网信办网络公益项目

12月，沈报集团编辑出版《沈阳日报七十年》（沈报集团供）

年度大奖。沈阳日报童声合唱团帮助甘肃临夏黄河三峡合唱团来沈参加公益培训，事迹登上《人民日报》。

做好王岩先进事迹宣讲。集团与市委宣传部、市委组织部、市直机关工委等联合组建了宣讲报告团并开展全市巡讲，《沈阳日报》贾咏以王岩先进事迹为题材的“好记者讲好故事”巡回讲演在全市、全省乃至全国形成广泛影响。

纪念沈阳日报创刊70周年。为纪念沈阳日报创刊70周年，报社领导和记者拜访《工人报》首任总编辑宋平，解开报史谜团，完成沈报人多年夙愿。编印的《沈阳日报七十年》（书名由宋平题写）、《万泉散文随笔集》、《黑枷评报》三册图书，填补报史空白。报社还推出百版特刊，举办报史展。（孔令华）

【沈阳广播电视台】 2018年，沈阳广播电视台拉开格局，打开视野，深化改革，开放办台。8月，沈阳广播电视台台被纳入市政府直属事业单位，归口市委宣传部领导，实行企业化管理。播出3个电视频道、4个广播频率，内设部门30个，直属集团公司1个。在职人员1435人，包括：事业编512人，协议制103人，派遣制673人，集团公司制147人。经营收入2.97亿元。在省级以上评奖中有59件作品获奖，其中获省级一等奖13件，新闻专题片《今晚观察：真假干部》获第28届中国新闻奖电视专题作品二等奖。

宣传立体发力。围绕市委、市政府中心工作，推出《万人进万企》等各类专栏35个、系列（专题）报道50余组，播发相关稿件3500余篇。主办“2018沈阳世界微笑日”主题活动，以广电媒体实践塑造城市IP，联合国秘书长古特雷斯发来贺信，为沈阳点赞。策划实施“沈阳荣耀——北京八分钟”、浑南高品质公共服务新展区和“新春走基层”全媒体宣传、“你好，快递小哥！”媒体体验行动，全媒矩阵联动发力，实现立体传播，讲好沈阳故事、传播好沈阳声音。

加快媒体融合。组建全媒体新闻中心筹备组，重组内部架构，媒体转型融合发展步伐坚定。集中优势资源，以“三好街89号”、“青年大街304巷”——最美桃花巷和“沈阳广电全媒头条”为内容IP，竭力打造融媒体传播的爆款产品，将上线官方APP“在沈阳”打造为媒体融合的现象级产品。

坚持创新创优。新上线播出《最美沈阳人》等10档广播电视节目，淘汰收视收听率低迷的7档节目。承办中广联第29届城市台电视新闻节目创优评析会，与业界权威和兄弟台就提升节目品质进行互动交流。

强化科技创新。与沈阳新松机器人合作，研制“艺卡”智能移动拍摄系统。在全国城市台中率先启动4K超高清项目建设，制作第一部4K城市宣传片，参与第六届“4K HDR杯”大赛，明晰了发展路径、实际应用和远景规划。AR/VR制播平台项目、大数据和智能检索平台项目，被列为“国家新闻出版广播电视重点项目库”入库项目。

创新营销模式。电视广告主动调整收入结构，市农委“十大农业品牌”宣传、康平卧龙湖冬捕节推广、比亚迪新车地区上市发布等全案策划执行，研发出政府项目和品牌广告的新宣推模式，为客户量身定制上百场活动，守住经营底盘。广播广告创新推出“管家式”服务举措，各频率创优创收并驾齐驱，提前34天完成全年经营指标。

谋求多元发展。深入探索“广电+产业”发展模式，“广电+商贸”将年货大集进一步平台化，形成商贸新模式；“广电+教育”试水少儿培训产业，打造少儿节目播出带；“广电+演艺”推出多种形态视听盛宴，引领沈阳演艺市场；“广电+旅游”成功打造首个定制线路——“非凡欧洲”，形成远近混搭的旅游IP。与相关银行签订战略合作协议，推进银企直联进程。吸纳优良资产，《诗潮》《芒种》转隶沈阳广播电视台。

坚持开放办台。先后与深圳广播电影电视集团、北京广播电视台、南京广播电视集团、重庆广电集团（总台）结成“媒体合伙人”；与上市企业沈阳新松机器人公司结成“同城合伙人”；

与新媒体平台今日头条、一点资讯以及康平县结成战略合作伙伴，义利相兼、谋求共赢，聚合社会资源，共享发展机遇。

（陈 萍）

【沈阳出版发行集团有限公司】 2018年，集团经营收入5.51亿元，增长 12.09%。主营业务利润829万元，增长870万元。职工年人均收入6.69万元，增长7%。上缴税金953万元。全集团从业人员795人。出版图书1397种。其中，新书913种，再版484种，付印码洋1.95亿元，增长50%。《全景九一八》《沈阳北大营历史研究》《中华鼓曲精选集》获国家出版基金144万元。《在刺刀和藩篱下》获全国城市社优秀图书一等奖、全国书籍设计艺术展铜奖，国宝级项目手稿本《聊斋志异》开启馆藏珍品社会化新方式，《姚雪垠读史创作卡片全集》填补国内文学空白，《沈阳抗战故事集》入选“十三五”国家重点出版项目，被市委宣传部列为中小学生推荐图书；《精神财富力量》获辽宁省“五个一”工程奖。《黄冈名师》《培优语文阅读素养》等本版图书效益突出，《榜眼课堂》完成开发测试和平台上线，《盛京赋》等本地系列IP、有声读物项目在有效推进。档案数字化项目继续拓展覆盖城市和业务内容，连续两年实现200万元增幅。保密数码中心创新性开启驻场服务模式，实施跨项目业务联动，产值首超300万元。市委印刷厂和市政府机关印刷厂完成转企改制。出版集团完成事业单位转企改制，整合两家印刷厂成立沈阳机要印务有限公司。

11月，沈阳出版集团国宝级项目手稿本《聊斋志异》出版（沈阳出版集团供）

在发行体系建设上，打造出红色文化系列、传统文化系列、地域文化系列、生活文化系列、亲子教育系列、老年大学等活动基地和文化品牌。举办830场文化活动，客流570万人次，日均1.6万人次。玖伍文化城成为广大市民的阅读基地、党建教育的传播基地、传统文化的弘扬基地、家风家教的教育基地、青少年社会实践基地，并被评为国家级AAA旅游景区，成为国内同行转型升级的样板和沈阳的文化名片。获年度超级书店、2018年出版业十大营销案例、辽宁省旅游景区行业“金琥珀”奖最具人气景区、辽宁省最美书店等荣誉。

在发挥全民阅读基地作用上，市新华书店16家门店举办各类文化活动1000余场。“沈阳晚八点”“小小红色讲堂”“新华新媒体营销”等文化活动品牌和应急救护培训、阅动培训等多元化经营项目，创下销售和客流高峰。第十届沈阳全民读书季系列主题书展、纪念中国改革开放40年和沈阳解放70年特色主题书展、马路湾书店和中街书店70年大庆等重要营销事件，获社会认可和业内广泛关注。皇姑书店被评为全国优秀书店，马路湾书店、中街书店被中国出版传媒商报社评为2017—2018年度全国书业非书品经营优秀基层店，中街书店和青少主题书店获评辽宁省第三届“最美书店”。（孙东辉）

【东北大学】 东北大学始建于1923年4月26日，是国家首批“211工程”和“985工程”重点建设的高校，2017年9月，经国务院批准，进入一流大学建设行列。截至2018年末，学校占地总面积254万平方米，建筑面积180万平方米。学校有教职工4472人，其中专任教师2688人。有中国科学院和中国工程院院士4人，海外院士4人。国家自然科学基金创新群体4个，教育部创新团队3个。学校设有100余个研究机构，其中国家重点实验室2个，国家工程（技术）研究中心4个，国家工程实验室3个。设有国家级协同创新中心2个，辽宁省协同创新中心3个。全日制在校生4.6万余人，其中本科生29931人，硕士研究生12166人，博士研究生3986人。12月，东北大学党委入选“全国党建示范高校”培育创建单位名单，信息科学与工程学院党委入选“全国党建工作标杆院系”培育创建单位名单，冶金学院有色金属冶金系党支部、资源与土木工程学院深部金属矿山安全开采教育部重点实验室党支部入选“全国党建工作样板支部”培育创建单位名单。

人才培养。东北大学实施“三全育人”（全员育人、全程育人、全方位育人）综合改革，学校获批教育部“三全育人”综合改革试点高校。学校全面落实新时代全国高校本科教育会议精神，实施《本科卓越教育行动计划》，出台《东北大学一流本科教育建设实施方案》。实行学期制改革，由两学期制调整为春、

夏、秋三学期制。建设精品骨干专业5个。开设暑期国际课程28门。重构通识教育课程体系，推出通识选修课程96门。获国家级教学成果奖2项；获国家级在线开放课程18门，位居全国第4位；获国家级虚拟仿真实验项目2项，教育部首批新工科研究与实践项目4项。实施研究生“优质生源工程”，全面推行一级学科招生与培养，实行博士生申请考核制。新增5个博士学位授权点和2个硕士学位授权点。加强产学融合育人，建立东大——华晨宝马、东大——东软集团2个高水平示范性联合培养博士生平台，培育鞍钢集团等26个示范性硕士生联合培养基地。生源质量创新高，各省理工类投档线高于一本线差平均值达110分以上，16个省市录取位次上升；文史类招生的19个省市中有14个省市的录取位次有所提升。年度新开发用人单位320余家，本科生和研究生就业率均在95%以上。建立创新创业、第二课堂等活动转换学分机制。推动本科生科研训练体系全面优化升级，建立“课程化培训、基地化实践、项目化运作、团队化引领”大学生科技竞赛育人模式，学生申请专利88项，发表论文166篇，获各类竞赛国内外奖励214项，在2014—2018年中国高校创新人才培养暨学科竞赛评估中排名第9位，获奖数量位居全国首位。2018年，学校获评全国创新创业典型经验高校。

学科建设。东北大学工程学学科论文被引频次25798，排名全球第132位，首次进入国际ESI（基本科学指标数据库）排名前1‰。上海软科发布的世界一流学科排名，学校有13个学科上榜，其中冶金工程、控制科学与工程、矿业工程和仪器科学4个学科进入世界前50。学校面向新一代信息产业、人工智能和机器人、生命健康等领域培育新的学科增长点，申请增设“智能科学与技术”一级学科，推进人工智能学科布局及建设，成立“工业人工智能与大数据科学中心”；推进与沈阳军区总医院合作，探索构建医学与生命科学领域协同创新与育人的新平台，新工科、新医科建设取得实质性进展。

队伍建设。东北大学引进和培养国家“万人计划”入选者等国家级高水平人才6人、“长江学者奖励计划”青年学者等国家级优秀青年人才6人、优秀青年学术骨干36人。通过准聘制补充优秀中青年教师32人。

科学研究。2018年，东北大学深化科研体制改革和机制创新，成立东北大学科学技术研究院。学校科技成果转化模式作为典型经验入选国家发改委全面创新改革试验百佳案例。学校实施重大项目、人才和基地培育计划，组建工业人工智能与大数据科学中心；以流程工业综合自动化实验室为基础，筹建“一带一路”国际联合实验室，进入首批52个建设实验室候选名单。学校到校科研经费总量增长1.4亿元，获批国家重点研发计划项目级2项，国家自然科学基金重大科研仪器项目1项。国防科研经费实现增长翻番。新增国家地方联合工程研究中心1个，教育部重点实验室2个，省级重点实验室5个；获各类科技奖励40项，以第一完成单位获省部级一等奖8项；发表SCI（基本科学指标数据库）论文1866篇。

社会服务。学校先后建立东北大学（中德园）新材料产业技术研究院、南宁先进铝加工创新中心、东大潍坊先进陶瓷研究院、东大南京先进物联网技术研究院等一批校地、校企合作创新基地。学校横向科研年度签约合同额8.26亿元，比上年增长97.59%。学校进一步构建全面开放发展格局，与江阴市签订共建江阴金属材料创新研究院协议，与佛山市签署全面战略合作框架协议，共同打造研究生培养与产学研协同创新平台，促进产学研深度融合。推进东北振兴研究院高端智库建设，举办“东北亚经济合作与东北振兴进程”论坛。

（庞金刚　杨明）

【辽宁大学】 截至年末，辽宁大学占地面积2190亩（146公顷），校舍建筑面积65.4万平方米，是国家“211工程”重点建设院校和世界一流学科建设高校。学校设有27个学院，本科专业72个；一级学科硕士学位授权点27个，设有MBA（工商管理硕士）、JM（法律硕士）、MPA（公共管理硕士）、MF（金融硕士）、ME（工程硕士）、MFA（艺术硕士）等专业硕士学位授权点26个；学校有理论经济学、应用经济学、工商管理、中国语言文学、哲学、法学、化学、统计学、中国史、物理学、环境科学与工程和马克思主义理论12个一级学科博士学位授权点，有8个博士后流动站；有世界经济、国民经济学和金融学3个国家重点学科；应用经济学入选世界一流学科建设行列，理论经济学、应用经济学、法学、工商管理、马克思主义理论、统计学6个一级学科入选辽宁省一流学科建设行列；

设有国家经济学基础人才培养基地、高校辅导员培训与研修基地、教育部人文社会科学重点研究基地——转型国家经济政治研究中心、4个教育部国别和区域研究中心。学校专任教师1330人，其中教授298人、副教授50137人，博士生导师167人，长江学者特聘教授3人，双聘院士1人，国家高层次人才特殊支持计划（万人计划）4人，辽宁省攀登学者6人，辽宁省特聘教授18人；学校有享受国务院政府特殊津贴专家128人。全日制在校学生近2.5万余人，其中本科生1.7万人，研究生7000余人，各类留学生1800余人。学校有2个国家级实验教学示范中心、6个辽宁省普通高等学校人文社科重点研究基地、9个省级重点实验室、5个省级工程技术研究中心、3个省级工程实验室、9个省级实验教学示范中心、9个省级大学生校外实践教育基地、1个省级大学生创新创业实践教育基地、1个大学生创业项目选育基地、1个大学生创业项目孵化示范基地、3个辽宁经济社会发展研究基地、1个辽宁区域发展战略研究基地、3个辽宁省协同创新中心。有各类实验教学中心（室）39个，实习基地208个，教学科研仪器设备总值27413.97万元。公共服务体系建设较为完善，图书馆总面积4.2万平方米，馆藏文献476万册（件），其中古籍善书本300余种，是国务院批准的“全国古籍重点保护单位”，是联合国出版署制定的联合国文件托存图书馆。学校设有历史博物馆、自然博物馆，珍藏2000余件文物和1.6万多号生物标本。校园网是中国教育和科研网的组成部分，成为沈阳北部大学区域节点。年内，学校学生获大学生竞赛省级以上奖项320项，大创计划省级以上项目125项。2018届毕业生初次就业率为92.76%，年终就业率为96.24%。1月，辽宁大学获第一届辽宁省文明校园称号。1月13日，辽宁大学文学院教授乌丙安获“中国文联终身成就民间文艺家”称号。

9月15日，东北大学建校95周年庆祝大会暨一流大学建设高峰论坛　（东北大学供）

人才建设。入选2017年度教育部“长江学者奖励计划”特聘教授1人，引进教育部新世纪人才1人、国家重大项目首席专家1人、国家艺术基金重大项目首席专家1人。引进教育学领域高层次人才团队2人，引进国内优秀博士近80人。柔性引进原中国艺术研究院副院长1人、中国社会科学院哲学研究所研究员1人。赴美国经济学年会开展人才招聘，签订海外优秀人才4人。入选省优秀专家5人、省百千万人才19人、“兴辽英才计划”21人。1个教师团队获评全国高校黄大年式教师团队，1名教师获评省级教学名师。

专业建设。新增专业1个，完成6个省级转型试点专业总结验收。获批2018年国家级教学成果奖二等奖1项、省级教学成果奖22项，省级教学改革立项项目36项，省级实验教学示范中心2个，省级大学生实践基地2个，辽宁省首批一流本科教育示范专业7个，省级创新创业教育改革试点专业2个，省级本科课程体系国际化试点专业1个，新增专业学士学位授予权2个。获批辽宁省专业学位研究生联合培养示范基地2个，辽宁省研究生创新中心2个。亚澳商学院通过教育部2018年中外合作办学评估。

学科建设。召开学科建设工作暨振兴奖表彰大会，总结学科建设取得成绩和存在问题，明确今后一个时期的工作思路和主要任务。加强世界一流学科建设顶层设计，推动以目标管理和绩效管理为核心的世界一流学科建设管理体制创新，建立工作联席会议制度，签订目标任务书，成立世界一流学科建设高校建设办公室和应用经济学一流学科建设办公室，设置2个副处级岗位，扎实推进世界一流学科建设。在2017年度辽宁省高等学校一流学科建设项目绩效考核中，应用经济学和法学学科被评为优秀。

科学研究。召开科研大会，全面梳理学校过去五年的科研工作情况，表彰在科研工作中表现

突出的优秀科研工作者和优秀科研管理工作者，并对未来三年的科研工作进行部署，提出具体要求。学校获批社科类项目立项275项，立项经费1627.8万元；签订科技项目合同121项，引进经费2684.4万元。获批国家社科基金立项29项，立项数量和资助金额实现历史性突破，其中重大项目4项，居全国第19位，年度项目23项，居省内高校首位。国家自然基金项目17项。获第六届省哲学社会科学成果奖58项，其中一等奖13项，占全省45%，获奖总数位列全省第1。

国际化进程。与澳大利亚阿德莱德大学、美国罗格斯大学签订合作协议，与罗格斯大学肯顿商学院建立学生交流项目，选派教师赴剑桥大学开展国际合作课题研究，课题团队发表SSCI（社会科学引文索引）国际期刊2篇。1个实践教育基地入选2018年度辽宁省唯一海外实践教育基地。

社会服务。成立社会服务工作办公室和咨政工作办公室，与省委财经委员会办公室和省政府研究室开展战略合作。加强新型高端智库建设，3个平台入选中国智库索引，2个平台获评辽宁省高等学校新型智库，3个平台入选辽宁省首批省级重点新型智库。31篇咨政、研究报告类成果获国家、省级领导批示及部门采纳。发挥人大代表智库作用，提出议案建议素材51项。成立辽宁大学（丹东）城市研究院，新增研究院5个、校企研究院3个、人文社科类平台4个。选派24名干部教师深入基层扶贫，与扶贫点成立开发中心3个。

社会影响。召开建校70周年纪念大会，举办“辉煌与梦想”文艺晚会，完成新校史馆扩建工作。以建校70周年为契机，召开系列高端论坛和会议，出版《辽大故事》1000套，制作校庆宣传片，编辑出版《辽宁大学报》《辽宁大学学报》校庆专刊，访谈知名校友 22位，拍摄制作校园歌曲《路》。学校在QS教育集团2019年中国大陆大学排名中位列第97位，在QS教育集团2019金砖国家大学排名中居内地高校第94位。（刘蕙 马心竹）

【中国医科大学】 截至年末，中国医科大学总占地面积152.02万平方米，建筑面积76.38万平方米。学校设有35个院、系、部，6个学科门类拥有学位授予权，7个学科具有一级学科博士学位授予权，设有博士学位授权学科（专业）69个，硕士学位授权学科（专业）74个。国家重点学科5个，国家重点（培育）学科1个，国家临床重点专科建设项目40个，辽宁省高等学校一流学科A类7个，博士后流动站7个，本科专业21个。学校在编教职工8946人。全校（含附属医院）各类专业技术人员占职工总数的87.53%，全校教授级773人，副教授级1055人，研究生指导教师1505人，其中博士生指导教师456人。学校全日制在校生16366人，其中博士生1217人，硕士生（含七年制）4675人，普通本科生9265人，预科生23人，外国留学生和港澳台学生1186人。在站博士后227人，其中1人入选国家博士后创新人才支持计划，1人入选博士后国际交流计划。中国工程院院士1人，全国杰出专业技术人才1人，高等学校国家级教学名师1人，国家高层次人才特殊支持计划（“万人计划”）领军人才2人、教学名师1人、青年拔尖人才人选1人，国家海外高层次人才引进计划（“千人计划”）青年项目专家2人，教育部“长江学者奖励计划”特聘教授3人、讲座教授1人，国家自然科学基金委杰出青年科学基金项目获得者1人，“百千万人才工程”国家级人选8人，教育部“长江学者和创新团队发展计划”团队3个，创新人才推进计划中青年科技创新领军人才人选1人、重点领域创新团队1个，国家卫生健康委有突出贡献的中青年专家17人，在职的国务院特殊津贴获得者49人。中国医科大学申报的《口腔医学国际学生全日制博、硕士研究生学历培养项目》获批高校研究生奖学金项目，《“一带一路”高端临床医学人才硕士学位教育项目》获批“丝绸之路”奖学金项目。9月，中国医科大学与中国科学院沈阳分院签署全面战略合作协议，并获批教育部创新人才培养示范基地。

科技平台建设。学校新增17项国家级和省级科研平台，其中第一临床学院教授尚红牵头的医学检验国家临床医学研究中心（已公示），是东北地区首个国家临床医学研究中心；第一临床学院教授高兴华牵头的免疫性皮肤病诊治技术国家地方联合工程研究中心（已公示），成为学校首个国家级工程研究中心。

教育教学质量。学校第一临床学院获批国家临床教学培训示范中心，2门课程获评国家精品在线开放课程，2个项目获批国家级示范性虚拟仿真实验教学项目。2018届毕业生初次就业率95.14%，年终就业率96.09%，在辽就业率71.87%。在2018年“武

书连全国大学本科毕业生就业质量和升学率排行榜”中，学校毕业生就业质量和升学率分列全国高校第35位和第26位，在独立设置医学院校中均排名第1位。

教学成果。学校获2018年辽宁省普通高等教育本科教学成果奖一等奖5项，2018年辽宁省普通高等教育研究生教学成果奖一等奖2项。其中，教授闻德亮主持的《全球视野下创新医学教育理念，推动本科医学人才培养综合改革的研究与实践》项目获国家级教学成果奖二等奖。

科技成果。学校获各级各类科学技术奖17项，其中国家科技进步奖二等奖1项，教育部高等学校科学研究优秀成果奖一等奖1项，教育部高等学校科学研究优秀成果奖二等奖1项，中华医学科技奖三等奖2项。

学科建设。2月，辽宁省教育厅发布的《辽宁省教育厅关于公布辽宁省高等学校一流学科建设项目动态调整结果的通知》，中国医科大学生物学、基础医学、临床医学、口腔医学、公共卫生与预防医学、药学、护理学7个一级学科全部入选为辽宁省高等学校一流学科A类。

竞赛活动。5月12—13日，在大连医科大学举办的第九届全国高等医学院校大学生临床技能竞赛总决赛中，中国医科大学代表队取得竞赛第四名，连续两届荣获竞赛团体一等奖。（张 萱）

【中国刑事警察学院】 中国刑事警察学院是公安部直属本科高等院校。2018年，公安部党委决定，将公安部警犬技术学校（沈阳警犬基地）正式并入学院。学院设有3个一级学科，2个二级学科和4个专业硕士学位授权点。设有13个本科专业，涵盖公安主要业务领域。有国家级特色专业3个，省级示范（特色）专业3个。学院承担公安部下达计划的刑事侦查、刑事科学技术骨干人才培训班，以及军队保卫部门、全国各省市公安机关、检察院、法院委托举办的各类岗位培训班。年均培训在职民警6000余人次。有在校本科生5020人，研究生686人。有教职工705人，其中正高职称93人、副高职称187人，专任教师中有121人具有博士学位。教师队伍中享受政府特殊津贴的专家2人，享受公安部级津贴的专家12人，教育部新世纪人才支持1人，公安部特聘刑侦专家1人，全国公安科技先进个人4人，省部级教学名师9人，辽宁省优秀专家2人，全国公安机关刑事技术特长专家13人，全国公安教育系统优秀教师11人。有公安部重点实验室2个、辽宁省重点实验室1个、辽宁省省级高校重点实验室1个、辽宁省高校示范实训基地1个、沈阳市重点实验室1个。牵头组建的“辽宁网络安全执法协同创新中心”是公安院校首个省部级协同创新中心。学院先后与美国、英国、德国、俄罗斯等24个国家及地区的40个高等学校和警察机构建立友好合作关系。截至年末，举办外警培训项目106个，为101个国家培训2318名警务人才，学员遍布亚洲、非洲、拉丁美洲、欧洲。学院外警培训总量在全国公安院校中高居首位，占比15%。学院有3个校区，占地面积约775亩（51.67公顷），是辽宁省花园式单位。设有图书馆、射击场、力量训练馆、侦查实训中心、模拟指挥中心等场馆，拥有国内一流的各种专业实验室。

教育教学。2018年，学院正式接受教育部本科教学工作审核评估。教育部专家一致认为学院办学定位准确，人才培养目标明确；学院高度重视审核评估，本科教育基础地位突出；教师队伍政治立场坚定，教书育人水平较高；学风建设措施得力，人才培养质量把关严格。同时，为学院提出改进本科教学工作的具体建议。在“迎评促建”期间，学院召开本科教学工作会议，总结近年来推进本科教学工作取得的成绩，印发《关于加强和改进本科教育 全面提高人才培养能力》的“28条意见”。学院确定为2018—2022年教育部高等学校公安技术类专业教学指导委员会主任委员单位。学院代表队获第九届中国大学生物理学术竞赛东北赛区特等奖、全国赛二等奖；在全国公安院校大学生科技应用创新大赛中夺得三金一银；在第四届CUBA中国大学生篮球联赛（阳光组）总决赛中成功卫冕。

学科建设。公安技术一级学科正式入选辽宁省一流A类学科建设项目，是学院学科建设方面取得的重要标志性成果。注重加强学科顶层设计，在法学一级学科下增设2个二级学科，整合和调整公安学一级学科下设的研究方向。成立学科组，配齐学科负责人，优化学科团队，开展学科点自我评估、自我建设和学位授权点合格评估专家评审工作。

学生管理。学院切实把“立德树人、育警铸魂”作为学管工作生命线，不断提升学生的忠诚意识和忠诚品格。选派师生参加国家重大活动安保工作，出色地完成任务。学院招生工作再创佳绩，招生计划从2017年1300

人扩大到2018年1500人，计划完成率从95%提高到99%，农村贫困专项计划完成率从73%提高到94%。在“全国公安院校招生暨警务化管理工作”视频会议上，学院代表公安部直属公安院校做典型发言。

科研创新。学院坚持以服务国家重大战略为导向，瞄准公共安全领域的重大需求，协调推进项目申报、成果评选和平台建设。获批各类科研立项67项，获批经费9300余万元。作为牵头单位承担2个国家重点研发计划项目及多项子课题，项目级别、立项数量、课题经费均实现历史性突破。此外，学院获批国家自然基金3项、国家社科基金1项。在“公安部科学技术进步奖”评选中，学院成果获二等奖1项，三等奖1项。组建“法庭科学实验室”并成功获批辽宁省重点实验室，学院省部级重点实验室数量达到4个。学院“新时代犯罪治理研究中心”获批辽宁省高等学校新型智库，得到辽宁省教育厅的重点培育和大力支持。

民警培训。重点在提高培训层次、扩大品牌效应上下功夫，举办各类培训班85期，培训学员5303人，完成公安部调训“新疆和兵团公安机关警务实战教官教学能力提升培训班”“公安部新警培训班”“公安部第120期一级警督晋升三级警监警衔培训班”等高层次培训任务。在培训工作中，校内教师280人次为参训民警授课，占比77%，一支在高层次警务人才培养中站得住台、讲得好课、有影响力的校内教师队伍日渐成熟。

外警培训。开展涉外培训项目31期，培训951人，其中外警培训25项，获批经费1929.41万元，培训国家数、学员数、获批经费数同比增长17%、18%、64%。外警培训总量在全国公安院校中高居首位，占比15%。成功获批中国政府国际执法合作人才奖学金项目承办单位，14名留学生已在校学习。

校园建设。信息化建设大踏步迈进，先后完成人事、研究生、学生等管理应用系统开发与综合服务平台集成，实现业务数据共享。塔湾校区3座新建筑建设有序推进，看台及射击中心顺利封顶，警务训练中心主体完成7层，刑事技术培训中心主体完成4层。蒲河校区迁建工程一期工程5座建筑全部封顶，二期工程顺利开工。改扩建配套工程施工成效显著，新建各类地下管线逾万米，新建地下生活水池1000立方米。着力推进食堂社会化改革。按照校园建设整体规划，打造校园绿色景观，校园周边环境得到全面清理整治。（郝佳）

【沈阳大学】 2018年，沈阳大学占地面积52.8万平方米，建筑面积50.2万平方米，图书馆藏书168.6万册，电子图书51.7万册，教学科研仪器设备总值2.31亿元。学校有教职工2132人，其中专任教师1195人；副教授以上教师752人；博士生导师12人，硕士生导师391人；长江学者1人；国务院政府特殊津贴专家4人；省攀登学者1人、优秀专家2人、“百千万人才工程”百层次7人，省高等学校创新团队7个、优秀人才支持计划35人，省级高等学校本科教学名师13人。在校学生总数17026人，其中全日制本科在校生14368人，硕士研究生756人，博士研究生21人，留学生524人（40个国家）；招生总数4071人，其中全日制本科生3785人，硕士研究生279人，博士研究生21人，留学生206人（34个国家）；毕业生总数4322人，其中全日制本科毕业生4092人，各类研究生毕业生230人。拥有经、法、教、文、史、理、工、农、管、艺10个学科门类，博士后科研工作站1个，服务国家特殊需求博士人才培养项目1个，一级学科硕士学位授权点10个，硕士专业学位授权类别（领域）13个。设有20个教学院，开设本科专业66个，其中国家特色专业建设点1个，省级优势特色专业、本科示范性专业、重点建设专业等12个，市级重点建设专业15个。拥有国家级工程实践教育中心1个，省级实验教学示范中心、虚拟仿真实验教学中心4个，省级大学生校外实践教育基地、大学生创业孵化示范基地4个。有省级优秀教学团队8支。拥有教育部重点实验室1个，辽宁省高等学校重大科技平台1个，辽宁省重点实验室6个，辽宁省工程技术研究中心2个，辽宁省工程实验室1个，辽宁省经济社会发展研究基地2个，辽宁省教育科学规划重点研究基地2个。学校是教育部卓越工程师培养计划高校，辽宁省首批转型发展试点高校、首批深化创新创业教育改革示范高校，辽宁省电商产业校企联盟理事长单位。

概括凝练新时代“沈大精神”。为凝聚师生爱校荣校兴校的共同价值追求，激发学校发展的内生动力，学校提出新时代“沈大精神”：爱国明志、勤奋自强、创新超越、务实担当。新时代“沈大精神”将国家与个人、内在与外在、变革与竞争、责任与笃行进行有机统一。

优化师资队伍结构。创新实施高层次人才引进，柔性引进特聘教授20名，其中长江学者8名，国务院学位委员会学科评议组成员1人，国家万人计划人才4人，国家青年千人计划人才1人，新世纪百千万人才工程国家级人选2人，国家杰青4人。推进博士人才引进工作，先后分5个批次引进博士59人，专任教师的博士比例提升到近24%。

加强学科建设。环境科学与工程学科入选辽宁省一流学科建设项目，撤销2个一级学科硕士学位授权点，新增1个硕士专业学位授权点；确立生物学、材料科学与工程等5个校级重点建设学科。做好博士项目验收和硕士点评估。2018年，学校获辽宁省学位与研究生教育工作先进单位称号。

提升人才培养质量。预警、撤销、停招20个专业，新增4个市重点建设专业。推动师范类本科专业评估，加快建设高水平师范本科教育。获省教学成果奖13项，获批省级教学平台4个，1个项目入选教育部“新工科”综合改革类项目，获批国家和省级大学生创新创业项目66项。与华府·青创空间共建“青创菁英班”，与华为技术有限公司等企业深入合作共建专业及企业工作室。“讯方ICT创新人才培养基地”入选2018年教育部产学合作协同育人项目20个优秀案例。创业实训基地获评市级“众创空间”和“沈阳市先进创业孵化基地”。学生武林获“沈阳市创业明星”称号，毕业生王雪婷获“中国大学生自强之星”提名奖。

推进高端科技合作。成立科技创新研究院和人文社科研究院，与沈阳材料科学国家研究中心和沈阳市第四人民医院、沈阳消防研究所开展合作，打造科技创新高端载体和医工结合创新平台。获批国家自科基金3项、社科基金1项，博士后科学基金面上项目3项，科研全口径进款额2936万元，《沈阳大学学报（自然科学版）》被中国科技论文统计源期刊目录收录为核心期刊。《创新我市城乡治理建设幸福沈阳的对策建议》和《关于扎实推进我市高品质公共服务中心建设的对策建议》得到姜有为等市领导的批示。

抓好招生就业管理。2018年学校在多数省份的录取分数和位次均有提升，在辽宁省理工类控制线位次提前4063名，文史类提前626名，中外合作办学项目专业投档线位次提前3360名。先后组织各类招聘会264场。2018届本科毕业生初次就业率达到90.89%。

拓展开放办学格局。探索开放办学新路，先后有38个团组来访，互派交换生22人，组织9场国际学术报告会，与莫斯科国立大学签署友好协议，在更高层次拓展学校国际合作办学格局。加强教师进修培训，选派11个团组64名教师赴国外进行交流学习。获评全省来华留学工作示范建设高校。

提升服务保障水平。完成运动场、学生公寓、师范学院教学楼等7项重点维修改造工程，完成66万平方米的校区保洁绿化，改善师生的工作学习生活条件。推进信息化建设，网络办公系统联入统一数据平台，30项行政事务实现网上和移动端处理。成立“引校友回沈阳”领导小组，召开宣传推介活动52批次。完成各类审计项目216项，审减金额187.02万元。启动国有资产清查工作，对全校53个部门进行全面资产核查。市财政专项资金投入7270万元。成立师生服务中心，有230余项事项集中到办事大厅进行“一站式”办理，全面提升为师生服务的水平。自然博物馆被授予“沈阳市青少年教育实践基地”称号。（李华章）

【沈阳医学院】 2018年，沈阳医学院有教职工及医护人员4437人，其中正高级职称253人、副高级职称619人。有教育部“长江学者”特聘教授、中科院“百人计划”国外引进杰出人才、“新世纪百千万人才工程”国家级人选各1人，省特聘教授4人，省市优秀专家14人，省教学名师10人，省优秀教学团队4个。全日制在校生10920人，其中硕士研究生166人，本科生7269人，专科生2162人，留学生1323人。开设本科专业18个，预防医学专业为国家特色专业；临床医学专业为辽宁省向应用型转变示范专业，临床医学、预防医学和护理学专业为辽宁省特色专业；康复治疗学等6个专业为沈阳市重点建设专业。

沈阳医学院顺利完成本科教学工作审核评估，获得评估专家组高度肯定。顺利通过临床医学专业硕士学位授权点合格评估，临床医学专业研究生首次执业医师考试通过率连续三年达100%。基础医学、公共卫生与预防医学学术学位授权点和临床医学专业硕士学位授权点全部通过国家学位办评估。新增临床专业硕士招生领域，全科医学、麻醉学、医学影像与核医学、皮肤病与性病学4个专业开始招生。新增助产学本科专业。增设精神医学、

儿科医学、助产学等社会急缺辅修专业。麻醉学、医学检验技术专业被评为沈阳市属高校重点建设专业。学院不断提升人才培养质量，执业医师考试通过率稳步上升，临床医学专业执业医师考试通过率75.79%，首次超过全国医师资格考试通过率；口腔医学专业执业医师考试通过率达86.54%，高于全国通过率6个百分点。学院获7项国家自然科学基金项目，获纵向经费224.4万元，中标国家“重大新药创制”科技重大专项子课题1项。学院“过敏性疾病过敏原致病机制研究实验室”获批辽宁省重点实验室。学院打造“留学沈医”品牌，在“2018年中国最好大学排名榜”中，学院国际化排名为全国第6位。附属中心医院设立东三省首家“骨伤愈合PRP合作中心”。附属第二医院获评首批国家级胸痛中心、市心血管病专业质控中心、国家心血管病中心高血压专病医联体沈阳市分中心；呼吸与重症医学科被评为国家PCCM规范化建设达标单位，精神心理科成为全国首批“中国心身医学整合诊疗中心”。

【沈阳职业技术学院】 2018年，沈阳职业技术学院设置涵盖装备制造大类、能源动力与材料大类、土木建筑大类等 10 个专业大类 52 个专业。学院有教师605人，教授38人。省级优秀教学团队9个，省级专业带头人8人，省级教学名师6人，市级教学名师11人。在校生总数10437人。

全力打造高水平现代化高职院校。学院入选全国“高职院校教学资源50强”和 全国“职业院校实习管理50强”。全面完成国家现代学徒制管理制度修订和各试点专业建设任务，建设成果全部通过教育部验收。学院与华晨宝马、德科斯米尔、欧福科技等德资企业合作进行双元制订单培养。引进国际知名企业培训体系标准，共同开发人才培养标准5个，引进双元制课程标准2个。与西门子等企业签订“校企战略合作框架协议”，引入15门德国原装“双元制”专业课程、6门个人素质课程；与德科斯米尔公司合作开发4门项目化课程。中德学院特色培养模式在全国中德合作联盟等会议上进行典型经验交流。中德学院30%以上教师获德国AHK培训师资格、AHK考官资格、“REFA”认证培训师资格。深度参与政校企合作，签署校企合作协议书27份，加入辽宁省装备制造产业校企联盟等20个校企联盟和职教集团。坚持实行“双五双十”“四定”的教学检查制度，开展微课评比，促进教师教学水平提质增效，获9项辽宁省教学成果奖。学院加强国际交流合作，对接辽宁自贸区沈阳片区校企合作项目——沈阳“一带一路”校企合作联盟建设实施工作，并已入围该联盟首批五家核心合作院校。召开“工厂化办学双元制教学”国际研讨会。

【沈阳广播电视大学】 2018年，沈阳广播电视大学教职工总数252人，其中，正高级职称31人，副高级职称85人，中级职称50人。开放教育本科专业21个，专科专业43个。截至2018年底，全校在校生41654人，其中开放教育学生37835人，中专学生250人，成人高职学生99人，残疾人教育学生560人，网络教育学生2910人。

坚持开放学历教育、终身教育、非学历教育、职业技能培训四个体系建设，坚持建设全国一流中心城市开放大学。开放教育具备160多门课程的数字化学习资源，精品微课1100余个。持续推进数字化学习资源的研发与推广应用，参与“国家数字化资源中心”《故宫》精品微课程的制作；承担“中央党校”党建题材专题片的拍摄与制作。建设大量社区教育课程和数字化学习资源，构建包括生活常识、养生保健、养老护理、运动健身、休闲娱乐、文学艺术、历史文化、家庭教育八大系列课程，在沈阳终身学习网上，上传65门八大系列课程的数字化学习资源。

（陈馨 孔德林）

【沈阳市勘察测绘研究院有限公司】 2018年，公司在基础测绘、数据更新、重点项目等方面取得骄人成绩。完成数字化地形图供图任务2775次，累计完成一般测绘工程任务2497次。完成2018年框架数据的地图切片更新工作，提供2017版管线数据库1版；完成2017年度DLG数据更新1：500电子地图2253幅、1：1000电子地图173幅；智慧沈阳时空信息云平台项目整体进度完成90%；不动产登记数据整合完成，权籍调查工作有序开展，《沈阳市不动产登记数据整合项目》通过验收；完成沈北新区先行区国土三调试点工作；《辽宁省民政厅地名普查测绘（沈阳市九区）项目》《2017年度沈阳市地理市情分项检测项目》《沈阳城市地图集》等成果通过最终验收；完成辽宁省军区保障局省军区院内既有管线探测项目；完成7平方千米新民无人机航测成图项目；完成多规合一项目一张蓝图年度更新及项目落位；为沈阳市一河两岸项目

提供沈阳浑河沿线三维模型数据20余平方千米；为马宋公路改扩建、沈阜开发大道连接线、四环棋盘山段巡线工程等项目提供无人机航摄服务，制作巡线视频及示意图等；完成2018走遍沈阳系列地图更新出版印刷；完成岩土工程勘察项目73项；地质灾害评估4项；矿产压覆评估4项；完成岩土工程设计3项，其他监测项目2项。8月31日，根据《中共沈阳市委办公厅关于印发〈沈阳市市直经营性事业单位改革实施方案〉的通知》，沈阳市勘察测绘研究院从事业单位转制为国企，名称改为沈阳市勘察测绘研究院有限公司，隶属于沈阳市城市建设投资集团有限公司。公司在岗职工293人，技术人员164人，其中高级职称61人、中级职称72人、初级职称31人；注册测绘师57人，注册岩土工程师9人，注册一级建造师3人，注册二级建造师2人，注册造价工程师1人。

沈阳市卫星导航定位基准站网升级建设。该建设工程是沈阳市基础测绘十三五规划的重要组成部分，利用全球卫星导航定位技术，在全市域建立20个连续运行基准站，可面向全市各类用户提供毫米级至米级的各精度等级的位置服务。研发平台管理软件，实现用户管理、用户计费、在线地图接入、基准站管理、用户监控等各项功能，重新计算并完成覆盖全市域的高分辨率、高精度的似大地水准面模型，编制不同坐标系之间的坐标转换软件以及似大地水准面模型插值软件，保证与2000国家大地坐标系和1985国家高程基准最新发布成果的完全统一。

沈阳市不动产登记数据整合。沈阳市不动产登记数据整合项目完成市内9区12个作业区的土地档案扫描、土地数据整理、房屋数据整理和土地与房屋的关联整合工作，形成土地档案数字化扫描成果、宗地图层、土地抵押查封和问题宗地清单、房屋图层、宗地图等成果，并在此基础上完成国家汇交任务，建立不动产登记业务数据库和中间数据库。12月27日项目完成验收，建成全市统一的、权威的、房地一体化的不动产登记数据库，为沈阳市不动产登记业务开展提供强大的数据支撑。

2017年度沈阳市地理市情分项指标监测项目。项目以2017年高分辨率遥感影像数据以及基础测绘成果为主要数据源，结合已有的地理市情监测成果以及地理市情各类专题数据，对以沈阳四环为中心区域3037平方千米国土范围内监测区2017年度的现状及变化情况进行动态监测、统计分析，完成监测区的绿地和绿化覆盖、城镇化发展、植被覆盖三项指标的监测任务。项目为沈阳发展战略与规划、为沈阳市城镇化建设和生态环境建设协调发展、优化国土空间开发布局和资源配置，提供科学依据。

智慧沈阳时空信息云平台项目。项目在数字沈阳地理空间框架基础上，通过基础地理信息数据库和地理信息公共服务平台在内容、功能和效能上的新增与扩充，建成“1个大数据中心、1个时空信息云平台、1套支撑环境”，为智慧城市提供权威、统一、智能的空间地理信息资源。时空大数据依据服务对象需求分为时空信息框架数据库、时空信息政务数据库、时空信息公众数据库。数据库成果包括：历史影像数据、地理实体数据、地名地址兴趣点数据、三维模型数据、电子地图数据、街景数据、雷达干涉数据、数字高程模型数据、点云及数字表面模型数据、物联网节点地址数据。项目整体进度完成90%，各项工作进展顺利。

（刘志强）

【中国移动通信集团辽宁有限公司沈阳分公司】 2018年，公司发挥建设网络强国、数字中国的主力军作用，深入推进“大连接”战略落地，转型发展取得阶段性成效，实现运营收入近50亿元。

市场经营。通过不限量流量、释放带宽，4G客户规模保持领先，家庭宽带市场实现“三分天下有其一”。政企市场动能强劲，践行集团公司“大连接”战略，物联网实现规模发展；通信和信息化收入市场份额逐年提升，重点产品信息化收入迅速增长，收入贡献不断加大；聚焦重点集团产品，继续保持快速发展态势，收入增长26%。加大IDC拓展力度，IDC业务收入爆发式增长。新业务拓展成效明显，借助世界杯、CBA等热点，通过线上线下协同运营，以“流量＋权益＋内容”为营销手段推广新业务产品，有效提高线上运营能力。渠道质量有所改善，通过狠抓管理，社会实体渠道批销、窜货现象得到根本扼制；通过建立新零售试点、数字家庭社区店等渠道，有效丰富渠道接触点。

网络基础建设。在打造4G精品网络建设方面，在广覆盖的基础上，进一步提升深度覆盖，完成城域网10期建设任务；积极做好5G网络建设规划，为5G发展

打下良好基础。持续提升4G网络质量，VoLTE网络接通率提升至99.83%。稳步提升集客支撑服务能力，优化开通流程，专线开通时长缩短至3天。在家宽建设方面，立足高起点、高品质、高价值，统筹安排建设任务，覆盖率提升至近80%。

改革管理。公司选优配强中层干部队伍，提升干部综合履职能力；创新预算管控机制，做到成本资源效益最大化；深入实施员工关爱；深化“法治移动”建设；加强安全生产管理，未出现重大安全生产责任事故。

（彭丽书婉）

【中国联合网络通信有限公司沈阳市分公司】 中国联合网络通信有限公司沈阳市分公司（简称沈阳联通）主要经营集团公司授权范围内的固定电话、移动、宽带、创新型业务为主的电信业务，是沈阳地区通信领域中历史最久、规模最大、业务品种最全的通信运营商和引领5G建设的先导运营商。2018年，公司在企业深化改革的同时，不断助力沈城的信息化建设和经济发展，完成主营业务收入40亿元，利润10亿元。

经营发展。移动业务收入实现快速增长，移网主营收入同比增长8.84%。宽带专家形象全面提升，新增进线小区超过192个。立足互联网转型，创新业务发展迅猛，“云+网+X”的政企业务强势助力沈阳信息化腾飞。7月23日 沈阳联通公司与沈阳网、《沈阳晚报》分别联合推出的沈阳网惠卡、沈阳晚报惠民卡正式上线销售。上线当天下单84笔。

能力提升。网络建维能力不断增强，落实5G应用试点和物联网基站部署，建设开通NB1800基站5958个，先后启动宝马、沈阳机床、沈阳电视台、法库财湖通航基地等一批标志性5G应用试点项目。客户服务水平提升效果显著，向社会宣传联通“千兆光网”硬实力，发布全新的“10010”服务承诺，推进沈阳联通服务全面升级。

企业管理。开展贯穿全年的“提质增效”专项活动，累计节约成本4595万元。组织团队共建活动，通过开展员工千人踏青活动、员工长跑活动和各种球类竞赛，强化团队凝聚力。注重战略人才培养，构建“岗位能上能下、收入能高能低、人员能进能出”的人力资源管理机制。

（于 波）

【中国电信集团有限公司沈阳分公司】 2018年，公司营业收入11亿元。家庭宽带价格比上年底下降27.3%，手机流量资费降幅达54.5%。推进网络智能化，4G覆盖率95%以上，完成800M重耕，VOTEL业务试商用，网络质量“双提升”（移动网和传输网）专项行动成效明显，IPRAN（针对IP化基站回传应用场景进行优化定制的路由器/交换机整体解决方案）成环率由11.7%提升至60%。推进业务发展生态化，通过不限流量、释放带宽、全网融合，4G用户新增规模提升92%，百兆以上宽带用户占比提升21%。智慧家庭业务稳步发展，天翼高清用户规模增长8%。互联网金融“两个规模”（用户规模、交易规模）强劲提升，翼支付月均活跃用户、活跃商户分别增长98%和28%。铁西区一期平安城市、二期雪亮工程，沈河区平安城市新建项目的成功签订，拉动DICT（DT云和大数据技术、IT信息技术和CT通信技术的深度融合）收入规模增长。推进运营智慧化，实体渠道网点持续增加，结构和效能持续优化，有效渠道占比提升12%；电子渠道销售能力持续增强，沈阳电信官方微信粉丝达13万，拉动收入提升21%。以投诉问题倒逼机制，梳理并解决业务问题437件，客户感知持续改善。光宽端到端质量检测体系进一步完善，形成“探针管理—质量监测—网络优化”的闭环生产体系。

全面改革创新，企业发展能力不断增强。围绕一线的三维联动改革对企业发展的促进作用逐渐凸显。全市累计组建103个承包单元，通过规范化和契约化管理，基本实现“小CEO能上能下、团队成员能进能出、承包收入能高能低”，员工“想干”的潜力进一步激发。移动互联网化的倒三角支撑体系快速推进，“基层派单，后台抢单，专家全域支撑”的高效运营模式逐步形成，员工“易干”问题得到有效解决。（彭丽洺悦）

相关链接

VOTEL即Voice over LTE，它是一种IP数据传输技术，无需2G/3G网，全部业务承载于4G网络上，可实现数据与语音业务在同一网络下的统一。换言之，4G网络下不仅仅提供高速率的数据业务，同时还提供高质量的音视频通话，后者便需要VOLTE技术来实现。

法　规

沈阳市安全生产条例

（2006年6月21日沈阳市第十三届人民代表大会常务委员会第三十次会议通过；2006年7月28日辽宁省第十届人民代表大会常务委员会第二十六次会议批准；2018年8月24日沈阳市第十六届人民代表大会常务委员会第五次会议修订；2018年10月1日辽宁省第十三届人民代表大会常务委员会第五次会议批准）

第一章　总　则

第一条　为了加强安全生产工作，防止和减少生产安全事故，保障人民群众生命和财产安全，促进经济社会持续健康发展，根据《中华人民共和国安全生产法》、国务院《生产安全事故报告和调查处理条例》和《辽宁省安全生产条例》等有关法律、法规的规定，结合本市实际，制定本条例。

第二条　在本市行政区域内从事生产经营活动的单位（以下统称生产经营单位）的安全生产及其相关监督管理活动，适用本条例。法律、法规另有规定的，从其规定。

第三条　市和区、县（市）人民政府全面负责本行政区域内安全生产监督管理工作。

市和区、县（市）人民政府及其有关部门的主要负责人是本行政区域、本部门职责范围内安全生产工作的第一责任人，对安全生产工作负有全面领导责任;其他负责人对分管业务范围内的安全生产工作负有领导责任;分管安全生产的负责人对分管业务以外的安全生产工作负有综合监管、协调指导的责任。

第四条　市和区、县（市）安全生产监督管理部门依法对本行政区域内的安全生产工作实施综合监督管理，指导协调、监督检查、巡查考核本行政区域内人民政府有关部门和下级人民政府及其派出机关的安全生产工作。

公安、交通、经济和信息化、发展和改革、规划和国土、城乡建设、房产、质量技术监督、农业、林业、水利、文化、旅游、教育、卫生、人防等有关主管部门，应当按照法律、法规的规定和本级人民政府确定的职责，对本行业、本领域的安全生产工作承担直接监督管理责任。

中央垂直管理的电力、气象、铁路、民航、邮政等部门，应当依照法律、法规的规定，负责有关行业、领域的安全生产监督管理工作。

安全生产监督管理部门和对有关行业、领域的安全生产工作实施监督管理的部门，统称为负有安全生产监督管理职责的部门。

乡、镇人民政府以及街道办事处、开发区管理机构等地方人民政府的派出机关应当按照职责，加强对本行政区域内生产经营单位安全生产状况的监督检查，协助上级人民政府有关部门依法履行安全生产监督管理职责。

第五条　安全生产工作坚持以人为本、安全第一、预防为主、综合治理的方针，强化和落实生产经营单位主体责任，健全生产经营单位负责、职工参与、政府监管、行业自律和社会监督的机制。

第六条　市和区、县（市）人民政府应当根据国民经济和社会发展规划制定安全生产规划，并组织实施。安全生产规划应当与城乡规划及其他相关专项规划相衔接。

市和区、县（市））人民政府应当建立和完善安全生产责任制度和考核制度，及时协调解决本行政区域内安全生产工作的重大问题，支持、督促各有关部门依法

履行安全生产监督管理职责。

第七条 市和区、县（市）人民政府应当设立安全生产专项资金，并纳入年度财政预算，确保专款专用。安全生产专项资金用于下列安全生产事项：

（一）安全生产基础设施和应急救援体系建设；

（二）安全生产科学技术研究和先进技术推广应用；

（三）涉及公共安全的重大生产安全事故隐患的治理；

（四）涉及公共安全的特别重大、重大生产安全事故应急救援；

（五）安全生产宣传教育、培训和奖励；

（六）安全生产监督管理工作所需的技术、管理、咨询等服务；

（七）法律、法规规定的其他事项。

第八条 建立健全安全生产社会化服务体系。市和区、县（市）人民政府应当将安全生产专业技术服务纳入现代服务业发展规划，鼓励社会组织依法参与安全生产服务。

依法设立的为安全生产提供技术、管理服务的机构，依照法律、法规和执业准则，接受生产经营单位的委托为其安全生产工作提供技术、管理服务。

生产经营单位委托前款规定的机构提供安全生产技术、管理服务的，保证安全生产的责任仍由本单位负责。

第九条 建立健全行业自律管理约束机制，有关协会组织依照法律、法规和章程，针对行业特点，为生产经营单位提供安全生产方面的信息、培训、咨询等服务，提高生产经营单位安全生产管理水平。

第十条 市和区、县（市）人民政府及其有关部门应当对在以下方面取得显著成绩和重要贡献的单位和个人，按照规定给予表彰奖励：

（一）改善安全生产条件；

（二）防止和减少生产安全事故；

（三）如实并及时报告重大事故隐患或者举报安全生产违法行为；

（四）及时妥当处置突发事件、参加抢险救护；

（五）研究、推广和应用安全生产先进技术和安全生产监督管理先进经验；

（六）依法应当予以奖励的其他情形。

第二章 生产经营单位的安全生产保障

第十一条 生产经营单位应当具备法律、法规和国家标准、行业标准或者地方标准规定的安全生产条件，保证安全生产所必需的资金投入；不具备安全生产条件的，不得从事生产经营活动。

第十二条 生产经营单位应当建立健全安全生产责任、管理、投入、培训和应急救援等规章制度，落实安全生产责任制，明确各岗位的责任人员、责任范围和考核标准等内容，并加强监督考核，把安全生产工作纳入生产经营全过程。

生产经营单位应当按照规定推进安全生产标准化建设，加强安全生产技术的研发和管理，提高安全生产水平和事故防范与处置能力。

第十三条 生产经营单位的主要负责人对本单位安全生产工作全面负责，应当履行相关法律、法规规定的安全生产职责，定期听取安全生产工作汇报，及时研究解决安全生产工作中的问题并形成书面材料。

安全生产监督管理部门直接监管以及由国有资产监督管理部门履行出资人职责的生产经营单位，其主要负责人应当按照要求向安全生产监督管理部门提交安全生产履职报告。

第十四条 生产经营单位依法保证安全生产所必需的资金投入，应当用于下列安全生产事项：

（一）研究和推广应用安全生产科学技术；

（二）采用安全生产新工艺、新材料；

（三）配备、更新和维护安全生产设备、设施；

（四）监控和管理重大危险源；

（五）配备劳动防护用品；

（六）储备应急救援器材、物资和开展应急救援演练；

（七）进行安全生产宣传、教育和培训；

（八）奖励安全生产和抢险救灾有功人员；

（九）其他保障安全生产的事项。

第十五条 矿山、金属冶炼、建筑施工、道路运输、城市轨道交通运营单位和危险物品的生产、经营、储存单位，应当设置安全生产管理机构或者配备专职安全生产管理人员。

前款规定以外的其他生产经营单位，从业人员超过一百人的，应当设置安全生产管理机构或者配备专职安全生产管理人员；从业人员在一百人以下的，应当配备专职或者兼职的安全生产管理人员。

生产经营单位应当按照规定配备安全技术人员。

第十六条 生产经营单位使用劳务派遣人员、实习学生或者其他单位委托培训人员从事作业活动的，应当将其纳入本单位从业人员统一管理。

第十七条 生产经营单位对生产安全事故隐患应当及时组织排除；对不能及时排除的重大生产安全事故隐患，应当制定治理方案，落实整改措施、责任、资金、时限和应急预案；对非本单位原因造成的生产安全事故隐患，应当及时向所在地负有安全生产监督管理职责的部门报告。

生产经营单位应当建立重大隐患治理情况向负有安全生产监督管理职责的部门和企业职工代表大会分别报告制度。

第十八条 生产经营单位将生产经营项目、场所发包或者出租给其他单位的，应当对承包单位、承租单位的安全生产条件或者相应的资质进行审查;对不具备安全生产条件或者相应资质的，不得发包、出租。不具备安全生产条件或者相应资质的生产经营单位，不得承包、承租。

生产经营单位违反前款规定将经营项目、场所发包或者出租给不具备安全生产条件或者相应资质的单位或者个人，导致发生生产安全事故的，发包方或者出租方应当承担主要责任;给他人造成损害的，与承包方、承租方依法承担连带赔偿责任。

生产经营单位委托其他单位、个人从事危险作业或者承揽作业的，应当确认其具备相应的安全生产条件或者资质；相关作业在本单位进行的，应当书面明确安全生产责任，告知危险因素，并纳入本单位统一管理。

第十九条 建立健全安全生产责任保险制度，发挥保险机构参与风险评估管控和事故预防功能。

矿山、危险化学品、烟花爆竹、交通运输、建筑施工、民用爆炸物品、金属冶炼、渔业生产等高危行业领域的生产经营单位应当投保安全生产责任保险。

鼓励其他行业领域生产经营单位投保

安全生产责任保险。

第三章　安全生产的监督管理

第二十条　市人民政府应当制定和实施安全生产工作考核办法，对区、县（市）人民政府在安全生产监督管理的责任体系、依法治理、体制机制、安全预防、基础建设和事故防控等方面进行考核。

第二十一条　市和区、县（市）人民政府应当根据本行政区域内的安全生产状况和部门职责，明确各部门监管范围，并建立以联席会议、联合执法、互检互查、督察督办为主要内容的安全生产工作机制，形成综合监管和行业监管合力；制定有关部门安全生产权力和责任清单，尽职照单免责、失职照单问责。

第二十二条　市和区、县（市）安全生产监督管理部门对生产经营单位安全培训及其持证上岗的情况进行监督检查，主要包括以下内容：

（一）安全培训制度、计划的制定及其实施的情况。

（二）矿山、危险化学品、烟花爆竹、金属冶炼等生产经营单位主要负责人和安全生产管理人员安全培训以及安全生产知识和管理能力考核的情况；其他生产经营单位主要负责人和安全生产管理人员培训的情况。

（三）特种作业人员以及特种设备作业人员操作资格证持证上岗的情况。

（四）建立安全生产教育和培训档案，并如实记录的情况。

（五）其他需要检查的内容。

第二十三条　负有安全生产监督管理职责的部门，应当按照各自职责和分类分级监督管理的要求，制定年度安全生产监督检查计划，重点对以下生产经营单位和场所进行监督检查：

（一）危险物品生产、经营、储存、使用单位以及矿山、建筑施工、金属冶炼、船舶修造、机械制造、交通运输等生产经营单位；

（二）存在重大危险源、重大事故隐患以及事故风险较高的生产经营单位；

（三）有安全生产不良记录以及被举报、投诉和事故风险较高的生产经营单位；

（四）近三年内曾发生较大以上生产安全事故的生产经营单位；

（五）其他纳入国家重点监管调度范围的生产经营单位和场所。

生产安全事故隐患分级与评估相关程序，由市人民政府制定。

第二十四条　市和区、县（市）人民政府负有安全生产监督管理职责的部门应当建立健全重大事故隐患治理督办制度，督促生产经营单位消除重大事故隐患。

第二十五条　建立严格的安全生产市场准入制度。

市和区、县（市）人民政府应当建立安全生产负面清单，严格执行矿山、危险化学品等高危行业领域安全准入条件和产业政策，对于未达到相关安全标准的建设项目，依法不予许可。

规划和国土主管部门不得在城镇人口密集区批准新建、改建、扩建生产和储存易燃易爆物品、危险化学品的工厂、仓库。已在城镇人口密集区建成的上述项目，应当纳入改造规划，逐步迁出或者转产。

规划和国土主管部门在重大危险源、铁路、高压输电线路和危险物品输送管道等安全距离范围内，不得批准建设建筑物、构筑物。安全距离范围内已有建筑物、构筑物的，依照法律、法规的规定处理；没有规定的，应当对已有建筑物、构筑物采取保障安全的措施或者依法拆除。

第二十六条　市和区、县（市）安全生产监督管理部门应当组建安全生产专家组，下级安全生产监督管理部门可以聘用上级安全生产监督管理部门安全生产专家组成员，为安全生产监督管理工作提供咨询、技术、管理等服务。

安全生产专家组成员应当依照有关法律、法规的规定开展工作。

第四章　生产安全事故的调查处理

第二十七条　生产安全事故发生单位是指对事故发生负有责任的生产经营单位。

生产安全事故发生单位及相关协助事故调查单位应当在事故调查组规定时限内，提供下列材料：

（一）营业执照、行政许可及资质证明；

（二）安全生产责任制度、规章制度、岗位管理制度、事故隐患排查制度，与事故相关的设备资料、工艺资料、技术资料和安全操作规程；

（三）从业人员安全教育培训档案、特种作业人员资格证明；

（四）与事故相关的劳动关系证明、组织机构证明、相关人员和伤亡人员身份证明等；

（五）事故现场示意图；

（六）相关影像资料；

（七）需要提供的与事故调查有关的其他材料。

第二十八条　任何单位和个人不得阻挠和干涉对事故的依法调查处理。

事故发生后，有关单位和人员应当妥善保护事故现场以及相关证据，任何单位和个人不得破坏事故现场、毁灭相关证据。

第二十九条　根据事故的具体情况，事故调查组由有关人民政府、安全生产监督管理部门、负有安全生产监督管理职责的有关部门、监察机关、公安机关以及工会派人组成。

事故调查组可以聘请相关技术专家、法律专家参与调查。

事故调查组组长由负责事故调查的人民政府指定。事故调查组组长主持事故调查组的工作。

第三十条　事故调查组成员单位应当在三十日内对负有事故责任的单位或者责任人员提出书面处理建议。

对负有事故责任的单位和人员的处理，应当在处理结果作出之日起三十日内抄送事故调查组组长单位。

事故调查的有关资料由事故调查组组长单位负责归档保存。

第三十一条　市和区、县（市）人民政府自收到事故调查报告之日起十五日内作出批复。

事故调查报告、批复应当自批复之日起三十日内抄送负有安全生产监督管理职责的相关部门，并依法及时向社会公布。

有关机关应当按照人民政府的批复，依照法律、法规规定的权限和程序，对事故发生单位和有关人员进行行政处罚，对负有事故责任的国家工作人员进行处分。

事故发生单位应当按照负责事故调查的人民政府的批复，对本单位负有事故责任的人员进行处理。

负有事故责任的人员涉嫌犯罪的，依法追究刑事责任。

第五章　法律责任

第三十二条　违反本条例第十八条第三款规定，生产经营单位委托不具备相应安全生产条件或者资质的单位、个人

从事危险作业或者承揽作业的，责令限期改正。

第三十三条　违反本条例第二十七条规定，生产安全事故发生单位拒绝提供有关材料的，对事故发生单位处一百万元以上五百万元以下的罚款；对主要负责人、直接负责的主管人员和其他直接责任人员处上一年年收入百分之六十至百分之百的罚款；属于国家工作人员的，并依法给予政务处分；构成违反治安管理行为的，由公安机关依法给予治安管理处罚；构成犯罪的，依法追究刑事责任。

第三十四条　违反本条例规定的行为，法律、法规已有处罚规定的，按照其规定予以处罚。

行政处罚由安全生产监督管理部门和其他负有安全生产监督管理职责的部门按照分工决定；有关法律、法规对行政处罚的决定机关另有规定的，从其规定。

第三十五条　市和区、县（市）人民政府和负有安全生产监督管理职责的部门及其工作人员，在安全生产监督管理工作中滥用职权、玩忽职守、徇私舞弊的，依法给予政务处分；构成犯罪的，依法追究刑事责任。

第六章　附　则

第三十六　条本条例自2019年1月1日起施行。

沈阳市多规合一条例

（2018年6月22日沈阳市第十六届人民代表大会常务委员会第四次会议通过；2018年10月11日辽宁省第十三届人民代表大会常务委员会第五次会议批准）

第一章　总　则

第一条　为了建立统一的空间规划体系,优化城乡空间布局，提高行政审批效率，促进生态环境与经济发展协调统一，推进城乡治理体系和治理能力现代化，根据有关法律的规定，结合本市实际，制定本条例。

第二条　本条例所称的多规合一，是指建立以战略规划为引领，统筹协调国民经济和社会发展规划、城市总体规划、土地利用总体规划、环境保护规划等涉及空间的规划，形成协调一致的一张蓝图，构建建设项目全生命周期业务协同和信息共享的平台，完善建设项目的生成与审批流程的制度体系。

本条例所称的战略规划，是指市人民政府根据国家、省发展战略，组织编制并报市人民代表大会审查批准，对城市发展定位、发展目标、空间布局、产业发展、基础设施建设、生态环境保护等重大事项，作出战略性展望和部署的纲领性文件。

本条例所称的一张蓝图,是指以战略规划为引领，以空间规划体系为基础，统筹整合各类涉及空间的规划，划定各类空间控制线，管控全域的空间数据体系。

第三条　本市多规合一工作的开展、管理和监督，适用本条例。

第四条　市人民政府应当加强对多规合一工作的统一领导，履行下列职责：

（一）组织编制战略规划；

（二）组织编制一张蓝图；

（三）组织建立多规合一综合平台（以下简称综合平台）；

（四）建立多规合一协调管理机制；

（五）保障多规合一工作经费；

（六）其他与多规合一工作相关的职责。

区、县（市）人民政府应当加强对本行政区域内多规合一工作的管理，建立和完善区、县（市）综合平台和相关管理制度，办理市人民政府交办的有关多规合一的具体工作。

第五条　市和区、县（市）人民政府确定的多规合一协调管理机构负责多规合一工作的组织实施、统筹协调与监督管理。

市多规合一协调管理机构履行下列职责：

（一）战略规划编制的相关协调工作；

（二）一张蓝图编制的相关协调工作；

（三）组织开展与一张蓝图相关的涉及空间的规划的成果的审核；

（四）组织综合平台的运作；

（五）组织编制建设项目空间实施计划；

（六）组织建立建设项目生成工作机制，协调监督建设项目生成与审批；

（七）组织建立多规合一信用管理和监督考核机制；

（八）指导区、县（市）多规合一协调管理机构工作；

（九）组织制定多规合一管理相关制度；

（十）市人民政府规定的其他职责。

区、县（市）多规合一协调管理机构负责本行政区域内多规合一的协调、管理工作。

第六条　市发展改革主管部门负责战略规划的具体编制。

市规划国土主管部门负责涉及空间的规划的成果的具体审核、一张蓝图的编制及更新、年度建设项目空间实施计划的具体编制。

市政务服务管理机构负责统筹协调建设项目审批流程的简化、优化，并对建设项目审批过程进行监督。

发展改革、规划国土、建设等主管部门应当履行建设项目在生成和审批过程中相关阶段的牵头单位的职责，其他有关主管部门应当协同做好多规合一的相关工作。

第七条　综合平台包括项目管理平台、业务协同平台和联合审批平台。

市和区、县（市）综合平台应当信息资源共享，双向业务互联互通。

第八条　多规合一工作坚持以人为本、协调统一、简政放权、高效便民、公开透明的原则。

第二章　战略规划

第九条 战略规划是国民经济和社会发展规划、城市总体规划、土地利用总体规划、环境保护规划等涉及空间的规划编制的基础和依据。

第十条　编制战略规划应当遵循下列程序：

（一）对城市发展现状和发展趋势进行评估和预测；

（二）组织有关单位编制战略规划草案；

（三）组织有关方面专家进行论证；

（四）将战略规划草案向社会公布，征求意见；

（五）对专家和公众意见进行研究吸纳，并通过公开的方式予以反馈；

（六）将战略规划草案报送市人民政府审查；

（七）经审查同意的战略规划草案，由市人民政府提请市人民代表大会审查；

（八）经审查批准的战略规划，由市人民政府向社会公布。

第十一条　市人民政府应当定期开

展对战略规划的评估。评估可以采取论证会、听证会、座谈会等方式进行。

市人民政府可以委托第三方对战略规划进行评估。

市人民政府根据评估结果，可以适时提出调整战略规划的方案。

第十二条 国家和省对发展战略、发展布局作出重大调整的，市人民政府可以修改或者重新编制战略规划，报市人民代表大会审查批准。

市人民政府需要对战略规划作出部分调整的，应当依法将调整方案提请市人民代表大会常务委员会审查和批准。

第十三条 市人民政府应当定期向市人民代表大会常务委员会报告战略规划实施情况。

市人民政府应当将区、县（市）人民政府和市人民政府有关部门实施战略规划情况纳入年度综合考核体系。

第三章 一张蓝图

第十四条 一张蓝图是涉及空间的规划协同以及建设项目生成过程中各部门之间协调的基本依据。

第十五条 编制一张蓝图应当遵循下列程序：

（一）组织各相关部门整理涉及空间的规划的基础数据；

（二）组织相关部门按照一张蓝图的数据标准进行校核；

（三）编制形成一张蓝图；

（四）报送市人民政府审查。

第十六条 涉及空间的规划的成果，应当经市规划国土主管部门审核。按照规定需要报国家、省有关主管部门批准的，应当经市规划国土主管部门审核后，再履行相应的程序。

第十七条 涉及空间的规划的成果，应当自审核通过或者依法经国家、省有关主管部门批准之日起三十日内，由编制部门报送市规划国土主管部门，纳入一张蓝图和综合平台。

第十八条 已经编制完成的涉及空间的规划与战略规划或者一张蓝图不一致的，有关主管部门应当及时按照战略规划或者一张蓝图进行修改；需要上报批准的，应当依照本条例规定的程序上报审批。

第十九条 国家、省有关主管部门已经批准的涉及空间的规划，与战略规划或者一张蓝图不一致的，应当由市人民政府对不一致的内容及时依法处理，达到一致后，再纳入一张蓝图和综合平台。

第二十条 市规划国土主管部门应当结合涉及空间的规划的成果，及时更新并维护一张蓝图，定期向市人民政府汇报一张蓝图的编制及更新情况。

第四章 建设项目生成与审批

第二十一条 多规合一协调管理机构应当依托综合平台，建立由发展改革、规划国土、建设等主管部门牵头，以及其他相关部门协同配合的建设项目生成工作机制。

第二十二条 多规合一协调管理机构在建设项目策划阶段，应当组织规划国土、发展改革等主管部门，编制建设项目空间实施计划。

第二十三条 发展改革、规划国土、建设、环保等主管部门在建设项目生成阶段，应当根据建设项目空间实施计划，依托综合平台，对项目建设条件进行核定。

建设项目生成的具体管理办法由市人民政府另行制定。

第二十四条 市和区、县（市）人民政府应当建立政府统筹、部门协同、信息共享、一个窗口受理、一张表单申报、并联审批、注重监管、绩效评估的建设项目审批管理机制。

市和区、县（市）建设项目审批部门（以下称审批部门）应当将建设项目审批纳入综合平台统一管理；按照已公布的权责清单依法实施审批，不得以其他方式审批。

第二十五条 多规合一协调管理机构应当按照审批流程优化、办事环节衔接、申请信息共享、申请材料不重复的原则，统一公布建设项目分阶段的审批事项、依据、条件、程序、时限以及需要提交的全部材料的目录，并适时对建设项目审批流程进行优化。

市和区、县（市）人民政府应当按照各自职责分别确定建设项目在审批过程中相关阶段的牵头部门。市政务服务管理机构应当会同各牵头部门对前款规定的审批事项、依据、条件、程序、时限等作出具体要求。

市和区、县（市）人民政府可以根据需要，调整各审批阶段的办理事项、办理流程和牵头部门。

第二十六条 实行承诺制的审批事项，建设单位、代建单位、设计单位、施工单位以及相关中介机构（以下称建设项目参与者）应当作出符合审批要求的书面承诺。

建设项目参与者按照前款规定作出书面承诺后，审批部门可以直接作出审批决定。

第二十七条 建设项目审批实行分阶段统一收件、同时受理、并联审批、同步出件的运行机制，并按照下列程序办理：

（一）建设项目参与者通过多规合一综合受理窗口或者网上申报系统统一申报；

（二）审批部门对申请事项按照规定时限受理、审核、出具审批决定、存档；

（三）审批部门作出审批决定后，交多规合一综合受理窗口送达或者网上直接送达，并同步将电子审批决定传递至综合平台。

建设项目参与者应当对其所提供材料的真实性负责。审批部门应当通过网络或者其他方式向建设项目参与者一次性告知审批所需材料，并公开工作进度。

第二十八条 审批部门应当公布审批过程中的中介服务事项，实施清单管理，规范评估、评审等各项中介服务的业务流程、服务时限及收费标准，公布办事指南和符合条件的中介机构名录，建立中介机构市场监管机制。

第二十九条 建设项目生成与审批阶段，加盖有效电子签名的电子申请文书、电子审批文书与相应的纸质文书具有同等效力。法律、行政法规另有规定的，从其规定。

建设项目生成与审批阶段，相关建设项目参与者要求取得纸质审批决定文书的，审批部门应当出具。

第五章 监督与责任

第三十条 多规合一协调管理机构应当组织建立统一的建设项目审批信用监管制度，对建设项目参与者实行信用监管。

建设项目审批信用监管制度由市人民政府另行制定。

第三十一条 审批部门应当加强建设项目审批的事中事后监管，对审批事项的执行情况、建设项目参与者承诺事项的实施情况进行监督检查。

第三十二条 实行建设项目监督检查的随机抽查制度。随机抽查制度应当包括随机抽取检查对象、随机选派执法检查人员，合理确定随机抽查的比例和次数。

审批部门应当编制随机抽查事项清单，明确抽查的依据、主体、内容以及方式等，并将随机抽查事项清单向社会公布。

第三十三条　建设项目参与者违反本条例，有以下情形之一的，审批部门应当将其列入违法名单，纳入全市信用征信系统，按照规定向社会公布：

（一）提供虚假材料的；

（二）未按照要求履行所承诺事项的；

（三）其他违反有关法律、法规的行为。

第三十四条　对列入违法名单的建设项目参与者，其行为依法应当予以行政处罚的，相关审批部门、监管部门应当予以处罚，并按照规定采取准入限制、资格限定等信用监管措施。

建设项目参与者属于国家机关、国有企业和事业单位的，由监察机关按照管理权限对直接负责的主管人员和其他责任人员依法予以政务处分。

第三十五条　有关主管部门及其工作人员违反本条例，有下列情形之一的，由监察机关或者有关部门按照管理权限予以问责，情节严重的，依法给予政务处分：

（一）未将涉及空间的规划报经市规划国土主管部门审核的；

（二）未按照规定对涉及空间的规划进行审查的；

（三）未与综合平台建立数据交换，经多规合一协调管理机构督促，在规定时限内仍未建立的；

（四）未按照规定将涉及空间的规划的成果汇总报送市规划国土主管部门的；

（五）未将建设项目审批纳入综合平台统一管理的；

（六）未按照规定执行权责清单的；

（七）擅自调整审批流程的；

（八）未按照规定的审查事项、条件、程序、时限实施审批的；

（九）其他违反本条例的行为。

第六章　附　则

第三十六条　本条例自2018年12月1日起施行。

沈阳市物业管理条例

（2010年8月31日沈阳市第十四届人民代表大会常务委员会第二十三次会议通过；2010年9月29日辽宁省第十一届人民代表大会常务委员会第十九次会议批准　2018年10月25日沈阳市第十六届人民代表大会常务委员会第六次会议修订；2018年11月28日辽宁省第十三届人民代表大会常务委员会第七次会议批准）

第一章　总　则

第一条　为了规范物业管理活动，维护物业管理各方的合法权益，营造良好的生活和工作环境，根据《中华人民共和国物权法》、国务院《物业管理条例》和《辽宁省物业管理条例》等法律、法规，结合本市实际，制定本条例。

第二条　本条例适用于本市行政区域内的物业管理及其监督管理活动。

第三条　市和区、县（市）人民政府应当建立健全物业管理服务综合协调机制和目标责任制，督促有关部门依法履行监督管理职责，研究解决物业管理工作中的重大问题，促进物业服务发展与和谐社区建设。

第四条　市房产主管部门负责全市物业管理活动的监督管理工作。

区、县（市）房产主管部门负责辖区内物业管理活动的监督管理工作。

公安、民政、财政、规划和国土、环保、建设、城管、城市管理行政执法、水利、质监、人防、工商、价格等有关主管部门，按照各自职责，依法做好物业管理的相关工作。

第五条　街道办事处、乡镇人民政府应当履行下列物业管理职责：

（一）组织成立首次业主大会会议筹备组；

（二）指导和协助业主大会的成立、业主委员会的选举；

（三）指导、支持和监督业主大会、业主委员会开展日常工作；

（四）协调和指导旧住宅区物业管理工作；

（五）协调物业管理与社区管理服务之间关系，调解业主、业主委员会、物业使用人、物业服务企业、建设单位之间在物业管理活动中的纠纷；

（六）法律、法规规定的其他职责。

居（村）民委员会应当协助街道办事处、乡镇人民政府做好与物业管理有关的工作。

第六条　物业服务企业行业协会应当加强行业自律管理，规范行业行为，加强从业人员培训，协调解决行业争议，推动行业健康有序发展。

第二章　前期物业管理

第七条　本条例所称前期物业管理，是指业主、业主大会选聘物业服务企业之前，由建设单位选聘物业服务企业实施的物业管理。

第八条　住宅物业的建设单位应当依法以招投标的方式选聘物业服务企业。一个物业管理区域应当作为一个整体进行招投标。

投标人少于三个或者建筑面积不超过三万平方米的，经物业所在地的区、县（市）房产主管部门批准，可以采取协议方式选聘。

第九条　建设单位选聘物业服务企业从事前期物业管理的，应当在发布招标公告或者发出投标邀请书的十日前，向物业所在地的区、县（市）房产主管部门办理招标备案，并提供下列资料：

（一）建设单位工商营业执照和资质证书；

（二）物业管理区域划分意见书；

（三）招标文件；

（四）临时管理规约；

（五）法律、法规规定的其他材料。

建设单位制定的临时管理规约，不得违反相关法律法规、侵害物业买受人的合法权益。

第十条　建设单位应当与选聘的物业服务企业签订书面的前期物业服务合同，合同期限不得超过三年。自前期物业服务合同签订之日起十五日内，建设单位应当将前期物业服务合同报物业所在地的区、县（市）房产主管部门备案。

第十一条　新建物业的供水、供气、供热、供电、排水、通信、有线电视、消防、道路、绿化、物业管理用房、停车位等配套建筑及设施设备经依法竣工综合验收合格后，建设单位方可向物业买受人办理物业交付手续。

建设单位将未达到交付条件的新建物业交付给买受人的，应当承担相应的责任，并承担前期物业服务费用。

第十二条　已按照规定交付业主的物业，物业服务费由业主承担；未交付的或者已竣工但尚未售出的物业，物业服务费由建设单位全额承担。建设单位与物业买受人约定减免物业服务费的，减免费用由

建设单位承担。

第十三条　建设单位应当与物业服务企业做好物业承接查验工作，并于现场查验二十日前，向物业服务企业移交下列资料：

（一）竣工总平面图，单体建筑、结构、设备竣工图，配套设施、地下管网工程竣工验收资料；

（二）设施设备安装、使用和维护保养等技术资料（含随机资料）；

（三）供水、供电、供气、供热、通信、有线电视等准许使用文件；

（四）物业质量保修文件和物业使用说明文件；

（五）建设单位与专业经营单位办理的设施设备产权移交资料；

（六）业主名册；

（七）物业管理区域内各类建筑物、构筑物、设施设备的清单；

（八）承接查验所必需的其他资料。

未能全部移交前款所列资料的，建设单位应当列出未移交资料的详细清单并书面承诺补交的具体时限。

第十四条　物业服务企业应当在承接验收手续办理完毕后三十日内，到物业所在地的区、县（市）房产主管部门备案。

物业服务企业应当在备案后十五日内将备案情况，在物业管理区域内显著位置公告。

第十五条　建设单位交付住宅物业时，应当向房屋买受人提供住宅质量保证书、住宅使用说明书、前期物业服务合同等资料。

第十六条　建设单位应当按照国家规定的物业保修范围和保修期限，承担保修责任。物业服务企业对业主专有部分和共用部位、共用设施设备保修期内出现的质量问题，应当及时通知建设单位。建设单位应当立即通知施工单位到现场核查情况，予以保修。建设单位无法通知施工单位或者施工单位未按照约定进行保修的，建设单位应当另行委托其他单位保修。建设单位不履行保修义务或者拖延履行保修义务的，物业服务企业、业主可以向建设主管部门反映，由建设主管部门依法监管。保修期满或者保修范围以外的物业维修、保养由物业服务企业按照物业服务合同约定承担。电梯、消防等涉及人身、财产安全并有特定要求的设施设备，应当按照有关法律、法规规定，由共有人或者实际管理人履行管理义务，委托专业机构定期维修和养护，确保使用安全。

第三章　业主、业主大会和业主委员会

第十七条　业主在物业管理活动中，依法享有权利，履行义务。

业主可以依法成立业主大会，选举业主委员会。

只有一个业主的，或者业主人数较少且经全体业主一致同意，决定不成立业主大会的，由业主共同履行业主大会、业主委员会职责。

第十八条　业主应当遵守有关法律、法规以及管理规约的规定，按时交纳物业服务费。业主不得以物业空置、未享受或者无须接受相关物业服务为由拒付物业服务费。

第十九条　符合下列条件之一的，街道办事处、乡镇人民政府应当会同区、县（市）房产主管部门组织成立首次业主大会会议筹备组、召开首次业主大会会议：

（一）交付的专有部分面积超过建筑物总面积百分之五十的；

（二）交付的房屋户数达到总户数百分之五十的；

（三）自交付首位业主之日起满二年且已交付户数比例达到百分之三十的。

物业管理区域符合前款条件之一的，建设单位应当向物业所在地街道办事处、乡镇人民政府报送物业管理区域划分资料、房屋及建筑物面积清册、业主名册、建筑规划总平面图、交付使用公共设施设备的证明和物业服务用房配置证明等筹备首次业主大会会议所需的文件资料。

第二十条　首次业主大会会议筹备组由业主代表、建设单位代表、街道办事处或者乡镇人民政府代表、居（村）民委员会代表组成，人数应当为七人以上十五人以下单数，其中业主代表由街道办事处或者乡镇人民政府组织业主推荐，并征求业主意见后确定，所占比例不得低于筹备组总人数的二分之一。筹备组组长由街道办事处或者乡镇人民政府代表担任。筹备组成员名单确定后，应当以书面形式在物业管理区域内公告。

筹备组自业主大会成立后自行解散。

第二十一条　业主大会可以搭建实名制信息化投票平台，充分利用信息化手段，提高表决效率。

第二十二条　业主委员会由业主大会会议选举产生，业主委员会委员、候补委员应当是物业管理区域内的业主，并符合下列条件：

（一）具有完全民事行为能力；

（二）遵守国家有关法律、法规以及管理规约、业主大会议事规则，履行业主义务；

（三）按时交纳物业服务费和住宅专项维修资金；

（四）热心公益事业，责任心强，公正廉洁，具有一定的公信力、组织能力、文化水平和良好的个人信用记录；

（五）本人、配偶及其亲属未在本物业管理区域物业服务企业或者建设单位任职；

（六）具备与履行职责相适应的工作时间。

业主委员会由五至十一名委员单数组成，每届任期不超过五年，可以连选连任。业主委员会应当自选举产生之日起七日内召开首次会议，推选业主委员会主任、副主任。

业主大会在选举业主委员会委员的同时，可以选举出业主委员会候补委员。候补委员列席业主委员会会议，不具有表决权。在个别业主委员会委员资格终止时，经业主委员会决定，从候补委员中按照得票多少依次递补，并在物业管理区域内显著位置进行不少于七日的公示。

第二十三条　业主委员会执行业主大会的决定事项，履行下列职责：

（一）召集业主大会会议，报告物业管理实施情况；

（二）执行业主大会的决定和决议；

（三）与业主大会选聘的物业服务企业签订物业服务合同；

（四）及时了解业主、物业使用人的意见和建议，监督和协助物业服务企业履行物业服务合同；

（五）监督管理规约的实施；

（六）督促业主交纳物业服务费以及其他相关费用；

（七）组织和监督住宅专项维修资金的筹集和使用；

（八）调解业主之间因物业使用、维护和服务产生的纠纷；

（九）业主大会赋予的其他职责。

第二十四条　业主委员会应当自选举产生之日起三十日内，持下列资料向物业所在地的区、县（市）房产主管部门办理

备案手续：

（一）业主大会成立和业主委员会选举决议；

（二）管理规约；

（三）业主大会议事规则；

（四）业主委员会主任、副主任以及其他成员名单；

（五）业主大会决定的其他重大事项。

符合备案条件的，区、县（市）房产主管部门应当自收到备案资料后十日内予以备案并出具备案证明。

业主委员会任期内，备案内容发生变更的，业主委员会应当自变更之日起三十日内将变更内容书面报告备案部门。

业主委员会应当依法刻制和使用印章。

第二十五条　业主委员会应当向业主公布下列情况和资料：

（一）管理规约、业主大会议事规则；

（二）业主大会和业主委员会的决定；

（三）物业服务合同；

（四）住宅专项维修资金的筹集、使用情况；

（五）物业共有部分的使用和收益情况；

（六）占用业主共有的道路或者其他场地用于停车车位的处分情况；

（七）业主大会和业主委员会工作经费的收支情况；

（八）其他应当向业主公开的情况和资料。

前款第五项、第六项和第七项规定的事项应当于每年三月底前在物业管理区域内显著位置公布。

第二十六条　业主委员会任期届满六十日前，应当组织召开业主大会会议完成换届选举，并报告物业所在地的街道办事处、乡镇人民政府。

业主委员会在规定时间内不组织换届选举的，物业所在地的街道办事处、乡镇人民政府应当责令其限期组织换届选举；逾期仍不组织的，由街道办事处、乡镇人民政府组织、指导业主召开业主大会会议进行换届选举。

第二十七条　不具备成立业主大会条件的物业管理区域，或者具备成立业主大会条件而未成立，且经街道办事处、乡镇人民政府指导后仍不能成立的物业管理区域可以由街道办事处、乡镇人民政府指导物业管理区域所在地的居（村）民委员会临时代行业主委员会职责，或者组织成立物业管理委员会临时代行业主委员会职责。

第二十八条　物业管理委员会由街道办事处、乡镇人民政府组织成立，由业主、街道办事处或者乡镇人民政府、公安派出所、居（村）民委员会、建设单位派员组成，人数为九人以上十三人以下单数，其中业主代表所占比例不得低于总人数的百分之五十，由街道办事处、乡镇人民政府在业主中推荐产生。物业管理委员会的业主代表资格应当符合本条例第二十二条的规定。

物业管理委员会成员应当在物业管理区域内显著位置公示。

第二十九条　居（村）民委员会、物业管理委员会应当自业主大会成立之日起停止履行职责，并在七日内与业主大会办理移交手续，物业管理委员会应当自办理移交手续后解散。

第三十条　业主大会、业主委员会作出的决定违反法律法规的，区、县（市）房产主管部门或者街道办事处、乡镇人民政府应当责令其限期改正或者撤销其决定，并通告全体业主。

第三十一条　业主委员会应当自新一届业主委员会履职之日起十日内，将其保管的档案资料、印章及业主共有的其他财物予以移交。拒不移交的，新一届业主委员会可以请求街道办事处、乡镇人民政府或者物业管理委员会督促其移交；必要时，由公安机关依法给予协助。

业主委员会委员任期内资格终止的，应当自终止之日起三日内移交其保管的前款规定的财物。

第四章　物业管理服务、使用与维护

第三十二条　物业服务主要包括以下内容：

（一）提出物业共用部位、共用设施设备维修年度计划，经业主大会通过后组织实施；

（二）维修、养护共用设施设备；

（三）物业管理区域内公共秩序的维护；

（四）日常清扫保洁，将装修以及生活垃圾收集到指定的垃圾中转站；

（五）绿地以及附属设施养护管理；

（六）物业管理区域内的公共区域的病媒生物防治；

（七）物业管理区域内机动车辆停放以及交通秩序的维护；

（八）建立完整、准确、及时更新的业主和物业信息档案；

（九）业主与物业服务企业约定的其他事项。

第三十三条　物业服务企业享有下列权利：

（一）根据业主大会决定对物业实施管理；

（二）收取物业服务费；

（三）委托专营企业承担专项物业服务；

（四）法律、法规规定的其他权利。

第三十四条　物业服务企业应当履行下列义务：

（一）依法制订物业服务制度和物业服务方案；

（二）依照物业服务合同提供服务；

（三）提出物业共用部位、共用设施设备维修年度计划，提交业主大会讨论，年度计划应当包括维修项目、费用预算、资金来源、列支范围等；

（四）每半年向业主委员会报告工作，报送物业维修账目，接受业主、业主委员会的监督；

（五）按照业主、业主委员会要求，列席业主大会、业主委员会会议，解答业主、业主委员会提出的咨询，听取意见和建议，改进和完善管理服务；

（六）在物业服务合同终止后向业主委员会移交有关资料、资产；

（七）按照有关规定做好房屋装饰装修管理工作；

（八）劝阻违反管理规约以及物业管理制度的行为；

（九）协助有关部门做好安全防范工作；

（十）法律、法规规定和物业服务合同约定的其他义务。

第三十五条　物业服务企业不得有下列行为：

（一）将一个物业管理区域内的全部物业管理项目一并委托给他人；

（二）违反物业服务合同约定，减少服务内容，降低服务质量和标准；

（三）擅自改变物业服务用房用途；

（四）擅自改变物业管理区域内按照

规划建设的公共建筑和公共设施用途；

（五）擅自占用、挖掘物业管理区域内道路、场地，损害业主共同利益；

（六）擅自利用物业共用部位、共用设施设备进行经营；

（七）物业服务合同终止时，不按照规定移交物业服务用房和有关资料；

（八）擅自提高物业服务收费标准；

（九）擅自处分属于业主共有财产；

（十）擅自将电梯使用、汽车停放、办理不动产登记等与物业服务费相捆绑；

（十一）法律、法规禁止的其他行为。

第三十六条　物业服务企业应当在物业服务合同终止之日起三十日内，在物业所在地的区、县（市）房产主管部门，街道办事处、乡镇人民政府的监督下，与新选聘的物业服务企业做好交接工作，并向业主委员会或者代行职责的居（村）民委员会或者物业管理委员会移交本条例第十三条规定的资料以及下列文件和资产：

（一）实施前期物业管理期间有关物业改造、维修、保养的技术资料；

（二）物业服务用房和属于业主共用的场地、设施设备；

（三）预收的物业服务费、场地占用费和利用物业共用部位、共用设施设备经营性收益的结余；

（四）与物业项目相关的债权债务清单；

（五）物业共用部位、共用设施设备维修费用的明细账；

（六）应当移交的其他管理资料和资产。

第三十七条　物业服务企业应当按照物业服务合同的约定收取物业服务费。物业服务费一般包括物业服务人员费用，物业共用部位、共用设施设备日常运行及维护费用，绿化养护费用，清洁卫生费用，秩序维护费用，物业共用部位、共用设施设备保险及公众责任保险费用，办公费用，管理费用，固定资产折旧以及经业主同意支付的其他费用。物业服务费应当按照房屋的建筑面积分摊。

第三十八条　物业服务企业应当于每年第一季度在物业管理区域内的显著位置公布上一年度物业服务合同履行情况和利用物业共用部位、共用设施设备开展经营活动所得收益的收支情况。业主提出质询时，物业服务企业应当及时答复。

业主大会或者业主委员会要求对利用物业共用部位、共用设施设备开展经营活动所得收益的收支情况进行审计的，物业服务企业应当予以配合。

第三十九条　物业管理活动中发生纠纷的，可以协商解决。无法协商解决的，可以由物业所在地的街道办事处、乡镇人民政府和区、县（市）有关主管部门进行调解。调解不成的，当事人可以依法申请仲裁或者向人民法院提起诉讼。

第四十条　物业管理应当实行信用信息管理制度。市房产主管部门应当对全市物业服务企业信用实施考核，统一管理。区、县（市）房产主管部门对本辖区内的物业管理信用信息进行核实，并将核实结果及时上报。

物业服务企业或者相关管理人经查实存在失信行为的，应当记入物业行业信用档案。

第四十一条　物业管理区域内不得有下列行为：

（一）擅自拆改房屋承重结构；

（二）擅自改变物业规划用途；

（三）侵占、损坏公共场地，物业共用部位、共用设施设备；

（四）损害或者违章使用电力、燃气设施；

（五）占用消防通道，挤占消防设施；

（六）违反规定破坏、改变建筑物外墙面的形状、颜色；

（七）违反规定进行房屋装饰装修；

（八）违章加建、改建、侵占、挖掘公共通道、道路、场地或者其他共有部分；

（九）排放有毒、有害物质或者超过规定标准的噪音；

（十）违反规定倾倒垃圾、污水和抛掷杂物；

（十一）违反规定饲养家禽、宠物；

（十二）违反规定从事妨碍其他业主正常生活的经营活动；

（十三）实施危害公共利益和侵害他人合法权益的活动；

（十四）存放不符合安全标准的易燃、易爆、剧毒、放射性等危险性物品；

（十五）在建筑物、构筑物上违章搭建、涂写、刻画或者违反规定悬挂、张贴宣传品；

（十六）在供水、供气、供热设施的地面及地下修建构筑物、挖坑、掘土、打桩、爆破作业、堆放垃圾杂物等；

（十七）擅自打井，私自开采地下水；

（十八）法律、法规禁止的其他行为。

发生上述行为时，业主有权投诉举报；物业服务企业、业主委员会应当及时劝阻、制止、督促改正；拒不改正的，应当及时向有关主管部门报告。有关主管部门接到报告后，应当对违法行为依法进行处理。

第四十二条　物业管理区域内确需占用业主共有道路、场地停放机动车辆的，应当经业主大会同意，由业主大会决定是否收取占用费以及占用费的收取标准和用途等。

业主大会决定收取机动车辆场地占用费的，由物业服务企业代为收取，单独计账，独立核算，定期公布账目，并接受业主的监督。扣除管理成本后的场地占用费归全体业主共有。业主对机动车辆有保管要求的，应当与物业服务企业另行约定。

第四十三条　物业管理区域内的业主，应当依法交纳住宅专项维修资金。住宅专项维修资金实行专户存储、专款专用、所有权人决策、政府监督的管理原则。

第四十四条　业主大会成立前，住宅专项维修资金由市房产主管部门代管，并在商业银行开立专户。业主大会成立后，决定自行管理住宅专项维修资金的，应当在商业银行开立专户，并接受市房产主管部门监督。

住宅专项维修资金应当以物业管理区域为单位设总账，以幢为单位设分幢账，按照房屋户门号设分户账。

第四十五条　住宅专项维修资金的补交、续交以及管理使用办法由市人民政府按照国家有关规定制定。

第五章　旧住宅区物业管理

第四十六条　本条例所称旧住宅区是指2000年6月底以前交付使用，房屋产权单位或者售房单位因客观原因无法履行房屋修缮责任的住宅区，由政府组织建设的安居、解困、回迁住宅区，以及按照政策移交政府管理的住宅区。

第四十七条　市和区、县（市）人民政府应当对配套设施不齐全、环境较差的旧住宅区进行改造整治，并向社会公布改

造整治规划和年度计划。

第四十八条　旧住宅区综合改造后应当推行专业化物业服务，由物业服务企业根据业主的需求和支付能力，提供环境卫生保洁、公共秩序维护、绿化养护和房屋小修养护等基本的物业服务，合理收取物业服务费。

旧住宅区综合改造后，业主大会可以自行选聘物业服务企业，也可以委托街道办事处、乡镇人民政府将本住宅区纳入临近物业管理小区统一管理。

对尚不具备引入专业物业服务条件的，业主应当在居（村）民委员会的指导下，根据管理服务质量和费用，自愿选择服务模式，并承担相应管理费用。

第四十九条　对于产权多元化或者出租房屋较多的旧住宅区，可以在居（村）民委员会指导下，由业主代表、产权单位代表、承租人代表等联合组成协商议事组织，进行自治管理。

第六章　法律责任

第五十条　违反本条例第八条规定，住宅物业的建设单位未通过招标的方式选聘物业服务企业或者未经批准，擅自采用协议方式选聘物业服务企业的，由市或者区、县（市）房产主管部门责令限期改正，给予警告，可以并处五万元以上十万元以下的罚款。

第五十一条　违反本条例第三十五条第一项规定，物业服务企业将一个物业管理区域内的全部物业管理项目一并委托给他人的，由市或者区、县（市）房产主管部门责令限期改正，处委托合同价款百分之三十以上百分之五十以下的罚款。委托所得收益，用于物业管理区域内物业共用部位、共用设施设备的维修、养护，剩余部分按照业主大会的决定使用；给业主造成损失的，依法承担赔偿责任。

第五十二条　违反本条例第三十五条第三项规定，物业服务企业擅自改变物业服务用房用途的，由市或者区、县（市）房产主管部门责令限期改正，给予警告，并处一万元以上十万元以下的罚款；有收益的，所得收益用于物业管理区域内物业共用部位、共用设施设备的维修、养护，剩余部分按照业主大会的决定使用。

第五十三条　违反本条例第三十五条第四项、第五项、第六项规定，物业服务企业擅自改变物业管理区域内按照规划建设的公共建筑和公共设施用途，或者擅自占用、挖掘物业管理区域内的道路、场地，损害业主共同利益，或者擅自利用物业共用部位、共用设施设备进行经营的，由市或者区、县（市）房产主管部门责令限期改正，给予警告，并处五万元以上二十万元以下的罚款；所得收益，用于物业管理区域内物业共用部位、共用设施设备的维修、养护，剩余部分按照业主大会的决定使用。

第五十四条　违反本条例第三十五条第七项规定，物业服务企业未在规定时间内移交有关资料和资产的，由市或者区、县（市）房产主管部门责令限期改正；逾期仍不移交有关资料和资产的，处五万元以上十万元以下的罚款。

第七章　附　则

第五十五条　本条例自2019年1月1日起施行。

沈阳市黑臭水体管理规定

（沈阳市人民政府令第73号）

第一条　为了提升人居环境质量，改善城乡生态环境，推进生态文明建设，实现水体长治久清，根据《中华人民共和国水污染防治法》等法律、法规规定，结合本市实际，制定本规定。

第二条　本市行政区域内的黑臭水体治理和水体维护、保持、管理等活动，适用本规定。

第三条　黑臭水体管理应当建立长效机制，坚持政府主导、部门协作、公众参与、综合施策的原则。

第四条　市人民政府负责全市黑臭水体管理工作。区、县（市）人民政府负责本辖区内黑臭水体治理和日常管理工作。

乡（镇）人民政府、街道办事处应当配合有关部门开展执法检查和违法案件查处工作；组织有关单位做好水体的日常维护管理工作。

第五条　市人民政府有关部门，按照本规定对黑臭水体管理履行下列职责：

（一）建设主管部门负责统筹协调黑臭水体治理；指导污水处理配套管网建设和污水处理设施的建设、运营；

（二）环境保护主管部门负责纳入名录水体及排污口的水质监控；负责工业污染源环境监管；

（三）水行政主管部门负责纳入名录水体的水功能区水质状况监测、入河排污口的统计；负责职能范围内河流的日常管理；

（四）行政执法部门负责监督指导全市建成区河道工程保护范围控制线以内垃圾、漂浮物清理；负责职能范围内水体的日常管理和维护；

（五）农业主管部门负责水体周边畜禽养殖行业的管理。

发展改革、公安、财政、规划和国土、城建、林业等部门按照各自的职责，依法对黑臭水体实施监督管理。

第六条　市和区、县（市）人民政府应当明确黑臭水体治理和水体养护的经费来源，并将政府承担的有关费用纳入本级财政预算管理。

任何单位和个人不得截留、挪用黑臭水体治理和水体养护专项资金。

鼓励采取政府购买服务、政府与社会资本合作等方式，吸引社会资本参与水体治理和保护工作。

第七条　黑臭水体治理实行河长制管理，市和区、县（市）人民政府、乡（镇）人民政府、街道办事处主要负责人对本辖区内水体水质、岸线保护负责。

第八条　市人民政府应当按照水体名称、起始边界、黑臭级别、水质现状、所在区域、责任主体及责任人等，制定和适时调整本市水体名录，并向社会公布。

第九条　市人民政府应当定期组织市发展改革、公安、财政、规划和国土、环境保护、建设、城建、行政执法、水利、农业、林业等有关部门和区、县（市）人民政府，共同研究解决黑臭水体管理工作中的重大事项。

第十条　市建设主管部门应当会同市发展改革、财政、环境保护、城建、水利、农业等有关部门制定黑臭水体治理总体计划和管理方案，报市人民政府批准。

区、县（市）人民政府应当制定实施方案，并组织实施。

第十一条　建设主管部门应当按照黑臭水体治理总体计划，统筹安排污水管网改造和建设，解决雨污分流改造和生活污水纳管处理，建立污水管网建设和改造项目清单，提高城乡污水管网覆盖率和收集率。

第十二条　任何单位和个人不得乱排乱放水污染物，向城乡污水处理设施排放水污染物的，应当达到国家和省规定的污

水排放标准。建设主管部门应当根据污水排放标准，组织城乡污水处理设施建设和运营，保障城乡污水处理设施良性运行。

污水处理设施改造检修期间，污水处理设施运营单位应当采取有效措施确保达标排放，防止造成水体污染。

第十三条　水体周边新建、改建和扩建过河桥梁、涵洞、围堤、护坡等工程或者设置其他设施的，建设单位应当严格按照提交的工程建设方案实施，并及时清除施工便道、施工围堰、建筑垃圾等。

第十四条　城市快速轨道交通建设和运营管理单位应当依法采用清洁工艺，引入雨水管线或者铺设临时管线等措施，防止施工降水和排水排入污水及雨污合流管线，确保城市快速轨道交通建设和运营过程中产生的生活污水、生产废水、含油污水、废泥浆、建筑垃圾等依法达标处置。

第十五条　水行政主管部门应当定期对水功能区水质状况进行监测，发现重点污染物排放总量超过控制指标的，或者水功能区的水质未达到水域使用功能对水质的要求的，应当及时报告同级人民政府采取治理措施，并向环境保护主管部门通报。

第十六条　区、县（市）人民政府应当鼓励、支持、引导畜禽养殖户建设综合利用和无害化处理设施，对水体周边畜禽养殖场、养殖小区，采取标准化改造升级等措施防止粪便污水污染水体。

畜禽散养密集区所在地区、县（市）人民政府，应当组织对畜禽粪便污水进行分户收集、集中处理利用。

第十七条　区、县（市）人民政府应当定期对水体护坡、护岸设施进行巡查和维护，发现水体两侧护坡、护岸设施出现破损、漏洞的，应当及时修复。

第十八条　区、县（市）人民政府应当因地制宜采取原位清淤、异位清淤或者原位异位相结合的方式，对黑臭水体的底泥实施生态养护治理。对异位清淤产生的污泥，污水集中处理设施的运营单位或者污泥处理处置单位应当安全处理处置，防止造成二次污染。

第十九条　区、县（市）人民政府和市人民政府有关部门应当加强水体及沿岸的日常巡查，对沿岸垃圾、水面漂浮物、违章建筑和违法排放生活污水、服务业污水等行为，应当采取措施保持水面及沿岸清洁，并及时通报负有监督管理权的部门查处。

第二十条　市和区、县（市）人民政府应当因地制宜建设公园、绿地、人工湿地、沿湖植被缓冲带和隔离带等生态环境治理与保护工程，提升水体景观效果。

第二十一条　环境保护主管部门应当将水体水质监测纳入监测范围，按照治理黑臭水体确定的水质标准，建立水体水质监测、预警机制；建设主管部门应当定期公开黑臭水体整治信息，接受社会监督。

第二十二条　市和区、县（市）人民政府应当聘请第三方评估机构对水体的污染源管控、水质监测及两岸环境整治等工作进行日常监督。

第三方评估机构应当科学、客观评价水体治理工作效果，对于监督中发现的问题及时上报。

第二十三条　市人民政府环境保护、建设、行政执法、农业、水利等有关部门及区、县（市）人民政府，应当按照各自职能对公民、法人或者其他组织的相关违法违规信息予以记录，纳入社会信用体系并向社会公开。

第二十四条　市和区、县（市）人民政府及其有关部门应当建立和完善黑臭水体投诉和举报制度，向社会公布受理投诉和举报的电话、电子邮箱、通信地址等，明确受理范围和职责。

任何单位和个人都有保护水体水质的义务，并有权对损害水体水质的违法行为进行投诉和举报，受理部门应当在7个工作日内，将投诉和举报处理情况向投诉、举报人反馈。

第二十五条　市和区、县（市）人民政府有关部门在日常巡查和执法过程中，发现相关执法活动涉及其他部门职权范围的，应当将相关执法信息及时移交相应部门并形成书面记录备查。

承接部门收到执法信息后应当及时处理，并书面反馈移交该执法信息的部门备案。

第二十六条　市人民政府应当对黑臭水体管理工作进行定期和不定期监督检查，对于监督检查过程中发现的区、县（市）人民政府或者市人民政府有关部门整改不力的事实予以通报批评。

第二十七条　市人民政府应当根据黑臭水体管理工作的实际情况，对造成社会影响较大的问题实行挂牌督办，督促有关区、县（市）人民政府或者有关责任单位，限期完成整改任务及责任目标。

第二十八条　区、县（市）人民政府或者有关责任单位，有下列情形之一的，市人民政府应当对主要负责人进行约谈，限期整改：

（一）未按照黑臭水体治理总体计划和管理方案实施的；

（二）公众反映强烈、影响社会稳定或者屡查屡犯、严重违法行为长期未纠正的；

（三）对市人民政府挂牌督办的工作，未在限期内完成案件查处或者整改任务的；

（四）其他需要进行约谈的情形。

第二十九条　区、县（市）人民政府或者市人民政府有关部门工作人员违反本规定，有下列行为之一的，由其所在单位或者上级机关责令改正，并给予行政处分;构成犯罪的，依法追究刑事责任：

（一）未对违法、违规行为及时查处的；

（二）擅自截留、挪用黑臭水体治理和水体养护专项资金的；

（三）投诉和举报受理处置不当，或者未按照要求建立投诉和举报受理方式，导致投诉和举报渠道不畅，造成不良社会影响的；

（四）未按照要求互通执法信息或者收到执法信息后未按照规定及时处理，造成不良社会影响的；

（五）未依法、依规组织开展第三方机构评估和公众参与的；

（六）执法过程中，存在瞒报、谎报、漏报等弄虚作假行为的；

（七）黑臭水体管理工作履责不力问题突出的；

（八）其他玩忽职守、徇私舞弊、滥用职权行为的。

第三十条　支持人民检察院对黑臭水体管理中违法行使职权或者不作为，致使国家利益或者社会公共利益受到侵害的，依法提起公益诉讼。

第三十一条　第三方评估机构以及参与黑臭水体治理和后期养护运营的组织或者机构，在评估、监测、监督、运营等活动中存在弄虚作假、冒领财政资金等违法违规行为的，除依照有关法律、法规规定承担相应的法律责任外，还应当将失信行为纳入社会信用体系，并向社会公开。

第三十二条　违反本规定的其他行

为，法律、法规已有法律责任规定的，从其规定。

第三十三条　本规定自2018年9月30日起施行。

沈阳市“门前三包”责任制管理办法

（沈阳市人民政府令第74号）

第一条　为了规范“门前三包”管理行为，创建整洁、优美、文明的生活环境，根据《沈阳市城市市容和环境卫生管理条例》和《沈阳市绿化条例》等有关法规的规定，结合本市实际，制定本办法。

第二条　本市实行城市化管理区域内临街的机关、团体、部队、学校、企业、集贸市场开办单位、建设工地建设单位、折迁工地施工单位、个体工商户及居民住户等（以下统称责任人）履行“门前三包”责任制，适用本办法。

第三条　本办法所称“门前三包”责任制，是指责任人在本办法划定的“门前三包”责任区范围内，对市容环境卫生进行管理和维护，实行“包环境卫生、包美化绿化、包市容秩序”的制度。

第四条　市城市管理部门是本市行政区域内“门前三包”责任制工作的主管部门，负责与“门前三包”责任制有关的规范制定、组织、监督、指导和考核等工作。

区、县（市）城市管理主管部门负责指导、监督、检查本行政区域内“门前三包”责任制工作实施情况，依法查处责任人未履行责任制和责任区范围内违反城市管理法规、规章的行为。

“门前三包”责任制管理由街道办事处（镇人民政府）具体组织实施。

公安、市场监督、房产、建委、财政、交通、环保等有关部门，应当按照各自职责，共同做好“门前三包”责任制管理工作。

第五条　“门前三包”责任区范围，是指单位或个人所有、使用或者管理的建（构）筑物和其他设施、场所的土地使用权范围以及管理范围。

责任人“门前三包”范围：

（一）纵向：建（构）筑物沿街总长；

（二）横向：建（构）筑物（包括围墙）的墙基至与城市道路设施的分界线；

（三）立面：建（构）筑物的外立面。

具体范围无法确定的，区、县（市）城市管理部门组织相邻责任人协商确定，协商不成的，由区、县（市）城市管理部门确定并告知。跨行政区域的，由市城市管理部门确定并告知。

第六条　责任人履行“门前三包”责任制，应当达到下列要求：

（一）环境卫生：地面无瓜果皮核、烟蒂、纸屑等垃圾污物，无积水、积雪；垃圾分类并袋装，定点、定时投放；不得将垃圾等扫入道路、下水道、绿地和他人责任区。

（二）美化绿化：建（构）筑物外立面整洁、美观，楼体粉饰；立面及玻璃橱窗内外无张贴、涂写、刻画、悬挂等现象；牌匾及亮化设施按要求设置，无破损、残缺、污浊等现象；门前绿地、花坛内外、树木周围整洁卫生，无倚树搭棚、践踏草坪、擅自占用绿地、钉钉拉绳等损坏树木、花草及设施的行为。

（三）市容秩序：无门前设摊设点、占道经营、占道加工生产、乱摆乱堆杂物、乱搭乱建、乱停机动和非机动车辆等行为。

（四）相关法律、法规、规章规定的其他要求。

第七条　区、县（市）城市管理主管部门、街道办事处（镇人民政府）应当按照城市治理网格化的要求，结合城市管理行政执法勤务区分级管理模式，加强“门前三包”责任制工作的指导、监督和管理。

第八条　街道办事处（镇人民政府）应与责任人签订“门前三包”责任书，责任书应载明责任人名称、地址、范围和要求等内容。责任书应当在责任人办公或者经营场所的醒目位置进行公示。

第九条　责任人应当及时劝阻、制止发生在其“门前三包”责任区内违反本办法的行为；劝阻、制止无效的，应当及时报告“门前三包”责任制工作区城市管理部门。

第十条　责任人不履行“门前三包”责任制的，由城市管理部门责令限期改正；逾期不改正的，依据有关法律、法规进行处罚。

第十一条　任何单位和个人有权监督“门前三包”责任制工作的实施情况。对违反本办法有关规定的单位、个人和行政管理部门有权向市、区人民政府或有关部门投诉举报。

第十二条　对“门前三包”责任制工作中成绩显著的单位和个人，由城市管理部门组织表彰和奖励。

第十三条　阻碍城市管理部门及其工作人员执行本办法构成违反治安管理行为的，由公安机关依照《中华人民共和国治安管理处罚法》的有关规定予以处罚；构成犯罪的，依法追究刑事责任。

第十四条　城市管理、公安、市场监督、房产、建委、财政、交通、环保等有关部门和街道办事处（镇人民政府）及其工作人员不履行法定职责，玩忽职守、滥用职权、徇私枉法的，由所在单位或者上级主管部门、监察机关给予行政处分；构成犯罪的，依法追究刑事责任。

第十五条　本办法自2018年10月1日起施行。

中国（辽宁）自由贸易试验区沈阳片区建设促进办法

（沈阳市人民政府令第75号）

第一章　总　则

第一条　为推进和保障中国（辽宁）自由贸易试验区沈阳片区（以下简称“自贸试验区”）的建设，遵循有关法律、行政法规的基本原则，根据《中国（辽宁）自由贸易试验区条例》，结合沈阳实际，制定本办法。

第二条　自贸试验区应当围绕国家战略，以制度创新为核心，以可复制可推广为基本要求，形成与国际投资贸易通行规则相衔接的制度创新体系，加快市场取向体制机制改革、积极推动结构调整，提升国家新型工业化示范城市、东北地区科技创新中心发展水平，建设具有国际竞争力的先进装备制造业基地，建设成为提升东北老工业基地发展整体竞争力和对外开放水平的新引擎，营造国际化、市场化、法治化的营商环境。打造中国服务国家品牌，促进服务贸易创新发展，培育贸易新业态、新模式、新服务体系和政策框架，加强涉外资源整合。

第三条　鼓励自贸试验区先行先试，探索制度创新。对法律、法规和国家政策未明确禁止或者限制的事项，鼓励公民、

法人和其他组织在自贸试验区开展创新活动。

对自贸试验区制度创新作出突出贡献的单位和个人应当给予奖励。

第二章　管理体制

第四条　按照统筹管理、分级负责、精干高效的原则，建立权责明确、部门配合、运行高效的管理体制。

设立自贸试验区工作领导小组，负责研究制定推进自贸试验区建设战略，推动相关部门落实各项试验任务，协调解决工作中遇到的重大问题。

自贸试验区工作领导小组办公室设在自贸试验区管理委员会，负责自贸试验区工作领导小组的日常工作。

第五条　组建自贸试验区管理委员会，为市政府派出机构。

自贸试验区管理委员会履行下列职责：

（一）落实《中国（辽宁）自由贸易试验区总体方案》和各项改革创新措施；

（二）组织研究自贸试验区深化改革创新经验，提出可复制可推广创新成果建议；

（三）协调研究和解决自贸试验区改革创新中的难点和问题；

（四）协调推进自贸试验区改革创新发展政策，发布自贸试验区重要信息；

（五）协调金融、海关等部门在自贸试验区内的相关工作；

（六）组织实施自贸试验区信用管理和监管信息共享工作，依法履行国家安全审查、反垄断审查有关职责；

（七）统筹指导区内产业布局和开发建设活动，协调推进重大投资项目建设；

（八）为企业和相关机构提供指导、咨询和服务；

（九）依法行使的其它职责。

第六条　市人民政府及其有关部门，应当遵循简政放权、放管结合、优化服务的原则，按照自贸试验区发展需要和工作实际，将经济管理权限依照法定程序委托给自贸试验区管理委员会。

第七条　自贸试验区管理委员会在其职权范围内制定、实施的重大创新措施，报市人民政府备案。

自贸试验区的创新措施涉及市人民政府及其部门权限的，市人民政府及其有关部门应当支持先行先试。

自贸试验区的创新措施涉及国家、省有关部门权限的，市人民政府及其有关部门应当为自贸试验区积极争取国家、省有关部门支持先行先试，争取更大的改革自主权。

第八条　创新管理模式，在自贸试验区内实现行政监管、行业自律、信用管理、社会监督和公众参与的社会共治模式，推动自贸试验区营造高标准、更便利、同参与的发展环境。

第九条　设立自贸试验区专家咨询委员会，建立与企业、高校、科研机构和相关行政部门的沟通机制，开展前瞻性问题研究和重大创新举措可行性研究等工作，并为自贸试验区综合发展提供智力支持和保障。

第十条　实行意见反馈制度，自贸试验区管理委员会应当定期听取驻区企业、行业自治组织、执法机关、司法机关和仲裁机构的意见，并及时做出有利于自贸试验区发展的创新意见。

第十一条　建立综合评估机制，对改革创新政策执行情况进行综合和专项评估，必要时委托第三方机构进行独立评估，及时复制推广改革创新经验。

第十二条　实行多规合一管理制度，通过多规合一工作平台开展项目生成和行政审批工作，自贸试验区管理委员会在管理范围内制定、公布简易程序并组织实施。

试行企业投资项目承诺制，整合、简化投资项目报建手续，建立先建后验的管理模式。

第十三条　建立公平竞争审查机制。对涉及市场准入、产业发展、招商引资、招标投标、政府采购、经营行为规范、资质标准等市场主体经济活动的规章、规范性文件和其他政策措施进行公平竞争审查。

第三章　投资开放和贸易便利化

第十四条　对外商投资实行准入前国民待遇加负面清单管理模式，对负面清单之外的外商投资项目（国务院规定对国内投资项目保留核准的除外）及外商投资企业设立、变更实行备案制。

第十五条　依法放宽外资准入，扩大开放先进装备制造、金融、科技、物流等领域，降低外商投资性公司准入条件。允许境外投资者自由转移其合法投资收益。

第十六条　推进国际贸易“单一窗口”建设，做好与国家标准版国际贸易“单一窗口”的推广应用工作，逐步实现企业通过“单一窗口”一站式办理。

支持海关特殊监管区域辅助管理系统进行升级。实施海关高级认证企业守信联合激励措施，配合推进部门间涉企信息统一归集和信用联合惩戒合作。将原产地业务纳入国际贸易“单一窗口”。

第十七条　海关特殊监管区域实施“一线放开”“二线安全高效管住”的通关监管服务模式。积极开展一般贸易、加工贸易、转口贸易、离岸贸易和跨境电子商务贸易。

第十八条　积极争取赋予自贸试验区海关特殊监管区域企业增值税一般纳税人资格试点。

第十九条　积极争取在海关特殊监管区域推进内销选择性征收关税政策。对海关特殊监管区域内企业生产、加工并经“二线”内销的货物，根据企业申请，按其对应进口料件或者按实际报验状态征收关税，进口环节增值税、消费税照章征收。企业选择按进口料件征收关税时，一并补征关税税款缓税利息。

第二十条　支持发展跨境电子商务保税备货进口、集货出口、空运直邮业务。探索建立跨境电子商务平台运营主体、外贸综合服务企业、物流服务企业集中代理报关、纳税的机制。建立跨境电子商务企业信用管理制度。对跨境电子商务经营主体实行信用评级管理。

第二十一条　建立与国际惯例相衔接的商事登记制度，简化企业设立登记程序。在自贸试验区探索统一受理涉及企业管理的行政事务，实行“证照分离”“多证合一、一照一码”登记制度，核发加载“统一社会信用代码”的电子营业执照。

推行企业名称登记制度改革，公开企业名称库，开放企业名称网上查询比对，实现企业名称自主选择。

实行“一址多照”制度。支持企业在住所以外增设经营场所，住所与经营场所在自贸试验区内的，可申请经营场所备案（法律、行政法规或者国务院决定另有规定的除外）。

第四章　金融创新与风险监控

第二十二条　自贸试验区探索简化金融机构准入管理，支持发展总部经济，鼓励各类金融机构在区内发展。

支持设立外资股权管理机构、外资创业投资管理机构在区内发起管理人民币

股权投资和创业投资基金。鼓励在区内设立境外投资股权投资母基金。规划和建设“金融岛”，实现金融资源集聚。

第二十三条 探索建立与自贸试验区相适应的本外币账户管理体系，扩大人民币跨境使用范围。探索建立区域性国际贸易结算中心，进一步简化经常项目外汇收支手续，进一步探索适合商业保理、融资租赁等行业发展要求的外汇管理模式。

开展跨国公司外币资金集中运营管理改革试点，进一步放宽跨国公司外汇资金集中运营管理准入条件。

第二十四条 开展跨国企业集团跨境双向人民币资金池业务，探索逐步放宽准入条件。拓宽境外人民币投资回流渠道，支持自贸试验区内企业和金融机构在境外发行人民币债券，募集资金可根据需要调回区内使用，支持本地区经济活动。

第二十五条 拓宽企业融资渠道，提供多样化金融产品和金融工具。支持符合条件的中资银行开展离岸银行业务，支持在自贸试验区内设立全牌照合资证券公司，支持自贸试验区内符合互认条件的基金产品参与内地与香港基金产品互认，支持将自贸试验区内符合条件的金融机构纳入有限发行大额可转让存单的机构范围，开展大额可转让存单发行试点。

第二十六条 推进融资租赁行业发展。统一内外资融资租赁企业准入标准、审批流程和事中事后监管。

允许融资租赁企业接受租赁保证金等业务，依法批准开展与融资租赁业务相关的贸易和小额贷款试点。允许各类融资租赁公司境内融资租赁业务收取外币租金，允许租赁公司开展以人民币计价结算的跨境租赁资产交易。

第二十七条 创新发展资本要素市场。支持发展区域性股权交易中心、金融资产交易中心、大宗商品期货保税交割仓库等要素市场。鼓励境内期货交易所在自贸试验区内设立大宗商品期货保税交割仓库，逐步允许境外企业参与商品期货交易。

第二十八条 建立金融监管协调机制，完善跨行业、跨市场的金融风险监测评估机制；对企业、个人跨境收支进行全面监测，探索主体监管；加强对跨境资金流动、套利金融交易的监测和管理。做好反洗钱、反恐怖融资工作，防范非法资金跨境、跨区流动。

第五章 国企改革和产业升级

第二十九条 推进自贸试验区国有企业混合所有制改革。鼓励各类投资者以出资入股等方式参与国有企业改制重组，建立多元化投资、市场化经营机制，提高资源配置效率和增强企业发展的内生动力。

推进员工持股试点，探索在混合所有制企业有序推进管理层、技术骨干、员工采取增资扩股、出资新设等方式参与本企业改制，实行同股同权。

第三十条 探索完善以管资本为主的国有资产监管体系，自贸试验区内国有企业按分类进行监管和改革。探索建立区内国有企业重大信息披露制度。鼓励在区内创建国有资本投资运营公司。对市属国有企业在区内新设的投资项目实行报告管理。国有创投企业使用国有资产评估报告实行事后备案，简化其股权投资退出程序。

第三十一条 创新国有企业薪酬分配制度。支持自贸试验区内国有企业对市场化选聘的企业领导人员、经营管理和业务骨干团队采取多样化激励方式；高新技术和创新型企业可以实施股权激励机制。

第三十二条 支持自贸试验区实施创新驱动战略，打造装备制造、金融商务、高新高端产业、会展商贸、物流商贸集聚区，空港服务和保税服务功能区。发展先进制造业、国际商贸业、金融服务业、现代物流业、高端服务业，建设具有国际竞争力的先进装备制造业基地。

第三十三条 将沈阳经济技术开发区、中德（沈阳）高端装备制造产业园、沈阳辉山经济技术开发区、沈阳金融商贸开发区纳入自贸试验区政策协同区，推动产业融合，促进区域经济协同发展。

第三十四条 自贸试验区探索融入全球价值链和推动产业转型升级。推进数控机床、机器人等先进装备制造业向中高端迈进，培育发展大数据产业。加快航空产业开放发展，促进汽车产业加快发展，推进生物医药和高端医疗器械产业发展，探索开展高技术、高附加值产品的再制造业务试点，充分利用产业（创业）投资引导基金。

第六章 东北亚地区合作和“一带一路”建设

第三十五条 自贸试验区推进建设陆海空“三港”联动、融合发展，构筑联通内外、便捷高效的综合运输大通道。

发挥铁路运输服务优势，加强与“一带一路”沿线国家铁路、物流企业以及有关国际组织的交流与合作。提升中欧班列服务品质与效率，强化铁路综合交通枢纽功能。面向东三省、辐射东北亚，开行循环班列、阶梯班列、冷藏班列、电商快递班列等铁路物流产品。

探索建立自由贸易港。推进“沈阳港”建设，构建以沈阳为核心的集陆港、海港功能于一体的国际物流母港。打造东北亚乃至欧亚国际物流中心，促进物流、人流、资金流、信息流的汇聚和经贸产业集聚。

完善沈阳空港服务效能，建设面向东北亚的枢纽港。充分发挥沈阳空港的综合优势，优化空域管理，加快临空经济区开发建设。根据市场需求，培育新的国际国内客货运航线或者加密已有航线，优化航空国际中转作业模式。

第三十六条 自贸试验区加强与“一带一路”沿线国家自贸园区的合作，探索建立自贸试验区与“一带一路”沿线自贸园区之间税收互惠制度，开展海关、认证认可、标准计量等方面的合作与交流，探索开展贸易供应链安全与便利合作。

第三十七条 推进与“一带一路”沿线国家开展国际产能和装备制造合作。推动欧美、日韩等国先进制造业、战略性新兴产业、现代服务业等产业在自贸试验区内集聚发展。

支持区内企业开展国际产能合作，鼓励企业将优势产能有序转移，加大对“一带一路”沿线国家市场开拓力度，不断拓展产业发展新空间。

第三十八条 推进与东北亚各国在文化、教育、体育、卫生、旅游、娱乐等专业服务领域开展投资合作。积极引进外资旅行社和特色文化演艺项目，开辟跨境跨区域旅游线路。

第七章 科技创新和人才保障

第三十九条 自贸试验区探索建立全链条贯通式科技创新体制机制，构筑辐射东北亚的科技创新中心。

探索将政府对企业技术创新投入方式转变为以普惠性财税政策为主，更多运用财政后补助、间接投入等方式，支持企业开展重大产业关键技术研发攻关，鼓励国有企业设立科技研发机构，开展创新试验。加强高新技术企业培育，鼓励科技型中小企业加大研发力度。

围绕重点产业、产业链、重大科技项目、产业集群构建产业技术创新战略联盟，建立产学研合作长效机制。建设科学技术转移、技术产权交易、科技成果转化等公共科技服务平台，推动科技成果转化交易。

支持与国家科技成果转化引导基金、战略性新兴产业创业投资引导基金、国家中小企业发展基金对接，设立专业化创业投资子基金，促进科技成果转移转化，加速科技型企业成长。

建立合理的科研激励制度。实施和深化科技成果处置权和收益权改革，实施科研机构自主实施科技成果转移转化；探索建立符合科技成果转化规律的市场定价机制，成果转化收益分配可以按70%及以上比例向发明人和转移转化人员进行奖励。

第四十条　自贸试验区实施更加积极、便利的创新人才引进政策，强化激励，吸引领军科学家、企业家、归国创业人员等高端人才，建设国际化人才社区。

提高境内外人员出入境、外籍人员签证和居留、就业许可、驾照申领等事项办理的便利化程度。完善外国留学生毕业后直接就业创业政策，探索对持有外国人永久居留证的外籍高层次人才在创办科技型企业等创新活动方面，给予中国籍公民同等待遇。

第四十一条　实行更加开放的永久居留政策。以“人才绿卡”制度为基础，探索开展技术移民制度试点。

第四十二条 创新人才服务体系。建立“盛京人才卡”制度，以《沈阳市高层次人才认定办法》为标准，重点为高层次人才出入境、落户、医疗保险、就医、子女入学等方面提供便捷服务。高层次人才、团队创办或者领办具有重大经济社会效益的创新创业项目，优先给予投融资便利、财政资助等方面的支持。

第八章　综合监管和公共服务

第四十三条　自贸试验区应当创新行政管理方式，完善管理规则，注重事中事后监管。

第四十四条　自贸试验区应当建设统一的监管信息共享平台，促进监管信息的归集、交换和共享。

第四十五条　自贸试验区应当建立企业信用信息数据库及信用公示平台，探索建立守信激励和失信惩戒联动机制，完善企业信用激励、警示、惩戒制度。

鼓励企业、社会组织、社会公众参与公共征信体系建设，发展市场化大数据征信产业。

自贸试验区鼓励信用服务机构利用各方面信用信息开发信用产品，开展信用论证和等级评价，为行政监管、市场交易等提供信用服务；鼓励企业和个人使用信用产品和服务。

第四十六条　完善政府守信机制。自贸试验区内严格履行政府向社会作出的承诺，将政务履约和守诺服务纳入政府绩效评价体系，建立健全政务和行政承诺考核制度。完善政务诚信约束和问责机制，加强对权力运行的社会监督和约束。

第四十七条　建立综合执法体制。统筹推动相关部门，厘清行政执法部门权责，集中行政部门执法职能，整合行政执法权限及管理权限，实现自贸试验区内单一执法与高效执法。

第四十八条　实行行政执法警示制度。自贸试验区探索实施发布市场主体违法经营行为提示清单、经营行为法律责任清单，引导市场主体合法经营。

探索完善提醒、约谈、告诫等监管手段运用机制，对有潜在违法可能的相对人给予预警提示，对有轻微违法行为的相对人予以告诫规劝，通过合作式监管，减少监管成本，提高监管实效，及时化解市场风险。

第四十九条　推动税务服务创新。优化企业全生命周期贴近式服务，推行新办企业套餐式服务，优化办税流程、精简办税资料、整合表证单书，减轻新办企业办税负担。优化企业税务注销程序，设立“清税注销业务专窗”，实行清税证明免办服务、优化税务注销即办服务。推广网上办税服务厅，完善网上办税服务厅功能。加强纳税信用结果应用，完善纳税信用评价结果共享机制。

第五十条　探索实行自贸试验区内政府部门行政管理与公共服务质量管理制度。制定具体标准，促进规范化管理，实施行政事务再造流程，规范运行程序，提高行政管理和公共服务的质量。

第五十一条　建立企业和相关组织代表等组成的社会参与机制，在自贸试验区内设立企业联系点，聘请行政执法监督员，畅通企业、相关组织和个人表达利益诉求渠道。

支持行业协会、商会等参与自贸试验区建设，推动行业协会、商会等制定行业管理标准和行业公约，加强行业自律。

第九章　法治环境

第五十二条　坚持运用法治思维、法治方式在自贸试验区开展各项改革创新，为自贸试验区建设营造良好的法治环境。

自贸试验区应当积极借鉴市场运行规则、管理模式等方面的国际通行规则和国际惯例，营造国际化、市场化、法治化营商环境。

第五十三条　自贸试验区按照权责一致的原则，实行权责清单、收费清单和公共服务清单制度，简化办理流程，编制权力运行流程图并向社会公开。

第五十四条　自贸试验区依法构建和谐劳动关系，推动企业和职工开展劳动报酬、劳动保护等事项的集体协商。发挥工会在维护职工权益、促进劳动关系和谐稳定方面的积极作用。

第五十五条　自贸试验区应当加强知识产权保护工作，加快建立统一的知识产权管理和执法体制。完善知识产权纠纷多元化解决机制，鼓励设立知识产权快速维权援助与服务平台。

探索建立自贸试验区跨部门知识产权执法协作机制，实现知识产权行政保护与司法保护的有效衔接。

第五十六条　自贸试验区依法加强环境保护，鼓励区内企业实行国际通行的环境和能源管理体系标准认证，采用先进生产工艺和技术，节约能源，减少污染物和温室气体排放。

第五十七条　自贸试验区内的市场主体与行政主体之间的行政争议，可以通过行政调解、行政复议或者行政诉讼等方式解决。

第五十八条　自贸试验区管理委员会应当配合有权机关开展外商投资国家安全审查和经营者集中反垄断审查，应当配合有关部门做好外商投资监管工作。

第五十九条　自贸试验区建立多元化、国际化商事纠纷解决机制。

鼓励行业协会、商会等社会组织独立或者联合依法开展专业调解，建立调解与仲裁、诉讼的对接机制。

第六十条　鼓励律师事务所、会计师事务所、审计师事务所和知识产权服务、检验检测、报关、认证、评估、公证、司法鉴定、信用服务等专业服务机构，在自贸试验区开展业务。

第六十一条　自贸试验区进行的创新活动，未能实现预期目标或者造成负面影响和损失，尚未造成重特大安全责任事故、严重环境污染、生态破坏责任事故的，符合下列情形，可以免予追究有关人员责任：

（一）法律法规没有明令禁止的；

（二）符合中央大政方针，符合省委、省政府以及市委、市政府决策精神的；

（三）经过集体研究、民主决策并有相关证实材料的；

（四）没有为个人和部门谋取私利的；

（五）积极配合调查，主动采取措施最大限度挽回损失、消除不良影响的。

自贸试验区引入第三方评估机构对自贸试验区改革创新发展进行评估，并对评估结果进行科学判断，对阻碍、破坏自贸试验区改革创新的单位和个人，应当追究相关责任。

第十章　附　则

第六十二条　本办法自2019年1月1日起施行。

沈阳市道路车辆管理办法

（沈阳市人民政府第76号令）

第一条　为了加强道路车辆管理，规范道路车辆通行秩序，提高通行效率，预防和减少道路交通事故，根据《中华人民共和国道路交通安全法》《中华人民共和国道路交通安全法实施条例》和《辽宁省道路交通安全违法行为罚款执行标准规定》等有关法律、法规规定，结合本市实际，制定本办法。

第二条　凡在本市行政区域内从事与道路交通活动有关的单位和车辆所有人、管理人以及驾驶人，应当遵守本办法。

第三条　公安机关交通管理部门负责本办法的实施。

第四条　交通警察实施道路交通安全管理，应当做到公正、严格、文明、高效。

第五条　机关、企业事业单位、社会团体以及其他组织应当对所属从业人员进行道路交通安全法律法规宣传教育，增强驾驶人的法律意识和交通安全意识。

第六条　公安机关交通管理部门根据道路和交通流量的具体情况，可以对机动车、非机动车、行人采取疏导、限制通行、禁止通行等措施。

第七条　下列车辆不得在三环绕城高速公路以内道路上通行：

（一）非法改装、拼装带有动力装置的两轮、三轮车；

（二）带有动力装置可以直立驾驶的单轮、两轮车；

（三）摩托车。

按照规定喷涂统一标识的行政机关和军队执行公务、任务的摩托车除外。

第八条　电动自行车应当符合国家技术标准并且经公安机关交通管理部门登记后，方可上道路行驶。

各行业专用三轮电动车以及本办法施行前购买的不符合国家标准的两轮电动车实行临时通行和过渡期管理，具体办法由公安机关制定。

鼓励上述车辆所有人或者管理人投保第三者责任保险、人身伤害保险和财产损失保险。

第九条　在城市道路两侧，非机动车应当在规定地点按照非机动车停车泊位停放；在没有设置非机动车停车泊位的道路上，非机动车停放不得影响其他车辆和行人通行。

第十条　在施划公交车专用车道的道路上，公交车应当在专用车道内行驶。在不影响公交车辆正常通行的情况下，大型、中型载客汽车可以使用公交专用车道。

其他车辆除转弯外不得占用公交车专用车道，借用公交车专用车道转弯时，可以在距前方转弯处三十米至五十米时驶入公交车专用车道。

公交车进入站点时，应当在站点内单排靠右侧停车，暂时不能进入站点的，单排依次等候进站；驶离站点时，应当单排依次行驶。

第十一条　上道路行驶的机动车应当符合下列规定：

（一）机动车号牌保持清晰、完整，不得遮挡、倒置或者对号牌作技术处理，影响车辆号牌的识别；变形、残缺、褪色以及字迹模糊的，应当及时换领机动车号牌；

（二）不得在车辆外部改装、加装照明设备、光电器材等干扰交通技术监控设备和影响车辆运行安全的装置；

（三）不得安装、使用高音和怪音喇叭、大功率音响、与警报器音频相同的装置以及强光灯、爆闪灯等影响交通安全的装置；

（四）不得擅自加高或者降低机动车底盘、改装消声器、改变车身颜色等机动车外观、构造和技术数据；

（五）不得在机动车前、后风挡玻璃上喷涂、粘贴妨碍安全驾驶的广告以及妨碍视线的物品；

（六）不得在机动车前、后车灯上喷涂、粘贴有色薄膜。

第十二条　除法律、法规规定外，在三环绕城高速公路以内的道路，驾驶人驾驶机动车不得鸣喇叭或者发出影响交通安全的噪音。

前款所称机动车不含公安、消防、救护、工程抢险救援等执行任务的特种车辆。

第十三条　载客汽车车厢内放置物品，不得遮挡车窗，不得从车窗、车门以及后备厢处突出到车身以外。

第十四条　公安机关交通管理部门应当定期将交通技术监控设施记录的机动车违反道路通行规定的信息向社会公布，供机动车驾驶人或者车辆所有人、管理人查询。

第十五条　有下列情形之一的，公安机关交通管理部门应当定期将机动车驾驶人和专业运输单位的道路交通安全违法行为信息纳入沈阳市公共信用信息平台，供有关单位和个人依照有关规定查询：

（一）机动车驾驶人违反道路交通安全法律、法规，受到拘留、吊销或者暂扣机动车驾驶证处罚的；

（二）机动车驾驶人一年内违反道路交通安全法律、法规和规章，受到十次以上罚款处罚的；

（三）交通违法行为人逾期三个月不缴纳罚款的，车辆所有人逾期不参加车辆安全技术检验或者一年内被交通技术监控设施记录五次以上拒不接受处罚的；

（四）客运、货运、校车服务提供者及其聘用的驾驶人严重违反道路交通安全法律、法规，受到行政处罚的；

（五）其他严重违反道路交通安全法律、法规，受到行政处罚的。

第十六条　任何单位、组织和个人可以向公安机关交通管理部门举报本市行政区域内严重道路交通违法行为。举报事项应当客观真实，举报人对其提供的举报内

容的真实性负责，不得故意捏造、歪曲事实，不得诬告、陷害他人。

公安机关交通管理部门应当确定举报交通违法行为的种类、举报方式和途径，并且向社会公示。

经公安机关交通管理部门查证属实并且依法做出处罚的严重道路交通违法行为，可以给予举报人奖励，奖励办法另行制定。

第十七条　违反本办法第六条规定的，由公安机关交通管理部门对非机动车驾驶人处五十元罚款，对机动车驾驶人处二百元罚款。

第十八条　违反本办法第七条第一项、第二项规定的，由公安机关交通管理部门处警告或者三十元罚款，拒不缴纳罚款的，扣留其车辆；违反第七条第三项规定的，处二百元罚款。

第十九条　违反本办法第八条第一款、第二款规定，未经公安机关道路交通管理部门登记上道路行驶和违反临时通行规定的，由公安机关交通管理部门处警告或者五十元罚款，拒不缴纳罚款的，扣留其车辆。

第二十条　违反本办法第九条规定的，由公安机关交通管理部门处警告或者十元罚款。

第二十一条　违反本办法第十条规定的，由公安机关交通管理部门处警告或者一百元罚款。

第二十二条　违反本办法第十一条规定的，由公安机关交通管理部门处警告或者二百元罚款。

第二十三条　违反本办法第十二条规定的，由公安机关交通管理部门处警告或者五十元罚款。

第二十四条　违反本办法第十三条规定的，由公安机关交通管理部门处警告或者一百元罚款。

第二十五条　公安机关交通管理部门及其交通警察的行政执法活动，应当接受监察机关依法实施的监察，自觉接受社会和群众监督。

公安机关交通管理部门应当建立执法质量考核评议、执法责任和执法过错追究制度，纠正道路交通安全执法中的错误和不当行为。

第二十六条　本办法自2019年3月1日起施行。2012年沈阳市人民政府第34号令《沈阳市城市道路车辆管理办法》同时废止。

沈阳市运河风景区管理办法

（沈阳市人民政府令第77号）

第一条　为了加强我市运河风景区的规划、建设、保护和管理，根据国家有关法律、法规的规定，结合我市实际，制定本办法。

第二条　市运河风景区（以下简称运河风景区）是指南运河、卫工河、新开河规划范围内的运河水系及两岸风景区区域。运河风景区全长497公里，面积132平方公里。

第三条　凡在运河风景区内从事相关活动的单位和个人应当遵守本办法的规定。

第四条　运河风景区的行政主管部门统筹协调运河风景区的综合管理，市、区两级运河风景区管理部门负责运河风景区日常管理工作。

政府相关主管部门，按照各自职责，依法做好运河风景区的管理工作。

第五条　运河风景区的建设规划由运河风景区行政主管部门会同城乡规划主管部门组织编制，报市人民政府批准后，纳入城市总体规划。确需修改规划的，报原批准机关审批。

第六条　运河风景区内的建筑物、构筑物、植物造景等新建、扩建、改建、翻建工程，应当按照运河风景区的建设规划进行。

运河风景区周边的建设，应与运河风景区景观相协调。

第七条　运河风景区内的绿化工程设计、监理应当委托持有相应资质证书的设计、监理单位承担。

绿化工程的施工企业应具备与从事工程建设活动相匹配的专业技术管理人员、技术工人、资金、设备等条件。

第八条　运河风景区的绿化工程竣工后，由运河风景区行政主管部门组织验收，验收合格后方可交付使用。

第九条　运河风景区绿地按照《城市绿线管理办法》进行管理，任何单位和个人，未经批准不得占用运河风景区绿地或者改变其使用性质。

因建设或者其他特殊情况需要临时占用绿地的，应当报运河风景区行政主管部门批准，制定占用绿地恢复实施方案，缴纳绿地占用费，到有关主管部门办理相关手续。

第十条　发生管道泄漏等紧急情况，需砍伐或迁移树木、占用绿地及河道的，抢险单位可以先行抢修，应当在抢险后四十八小时内向运河风景区行政主管部门通报，并补办有关手续。

第十一条　任何单位和个人不得在运河风景区内擅自砍伐、移植树木。确需砍伐、移植树木的，应当按照国家有关规定报经运河风景区行政主管部门审批，经批准砍伐树木，应按规定缴纳树木损害补偿费，移植的树木要采取措施，保证迁移树木的成活。

第十二条　运河水体依据有关法律、法规和规章进行管理,运河的保护管理实行河长负责制。

第十三条　运河风景区管理部门应当做好运河水体清洁，建立水体沿线垃圾扫保及收集转运机制，保持植物生长茂盛、园容卫生整洁，保障设施完好。

第十四条　在运河风景区内需要举行大型活动的，须告知运河风景区管理部门，并在管理部门指定的时间、地点等范围内进行。

第十五条　运河风景区内禁止下列行为：

（一）践踏和毁坏草坪、花卉、树木；

（二）在树木及建筑景物上攀登、刻划、涂抹、张贴及悬挂物品；

（三）垦荒、焚烧、挖砂取土、建坟；

（四）堆放、晾晒物品及在运河内洗涤物品；

（五）倾倒垃圾、残土、含有融雪剂的残雪及乱扔杂物；

（六）饲放禽畜、渔猎、捕鸟；

（七）野浴、进入运河橡胶坝及闸坝禁区；

（八）向树木或者绿地内喷洒、倾倒或者排放污水、污油或者其他影响植物生长的液体；

（九）擅自破坏河道及园林设施；

（十）机动车擅自入内行驶、停放；

（十一）摆摊设点经营和搞封建迷信活动；

（十二）在绿地内擅自设置公告牌或者搭建临时建筑；

（十三）在运河内私自取用水；

（十四）其他损害运河风景区的行为。

第十六条　对保护运河风景区资源，建设运河风景区有突出贡献的单位和个人，由运河风景区行政主管部门给予表彰。

第十七条　违反本办法第六条规定，未按照运河风景区规划进行工程建设的，由相关行政主管部门依法处罚。

第十八条　违反本办法第七条规定，对不具备相应资质的单位承担设计、监理的和不具备相匹配条件的施工企业承担绿化施工的，由运河风景区行政主管部门责令停止设计、施工、监理，限期改正或者采取其他补救措施。

第十九条　违反本办法第九条规定，未办理占用绿地手续而占用绿地的，由运河风景区行政主管部门给予警告，责令拆除违章建筑，并按照占用绿地面积每平方米二百元以上五百元以下处以罚款。

临时占用绿地不按期退还的，由运河风景区行政主管部门责令限期退还，恢复原状，并从逾期之日起，按照占用绿地每日每平方米十元以上三十元以下处以罚款。

第二十条　违反本办法第十一条规定，未经批准，擅自砍伐树木的，由运河风景区行政主管部门责令停止侵害，按照砍伐株数的十倍补植树木，并按照砍伐树木价值三倍以上五倍以下处以罚款。

第二十一条　违反本办法规定，有本办法第十五条所列损害运河风景区行为之一的，由运河风景区行政主管部门给予警告，责令停止侵害，处以二十元以上五十元以下罚款；情节严重的，处以五十元以上五百元以下罚款；造成损失的，按照绿化或者绿化设施补偿标准三倍以上五倍以下处以罚款。涉嫌犯罪的，依法移送公安机关处理。

第二十二条　妨碍运河风景区管理人员依法执行公务，违反治安管理规定的，由公安机关依法予以处罚；构成犯罪的，由司法机关依法追究刑事责任。

第二十三条　运河风景区管理人员玩忽职守、滥用职权、徇私舞弊的，由所在单位及监察机关给予政务处分；构成犯罪的，依法追究刑事责任。

第二十四　条本办法自2019年2月1日起施行。1999年沈阳市人民政府第28号令《沈阳市运河风景区管理办法》同时废止。主送：各区、县（市）人民政府，市政府各部门。

沈阳市地下综合管廊管理暂行办法

（沈阳市人民政府令第78号）

第一条　为了规范本市地下综合管廊规划、建设、运营和维护，集约利用城市建设用地，提高基础设施建设管理水平，依据相关法律法规，结合本市实际，制定本办法。

第二条　本办法所称地下综合管廊，是指建于城市地下，用于容纳两类及以上城市工程管线的构筑物及附属设施。

前款所称城市工程管线，包括城市范围内为满足生活、生产需要的给水、排水、燃气、热力、电力、通信、广播电视等市政公用管线，不包含工业管线。

附属设施，包括用于维护管廊正常运行的消防、供电、照明、监控与报警、通风、排水、标识等设施、设备。

第三条　本市行政区域内从事地下综合管廊规划、建设、运营和维护管理，在管廊内从事管线敷设、维护的，应遵守本办法。

国防、军事等涉密管廊工程的管理除外。

第四条　地下综合管廊应当遵循政府主导、规划先行、有偿使用、安全运行的原则。

第五条　市建设行业主管部门负责全市地下综合管廊规划、建设、运营等工作的综合协调。

发改（物价）、公安、财政、规土、执法、安监、人防等主管部门和各区（开发区）、县（市）人民政府应当按照各自职责，协同做好地下综合管廊的相关管理工作。

给水、排水、燃气、热力、电力、通信、广播电视等入廊管线单位应当配合地下综合管廊建设运营单位，做好管线入廊、运行监控、日常维护、费用缴纳等具体工作。

第六条　市规划行政主管部门应当依据城市总体规划和土地利用总体规划，组织编制本市中心城区地下综合管廊专项规划，报市政府批准实施。

地下综合管廊专项规划编制过程中应当听取和吸收地下管线行业主管部门、权属单位的意见，并与本市地下空间开发利用总体规划、综合交通规划、城市快速轨道交通线网规划及建设规划等专项规划，以及给水、排水、燃气等建设发展规划及既有地下管线紧密衔接，合理确定地下综合管廊建设布局、管线种类、断面形式、平面位置、竖向控制等指标。

第七条　地下综合管廊专项规划期限应当与城市总体规划一致，并结合国民经济和社会发展需要，五年进行一次修订。

地下综合管廊规划目标、重点任务、投资总额、建设规模和时序等内容应当纳入同期经济社会发展规划纲要，同步提交实施情况评估报告，统筹解决管廊规划、建设、运营等工作中的重大事项。

第八条　城市新区、各类园区、成片开发区域新建道路，应当按照地下综合管廊专项规划，同步建设地下综合管廊。

老城区应当结合旧城改造、地下空间开发、地铁建设、道路大修等工作，因地制宜、科学合理安排地下综合管廊建设。

第九条　市建设行业主管部门组织各区（开发区）、县（市）建设行业主管部门依据管廊专项规划，编制五年项目滚动建设计划，建立项目库，储备建设项目。

地下综合管廊项目库内具备实施条件的，由市建设行业主管部门会同市发改、财政等部门编制管廊工程年度建设计划，确定项目名称、建设内容及规模、投资总额、建设期限，经市政府批准后实施，并向社会公布。

第十条　地下综合管廊建设可以采用多渠道、多方式筹集资金。

采用政府和社会资本合作（PPP）模式的，政府通过特许经营、股份合作、经营补贴等形式，鼓励社会资本共同参与地下综合管廊建设运营。

鼓励入廊管线单位共同组建或者与社会资本合作组建股份制公司，或者在政府指导下组成地下综合管廊业主委员会，公开招标选择建设和运营管理单位。

第十一条　地下综合管廊建设单位应当按照国家规定的基本建设程序实施工程建设。

建设行业主管部门应当加强对地下综合管廊项目设计、施工、监理、验收等全过程各环节的支持、指导、监管和服务。

第十二条　地下综合管廊建设工程的勘察、设计、施工、监理等单位的确定，应当依照有关法律、法规和规章规定进行。

地下综合管廊建设工程的勘察、设

计、施工、监理等工作，应当符合有关技术规范和标准。

第十三条 地下综合管廊需穿（跨）越或者利用城市道路、人防设施、河道以及堤防设施，或者涉及消防安全、文物古迹保护、军事用地、树木保护等，建设单位应当依法办理相关手续。

第十四条 地下综合管廊建设单位因建设工程需要，向给水、排水、燃气、热力、电力、通信等有关部门或者单位查询资料时，有关部门或者单位应当提供。

第十五条 地下综合管廊工程竣工后，建设单位应当对因施工造成的道路开挖、管线迁移和绿化损坏等进行恢复，并完成临时道路、管线、建（构）筑物等的拆除和清理。

第十六条 地下综合管廊工程竣工后，建设单位应当按照设计标准和国家有关规定组织验收。

管廊工程竣工后，地下综合管廊建设单位应当依法在规定时限内向相关档案管理机构报送工程档案资料。

第十七条 地下综合管廊工程竣工验收合格后，建设单位应当在建（构）筑物明显部位设置永久性标牌，载明建设、勘察、设计、施工、监理单位等工程质量责任主体的名称和主要责任人姓名。

第十八条 在已建设地下综合管廊的区域新建、改建、扩建管线的，应当按照有关规定纳入综合管廊建设和管理。在地下综合管廊以外的位置新建管线的，各行业主管部门应当采用必要措施严格控制。既有管线应当根据实际情况逐步有序迁移至地下综合管廊。

第十九条 社会资本参与建设运营的地下综合管廊项目应当列入政府与社会资本合作（PPP）计划。目标管廊的建设运营模式，由政府与社会资本合作（PPP）计划确定。

第二十条 经同级人民政府授权后，建设行业主管部门可以作为实施机构负责地下综合管廊PPP项目有关实施工作。实施机构应当与依法选定的社会资本签订PPP项目合同。

第二十一条 地下综合管廊实行有偿使用制度，入廊管线单位应当缴纳管廊入廊费和日常维护费。具体收费由地下综合管廊建设运营单位与入廊管线单位协商确定，协商不成的按照国家和省有关规定执行。

第二十二条 地下综合管廊建设运营单位应当履行下列职责：

（一）遵守安全生产法律、法规、规章、技术标准和技术规范，并接受有关部门监督检查；

（二）定期开展综合管廊设施设备的养护和维修，并设立台账存档，保持管廊及附属设施运转正常、设备完好；

（三）保持管廊内部干净整洁，通风良好；

（四）做好管廊保护区和综合管廊安全监控，开展巡查等安全保障工作，排查事故隐患并及时整改，并做好记录；

（五）建立完善信息管理系统，促进管廊信息资源的即时交换、共建共享和动态更新；

（六）协助和配合管线维护单位开展管线入廊施工、巡查、养护和维修工作；

（七）编制地下综合管廊安全事故应急预案，与入廊管线安全事故应急预案相衔接，并定期开展演练。应急预案包括报告程序、应急指挥以及处置措施等内容；

（八）建立健全突发事件处置和应急管理等工作机制。发生险情时，采取应急措施降低事故影响和损失，保障生命财产安全；

（九）建立二十四小时值班制度，保持信息渠道畅通；

（十）为保障地下综合管廊安全运行应履行的其他义务。

第二十三条 入廊管线单位应当履行下列职责：

（一）负责管线入廊敷设、迁移、增容、废弃；

（二）按时缴纳入廊费和日常维护费；

（三）管线使用和维护时执行相关安全技术标准规范；

（四）建立健全安全生产责任制，制定管线安全事故应急处置预案，抄送地下综合管廊建设运营单位并定期演练；

（五）编制并落实管线年度维护和巡检计划，做好维护和巡检记录，内容包括维护和巡检人员、时间、地点（范围）、发现问题与处理措施、上报情况等；

（六）在地下综合管廊内实施明火作业时，应当取得管廊建设运营单位的同意，并制定完善的施工方案；

（七）配合地下综合管廊建设运营单位做好管廊的成品保护与安全运行，并接受其监督检查；

（八）为保障管线安全运行应履行的其他职责。

第二十四条 地下综合管廊应当实施封闭管理措施。任何单位、组织和个人未经管廊建设运营单位允许，不得擅自进入管廊内部。

第二十五条 建设行业主管部门应当会同规划国土部门，按照管廊建设运营单位提供的管廊信息，依据有关标准或者技术规范，征求相关单位意见后，在管廊及其周边区域划定安全保护范围。

在地下综合管廊安全保护范围内，禁止从事下列活动：

（一）排放、倾倒腐蚀性液体、气体；

（二）燃放烟花爆竹等易燃易爆品；

（三）擅自实施爆破行为；

（四）擅自压占、挪移、损坏地下综合管廊及其附属设施；

（五）堆放易燃、易爆、有腐蚀性的物质；

（六）擅自实施挖掘、打桩、打夯或进行顶进作业；

（七）其他危及管廊安全的行为。

第二十六条 在管廊安全保护范围内从事下列活动的，除应急抢险外，施工单位应当组织专家进行论证、审查：

（一）建筑或者拆除对管廊运营安全有较大影响的建筑物、构筑物；

（二）从事打桩、挖掘、钻探、地下顶进、爆破、架设、降水、地基加固等施工作业；

（三）修建塘堰、开挖河道水渠、采石挖沙、打井取水；

（四）敷设管线、埋设电缆、管道设施，穿凿通过管廊的地下坑道；

（五）移动、拆除或者搬迁管廊设施；

（六）其他可能危害管廊运营安全的作业。

第二十七条 地下综合管廊本体、附属设施的维护工作由管廊建设运营单位负责，入廊管线的设施维护和日常管理由入廊管线单位负责。

第二十八条 因自然灾害、恶劣气象条件或者重大安全事故以及其他突发事件，严重影响地下综合管廊运行安全的，运营单位应当及时采取应急措施，并通知入廊管线单位，向县级以上人民政府和行

业主管部门如实报告。

第二十九条　地下综合管廊建设、施工、勘察设计、监理、运营等单位违反本办法第十二条、第十三条、第十四条、第十六、第二十二条、第二十三条、第二十七条规定的，由相关行政主管部门责令改正；逾期未改正的，按照相关法律、法规予以查处。

第三十条　有关行政主管部门工作人员在管廊管理工作中违反规定，滥用职权、徇私舞弊、玩忽职守的，依法给予行政处分；构成犯罪的，依法追究刑事责任。

第三十一条　本办法自2019年2月1日起施行。

沈阳市机动车停放服务收费管理规定

第一章　总　则

第一条　为加强机动车停放服务收费管理，发挥价格杠杆对停车供需关系的调节作用，提高停车资源利用效率，根据《关于进一步完善机动车停放服务收费政策的指导意见》（发改价格〔2015〕2975号）、《关于加强机动车停放服务收费管理有关问题的通知》（辽价发〔2016〕100号）和《沈阳市机动车停车场管理办法》（沈阳市政府令第20号）等规定，制定本规定。

第二条　本市市内各区机动车停放服务收费管理适用本规定。

第三条　机动车停放服务收费实行政府定价、市场调节价两种价格管理形式。

实行政府定价的是指：依法设置并取得经营资格的具有自然垄断性质的、公益性特征的公共停车设施服务收费实行政府定价。包括火车站、汽车站、公共交通换乘站、公立（办）医疗服务机构、旅游景区配建或为其提供停车服务的停车设施，政府投资的公共停车设施及道路停车泊位。

实行市场调节价的是指：依法设置并取得经营资格的非自然垄断性质的、社会资本全额新建的、政府与社会资本合作（PPP）建设的停车设施服务收费实行市场调节价。包括住宅小区内、宾馆酒店、娱乐场所、写字楼等所有政府定价范围以外的机动车停车设施。

第四条　价格主管部门负责制定机动车停放服务收费标准和价格监督检查工作；公安部门负责机动车停放设施类别划分和行业管理工作；财政部门负责对政府投资、特许经营、利用公共资源设置的停车场及道路停车泊位等机动车停放服务收入的监督并为经营者提供财政票据。

第五条　实行政府定价的停车服务收费，根据停车服务设施的类别划分及不同车型、不同时段，按照“地上高于地下、路内高于路外、白天高于夜间、长时间高于短时间、大型车高于小型车”的原则实行差别化价格政策。

第二章　停车服务收费管理

第六条　实行政府定价的停车服务收费标准由市价格主管部门综合考虑停车设施类别、地理位置、供求关系及社会承受能力等因素制定；停车场设置及公共停车设施、道路停车泊位类别划分由市公安交通管理部门确定并向社会公布。

建立停车服务收费标准和停车设施类别划分动态调整机制，由市价格主管部门、市公安交通管理部门根据供求关系变化和道路交通状况适时调整。

第七条　火车站、汽车站、公共交通换乘枢纽、公共文化体育会展场所、旅游景区等特殊区域停车设施的收费标准，由经营服务单位提出申请，价格主管部门根据具体情况核定，分别实行计时或计次收费。

第八条 公立医疗服务机构区域内停车设施的收费标准，由价格主管部门统一制定。

第九条　遇有重大活动，必要时市公安交通管理部门会同市价格主管部门根据道路通行需求，确定相关区域的临时停车收费标准，并提前向社会公示。

第十条　利用公共资源设置的内部专用停车设施（包括机关事业单位、公立学校、公共服务机构等场所），有条件的应向社会开放。提供有偿服务的，应按规定到公安交通管理部门备案，收费标准由价格主管部门统一制定。

第十一条　各类住宅小区区域内占用业主共用部位的机动车停放、收费、管理及费用的使用等事项，由业主大会或代行业主大会职能的单位（机构）决定。

第十二条　实行市场调节价的机动车停放服务收费，由经营者遵循市场规律和合理盈利的原则，自行确定收费标准。

第十三条　有关机动车停放服务收费的优惠减免政策按相关规定执行。

第十四条　停车设施及道路停车泊位须由公安交通管理部门确定，经营者须取得合法经营资格，停车设施须设专人（或专属设备）实施管理与服务，否则不得收费。

第三章　停车服务收费监督

第十五条　停车服务收费监督由市、区价格主管部门负责。

停车设施及道路停车泊位的经营者要严格落实明码标价制度，在其经营场所显著位置设置统一制式标价牌，标明停车设施类别、地点、泊位总数、收费标准、收费单位名称、经营者名称、服务监督电话、价格举报电话等内容。制式标价牌由市价格监督检查机构监制。经营者不按公示收费标准收费的，停车人可拒绝交费。

第十六条　停车服务行业监督由市公安机关负责。

行业监督的主要事项包括：经营性公共停车场备案、会同市政设施主管部门施划道路停车泊位及日常规范、调整等。

第十七条　加强停车场经营企业诚信监管，将停车经营企业违法信息纳入征信管理体系。建立停车服务收费执法监管信息联动平台，实现停车服务行业执法与价格执法信息共享。

第十八条　公共停车设施经营所得收入按照国家、省、市有关规定进行管理。道路停车泊位采取招拍挂形式确定经营的，企业缴纳的国有资源有偿使用费纳入非税收入管理，实行收支两条线；采取特许或委托经营管理的，按照有关财务管理规定执行。

第十九条　政府投资、特许经营、利用公共资源设置的停车场及道路停车泊位的经营者应向停车人提供财政部门监制的非税收入票据，其余停车设施的经营者应向停车人提供税务部门监制的税务发票。否则停车人可拒绝交费。

第四章　附　则

第二十条　实行政府定价的机动车停放服务差别化收费标准由价格主管部门根据实际情况另行制定。

第二十一条　本规定自2018年1月1日起施行。原机动车停放服务收费管理相关政策与本规定不符的，按本规定执行。

沈阳市烟花爆竹安全管理规定

第一条　为了加强烟花爆竹安全管理，减少燃放烟花爆竹对环境的危害，保

障国家、集体财产和公民人身财产安全，维护社会公共安全秩序，根据国务院《烟花爆竹安全管理条例》等法律、法规的规定，结合本市实际，制定本规定。

第二条 在本市行政区域内从事烟花爆竹经营（含储存）、运输、燃放的单位和个人，应当遵守本规定。

法律、法规另有规定的，从其规定。

第三条 本规定由本市各级人民政府组织实施。安全生产监督管理部门是本市烟花爆竹安全管理的行政主管部门，负责烟花爆竹的安全监督管理工作；公安机关负责运输、燃放烟花爆竹的公共安全管理工作；质量监督检验部门负责烟花爆竹的质量监督和进出口检验。

市和区、县（市）人民政府应当建立安监、交通、工商、房产、行政执法等部门和社会文教、宣传及公共事业管理职责的重点单位组成的烟花爆竹安全管理协调工作机制，按照职责分工，各负其责。

第四条 各级人民政府、街道办事处和社区居民委员会、村民委员会，以及机关、团体、企事业单位和其他组织，应当开展依法、文明、安全燃放烟花爆竹的宣传教育活动。

中小学校应当对学生进行安全燃放烟花爆竹的教育。

广播、电视、报刊等新闻媒体，应当做好烟花爆竹安全管理的宣传教育工作。

第五条 市和区、县（市）人民政府对举报违法生产、经营、运输烟花爆竹的人员予以奖励，具体办法由市安全生产监督管理部门制定。

第六条 本市行政区域内禁止生产烟花爆竹，对经营、运输烟花爆竹和举办大型焰火燃放活动，依法实行许可制度。

第七条 本市三环绕城公路以内的地区为烟花爆竹销售、燃放的限制区域。在限制区域内，销售时间为农历腊月二十三日至正月初七日，燃放时间为农历腊月二十三日至正月初七日、正月十五当日和经市人民政府批准的重要节日、重大庆典等活动，其他时间禁止销售、燃放烟花爆竹。

本市三环绕城公路以外地区，区、县（市）人民政府可以根据维护公共安全和公共利益的需要划定限制燃放烟花爆竹的区域。

空气重污染橙色和红色预警期间本市行政区域内禁止销售、燃放烟花爆竹。

第八条 禁止在下列地点和区域销售、燃放烟花爆竹：

（一）文物保护单位、博物馆、档案馆；

（二）重要军事设施；

（三）广播电台、电视台、报社等新闻单位；

（四）电信、邮政、金融单位；

（五）大型能源动力设施，水利设施，水、电、燃气、热力供应设施及输变电设施安全保护区内；

（六）火车站、客（货）运站、机场、主次干道的机动车道、桥梁（含立交桥、过街天桥）、隧道等交通枢纽以及铁路线路安全保护区内；

（七）生产、销售、储存易燃易爆物品的场所以及周边距离100米范围内；

（八）国家机关、医疗机构、幼儿园、中小学校、敬老院、教学科研单位、大型文化体育场所、集贸市场、商场、超市、影（剧）院、商业步行街等人员密集的公共场所；

（九）室内走廊、楼道、屋顶、阳台、窗口；

（十）10层以上或者高于24米的建筑物周边距离10米范围内；

（十一）实行物业管理的小区，在物业企业划定燃放区域以外，尚未实行物业管理区域，在街道办事处指定社区委员会划定燃放区域以外；

（十二）城市绿地；

（十三）山林等重点防火区。

（十四）市、区人民政府规定的禁止燃放烟花爆竹的其他地点。

个人燃放类烟花爆竹，严格按照产品说明确定的安全距离燃放。

规定禁止燃放烟花爆竹的地点及周边具体范围，由产权单位或者管理部门设置明显的禁止燃放烟花爆竹警示标志，并负责管护。

第九条 重大庆典活动和重要节日举办的大型焰火燃放活动，主办单位应当在7日前向公安机关提出申请，公安机关按照有关规定进行审批，并由主办单位负责向社会发布公告。

第十条 本市禁止零售经营者销售和禁止单位、个人自行燃放专业燃放类烟花爆竹。市人民政府有关部门应当根据烟花爆竹安全质量国家标准，确定可以在本市销售、燃放的具体规格和品种，并予以公布。

第十一条 从事烟花爆竹的批发企业、零售经营者的经营布点，应当经安全生产监督管理部门审批，由营业执照管理部门办理登记手续，取得烟花爆竹经营许可证后，方可从事烟花爆竹经营活动。

第十二条 烟花爆竹批发企业销售烟花爆竹应当符合国家和行业规定的质量标准，产品包装应当符合国家有关标准要求，并标明批发企业专营字样。没有标明批发企业专营字样的产品，不得销售。

第十三条 烟花爆竹批发企业，不得向从事烟花爆竹零售经营者供应本市规定的规格和品种以外的烟花爆竹产品；从事烟花爆竹零售经营者应当到本地取得烟花爆竹经营（批发）许可证的批发企业采购烟花爆竹，不得销售本市规定以外的烟花爆竹产品。

第十四条 烟花爆竹批发企业和零售点，应当按照保障安全、总量控制、统一规划、合理布局的原则设置。烟花爆竹储存仓库的设置，应当符合国家有关法规规范标准。

第十五条 设置烟花爆竹零售点，应当符合本市有关规定，不得存在“下店上宅”“前店后宅”等形式以及与办公楼、居民居住场所设置在同一建筑物内的零售点。零售点实行“一点一位”定点销售。春节期间零售点、常年零售点实行专人看护、专店销售。乡村长期零售点在淡季实行专柜销售时，安排专人销售，专柜相对独立，并与其他柜台保持一定的距离，保证安全通道畅通，零售点的面积不小于10平方米，每个零售点的最大储量（总药量）不得超过200千克，并配备消防器材，张贴明显的安全警示标志。

第十六条 取得烟花爆竹经营（批发）许可证的批发企业从外埠购货时，凭订货合同到公安机关办理烟花爆竹道路运输许可证，方可从事烟花爆竹运输活动。

零售经营者运输烟花爆竹的车辆应当经交通行政主管部门审定后，到公安机关办理烟花爆竹道路运输备案手续。运输烟花爆竹车辆上路行驶应当派专人押运，并悬挂危险物品标志。

经由道路跨县（市）运输烟花爆竹的，由运往地县（市）级公安机关开具烟花爆竹道路运输许可证。

第十七条 禁止携带烟花爆竹搭乘公共交通工具和进入车站、影剧院等人员集

中的公共场所；禁止邮寄烟花爆竹；禁止在托运的行李、包裹、邮件中夹带烟花爆竹。

第十八条　烟花爆竹批发企业和零售经营者应当遵守安全管理规定，在销售场所明显位置悬挂经营许可证，并按照经营许可证规定的许可范围、时间和地点销售烟花爆竹。

从事烟花爆竹零售经营者，在经营许可期限届满后，应当停止销售，并于10日内，将剩余烟花爆竹送往原供货单位集中保管，并签订存放协议。

第十九条　对未经许可生产、经营烟花爆竹的，由安全生产监督管理部门责令停止非法生产、经营活动，处2万元以上10万元以下的罚款，并没收非法生产、经营的物品及违法所得。

第二十条　对未经许可举办大型焰火燃放活动，或者大型焰火燃放活动燃放作业单位和作业人员违反焰火燃放安全规程、燃放作业方案进行燃放作业的，由公安机关责令停止燃放，对责任单位处1万元以上5万元以下的罚款。

第二十一条　在禁止燃放烟花爆竹的时间、地点燃放烟花爆竹，或者以危害公共安全和人身、财产安全的方式燃放烟花爆竹的，由公安机关责令停止燃放，处100元以上500元以下的罚款；构成违反治安管理行为的，依法给予治安管理处罚。

第二十二条　从事烟花爆竹的批发企业向从事烟花爆竹零售的经营者供应非法生产、经营的烟花爆竹，或者供应不符合本市规定的规格和品种的烟花爆竹的，由安全生产监督管理部门责令停止违法行为，处2万元以上10万元以下的罚款，并没收非法经营的物品及违法所得；情节严重的，吊销烟花爆竹经营（批发）许可证。

从事烟花爆竹零售的经营者销售非法生产、经营的烟花爆竹，或者销售不符合本市规定的规格和品种的烟花爆竹的，由安全生产监督管理部门责令停止违法行为，处1000元以上5000元以下的罚款，并没收非法经营的物品及违法所得；情节严重的，吊销烟花爆竹经营许可证。

第二十三条　对未经许可经由道路运输烟花爆竹的，由公安机关责令停止非法运输活动，处1万元以上5万元以下的罚款，并没收非法运输的物品及违法所得。

第二十四条　经由道路运输烟花爆竹，有下列行为之一的，由公安机关责令改正，处200元以上2000元以下的罚款：

（一）违反运输许可事项的；

（二）未随车携带烟花爆竹道路运输许可证的；

（三）运输车辆没有悬挂或者安装符合国家标准的易燃易爆危险物品警示标志的；

（四）烟花爆竹的装载不符合国家有关标准和规范的；

（五）装载烟花爆竹的车厢载人的；

（六）超过危险物品运输车辆规定时速行驶的；

（七）运输车辆途中经停没有专人看守的；

（八）法律、法规规定的其他行为。

第二十五条　对携带烟花爆竹搭乘公共交通工具，或者邮寄烟花爆竹以及在托运的行李、包裹、邮件中夹带烟花爆竹的，由公安机关没收非法携带、邮寄、夹带的烟花爆竹，可以并处200元以上1000元以下的罚款。

第二十六条　行政执法人员应当严格执行本规定，对于在烟花爆竹安全监督管理工作中滥用职权、玩忽职守、徇私舞弊的，给予行政处分；构成犯罪的，依法追究刑事责任。

第二十七条　本规定自2018年2月1日起施行。原《沈阳市烟花爆竹安全管理规定》（沈政令〔2011〕27号）同时废止。

附 录

沈阳市国民经济和社会主要指标（2014—2018）

表45

指 标	2014年	2015年	2016年	2017年	2018年
年末总人口（户籍人口）（万人）	730.8	730.4	734.4	737.0	746.0
#市区人口	528.4	529.9	586.5	591.1	601.4
城镇非私营单位职工人数（万人）	153.7	146.7	129.3	121.1	118.2
地区生产总值（亿元）	7102.6	7269.2	5525.7	5784.7	6292.4
第一产业	239.3	259.3	246.4	249.6	260.1
第二产业	3610.9	3528.6	2151.6	2194.2	2376.6
#工业	3230.9	3143.3	1746.0	1756.0	1910.5
第三产业	3252.4	3481.3	3127.7	3340.9	3655.7
人均地区生产总值（元）	85864	87697	66663	69754	75766
规模以上工业总产值（亿元）	13759.1	9239.3	5337.2	5272.7	5305.4
#高新技术产品产值（亿元）	5757.4	3362.5	2446.1	2648.0	2948.0
规模以上工业增加值（亿元）	3614.9	2620.7	1208.3	1276.4	1348.0
规模以上工业主营业务收入（亿元）	13596.1	9181.3	5484.6	5352.1	5253.7
规模以上工业实现利润（亿元）	747.1	446.6	274.6	312.9	298.3

续表45

指 标	2014年	2015年	2016年	2017年	2018年
规模以上工业实现利税（亿元）	1173.3	751	540.5	588.3	579.5
规模以上工业能源最终消耗总量（万吨标煤）	1285.5	1063.4	904.6	838.8	784.4
#工业生产用（万吨标煤）	1266.5	1051.1	892.6	834.8	782.2
农林牧渔业总产值（亿元）	483.81	523.58	498.54	504.77	525.86
固定资产投资（亿元）	6564.1	5326.0	1631.6	1484.0	
社会消费品零售总额（亿元）	3570.1	3883.2	3985.9	3989.8	4051.2
进出口总额（亿美元）	158.0	140.8	113.3	128.5	149.5
#出口总额（亿美元）	71.4	67.9	42.5	46.9	52.0
进口总额（亿美元）	86.6	72.9	70.8	81.5	97.5
实际利用外商直接投资（亿美元）	22.7	10.6	8.2	10.1	14.3
全社会用电量（亿千瓦时）	296.3	307.2	325.6	338.6	357.4
货运总量（万吨）	23489	21362	22069	22889	23941
客运总量（万人次）	25397	20643	20636	20320	20141
一般公共预算收入（亿元）	785.5	606.2	620.9	656.2	720.6
一般公共预算支出（亿元）	914.3	808.6	825.4	855.0	964.9
金融机构本外币存款余额（亿元）	12458.0	14035.4	14446.3	15752.9	17746.2
金融机构本外币贷款余额（亿元）	10267.2	11581.0	12798.2	13160.6	14911.6
在校学生总数（万人）	112.1	113.3	113.4	114.4	116.0
#高等教育院校	40.0	40.4	40.4	39.8	39.1
普通中专	5.1	5.7	5.2	5.6	5.5
普通中学	27.5	26.7	26.7	27.1	27.9
小学	34.5	36.5	41.1	41.9	39.3
各种卫生机构床位数（万张）	5.6	5.9	6.4	6.9	7.0
执业（助理）医师数（万人）	2.4	2.5	2.7	2.8	3.0
居民消费价格指数（%）	102.2	101.2	101.7	101.4	103.0
商品零售价格总指数（%）	101.3	100.0	100.6	101.0	101.7
城市居民人均可支配收入（元）	31720	36643	38995	41359	44054
农村居民人均可支配收入（元）	15945	13486	14385	15461	16530

沈阳市国民经济和社会发展结构（2012—2018）

表46　　　　单位：%

指标	2014年	2015年	2016年	2017年	2018年
人口结构					
#男　性	49.6	49.5	49.4	49.3	49.3
女　性	50.4	50.5	50.6	50.7	50.7
地区生产总值结构					
第一产业	3.4	3.6	4.5	4.3	4.1
第二产业	50.8	48.5	38.9	37.9	37.8
#工业	45.5	43.2	31.6	30.4	30.4
第三产业	45.8	47.9	56.6	57.8	58.1
规模以上工业总产值结构					
轻工业	25.3	23.9	18.6	17.0	19.5
重工业	74.7	76.1	81.4	83.0	80.5
固定资产投资结构					
#房地产开发	30.1	25.1	43.5	54.9	58.2
第一产业	1.6	1.2	0.8	1.4	1.1
第二产业	38.6	39.7	26.7	20.6	18.0
第三产业	59.9	59.1	72.5	78	80.8
农林牧渔业总产值结构					
农　业	43.7	43.5	45.6	46.4	46.5
林　业	1.9	1.9	1.8	1.9	1.8
牧　业	45.8	46.1	43.2	42.2	42.2
渔　业	4.4	4.2	4.7	4.9	4.8
农林牧渔服务业	4.2	4.4	4.6	4.7	4.7

沈阳市农业基本情况（2014—2018）

表47

指　标	单　位	2014年	2015年	2016年	2017年	2018年
农林牧渔业总产值	亿元	483.81	523.58	498.54	504.77	525.86
农　业	亿元	211.3	227.5	227.6	234.1	244.2

续表47

指 标	单 位	2014年	2015年	2016年	2017年	2018年
林 业	亿元	9.2	9.7	9.1	9.4	9.6
牧 业	亿元	221.6	241.2	215.6	213.0	222.0
渔 业	亿元	21.2	22.2	23.6	24.8	25.3
农林牧渔服务业	亿元	20.5	23.0	22.7	23.5	24.7
农林牧渔业总产值指数（上年＝100）	%	103.8	103.7	98.2	103.5	103.2
乡村从业人员	万人	140.7	141.3	141.0	140.8	141.1
农作物总播种面积	万公顷	64.8	65.2	67.0	67.0	67.8
粮食总产量	万吨	338.7	369.2	381.8	382.3	369.1
粮食单位面积产量	公斤/公顷	6740	6919	7036	7034	6744
蔬菜总产量	万吨	312.0	317.0	329.5	348.1	362.0
年末猪存栏	万头	378.0	360.1	216.5	225.8	168.3
猪牛羊肉产量	万吨	66.6	63.7	47.7	51.4	53.5
年末大牲畜头数	万头	112.0	105.4	54.9	58.8	67.2
#牛	万头	105.2	99.4	52.3	56.7	65.5
年末羊存栏	万只	84.4	81.5	76.1	70.7	68.1
牛奶产量	万吨	51.7	50.5	48.4	50.3	49.6
禽蛋产量	万吨	79.7	73.4	19.3	19.6	19.9

沈阳市规模以上工业企业经济指标（201—2018）

表48

单位：亿元、%

指 标	2014年	2015年	2016年	2017年	2018年
企业单位数（户）	3635	3284	2371	1379	1371
指数（上年为100）	93.2	90.3	72.2	–	–
#亏损企业	240	353	371	351	380
指数（上年为100）	94.9	147.1	105.1	–	–
工业增加值	3614.9	2620.7	1208.3	1276.4	1348.0
指数（上年为100）	104.9	97.1	80.3	102.8	107.6
资产合计	8371.3	8393.8	8200.6	8274.9	8071.9
指数（上年为100）	102.7	100.3	97.7	100.9	97.5

续表48

指 标	2014年	2015年	2016年	2017年	2018年
流动资产	3836.2	4056.9	4292.3	4782.7	4619.7
指数（上年为100）	102.4	105.8	105.8	111.4	96.6
主营业务收入	13596.1	9181.3	5484.6	5352.1	5253.7
指数（上年为100）	101.3	67.5	59.7	97.6	98.2
主营业务税金及附加	165.2	138.4	120.1	126.7	142.3
指数（上年为100）	102.2	83.8	86.8	105.5	112.3
利润总额	747.1	446.6	274.6	312.9	298.3
指数（上年为100）	96.7	59.8	61.5	113.9	95.3
亏损企业亏损额	44.4	76.1	90.1	88.6	102.7
指数（上年为100）	112.7	171.4	118.4	98.3	115.9
利税总额	1173.3	751.0	540.5	588.3	579.5
指数（上年为100）	97.0	64.0	72.0	108.8	98.5

沈阳市房地产开发投资主要指标（2012—2018）

表49　　单位：亿元、万平方米

指 标	2014年	2015年	2016年	2017年	2018年
本年完成投资	1975.8	1337.7	709.7.7	814.2	996.7
住　宅	1416.3	935.0	490.4	620.5	775.1
本年施工房屋面积	11495.8	8341.3	7058.1	6967.1	6525.8
住　宅	8210.8	5868.5	4970.3	4920.1	4683.8
本年竣工房屋面积	1225.9	1037.0	903.2	823.0	660.6
住　宅	993.9	768.8	802.1	688.3	495.7
商品房销售面积	1498.4	1065.1	1184.3	1300.2	1354.8
住　宅	1342.4	949.9	1099.4	1191.2	1202.7
商品房销售额	931.6	730.7	844.2	1048.3	1204.7

沈阳市建筑企业主要经济指标（2014—2018）

表50

指 标	2014年	2015年	2016年	2017年	2018年
全 市					
建筑业总产值（亿元）	2022.1	1601.1	1395.9	1339.7	1430.2

续表50

指 标	2014年	2015年	2016年	2017年	2018年
房屋施工面积（万平方米）	12738.4	9928.8	8781.1	7318.5	6808.0
房屋竣工面积（万平方米)	3103.3	2342.8	1881.0	1465.8	1520.0
竣工率	24.4	23.6	21.4	20.0	22.3
职工平均人数（万人）	64.4	48.2	39.0	33.6	
年末固定资产原值（亿元）	205.8	203.6	184.1	188.3	
年末固定资产净值（亿元）	123.7	104.6	90.8	88.6	
利润总额（亿元）	50.1	46.5	42.6	41.5	
国有建筑安装企业					
建筑业总产值（亿元）	104.6	73.7	77.8	64.5	24.7
房屋施工面积（万平方米）	550.6	306.6	156.9	180.8	173.8
房屋竣工面积（万平方米)	198.5	110.7	85.8	55.0	60.0
竣工率	36.1	36.1	54.7	30.4	34.5
职工平均人数（万人）	3.4	2.9	2.4	3.2	
年末固定资产原值（亿元）	44.2	21.4	15.7	20.2	
年末固定资产净值（亿元）	32.6	9.9	8.0	9.2	
利润总额（亿元）	0.2	2.8	2.8	1.6	

沈阳市对外及港澳台经济贸易发展情况（2011—2018）

表51

年 份	进出口总额（亿美元）	新签项目数（个）	外商直接投资（亿美元）	对外承包工程与劳务合作合同额（亿美元）	派出人数（万人）
2011	106.2	221		14.7	23237
2012	127.5	158		19.4	11023
2013	143.3	155		15.2	4211
2014	158.0	145	22.7	11.4	4106
2015	140.8	137	10.6	16.7	4738
2016	113.3	132	8.2	12.7	5079
2017	128.5	178	10.1	9.4	4764
2018	149.5	162	14.3	12.9	4342

沈阳市旅游事业发展情况（2012—2018）

表52

年 份	旅游收入（亿元）	接待旅游者人数（万人次）	接待国内旅游者人数（万人次）	接待境外旅游者人数（万人次）
2012	826.6	6947	6872	75
2013	932.3	7503	7422	81
2014	1065.6	8305.6	8246.6	59.1
2015	1221.2	9219.2	9154.2	65
2016	583.7	6401.7	6333	68.7
2017	660.0	7234.5	7165.0	69.5
2018	759	8257.2	8175.6	81.9

沈阳市人口基本情况（2014—2018）

表53

指 标	2014年	2015年	2016年	2017年	2018年
总户数（万户）	263	265.2	268.4	272.2	279.4
市 区	192.9	195.4	217.5	221.6	229.1
和平区	23.1	23.7	24.3	25.3	27.0
沈河区	26.3	26.4	26.5	26.9	27.4
铁西区	33.7	34.1	34.5	34.8	36.6
皇姑区	29.2	29.5	30	30.5	31.4
大东区	25.7	25.7	25.7	25.6	25.6
苏家屯区	16	16	16	16	16.1
浑南区	11.7	12.1	12.8	13.8	15.5
沈北新区	11.3	11.4	11.5	11.7	12.0
于洪区	16	16.6	17.2	18.1	18.6
辽中区	19.2	19	19	18.9	18.8
市辖县（市）	70	69.7	50.9	50.6	50.3
康平县	12	12	12.1	12.1	12.1
法库县	13.8	13.8	13.8	13.7	13.7

续表53

指 标	2014年	2015年	2016年	2017年	2018年
新民市	25	24.8	24.9	24.8	24.6
总人口数（万人）	730.8	730.4	734.4	737	746.0
市 区	528.4	529.9	586.5	591.1	601.4
和平区	64.5	65.2	66.3	68.1	72.0
沈河区	71.6	71.2	71	71.2	71.4
铁西区	90.7	90.9	91.1	90.9	93.9
皇姑区	81.7	81.8	82.4	83	83.8
大东区	69	68.2	67.3	66	64.6
苏家屯区	42.9	42.7	42.7	42.5	42.4
浑南区	32.4	33.4	35	37.2	40.9
沈北新区	32	32	35	32.4	33.0
于洪区	43.5	44.6	46.1	47.9	47.9
辽中区	53.3	52.6	52.3	51.9	51.4
市辖县（市）	202.4	200.5	147.9	145.9	144.6
康平县	35.2	34.9	35	34.4	34.2
法库县	44.8	44.8	44.8	44	43.8
新民市	69.1	68.3	68.1	67.5	66.6
男 性	362.2	361.4	362.8	363.5	367.4
女 性	368.6	369	371.5	373.4	378.6
出生人口（万人）	7.2	4.9	6.9	6.5	5.9
出生率（‰）	9.87	6.7	9.48	8.79	8.0
死亡人口（万人）	5.8	6.1	6.1	8.3	6.4
死亡率（‰）	7.93	8.28	8.3	11.31	8.61
自然增长率（‰）	1.94	−1.58	1.18	−2.53	−0.61
迁入人口（万人）	5.4	4.8	5.8	7.4	13.4
迁出人口（万人）	3.1	3.7	2.7	2.9	3.7
人均预期寿命（岁）	80	79.9	80.07	80.25	80.4

全国副省级城市主要经济指标（2018年）

表54

指标名称	单位	沈阳	大连	长春	哈尔滨	南京	杭州	宁波	厦门	济南	青岛	武汉	广州	深圳	成都	西安
全市生产总值	亿元	6292.4	7668.5	7175.7	6300.5	12820.4	13509.0	10745.5	4791.4	7856.6	12001.5	14847.3	22859.4	24222.0	15342.8	8349.9
比上年增长	%	5.4	6.5	7.2	5.1	8.0	6.7	7.0	7.7	7.4	7.4	8.0	6.2	7.6	8.0	8.2
第一产业	亿元	260.1	442.7		525.5	273.4	306.0	306.0	24.4	272.4	386.9	362.0	223.4	22.1	522.6	258.8
比上年增长	%	3.2	3.0	1.7	–0.1	0.6	1.8	2.2	2.6	2.5	3.5	2.9	2.5	3.9	3.6	3.3
第二产业	亿元	2376.6	3241.6		1689.3	4721.6	4572.0	5507.5	1980.2	2829.3	4850.6	6377.8	6234.1	9962.0	6516.2	2925.6
比上年增长	%	5.7	11.9	7.3	2.7	6.5	5.8	6.2	8.1	7.8	7.3	5.7	5.4	9.3	7.0	8.5
第三产业	亿元	3655.7	3984.2		4085.7	7825.4	8632.0	4932.0	2786.9	4754.8	6764.0	8107.5	16401.8	14237.9	8304.0	5165.4
比上年增长	%	5.4	2.9	7.8	7.5	9.1	7.5	8.1	7.5	7.5	7.7	10.1	6.6	6.4	9.0	8.3
规模以上工业增加值	亿元	1348.0				3091.8	3405.0	3730.8	1611.4							
比上年增长	%	7.6	15.9	8.5	5.8	7.8	6.3	6.3	8.8	7.1	6.8	5.7	5.5	9.5	8.5	9.4
固定资产投资比上年增长	%	15.3	10.1	6.7	–7.2	9.4	10.8	3.6	10.1	9.6	7.9	10.6	8.2	20.6	10.0	8.5
社会消费品零售额	亿元	4051.2	3880.1	3003.6	4125.1	5832.5	5715.0	4154.9	1542.4	4404.5	4842.5	6843.9	9256.2	6168.9	6801.8	4658.7
比上年增长	%	9.2	7.8	6.2	4.2	8.4	9.0	8.1	6.6	10.0	10.0	10.5	7.6	7.6	10.0	9.6
出口总额	亿元	342.1	1889.6	152.5	103.5	2500.7	3417.1	5550.6	3338.5	519.3	3172.2	1272.7	5607.6	16274.7	2746.9	1957.5
比上年增长	%	7.7	8.5	17.5	5.2	7.9	–1.0	11.4	2.6	14.6	4.7	10.0	–3.2	–1.6	33.0	26.1
实际利用外商直接投资	亿美元	14.3	26.8	3.3	36.5	38.5	68.3	43.2	–	–	86.9	109.3	66.1	82.0	76.3	–
比上年增长	%	41.3	–17.6	–	6.1	4.9	3.3	7.2	–	–	10.0	13.3	5.1	10.8	17.5	–
一般公共预算收入	亿元	720.6	704.0	478.0	384.4	1470.0	1825.1	1379.7	754.5	752.8	1231.9	1528.7	1632.3	3538.4	1424.2	684.7
比上年增长	%	10.0	7.0	6.2	4.4	15.6	12.5	10.8	8.3	11.2	6.5	11.0	6.5	6.2	9.4	10.8
一般公共预算支出	亿元	964.9	1001.4	894.3	962.2	1532.7	1717.1	1594.1	892.5	1018.3	1561.2	–	2505.8	4282.5	–	1151.6
比上年增长	%	12.9	8.9	2.1	0.4	13.2	11.4	13.0	12.0	22.1	11.3	–	14.6	–6.8	–	10.2
城镇居民人均可支配收入	元	44054	43550	–	37828	59308	61172	60134	54401	50146	50817	47359	59982	57543	42128	38729
比上年增长	%	6.5	7.3	–	6.4	8.7	8.7	8.0	8.8	7.5	7.7	9.1	8.3	8.7	8.2	8.1
农村居民人均可支配收入	元	16530	18103	–	16934	25263	33193	33633	22410	17924	20820	22652	26020	–	22135	13286
比上年增长	%	6.9	7.3	–	8.9	9.2	9.2	8.9	9.5	8.0	7.5	8.5	10.8	–	9.0	9.0
城乡居民储蓄	亿元	7288.1	6040.0	4993.2	5394.3	6914.8	–	–	2150.8	5008.1	5914.0	–	16042.1	13478.9	13141.0	8360.3
比上年增长	%	12.2	11.5	9.3	9.2	14.8	–	–	3.0	12.1	–	–	9.7	22.8	–	–
居民消费价格指数	%	103.0	103.0	102.0	102.5	102.4	102.3	102.2	101.8	102.6	102.1	101.9	102.4	102.8	101.4	101.9

2018年沈阳市命名道路情况

表55

序号	名称	起点	止点	长度(米)	长度(米)	通名类别	名称由来及含义
1	体冠路	西起和平南大街	东止望湖路育光巷	502	12	路	该路两侧区域曾为辽宁体育技术学院所在地，该学院为国家培养了大批体育人才，被誉为“金牌工厂，冠军摇篮”，所以拟命名为体冠路
2	砂山街 172巷	西起胜利南街	东止砂山街	257	10	巷	因为该巷与砂山街172号院相邻，所以拟命名为砂山街172巷
3	长白三街蓬莱巷	长白三街	仙岛一巷	251	6	巷	因为该巷所在区域的街路名称多以“仙岛”命名，为了与此相呼应，所以拟以古代传说中“海外三岛”之一的蓬莱岛命名为蓬莱巷
4	三好街王家巷	旺嘉园小区东门	三好街	100	6	巷	因为该巷所在区域为原东陵区王家庄地区，所以拟命名为王家巷
5	胜利南街兴河巷	待建设地块	胜利南街	165	15	巷	因为该巷附近街路多以“岛”命名，所邻小区名称中又分别有“河”字和“和”字（“和”与“河”也谐音），为了与长白地区河岛相拥的和谐环境相呼应，所以拟命名为兴河巷
6	新惠街	北起铁路线	南止朝阳一校东部校区大门	750	30	街	因该地区东侧有新居街、新宁街、新泰街，延续地区命名规律，取首字新，第二字为惠泽民生之意，故拟命名为新惠街
7	新立堡西路	西起新惠街	东止新立堡路	640	15	路	因该道路位于新立堡地区西侧，以其道路所在地理位置而命名，故拟命名为新立堡西路
8	官台巷	北起东贸路79-5号	南止东贸路77甲-46号	290	8	巷	因该道路位于原高官台地区，以其道路所在地理位置而命名，故拟命名为官台巷
9	新立堡西路3巷	北起新立堡西路	南止和睦路	370	10	巷	因该道路位于新立堡西路南侧，以其道路所在地理位置而命名，故拟命名为新立堡西路3巷
10	新立堡西路5巷	北起新立堡西路	南止和睦路	410	8	巷	因该道路位于新立堡西路南侧，以其道路所在地理位置而命名，故拟命名为新立堡西路5巷
11	丰乐二街东巷	西起丰乐二街	东止丰乐三街	245	8	巷	因该道路位于丰乐二街以东，以其道路所在地理位置而命名，故拟命名为丰乐二街东巷
12	先农坛路9巷	北起先农坛路	南至先农南巷	376	6	巷	因该道路北起点位于先农坛路9号，以其道路所在地理位置而命名，故拟命名为先农坛路9巷
13	先农坛路21巷	北起先农坛路	南至柳塘巷	260	5	巷	因该道路北起点位于先农坛路21号，以其道路所在地理位置而命名，故拟命名为先农坛路21巷
14	天坛西巷	北起天坛一街12巷7号楼	南止文萃路86-4号楼	190	8	巷	因该道路位于天坛遗迹以西，以地理位置信息命名的规则，故拟命名为天坛西巷
15	南塔北巷	西起南塔小区东院墙	东止南塔东街	160	8	巷	因该道路位于南塔以北，以其道路所在地理位置而命名，故拟命名为南塔北巷

续表55

序号	名称	起点	止点	长度（米）	长度（米）	通名类别	名称由来及含义
16	文化桥南巷	西起青年大街	东止文化路83号	200	7	巷	因该道路位于沈阳地标性建筑文化路立交桥南侧，以其道路所在地理位置而命名，故拟命名为文化桥南巷
17	南塔街48巷	西起药科大学东外墙	东止南塔街48号、48–1号楼之间	145	6	巷	因该道路位于南塔街48号，以其道路所在地理位置而命名，故拟命名为南塔街48巷
18	药大南一巷	北起南塔街48–1号楼西侧	南止南塔街80巷	140	6	巷	因该道路位于药科大学南侧，以其道路所在地理位置而命名，故拟命名药大南一巷
19	药大南二巷	北起南塔街80巷6–4号、4–2号之间	南止南塔街80巷7–4号、5–2号之间	172	6	巷	因该道路位于药科大学南侧，以其道路所在地理位置而命名，故拟命名药大南二巷。
20	南关路北巷	北起南翰林路	南止南关路	190	10	巷	因该道路位于南关路以北，以其道路所在地理位置而命名，故拟命名为南关路北巷
21	文会街西巷	西起北二经街	东止文会街	200	8	巷	因该道路位于文会街以西，以其道路所在地理位置而命名，故拟命名为文会街西巷
22	泽工北巷	西起惠工街	东止市委机关印刷厂	174	6	巷	因该道路位于泽工小区以北，该地区民国时期为兵工厂所在地，旧时取惠泽工业的意思，在该地区命名泽工里等地名，该道路位于泽工地区北侧，以其道路所在地理位置而命名，故拟命名为泽工北巷
23	望云南巷	北起望云寺路	南止大西路	300	4	巷	因该道路位于古代望云寺以南，以其道路所在地理位置而命名，故拟命名为望云南巷
24	上木场街	北起方凌路	南止点为下穿沈水东路与东塔跨浑河桥（在建）连接点	500	30	街	因该道路位于上木场地区，以其道路所在地理位置，故拟命名为上木场街
25	沿子河街	北起东陵路	南止沈水东路	1100	18	街	该道路所在地区清朝早期为皇帝去福陵祭祖在现马官桥河上修建马官桥，马官桥地名由此产生。马官桥河古称沿子河，流经该待命名道路南端，以其道路所在地理位置，故拟命名为沿子河街
26	新达街	北起东达路	南止新开河滨河公园	610	10	街	该道路位于新开河北侧，通往东达路方向，以其道路所在地理位置，故拟命名为新达街
27	高官台西一街	北起东贸路	南止保利香槟国际小区（东贸路77甲–46号）	630	12	街	该道路位于原高官台地区，并且在高官台街以西，以高官台街依次向西，以其道路所在地理位置，故命名为高官台西一街
28	新泰北街	北起东贸路	南止东陵路	1300	13	街	该道路位于新泰街以北，以其道路所在地理位置，故拟命名为新泰北街
29	东贸南一路	西起东站铁路沿线待拆迁区域	东止水晶城一期二期三期东面拟命名道路（高官台西一街）	1300	20	路	位于东贸路南侧，与东贸路平行，以东贸路开始由北向南依次排列，以其道路所在地理位置，故拟命名为东贸南一路
30	东贸南二路	西起中房待开发区域（死胡同）	东止水晶城一期二期三期东面拟命名道路（高官台西一街）	780	18	路	位于东贸路南侧，与东贸路平行，以东贸路开始由北向南依次排列，以其道路所在地理位置，故拟命名为东贸南二路

续表55

序号	名称	起点	止点	长度(米)	长度(米)	通名类别	名称由来及含义
31	东贸南三路	西起蓝天花苑小区	东止拟命名道路（新泰北街）	500	13	路	位于东贸路南侧，与东贸路平行，以东贸路开始由北向南依次排列，以其道路所在地理位置，故拟命名为东贸南三路
32	东贸南四路	西起拟命名道路（新泰北街）	东止水晶城一期二期三期东面辉山明渠	718	13	路	位于东贸路南侧，与东贸路平行，以东贸路开始由北向南依次排列，以其道路所在地理位置，故拟命名为东贸南四路
33	双河路	西起新泰街	东止新立堡东街	560	10	路	位于双河城公园以南，新开河以北，此地有新开河、浑河，以其道路所在地理位置，故拟命为名双河路
34	方青南路	西起长青街	东止拟命名道路（上木场街）	2400	10	路	因该道路位于方家栏地区，西起点连接长青街，与已有的方青北路、方青路平行，位于上述两条路南侧，以其道路所在地理位置，故命名为方青南路
35	北堤路	西起五爱街	东至长青桥	4500	10	路	因路段紧邻沈水路，位于浑河以北与沈水路并行，以其道路所在地理位置，故命名为北堤路
36	山梨南路	西起炮兵学院5号门	东止金家街	500	15	路	因该道路北侧原有山梨村，以其道路所在地理位置，故拟命名为山梨南路
37	科普路	西起青年大街	东止南塔西街	792.2	16.3	路	此路位于科普公园南侧，取“科普”之意，以其道路所在地理位置，故拟命名为科普路
38	方和路	西起江东街	东至方文路	1000	10	路	该道路位于方家栏地区北缘，为沈河、大东两区边界，方家栏地区原有方明街、方文路等以方字为首的街路，又按照“和谐、文明”社会主义核心价值观寓意，代表沈河、大东两区和谐发展，故取方、和两字，以其道路所在地理位置，拟命名为方和路
39	吉祥庵北巷	西起五爱街	东止五爱街15-29号和15-56号楼中间	230	7	巷	因该道路所在地区于清同治元年修建吉祥庵旧址北侧，取吉庆祥瑞之意得名，以其道路所在地理位置，故拟命名吉祥庵北巷
40	吉祥庵巷	北起五爱街15-28号和15-29号楼中间	南止文化路	510	7	巷	因该道路所在地区于清同治元年修建吉祥庵，取吉庆祥瑞之意得名，以其道路所在地理位置信息而命名的规则，故拟命为名吉祥庵巷
41	文萃路201巷	北起文萃路	南止南二环（沈水路）北侧绿化带	245	6	巷	因该道路北起点位于文萃路185甲号与文萃路201号之间，以其道路所在地理位置而命名，故拟命名为文萃路201巷
42	方家栏路58巷	北起金华苑小区南门	南止方家栏路	170	6	巷	因该道路南止点位于方家栏路58号与60号之间，以其道路所在地理位置而命名，故拟命名为方家栏路58巷
43	嘉陵江东街	将南起宁山中路	北止恒山路	600	8	街	

续表55

序号	名称	起点	止点	长度（米）	长度（米）	通名类别	名称由来及含义
44	盘龙江街	南起昆山中路	北止岐山中路	750	8	街	
45	图们江街	南起观音南路	北止观音开发区尽头	1050	8	街	
46	海兰江街	南起观音南路	北止沈飞铁路专线	1050	8	街	
47	通天河街	南起金山北路	北止通天河街一巷	1800	8	街	
48	药山路	东起怒江北街	西止甘河街	1000	12	路	
49	法轮寺路	东起柳条湖街	西止陵园街	560	8	路	
50	文储南一路	东起梅江北街	西止蔷薇河北街	1200	15	路	
51	丹霞山路	东起鸭绿江北街	西止佳苑庄园	750	6	路	
52	新开河南路	东起长江街	西止怒江街	1200	6	路	
53	舍利塔路	东起汾河街	西止塔湾街	405	6	路	
54	澜沧江街	南起恒大雅苑四期	北止文大路	1000	20	街	
55	乌苏里江街	南起中国医科大学附属第四医院南门	北止沈阳铁路局车辆段	1300	6	街	
56	沱江街	南起崇山东路	北止铁山路	780	10	街	
57	蔷薇河北街	南起蔷薇河街	北止文储路	1424	24	街	
58	陵东街省府宽巷	东起陵东街	西止省政府游泳馆	210	12	巷	
59	沱江街一巷	东起沱江街	西止铁山路6巷	410	6	巷	
60	沱江街二巷	东起鸭绿江街	西止鸭绿江西街	310	6	巷	
61	通天河街一巷	东起鸭绿江北街	西止通天河街	345	8	巷	
62	通天河街二巷	东起鸭绿江北街	西止通天河街	356	7	巷	
63	陵园街17巷	东起方迪东阁小区西门	西止陵园街	130	5	巷	
64	铁山路6巷	南起陵园街19号楼东侧	北止铁山路	370	6	巷	
65	柏枝街	北起麦营路	南止麦峪路	1000	30	街	该条街位于浑南区祝家街道柏叶村，4条街为成语“枝繁叶茂”，体现地区人文特色
66	柏繁街	北起热源厂西北角	南止麦峪路	1900	22	街	该条街位于浑南区祝家街道柏叶村，4条街为成语“枝繁叶茂”，体现地区人文特色
67	柏叶街	北起辽宁省体育局柏叶训练基地正门	南止麦峪路	1200	40	街	该条街位于浑南区祝家街道柏叶村，4条街为成语“枝繁叶茂”，体现地区人文特色
68	柏茂街	北起麦营路	南止麦峪路	1700	18	街	该条街位于浑南区祝家街道柏叶村，4条街为成语“枝繁叶茂”，体现地区人文特色
69	麦营路	西起柏枝街	东止柏茂街	2036	18	路	该路段途经李麦峪村、营盘村，取两个村的其中一个字，顺口好记

续表55

序号	名称	起点	止点	长度（米）	长度（米）	通名类别	名称由来及含义
70	麦峪路	西起沈李路	东止营祝公路	2300	40	路	该条道路位于李麦峪、卞麦峪村，用“麦峪”命名，传承历史地名.
71	国公寨大街	北起新立堡桥南侧	南止四环路	10300	28	街	该条道路是通往国公寨村的主干道，国公寨村在明朝就已经命名，保留原始地名，体现历史文化传承
72	杨官街	北起王家湾西路	南止兰台一路	2280	30	街	该条街路位于浑南区东湖街道杨官村，保留原始地名，体现历史文化传承
73	长安桥南街	北起南堤东路	南止李巴彦路	1425	40	街	该条街路位于长安桥南侧延长线，方位感强，好记好找。
74	王家湾街	北起南堤东路	南止兰台路	2200	40	街	该条街路位于王家湾村位置，保留原始地名，体现历史文化传承
75	祝科一街	北起浑南中路	南止规划路	600	16	街	祝科街西侧第一条街路，由东向西依次排列，方位感强
76	祝科二街	北起浑南中路	南止规划路	740	30	街	祝科街西侧第二条街路，由东向西依次排列，方位感强
77	祝科三街	北起浑南中路	南止规划路	730	16	街	祝科街西侧第三条街路，由东向西依次排列，方位感强
78	祝科四街	北起浑南中路	南止规划路	400	16	街	祝科街西侧第四条街路，由东向西依次排列，方位感强
79	牛相屯街	北起祝科街	南止南屏东路	1800	6	街	该条道路贯穿浑南区东湖街道牛相屯村，保留原始地名，体现历史文化传承
80	兰台一路	西起祝科街	东止杨官街	500	20	路	兰台路南侧第一条道路，由北向南排列，方位感强，好记好找
81	李巴彦路	西起祝科三街	东止温馨港湾北侧	2430	30	路	原浑南区东湖街道李巴彦村所在地，蒙古语的“巴彦”，汉文的意思就是“富”的意思。保留原始地名，体现历史文化传承
82	王家湾西路	西止杨官街	东止王家湾街	881	30	路	位于东湖街道王家湾村西侧的道路，方位感强
83	麦子屯路	西起规划路	东止古张公路	2900	30	路	位于东湖街道麦子屯村，保留原始地名，体现历史文化传承
84	中华寺路	西起四环路	东止沈抚界6号界碑	8000	28	路	通往国家4A级景区中华寺的主干道，保留原始地名，体现历史文化传承
85	前桑林路	西起前桑林子村	东止营城子大街	840	5	路	该条街路通过浑南区营城子街道前桑林子村，以前桑林子村命名，保留原始地名，体现历史文化传承
86	后桑林路	西起营祝公路	东止沈李线	1900	5	路	该条街路通过浑南区营城子街道后桑林子村，以后桑林子村命名，保留原始地名，体现历史文化传承
87	营城子大街203巷	西起营城子大街	华瑞家园东门村路	450	6	巷	该条道路位于营城子大街东侧，按照道路所在地理位置和数字巷从属于街路，东南为单号、依次排序的命名规则，故命名营城子大街203巷

续表55

序号	名称	起点	止点	长度（米）	长度（米）	通名类别	名称由来及含义
88	浑南中路54巷	北起王家湾西路	南止浑南中路	300	24	巷	该条道路位于浑南中路北侧，按照道路所在地理位置和数字巷从属于街路，西北为双号依次排序的命名规则，故命名浑南中路54巷
89	汇泉东路5巷	北起汇泉东路	南止理工大学北墙	300	10	巷	该条道路位于汇泉东路南侧，按照道路所在地理位置和数字巷从属于街路，东南为单号、依次排序的命名规则，故命名汇泉东路5巷
90	新优街一巷	西起浑南三小北侧	东止新优街	400	11	巷	该条道路位于新优街西侧，为新优街上唯一小巷路，按照道路所在地理位置和小巷从属于街路的命名规则，故命名新优街一巷
91	沈营大街16巷	西起临波路2巷	东止沈营大街	168	9	巷	该条道路位于沈营大街西侧，按照道路所在地理位置和数字巷从属于街路，西北为双号、依次排序的命名规则，故命名沈营大街16巷
92	沈营大街18巷	西起政发小区正门	东止沈营大街	50	6	巷	该条道路位于沈营大街西侧，按照道路所在地理位置和数字巷从属于街路，西北为双号、依次排序的命名规则，故命名沈营大街18巷
93	临波路2巷	北起明波路	南止临波路	434	12	巷	该条道路位于临波路北侧，按照道路所在地理位置和数字巷从属于街路，西北为双号、依次排序的命名规则，故命名临波路2巷
94	沈营大街3巷	西起沈营大街	东止三义街	207	9	巷	该条道路位于沈营大街东侧，按照道路所在地理位置和数字巷从属于街路，东南为单号、依次排序的命名规则，故命名沈营大街3巷
95	沈营大街5巷	西起沈营大街	东止沈营大街3巷	350	9	巷	该条道路位于沈营大街东侧，按照道路所在地理位置和数字巷从属于街路，东南为南号、依次排序的命名规则，故命名沈营大街5巷
96	天成街一巷	西起天成街	东止富民南街	331	9	巷	该条道路位于天成街东侧，为天成街上唯一小巷路，按照道路所在地理位置和小巷从属于街路的命名规则，故命名天成街一巷
97	宁园路北巷	西起朝四中学北侧	东止胜利南大街	200	9	巷	该条道路位于宁园路北侧，按照道路长宽通名应为巷，按照道路所在地理位置和小巷从属于街路的命名规则，故命名宁园路北巷
98	文汇街7巷	西起文汇街	东止文乐街	200	7	巷	该条道路位于文汇街东侧，按照道路所在地理位置和数字巷从属于街路，东南为南号、依次排序的命名规则，故命名文汇街7巷
99	白塔河二路南甸巷	北起白塔河二路	南止金水湾派出所门前	275	6	巷	该条道路位于白塔河二路北侧，是白塔河二路通往浑南区营城子街道南大甸子村的道路，按照该道路所在地理位置和小巷从属于街路的命名规则，故命名白塔河二路南甸巷

续表55

序号	名称	起点	止点	长度(米)	长度(米)	通名类别	名称由来及含义
100	羊安一街	北起沈南西街	南止沈丹铁路线	3742	40	街	该条街位于浑南区白塔街道大羊安村，由东向西第一条街，按照现代排序法由东向西排列，保留原始地名，体现历史文化传承
101	羊安二街	北起站西三路	南止创新六路	1346	30	街	该条街位于浑南区白塔街道羊安一街西侧，按照现代排序法由东向西排列，方便记忆
102	羊安三街	北起莫子山路	南止创新六路	3036	30	街	该条街位于浑南区白塔街道羊安二街西侧，按照现代排序法由东向西排列，方便记忆
103	羊安大街	北起白塔铺路	南止创新六路	6317	40	街	位于白塔街道大羊安村、小羊安村，以羊安命名，保留原始地名，传承历史
104	羊安五街	北起创新路	南止创新二路	1136	22	街	该条街位于浑南区白塔街道羊安大街西侧，按照现代排序法由东向西排列为第五条街路，方便记忆
105	羊安六街	北起创新路	南止创新六路	1189	60	街	该条街位于浑南区白塔街道羊安五街西侧，按照现代排序法由东向西排列，方便记忆
106	沈南西街	北起全运路	南止创新六路	4859	40	街	该条街位于浑南区高铁沈阳南站西侧，属于地标性建筑，方位感强，方便记忆
107	沈南东街	北起白塔铺二路路	南止创新六路	6065	40	街	该条街位于浑南区高铁沈阳南站东侧，属于地标性建筑，方位感强，方便记忆
108	火石桥大街	北起白塔铺路	南止创新五路	6469	40	街	该条街通过浑南区白塔街道火石桥村，保留原始地名，体现历史文化传承
109	广北街	北起全运五路	南止莫子山路	603	40	街	位于沈阳新南站东广场北侧街路，方位感强，好记好找
110	广南街	北起新运河路	南止创新路	845	40	街	位于沈阳新南站东广场南侧街路，方位感强，好记好找
111	火石北街	北起莫子山路	南止创新路	1346	30	街	该条街位于浑南区白塔街道火石桥村北侧，保留原始地名，体现历史文化传承
112	火石南街	北起站东四路	南止创新五路	1245	30	街	该条街位于浑南区白塔街道火石桥村南侧，保留原始地名，体现历史文化传承
113	白塔南街	北起创新二路	南止创新六路	1366	30	街	该条街位于白塔街南侧街路，方位感强，好记好找
114	高三家街	北起白塔河路	南止园西三路	725	22	街	该条街位于浑南区白塔街道高三家子村，保留原始地名，体现历史文化传承
115	下深沟街	北起白塔河路	南止双深路	574	12	街	该条街位于浑南区白塔街道下深沟村，保留原始地名，体现历史文化传承
116	下深沟一街	北起白塔河路	南止双深北路	299	12	街	位于下深沟街东侧第一条街，现代排序法由西向东排列，方位感强
117	下深沟二街	北起白塔河路	南止双深路	645	12	街	位于下深沟一街东侧第一条街，现代排序法由西向东排列，方位感强
118	安顺街	北起白塔河二路	南止高深东路	556	30	街	该路段所处区域为原地名安顺的古村落，保留原始地名，体现历史文化传承
119	莫园西街	北起全运路	南止全运五路	916	30	街	该条街位于浑南区莫子山公园西侧，方位感强，好找好记

续表55

序号	名称	起点	止点	长度（米）	长度（米）	通名类别	名称由来及含义
120	新美街	北起全运五路	南止新运河路	892	22	街	该条街位于浑南区鲁迅美术学院新校区北侧，属于地标性建筑
121	莫南一街	北起创新路	南止创新二路	544	30	街	莫子山公园南侧由西向东排列第一条街
122	莫南二街	北起创新路	南止创新二路	551	30	街	莫子山公园南侧由西向东排列第二条街
123	莫南三街	北起创新路	南止创新二路	560	30	街	莫子山公园南侧由西向东排列第三条街
124	莫园东街	北起沈本大街	南止创新二路	2386	30	街	该条街位于浑南区莫子山公园东侧，方位感强，好找好记
125	上深沟街	北起双深北路	南止全运路	2230	30	街	该条街位于浑南区白塔街道上深沟村，保留原始地名，体现历史文化传承
126	沈本三街	北起彩云路	南止创新二路	1458	22	街	该条街位于沈本二街东侧,现代排序法由西向东依次排列，方便记忆
127	白塔堡路	西起南京南街	东止火石桥大街	1516	40	路	该条路位于浑南区白塔街道北部，白塔街道原名白塔堡，以白塔堡命名，保留原始地名，体现历史文化传承
128	白塔堡一路	西起南京南街	东止沈营大街	2026	16	路	位于白塔堡路南侧第一条道路，由北向南依次排列
129	白塔堡二路	西起羊安大街	东止沈营大街	1424	30	路	位于白塔堡一路南侧第一条道路，由北向南依次排列
130	站西路	西起羊安大街	东止羊安一街	590	40	路	该路位于沈阳浑南区高铁新南站西侧，方位感强
131	站西一路	西起羊安大街	东止沈南西街	944	40	路	站西路南侧道路，现代排序法由北向南排序，方位感强
132	站西二路	西起羊安大街	东止沈南西街	1049	22	路	站西一路南侧道路，现代排序法由北向南排序，方位感强
133	站西三路	西起羊安六街	东止羊安一街	1956	22	路	站西二路南侧道路，现代排序法由北向南排序，方位感强
134	站西四路	西起羊安大街	东止沈南西街	1393	22	路	站西三路南侧道路，现代排序法由北向南排序，方位感强
135	站东一路	西起火石桥大街	东止白塔一街	1377	22	路	位于浑南区高铁新南站东侧道路，方位感强
136	站东二路	西起沈南东街	东止沈营大街	948	22	路	位于站东一路南侧道路，现代排序法由北向南排序，方位感强
137	站东三路	西起沈南东街	东止沈营大街	898	30	路	位于站东二路南侧道路，现代排序法由北向南排序，方位感强
138	站东四路	西起沈南东街	东止沈营大街	894	30	路	位于站东三路南侧道路，现代排序法由北向南排序，方位感强
139	园西一路	西起智慧大街	东止智慧二街	714	30	路	该条路为位于浑南区地标性建筑中央公园西侧由北向南第一条道路，方位感强，好记好找
140	园西二路	西起智慧一街	东止智慧二街	395	40	路	该条路为位于浑南区地地标性建筑中央公园西侧由北向南第二条道路，方位感强，好记好找

续表55

序号	名称	起点	止点	长度(米)	长度(米)	通名类别	名称由来及含义
141	园西三路	西起白塔三街	东止智慧大街	634	22	路	该条路为位于浑南区地标性建筑中央公园西侧由北向南第三条道路，方位感强，好记好找
142	园东一路	西起智慧三街	东止沈中大街	714	30	路	该条路为位于浑南区地标性建筑中央公园东侧由北向南第一条道路，方位感强，好记好找
143	园东二路	西起智慧三街	东止智慧四街	395	40	路	该条路为位于浑南区地标性建筑中央公园东侧由北向南第二条道路，方位感强，好记好找
144	全运一西路	西起智慧大街	东止智慧二街	715	23	路	全运一路西部路段，方便记忆
145	全运一中路	西起智慧三街	东止沈中大街	714	22	路	全运一路中部路段，方便记忆
146	全运一东路	西起桃仙街	东止莫园东街	928	30	路	全运一路东部路段，方便记忆
147	张尔路	西起白塔三街	东止智慧大街	571	22	路	该条路位于浑南区大张尔村，保留原始地名，体现历史文化传承
148	双深北路	西起智慧三街	东止上深沟街	1229	12	路	该条路为位于双深路北侧第一条道路，方位感强，方便好找
149	双深路	西起智慧三街	东止沈丹高速东侧	2237	30	路	该条路位于浑南区白塔街道上深沟村与下深沟村之间，故命名为双深路，保留原始地名，体现历史文化传承
150	全运北路	西起智慧四街	东止沈本一街	2232	30	路	该条路位于浑南区全运路北侧，方位感强，好记好找
151	莫园环路	西起创新路	东止创新路	2551	22	路	该道路环绕浑南区莫子山公园而建，由此得名
152	智云路	西起沈本大街	东止沈本二街	806	22	路	该条路位于沈阳国际软件园附近，“智”有智慧之意，“云”有云计算之意，体现地区人文特色
153	慧云路	西起沈本一街	东止上深沟街	830	22	路	该条路位于沈阳国际软件园附近，“慧”有智慧之意，“云”有云计算之意，体现地区人文特色
154	彩云路	西起沈本大街	东止沈本三街	1149	30	路	彩云意为绚丽的云朵，多形容美好的环境，以此来寓意浑南区的美好未来。
155	祥云路	西起沈本大街	东止沈本三街	1139	22	路	祥云意为祥瑞的云气,传说中神仙所驾的彩云，以此来寓意浑南区的美好未来
156	全运站路	西起地铁二号线全运路站	东止白塔河二路	930	6	路	该条道路通往沈阳地铁二号线全运路站，由此得名
157	羊安六街东巷	西起羊安六街	东止羊安五街	446	22	巷	该条道路位于浑南区羊安六街东侧，按照道路所在地理位置和巷从属于街路的命名规则，故命名羊安六街东巷

续表55

序号	名称	起点	止点	长度(米)	长度(米)	通名类别	名称由来及含义
158	沈南东街99巷	西起沈南东街	东止火石桥大街	496	40	巷	该条道路位于沈南东街东侧，按照道路所在地理位置和数字巷从属于街路，东南为单号、依次排序的命名规则，故命名沈南东街99巷
159	智慧一街青堆子巷	西起智慧大街	东止智慧一街	320	30	巷	该条路位于浑南区白塔街道青堆子村，保留原始地名，体现历史文化传承，按照道路所在地理位置和巷从属于街路的命名规则，故命名智慧一街青堆子巷
160	浑南中路48巷	北起王家湾西路	南止浑南中路	345	20	巷	该条道路位于浑南中路北侧，按照道路所在地理位置和数字巷从属于街路，西北为双号依次排序的命名规则，故命名浑南中路48巷
161	沈本大街201巷	西起沈本大街	东止沈本一街	418	22	巷	该条街路位于沈本大街东侧，按照道路所在地理位置和数字巷从属于街路，东南为单号、依次排序的命名规则，故命名沈本大街201巷
162	沈本一街101巷	西起沈本一街	东止沈本二街	242	22	巷	该道路位于沈本一街东侧，按照道路所在地理位置和数字巷从属于街路，东南为单号、依次排序的命名规则，故命名沈本一街101巷
163	全运三路59巷	西起全运三路	东止沈抚运河	240	15	巷	该条道路位于全运三路南侧，按照道路所在地理位置和数字巷从属于街路，东南为单号、依次排序的命名规则，故命名全运三路59巷
164	桃仙街50巷	西起沈抚运河	东止桃仙街	360	15	巷	该条街路位于桃仙街西侧，按照道路所在地理位置和数字巷从属于街路，西北为双号、依次排序的命名规则，故命名桃仙街50巷
165	全运北路19巷	北起全运北路	南止河道	275	12	巷	该条街路位于全运北路南侧，按照道路所在地理位置和数字巷从属于街路，东南为单号、依次排序的命名规则，故命名全运北路19巷
166	莫园东巷	西起莫园环路	东止莫园东街	333	22	巷	该条路位于浑南区莫子山公园东侧，按照道路所在地理位置和巷从属于街路的命名规则，故命名莫园东巷
167	莫园北一巷	西起莫园环路	东止莫园东街	292	22	巷	该条道路为莫子山公园北侧由东向西第一条巷路，按照道路所在地理位置和巷从属于街路的命名规则，故命名莫园北一巷
168	莫园北二巷	北起全运五路	南止莫园环路	307	22	巷	该条道路为莫子山公园北侧由东向西第二条巷路，按照道路所在地理位置和巷从属于街路的命名规则，故命名莫园北二巷
169	莫园西巷	西起桃仙街东侧附近	东止莫园环路	166	12	巷	该条街为位于浑南区莫子山公园西侧巷路，按照道路所在地理位置和巷从属于街路的命名规则，故命名莫园西巷

续表55

序号	名称	起点	止点	长度（米）	长度（米）	通名类别	名称由来及含义
170	智慧二街299巷	西起沈智慧二街	东止智慧三街	350	30	巷	该条道路位于智慧二街东侧，按照道路所在地理位置和数字巷从属于街路，东南为单号、依次排序的命名规则，故命名智慧二街299巷
171	白塔二南街20巷	西起河道	东止白塔二南街	254	12	巷	该条路位于白塔二南街西侧，按照道路所在地理位置和数字巷从属于街路，西北为双号、依次排序的命名规则，故命名白塔二南街20巷
172	高深西路169巷	北起高深西路	南止沈营大街620巷	160	14	巷	该条巷路位于高深西路南侧，按照道路所在地理位置和数字巷从属于街路，东南为单号、依次排序的命名规则，故命名高深西路169巷
173	高深西路171巷	北起高深西路	南止沈营大街620巷	100	5	巷	该条巷路位于高深西路南侧，按照道路所在地理位置和数字巷从属于街路，东南为单号、依次排序的命名规则，故命名高深西路171巷
174	沈营大街608巷	西起圣华园	东止沈营大街	38	6	巷	该条道路位于沈营大街西侧，按照道路所在地理位置和数字巷从属于街路，西北为双号、依次排序的命名规则，故命名沈营大街608巷
175	沈营大街610巷	西起圣华园南侧	东止沈营大街	220	10	巷	该条道路位于沈营大街西侧，按照道路所在地理位置和数字巷从属于街路，西北为双号、依次排序的命名规则，故命名沈营大街610巷
176	沈营大街620巷	西起高深西路171巷	东止沈营大街	220	6	巷	该条道路位于沈营大街西侧，按照道路所在地理位置和数字巷从属于街路，西北为双号、依次排序的命名规则，故命名沈营大街620巷
177	沈营大街626巷	西起才艺艺术幼儿园	东止沈营大街	180	6	巷	该条道路位于沈营大街西侧，按照道路所在地理位置和数字巷从属于街路，西北为双号、依次排序的命名规则，故命名沈营大街626巷
178	沈营大街601巷	西起沈营大街	东止白塔街	361	14	巷	该条道路位于沈营大街西侧，按照道路所在地理位置和数字巷从属于街路，东南为单号、依次排序的命名规则，故命名沈营大街601巷
179	沈营大街659巷	西起沈营大街	东止白塔街	260	5	巷	该条道路位于沈营大街西侧，按照道路所在地理位置和数字巷从属于街路，东南为单号、依次排序的命名规则，故命名沈营大街659巷

续表55

序号	名称	起点	止点	长度(米)	长度(米)	通名类别	名称由来及含义
180	陆港大街	南起洪顺路	北止沈山铁路	5100	40	大街	该道路为沈阳国际物流港经济区内的主要道路，为体现区域特点，采用以“港”为基础的道路命名方式。同时，为展示该区域物流商贸特色，故拟命名陆港大街
181	通港街	南起洪顺路	北止洪盛路	2000	40	街	该道路位于永安现代商贸经济区中部，为体现区域特点，采用以“港”为基础的道路命名方式。同时，根据《沈阳市地名总体规划（2011–2020年）》中专名采词词库内容，利用能体现和谐发展的词作为首选词源，故拟命名安港街
182	富港街	南起洪顺路	北止洪民路	1240	40	街	该道路位于永安现代商贸经济区西南部，为体现区域特点，采用以“港”为基础的道路命名方式。同时，利用吉祥如意的词作为首选词源，寓意该地区百姓生活富足安康，故拟命名富港街
183	荣港街	南起红兴路	北止洪盛路	1700	40	街	该道路位于永安现代商贸经济区中部，为体现区域特点，采用以“港”为基础的道路命名方式。同时，根据《沈阳市地名总体规划（2011–2020年）》中专名采词词库内容，利用能体现繁荣发展的词作为首选词源，故拟命名安港街
184	兴港街	南起洪顺路	北止沈山铁路	4300	40	街	该道路位于永安现代商贸经济区西南部，为体现区域特点，采用以“港”为基础的道路命名方式。同时，利用吉祥如意的词作为首选词源，寓意经济区兴旺发达，故拟命名兴港街
185	旺港大街	南起洪汇路	北止沈山铁路	9300	40	大街	该道路位于永安现代商贸经济区中部，为体现区域特点，采用以“港”为基础的道路命名方式。同时，利用吉祥如意的词作为首选词源，寓意经济区兴旺发达，故拟命名旺港大街
186	安港街	南起洪顺路	北止洪盛路	2800	40	街	该道路位于永安现代商贸经济区中部，为体现区域特点，采用以“港”为基础的道路命名方式。同时，根据《沈阳市地名总体规划（2011–2020年）》中专名采词词库内容，利用能体现美好愿望的词作为首选词源，故拟命名安港街
187	洪顺路	东起东平湖街	西止陆港大街	9600	60	大路	该道路位于永安现代商贸经济区南部，此区域东西走向道路以洪字采词命名，同时，利用吉祥顺意的词作为首选词源，故拟命名洪顺路
188	洪吉路	东起洪祥路	西止富港街	1106	22	路	该道路位于永安现代商贸经济区西南部，此区域东西走向道路以洪字采词命名，同时，利用吉祥如意的词作为首选词源，故拟命名洪吉路

续表55

序号	名称	起点	止点	长度（米）	长度（米）	通名类别	名称由来及含义
189	洪祥路	东起北兴公路	西止铁路线	7000	40	大路	该道路位于永安现代商贸经济区西南部，此区域东西走向道路以洪字采词命名，同时，利用吉祥如意的词作为首选词源，故拟命名洪祥路
190	洪德路	东起兴港街	西止陆港大街	4800	40	路	该道路位于永安现代商贸经济区西北部，此区域东西走向道路以洪字采词命名。同时，根据《沈阳市地名总体规划（2011-2020年）》中专名采词词库内容，利用能体现和谐发展的词作为词源，故拟命名洪德路
191	洪盛路	东起北兴公路	西止陆港大街	5960	40	大路	该道路位于永安现代商贸经济区中部，此区域东西走向道路以洪字采词命名，因寓意该地区的繁荣昌盛，故拟命名洪盛路
192	九龙河大街	南起红兴路	北止农泽路	7000	26	大街	该道路位于沈阳市国家级光辉现代农业示范区中部，紧邻九龙河，故拟命名九龙河大街
193	玉泉街	南起蒲河大坝	北止沈山铁路	1490	16	街	该道路位于沈阳市国家级光辉现代农业示范区南部，附近有温泉资源，为体现该地区特点，故拟命名玉泉街
194	金泉街	南起红兴路	北止农泽路	6500	8	大街	该道路坐落于沈阳市国家级光辉现代农业示范区西北部，附近有温泉资源，为体现该地区特点，同时与玉泉相呼应，故引用南朝梁武帝萧衍《游钟山大爱敬寺诗》中“攀缘傍玉涧，褰陟度金泉”中的“金泉”而拟命名金泉街
195	农博路	东起玉泉街	西止沈阳市海德威牧业有限公司东侧	3039	18	路	该道路位于沈阳市国家级光辉现代农业示范区西南部，为体现区域特点，采用以“农”为基础的道路命名方式。同时，为体现沈阳市农业博览园是所在地的一处重要的现代农业项目，故拟命名农博路
196	农惠路	东起九龙河大街	西止金泉街	1700	8	路	该道路位于沈阳市国家级光辉现代农业示范区西南部，为体现区域特点，采用以“农”为基础的道路命名方式，故拟命名农惠路，寓意示范区现代农业发展惠及当地百姓
197	老边路	东起九龙河大坝	西止省道107线	3800	8	路	该道路坐落于老边村附近，为保护历史地名，故拟命名老边路
198	农科路	东起九龙河大坝	西止金泉街	1880	8	路	该道路位于沈阳市国家级光辉现代农业示范区中部，为体现区域特点，采用以“农”为基础的道路命名方式，故拟命名农科路，寓意示范区农业发展正在向科技农业、智慧农业的转变
199	农丰路	东起九龙河大坝	西止金泉街	1720	8	路	该道路位于沈阳市国家级光辉现代农业示范区东北部，为体现区域特点，采用以“农”为基础的道路命名方式，故取“丰”字的“丰收”之意，拟命名农丰路

续表55

序号	名称	起点	止点	长度(米)	长度(米)	通名类别	名称由来及含义
200	农润路	东起九龙河大坝	西止省道107线	2940	8	路	该道路位于沈阳市国家级光辉现代农业示范区东北部，为体现区域特点，采用以"农"为基础的道路命名方式，故拟命名农润路，寓意示范区农作物将得到雨露的滋润而茁壮生长
201	农泽路	东起九龙河大坝	西止金泉街	1000	8	路	该道路位于沈阳市国家级光辉现代农业示范区东北部，为体现区域特点，采用以"农"为基础的道路命名方式，故拟命名农泽路，寓意示范区发展将会得到得到大自然的润泽、恩泽
202	昆山西路167巷	南起安居园小区	北止昆山西路	370	12	巷	该道路位于北陵街道西南部，属于昆山西路支路，故以主地名昆山西路建筑物编号排序167号而得名
203	木兰山路	东起西江街	西止滨江街	800	8	路	根据区域地名命名规则，北陵街道地区东西走向道路以山川名称命名，故拟命名木兰山路。木兰山位于武汉市北部，距主城区50千米，海拔582.1米，面积78平方千米，因是木兰将军的故里而得名
204	西江街221巷	东起规划路	西止西江街	500	8	巷	该道路属于西江街支路，故以主地名西江街建筑物编号排序221号而得名
205	赣江街	南起赤山路	北止三环路	770	8	街	根据区域地名命名规则，北陵街道地区南北走向道路以江河名称命名，故拟命名赣江街。赣江位于长江中下游南岸，是江西省最大河流。长766千米，流域面积8.35万平方千米
206	翠湖街	南起沈大路	西止巢湖街	670	8	街	该道路属于迎宾路街道，根据区域地名命名规则，该地区以街命名的道路前应加"湖"，故拟命名翠湖街。翠湖位于昆明市区五华山西麓，是城区的中心观光点
207	黄海路8巷	南起黄海路	北止洪湖街17巷	240	10	巷	该道路属于黄海路支路，符合巷的命名规则，故以主地名黄海路建筑物编号排序8号而得名
208	黄海路31巷	南起黄海公园	北止黄海路	380	8	巷	该道路属于黄海路支路，符合巷的命名规则，故以主地名黄海路建筑物编号排序31号而得名
209	沈新路12巷	南起沈新路	北止沈阳春阳橡塑材料厂南围墙	300	22	巷	该道路属于沈新路支路，符合巷的命名规则，故以主地名沈新路建筑物编号排序12号而得名
210	大通湖街青铜巷	南起大通湖街	北止沈辽路	300	16	巷	该道路位于城东湖街道，为大通湖街支路，符合巷的命名规则，又因该道路紧邻郑家洼子青铜短剑墓遗址，为保护历史地名，故拟命名大通湖街青铜巷

续表55

序号	名称	起点	止点	长度（米）	长度（米）	通名类别	名称由来及含义
211	细河路大堡巷	南起细河路（于洪新城管理委员会）	北止大堡小学西南门	160	6	巷	该道路位于城东湖街道大堡村，为细河路支路，为保护历史地名，故拟命名细河路大堡巷
212	夏语南巷	南起汪河路19-2号	北止镜泊湖街	300	9	巷	该道路位于城东湖街道，属于紫郡城两小区间道路，因路北侧有夏语巷，故该道路拟命名夏语南巷
213	甬江街	南起松山西路	北止赤山路	700	22	街	根据区域地名命名规则，北陵街道地区南北走向道路以河流名称命名，该道路西侧依次有滨江街、贺江街、汀江街、元江街等道路，故拟命名甬江街。甬江，中国东海独流入海河流，浙江省八大水系之一，从姚江源至镇海入海口全长133千米；从奉化江源至入海口长118.7千米，流域面积4518平方千米
214	灵山路	东起西江街	西止滨江街	740	16	路	根据区域地名命名规则，北陵街道地区东西走向道路以山川名称命名，故拟命名灵山路。灵山，位于河北省迁安市蔡园镇境内，海拔728米，国家AA级景区，占地面积1500公顷
215	红山路	东起六零灌渠	西止元江街	660	8	路	根据区域地名命名规则，北陵街道地区东西走向道路以山川名称命名，故拟命名红山路。内蒙古境内的赤峰有红山文化遗址，是中华文明发源地之一
216	橙山路英守巷	南起松山西路	北止橙山路	350	22	巷	该道路属于橙山路支路，位于橙山路南侧，符合巷的命名规则，又因该道路位于原英守村，为保护历史地名，故拟命名橙山路英守巷
217	香湖街	南起白山路	北止丁香湖喷泉广场	1000	500	街	该道路属于北陵街道，因该道路位于我区丁香湖公园门前，故拟命名香湖街，寓意位于丁香湖附近的道路
218	雅河街	南起铁路线	北止青城山路	820	12	街	根据区域地名命名规则，陵西街道地区南北走向道路以河流名称命名，该道路西侧依次有海河街、甘河街等，故拟命名雅河街。雅河是鸭绿江支流大洋河的支流
219	雅河街西巷	南起青城山南路	北止青城山路	410	12	巷	该道路紧邻雅河街，位于雅河街西侧，符合巷的命名规则，故拟命名雅河街西巷
220	青城山南路	东起雅河街东巷	西止青城山路	1300	16	路	根据区域地名命名规则，陵西街道地区东西走向道路以山川名称命名。又因北侧依次有青城山路、青城山北路，该道路位于青城山路南侧，故拟命名青城山南路

续表55

序号	名称	起点	止点	长度(米)	长度(米)	通名类别	名称由来及含义
221	晋江街	南起佛山路	北止龙首山路	760	10	街	根据区域地名命名规则，陵西街道地区南北走向道路以河流名称命名，故拟命名晋江街。晋江是泉州市第一大江，发源于福建省中部戴云山，流域面积5629平方千米，河长182千米
222	陵西街35巷	东起长江北街	西止陵西街	180	22	巷	该道路属于陵西街支路，符合巷的命名规则，故以主地名陵西街建筑物编号排序35号而得名
223	雅河街东巷	南起青城山南路	北止于洪、皇姑界	490	8	巷	该道路紧邻雅河街，位于雅河街东侧，符合巷的命名规则，故拟命名雅河街东巷

政府工作报告

——2019年1月10日沈阳市第十六届人民代表大会第二次会议通过

沈阳市人民政府市长 姜有为

各位代表：

现在，我代表市政府向大会报告工作，请予审议，并请市政协委员提出意见。

一、2018年工作回顾

过去一年，是全面贯彻党的十九大精神开局之年。在市委正确领导下，我们以习近平新时代中国特色社会主义思想为指导，认真贯彻落实习近平总书记在辽宁考察时和在深入推进东北振兴座谈会上的重要讲话精神，按照高质量发展要求，坚持稳中求进工作总基调，坚持以供给侧结构性改革为主线，积极推进“一带五基地”建设，深入实施辽宁“五大区域发展战略”，紧紧依靠全市人民，攻坚克难，大干实干，推动沈阳振兴发展迈出坚实步伐。

经济运行稳中有进。预计地区生产总值增长5%左右，固定资产投资增长15%，社会消费品零售总额增长8.3%，进出口总额增长16.7%，增速均高于上年。质量效益稳步提高。一般公共预算收入720.6亿元，增长10%；城镇居民人均可支配收入44170元、增长6.8%，农村居民人均可支配收入16620元、增长7.5%；1-11月规模以上工业企业利润总额增长7%；万元地区生产总值能耗下降3.6%。发展活力持续增强。新增市场主体17.3万户，民间投资增长18%，创新创业日趋活跃；新引进各类人才1万余人，吸收高校毕业生11万人，人才保持回流趋势。城乡环境明显改观。三城联创取得突破性进展，基础设施不断完善，一些受“邻避效应”困扰的公用设施建设问题得到解决，空气质量优良天数增加29天，建成区黑臭水体全面消除。人民生活不断改善。财政用于重点民生支出达到776.4亿元、增长7.8%，基本民生保障标准稳步提高，教育、医疗、住房、养老等服务保障能力持续提升，人民群众从振兴发展中获得更多实惠。

一年来，我们主要做了以下工作：

（一）深入推进营商环境建设。坚持问题导向、标本兼治，8个案例入选中国营商环境优化最佳实践案例，企业和群众对营商环境认可度持续提高。

专项整治取得新成效。开展政务窗口服务质量差、乱检查乱收费乱罚款、垄断性行业服务、政府和企业失信、中介服务不规范、政策落实“最后一公里”六大专项整治，解决各类问题118批次969个，政务窗口服务持续改进，涉企收费普遍实行清单管理，企业办水、办电、办气等更加便利，偿还拖欠工程款年度目标如期实现，红中介、灰中介得到全面清理，发布惠企政策清单432项。开展办事难问题整治，推出领办代办、减证便民、延时错时服务等一系列举措，38项整治任务有效落实。

放管服改革不断深化。开通商事主体综合服务平台，推行一证零表、证照联办，企业开办时间压缩到3.5天。完善“多规合一”项目管理平台，强化前期业务协同，开展区域评估，实施规划联审、施工图联审、多测合一和联合验收，工程项目审批时限压缩一半以上。运行综合便民服务平台，制定185个热点需求侧索引化办事指南，出入境、身份证等业务实现24小时自助服务。建设一体化在线政务服务平台，启动“一网一门一次”改革，70%的政务服务事项实现“网上办”。

要素条件持续改善。落实税收新政减税42.7亿元，取消9项行政事业性收费，推行工伤保险浮动费率政策。降低企业运营成本，一般工商业电价以及供水、燃气配套费下调10%以上，货运车辆“三检合一”全面实施。着力缓解企业融资难问题，应急转贷资金司转投放260亿元，启动助保贷业务，新增债券融资85亿元，新增贷款规模增长13.3%。

（二）加快推动新旧动能转换。着力扩增量、优存量、抓融合、补短板，新的

发展动能持续集聚成长。

项目建设成效显著。积极走出去、请进来，扩大招商引资，强化项目服务，破解受阻难题，全市上下抓项目、争项目意识不断强化，项目建设数量在增多，项目建设质量在提升。全年开复工亿元以上项目1048个，同比增加422个。作为国家7个重大利用外资项目之一、投资30亿欧元的华晨宝马新工厂开工奠基。华晨雷诺整车、新松机器人未来城、恒大文化旅游城等43个50亿元以上项目落地开工，重大产业项目建设取得突破性进展。全年实际利用外资增长41%，引进内资增长15%。

制造业加快转型升级。实施高端装备创新工程，32个04专项、8个02专项结题验收，120万吨乙烯三机达到国际先进水平，±800千伏高端换流变压器获得国家科学技术进步最高奖，大型风洞用压缩机组等重大技术装备研制取得突破，高端装备制造业产值占比达到23.1%。大力培育战略性新兴产业，拓荆、芯源、富创、中科仪等IC装备产业化项目集中实施，新能源汽车产量从2100辆提高到2.3万辆，机器人、航空、生物医药等产业产值分别增长11%、14%、32%。支持企业管理升级，启动5G应用示范工程，华为云、紫光云、国信优易云等云平台上线运行，沈鼓、富创精益管理道场投入使用，参训企业生产效率明显提升。

现代服务业加快发展。新增金融及金融服务机构36家，融盛财险、渤海银行沈阳分行开业运营，成大生物获批赴港上市。申通快递东北总部基地和居然之家、唯品会等企业的东北分拨中心落户沈阳，京东“亚洲一号”智慧物流中心、空港口岸物流快件监管中心加快建设，快递业务量增长25.2%。浑南、于洪等4座电商产业园集聚企业660余家，限额以上企业网上商品零售额增长33.4%。盛京皇城创建国家5A级旅游景区取得积极进展，“浪花爱上雪”“梦回大辽季”等旅游品牌影响力持续扩大，旅游总收入增长15%。莫子山国际雕塑主题公园落成开放，玖伍文化城等文化综合体加快发展，文化及相关产业产值增长18.9%。举办APEC中小企业技展会等活动406项，交易额突破3000亿元。

乡村振兴实现良好开局。扎实推进农业供给侧结构性改革，保障农产品安全供给，调减玉米种植面积16万亩，建设高标准农田20.9万亩、设施农业1.3万亩，农业综合机械化率达到85%。大力推行“公司+基地+农户”模式，带动40万农户参与产业化运营，家庭农场超过1万家，成立全省首批农村集体股份合作社。推进一二三产融合发展，开工建设农产品加工项目22个、休闲农业项目62个，农村电商主体增长1.7倍、网上交易额增长1.2倍，沈阳西芹、沈阳大米等农业品牌加速走向全国市场。建设美丽宜居示范村12个，建成“四好农村路”1400公里。县域经济呈现积极变化，一般公共预算收入、规模以上工业增加值、固定资产投资分别增长15.6%、10.2%和18.4%。

军民融合创新扎实开展。围绕军转民、民参军和军民合作，实施军民融合“十个一”专项行动计划，出台支持军民融合产业发展16条政策措施。浑南、沈北、皇姑、法库等军民融合产业园区加快建设，沈飞A220系列新工厂、国产燃气轮机产业基地等59个项目扎实推进，军民融合产业联盟单位达到150家，军民融合产业产值超过700亿元。

（三）全面深化改革扩大开放。统筹推进各项国家级试点示范，改革全面发力、多点突破，开放平台通道加快建设。

全面创新改革试验取得显著成效。如期完成制造业创新中心建设等27项国务院授权的试点任务，沈阳化工大学“三定向”订单式科技创新和成果转化机制、中航发黎明公司军品竞争性采购制度2条经验在全国推广，机床集团市场化债转股、中德产业园承诺制审批等12项成果入选全国创新改革试验百佳案例。

国资国企改革迈出重要步伐。出台4批共109条政策清单。“一企一策”改革不断深化，机床集团入选国务院国企改革“双百行动”，东药集团引入民营资本大股东，北方重工集团进入司法重整程序，沈鼓集团等企业改革取得新成果。混合所有制改革提速推进，混改率从上年的23%提高到54.8%。“3+1+N”国资平台有序运营，国有资本流动性逐步增强，工商、金融、文化等各领域国有资产实现集中统一监管。化解历史包袱进程加快，139个中央和省直企业“三供一业”项目全部分离移交，245户“僵尸企业”处置提前完成，427户厂办大集体改革启动实施。

重点专项改革全面展开。市级政府机构改革顺利完成，事业单位大幅精简整合。建立健全开发区规划体系和绩效考核体系，推行“管委会+平台公司”运营模式，沈阳高新区在全国排名由43位上升到39位，沈阳经开区由49位上升到21位，辉山经开区由164位上升到134位。深化投融资体制改革，完善政府性基金运营体系，设立母基金及PPP基金、产业引导基金和国企改革基金，实施多层次资本市场建设三年行动计划。推进县乡财政体制改革，出台财政增量返还政策，乡镇全部恢复或设立国库。整合城市管理和执法职能，完成城区环卫扫保市场化改革。

民营经济稳步发展。开展民营经济大调研，制定进一步促进民营经济发展若干意见，全面启动“万人进万企”主题活动。全年实现“个转企”2114户、“小升规”116户，禾丰牧业再度入选中国民营企业500强，新增292家成长性中小企业在辽股交挂牌，3家企业新三板挂牌，风景园林已完成辅导备案，麟龙股份已申报中国证监会。民营企业贡献了全市40%以上的地区生产总值、50%以上的税收、60%以上的技术创新成果、80%以上的城镇就业，成为振兴发展的中坚力量。

开放合作取得新成果。加快自贸区沈阳片区建设，93项“证照分离”改革事项全部落地实施，集报集缴通关等26项举措全省推广，国际贸易“单一窗口”覆盖率超过80%，沈阳综保区桃仙园区通过国家验收。完善中德产业园“一个平台、五大体系”，80个项目签约落地。复航沈阳—法兰克福航线，开通沈阳—洛杉矶航线。跨境电商综合试验区启动建设，跨境人民币结算业务拓展到86个国家和地区。新批“一带一路”投资项目12个，新松机器人、何氏眼科等企业加快海外并购。世界冬季城市市长会议等重大活动在沈举办，新增巴基斯坦卡拉奇等3座友好合作关系城市。联东U谷国际汽车研创园等218个京沈合作项目顺利实施，沈阳经济区物流、旅游、会展等一体化取得新发展。

（四）着力激发创新发展活力。加快自主创新示范区建设，不断完善创新体系，多主体联动、全方位推进的创新发展局面加快形成。

技术创新能力明显增强。持续抓好“1123”工程，承担国家重大科技项目911项，解决关键共性技术769项，研发新产品、新工艺522项，获得国家科技奖励9项。新松机器人在平昌冬奥会闭幕式“北京8分钟”惊艳世界，中科院沈阳自动化

所“海星6000”创造了我国有缆遥控水下机器人深潜纪录。全市科技型中小企业达到1431家，高新技术企业达到1230家，涌现出8家“瞪羚”企业和1家“独角兽”企业，初步形成了创新型企业梯队成长格局。

重大创新平台加速布局。国家机器人创新中心揭牌成立，材料科学国家研究中心开工奠基，中国科学院大学机器人学院、中国科技大学材料学院、国家眼基因库加快建设，中科院机器人与智能制造创新研究院投入使用。全市新型研发机构达到8家，国际合作研发机构达到58家。以“先进材料+智能制造”为特色的创新平台体系日益完善。

协同创新水平加快提升。实行市长与大学校长、科研院所所长联席会议制度，组建沈阳科技创新大联盟，产业创新联盟达到50家。完善科技成果转化服务体系，常态化举办科技成果转化对接活动，培育技术转移示范机构41家，培养技术经纪人200余名。全市技术合同成交额增长15.9%，本地转化占比提高到28%，高新技术产品产值占规模以上工业比重达到55.4%。

创新创业环境进一步改善。中国（沈阳）知识产权保护中心启动建设，全市申请专利数量增长20%、专利授权增长32.3%。坚持引才育才留才多措并举，制定59项人才政策实施细则，认定高层次人才2880人，“三引三回”活动储备人才3700人，评选表彰首批25名“盛京大工匠”。推进国家双创示范基地建设，开展双创活动1600余场，引入中关村领创空间、北京双创街等双创资源，市级以上众创空间、孵化器、加速器达到124家，集聚创业人员10万余人。

（五）不断提升城市承载能力。坚持规划统筹、统筹规划，大力推进各类城市病问题治理，城市功能更加完善。

积极促进城市集约发展。划定全域“三区三线”，出台城市停车、绿地系统、变电站站址路径等专项规划，中心城区实现控详规划全覆盖，330个图层叠合的全域“一张蓝图”基本形成。深入实施存量土地攻坚，解决“净地不净”55宗、闲置土地67宗，盘活了一批停缓建工程，促进了土地资源节约集约利用。

加快重大基础设施建设。京沈高铁沈阳至承德段、新民北至通辽高铁同时开通。地铁2号线北延线投入运营，9号线试运行，10号线实现轨通，4号线建设有序推进。中央大街、东塔跨浑河桥、胜利大街阳光路立交桥、东一环快速路等路桥工程竣工通车。南北快速干道、浑南新城、南运河三条综合管廊工程竣工。大辛、西部、老虎冲生活垃圾焚烧发电项目同步建设，全市餐厨垃圾实现集中统一收运。

着力补齐城市运行短板。统筹推进老旧管网改造，完成供热管网改造76公里、燃气管网195公里、供水管网1346公里。实施排水防涝工程50余项，主城区汛期严重积水问题得到缓解。提高供电保障能力，11项电力工程投入运行。多措并举解决停车难问题，新增停车泊位20万个。实施重点拥堵路段潮汐车道改造，打通陵园北街等14条梗阻路、断头路。新开调整公交线路36条，新增更新纯电动公交车319台。

（六）全力以赴抓好三城联创。坚持全员发动、全线压上、全力而出，向积久积深积重积难的问题宣战，国家卫生城创建高分通过专家暗访和技术评估，国家食品安全示范城创建率先通过新国标省级验收。

城市面貌焕然一新。围绕“清、拆、管、建、疏、查、打、宣”八条主线，强化工程措施、管理措施、政策措施、改革措施，实施大巡查、推动大整改、促进大提升。改造农贸市场101个、公共厕所172座、背街小巷560条，完成裸露地面绿化覆盖300余万平方米，拆除违建950多万平方米，规范废品收购站1200余处，全面整治195个城中村及城乡接合部卫生环境，系统治理露天烧烤、占道经营等城市顽疾，不断加强公共卫生、病媒防制、疫病防控等工作，市民对创卫的满意率达到93.5%。

城市治理能力显著提升。实行周调度制度，建立现场指挥部、巡查督办、第三方暗访和专家评估、考核奖惩等工作机制。依托数字化城管平台，全面建立城市网格化管理体系，形成了问题发现、立案、派遣、结案、监管的工作闭环。加强全社会动员，推行河长、路长、楼长、场长、店长“五长制”，组织百万志愿者，基本实现一街路一组织、一社区一队伍。健全从农田到餐桌的全链条食品安全监管体系，有效保障了百姓舌尖上的安全。

民心士气昂扬向上。创城从知耻后勇的起点出发，走过了一段极不平凡的奋斗历程，全市上下都付出了巨大的辛苦，其意义远远超出了创城本身。广大干部群众所表现出来的那种众志成城的斗志、勇往直前的执着、无私奉献的品格，无时无刻不在彰显着向上向善的正能量、展现着奋勇争先的精气神、诠释着新时代的沈阳精神。各级干部在矛盾问题集中的创城实践中，磨砺了顽强意志，练就了过硬本领，锻造了务实作风，焕发了奋斗激情。这是我们推动新一轮振兴发展的宝贵财富！

（七）扎扎实实打好三大攻坚战。坚持守住底线、步步为营，不断筑牢决胜全面小康的坚实基础。

重大风险得到有效防控。化解政府性债务202亿元，超额完成年度任务。市属国企资产负债率整体降到66.6%。坚持市场化法治化原则，稳妥处置重点企业债务风险、涉众型非法集资风险，对存在股权质押风险的上市公司实施了救助。完善精准调控措施，开展商品房预售资金监管，促进房地产市场健康发展。非洲猪瘟疫情得到有效控制。

精准脱贫成果持续巩固。坚持摘帽不摘政策、力度不减、力量不撤，建立精准扶贫管理系统，投入扶贫资金8.7亿元，优选1400余名干部驻村帮扶，巩固扶持已脱贫人口18176人。支持4400个建档立卡贫困户发展产业扶贫项目，将3496名贫困人口纳入低保。实施新农合、大病保险、医疗救助和特殊补偿等一揽子政策，大幅减轻了贫困人口看病负担。

污染防治取得扎实成效。坚持科学治霾、精准治霾、协同治霾、铁腕治霾，综合实施燃煤锅炉拆除改造、散煤替代、扬尘管控、秸秆综合利用和散乱污企业治理，空气质量优良天数达到285天。全面推行五级河长制，出台全国首个黑臭水体管理规定，新建改造17座污水处理厂，环城水系截污工程投入使用，河流断面水质总体稳定。完成水土流失治理17万亩，祝家积存污泥加快处置，大辛、老虎冲积存渗沥液达标排放。

（八）持续加强保障改善民生。坚持抓好基本民生、保障底线民生、解决热点民生，群众获得感不断增强。

就业和社会保障进一步加强。新增城镇就业11.9万人，增长22.6%，城镇登记失业率3.1%。开展失业保险“援企稳岗”，惠及企业6700余户。养老金按时足

额发放，城乡低保标准、医保政府补助标准持续提高。积极推进退役安置，积极解决历史遗留问题，退役军人服务管理工作得到加强。实施医疗救助14.4万人次、群众急难救助1.1万人次，孤儿、困境儿童、留守儿童、失独家庭等困难群体得到妥善照顾。

重点民生工程扎实推进。开通住房租赁交易平台，新增租赁住房3.7万套。改造棚户区1.66万套、老旧小区151个、农村危房391户，解决了2300户居民超期回迁和1.7万个家庭办证难问题。全市198个养老机构实现医养结合，二级以上综合医院全部开设老年病科（门诊），新增区域性居家养老服务中心12个。新建改造6.86万农村居民安全饮水设施，全市学校和托幼机构实现“明厨亮灶”。在公共机构和350个小区开展生活垃圾分类试点。新增清洁供暖500万平方米。

社会事业全面进步。提高学前教育奖补标准，新增公办幼儿园学位1200个，义务教育超大班额全部消除，“择校热”问题有效解决，中德学院、宝马实训中心等双元培育基地开工建设。公立医院综合改革成效明显，基层医疗卫生机构实现医联体全覆盖。市博物馆、帅府红楼群展区等文化项目开工，中国锡伯族博物馆开馆，中国沈阳合唱节、国际钢琴节等文化活动蓬勃开展，评剧《黄显声》等文艺创作精彩纷呈。举办沈阳国际马拉松、“和平杯”国际青少年足球赛等赛事活动，我市荣获第十三届省运会金牌、奖牌、总分三项第一。沈阳通过全国文明城市测评复检。

社会治理能力不断提高。开展社区服务模式创新试点，新建社区服务站（中心）12个。法库县成为全国社会治理创新示范县。深入推进扫黑除恶专项斗争，累计打掉涉黑组织4个、涉恶集团23个、涉恶团伙98个，破获刑事案件337起。扎实开展信访矛盾减存控增攻坚行动，积案化解率达到63%，新案同比下降49%。实施安全生产“三项行动”，推进全市视频监控“雪亮工程”，提升社会治安综合防控能力，有效维护了社会稳定大局，增强了人民群众的安全感。

一年来，我们自觉接受人大及其常委会法律监督、工作监督和政协民主监督，提请市人大常委会审议法规草案4件，发布政府规章7件，754件代表建议、425件政协提案全部办复，切实将代表、委员的真知灼见转化为推动振兴发展的实际举措。双拥共建、国防动员、人防和民兵预备役建设持续加强。国家安全、保密、审计、仲裁、民族宗教、贸促、侨务、邮政、广播电视、新闻出版、气象、防震减灾、公积金、档案、修志、文史、残疾人、红十字会等各项事业都取得了新成绩。

各位代表，过去一年是不平凡的一年。宏观经济形势严峻复杂，风险挑战明显增多，改革发展任务异常繁重。面对诸多考验，我们坚持旗帜鲜明讲政治，牢固树立“四个意识”，不断强化“四个自信”，坚决做到“两个维护”，扎实开展中央巡视反馈意见整改，彻底肃清薄熙来、王珉等人流毒和恶劣影响，持续净化修复政治生态。我们积极践行新发展理念，高标准推进中央生态环保督察、国务院大督查等反馈意见整改落实，深入开展解放思想推动高质量发展大讨论，进一步理清发展思路，明确发展目标，细化发展举措。我们注重工作方式方法创新，坚持目标导向，强化过程控制和流程再造，推行挂图作战，横向上统筹协调，纵向上以上率下，一竿子插到底，不断提升政府工作体系能力。我们切实转变工作作风，积极走进企业、走进项目、走进基层、走进群众，坚持不为不办找理由、只为办好想办法，重实干、强执行、抓落实。特别是习近平总书记视察辽宁，主持召开深入推进东北振兴座谈会并发表重要讲话，进一步激发了全社会聚力振兴的强大精神力量，人心士气更加高涨，干事创业氛围更加浓厚！

各位代表，过去一年成绩的取得，得益于党中央、国务院的亲切关怀，得益于省委、省政府和市委的正确领导，得益于市人大及其常委会、市政协的有力监督和支持，是全市人民共同奋斗的结果。在此，我谨代表市政府，向全市人民，向人大代表、政协委员、各民主党派、各人民团体、社会各界人士以及离退休老同志，向驻沈人民解放军、武警部队官兵、消防救援队伍和中省直单位，向关心支持沈阳振兴发展的港澳台同胞、海外侨胞和国际友人，致以崇高的敬意和衷心的感谢！

各位代表，去年我市地区生产总值未能实现预期目标，有金融周期、经济周期、房地产周期相互叠加的影响，有结构性矛盾、体制机制性障碍尚未实现根本突破的原因，也反映出我们工作中还有许多短板和问题，主要是：营商环境仍有差距，一些政策措施落实不到位，企业获得要素成本较高，市场化服务体系不健全，诚信政府、法治政府建设还需加强。发展新动能不足，创新能力还不够强，新增长点不够多，一些企业经营困难，新经济、县域经济、民营经济发展不充分。对外开放步伐不大，投资自由化、贸易便利化等制度创新突破不够，开放平台和通道带动作用不强，利用外资和对外投资规模偏小，服务贸易发展明显滞后。城市治理比较粗放，规划管控体系还不完善，城市功能还有许多欠账，水体污染、交通拥堵、停车难等问题尚未有效解决，教育、医疗、养老等社会事业还有许多短板。思想观念解放不够，一些干部仍然存在不切实际、墨守成规、急于求成、坐等靠要的思想，不想为、不敢为、不善为都有所表现。对这些问题，我们将下大力气予以解决。

二、2019年重点工作安排

今年，是新中国成立70周年，是决胜全面建成小康社会第一个百年奋斗目标的关键之年。做好政府工作意义重大，总的要求是：以习近平新时代中国特色社会主义思想为指导，深入贯彻习近平总书记在辽宁考察时和在深入推进东北振兴座谈会上的重要讲话精神，根据中央及省委、市委经济工作会议部署，认真落实“五个坚持”要求，着力补齐“四个短板”、奋力推进“六项重点工作”，继续打好三大攻坚战，以深入解放思想为先导，以优化营商环境为基础，实施开放创新双轮驱动，激发市场主体活力，加快产业转型升级，统筹抓好稳增长、促改革、调结构、惠民生、防风险、保稳定等工作，全力保持经济持续健康发展和社会大局稳定，开创沈阳高质量发展、新时代振兴的新局面。

今年经济社会发展主要预期目标是：地区生产总值增长6.5%左右，一般公共预算收入增长7%，固定资产投资增长10%，社会消费品零售总额增长7%，城乡居民收入增长与经济增长同步；全社会研发投入稳步提高；单位地区生产总值能耗、水耗以及主要污染物排放持续下降；各类风险得到有效防控。

各位代表，完成今年目标任务，必须解放思想、大胆改革创新，不断强化自

我革命的思想自觉、行动自觉，敢于打破利益固化的藩篱，敢于突破体制机制的积弊，敢闯敢试、敢为天下先，唱响改革创新的时代最强音。必须增强危机感、紧迫感，沈阳仍处在滚石上山、爬坡过坎的关键阶段，不进则退、慢进也是退，要以时不我待、只争朝夕的奋斗姿态履行新使命、施展新作为，快一点、再快一点。必须坚持目标导向、问题切入，紧紧围绕建设国家中心城市、实现“万亿千亿”目标，扬长避短、扬长克短、扬长补短，着力解决发展不平衡不充分的问题，不断提升区域竞争力。必须保持战略定力、坚定发展信心，坚持发展第一要务，全面落实高质量发展的指标体系、标准体系、政策体系和考核体系，深入推进供给侧结构性改革，多做打基础、利长远的事情。必须践行以人民为中心的发展思想，始终把群众的安危冷暖记在心上，把工作触角向群众的身边延伸，着力解决群众所急所需所忧所盼，着力攻难点、治痛点、疏堵点，不断增强人民群众的获得感、幸福感和安全感。

今年，重点做好以下几方面工作：

（一）努力打造营商环境一流城市。坚持持续发力、久久为功，推动营商环境建设再上新台阶。

强化突出问题整治。围绕企业和群众办事多次跑、跑多门、政务服务前置手续多等问题深化办事难专项整治，积极开展政府和企业失信、跨区拉税源、市场准入门槛高等专项整治。突出抓好政府失信问题整治，建立欠账清单，制定偿还计划，两年内解决拖欠民营企业工程款、招商引资政策未兑现问题，以实际行动取信于企、取信于民。对标营商环境建设标准，继续开展“企业评、群众议”，努力营造人人是环境、处处是环境、时时是环境的浓厚氛围。

优化金融生态环境。鼓励引导金融机构服务实体经济，推动城商行、农商行业务逐步回归本源。重构政策性担保体系，创新银企保对接模式。加快多层次资本市场建设，发挥区域股权市场培育功能，完善梯度培育机制，支持企业上市。完善基金体系，用好产业引导基金，设立直投基金，大力发展私募股权基金，推进一批基金小镇建设。建立中小微企业综合金融服务平台和企业征信平台，着力解决信息不对称、信用不充分问题。守住不发生区域性、系统性金融风险的底线。

加快建设人才高地。树立大人才观，不拘一格引进培养各类优秀人才，壮大创新型企业家队伍、科技人才队伍、技能人才队伍和农村实用人才队伍。优化人才政策，完善认定标准，细化工作流程，及时跟进调整，切实提高人才政策实效性、精准性和可操作性。加强人才服务，在安家落户、子女教育、医疗养老等方面为人才提供更多便利，增设人才交流工作站，推进人才驿站、人才公寓建设，让各类人才在沈阳工作有机会、创业有平台、发展有空间。

（二）全面深化重点领域关键环节改革。聚焦突破体制机制障碍，持续推进全面创新改革走深走实，坚定不移将各项改革进行到底。

加大国资国企改革力度。以混合所有制改革为突破口，积极引入战略投资者，推进集团层面混改，加快二三级公司混改。完善法人治理结构，加强国有企业党的建设，全面落实外部董事制度，扩大董事会市场化选聘经理层试点。探索管资本有效途径，完善对国有资本投资运营公司的授权经营体制，不断增强国有资本流动性。强化战略管控和风险防控，建立资产负债约束制度和风险预警机制，推行外派总会计师制度。巩固“三供一业”分离移交成果，开展“僵尸企业”处置“回头看”，基本完成厂办大集体改革，两年内完成国企退休人员社会化管理。

深化放管服改革。开展政务服务事项标准化体系建设，进一步统一前置要件、办事流程、数据归集等标准。大力实施“一网一门一次”改革，运行一体化在线政务服务平台，政务服务事项“网上办”不低于90%，试点推进便民服务事项“全区通办、全市通办”。完善商事主体综合服务平台功能，进一步压减企业开办、注销时限。深入推进工程建设项目审批制度改革试点，项目审批时限再压缩30%以上。积极推行“双随机、一公开”监管、大数据监管等新型监管方式，提高事中事后监管水平。

深化财政体制改革。推进全口径预算管理，开展财政支出绩效监控和绩效评价，提高财政资金使用效率。严格防控政府债务风险，落实债务化解三年行动计划，强化隐性债务管控，做好地方政府债券发行工作，有效防范基层财政运行风险。完善县乡财政管理体制，推进开发区独立预决算管理创新，增强自我发展能力。树立过紧日子的思想，一般性支出压减5%以上。

推进开发区高质量发展。向开发区下放建设项目环评、内资有限公司登记等审批权限。建立健全开发区产业空间规划、控详规划，明晰产业定位，大力推行“开发区+主题园区”模式。推动各开发区平台公司实质运营，完善开发区配套功能，加快教育、医疗等服务资源布局。加大招商引资力度，国家级开发区至少引进一个50亿元以上产业项目，省级开发区至少引进一个20亿元以上产业项目。

（三）着力做实做强做优实体经济。提升支柱产业、壮大新兴产业、培育特色产业、填补空白产业，加快产业转型升级，争创制造业高质量发展示范区。

突出抓好项目建设。推行领导包保、项目管家和现场指挥部等工作机制，全年推进亿元以上项目不少于1300个，6月底前续建项目100%复工，9月底前新建项目100%开工。坚持把“双招双引”作为各级政府“一号工程”，围绕培育壮大千亿产业集群，压实招商责任，完善考核办法，强化以商招商、中介招商，深耕欧美、日韩等国家地区以及京津冀、长三角、珠三角等重点区域，在引进重大项目上实现新突破，全年利用外资、引进内资增长15%以上。

加快传统制造业升级。依托国家重大专项，提高重大技术装备首台套研发、设计、制造及系统集成能力。围绕建设世界级汽车制造中心，抓好华晨宝马新工厂、华晨雷诺等重大项目建设，积极引进高端品牌、高端车系，提升汽车产业链层级。全面实施“电动沈阳”计划，培育新能源汽车产业增长引擎。实施新一轮企业技术改造升级工程，新增5家智能工厂、10家数字化车间，组织实施200个技改项目。鼓励企业管理创新，引导更多企业向精益管理要效益。

大力培育新产业新模式。以机器人未来城、国家机器人创新中心等重大项目、重大平台为引领，积极构建机器人产业生态圈。推动IC装备与零部件核心企业扩能升级，积极抢占人工智能领域制高点。加快发展航空产业，提高民用航空配套能力，支持通航龙头企业做大做强。推进北方生物医药谷、眼产业基地等重大项目建

设，做大生物医药、数字医疗产业集群。突出抓好产业互联网建设，大力培育平台型企业，大规模推进5G网络基础设施建设，大范围展开5G网络产业示范应用。全面实施未来产业发展规划，向智能制造系统、新材料、区块链等前沿领域抢滩布局。

推进军民深度融合发展。聚焦航空、新材料等重点领域，加快军民融合“三园区、一基地”建设，推动中航发燃机公司总部落地，抓好沈飞A220系列新工厂、无人机生产基地等重点项目实施，加快推动东塔机场搬迁。以军工国企混改为契机，引导地方企业融入军工产业链。组建军民融合产业基金，搭建军民融合企业、项目、创新服务平台，设立军民融合技术交易中心，争创国家军民融合创新示范区。

加快发展现代服务业。大力发展全域旅游，促进文旅融合，整合资源打造精品旅游线路。推进盛京古城等旅游项目建设，推动北市场创建国家4A级旅游景区，力争盛京皇城创成国家5A级旅游景区。全面活跃会展经济，办好制博会、国际机器人大会、国际飞行大会、宝马供应商大会、华为用户大会等大型会展活动。深化国家现代物流创新发展试点城市建设，有序推进国家供应链体系建设试点任务，搭建现代物流公共信息服务平台，举办2019年全国物流园区工作年会。大力培育科技服务、工业设计、工业软件等生产性服务业，发展特色化、专业化楼宇经济。加快发展电子商务，促进五爱、南塔等市场转型升级，鼓励发展新型连锁便民超市。实施太原街等商圈改造，推动中街创建高品位步行街，积极发展夜间经济。

（四）充分释放全社会创新创业活力。围绕建设东北亚科创中心目标，完善创新体系，提升创新效能，夯实创新沈阳建设基础。

提高自主创新能力。深化院地合作，整合创新资源，围绕机器人、IC装备、人工智能等13个重点领域，实施百项“卡脖子”技术联合攻关。聚焦关键共性技术、前沿引领技术、现代工程技术、颠覆性技术研发与转化，持续推进“双百工程”。以自主创新示范区为载体，加速创新资源集聚，推进材料科学国家研究中心等重大创新平台建设，发挥平台溢出效应，建设“先进材料+智能制造”国家创新高地。

加速培育创新主体。进一步完善“科技型中小企业-高新技术企业-科技小巨人企业-瞪羚企业”梯度培育体系，科技型中小企业达到3000家，高新技术企业突破1500家。支持企业加大研发投入，建立研发机构，引进高端人才和创新团队。深入推进科技金融结合试点，遴选百家企业进入科技金融重点企业库，引导科技创新基金投向初创期、种子期企业，支持科技型企业登陆上海科创板。

提升科技成果转化水平。引导高校院所面向沈阳创新需求，建设科技成果转化基地。推进智慧医疗、增材制造等10个产业技术研究院建设，组建手术机器人、智能网联汽车等协同创新中心，新型研发机构达到20家。增强东北科技大市场、沈阳科技条件平台、技术转移示范机构专业化市场化服务能力，举办科技成果对接会等系列活动，全年技术合同成交额增长15%以上，本地成交额占比达到40%以上。

优化创新创业生态。推进锦联双创基地、三好双创大街、国际软件园等重点创新创业基地建设，培育壮大专业化众创空间、科技企业孵化器和加速器，全市双创孵化载体面积达到500万平方米，集聚创新创业人员达到15万人以上。加快中国（沈阳）知识产权保护中心建设，启动中德产业园知识产权仲裁院建设。着力打造双创升级版，积极开展全国“双创周”系列活动，培育“盛菁汇”等沈阳双创品牌，吸引创业项目、集聚创业英才，大力培育新时代创业者、新生代企业家。

（五）不断拓展对外开放的深度广度。坚持引进来和走出去并重，提升开放能级和层次，加快建设开放合作新高地。

深度融入共建“一带一路”。积极参与创建辽宁“一带一路”综合试验区和中国—中东欧“16+1”经贸合作示范区，筹办第五次中国—中东欧国家地方领导人会议，举办中俄高新技术工业展览会，推进中俄经贸物流东方快车等合作项目，打造“一带一路”东北亚枢纽城市。扩大国际产能合作，支持企业海外并购，发展境外产业园区。积极融入中蒙俄经济走廊和中日韩经济合作，深化与德英法等国家合资合作，全面提升我市在经济、科技、文化、教育、卫健、青年等领域的开放合作交流水平。

加强平台通道建设。推进自贸区提速发展，紧紧抓住制度创新，全面完成104项国家复制推广任务和115项省总体方案任务，聚焦东北亚开放合作等重点领域大胆闯、大胆试、自主改，努力形成可在全国复制推广的制度创新经验。抓好综保区桃仙园区封关运行，建立统筹联动通关模式，积极培育跨境电商、维修再制造等服务贸易形态，力争实际利用外资、进出口总额均实现倍增。推进中德产业园高水平建设，全面对接德国工业4.0，加快国际社区、国际学校规划建设，争取100个项目签约落地。推动中欧班列常态化运营，提高沈阳本地货源比例。进一步加密日韩等国际航线。推动沈阳港合资公司组建，加快核心港区建设，实现陆港空港联动发展，争创国家临空经济示范区。

推进外贸转型升级。加强出口基地建设，组建国有贸易公司，积极开拓欧洲、日韩、东南亚等重点市场，扩大机电产品、高新技术产品、农产品等优势产品出口。完善进口口岸功能，扩大高端装备、优质消费品等产品进口。抓好国家服务外包示范城市建设，大力发展数字贸易、文化贸易等新兴业态。加快跨境电商综合试验区建设，推进国际物流产业基地等项目落地实施，打造3个跨境电商特色园区。

深化区域交流合作。编制实施沈阳经济区一体化战略规划，构建发展协调、利益分享和创新合作机制，完善交通网络、产业分工、协同创新和公共服务体系，不断提高连接聚合扩散能力。主动承接北京疏解非首都功能，实施京沈IC装备产业联盟等一批合作项目，推动中关村科技成果加速在沈转化。加强与江苏省各市合作，在发展民营经济、科技创新、企业协作配套等方面取得新成效。积极与长江经济带、粤港澳大湾区重点城市开展对接，复制先进地区改革创新举措，实施一批跨区域合作项目。

（六）毫不动摇支持民营经济发展壮大。坚持同规则、同待遇、降门槛，加大对民营企业发展的扶持力度。

切实减轻企业负担。降低企业税费成本，确保国家更大规模减税降费政策落地落实。降低物流成本，扩大物流智能终端覆盖，解决配送“最后一百米”问题。降低用地成本，对优先发展产业项目在用地价格、供地方式等方面落实扶持政策。降低用能成本，扩大直购电规模，下调用水工程取费比例，对诚信企业实行免收或减半收取用气预付费政策。降低用工成本，继续实施阶段性降低失业保险费率政策。

降低配套成本，提高产业集群配套率，促进大中小企业融通发展。

着力缓解融资难融资贵问题。将应急转贷资金规模扩大到10亿元以上，鼓励民营资本开展应急转贷业务，满足更多中小企业融资需求。扩大助保贷专项资金规模，完善风险补偿机制，积极组织合作银行向中小微企业开展助保金贷款业务。扩大应收账款质押融资贷款试点，引导保险资金开展融保通业务。设立100亿元纾困基金，纾解企业流动性风险。

营造公平竞争的市场环境。清理民间投资审批事项，实施市场准入负面清单制度，组织涉及民营经济的知识产权保护、反不正当竞争行为等政府规章的立改废释。大力实施PPP项目，引导社会资本进入基础设施、资源环境、公共服务等领域。鼓励民营企业参与国企改革。搭建绿色通道、予以持续支持，大力培育“专精特新”中小企业和民营经济“领头羊”，争取实现“个转企”2000户、“小升规”200户、“规升巨”20户。

加快构建亲清政商关系。健全重大经济政策制定企业家参与机制，建立各级政府联系商会协会制度。坚持“有求必应、无事不扰”，深入开展“万人进万企”主题活动，竭力为民营企业排忧解难。建立健全产需对接、科技成果对接、人才培训等服务平台，为中小微企业提供更加全面、精准的服务。开展民营企业就业百强、纳税百强、创新百强、规模百强评选表彰，讲好民营企业创业故事，大力弘扬企业家精神。

（七）坚定不移推进乡村振兴战略。坚持农业农村优先发展，激活农村要素，改善农村环境，补齐县域经济短板，让农业强起来、农村美起来、农民富起来。

大力发展都市农业。坚持绿色高效导向，建设高标准农田35万亩、设施农业3000亩，农业综合机械化率提高到86%。建设百万亩蔬菜基地，发展一村一品、一乡一业，持续培育沈阳大米、寒富苹果等农业品牌。不断提高农产品精深加工比例，加快建设“生产+加工+科技”、一二三产融合发展的现代农业产业园区。开发乡村旅游精品线路，实现乡村旅游成线成网，打造10个乡村旅游示范村，培育宜业宜居宜游的特色小城镇。积极发展“互联网+农业”，推广农村电商“法库模式”，农村电商主体突破1000家。

不断深化农村改革。落实农民对集体经济收益的分配权，推动资源变资产、资金变股金、农民变股民，完成60个村集体产权制度改革试点。稳妥推进集体经营性建设用地入市，发展乡村旅游等新业态。继续扩大承包地流转，培育新型经营主体300家。探索宅基地使用权流转，激活闲置资源。积极发展农村普惠金融，加快农信社改制，设立农业产业基金，合理引导工商资本下乡。

加快改善农村人居环境。坚持规划先行，分类梯次推进，全面实施农村人居环境整治三年行动。有序推进农村生活垃圾和污水处理，新建改造21座乡镇垃圾中转站，完善3个乡镇、18个村庄污水处理设施，开展村屯河道整治，新建改造12.5万人饮水安全设施。扎实推进农村厕所革命。完善农村生态补偿机制，调动农民退耕还绿积极性。保护好历史文化名村，实施224个村庄美化亮化绿化，新建改造农村公路1000公里、村内道路1000公里，建设10个美丽宜居示范村。

提高乡村治理水平。坚持自治、法治、德治相结合，完善村党组织领导的充满活力的乡村治理机制。支持种植能手、能工巧匠、返乡青年等乡土人才创新创业，带动农民致富、技艺传承、农业发展。开展文明村镇创建活动，弘扬邻里守望、重义守信、孝老爱亲等传统风尚，共建文明乡村、善治乡村。

大力发展飞地经济。围绕强县富民，实施三年行动计划，完善政策体系，构建利益分享机制，建立科学合理的指标核算制度。做优做强主导产业清晰的县域工业园区，拓宽基础设施融资渠道，鼓励标准化厂房建设，提高对产业项目的承载力。构建全员招商体系，强化乡镇招商职能，每个乡镇至少引进1个投资3000万元以上工业项目、1个2000万元以上农产品深加工项目。

（八）加快提升中心城市功能品质。深化城市“治改提创”，巩固创城成果，不断完善城市功能，促进城市内涵发展。

提高规划管控能力。编制新一轮国土空间规划，完善供热、燃气、电力、污水、养老设施、地下空间等专项规划，推动产城融合、职居平衡、功能均衡。深化“多规合一”，厘清保护和开发边界，明晰各类用地布局，切实发挥规划的引领管控作用。做好第三次国土调查工作，强化存量土地攻坚，加大力度盘活各类闲置低效资源。

完善综合交通体系。启动沈白高铁建设，提升沈阳北站功能，扩大南站综合运输能力。积极推动桃仙机场二跑道项目建设。加快地铁骨干线网建设，9号线通车运营，10号线试运行，2号线南延线和3号线同时开工。推进城市主次干道连接，完成昆山西路与304国道连通高架桥以及长安桥、云龙湖桥接线路工程。继续完善快速交通系统，完成长青街、胜利南大街、沈辽路快速路工程，实施浑南大道快速路、沈康高速连接线建设工程。

保障城市运行安全。统筹地上与地下、兼顾新城与老城，新建70公里、改造185公里燃气管网，改造300公里供水内网、40公里供热管网。实施盛京500千伏枢纽工程和滂江等8处220千伏区域电源点建设。完成大伙房输水配套西部净水厂二期工程，推进辽西北供水配套工程。继续开展排水防涝工程，新建改造肇工街等7大排水系统、龙王庙等7座泵站，对54处积水点进行排涝除险，对浑河城市段进行堤防加固。着力解决停车难、行车难问题，新建盘活15万个停车泊位，打通12处梗阻路段，启动3处铁路道口平改立工程，新建15处行人过街设施。新开调整公交线路20条，新增更新公交车380台，进一步提高公交分担率。

完善创城长效机制。坚持创城工作标准不放松，坚持每周调度、巡查督办、第三方暗访评估等工作机制。不断深化网格化管理，进一步落实“五长制”，持续巩固市容环境整治成果。深化环卫扫保市场化改革，推动基础设施、市政公用等领域政事分开、建管分离。常态化开展志愿者服务活动，引导市民自我管理、自我服务，共建共治共享良好人居环境。

提升城市文化魅力。加强城市设计，做好城市街道、建筑和城市色彩控制引导，彰显地域文化特色。物化活化历史文化资源，加强重点历史建筑保护修缮，充分利用老旧厂房拓展功能空间，积极推动具备条件的历史遗迹复原复建，抓好盛京皇城改造、北大营抗战陈列馆建设等重点文化项目。推动老龙口酒文化一条街等老字号街区建设，打造集文化遗产传承、辽沈风貌展示、品牌文化推广于一体的“城市文化客厅”，加快建设文化名城。

（九）持之以恒推进生态文明建设。

认真落实中央生态环保督察整改任务，推进生态环境整体保护、系统修复和综合治理，努力建设美丽沈阳。

强化污染治理。着力“巩固气、突破水、治理土”。努力改善空气质量，持续整治“煤车尘炉”和挥发性有机物，争取空气质量优良天数比率再提高1–2个百分点。加快水体治理进度，推进辽河、浑河、蒲河、细河、北沙河等河流超标断面整治。推进东部、南部、白塔堡等污水厂新建扩建工程，抓好雨污混接整改工程。加强土壤治理修复，确保祝家积存污泥全面解决，大辛、老虎冲积存渗沥液处理按期完成。扩大生活垃圾分类试点，推进建筑垃圾资源化利用，提高危废处理能力，确保大辛、西部、老虎冲生活垃圾焚烧发电项目投入运行。

加快生态修复。建立健全自然资源管理体系，开展自然资源确权登记。强化森林、草原、湿地等生态系统保护，加强自然保护区管理，推进卧龙湖生态区和辽中蒲河、法库獾子洞、康平辽河国家湿地公园建设。提升辽河、浑河等重点河流生态功能，实施两岸生态封育、河口湿地建设和拦蓄水工程。大力实施黑土地保护战略，落实轮作休耕制度，促进化肥农药减量增效，开展沙化土地治理修复。完善“三环、三带、四楔、南北绿廊”绿地系统，实施人工造林15万亩。

发展绿色经济。深化循环经济试点，加强节能减排。积极推行绿色生产生活方式，开展农业节水行动，推进绿色工厂建设，推广装配式建筑和精装修，提高清洁供暖比例。积极发展节能环保、清洁能源产业，促进产业结构变“轻”、产业形态变“绿”。大力发展冰雪经济，制定实施冰雪产业发展规划，推进滑雪滑冰场馆设施改造建设，积极开发冰雪旅游项目，办好国际冰雪节、百万市民上冰雪等文化旅游活动。

（十）推动发展成果更多更公平惠及民生。确保民生投入只增不减，切实解决好社会关切，不断提升群众幸福指数。

着力促进充分就业。实施积极的就业政策，以创业带动就业，抓好高校毕业生、农民工、退役军人等重点群体就业服务，城镇新增就业10万人，争取吸引12万高校毕业生就业创业。实施就业困难群体精准帮扶工程，帮助1万名就业困难人员实现就业。城镇登记失业率控制在3.6%以内。

着力兜牢民生底线。实施全民参保计划，加强社保基金监管，确保养老金按时足额发放。持续提高城乡低保、特困人员供养、优抚对象抚恤和医保政府补助标准，将孤儿、农村留守儿童、困境儿童关爱保障工作纳入绩效考核，完善社会救助体系。围绕“两不愁、三保障”，加大精准扶贫资金投入、力量投入，大力推进产业扶贫、教育扶贫、健康扶贫，开展资产收益扶贫试点，扩大重大疾病保障病种范围，做好扶贫与低保政策衔接，不断巩固脱贫成果。

着力改善养老服务质量。加强居家养老服务体系建设，新增区域性居家养老服务中心100个，改造社区养老服务站300个，打造城市15分钟养老服务圈，扎实推进农村居家养老服务试点。实施养老机构服务提升工程，扩大医养结合服务，发展养老护理服务、文化服务，满足居家老年人多层次、多样化的养老服务需求。进一步放开养老服务市场，鼓励民营资本参与公办养老机构改革，支持社会力量运营养老服务设施。

着力提升住房保障水平。坚持“房子是用来住的、不是用来炒的”定位，完善调控长效机制，强化精准施策，促进房地产市场平稳健康发展。加大公共租赁住房保障力度。持续改善群众居住条件，改造棚户区1.6万套、农村危房631户、老旧小区100个，治理老旧小区用电安全隐患，启动老旧小区加装电梯试点，加速解决产权证办理难、燃气拖期开栓、回迁安置超期等遗留问题。

着力办好人民满意教育。加快构建德智体美劳全面培养的教育体系。普惠性幼儿园覆盖率达到75%，实施农村教育质量提升计划，促进城乡义务教育均衡发展。适应新高考改革，深化中考制度改革。促进产教融合，抓好双元制职业教育基地建设。力争消除大班额，巩固“择校热”治理成果，做好弹性离校、课后服务工作，加大“乱补课”治理力度，切实维护校园及周边安全。全面落实国家综合防控儿童青少年近视实施方案，坚决遏制近视低龄化、重度化趋势，呵护好孩子们的身心健康。

着力建设健康城市。推进医疗卫生由以治病为中心向以健康为中心转变，深化为民惠民医改，扩大分级诊疗和家庭医生签约服务，稳妥开展医保药品集中采购和使用试点，确保群众用上质优价廉的药品。支持中医药事业发展，优化社会办医环境。完善群众性体育设施，推动足球国家青训中心建设，举办全国田径锦标赛暨国际邀请赛、沈阳国际马拉松、“和平杯”国际青少年足球赛等赛事活动，加快建设体育名城。

着力繁荣文化事业。用好用活沈阳优秀的历史文化、工业文化、红色文化资源，鼓励话剧《国徽》等文艺精品创作，培育盛京大剧院等院线品牌。发挥驻沈高校、文化团体作用，推进文创产品开发和文创产业集聚发展。依托“一河两岸”积极开展文化、旅游、体育等主题活动，举办2019沈阳合唱音乐季，建设125个村文化广场，组织实施艺术惠民演出、流动文化馆等文化惠民工程。

着力加强和创新社会治理。推动治理重心下沉，开展社区运行和服务机制创新试点，提高基层服务能力。坚持发展“枫桥经验”，发动和依靠群众就地化解矛盾。争创双拥模范城“九连冠”。推进“七五”普法，完善公共法律服务体系。保持扫黑除恶斗争高压态势，深挖彻查保护伞。加强市场监管，确保不发生区域性、系统性食品药品安全事故。强化安全生产管理，完善应急管理工作机制，防范遏制重特大安全事故发生。继续开展信访矛盾减存控增攻坚行动，确保社会大局和谐稳定。

各位代表，做好新一年工作，必须高举习近平新时代中国特色社会主义思想伟大旗帜，牢固树立“四个意识”，始终坚定“四个自信”，切实做到“两个维护”，继续重实干、强执行、抓落实，不断提高政府自身建设水平。

努力建设诚信政府。健全政府践诺守信奖惩机制，将政府履约、守诺情况等纳入绩效考核，坚决杜绝新官不理旧账，做到言必信、行必果，说到做到、办就办好，切实增强政府公信力和执行力，以政府诚信带动企业诚信、社会诚信，共建诚信沈阳。

努力建设法治政府。全面完成政府机构改革任务，落实“三定”方案，做到忠诚履职、尽责担当。依法接受人大法律监督和工作监督，自觉接受人民政协民主监督，主动接受社会和舆论监督，把议案、建议和提案办好办实。推动政府立法与时

俱进，不断提高法治能力。

努力建设廉洁政府。全面加强政府系统党的建设，认真履行从严管党治党政治责任，严格落实八项规定精神，驰而不息纠正“四风”。推进改革限权、依法确权、全程控权，扩大政务公开，加强审计监督。始终把纪律和规矩挺在前面，干干净净做事，无愧于人民信任。

努力建设服务型政府。强化公仆意识，坚持问计于民、问需于民，确保政府决策顺民心、合民意。增强服务本领，提升服务效能，努力做到能为善为。坚持唯实务实求实，严细实快抓好工作落实，以实实在在的成果造福全市人民。

各位代表！开创沈阳高质量发展、新时代振兴的新局面，需要只争朝夕的劲头，需要久久为功的毅力，需要舍我其谁的担当。让我们更加紧密团结在以习近平同志为核心的党中央周围，在省委、省政府和市委坚强领导下，团结一心、迎难而上、拼搏实干，以优异成绩迎接中华人民共和国成立70周年！

中共沈阳市委关于巡视整改情况的通报

根据省委统一部署，2017年4月10日至6月10日，省委第一巡视组对沈阳市进行了巡视，并于8月21日向沈阳市委反馈了巡视意见。沈阳市委高度重视巡视整改工作，坚持坚决整改、彻底整改、全面整改，整改落实取得了阶段性成效。按照党务公开原则和巡视工作有关要求，现将巡视整改情况予以公布。

一、关于党的领导方面存在问题的整改落实情况

1．着力解决“贯彻落实中央和省委决策部署不够到位”的问题

（1）针对“对习近平总书记系列重要讲话精神学习还不够系统、深入和自觉”问题，市委分别于2017年8月29日、9月20日、10月10日、11月6日、11月30日，2018年1月16日召开理论学习中心组学习会议，学习习近平总书记“7.26”重要讲话、关于生态文明建设的重要论述和在中央政治局民主生活会上的重要讲话以及《习近平谈治国理政》第二卷、党的十九大精神等内容；制定了《关于贯彻〈中国共产党党委（党组）理论学习中心组学习规则〉的实施细则》，召开全市各级党委（党组）理论学习中心组工作会议；按照推进“两学一做”学习教育常态化制度化安排，开展好市级党委（党组）班子专题研讨。

（2）针对“贯彻落实新发展理念还有一定差距”问题，中央环保督察组向沈阳市交办的1590件案件，已办结1526件，办结率96%；对于黑臭水体治理问题，通过开展截污、清淤和污染源治理进行综合整治，辉山明渠、细河、满堂河、山梨河等12条黑臭水体综合治理工作已完成，并通过了省住建厅、省环保厅的验收。

（3）针对“民生领域还有一些问题需要重视解决”问题，市委要求相关地区和部门制定解决方案，全力进行整改。比如，对于“全市还有一些动迁户不能按期回迁”问题，相关地区切实强化责任，定期进行调度，细化解决措施，目前部分动迁户已完成回迁安置，其余的也明确了安置地点和具体时间；对于“个别地区拆迁有一些回迁户办不了房产证”问题，责任地区切实加强调度、压实责任、倒排时间，认真推进回迁项目的消防验收等工作，力争尽早完成整改。

（4）针对“落实‘四个着力’‘三个推进’的力度尚需强化”问题，在市属企业开展降本增效专项行动，出台了《关于沈阳市国有企业开展去挂账专项行动实施方案的通知》等文件，推进机床集团、沈鼓集团等重点国有企业改革发展；对于58户还由市直部门管理的企业未纳入国资委管理之中的问题，经整改已全部完成脱钩。

（5）针对“供给侧结构性改革推进不够快”问题，出台《关于进一步促进我市房地产市场平稳健康发展的实施意见》等政策，城区商品房可售面积不断下降，去化周期逐步减少；制定了《沈阳市优化开发区（园区）规划完善功能配套的指导意见》《沈阳市闲置土地处置办法》等文件，针对闲置土地、半截子工程和烂尾楼项目制定处置方案，努力解决无效低效投资问题。

2．着力解决“党委领导核心作用发挥不够充分”的问题

（1）针对“班子民主氛围不够浓”问题，严格落实市委常委会、市政府常务会议事规则，切实规范民主决策程序，班子成员能够畅所欲言，建言献策，主动提出合理化建议；议题牵头单位认真按照会议意见进行修改完善，并抓好贯彻落实；班子成员全局意识明显增强，班子民主氛围日益浓厚。

（2）针对“意识形态责任制落实不到位”问题，要求各单位对意识形态责任制落实情况进行自查，并组成督查组对重点单位进行实地督查；召开全市意识形态领域工作会议，做好党委（党组）意识形态工作责任制推进落实任务分解；召开落实党委（党组）意识形态工作责任制推进会，将意识形态工作作为党组织书记抓基层党建述职评议考核内容。

3．着力解决“政治警觉性不够高”的问题

（1）针对“深刻汲取辽宁拉票贿选案教训和肃清王珉、苏宏章等人恶劣影响不够彻底”问题，切实增强政治敏锐性，对党中央和省委的决策部署以“马上办”和“钉钉子”精神抓好落实；2017年8月29日，市委常委班子召开专题民主生活会，深入学习习近平总书记关于查处辽宁拉票贿选案重要指示精神，深刻进行党性分析，认真开展批评和自我批评，进一步肃清王珉等人恶劣影响；依托媒体宣传《中国共产党巡视工作条例》，在全市深入开展“增强四个定力，筑牢思想防线”警示教育。

（2）针对“落实‘讲诚信、懂规矩、守纪律’要求不够”问题，结合“两学一做”学习教育和市管党委（党组）民主生活会，将此列为学习讨论的重要内容；加大举报受理力度，对涉及此类问题的立查立改。

二、关于党的建设方面存在问题的整改落实情况

1．着力解决“落实党建工作责任制不够有力”的问题

（1）针对“市委党建工作领导小组作用发挥不明显”问题，落实市委党的建设2017年工作要求，每半年至少专题研究一次党建工作，并做好相关记录；制定了关于开展市委党的建设工作领导小组发挥作用不明显问题的专项整治工作方案，规范会议记录，建立长效机制；2017年9月14日，召开市委常委会会议传达全国城市基层党建工作经验交流座谈会精神，认真研究落实举措；2017年9月20日，市委常委会会议审议通过了《关于全面加强城市基层党建工作的意见》。

（2）针对“基层组织建设存在薄弱环节”问题，制定了关于进一步推动党建

责任制落实的工作方案，向相关地区下发了整改落实通知，有关责任部门于2017年8月召开了党建工作会议，学习《中国共产党党组工作条例（试行）》，专门研究党建工作，并完善党组工作规则。对于“基层党组织未按期换届”问题，制定了基层党组织未按期换届整改落实方案，责成管理单位制定细化操作方案积极推进整改，33个基层党组织已有15个完成换届。

（3）针对“村（社区）党员年龄结构普遍老化”问题，制定了关于农村（社区）党员年龄结构老化问题整改落实方案，进行现场督查，形成整改报告，并建立长效机制；加大对农村优秀青年入党积极分子的培养和发展力度，建立村级后备干部培养和储备机制，每村培养村级后备干部不少于3名；在制订发展党员年度计划时向农村领域适度倾斜。

2．着力解决“党内政治生活比较平淡，学习教育效果不够好”的问题

（1）针对“‘三会一课’落实不到位”问题，制定了关于开展“三会一课”落实不到位问题专项整治工作方案，下发了开展专项整治的通知；各级党组织对落实党的组织生活情况进行全面自查，对于“三会一课”落实不到位的问题，立即进行整改；严肃党的组织生活，严格执行组织生活8项制度，并建立长效机制。

（2）针对“党支部会议记录不规范”问题，下发了关于开展专项整治的通知，要求各级党组织对使用管理《党支部会议记录本》《党课记录本》《党员名册》等基础簿册情况进行全面自查，特别是省委巡视组抽检的91个党支部要立即进行整改；加强对基础簿册、党员档案等资料管理，并建立健全长效机制，不断提升党支部规范化建设工作水平。

3．着力解决“干部人事制度执行不到位”的问题

（1）针对“干部‘混岗’”问题，制定了关于全市各级公务员机关及参照公务员法管理单位部分工作人员“混岗”任职问题的整改方案，下发人员名单统计表建立工作台账，并多次召开工作推进会，要求各地区、各单位按时完成整改，截至2017年12月底已全部整改完毕。针对“全市公检法司系统部分人员调出后未在规定时间内转办工资关系”问题，制定了整改工作方案，召开了全市公检法司系统部分调出人员工资关系未按时随迁问题整改工作领导小组协调会，建立了周报告、整改任务台账、督导检查等制度，及时调度督查，各责任单位及时完成了工资追缴工作。

（2）针对“干部档案管理不严，个别人存在造假问题”，制定了关于干部档案管理不严等问题的整改方案，进一步巩固全市干部档案专项审核及干部档案集中清理专项行动工作成果，在全市范围对干部档案管理工作开展自查自纠。按照干部管理权限，已完成省委巡视组抽查的市管干部档案的复核工作，补充了相关材料；督促全市各地区、各单位进一步复核各自管理的干部人事档案，全面补充学历、入党、录用手续等档案材料。

（3）针对“个别村存在违反换届纪律”问题，公布举报专线受理违反换届纪律信访举报；成立13个换届风气督查组，深入13个区县（市）、69个乡镇和50余个街道、村（社区）进行巡回督导检查；组建了由市纪委分管副书记任组长的快速核查组，对违反换届纪律问题线索进行快速核查处理；对浑南区村“两委”换届中的4起违反换届纪律的问题，在媒体上通报曝光。目前，市、区县（市）、乡镇的换届工作已圆满完成。

4．着力解决“推进机关干部作风转变力度还不够大”的问题

（1）针对“政府诚信不足，营商环境尚需加强”问题，围绕政务服务窗口质量、乱检查乱收费、政府和企业失信、政府效能等方面开展专项整治行动，2017年第四季度涉及政务环境投诉问题13个，比第三季度（50个）下降了74%；涉及市场环境投诉问题689个，比第三季度（975个）下降了29.3%。对于政府类投资项目不及时结算、长期拖欠工程款和拆迁款等问题开展了专项整治，督促各地区制订还款计划并抓好落实。

（2）针对“沈河区一地块承诺交付净地尚未兑现”问题，沈河区政府组成联合工作组，于2017年7月10日前拆除了该项目建设用地范围内的建筑物，已经净地交付企业，该项目建设进展顺利。

（3）针对“市政务服务审批大厅和沈河区房产交易所个别工作人员工作作风”问题，市政务服务审批大厅已对当事人、窗口负责人、主管负责同志分别进行了诫勉谈话，对当事人作出调离岗位处理，并建立健全了规章制度。沈河区给予区房产局相关负责同志党内警告、严重警告处分，给予当事人党内严重警告、记过处分并调离岗位。

（4）针对“重争取、轻落实问题较为突出”问题，认真梳理出71项争取到位的政策，涉及30个责任地区和部门。制定了《沈阳市已争取国家重大政策重大项目重大资金落实效果评估办法》，强化落实评估和效果评估，有效推进了争取事项的落地。目前，已经完成的政策有51个，其余20个取得了阶段性成果，正在持续推进。

（5）针对“扶贫工作精准度欠缺”问题，2017年8月底制定了整改工作方案和《沈阳市财政专项扶贫发展资金管理实施细则》，下发了《关于清退不符合贫困人口识别标准的情况说明》，对不符合条件的及时进行了清理；四个涉贫区县（市）2016年安排的专项扶贫资金，已整改落实到位。

（6）针对“部分党员干部精神动力和破解问题的能力不足”问题，扎实推进加强机关建设19项重点工作；认真贯彻落实《关于加强机关建设的意见》《关于进一步转变作风提高办公部门工作效能的规定》，推动党员干部主动深入基层了解实情，不断提高解决问题的能力；制定了《关于坚持和弘扬“马上办”和“钉钉子”精神的实施意见》《关于为敢于担当的干部担当为敢于负责的干部负责的若干意见》《沈阳市容错纠错实施办法（试行）》《沈阳市构建“亲”“清”新型政商关系的意见》等文件，激发党员干部干事创业激情；印发了《关于开展全市党委办公系统工作考核的通知》《沈阳市机关工作人员日常行为规范（试行）》，使队伍管理更加规范化。

三、关于全面从严治党方面存在问题的整改落实情况

1．着力解决“履行全面从严治党‘两个责任’存在差距”的问题

（1）针对“主体责任落实的还不到位”问题，认真贯彻落实《辽宁省党组织履行全面从严治党主体责任实施细则（试行）》，于2017年4月12日、8月1日两次召开市委常委会会议，专题听取全市党组织履行全面从严治党主体责任情况的报告；完善市委常委会会议议题申报制度，定期征集研究党风廉政建设和反腐败工作的内容；对各地区、各部门、各单位

履行全面从严治党主体责任情况进行督导检查；召开区县（市）委书记和市直党（工）委书记抓基层党建工作述职评议会议，将党风廉政建设情况作为述职评议考核内容。

（2）针对“谈话提醒制度流于形式”问题，按照《中共中央组织部印发〈关于组织人事部门对领导干部进行提醒、函询和诫勉的实施细则〉的通知》《关于进一步贯彻落实党委组织部门与干部谈心谈话制度的通知》规定，要求责任单位立行立改，并对市管单位开展实地督查；进一步深化研究，形成更加细化、规范的工作流程；定期对开展提醒、函询、诫勉工作情况进行调查统计，并把此项工作作为市管干部年度考核和绩效考核的一项重要内容。

（3）针对“监督责任传导不够，震慑作用不强”问题，对“零立案”纪检监察机构负责人进行了约谈；结合巡视移交问题线索办理，市纪委分管领导和相关部门负责人深入各区县（市）纪委、相关市直纪检监察机构，认真指导和督导纪律审查工作；加大市、区县（市）两级纪委提级审查工作力度，强化震慑作用，对重点问题线索进行提级办理；严格落实谈话函询抽查复核要求，复核比例不低于20%；针对部分纪检干部办案能力不足、办案质量不高等问题，开展了“学条规、提能力、促规范”岗位练兵活动，努力提升干部素质和能力。

（4）针对“有的问题处理失之于宽”问题，对某区绩效考核中存在的问题进行了调查，该区已对问题进行了认真整改；对某区级干部瞒报个人重大事项问题及辞去公职一事进行了调查，已形成核查报告；对市直某纪检组未调查处理群众举报信问题进行了调查，该纪检组已对问题进行整改并提交了整改报告。

（5）针对“对纪检监察干部的监督尚须加强”问题，围绕落实《监督执纪工作规则》，出台了问题线索处置流程、初核立案审查审批程序、谈话函询工作程序、审查谈话安全管理办法等相关制度，严格规范执行审查权的行使，切实把权力关进制度“笼子”里；对纪检监察干部违纪问题，发现一起，查处一起，决不护短，严防“灯下黑”。

2．着力解决“廉洁风险管控不力，反腐形势依然严峻”的问题

（1）针对“国资国企监管存在漏洞”问题，向市国资委发出《监察建议书》，要求市国资委党委认真履行主体责任、纪委认真履行监督责任，切实解决国有企业党风廉政建设方面存在的突出问题；把案件资源转化为教育资源，向市物资集团党委通报物资集团有限责任公司原董事长等人案件调查情况，并提出整改要求；加强对国资领域问题线索排查，加大案件查处力度，市公用集团有限公司原党委书记涉嫌受贿犯罪已移送司法机关。

（2）针对“重点领域案件多发”问题，在全市开展正风肃纪监督工作，聚焦民生领域和财政资金管理使用中的突出问题，加强监督检查，严肃查处违纪行为；通过《监察建议书》等方式，推动发案单位认真整改；欧盟经济开发区管委会原副主任被调查后，市委将该案向全市通报，并督促大东区开展专项治理；针对市某医院原院长严重违纪案件暴露出的医疗卫生领域突出问题，督促市卫计委党组认真整改。

（3）针对“村干部腐败和‘小官巨贪’问题突出”问题，部署在沈北新区、康平县、市农经委、市民政局首批开展正风肃纪监督试点工作，并逐步扩大到13个区县（市）和所有市直部门，切实将全面从严治党直达基层；各地区、各部门成立正风肃纪监督工作领导小组，在所属部门和乡镇（街道）成立监督组，在村（社区）聘请正风肃纪监督员；把问题多发、群众关注、资金量大的项目作为检查重点，目前共发现问题9191个，涉嫌违纪线索1695件，立案579件，给予党政纪处分484人，移送司法机关11人，挽回经济损失6454.85万元。

（4）针对“违反财经纪律方面的问题时有发生”问题，对所有问题线索进行了认真梳理，对其中14个问题线索进行核查，立案6件，结案4件，给予党政纪处分3人、诫勉谈话1人；转交司法机关处理1件，当事人已被判刑。其余均为违反相关规定和管理不规范问题，审计部门要求责任单位全部进行了整改。

（5）针对“加强对省委巡视组移交问题线索的调查核实”问题，坚持以党章党规党纪为标尺，集中时间、集中力量优先查办巡视组移交的问题线索，目前已办结98%，其余的正在深入核查之中。

3．着力解决“违反中央八项规定精神的问题屡禁未绝”的问题

（1）针对“违反中央八项规定精神”问题，建立问题线索管理台账，加大办理督办力度，确保优先办理、优先查处，2017年全市纪检监察机关共查处违反中央八项规定精神问题202件，给予党政纪处分213人；省委巡视组移交市纪委的问题线索中，查明有14件存在违反中央八项规定精神问题，均已办结；在全市形成从严执纪的高压态势，2017年市纪委通报曝光42起68人违反中央八项规定精神的典型问题。

（2）针对“文多会多问题仍然存在”问题，按照中央、省委有关要求，市委制定措施进一步精简文件和会议活动，切实把中央八项规定精神落实到位。加大文件审核把关力度，科学制定并严格执行发文计划，未列入发文计划的一般不予发文，严格控制党政联合行文和文件升格；严格清理、减少各类会议，能不开的坚决不开，可合并的坚决合并，并严格控制各类会议规模、参加人员和会期；结合贯彻落实习近平总书记关于“四风”的重要批示精神，围绕十个方面形式主义、官僚主义的表现，认真开展了自查自纠，并有针对性地制定了整改措施，切实加强改进提高。

四、关于接受意见建议方面的整改落实情况

1．强化党的领导，增强“四个意识”，切实把中央和省委决策部署落到实处

（1）进一步增强政治敏锐性，增强“四个意识”，更加自觉地同以习近平同志为核心的党中央保持高度一致，坚持用习近平新时代中国特色社会主义思想武装头脑、指导实践、推动工作。一是市委作出规定要求全市各级党组织和全体党员，必须坚决维护以习近平同志为核心的党中央权威和集中统一领导，自觉在思想上政治上行动上同以习近平同志为核心的党中央保持高度一致。二是加强对党员领导干部的培训教育。2017年全市围绕学习贯彻习近平总书记系列重要讲话和党的十九大精神，举行党委（党组）理论学习中心组学习会议、党的十九大精神宣讲报告会、干部专题培训班等200余期（场、次），培训县处级以上干部2万余人次。三是召开全市重点工作现场会。对各地区学习贯彻习近平总书记系列重要讲话精神情

况进行了集中检查，召开现场会进行全面总结。四是出台了“1+4+1”系列文件和《沈阳市振兴实体经济若干政策措施》等17个制度性和政策性文件，切实把总书记讲话要求体现到谋划和推动沈阳新一轮振兴发展的各个方面。

（2）不断强化宗旨意识，努力解决好涉及群众切身利益的问题。充分发挥“12345沈阳市民服务热线暨营商环境诉求平台”和“市长信箱”的监管督办作用，制定了《沈阳市诉求办理工作考核手册》，完善了《市长信箱、省长信箱、人民网网友留言诉求办理工作制度》，着力解决营商环境诉求和涉及群众利益的诉求，提高企业和群众的满意率。

2．强化党的建设，增强党的意识，切实加强干部人事工作和干部作风建设

（1）充分发挥党建工作领导小组作用，认真落实党建工作责任制，切实加强党的建设。党员领导干部自觉加强党的知识学习，不断增强党的观念和意识。严肃党内政治生活，注重提高民主生活会质量，认真落实双重组织生活和“三会一课”制度。一是制定了关于进一步推动党建责任制落实的工作方案，下发通知要求各地区进行全面自查，并根据自查情况立即进行整改。二是建立健全党组织书记抓基层党建工作述职评议考核、党委书记抓基层党建项目化管理、定期研究党建工作等机制，推动全面从严治党向纵深发展。三是联合沈阳日报举办了学习党的十九大精神答题竞赛活动，联合市出版发行集团等单位探索创办了“玖伍红色讲堂”，推动广大党员深入学习党的十九大精神。四是对于市管领导班子的民主生活会，由市委督导组负责审阅班子成员之间的相互批评意见，经同意后再召开民主生活会。

（2）不断加强基层党组织建设，强化农村（社区）、非公经济组织党建工作力度，不断提升基层党组织战斗力、凝聚力，扩大党的工作覆盖面，夯实党的执政基础。一是切实加强城市基层党建工作，构建全区域统筹、多方面联动的城市基层党建工作格局。二是制定了《沈阳市农村基层党建三年工作计划（2018-2020年）》和《沈阳市农村基层党组织规范化建设领航示范村“六化”创建标准》，促进农村基层党建工作稳步提升。三是召开全市非公有制经济组织和社会组织党的建设工作会议，组织开展“党建引领民企振兴行动”，评选规范化建设示范点，举办全市非公领域党务工作者示范培训班。

（3）切实增强政府公信力，承诺的事情要如期兑现，因故一时难以兑现的，应做好相关工作。重点围绕各地区拖欠工程款和拆迁款，净地不净，政府招商承诺、签订合同不兑现等方面，深入开展政府失信专项整治行动。整治拖欠工程款和拆迁款问题，各地区2017年度偿还计划已完成；整治2016年以来政府被法院列为失信被执行人案件，推进解决有关案件61起；整治政府招商承诺、签订合同不兑现、净地不净等问题，2017年解决相关问题92个。

（4）不断推进干部作风转变，结合打造国际化营商环境工作，下大力气整治作风松懈、庸政懒政、不作为、慢作为问题，在全市公职人员中开展“营商环境从我做起——不为不办找理由、只为办好想办法”活动。一是制定了《沈阳市政务服务窗口单位工作人员服务规范（试行）》，强化窗口服务人员日常管理。二是开展“五严查”活动，加大问责力度，2017年通报破坏营商环境问题46起73人。三是制定了《沈阳市关于深化“放管服”改革实施方案》《沈阳市服务企业全生命周期优化营商环境若干举措》，形成了71条可复制、可推广营商举措。四是深入开展五大专项整治行动，累计解决问题2675个。五是构建了“1+4”监督体系，制定了《2017年沈阳市优化营商环境绩效考核方案》。六是制定了《中共沈阳市委关于大兴调查研究之风的意见》，进一步加强和改进调查研究工作，并将其作为考察领导班子和领导干部重要内容列入年度考核。

（5）充分调动党员干部干事创业的积极性、创造性，振作精神，勇于担当，撸起袖子、扑下身子真抓实干，以优良的党风政风取信于民、凝心聚力。一是出台《关于坚持和贯彻正确选人用人导向的若干意见》《关于为敢于担当的干部担当为敢于负责的干部负责的若干意见》，树立正确用人导向。二是制定了《沈阳市市管党政领导班子和领导干部绩效考核管理办法（试行）》、3个实施办法以及15个实施细则，进一步增强绩考工作的科学性、导向性。三是按照市委主要领导同志提出的“新提拔年轻干部都要到信访局工作一段时间”的要求，从2017年9月开始，每3个月选派一批新提拔年轻干部到市信访局开展挂职工作。

3．强化“两个责任”，推动全面从严治党向纵深延伸

（1）市委要更好地贯彻落实《辽宁省党组织履行全面从严治党主体责任实施细则（试行）》，切实担负起全面从严治党的主体责任，把管党治党的各项要求落到实处，充分发挥好全市的领导核心作用。一是召开市委常委会会议专题听取全市下级党组织履行全面从严治党主体责任情况的报告，要求全市各级党组织每半年至少专题研究一次全面从严治党、党风廉政建设工作。二是全市各级党组织每年7月31日和次年1月31日前，分别向上一级党组织和纪检监察机关书面报告履行全面从严治党主体责任情况。三是结合市管领导班子年度考核结果反馈，提示党委（党组）书记认真履行全面从严治党“第一责任人”责任。四是形成并上报了2017年全市推进党的建设、落实全面从严治党主体责任工作情况。

（2）加强纪检监察队伍建设，强化监督执纪问责力度，形成利剑高悬、震慑常在的反腐高压态势。市纪委严把推荐、面谈、考试、审核、考察、试用等“六关”，创新考察方式，提高了选人用人的精准度。创新选拔领导干部方式，扩大酝酿范围，将征求意见的范围扩大到全体中层以上领导干部。举办两期纪检监察干部大讲堂，邀请省、市领导和有关专家学者授课，共培训干部820人次，其中依托中纪委培训中心培训干部56人次，自办培训班培训干部764人次。

（3）突出重点领域的风险防控，严肃财经纪律，严厉打击村霸和“小官巨贪”。开展扶贫领域监督执纪问责专项工作，市纪委会同6个市直部门对精准扶贫资金管理使用情况进行了检查，发现59个问题线索，给予党政纪处分17人，诫勉13人，批评教育9人。开展正风肃纪监督试点工作，进一步推动全面从严治党向基层延伸，坚决惩治村干部腐败和“小官巨贪”。

（4）各级纪检监察机关要切实履职尽责，实践运用好“四种形态”，严肃查处各类违纪问题，对违反中央八项规定精神和“四风”方面的问题，坚持发现一起查处一起，实行“零容忍”。2017年共运用“四种形态”处理党员干部4883人次。

其中，第一种形态1731人次，占总人数的35%；第二种形态2560人次，占53%；第三种形态249人次，占5%；第四种形态343人次，占7%。坚持对违反中央八项规定精神问题先查先结先通报，坚决防止“四风”问题反弹。

（5）大力推进社会治理。一是建立完善社会治理运行机制。按照市规划、区统筹、街道乡镇服务、社区作为实施主体的基本原则，合力推进社会治理工作。二是建立完善街道社区党建工作机制。坚持把加强党的建设贯穿基层社会治理的全过程，进一步强化街道社区党组织对各项工作的政治引领、组织引领、能力引领、机制引领，使街道社区党组织成为城市基层社会治理的领导核心。三是建立完善政府服务工作机制。目前，已配比资金50万元，在10个社区建立儿童服务中心，共同购买社区流动及低收入家庭儿童青少年专业社工服务。四是建立完善社区社会组织机制。制定《关于促进社会组织健康有序发展的实施意见》，积极推进社会组织管理体制改革。五是建立完善治理能力提升机制。制定了《沈阳市推进基层治理能力提升三年行动计划（2018–2020年）》，切实加强基层组织体系建设，提升城乡社区治理水平。

下一步，市委将认真贯彻党的十九大精神，以习近平新时代中国特色社会主义思想为指导，全面落实新发展理念和“四个着力”“三个推进”要求，团结带领全市各级党组织和党员干部，振奋精神、凝聚力量，拼搏进取、大干实干，推动沈阳振兴发展实现大跨越，让广大干部群众真正体会到巡视整改带来的新气象、新变化和新面貌。

欢迎广大干部群众对巡视整改落实情况进行监督。如有意见建议，请及时向我们反映。

联系电话：024–12388；通信地址：沈阳市浑南区新隆街5号中共沈阳市纪委信访室（信封请注明：对沈阳市委关于省委巡视组反馈意见整改情况的意见建议）；邮编110179。

联系电话：024–12380（2）；通信地址：沈阳市浑南区沈中大街206号中共沈阳市委组织部干部监督一处（信封请注明：对沈阳市委关于省委巡视组反馈意见整改情况的意见建议）；邮编110169。

中共沈阳市委

2018年1月29日

索　　引

说明：

1. 本类目采用主题分析索引方法，中文标目按汉语拼音字母顺序排列，同音字按笔画数从少到多排列。第一字相同，按第二字音序排列，依次类推。数字开头的标目则按数字0—9顺序排列。

2. 分目标题采用原称。条目索引一般采用中心词简称。

3. 标目后的阿拉伯数字表示内容所在页码。数字后的a、b、c分别表示版面的左、中、右栏。标目后有多个页码的，则表示相关信息在这些页码中均出现。

4. 本卷的特载、重点聚集、大事记、法规、附录未作索引。

C

D

E

F

G

H

J

T

W

图书在版编目（CIP）数据

沈阳年鉴. 2019 / 中共沈阳市委党史研究室（沈阳市人民政府地方志办公室）编. -- 沈阳：沈阳出版社, 2019.9
ISBN 978-7-5716-0384-7

Ⅰ. ①沈… Ⅱ. ①中… Ⅲ. ①沈阳 – 2019 – 年鉴
Ⅳ. ①Z523.11

中国版本图书馆CIP数据核字（2019）第211445号

出版发行：沈阳出版发行集团 | 沈阳出版社
（地址：沈阳市沈河区南翰林路10号　邮编：110011）
网　　址：http://www.sycbs.com
印　　刷：沈阳旭日印刷有限公司
幅面尺寸：210mm × 285mm
印　　张：33
插　　页：20
字　　数：950千字
出版时间：2019年9月第1版
印刷时间：2019年9月第1次印刷
责任编辑：姚德军　毕玉良
封面设计：方　志
版式设计：旭　日
责任校对：毕玉良
责任监印：杨　旭

书　　号：ISBN 978-7-5716-0384-7
审 图 号：辽AS（2019）5号
定　　价：280.00元

联系电话：024-24112447
E – mail：sy24112447@163.com